中国社会科学年鉴

中国民俗学年鉴 2016

ANNUAL REVIEW OF CHINA FOLKLORISTICS

中国社会科学院民族文学研究所 中国民俗学会

中国社会科学出版社

图书在版编目（CIP）数据

中国民俗学年鉴．2016／朝戈金等编．—北京：中国社会科学出版社，2018.4
ISBN 978-7-5203-3000-8

Ⅰ.①中…　Ⅱ.①朝…　Ⅲ.①民俗学—中国—2016—年鉴
Ⅳ.①K892-54

中国版本图书馆 CIP 数据核字(2018)第 184824 号

出 版 人　赵剑英
责任编辑　赵　慧
责任校对　周　昊
责任印制　郝美娜

出　　版　中国社会科学出版社
社　　址　北京鼓楼西大街甲 158 号
邮　　编　100720
网　　址　http://www.csspw.cn
发 行 部　010-84083685
门 市 部　010-84029450
经　　销　新华书店及其他书店

印刷装订　三河市东方印刷有限公司
版　　次　2018 年 4 月第 1 版
印　　次　2018 年 4 月第 1 次印刷

开　　本　787×1092　1/16
印　　张　50.75
插　　页　2
字　　数　1332 千字
定　　价　288.00 元

《中国民俗学年鉴》编辑委员会

编辑说明

《中国民俗学年鉴》2015卷出版之后，中国民俗学会和中国社会科学出版社联合召开过一次新书发布会兼年鉴工作研讨会。到会的年鉴编委们在会上提出了许多改进意见，但是，由于目前不具备职业的编辑人手，加上近些年各个科研和教学单位的工作压力也在逐年递增，而参与年鉴工作无法计入各单位的学术工分，这使得我们的作者必须为此承担额外的工作负担，所以，编委们提出的许多改进意见都很难付诸实践。

幸运的是，在2016年的中国民俗学会南京年会上，我们的工作得到了许多与会民俗学者的高度肯定，更有一批年轻学者志愿加入到年鉴的编辑团队中来。他们是福建社会科学院社会学所的耿羽、云南大学文学院的高健、上海社会科学院文学研究所的程鹏、中国社会科学院民族文学研究所的孟令法和张建军。组建起一支年轻而充满活力的团队，顿时让年鉴的编辑工作充满了希望和未来。扩张后的新编辑部进行了更为具体细致的分工，议定了大致的工作流程，明确了年鉴的工作方向。

具体分工及工作流程为：第一篇“特辑”、第二篇“热点话题”、第三篇“研究综述”仍由施爱东和王尧负责组稿和编辑；第四篇“论著评介”由耿羽负责组稿和编辑；第五篇“年度优秀论文”由各学科“研究综述”的撰写人负责推荐，编辑部再据此进行综合平衡、精选；第六篇“重要论文摘编及摘要”由各学科“研究综述”的撰写人负责摘编、推荐；第七篇“优秀学术随笔”由孟令法负责组稿和编辑；第八篇“学人评介”由高健负责编选；第九篇“学术活动纪要”由张建军负责搜集、编辑。各篇完成之后，由王尧进行统筹编辑，施爱东负责初审。初审完成后，再由朝戈金、巴莫做交稿前的最后审订。此后，出版社方面的意见反馈，主要由施爱东和王尧负责处理。有难以决断处，再交由朝戈金最后定夺。

2016卷的各篇相比2015卷，基本结构相同。惟因篇幅所限，我们适当压缩了“年度优秀论文”的篇幅，加大了“重要论文摘编及摘要”和“学术活动纪要”的篇幅。如此微调主要是基于两方面的考虑：一是考虑到学术期刊网的发达，论文查找和阅读都很方便，优秀论文的全文转载占据太大篇幅，不如以“摘编”和“摘要”的形式提请读者关注，读者可以自行从网络数据平台下载阅读全文；二是考虑到年鉴是一种以全面、系统、准确记述年度工作和发展状况为主要内容的资料性工具书，我们认为应该适当强化年鉴作为“民俗学史记”的功能，为此，我们加大了“学术活动纪要”的篇幅，希望通过客观地报道和记录该年度的民俗事件，以及民俗学者的学术活动，为后人了解和研究我们这个时代的民俗学发展提供可靠的资料数据和线索。

兹将年鉴各篇简介如下：

第一篇“特辑”，主要选编那些可能影响中国民俗文化及民俗研究方向的重要文件、重要事件，以及对于这些文件、事件的权威解读。

第二篇“热点话题”，主要选编了2015年度以及此前几年已经逐渐在民俗学界产生一定影响，积聚了相当成果的学术话题。

第三篇“研究综述”，该篇是全书最重要的部分，我们约请了各专业领域的知名学者，分头对民俗学各研究领域的学术成果进行了综合介绍与评述。

第四篇“论著评介”，该篇以书评的形式，重点介绍了2014年至2015年，主要是2015年出版的重要学术专著。

第五篇“年度优秀论文”，这是我们学术评议方式的一种尝试。我们希望借助年鉴一角，斑见中国民俗学的年度优秀成果。

第六篇“重要论文摘编及摘要”，主要是对2015年的重要论文进行摘要存目，以此提请读者关注和了解民俗研究在该年度的发展状况。

第七篇“优秀学术随笔”，这是从2015年刊行的各大报刊及学术刊物上搜集而来的，有关民俗文化问题的随笔性短论。我们从中遴选了部分最能反映当代民俗文化现状、当前民俗学学术动态，以及学人学术思考的优秀作品。

第八篇“学人评介”，该篇集中了一批以人物评介为主的学术史作品。作品来源主要是2015年刊行的各大报刊及学术刊物，评议对象均为当代知名民俗学者。由于本篇不是原创的邀约稿件，而是对已发表的学人评介作品的搜集、选编，因而没有厚此薄彼，写谁不写谁的主观倾向性，编排顺序也是按照历史人物出生时间的先后，不以贡献大小排座次。

第九篇“学术活动纪要”，该篇搜集、整理了2015年发生的，与民俗学、民间文化相关的重要学术活动和学术会议的报道、纪要、综述等，目的是为了尽可能忠实、全面地记录2015年度民俗学领域的重要学术事件、重要学人活动，全方位地、客观地为后人记录民俗学科的年度面貌。

《中国民俗学年鉴》编辑部　施爱东

目　　录

第一篇　特辑

第二篇　热点话题

第三篇　研究综述

第四篇 论著评介

第五篇　年度优秀论文

第六篇　重要论文摘编及摘要

第七篇 优秀学术随笔

第八篇　学人评介

第九篇　学术活动纪要

Contents (Abstract)

Chapter One: Special Collections

Chapter Two: Hot Topics

Chapter Three: Research Reviews

Chapter Four: Book Reviews

Chapter Five: Selected Outstanding Articles

Chapter Six: Important Extracts and Abstracts

Chapter Seven: Excellent Comments and Discussions

Chapter Eight: Famous Scholars

Chapter Nine: Minutes of Academic Activities

第一篇

特　　辑

传承保护合力已经形成

——“十二五”时期非遗保护事业发展综述

薛　帅

自 2001 年昆曲被联合国教科文组织列入“人类口头和非物质遗产代表作”以来，我国由政府主导推动的非物质文化遗产保护工作已经走过了 15 个年头。“十二五”时期，在各级文化部门的努力下，从《中华人民共和国非物质文化遗产法》颁布施行到全国多地非遗保护条例纷纷制定出台，非遗保护实现了有法可依、有章可循；国家、省、市、县四级非遗名录体系初步形成，符合我国国情的非遗保护体系初步建立；18 个国家级文化生态保护实验区设立；38 个非遗项目入选联合国教科文组织非物质文化遗产名录，我国成为入选项目最多的国家；非遗生产性保护、抢救性保护、整体性保护工作稳步推进，非遗传承水平不断提高。

查清家底，加强顶层设计

据了解，截至“十二五”末期，国务院批准公布了 4 批共 1372 个国家级非物质文化遗产代表性项目，各省（自治区、直辖市）批准公布了 11042 项省级非遗代表性项目；文化部命名了 4 批共 1986 名国家级非遗项目代表性传承人，每年通过中央财政拨付每位国家级传承人传习补助经费 1 万元，各省（自治区、直辖市）批准公布了 12294 名省级非遗项目代表性传承人；中央财政设立了国家非物质文化遗产保护专项资金，截至 2015 年已累计投入 42 亿元。

非遗保护各项工作体系能得以进一步建立，需以法律作为保障，以立法作为根本。2011 年 6 月 1 日，《中华人民共和国非物质文化遗产法》正式施行。随后，地方政府也加快推动制定出台非物质文化遗产保护条例，截至目前，已有浙江、江苏、新疆、西藏、山西、河南、河北等 22 个省（自治区、直辖市）颁布出台了本地区的非物质文化遗产保护条例或民族民间传统文化保护条例。

以山东为例，该省的非遗保护条例自 2015 年 12 月 1 日起施行。据山东省文化厅相关负责人介绍，全省各地市可制定非物质文化遗产方面的条例、规章，结合本地实际，探索在《中华人民共和国非物质文化遗产法》和非遗保护条例未规定的领域进行规范，积累经验，鼓励各地积极探索传承基地建设和生产性保护的相关扶持政策。

“《中华人民共和国非物质文化遗产法》的制定、颁布，是继《中华人民共和国文物保护法》颁布近 30 年来文化领域的又一部重要法律，成为我国非物质文化遗产保护工作的一个重要里程碑。”文化部非遗司相关负责人表示。

同时，为进一步加强国家级非物质文化遗产名录项目保护和管理工作，文化部从2011年起着手建立自查、监督和警告、退出机制，目前已对885家项目保护单位进行了调整和重新认定，初步建立了国家级非遗项目动态管理机制。此外，为进一步推动非物质文化遗产生产性保护，2011年和2014年，文化部命名了两批共计100家国家级非物质文化遗产生产性保护示范基地。

以人为本，落实活态传承

非遗是承载在人的身上、活态的文化遗产。2014年起，文化部陆续对国家级非物质文化遗产代表性传承人开展抢救性记录工作，截至2015年年底，已支持各地对318名代表性传承人开展抢救性记录，超额完成“十二五”规划设定的300人的目标。同时，各地纷纷设立与生产性保护相关的基础设施，据不完全统计，全国已建传习所、展示馆8720余处。

“十二五”时期，非遗活态传承得到进一步巩固与发展，收效显著。正如文化部非遗司巡视员马盛德所说：“不仅职业队伍不断壮大，民间队伍也迅速成长起来。”

在青藏高原，以入选联合国教科文组织人类非物质文化遗产名录的藏戏为例，几年间，西藏的民间藏戏队已从10多个发展到现在大大小小近200个，遍布拉萨、山南、日喀则等地。而另一项国家级非遗项目藏族唐卡也有了新面貌，从宗教艺术到大众艺术，从庙堂走入民间，打破了过去“传男不传女、传内不传外、传僧不传俗”的“高门槛”与“老规矩”，越来越多人开始学习、钻研这项技艺，其中不乏大量技艺高超的女性传习者。而在海南，作为急需保护的国家级非遗项目黎族黎锦，其传习者已从2009年的不足千人发展到如今的一万多人，而通过近些年来政府的不断扶持、民间力量的广泛涌入，该项目已扭转了濒危的局面，步入了发展壮大的正轨。

非遗保护的核心是传承，传承的关键是“人”。“十二五”时期非遗领域的人才培养也有新突破。非遗进校园不再只是“浅尝辄止”，而是更深层次地与教学内容结合，一些高校纷纷开设非遗学科及专业。例如，在内蒙古大学，长调、呼麦、马头琴等非遗项目已成为本科专业。据悉，其一届一个班招收30人左右，从全区选拔优秀学生。“这些科班出身的学生是最好的传承人，他们便是今后撒在内蒙古草原上的非遗活态传承的‘火种’。”马盛德说。

此外，为扩大传承人群基数、提高其传承水平，2015年7月，文化部启动“中国非物质文化遗产传承人群研修研习培训计划”，委托清华大学美术学院、中央美术学院、上海大学等23所院校开展非遗研修和普及培训工作。截至10月，共有18所试点院校举办了21期普及培训班，培训学员1300人。

文化部非遗司相关负责人表示，通过系统研修、研习和培训，可以帮助非遗传承人群强基础、拓眼界，提高当代实践水平和传承能力，不断扩大传承人群，振兴传统工艺，从而全面提高非物质文化遗产保护传承水平。

社会参与，形成保护合力

“十二五”时期，政府主导、社会力量广泛参与，进而形成合力，共同推动非遗保护事业形成可持续发展的局面。

为培养高层次、应用型非遗保护与传承的专门人才，中国艺术研究院自2013年起设置由国家级非遗传承人担任导师的“传统技艺研究”方向和由资深专家学者担任导师的“非物质文化遗产保护实践研究”方向，并探索性地将“师徒相传”的传统教育方式纳入艺术硕士、博士研究生教育序列，为进一步在学院环境下培养高素质、尖端非遗领域专业化、研究型人才提供更优途径。

又如，国家图书馆的“中国记忆项目”开展的文化遗产类专题资源建设。2013年至2015年，中国记忆项目先后开展了“中国年画”“大漆髹饰”“蚕丝织绣”“我们的文字”“我们的英雄”五大文化遗产类专题的资源建设和推广。2014年12月至2015年2月，“我们的文字——非物质文化遗产中的文字传承”展览在国家典籍博物馆正式亮相，反响热烈，获得广泛关注。

同时，“十二五”以来，文化部与各地文化部门利用“文化遗产日”和中华民族传统节日，开展了丰富多彩的非遗宣传展示活动，中国成都国际非物质文化遗产节、中国非物质文化遗产博览会等多项重大展览、展演活动，让更多的人特别是青少年认识、了解和喜爱我国优秀的传统文化，调动了公众主动参与非物质文化遗产保护的积极性。

此外，“十二五”期间，在社会各界的参与中，非遗生产性保护探索出更多有效路径，积累了大量经验，在保护核心技艺的前提下探索进行合理的生产、利用，增强自身造血机能，促进了非遗更好地融入现代生活。

如今，在政府引导下，许多设计公司来到非遗技艺传承一线，身临其境地搞非遗产业开发。例如，设计师盖宏睿和她的设计团队便将工作室从繁华都市搬到了青藏高原，为振兴珞巴族服饰等传统民族工艺而“量体裁衣”：解决传承人在产品设计、市场营销等方面面临的困境，为其打通销售渠道，提高从业者收入，并从中建立起传承人与设计师的双向交流机制。而在福建莆田，福建艺术职业学院则把学校办进了企业里，开启“校企合作、工学结合”的创新人才培养模式，开设木雕、玉雕等非遗工艺学科，培养对象既是学生也是工人，从而使学生就业有了出路，工厂解决了用工荒，也为当地非遗拓宽了更广阔的传承、发展道路。

（原载《中国文化报》2015年12月18日）

文化部推动非遗保护事业可持续发展

王连文

11 月 19 日，政协第十二届全国委员会第四十二次双周协商座谈会在京召开。会上，文化部副部长项兆伦围绕我国非物质文化遗产保护工作取得的成就、面临的挑战和文化部推动非遗保护事业可持续发展的重点工作等发言。

项兆伦说，十多年来，在党中央、国务院的高度重视和社会的广泛参与下，我国非物质文化遗产保护工作取得了显著进展，抢救性保护、整体性保护、生产性保护等保护方式在实践中得到广泛响应，社会公众参与保护传承非遗的意识与积极性不断增强。《中华人民共和国非物质文化遗产法》2011 年正式颁布施行，全国已有 20 个省（自治区、直辖市）颁布了非遗保护条例。符合中国国情的非遗保护体系初步建立，国家、省、市、县四级非遗名录体系初步形成。我国共有 38 个非遗项目入选联合国教科文组织非遗名录，是入选项目最多的国家。非遗保护工作机构逐步完善。中央财政设立国家非物质文化遗产保护专项资金，截至 2015 年已累计投入 42 亿元。96 所非遗保护利用设施列入《国家“十二五”文化和自然遗产保护设施建设规划》。在非遗保护实践中，文化部与各地文化部门、专家学者共同探索实践了多种保护方式。

项兆伦同时表示，我国的非物质文化遗产主要源于农耕文化，经济社会转型所带来的巨大改变是非遗普遍面临的外界威胁。一些非遗代表性项目失去了生存土壤和空间，面临消亡的危险，个别门类的项目与现代生活逐渐脱离，后继乏人，受众急剧减少。传承人群普遍存在文化素养不足、知识面较窄等弱点。可持续的保护传承机制还不健全，代表性项目保护情况缺乏有效的监督和评估。针对这些问题，文化部在推动非遗保护工作中进一步提出并强化了 3 个理念：一是非遗走进现代生活的理念；二是在提高中保护的理念；三是见人见物见生活的生态保护理念。

项兆伦介绍，当前和今后一个时期，非遗保护工作将从“抢救保护、建章立制”的基础工作阶段转入“提高保护传承水平”的纵深发展阶段。文化部将以“巩固抢救保护成果，提高保护传承水平”为指导思想，进一步完善制度，调动社会各界的积极性，努力扩大传承人群，扩大非遗受众，增强传承活力，推动非遗保护事业可持续发展，重点做好 8 项工作：一是推动振兴中国传统工艺；二是加强传统戏曲保护，推动传统戏曲振兴；三是推进抢救性记录工程和非遗数据库建设；四是启动第五批国家级非遗代表性传承人评审工作；五是开展保护规划编制和项目实施情况评估；六是继续推动非遗进校园、非遗进公共文化场馆；七是积极推动我国申报联合国教科文组织非遗名录工作；八是开展非遗法贯彻落实情况检查。

（原载《中国文化报》2015 年 11 月 23 日）

文化部、教育部联合实施非遗传承人群研修研习培训计划

王学思

文化部办公厅、教育部办公厅日前联合发布《关于实施中国非物质文化遗产传承人群研修研习培训计划的通知》（以下简称《通知》），提出将委托有关高校、设计企业等开展非遗传承人群的教育培训，从传统工艺传承人群入手，逐步扩展到非遗保护各领域，纳入常态化工作。

《通知》指出，非遗传承人群研修研习培训计划着眼于“强基础、拓眼界”，旨在通过组织非遗传承人群的研修、研习、培训，帮助非遗传承人群提高文化艺术素养、审美能力、创新能力，在秉承传统、不失其本的基础上，提高中国传统工艺的设计、制作水平，促进传统工艺走进现代生活，促进现代设计走进传统工艺，促进就业增收。

《通知》强调，实施研修研习培训计划是创新人才培养机制、提高非遗传承水平的重要举措。根据不同培训对象，计划将分为研修、研习和普及培训 3 个层次：委托相关高校对具有较高技艺水平的传统手工艺传承人或资深从业者进行研修培训，推动跨界交流，提高其文化艺术修养、审美能力和创新能力；组织中青年传承人进入高校工作室、实验室及设计企业研究学习，通过手工实践与设计、学术、高新技术的跨界交流，开阔眼界，互汲营养，解决非遗保护传承中的瓶颈问题；委托相关高校对传统手工艺项目学徒或从业者进行普及培训，以提高其文化素养、学习和领悟能力，提高传统工艺的审美水平和实用程度。要争取经过各级各地共同努力，用 5 年时间培训 10 万人次。

《通知》要求，各高校应充分发挥相关学科专业优势，构建“通识课 + 专业课 + 参观交流 + 实践”的教育教学体系，完善课堂教学、实践训练、考察观摩、交流研讨、作品展示的培训模式。课程安排要充分考虑受训人群的实际情况，因人因事施教，坚持问题导向、作品导向，坚持案例教学，保证通俗易懂。

（原载《中国文化报》2015 年 11 月 24 日）

文化部：探索非遗传承人培养新方法

屈　菡

9月23日，文化部在京召开今年第三季度例行新闻发布会，其中对“中国非物质文化遗产传承人群研修研习培训计划”实施情况做了重点介绍。

文化部非物质文化遗产司副司长马盛德对“中国非物质文化遗产传承人群研修研习培训计划”实施情况进行了详尽介绍。2015年，文化部启动了“中国非物质文化遗产传承人群研修研习培训计划”，以传统工艺为切入点，委托一批高等艺术院校、综合性大学、研究机构以及职业技术学校对非物质文化遗产传承人群进行研修、研习和普及培训。其中，研修旨在委托高等院校和研究机构，对具有较高技艺水平的传统手工艺传承人或资深从业者进行研修培训，以提高其文化艺术修养、审美能力和创新能力；研习旨在组织中青年传承人进入高校工作室、实验室及设计企业研究学习，通过手工实践与设计、学术、高新技术的跨界交流，开阔眼界，互汲营养，解决非遗保护传承中的瓶颈问题；普及培训旨在委托相关高等院校、研究机构以及中等职业技术学校，以传统手工艺为重点，对从业者进行普及培训，以提高其文化素养、学习和领悟能力，提高传统工艺的审美水平和实用程度。

“中国非物质文化遗产传承人群研修研习培训计划”在正式启动前进行过大量调研并开展了试点工作。2015年暑期，清华大学美术学院、中央美术学院等5所高校对具有较高技艺水平的传统手工艺传承人或资深从业者进行研修，同时，上海大学、苏州工艺美术职业技术学院等18所院校对传统手工艺项目学徒或初级从业者进行普及培训。从开班、教学和结业情况看，各试点院校课程设置和教学管理的精细程度以及学员报名的踊跃程度和学习热情均超出预期。

下一步，文化部将在全国范围内遴选50所院校和企业参与“中国非物质文化遗产传承人群研修研习培训计划”，并会根据培训成效逐年扩大参与院校和企业的规模，使传承人群的研修、研习和培训成为非遗保护的常态化工作。

（原载《中国文化报》2015年9月24日，
标题有改动）

非遗保护的未来

——访文化部非物质文化遗产司负责人

刘苗苗

经过十余年探索，“政府主导”下的非物质文化遗产保护事业目前已经进入“深水区”，不仅以前制定的各项制度需要逐一落实，保护措施发挥的效果需要评估，而且非遗保护的难度正在加大。如何从热热闹闹走向冷静、理性和可持续，是非遗事业面临的挑战。

日前，文化部非物质文化遗产司负责人（下称负责人）接受《瞭望》新闻周刊专访，就非遗领域的热点问题做出回答。

政府要在特殊阶段“输血”

《瞭望》：有人说，文化是一条河，会自然流淌。非物质文化遗产为什么需要政府这个“外力”？

负责人：中国政府保护非物质文化遗产，主要有两大初衷，一是保护文化多样性。正如人类必须保护物种多样性一样，文化多样性对人类的创造、发展同等重要。在农耕文明时期，中国人创造了令世界瞩目的中华传统文化，但是今天，以西方为代表的工业文明占据强势地位，世界各个民族的传统都面临快速失落的危险，中华传统文化成为首当其冲的对象，代表中国优秀民族民间传统文化的非遗，就成为重点保护对象。否则，全球化、工业化、城市化的发展将会使越来越多的文化趋同化、单一化。2004 年中国作为缔约国加入联合国教科文组织《保护非物质文化遗产公约》，暗含了对该公约中“保护人类文化多样性”精神的认同。

二是保护中国创造的源泉。非遗是世代相传、活态传承的优秀传统文化，是中华民族走向未来、汲取创造力的源泉和重要资源，也是在漫长历史中经过大浪淘沙后留存的民族民间传统文化和优秀基因，不仅表现形态丰富多样，而且生命力极其顽强。但是近代以来，它们长期不被主流社会认可、重视，只是像一条暗河一样流淌着。出于这点考虑，今天政府要保护好这些文化的“种子”，使其为人类的创造发展做出贡献。

另外，在中国的国情下，要开拓和推动一项新兴的非物质文化遗产保护事业，必须依靠政府建立相关体制机制，提供启动资金，直到非遗保护事业可以在制度框架内顺利运转时，政府角色才能从“主导”调整为“引导”，更多依靠社会和民间力量来保护非遗，真正发挥民间的文化自觉作用。

《瞭望》： 非物质文化遗产的主体是民众，有学者担心，政府在保护非遗中力量过大，会导致一些非遗的异化。你认为呢？

负责人： 学者的担心不无道理，因为我们国家的行政力量确实比较大，政府"一挥手"启动一项事业，可能就迅速行动起来了。但倘若"政府的手"包揽太多，就可能带来一些问题。国内非遗保护实践中，不同程度也存在"政府包办"的问题，比如，在民俗活动、民间节庆中，有些地方政府在给非遗项目更多重视和投入的同时，也让节日、风俗偏离了传统的文化意蕴，甚至远离了当地百姓，这是要防止的，也提醒我们要掌握好行进的"尺度"。比如体制机制建设完成后，要把更多的具体事务交给社会，真正体现非遗的民间性。

但是，也要注意根据地方非遗保护的实际，因地制宜。比如有的地方资金十分贫乏，还没有"造血"能力，政府就必须对其"输血"，直到他们恢复"造血"能力，政府就要退出来。政府要做的是在特殊阶段的"输血"。

下一步要"量身定做"保护规划

《瞭望》： 一些地方对待非物质文化遗产，存在功利化现象，只看重经济价值，忽视甚至破坏了内在的精神价值。如何处理这样的问题？

负责人： 有些地方政府为发展经济，在一些时间节点，用非遗项目招商引资，类似的情况在各个地方不同程度有所存在，只要这些活动没有冲淡保护非遗的"主流"就好。但是对一些严肃的祭祀性仪式，要尽量防止商业炒作。为此，我们在政策上倡导坚持保护非遗的真实性、整体性，在有效保护的前提下合理利用，防止对非遗的误解、歪曲或滥用。

另外，当前社会处于转型期，各个领域不同程度都存在急功近利的问题。非遗保护领域也不乏用不宜赚钱的非遗来谋利的现象，但是人们要相信，面对工业文明的冲击，到一定阶段，人类会自我反省、自我免疫，到时候，很多今天看来的问题就会自然消解，只是需要时间。

《瞭望》：《国家级非物质文化遗产代表性项目名录》极大地激发了地方申报非遗的积极性，但据说有些地方的非遗保护工作就止步于此了。对于这种"重申报、轻保护"的问题，你怎么看？

负责人： 这个问题在局部地区不同程度有所存在。需要明确的是"重申报"是难能可贵的好事，是需要鼓励和肯定的。不论是地方向中央，还是国家向联合国申报非遗项目，都必须通过申报制度，它本身就是我们对优秀传统文化的再认可、再确认过程，是文化自觉的体现，也是非遗保护的第一步，有利于宣传和弘扬非物质文化遗产。

"轻保护"是要正视的问题。事实上，应该"重申报"，更"重保护"。可是，相对而言，组织申报速效，实施保护就不是轻而易举能完成的，它是一项长期、艰巨、复杂的任务，不可能立竿见影，也不能急于求成。很多非遗都曾遭到破坏，需要相当一段时间来修复。为此，从政府层面，我们一方面在加强督查，同时更注重对传承人的保护。

《瞭望》： 有地方主管非遗保护工作的干部来北京向专家取经，并反映说，"真不知道具体怎么保护"。这样的问题出在哪里？

负责人： 此前，非遗司先后出台了一些针对不同门类非遗的保护意见，明晰了在这些门类上的保护思路。比如2012年2月2日出台的《关于加强非物质文化遗产生产性保护的指导意见》，进一步明确和规范了具有生产属性和市场潜质的非遗项目保护与发展的原则、方式方法等，有效地推进了传统技艺、传统美术等类非遗项目的保护。

现在正在推进的工作是，在政策基础上，制定基本标准来有效指导具体工作，比如技术标准、业务标准、记录标准、硬软件配套的标准等。但由于非物质文化遗产种类繁多，性质、特点各有不同，保护规律迥异，须分类指导。这需要慢功夫，不能速成。毕竟国家层面的指导要做全局考虑，须待很多试点的经验成熟以后，方可全面推行。目前，有些地方已经做了一些探索，比如江苏省针对每一个国家级非物质文化遗产项目，都制订了相应的保护规划，这就能使很多保护措施稳步落到实处。

《瞭望》：回望非遗保护走过的路，你如何判断当前非遗保护所处的阶段？

负责人：非遗保护已经走向了一个更加深入的阶段，迈入“深水区”，这不是说往前走有多危险，而是保护非遗的难度和考验有所增加。这要求各个非遗保护部门必须有过硬的本领，能够及时注意总结和掌握非遗保护的规律、特点，并据此为不同门类的非遗项目量身定做相应的保护规划和保护措施，然后使这些标准能够在国家层面予以推进，这是一个需要做试点，进而不断完善的反复过程。

不能停留于表面“热闹”

《瞭望》：相较前些年对非遗保护相关政策和通知的频繁发布，这两年明显感觉“降温”了，是怎么回事？

负责人：前些年，我们在农业展览馆、国家博物馆、民族文化宫等地做了许多非遗展览、展示、展演等活动，是为了更好地宣传非遗，提高非遗的认知度，让全社会更多的人认识非遗。这些工作，在全社会掀起了非遗保护的热潮。近两年，我们有意识减少相关展览的次数。

非遗保护是一项集学术性、科学性、政策性、专业性于一体的理性工作，不同门类的非遗保护规律需要研究，不同试点的实施方案需要反复验证，这些都需要时间，不能急于求成，也不能停留于表面的“热闹”。非遗不能总是那么“热”，那么“亢奋”，否则很容易演变成一项“社会运动”。

因此，这两年我们把非遗保护的重点工作转入内部消化和梳理。我们在围绕非物质文化遗产法出一些配套的政策法规，比如国家级非物质文化遗产项目的管理办法、国家级非物质文化遗产项目代表性传承人管理办法。同时，依据非物质文化遗产法，对已经施行的《关于加强我国非物质文化遗产保护工作的意见》和“中华人民共和国文化部令”等规章、文件做相应的修订，以期理顺一些关系，完善一些机制，健全一些规章，把非遗保护工作推入科学、专业、合理保护的层面。

我们也希望，通过这种“降温”，让社会对非遗的关注回归到一种理性的氛围，在“如何科学、合理、专业保护非遗”方面多些思考。一旦梳理清楚，就可瞄准目标，做出相应的大动作，让非遗保护事业登上一个大台阶。

《瞭望》：现阶段非遗保护遇到的突出困难是什么？

负责人：今天工业文明、现代化、城镇化仍然在强势冲击着非物质文化遗产，同时现代人的生活方式、生活处境、思想观念都发生了变化，非遗必须面临与现代社会融合的问题，如何让非遗能够秉承传统、不失其本，同时又能够与现代审美、现代生活相融合，“活在当下”，这是当前考验我们的“老、大、难”问题，至少需要很长时间来解决。

为使有些国家级非物质文化遗产项目的产品适应现代生活，我们正在推进“中国非物质文化遗产传承人群研修研习培训计划”试点工作。这项工作我们首先从传统手工技艺类非遗项目为切入点，统筹组织23所试点院校，在2015年暑期开展传统手工艺类项目的培训工作。通过委托高校对非遗传承人群大规模培训，提高传承人群的学习能力、传承水平，进而提高传统工艺的品质，扩大中国传统工艺品市场认知度和市场份额，促进传统工艺更加广泛地走进现代大众生活，相应带动千家万户就业，最终使中国非物质文化遗产保护传承工作上一个新台阶。

《瞭望》：有学者担心，培训学习会促使传统手工艺产品在审美上趋向同化，背离了保护人类文化多样性的初衷，你怎么看？

负责人：我们的努力是保持这些技艺类项目在“秉承传统、不失其本”的前提下，探索多元、丰富、符合当代人审美的产品样式和品种，而不是改变它的本来形态、神韵。我们培训的最重要的目的是让这些非遗的传承人群，尤其是一些年轻人，通过培训的过程使他们的眼界有所拓宽，技艺有所提高。在方向上，我们的老师们会严格把握，并指导学员坚持本色，而不是“邯郸学步”，最后丢失了传统。

（原载《瞭望》2015年第31期）

非遗保护当随时代而动

王福州*

中华民族的非物质文化遗产中含有大量优秀精神质素，如“和为贵”“天人合一”“政通人和”等，与社会主义核心价值观高度契合，有助于形成民族凝聚力和社会向心力。

通过贯通教育体系，发挥基础教育和职业教育的各自优势，非遗与现代教育融合的新模式将会逐渐成形，为中国非遗的发扬光大带来生生不息的活力。

用好物质载体这一抓手，使非遗获得广泛深入的传播，通过对非遗衍生品的跟踪、监测和调控，建立量化的评估体系，使非遗传承保护工作科学化、系统化。

我国的非物质文化遗产保护走过了10多年辉煌历程，出台了包括《中华人民共和国非物质文化遗产法》在内的系列法律法规，构建了非物质文化遗产保护传承的框架体系。随着非遗保护的深入推进，许多深层次矛盾和问题开始显现，主要表现为：保护体制机制存在先天性缺陷，难以释放更大潜能；美育教化作用弱化，没有显示更深层更广泛的文化价值；等等。扎实做好非遗保护传承的下半篇文章，是摆在我们面前的时代课题。应以发展的眼光全链条审视，以改革的思维整体统筹，构建基础扎实、布局均衡、结构优化、内涵丰富的非遗保护传承新格局。

让非遗成为精神产品的源头索引

非遗根植于传统文化沃土，诗经、楚辞、汉乐府、唐诗、宋词、元曲、明清小说，一部文学史承载着中华民族的精神史；岩画、陶器、商周青铜器、秦砖汉瓦、魏晋石刻、雕塑、宋代瓷器、明清家具、织染绣品，一部工艺美术史就是中国形象的演变史；红山玉器、敦煌壁画、故宫、园林、书法、昆曲、古琴、绘画，一部缤纷的文化图录汇聚成民族文明的历史画卷。非遗内容的丰富精深，为我们创造当代精神产品提供了丰富的传统文化资源。

我们要加强非遗本体的挖掘和阐释，避免非遗传承流于形式、徒有其表。已公布的4批国家非遗项目名录中，精神技艺类民间文学、民俗、传统戏剧和曲艺等项目总计603项，代表性传承人总计901人，约占比例近半数。这些琳琅满目的非遗项目承载着中华民族的精神信念、艺术品位和审美风尚，对当下的文化创造具有十分宝贵的价值。在以往整理保护的基础上，要对这些文化遗产进行深入的解读和传播，阐释其艺术价值和文化内

---

* 作者系文化部非物质文化遗产司副司长。

涵。这是激活传统、传承创新、服务当下和国际传播的基础性工作。高度重视传承体系构建，特别是中西部地区、少数民族地区和经济欠发达地区要完善省、市、县、乡、村五级工作体系，坚持活态传承，坚持艺术行当整体培养与个体传承相结合，通过诸如传统剧目挖掘整理与新编移植相结合、实景演出与数字传播相结合等方式，集中精力打造精品。

以经典非遗项目为抓手，深入挖掘创造，加大传播力度。以史诗为例，先后入选联合国教科文组织人类非遗名录的三大史诗——藏族史诗《格萨尔》、蒙古族史诗《江格尔》和柯尔克孜族史诗《玛纳斯》举世闻名。作为中华民族的文化瑰宝，三大史诗审美光辉与道德光辉同在，承载着厚重的精神文化内涵。特别是民族地区非遗，担负着弘扬核心价值观、传承优秀文化和增进团结的重任，需要我们集中精力，聚焦传统文化写意、简约、内敛的精神特质，突出时代性、民族性和教化功能，兼顾民间性、趣味性和生活性，不割裂长期以来与观众磨合形成的审美习惯和默契，体现对民族文化特征和文化多样性的尊重，抓好非遗经典项目的二次创作和传播，使传统文化得到丰富的解读和多样的再创造。

让非遗融入与时俱进的文化建构

非遗不仅是人类文明的记忆载体、文化多样性的鲜活样本，更是当代生活的底蕴和滋养，是文化产业取之不尽的创意资源宝库。非遗的保护传承，不仅是面向传统的挖掘、整理和学习，更是面向未来的文化建构。我们要充分利用丰富深厚的非遗资源，将传统文化进行创造性的现代转化，融入生活，服务社会，弘扬社会主义核心价值观，担负起文化建设和价值引领的重任。

我们要充分挖掘非遗的传统文化蕴含。社会主义核心价值观高度概括和充分体现了当代中国发展要求、中华优秀传统文化血脉和人类文明优秀成果，是构筑全体中国人共有精神家园的核心与基础。中华民族的非物质文化遗产中含有大量优秀精神质素，如“和为贵”“天人合一”“尽善尽美”“政通人和”等，与社会主义核心价值观高度契合，有助于实现人与自然、人与社会的和谐相处，有助于形成民族凝聚力和社会向心力。实现非遗与社会主义核心价值观深度融合，需要文化、教育和传播工作者深入挖掘，创新方式，生动表达。

要夯实非遗保护传承体系基础。一方面适应联合国教科文组织公约要求，对框架内机制性制度安排适度调整，真正体现文化多样性；通过制度设计与政策引导，对非遗传承人实行分类特色培训，提升非遗传承人的保护意识、创新能力。同时要细化现行传承模式分类，区分个体、团体和群体传承，公平合理分配资源，尝试对现行补贴制度适度调整，补贴标准差别对待，有限资金适度向边疆少数民族集聚地区和传承困难的项目倾斜，确保权责统一，框架内基本公平、良性循环。另一方面，要尊重非遗项目的活态流变特性，按照艺术学和学科学的体系分类对非遗项目进行梳理，花大力气对已公布的前四批国家级项目进行整理，按照遗产自身固有规律和传承规律设置名录，突出活态传承特性，审慎淘汰失去生存依据的项目转存博物馆，集中力量对具有文化特质和生命力的非遗项目实现持续性保护。让名录设置更加科学，项目分类更加合理，保护方法更加有效，行政管理更有针对性。

要更加重视文化生态保护实验区的引领作用。自 2007 年至今，我国已设立了 18 个国家级文化生态保护实验区。文化生态保护实验区以非遗集聚为特征，适应非遗的活态流变特性，满足非遗对生态和环境的高度依附，对特色鲜明的文化形态和空间进行整体性保护。目前，我们的工作重点，一是落实主体责任，留住传承载体，以当地政府为依靠，把文化事项列入政府议事日程，非遗保护规划列入当地社会发展总体规划。二是留住原住民，改善传承环境和空间。城镇化进程中，特别关注与农耕文明相关、以古村落为载体的精神技艺类非遗的抢救性保护，保持每一个项目、每一个村落独有的精、气、神。三是加强道德引领。依托乡村的教化体系，恢复并强化乡村道德和自治秩序。城镇化进程中，文化生态保护实验区将成为当地经济可持续发展的样板，实现转型升级的表率。

我们还要大力推动非遗融入现代教育体系。非遗保护传承的关键在人，通过学校教育培养国民对中华优秀传统文化的热爱也是教育事业的题中应有之义。令人欣喜的是，多年来，京剧进校园、昆曲进校园等活动收到了实效。不久前，北京市宣布在义务教育阶段的入学政策中，将非遗和传统文化特长纳入特长生招生范围。同时，以中国戏曲学院为代表的多所高等院校也通过对京剧等专业免学费的政策引导考生报考，这都是从根本上巩固非遗保护的扎实举措。与此同时，一些职业院校也将非遗和传统文化纳入基本教材。通过贯通现有教育体系，发挥基础教育、职业教育和专业教育的各自优势，非遗与现代教育融合的新模式将会逐渐成形，为中国非遗的发扬光大带来生生不息的活力。还要发挥非遗整体效应，利用好现有文化平台，实现非遗的社会教育和社会推广。充分发挥博物馆、图书馆、群艺馆、美术馆和非遗设施的主渠道、主阵地作用，突出与农耕文明相关的非遗类项目的抢救性保护，以开展群众性文化活动为抓手，抓住重要节日等关键时点，让文化活动好戏连台，把非遗保护融入新型城镇化、农村面貌提升和城市社区文化建设之中。

让非遗释放其物质载体的更大效能

大量的非物质文化遗产以物质的形态呈现并被人们所感知和流传。我们应当用好物质载体这一抓手，使非遗获得广泛深入的传播，同时，通过对非遗衍生品的跟踪、监测和调控，建立量化的评估体系，使非遗传承保护工作科学化、系统化。传统手工技艺作为文化积淀和智慧结晶，集使用价值、文化艺术价值和经济价值于一身。近年来，一些适合生产性保护的传统技艺、传统美术、中医药炮制和饮食文化类非遗项目活跃在大众视野，走进现实生活，以其丰富多样的门类、风格、形式，丰富着我们的物质文化生活。皮枕成为饰品、大漆设计为手包、陶器制成酒具……旧与新结合、传统与前沿融合，传统技艺不再门庭冷落，非遗生产性保护的成果，获得人们的青睐。

我们要通过非遗衍生品的开发利用，完成非遗活态传承的有效循环，满足人们对传统与时尚相融生活的新期待。核心元素的引申利用，以其丰富多彩的形式渗透到日常生活的方方面面。酿酒制茶、针织刺绣、说书唱曲、歌舞戏曲……五千年的中华文明史中，一代代中国人的勤劳、智慧和经验长久积淀，以非遗形态传之后世，它们源于生活、归于生活，与日常生活息息相关，不但体现中华民族的文化特征，更具有天然的文化经济属性。非遗依托文化生态实验区，发挥非遗项目集聚的优势，使文化旅游与非遗传承保护相互推动，相得益彰；创意设计扎根非遗丰厚文化沃土，准确传达民族文化风韵，既展示物质生产的高超技艺，又体现精神生产的奇思妙想。特别是生产性保护因融合了传统技艺精髓和工业化的优势，克服了粗制滥造的弊病，孕育出符合当下审美趣味的高品质衍生品。此外，还应着眼打造全链条非遗传承的良好社会生态。近年来我们通过生产性保护示范基地和研究基地引导的方式，对适宜生产性保护的非遗项目实现了立体化保护，形成了非遗保护的中国经验。

我们要重视并发挥非遗促进地方经济发展和经济结构转型升级的助推器作用。曾几何时，我们钟情于机器大生产的标准化、同质化产品；曾几何时，我们把传统非遗当成土气和落后的文化糟粕。可喜的是，当今时代的中国人越来越意识到民族传统文化的可贵，传统药膳开始火热，原生态音乐引起关注，中式礼服让世界惊艳……中国人的生活世界正在悄然发生着一场承续优秀民族文化的“二次革命”。

随着文化创意产业在世界范围内的兴起，人们更加意识到传统技艺、民族审美无与伦比的价值。在经济结构转型升级的过程中，如何增加中国造物的智慧含量、蕴藉更具特色的文化内涵，显得尤为重要，用好我们的非遗财富，通过非遗的物质载体以及注入非遗精髓的物质产品，实现由“中国制造”向“中国创造”的跨越，通过“物”的文明造福人类，向世界传达中国人的审美创造和文化观念，可以说，中国非遗潜力巨大。在此过程中，更好地发挥中国传统艺术的优势，推出一批引领风尚的艺术精品和领军人物，铸就我们的文化品牌，增强我们的文化软实力，以在世界文化风云激荡中站稳脚跟。

（原载《人民日报》2015 年 3 月 27 日第 024 版）

让非遗讲述中国故事

王福州*

近年来，我们对文化遗产的认知，已经变得更加具有包容性，对不同文化传统去粗取精、兼容并蓄的文化心态已经越来越具有社会基础。

通过尊重人的价值、尊重人的情感、尊重人的传统习惯，最终促进人的全面发展，是非遗保护的最终目的。

文化遗产与环境密不可分，相比于环境涵养的漫长，其人为破坏往往只在弹指一挥间。一旦传统村落、老街、老宅等周边环境遭到破坏，非物质文化遗产就会失去载体，文化生态链条就会发生断裂。

非物质文化遗产蕴藏着中华民族优秀传统文化的精髓，是中国人代代相传的文化瑰宝，也是讲好中国故事的重要文化资源。我们有责任以更加务实的举措保护和传承中国非遗，将丰富的精神文化财富传给后世，并以其造福人类。

更加注重传承和创新，让非遗成为激活传统和繁荣文化的重要索引

非物质文化遗产（简称非遗），包括口头传统和表述，表演艺术以及社会风俗、礼仪和节庆，它不仅存在于浩如烟海的典籍里，也贯穿在人们日常的生活生产之中。非遗是一部活态的人类文明史，它铸就了坚实的现在，也奠基了人类的未来。

重视传统是中国文化的显著特色。每当沧桑变化、文化失落之际，人们总是习惯性地回顾历史，寻找启示。孔子“克己复礼”、唐宋“古文运动”，以至赵孟頫绘画的“古意”命题，形态各异，却万宗归一。几千年来，在儒道释文化精神的浸润下，中华民族发展出独有的传统，历经淘洗，炉火纯青，留存在文化遗产之中。

非物质文化遗产是传统文化依然鲜活的存在，从代代相传的手艺和艺术中，我们能够触摸到中华民族绵延不绝、生生不息的灵魂。尽管现代文明改变了人们的生活方式，甚至改变了人们的时空观念和审美理念，但非遗所承载的活的中国精神，仍然在中国人的血脉中流淌，显示着中国人民独特的审美理想和高超的创造能力。我们把非遗传承放在更加突出的位置，正是希望非遗为中国当代的文化创造注入灵魂和活力。

创新是激活传统文化的永恒指向。中华优秀传统文化是中华民族的精神命脉，是涵养社会主义核心价值观的重要源泉，也是我们在世界文化激荡中站稳脚跟的坚实基础。传承弘扬传统文化必须吃透中国文化精神，与时俱进地变革创新。近年来，我国社会对文化遗

---

* 作者系文化部非物质文化遗产司副司长。

产的认知，已经变得更加具有包容性，对不同文化传统去粗取精、兼容并蓄的文化心态已经越来越具有社会基础。这也说明，我国非遗保护的实践，适应了中国社会对人的整体发展日趋尊重这一必然要求。我们应该珍惜时代赋予的良机，凝结传统，植根创造，面向未来，将中国的非物质文化遗产传承久远，以其深厚的精神底蕴为现代社会压舱，为中华民族伟大复兴的中国梦守住精神根脉。

更加注重技艺和精神，让非遗有效地塑造民族性格，展现民族自信

非遗通过技艺得以物化，技艺不存，精神就失去依附，人们就会失去与传统同频共振的媒介。保护非遗，其重点是保护好非遗中的古老技艺。同时，非遗的精髓更在于活的精神，在于技艺背后人的愿望、追求和信仰，在于人们的想象力和创造力、人们的情感方式和表达方式。

中华民族传统文化源远流长，博大精深，特别在塑造民族性格、展示民族自信方面积淀了厚重的文化土壤。比如古人推崇的“气韵”说，认为运动变化蓄积气势和能量，最终表现为气韵生动和生命律动，这一美学思想蕴藉丰富，经过几千年的创造实践，熔铸为历代中国艺术家孜孜以求的高超境界。《庄子》中“庖丁解牛”“梓庆为鐻”“佝偻承蜩”等寓言呈现了手工技艺的极致境界，“技进乎道”的艺术黄金律对中国文艺产生了深远影响。备受儒家推崇的“和”，对塑造民族性格也起着关键作用。有序、平衡、和顺、节制、内敛、坚韧才能带来和谐欢乐，失去“和”就会陷入偏执和乖戾。这些丰富而独特的美学积淀，不仅广泛而深远地体现在中国非遗及其物质成果上，也扩展到中国人为人处世、待人接物等方方面面，体现了中国人独到的思维方式和高远的人生境界。

非遗凝结了一个民族的智慧、品格和美德，传承非遗，就是要把民族精神文化中最精华的内容发扬光大。重视非遗，最终要落到“人”上，人是非遗传承的主体，更是非遗发生作用的客体，通过尊重人的价值、尊重人的情感、尊重人的传统习惯，最终促进人的全面发展，是非遗保护的最终目的。从社会的层面来看，人类在长期的生产生活实践中，形成了形态各异的风俗、习惯乃至信仰，它们无形中规定了人们的思维模式和行为习惯，成为不同人类群体相互区别的文化徽记。群体通过非遗等文化来确立秩序、凝聚人心，个体又通过这种文化来寻找自身的族群认同和自我认知。这种凝聚力和认同感便是个人与民族自尊和自信的根本来源。

涵养文化环境和生态，让非遗活在当下，讲好中国故事

文化遗产与环境密不可分。文化生态是全息整体的呈现形态，是文化设施、内容、活动、方式、品位、境界、风尚等方面的综合体现，既包括文化的内生系统，又包含文化的外部环境。相比于文化环境生态涵养的漫长，其人为破坏则往往只在弹指一挥间。一旦传统村落、老街、老宅等非遗环境遭到破坏，非物质文化遗产就会失去载体，文化生态链条就可能断裂。

人类从手工艺时代进入机器大生产时代，文化随之新陈代谢，但这并不意味着那些古老的非遗一定会消失殆尽，地方戏曲依然有他的粉丝拥趸，城市公园仍然可以唱响客家山歌，各种手艺绝活儿依然有人继承坚守……新的历史条件下，除了要对重点文化遗产进行

整体性保护，还应该充分发挥博物馆、图书馆、群艺馆、美术馆等场所的主阵地、主渠道作用，把非物质文化遗产保护融入新型城镇化建设和农村面貌提升的过程之中。真正的源头活水在基层、在民众，鲜活经验和创新智慧潜藏于社区街区。民众既是遗产的持有者也是传承者、保护者。这一理念既体现联合国公约要求，也是中国非遗传承保护实践的重要经验。

非遗的传承保护，不单纯是面向过去的挖掘、整理、学习，更是面向未来的积极文化建构。我们要尽可能地使非遗资源活在当下，丰富人民群众的精神、物质生活。与此同时，非遗是中国梦的重要载体，通过发挥非遗精彩绝伦的技艺，发扬其厚重隽永的内涵，我们将以具有中国特色的方式讲好中国故事，充分展现中国的历史文化传统、中国非遗传承保护的独特创造、中国非遗理论的独特贡献和中国制度的独特优势，让国际社会更全面、更准确地了解中国非遗保护和文化传承的生动实践。

中华文化，薪火相传。时代呼唤我们通过脚踏实地的努力，将中华民族优秀传统文化保护好、传承好、发扬好，让非遗成为滋养民族心灵的清泉，成为培育民族精神的沃土，为中华民族增强文化自觉、树立文化自信、走向文化自强，贡献中国非遗的股肱之力。

（原载《人民日报》2015 年 1 月 13 日）

中国民俗学会代表团出席
保护非物质文化遗产政府间委员会第十届常会

阿 忍

联合国教科文组织保护非物质文化遗产政府间委员会（IGC）第十届常会（10COM）于2015年11月30日至12月4日在纳米比亚温德和克市乡村俱乐部举行。中国民俗学会代表团一行8人作为观察员应邀与会。

本次会议共有21项议程，涉及的重要议题包括：一、修正委员会《议事规则》中有关匿名投票的规定条款；二、审查缔约国报告，包括缔约国履约报告及其已列入《人类非物质文化遗产代表作名录》的项目现状报告、已列入《急需保护的非物质文化遗产名录》的项目现状报告，以及缔约国接受非物质文化遗产基金援助的情况报告；三、审议委员会和秘书处报告，包括委员会向大会报告其2014—2016年期间的活动和秘书处报告其活动；四、非物质文化遗产基金2016—2017年使用草案、非物质文化遗产基金自愿补充捐款；五、审议审查机构2015年评审周期的工作报告，同时对列入《急需保护的非物质文化遗产名录》的8项申报材料、列入《人类非物质文化遗产代表作名录》的35项申报材料及国际援助的2项申请进行审议；六、有关已列入项目的名称修改；七、认证新的NGO组织并评估已认证的NGO组织及其资质，成立2016年评审周期的审查机构（更换1/4成员），并就2016年评审周期提交的申报项目数量和2017—2018年评审周期可以受理的申报项目数量进行审议；八、对《实施〈保护非物质文化遗产公约〉操作指南》的修正草案进行审议，包括新增“保护非物质文化遗产与可持续发展”的相应条款、退回选项，以及NGO组织认证时间表3项内容；九、跟进委员会和大会在往届会议上形成的相关决议和决定，包括审议“伦理示范守则专家会”的结论及《保护非物质文化遗产伦理原则》、履约报告的通讯受理及其指导方针，以及审计与评估的跟进办法；十、确定委员会第十一届常会的时间和地点，进行委员会十一届常会主席团成员选举等。

作为IGC认证的NGO组织，中国民俗学会于2015年9月应《公约》秘书处发来的邀请组建学会代表团，成员从学会“2015年联合国教科文组织非遗项目评审工作小组”中直接产生。11月底，由安德明、巴莫曲布嫫、康丽、马千里、彭牧、杨利慧、周福岩、朱刚等8位学者组成的代表团按期启程前往纳米比亚温德和克市，集体亮相2015年度非遗保护领域的两个重要会议。

11月29日，代表团出席了在温德和克先期举办的“非物质文化遗产NGO论坛：非物质文化遗产领域NGO组织的伦理原则（SYMPOSIUM ICH NGO FORUM：Towards a Code of ethics for ICH NGOs?）”，由彭牧博士和康丽博士代表学会在研讨会上做了主旨发言，引起热烈讨论。

29 日当晚，保护非物质文化遗产政府间委员会第十届常会承办国纳米比亚在温德和克乡村俱乐部举办盛大的开幕式，纳米比亚 Khomas 地区长官 Laura Mcleod-Katjirua 女士、保护非物质文化遗产缔约国大会主席 Awad Ali Saleh 先生、联合国教科文组织第 38 届大会主席 Stanley Simataa 先生、纳米比亚教育、艺术与文化部长 Katrina Hanse-Himarwa 女士先后致辞；联合国教科文组织总干事伊琳娜·博科娃发表视频讲话。代表团全体成员领略了“勇敢之国”丰富多彩的非物质文化遗产项目，并与相关的缔约国代表、NGO 组织代表和多位在非遗领域颇有建树的专家学者进行了交流。

11 月 30 日，政府间委员会第十届会议正式拉开帷幕。代表团成员认真参会，仔细听取委员会就相关议题展开的讨论和辩论，了解相关缔约国代表及其他观察员的反馈意见；与此同时，大家分工协作，积极跟进会议期间围绕履约报告、项目评审、《操作指南》修正草案、《保护非物质文化遗产的伦理原则》等重要议题展开的辩论，并在会下对最终形成的决议进行讨论和分析。代表团成员还轮流参加了“非物质文化遗产 NGO 论坛”在常会期间穿插进行的专题讨论和工作会议，就目前各方关注的焦点问题进行跟踪。会议持续至 12 月 4 日。

委员会审查机构成立于 2014 年，其职责范围是负责人类非物质文化遗产代表作名录、急需保护的非物质文化遗产名录、优秀实践名册及国际援助四类申报项目的评审工作。代表团认为，2015 年是审查机构成立以来首次开展项目评审工作的开局之年，因此这次参会意义重大。一则有利于顺利完成 2015 年项目评审工作总结，认真履行学会作为审查机构成员的任期内职责；二则有利于切实加强学会在国际层面参与非物质文化遗产项目评审的能力建设，进而提升中国专业学会和专家学者在非遗保护国际合作格局中的学术影响；三则有利于为国家层面的非物质文化遗产保护积累国际环境下的工作经验，促进中国非物质文化遗产领域专业人才队伍的建设和后续力量的培养。

（原载“中国民俗学网”
www. chinese folklore. org. cn/
web/index. php? NewsID = 13800）

中国民俗学会2015年年会综述

洪　展　周福岩

2015年10月23—26日，中国民俗学会2015年年会在辽宁大学召开。会议共征集论文335篇，最终甄选出参会论文193篇，涉及并覆盖了2015年度民俗学研究的不同论域和主题。与会学者在充分研讨和对话中，增进了交流，切磋了学艺，收获了学术发展的丰硕成果。

年会主题分为以下若干方面。

一　非遗保护的理论与实践

2014年，在法国巴黎举办的联合国教科文组织保护非物质文化遗产政府间委员会第九届常会上，中国民俗学会成为保护非物质文化遗产政府间委员会“审查机构”之一。从2015年开始中国民俗学会全面参与人类非物质文化遗产代表作名录、急需保护的非物质文化遗产名录、优秀实践名册及国际援助四类申报项目的评审工作。评审实践要求对《公约》及其操作指南有精确到位的把握与应用，也同时促发了学者们对非遗保护工作的开展与实施中各种问题的反思。对非遗保护与传承的理论和实践的相关研讨成为本届年会最热门的话题。

从2000年起，中国民俗学界越来越关注非物质文化遗产保护的理论研究，然而在许多方面，依然存在着理念或理解上的问题。随着评审工作的深入，这些问题要求在学理上获得更充分的认知、论证和阐明，以利于进一步的实践。巴莫曲布嫫《非物质文化遗产的话语系统》从2003年联合国教科文组织《保护非物质文化遗产公约》的中文版本的错误谈起，说明了目前我国非物质文化遗产保护的严峻形势以及这方面日常工作中的错误。根据最近申报火把节这一项目被退回的情况，强调了非物质文化遗产申报过程中正确解读教科文话语系统的重要性。她在另一场发言《非物质文化遗产保护中的横向问题：跟踪与反思》中提出了非遗保护的19个横向问题，包括遗产保护过程中社区的主体与中心作用、性别问题、可持续发展、专家参与、代际传承、能力建设、公约徽标的使用、土著和少数民族、推广旅游、知识产权、1972《公约》和2003《公约》之间的联系、文化空间的保护、2003《公约》和2005《公约》之间的混淆问题、系列化申报、多元行动者的参与问题，等等。康丽《非物质文化遗产中的性别问题》是从性别角度切入，她认为虽然目前性别话题在非遗保护中处于边缘地位，但性别平等也是文化多样性的体现，也是非遗保护中值得关注的重点。苑杰《联合国教科文组织保护非物质文化遗产能力建设战略》同样提及目前国内非遗保护工作开展过程中，对《公约》精神的误读等问题，她通过介绍机构设置、职能等回答了是谁在做能力建设战略的问题。安德明《“非遗”保护政策与实践的反思》主要提出了两个问题：标准化的规矩和追求多样性的矛盾，技术官僚对民间文化生机的压制引发二者间的矛盾。

朝戈金《非物质文化遗产保护中的伦理问题》申明了非物质文化遗产保护工作的重要原则是文化持有者认可其遗产价值，而非学者认定之，外界不可干预文化持有者自己的伦理原则；非物质文化遗产是人类共享的遗产，不是某些个体的专属，文化、群体、个人之间应相互尊重；非遗的动力是其存续的活态性，本真性和排他性不应进入到非遗保护的内容层面。杨利慧《中国民俗学会成功进入教科文保护非物质文化遗产政府间委员会审查机构的经过、意义及其挑战》也指出了过于强调“原汁原味”和“本真性”在某种程度上是与《公约》精神相违背的；作为民俗学者应对非遗运动不断进行反思。林海聪《人与动物的伦理困境——以非物质文化遗产的“动物保护”为例》从玉林狗肉节的个案出发，讨论了动物保护的现状及其伦理矛盾：我们是将动物视为资源还是生灵？孟令法《“动物保护”视域下的“非遗传承”——来自“狗肉”、“猴戏”与“点翠”的法律思考》则在前者基础上增添了法律层面的思考。

在对相关问题进行学理性研究的同时，学者们的目光并未偏离非遗保护实践。李扬《非物质文化遗产保护与新媒体》认为通过电子技术检索来提炼研究的主题，可以预测将来学术发展的思路。在非遗保护工作中，纵深地图的设计，有种历史—地理学派的意味；同时他提出要将非遗的观念植入到游戏的设计之中来。马千里《法国非物质文化遗产保护中的建档工作》是从微观角度来谈技术在非遗保护中的应用。在法国，建档是非遗保护得以实施基础和先行条件，其中主要有：非遗所在地区和名称、资料的介绍、非遗传承人资料，等等。洪映红《民俗学在非物质文化遗产保护中的学科价值——以“厦门市非物质文化遗产名录”为例》认为民俗学参与非物质文化遗产保护的立场问题在于“基层社区保护”“文化空间保护”“民间社会保护”三方面。吕慧敏《文化安全视野下非物质文化遗产的保护与传承》论析了非物质文化遗产保护在国家文化安全体系中的重要地位及其在全球化和现代化背景下遭遇的个性丧失、内涵异化等危机，提出只有生产性保护开发和大众传承等活态传承形式才是实现非物质文化遗产保护、维护国家文化安全的根本路径。井晓昌《“非遗志”：非物质文化遗产研究的新思路》中创造性地提出了“非遗志”的概念，为非遗研究带来设想了新的可能方向。赵李娜《环境、信仰、文艺与生活：人地关系视野下的国家级非遗叶榭舞草龙研究》对非遗保护“碎片化”之困境进行反思，建议将历史地理学中“人地关系”概念引入，实现整体性保护。姚琼《非物质文化遗产民间保护的日本经验——以日本四个村落的瘟神祭祀仪礼为例》借鉴了日本的一些经验，介绍了在保护法规制定前的很长时段里，日本民间组织对无形民俗文化遗产的保护机制以及日本民间组织对无形民俗文化遗产的保护情况。杨红《非物质文化遗产与知识产权保护体系衔接的几个问题》则强调知识产权法对于非遗保护的必要性，她认为非遗相关主体在知识产权的运用、管理等方面的能力有待提高，同时，要建立更为合理和完善的知识产权法律制度来保护非遗。纪军《滑县木版年画传承人研究》也论及传承人对于知识产权等相关法律知识陌生的问题。

在关于非遗传承的路径上，与会学者们也从不同角度提出自己的观点。马知遥、潘刚《传承人口述史的身体符号价值》一文，从对于传承人口述史的关注再到对非遗身体性的关注，讨论非遗如何实现真正意义上的活态保护问题。袁琛《单丝不成线，独木不成林——从面具表演的传承方式看非物质文化遗产保护》从面具表演的传承方式入手，通过分析不同传承方式的特征，强调群体凝聚力在传承中的重要性。钱永平《传统医药类非物质文化遗产世代相传的成功经验与启示——以平遥道虎壁王氏妇科为例》通过介绍平遥道虎壁王氏妇科建立家族内部管理体系和成熟的传人培养机制，为技艺类非遗项目的传承提供了发展方向。尚炜《论非物质文化遗产的整体教育传承观——以襄阳老河口木版年画为例》则是从教育角度思考非遗传承与保护，他提出整体教育观，即整合各种教育手段和资源以保证教育传承渠道畅通，促使社会成员形成自觉的保护意识，促进非物质文化遗产的综合保护。

二　民俗学理论与学术评介

本届年会中民俗学理论研究与学术评介也是广受学者们关注的方面。

周福岩《黑格尔的风俗思想与哲学人类学》一文，对黑格尔的风俗思想进行全面解析。周福岩认为黑格尔将风俗视为精神的中介或对象化系统，视之为个体中的国家生活等思想为人们在文化政治学意义上考察风俗习惯的生成与持存提供了根本的启示；风俗是意识和自我意识、有限性与无限性、特殊性与普遍性在其中得到统一和被肯定的世界，是自由得以被确认的不断拓展的非给定存在，是使精神显现（实体化）的必然中介和载体。朱刚《赫尔德与现代人文学术的语言转向》对赫尔德的语言观与现代人文学术的语言转向之间的关系加以讨论，认为赫尔德的语言起源理论预示了现代哲学的语言转向，即从人与世界的关系的理解过渡到语言与世界的关系的理解。赫尔德的思想中对于语言之“语音”的语用学关注，与现代民俗学中关注语言运用的理论，存在着一脉相承的关系。民俗学中关注语言运用的研究范式，从深层次的哲学思考来看，应该具有反思“人之存在”基本命题的理论意义。

王京《明治时期的柳田国男与中国》将视线投向明治时期，思考中国对于少年、青年时代柳田的意义。该文从一个全新的角度重新理解柳田学的特征，同时也是对近代日本知识分子与中国关系的一种审察。惠嘉《马林诺夫斯基论神话与宗教的关系》对于马林诺夫斯基“宗教与神话的同一性”问题进行详细的论述，开启了探索神话本质的另一个向度。沈玉蝉《三功能结构与三分式意识形态——乔治·杜梅齐尔学术思想评介》对杜梅齐尔的“三功能结构”理论加以介绍，讨论其学术思想对 19 世纪比较神话学的超越。黄金葵《度化叛逆者的通过仪式——〈西游记〉神话象征主义的社会文化隐喻》将维克多·特纳的社会戏剧隐喻模型引入民间文学研究，富于阐释想象力地把整部《西游记》视为是一场将叛逆者度化为合法正义之士的通过仪式。

张静《西方民俗学与谣言研究》将目光投向当下学界渐兴的谣言与当代传说研究。在文中，张静对西方民俗学在谣言与传说研究方向取得的成果加以评述，以促进处于转型时期的中国民俗学和传说学的发展。黄清喜《论口述史的民俗学研究范式》将民俗学田野作业引入口述史研究，突出“民”的主体地位。尹虎彬《文化理想的冲突——复兴传统的悖论》讨论了中国现代化转型过程出现的“道德性”与“现代性”的分裂，即伦理主义与历史主义的悖论，强调文化重建的意义。

三 民俗学：经世济民之学

民俗学“经世致用”意义的研究有如下一组文章，分别从学术的政治、经济、日常生活文化建构等方面展开论述。

田兆元《公共节庆活动踩踏事件分析与管控的民俗学维度》从公共节庆活动踩踏事件入手，讨论民俗意识的养成对于城市管理的重要意义，强调学界应重视对都市民俗学的研究，应该把民俗节庆的安全研究与安全治理确立为民俗学重要的研究对象。田兆元还认为民俗学教育应该渗透到社会管理的各个方面，在都市社会与公共文化建设中发挥多方面作用。李晓城《略论少数民族节日文化品牌的建构——基于对贞丰县布依族“六月六”的调查》则从具体的节日出发，讨论如何在民俗学指导下，实现“保护性开发”，完成民族节日文化品牌建设。赵德利《庙会文化中的和合精神——以关陇地区传统庙会为例》讨论传统庙会的复兴及其在当下的意义，作者认为传统庙会为民众提供了多种愿景实现的文化场域，是一种地域生活的“和合”。

随着国家对节日、非遗和传统村落复兴等文化诉求的大力提倡，节庆活动日益增多，非遗与传统村落开发的两股热潮在国内兴起，然而民俗学及民俗学者却在其中难觅踪迹，如何发挥民俗学经世济民的作用成为本届年会讨论的热点话题。王霄冰《民俗学的实践性探讨——以古城镇保护和旅游开发为例》以古城镇保护和旅游开发中民俗学者的参与情况为例，讨论民俗学如何发展成为一门既具备科学性和思想性又带有实践性的经世济民之学，让民俗学者在这个时代发声。林德山《旅游语境中的民间艺术价值再造》则对王霄冰的问题予以回应。林德山分析了旅游产业中的民间艺术价值和民间艺术的旅游价值，对如何平衡好民间艺术的旅游市场化运作与其传承发展并行不悖的问题进行反思。游红霞《上海非遗生产性保护创业的多元主体研究》以上海地区非遗生产性保护企业为研究对象，分析非遗生产性保护企业的创业者具有多元性的特点，她认为创业实践的实质是将“身体资本”转化为“符号资本”的行为。毕旭玲《上海新城镇文化遗产的保护与开发问题浅议》对上海新城镇开发过程中“七城一面”的倾向进行反思，邵卉芳《新型城镇化进程中西藏非物质文化遗产的机遇和挑战》也分析了与毕旭玲文所讨论的相似情境。邵媛媛《阿细祭火仪式的旅游化调适》则关注信仰类非遗在旅游场域中的形变，该文以旅游情境中云南弥勒阿细人的祭火仪式为研究对象，通过对仪式再生产过程的审视来理解地方群体如何在神圣信仰与世俗消费之间进行文化调适。马梦园《文化与旅游在城市消费空间中的作用——以武汉楚河汉街为例》以建成于2011年的湖北武汉市楚河汉街为例，讨论现代社会中城市的新型商业街区对于文化的运用，以及市民和游客对这一类新型消费空间的认同。

民俗是生活文化，其再生产与变迁都内孕于民众及其日常生活。民俗研究除了要关注传统社区的文化遗留物，还要关照传统社区文化在当下时空中所发生的变迁，并给予整体的全景式的关照。中村贵《上海春申君传说研究——申城的产生与“公共化”》从上海春申君传说出发，讨论“春申文化”如何依靠大众媒体形式被“公共化”，成为上海的历史文化和城市形象的重要组成部分。与之类似的还有梅联华《万寿宫文化与南昌城市精神》一文。刘慧《上海老饭店本帮菜的食客体验研究》通过对老饭店食客群体进行多方面的问卷调查和类型化研究，观察在这样一种饮食体验互动的过程中，地域文化认同是如何形成并最终促成了本帮菜的发展与传承的。杜实《一个国有汽车厂的田野调查与工业民族志思考》以民族志视角勾勒出生活区工人居民的日常生活、居住空间和社会组织，微观地叙述了中国市场化改革以来国有企业与城市工业社区变迁的“转型故事”。

四　民间文学：扎根传统、面向日常

何钧佑长篇叙事是近年发现的锡伯族长篇口头叙事的活态传承形式，其内容以锡伯族历史上英雄人物成长经历为主，多侧面地反映了锡伯族早期部落时代的生活和历史。目前学界对何钧佑长篇叙事已展开初步研究，最具代表性的是江帆《史诗的演化和演化的史诗：锡伯族口头传统寻踪》。该文从锡伯族著名史诗传承人何钧佑的生平出发，介绍了何钧佑老人及其家族保存下来的多部锡伯族长篇叙事诗，展示了锡伯族口头传统演化的两个向度：史诗的演化和演化的史诗，为口头传统研究提供了新个案和新类型。隋丽《游走主题：英雄与族群的自我超越之旅——何钧佑锡伯族长篇口承叙事研究》提出“游走”的概念，从“游走”的叙事结构、“游走”的母题链及“游走”的文化意义三个部分讨论何钧佑文本的特征。詹娜《讲唱者的记忆术与隐性讲述策略——何钧佑长篇叙事程式的功能探析》则探讨了程式对于讲述人和叙事内容而言的存在功能及意义。詹娜认为程式的运用有助于记忆讲述内容，而从叙事的情节和主题来看，程式又是讲述人的一种隐性讲述策略，它不仅直接地推动叙事情节的发展，还隐性地完成了叙事主题的突显。

“进入田野是民间文学工作者共同的呼声，在田野里发现和理解民间文学似乎已成为学者们共同的心愿。我们已从田野中获取了大量的民间文学作品，却罕见民间文学志，而这正是目前我国民间文学研究的主要不足。”万建中在《民间文学引论》中发起对民间文学志的呼唤，然而并未引起足够多的重视，在本届年会中，学者开始了对民间文学志的讨论。万建中《民间文学志书写的学术意义》认为民间文学志能让人们考虑民间文学的生产过程、生存状况与价值，写民间文学志，要考虑当地口头传统，并非仅仅某次表演。民间文学研究不应该总是个案，应该让民间文学研究视域具备多样性，传统民间文学已经随着城镇化而消散，民间文学不可能再是民间文学“作品”，这样的现状要求我们改变研究视野。吴新锋《作为方法与文体的民间文学志：民间文学田野研究中的叙事四面体》则是将民间文学志作为一种方法和文体，与他在西王母神话传说田野作业中的经验相结合，对民间文学四个叙事面向（讲述者、听众、研究者和民间文学文本）予以精确叙述。

神话主义是杨利慧在研究神话的当代变迁时提出来的学术概念。现当代社会中对神话的挪用和重新建构，使神话从其原本生存的社区日常生活语境移入新的语境中，为不同的观众而展现，并被赋予了新的功能和意义。神话主义的提出对于思考神话在当下社会的传承具有重要意义。杨利慧《神话 VS 神话主义：以河北涉县娲皇宫内普通讲述人和导游的叙事表演为个案》详细展示了遗产旅游语境中神话主义的具体表现，并归纳出其四个特点：口头传统与书面传统有机融合；叙事表演以情境和游客为中心；神话更为系统化；神话的地方化更突出。杨利慧将神话主义视为神话的“第二次生命”，她认为研究者应将神话的整个生命过程综合起来进行整体研究。张多《遗产化实践中的神话主义——基于红河哈尼梯田社区的田野研究》与杨文有共同的学理主张，该文探讨了在遗产化运动中，

"哈尼哈巴"的神话叙事从传统的仪式语境脱离出来，成为文化政治的显在符号和重要角色。祝鹏程《"神话段子"：互联网空间中的神话主义》与包媛媛《中国神话在电子游戏中的传播与接受》则是对网络空间中的神话进行解读，讨论了互联网等新媒体对神话传统产生的重要影响。

对于处于现代化转型期的民众而言，民间叙事成为维系地方认同、共同体认同、表现地方文化的一种方式。吉国秀、王明月《信息技术、职业群体与社会变迁——一项基于IT笑话文本的跨学科研究》讨论的是网络社会中一种新兴的民间叙事体裁——IT笑话，文章旨在通过对IT笑话的分析，反思信息技术在中国出现以后引发的社会变迁，作者将这些社会变迁理解为信息技术引入中国以后引发社会结构的变化。跨学科的视角转换能力能够让民俗学更好地发挥文本分析的传统优势，能够让文本分析走出狭义的文本，使分析更为全面深入，扩大民俗学的视野，使民俗学在人文学术中逐渐形成自己独立的声音。陈艳《从博物馆故事讲述活动到地方塑造——以首都博物馆为例》透过首都博物馆中静态的图景叙事和参与者之间的口头叙事看其对地方文化的呈现。与之类似的还有杜韵红《民族博物馆与文化多样性——以云南民族博物馆为例》、戚晓萍《"阿欧怜儿"山歌的地景书写与文化认同》、谢红萍《历史事实、族群记忆与现实表述——以西双版纳基诺族族源神话和传说为例》以及谢芳《略论两宋时期钱鏐传说的流变——兼谈宋代民间历史记忆》等。

在民间歌谣方面，马千里《二十世纪上半叶的工人歌谣与本世纪打工歌谣的比较研究》运用民间文艺学的文本研究和关注口头传统语境的表演理论等研究方法，对这两个阶段的部分工人歌谣的若干特点进行分析和对比，讨论社会背景的演变对工人歌谣的影响，说明了工人歌谣研究对于工人生活史、工人运动史乃至当时经济社会结构研究的重要意义。歌谣类综述文章则有廖元新《二十世纪民间情歌研究评述》一文。

郜冬萍《水浒叶子与〈水浒传〉》探讨特定民间游戏与中国文学在漫长历史中的相互影响与作用，为民间文学研究提供了一个新视角。在民间文学的传统研究领域，与会代表们也贡献了许多高水准论文，如莫愁《"月老婚配"故事的文化解读》、董秀团《〈火烧松明楼〉故事的完型化及其原因探析》、焦景丹《塔吉克族民间文学意象研究》、顾春军《"挽歌"源流考论》、梁珊珊《从隐士传说看剡地隐士身份的转变》、叶威伸《台北芝山岩风物传说初探》、樊云松《峄山传说与峄山会》、夏楠《传说的文本属性——以豫西大禹治水传说为中心》等。

五　民间信仰

叶涛《从国家宗教到民间信仰——泰山信仰的历史轨辙》从"国家宗教"与"民间信仰"两个概念出发，讨论了从帝王封禅到民众庙会过程中泰山信仰仪式的变化，继而讨论信仰仪式主角的变化，从而使泰山信仰仪式变成一场日常的狂欢。郭永平《民间信仰和国家意志的整合——沁河流域水草神信仰初探》以水草神信仰为例展现了古代社会中一个普通人如何通过统治者的敕封实现从人到神的转变，实现民间信仰与国家意志的整合。柯力《民间信仰与国家治理：以妈祖信仰为例》从社会学视角分析福建湄洲岛妈祖信仰的历史变迁，深入考察了在整个变迁过程中，国家与社会之间关系的变化，官方与民间的互动。张青仁《中国社会结构对民间信仰实践的影响——基于妙峰山香会群体仪式实践的田野调查》将民间信仰放入实践论的视域中，对差序格局的社会结构施之于信众宗教实践的内在影响进行分析。张青仁认为，差序格局的中国社会支配了中国民间信仰的实践逻辑，形塑了信众的神灵观及奠基其上的仪式实践，信众通过对神灵的拟亲属称谓以及用亲属交往比拟仪式实践，与神灵建立起拟亲属的关系，进而用亲属交往的道德确保着作为回报的神灵的灵验。屈啸宇在《民间醮仪中的“土地”逻辑——以杜本通香观为例》一文中认为，在民间信仰实践与经典仪式知识之间的对话与重塑关系是解读民间信仰仪式传统的要点。李柯《汇龙潭与明清嘉定县科举》讨论了科举时代中，人们如何通过“风水”这一神秘而有效的处理方式来化解是非矛盾，制衡社会关系。

松尾恒一《对日本华侨公墓与后土、土地神的考察》聚焦长崎、神户、京都、横滨等地的华人华侨公墓，尝试探讨在日华人圈的存在形态及其信仰特质等问题。常玉荣《俗民祭祀群体结构特征——基于河北涉县俗民女娲祭祀活动的研究》分析俗民群体的祭祀结构，以把握俗民信仰生活的组织图式。作者认为民间祭祀活动呈现出几个鲜明的特点：一是基于多层级圈层结构的层叠祭祀、重复祭祀和交叉祭祀并存的局面；二是民间祭祀单元同时具有聚合力与离心力；三是在祭祀单元中，带头人和骨干起到决定作用。潘云峰《通过礼仪：广西马山县内过屯社庙祭祀仪式分析》通过对广西马山县一个祭祀仪式过程的描述，呈现了壮族人是如何通过一个仪式来完成对自身信仰的延续和社会关系整合的。杜鲜《云南大黑天信仰和图像学特征的流变》将云南大黑天信仰放置在“大黑天文化圈”下，分别从历时性与共时性角度梳理云南大黑天信仰各个阶段和层面的内涵特点与图像特征流变的脉络，以及与周边大黑天信仰和图像之间的关联。王人弘《台湾赛夏族矮人传说与祭仪之传承与变异》介绍了赛夏族矮人传说和赛夏族矮灵祭，并阐释了传说与祭仪间的互涉。任洪昌《地理环境对妈祖信仰产生及传播的影响研究》基于文化地理学理论中文化生态学观点，运用文献法对古代妈祖信仰的产生及空间传播与地理环境之间的关系进行分析研究。徐永安、杜高琴《老人自死习俗：“鲧复生禹”神话与历史背后的真相》从仪式与信仰的角度对“鲧复生禹”神话进行重新解读。作者认为，该神话包含了老人自死习俗的内核，是事关部落兴盛的神圣的神灵再生仪式，根本不存在野蛮、不孝等问题。

王尧《王泽三神考》从《史记·赵世家》“王泽受三神竹书事”中“王泽三神”和“霍山神”的身份混淆出发，通过对相关文献的梳理，从民间信仰主题出发，对“王泽三神”的原初面貌加以考证。王尧认为下级神灵本身是可以作为信仰主体出现的，王泽三神作为霍山神的“大吏”，可以独立显灵并得到崇祀实践。胡宁《“宁风之棘”考——先秦祭风民俗探微》从原文语境出发，依据传世文献、出土文献，对中国上古止风祭祀和“棘”作为巫术灵物的使用进行梳理。胡宁认为“宁风”实即止风之祭，“宁风之棘”即用于止风之祭的棘木柴堆，这一考证为我们理解先秦祭风民俗提供了重要的细节信息。林晓平《〈周易〉与民俗研究》对《周易》与我国古老民俗的关系进行探究，并阐述《周易》对于后世乃至当今民俗的深刻影响。吴玉萍《分食仪式研究》通过对国内外分食仪式的描述进行溯源并对其现状进行描述，讨论这种仪式叙事在当下的文化意义。

另有学者对民间信仰活动实践中出现的种种问题进行反思，如刘智豪《现代化冲击下的民间宗教发展困境与转化：以台湾扶鸾仪式为例》及王渭清《陕西关中农村祠庙信仰活动的调查与研究》。

六　妖怪学

作为妖怪学专场的召集人，刘晓峰在《中国人的妖怪观——来自时空维度的考察》中对中国人的妖怪观从时间与空间维度进行解读，时间的超常与空间的超常会带来超常的出现，超常的有无秩序是正常时空与妖怪的分野，对这个超常与无秩序的世界的想象，就是妖界想象。卢梦雅、刘宗迪《法国耶稣会士戴遂良及其〈现代中国民间故事集〉》一文，对法国耶稣会士戴遂良所编纂的《现代中国民间故事集》予以评介。戴遂良以中国叙事文学的文本文献中的“神异志怪”主题为主要范围，在此基础上进行母题分类和索引编排。卢、刘二位作者将戴遂良视为最早将西方民间故事理论引入我国并且付诸实践的人，认为该故事集对于我国重新认识中国现代民间文学研究史的学术脉络具有重要意义。

妖怪主要以人魅和物魅两种形式出现在人们的视野中。黄景春《关于“地下二千石”》从阴间官吏“地下二千石”进入对冢墓神仙的讨论，从地下职官建立的观念来研究妖怪学。宣炳善《祖先作祟的厉鬼观念与魂魄信仰的仪式周期》从商朝以及苗族、佤族、壮族的魂、魄作祟，提出仪式周期的问题。赵雪萍、岳永逸《山西狼/狐精怪故事的比较研究》按前情、结果等不同量标对故事进行了分类，并就这些故事中的植物、动物、食物、日常用品、韵语和获救方式等进行了比较分析，最后与 AT 分类法中的老虎外婆故事型的母题进行了比较。而任志强《“边缘”之魅——文化研究视野中的古代狐精故事解读》透视狐精故事呈现的狐精形象，解读其象征的古代社会中的边缘群体。透过狐精的命运，解读这些群体在当时社会中备受压制的处境。冈部美沙子《关于中国白泽图像的一个考察》以西安户县的白泽像为例，通过对该图像进行解读，为牛身白泽发生于中国提供证据，同时考察白泽和麒麟图像搭配的可能性。

七　民俗传统与当代社会生活

朱霞《民间公共资源的传统利用与乡村建设——以云南盐村的“公甲”平衡制度为例》从云南盐村的“公甲”平衡制度看云南民间盐村对公共卤权的利用，以获得对当下新乡村建设的启示。通过对云南民国时期（20 世纪 30—40 年代）盐村对民间公共资源的利用进行调研，朱霞认为公共卤权在盐村起着一种保障、调节、平衡的作用，云南民间盐村对公共卤权的利用，体现了资源公有的观念，反映了盐村寻求村落中的人与人之间的公平关系，整合了井地的内部关系，促进人们之间的正常交往，使井地具有感召力和凝聚力。

鞠熙《清代北京旗人丧葬礼俗的生活实践》以清代普通旗人日记《闲窗录梦》为主要资料，梳理了清代北京旗人丧葬礼俗的日常生活实践情况，从而探究丧葬礼俗中所透露的北京旗人世界中的差序格局。同时，作者在研究中发现地方志作为民俗资料的局限性，对于我们在地方志使用上可能形成的偏颇予以警示。邵凤丽《试析当代家祭礼仪传承与重建的依托要素》讨论的则是当代的家祭礼俗，她在文中论述了当代家祭礼仪是如何依托文化传统、神圣空间、礼仪经济以及家族组织关系四个要素实现传承与重建的。苏雄娟、谷春兰《云南永胜县小丙习大山村傈僳族丧葬习俗的文化内涵》通过对永胜小丙习大山村傈僳族丧葬过程及仪式的描述，反映了傈僳族历史上的迁徙路线，以及傈僳族历史流变中的传统道德传承等文化内涵。

贺少雅《论元代字说中所见之民间冠礼及儒家的成人观念》从冠礼在元代民间社会的复兴谈起，讨论字说于冠礼的功能及其折射出的元代冠笄之礼的传承和变迁。同时，她认为字说对时人名字内涵的衍义也折射出儒家的传统价值观及其成人观念。而周佳宁《明代冠礼的复兴》则从时间、地点、参与者、器物与用乐、加冠与命字等方面介绍了明代冠礼复兴的情况，在揭示其特点的同时，讨论冠礼在历史上及当下的意义。李佳霖《近现代婚礼的变迁》以婚姻仪礼为研究对象，以婚礼变迁为切入点，从婚礼观念和仪式两个方面，分析近现代婚礼变迁的趋势及其体现。于倩《陈巴尔虎婚礼仪式变迁分析》则从具体的个案出发，透视当代蒙古族婚礼仪式的变迁状况。毛炜玮《介于多者之间的现代性——基于对上海涉外婚姻与新型生育观念的研究》探究传统在全球化进程下遭遇了何种冲击并由此发生了何种变化，形成这种新型现代性背后的原因是什么，以及这种现代性为何会成为一个被人们所关注的社会现象。郑艳《晋南诞生礼的民俗符号解读——基于山西省闻喜县的个案调查》围绕晋南诞生礼举办过程中出现的各色各样的民俗符号，展示民俗在日常生活中生机勃勃的态势，显示出人们在历史发展过程中对于新社会环境的建构与适应。

梁爽《历史记忆与认同——以沈阳锡伯家庙研究为例》讨论了少数民族“自我建构”的问题。辽宁锡伯族文化精英通过“书写”有关沈阳锡伯家庙的历史记忆、“复原”祭祀仪式等，以期重构辽宁锡伯族的民族认同和文化传统。仪孝法《里湖白裤瑶传统服饰面临的挑战与发展对策研究》剖析了里湖白裤瑶传统服饰面临的来自社会转型与文化困境的双重挑战，提出了相应的对策，强调了服饰对于民族文化的深刻意义。

崔若男《手帕姊妹：明清江南地区娼妓结拜习俗研究》通过梳理明清娼妓“手帕姊妹”间的结拜习俗，从生活实践角度来还原古代女性的生活面相之一，以及在男性话语以外的、属于女性自己的、独立文化空间。

何华湘《媒介融合时代西江龙母文化的复兴与传播问题探讨》讨论了在“非遗保护”语境下龙母文化的复兴以及在其传播实践中出现的种种问题。何华湘认为龙母文化传播过程中面临着文化商品化、文化内涵剥离等问题，对于遗产的保护与开发有重要借鉴意义。

周书云、陈薇《顺德传统特色节俗“饮灯酒”与“和”的培育》分析了顺德“饮灯酒”节俗中各行为主体如何通过各种节庆活动将经济效益、文化效益、社会效益发挥到极致，在培育与践行社会主义核心价值观尤其是“和”中树立起典范，并承担起民俗道德教化的功能的。肖婷《北京女儿节考》以地方志等古籍文献为依据，对元代以来北京地区的“女儿节”出现的原因及其节日习俗进行考述，进而探讨当时社会及节日的变化及女性在节日中的地位。朱卿《从“祭仪”到“节日”——景颇族“目瑙纵歌”的节日建构过程》讨论了景颇族“目瑙纵歌”从一种宗教性祭祀活动到现代民族节日的建构过程。朱卿认为，在这一节日化过程中实现了双重转换，一方面完成了从不定期祭祀到节期固定的转换，另一方面完成了从宗教祭祀到公共文化活动的转换。同时，节日一旦形成，并成为一种传统，它就能成为构建社会秩序的模式，不断地进行文化再生产。陈鹏程《明清小说中浴佛节描写的民俗价值及文学意义》通过对明清小说中关于浴佛节民俗事项的描述，讨论文学与民俗之间的关系，为当代社会生活与宗教生活互动的研究提供了新的切入点。

八　民俗记述与乡愁

张雅欣《民俗学的影像文本》从民俗影像文化志在当下民俗学研究中的缺失出发，讨论其对于民俗学研究的重要意义。张雅欣认为，民俗影像“其声音与图像具有与历史记录有关的索引关系”，它可以完成与文字文本的互文性功能。宋颖《乡愁、民俗与影像表达——以纪录片〈记住乡愁〉对赫哲族的表现为例》则是与张雅欣论文的一种呼应。宋颖根据纪录片制作过程中遇到的问题和解决对策等实践经验来探讨，以民俗为文化资源的纪录片如何在关注“人”的同时，建构起并传递出特定的思想和情感。张勃《精神返乡与历史记忆：易代之际的怀旧式民俗书写》对政权易代之际出现的怀旧式民俗文献进行解读，讨论其产生的原因。张勃认为政权易代带来个体层面、社会层面的多重断裂，导致自我认同的严重危机，这些文献正是在乡愁寻寄的情况下文人们精神返乡的结果。

传统村落文化记载着我国农耕文明的历史，是中华民族优秀传统文化的重要载体和不可或缺的重要组成部分，也是不可再生的宝贵文化遗产，具有重要的历史价值、丰富的文化内涵和厚重的乡土精神。刘百灵《洛阳传统村落文化调查》对于传统村落的构成、文化意义及其现状做了全景式的描述，对于传统村落文化研究具有参考价值。同时，刘百灵也对传统村落之破败表示深切担忧，与刘文表达相似忧患意识的还有石维刚《全球化语境湘西苗族巴代文化的生存展望》。魏娜《芳华再现：古村落在时代发展下的人文价值探讨——以烟台龙口市西河洋古村落调查为例》则为我们展现了不同的状态。通过对西洋河古村落的民俗调查，魏娜认为古村落作为历史和文化的“活化石”，承载了厚重的民俗文化内涵与人文价值，在当代依然有重要的影响力。

九　民间艺术

邓苗、韦仁忠《现代化视野下的民间艺术变迁——以温州米塑为例》以温州米塑为例，讨论了民间艺术变迁背后的社会机制、历史场域和生活语境，以分析民俗技艺、现象、知识和传统同现代社会产生隔膜的原因。相近的研究还有马小鸿《青神竹编工艺流程的调查报告》、古力加娜提·艾乃吐拉《维吾尔族传统手工艺文化的社会功能——以朵帕为例》。

杨金源《民间戏曲作为重建在地社会符号之区域民俗事象研究——以台湾宜兰歌仔戏为例》从最具台湾传统符号性格的地方歌仔戏入手，以台湾宜兰县为例，检视地方政府如何描绘在地符号并着手民俗文化重建的相关作为。张政坤《戏曲流变与文化空间：赣南东河戏繁荣与衰败的原因探析》、吴建冰《论侗族戏剧中的民族认同》、贾蔓《民俗学视野下的彝族花鼓舞仪式研究》、邹宇灵《从神到俗的绺巾舞蹈意义阐释》等文章也多方面分析了民间艺术与社区生活的广泛关联。

黄璟《口述历史与莆田文峰宫〈妈祖经〉音乐》运用口述史的研究方法，以莆田民间音乐传承人为访谈对象，挖掘莆田城内文峰天后宫《妈祖经》音乐，通过对两个版本的音乐比较分析，考察《妈祖经》音乐在当代活态传承方式。石国伟《民间礼仪中的乡村音乐——山西高平八音会个案考察》也着重分析了民间音乐的传承形态。

樊苗苗《从壮锦动物纹样窥探壮族民间信仰》一文对壮族织锦动物纹样如鸟、鸡、凤、龙、蛇等符号解读，揭示其动物崇拜和花婆崇拜的信仰根基，讨论了这些纹样所反映的壮族民间文化、风俗信仰、宗教等内涵。李晓倩《汉画像中的戏车研究》与朱鹏《汉画像中的角抵图初探》对汉画像中的戏车和角抵图分别进行研究，尝试将典籍里记述的民间艺术还原于生活情境中。

第二篇

热 点 话 题

中国民俗学会与国家文化建设

——以传统节日的复兴重建为例

萧　放　张　勃[*]

作为一个全国性的民间组织，中国民俗学会已走过了30年的历程。回顾学会的成长过程，有几个重要的时间必须记住。1979年11月1日钟敬文教授发起，顾颉刚、白寿彝、容肇祖、杨堃、杨成志、罗致平等联名发表的《关于建立民俗学及有关研究机构的倡议书》，是孕育产生中国民俗学会的重要契机。1983年5月21日中国民俗学会在北京成立，中国民俗学会的诞生是中国现代文化史上的重要事件。1993年在中国民俗学会成立10周年的时候，钟敬文先生明确将民俗纳入到民族历史文化遗产之中，并且提出通过学者的研究努力让其中优秀部分成为新时期民族文化建设的一部分。民俗学可以成为经世之学。2003年是中国民俗学会的及冠之年。在学会的成年仪式上，刘魁立会长强调："我们将不遗余力地为中国民俗学的发展、为优秀民间文化传统的复兴、为中华民族的繁荣昌盛而努力工作、奋进不息。"在2003年至2015的十余年时间中，中国民俗学会在学术研究、服务社会、参与国家文化建设、促进人民幸福生活等方面尽心尽力。推动中国传统节日的重建与复兴，则是这方面的杰出代表。

节日文化是民俗文化最显著的组成部分之一，源远流长的传统节日以其民族性、生活性、复合性、共享性在民众生活中有着突出位置。但近代以来，随着西方社会标准时间体系及其价值观的引入，传统节日地位明显下降，甚至一度面临废除的危险。20世纪80年代以来，伴随着改革开放过程，民族文化自觉意识逐渐增强，中国出现了传统节日复兴的态势。具体表现为：一度在现实中消失只存留于文本记载或人们记忆中的某些传统节日得到重生的机缘；有些在传统社会已经趋于衰变的节日也因为新的时代的激发，再次获得服务社会的现实功能；有些传统节日还回到日常生活的中心。由于时移势易，传统节日的当下复兴同时也是传统节日重构和重建的过程。这一过程迄今已历时30余年，方兴未艾。传统节日的复兴和重建是当代国家文化建设的重要内容，也是国家文化建设的重要路径。它的开启与持续有着十分深远的历史意义。中国民俗学会及其成员积极参与其中，资政备询，引领助推，做出了不可磨灭的历史贡献。学会也借此锻炼了自己的学术队伍，提高了学会组织的影响力和显示度。

* 萧放：北京师范大学文学院教授；张勃，北京联合大学北京学研究所研究员。

一 中国民俗学会在传统节日复兴重建过程中的四大贡献

传统节日的复兴重建是一项需要民众、政府、媒体、学者等多种力量参与其中的过程，中国民俗学会积极参与其中，并做出了重要贡献。主要体现在以下几个方面。

第一，提出社会话题，引发社会讨论。

在传统节日当代复兴过程中，有几次重要的社会讨论，包括春节鞭炮是否应该禁放，面对韩国江陵端午祭申请世界非物质文化遗产、中国人应该如何对待自己的端午节乃至文化遗产、中国人能不能将七夕节过成中国情人节，国家应该进行怎样的法定假日，改革、是否应该给予传统节日法定假日，等等。这些讨论不仅对传统节日的复兴重建起了实质性的作用，而且具有重要的文化史和思想史意义。它们是全民参与文化讨论进行文化反省和文化批判的过程，是不同社会群体文化价值观进行碰撞、交流和融合的过程，是国家与社会进行沟通互相合作的过程，是社会大众文化自觉性、文化自信力、文化鉴赏力、文化反思力、生活自主性的培养过程，它所产生的实际影响极其深远，大大超出传统节日复兴之外。中国民俗学会不仅是这些讨论的重要参与者，而且也是这些讨论的重要发起者和社会舆论的引导者。

第二，积极推动国家节假日立法变革，为更多传统节日进入国家法定假日体系提供学术支持。

传统节日是否进入国家法定假日体系是关系传统节日乃至民族文化的地位、当代传承与未来发展的大问题。更多传统节日进入法定假日体系，不仅可以为民众有时间过节提供根本保证，而且可以确认传统节日在国家时间制度中的合法地位，为传统节日复兴重建、重归日常生活中心奠定坚实的基础。中华人民共和国成立以来，根据 1949 年 12 月 23 日政务院发布、1999 年 9 月 18 日国务院第一次修订的《全国年节及纪念日放假办法》，只有春节一个传统节日给予假期。2007 年 12 月国务院做出《关于修改〈全国年节及纪念日放假办法〉的决定》，对《全国年节及纪念日放假办法》进行第二次修订，明确规定法定假日新增三个传统节日，即清明节、端午节和中秋节。这是一个具有历史意义的重大转变，反映了中国在处理国家与社会、传统文化与现代文化的关系方面的巨大进步。中国民俗学会组织专家学者全面深入地论证这一转变的必要性和重要性，并提出具体方案，适时地为这一转变提供了坚实的学术支持，做出了不可磨灭的贡献。

第三，进行传统节日的知识普及和理念更新，开展广泛的社会动员。

传统节日的复兴和重建不仅需要官方的支持，更有赖于社会成员的共同参与。社会成员的选择最终决定着传统节日的命运，而社会成员的选择很大程度上取决于他们对传统节日的认知、感情和理解。认知缺乏、感情淡漠、理解肤浅是一些人不过传统节日的根本原因。有鉴于此，就需要有人承担这样的任务，即丰富他们对传统节日的认知，培养他们对传统节日的情感，加强他们对传统节日的理解。近 10 年来，学会及其成员推出节日系列丛书，发表专栏文章，举办或参与面向公众的传统节日讲座，并利用网络媒体进行社会宣传，有力地推进了这一工作。如今，传承和发展传统节日已成为社会共识。

第四，进行节日复兴和重建的文化设计和评估。

近年来，以传统节日为依托建构新兴地方节日开展活动以实现经济、文化的双赢，成为传统节日在地方复兴的重要路径。中国民俗学会参与这些活动的策划设计和评估，促进节日的复兴和重建过程更加科学合理，内容更加丰富，更具有文化内涵。

二 中国民俗学会促成传统节日复兴与传承的六条路径

中国民俗学会在传统节日复兴重建上取得的重要贡献，有赖于学会组织及其成员的共同努力，主要通过如下路径得以实现：

（一）积极承担、申报与节日有关的国家级、省部级等各级纵向课题和横向课题，通过课题研究促进研究成果的生产和应用。

2004 年中国民俗学会受中央文明办的委托开展“中国节假日体系研究”的课题，撰写关于中国传统节日的研究报告。刘魁立会长亲自挂帅，组成了由高丙中、萧放、陈连山、黄涛等人参加的课题组。同年完成课题。指出：

节日文化通常是一个民族的生活文化的精粹的集中展示。现代国家的节日体系是反映政府与人民、国家与社会的关系的重要指标。国家对节日的制度安排应该考虑如何把节日作为展示民族文化、增强民族认同的机制。从这种思想出发，我们看到国家对于节日的制度安排存在一系列的问题。

中国的节日制度的直接问题主要在于法定假日没有配套的文化生活，而丰富多彩的民间的、传统的节日文化没有法定假日提供活动的充足时间。其深层次的问题在于我们没有处理好国家与社会的关系、政府和政党与民众的关系、传统文化与现代文化的关系。这些关系的处理是我们亟待研究的课题。

为了解决我们的节日体系的问题，国家有必要在承认春节、清明节、端午节和中秋节这“四大节”作为具有普遍的群众基础的时间主轴的事实的基础上，重新调整法定假日的分配，让官方系列、现代系列与民间系列、传统系列在同一个节日体系里具有一种新的更符合时代需要的结构关系。

该课题的研究内容被中央文明办采纳进“关于为主要的传统节日放假”的法规议案之中。2005 年中央文明办等六部委发表的《关于运用传统节日弘扬优秀民族文化的通知》，就是以此为依据的。2007 年中国民俗学会受文化部委托再次承担“民族传统节日与国家法定假日”课题，以课题为依托组织专家力量开展深入研究，为中国主要传统节日列入国家法定假日提供了有力的学术论证。

中国民俗学会还积极与地方政府合作，承担相关课题，推进节日研究和节日文化建设，典型的例子如支持山东大学民俗学研究所与山东省沂源县人民政府编纂《中国牛郎织女传说》五卷本丛书，与嘉兴市委宣传部、嘉兴市文化广电新闻出版局合作编纂世界非物质文化遗产《中国端午节》六卷本丛书等①。此外，中国民俗学会成员还积极申报国

---

① 《中国牛郎织女传说》丛书由叶涛、韩国祥担任总主编，广西师范大学出版社于 2008 年出版，包括研究卷（施爱东主编）、民间文学卷（陈泳超主编）、俗文学卷（邱慧莹主编）和图像卷（张从军主编）、沂源卷（叶涛、苏星主编），是迄今为止对“牛郎织女传说”进行全面系统整理与研究的重要著述。《中国端午节》丛书由刘晓峰任总主编，广西师范大学出版社于 2013 年出版，共分史料卷（张勃主编）、研究卷（刘晓峰主编）、民间文学卷（萧放主编）、俗文学卷（陈连山主编）、图像卷（张从军主编）和嘉兴卷（杨秀主编）共六卷。

家哲学社会科学基金项目，通过课题研究促进研究成果的生产和作用提升，推进节日研究和节日建设，如中国民俗学会常务理事、副秘书长黄涛成功申请了“国家文化安全视野下传统节日的变迁、传承与保护”，中国民俗学会常务理事、副秘书长林继富成功申请了“民族传统节日象征符号与文化品牌建设研究”。文化部民族民间文艺发展中心承担了国家社科基金特别委托项目“中国节日志”，中国民俗学会同人是其中重要的撰写作者与审稿专家。

（二）推动传统节日进入不同级别的非物质文化遗产名录，为中国重大传统节日遗产保护和传承提供智力支撑。

在全国非物质文化遗产保护专家委员会的四级成员中，中国民俗学会学者同人所占比例为30%左右，有的地方甚至超过50%，在全国位居相关社团之首。例如国家非物质文化遗产保护工作专家委员会委员就有刘魁立、乌丙安、朝戈金、宋兆麟、刘锡诚、郝苏民、陶立璠、贺学君、陈勤建、徐艺乙、高丙中等人，超过委员总数的30%。省级专家委员中学会成员更多，如叶春生、柯杨、李惠芳、刘德龙、陈华文、敖其、刘志文等，中国民俗学会会员在全国各地都直接参与了节日文化遗产保护的申报、审议、保护、指导、培训和研究。

（三）学理探求与知识普及的著书立说。

中国民俗学会和学会成员推出节日系列丛书和专著，发表节日专题文章，洋洋大观，成绩卓著，在民众岁时观念，传统节日体系的起源变迁、结构功能及其对当代和未来社会的意义，具体传统节日的起源变迁和结构功能，传统节日与中华文化整体、历法、民间信仰、文学作品、国家政策、非物质文化遗产等的关系，岁时民俗文献以及新兴节庆活动等诸多方面都出现了颇有深度的研究成果。影响较大的系列丛书有北京生活·读书·新知三联书店出版的“节日中国丛书”①、中国社会出版社出版的中国民俗文化丛书节日系列②、上海外语教育出版社出版的“话说节日系列”③。三套丛书都强调面向社会公众。正如刘魁立会长在《中国民俗文化丛书》序言中所说：“万家社区图书室援建和万家社区读书活动。是建设社会主义文化和建设社会主义新农村的一项战略举措。我们作为受到农民兄弟哺育和培养的知识界、文化界，有义务用学来的知识回报衣我食我的广大农村的父老乡亲，这不仅是我们的社会责任，也是我们的荣耀。”④ 此外不少民俗学会的成员还出版了自己的个人专著，成果丰硕，如宋兆麟、李露露的《中国古代节日文化》（文物出版社，1991年），乔继堂、朱瑞平的《中国岁时节令辞典》（中国社会科学出版社，1998年），施立学的《关东岁时风俗论》（吉林文史出版社，1998年），巫瑞书的《南方传统节日与

---

① 该丛书2006年由叶涛提议策划，2009年1月陆续出版，已经出版了《春节》（萧放，2009年）、《清明》（张勃，2009年）、《端午》（刘晓峰，2010年）、《中秋》（黄涛，2010年）和《重阳》（杨琳，2009年）。

② 刘魁立主编节日系列有《春节》《清明节》《端午节》《中秋节》《重阳节》《少数民族节日》等，2006年出版，2008年再版。

③ 该丛书是汉英双语版，包括《话说春节》（萧放著，冯秋香等译，2009年）、《话说中秋》（萧放著，冯秋香等译，2008年）、《话说端午》（陈连山著，付瑛瑛等译，2008年）、《话说清明》（黄涛等著，门顺德等译，2008年）。

④ 刘魁立主编：《中国民俗文化丛书》，中国社会出版社2006年版。

楚文化》（湖北教育出版社，1999年），萧放的《〈荆楚岁时记〉研究——兼论传统中国民众生活中的时间观念》（北京师范大学出版社，2000年）、《岁时——传统中国民众的时间生活》（中华书局，2002年）、《传统节日与非物质文化遗产》（学苑出版社，2011年），刘晓峰的《东亚的时间》（中华书局，2007年），张勃的《中国民俗通志·节日志》（山东教育出版社，2007年）、《明代岁时民俗文献研究》（商务印书馆，2011年）、《唐代节日研究》（中国社会科学出版社，2013年）等。

中国民俗学会还重视在期刊上对传统节日研究成果的集中发布。如在《民间文化论坛》2004年第5期集中发表了受中央文明办委托的传统节日研究课题组的4篇论文，分别是春节、清明、端午、中秋的内涵与意义研究。① 该刊2005年第3期又以“传统节日与当代社会”为题发表了5篇专栏文章。萧放在主持人语中说：“在全球化、现代化的浪潮中，中国正自觉或不自觉地进入世界格局之中，中国社会正经历着重大的历史变迁，民族文化传统经受着前所未有的洗礼与考验。作为民族文化重要载体的传统节日，它的命运也受到越来越多的关注。传统节日是否适应当代社会生活，信息社会是否需要农业社会形成的节日传统，民间节日是否一定要进入官方假日体系，民族节日是否具有世界意义等，都是值得讨论的话题。为了让这些既具有理论性、又有着现实意义的前沿话题得到较为深入的研讨，并将研讨的内容传达给社会，受《民间文化论坛》编辑部的委托，我约请了几位一向关注中国传统节日研究方面的同人，其中有我们的前辈学者，也有年轻的同道，从各自的角度发表了自己对传统节日的看法。”② 又如2006年5月应《江西社会科学》主编、中国民俗学会常务理事余悦之约，民俗学会同仁集中发表了关于节日专题讨论的4篇文章，包括高丙中的《对节日民俗复兴的文化自觉与社会再生产》③、萧放的《文化遗产与文化资源——现代语境下的春节意义》④、刘宗迪的《从节气到节日：从历法史的角度看中国节日系统的形成和变迁》⑤

---

① 陈连山《春节民俗的社会功能、文化意义与当前文化政策》、黄涛《清明节的源流、内涵及其在现代社会的变迁与功能》、高丙中《端午节的源流与意义》、萧放《中秋节的历史流传、变化及当代意义》。

② 该专题前有主持人语，接着有刘魁立《文化内涵——传统节日的灵魂》、萧放《节日传统与社会和谐》、张勃《干预：当下语境中国家对传统节日的应有态度》、刘晓峰《全球化时代的华夏时空》与周星《谈谈当代中国节庆体系的整合与重构》等论文。刊载于《民间文化论坛》2005年第3期。

③ 本文沿袭费孝通先生利用“文化自觉”的概念反思中国现代历程和知识分子的作用的研究思路，再借助“社会再生产”的概念，正视传统节日民俗复兴的现实，正面看待节日习俗所代表的民间生活传统对于中国当下的社会文化再生产的意义和建构有效的认同文化的价值。

④ 本文认为文化遗产与文化资源是一对联系紧密的概念，它们在一定条件下相互转化。文章以春节为例，分析现代语境下的春节的文化遗产与文化资源价值。春节在长期的历史传承中已经内化民族的心结，我们享受春节，就是集中体验、传承我们的历史文化传统。这种以节日为载体的非物质文化遗产，同时是一笔丰厚的文化财富。我们应积极开掘春节的文化资源价值，对这一特殊文化资源的开发与利用，将有助于民族文化的保持与和谐社会的建设。

⑤ 本文认为节日系统和历法系统密不可分，节日的起源可以追溯到上古时期的观象授时制度，在成文历法产生之前，农时周期和庆典周期是合而为一的，节气亦即节日。随着成文历法的创立，由于中国传统历法制度即夏历采取的是阴阳合历，以阳历纪农时，以阴历纪年月，庆典的日期被按照阴历纪时周期固定下来，而节气则按照阳历安排，从而导致了庆典周期和农耕周期、节日和节气的分离，因此形成了与节气系统并行不悖的传统节日体系。

和吴效群的《高扬春节的文化价值》[①]。2007 年中国民俗学会“民族传统节日与国家法定假日”课题组在《河南教育学院学报》(哲学社会科学版)第 2 期，发表了课题成果“四大传统节日应该成为国家法定假日”的专栏文章，本期笔谈即为结题报告中的主要内容：春节、清明、端午、中秋四大民族传统节日的“起源与流变”“内涵与功能”“象征符号”“节日符号”等，其中主体部分由刘魁立撰写、春节部分由陈连山撰写、清明节部分由施爱东撰写、端午节部分由高丙中撰写、中秋节部分由黄涛撰写。本专栏编者按指出：由于此前的节假日制度中没有把我们的民族传统节日当作整个社会的公共时间资源加以充分利用，“忽视了这种可以多方面发挥重大社会效益与文化效益的资源，甚至在一定程度上影响到文化传承、情感认同、民族认同，从而成为民众心中的一个郁结”。课题建议就是要解开这一心结。刘魁立先生在此基础上主编了《中国节典：四大传统节日》[②]。在吴效群的组织下，《河南社会科学》2010 年第 2 期也安排了关于传统节日研究专栏。

(四)积极主办、联办和参与各种有关节假日的会议、论坛，推动传统节日复归的社会进程。

中国民俗学会以推动传统节日研究、复兴重建、传承发展与传统节日公假化为目标，利用东岳论坛等全国性高端学术平台，自 2005 年以后连续主办或联合主办多次关于传统节日假日化与复兴重建传统节日文化内涵与形象的国内、国际学术会议。如首届东岳论坛暨民族国家的日历：传统节日与法定假日国际研讨会(2005 年，北京)，乙酉中秋论坛(2005 年，上海)，中华民族新年的庆典与习俗(2006 年，北京)，文化空间：节日与社会生活的公共性国际学术研讨会(2007 年，北京)，我们的节日：中国民俗文化当代传承浙江论坛(2009 年、2010 年、2011 年，嘉兴)，中国节日文化遗产保护论坛(2010 年，温州)，等等。其中首届东岳论坛暨“民族国家的日历：传统节日与法定假日国际研讨会”由中国民俗学会与北京民俗博物馆在第四届北京民俗文化节(中国民俗学会与朝阳区政府、北京民俗博物馆联合主办)期间共同主办，与会学者除了来自中国外，还来自美国、法国、俄罗斯、韩国、日本、马来西亚等多个国家。“在现代化的国际背景下，如何在传统与现代之间保持平衡，如何评价我们的传统文化时间、如何保护我们的节日文化遗产”[③]，如何将传统节日问题落实到假日制度上，等等，成为与会学者热烈讨论和交锋的话题，这次会议经过各级媒体的报道，在社会上引起了强烈反响。而在 2005 年秋天的乙酉中秋论坛上，与会代表不仅论述了中国传统节日的形成与流变、传统节日的社会功能、传统节日的文化内涵、传统节日与民族凝聚力、传统节庆的场所与礼仪等问题，而且从历史保护的整体性角度论述有形与无形文化遗产的问题，提出要在有形遗产中保护无形的民俗文化、注重文化空间的整体性保护等。大会还发表了由中国民俗学会等 17 家单位

---

① 本文认为春节礼俗表现了中华民族强调“责任”“和谐”的传统价值观。在社会转型、价值体系重建的今天，我们要努力发掘并宣扬这一宝贵的精神文化遗产。我们相信，未来适应于中国社会的新的价值观一定是综合了当代科技理性与中华传统价值观后的产物。中华传统价值观会对全人类的幸福和进步做出重要的贡献。民俗学可以在价值重建过程中发挥不可替代的重要作用。参见《江西社会科学》2006 年第 2 期。

② 刘魁立主编《中国节典：四大传统节日》，安徽教育出版社 2008 年版。

③ 中国民俗学会、北京民俗博物馆：《“民族国家的日历：传统节日与法定假日国际研讨会”在京召开》，《民间文化论坛》2005 年第 1 期，第 65 页。

署名的《保护传统节日文化上海宣言》及《中秋论坛周庄备忘录》，明确提倡“在制度中保护传统节日，在生活中传承文化遗产”。

除了主办和与其他组织联合主办有关传统节日的会议之外，中国民俗学会还积极参与政府部门（包括中央和地方）、社会团体、高校科研等单位组织的相关学术研讨会，如历届七夕文化研讨会（石家庄、邢台等地）、中国传统节日（寒食清明）论坛（2008 年、2009 年，山西介休）、海峡两岸春节传统节日文化高峰论坛（2011 年，绍兴）等。在这些研讨会和论坛上，中国民俗学会会员发出了响亮的声音。以“我们的节日——第二届中国传统节日（寒食、清明节）论坛”为例。这次会议由中国民间文化家协会与山西省人民政府联合主办，大会发言的学者除了冯骥才先生外，有刘魁立、贺学君、王恬、安德明、陶思炎、萧放、刘宗迪、陈连山、张勃等，全部是中国民俗学会会员。

（五）通过大众传媒（电视、广播、报纸、网络、电视大学）和专题讲座发表学术观点，宣传传统节日文化，让学会服务社会的宗旨得到全方位的展示，同时营造重视传统节日的社会氛围。

首先是广播电视报纸媒体。《我们的节日》是中央电视台推出的系列电视片，影响巨大，中国民俗学会同人参与了该节目的前期策划，刘魁立、乌丙安等著名学者作为嘉宾多次出镜。在政府倡导我们的节日的时间里，学会一大批学者参与了中央电视台各个栏目有关传统节日的现场直播或话题讨论。在中央人民广播电台“新闻观潮”等节目中，学会同人多次受邀担任嘉宾。特别值得一提的是北京电视台邀约中国民俗学会多位民俗学者参与制作了“大家说节日”系列节目，包括春节、清明、端午、七夕、中秋、重阳等专辑，出镜专家有刘魁立、乌丙安、萧放、叶涛、陈连山、施爱东、刘晓峰、张勃等。这部电视节日系列节目有着良好的社会反响。黄涛在央视新闻频道、凤凰卫视等媒体作为特邀嘉宾多次参加节日专题讨论节目。2012 年年底，经中国民俗学会常务理事、副秘书长刘晓峰教授联系，与清华大学人文社会科学学院经济所、清华大学政治经济学研究中心合作，录制了首都市民终身学习课程《非物质文化遗产概览之中国传统节日篇》，刘晓峰、萧放、黄涛、林继富、杨秀、宋颖、张勃等承担了其中主要讲座内容。在《人民日报》（包括海外版）、《光明日报》《中国青年报》《文汇报》《中国文化报》《中国社会科学报》《解放日报》《南方周末》等全国性重要报刊上，屡见学会同人的专栏采访或专题文章。以《人民日报（海外版）》为例，从 2007 年“说不完的春节道不完的年”文化遗产专版开始，直到 2012 年“让古老的远行抵达现在”端午特刊为止，一年都有多期节日专版，访谈人主要是中国民俗学会会员。陶立璠、叶春生、董晓萍、陈勤建、高丙中、陈泳超、萧放、张勃、张士闪等学者都曾在全国报刊上发表多篇关于传统节日笔谈。民俗学者在传统节日复兴过程中成为媒体的重要依靠力量。他们的声音、文章或观点又通过互联网平台广泛传播。

其次是网络媒体。2002 年中国民俗学会与央视国际网络的合作，是学会利用网络传播传统节日文化的创举，在与网民互动中，进行了有效的知识传播与社会动员。其后民俗学会会员频频作客网络，与广大网民在线互动。以刘魁立先生为例，2007 年 11 月 15 日参与了搜狐网在线网谈，主题是“赋予传统节日新意义”；2008 年 6 月 6 日，在人民网强国论坛以“从传统节日到法定假日——泛谈端午节”为题与网友进行互动；2013 年 4 月 2 日以“中国传统节日文化传承和保护”为题与广大网友交流。这还是不完全统计。此外还有陈连山、施爱东在人民网的“解读清明文化内涵”（2010 年 3 月 29 日）、萧放在凤凰网"全球网民过大年"发布会上的现场访谈（2011 年 1 月 22 日）、央视网复兴论坛上的"解读中国传统节日民俗文化"（2012 年 1 月 11 日）以及"解读当清明进入网络祭扫时代，我们的传统文化如何传承?"（2012 年 3 月 30 日）等。

在中国民俗学会副会长巴莫曲布嫫研究员的无私奉献以及与多位志愿者的共同努力下，中国民俗学会还在自己的官网中国民俗学会网站上开辟传统节日专栏。每逢节日到来之际，就推出节日专辑，推介节日研究论著，并为各种媒体推介民俗学人。2010 年由学会副秘书长张勃主持的"马鸣湖杯"春节征文活动，则是学会利用网络推进节日传播的新举措，收到了良好效果。

第三是专题讲演。在传统节日成为社会热点问题时，各地纷纷举办节日文化讲座，民俗学会专家常常作为主讲嘉宾应邀出席，在高等院校、图书馆（国家图书馆和地方图书馆）、博物馆、公园、中学、小学、街道社区，甚至未成年犯罪管教所等地方和单位进行学术讲座，有力地推进了传统节日的知识普及和理念更新。其中有代表性的如乌丙安先生在 2013 年深圳迎春沓饼文化节《民俗文化名家讲坛》暨宝安文化茶座主讲"话说过年"（2013 年 1 月 13 日）、在国家图书馆主讲"话说端午节"（2013 年 6 月 9 日）等，刘魁立先生在浙江大学东方论坛主讲"从传统节日到法定假日"（2008 年 4 月 25 日）、在大连文化大讲堂主讲"传统节日与民间文化"（2008 年 10 月 31 日）、在温州"中国节日文化遗产保护论坛"主讲"我们的节日，我们的心"（2010 年 3 月 16 日），在深圳市民大讲堂主讲"当代中国人的时间与节日"等。萧放教授在江苏泰州百姓大讲堂主讲"春节的历史演变与民俗传承"（后刊于《光明日报·光明讲坛》），在北京市教委德育大讲堂主讲"中国传统节日德育资源的开发与利用"（2008 年 5 月 21 日），在北京师范大学国学博士班光明讲坛主讲"明清时代的新年礼俗"（2011 年 1 月 31 日）、在国家图书馆主讲"传统节日与非物质文化遗产"（2012 年 6 月 17 日）、在文津讲坛与首都图书馆乡土课堂主讲"年节礼俗的复兴与重建"（2012 年 4 月、2013 年 2 月 2 日）等。高丙中、陈连山、刘晓峰、黄涛、张勃、郑土有等一批民俗学专家，在各地都开设了节日专题讲座。

（六）深入的田野调查。

当前有组织的包括少数民族节日在内的节日调查正在全国范围内有序展开。这以文化部民族民间文艺发展中心于 2005 年申请设立并于 2009 年被列为"国家社会科学基金特别委托项目"的《中国节日志》为代表。该项目是"秉承国家'盛世修志'的文化传统，以大型国家项目的组织管理形式，调动全国各学科有关研究力量，在以往研究的基础上，经过广泛深入的现状调查，采用文本、图片、音视频、数据库等技术手段，对现存的各地区、各民族传统节日（包括庙会、歌会、祭典等）所进行的一次全面、深入、科学的研究、记录和整理"，如今这一项目正在有序进行之中。这预示着不久的将来，会产生一批建立在田野调查基础之上、吸收了历史上岁时节日文献记录和当代学者研究成果的《中国节日志》（文本）和《中国节日影像志》。而这个课题的评审专家、子课题的负责人许多是中国民俗学会的会员。除了大型有组织的田野调查外，学会成员个体调查研究也在独立开展。节日的田野调查过程是资料搜集过程，是节日的研究过程，是学者与调查者沟通对话、互相认知、达成彼此理解的过程，从一定意义上讲，也是民俗学者将自己的知识积累、知识生产贡献给政府和社会成员的过程。

主要通过以上多种方式，中国民俗学会在挖掘、整理、继承、复兴传统节俗，参与国家公共政策决策、服务公众，促成传统节日回归社会生活方面做出了突出成绩。

三 总结与思考

中国民俗学会之所以在传统节日的复兴过程中做出突出贡献，是与以下几点分不开的：

第一，具有强烈的责任感和文化自觉意识。中国民俗学会的学者具有强烈的责任感、使命感和文化自觉意识，认为民俗学是经世之学，有治世之用，民俗学者在优秀民族传统文化传承发展方面、在国家文化建设方面应该有所担当。这成为中国民俗学会学者积极介入传统节日复兴和重建过程的思想基础。比如时任中国民俗学会会长的刘魁立先生在为《节日文化论文集》所作序言中就说："我们作为有良知的、同样生活在这一节日体系当中的民俗学工作者，不仅在调查着、记录着和研究着节日的传统，而且有责任同人民一道，关爱它、维护它、宣扬它，为它的健康发展提供有力的智力支持。这正是我们这本论文集所有作者的共同宗旨。"①

第二，前瞻的眼光和积极的态度。以前瞻的眼光发现节日传承中的问题、以积极的态度着力推进传统节日在中国的复兴与重建，这是中国民俗学会在传统节日的迅速复兴和重建中做出历史性贡献的重要经验。尽管中国传统节日复兴是20世纪80年代以来的事，但进入迅速发展的阶段应该说始于2004年。以韩国端午祭申报世界非物质文化遗产名录引发公众认知事件为发端，中国民俗学会敏锐地发现传统节日在国家文化建设中的重要作用及其在当代社会的缺失，提出重新认识和对待传统节日的时代课题，并通过连续召开学术会议、推出系列专著、承担课题、发表论文、著书立说、积极与媒体合作、在社会上举办讲座等方式积极推进，同时加强了传统节日当代复兴的正当性研究、传统节日当代传承的现状研究以及传统节日当代复兴的对策研究，迅速实现了节日研究从求真取向到求真求用取向的转变，也因而迅速占领了前沿阵地，掌握了话语权。

第三，扎实的研究。一方面利用田野调查的第一手资料，一方面通过对古代文献的精心考索和解读，学会同人对传统节日进行了深入系统而扎实的研究，在民众岁时观念，传统节日体系的起源变迁、结构功能及其对当代和未来社会的意义，具体传统节日的起源变迁和结构功能，传统节日与中华文化整体、历法、民间信仰、文学作品、国家政策、非物质文化遗产等的关系，岁时民俗文献等诸多方面取得了颇有深度的研究成果。这些研究成果为传统节日的复兴和重建提供了强有力的支撑，同时也被其他学科的学者和一般民众广为接受和引用。

第四，学术共同体的组织和集体能量的发挥。在传统节日复兴重建过程中，中国民俗学会的组织和学会成员集体能量的发挥起了极其重要的作用。无论是主办、联办或组织多个专家参与以节日为主题的国际国内学术会议，还是集中专家力量撰写节日丛书，合作参与网络、电视节目的录制等，都起到了规模效应。而在这个过程中，也培养了学者，强化了学会成员对这一学术共同体的归属感和认同感。

从中国民俗学会参与传统节日复兴重建的过程与成绩来看，中国民俗学会作为全国性的学术组织、民俗学者的学术共同体，如果能够具有强烈的文化自觉意识、问题意识和前瞻眼光，在夯实基础研究的同时，善于发现问题，并团结同人，利用专家集中的优势，有

---

① 中国民俗学会、北京民俗博物馆编：《节日文化论文集》，学苑出版社2006年版，第2页。

组织有规划地加强研究，解决问题，就一定能为国家的文化建设、民生的幸福做出重要贡献。同时上述工作也奠定民俗学会自身在中国文化建设格局中的独特地位，它在沟通与整合中国精英文化与大众文化方面的业绩不可磨灭。

（原载《民间文化论坛》2015 年第 1 期）

融入生活　全民共享

——非物质文化遗产活态保护传承的必由之路

陈勤建[*]

2015年6月13日，我国迎来第10个文化遗产日。10年来，我国的非物质文化遗产保护工作，取得了国内外引人瞩目的巨大成果。其间，经联合国教科文组织保护非物质文化遗产政府间委员会多次会议的决定，入选世界非物质文化遗产名录和抢救性濒危名单的中国项目已有30余个：如中国蚕桑丝织技艺、福建南音、南京云锦、安徽宣纸、贵州侗族大歌、广东粤剧、《格萨尔》史诗等。这样，加上此前已入选的昆曲、古琴艺术、新疆维吾尔木卡姆艺术、蒙古族长调民歌4项，中国成为世界上目前拥有人类非物质文化遗产代表作数量最多的国家。另外还有国家级非物质文化遗产代表性项目名录及其扩展项目名录4批共1372项。国际舆论也一致认为，非物质文化遗产保护，是中华人民共和国成立以来最活跃，也是最成功的文化政策和工作。

然而，在当前实际工作中，毋庸讳言，如何保护好这些全国人民乃至全人类的珍贵的非物质文化遗产，问题还有很多，需要付出更多努力。我国的非物质文化遗产怎么在获得殊荣后，得到真正的保护传承呢？2005年7月，在文化部和江苏省人民政府联合举办的首届“中国非物质文化遗产保护苏州论坛”上，我根据自己在田野考察和保护实践的体验，做了题为“生活相　生活场　生活流”的报告，就非遗保护的原则和方法，提出了个人的思考。近十年了，我感到报告的旨意还是对的，有必要在这里加以重申和深化。我以为，一个必要的途径，就是让这些遗产返璞归真，融入民间，活态传承于民众生活，全民共享。

民众营生所需而萌生的生活知识和智慧

非物质文化原本是在一定历史时期，特定生态环境中，以一地民众生活实际的需要而萌生发展的。非物质文化遗产，包括口头传统、表演艺术、社会习俗、节日庆典、传统工艺的知识与技能等，形态纷呈。但是，它们基本上是民众为营生，在生存方式、生产技艺、生活技术、精神情趣等方面精心追求而形成的知识与智慧。这些知识与智慧，在人类社会中，展演为民众世代相传的一种生活相，程式化的生活样式。就其本质而言，它是一种因生活所需而形成的“生活文化”，也是我们现实生活文化的“生活相”，或文化性的

---

* 作者系华东师范大学教授。

生活图像。

马克思在探索人类文化意识生成的历史中指出："人们为了能够创造历史，必须能够生活，但为了生活，首先就需要衣、食、住以及其他东西。因此第一个历史活动就是生产满足这些需要的资料，即生产物质生活本身，同时这也是人们仅仅为了能够生活就必须每日每时要进行的。"我国国家级非物质文化遗产乌泥泾手工棉纺织技艺的发生，就源于先民生活实际的需求。

中国人服饰在世界上有其鲜明的民族特色，它的产生与先民在特定物质条件、自然生态环境下的生存需求分不开。《墨子·辞过》云："古之民，未知为衣服时，衣皮带茭，冬则不轻而温，夏则不轻而凊。圣王以为不中人之情，故作诲妇人，冶丝麻，捆布绢，以为民衣。为衣服之法，冬则练帛之中，足以为轻且暖，夏则絺綌之中，足以为轻且凊，谨此则止。"由妇人制衣供人御寒热，所用之料，不离兽皮和丝麻之类。

历史上，我国自古以来是以麻或蚕丝作为纺织原料，制成粗麻布或丝帛。我国民众很早就穿上了丝麻的服饰。新疆、海南等少数民族在2000年前也有了少量的棉织品。汉族等广大地区普遍使用棉布，还是宋元以后的事。南宋末年，江南一带才有棉花种植。棉布吸湿、保暖、价廉的特征，使它独放异彩，深受民众的欢迎。然而，棉花及其纤维的构成，形态上显然不如丝麻的天然柔长，所以原有缫丝、抽丝等工艺，明显不合棉花的纤维特点，如何使棉花快速成"丝"——棉纱——织成棉布成了一个亟须解决的技艺。

然而，当时的棉纺技艺比较滞后。时人上海松江府泗泾陶宗仪《南村辍耕录》卷24记载："松江府东去五十里许曰乌泥泾，其地土田硗瘠，民食不给，因谋树艺以资生业，遂觅种于彼（阂广）。"这时的松江乌泥泾棉纺织技术尚十分落后，"初无踏车，椎，弓之制，率用手剖去子，线弦竹孤置案间，振掉成剂，厥功甚艰"。元初，漂流海南三亚多年的黄道婆，回到家乡后，改进擀、弹、纺、织之具，生产技术迅速发展，由此，乌泥泾一带千户百姓家家机杼，以此为生，丰衣足食。正如《上海县竹枝词》中所表述的"布机声轧出茅檐，织妇双搀十指间。蓬首晨兴遥入市，归家手擎米和盐"。

据中国纺织大学教授赵文榜研究表明：估计在1869年全国远距离销售的棉布约为4500万匹，其中松江府的七县一厅有3000万匹，占全国的2/3。约在16世纪（明朝中期）之后，棉布成为全国流通的商品，也成为人民普遍使用的成衣原料。时不论南北，不论贵贱，都以棉布御寒。到17世纪初，棉纺织业已代替了丝麻，遍布于全国各处。到了明末，上海当时也成为一个棉纺织业的重镇，在明末清初并取得了"衣被天下"的美誉。

民众日常生活审美情趣所然

我曾在2010年上海世博会"城市更新与文化传承"主题论坛上所做的《孕育现代化和活态遗产和谐共荣的生活世界》报告中提出："我国非物质文化的形成，归根结底来自于为了使生活更美好、民众日常生活审美化需求的选择。这在中国传统生活中是常见的，如：喝茶有茶艺，茶道；饮食讲风味，菜系。而当代城市的时代不良生活方式，使居民日常生活粗俗化：喝茶如牛饮，饭菜只管饱，传统日常生活审美化的需求大大减弱。如此状况，非物质文化遗产保护再好，没人去领悟、消受，又怎么传承、传播?"

一门学科，不能为社会所用，必将失去它继续存在的理由。与人相随的非物质文化遗产一旦与民众审美的生活情趣失去关联，也必将退出历史舞台。我国许多传统表演艺术和老字号传统产品生产技艺的发生和现实的传承就是民众日常需求和生活审美化的产物。如果今天某一类非物质文化遗产，失去了民众日常生活化嗜好和审美情趣，不能再为民众日常生活所需，就必将失去其遗产的活态性和生存基础，沦落为历史“遗存”而失去非物质文化遗产的桂冠。所以，非物质文化遗产保护传承，在关注其回归民众生活的需求时，还得想方设法，努力恢复或营造民众对于日常生活的审美情趣。

中华民族生性钟情于天地万物，对生活充满着美的情趣和追求。很多生产技艺性的非物质文化遗产在我们民众的生活中，原本不仅有实用性，而且还有很大的审美情趣。一些追随西方后现代主义的学者以为，后现代的文艺美学，在于发现和倡导日常生活的审美。如西方的咖啡馆、酒吧，广场文化，等等。当下倡导日常生活的审美，意见不错。问题是日常生活的审美意识的发现和追求，并不是从现代西方开始的，古老的东方中国早就发扬光大了。

日本东京大学东洋文化研究所教授菅丰，多年来一直在调查研究浙江农村的石雕、玉雕、竹刻等民间手工艺。在一次交谈中，我问他为啥研究它们，他不无感慨地说：就地理环境、自然物产等而言，浙江山区与日本关西地区很相似。但是，浙江农村，那些不显眼的，甚至是废物般的一块山石，一个竹根或树根，在当地农民中的能工巧匠手中，三下两下，鬼斧神工，竟成了一件精美绝伦的工艺品。这在日本是没有的。为什么？民性使然也。

2013 年，中央城镇化工作会议特别指出，要“让城市融入大自然，让居民望得见山、看得见水、记得住乡愁”。乡愁，实质就是对家乡一地特有美好事物，包括非物质文化遗产的情感依恋。它们的形成发展，与一地民众一定的生活审美和情趣追求是相宜的。中国传统民间生活场景中，到处可见精美的吉祥图案：徽州民居、江南园林、苏州雕花楼等，都是将手工艺生产的实用和情感的审美融合在一起。如果这类非物质文化遗产，失去了民众原有的生活审美情调的依恋，往往不得不走向衰落。国家级非物质文化遗产嘉定竹刻就是明证。

嘉定地处江南，自古绿竹猗猗、风物清嘉、人文荟萃。闲暇生活之余，嘉定竹人以刀为工具，以竹子为载体，将书、画、诗、文、印诸艺术融为一体，赋予竹子以新的生命。嘉定竹刻问世 400 余年来，历代著名竹人达 130 余人，作品为海内外博物馆及私人珍藏。海内外人士称“竹刻有超常的技巧和诗意的想象”，是“绝世的艺术”，作品有淡淡的书卷气和金石味，风雅绝俗。嘉定竹刻的样式有以竹筒和竹片制成的笔筒、香筒（薰）、臂搁、插屏、抱对等；还有以竹根刻成的人物、山水、草木、走兽等。嘉定竹刻有浅刻、深刻、薄地阳文、浅浮雕、深浮雕、透雕、圆刻等十余种基本技法，精美的技艺中充满着美的遐想和惬意生活的追求，是历代民众精英特别是文人士大夫的生活雅玩。

然而，由于晚清时局的变化，民生凋敝，嘉定竹刻手工艺的生存状况出现了危机。竹人为维持生计，大批制作名片盒、烟盒、眼镜盒、手杖等实用工艺品，艺术品位下降、褪色。所以，像嘉定竹刻这类手工技艺遗产，真正的保护，从另一个视角考察，不仅是几个传承人技艺发扬光大的问题，还有待于民众整体生活水平的提高和审美情趣的恢复张扬，使这类非物质文化遗产本身，成为更多民众日常生活审美化的实际需求。民众日常生活中有没有这样的审美情趣和爱好，在某种意义上左右了非物质文化遗产的生命力。

融入民众生活是活态保护的必要途径

非物质文化遗产的保护常存在一种误区：非物质文化遗产是传统的，那就与现代不搭界，对它的保护越土越好。诚然，对它们的保护，要坚持原生性，原汁原味。但是，它们不是，也不可能是一成不变的，即使是“活态”的保护，也不可避免地随着民众生活的变化而变迁。如世界和国家非物质文化遗产京昆剧等传统戏剧，在人们生活中发生的变化和建构就是一个明证。这些传统的各类戏剧，大多是从乡间走向城市中而成熟的。在乡间，它们依附在寺庙、祠堂等场所。到了城市，它们进入茶园，又汲取西方戏剧的元素，搭建新舞台。演出时间也从原来的传统节日、地方神灵的祭祀、庙会，到城市中的日常夜间，周六、周日……

在2013年中国成都第三届国际非遗论坛上，联合国教科文组织塞西尔·杜维勒女士强调：“《保护非物质文化遗产公约》认为非物质文化遗产可以不断地被创造和再创造，世代相传或者在群体间共享。如果用《公约》中的语言来表述，那就是‘在各社区和群体适应周围环境以及与自然和历史的互动中，被不断地再创造’。”这就是说，《公约》中所提到的非物质文化遗产是活遗产，它不断地被相关社区、群体或个人创造、延续、再创造并保存保护。非物质文化遗产作为活遗产，源于过去，并在当今和未来予以传承。非物质文化遗产并不存活在档案室、博物馆、图书馆或纪念地，相反，它活在人类的精神世界当中。这个人类的精神世界，也不是空中楼阁，而是活在民众生活长河的自然流变中。

非物质文化遗产既是一种“活世态”代代相续的生活样式，保护它就要从现实社会生活状态出发，恢复和保持其赖以生存的基础——生活流。在民众现实生活流中自然流溢，让创造和传承非物质文化遗产的主体核心的原住民，在保持现存社会的生活流中实现真正的保护。

生产技艺性的非物质文化遗产，是非物质文化遗产保护中的一大重要类型。中国传统社会上层流行“雕虫小技，壮夫不为”的说道，这类技艺常处在自生自灭的境遇中，以致众多的技艺生而不传。如2300年前的秦国工匠发明了秦剑涂铬的技艺，欧美20世纪50年代才掌握此技术，然而中国自秦后没有再流传。这类非物质文化遗产要得到真正的承接，其方式不仅仅是一个生产技艺的或传承人的保护问题；也不是把它孤立保存起来，入馆储藏；更不是将其包装打扮，表演欣赏，而是让它返璞归真，回到原有的生产生活的实际状态中去。

非物质文化遗产的产生，离不开一地特有的生态环境和生存方式的制约影响。比如，杭嘉湖平原、山东、四川、陕南等地，正是在各自相应的社会环境里，形成了特色鲜明的蚕桑生产民俗和蚕桑生产领域里的一系列传统手工技艺知识，包括桑树栽培与采摘技艺、传统制蚕种和催青技艺、大蚕饲养技艺、上蔟和采蚕茧技艺、蚕具制作技艺、土法烘茧技艺、缫土丝手工技艺、剥丝绵手工技艺等。这种地方性知识，具有鲜明的原创性，同时在当地发生，并只有在当地才有，所以也就有了唯一性。原创性和唯一性的标识，使它理所当然地成为一个地区或国家标志性、传承性的知识文化。但是随着现代化、都市化发展，生态环境和历史变迁，蚕桑生产和经济受到了极大地挤压，传统的蚕桑民俗等文化遗产走向萎缩和边缘。

20世纪90年代初，我参加“中日环东海农耕民俗研究”项目，在中国蚕桑之乡浙江嘉兴桐乡、湖州的调研中，见到专门研究颜色民俗学的日本学者小林忠雄先生，调研当地民众的色彩观念和名谓。他拿了本“色谱”，在蚕桑地到处请桑农辨识，可惜当时能辨同色 10 种以上的桑农也不多了。

中国固有的色谱和有关制作技艺，是系统保护中国蚕桑丝织技艺的重要一环。据清代中国传统刺绣线色彩专著《雪宧绣谱》记载：有青、黄、红、黑、白（以上正色），绿、赭、紫、交、葱（以上间色）共 9 类，88 种原色，因其深浅染制成 745 种不同的色彩。《雪宧绣谱》一书中，对丝线的颜色做了不同的划分，书的最后附有一个“线色表”，将青色分为老莱青、天青等 94 色；黄有杏黄、明黄、鹅黄等 104 色；赤有大红、朱红、血牙红等 88 色；另外有绿、紫、赭、灰等共 353 色。这么多的颜色，全部由天然染料染色而成，除部分采用直接染色外，大部分是利用媒染、复染、套染、拼染等艺术手法染成的间色。中国蚕桑丝织技艺中传统染色是经典的地方性生态环境知识体系，它们的产生，离不开赖以生存的地方性情景。其色彩的源头基本上是当地的植物性本草的天然色素提炼。当地自然界千姿百态，五彩缤纷的各种植物，包括果实的天然本色，都是传统染色色素的原材料。其蕴含的知识含量，绝对是原创性、唯一性、标志性的，也是具有世界性的。然而，当代中国尚能全面把握中国蚕桑传统染色技艺的人，恐怕不超过 10 人。

面对这一现实，该怎么办？我认为在文化部文化生态保护区实践的基础上，可以一个或几个村落为单位，建立小型的又切实可行的蚕桑丝织技艺民俗文化生态环境保护实验区，地域不宜过大。非物质文化遗产保护最好的保护方式，就是要使它在民众生活中获得新的活力。为此首先要适度修复生态场，而不是博物馆。

诚如习近平总书记所言：绿水青山就是金山银山。非物质文化遗产的保护，离不开绿水青山——原有的生存生态文化环境。同时，在当今新型城镇化的进程中，切忌大拆大建，任性搬迁，而要根据联合国教科文组织《保护非物质文化遗产公约》，以及《中华人民共和国非物质文化遗产法》的要求，确保非物质文化遗产在社区和群体里长久生命力的各种措施实行，让非物质文化遗产回到相应社会生态环境的日常生活长河里，在全民共享中进行整体性活态保护，这样一定会开出更灿烂的花朵。

（原载《人民政协报》2015 年 6 月 8 日第 11 版）

我国传统年节传承保护的世界意义

陈勤建*

在全球化、现代化、经济一体化的浪潮中，中国社会正经历着前所未有的重大历史变革，民族文化传统经受着社会历史变革所带来的空前冲击与挑战。进一步加强我国民族文化重要载体的七大传统节日的保护传承和传播，其意义不仅是中国的，也是世界的。

传统节日保护是文化多样性的世界潮流。2001 年联合国教科文组织《世界文化多样性宣言》指出："正如生物多样性对自然界来说是必需的一样，文化的多样性对人类也是必须的。"多元文化的发现和发展是当代全球化现代化进程中，人类社会文化发展的一个重要趋向。文化的多元化是指各民族大文化在发展过程中依旧保持自己的民族特色和精神特质，并在全球化中汲取营养，实现自身的创新与发展。由于全球化不等于一体化、同质化，全球化中的不同文化所具有的民族特色、经济基础等因素的千差万别，使全球化条件下的文化多元化发展将长期保持下去。

世界各民族国家在自身发展的不同模式中，早就体现了多元文化的理念。19 世纪末，留法后又为清代外交官的福建人士陈季同，针对当时法国和欧洲一些人对中国社会的不解和狂妄的污蔑，用法文写了专著《中国人的自画像》，用亲身体验就中国社会文化做了不同于西方社会的另类的描绘和解读，体现了人类社会发展文化的多样性。此书一出，引起轰动，旋即被翻译成 10 多种文字，风靡欧美。可以说，这是近现代中国文化、多元文化模式在欧洲的首次系统亮相。

任何一个国家现代化的发展，都不能离开世界发展的步伐。但更为重要的是，现代化无法简单地复制粘贴。任何一个国家现代化的发展，根基必须深深扎根于自己民族的文化土壤之中，努力地按照本民族的特色来发展自己。如在亚洲，日本、韩国等国家在现代化进程中，都把确立民族特色和自身的文化身份作为走向现代化的基础 。

中国传统七大节日文化遗产，是世界文化多样性的体现：显示了一个国家和民族独特的生存方式、生活智慧、思维方式、想象力和文化意识，蕴含着一个国家、一个民族或族群文化生命的密码，特有的精神文化标记。它所产生的巨大精神文化的力量，始终支撑着我国民众的生存、发展和进步，也是维护我国独立于世界文化之林——文化身份和文化主权的基本依据。对它们科学地实施保护传承和传播，不仅是国家和民族发展的需要，也是国际社会文明对话和人类社会可持续发展的必然要求。

因为，传统节日体现了特定地域民众对天地物候变迁的独特认知。我国丰富多彩的传统节日是怎么来的？它们不是先民在原始生活的狂野中胡思乱想蹦出来的，而是先民在特

---

* 作者系华东师范大学教授。

定的生存环境中，对宇宙生命与人体生命节律交织的心灵感悟和文化展演。

以农历年节为例，它的形成与我国独特的地理气候环境相应，受季节风候的影响，很多地区有着明显的季节分野。远古先民在生产生活实践中深切感受到这一点，根据自然气候的变化和植物生长一岁一枯荣的特点，有了岁年的感悟和春播秋收两大节令的认知。其时人们对年的时序季节，只有春秋两季。远古先民的生产生活大致是随春秋季节风候节律而动。孔子写历史，称为“春秋”，也是由此而来。

总之，年节是远古“春秋”季节节律中的一个节点，也是我们远古先民对生存地宜人生态自然节奏的触景生情：人生和万物生命一体化意识的独特理解、深切体验、真情祈愿。

我国传统节日内蕴独特的地方性生存智慧，中国本土固有的独特的地方性知识体系。地方性知识这一理念，是美国著名的思想家、文化学者格尔茨创立的。中国古代“十里不同风，百里不同俗”似是这一理念的更早的表述。如端午节起始于古人顺应节时的养生理念。因其间，多阴霾不正之气，百虫出动，是流感、腮腺炎、猩红热等流行传染病的易发季节，为了驱邪祛毒，于是古人想出许多办法来防病强身。端午节节俗——食粽子、饮雄黄酒、赛龙舟、悬艾叶和菖蒲、缚五彩线、配五彩香囊、赶端午药市等，都是先民自我保护理念的习俗实践活动，积淀了深厚的民族智慧，反映了先民自远古以来人与天地自然和谐共处的独特理念。环视当今世界，单边科技主义的发展观，过分强调对自然的改造和征服，以生态环境的破坏，换得一时的安逸，却埋下了永久灾难的祸根。而我们的端午节俗，面对天时地利的变化，所采取的各种做法，却是因地制宜、顺应节时，顺势营构适宜的生存环境、生存方式，以利自己和族群身心的健康发展。套用时髦词汇来说的话，这反映了我国先民萌芽状态的朴素的“生态文明观”。它是一个地区或民族标志性的、传承性的知识文化，也必然是全人类珍贵的生存智慧和文化财富。

传统节日，是地域族群文化生命周期的关节点和民族精神的重要标识，是人类在不同领域中形成的群体性代代相传的思考原型与行事方式。它具有对后继社会行为起规范化模式和思想感召力的文化力量，在现实中，为增强民族凝聚力奠定了基石。中国传统节日这一悠久文化遗产的保护和传承，对于确立我国民众文化身份、树立文化自信、加强文化认同，为中国走向世界、世界认识中国，开辟了新的通道。

（原载《中国文化报》2015 年 5 月 8 日）

传统节日的传承与发展

萧　放

“修复与变革有价值的传统节俗”

20 世纪 80 年代以来，对于中国传统节日的关注日渐“升温”，乃至形成轰轰烈烈的“传统节日复兴运动”，这是难得的一次重新认识传统价值的社会“总动员”。传统节日的复兴经历了自下而上，又自上而下，最终达成共识的推动过程。当今，传统节日重新回归社会生活是不可逆转的文化趋势。但经济全球化时代的中国传统节日毕竟已经脱离了它赖以发生的农业社会土壤，在新的社会格局之下，它的地位的变迁与蜕变也是必然的结果。因此我们对传统节日在当今社会所面临的传承的挑战与未来走向应该有清醒认识，以便在背靠传统、面向未来的发展中，脚踏实地建设具有中华特色的节日文化。

传统节日在传统社会是贯串上下的统一标准时间体系，这种一元时间体系在 20 世纪初年被来自西洋的新式历法打破，传统节日一度遭到排斥。20 世纪末叶，经历了百年沧桑的中国人面对强势的西方文化，开始对自己祖先的文化遗产有了全新认识，并以充满情感也充满理性的态度重新拥抱属于我们自己的传统节日。但是，当代的传统节日地位已经有了很大变化，比如它已不再具有社会时间节奏的提示意义。当代社会处在全面变革之中，中西、古今各种文化因素错综复杂，在节俗文化上，同样有着多样化的表现。传统节日、新型节日、外来节日在当代节日习俗中都有着各自的影响范围。传统节日以其特有的文化底蕴与天然的文化亲和力受到中国人的拥戴，从 2008 年开始，传统节日的公假问题已经得到解决，我们有了“节日时间”。但是必须看到，在传统节日里放假并不能解决根本问题，当代社会的传统节日的重建还面临挑战，具体表现有两点：

一、民族传统节日习俗因为近百年的人为阻断，其本身损毁严重，很多人对中国传统节日有意漠视。

而对传统节俗所进行的禁止、改造、抛弃等行为，则导致了今天传统节日的空洞化、表层化。由于文化记忆的遗失，人们有意无意地抛弃了许多传统节俗，使传统节日失去了其丰富的象征与内涵。传统节日习俗元素的失落，直接造成传统节日文化传承的困难。因此，在当代传统节日挖掘及传承的过程中，积极主动地修复有价值的传统节俗是当务之急。

二、民族传统节日赖以生存的文化语境已发生重大变化。

中华民族的传统节日植根于农业社会的文明土壤中，它是农业社会生活节奏与农业时代伦理文化的产物，因此，传统节日重视协调天人关系与家庭关系。在工业文明与信息化的时代，传统节日已经不是人们生活紧密依赖的时间坐标，人们对传统节日更多的是文化欣赏与精神留恋，享受传统节日是对生活的“丰富”而不是“必需”。同时新型节日、外来节日也在不断地分散国人特别是年轻人的注意力。传统节日虽然在复兴中热热闹闹，但必须看到大多数已经是“旧瓶装新酒”，在复兴传统的旗帜下，更多地添加了现代生活的时尚产品，有很多还是商家以经济收益为最终目的的炒作。因此在全球化的语境及多样化的文化选择面前，传统节日要想生存绵延，并对民族的未来有所助益，就必须适应时代变化的需要，主动变革与创新。

传统节日的传承与重建

当代传统节日的传承与重建应视为传统文明与文化再生的过程，在现代文明的全新环境中，奠基于农业社会的传统节日要适应当代社会，其内在性质与外在形式的变化及调整则成为必然的选择。今天，强调节日习俗传统的保护，主要在于要保护它的生活服务功能与文化象征意义，同时今天的人们也有责任与义务继承与更新节日传统。更新的节日传统大概应该具有以下三种类型：

一是形成家庭生活与公众生活相衔接的节日传统。

传统节日是以家庭为主的节日，当代传统节日回归家庭依然有着一定的现实意义。但毕竟我们的社会已经是一个流动的、多元的社会，家庭之外的公共社会关系已然成为人际关系的重要内容之一，对这些关系的协调自然应该涵盖在节日范围之内，而传统节日在这方面则有着明显的不足，由此可见，适当将传统节日主题由家庭向社会移动是积极的方向，符合当代社会文化建设的要求。在现代居民社区中，我们可以利用公共活动场所开展春节团拜活动，元宵节、中秋节都可以有集体赏月联欢的社区聚会。通过共享的节庆习俗，增强公众的公共文化空间意识与责任，以孕育培植社区共享的精神传统。

二是形成重视节庆娱乐的节日传统。

传统节日重视神灵信仰与祭祀活动，因此，精神信仰是传统节日的核心。在当今时代，人们除了需要精神信仰以外，更看重自身的精神愉悦与身体的放松，定期的娱乐休闲活动是振作精神与保持社会活力的重要方式。因此在传承更新传统节日精神信仰的同时，也应将节庆中的娱乐因素置于重要地位。

三是形成开放、包容的节日传统。

传统节日是体系完整、节俗鲜明的民族节日，它在传承民族文化方面有着独特的历史贡献，但在全球化时代，当地球人成为一个比邻而居的“村民”时，节日文化成为共享的文化。我们没有必要因为强调传统而过分排斥西洋节日，我们也无须因为世界各地参与春节游街活动而欣喜过度。民族节日正在成为世界文化遗产，我们传承民族节日是传承民族文化遗产，传承民族文化遗产就是在保持世界文化生态的多样性，保持文化生态多样性就是为了保持世界人民健全的心智生活。世界文明的未来趋于理想的目标，但不是同归于今日欧美文化的标准，而是世界文化兼容之后的新形态。

具体到每一个传统节日的继承与重建来说，以下三大节日要素必不可少：

第一，节日需要直接可以品尝、观赏、把玩的节日物质产品或节俗象征物。

节日是岁月长河中的特定节点，围绕着这一节点，除了仪式活动外，最引人瞩目的是节物。节日的直观呈现需要一套节日物质系统。

从节日饰物与节日用品来说：春节有桃符、春联、窗花、门神画、彩笺、花炮、烟火、大红灯笼等，清明节有风筝、空竹、柳圈、柳叶符、清明吊（类似纸幡，插在坟头上）等，端午节有龙舟、彩旗、艾虎、蒲剑、扇子、小葫芦、五毒符、五色缕、香囊、健人、天师像、把门猴等，七夕节有彩亭花果、香桥花船、巧针、巧芽、摩睺罗（一种玩偶）、花带等，中秋节有月光祃儿、兔儿爷、斗香、灯彩等，重阳节有菊花山、菊花簪、茱萸囊等。这些节日饰物、道具、用品是节日习俗活动中必不可少的物件，节日习俗活动往往围绕着这些节日物品展开。并且，在传统节日中，节日饰物与用品还有着年龄与性别的差异。我们在节日复兴过程中，应充分重视节日饰物与用品的传承与开发，根据节日活动的需要，为各年龄层次与性别的人提供节日产品服务。

目前来看，中国的节日用品市场尚处于初级阶段，与欧美的节日用品市场比较，尚存在着一定的差距。中国的产品经营者应该在民族文化产品市场上动点脑筋，用为西方圣诞节提供廉价节日产品的能力为我们中国传统节日设计、生产自己民族的节日产品，这是兴国利民，且有巨大市场回报的好事。当然，民俗学者也应该参与其中，帮助商家与产品生产者提升民俗产品理念，实现节日民俗物品的设计与适度延伸创造的完美结合。如果民俗文化工作者、生产者、商家三方能够通力合作，中国节日用品市场将会出现新的局面。自然，中国传统节日也就拥有了传承的物质保障。

从节日饮食物品来说，春节有年肉、年酒、饺子、年糕、枣糕、馒头、糍粑、全鱼、圆子、安乐菜、五辛盘、春饼、春卷、糖瓜、欢喜团、团圆饭等，清明节有清明团、面燕、染色鸡蛋、清明茶等，端午节有粽子、咸鸭蛋、艾糕、艾酒、蒲酒、雄黄酒、五毒饼等，七夕节有巧果、巧巧饭等，中秋节有月饼、团圆馍、月亮饭、中秋酒等，重阳节有重阳糕、菊花酒、湖蟹等。节日饮食既是民众期待的物质享受，也是民众精神、情感的寄寓，还是广大中国人的社会交往的辅助方式，人们通过传统节日食品的分送与共享，从而强化了家庭与社会的团结。

丰富与完备的传统节日物品是节日气氛的重要烘托与象征，也是节日习俗的附着物与节日到来的重要提示，这是传统节日不可或缺的要素。

第二，节日需要仪式庆祝活动。节日是区别于平常的特殊日子，是社会生活节奏的一种标志。

节日需要有仪式庆祝活动来显示自己的特殊存在，因此传承传统节日仪式与相关习俗活动，应该是节日元素建设的重要内容。

春节，处在年度循环的交接点上，送旧迎新是春节习俗的核心。因此，春节节俗仪式围绕着送旧与迎新展开：在岁末举行系列送旧仪式，如腊月二十三“送灶神”，对在本家值守一年的“灶神”进行礼拜祭祀，然后让它骑着灶马上天述职；腊月二十四“扫房子”，扫房是实际的清洁行为，更重要的它是岁末除尘（除陈）仪式，人们以岁末大扫除的方式清洁日常时空，以为新年到来做准备；大年除夕夜的团圆饭与守岁是送旧与迎新的过渡仪式，在这一时间中，人们祭祀祖先、给幼儿压岁钱等都是仪式的具体表现。新旧时间交替之时，人们以燃放烟花爆竹的方式，送旧迎新。新年来临，人们换桃符、贴春联，向吉利方位出行迎喜神、接财神，拜庙，拜年贺正、耍社火等，迎新的仪式喜庆而热烈。其中拜年仪式尤其重要，俗话说：“宁可欠人钱，不可欠人年。”在中国古代传统社会，拜年成为抒发感情、表达亲密关系的重要方式，拜年时间虽有早晚之分，拜年形式有个体的单拜或集体的团拜，但拜年的仪式应该保留，因为在传统文化中，正是通过这一拜，标志着人们在新年里建立新的家庭与社会关系。

清明节，是追念先人与踏青春游的节日。因此清明节的节日仪式活动主要集中在悼亡仪式与踏青活动中，如上墓祭扫、祠堂祭祀、游春戴柳等。清明的仪式活动在于通过肢体语言与内在情感的表达，让参与仪式中的人常怀敬畏与感恩意识，从而实现人们与自己的祖先、自然界的联系与沟通，保证生民社会的伦理与秩序。端午节龙舟竞渡、凭吊屈原的仪式，既有助于社群的团结，也有利于国民在礼敬先贤的仪式过程中爱国情感的培养。七夕节乞巧的仪式，有占卜与比试才艺两种功用，人们在这样的仪式中获得精神上的愉悦。中秋节家人团聚、祭月拜月，重阳登高等都具有明显的仪式结构与活动特色。这些群体参与的、具有模式性的节日仪式活动，它既是传统节日区别于日常时间乃至现代节庆的习俗标志，也是增强群体内部凝聚力的重要方式。人们只有在集体性的节日仪式与活动中才能拥有身体与心灵的特殊体验，以及实现与传承集体的记忆。

在传统节日元素中，我们应该充分重视节日的仪式形态，培养节日的仪式感觉，让民众的情感、民众的信仰在节日仪式中得到宣泄与表达，从而充分发挥出传统节日在文化传统的传递与社会教育方面的重要功能。

第三，需要高度重视传统节日精神核心的建设。

传统节日作为集体共享的特殊时间，需要有特定的精神核心，以实现对群体的吸附与主导。精神是文化的核心，节日精神是凝聚群体、组织仪式活动的心理保障，如果失去精神核心，节日也就变成没有意义的空洞符号，那么，它离消亡的时间也就不会太远了。中国传统节日的精神核心是神灵、祖先崇拜与家族伦理，这也可以说是中华传统节日的灵魂。

以春节为例，春节是传统大节，它来自古老的丰收祭，人们在这时要总祭百神及祖先，祭祀是传统春节的重要主题。时至今日，春节祭祀依然是春节的主要内容之一，人们从四面八方赶回家乡，不仅是为了家人团聚，同时也是为了回到桑梓之邦，叩拜、祭祀祖先。祖先祭祀与家族伦理是春节历久弥新的精神核心。今天我们应该适当传承以及升华对自然与祖先敬畏的信仰，强调家庭伦理与尊重他人的礼仪、情怀，以亲近自然、敬重先贤、关爱他人、和睦家庭、团结社会为传统节日新的精神内涵，这样人们在传统节日中可以获得新的神圣感与责任感以及情感的愉悦。

从节日物质体系、节日仪式活动到节日精神核心，我们看到，传统节日自身是一个有机系统，它是一个互相关联、充满生机的生命机体，这一生命机体既是民族文化的集中体现，也是民族文化传承的载体，同时又是培植与滋养民族精神的一个重要方式。

在全球化的时代，在多元文化冲击下的今天，要保持中华文化的本位，应该格外重视对传统节日文化的挖掘与建设。只有从增强民族立身之本的高度来认识传统节日的价值，并且在社会实践中真正重视传统节日的各种要素，传统节日的文化地位才能被真正认识，进而才不会产生由于所谓“黄金周”的收益而重新考虑传统节日假期的问题了。因为，最有价值的不是“黄金”，而是比金子还珍贵的民族的心灵。

（原载《人民政协报》2015 年 2 月 16 日第 11 版）

“新型城镇化”改造 应维护非遗承续的“文脉”不被切断

吴文科[*]

“城镇化”或者准确地说是“新型城镇化”，无疑是当代中国现代化进程的又一曲雄浑交响。但对非物质文化遗产的传承与保护而言，也必定是一道亟待回应和破解的时代难题。

皮之不存，毛将焉附。城镇化进程中保护非遗的一个核心问题，就是如何维护非遗所以承续发展的“文脉”不被切断。

所谓“文脉”，是指“文化上的脉络，文化的承启关系”。对非遗而言，“文脉”就是形成的渊源和发展的理路，就是保障非遗所以形成和传续的各种必需的生态要素。传承和保护非遗，说到底，无非是使不同的非遗类型上合天时，下接地气，左右逢源，持续发展。

学术层面，最早使用“城镇化”这一概念的，是西班牙工程师 A. Serda1867 年出版的著作《城镇化基本理论》，用来描述的是乡村向城市演变的过程。到了 20 世纪，这一名词被世界范围的多数学者所使用；20 世纪 70 年代后期，引入中国学术界并被接受。

现阶段我国政策层面的“城镇化”概念，是 2014 年 3 月 17 日发布的《国家新型城镇化规划（2014—2020 年）》所提出的“以人为核心”的“新型城镇化”。其中提出，有序推进农业转移人口市民化，到 2020 年使常住人口城镇化率达到 60% 左右，户籍人口城镇化率达到 45% 左右；并在“指导思想”中明确要坚持的“基本原则”之一，就是“文化传承，彰显特色”，即“根据不同地区的自然历史文化禀赋，体现区域差异性，提倡形态多样性，防止千城一面，发展有历史记忆、文化脉络、地域风貌、民族特点的美丽城镇，形成符合实际、各具特色的城镇化发展模式”。为此强调：要“推进智慧城市建设，发掘城市文化资源，强化文化传承创新”。这就为城镇化过程中的文化建设尤其是非遗保护，确立了准则，指明了方向。

曲艺作为“以口头语言‘说唱’叙述的表演艺术”，是非物质文化遗产的重要组成部分。其所形成和发展的主要植被依托或者说文化基础，乃是各地的方言。不同曲种“说唱”表演的特殊美感包括语言叙述和唱腔曲调，都是从形成地及流布地的方言土语中提炼升华、创造生成的。换言之，没有方言，就没有曲艺的独特性、曲种的丰富性。

当今时代日益加剧的经济全球化和社会现代化趋势，包括中国正在进行的这种“新

---

* 作者系中国艺术研究院曲艺研究所所长。

型城镇化”发展进程，恰恰使得各地的方言土语正被有意无意地大量稀释、挤压乃至替代、淘汰。而方言，正是曲艺所以生成和依托发展的重要文化基础、历史“文脉”。要传承和保护曲艺等类非物质文化遗产，保护好各地的方言就显得尤其迫切而且重要。

比如，苏州是苏州评话和苏州弹词等曲艺形式发源地。有关资料显示，截至2013年年底，苏州市的人口结构，是外地人已经超过一半，达到了700万，从而使得苏州成为全国继深圳之后的第二大移民城市。这就给吴语方言的保存与使用，带来了极大的困惑与挤压，也给包括苏州评话和苏州弹词等曲艺形式在内的非遗传承与保护，提出了更高的要求。另如上海的外来人口比例，也一路走高。目前上海外地人占整个城市人口的40%，突破了1/3。这给包括上海说唱、浦东说书、上海独角戏、浦东宣卷和上海锣鼓书等在内的上海本土曲种的传承与保护，提出了严峻的挑战。

苏州、上海并非个案。已有的城市发展模式包括进程指标显示，各地的方言使用及其文化传承，在人流涌动的现代化浪潮中，正面临着极大的冲击。尤其是一些超大城市的迅猛形成及发展演变，已然给当前“新型城镇化”进程中的方言保存与曲艺保护带来了困难，敲响了警钟。

这是由于，普通话的推广普及与使用，有利于交流的顺畅和交往的绩效，但却不利于文化的多样性发展和建立在方言基础之上的相关艺术的保护与传承。以苏州话为代表的吴侬软语，是苏州评话和苏州弹词等的生存土壤；上海的本地方言，也是浦东说书与上海独角戏等的文化植被。这种超大型城市发展人口流动的急剧加大和人口基数的不断增加，使得作为日常交往语言的普通话一门独大，再加上学校教育的完全普通话运用，使得就连本地的少年儿童也很少使用乃至干脆不会讲说本地方言了。面对如此情境，学习、表演和传承、保护各地曲艺品种，便首先要面临类似学习和掌握一门“外语”一样的本地方言的门槛。这种通行语稀释并替代方言的历史图景，对非遗的传承保护而言，无异于雪上加霜。

为此，就需要我们未雨绸缪，拿出智慧，更加清醒地认识非遗保护的严峻形势，更加积极地因应非遗保护的时代课题，即通过保护各地方言，来为传承好各地的曲艺培育“生态”，警惕“城镇化”切断非遗的“文脉”。为实现上述愿望，可考虑进一步强化和细化相应的政策措施，包括在义务教育阶段的学校教育中同时采用普通话和方言教学，在各地的广播电台和电视传播中适当保留一定比例的方言栏目，等等，以此形成方言保存的社会文化环境，给包括曲艺在内的建立在方言基础之上的非遗类型的传承与发展，营造适宜的生态，创造必要的条件。

（原载《光明日报》2015年1月28日第10版）

第三篇

研究综述

2015 年民俗学理论研究综述

惠　嘉*

20 世纪 90 年代中后期以来，中国民俗学开始了从“事象”研究、“文本”研究、“文化”研究，向“事件”研究、“语境”研究、“生活”研究的学术范式转型，2015 年的民俗学理论研究基本仍在延续转型后的学科范式。随着民俗学研究范式的转型，研究的中心由名词的“民俗”转向动词的“民俗”，亦即语境中的演述事件或过程，民众的日常实践就此以整体的姿态进入了学科的研究视野。“民”不再是抽象、模糊甚至匿名的传统承受者，他们从幕后走向台前，因其对传统的创造和享用而以主体的身份出现在我们的视域。就此意义而言，无论是基本理论研究倡导的“实践民俗学”，还是口头诗学和表演理论对个体演述者的关注，都是基于对“民”主体性的关切而生成的不同表达。以此，我们或许可以说，促成学科研究转向的价值情怀，正在从曾经的潜流暗涌逐渐显明为学界日益清晰的价值诉求。

基础理论与方法

吕微的《民俗学：一门伟大的学科》① 是本年度指向民俗学价值目的的一部理论力作，旨在通过反思学科基本问题为学科危机寻求出路。该书写作历时十五年，虽以论文集的形式呈现，却具有思想上的连贯性。全书以康德哲学的知识分类体系以及历史与逻辑相统一的目的论为研究立场，以近三十年来中国民俗学的问题史为研究对象，经由层层深入和环环相扣的推演方式阐明了学科范式转换的历史轨迹和问题意识变化的内在理路，指出了造成学科危机的根本原因，进而论证了实践民俗学新范式的必要走向和必要条件。作者对学科危机的讨论，始于《现代性论争中的民间文学》一文中“胡塞尔现象学式的现代性反思，着意于学科与现代性方案的意识形态之间的共谋关系”②，认为“学科危机的解决之道就在于，斩断学术与极权主义意识形态藕断丝连的隐秘关联”③。在随后的《“内在的”和“外在的”民间文学》《从“我们和他们”到“我与你”》《民间文学—民俗学的“真理宣称”“规范宣称”与“真诚宣城”》三篇文章的讨论中，作者转向了“学科自身

---

* 作者系陕西师范大学文学院讲师。

① 吕微：《民俗学：一门伟大的学科》，中国社会科学出版社 2015 年版。

② 同上书，第 580 页。

③ 同上。

(包括伦理目的、科学方法)的范式问题"[①],并通过对祁连休(《阿卡琉斯的愤怒与孤独》)、刘锡诚(《中国民间文学的西西弗斯》)、高丙中(《民俗学的笛卡尔沉思》)等两代民间文学—民俗学学者所实践的学术范式的案例考察,分析了学科经典理论模式本身无法克服的内在悖论:"(与意识形态共享的)理论理性的方法论基础与实践理性的目的论前提之间的自我矛盾"[②],亦即民俗学的理论理性对实践理性的僭越;并由此达成了对民俗学起源(原则)的重新理解和解释——民俗学起源于对"人自身的主体性存在意义和价值"[③] 的关切。在此基础上,作者开显了学科范式转换的可能方向,并最终在《民俗复兴与公民社会相联结的可能性》《"表演的责任"与民俗学的"实践研究"》《转过身来的大娘娘》《接续民俗学的伟大传统》《民俗学的哥白尼革命》诸文中"达成了以康德的先验论实践哲学为根据,对民间文学—民俗学的先验目的论与先验方法论相统一的实践范式,即'实践民俗学'的理论认识"[④]。作者认为:"中国民间文学—民俗学的学科发展,其基本问题是要克服内在的自我冲突,把自身建设成为一个在先验的实践目的(内容)论与同样是先验(统领经验)的认识方法(形式)论上,重新统一的实践范式的实践科学,即实践民俗学。"[⑤] 就康德的立场而言,一切因自由而可能的,就是实践的;当作者祭出"实践民俗学"的旗帜时,民俗学便因参与对人的自由理性(亦即主体性)的表述和论证,获得了成为一门真正意义上的独立学科的可能性,亦可由此成为"一门伟大的学科"。

《民俗学:一门伟大的学科》出版之前,书中的《转过身来的大娘娘》[⑥]《接续民间文学的伟大传统——从实践民俗学的内容目的论到形式目的论》[⑦]《民俗学的哥白尼革命——高丙中民俗学实践"表述"的案例研究》[⑧] 等章节已陆续在期刊上发表。

《转过身来的大娘娘》是对陈泳超所著《背过身去的大娘娘》[⑨] 的长篇评论。评论的着眼点并非陈著的具体结论和论证过程,而是陈泳超在田野研究中所遭遇的诸多方法论与伦理学之间的困境,这也是中国民俗学乃至中国学术在近代以来所面临的最重大问题——对人的价值关怀与实证主义的对象化研究方式之间的矛盾:研究者在把被研究者当作对象的同时,是否还应该敬重被研究者的人格?文章抽丝剥茧呈现陈泳超所遇困境的同时,亦浓墨重彩地描述了陈泳超对困境的突围——"陈泳超君终于还是按捺不住'怀疑批评'的实践冲动,而最终超越了自己为自己设定的理论理性的经验主义、客观主义的直观界限!正如陈泳超君所言,如果不是这样超越自我,而是藏着掖

① 吕微:《民俗学:一门伟大的学科》,中国社会科学出版社 2015 年版,第 580 页。

② 同上。

③ 同上书,第 247 页。

④ 同上书,第 580 页。

⑤ 同上书,第 581 页。

⑥ 吕微:《转过身来的大娘娘》,《民间文化论坛》2015 年第 2 期。

⑦ 吕微:《接续民间文学的伟大传统——从实践民俗学的内容目的论到形式目的论》,《民族文学研究》2015 年第 1 期。

⑧ 吕微:《民俗学的哥白尼革命——高丙中民俗学实践"表述"的案例研究》,《民俗研究》2015 年第 1 期。

⑨ 陈泳超:《背过身去的大娘娘——地方民间传说生息的动力学研究》,北京大学出版社 2015 年版。

着，又将置坦诚交往的普遍道德于何处呢？”作者也由此开显出中国民俗学从前述困境中突围的路向与可能。

《接续民间文学的伟大传统——从实践民俗学的内容目的论到形式目的论》[①] 既是户晓辉著《民间文学的自由叙事》[②] 的序言，亦是对户著的长评。文章基于“目的构成了主体（包括实践主体和认识主体）之为主体的发生条件与存在理由”的认识，通过阐释外在的经验性目的（自然动机）之于主体发生条件的偶然性，反证出主体自身内在的先验目的（自由动因）“是主体作为真正的主体而发生与存在的客观必然性条件和理由”，进而经由“现象学的双重悬搁与还原”，对户著的逻辑起点“作为实践主体的民间文学及其纯粹的实践形式和内在的自由目的”以及设定民间文学实践主体的必要性和可能性进行了论证。在此基础上，作者对户著“描述民间文学自我认识的逻辑—历史”和“对民间文学纯粹形式的先验还原”的合法性和理论方法进行了全面、系统的理论还原和逻辑论证，并借此指出，民间文学先验的发生条件和纯粹的存在理由，不仅是民间文学的先验传统和先验理想，也蕴含着现代社会及未来社会的根本依据（根据）和原初法则（原则）。

《民俗学的哥白尼革命——高丙中民俗学实践“表述”的案例研究》[③] 通过勾勒几代民俗学者曾经践行的学术范式，引出高丙中对民俗学学科性质的界定：“一门人文属性足够强，却以实地调查研究为基础的社会科学”。而后，作者批判道：“民俗学的人文理想，不仅不能用社会科学的方法予以经验地证明，更不能用社会科学的方法加以先验地阐明”，由此确立了实践民俗学的立场，并在这一立场下重新审视了高丙中提出的“公民社会”和“双名制”两个理论命题。文章认为：“公民社会”为中国民俗学引入了“‘实践研究’的先验语境”，而“双名制”“合法化效力的策略”则暗合了康德对于道德实践基本法则的表述，可以视为“民俗实践‘合法则性’的判断形式”；就此意义而言，高丙中的研究为把中国民俗学的人文理想和实证方法间无以自洽的学术范式，转换为先验的目的论和方法论相统一的实践民俗学范式，做出了有益的尝试与实质性贡献。

户晓辉的《返回民间文学的实践理性起点》[④] 和《论民间文学的时间存在形式》[⑤] 也是从实践民俗学的立场对学科基本问题进行的思考与阐释。

《返回民间文学的实践理性起点》[⑥] 认为“决定学科属性的是学科的内在目的和逻辑前提”，以此，为了明确学科的性质及其根本任务，回返学科起源、探究其逻辑起点便成为一种理论的必然。“尽管中外学界在最近几十年里已经越来越倾向于摆脱浪漫派的‘阴影’甚至对本学科这种‘不光彩的’出身讳莫如深，但德国浪漫派仍然是值得我们深刻领会和全面理解的一份珍贵遗产”，因为民间文学或民俗学学科“在德国浪漫派那里才真正获得了内在目的和实践意志”——即在把不同地区、不同族群的民间文学或民俗看作

---

① 吕微：《接续民间文学的伟大传统——从实践民俗学的内容目的论到形式目的论》，《民族文学研究》2015 年第 1 期。

② 户晓辉：《民间文学的自由叙事》，社会科学文献出版社 2014 年版。

③ 吕微：《民俗学的哥白尼革命——高丙中民俗学实践“表述”的案例研究》，《民俗研究》2015 年第 1 期。

④ 户晓辉：《返回民间文学的实践理性起点》，《民族文学研究》2015 年第 1 期。

⑤ 户晓辉：《论民间文学的时间存在形式》，《阅江学刊》2015 年第 5 期。

⑥ 户晓辉：《返回民间文学的实践理性起点》，《民族文学研究》2015 年第 1 期。

手段的同时也看作目的，它们不仅有社会功能，也有自身的目的和价值。这对于世界范围的民间文学或民俗学而言，仍然是一项未被充分理解和领会、更没有被充分展开和实现的任务。作者据此认为，民俗学或民间文学不应被视为一门经验科学，而应被视为一门实践科学，以便使我们的研究通过“对民俗和生活世界的理解最终推动民众（包括学者自己）过上好生活”①。

《论民间文学的时间存在形式》② 指出，“民间文学可以在双重意义上与时间发生关联：一个是民间文学所讲述的时间或作为叙事内容的时间，另一个是民间文学发生和存在的时间，即民间文学讲述现场的时间体验”，而“民间文学的时间存在形式”则是后者而非前者。二者之间的区别在于：“首先，物理学时间可以分割，而内在的时间或时间性可以区分但不可分割；其次，物理学时间是从过去到现在再到将来的直线时间，内在的时间则反过来由将来到过去再到现在，或者说，内在的时间是过去、现在和将来的‘视域融合’。”民间文学的讲述不仅是听众与讲述人的共同在场，也是过去、现在和未来的共同到时。以此，“民间文学不是现成物”，因为现成物“没有了本源的内在时间”，它“已经封闭了自己，它已经完成（结）而没有了未来（尚未到来）。但民间文学永远没有完成，它一直处于完成的过程中而又始终不能被完成或终结，因而它永远向未来开放自身”。

高丙中的《中国民俗学的新时代：开创公民日常生活的文化科学》③ 虽然与吕微、户晓辉的立场不完全相同，但亦着眼于学科对象、方法以及未来发展轨辙等基本问题。文章指出，中国民俗学在过去的三十年社会巨变中取得了长足的发展，学科已然完成了从遗留物到日常生活文化研究的理论转向和方法更新。具体而言，作为“民俗学研究对象的‘民’从特殊人群向普遍公民转化”，“俗”从遗留物变为了日常生活，民族志方法的规范性也在不断增强。较之既往，中国民俗学已经被注入了全新的内涵，并内生出成长为一门关于公民日常生活的文化科学的趋向。以“重新发现日常生活的理所当然”为价值诉求的民俗学，可望成为一门“开创公民日常生活的文化科学”，这必将开创“中国民俗学的新时代”。

如果说前述几位学者的成果旨在以专著或专论的形式，从不同角度对学科范式及其可能性进行反思，那么施爱东和巴莫曲布嫫主编的《走向新范式的中国民俗学》④ 则意在通过批评实现转型后的民俗学于其范式的自省。该书是对 21 世纪以来一些重要的民俗学成果的学术评论集，所论对象既有弗里、刘锡诚等中外学者的治学路径，也有陈泳超、户晓辉、施爱东、西村真志叶、高荷红、张勃、吴晓东、郑土有、岳永逸等国内中青年学者的近年新著。全书将历史评述与学术批评结合起来，特别以原貌的方式呈现了部分讨论会中的论争场景和面对面的尖锐批评；这不仅有望以论辩的方式推进学科的自我检视与省思，更为学界营造正常的学术批评氛围确立了典范。

同样关注学术范式等学科基本问题的还有吴效群主编的《民俗学——学科属性与学术范式》⑤。2014 年 8 月，由中国民俗学会和河南大学文学院联合主办的“民俗学：学科

① 户晓辉：《返回民间文学的实践理性起点》，《民族文学研究》2015 年第 1 期。

② 户晓辉：《论民间文学的时间存在形式》，《阅江学刊》2015 年第 5 期。

③ 高丙中：《中国民俗学的新时代：开创公民日常生活的文化科学》，《民俗研究》2015 年第 1 期。

④ 施爱东、巴莫曲布嫫主编：《走向新范式的中国民俗学》，中国社会科学出版社 2015 年版。

⑤ 吴效群编：《民俗学——学科属性与学术范式》，河南大学出版社 2015 年版。

属性与学术范式”学术研讨会在开封召开，来自中国社会科学院、北京大学、北京师范大学、复旦大学、华东师范大学等高校和科研机构的代表40余位专家学者出席了此次会议。会议论文后结集出版，名为《民俗学——学科属性与学术范式》，其间不但沉淀了中国民俗学界对于民俗学学科属性问题的深入思考，也显明了学界就学科基本问题达成的共识，以及民俗学未来的发展方向。

朱刚的《作为交流的口头艺术实践——剑川白族石宝山歌会研究》① 虽是以石宝山歌会为对象的个案研究，但也以相当的篇幅对学科范式的演进史做出了钩沉。该书上编以当代人文社会科学领域的“语言转向”为背景，在语言学、哲学、民俗学的学术史回溯中，深入解析了民俗学中的“演述”概念，进而指出：当代民俗学理论从“事象”到“事件”的转变，以及重视情景化语境中的语言使用，既符合人文学科以语言为中心进行理论求索的潮流，也是交流民族志理论所承接的民俗学研究范式的新发展。这一研究从多学科的宏阔背景中追溯了民俗学研究范式的“前史”，为我们更为深刻地理解民俗学研究范式提供了可能。

对于具体的人文学科而言，学科内部的基本问题向上追溯往往落入哲学的范畴，故此，部分民俗学者问道哲学，以寻求从根本上解决民俗学基本问题的路径。2014年10月22日，由高丙中、吕微、户晓辉等民俗学者组织的“民俗学的学术资源再认识：哲学之根与他山之石”学术研讨会在北京大学社会学系举行，旨在为中国民俗学发掘更为坚实而丰富的理论资源和他国经验。与会学者普遍认为：尽管世界上诸多国家的民俗学都遇到了不同的危机，但是民俗学在中国却是一门充满希望的学科。中国学者要重新认识几个主要相关国家的民俗学之路，并在此基础之上建立与这些学术传统的新关系。换言之，中国民俗学的新路向，既要摆正与国外学术的关系，也要摆正与中国古代民俗思想与民俗实践经验的关系。2015年5月，《“民俗学的学术资源再认识：哲学之根与他山之石”会议综述》② 在《民俗研究》见刊。2015年9月，《广西民族大学学报》（哲学社会科学版）以专题的形式刊载了高丙中、王霄冰、王杰文、张勃四位与会学者的会议论文，从不同维度对前述议题展开了深入的思考。

高丙中的《民俗学的中国机遇：根基与前景》③ 通过检视英、德、美、日等国的民俗学范式，探讨了民俗学在世界范围内日渐衰落却在中国一枝独秀的原因，亦即民俗学在中国面临的参与国家建设的历史机遇，并由此指出了学科自我完善的路径。文章认为：“中国民俗学应该是以主流哲学为依据，包括充分利用生活世界、日常生活、实践、自由、主体、文化自觉等主流概念背后的哲学思想，以公众日常生活文化为研究对象，以人文社会科学的研究方法为其方法规范，以成为地方、国家的主要公共文化活动为主流渠道所展开的民俗实践活动为关注点，以公共文化（不是受文化歧视的‘农民’文化）为基本范畴和核心理念，以在公共空间发挥政治作用和思想作用为机制，不断获得时代的动能，成为

---

① 朱刚：《作为交流的口头艺术实践——剑川白族石宝山歌会研究》，中国社会科学出版社2015年版。

② 王立阳、胥志强：《“民俗学的学术资源再认识：哲学之根与他山之石”会议综述》，《民俗研究》2015年第3期。

③ 高丙中：《民俗学的中国机遇：根基与前景》，《广西民族大学学报》（哲学社会科学版）2015年第5期。

吕微所憧憬的一门伟大学科。”

王霄冰的《浪漫主义与德国民俗学》① 对孕育德国民俗学的浪漫主义进行了再思考与再认识。文章强调，“民俗学的浪漫主义传统在德国之所以受到彻底的否定和批判，政治方面的原因远远大过学术本身的因素。”事实上，“浪漫主义在孕育着德国民俗学的同时，也在建构和影响着这门学科的研究对象——德意志民族的日常生活与民间文化传统”，并在“教育和启发民众、提高国民素质、建设文明美好社会”等方面发挥了积极作用。“从整体来看，浪漫主义不仅对德国民俗学的建立和早期发展功不可没，而且……在根本理念上也不一定就反理性和反科学。”浪漫主义民俗学者“往往带有强烈的入世倾向”，希望“用美好的愿景去改变和影响自己的研究对象”，这种精神正是当前身处民族复兴和文化重建时期的中国民俗学所需要的。

王杰文的《走向“文化研究”的芬兰民俗学》② “以芬兰民俗学的发展史为个案，描述了芬兰民俗学从‘浪漫民族主义’向‘自由民族主义’转变”的进程，进而考察了“其在‘自由民族主义’的学术传统中……面对‘社会现象’的剧烈变化……反思性地检讨了自身民俗学知识生产的机制……基于‘经验研究’成功地实现民俗学的‘范式转型’……最终……通过这些知识成功地‘介入’了芬兰当代民众的日常社会生活”的过程。作者指出：当代芬兰民俗学已经渐渐融合进了“文化研究”的洪流之中。民俗学为“文化研究”贡献了独特的概念与理论话语，比如“传统”“类型”“表演”等，而“文化研究”则激发民俗学家进一步讨论“实践”“权力”“历史”与“文化”的相互关系。

张勃的《风俗与善治：中国古代的移风易俗思想》③ 通过分析古代移风易俗的思想，对中国民俗学的治世和用世功能进行了有益的探讨。作者指出，移风易俗是人在有意识促使风俗发生变化方面的思想观念和社会行动。通过移风易俗行动以求善治，是中国古代富有特色的治国思想。古人对于移风易俗的可能性、重要性、价值、方法等方面均有十分深刻的认识，历来强调移风易俗的治世价值，重视社会上层和国都在移风易俗方面的作用，亦即强调“礼教”。对于中国民俗学的发展而言，这一思想有助于明确民俗学的实践属性，并为民俗学如何参与治世提供借鉴，具有重要的现实意义。

也有学者倚据哲学资源对学科的一些关键词进行再阐释，以期开示理解民俗学研究方法和研究诉求的另一种可能。胥志强的《语境方法的解释学向度》④ 和《海德格尔与民族（Das Volk）问题研究》⑤ 即属此类研究。

《语境方法的解释学向度》⑥ 发现，20 世纪 90 年代以来，由于受欧洲现象学及福柯等人的影响，美国民俗学界对语境的理解发生了重大的变化，表现出一定程度的解释学色

① 王霄冰：《浪漫主义与德国民俗学》，《广西民族大学学报》（哲学社会科学版）2015 年第 5 期。

② 王杰文：《走向“文化研究”的芬兰民俗学》，《广西民族大学学报》（哲学社会科学版）2015 年第 5 期。

③ 张勃：《风俗与善治：中国古代的移风易俗思想》，《广西民族大学学报》（哲学社会科学版）2015 年第 5 期。

④ 胥志强：《语境方法的解释学向度》，《民俗研究》2015 年第 5 期。

⑤ 胥志强：《海德格尔与民族（Das Volk）问题研究》，《湖北理工学院学报》（人文社会科学版）2015 年第 4 期。

⑥ 胥志强：《语境方法的解释学向度》，《民俗研究》2015 年第 5 期。

彩，并在语境的本质、语境与文本的关系以及相应的研究方法论等关键问题上有了全新的阐释。在解释学的视角下，语境接近解释学意义上的前理解，而文本则有了建构语境的可能，这促使我们开始重新思考“语境研究的意图、主题与方法论”。作者认为，“这一解释学的语境阐释，势必引起我们对国内通行的语境研究模式的反思”。

《海德格尔与民族（Das Volk）问题研究》① 致力于从存在论的角度对民俗学诞生时便即指向的“民族”概念进行反思。作者认为，海德格尔对民族本质的思考，不同于流行的实证主义，也不同于纳粹学者建立在生物学基础上的种族主义，而是着眼于其存在论的内涵。在他而言，民族一方面是人返回其本质时的一种生存状态，另一方面也是与他人在一个共同体内命运相关的生存状态。这个意义上的民族不是自然而然形成的，而有赖于人的决断。艺术活动在唤醒人的民族意识或使得民族成其自身的过程中具有重要意义。这对我们认识民俗学由以发端的“民族”概念提供了一个新的向度。

经典的学科体系往往将民俗学的研究对象理解为时间上居前的“传统文化”，于是，在特定问题意识的观照下，随着“传统文化”在现代社会的日渐衰落，民俗学便不可避免地陷入了研究对象消失之虞。基于这种危机意识，一些学者尝试重新解读“传统”的意涵，努力发掘“传统文化”的现代功能，以期化解学科面临的困境。

刘先福的《民俗学的传统观探析》② 通过关注传统的意涵及其与民俗的关系、传统变迁的动力、真伪民俗等问题，对“民俗研究的指向”进行了讨论。作者认为：“民俗是文化，更是生活。民俗中有我们放不下的传统及传统的影子，也有我们对现实生活的切身体悟，民俗学应该在今天的演述情境中寻找属于当下的传统，并来理解那些过去的传统。传统构成生活，传统需要传递，传统带来认同。只有把握住传统的当代功能，才能在与传统的互动中建构充满意义的生活世界”。

徐赣丽的《当代民俗传承途径的变迁及相关问题》③ 认为，随着城市化、信息化和现代媒体日益深刻地侵入人们的日常生活，传统的民俗传承母体渐渐消失，引发了诸多民俗传承途径的变迁。多种新媒介替代了传统的传承模式，使得民俗由一种无意识的传承转变为一种有意识的文化生产过程，导致“民俗的定义和民俗学的研究方向”开始“向大众文化转型”。

刘爱华的《新型城镇化语境下民俗文化反哺的效能与维度》④ 以民俗文化作为城镇化病象的药方，考察了民俗文化反哺城镇化的效能与维度；认为“民俗文化……不断烁合新的时代因素……呈现多元化的表现形式”，在城市化进程中仍具“反哺效能”；主张努力激活或发挥民俗文化反哺的效能，有效利用文化生态机制、社会控制机制、社会和谐机制、创意资源机制、身体技术机制和心理认同机制等反哺的潜在维度，并强调这“将在很大程度上影响着新型城镇化推进的成效和目标的实现”。

聂楠的《论民俗艺术的认知取向与符号系统》⑤ 从认知取向、符号系统和文化意义三

---

① 胥志强：《海德格尔与民族（Das Volk）问题研究》，《湖北理工学院学报》（人文社会科学版）2015 年第 4 期。

② 刘先福：《民俗学的传统观探析》，《内江师范学院学报》2015 年第 5 期。

③ 徐赣丽：《当代民俗传承途径的变迁及相关问题》，《民俗研究》2015 年第 3 期。

④ 刘爱华：《新型城镇化语境下民俗文化反哺的效能与维度》，《民俗研究》2015 年第 3 期。

⑤ 聂楠：《论民俗艺术的认知取向与符号系统》，《民俗研究》2015 年第 2 期

方面对民俗艺术的认知做了较为系统的讨论。作者认为“民俗艺术的认知包括作品、传承人、流程、技艺、民俗应用等环节”，其“取向涉及知人、知物、知事、知艺等”方面；它借助语言符号系统、声响符号系统、文字符号系统、图像符号系统、造型符号系统和动作符号系统来展开；具有启迪当代教育、促进传承保护、美化现实生活、推进创新发展的文化意义。

黄永林的《民俗文化发展理论与生态规律阐释及其实践运用》① 探讨了“民俗文化发展理论与文化生态规律”，认为“民俗是一种不断产生、演变、发展的活态文化”，对新民俗的认定应从“是否已被民众广泛传承、是否具有传统文化内涵、是否形成稳定文化事象”三方面来加以考量；同时指出，“民俗文化生态实际上是由一核与多圆同心构成的多层次发展生态场境”，并在解读同心圆中“民俗文化基因、社会经济环境、科技发展环境、外来文化环境和自然地理环境”功能的基础上，对“民俗文化发展理论在当下的运用”进行了阐释。

万建中的《民间文学：社会主义核心价值观的传统载体》② 讨论了民间文学和社会主义核心价值观之间的关系，认为民间文学包孕了社会主义核心价值观，并可对后者的培育与传衍产生潜移默化的作用。

也有学者以“公共民俗学”为指向，强调学科参与社会的能力，这也可以视为应答学科危机的另一种进路。

何彬的《隐居民俗与孝道——兼谈公共民俗学》③ 通过考察隐居民俗与孝道记述了日本社会传统家族制度和民俗行为的继承与变迁，并由此为民俗学当下的社会担当提供了启示。作者明确道：“21 世纪的民俗学调查与研究应该也可以……用民俗学擅长的实地调查……获取人们生活的详细数据，解析生活现象，读取现代生活深层的问题……为解决现实社会问题提供民俗学的见地”，让“学科一步步接近‘公共民俗学’”，亦即让“学术为社会生活服务，为人们的日常生活更加充实、丰富”而努力。文章强调，这才是“学问的真正发展方向和存在意义”。

程鹏与周星关于民俗学对象与视野的访谈也关涉民俗学“干预社会”的学科诉求。《国家的与超越国家的民俗学：对象与视野——旅日中国民俗学家周星教授访谈录》④ 中指出，民俗学虽以研究故乡与本土文化为主，但也应具有跨国的比较视野，否则便极易受浪漫主义情感的影响，在调查中居高临下，以发现者、评价者自居，以致不能客观、清醒地明确自己和研究对象之间的关系，民俗学者为文化政策背书或在文化政策面前失语，原因即在于此。他同时强调，民俗学者要正确认识国家与民俗之间的关系，将国家客体化和对象化，而非一味服从，这样才能对国家的民俗文化政策提出客观评论和建议。以对本土文化的深入了解为前提，民俗学作为文化批评的可能性极具延展空间；而当前行政参与或影响之下的“公共民俗”，正是学界需要着意关注的实践性课题。

对于中国民俗学自身而言，学科诉求的实现仍需借助具体的研究方法，而“家乡民

---

① 黄永林：《民俗文化发展理论与生态规律阐释及其实践运用》，《民俗研究》2015 年第 2 期。

② 万建中：《民间文学：社会主义核心价值观的传统载体》，《新视野》2015 年第 4 期。

③ 何彬：《隐居民俗与孝道——兼谈公共民俗学》，《民俗研究》2015 年第 2 期。

④ 程鹏、周星：《国家的与超越国家的民俗学：对象与视野——旅日中国民俗学家周星教授访谈录》，《民间文化论坛》2015 年第 4 期。

俗学”和“身体民俗学”无疑是近年来国内学界甚为关注的理论命题与方法论。

安德明的《对象化的乡愁：中国传统民俗志中的“家乡”观念与表达策略》[①]“以《荆楚岁时记》、《东京梦华录》和《梦粱录》为例，对这类民俗志所表现出的有关家乡民俗的观念、态度和表达策略，以及由此而形成的中国古代民俗志书写传统进行讨论”，进而对现代民俗学之“家乡民俗学派”的历史渊源做出钩沉。文章指出，古代家乡民俗志都具有这样一些特征：“按照时间顺序或以时序与空间秩序相结合的方式来展开；概括描述与个人经验记录的融合；冷静描写与热情歌咏的结合；对官方礼仪与民间生活实践的一视同仁”。故乡的风俗和基于这些风俗的乡愁，在这类志书中往往被以对象化的方式加以呈现，从而使作者的离散之情和对故国的怀念掩藏在客观冷静的描写当中。“这种对比的视角和相应的叙述策略，成为了中国历代民俗志所沿用的一种书写模式。”现代民俗学兴起之后，许多中国民俗学者都以家乡民俗为研究对象甚至由此形成一个长期而连贯的重要流派，这同古代民俗志中家乡书写的传统关系密不可分。

刘铁梁的《身体民俗学视角下的个人叙事——以中国春节为例》[②]呼吁将对个人叙事文化建构作用的关注作为今后民俗学研究的常态。文章认为，近年来，民俗学研究的身体视角得到加强，这“既与现象学、存在主义等哲学思想相呼应，又与社会学、人类学有关身体研究的经验相结合”，而且与当代社会发展过程带给人们的一些现实感受有更加直接的关联。以春节为例，与春节有关的个人叙事，来源于个人节日生活经历中的身体经验，具有身体记忆的性质，并因之赋予春节以鲜活的文化意义。这对我们如何理解和运用那些经由访谈得来的具有“个人叙事”性质的资料，给予了有益的启示。

虽然民俗学与民间文学共享了诸多研究方法，亦共同经历了学术范式的转型，但学界仍普遍倾向于将二者视为同中有异的两个不同学科。本年度，部分学者延续了既往的区分意识，对民间文学的学科建设、学科本体、研究对象、研究方法、学术演进以及学科的现代性等问题，做出了进一步的思考。

晏周琴的《对民间文学学科独立性的思考》[③]从学科建制和研究方法出发对学科独立的路径进行了思考，认为民间文学的独立性建设首先需要学者们不断补充和完善钟敬文先生关于民间文学独立的学科体系的构想和设计；其次，建立起一套适合中国民间文学发展的口头传统研究范式；最后，在高校和科研机构成立独立的学科点，建立起民间文学专业本、硕、博一脉相承的人才培养机制，这也是民间文学发展的主要推动力。

王欣、郝苏民的《由文学到文化：民间文学本体反思》[④]通过梳理民间文学中的文学与民俗学本位之争指出，文学并非学科存在的本体，学界应努力厘清文学形态与生活本体、文学文本与表演行为、书面性与口头性、作家个体与当今俗民群体之间的关系；从文学视角转向文化视角，在“多元一体”“非遗”的语境下重新审视、探索民俗学本位的口承语言民俗体系。亦即“将人与空间（自然的、文化的）的关系纳入研究体系”，“从生活现实出发，在具体的文化场域下对语言中成体系的惯习进行讨论，还原它本有的超越于

---

① 安德明：《对象化的乡愁：中国传统民俗志中的“家乡”观念与表达策略》，《民间文化论坛》2015 年第 2 期。

② 刘铁梁：《身体民俗学视角下的个人叙事——以中国春节为例》，《民俗研究》2015 年第 2 期。

③ 晏周琴：《对民间文学学科独立性的思考》，《青海师范大学民族师范学院学报》2015 年第 2 期。

④ 王欣、郝苏民：《由文学到文化：民间文学本体反思》，《西北民族研究》2015 年第 3 期。

文学的多功能性”，解构文学文本的传统研究模式，建构一个开放的、在多方互动中不断调试与重构的、指向生活世界的综合表达系统。

万建中的《“民间文学志”概念的提出及其学术意义》① 认为民间文学是“一种具有审美效应的日常生活形态”，它并不等同于民间文学作品，可“长期以来，民间文学研究形成了一种顽固的路径，就是执着于作品的分析”。“文学生活是一个整体，脱离了上下文的记录文本即作品很可能陷入被歪曲的境地，加上对‘文学性’的追求，加工和添油加醋也在所难免”。以此，民间文学志的写作就成为“田野作业的必然要求”。民间文学志的独特之处在于，它关注的是表演过程中审美体验和文学场域的整体把握，亦即不只是关注语境，而是将演述的行为、场面、过程、在场者的互动关系以及社会历史背景作为考察的重点，尤其突出了“人（非仅仅是演述者）”的主体性。这无疑是对“民间文学研究视域”的极大拓展。

赵云芳的《论新时期网络民间文学的界定》② 旨在对新时期的网络民间文学进行定义。文章认为，网络民间文学可从广义和狭义两个层面予以理解。广义来讲，一切网络文学都可以看作是网络民间文学，其原因在于网络的“新民间”属性及其民间品格，再者，它具备了传统民间文学学科意义上的所有基本特征。狭义来讲，网络文学表现出文人化和民间化两种倾向，后者主要涉及网络文学中某些特定的体裁，具有更为突出的民间审美意识，属严格意义上的网络民间文学。这为学界在网络民间文学的认知中达成共识，起到了一定的推动作用。

谭璐的《当“三套集成”遭遇语境研究——兼论文本研究的当下与未来》③ 指出，“三套集成”和文本研究在当下遭受冷遇，其原因有三：民间文学的研究重心转移、民间文学研究者的学术取向相异、民间文艺学与民俗学的学科定位混同。作者认为，“三套集成”和文本研究“也具有记录语境的自觉性”、在一定程度上推动了“语境研究热潮”，在后集成时代仍有其意义与价值。以此，学界应“积极改观文本研究的现状”、在“多向度”和“复调”式的思维理念之下推动文本研究与其他方法的对话，“努力开拓文本研究的未来”，以应对语境范式因过成熟而催生的重复研究。

王旭的《从知识到经验：民间文学体裁观的跨越》④ 认为，“‘体裁’（genre）是民间文学研究领域的核心概念”，“作为基本形式和分类标准，体裁观的变革潜移默化地影响着学者关于神话、传说、故事、歌谣等各种体裁的认知、判断与分析。因此，细致梳理体裁概念、理论视角与方法论的变迁历程”具有重要的理论意义。基于这一认识，文章梳理了体裁“从封闭、共时的分类体系，到社会文化语境变迁过程中的历时文化现象，到情景性语境中即时的言语交流模式，再到经验性的生活实践”的概念和方法论变革史，

---

① 万建中：《“民间文学志”概念的提出及其学术意义》，《云南师范大学学报》（哲学社会科学版）2015 年第 6 期。

② 赵云芳：《论新时期网络民间文学的界定》，《贵州民族大学学报》（哲学社会科学版）2015 年第 6 期。

③ 谭璐：《当“三套集成”遭遇语境研究——兼论文本研究的当下与未来》，《民族文学研究》2015 年第 3 期。

④ 王旭：《从知识到经验：民间文学体裁观的跨越》，《云南师范大学学报》（哲学社会科学版）2015 年第 6 期。

进而呈现了这一变革与民间文学学科研究范式整体转型之间的密切关联。

刘泽平的《民间文学的现代性反思》[①] 基于“民间文学在现代性的大背景下建立与发展，其理论建设带有明显的现代性色彩”的认识提出：民间并非“不以人的意志为转移的”“客观存在”，而是“由主体的意识所建构的”，所以“具有特殊记忆的‘民’以及他们所承载的民族文化记忆”才是我们要保护和关注的重点。

本年度，对域外理论和思想进行译介、研究的成果为数颇丰，来自美国民俗传统的表演理论是其间的重中之重。

2015 年开年首期，杨利慧在《民间文化论坛》上组织了“表演理论研究”的专栏，译介和发表了鲍曼的《“表演”新释》、吕微的《“表演的责任”与民俗学的“实践研究”——鲍曼〈表演的否认〉的实践民俗学目的——方法论》、王杰文的《口头表演的诗学与政治学——关于“表演”的批评与反思》、朱刚的《当代民俗学“以演述为中心的方法”——理论背景、发展轨迹及概念解析》、王旭的《作为表达资源的笑话——以山西万荣笑话为例》五篇文章，对理查德·鲍曼的表演观及其形成的学术和社会语境、该视角的发展、演变以及其理论创造潜力进行更为深入的探究。

鲍曼的《“表演”新释》[②] 论述了“表演”观念形成的学理基础和多向度的理论资源。鲍曼指出，“民俗学领域‘以表演为中心’的视角的根基，主要存在于民间故事研究者的观察”，促成这一视角“新生”的，则是来自语言人类学、社会语言学和符号学等多学科的影响。文章以 20 世纪 50 年代“戈尔登汗德号”在“雷伊斯角”与土著的一次接触为例，通过案例分析呈现了作者对“表演”的理解：“表演是一种立场表达的行为……表演者通过运用表演框架，占据了一个对其表达行为而言的特殊位置，或者说定位，对展示其交流技巧和有效性承担责任。”“这些立场表达、风险、意识形态、接近参与等等的动态过程，警示我们关注表演的政治学和诗学”，亦即“权力被声称、分配、赋权、协商和竞争的方式”，这是“表演取向的方法自始阶段”就有的诉求。

吕微的《“表演的责任”与民俗学的“实践研究”——鲍曼〈表演的否认〉的实践民俗学目的——方法论》[③] 以鲍曼在 1993 年的论文《表演的否认》中亲证的“表演者对表演的否认”的田野经验为起点，通过对“表演者真的不愿意承担表演责任”这一重要的民俗现象进行存在条件的康德式还原后指出，鲍曼发现的“表演的否认”不只是对表演的经验性标定，而是对“完全的表演”的先验性标定，进一步言之，表演的“职责/责任”不仅仅是对民俗现象的经验性归纳，还是对民俗现象发生条件进行的先验阐明。其间，作者首先从实践民俗学的先验立场出发，描述了鲍曼对“表演”及“表演的职责”的先验规定；而后，又以鲍曼在田野中经验的“表演者的表演行为亦即表演者的职责意识”等现象为考察对象，论证了鲍曼的经验立场对其自身先验立场的认同何以可能；完成了将康德基于先验逻辑的论证方法运用于民俗学实践研究的理论实验。作者由此指出，如果仅仅致力于呈现社会事实，势必遮蔽“民”的自由以及与之密切相关的责任与权利，

---

① 刘泽平：《民间文学的现代性反思》，《语文教学通讯》2015 年第 7 期。

② ［美］鲍曼：《“表演”新释》，杨利慧译，《民间文化论坛》2015 年第 1 期。

③ 吕微：《“表演的责任”与民俗学的“实践研究”——鲍曼〈表演的否认〉的实践民俗学目的——方法论》，《民间文化论坛》2015 年第 1 期。全文收入吕微《民俗学：一门伟大的学科》，中国社会科学出版社 2015 年版。

只有站在实践研究的范式立场上，才能从实践民俗学的意志论维度理解“表演”“语境”“职责／责任”等理念，从而避免民俗学理论理性对实践理性的僭越。

王杰文的《口头表演的诗学与政治学——关于“表演”的批评与反思》① 以鲍曼的研究成果为主要分析对象，从学术发展的视角审视了“口头艺术的诗学与政治学”逐渐形成与完善的过程，并在多元的“表演研究”语境中对口头艺术“表演研究”的局限性与可能性进行了批评与反思。作者认为，“表演研究”是戏剧研究、人类学、社会学、语言学以及心理学等学术领域“平行地”使用的研究范式，口头艺术的“表演研究”正是在这一跨学科交流的语境中发展出来的重要支脉。作为人类学与民俗学分析的一种路径，“表演”的魅力来自如下四个特征：即其艺术性的、反思性的、表演性的、呈现中的特征。不过，表演研究对于口头艺术事件中的“观众”因素亦有理论化程度不足之嫌。

朱刚的《当代民俗学“以演述为中心的方法”——理论背景、发展轨迹及概念解析》② 回顾了“演述”理论的历史背景和学术轨迹，在此基础上，以鲍曼为例，对“演述”概念进行了更为深入的探讨。文章指出，“演述”理论是20世纪六七十年代美国民俗学在“语言转向”影响下，受社会语言学、交流民族志思想推动，进而重视在特定语境下对某个社会群体内部的交流实践进行深入描述的民俗学方法。鲍曼对演述的定义——演述是语言运用的一种方式，是一种“言说方式”，作为一种口头语言交流的模式，演述存在于演述者对观众承担展示自己交流能力的责任——与海默斯提出的“交流能力”和奥斯汀强调的“以言行事”有着内在的关联；这意味着“民俗学者对于口头艺术的民族志描述，也就是从言说行为的角度对人类社会构成的语言特性进行理解，也就是从‘语言转向’意义上一种朝向人存在本质之理解的理论视野”，而“演述理论”也因此对民俗学产生了现实的推动作用。

王旭的《作为表达资源的笑话——以山西万荣笑话为例》③ 以山西万荣笑话“立碑为证”为例，用表演的视角来重新认识笑话这一文类，通过对其书面文本和表演文本的分析和比较，说明将笑话作为一种表达资源的重要性，为表演理论的本土化实践提供了个案。

在组织专栏讨论的同时，杨利慧还翻译了鲍曼的《表演中的文本与语境：文本化与语境化》④ 一文，并以词条为写作策略，对《表演理论》⑤ 的理论背景、代表人物、主要观点、学术影响予以简介。

《表演中的文本与语境：文本化与语境化》以一个墨西哥集市上的推销辞为个案，展示了推销辞被文本化和语境化的多种艺术手段与维度。作者由表演的视角阐明：文本“并非自主性的、传统性的、文学性的人造物”，而是“情境化的交流实践的新生性结果，

① 王杰文：《口头表演的诗学与政治学——关于“表演”的批评与反思》，《民间文化论坛》2015年第1期。

② 朱刚：《当代民俗学“以演述为中心的方法”——理论背景、发展轨迹及概念解析》，《民间文化论坛》2015年第1期。

③ 王旭：《作为表达资源的笑话——以山西万荣笑话为例》，《民间文化论坛》2015年第1期。

④ ［美］鲍曼：《表演中的文本与语境：文本化与语境化》，杨利慧译，《西北民族研究》2015年第4期。

⑤ 杨利慧：《表演理论》，《民间文化论坛》2015年第1期。

是一种话语的实现"；文本性也不再是"一段再三重复的口头文学的预先包装"，而是"一次话语的实现，一个将一段口头表达展演——包括再生产——为文本的实际过程"；同样，"情境性语境也是一种话语的实现——文本化和语境化是一个完整、统一的过程的一部分"，"传统化是语境化实践的一种普遍模式"。在表演理论的关照下，"民俗形式和实践"成为了"引导社会生活"的"生存的必需品"，这亦是其文本观与语境观的创新之处。

除了对理论本身的译介和研究，关注学科的代表性人物，也是了解一国学术传统的常见进路。

崔若男的《多尔逊与美国民俗学学科的发展》[①] 从多尔逊与印第安纳大学民俗学专业的建设、多尔逊的"美国民俗学"理论、美国民俗学的挑战与危机三个方面，对多尔逊对美国民俗学学科的贡献做了较为系统的阐述。作者认为，多尔逊不但在一定意义上奠定了民俗学的学科地位，同时结合其历史学背景，对美国民俗学的理论与方法进行了拓展和丰富，在美国民俗学史上具有"举足轻重"的地位。

巴莫曲布嫫也在《理查德·默塞尔·多尔森》[②] 一文中，以关键词的形式对这位"在美国民俗学的学科发展史上拥有不可取代的学术地位"，同时"也被公认为20世纪国际民俗学研究领域的重要人物之一"的学者其学术履历和学术贡献进行了详细的述评。

此外，学界还翻译了美国民俗学者顾笛安的《科学理性主义与超自然经验叙事》和芭芭拉·克什布拉特-吉布利特的《误分为二：民俗学的学院派与应用派》，在一定程度上为国内同行呈现了美国民俗学研究现状的剪影。

《科学理性主义与超自然经验叙事》[③] 围绕现代理性主义对民间信仰认识而展开，认为是文化进化论确立了现代思维和超自然信仰之间的对立。事实上，超自然信仰在当代社会广泛存在，信仰类经验叙事更是采取多种策略以强调自身的合逻辑性。故此，超自然信仰和经验叙事与现代思维看似对立，却是缘现代逻辑思维而建构的。

《误分为二：民俗学的学院派与应用派》[④] 立足于20世纪后半叶美国应用民俗学与公共领域发展的事实与问题，从倡议、表述、艺术和批评话语四个方面考察了美国民俗学由以建基的意识形态和经济基础，进而明确了应用民俗学的核心问题，并由此指出学院派与应用派划分的错误性。

在美国传统之外，德国、芬兰等欧陆民俗学传统作为中国民俗学的重要理论资源，也同样得到了国内学界的关注。

2015年8月，安德明在《民间文化论坛》组织专栏"当代德国民俗学：从探究历史到关注当下"，刊载了赫尔曼·鲍辛格、沃尔夫冈·卡舒巴、弗里德里希·冯·博泽三位德国民俗学者的文章和一篇对沃尔夫冈·卡舒巴的访谈录，以期国内学界能够从中管窥当代德国民俗学研究的视角和旨趣。

---

① 崔若男：《多尔逊与美国民俗学学科的发展》，《民间文化论坛》2015年第3期。

② 巴莫曲布嫫：《理查德·默塞尔·多尔森》，《民间文化论坛》2015年第2期。

③ ［美］顾笛安：《科学理性主义与超自然经验叙事》，姚虹芳、朱丹译，《文化遗产》2015年第6期。

④ ［美］芭芭拉·克什布拉特-吉布利特：《误分为二：民俗学的学院派与应用派》，宋颖译，《民间文化论坛》2015年第3期。

赫尔曼·鲍辛格的《爽胃与爽心：威廉·豪夫对一位烹饪大师的描绘》[①] 是解读威廉·豪夫的童话《长鼻子矮人》的一篇随笔。文章描述了童话中蕴含的诸多介于民间文学、作家文学、文化史、社会变迁史之间的交叉界面，认为这些不同因素的交叠不但是对文学想象的极大丰富，也为重构和发明地方文化传统带来了持久的推助力。

沃尔夫冈·卡舒巴的《“他者的”遗产：城市文化、市民社会与城市展望》[②] 基于全球范围的“城市化浪潮”，通过对欧洲城市的考察，呈现了现代化语境和全球化背景下城市社会与城市文化产生的诸多变化和未来发展趋向，同时阐述了民俗/民族学在城市化进程中“参与社会”的“用世”旨趣，以及学者在其间应有的担当。文章还着意强调了未来城市的文化样态和基本原则——“社会互动与干预、文化多元和多样、政治透明和整体参与，以及象征性的开放和宽容”。

弗里德里希·冯·博泽的《柏林洪堡世界文化博物院的建立：地方历史与文化政治的磋商》[③] 以“关于洪堡世界文化博物院规划的公众论辩”为研究对象，通过考察洪堡世界文化博物院的筹建目的与规划发展中遭遇的诸多问题，呈现了其间基于历史想象的复杂的文化政治磋商过程。作者认为，这是“一段必须要在比实际殖民统治年限更广泛的层面来理解的历史：也即一段抵抗各类‘他者’的认知暴力史，它的各种意象、文物以及最后重要的被殖民化的躯体所进入的一个共同想象，这种想象会成为‘自我’建构的基础”。换言之，这是一场关于正确处理德国历史与公共记忆间关系的论争。

安德明和卡舒巴的访谈《从“民俗学”到“欧洲民族学”：研究对象与理论视角的转换——德国民俗学家沃尔夫冈·卡舒巴教授访谈》[④] 从学科名称的变更切入，探讨了20世纪60年代以来德国民俗学转型的进程。卡舒巴指出，学科更名意味着研究对象与研究视角的变更，表明学科的关注点从村落转向了城市，从历史转向了当下，从均质化、固定化的文化观转向了多样性、变化性的文化观，并由此对“民俗学”的学科定位与学科价值做出了新的解读。

呈现当代德国民俗学发展状况之余，也有学者对其学科源头进行了追溯。牛蒙的《赫尔德与德国民间文学的崛起》[⑤] 即通过对赫尔德的思想背景和德国民间诗歌发展史的简析，概述了赫尔德与德国民间文学崛起之间的复杂关系。

2015年度，关注芬兰民俗学理论的研究成果主要有王杰文的《“文本的民族志”——劳里·航柯的“史诗研究”》、刘先福和唐超对劳里·哈维拉提教授的访谈，以及巴莫曲布嫫的《劳里·航柯》。

《“文本的民族志”——劳里·航柯的“史诗研究”》[⑥] 梳理了20世纪80年代以来劳

---

① ［德］赫尔曼·鲍辛格：《爽胃与爽心：威廉·豪夫对一位烹饪大师的描绘》，吴秀杰译，《民间文化论坛》2015年第4期。

② ［德］沃尔夫冈·卡舒巴：《“他者的”遗产：城市文化、市民社会与城市展望》，安德明译，《民间文化论坛》2015年第4期。

③ ［德］弗里德里希·冯·博泽：《柏林洪堡世界文化博物院的建立：地方历史与文化政治的磋商》，康丽、郝晓源、李晓宁译，《民间文化论坛》2015年第4期。

④ ［德］沃尔夫冈·卡舒巴、安德明：《从“民俗学”到“欧洲民族学”：研究对象与理论视角的转换——德国民俗学家沃尔夫冈·卡舒巴教授访谈》，《民间文化论坛》2015年第4期。

⑤ 牛蒙：《赫尔德与德国民间文学的崛起》，《吉林广播电视大学学报》2015年第8期。

⑥ 王杰文：《“文本的民族志”——劳里·航柯的“史诗研究”》，《文化遗产》2015年第4期。

里·航柯史诗研究的不同阶段——基于“民俗过程”的理论框架，细致考察了芬兰史诗的文献材料与印度史诗的田野材料，提出“史诗”的“文本化”模型；重新“发现”芬兰民族史诗《卡勒瓦拉》“文本化”的问题，批判了浪漫主义思潮影响下的传统史诗观；在对民俗学的“元理论”与方法论进行自反性追问的前提下，提出了“文本的民族志”的研究范式。文章通过“描述与分析航柯‘史诗研究’的经验性历程”，对其“在史诗研究、口头传统研究领域的学术思想”给予了系统的阐述。

在《芬兰民俗学的历史经验与反思——劳里·哈维拉提教授访谈录》① 中，刘先福和唐超就1986年中芬民间文学联合调查、芬兰民俗学暑期学校、人类学与民俗学田野作业的异同、民俗学做异文化田野调查的方法、劳里·航柯的史诗研究、劳里·航柯学术贡献的承续、芬兰民俗学发展的新动向、北欧物质文化与日常生活研究等论题，对劳里·哈维拉提教授进行了深入的访谈，为我们进一步了解芬兰民俗学的历史、理论方法、当下发展及其对中国民俗学界的影响，提供了有益的资料。

巴莫曲布嫫撰写了词条《劳里·航柯》②，对劳里·航柯的学术经历、学术成就及学术影响进行了较为详细的介绍。

日本是与中国一衣带水的邻邦，其民俗学传统亦在中国学界产生回响。年度成果有乌日古木勒的《柳田国男与日本民间故事整理和分类法》，福田亚细男的《日本民俗学的至今为止和从今以后》，以及福田亚细男与施爱东的对话录。

乌日古木勒的《柳田国男与日本民间故事整理和分类法》③ 论述了日本民俗学奠基人柳田国男对日本民间故事整理与分类的独特贡献。文章指出，“柳田国男在一国民俗学理念下，提出了系统整理和研究一个民族或国家的民间故事的方案”。在其“五项整理方案”的指导下，“诞生了不少学术价值极高的民间故事集成。其中关敬吾编著的《日本昔话集成》和《日本昔话大成》，稻田浩二和小泽俊夫编著的《日本昔话通观》是日本民间故事整理的标志性成果。”他对日本民间故事完形和派生的两分法，“不仅具有独创性，而且对探究他所强烈关注的日本民间故事演变史、日本民间故事与民间信仰的关系等一系列问题提供了有力的理论依据”。

福田亚细男的《日本民俗学的至今为止和从今以后》④ 细致勾勒了日本民俗学的发展史，对柳田国男之于日本民俗学的意义进行了批判性的思考，并由此指出了学科未来的方向。作者认为，20世纪的民俗学以变迁过程为中心，学院派民俗学应当复活在野派的使命感，使学科有益于现实社会；理论建构方面则应该告别柳田国男，迈向“柳田国男曾经梦想过的世界民俗学”。

《民俗学在国际与代际之间的相互理解——对话福田亚细男》⑤ 是中、日两国民俗学者福田亚细男和施爱东之间的对谈录。两位学者围绕“柳田国男时代的日本民俗学”“福

---

① ［芬兰］劳里·哈维拉提、刘先福、唐超：《芬兰民俗学的历史经验与反思——劳里·哈维拉提教授访谈录》，刘先福、唐超译，尹虎彬校，《民间文化论坛》2015年第5期。

② 巴莫曲布嫫：《劳里·航柯》，《民间文化论坛》2015年第4期。

③ 乌日古木勒：《柳田国男与日本民间故事整理和分类法》，《民间文化论坛》2015年第6期。

④ ［日］福田亚细男：《日本民俗学的至今为止和从今以后》，彭伟文译，《民俗研究》2015年第3期。

⑤ ［日］福田亚细男、施爱东：《民俗学在国际与代际之间的相互理解——对话福田亚细男》，彭伟文译，《民俗研究》2015年第3期。

田以及菅丰时代的日本民俗学”“钟敬文以及后钟敬文时代的中国民俗学”展开对话，就两国民俗学的学科建设、学科定位、人才培养、发展前景、学术社团、治学方式、研究旨趣以及前辈成就等话题进行了深入的讨论，加深了彼此的了解与理解，有效地推进了学科内部跨时间、跨地域的深度交流。

关于非遗保护的理论思考

在过去的十年中，中国民俗学者对非物质文化遗产保护运动投入了极大的热情，非遗也由此成为中国民俗学参与国家文化建设、实现自身跨越式发展的历史契机。不过，尽管学界关于非遗保护的研究成果数量惊人，但深入的学理性思考却并不多见。2015 年度，上述研究状况有所改观，一些学者立足于反思性视角，对“非物质文化遗产保护”的实践进行了理论层面的审视与思考。

朝戈金的《非物质文化遗产：从学理到实践》① 系统地阐述了——“非遗”尊重口头文化的学理性基础；几个文化遗产国际公约对“遗产”不同侧重（“有形”与“无形”）和共同表达（有价值、有意义）；《保护非物质文化遗产公约》对人的关切，对民众主体性的强调和对非遗整体性的强调；非物质文化遗产的人类共享性；非遗项目的跨界交叉性；工作对象的无边界性；忠实记录的田野方法；尊重遗产持有人的权利；非遗“原生态”的相对性——九大问题，为从业人员更为准确地把握“非遗”的内涵，规避相关的工作误区提供了宝贵的启示。

朝戈金提出的非遗“原生态”的相对性问题，也同样得到了美国民俗学者艾伟的关注。他的《美国民俗学/非物质文化遗产保护中的“本真性”问题》② 一文围绕三个问题展开——“在美国民俗学术界和公共政策领域，是哪些因素决定了关于个人或者传统‘本真性’的认定？‘本真性’概念是如何产生的？我们关于‘本真性’的定义是否具有局限性？”文章并未给出定论，而是以开放性的结尾引发中美学界对于“本真性”的进一步思考。

巴莫曲布嫫的《从语词层面理解非物质文化遗产——基于〈公约〉“两个中文本”的分析》③ 是 2015 年度非遗理论思考中的重要成果之一。该文通过对《保护非物质文化遗产公约》的两个中文本——在联合国秘书处登记、经其秘书长确认并纳入《联合国条约集》的“前在本”和并非交存于教科文组织秘书处且由其总干事保管的“订正本”——的档案查证和抽样比对，从《公约》本身厘清核心术语之间的关联、错位与对接，揭示二者之间的不一致处，进而结合两个中文本在中国的使用情况，立足文本，从语词层面考察了《公约》创制的一系列关键词对地方、国家和国际层面的“非遗”保护所施加的潜在影响及其意义消解的可能性。文章强调：我们应当“回到《公约》本身所创制的一系

① 朝戈金：《非物质文化遗产：从学理到实践》，《西北民族大学学报》（哲学社会科学版）2015 年第 2 期。

② ［美］艾伟：《美国民俗学/非物质文化遗产保护中的“本真性”问题》，王文婷译，《文化遗产》2015 年第 3 期。

③ 巴莫曲布嫫：《从语词层面理解非物质文化遗产——基于〈公约〉“两个中文本”的分析》，《民族艺术》2015 年第 6 期。

列概念和术语中去理解‘非遗’这个核心关键词，由此厘清构成‘非遗保护’理念的语词世界、对话关系和话语系统，从而为今后地方、国家和国际层面的保护实践探查可持续发展的多重进路”。

同样从语义学层面进行分析的还有杜莉莉的《法文“遗产”的词义流变——从物质到非物质的精神建构》①。作者梳理了法文中“遗产”一词的词义流变史，由此揭示了法国学界对于“文化遗产从物质到非物质的精神建构过程”——亦即从私人层面上继承的家庭遗产，到官方记忆中代表“国家意象”的历史遗存，乃至成为广义生态文化语境下捍卫法兰西民族文化身份的情感利器。这一语义层面的研究不仅突显了法语框架下非物质文化遗产术语表述的逻辑性和严谨性，也为我们理解法国对文化遗产的解读提供了一个全新的视角。

也有部分学者从价值论的视角就非遗的根本诉求、价值原则，以及其间的学科使命和学者责任等问题进行了讨论。

户晓辉的《非遗时代民俗学的实践回归》② 从实践科学的立场重新梳理了非遗保护与民俗学之间的内在关联，认为“非遗保护和公共民俗学都是民俗学内在实践目的的部分实现，也都是民俗学实践属性的进一步彰显”。“从思想层面来看，《公约》重新激活了民俗学的实践意识和自由意志，也给我们重拾学科求民主、争自由的古典理想并且重新领会民俗学的学科性质提供了启示”。“因此，非遗时代民俗学的实践回归实际上就是返回民俗学的自由意志或实践理性起点。这是学科整体的应然，是学科本然的、客观的内在要求”。“实践民俗学……要用自由意志引导并改变现实，开辟并创造民主、平等的文化关系和新的理想现实”，这“在当代中国有其紧迫性和必要性”。

韩国学者任敦姬的《联合国教科文组织的非物质文化遗产政策》③ 描述了联合国教科文组织在保存物质文化遗产和保护非物质文化遗产时政策与实践的差异，认为前者强调真实性和价值，后者则强调多样性和平等性，并由此具有了“对抗来自某一特定区域的文化在全球范围内的霸权”的功能。作者还解释了2003年《保护非物质文化遗产公约》的若干特征及其形成的逻辑，着意强调了地方社区、群体以及个人在认定、记录和促进各项目被列入联合国教科文组织非物质文化遗产名录过程中的作用。

朱煜杰的《遗产话语体系的构建与反思：文化遗产实践三例》④ 聚焦柏林查理检查站纪念馆、德累斯顿的除名、中国的“哈尔斯塔特”三个全球范围内的案例，分析了作为权威性话语体系的文化遗产如何建立起一种全球的价值等级来影响地方文化实践的；同时指出，“借由文化遗产话体系的建立而塑造的全球价值观对地方实践的影响并非单向的，也不完全是有效的。地方民众依旧因为原有价值判断和生活方式的根深蒂固而保有一定的文化观念”，并通过与欧洲殖民式的影响进行协调与对话，最终形成新

---

① 杜莉莉：《法文“遗产”的词义流变——从物质到非物质的精神建构》，《文化遗产》2015年第3期。

② 户晓辉：《非遗时代民俗学的实践回归》，《民俗研究》2015年第1期。

③ ［韩］任敦姬（Daw nhee Yim）：《联合国教科文组织的非物质文化遗产政策》，沈燕译、彭牧校，《民间文化论坛》2015年第3期。

④ ［澳大利亚］朱煜杰：《遗产话语体系的构建与反思：文化遗产实践三例》，《文化遗产研究》第六辑。

的默契格局。

黄龙光的《美国公众民俗学对中国非遗保护的启示》① 详细考察了美国公众民俗学的发展和中国非遗保护的现状，并在批判性的解读中揭示了前者对于后者的启示。作者指出，美国公众民俗学始于“民俗传统如何应对当代社会发展问题”的思考，“其核心理念及其文化实践的最终指向”就是“还俗于民”，所以它始终“强调与社区成员一道表征、展示其民俗传统”。“一贯强调‘经世致用’而带有应用倾向的中国民俗学，对作为一种文化实践和社会活动的非物质文化遗产保护，给予了超高的社会敏感和充分的学科热情”。同样基于“用世”的诉求，美国公众民俗学的民俗传统展示和表征等文化实践理念及其模式，对中国民俗学的学科建设和非物质文化遗产保护无疑具有启示意义。

王均霞与 Mark、张举文、田兆元三位学者的访谈《民俗学在非遗保护中大有可为》②，分别就物质文化遗产与非物质文化遗产的概念表述在中美两国的不同特点、物质遗产与非物质遗产之间的关系、非遗保护在中国的诉求、非遗保护对民众意愿的尊重、民俗学者在非遗保护中的责任等重要问题进行了有益的探讨。

一些成果虽是对个案的研究，但也涉及对“民”的主体性等理论问题的思考。

高荷红的《国家话语与代表性传承人的认定——以满族说部为例》③ 通过满族说部国家级传承人富育光的个人经历，解读了非物质文化遗产保护过程中国家话语与传承人之间的博弈。文章指出，于国家话语而言，“无论是‘非遗’项目还是代表性传承人的申报、评审以及纳入名录体系，都是各方利益博弈的结果”，“选择评判的权力在各级文化机构和各级专家委员会”，但评定本身却对强化民族认同、凝聚民族感情具有切实的意义。于传承人个人而言，在非物质文化遗产保护的四级传承人体系中，传承人在享有所给予的权利的同时，还要承担相应的责任和义务，若成为国家级传承人，则无疑会对提升口头传统的影响产生现实的推动力。以此，传承人和国家话语之间有望形成良性的互动，富育光的个案更可以视为民俗学、民间文艺学的理论反思、推进、博弈的结果。

马知遥、潘刚的《传承人口述史的身体经验价值》④ 通过考察传承人口述史的身体经验，开显了身体性之于非遗保护的重要价值。作者认为，非物质文化遗产以“集体记忆、口传身授”的方式传承，具有强烈的身体性；而“作为非物质文化遗产重要支点的身体性，也是非遗保护工作的最终目的之一”。故此，从业人员现阶段应开展非物质文化遗产传承人口述史的抢救式记录，并对口述获得的信息和资料进行甄别，使得非遗保有一丝血脉，具有文化和学术双重价值；同时立足整体性的原生态文化空间考虑传承人的保护，充分重视“人作为主体的需求和自身特点”。

田素庆的《非物质文化遗产保护的民俗学作为——基于石宝山歌会的田野调查》⑤ 基于石宝山歌会的个案田野调查，展示了非物质文化遗产保护当中的民俗学学科作为。作者

---

① 黄龙光：《美国公众民俗学对中国非遗保护的启示》，《云南社会科学》2015 年第 5 期。

② 张迪：《民俗学在非遗保护中大有可为》，《社会科学报》2015 年 2 月 26 日第 5 版。

③ 高荷红：《国家话语与代表性传承人的认定——以满族说部为例》，《民族文学研究》2015 年第 4 期。

④ 马知遥、潘刚：《传承人口述史的身体经验价值》，《民俗研究》2015 年第 5 期。

⑤ 田素庆：《非物质文化遗产保护的民俗学作为——基于石宝山歌会的田野调查》，《文化遗产》2015 年第 1 期。

指出：非遗热潮中“长期被忽略从而板块化为‘具备完全民族传统文化能力’的民众，并不直接等同于某种民族民俗的‘想当然’的必然主体；地方民族文化建设中，实际上一直处于主导地位的地方文化工作者的文化活动和更具权威力量的地方政府的‘节日活动’安排，并不能代表着非物质文化遗产的全部；消费社会语境下，媒体追新夺异‘博眼球’的效应更是不容忽视——这一切，都是当下非物质文化遗产保护国家工程下，民俗学的基础研究内容”。

孔军的《非物质文化遗产传承人口述史的效度与限度研究》[①] 则认为，传承人口述史是对文化记忆的选择性和重构性表达，难免存在遗忘、隐藏、虚构、美化等认知偏差和行为偏差，故此，应厘清非遗传承人的口述历史的效度和限度，充分虑及制约口述史效度限度的诸般因素，结合对记忆口述语境的分析，重新认识非遗传承人口述史的角色地位，以便使其对“学术研究和实际保护工作产生积极的效力”。

随着数字化技术的发展，非遗保护的数字化渐成趋势，这一过程中“技术与传承人主体之间的关系以及前者对后者可能的僭越”等问题亦由此进入了学界的视域，引起了一些学者的警惕与反思。

王明月的《非物质文化遗产保护的数字化风险与路径反思》[②] 认为，非物质文化遗产以地方性知识为本质属性，以活态性为核心特征，注重生活世界向日常生活现象的意义表达；以此为诉求，数字化保护的基本理念、语义设计、分类与评价体系、组织规范、社会效益等均存在文化风险；而传承人则是解决数字化风险的关键。文章由此呼吁，让传承人掌握充分的话语权，并参与数字化保护的全过程，以利于数字技术保护非物质文化遗产的生命力。这一“参与式数字化保护”的理念在王明月参与撰写的另外一篇文章《我国非物质文化遗产数字化保护的现状与问题分析》[③] 中亦有阐述。杨红的《非物质文化遗产数字化记录的利弊与策略》[④] 也表达了同样的观点。

宋俊华的《关于非物质文化遗产数字化保护的几点思考》[⑤] 指出，非遗是一种在特定情境下的世代传承的活的精神实践，保护的目的是确保其生命力，亦即确保非遗能够按照自己所是的方式存在和发展。数字化技术改变了非遗的存在生态和人们对待非遗的观念；它不仅是一种外在技术，而且具有内化为非遗自身方式的合法性和可能性；其最终目的在于“让数字化技术真正融入到非遗之中，成为它生命的一部分”。而无论非遗数字化保护“以何种方式开展，非遗拥有者和传承人都应该是其中的主体”。

学术史研究

学术史研究一直是民俗学—民间文学理论研究的一个重要组成部分，2015 年亦有不少成果问世。

---

① 孔军：《非物质文化遗产传承人口述史的效度与限度研究》，《文化遗产》2015 年第 5 期。

② 王明月：《非物质文化遗产保护的数字化风险与路径反思》，《文化遗产》2015 年第 3 期。

③ 宋俊华、王明月：《我国非物质文化遗产数字化保护的现状与问题分析》，《文化遗产》2015 年第 6 期。

④ 杨红：《非物质文化遗产数字化记录的利弊与策略》，《文化遗产》2015 年第 2 期。

⑤ 宋俊华：《关于非物质文化遗产数字化保护的几点思考》，《文化遗产》2015 年第 2 期。

毛巧晖的《延安时期解放区革命歌谣：社会记忆与时代“共名”》[①] 以文类介入历史，探讨了“革命歌谣所呈现的社会记忆及其特殊的时代性”。文章指出，“中国共产党在延安建立革命政权以后，歌谣等民间文艺形式转化为解放区文学艺术资源的重要部分，它既承载与呈现了特殊情境中知识人与民众的社会文化，同时也是时代的需求”；同时强调：“随着社会的发展，时间的流逝，革命的情境发生了改变，某些作品或许只能作为与时代共名之作来阐释与解读，但是作为革命时代的社会记忆——革命歌谣却永久地留存下来了，成为民众认同的共同文化符号，并转化为永久的革命记忆，社会的无形财富。”

“学术意义上对民间文学的搜集整理始于 1918 年北京大学发起的歌谣征集”，沈梅丽的《近百年民间文学汇选本论略》[②] 考察了近百年来以“民间文学”为名目的综合性汇选本（民间文学汇集本、选编本的简称）和其他专类民间文艺作品的选编情况，全局性地描摹了百年来“民间文学”汇选本的发展概况，呈现了其间“选编缘由、汇选体例、方法及其选编活动中民间文学观念等诸方面的变化”。

《民国时期外国民俗学理论译介与现代民俗学构建》[③] 采用了与上文相似的研究进路，亦即通过勾勒某类文本的发展史来显明学科演进的历程。文章发现，1927 年民俗学会成立后，外国民俗学理论译介由个人发展到团体制订译介计划，译介对象主要是以英国为主的欧西的民俗学理论，学者对所译理论的接受和评价则表现出一定的学术考量与国家意识。作者认为，现代民俗学理论构建的诉求有二，一为民族革命、社会改良、教育等领域中参与国家建设的话语权，一为民俗学作为现代学术的独立性；而对国外理论的译介“从不同程度推进了我国现代民俗学的构建”。

柳倩月的《中国民间文学批评史研究的理论范畴与方法论建构》[④] 对中国民间文学批评史的理论范畴和研究方法进行了探讨，认为“中国民间文学批评史研究，应将历时性研究和共时性研究结合起来，在‘史，论’结合的研究模式中，来建构基本的理论范畴”。具体而言，“即以中国民间文学批评的‘流变史’的梳理为基础，勾勒出其发生、发展、演变的基本阶段，呈现出中国民间文学批评的历史演变逻辑”；确立其基本性质，“对其社会、文化、审美内涵做多维度的分析，并进一步揭示其功能与价值”；此外，还要重视将“‘还原’与‘阐释’结合”，进行“综合性的话语分析”，“参今鉴古”。这些方法对于推进中国民间文学批评史的研究而言都是行之有效的。

通过研究学科内具有代表性的学者展开对于相关学术传统的讨论，是学术史研究中常见的策略，赵李娜的《中国现代民俗学与历史地理学的开创与扭结——兼论顾颉刚先生对两学之贡献》和周华的《周作人的人本主义民俗学立场》即取径于此。

赵李娜的《中国现代民俗学与历史地理学的开创与扭结——兼论顾颉刚先生对两学之贡献》[⑤] 以顾颉刚先生早期学术活动作为个案，从其学术宗旨、治学方法、学术交谊等

---

① 毛巧晖：《延安时期解放区革命歌谣：社会记忆与时代“共名”》，《民间文化论坛》2015 年第 5 期。

② 沈梅丽：《近百年民间文学汇选本论略》，《民族文学研究》2015 年第 3 期。

③ 沈梅丽：《民国时期外国民俗学理论译介与现代民俗学构建》，《西北民族研究》2015 年第 1 期。

④ 柳倩月：《中国民间文学批评史研究的理论范畴与方法论建构》，《安徽大学学报》（哲学社会科学版）2015 年第 2 期。

⑤ 赵李娜：《中国现代民俗学与历史地理学的开创与扭结——兼论顾颉刚先生对两学之贡献》，《民俗研究》2016 年第 1 期。

方面出发，考察了中国历史地理学与民俗学在现代学科生发初期的互动线索，以及两门学科在古代学科渊源、现代肇始背景、当代研究交叉等方面的重合与扭结。文章秉持跨学科的立场，旨在通过阐明两门学科的关联，消融彼此的学术壁垒，推动学科之间的对话，以“达到再度互相借鉴、生发以至融合之理想愿景”。

周华的《周作人的人本主义民俗学立场》[①] 考察了周作人民俗研究中的人本主义思想。作者极具慧眼地指出：就周作人而言，“从他的民俗研究的出发点，到具体而微的民俗观，再到研究的最终目的，人本主义是他一以贯之的原则……这正是周作人作为现代中国民俗学先驱的意义所在。他的功绩不只在于他引入了国外的民俗学理论和方法，推动了中国本土的民俗学的发生，更重要的是，他让后来者认识到民俗学的初衷在于人，目的也在于人，它是一门真正意义上的人学。今天的民俗学发展依然需要这样的情操和认知，脱离了对人的热忱和对人的终极意义的思考，民俗学充其量也不过是一门工具学科”。

综览2015年的民俗学—民间文学理论研究，如果说此前学界关注的多是语境范式的方法论部分，那么在本年度的理论研究中，学科范式的价值诉求——关切“民”作为主体的主体性——即使尚未成为学界的普遍自觉，也至少在日益广泛的层面上达成了共识；对此，2015年度众多成果频繁提及的“实践、日常生活、主体性、意义”等表述可为佐证。这也是民俗学—民间文学作为一门人文学科与生俱来的价值使命。换言之，任何一门人文学科都在诞生伊始便面临一个无从回避的问题：对人本身（亦即人作为自由主体的存在本身）有什么意义；也只有藉由回答这个问题参与到对“人本身”的贡献中来，才能使学科获得根本意义上的独立性与合法性；民俗学—民间文学亦无有例外。总括本年度的理论研究状况，我们大致可以说，中国民俗学正在以有意或无意的方式对“民”的主体性进行表述与卫护，以此，我们有理由认为，中国民俗学已经有能力以自己独特的经验和论域回答“对人本身的意义”问题，并因为对“民”的关切而成为一门独立的、有温度的学科。

---

① 周华：《周作人的人本主义民俗学立场》，《学理论》2015年12期。

2015 年神话研究综述

赖　婷*

神话是众多学科的研究对象，具有跨学科的研究属性。2015 年的神话研究继续获得了文学、史学、哲学、考古学、宗教学、人类学、民俗学等不同学科的关注与探讨。本综述以梳理民俗学和民间文学角度的神话研究为主，同时，也对不同学科视角的神话研究有所关注。总体上看，神话学的基本问题、专题性和个案式的神话研究继承了以往的理论和方法，而神话主义、N 级编码理论、神话母题 W 编目等热门话题也获得了关注与讨论。本文从神话学的基本问题、神话的文化阐释、比较神话学、神话主义研究、神话学人思想评介这几个方面展开，以大致呈现本年度神话研究的总体面向。①

一　神话学的基本问题

对神话的概念、母题、功能、学科地位等神话学基本问题的探讨，有助于神话学的理论与方法的建设，夯实学科的基础。

吕微对神话的概念有深入的思考。他在《“神话”概念的内容规定性与形式规定性》② 中指出，判断故事是否属于神话有两项重要标准：一是通过“起因故事”等叙事内容的理论规定性；二是通过语境中的主体间接地理解“真实感”“神圣感”等信仰形式的实践规定性。而后项标准似乎比前项标准更具“决定性”意义。神话的“早期意义”“原始意义”“学术意义”“正面意涵”的“学者用法”，与“后期意义”“现代意义”“通俗

---

* 作者系北京大学中文系 2016 级博士研究生。

① 根据知网、万方等数据库的检索结果，截至 2015 年 12 月 31 日，本年度神话研究学术论文有三百余篇，博士学位论文有高健《表述神话——佤族司岗里研究》，云南大学，2015 年、刘捷《〈山海经〉接受史研究》，山东大学，2015 年，等等。硕士学位论文有三十余篇，例如，王淼：《〈山海经〉与〈淮南子〉之神话比较研究》，西北师范大学，2015 年；胡泰山：《从祖源神话到族源历史——以盘瓠神话为例》，中央民族大学，2015 年；张丽：《大禹治水神话的文化重构——以山西河津龙门村为例》，山西师范大学，2015 年；刘思鹏：《凉山彝族神话的现代社会功能研究 ——以盐源县卫城镇香房村村落为例》，四川师范大学，2015 年；龙承帅：《论新神话主义语境下国产仙侠游戏对中国神话的重述》，四川师范大学，2015 年；刘梦然：《神话的延续与重建 ——从魔幻电影看中国新神话的建构》，中国海洋大学，2015 年；黄云源：《中国神话学 20 世纪上半叶学术思潮研究》，云南大学，2015 年，等等。因篇目众多，本综述以梳理其中较具代表性的学术论文为主。

② 吕微：《“神话”概念的内容规定性与形式规定性》，《长江大学学报》（社科版）2015 年第 11 期。

意义”“负面意涵”的“日常用法”之分，其实只是“神话”词语概念的实践用法与理论用法之分。所谓“后期”“现代”“通俗”“负面”是“神话”概念的理论用法的“通俗”版；而所谓“早期”“原始”“学术”“正面”，则是“神话”词语的实践用法的“学术”版。马林诺夫斯基之前，以神话叙事内容为主要考察对象的神话学，可称之为理论认识的“质料神话学”。而马林诺夫斯基开创的朝向功能论的语境研究范式，使神话学家们试图站在神话信仰叙事主体的主观态度上同情地理解“神话”的实践使用方式，可称之“形式神话学”。正是由于神话研究从聚焦于神话文本的客体叙事内容，转到了聚焦于神话语境中的主体信仰形式，“神话”定义的“决定性”指标才发生了由前文所述的“前项”到“后项”的重大转移。总之，吕微从“神话”概念的定义方式入手，对神话研究的单纯理论范式所陷入的悖论，以及二百年来理论神话学向实践神话学转换的概念史及其内在逻辑的考察，阐明了实践神话学在理论上的可能性。目的是将神话学建设成为一门以理解人的本原和当下存在方式为目的论的具有严格科学性的学科。

从神话的“生境”入手也有助于理解神话的本质。陈建宪《论神话生境》[①] 借用生物学的“生境”概念阐释神话生存环境的必要条件与相关要素。要素一是神话的创作主体，多为掌握族群权力的精英阶层。他们用神话来控制知识的生产与传播以及规范社会的行为。要素二是神话展演的时间，可分为神圣时间与世俗时间。要素三是神话展演的空间，可分为固定的宗教场所与日常的生活场景两类。神话展演时空中的参与者作为第四个要素，包括展演者（如宗教主持者）和观众。神话的传承还关乎传承人、传承媒介和传承语境等问题。

陈建宪在原创性地开拓神话学理论与方法上的贡献，远不仅限于提出神话“生境”的概念。陈氏对中国神话学进行深入系统的理论探索，提出了神话母题的重要分析方法，其重要性在游红霞《神话母题分析：陈建宪的神话学方法论》[②] 中有详细的评述。该文指出“陈建宪的神话学研究一直专注于神话研究方法和洪水神话母题，较为系统、全面地建构了神话母题分析方法，并以洪水神话为个案，做出了原创性强和理论深入的神话学贡献”[③]。

此外，在神话母题研究方面，王宪昭也有诸多成果。他采用国际民间文学研究界主流的母题学方法，以中国各民族 12600 篇神话为基础，设计了中国各民族神话的 10 大母题类型，每个类型设定 3 个母题层级，编排了 33469 个神话母题名称及编码，并用图表形式展现母题类型与层级的逻辑关系。他将以上成果呈现于 2013 年出版的《中国神话母题 W 编目》中。[④] 运用本书的母题代码，学者可以在神话类型、神话文本、神话的民族属性、神话流传地区、神话图像与文本、中外神话比较等多个领域建立快捷的关联。[⑤] 此后，中国社会科学院中国少数民族文化与语言文字研究中心开展了“中国神话母题 W 编目数据

① 陈建宪：《论神话生境》，《长江大学学报》（社科版）2015 年第 7 期。

② 游红霞：《神话母题分析：陈建宪的神话学方法论》，《长江大学学报》（社科版）2015 年第 7 期。

③ 同上。

④ 郭翠潇、王宪昭、巴莫曲布嫫、李刚：《“中国神话母题 W 编目数据库”：建设与应用》，《民间文化论坛》2015 年第 6 期。

⑤ 王宪昭：《论中国神话母题编码体例的建构——以〈中国神话母题 W 编目〉为例》，《长江大学学报》（社科版）2015 年第 2 期。

库”的建设与应用，于2015年完成数据库的录入工作，并在互联网中公开使用。利用数据库对中国各民族神话进行定量和定性的分析，有助于各民族神话间的横向或纵向比较分析、中国各民族神话的宏观研究与比较分析、中国神话与世界各民族神话的对话与沟通。[①]

王宪昭的《中国各民族创世神话基本母题索引》[②] 则是一项全面展示中国各民族神话“世界与自然物”起源与特征的母题实例及相关信息的研究成果。该书有助于对各民族创世神话做出较为宏观的和系统性的比较研究。另外，他参照《中国神话母题W编目》，在《满族神话婚姻母题探微》[③] 中将满族神话的婚姻母题碎片连缀成人类婚姻发展史，指出满族神话具有追溯祖先、阐释婚俗等多种文化功能。另文《论神话的民俗学阐释功能》[④] 论述了民俗与神话相互依存、相得益彰的关系。神话为民俗的生发提供了重要的“母题”“原型”，支撑着民俗的内在精神，促成了民俗事象的地域或民族特色。反之，民俗的历时性对神话印记会有所遮蔽，民俗对神话元素会有差异化的选择，民俗生态中的神话自身也会发生演化与变异。

关于神话学学科地位的问题。叶舒宪认为神话不是现代学科体制中的文学学科，而是人文社会科学和自然科学的基础性学科。他在《神话何名：三套神话学丛书编撰的再思考》中指出，“神话的概念远远大于文学或民间文学的概念，神话不应隶属于文学专业，而应隶属于文史哲、宗教、政治、艺术等整个人文学科。神话研究也实际上能够打通所有的人文学科，因为神话不光是文学的源头和原型所在，也是文化的源头和原型所在”[⑤]。

的确，神话学是一门综合学科，从不同学科视角着手的神话研究对神话学跨学科范式的探索颇有启发。

与人类学、民俗学的实证研究思路不同，王怀义《神话现象学的逻辑原则》[⑥] 从现象学出发，以建构神话研究的现象学方法来为神话研究提供新视角。另文《论中国史前神话意象的构象方式》[⑦] 认为，应打破单线进化论的思维模式对神话意象发展阶段的机械划分方式，从整体性视野考察神话思维的发展阶段及其对神话意象构象方式的影响，以避免静止性的划分所带来的弊端。

罗苹的《神话·天文历法·形而上学——重估上古神话在中国哲学史研究中的价值》[⑧] 指出，在中国目前的学科分类研究中，神话资源已是文学、历史学、考古学、人类学、社会学、民族学、民俗学、宗教学等学科研究的对象，但却很少进入中国哲学史研究的视野。除历史原因，也因中国哲学史在学科建立之初受“疑古”思潮与科学主义的双

---

① 王宪昭：《论中国神话母题编码体例的建构——以〈中国神话母题W编目〉为例》，《长江大学学报》（社科版）2015年第2期。

② 王宪昭：《中国各民族创世神话基本母题索引》，民族出版社2015年版。

③ 王宪昭：《满族神话婚姻母题探微》，《满语研究》2015年第1期。

④ 王宪昭：《论神话的民俗学阐释功能》，《广西民族师范学院学报》2015年第1期。

⑤ 叶舒宪：《神话何名：三套神话学丛书编撰的再思考》，《长江大学学报》（社科版）2015年第10期。

⑥ 王怀义：《神话现象学的逻辑原则》，《文学评论》2015年第2期。

⑦ 王怀义：《论中国史前神话意象的构象方式》，《民族艺术》2015年第2期。

⑧ 罗苹：《神话·天文历法·形而上学——重估上古神话在中国哲学史研究中的价值》，《学术研究》2015年第8期。

重影响，将上古神话排除在学科研究之外。面对上古神话，中国哲学史要做的首先是诠释神话、找寻中华民族的始源思维。将先秦哲学置换成在上古时期就形成的形而上学体系。其次需要借助天文历法。上古神话包含天文历法的萌芽，而天文历法是中国古代形而上学的来源。神话、天文历法和形而上学相互缠绕，共同组成了中国古代的宇宙模式。因此，可以通过“神话—天文历法—形而上学”的研究路径来重估上古神话在中国哲学史研究中的价值。这一成果为哲学界全面介入神话学研究开辟了广阔道路。

神话与宗教也密切相关。成瑶瑶《近二十年国内宗教神话研究综述》将宗教神话研究大致划分为6个角度：理论角度，民族、地域视角，戏剧、文学作品视角，文字、翻译视角，教派视角，历史学视角。该文认为从神话视角去挖掘宗教和用宗教的方法去体察神话应该双向进行，才有助于宗教视角的神话研究的发掘与完善。①

王曙光、董雪的《神话社会学：族群灾难应对话语经验索引意义解读》② 从社会学视角切入。该文运用实证测量与诠释分析的方法，对神话话语实践于羌族青少年灾后心理创伤复原的情景意义进行社会学解读，方法新颖独特，结论富有启发性。羌民依据羌寨生活经验来建立和理解灾难神话，神话也因此具有语境性叙事的话语策略的特点。神话既是当地羌人用以谈论、理解、评价、矫正和应对生活问题的传统言说话语架构，也是族群集体协调解决各种问题共享的话语实践模式。为建构该模式的情景意义，神话具有动态、共享、协商性等特点。因此，神话远非作为故事隐喻、信仰符号、心理原型和“神圣信仰大宪章”的叙事文本，它还为重大转折情景中的族群文化共同体提供了集体共享的、反复使用的、话语建构意义的索引准备，为族群语境中话语实践的神话社会学研究留下了探索空间。

侧重于考古学资料的有张倩倩的《汉墓神画：别于文字神话的另一系统——以“雷公出行图”为例》③。该文揭示出汉代墓葬神话拥有自己独立于文字神话系统的独特的精神内涵。汉墓神话是汉代神话的一个重要组成部分，与分散在史论、文赋等文献材料中的神话有很大的不同，甚至可以形成有别于文字神话的另一神话系统。

总之，对神话的概念、神话的基本要素、母题、文化功能、学科地位、跨学科研究等方面的探讨，有助于我们加深对神话的理解，推进神话学学科的建设，增进不同学科之间的对话与交流。

二　神话的文化阐释

典籍神话的钩沉整理、各民族口传神话的田野研究是中国神话学研究的重点。神话的古籍及专题性的研究，如《山海经》神话、洪水神话、创世神话等，均有学者发表新论。

---

① 成瑶瑶：《近二十年国内宗教神话研究综述》，《文化学刊》2015年第10期。

② 王曙光、董雪：《神话社会学：族群灾难应对话语经验索引意义解读》，《社会科学研究》2015年第2期。

③ 张倩倩：《汉墓神画：别于文字神话的另一系统——以“雷公出行图”为例》，《文艺评论》2015年第6期。

神话的古籍方面。李川的专著《山海经神话研究》[①] 运用文献和考古两类资料，先从版本、校勘等角度探讨了《山海经》成书及作者诸问题，再用考古资料与文献互证的方法加深对《山海经》的解读，进一步对“中国神话零散说”进行反思。作者认为前辈学者将中国神话与鸿篇巨制的西方神话相比而言的“零散说”，属于神话记录形式的中西差别，而非系统与零散的本质差异。记录了大量中国神话的《山海经》就具有系统性。作者具体探讨了《山海经》中的创世神话类型及其衍化规律、《山海经》宇宙神话的系统性、神话谱系的系统性等问题。该书用丰富的资料和严谨的论证推进了《山海经》神话研究，也有助于更新我们对中国神话系统性的认识。除了《山海经》，《楚辞》也是一部重要的神话典籍。李进宁的《〈楚辞〉神话百年研究述评》[②] 呈现了《楚辞》神话研究从泛化到精细化、区域化，由文献研究走向结合田野的综合研究的面貌。随着出土文献和民俗资料的增加，《楚辞》神话研究向着多维性、多样性和独特性发展。从不同学科视角切入的研究也使《楚辞》研究日趋多学科化和国际化。当前研究的薄弱之处在于缺少纵向流变的研究和横向的多部族、多区域研究；缺乏对《楚辞》神话完整性和系统性的认识；对神话神名源流的考证也存在不足。此外，田兆元《节日神话：概念及其结构——以〈荆楚岁时记〉为中心的讨论》[③]，从神话学的角度将《荆楚岁时记》视为一部典型的节日神话著作，还借此探讨了“节日神话”的概念，阐释了节日神话的结构，提倡学界展开节日神话研究。

洪水神话研究方面。刘锡诚《“东南亚文化区”与同胞配偶型洪水神话》[④] 认为兄妹（兼指姐弟）配偶型洪水神话是亚洲广大地区流传的一个非物质文化遗产（神话）的原型。亚洲流传该神话的地区应携手合作，将该神话重要的原生家园和流传人群纳入保护范围。张美云《葫芦崇拜与洪水神话》[⑤] 认为多种形态的葫芦造人神话，充分证明了葫芦崇拜的普适性价值，有助于我们理解洪水神话的文化意义。

与兄妹婚型洪水神话密切相关的女娲神话和伏羲神话，两位始祖神的关系及神话发展演变的轨迹、内涵等问题有不少学者加以关注。王宪昭《论伏羲女娲神话母题的传承与演变》[⑥] 讨论了伏羲女娲母题在各民族地区分布的广泛性、不同民族之间传承的复杂性以及两者从独立到黏合的特殊性。这些特性与人类对神话文化功能的诉求、神话传承规则、民族的交往与融合、特定的文化理念等原因相关。段友文、郑月《“单性异体”与“两性合体”：从女娲神话到伏羲女娲神话考论》[⑦] 梳理了女娲神话与伏羲神话彼此交错的发展脉络以及二神神话在不同阶段出现的原因和内涵。女娲神话最初以“单性异体”的形貌出现，成为中华民族的创世始祖神，后与社会发展形态适应才出现二者结合的“两性合

① 李川：《山海经神话研究》，当代中国出版社 2015 年版。

② 李进宁：《〈楚辞〉神话百年研究述评》，《文艺评论》2015 年第 8 期。

③ 田兆元：《节日神话：概念及其结构——以〈荆楚岁时记〉为中心的讨论》，《长江大学学报》（社科版）2015 年第 5 期。

④ 刘锡诚：《“东南亚文化区”与同胞配偶型洪水神话》，《长江大学学报》（社科版）2015 年第 9 期。

⑤ 张美云：《葫芦崇拜与洪水神话》，《长江大学学报》（社科版）2015 年第 10 期。

⑥ 王宪昭：《论伏羲女娲神话母题的传承与演变》，《中原文化研究》2015 年第 5 期。

⑦ 段友文、郑月：《“单性异体”与“两性合体”：从女娲神话到伏羲女娲神话考论》，《贵州大学学报》（社会科学版）2015 年第 4 期。

体”神话，女娲由此成为伏羲的配偶神。随着男性权力的日益巩固，伏羲成为文明时代的先祖，演变为“三皇”之首，地位也不断升高。李祥林《女娲神话在羌区的地方认同和当代表述》① 搜集了女娲神话在川西北羌族地区流传和信仰的情况，从地域环境和族群诉求方面予以解读。

创世神话研究方面。向柏松《中国创世神话系统形态分析》② 认为世界起源、人类起源、文化发明是创世神话的三大基本内容。系列型、复合型、谱系型是创世神话的三种类型。根据这样的标准，我国创世神话有着规模宏大、结构完整、内容丰富的系统形态，应摒弃中国神话残缺不全、不成系统的观念。刘镁硒《〈天问〉与创世神话》③ 认为《天问》呈现出逻辑清晰、结构严整的创世神话特征。应是源于上古集体性的口头知识传统，而非屈原的个人创作。张开焱《共工触山与夏人创世神话中的宇宙大灾难》④ 认为共工即鲧。共工受到以禹和启为核心的儿孙辈神祇的惩罚，才使宇宙灾难得以平复。

西王母神话研究方面。张勤的专著《文化人类学视野下的西王母神话传说研究》⑤ 结合文献与考古资料梳理了西王母神话传说的演化与传播的进程，考察了西王母信仰。同时，结合叙事学理论，进一步分析和阐释先秦以来的西王母神话传说在叙事结构、内容、人物描绘上的变化。吴新锋《民间文学志系列之一：新疆阜康西王母神话传说志》⑥ 从地理论证、文献考辩两个方面考察新疆阜康西王母神话传说的历史渊源，并用“叙事四面体”分析西王母神话传说文本呈现的结构形态。

关于蚩尤神话研究。王宪昭《蚩尤神话的传承与价值取向》⑦ 认为蚩尤是一个族体的名称而非特定人名，并且，极有可能是一种动物图腾的名称。该文化形象本质上具有箭垛式的历史文化意蕴。正统记载对蚩尤多恶评，但民间文化中的蚩尤则成为了中华民族的文化英雄或人文始祖之一。王长命《“关公战蚩尤”神话及其早期传播》⑧ 分析了“关公战蚩尤”神话的要素及传播过程，呈现了不同人群根据不同意旨动员资源和再创符号的过程。此外，闫德亮《从九黎到三苗再到苗族——兼论蚩尤神话与文化》⑨，于成宝、曹丙燕《从“精卫填海”与“黄帝擒蚩尤”看上古部落的冲突与融合》⑩ 等文章都从不同的角度探究蚩尤神话。

---

① 李祥林：《女娲神话在羌区的地方认同和当代表述》，《南开学报》（哲学社会科学版）2015 年第 4 期。

② 向柏松：《中国创世神话系统形态分析》，《长江大学学报》（社科版）2015 年第 8 期。

③ 刘镁硒：《〈天问〉与创世神话》，《民俗研究》2015 年第 4 期。

④ 张开焱：《共工触山与夏人创世神话中的宇宙大灾难》，《长江大学学报》（社科版）2015 年第 1 期。

⑤ 张勤：《文化人类学视野下的西王母神话传说研究》，学苑出版社 2015 年版。

⑥ 吴新锋：《民间文学志系列之一：新疆阜康西王母神话传说志》，《石河子大学学报》（哲学社会科学版）2015 年第 6 期。

⑦ 王宪昭：《蚩尤神话的传承与价值取向》，《社会科学家》2015 年第 1 期。

⑧ 王长命：《“关公战蚩尤”神话及其早期传播》，《历史研究》2015 年第 4 期。

⑨ 闫德亮：《从九黎到三苗再到苗族——兼论蚩尤神话与文化》，《贵州社会科学》2015 年第 5 期。

⑩ 于成宝、曹丙燕：《从“精卫填海”与“黄帝擒蚩尤”看上古部落的冲突与融合》，《中国海洋大学学报》（社会科学版）2015 年第 1 期。

此外，张振犁《从中原龙神话看“中华第一龙”的文化史价值》① 认为，从中原的“龙源”、“龙都”和“龙城”的命名中可见中原的龙文化传统历史悠久。中原不仅有文献的记载，丰富的神话传说，更有考古发掘的实证。因而，与中华民族关系密切的龙文化之源在中原。吴晓东《鲧窃息壤神话考》认为要解答何为息壤，谁是帝，如何解读“鲧复生禹”的问题，不能仅从文献出发，还应从训诂入手，靠音训找出鲧窃息壤神话中神话人名演变的规律，以便认清神话的本貌。② 他的另一篇文章《涿鹿之战——一个晒盐的故事》③ 也从音训入手，结合故事结构来分析涿鹿之战所涉的人物和地名。同样运用这类考证方法的还有王青的《夸父逐日神话新考》④ 等。不过，由于音训本身的局限以及如何正确使用音训方法的问题，这类考证的结论还有待进一步的检验。

除了古典神话研究，数量众多的少数民族当代口传神话、活态神话的研究也有诸多进展。这类研究从具体的个案出发，研究的主题因各民族、各地区的情况有所不同。其中，对族群认同功能、神话的隐喻与象征功能有较多关注。例如，李红绿《〈盘王大歌〉中的神话类型与族群认同》⑤ 从族群认同的角度对《盘王大歌》中的神话类型进行分析。瑶族神话作为民族性的文化表征，对维系和加强瑶族人们的族群认同有重要作用。瑶族人们不仅重视自身族群身份的构建，也在一定程度上认同汉瑶同属于炎黄子孙的族群理念。王磊裔、刘朦《拉祜族口传神话与仪式文本中古地名的文化隐喻》⑥ 以拉祜族口传故事与仪式文本中的古地名为研究对象，发现其中的文化隐喻功能。王小盾、沈德康《论神话对于历史的象征性表达——读羌族神话〈燃比娃取火〉》⑦ 选取羌族神话《燃比娃取火》来深化对神话作为文化符号的象征性的理解。神话的象征需要借助仪式环境得以成立，也是对当时社会环境的提炼。神话的真实性不仅体现在原型直观和环境要素方面，它也有历史解释的功能。

西南地区的少数民族神话研究方面。林芊的专著《神话、历史与西南少数民族关系〈华阳国志〉夜郎竹王神话传说研究》⑧ 回顾与评析了竹王神话研究的学术史，从神话学的角度探究竹王神话，梳理了神话与夜郎古史的关系，也阐释了该地域人类起源神话、族源神话、夜郎国家政治神话及隐性的南方竹起源神话、水神神话等多重母题。李斯颖《布洛陀神圣叙事的界定及其文化内涵》⑨ 用“神圣叙事”的概念对壮族的布洛陀神圣叙事进行界定，有利于加深我们对布洛陀信仰的理解。李氏的另文《“太阳鸟母”神话母题

---

① 张振犁：《从中原龙神话看“中华第一龙”的文化史价值》，《濮阳职业技术学院学报》2015年第2期。

② 吴晓东：《鲧窃息壤神话考》，《中原文化研究》2015年第6期。

③ 吴晓东：《涿鹿之战——一个晒盐的故事》，《民族艺术》2015年第2期。

④ 王青：《夸父逐日神话新考》，《中原文化研究》2015年第5期。

⑤ 李红绿：《〈盘王大歌〉中的神话类型与族群认同》，《贵州民族研究》2015年第11期。

⑥ 王磊裔、刘朦：《拉祜族口传神话与仪式文本中古地名的文化隐喻》，《民间文化论坛》2015年第3期。

⑦ 王小盾、沈德康：《论神话对于历史的象征性表达——读羌族神话〈燃比娃取火〉》，《四川大学学报》（哲学社会科学版）2015年第1期。

⑧ 林芊：《神话、历史与西南少数民族关系〈华阳国志〉夜郎竹王神话传说研究》，科学出版社2015年版。

⑨ 李斯颖：《布洛陀神圣叙事的界定及其文化内涵》，《百色学院学报》2015年第6期。

演变及其文化产业开发建议》[1] 分析了云南壮族的太阳鸟母神话母题的演变。而她的《侗台语民族的风雨之神及其神话比较研究》[2] 则比较了中国及东南亚地区侗台语民族的风雨之神及其信仰系统。风雨之神或为侗台语民族早期共同信仰的主要形态，后来在不同文化的影响下，国内的侗台语民族产生了雷神信仰，而傣族以及国外的侗台语民族则更多地保留了天神施雨的叙事形态。覃德清《壮族神话谱系的构拟与神圣空间的生成》[3] 指出壮族不同方言文化区的不同壮族支系传承着不尽相同的神话，形成相对统一而又各有地域特色的空间想象和神话谱系。壮族神话的传承依托于特定的实在的地理空间和想象的宇宙空间，生成“天、地、神、人”和谐共居的神圣空间。

那仁毕力格、乌兰《北方少数民族文化价值观的神话学解析》[4] 认为族源神话不仅讲述该氏族或民族始祖的起源和谱系，甚至还折射出古代北方少数民族原始信仰、伦理道德、婚俗、社会等级意识等文化学范畴的内容，值得深入探究。

少数民族神话研究学术史方面。毛巧晖《民族国家与文化遗产的共构——1949—1966 年中国少数民族神话研究》[5] 梳理了 1949 年至 1966 年少数民族神话研究的成果，厘清其构建新民族国家文学的路径，以及神话被纳入新社会主义文学的实践进程等问题。王宪昭《中国少数民族神话研究学术史探微——以〈民族文学研究〉为视角》[6] 梳理与总结了《民族文学研究》从 1983 年创刊至 2013 年这 30 年来的少数民族神话研究成果，指出少数民族神话研究的薄弱之处在于为国外的神话理论找论据、缺少神话本土化研究方法等。对此，我们应加强民族神话资料学、母题学、符号学的研究。

总体上，古典神话研究继承了传统的范式，注重文献考释与历史文化的分析。口传、活态神话的田野研究多结合民族学、民俗学、考古学的材料与方法。学者们多关注神话与历史、神话与当代社会、神话与信仰仪式等方面，聚焦于神话与族群认同、文化功能、神圣叙事等主题。

三　比较神话学研究

在世界范围内搜集资料的基础上进行神话的比较研究，是世界神话学研究的主要方法之一。这类比较神话研究的成果，主要由叶舒宪等学者积极推介。2015 年度问世的“中华文明探源的神话学研究”丛书，包括了叶舒宪的《中华文明探源的神话学研究》，瓦尔特·伯克特的《希腊文化的东方语境——巴比伦、孟菲斯、波斯波利斯》和金芭塔丝的《女神的语言》。上述论著有助于比较神话学研究成果的推广，促进比较神话学在中国的发展。

---

① 李斯颖：《“太阳鸟母”神话母题演变及其文化产业开发建议》，《西部学刊》2015 年第 7 期。

② 李斯颖：《侗台语民族的风雨之神及其神话比较研究》，《安康学院学报》2015 年第 6 期。

③ 覃德清：《壮族神话谱系的构拟与神圣空间的生成》，《民族文学研究》2015 年第 4 期。

④ 那仁毕力格、乌兰：《北方少数民族文化价值观的神话学解析》，《文化遗产》2015 年第 5 期。

⑤ 毛巧晖：《民族国家与文化遗产的共构——1949—1966 年中国少数民族神话研究》，《中南民族大学学报》（人文社会科学版）2015 年第 1 期。

⑥ 王宪昭：《中国少数民族神话研究学术史探微——以〈民族文学研究〉为视角》，《华中学术》2015 年第 1 期。

叶舒宪的《中华文明探源的神话学研究》[①] 延续了他一贯反对的文学本位神话观，主张神话具有多学科属性的立场。他从跨学科整合的视野出发，不断开拓“四重证据法”[②]的应用广度和创新意义。他将“四重证据法”引入中华文明探源的研究实践，从石器时代出发探寻文明发生的历程和动力，为文明探源研究开辟新角度。全书分为上中下三部分，共20章。第一部分“理论与方法”从理论范式上对大小传统再划分，并用新概念“神话历史”来弥合神话与历史的对立，还以提升的四重证据法来解决文明探源工程中的疑难问题。第二部分“文明起源的玉器时代”和第三部分“夏商周秦神话历史”则具体地运用四重证据法对玉器时代、玉石之路、中国神话历史脉络进行阐释。本书用宏富的多学科资料来打破文学本位神话观的局限，将比较神话学的研究视野和方法运用于文明探源与上古史的研究，富有创新意义。

叶舒宪认为，中国文明中较为活跃的动力要素是玉石神话信仰的跨地域传播和玉料输送道路网，即“玉石之路”。叶氏的“玉石之路”研究成果颇丰。《玉石之路》[③] 认为神话信仰和王权秩序等意识形态建构所需象征物的生产和使用是文明的源动力。《白玉崇拜及其神话历史初探》[④] 认为商周之际形成的白玉崇拜奠定了华夏核心价值的物质原型。诠释了白玉崇拜支配下的神话历史之因果逻辑，探索了“神话—信仰—观念—行为—事件”的动力系统解释模式。《从玉教神话看“天人合一”——中国思想的大传统原型》[⑤] 认为中国以玉为神、玉代表天、玉象征永生的玉教信仰通过神话观念与语言惯例世代相传。玉教神话所建构的天人合一观的文化深层结构对文化符号生产始终发挥着支配作用。《多元“玉成”一体——玉教神话观对华夏统一国家形成的作用》[⑥] 用四重证据法来考察夏商周三代玉礼器的王权建构意义。玉石之路的开通促使西周王朝国宝资源从多源向一源转化，并发挥了华夏国家形成的核心物质与核心价值的认同纽带作用。《玉璧的神话学与符号编码研究》[⑦] 按照大、小传统重新划分的文化编码论，揭示由玉璧原型派生的多种符号再编码现象。《玉帛为二精神话续论》[⑧] 认为玉教神话的核心教义是“玉帛为二精”的潜在意识孕育出了华夏文明的玉石信仰之根，并产生了“用物精多则魂魄强”的宗教观。叶舒宪、公维军《从玉教到佛教——本土信仰与外来信仰的置换研究之一》[⑨]、叶舒宪《从玉

---

① 叶舒宪：《中华文明探源的神话学研究》，社会科学文献出版社2015年版。

② 叶舒宪等学者提出的“四重证据法”，即在研究中充分自觉地利用以下四种类型的资料：传世文献、出土文献、民族志和口传文化、出土实物及图像。将传世的文献文本研究、出土的简帛文本、民族志的田野研究和考古新发现的实物解读四个方面会通起来，充分考虑这四类资料的“证据间性”，尝试考古实物的民族志解读，文本神话的考古学透视，汉籍神话解读的多民族互动视角等。

③ 叶舒宪：《玉石之路》，《人文杂志》2015年第8期。

④ 叶舒宪：《白玉崇拜及其神话历史初探》，《安徽大学学报》（哲学社会科学版）2015年第2期。

⑤ 叶舒宪：《从玉教神话看“天人合一”——中国思想的大传统原型》，《民族艺术》2015年第1期。

⑥ 叶舒宪：《多元“玉成”一体——玉教神话观对华夏统一国家形成的作用》，《民族艺术》2015年第3期。

⑦ 叶舒宪：《玉璧的神话学与符号编码研究》，《民族艺术》2015年第2期。

⑧ 叶舒宪：《玉帛为二精神话续论》，《民族艺术》2015年第3期。

⑨ 叶舒宪、公维军：《从玉教到佛教——本土信仰与外来信仰的置换研究之一》，《民族艺术》2015年第4期。

石之路到佛像之路——本土信仰与外来信仰的置换研究之二》[①] 认为西玉东输的交通动脉为西域佛教徒进入中国传教提供了必要条件。二文深入探究了本土信仰与外来信仰的置换问题。

叶舒宪近年对大小传统、文化N级编码理论、物叙事、四重证据法和玉石神话等方面的研究，也有不少学者予以评述，如张洪友《叶舒宪神话符号学述评》[②] 认为“大小传统区分和文化的N级编码是叶舒宪为自己的神话研究所铺设的历时演进和共时呈现并举的宏大语境；在此宏大语境之下，物叙事成为神话阐释的逻辑起点，玉石神话研究则是以此为基础的全新开拓”[③]。王倩《探寻中国文化编码：叶舒宪的神话研究述论》[④] 指出，叶舒宪充分意识到中国学科机制将神话置于文学范畴的狭隘性，极力倡导大神话理念和跨学科乃至于破学科的学术研究范式。

总之，跨文化、跨学科的比较神话学有着广阔的研究视野，在研究方法上也应不断地探索。对此，叶舒宪的N级编码理论和四重证据法等方法论就富有启发性。不过，对古典文献、考古学的出土文物、人类学与民俗学的田野资料等多重“证据”，如何切实“打通”不同学科的方法，还有待继续尝试与探究。

四 神话主义研究

“神话主义”是当下中国普遍存在的一种重构神话传统的现象。杨利慧带领的一批学者是该研究方向的主力。杨利慧曾在2014年发表两篇论文[⑤]对以往含义模糊，使用情况纷繁的“神话主义”（mythologism）概念重新阐释。她将遗产旅游、电子媒介（包括互联网、电影电视以及电子游戏）等新语境中挪用和重建神话的现象，定义为“神话主义”。此后，不少学者予以关注和讨论，也有一些学人尝试用该概念对相关的神话重构现象进行探究。杨利慧《“神话主义”的再阐释：前因与后果》[⑥] 梳理了重新阐释“神话主义”的前因与后果，目的是增进学界对这一概念的理解与使用，促进更广泛的学术交流和对话的开展。

具体而言，重新界定“神话主义”受近半个多世纪以来传统观转向的影响。20世纪后半期，学界对“传统”的看法逐渐改变。如美国民俗学家戴尔·海默斯（Dell Hymes）和表演理论的代表人物理查德·鲍曼（Richard Bauman）都关注了“传统化”（traditional-

① 叶舒宪：《从玉石之路到佛像之路——本土信仰与外来信仰的置换研究之二》，《民族艺术》2015年第6期。

② 张洪友：《叶舒宪神话符号学述评》，《长江大学学报》（社科版）2015年第10期。

③ 同上。

④ 王倩：《探寻中国文化编码：叶舒宪的神话研究述论》，《中国矿业大学学报》（社会科学版）2015年第1期。

⑤ 杨利慧：《遗产旅游语境中的神话主义——以导游词底本与导游的叙事表演为中心》，载于《民俗研究》2014年第1期。另一文《当代中国电子媒介中的神话主义》载于《云南师范大学学报》（哲学社会科学版）2014年第4期。两文结合中国遗产旅游以及电子媒介的个案，对神话主义的意涵、表现以及特点等方面进行了具体分析。

⑥ 杨利慧：《“神话主义”的再阐释：前因与后果》，《长江大学学报》（社科版）2015年第5期。

ization），旅游人类学家纳尔逊·格雷本（Nelson Graburn）研究旅游业的“新传统主义”，日本社会学家吉野耕作提出“新历史主义”等。越来越多的学者探求现当代社会中传承、利用和重构传统的现象。其次，“神话主义”直接受世界民俗学界“民俗主义”与“民俗化”等概念的深刻影响。虽然国内外已有不少学者讨论和研究过“民俗主义”与“民俗化”，但这两个概念在当下还有很多研讨的空间。再次，杨利慧多年来开展的“现代口承神话的民族志研究”“当代中国的神话传承——以遗产旅游和电子传媒的考察为中心”的课题研究也积累了实践经验。总之，在民俗学背景和基础上的“神话主义”关注从原生社区日常生活的语境中抽取出的神话及其在新语境中的功能和意义。这一概念在当下更具包容性和理论概括力。它已不限于文学和艺术创作范畴，而是指向现当代社会的诸多领域。它常作为地区、族群或者国家的文化象征而被用于商业性、政治性或文化性的整合。[①]

杨利慧是中国神话学领域的代表性学者之一，她一直致力于推进中国神话学的创新。张多《中国神话研究的民俗学派——杨利慧的神话学思想及其实践》[②] 认为，“杨利慧的学术实践不仅极大推动了中国神话学的发展，也直接促进了中国民俗学的当代转型”。张多《“朝向当下”的神话学实践——评〈现代口承神话的民族志研究——以四个汉族社区为个案〉》[③] 和杨泽经、邓秀兰《为现代口承神话研究确立新范式——评杨利慧等著〈现代口承神话的民族志研究——以四个汉族社区为个案〉》[④]，都对杨利慧等人合著的《现代口承神话的民族志研究——以四个汉族社区为个案》予以评介，有助于我们加深对现代口承神话民族志研究理解与反思。此外，王志清尝试运用“神话主义”概念于具体的个案研究中。《地望纷争背景下的“神话主义”——以武功后稷神话研究为对象》[⑤] 研究后稷感生神话在武功地区的传承脉络与现代展演，丰富了“神话主义”的整体研究。王氏另文《蒲剧展演情境中的“神话主义”——以山西稷山的〈农祖后稷〉为研究对象》[⑥] 解构稷山地区的蒲剧《农祖后稷》的知识生产过程，认为该神话中的卵生母题已褪去族源神话的政治色彩，移位到带有区域文化特色的蒲剧之中，演变为一种历史资源和文学素材。颜翔林《“当代神话”与影视创作》着重梳理了影视艺术领域中的神话主义现象，认为神话主义已超越了文学领域，延伸到各类艺术类型中。[⑦] 高健《民族旅游语境中的佤族司岗里神话研究》[⑧] 关注民族旅游语境中司岗

---

① 杨利慧：《“神话主义”的再阐释：前因与后果》，《长江大学学报》（社科版）2015 年第 5 期。

② 张多：《中国神话研究的民俗学派——杨利慧的神话学思想及其实践》，《长江大学学报》（社科版）2015 年第 5 期。

③ 张多：《“朝向当下”的神话学实践——评〈现代口承神话的民族志研究——以四个汉族社区为个案〉》，《民俗典籍文字研究》2015 年第 2 期。

④ 杨泽经、邓秀兰：《为现代口承神话研究确立新范式——评杨利慧等著〈现代口承神话的民族志研究——以四个汉族社区为个案〉》，《长江大学学报》（社科版）2015 年第 5 期。

⑤ 王志清：《地望纷争背景下的“神话主义”——以武功后稷神话研究为对象》，《青海社会科学》2015 年第 6 期。

⑥ 王志清：《蒲剧展演情境中的“神话主义”——以山西稷山的〈农祖后稷〉为研究对象》，《贵州民族大学学报》（哲学社会科学版）2015 年第 3 期。

⑦ 颜翔林：《“当代神话”与影视创作》，《社会科学辑刊》2015 年第 1 期。

⑧ 高健：《民族旅游语境中的佤族司岗里神话研究》，《民族文学研究》2015 年第 2 期。

里神话的旅游文本。佤族司岗里神话经历了一系列旅游文本化制作流程。对东道主而言，它是传承已久的神话的新形态。对于中介者，它是制造民族特色的话语形式。对于游客，它是寻求文化震撼与怀旧感的途径之一。

总之，对当代的口头和电子媒介中的各种神话主义现象，学者多从旅游、电影、电视和电子游戏等方面着手考察和分析，研究神话从原生社区日常生活的语境移入新的语境中为不同观众展现时被赋予的新的功能和意义。这块学术新领域还处于探索和发展阶段，有待更多的学人拓展和深化。

五 神话学者的思想评介

对前辈学者研究成果的推介和批评，有助于我们了解神话研究方法的发展脉络，促进对当下神话研究理路的反思。

在中国神话学的起步阶段，鲁迅、茅盾、程憬等前辈学者都做出了许多贡献。李玉兰《鲁迅神话研究概观》[①] 认为，鲁迅将神话作为中国小说的起源具有开创性意义。虽然鲁迅对神话的发生、发展、思维方式及具体的神话故事并未深入研究，但他散见于作品中的神话观点却洞烛幽微，可供后辈学者借鉴。苏永前《中国上古神话体系重建的方法论反思——以茅盾的人类学方法为例》[②] 认为茅盾从当时盛行的“人类心智共通说”出发，得出世界神话普同的结论，用于归纳其他民族神话的情节结构，以“还原”中国上古神话体系。作者认为该方法只能缓解当时知识界的焦虑，仍有局限性。陈泳超《程憬先生中国神话研究简论》[③] 指出程憬的大部分思想应该是接续茅盾的神话研究而来。茅盾认为中国古代神话系统只是一个“假定”，而程憬将“假定”推到“确有”。现代学者“合理”而“充分”展示“确有”的策略是用“合理的”分类体系策略建立“神话系统”的内容结构，并且“加以变通”地使其契合中国传世文献的相关记载。它直接借鉴比安其教授（G. H. Bianchi）拟定的希腊、罗马神话体系，用接近古史辨派的对于史料先后关系加以严格审核的态度，为中国神话编制了整套系统。从学术史意义上看，茅盾的《中国神话研究 ABC》堪称系统研究中国神话的第一部专著。而程憬经过长时间的积累，于 40 年代末完成的《中国古代神话研究》可谓是第二部重要专著，在中国神话史上具有不可忽视的意义。

2015 年《长江大学学报》（社科版）“神话学与神话资源转化研究”专栏对当代中国神话学界代表学者的研究成果多有刊载。从代表学者的学术思想中可以构拟中国神话学的当代形态，推动中国神话学的发展。林安宁《深入浅出释经典，融通中外论新学——陈连山神话学研究述评》[④] 认为陈连山的神话研究的重要贡献在于推动了结构主义神话学在中国的发展，而陈氏对《山海经》学术史的梳理也有助于我们了解中国神话与文化的紧

---

① 李玉兰：《鲁迅神话研究概观》，《青岛大学学报》2015 年第 6 期。

② 苏永前：《中国上古神话体系重建的方法论反思——以茅盾的人类学方法为例》，《兰州大学学报》（社会科学版）2015 年第 1 期。

③ 陈泳超：《程憬先生中国神话研究简论》，《民间文化论坛》2015 年第 6 期。

④ 林安宁：《深入浅出释经典，融通中外论新学——陈连山神话学研究述评》，《长江大学学报》（社科版）2015 年第 12 期。

密关系。陈连山认为中国神话理论应从“中西比较”的大背景下走向“世界比较”的新视野。中国神话学要实现学科自觉，必须充分认识历史与神话一体化的中国神话观。胥志强《走向神话现象学——吕微先生神话思想阅读心得》① 梳理了吕微以象征分析、原型构拟和现象学三种方法对巫术与伦理问题进行持续探讨的学术历程，有助于增进学界对吕微的神话研究思想的理解。陈丹《探寻西南古老的神话王国——李子贤活形态神话研究述评》② 对李子贤的西南少数民族活形态神话研究进行梳理和评价。李子贤严谨的学风、务实的精神和深厚的学养对中国的神话体系的建构有杰出的贡献。丁晓辉《神话整体研究·神话学评论——刘锡诚的神话学研究》③ 认为刘锡诚在理论上提出了神话的“整体研究”方法并自觉应用，他的神话学评论从宏观上把握了中国百年神话学发展历程，而他执着、勤奋的学术精神亦是学者的典范。刘慧《论田兆元的社会神话学思想》④ 认为田兆元对神话史的书写与解读，对当代神话学研究的民俗学路径的探讨等，具有开创性与继承性。此外，《长江大学学报》（社科版）还刊载了洪浩《追“水”溯源——向柏松神话研究评述》⑤、孙正国《张开焱神话学思想的内在发展逻辑》⑥、甘露《神话资源的现代转换——论蒋明智的龙母文化研究》⑦ 等评述。

除了梳理本国学者的学术研究，引介外国神话学者的研究思想也是一项重要工作。陈连山《列维－斯特劳斯的神话思维理论浅说》⑧ 指出了我国神话学界对原始思维认识不足的问题。学界熟知的英国人类学者爱德华·泰勒的学说与法国社会学家列维—布留尔的学说，都把原始思维看作某种幼稚的、低级的思维方式，并且把原始思维与以西方哲学为代表的“理性思维”对立起来，这影响着中国学界关于原始文化方面的研究。对此，该文澄清了原始思维的概念，它实际上是无文字社会的神话思维，也是人类思维处于野性状态下的思维。并且，神话思维严格遵循着逻辑规则，并非任意想象，它和处于驯化状态下的人类理性思维具有统一性。该文还详细梳理了神话思维的理性本质、概念范畴、逻辑原则、推理方式、统一性特征，有助于我们重新认识人类思维的本质，促进学界对神话和原始思维的研究。杜业艳《卡西尔整体论文艺思想钩沉——作为文化之根的神话》⑨ 梳理了

---

① 胥志强：《走向神话现象学——吕微先生神话思想阅读心得》，《长江大学学报》（社科版）2015年第11期。

② 陈丹：《探寻西南古老的神话王国——李子贤活形态神话研究述评》，《文山学院学报》2015年第4期。

③ 丁晓辉：《神话整体研究·神话学评论——刘锡诚的神话学研究》，《长江大学学报》（社科版）2015年第9期。

④ 刘慧：《论田兆元的社会神话学思想》，《长江大学学报》（社科版）2015年第4期。

⑤ 洪浩：《追“水”溯源——向柏松神话研究评述》，《长江大学学报》（社科版）2015年第8期。

⑥ 孙正国：《张开焱神话学思想的内在发展逻辑》，《长江大学学报》（社科版）2015年第1期。

⑦ 甘露：《神话资源的现代转换——论蒋明智的龙母文化研究》，《长江大学学报》（社科版）2015年第9期。

⑧ 陈连山：《列维－斯特劳斯的神话思维理论浅说》，《长江大学学报》（社科版）2015年第12期。

⑨ 杜业艳：《卡西尔整体论文艺思想钩沉——作为文化之根的神话》，《湖北社会科学》2015年第9期。

卡西尔的整体性的神话世界观。方洪鑫《讲神话的韦尔南——重叙古希腊神话的民族志》[①]、朱佳艺《读韦尔南〈希腊思想的起源〉》[②] 对韦尔南的希腊神话研究进行具体的评述。

可以说，本年度对国内外神话学者研究成果的述评方面有突出表现。我们既要吸取前辈学者的研究经验，反思不足，还应借鉴西方神话研究的方法与思路。这类评述与推介性的工作具有梳理学术史的重要意义。

六 小结

神话学是一门跨学科的综合学问，不同学科视角触及神话的不同层面，多学科、多视角结合有助于打破单一学科视角的局限，更好地从整体上把握神话及其功能与价值的丰富性。回顾2015年的神话研究，学者或从文学、史学、哲学入手，或从考古学、宗教学、民俗学等学科切入，在神话学的基本问题、古典神话的典籍钩沉、神话母题研究成果的呈现、活态神话研究、神话主义的探讨等方面呈现守正创新的面貌。文本考释、历史文化分析仍是重要的研究方法之一，个案式的田野调查与研究依然是研究口传神话、活态神话的主要方法，而结合考古学、宗教学、社会学、心理学等不同学科范式的神话研究，既拓展了研究思路，也凸显了神话学的跨学科特点。但跨学科的研究也面临一些挑战，不同学科之间缺少通约性和对话的基础，今后应加强这方面的基础建设，促进不同学科之间的对话和交流、增加批评与反思。

---

① 方洪鑫:《讲神话的韦尔南——重叙古希腊神话的民族志》,《西北民族研究》2015 年第 4 期。

② 朱佳艺:《读韦尔南〈希腊思想的起源〉》,《西北民族研究》2015 年第 4 期。

2015年传说研究综述

王　尧*

一　概述

自20世纪初民间文学学科成立以来，传说即被视为口头散体叙事中的重要文类，被认为具有真实性、地方性、解释性等特点，与地方历史、宗教信仰、小说戏曲等均有复杂纠缠的关系，故长期以来一直受到各相关学科的持续关注。不同背景的研究者基于各自的专业视野、问题意识、理论追求对传说展开探究，如同折射于多棱晶体上的光束，使传说学呈现出幻化多变的迷人面相。在进入2015年度综述之前，本文拟先对国内的传说研究史做一简要概括。

在20世纪90年代以前，对传说的研究方法以主题流变、比较、类型和形态学研究为主，这些都是立足于传说文本的研究。主题流变研究通过对文本形态和内容的梳理分析，以历时性眼光勾勒其演变的历史脉络，同时兼顾宏观的流通地域和流变路线。主题流变研究中影响最为深远的著作当推顾颉刚的孟姜女故事系列研究①（学科草创时期，“故事”与“传说”尚未细分）。顾氏将所得全部材料按“历史的系统”和“地域的系统”排序，试图剥离那些在传说上层层叠加和粘附的成分，这一研究也成为其“层累造史”学说之证明。这部民间文学史上“光辉的经典”开创了传说研究历久不磨的学术范式。与之类似的传统文史研究和文化阐释亦是贯串传说研究史的主流方法之一。

20世纪初引入的芬兰历史地理学派及比较研究法，先将某一类文本在各时期、地域的异文尽可能搜集完备，然后按照时间和空间顺序排列比较，推定文本的起源地，摸索传播路线，从而分析在此过程中发生的一系列变化；同时亦使用母题、类型等概念对文本形态进行历史、文化或比较的应用研究。在国内，对AT类型的评析应用，对本土传说体系的建构、对文本形态的分析亦是传说学的重要命题，如祁连休《中国古代民间故事类型研究》②、刘守华《比较故事学》③，其中大量涉及传说。对某一类型进行专题研究的个案成果包括程蔷《中国识宝传说研究》④ 等。

普罗普的《故事形态学》在芬兰学派分析文本形态的基础上明确提出纯粹的形态研

---

* 作者系北京师范大学文学院讲师。

① 可参见顾颉刚、钟敬文等《孟姜女故事论文集》，中国民间文艺出版社1984年版。

② 祁连休：《中国古代民间故事类型研究》，河北教育出版社2007年版。

③ 刘守华：《比较故事学》，上海文艺出版社1995年版。

④ 程蔷：《中国识宝传说研究》，上海文艺出版社1986年版。

究范式，将传说故事置于抽离了时间与空间因素的真空环境之内，解剖文本内部的叙事组织结构，探索文本自身情节变异的最大限度。此种方法在国内一度被视为“形式主义流弊”，未受到应得的重视。代表成果包括：刘魁立《民间叙事的生命树》[①]（其中部分涉及传说），施爱东关于孟姜女和梁祝传说的系列研究[②]，以及张志娟《论传说的“离散情节”》[③]等。此种严格约束于“无时空”的纯粹形式研究，虽然不讨论那些为历时研究所关注的历史、社会、文化、民族等方面的外部因素，然而这并不表明形态学就无法进行应用研究，陈泳超《地方传说的生命树》[④]就在尝试扩展形态研究的地域维度。

自20世纪90年代以来，伴随着口头程式、民族志诗学、表演理论等西方资源的译介，国内的传说研究也逐渐开始从“文本”向“语境”范式转换。学者们将传说置入其生长的语境中，观察演述行为与生存语境（比如演述者生活的村落环境）和地方文化传统的互动关系。常见的话题包括传说被生产和传播的动态过程，被提倡和被压制的异文之间的对抗，社会行为、观念对传说文本的诱导和制约，等等，对于传说具有的“真实性”“地方性”“变异性”等特质及其生长运行机制，学者们也提供了更为生动深入的看法。此类研究以陈泳超本年度出版的新著《背过身去的大娘娘——地方民间传说生息的动力学研究》[⑤]为代表，下文还将提及。

此外，随着后现代史学的理论转向，口述史、社会史、区域文化史研究兴起，以往将传说与历史作为虚构与真实二元对立的传统史观被消解，学者们在对传说发生、传播、叙述和变异的观察过程中，发现了其与历史叙事在多方面的同构关系。传说和历史被视为具有平等地位、同等价值的“历史记忆”，在某种程度上，传说在社区建构、凝聚认同等方面甚至发挥着比历史更为深远入微的影响力。如赵世瑜《祖先记忆、家园象征与族群历史——山西洪洞大槐树传说解析》《太阳生日：东南沿海地区对崇祯之死的历史记忆》[⑥]等。

近年来还兴起了对都市传说与谣言的关注热潮，前者如李扬对国外都市传说的译介和述评[⑦]，以及张敦福、魏泉、陈冠豪等提供的个案[⑧]；后者则以施爱东为代表，他自

---

① 刘魁立等：《民间叙事的生命树》，中国社会出版社2010年版。

② 施爱东：《故事的无序生长与最优策略——以梁祝故事结尾的生长方式为例》，《民俗研究》2005年第3期；《孟姜女故事的稳定性与自由度》，《民俗研究》2009年第4期。

③ 张志娟：《论传说中的“离散情节”》，《民族文学研究》2013年第5期。

④ 陈泳超：《地方传说的生命树：以洪洞县“接姑姑迎娘娘”身世传说为例》，《民族艺术》2014年第6期。

⑤ 陈泳超：《背过身去的大娘娘——地方民间传说生息的动力学研究》，北京大学出版社2015年版。

⑥ 赵世瑜、杜正贞：《太阳生日：东南沿海地区对崇祯之死的历史记忆》，《北京师范大学学报》1999年第6期；赵世瑜：《祖先记忆、家园象征与族群历史——山西洪洞大槐树传说解析》，《历史研究》2006年第1期。

⑦ 如［美］J. H. 布鲁范德：《旧篇新章——美国都市传说略谈》，李扬、王珏纯译，《民俗研究》2000年第4期。

⑧ 如张敦福、魏泉：《解析都市传说的理论视角》，《民间文化论坛》2006年第6期；魏泉、张敦福：《中国都市传说的个案简析》，《民俗研究》2011年第2期；魏泉：《若有若无：中国大学校园传说的个案与类型》，《民俗研究》2012年第2期；魏泉：《谣言与恐慌中的文化网络变迁》，《学术研究》2013年第1期；魏泉：《裂变中的传承：上海都市传说》，《民俗研究》2013年第3期；陈冠豪：《中国当代恐怖传说之类型分析与研究》，硕士学位论文，北京大学，2011年；陈冠豪：《中国当代恐怖传说之“解释”结构探讨》，《民族文学研究》2011年第5期。

2012年起陆续发表了系列论文十余篇①，讨论谣言与当下社会生活、文化、舆论的密切关系。

以上简要勾勒了传说研究的常见，2015年度的成果正是在上述脉络中延续发展的。

二 2015年度的传说研究

1. 主题流变研究

通过梳理某一主题的传说材料在各时代、地域的流变情况，归纳传说产生、传播和变异的基本线索，同时关照社会、文化、历史的变迁，此种方法一直是传说研究的主流大宗，本年度亦发表了若干精彩个案。

采用地理分布研究法的个案以刘锡诚《试论牛郎织女传说圈——地理系统的研究》②为代表。他运用20世纪百年间从民众中搜集的牛郎织女传说口头记录材料，勘定了“牛郎织女传说圈”：河北、山西、山东、江苏、浙江、福建、河南7个省区为核心区，外围19个省区为周边地带。据其统计，20世纪80年代有“活态”流传的省区现已锐减为8个，传说急剧衰微，为传统文化和非遗保护工作敲响了警钟。

以考察传说本事为主的研究包括：刘惠萍《混同与选择——湖北孝感“董孝子”传说研究》③发现今日湖北孝感普遍传颂的“西汉董孝子——董永”传说，可能掩盖了另一个“东汉董孝子——董黯”之事迹。通过结合传世文献与近世出土的汉魏墓葬孝子图中关于董永与董黯之材料，作者考察了二者本事，并探究蕴藏于传说之中的民族心理与社会期待，可知该传说的变异不仅基于文本本身相似性，还与唐代以后孝道观念的改变有关。针对同一话题的还有刘守华《董永传说及其魅力探寻》④，强调了董永主题叙事的传说性质，指出其并非真实的历史记述。类似地，王宁邦《梁山伯庙考》⑤也探究了梁山伯庙的来历，认为位于浙江宁波的梁山伯庙本为萧衍生祠，乃是后人将梁圣君附会成梁山伯。

关于传说主人公形象建构的论文成果最为宏富，如：段友文、张小丁《民间传说中傅山士大夫形象的多维构建》⑥从大小传统的关系出发，以民间流布的傅山传说为小传

---

① 包括：《谣言的鸡蛋情绪——钱云会案的造谣、传谣与辟谣》，《民俗研究》2012年第2期；《盗肾传说、割肾谣言与守阈叙事》，《华南师范大学学报》2012年第6期；《谣言的逆袭：周总理“鲍鱼外交”谣言史》，《民族艺术》2013年第4期；《2013雅安地震谣言探究》，《民族艺术》2013年第5期；《钓鱼谣言：为辟谣而造谣》，《民族艺术》2013年第6期；《“太平家乐福谣言”的历史根源与文本分析》，《民族艺术》2014年第1期；《末日谣言的蝴蝶效应及其传播动力》，《民族艺术》2014年第2期；《“呼兰大侠”：被谣言神化的变态杀手》，《民族艺术》2014年第3期；《“谣言倒逼真相”的前因后果》，《民族艺术》2015年第2期；《谣言的发生机制及其强度公式》，《民族艺术》2015年第3期；《谣言生产和传播的职业化倾向》，《民族艺术》2015年第4期；《周期性谣言的类别与特征》，《民族艺术》2015年第5期；《民族主义谣言的两极策略》，《民族艺术》2015年第6期；等等。

② 刘锡诚：《试论牛郎织女传说圈——地理系统的研究》，《民间文化论坛》2015年第4期。

③ 刘惠萍：《混同与选择——湖北孝感“董孝子”传说研究》，《民俗研究》2015年第2期。

④ 刘守华：《董永传说及其魅力探寻》，《长江大学学报》2015年第1期。

⑤ 王宁邦：《梁山伯庙考》，《民族艺术》2015年第5期。

⑥ 段友文、张小丁：《民间传说中傅山士大夫形象的多维构建》，《北京社会科学》2015年第10期。

统，以典籍文献中相关记载为大传统，探寻傅山士大夫形象在民众话语中的多维构建，挖掘此形象在明清易代之际的革新与转变。

范国强《历史记载与传说想象对人物形象的构建——以三国之孙夫人形象的历史流变为例》[①] 梳理分析了该形象的流变过程：最初形象模糊，未被正史立传；魏晋以后传说其成为蟂矶娘娘，影响日广；此后又逐渐为孙安、孙仁、孙尚香等人物所取代。

余红艳《表述语境与族群诉求：论蚩尤叙事的古今流变》[②] 梳理了自先秦以来的蚩尤叙事之官方、民间与学者叙事三种形态，呈现出蚩尤形象的多个面相；在当下社会，蚩尤形象仍在持续变动之中，其传说作为文化资源被纳入以遗产开发为中心的区域文化整合运动，其内容将被重新建构。

朱湘蓉《文学史中伍子胥复仇故事情节的形成 ——以湖北云梦睡虎地 77 号汉墓伍子胥故事简为依据》[③] 发现，湖北云梦睡虎地 77 号汉墓出土的西汉早期伍子胥故事简详述了伍子胥复仇的经过与细节，比《左传》《韩非子》《吕氏春秋》的记载更加完整，很多情节可与《史记》《越绝书》相印证，说明至迟在西汉文、景帝时期，伍子胥复仇故事的主体情节已经基本形成，成为中古以后众多同主题文学作品的情节来源。

罗燚英《明清时期广州五仙五羊传说流变论析》[④] 解析了该传说自明清以来的世俗化过程。明清时期，五仙五羊传说被加以重构，从广州建城时间原点上凸显五仙及五羊神显。迟至清初，五仙又分别与祈年重谷之俗、贾胡识宝类传说相融合，体现出该传说世俗化程度加深、范围拓广的趋势。

迎春《蒙古民俗传说研究》[⑤] 是对蒙古族民俗传说的综合性研究。作者将其区分为生产民俗、社会民俗、信仰民俗、节日民俗四个主题，选取其中影响力较大的若干个案进行起源、流变、文化阐释等方面的研究，并讨论了这些传说与蒙古族历史、生产、环境、文化、宗教之间的关系，蒙古民俗传说的民族特征及生成规律。

王玉山《从罪犯到益兽：民间传说、自然写作与美国狼的形象变化》[⑥] 在环境史和思想史的框架下，考察了美国人眼中狼的形象所经历的从罪犯到益兽的变化，认为美国民众对狼的态度转变与民间传说和自然写作的影响相关，进而剖析了推动这一转变的经济社会因素。

此类主题流变研究还有刘爱华《“梦笔深藏五色毫”：中国古代梦笔传说及其类型分析》[⑦]，

---

① 范国强：《历史记载与传说想象对人物形象的构建——以三国之孙夫人形象的历史流变为例》，《贵州社会科学》2015 年第 3 期。

② 余红艳：《表述语境与族群诉求：论蚩尤叙事的古今流变》，《广西民族研究》2015 年第 5 期。

③ 朱湘蓉：《文学史中伍子胥复仇故事情节的形成 ——以湖北云梦睡虎地 77 号汉墓伍子胥故事简为依据》，《中原文化研究》2015 年第 2 期。

④ 罗燚英：《明清时期广州五仙五羊传说流变论析》，《广东社会科学》2015 年第 5 期。

⑤ 迎春：《蒙古民俗传说研究》，博士学位论文，中央民族大学，2015 年。

⑥ 王玉山：《从罪犯到益兽：民间传说、自然写作与美国狼的形象变化》，《学术研究》2015 年第 8 期。

⑦ 刘爱华：《“梦笔深藏五色毫”：中国古代梦笔传说及其类型分析》，《民族文学研究》2015 年第 2 期。

陈金文的壮族传说系列论文[①]，傅修延《许逊传说的符号叙事学解读》[②]，王汝良《影响与变异：〈大唐西域记〉所载“烈士”传说与后世杜子春故事》[③] 等多篇[④]。

2. 动力、功能与信仰

近10年来，语境导向的研究范式为观察传说提供了较之文本研究更为立体多元的维度。学者们在田野里观察日常生活中的传说样态，发现传说与信仰、仪式、族群认同、地方社会组织等均有不同程度的扭结关系，在多重话语层级中均扮演着相当重要的角色。此类研究一方面以传说的社会功能为主旨，分析它所代表的人群的文化需求、所表达的社会化倾向和文化认同细节；同时也通过对活态传说的语境化、地方化考察，反观传说自身的生长和变异规律。

陈泳超于2000年出版的博士论文《尧舜传说研究》[⑤] 是对载籍为主的传说文本的研究，然而早在此时，他即已对地方志中记录的相关信仰和仪式活动向往不已，多年来仍持续关注全国各地乃至海外的不同形态的尧、舜、娥皇女英主题传说。自2007年，他开始对山西洪洞地区的尧舜传说及相关的“接姑姑迎娘娘”仪式活动进行田野调查，观察作为地方话语的活态传说在语境中的演述。经8年艰苦调查和覃思冥想，于本年度推出专著《背过身去的大娘娘——地方民间传说生息的动力学研究》[⑥]。陈氏在本书中建立了传说生息的动力机制模型，揭示了推动传说变异的地方性动力、时代性动力和阶层性动力，尤其关注地方社会中的“民俗精英”所掌握的对传说的核心话语权和支配力。对于传说变异的规律，本书从演述主体的“动力学”角度给予了精准生动的回答。吕微本年度发表的《转过身来的大娘娘》[⑦] 是作者为该书撰写的序言。

李然《传说形象的生活化功能——作为互动媒介的秃尾巴老李》[⑧] 探讨了传说在现实生活中承载的功能。作者认为，传说形象首先是可供沟通的媒介符号，可以强化社区历史

---

① 陈金文：《壮族山水传说中的英雄故事》，《民族文学研究》2015年第4期；《广西德保县李将公传说研究》，《广西民族师范学院学报》2015年第4期；《壮族抗法英雄传说的史学价值》，《广西师范大学学报》2015年第2期；《壮族民间吃“狗屁馍”食俗的传说学探源》，《广西民族大学学报》2015年第5期；《壮族民间黄巢传说的口述史意义》，《广西社会科学》2015年第6期。

② 傅修延：《许逊传说的符号叙事学解读》，《江西师范大学学报》2015年第1期。

③ 王汝良：《影响与变异：〈大唐西域记〉所载“烈士”传说与后世杜子春故事》，《中国古代小说戏剧研究》2015年（年刊），总第11辑。

④ 包赛吉拉夫：《哈布图哈撒儿传说与历史记忆》，《中央民族大学学报》2015年第1期；董婷等：《从胡峄阳传说信仰看祖先神传说在民间的传播演进》，《东方论坛》2015年第3期；格根图雅：《阿拉善山水传说探析》，硕士学位论文，内蒙古师范大学，2015年；木巴拉·买买提：《关于吐鲁番旅游业中的维吾尔民间传说初步研究》，硕士学位论文，新疆师范大学，2015年；阿尔布克·巴生：《玛赞巴特尔传说研究》，硕士学位论文，内蒙古大学，2015年；佘亚柳：《民间传说〈白蛇传〉在镜像语境中的丰富与嬗变》，硕士学位论文，河北大学，2015年；李爽：《孙思邈传说故事研究》，硕士学位论文，陕西中医药大学，2015年；田成浩：《先秦秦汉时期黄帝传说演变研究》，硕士学位论文，兰州大学，2015年；胡月馨：《壮族传统节日传说研究》，硕士学位论文，广西民族大学，2015年。

⑤ 陈泳超：《尧舜传说研究》，南京师范大学出版社2000年版。

⑥ 陈泳超：《背过身去的大娘娘——地方民间传说生息的动力学研究》，北京大学出版社2015年版。

⑦ 吕微：《转过身来的大娘娘》，《民间文化论坛》2015年第2期。

⑧ 李然：《传说形象的生活化功能——作为互动媒介的秃尾巴老李》，《民俗研究》2015年第5期。

感，提升家族地位；同时，它也是划分群体的标志，可对异地与本地乃至家族内部各支系进行层层深入的不断区分，是分配群体权力的重要依据。正因承载着以上功能，传说才能在各种互动与交流中历久不衰。

传说与信仰的复杂关系一直是学者们在田野中着重探究的命题。王尧《传说与神灵的地方化——以山西洪洞的青州二郎信仰为例》① 讨论了传说在信仰传播过程中的形态变异问题，揭示了全国性神灵“广德真君”传入山西洪洞后转化为地方性神灵“青州二郎”的过程。其身世传说采纳了“外来—传入”的叙事结构，将其中的地名落实到本土村落，直接影响了传说享有者在现实生活中的功能性行为模式，是促进该信仰完成地方化转变的有力方式。

对民间信仰中常见的凡人得道成神叙事，鞠熙和王尧分别从不同视角进行解读。王尧《凡人成神的传说模式》② 旨在提炼此类传说的结构性元素。作者将在山西洪洞所得的田野材料与学界既有观点进行对话，将凡人成神的传说归纳为“生前德行型”和“怪异死亡型”，指出其叙事结构均由“修炼—命名”两个核心要素组成。此外，还有若干单一形态的表层元素作为传说叙事的附加项，选择性地配合该结构出现，与之共同构成凡人成神传说的普遍模式。

对此，鞠熙则无意于考证叙事的形态流变，而是将目光投向不同文明的观念比较，其《身体、家庭与超越：凡女得道故事的中法比较》③ 一文指出中国的观音、碧霞元君、天后妈祖与法国的女圣徒得道叙事在情节方面的相似性，揭示了此种相似情节背后隐含的中法文化在女性的身体、家庭和超越等方面截然不同的宗教文化差异。

程鹏《多维叙事视角下莱芜南部地区安期生信仰研究》④ 展示了山东莱芜南部关于安期生在史书、方志、口头叙事和当代民间信仰等维度中的多面形象，并指出传说在民间信仰复兴过程中的再生产和重构现象。

将传说置于地方社会，考察本土化传承变异的论文还有陈传友《西双版纳傣族勐神传说及其祭祀仪式研究》⑤ 等多篇⑥。

3. 景观叙事

就在上述学者们于传统社区中观察活态传说演述行为的同时，另外一些学者认为，以语言形态传承的传说在当下社会呈日渐衰微之势，而以“观赏”为主要讲述与传播方式的视觉传播媒介正在逐渐成为一种较为重要的存在形态与传承模式。这一社会语境与文化转向为当代传说研究提供了新的切入点，对该现象的观察和省思是本年度传说研究中引人注目的鲜活成果。

---

① 王尧：《传说与神灵的地方化——以山西洪洞的青州二郎信仰为例》，《民族艺术》2015 年第 5 期。

② 王尧：《凡人成神的传说模式》，《民族文学研究》2015 年第 5 期。

③ 鞠熙：《身体、家庭与超越：凡女得道故事的中法比较》，《民俗研究》2015 年第 2 期。

④ 程鹏：《多维叙事视角下莱芜南部地区安期生信仰研究》，《文化遗产》2015 年第 2 期。

⑤ 陈传友：《西双版纳傣族勐神传说及其祭祀仪式研究》，硕士学位论文，云南大学，2015 年。

⑥ 蒋娟：《贵州张三丰传说的本土化研究》，硕士学位论文，青海师范大学，2015 年；黄杰明：《客家族谱合流现象的文化密码解读——以黄氏族谱关于黄峭山的传说为例》，《晋阳学刊》2015 年第 1 期；赵秀克：《泰安南白楼村落传说研究》，硕士学位论文，南京师范大学，2015 年；边境：《山西忻州“赵氏孤儿”传说调查报告》，硕士学位论文，山西大学，2015 年。

余红艳的博士论文《景观生产与景观叙事——以“白蛇传”为中心》[①] 便在此背景下提出“传说的景观生产”概念，着重探讨传说依附现实景观所实现的文化符号的生产，景观变迁又衍生出新的地方传说这一循环过程。在分析了传说景观生产的类型和方式后，作者指出：景观叙事是以景观建筑为核心，以传说图像、雕塑、文字介绍、导游口述等为元素，是传说讲述与传承的新的文化空间与叙事形态，它和传说语言叙事、仪式行为叙事共同构成了三位一体的叙事体系。作者在本年度发表的4篇期刊论文《走向市场：“白蛇传”传说的当代景观生产研究》[②]《镇江金山寺“高僧降蛇”符号的叙事体系》[③]《“白蛇传”传说的景观叙事与语言叙事》[④]《西湖断桥爱情景观的历史建构》[⑤] 均是对这一思路的细化和深化。

李鹏燕《黄鹤楼传说群的生成及其景观叙事研究》[⑥] 以黄鹤楼传说群的生成及景观叙事为个案，探讨了景观叙事的规律和实践意义，在此基础上提出“整体保护”的理念。与此相关的主题研究还有蒋依娴、王秉安《传说文化创意与乡村社区营造模式探析——以台湾妖怪村为例》[⑦] 等。

4. 历史记忆与族群认同

近年来不同学科热衷于探讨历史记忆与社区和族群认同问题，传说成为进入该话题的重要路径。通过传承和改造传说来重述本族历史、宣扬族群特性，成为社区和族群建构身份认同的重要方式。

赵世瑜《从移民传说到地域认同：明清国家的形成》[⑧] 认为，与其说关于祖先来历的移民传说反映了某种地方认同或原乡认同，不如说它是获得超越地方的认同、即现居地地域认同的工具。在最初阶段制造或传播这一传说也许是为了便于入籍或在此地定居，以求得到原住民或在籍人群的接受。因此，移民传说的产生和传播扩大了地域认同的空间，也成为不断丰富和逐渐定型的国家认同的表征。

钟进文《“创伤经历”与幻想记忆——藏边社会民间叙事研究》[⑨] 以保安族民间叙事为例，将民间叙事文本分为社会文本和文学文本两类。文章探讨了社会创伤事件如何进入文学文本，以及文学文本如何消解或表达社会创伤经历的过程。

何文华《论有关西藏的两个传说及其传递的西方价值观》[⑩] 梳理了早期西方流传的关

---

① 余红艳：《景观生产与景观叙事——以“白蛇传”为中心》，博士学位论文，华东师范大学，2015年。

② 余红艳：《走向市场：“白蛇传”传说的当代景观生产研究》，《文化遗产》2015年第6期。

③ 余红艳：《镇江金山寺“高僧降蛇”符号的叙事体系》，《广西民族大学学报》2015年第6期。

④ 余红艳：《“白蛇传”传说的景观叙事与语言叙事》《湖北大学学报》2015年第4期。

⑤ 余红艳：《西湖断桥爱情景观的历史建构》，《华中学术》第11辑，2015年第1期。

⑥ 李鹏燕：《黄鹤楼传说群的生成及其景观叙事研究》，硕士学位论文，华中师范大学，2015年。

⑦ 蒋依娴、王秉安：《传说文化创意与乡村社区营造模式探析——以台湾妖怪村为例》，《福州大学学报》2015年第2期。

⑧ 赵世瑜：《从移民传说到地域认同：明清国家的形成》，《华东师范大学学报》2015年第4期。

⑨ 钟进文：《“创伤经历”与幻想记忆——藏边社会民间叙事研究》，《西南民族大学学报》2015年第11期。

⑩ 何文华：《论有关西藏的两个传说及其传递的西方价值观》，《四川民族学院学报》2015年第1期。

于西藏“黄金蚂蚁”和“约翰长老”的两种传说，认为它们构成了西方认知西藏的预设框架。这两种传说中的乌托邦式的西藏形象未必反映了客观现实，而是满足了西方人对财富的欲望、对基督教的宣传需求以及面对强敌蒙古时渴望盟友的心理，因此遮蔽了西藏的本质属性。

毛巧晖《20世纪60年代刘三姐（妹）传说的重构考察》[①] 指出，该传说原为流传于中国西南的地域性传说，中华人民共和国成立后被创编为彩调剧、歌舞剧、电影等多种样式，影响遍及全国。它的重构与变迁呈现了1949至1966年间民间文艺、通俗文艺、精英文学互构熔铸的过程。

肖晶《南岭瑶族盘王传说的历史变迁与文化寓意——以广西贺州瑶族盘王文化为考察对象》[②] 分析了当地瑶族盘王传说中包含的族群认同、历史记忆、文化寓意，认为该信仰变迁折射出中国作为统一的多民族国家之形成过程。

温春香《明清以来闽粤赣交界区畲民的族谱书写与族群意识》[③] 则从族谱等畲民的本土文献入手，通过分析畲民对盘瓠传说的改造，探讨他们的族群意识、族群认同及其表达方式。

汪静《闽台民间大道公传说研究》[④] 将历代文献中的大道公传说记录与当下闽南和台湾通行的口头传说对照，梳理了该传说的传承和演变情况，探索其中所反映的民众“集体记忆”以及传说与闽台地方文化的关系。

此外，关于传说作为社会记忆的建构过程之研究还有程肖力《试论民间文学作品的生成——以〈珠江的传说〉为例》[⑤] 等。

5. 比较研究与外国传说研究

比较研究针对传说中稳定的和变异的部分，分析来自文本内部和外部的不同影响因素，从而探究传说本体的变化规律，对于来自异文化的相似现象尤其具有阐释力。

本年度基于民族间的比较成果多见于对“尼山萨满”传说的研究。目前国内对尼山萨满传说的研究多限于已公布的满文本，对鄂温克族口承情况不详。邱冬梅《〈尼山萨满〉满文本与鄂温克口承本〈尼山萨满〉的比较研究》[⑥] 所使用的4则鄂温克族口承本由作者于内蒙古地区采集，该文不仅比较了文本内蕴的民族特征、宗教思想、语言特色、情节结构，而且首次涉及该传说的传承人及口承文本等问题。相关研究还有金向德《满族〈尼山萨满〉传说与朝鲜族〈钵里公主〉神话之比较》[⑦]。

---

① 毛巧晖：《20世纪60年代刘三姐（妹）传说的重构考察》，《民俗研究》2015年第5期。

② 肖晶：《南岭瑶族盘王传说的历史变迁与文化寓意——以广西贺州瑶族盘王文化为考察对象》，《民族文学研究》2015年第3期。

③ 温春香：《明清以来闽粤赣交界区畲民的族谱书写与族群意识》，《贵州民族研究》2015年第1期。

④ 汪静：《闽台民间大道公传说研究》，硕士学位论文，闽南师范大学，2015年。

⑤ 程肖力：《试论民间文学作品的生成——以〈珠江的传说〉为例》，《民间文化论坛》2015年第6期。

⑥ 邱冬梅：《〈尼山萨满〉满文本与鄂温克口承本〈尼山萨满〉的比较研究》，《满族研究》2015年第3期。

⑦ 金向德：《满族〈尼山萨满〉传说与朝鲜族〈钵里公主〉神话之比较》，《赤峰学院学报》2015年第1期。

国别之间的比较研究包括：段晴《新疆山普鲁古毛毯上的传说故事》[①] 对相关考古发现的图案进行释读，认为山普鲁 1 号毯、2 号毯的内容是《吉尔伽美什》史诗的一种版本。该版本将公元前1500 年巴比伦版本第12 块泥板的《冥间》，与公元前2000 年苏美尔语版本的《柽柳》这两种缺少逻辑关联的叙事整合连缀为一。

陈丽琴《中越清明节传说及节俗之比较》[②] 指出，中国清明节传入越南后，除了继续沿用中国关于介子推的传说外，还附会了两种越南本土传说——越南的祖先传说“貉龙君和瓯姬”以及“二征娘与喝门庙会来历”传说，并分析了文化传播过程中的变异现象。

日本学者饭仓照平撰写了《现代中国民间故事中看到的日本》一文，引述了30 则中国军民抗击“日本鬼子”的传说，刘守华就此发表了《抗日战争与民间叙事——从日本学者的相关评述说起》[③]，述评了中国抗日故事的巨大影响及其时代特征，并同义和团传说给予比较。

毕雪飞自出版了专著《日本七夕传说研究》[④] 后，仍对相关的比较文化论题持续思考。2015 年度发表的《论日本七夕传说的祭文形态》[⑤]，指出日本七夕传说除了以神话、故事、传说以及中世纪小说的形态传承于世以外，还以祭文的形态传承于高知县等地，每逢七夕行事和病人祈祷时由太夫（Tayuu）诵读。作者详细解说了该七夕祭文的内容、仪式和传承方式。

李常清《鬼女红叶传说的在地化传承——基于文本传承的时期分类和口头传承的地域间比较》[⑥] 通过对该传说在日本传承区域内若干村落的田野调查，考察了该传说的“在地化”传承过程。此外，使用比较为主要方法的还有麦丽斯《〈孛端察儿传说〉研究》[⑦]，金凤《论中日羽衣传说》[⑧]，陈新兵《中越海神传说与信仰比较研究》[⑨] 等多篇。

6. 古史传说

本年度中国古史传说领域亦涌现丰硕成果，方法上仍以传统的文献考证为主。

夏楠、孙正国《传说的文本属性：历史—封闭性与文学—开放性——以豫西大禹治水传说文本为中心》[⑩] 将豫西大禹治水传说文本分为两类：一类是侧重于文献记载的偏历史型文本，另一类是侧重于口头讲述的偏文学型文本。它们分别显示出传说文本的封闭性与开放性。而传说作为书面和口头共生的形态系统，其两极分别指向历史和

---

① 段晴：《新疆山普鲁古毛毯上的传说故事》，《西域研究》2015 年第 1 期。

② 陈丽琴：《中越清明节传说及节俗之比较》，《广西师范大学学报》2015 年第 4 期。

③ 刘守华：《抗日战争与民间叙事——从日本学者的相关评述说起》《民间文化论坛》2015 年第 5 期。

④ 毕雪飞：《日本七夕传说研究》，中国社会科学出版社 2013 年版。

⑤ 毕雪飞：《论日本七夕传说的祭文形态》，《文化遗产》2015 年第 1 期。

⑥ 李常清：《鬼女红叶传说的在地化传承——基于文本传承的时期分类和口头传承的地域间比较》，硕士学位论文，山东大学，2015 年。

⑦ 麦丽斯：《〈孛端察儿传说〉研究》，硕士学位论文，内蒙古师范大学，2015 年。

⑧ 金凤：《论中日羽衣传说》，硕士学位论文，山东大学，2015 年。

⑨ 陈新兵：《中越海神传说与信仰比较研究》，硕士学位论文，广西民族大学，2015 年。

⑩ 夏楠、孙正国：《传说的文本属性：历史—封闭性与文学—开放性——以豫西大禹治水传说文本为中心》，《湖北大学学报》2015 年第 4 期。

文学。

杨栋《“禹生石纽”传说的文化阐释》[①] 认为“禹生石纽”传说是“禹生于石”神话叙事的置换变形，是神话传说流传过程中的“时空记忆”。在传播过程中，叙事文本受到特定的社会背景和文化语境的影响，政治文化、社会组织、宗教信仰、地理环境等各种因素都可能附着其上，叙事所表现的内容就成为一种文化记忆中的“真实”，反映了特定时空下的集体认同。

相对于前述各种研究视角，古史传说研究中有大量成果来自史学、民族学和考古学领域。尽管以古史传说为考察对象，但问题意识多来自其自身学科，对传说本体规律关注较少，或视传说为古史考辨的辅助证明。

陈立柱《有巢氏传说综合研究——兼说中国史学的另一个传统》[②] 以有巢氏传说的演变为例，提出中国史学的“两个传统”：一个是以儒家史学为代表的正史传统，是中国史学的主体；另一个是以巫史、纬书、道书、野史为代表的术士史学，传统史学史对其关注不多。

方辉《论史前及夏时期的朱砂葬——兼论帝尧与丹朱传说》[③] 认为文献传说中帝尧与丹朱既是父子又充满矛盾乃至发动战争的复杂关系，反映了陶寺文化创造者与盛产朱砂的长江中游以及江汉地区史前先民既联合又斗争的史实。

苏航《回鹘卜古可汗传说新论》[④] 将《晋书》所记羯语诗中的王号与其他北方民族王号比较，推测了卜古可汗传说的形成时间，并探讨其与仆固部传说、回鹘始祖传说之间进行重组、变异、传播的可能性。

祝立业《简析高句丽始祖传说的建构与夫余衰亡之关系》[⑤] 认为好太王碑中的高句丽始祖传说与载于《魏书》的始祖传说具有一致的创编目的，即为高句丽占有夫余旧地建立合法性。

陈永国《浅谈夫余始祖东明王的传说》[⑥] 依据文献中关于夫余与高句丽的相关记载，对东明王创建夫余国或高句丽国这两种异文进行了真实性考辨。

相关研究还有尹荣方《〈尚书·胤征〉舞容与后羿传说的蕴意》[⑦]，李炳海、刘洋《高唐神女传说的炎帝部族文化属性》[⑧]，彭邦本《传说中的唐虞时代及其考古学印证》[⑨]，魏慈德《从楚简的用字习惯来看楚令尹子文乳于虎的传说》[⑩]，杜勇《清华简与伊尹传说之谜》[⑪]，金荣权《从神话传说看徐国的族源与迁移》[⑫] 等多篇。

---

① 杨栋：《“禹生石纽”传说的文化阐释》，《中原文化研究》2015 年第 5 期。

② 陈立柱：《有巢氏传说综合研究——兼说中国史学的另一个传统》，《史学月刊》2015 年第 2 期。

③ 方辉：《论史前及夏时期的朱砂葬——兼论帝尧与丹朱传说》，《文史哲》2015 年第 2 期。

④ 苏航：《回鹘卜古可汗传说新论》，《民族研究》2015 年第 6 期。

⑤ 祝立业：《简析高句丽始祖传说的建构与夫余衰亡之关系》，《东北史地》2015 年第 5 期。

⑥ 陈永国：《浅谈夫余始祖东明王的传说》，《东北史地》2015 年第 3 期。

⑦ 尹荣方：《〈尚书·胤征〉舞容与后羿传说的蕴意》，《长江大学学报》2015 年第 3 期。

⑧ 李炳海、刘洋：《高唐神女传说的炎帝部族文化属性》，《湖北社会科学》2015 年第 3 期。

⑨ 彭邦本：《传说中的唐虞时代及其考古学印证》，《四川大学学报》2015 年第 3 期。

⑩ 魏慈德：《从楚简的用字习惯来看楚令尹子文乳于虎的传说》，《中原文化研究》2015 年第 5 期。

⑪ 杜勇：《清华简与伊尹传说之谜》，《中原文化研究》2015 年第 2 期。

⑫ 金荣权：《从神话传说看徐国的族源与迁移》，《中州学刊》2015 年第 12 期。

7. 都市传说与谣言

都市传说是民间传说的一个重要分支，在欧美国家已得到较为广泛深入的研究，而我国对这一领域的探索才起步未久。任志强《中国都市传说研究：理论与实践》① 对都市传说理论的译介、研究进展和若干个案进行了述评，对国内此领域的研究历程进行了回顾总结。

区别于新闻传播学、社会学和法学，以口头叙事学的视野与方法进行谣言研究是民俗学介入谣言领域的新动向，致力于此的学者有施爱东、刘文江、魏泉、张敦福、张静等。民俗学的核心刊物《民族艺术》开设了"谣言探究"专栏，本年度所刊论文包括：

施爱东《谣言的发生机制及其强度公式》② 提炼出谣言的五种讹误机制、决定谣言强度的因素、社会谣言产生的五大先兆。《周期性谣言的类别与特征》③ 将周期性谣言区分为月经谣言、年轮谣言、代际谣言、流感谣言四种，作者认为谣言的叙事框架和言语方式是有限程式和套路的组合，因此必然导致部分类型的反复出现；而这一循环出现的事实恰恰证明了谣言是深藏在集体意识中的受欢迎的解释系统。《谣言生产和传播的职业化倾向》④ 指出网络谣言已经成为当今主流谣言形态，在互联网时代的粉丝经济学中，谣言家的社会影响力可转换成现实财富，借助谣言传播来提升营销账号的舆论号召力也已成为网络营销的常用手法，职业的网络谣言家也因此应运而生。一些出于政治目的的谣言家甚至还受到境外反华组织的经济支持。

施爱东的另两则个案研究为：《民族主义谣言的两极策略》⑤ 归纳了民族主义谣言对外丑化和美化，对内夸大和贬低的两极性。这种谣言唤起"国家主人翁"的心理优越感，误导民众、激化情绪，表面上拉近了民众与外部世界的距离，实际上拉大了民众与真实世界的距离。《"谣言倒逼真相"的前因后果》⑥ 解析了攻击政府工作人员以及与政府相关的不明朗事务之"谣言倒逼真相"，并指出这是一种破坏性而不是建设性的反政府论调，将使社会走进更加恶劣的死循环。

刘文江《谣言背后的"神话心性"及世界观研究》⑦ 提出谣言形成以神话"心性"为根本动力的观点。神话心性（或传统的精神结构）在现代社会中由超自然力的形象转变为抽象的"公正"和"自由"一类概念，它们成为谣言叙事的出发点，但因为谣言并不能合理地使用理性，使得它的结果往往陷入冲突和暴力。

8. 学术史与方法论

以笔者所寓目，本年度关于传说的研究史与方法论探讨大致如下：

张文静在《评白鸟库吉与顾颉刚对"尧舜禹"传说的价值判定》⑧ 一文中对二者进

---

① 任志强：《中国都市传说研究：理论与实践》，《民间文化论坛》2015 年第 6 期。

② 施爱东：《谣言的发生机制及其强度公式》，《民族艺术》2015 年第 3 期。

③ 施爱东：《周期性谣言的类别与特征》，《民族艺术》2015 年第 5 期。

④ 施爱东：《谣言生产和传播的职业化倾向》《民族艺术》2015 年第 4 期。

⑤ 施爱东：《民族主义谣言的两极策略》，《民族艺术》2015 年第 6 期。

⑥ 施爱东：《"谣言倒逼真相"的前因后果》，《民族艺术》2015 年第 2 期。

⑦ 刘文江：《谣言背后的"神话心性"及世界观研究》，《民族艺术》2015 年第 1 期。

⑧ 张文静：《评白鸟库吉与顾颉刚对"尧舜禹"传说的价值判定》，《南京师范大学学报》2015 年第 4 期。

行了比较和评述，认为他们在评判尧舜禹传说的价值时，都严格区分传说与史实，重视传说的历史性、宗教性价值，将传说视为考察民族宗教历史的重要依据，且都认为时间越晚，传说的体系越丰富。然而在对待该传说的时代性与历史性信息以及所反映的宗教性和政治性特征方面，二者的观点存在明显区别。

夏楠《多维视野下的大禹治水传说研究》[1] 将大禹治水传说研究区分为“辨真伪”的真实性考证和“窥内涵”的文化人类学两个维度，涉及了传说与历史、传说与社会文化、传说与其动力机制的三种关系。

祝秀丽《20世纪包公传说的采录与研究综述》[2] 对20世纪包公传说的采录和研究史进行梳理，将其分为三个阶段：20—30年代为起步时期；50—70年代出现了围绕主旋律的包公传说记录与丁乃通对包公故事的AT类型研究；80—90年代则呈现出丰富的记录文本与迟滞的研究之对立状态。

关于传说记录的方法论，吴新锋的《民间文学志系列之一：新疆阜康西王母神话传说志》[3] 实践了“民间文学志叙事四面体”的方法，对新疆阜康西王母神话传说进行记录书写，以冀呈现民间文学文本的结构和意识形态特征。

三 结语

综观本年度的传说研究，或可归纳出以下关键词：动力、功能、模式、建构、认同、景观。一方面，经典的学科范式得到稳定传承，在具有传统优势的文献考据、主题流变、历史地理研究、比较研究、类型研究等方面均有大量成果持续涌现。另一方面，新世纪以来的研究动向也得到拓展深化，传说与地方人群的动态关联、与信仰的扭结、在语境中的功能等基本问题也得到了一些精彩个案的有效解答，呈现出新范式的阐释力；同时，如“传说的景观叙事”等新视角进一步拓宽了传说学的视野，展示了民间文学积极参与当下社会建设的活力。可知，既有的传说研究只不过揭示了冰山一角，还有更多风景静待学者们探索发现。

在本年度的成果中也存在一些普遍性问题有待改进。首先是对于“一源单线论”[4] 的认识不足。无论顾颉刚的《孟姜女传说研究》还是芬兰历史地理学派的范式，均混淆了传说的“记录史”和“生命史”[5]，将历史上偶然留存的文献依据视为传说在各时代地域的代表形态，从根本上说，还是未能充分认识口头叙事“多源复合”的动态变异性质，仍以研究单一作者的书面文学方法“穷尽材料”。研究对象性质不同，前提自然有异，方法亦可能失效。出现这一问题的大多来自古典文学和史学从业者，对上述学术史的重要检

---

① 夏楠：《多维视野下的大禹治水传说研究》，《长江大学学报》2015年第3期。

② 祝秀丽：《20世纪包公传说的采录与研究综述》，《黄河文明与可持续发展》第11辑，2015年第1期。

③ 吴新锋：《民间文学志系列之一：新疆阜康西王母神话传说志》，《石河子大学学报》2015年第6期。

④ 参见施爱东《顾颉刚故事学范式回顾与检讨——以“孟姜女故事研究”为中心》，《清华大学学报》2008年第2期，第26—39、159页。

⑤ 陈泳超：《民间故事的记录史和生命史》，《河南教育学院学报》2008年第6期。

讨应该已经内化为民间文学的学科基本常识了。此外，比较研究往往流于肤浅，不外起源解释、情节形态、文化内涵的表层异同，缺乏深度剖析，对比较方法所欲达成的最终目标呈现不足。第三，传说分类标准不够清晰，类型命名随意，同类传说以人名、地名、母题、情节概要、抽象主旨名之者在所多有，致使相关话题之间难以洽接。传说学亟须建立公共的理论对话平台。

（原载《长江大学学报》2017 年第 2 期）

2015 年故事研究综述

漆凌云[*]

2015 年的民间故事研究论著较多，质量有所提升，方法有所拓展。据笔者初步统计，本年度发表民间故事期刊论文 120 余篇，硕士论文 26 篇，博士论文 3 篇，著作 6 部。从研究领域来看，民间故事史、故事学理论建设、笑话研究等领域取得较大突破。从研究方法来看，比较研究、类型研究、文化阐释研究等传统研究方法依然是主流。

一　民间故事史与故事学理论研究

自进入 21 世纪以来，中国民间故事学人在故事学的理论建设上取得令人欣喜的突破，如刘魁立把故事类型理论和故事形态学方法结合起来，提出了民间叙事的生命树理论，为我们认识中国民间故事的形态结构特点提供了新视角，并在民间故事学和民间传说学领域产生深远影响。2015 年度的民间故事学在民间故事史，民间故事讲述活动的话语分析，精神分析理论的译介，故事形态学及数字化等领域的成果较丰硕。

祁连休的 3 卷本《中国民间故事史》是 2015 年度民间故事研究的重要著作。此书可视为《中国古代民间故事类型》的姊妹篇，广泛辑录古籍中的民间故事文本勾勒出先秦至清代两千多年的民间故事史。作者考察两千多年的民间故事史后发现先秦两汉是中国民间故事的萌生期，尤以民间寓言最为耀眼；魏晋南北朝为成熟期，幻想故事奇峰突起；隋唐五代写实故事有较显著发展；宋元时期是承上启下的重要时期，幻想故事、写实故事、民间笑话、民间寓言的发展均衡；明代民间笑话的发展尤其显著，成为中国民间笑话发展的顶峰；清代是中国民间故事全面繁荣时期，各种门类的民间故事的发展均非常显著。在民间故事的分类上，作者根据故事的主题来划分，放弃了传统的 AT 分类体系，如在介绍宋元时期的写实故事时，分别按案狱故事、官吏故事、讽刺故事、盗贼故事、家庭故事、侠义故事、美德故事、骗子故事、诗对故事等来阐述。中国古代民间故事的讲述状况是中国民间故事学人较少关注的领域，作者开创性地在民间故事的各个发展阶段中设专章讨论民间故事的采录，介绍不同时期民间故事文本采录、民间故事讲述人和故事集的编选情况，彰显了中国古代民间故事讲述状况的广泛性和持续性。[①]

2015 年度，祝秀丽的《民间故事讲述的话语互动及其田野研究》体现了中国故事学人对故事讲述的新思考。作者认为讲故事是在特定语境中讲述人和听众用口头语言围绕故

---

* 作者系湘潭大学文学与新闻学院副教授。

① 祁连休：《中国民间故事史》，河北教育出版社 2015 年版。

事进行的话语交流过程。她引入雅各布森的言语交际要素理论把故事讲述分为语境、故事、媒介、符码、讲述人、听众六个要素，这些要素在讲述活动现场是共同作用的。讲故事是在讲述人和听众的话语交流过程中完成的，讲故事可以概括为前言序列、讲述序列、反应序列、离题序列、结束五个互动序列。讲故事的话语的现实原生形态不完全是艺术话语，而是从属于生活话语，并穿插着讲述序列、反应序列、离题序列等有关语境事件的多种话语类型的多声部协奏，并且在艺术话语与生活话语互相渗透、交接、重叠、依次扩展的运动中得以实现的。民间故事讲述的话语互动研究，需要明晰其构成要素的结构关系、互动序列和话语性质，进而聚焦于日常生活中讲故事时的话语互动过程。研究者应置身于正在进行中的讲故事习俗活动，不仅要关注讲故事的整体事件一次次发生的过程，也要切实地把研究目光长期聚焦于这一习惯化的、时常发生的民俗事象，对其话语互动进行整体研究和历时观察。作者认为研究者不必回避局内人身份，只要选择最能发现研究问题的田野作业法、文字转写法，并结合适当的理论观点进行阐释，进而提出理论建构，就能打开我国故事学的新视野。①

运用精神分析理论探寻民间故事的深层意蕴在西方民间文艺学界早已自成一派。自20世纪80年代以来，弗洛姆的《梦的精神分析》、艾伦·奇南的《秋空爽朗——童话与人的后半生》、维蕾娜·卡斯特的《成功解读童话》和《童话心理学》相继译介到国内。2015年度，美国精神分析学家贝特尔海姆的《童话的魅力——童话的心理学意义与价值》经舒伟重译后出版。此书是运用精神分析理论解析童话的一部重要著作，在民间文学和儿童文学领域产生广泛影响。该书分两部分，第一部分为“解开魔袋”，通过阐述一些经典童话故事的心理意义而提出了富于启迪的理论洞见；第二部分为“走出奇境”，对《白雪公主》《小红帽》《灰姑娘》《杰克和豆茎》等经典童话进行详尽解析。此书从精神分析视角讨论了童话故事所蕴含的巨大潜力，因为“与儿童所能理解的任何其他类型的故事相比，从童话故事中我们能了解到更多的关于内心问题的信息，更多的正确解决他们在任何社会中困境的办法”。② 作者在书中试图表明，童话故事如何通过富有想象力的方式揭示健康的人格发展过程由什么构成，以及这些故事如何使这样的发展富有吸引力，从而引导儿童参与其中。这一成长过程始于反抗父母和害怕长大，结束于青春期的真正到来，孩子获得了心理上的独立和道德上的成熟，而且不再把异性视作威胁或恶魔，能够积极主动地与之相处。③

故事形态学理论是民间故事研究的重要理论资源。李扬是首位运用故事形态学理论考察中国民间故事形态结构特征的学者，他的博士论文《中国民间故事形态研究》1996年出版后并未引起学界重视，鲜有学者运用形态学方法来分析中国民间故事。进入21世纪以来，随着中国民间故事研究逐步深入，贾放译介的《故事形态学》2006年出版后，故事学界日渐形成“普罗普热”。今年他的《中国民间故事形态学》再版可谓适逢其时，为我们进一步了解中国民间故事结构形态规律进而探讨中国民间故事结构深层中隐伏的文化

---

① 祝秀丽：《民间故事讲述的话语互动及其田野研究》，《民俗研究》2015年第6期。

② ［美］布鲁诺·贝特尔海姆：《童话的魅力——童话的心理学意义与价值》，舒伟、丁素萍、樊高月译，中国社会科学出版社2015年版，第6页。

③ 同上书，第14页。

传统奠定良好基础。①

宁稼雨近年来倡导构建叙事文化学，认为中国叙事文化学研究应围绕故事主题类型索引的编制、故事主题类型的个案研究及叙事文化学的理论研究三个层面展开，并在2011年参照AT分类法编撰出版了《先秦叙事文学主题类型索引》。本年度他的《从“AT分类法”到中国叙事文化学的故事类型分类——中国叙事文化学研究丛谈之五》认为“AT分类法”为中国叙事文化学进行故事类型分类索引的编制提供了重要参照和主要依据，借鉴艾伯华、金荣华、祁连休等人的中国民间故事类型索引编制经验，认为可以划分为天地类、怪异类、人物类、器物类、动物类、事件类六大类，然后再下设小类和更细的条目来编撰主题类型索引。② 他在《关于个案故事类型研究的入选标准与把握原则——中国叙事文化学研究丛谈之六》中讨论个案故事类型研究的入选标准时认为可以从时间跨度、文本体裁覆盖面、文化意蕴分析要素这三个方面来权衡和制定。③

张琼洁的《超越民俗学的故事研究：数据与分析》认为故事的研究已不仅限于民俗学领域，还涉及到人类学、文学、民族学甚至伦理学、政治学、教育学、新闻学等更广泛的学科领域。作者以近二十年的期刊论文为资源，运用图表和数据针对“超越民俗学的故事问题”进行数据分析研究，发现故事在各学科领域的受关注度逐渐上升，导致了法律故事化、历史故事化、经济故事化等现象的出现。各相关学科通过故事这一形式来达到吸引眼球和论证合理的目的和效果，故事在各学科间延伸触角，扩大自身的适用性和兼容性。“故事”的考察不应仅限于民俗学范围之内，还应该将其放到更开阔的学术领域进行研究。④

樋口淳的《东亚口头传承数字化之策略、实践及国际协作的可能性》介绍了从2011年起，东亚民间故事数据库委员会借助FileMaker工具已经创建起包含中日韩63763个民间故事的数据库。该数据库可以通过输入条目的方式浏览相关材料，这些条目多达43种，包括故事讲述者的姓名、所属地域、故事名称以及故事类型编号等，整套方法简便易行。他们还将利用ATU编号和地域故事类型编号来简化对全世界民间故事的比较研究。他以东亚民间故事数据库（EAFDB）的实践为例，讨论其数字化项目的进程和相关结果，讨论了以下几个层面的问题：1. 数字化、采集和方法论；2. 元数据标准与应用程序；3. 资源共享、“互联网 +”战略和多方协作；4. 语言、平台以及开发共同工作模型的可能性；5. 数字化实践的个案研究。认为国际合作来制作口头传承艺术的数字化档案并不困难，数字化中应尊重目前国际通用的AT和ATU分类编号。虽然AT分类法依据的是欧洲民间故事的框架，并不完全具备国际通用性，但是它作为事实标准已经被研究者使用了100多年，历史上积累了大量的研究成果。各国的研究者可根据该框架，根据必要加入各国或地区的分类。⑤

---

① 李扬：《中国民间故事形态研究》，中国社会科学出版社2015年版。

② 宁稼雨：《从“AT分类法”到中国叙事文化学的故事类型分类——中国叙事文化学研究丛谈之五》，《天中学刊》2015年第1期。

③ 宁稼雨：《关于个案故事类型研究的入选标准与把握原则——中国叙事文化学研究丛谈之六》，《天中学刊》2015年第4期。

④ 张琼洁：《超越民俗学的故事研究：数据与分析》，《汉语言文学研究》2015年第3期。

⑤ 樋口淳：《东亚口头传承数字化之策略、实践及国际协作的可能性》，莎日娜编译，《民间文化论坛》2015年第6期。

丁晓辉的《中国民间故事类型索引——兼论中国传统文人故事的雅与俗》认为中国传统文人故事“口头性”特点不明显，但“民间化”特征显著，应关注中国传统文人故事与世界民间文学相通的普遍性。中国传统文人故事应该被增补入中国民间故事类型索引。[①] 李芳的《论蒙古族民间童话故事体系的复合形态》认为蒙古族民间童话的故事形态是阿尔泰故事、印—藏故事和汉民族故事三大体系的交融并蓄的多元复合体，在文化上表现出驳杂而丰富的样貌，但由于蒙古族居住地幅员辽阔，相对分散，在不同地域范围内呈现出的多元复合形态有所不同。[②] 刘建华的《神奇婚姻故事深层叙事程式探析》从叙事学视角考察神奇婚姻故事的结构特点，发现普遍呈现出一种深层的具有普遍性的叙事结构，即不平衡——平衡——平衡被打破（再次不平衡）——再次平衡的程式。其中的转折程式具有其深刻的文化内涵；同时更是故事本身等生成机制和传播机制的产物。[③] 毛梦娇的《论民间童话的仪式维度——以欧洲民间童话为例》认为民间童话最初是作为通过仪式的文字转述而存在的。作者以欧洲民间童话为例，从时空特征、意象内涵和空间叙事结构三个角度探讨民间童话与仪式的关系。民间童话在时空上塑造了一个独立的“第二世界”，民间童话与仪式的关联也为故事中的超现实意象所证实。法宝的魔力来源于其与另一世界的关系，而神奇的动植物则保留了图腾的影子，主人公进入冥国正是要与它们建立同一性体认。最后，通过仪式的分离——阈限——聚合三阶段在民间童话的空间叙事结构中得到整体体现，童话以独特的形式完成了仪式的过渡转换功能，并且这种转换功能中寓含着一种对人之有限性的超越。正是这种超越性赋予了民间童话以独特的魅力，使其能够在仪式背景淡去后仍旧盛行不衰。[④]

二 民间故事的比较研究

本年度的民间故事比较研究论文数量丰富，涉及范围有中外比较、汉族和少数民族比较、少数民族的互相比较和民间叙事和作家叙事的跨文类比较，研究方法上也出现新的变化。

1. 中外比较

陈明的《三条鱼的故事——印度佛教故事在丝绸之路的传播例证》是本年度比较故事研究领域的佳作。作者把文本细读和图像考察相结合，分析该故事在巴利文佛教《本生经》、史诗《摩诃婆罗多》、民间故事集《五卷书》《益世嘉言集》和《故事海》、粟特语故事文本、阿拉伯语《凯里来与迪木奈》、波斯语《玛斯纳维》和泰语《娘丹德莱的故事》等多元与多语种文字文本中的流变，认为源自印度民间的“三条鱼的故事”进入到佛教的本生故事系列，又以口头传播的形式在丝绸之路上流传，并且被记录下来。该故事又通过《五卷书》的译本《凯里来与迪木奈》等中介，以改写或变形的形式进入到伊斯

① 丁晓辉：《中国民间故事类型索引——兼论中国传统文人故事的雅与俗》，《长江师范学院学报》2015 年第 1 期。

② 李芳：《论蒙古族民间童话故事体系的复合形态》，《内蒙古民族大学学报》2015 年第 1 期。

③ 刘建华：《神奇婚姻故事深层叙事程式探析》，《延安大学学报》2015 年第 5 期。

④ 毛梦娇：《论民间童话的仪式维度——以欧洲民间童话为例》，硕士学位论文，华东师范大学，2015 年。

兰教等新的宗教文化场域。除了口头与多元的文字文本之外，该故事还进入了伊斯兰世界艺术家的笔下，成为精美的细密画，以图像的方式进一步开拓了传播的时空。可以说，“三条鱼的故事”在印度、斯里兰卡、中亚的粟特、西亚和北非的伊斯兰世界（波斯、阿拉伯、叙利亚、埃及等）以及东南亚的印度尼西亚和泰国等地区的广泛流传，实际上是印度文学向外传播的一个缩影，为我们理解印度文学的丰富性以及印度文学与宗教对外传播的复杂性，提供了一个有效的实证事例。①

鞠熙的《身体、家庭与超越：凡女得道故事中的中法比较》对中法两国的“凡女得道”故事（AT923B“负责主宰自己命运的公主”）从身体、家庭和超越等方面进行比较后发现，妙善、千花等中国女神和殉道而死的法国女圣徒，在成道经历上非常相似，但其相似之中又蕴含很多细节上的不同，正是这些细节折射出两种宗教文化的本质差异。当西方人把身体看作罪恶与灵魂的拖累时，中国人把女性身体之美也看作值得追求的价值；当西方人通过肉体痛苦来接近上帝时，中国人把身体的位置从社会与家庭，转移到自然与天地之间，从而获得超越；当天主教要求女性被动保持纯洁时，中国宗教却给女性提供了实现自我价值的工具；当西方女性把神圣看作世俗的截然对立物时，中国女性却通过实现家庭价值来解决终极危机。②

徐磊的《中日“解难题”型龙女故事比较——以格雷马斯矩阵分析为中心》从282则中日解难题型龙女故事的母题差异入手，通过格雷马斯符号矩阵分析法比较分析发现中国该类型故事体现了“爱与美女神”的功利化以及独特的龙女信仰；而日本该类型故事则折射出源于“原彼世观”思想的追求“整体性”的女性意识。③

毕雪飞的《中日弃老故事比较研究——以“原谷型”与“姥捨て型”为中心》认为中国的“原谷型”弃老故事基本以“弃父”为核心展开，而日本流传较广的“姥捨て”弃老故事则主要围绕“弃母”问题流传。“姥捨て”的“折树枝型”弃母故事与夫妇别墓制下的两墓制有着较深的关联，属于社会习俗；而“原谷型”弃父故事和“姥捨て”的“致富型”弃母故事都反映了家庭纠葛的不同方面，属于个体行为，“留物警示”与“致富惩恶”均告诫世人要孝养自己的父亲和母亲。④ 陈金文的《中越灰姑娘型故事之比较》认为越南灰姑娘型故事与我国灰姑娘型故事有密切联系，都有鱼神相助母题和姐妹争斗的情节。中越灰姑娘型故事的相似，还可能是因为中越目前口头流传的灰姑娘故事属于同源异流的文本。⑤ 冉万里的《从两则故事的比较看唐王朝与波斯的文化交流》通过文献考证认为唐代与波斯的两则筑城故事的脉络和叙事方式极为相似，认为波斯的筑城故事至迟在十六国时期已经传入中国。唐代的筑城故事取法于波斯故事，从而说明魏晋南北朝至唐代之时，中国与波斯之间不仅存在密切的物质文化交流以及频繁的人员往来，而且在

① 陈明：《三条鱼的故事——印度佛教故事在丝绸之路的传播例证》，《西域研究》2015年第2期。

② 鞠熙：《身体、家庭与超越：凡女得道故事中的中法比较》，《民俗研究》2015年第2期。

③ 徐磊：《中日“解难题”型龙女故事比较——以格雷马斯矩阵分析为中心》，《文化遗产》2015年第2期。

④ 毕雪飞：《中日弃老故事比较研究——以“原谷型”与“姥捨て型”为中心》，《民俗研究》2015年第5期。

⑤ 陈金文：《中越灰姑娘型故事之比较》，《文化遗产》2015年第2期。

精神文化层面的关系也非常密切。[①] 郭建新的《〈五卷书〉与哈萨克民间故事》从动物形象、故事情节、故事类型、思想主题等方面探讨《五卷书》对哈萨克民间故事有着深刻的影响。[②] 相关论文还有丁艺的《中韩人虎恋故事比较研究》、[③] 金凤的《论中日羽衣传说》、[④] 王怡明的《德国和中国文学中"灰姑娘"母题之比较》[⑤] 等。

2. 汉族、少数民族间比较

汉族和少数民族在长期的文化交往中，形成"你中有我、我中有你"的文化共生关系。2015 年度对汉族和少数民族、少数民族相互间的民间故事进行比较研究的论文较多。

林继富、梁珊珊的《汉族、藏族"小鸡崽报仇"型故事比较研究》从结构与细节上对汉藏两族的"小鸡崽报仇"故事间的相似性，地域传统和历史传统作用下的差异性进行比较。认为汉藏两族的"小鸡崽报仇"故事是否同源性值得进一步讨论，但故事文本中呈现出汉族和藏族文化上的交融互渗则是不言而喻的。[⑥] 李勤璞的《智慧礼赞——藏汉文蚁穿九曲珠的故事》搜检藏汉和佛经中的典籍中关于蚁穿九曲珠故事文本，考订了文献中吐蕃使者噶尔东赞"蚁穿玉石"与孔子"蚁穿九曲珠"两则故事之间的关系。认为该故事最早的版本源于汉文本，但最早的藏文本不是简单地从汉文本翻译而来。藏语与汉语文本在自身的文化传统中独立演化，此后两者之间没有影响。两则文本寓意不同，但都有对文明智慧的赞美。[⑦]

李丽丹的《朝格日布之"汉族故事"研究——以〈王外外的故事〉为个案的分析》通过翔实的情节对比认为蒙古族故事家朝格日布所讲"汉族故事"中的《王外外的故事》以《喻世明言》《警世通言》《醒世恒言》的故事情节为架构，运用故事家特有的娴熟技巧将众多汉族小说情节加以增添和联结，融汇成蒙古文化色彩浓郁的汉族故事《王外外》。作者认为"三言二拍"、《聊斋志异》等汉族小说在中国蒙、藏、回等多民族的多元化传播并形成具有鲜明民族文化特点的汉族故事，其途径至少有如下几种：一是小说被全译或选译为民族语言，其中部分译本被文人改编为戏曲，故事讲述人又辗转将其演述为故事；也不排除有些故事讲述人能阅读本民族文字的作品，将译作直接改编为故事传播。二是因商业、移民、迁徙等原因，能够互通语言的汉人将故事和戏曲直接带给各族同胞，本民族对这些故事感兴趣的故事家又以高超的讲述技艺和编创故事的能力进行再创作，从而产生有民族文化特色的汉族故事。《王外外》展现了汉族小说在蒙古族民间文学中的活力，见证了蒙汉文化交流的历史。[⑧]

金花的博士论文《蒙藏〈尸语故事〉比较研究》以国内外收藏的 39 种蒙文版《尸语故事》的手抄本和版本为基础，通过《尸语故事》的口头文本和书面文本进行细化研究，

---

① 冉万里：《从两则故事的比较看唐王朝与波斯的文化交流》，《陕西师范大学学报》2015 年第 1 期。

② 郭建新：《〈五卷书〉与哈萨克民间故事》，《佳木斯大学学报》2015 年第 1 期。

③ 丁艺：《中韩人虎恋故事比较研究》，硕士学位论文，山东大学，2015 年。

④ 金凤：《论中日羽衣传说》，硕士学位论文，山东大学，2015 年。

⑤ 王怡明：《德国和中国文学中"灰姑娘"母题之比较》，硕士学位论文，青岛大学，2015 年。

⑥ 林继富、梁珊珊：《汉族、藏族"小鸡崽报仇"型故事比较研究》，《青藏高原论坛》2015 年第 3 期。

⑦ 李勤璞：《智慧礼赞——藏汉文蚁穿九曲珠的故事》，《欧亚学刊》2015 年第 2 期。

⑧ 李丽丹：《朝格日布之"汉族故事"研究——以〈王外外的故事〉为个案的分析》，《民族文学研究》2015 年第 2 期。

分析蒙藏《尸语故事》手抄本和版本、口承故事和书面故事、蒙文版和汉文版之间的关联。[①] 李艳珠的《哈萨克族民间故事与柯尔克族民间故事之比较》对哈萨克族和柯尔克族的动物故事、生活故事和英雄故事进行了比较。[②]

3. 跨文类比较

张琼洁的《“骗”的文人书写与民间讲述——从李渔〈归正楼〉和耿村民间故事比较分析说起》比较李渔笔下的《归正楼》和耿村民间故事中的《张糊弄》，发现文人笔下的行骗故事注重叙述策略、顾及意义阐释，在开头、中间、结尾部分出现对“善”的引导和规劝，时刻提醒读者“善有善报、恶有恶报”。民间讲述中的行骗故事则更注重故事的趣味性与串联性，没有任何的道德说教和反思。在叙事形态上，行骗故事所采用的系列故事讲法是介于书面文学和口头文学之间的叙述形式，勾连起文人与民间的分壑。在意义阐释上，文人书写与民间讲述反映出的是大小传统观念上的差异，从更深意义上讲，无论是骗行为还是骗故事本质特征是“游戏”。文人以自省的文学观念将文字游戏运用到了文学创作之中。民众在娱心娱乐的同时体现了一种人性的觉醒和抵抗。[③] 李丽丹、凌云的《〈升仙传〉与“丁郎寻父”故事之版本与流传》认为《升仙传》是明朝嘉靖年间为背景的道教修仙小说，“丁郎寻父”故事是其中的重要情节，此故事后来逐渐脱离文人小说，在华北地区以秧歌戏、二人转等多种民间叙事形式广泛流传。作者考察了《升仙传》与“丁郎寻父”故事的蒙文版本及流传、“丁郎寻父”在汉族民间的流传情况，认为以宣扬济小塘修仙事为主题的通俗小说在向民间叙事演变的过程中，其宗教成分被最大限度地弱化。故事的主题由神魔小说的宗教说教，转而成为弘扬夫妻情贞、父子和母子情深的伦理和社会世情故事。尤其是“孝子寻父”情节在各类民间叙事中所占比重表明，“丁郎寻父”正是作为家喻户晓的孝道故事而得到汉族和蒙古族民众的认可与喜爱，其情节的变异、人物形象的转化等都体现了民间智慧、道德价值判断与文人叙事之间的差异。[④]

三　民间故事类型研究

故事类型是民间故事学人的主要分析工具，本年度故事类型研究论文较多，出现不少将故事类型和形态分析、文化批评等研究方法相结合的论文，研究深度亦有所拓展。

康丽近年来重点关注巧女故事，运用类型丛视角分析巧女故事的形态结构特点，同时注重从性别视角反思巧女故事文本中民间女性言行与传统性别规范之间的复杂张力，尝试勾连民间故事的形态结构和文化意蕴。她的《性别制约与规范重叙：中国巧女故事研究》

---

① 金花：《蒙藏〈尸语故事〉比较研究》，博士学位论文，内蒙古大学，2015 年。

② 李艳珠：《哈萨克族民间故事与柯尔克族民间故事之比较》，硕士学位论文，伊犁师范学院，2015 年。

③ 张琼洁：《“骗”的文人书写与民间讲述——从李渔〈归正楼〉和耿村民间故事比较分析说起》，《河北大学学报》2015 年第 5 期。

④ 李丽丹、凌云：《〈升仙传〉与“丁郎寻父”故事之版本与流传》，《西北民族研究》2015 年第 2 期。

认为当故事文本中传达的文化观念与现实生活相悖反时，以往的研究大多认为是体现了女性在社会制度和伦理观念抑制下反抗，作者认为还可以看作是以逆向的表达方式强调了对社会现实运行规范的认同。巧女故事文本中彰显巧女的智慧、才华均是以维护家庭和谐、家族利益为指向的。巧女对性别规范的反抗是在男性难以维护家庭利益情况下暂时抛开规范对传统女性的性别约束，让其作为男性家庭的代言人与外力较量并解决困境。一旦危机消除，巧女又会重归伦理规范的信徒行列。可见，张扬智慧的表层声音与叙述伦理规范的隐含声音共同糅合在故事的整体叙述里，才传达出民众对理想女性的期待。而从民间女性观念看巧女故事称颂女性智慧的原因，恰是故事中的女性行为对社会性别规范的遵守而非挑战。巧女们之所以百战百胜，全然是因为她们维护了性/社会性别制度在中国社会的境遇中对女性的性别期许。①

鹿忆鹿的《傻女婿的傻样——兼论中国民间故事中的家族关系》从跨文化的视角考察了傻女婿型故事。作者认为西方的民间故事大多倾向个人的情感追求，中国民间故事则常围绕着婚姻关系、家族关系打转。从中国民间故事中傻女婿的傻样出发，可以深入探讨中国的家族关系。首先，傻女婿故事中主要的情节，几乎都围绕着女婿在岳家应对不得体的内容，傻女婿学话或拜寿时出尽洋相，受尽岳父或连襟的奚落。传统家庭中对女儿的轻视态度，使得傻女婿故事普遍流传，傻媳妇故事却相对少见。其次，傻女婿对房事的懵懂，表明传统家族对子女的婚姻态度，将传宗接代视为唯一要务。再者，故事中翁婿、连襟、姊妹之间的纠葛或较劲，傻女婿有时也会去捉弄岳家人，隐隐散发出一种传统文化的劣根性。傻女婿故事与徐文长、白贼七故事中都有一些幼稚可笑的屎尿学，故事背后表现出一种对人毫无同情心的残忍。与西方的傻子娶亲故事相比，中国傻女婿故事类型中有姊妹关系、连襟关系，也有翁婿关系，呈现出一个与西方家族文化不同的家族关系。② 刘守华的《去粗取精话非遗——从徐文长故事说起》在辨析徐文长故事复杂构成形态的同时，还以《皮匠驸马》等故事角色的狡黠行为为例，提出在对非物质文化遗产中民间文学类代表作的研究评审中，须本着激浊扬清、去粗取精的科学态度，涤荡“国民劣根性”之遗存。③ 徐华龙的《中国民间故事及其技巧研究》是本论文集，作者从人类学、比较研究等视角考察了螺女型故事、灰姑娘型故事、精怪故事。④ 梁惠君的《主题学视域下的“睡美人”故事研究》分析了巴西耳的《塔利亚和太阳、月亮》、佩罗的《林间睡美人》以及格林兄弟的《玫瑰小姐》的发展演变的轨迹，并深入挖掘和探讨这一演变轨迹背后的时代因素和文化根源。⑤ 李亚欢的《螺女型故事的结构形态分析》借鉴刘魁立的结构形态研究方法对螺女型故事的18个文本进行分析，可划分出六个类型变体，寻找出螺女型故事的“生命树”状结构形态。⑥

乌力汗的博士论文《赫哲族民间故事研究》运用类型学、故事形态学和文化人类学

---

① 康丽：《性别制约与规范重叙：中国巧女故事研究》，载《民俗典籍文字研究》第16辑，商务印书馆2015年版。

② 鹿忆鹿：《傻女婿的傻样——兼论中国民间故事中的家族关系》，《民俗研究》2015年第4期。

③ 刘守华：《去粗取精话非遗——从徐文长故事说起》，《贵州民族大学学报》2015年第2期。

④ 徐华龙：《中国民间故事及其技巧研究》，中国台湾花木兰出版社2015年版。

⑤ 梁惠君：《主题学视域下的“睡美人”故事研究》，《淮海工学院学报》2015年第4期。

⑥ 李亚欢：《螺女型故事的结构形态分析》，《郧阳师范高等专科学校学报》2015年第5期。

理论从叙事主题、角色功能及传承演变特征等方面探究了赫哲族民间故事的整体特征、伦理价值、神灵体系和文化意蕴。[①] 类似论文还有《东海孝妇型故事研究》[②]《越南北方岱族“天鹅处女型”故事研究》。[③]

四　民间故事的文化阐释

运用文化人类学、宗教学、心理学等学科理论对民间故事文本中母题、角色和文化心理进行阐释是民间故事研究的常见模式。黎亮的《“离去型”中国民间故事的文化原型论》认为以“妻的离去”为结局的中国民间幻想故事有着悠久的文本历史和稳定的结构传承。作者根据离去的妻子形象将“离去型”故事分为羽衣仙女、田螺姑娘、老虎精和猴儿娘四个亚类，并对它们各自所属的历史文本依次进行检阅、比较和归纳，发现故事表现出女性从仙到兽的身份沉落，积淀着由从妻居到从夫居的婚姻习俗转型过程中女性的反抗心态。“离去型”故事具有深刻而独特的文化原型意义，它本能地叙说了无意识（表现为兽妻形象）未能转化为创造力和促成主体的完备而产生的破坏力量，从而锐化了“天人合一”和“人兽分开”思想的矛盾。[④] 她的另一篇论文《女巫与父权：“龙女”与“百鸟衣”复合型故事解析》认为“龙女”与“百鸟衣”复合型故事中将龙女形象叠加于被抢去的妻子形象之上，不仅强化了具有灵力的女巫形象，更反映了女性权力的被夺以及建立在性别不平等基础上的父权机制，构成了对社会历史中权力运作的深层隐喻。[⑤] 哈斯也提·艾比布拉的《论维吾尔民间魔法故事中的仙女及有关形象》以维吾尔族关于仙女的57 篇民间故事为基础对其中的仙女形象进行了阐释，并对与仙女紧密相连的普通人物及神话人物形象等方面进行探讨。维吾尔语中的仙女意为有翅的女人，维吾尔人民在塑造仙女形象时，便将其生活的空间安排在了人世间的穹苍、峭壁巨崖的山洞里。这不仅拉近了仙女与人类的距离，而且有时还与丑陋可怕的恶魔也有关系。仙女与伊斯兰教中的天使有区别，与帝瓦和神秘的住所有一定关联，这也说明了这些形象仍然遗留了伊斯兰教以前的很多特征。维吾尔族人信仰伊斯兰教之后，在民间故事里重新塑造仙女形象时，充分利用了伊斯兰教对仙女的认识并创造性地丰富了这一形象的内涵。他们将天堂里的仙女与为安拉效劳的天使完整地结合在一起。在民间故事中，仙女是夹在普通人与神化形象当中的。这种故事情节不仅体现了仙女的神化性更体现了现实性，使民间故事具有不离人世间的魔幻效果。[⑥]

吴桃的《彝族民间故事中青蛙原型意象解读》认为彝族民间故事中的青蛙原型承载了该民族对祖先文化的历史记忆，故事中塑造的青蛙集智慧、果敢、聪颖、孝顺于一身，是文明的先导和传播者。青蛙意象的生成是彝族独特的情感投射而创造出的审美艺术形

---

① 乌力汗：《赫哲族民间故事研究》，博士学位论文，中央民族大学大学，2015 年。

② 何智丽：《东海孝妇型故事研究》，硕士学位论文，云南大学，2015 年。

③ 蒋桂芳：《越南北方岱族“天鹅处女型”故事研究》，硕士学位论文，云南民族大学，2015 年。

④ 黎亮：《“离去型”中国民间故事的文化原型论》，《民族文学研究》2015 年第 3 期。

⑤ 黎亮：《女巫与父权：“龙女”与“百鸟衣”复合型故事解析》，《民俗研究》2015 年第 4 期。

⑥ 哈斯也提·艾比布拉：《论维吾尔民间魔法故事中的仙女及有关形象》，《中央民族大学学报》2015 年第 3 期。

象，是彝族人特有的民族情感的外化和升华，是彝族人地方性知识的汇总与归结。[①] 姜建国的《云南民间故事中的“马”》分析了马在云南人民的日常生活中扮演重要的角色。在古代史籍、现代搜集的民间故事中，云南与马相关的故事十分丰富。这些故事产生于相应的时空背景，屙金银的马、换马、智夺马群等多种故事类型反映出云南社会独特的民风民俗。[②]

马会的《抢婚故事的概念及源流》把抢婚故事分为事实类和幻想类，认为抢婚故事源于悠久的抢婚文化，而其文学性又来自于猴玃抢婚故事的影响。[③] 杨军、浦向明认为“猴玃抢婚”型故事源于白马藏族，与其种族起源和图腾崇拜关系密切。今存白马藏族民间故事《猴子抢姑娘》在内容上保留有白马藏族原始图腾和自然信仰的族群记忆等诸多文化孑遗。[④]

戴冠青认为闽南民间故事蕴涵着闽南民众深刻的生命体验和心理迹象，其中也必然有意无意地传达出闽南人对生与死的独特想象，如“死而再生，生命长存”“英雄不死，精神永存”“善者善生、恶者恶死”，等等，体现了闽南文化非常鲜明的价值取向和崇高的生命追求。[⑤] 蒋勤俭认为AT325A“两术士斗法”故事中主人公在术士帮助下成功避难的缘由，可从弗雷泽的交感巫术中寻求解释，避难时所用的土、水、米、竹、木屐、镜、草和灯等避难物均具有浓郁的丧葬意蕴。[⑥] 朱浩的《“十二寡妇征西”故事新考》认为“十二寡妇征西”故事来自于明代社火中的“六丁六甲”舞队，而此种舞队在南宋民间社火中就已存在，是从南宋宫廷傩仪中移植而来。“十二寡妇征西”故事乃民俗与民心之结晶，代表了民间故事衍生的一种机制。[⑦]

本年度关注藏族民间故事的论文较多。杨军、浦向明的《试论白马藏族民间故事中的“殉情母题”——以〈新娘鸟〉和〈阿拜波与娥曼妹〉为例》发现白马藏族民间故事不仅具备“相爱——干涉——殉情”的母题叙事模式，而且还存在着“传情——殉情——团圆”的母题情节模式。这种“美的毁灭”殉情母题具有悲剧美和崇高美。[⑧] 蒲向明的《族群历史、底层意识与地域叙事的共同演绎——论白马藏族民间故事题材的分合表征》则从族群历史的艺术呈现、底层意识的细腻表达和地域叙事的鲜亮色彩等角度分析白马藏族民间故事题材特点，其中相当数量的作品题材表现为三者的共同演绎，形成一个独有的联合体。[⑨]

---

① 吴桃：《彝族民间故事中青蛙原型意象解读》，《民族文学研究》2015年第5期。

② 姜建国：《云南民间故事中的“马”》，《贵州师范大学学报》2015年第6期。

③ 马会：《抢婚故事的概念及源流》，《赤峰学院学报》2015年第12期。

④ 杨军、浦向明：《白马藏族“猴玃抢婚”型故事及其文化内涵——以陇南白马藏族故事〈猴子抢姑娘〉》，《西安石油大学学报》2015年第5期。

⑤ 戴冠青：《闽南人的生死观及其文化意义——以闽南民间故事为例》，《东南学术》2015年第3期。

⑥ 蒋勤俭：《“术士斗法避难”故事演变及丧葬意蕴》，《民族文学研究》2015年第2期。

⑦ 朱浩：《“十二寡妇征西”故事新考》，《文化遗产》2015年第2期。

⑧ 杨军、浦向明：《试论白马藏族民间故事中的“殉情母题”——以〈新娘鸟〉和〈阿拜波与娥曼妹〉为例》，《延安大学学报》2015年第3期。

⑨ 蒲向明：《族群历史、底层意识与地域叙事的共同演绎——论白马藏族民间故事题材的分合表征》，《青海民族大学学报》2015年第1期。

侯仰军的《〈孝经〉的流传与民间故事中的孝文化》认为在民间，《孝经》的巨大影响就是产生了巨量的“通俗版《孝经》”：《二十四孝》和众多的民间孝故事。作者进一步分析了民间孝故事的四种类型和不孝子女产生的原因。[①] 尚青云、薛洁的《兵团民间故事文化内涵阐释》通过对兵团各师民间故事卷本的文本研读，指出兵团民间故事承传新疆历代屯垦文化基因，而且是多元文化交融的结晶，蕴含着各族屯垦儿女维护祖国统一、保边卫国的奉献精神和亦军亦农、艰苦创业、开拓进取的革命英雄主义、集体主义和乐观主义精神。[②] 吴铮强的《宋人志怪故事中的地域社会与伦理观念——以〈夷坚志〉温州故事为例》从地域关系的视角分析《夷坚志》温州故事中伦理观念与地域秩序的对应关系，认为温州本地社会中流传着报应故事，官场上流传着鬼怪故事，科场上流传着梦占命定的故事。这种现象可以解释为，本地社会是一个熟人社会，报应观念是熟人社会构建道德秩序的重要方式；士大夫的游宦或者科举士人的游学生活是一个不断遭遇陌生环境的过程，鬼怪故事是宣泄恐惧情绪的途径；科举梦占故事则体现科举士人超地域的社会关系。[③] 姜亭亭、李秀云的《对乡土精神世界的再认识——以东北民间故事为考察对象》认为在东北民间故事中既有对超现实力量的崇拜和依赖，也存在着现实理性对主体力量的极大肯定；既有对财富及其持有者的讥刺贬损，也有对财富地位的向往与认同，而“道义”的规定则突破了阶级意识的局限。东北民间故事反映了乡土精神世界的复杂性。[④]

崔香的专著《中国朝鲜族的故事文本及多重文化记忆——以〈黄龟源全集〉为例》以朝鲜族故事家黄龟源的故事集《黄龟源全集》为例从族属认同、阶层意识、家庭伦理与社会道德等层面考察故事家的多重文化记忆和文本的文化价值。[⑤] 格日乐的博士论文《鄂尔多斯蒙古民间故事研究》分析了鄂尔多斯蒙古民间故事的传承状况、类型分布和文化内涵。[⑥]

五　笑话研究

2015年度，民间笑话研究成果不仅数量较多而且质量较高。王旭的《日常生活语境下的笑话美学解析》认为笑话作为一种消遣的艺术，具有生活与艺术的双重属性，需要回归日常生活的审美语境下加以研究。[⑦] 她的另外一篇论文《作为表达资源的笑话——以万荣笑话为例》引入表演理论方法以万荣笑话“立碑为证”为个案，通过对其书面文本和表演文本的分析和比较，阐述了将笑话作为一种表达资源的重要性。这一新视角打破了

---

① 侯仰军：《〈孝经〉的流传与民间故事中的孝文化》，《民间文化论坛》2015年第3期。

② 尚青云、薛洁：《兵团民间故事文化内涵阐释》，《民间文化论坛》2015年第2期。

③ 吴铮强：《宋人志怪故事中的地域社会与伦理观念——以〈夷坚志〉温州故事为例》，《浙江社会科学》2015年第4期。

④ 姜亭亭、李秀云：《对乡土精神世界的再认识——以东北民间故事为考察对象》，《吉林师范大学学报》2015年第5期。

⑤ 崔香：《中国朝鲜族的故事文本及多重文化记忆——以〈黄龟源全集〉为例》，黑龙江民族出版社2015年版。

⑥ 格日乐：《鄂尔多斯蒙古民间故事研究》，博士学位论文，内蒙古大学，2015年。

⑦ 王旭：《日常生活语境下的笑话美学解析》，《青海社会科学》2015年第5期。

以往笑话研究的文学—语言学范式，转向了民族志的研究范式。这一转变有助于弥补书面文本研究的不足，使笑话研究更加关注相对性、综合性和主体性。①

吉国秀、胡安亮的《笑话：网络社会中的新民间叙事》关注了在现代社会流传较广的IT笑话。作者把IT笑话视为网络社会背景下信息技术与民间笑话相遇的一种新叙事文本，它承载和记录着IT行业群体专有的知识术语和实践经验。IT职业群体以内部形成的专业知识结构为框架重新解释日常生活实践，进而把对信息技术本身、人、自然以及世界的思考和认识传达给行业内部以及行业外部群体，对于这一知识的讲述和阅读就是IT笑话的生产过程。IT笑话重返了技术与民俗的关系这一主题，技术与民俗并不是一组相对立的范畴：技术并没有终结民俗，相反技术却进入到民俗的叙事结构中。网络社会所创造的虚拟空间与现实空间相叠加，一并成为民俗传承的空间，民俗因技术而获得了历史的连续性。② 宋扬的《论魏晋笑话的文体成熟——以邯郸淳〈笑林〉为中心》认为魏晋时期的文学自觉和清谈之风推动了魏晋笑话的文体成熟，以娱乐为主要目的和文体的独立是魏晋笑话成熟的重要标志。③

六　故事讲述研究

林继富近十余年来一直关注民间故事讲述现状和叙事传统。他的《民间口头叙事传统的变迁与保护——基于湖北省都镇湾故事讲述传统的调查》以口头叙事传统丰富的湖北省都镇湾为个案，讨论在当下社会转型过程中出现了口头叙事在讲述传统、讲述功能和听众等方面的变化。当地政府提出了“熟人社会”的故事讲述保护策略，采取抢救式保护、纳入文化生态区、运用现代媒体拓展故事传播渠道、纳入学校教育和举办故事大赛等方式进行保护，为民间口头叙事传统的可持续发展提供了新的思路和条件。但保护不是将民间口头叙事尘封起来，不是把讲述人供养起来，而是采取能动的方式，让民间故事讲述人在社会潮流中享受传承民间口头叙事带来的乐趣，享受传承民间故事带来的利益，这样才能够调动民间口头叙事讲述人的积极性，才能够将博物馆式的保护引向生活化和社会化的保护，才能够激活民间口头叙事传统，使之在创新中得以世代流传。④ 王丹的《当代中国民间故事讲述趋势——从〈都镇湾故事〉谈起》发现随着时代变迁，当代故事讲述呈现内容生活化、讲述形态主干化、讲述目的娱乐化特点。都镇湾人现实感强、生活气息浓、情节推进快、语言简练凝练的故事讲述特征鲜明而深刻地昭示了当代中国民间故事讲述与传承的发展、趋势。多样化影视节目的引入，多样化传播媒体的介入，人员流动速度的加快，以及不同文化交流碰撞的频繁发生，使得人们对于故事讲述的诉求也更趋于生活化、信息化和娱乐化。只有正视这种趋势和倾向，才能更准确地理解当下民众对于民间故事的择取、传讲和创新，才能更真切地体悟故事讲述人及听众在口头叙事中享受的乐趣，

---

① 王旭：《作为表达资源的笑话——以万荣笑话为例》，《民间文化论坛》2015年第1期。

② 吉国秀、胡安亮：《笑话：网络社会中的新民间叙事》，《民俗研究》2015年第6期。

③ 宋扬：《论魏晋笑话的文体成熟——以邯郸淳〈笑林〉为中心》，《兰州大学学报》2015年第2期。

④ 林继富：《民间口头叙事传统的变迁与保护——基于湖北省都镇湾故事讲述传统的调查》，《广西师范大学学报》2015年第4期。

才能将民间故事的保护和传承真正导向活跃着的生活世界。[①] 彭书跃关注著名故事村重庆走马镇，将传统的故事搬上舞台，配合美术、舞蹈、戏剧等艺术形式，融合成一种视听多媒体的故事表达方式。作者认为是一种大胆、有创意的尝试，对于民间故事在当代的发展和创新有一定意义和价值，但站在民俗学专业的角度来看，传统故事讲述应暂缓"舞台化"。[②]

王均霞的《讲述人、讲述视角与巧女故事中的女性形象再认识——兼及巧女故事研究范式的反思》通过比较不同性别的故事讲述者所讲述的巧女故事，发现男性讲述的要远远多于由女性讲述的。在整体讲述模式趋同的情况下，男女故事讲述者所塑造的巧女形象仍表现出一定的差异性：以男性讲述者为主讲述的巧女故事更倾向于表现家长的权威性与巧女的顺从性，而女性讲述者的讲述却一定程度上凸显了巧女对家长权威的对抗。在不同的讲述视角下，巧女形象具有多样性与复杂性，但整体上仍未超越传统父权制对社会性别角色的框定。巧女形象本质上并未超出传统父权制对于女性的社会性别角色的规定框架，恰恰是传统父权制的社会性别规范在民间教化实践的结果。作者认为富有政治意图的"压迫"与"反压迫"的二元分析框架已沦为一种既脱离故事文本叙事情境又脱离社会现实的僵化模式。面对新的社会语境，是时候摒弃这种二元分析模式，回归巧女故事文本的上下文，乃至更广阔的故事讲述语境来研究巧女故事。[③]

游红霞的《巴渝地区安世敏故事的文本与传播语境探析》对巴渝地区机智人物故事——安世敏故事从故事讲述的语言特色、非口语因素、个人因素等角度进行分析并讨论民间艺人、故事家、导游讲述的安世敏故事的差异，认为在现代化语境下，安世敏故事的传播手段更加现代化，应重视传播语境的研究[④]。谢雪琴的《舌尖上的村落：故事讲述与村落生活——以桂北高侗村为个案》从讲述人、听众、时间、空间等方面考察了高定村的故事讲述活动及故事讲述在当地日常生活中的意义及功能。[⑤]

七　民间故事的改编研究

罗宗宇、曾婷的《民间故事与沈从文的湘西创作》认为沈从文在开始湘西创作时就把民间故事作为了创作源泉，有的作品直接将民间故事作为引用或叙述改写的内容，有的作品注意到对难题婚姻和穷女富嫁民间故事母题的利用。对民间故事艺术的运用则体现在英雄配美女和忠实的义仆这种人物设置上，也体现在小说故事时空的模糊性、小说的"三段式"结构和让最年幼的孩子成功三方面。[⑥] 程诺的《试论民间故事集的选编——以

---

① 王丹：《当代中国民间故事讲述趋势——从〈都镇湾故事〉谈起》，《中国艺术报》2015年8月31日。

② 彭书跃：《民间故事讲述且慢"舞台化"》，《中国艺术报》2015年5月1日。

③ 王均霞：《讲述人、讲述视角与巧女故事中的女性形象再认识——兼及巧女故事研究范式的反思》，《民族文学研究》2015年第6期。

④ 游红霞：《巴渝地区安世敏故事的文本与传播语境探析》，《重庆文理学院学报》2015年第1期。

⑤ 谢雪琴：《舌尖上的村落：故事讲述与村落生活——以桂北高侗村为个案》，硕士学位论文，广西师范大学，2015年。

⑥ 罗宗宇、曾婷：《民间故事与沈从文的湘西创作》，《中国现代文学研究丛刊》2015年第6期。

卡尔维诺〈意大利童话〉为例》以意大利作家伊泰洛·卡尔维诺选编的民间故事集《意大利童话》为例，分析卡尔维诺的民间文学价值观、选稿标准、对方言与地方特色的处理方式、增补改编的原则及民间故事传播观。在民间故事改编上，我们可以借鉴其成功经验，结合我国实际找到一个有效而适用的模式，做到口头传统与书写传统之间的两相交汇，以及文学世界与民间社会的两相融合。[①] 类似论文还有《论莫言小说中民间故事言说与魔幻现实主义的融合》[②]。

黎亮的《论林兰童话的民族性与现代性——中国民间童话编辑出版的一个范例》认为林兰的八本《中国民间童话集》作为新文化启蒙转化为商业出版的成果，可以说是国内最接近《格林童话》水准的中国童话丛书。林兰童话的采编理念独具一格，对当下童话的编辑出版仍有可资借鉴之处：一是大有格林兄弟为追求民族精神而收集童话之风，使故事充盈着强烈的民族气息；二是采取了以本乡文人录写本乡故事的具体做法，不避重复地采录故事，透露着追忆的情怀和讲故事的兴味；三是有意识地贯注了现代精神。[③] 吴翔之的专著《从〈蛇郎〉到〈马兰花〉——三（两）姐妹故事在20世纪的演变》对蛇郎（两姐妹）故事在童话诗、童话剧、童话电影中的改编情况及中外两姐妹故事进行比较研究。[④]

关注民间故事与动画艺术关系的论文近年较多。张琼洁的《民间故事的当代讲述困境和转向问题探讨》认为民间故事在当代社会面临着承载土壤逐渐消失的困境，但普遍存在于口头文学中的故事并没有消失，而是以另外的形式保存、延续下去。文章以转向途径之一的动画转向为例，以数据图表的方式列出各国动画艺术对民间故事的吸收与借鉴，讨论了民间故事融入动画艺术的三种可能类型并对二者进行了叙事结构和审美内涵的比较分析。[⑤] 杨雁雁、陈咏的《中国民间故事的影像化研究》梳理了我国不同类型的民间故事的影像化现状，指出了相同的民间故事影像化后的差异性以及产生差异的原因，总结了民间故事影像化的优势：民间故事自身的魅力和受众的熟知，故事具有的可复制性和再生能力。指出民间故事影像化的过程必须适应当代受众的期待视野和审美心理，为遥远的民间故事注入当代的生活气息和价值观念，同时注重影视技术带来的视听表现力。[⑥] 张万仪、刘高的《国家非物质文化遗产“走马民间故事”的动漫传播与传承》认为随着工业文明、网络信息化时代的到来，支撑“走马民间故事”存在和传播的环境正在瓦解，在当下视觉文化语境下，动漫作为一种极具创造性的艺术媒介，是保存和传播民间文学类非物质文化遗产的有效方式。3D动画本体对非物质文化遗产“走马民间故事”的表达，使“走马民间故事”的传承具有新的载体，同时也推动和发展了动漫艺术，彰显出动漫艺术所蕴

① 程诺：《试论民间故事集的选编——以卡尔维诺〈意大利童话〉为例》，《才智》2015年第35期。

② 赵玉梅：《论莫言小说中民间故事言说与魔幻现实主义的融合》，《浙江工商职业技术学院学报》2015年第2期。

③ 黎亮：《论林兰童话的民族性与现代性——中国民间童话编辑出版的一个范例》，《浙江师范大学学报》2015年第2期。

④ 吴翔之：《从〈蛇郎〉到〈马兰花〉——三（两）姐妹故事在20世纪的演变》，阳光出版社2015年版。

⑤ 张琼洁：《民间故事的当代讲述困境和转向问题探讨》，《廊坊师范学院学报》2015年第3期。

⑥ 杨雁雁、陈咏：《中国民间故事的影像化研究》，《电影文学》2015年第2期。

含的对民间文化的表达和传播能力。①

八　学术史与书评

乌日古木勒近年来一直关注日本学者柳田国男的民间故事研究成果，发表了系列论文。她的《柳田国男与日本民间故事整理和分类法》认为柳田国男在一国民俗学理念下，提出系统整理和研究一个民族或国家的民间故事的方案。他通过整理和分析日本民间故事文本，借鉴 AT 分类法和赛多的二分法，将日本民间故事分为完形和派生两种，并系统探究两种民间故事的关系。之后的日本故事学家虽然没有采纳他的完形和派生两种民间故事分类法，但柳田国男提出的日本民间故事的体系化的整理和分类提案，在日本民间故事搜集整理、分类和研究史上做出了巨大贡献。柳田国男民间故事的二分法虽然受到了以关敬吾为代表的日本故事学人的质疑，但他的关于日本民间故事搜集和整理的方案直接指导了日本民间故事搜集、记录、整理和研究事业。在柳田国男的指导和巨大影响下，日本民俗学界涌现出关敬吾、稻田浩二、野村纯一、小泽俊夫和伊藤清司等杰出的故事学家。他们批评地继承了柳田国男的故事学思想，并编著《日本昔话集成》《日本昔话大成》和《日本昔话通观》等科学价值极高的标志性成果，推进了故事学理论和实践。② 赵蕤也关注了伊藤清司、志村三喜子的彝族民间故事研究成果。③ 乌力汗的《赫哲族民间故事研究综述》介绍了赫哲族民间故事文本的搜集整理、出版发行情况，并对赫哲族民间故事研究状况行历时梳理和评述。④

穆昭阳的《民间故事搜集整理的学科史意义》考查了新中国成立初“十七年”时期、“集成普查”时期、“非遗”时期三个较为重要的历史阶段的民间故事搜集整理状况。民间故事的记录从开始的单一情状，向多样化结构发展，并与口头讲述时的现场开始联系起来，由平面化向立体化发展。口头讲述转换为文字表现时，原有的场景、声像都消失了，文字以外的内容尽然丢失，难以与文字文本一同表现出来。“文字化”的过程便成为研究的焦点，口述与记录本身就是一对矛盾统一体，修饰和润色的工作自然是不能避免的。口述的特点决定了“出口成文”的几率大大降低。相反地，一些记录文本或是经过改写的书面文本则可能具有较个别讲述更为优越的质素。⑤

刘守华在我国民间故事比较研究领域成绩显著，评述文章较多。漆凌云、周超的《刘守华民间故事比较研究述评——以“求好运”故事研究为例》以刘守华二十多年间发表的七篇求好运故事论文为个案剖析其比较故事学特色。研究特色体现在广泛搜寻不同性质的文本资料，尝试研究方法的综合运用，深入挖掘民间故事的中国特色，以跨学科研究探讨佛教、道教等宗教文化与世俗文化的互渗。刘守华的比较故事研究成果特色鲜明，但寻找故事生活史的研究范式当下也面临困境。21 世纪的中国比较故事学要有所突破须超

---

① 张万仪、刘高：《国家非物质文化遗产“走马民间故事”的动漫传播与传承》，《湖北民族学院学报》2015 年第 6 期。

② 乌日古木勒：《柳田国男与日本民间故事整理和分类法》，《民间文化论坛》2015 年第 6 期。

③ 赵蕤：《神话、民话视角下的日本学者彝族研究综述》，《西南民族大学学报》2015 年第 3 期。

④ 乌力汗：《赫哲族民间故事研究综述》，《内蒙古民族大学学报》2015 年第 1 期。

⑤ 穆昭阳：《民间故事搜集整理的学科史意义》，《中华文化论坛》2015 年第 5 期。

越故事生活史范式。[①] 漆凌云还对中国民间故事搜集整理情况进行了评述，认为21世纪中国民间故事志的学术实践开始从故事家的生活史研究向心灵史研究过渡。[②]

祁连休的《中国民间故事史》出版后引来学界广泛好评。刘锡诚的《〈中国民间故事史〉的范式意义》认为《中国民间故事史》的问世为中国文学史、中国民间文学史的学科建构增添了一部重要的、基础性的、支柱性的著作。他认为祁连休运用唯物史观和文化进化论的理论视角来梳理两千年中国民间故事史，在史料的鉴别、梳理、分析、研究中，建构起自己的故事史体系。作者在广泛搜集史料的同时还对不同类型和不同个体（或同一故事的跨时代流变）广泛地运用了文学的和文化的比较研究法，以及不同时代的跨文化比较研究法进行辨析。在作为故事史写作主线的作品分析论述之外，作者还将不同时代的故事采录史、采录者、故事集，甚至讲述人，从学术史角度进行了条分缕析，肯定了或评价了若干有价值的民间故事专集，从而在作品分析之外，开辟了故事史书写的另一条主线。[③] 陶立璠的《十年磨一剑，功到自然成——读祁连休〈中国民间故事史〉》认为祁连休的《中国民间故事史》的各个章节，都开辟了类型研究、采录研究和结构模式研究。史论结合和民间故事的历史演进清晰明白也是该书重要特点。但在中国民间故事史的书写过程中如何处理中国少数民族故事的地位是回避不开的问题。[④] 林继富、李晓城的《建构中国民间故事史的知识体系——读祁连休先生〈中国民间故事史〉》认为《中国民间故事史》在书写方法上的独特性和中国民间故事理论追求，体现了祁先生在中国民间故事研究方面的大胆创新和对中国民间故事文化的多元性、多层次性的科学认识，建构的中国民间故事史的知识体系具有鲜明的开拓性，代表了中国民间故事的最前沿研究成果，是目前中国故事研究中最具历史文化含量的著作。认为该书具有以下特点：资料广博而翔实、取材全面而精细，科学的编写体例、崭新的历史视角，关注故事类型发展、考察故事流传变异，作史表志、凸显人文关怀。[⑤]

万建中的《20世纪中国民间故事研究史》出版后受到故事学界的广泛关注。邓苗的《跳出庐山看庐山——评万建中〈20世纪中国民间故事研究史〉》认为该书翻开了中国民间故事学史系统性、专门性研究的第一页，写作方法独特，在总结中国民间故事研究成绩的同时富有洞见地指出故事学发展的困境：学者对民间故事的关注兴趣雷同化、研究的方式方法和角度长期雷同化、缺乏系统的故事学理论和方法论的建构，对故事学基本概念的梳理比较缺乏、对民间故事的生活性和感受性挖掘不够。不足之处在于对海外学者的民间故事研究成果及相关学术交往关注不够。[⑥]

总体而言，2015年民间故事研究的质量有所提升，尤其是在民间故事史、故事学理

---

① 漆凌云、周超：《刘守华民间故事比较研究述评——以“求好运”故事研究为例》，《民俗研究》2015年第4期。

② 漆凌云：《中国民间故事志的学术史回顾及反思》，《云南师范大学学报》2015年第6期。

③ 刘锡诚：《〈中国民间故事史〉的范式意义》，《民间文化论坛》2015年第4期。

④ 陶立璠：《十年磨一剑，功到自然成——读祁连休〈中国民间故事史〉》，《民间文化论坛》2015年第4期。

⑤ 林继富、李晓城：《建构中国民间故事史的知识体系——读祁连休先生〈中国民间故事史〉》，《民间文化论坛》2015年第4期。

⑥ 邓苗：《跳出庐山看庐山——评万建中〈20世纪中国民间故事研究史〉》，《民俗研究》2015年第6期。

论、比较研究、类型研究、笑话研究等领域。但不可否认，民间故事研究的门槛较低，不少民间故事论文仅属于外部研究，如比较研究只是为比较而比较，缺乏问题意识；讨论民间故事的文化内涵还停留在表层论述。此外，模式化的研究桎梏还难以根除，如我们在讨论某一类型故事时，常常从故事的历时性演变、类型划分、形态结构特征和文化意蕴等方面进行论析，研究比较全面，但少有创见。民间故事研究要有新突破，须加强基础理论建设、强化田野调查的问题意识、拓展跨学科视角、深入民间故事本体，关注当代民间故事的多重样态。令人欣喜的是，我们看到民间故事研究队伍呈现年轻化和跨学科特点，涌现出一批崭露头角的新秀，同时也吸引了古代文学、东方文学等其他学科学者，民间故事研究的未来值得期待。

（原载《三峡论坛》2018 年第 1 期）

2015年民间戏曲与曲艺研究综述

祝鹏程*

2015年的民间戏曲与曲艺研究在各方面都有所建树，也呈现出了一些明显的整体倾向。本文从学术史研究、戏曲与曲艺的文史考证、戏曲曲艺的民俗文化内涵研究、戏改与曲改研究、关于艺术生产与表演的研究、关于艺术传承与保护的研究等几个方面进行概述，并最后对年度发展趋势做出总结与反思。由于民间戏曲和曲艺的研究具有鲜明的跨学科特点，本文将以民俗学的研究为主，并适当参考戏曲与曲艺学的研究成果。由于作者所见有限，一些有价值的成果未能收入其中，请各位著者与读者见谅。

学术史研究

对前辈知名学者学术思想的清理、总结与反思，素来是学术史研究的重要话题。2015年度，相关成果如下：康保成的《黄芝冈先生的学术追求与学术贡献》① 对民间戏曲研究的前辈黄芝冈的成就展开了梳理，将其学术追求与学术贡献总结为以下四个方面：力求抓住神话形态、民歌形态进行追本溯源式的研究，企图找出各地民间文学的本质联系；从对中国南北方普遍存在但学术界熟视无睹的秧歌一类（采茶、花鼓等）民间小戏的研究出发，最终揭示出中国民间戏剧发生、发展的一般轨迹；清醒地认识到“神话戏”与“迷信戏”的区别，并提出区分二者的基本标准；对汤显祖“重情”思想的研究。

梁萍的《顾颉刚戏曲研究和戏曲思想》② 结合20世纪中国的戏剧研究状况，对顾颉刚的戏曲思想做了深入分析。研究通过搜集顾颉刚曲学研究的相关资料，从他公开发表的文字中汲取其对戏曲的观点与认识，从戏剧剧场理论研究、顾颉刚的戏曲笔记、顾颉刚中国戏剧价值论三个方面展开，并通过对顾颉刚“孟姜女故事”的研究，探讨顾颉刚戏曲研究对其古史研究的影响，还介绍了其在影戏研究上的成果。

除了上述研究外，张秀娟的硕士论文《浅论郑振铎之杂剧研究》③、刘佳丽的硕士论文《黄竹三戏剧史观述论》④ 等研究也对前辈学者的研究成果展开了考索。

他山之石，可以攻玉。对海外学人与论著的引介与评价有助于国内学界汲取优秀理

---

* 作者系中国社会科学院文学研究所助理研究员。

① 康保成：《黄芝冈先生的学术追求与学术贡献》，《戏曲艺术》2015年第1期。

② 梁萍：《顾颉刚戏曲研究和戏曲思想》，硕士学位论文，山西师范大学，2015年。

③ 张秀娟：《浅论郑振铎之杂剧研究》，硕士学位论文，山西师范大学，2015年。

④ 刘佳丽：《黄竹三戏剧史观述论》，硕士学位论文，陕西师范大学，2015年。

论，吸取经验教训，向来是民俗学研究的优良传统。2015 年度，相关的成果如下：苗怀明的《二十世纪以来日本中国说唱文学研究述略》① 介绍了日本公私藏书机构的中国通俗文学文献收藏成果和日本汉学家到中国搜求相关资料的事迹。具体梳理了日本学者编制中国说唱文学方面目录的成果，以及狩野直喜、泽田瑞穗、波多野太郎等汉学家在说唱文献的搜集、整理与研究方面做出的贡献，和日本学界在敦煌说唱文学文献的研究方面的成果。

康乐的《须田敦夫的中国剧场史研究评介》② 介绍了日本建筑学家须田敦夫研究中国剧场史的成果。须田早在 1945 年展开了系统研究，其研究具有以下特点：注意到中国古代剧场的整体发展，与周贻白的《中国剧场史》可以相互补充；推断中国宋代已经有了戏台，并且第一次对元代宫廷剧场予以确认；注意到元明清道教及其建筑与剧场（戏楼、戏台）的密切关系。

对现有具体个案研究成果的总结与反思有助于推进学科的建设。2015 年度，相关的成果较少。梁俊仙、乔春霞、白晨、岳玉平的《社火研究述评》③ 展开了对国内社火研究成果的反思，认为研究内容集中于社火的文化传承、艺术、主要内容、文化价值和功能、现状、保护等方面，存在着成果数量少、质量低，缺少新意等问题。

崔蕴华的《大英图书馆藏中国唱本述要》④ 则对大英图书馆对中国民间说唱唱本的搜集情况进行了介绍。作者发现大英图书馆收藏的中国唱本种类丰富、珍本迭出，共计木鱼书、弹词七种、解心类杂曲、广府班本、词话、宝卷等七十余种。其中弹词类唱本多为清嘉庆、道光年间早期刊本；木鱼书藏本不仅数量丰富，且有两种属于海内外孤本；词话本《大说唐全传》属于隋唐故事的早期形态之一。这些唱本对于研究中国民间说唱文学的总体风貌及版本流传均有重要价值。

戏曲与曲艺的文史考证

文史考证是戏曲与曲艺研究的传统强项。在戏曲与曲艺史的研究方面，2015 年度有两本较有影响的专著。倪钟之的《中国相声史》⑤ 是一部近年来规模较大的相声史专著。本书分古代篇、近代篇、当代篇和域外篇四部分，总体说来，古代部分着重于文献考证，和《相声溯源》等书较为近似，延续了侯宝林“可证之史短，可溯之源长”的论断，将相声追溯到先秦俳优、参军戏和“像生”。近代篇和当代部分着重于口传知识，挖掘了各种鲜为人知的资料，尤其是当代篇中对新中国成立后数个时期相声发展和相声演员遭遇的叙述，都是极为少见的材料。由此可见，该书作为史料的存在价值主要在后半部。

车振华的《清代说唱文学创作研究》⑥ 在借鉴前人研究成果的基础上，对清代说唱文学的创作即文学文本做了一个宏观的探讨。作者从宏观着眼，选取清代的说唱文学创作作

① 苗怀明：《二十世纪以来日本中国说唱文学研究述略》，《陕西理工学院学报》（社会科学版）2015 年第 1 期。

② 康乐：《须田敦夫的中国剧场史研究评介》，《民族艺术》2015 年第 3 期。

③ 梁俊仙、乔春霞、白晨、岳玉平：《社火研究述评》，《石家庄经济学院学报》2015 年第 3 期。

④ 崔蕴华：《大英图书馆藏中国唱本述要》，《文化遗产》2015 年第 6 期。

⑤ 倪钟之：《中国相声史》，武汉大学出版社 2015 年版。

⑥ 车振华：《清代说唱文学创作研究》，齐鲁书社 2015 年版。

为研究对象，对清代说唱文学创作的整体概况做了概要性的梳理，探讨了其兴盛和衰败的原因。在具体论述中，以个案研究为主，对清代说唱文学创作的重要作品进行文本细读，从而反映出说唱艺术在清代文学史乃至中国文学史上的位置。

古代小说包含极丰富而珍贵的戏剧史料，对研究中国戏剧历史尤其考察明中叶各种戏剧形态及其渊源、发展来说，至为重要。孙崇涛的《〈金瓶梅词话〉戏剧史料辑考》[①] 对深埋于《金瓶梅词话》清唱曲中的戏曲史料进行了细致的钩沉，作者依据1957年文学古籍刊行社线装影印北京图书馆藏明万历刊本《金瓶梅词话》为底本，将相关戏剧史料尽可能完备地重予搜辑，将该小说涉及的所有戏剧史料原文辑录、校订为七类，并逐一进行考释，以资其他学者参阅。

一部分研究关注于辨析剧种的起源与源流。熊晓辉的《早期目连戏、观音戏文本的演变及其对辰河高腔之影响》[②] 探讨了早期目连戏、观音戏的文本演变对辰河高腔产生的影响。认为辰河高腔的许多剧目来源于目连戏、观音戏，辰河高腔的曲牌声腔仍然保留着目连戏、观音戏曲牌声腔的原始痕迹，目连戏、观音戏的音乐结构与辰河高腔有许多相似之处，辰河高腔沿袭了目连戏、观音戏的角色分工。

刘廷新、吴蕾、施志霞的《谈庄秧歌灯源流考析》[③] 探讨了常州市金坛区的小戏谈庄秧歌灯的起源。谈庄秧歌灯是融江南秧歌、民间小戏与花灯为一体的歌舞艺术，目前关于谈庄秧歌灯的起源时间有“清咸丰年间”“明末”和“抗战初期”等几种观点，有关文献和口述中也存在不少与历史不符或缺乏说服力的问题。文章认为，谈庄秧歌灯大致起源于清末民初，其与皖东秧歌灯有一定的渊源，同丹阳秧歌灯一脉相承。

有的文章讨论了不同剧种、曲种之间的关系与互相影响。王定勇的《宝卷与道情关系论略》[④] 分析了道情和宝卷的关系，认为作为具有宗教背景和民间信仰文化的民间说唱，两者都具有信仰色彩、教化作用、娱乐功能。同处于俗文学的大系统中，宝卷与道情具有共同的故事题材、文本体制、通用的韵唱形式。经过漫长的实践与磨合，宝卷与道情在实际演出中互相融合。

尚丽新、袁野的《山西永济宝卷与河东道情》[⑤] 以山西永济宝卷为研究对象，详细探讨了永济宝卷与河东道情的交互影响。文章认为永济宝卷有两个特点：文本上的道情借用宝卷文本和表演上的宝卷被道情化。在此基础上指出二者交互影响的结果是永济宝卷被纳入河东道情之中，在民俗信仰之中发挥着与河东道情相同的功用。

还有的研究则对戏曲曲艺中的历史文化内涵做出了阐释。杨波的《略论元明戏剧中的抢婚与收继婚风俗》[⑥] 对元明戏剧中的抢婚与收继婚习俗展开考察，研究发现，当时的戏曲中有大量少数民族婚姻风俗，如抢婚、收继婚等。而在从元到明的过程中，戏曲中的

---

① 孙崇涛：《〈金瓶梅词话〉戏剧史料辑考》，《文化遗产》2015年第6期。

② 熊晓辉：《早期目连戏、观音戏文本的演变及其对辰河高腔之影响》，《文化艺术研究》2015年第4期。

③ 刘廷新、吴蕾、施志霞：《谈庄秧歌灯源流考析》，《常州工学院学报（社科版）》2015年第6期。

④ 王定勇：《宝卷与道情关系论略》，《文化遗产》2015年第4期。

⑤ 尚丽新、袁野：《山西永济宝卷与河东道情》，《文化遗产》2015年第4期。

⑥ 杨波：《略论元明戏剧中的抢婚与收继婚风俗》，《文化遗产》2015年第2期。

少数民族风俗逐渐减少。从少数民族主政的元朝到汉族为主的明朝，尽管戏剧受到少数民族风俗的影响逐渐减弱，但是少数民族风俗对中华戏剧的影响仍不容忽视。

李跃忠的《湖南影戏剧本的教育、教化功能》① 以剧本为核心，考察了湖南影戏对广大下层民众有着明显的教育、教化功能。认为影戏剧本给民众的影响有的是显性的，剧本在历史、人文知识、伦理道德、日常生活常识等方面都能给广大民众一定的教育。这一功能即使在教育手段已现代化、多样化的今天仍有它的积极意义。

对戏曲文物的研究是2015年来的热点。2015年度，有不少学者从物质文化的角度切入戏曲研究。周华斌的《散乐中的单杖细腰鼓》② 考证了在历史悠久且多有流变的“三乐”传统中，腰鼓往往占有不可或缺的地位。作者熟悉分析了历代文献中的乐舞记载和古墓葬、石窟、民俗文物中以乐舞为主要内容的考古学图像资料，尤其是河南荥阳发现的北宋朱三翁石棺上的乐舞图像，认为源于域外的单杖细腰鼓在南北朝时期传入中原后，很快生根发芽，不论是在宫廷还是民间，都经常在典礼仪式或日常娱乐活动中发挥其艺术与社会功能。

周华斌的另一篇文章《南宋的童子之戏与佛教的“高台”教化——读解南宋版画集〈佛国禅师文殊指南图赞〉》③ 则通过对2009年陕西韩城出土的北宋晚期平民墓葬壁画“杂剧演出图”的考察，阐释了公元9世纪后半叶晚唐杂剧中的“乞儿驱傩”和“散乐打单杖鼓”的遗俗。据此，作者认为可以从表演艺术角度连接“前戏曲”与宋元杂剧成熟阶段的演进轨迹，并据以上溯中原地区周秦汉唐的傩俗、葬仪、散乐百戏，乃至优伶中乐优与俳优的区分。

王潞伟的博士论文《上党神庙剧场研究》④ 以上党地区神庙剧场为主要研究对象，运用戏曲学、考古学、宗教学、社会学、民俗学、历史学、文化人类学等相关学科理论与方法，在前人研究的基础上，对其进行了较为系统的梳理与考证分析。在此基础上，认为民间神灵信仰的多元化与普遍性以及礼乐思想的民间化渗透与践行是上党地区神庙剧场创建与繁盛的重要缘由。并进一步选取上党现存佛教寺院剧场以及神庙剧场在上党村落中的空间分布两种现象进行相关考证分析。

薛珠峰的博士论文《戏曲楹联研究》⑤ 不仅将戏曲楹联视为是一种张贴在戏台上以供观赏的文学作品，更将其视为考察古人对于戏曲的看法、观念、态度、思想的媒介。分析了戏曲楹联的语言结构、修辞形式、张贴情境及其中表达的戏曲与生活、政治、经济、宗教等的关系，以及其中承载的中国人特殊的道德原则、情感方式、思维特征、价值取向、人生态度。

除了上述研究外，刘朦的《祭礼空间：祠庙与戏台——大理本主庙与戏台景观构形研究》⑥，

---

① 李跃忠：《湖南影戏剧本的教育、教化功能》，《贵州大学学报（艺术版）》2015年第1期。

② 周华斌：《散乐中的单杖细腰鼓》，《音乐传播》2015第4期。

③ 周华斌：《南宋的童子之戏与佛教的“高台”教化——读解南宋版画集〈佛国禅师文殊指南图赞〉》，《中华戏曲》2015年第2期。

④ 王潞伟：《上党神庙剧场研究》，博士学位论文，山西师范大学，2015年。

⑤ 薛珠峰：《戏曲楹联研究》，博士学位论文，山西师范大学，2015年。

⑥ 刘朦：《祭礼空间：祠庙与戏台——大理本主庙与戏台景观构形研究》，《理论界》2015年第10期。

王琳、延保全的《论神庙戏台称谓及其雅俗之变》①，李强的硕士论文《徽州古戏台观演空间研究》②，颜伟的硕士论文《山西高平市神庙剧场调查与研究》③ 等研究也是从剧场、戏台的角度切入对戏剧的物质文化研究的。

戏曲曲艺的民俗文化内涵研究

中国传统戏曲与曲艺是在民间艺术的土壤里发芽生根的，它们与民间风俗关系密切。民间风俗文化为戏曲说唱的孕育和发展提供了肥沃的土壤，对它们艺术特点和观众的审美产生了深远的影响。随着认识方式的日益增长、文献检索的不断强化，戏曲与民俗的互动研究在今天逐渐显示了较为强劲的学术生长能力。2015 年度，关于戏曲曲艺的民俗文化研究方面的成果甚多。

在专著方面，有宋希芝的《戏曲行业民俗研究》④。作者尝试将戏曲学与民俗学融合起来，从传统戏曲的传承形式与组织方式、戏曲中的民间信仰与禁忌、行业的演出习俗与经营民俗等方面，对戏曲行业的民俗文化做了全面的研究。在此基础上，全书考察了戏曲的现代化路径，指出当下戏曲振兴要避免“头痛医头，脚痛医脚”的机械性思维，关键是重构戏曲生存的民俗生态系统，让戏曲回归民间生活。

尚丽新、车锡伦合著的《北方民间宝卷研究》是第一部全面系统研究北方民间宝卷的专著。全书分为上、下两编。上编为北方民间宝卷的整体研究。对北方民间宝卷的历史发展与地理分布、形式变迁、与其他民间文艺的交互影响、区域特色、南北民间宝卷的对比进行了全面的描述和系统的分析。下编是专题研究，针对宝卷研究领域中缺乏深刻细致的个案研究这一现实，选择了《孟姜女宝卷》《黄氏女宝卷》《白马宝卷》《红灯宝卷》四个典型个案进行研究。此外，书中还探讨了“非遗”对北方民间宝卷的影响，从实践层面上提出了北方民间宝卷的保护、开发的对策和建议，以期向学界展示北方当代宝卷的全貌。

戏曲曲艺与民间社会、民众生活关系的研究方面：彭恒礼的《节日催生戏剧——以灯戏为例》⑤ 探讨了节日在戏曲起源中的作用。作者考证了灯戏的起源、形成与流变的过程。灯戏起源于元宵灯节期间的装扮表演，后来受昆腔、弋阳腔等大戏影响和节日戏剧市场需求刺激，于清中后期发展成一种演剧类型。论证了传统节日是中国传统戏剧生成的源头之一。

邢楠楠的《人类学视域下的秧歌民俗文化生态考察——以海阳秧歌为个案》⑥ 则通过对海阳秧歌的田野调查，以其民俗艺术特征为切入点，围绕其所存在的民俗文化生态，分别从秧歌的生活空间、艺术形态、传承现状等角度，阐发其与所处乡俗生活之间的互动关

---

① 王琳、延保全：《论神庙戏台称谓及其雅俗之变》，《戏剧艺术》2016 年第 3 期。

② 李强：《徽州古戏台观演空间研究》，硕士学位论文，安徽建筑大学，2015 年。

③ 颜伟《山西高平市神庙剧场调查与研究》，硕士学位论文，山西师范大学，2015 年。

④ 宋希芝：《戏曲行业民俗研究》，山东人民出版社 2015 年版。

⑤ 彭恒礼：《节日催生戏剧——以灯戏为例》，《民族艺术》2015 年第 1 期。

⑥ 邢楠楠：《人类学视域下的秧歌民俗文化生态考察——以海阳秧歌为个案》，《民俗研究》2015 年第 4 期。

系。探讨了海阳秧歌所承载的民间信仰活动等多方面的文化信息。

李兆旭的《传统民间艺术的文化产业价值——20 世纪 30 年代济南商埠发展与曲艺产业关系浅析》[①] 则探讨了现代商业文化对济南曲艺发展的推动作用。济南自 1904 年自开商埠起到 20 世纪 30 年代，经济便获得了高速发展，迅速成为全国重要城市之一。几大综合性商业中心成为市民休闲娱乐的好去处，形成曲艺表演场所林立，名家云集，演出活动层出不穷的局面。济南曲艺繁盛的背后离不开商业繁荣的支撑，而商业也借助曲艺获得了更大的发展机会。

此外，罗金满的《梨园戏〈陈三五娘〉与潮泉民俗关系探略》[②]、郭威的《礼俗用乐与民众生活——一个县域音乐文化传统的结构分析》[③]、鲍震培的《市井节庆民俗与曲艺》[④]、叶庆园的硕士论文《荆楚文化视野下的孟姜女傩戏研究》[⑤]、李一佩的硕士论文《〈琵琶记〉中的民俗文化研究》[⑥] 等研究也从不同的角度分析了戏曲曲艺与地方社会、民众生活的关系。

在戏曲的演出习俗研究上，有徐志伟的《新中国成立前民间戏曲演出习俗考论》[⑦]。文章探讨了在新中国成立之前民间戏曲演出习俗兴盛的原因。认为艺人在村镇的演出活动大多是伴随着节日、庙会，集市贸易、还愿酬神、生辰吉庆、婚丧嫁娶等民间民俗活动而进行的，因此也就形成了全国各地性质各异、名目繁多的演出习俗，并代代相传。但也正是因为其是迎合民俗活动的产物，导致其很难适应新中国的社会发展需要，有必要在政府的干预和引导下对其进行改造。

东泽民的《河北乱弹演出习俗》[⑧] 对河北乱弹在长期的演出活动中形成的演出习俗做了考察。分析了这些习俗的来源：民俗演化而来；戏班班规沉积而成；豪门巨贾争荣斗富，小户人家效仿而敷衍成习；戏班和恩主互相慰劳逐渐成习；达官贵人、土豪劣绅威逼而成；新中国成立后形成。

有一部分研究聚焦于对戏曲曲艺与民间信仰关系的分析，以及对戏曲曲艺中蕴含的信仰因素的阐释。麻国钧的《分别与交流——戏曲与祭祀仪式剧异同论》[⑨] 探讨了戏曲与祭祀仪式剧的异同。二者在演出形态上迥然不同，也在展演空间上存在很大区别。祭祀仪式剧自古迄今未能脱离祭祀坛场而独立为艺术商品，始终以神灵供品的属性活跃在村落，展演在各种各样的祭祀空间中，始终没有形成脚色行当体制；而戏曲至迟在勾栏出现后已经完成其作为艺术商品的蜕变，早已用脚色行当这个具有中介性质的体制去塑造人物，敷衍故事。二者不同而相类，分别而交流，却始终

---

① 李兆旭：《传统民间艺术的文化产业价值——20 世纪 30 年代济南商埠发展与曲艺产业关系浅析》，《中共济南市委党校学报》2015 年第 3 期。

② 罗金满：《梨园戏〈陈三五娘〉与潮泉民俗关系探略》，《闽台文化研究》2015 年第 3 期。

③ 郭威：《礼俗用乐与民众生活——一个县域音乐文化传统的结构分析》，《音乐艺术（上海音乐学院学报）》2015 年第 2 期。

④ 鲍震培：《市井节庆民俗与曲艺》，《曲艺》2015 年第 2 期。

⑤ 叶庆园：《荆楚文化视野下的孟姜女傩戏研究》，硕士学位论文，东华理工大学，2015 年。

⑥ 李一佩：《〈琵琶记〉中的民俗文化研究》，硕士学位论文，河南大学，2015 年。

⑦ 徐志伟：《新中国成立前民间戏曲演出习俗考论》，《文史杂志》2015 年第 6 期。

⑧ 东泽民：《河北乱弹演出习俗》，《戏剧文学》2015 年第 8 期。

⑨ 麻国钧：《分别与交流——戏曲与祭祀仪式剧异同论》，《戏曲艺术》2015 年第 1 期。

未能走向一致，融合而为一。

近年来民间仪式戏剧的发掘及其文本资料的收集让学界更深入了解中国戏剧文本与环境的关系。吴秀卿的《中国江南宗族戏剧的空间与文本》① 结合空间和文本两方面探讨江南宗族戏剧。文章从宗族的生活和祭祀空间入手，考察宗族戏剧的演出空间及其意义，再深入探讨作为宗族文化表象的宗族戏剧在文本中所反映的精神文化内涵。

宋希芝的《戏曲行业禁忌习俗的属性与特征探微》② 则对戏曲行业的禁忌习俗展开考察。戏曲行业的禁忌习俗既有尊崇神灵与避凶驱邪、刚性约束与硬性惩戒等一般行业禁忌的属性，又有演员禁忌与角色禁忌并存、自身禁忌与社会禁忌交融的特殊属性。文章认为戏曲行业禁忌习俗的特征包括禁忌主体的卑贱性、禁忌主体的双向性、禁忌内容的丰富性、禳解程序的严肃性。

骆婧的《略论中国仪式戏剧之演进——以闽台戏剧为例》③ 则讨论了闽台两地的傀儡戏、打城戏、法事戏等仪式戏剧之间的演进关系。认为这三种戏剧形态之所以止步于不同的阶段，源于文化生态的差异，尤其是信仰和艺术两大核心文化要素之影响比重的不同。在相对闭塞、神秘的信仰仪式中，艺术因子渗入的比重有限，只能形成位于仪式戏剧初级阶段的法事戏。一旦信仰环境趋于宽松，艺术比重的不断增加终使仪式戏剧的成熟成为可能。然而，通过打城戏和提线傀儡戏的对比可知，艺术比重是否能够超越信仰而推动仪式剧种向世俗戏剧蜕变，还要取决于不同的剧种特性。

还有一些研究则是对具体文类中的信仰因素的分析，朱浩的《"十二寡妇征西"故事新考》④ 考察了杨家将"十二寡妇征西"故事的文化内涵。在张政烺等人的研究基础上，认为"十二寡妇征西"故事有现实的仪式原型，来自于明代社火中的"六丁六甲"舞队，而此种舞队在南宋民间社火中就已存在，是从南宋宫廷傩仪中移植而来。"十二寡妇征西"故事是民俗与民心之结晶，代表了民间故事衍生的一种机制。

除此之外，周华斌的《乞儿驱傩与宋杂剧——韩城"北宋杂剧图"壁画读解》⑤，高有鹏的《宋代民间"说话"的形成与民间信仰》⑥，杜鹃、车文明的《关公信仰对关公戏传播的影响研究》⑦，李跃忠的《满清宫廷承应喜庆剧〈开筵称庆〉〈贺节诙谐〉》研究》⑧，卫新力的硕士论文《豫西北民间丧葬戏曲演出研究》⑨，左娟的硕士论文《民间信仰视野下的衡山影戏研究》⑩、段婷婷的硕士论文《人类学视域下川剧目连戏仪式研

① 吴秀卿：《中国江南宗族戏剧的空间与文本》，《文化遗产》2015 年第 4 期。

② 宋希芝：《戏曲行业禁忌习俗的属性与特征探微》，《民俗研究》2015 年第 2 期。

③ 骆婧：《略论中国仪式戏剧之演进——以闽台戏剧为例》，《闽台文化研究》2015 年第 1 期。

④ 朱浩：《"十二寡妇征西"故事新考》，《文化遗产》2015 年第 2 期。

⑤ 周华斌《乞儿驱傩与宋杂剧——韩城"北宋杂剧图"壁画读解》，《戏剧（中央戏剧学院学报）》2015 年第 5 期。

⑥ 高有鹏：《宋代民间"说话"的形成与民间信仰》，《民族艺术》2015 年第 4 期。

⑦ 杜鹃、车文明：《关公信仰对关公戏传播的影响研究》，《戏曲研究》2015 年第 3 期。

⑧ 李跃忠：《满清宫廷承应喜庆剧〈开筵称庆〉〈贺节诙谐〉》研究》，《原生态民族文化学刊》2015 年第 4 期。

⑨ 卫新力：《豫西北民间丧葬戏曲演出研究》，硕士学位论文，福建师范大学，2015 年。

⑩ 左娟：《民间信仰视野下的衡山影戏研究》，硕士学位论文，湖南科技大学，2015 年。

究》[1]、刘亚的《湘西土家族仪式戏曲的音乐文化研究》[2] 也都是围绕民间戏曲、说唱与信仰的关系展开的。

戏改与曲改研究

戏改与曲改是曲艺与戏曲研究中的热点，2015 年度相关成果也有不少。本文说的戏改与曲改是广义上的，不仅仅指新中国成立后的改造，也指从晚清至今的现代化过程中，各路文化精英（包括艺人自身）展开的使戏曲曲艺符合当下社会历史、政治、文化语境的要求的努力。

邹元江的《票友族群与梅兰芳表演艺术的“创新”——以〈梅郎集〉为研究个案》[3] 关注于民国时期的票友群体对梅兰芳艺术的影响。作者所谓的“票友”包括新闻记者、报刊自由撰稿人、戏园子看客、堂会主人等。他们帮助梅兰芳“攒戏”。梅兰芳排演新戏的创新具有两面性，既可能是对传统的突破，也可能是对传统的相伤。这种创新表面上是为了迎合商业都市趋新趋时的时尚心理，实际上落脚点是维持戏班生存的票房收入。而报刊出版界的票友对近现代戏曲艺术变革的走向，尤其是以梅兰芳为代表的旦行艺术主导地位的确立起到了极大的推动作用。

周涛的《民俗记忆的复苏与生长——新中国“神鬼戏”的“人民戏曲”化嬗变》[4] 探讨的是新中国“十七年”时期对民间戏曲中的民俗原型与母题的改造现象。作者通过对《天仙配》《李慧娘》等戏曲的分析认为，在当时，民间原型要素的引入和运作，有利于完成神鬼戏向人民戏剧的转变，既为传统戏曲的整理改编提供了可操作的实践路径，延续了原型中所蕴藏的稳定的生活内容、情感记忆、思维模式与认同结构以及由此而形成的对于民众的感召力，又可以借其“更新”功能注入或生成新的具有时代特征的精神内涵与审美意蕴。

祝鹏程的《国家话语下的地方娱乐——以“化妆相声”〈资本家与洋车夫〉为个案》[5] 则探讨了新中国成立初的意识形态与市民趣味对相声格调的双重塑造，借此探讨了民间的智慧和能动性。作为一种地方艺术，传统相声为北京市民提供了重要的娱乐。而在新中国，相声转变成了国家性的教化艺术。为了兼顾国家的话语与地方的娱乐需求，北京曲艺团的相声从业者们创制了以《资本家与洋车夫》为代表的“化妆相声”，他们动用“双名制”的策略，强化了相声的教化主题，响应了国家的文艺政策；又保留了相声中的娱乐因素，满足了地方民众的需求。

---

① 段婷婷：《人类学视域下川剧目连戏仪式研究》，硕士学位论文，四川师范大学，2015 年。

② 刘亚：《湘西土家族仪式戏曲的音乐文化研究》，硕士学位论文，湖南科技大学，2015 年。

③ 邹元江：《票友族群与梅兰芳表演艺术的“创新”——以〈梅郎集〉为研究个案》，《民族艺术》2015 年第 2—3 期。

④ 周涛：《民俗记忆的复苏与生长——新中国“神鬼戏”的“人民戏曲”化嬗变》，《文艺争鸣》2015 年第 10 期。

⑤ 祝鹏程：《国家话语下的地方娱乐——以“化妆相声”〈资本家与洋车夫〉为个案》，《内蒙古师范大学学报》（哲学社会科学版）2015 年第 3 期。

李帆的硕士论文《晋南地区蒲剧改革研究（1949—1965）》[①] 通过对临汾市档案馆、图书馆和蒲剧院相关文献资料的整理，分7个部分对中华人民共和国后至文革前的蒲剧改革展开论述。对中华人民共和国后晋南地区的蒲剧改革做整体论述。改人、改制的成果最终都是通过改戏体现出来的，新时代的戏曲工作者通过上演符合国家意志的剧目，最终塑造出了为社会主义事业服务的新型人民，实现了对人民的教化功能，完成了历史使命。

关于艺术生产与表演的研究

在表演理论的影响下，戏曲曲艺文本是如何被生产出来的？表演是如何展开的？历史的变迁、社会背景的更替、新媒体的兴起对曲艺的传承与生产产生了什么样的作用？这类问题开始成为学界关注的对象。2015 年度，相关成果如下：李萍的《无锡宣卷与宝卷之共生关系探析》[②] 探讨了宝卷文本和宣卷演出的关系，本文以无锡地区的宣卷个案为切入点，深入探讨宝卷文本对宣卷实践的作用、宣卷对宝卷的意义以及两者在历史流变的过程中互相依存的共生关系。作者认为无锡宝卷与宣卷在文本与口传的双轨传承下相需为用、互为共生，是一对不可分割的整体。这一特征为我们在当今纷繁复杂的宣卷发展状态中，衡量宣卷与其历史本源的距离与关系、把握宣卷的本质属性提供了参考。

祝鹏程的《论书面创作对文类形态的重构——以“十七年”（1949—1966）时期对口相声为例》[③] 则探讨了在新中国成立初的社会政治、文艺体制、美学观念的变革过程中，书面写作对曲艺文体的形塑。在新中国成立以后，对口相声的生产方式从口头传承转变为书面创作。主题先行的创作模式，社会主义现实主义的美学观念等众多的因素形塑了相声的书写方式，也规约了书写的内容，并影响到其文类形态与叙事方式。受此影响，对口相声从原先的开放性叙事，转变为线性叙事，其故事性得到前所未有的凸显，而语境化能力则大幅减弱。

彭春梅的《从本子故事到口头说唱——以甘珠尔〈薛仁贵征东〉为例》[④] 则以蒙古族独有的大型口头说唱艺术胡仁乌力格尔为例，讨论了从文本到表演的转变过程。文章以蒙古族胡仁乌力格尔传承人甘珠说唱的《薛仁贵征东》故事片段为例，通过对本子故事和说唱文本在故事内容、文本语句层次和故事表现形式等方面的对比考察，揭示出说书艺人对本子故事的口头转换机制，如保留本子故事的核心情节、对故事细节进行情景式描述、重新编排故事细节和纳入听众互动因素等。

在当下，电子媒介已成为民俗学研究“朝向当下”研究中不可忽视的视域。曲艺的研究应该探求电子媒介对其传承方式和传统形态的革新，全面呈现当代口头传统的传承生

---

① 李帆：《晋南地区蒲剧改革研究（1949—1965）》，硕士学位论文，山西师范大学，2015 年。

② 李萍：《无锡宣卷与宝卷之共生关系探析》，《中国音乐》2015 年第 1 期。

③ 祝鹏程：《论书面创作对文类形态的重构——以“十七年”（1949—1966）时期对口相声为例》，《民族文学研究》2015 年第 2 期。

④ 彭春梅：《从本子故事到口头说唱——以甘珠尔〈薛仁贵征东〉为例》，《前沿》2015 年第 3 期。

态。包媛媛的《口头传统的电子媒介化——以温州鼓词的当代传承为个案》[①]则把视野投向新媒体与口头传统的关系。温州鼓词自20世纪中期以来经历了广播、录音带和VCD的传播过程，形成了不同特征的口头表演形态。作者研究发现，电子媒介已成为现代口头传统重要的传播载体，并作为内在的建构力量形塑了口头传统的多样形态，展现了当代口头传统的多重面向，也丰富了口头传统的传承形式。

刘衍青的博士论文《〈红楼梦〉戏曲、曲艺、话剧研究》[②]则关注于一个文本被改编成不同体裁的现象。研究以由小说《红楼梦》改编的戏曲、曲艺、话剧作品为研究对象，在全力搜集、阅读相关作品的基础上，通过对原著与改编作品的比较，重点探讨了《红楼梦》戏曲、曲艺、话剧的改编与时代变迁的关系、主题思想的变化、人物形象的嬗变、艺术手法的运用以及戏曲、曲艺名角对改编作品的演绎等。纵观《红楼梦》二百多年的改编历程，家族伦理、女性婚恋、赤子人格及对社会弊病的揭示是改编者关注的主要内容，而社会意识形态的影响则贯串了《红楼梦》的改编史。

关于艺术传承与保护的研究

民间戏曲、曲艺一度存在于民间社会中。在现代化的过程中，民间社会经历着激变，民间戏曲与说唱的表演传统也经历着剧烈的变化。在市场化与商品化的大潮下，传统艺术的传承空间被压缩，同时人们对传统的消费需求加剧，带动了传统的变革。有鉴于此，在非遗保护的推动下，一些学者非常注重对民间戏曲曲艺在当下的传承与保护的研究，这些研究往往具有一定的应用性。

陈向华的《论兰州鼓子在现代化语境下的生产与接受》[③]借助美国文化社会学家Wendy Griswold的“文化菱形”模型，考察兰州鼓子在当下社会中的生存样态。研究发现，当下兰州鼓子在生产与接受的各个方面都与现代社会的规范之间存在着巨大的张力。作为传承非物质文化遗产的兰州鼓子艺人处于一种极不稳定的零散的自发状态，多数鼓子艺人的生活与鼓子的演出并没有强有力的联系，这也即意味着表演者和表演的关系随时可以终止，而社会民众又对这一艺术形式感到陌生与疏离。同时这门艺术本身也日趋闭合，没有找到一种与当代受众更为契合的创新方式。

邵敏的《论文化空间视界下的黄梅戏传承与保护》[④]总结了当下的黄梅戏存在的问题：随着中国经济社会的迅速变迁，乡村民间文化急剧流失，村民的文化认同感和归属感削弱，黄梅戏的传承与保护陷入困境。乡村社会的“空心化”、传统村落的消失、过度的文化功利主义以及乡村公共文化空间的缺失和错位，都加快了黄梅戏的衰落。并对后续的保护策略提出了建议：传承与保护黄梅戏，必须重建其公共文化空间。在乡村中心镇村体系规划建设中，应在相关的戏曲文化活动密集区优先把黄梅戏文化的“安放”纳入公共空间布局。

---

① 包媛媛：《口头传统的电子媒介化——以温州鼓词的当代传承为个案》，《温州大学学报》（社会科学版）2015年第3期。

② 刘衍青：《〈红楼梦〉戏曲、曲艺、话剧研究》，博士学位论文，上海大学，2015年。

③ 陈向华：《论兰州鼓子在现代化语境下的生产与接受》，《西北民族研究》2015年第4期。

④ 邵敏：《论文化空间视界下的黄梅戏传承与保护》，《江淮论坛》2015年第3期。

詹双晖的《广东地方戏剧的生存现状与传承保护对策》[①] 也注重于保护应用。作者总结了当代广东地方戏剧发展中存在的问题，认为存在着演出市场基本萎缩，农村民俗演剧市场混乱失范，剧团普遍惨淡经营、举步维艰，许多剧种、院团面临生存与发展的巨大挑战。并提出了以下保护与振兴的建议：应充分认识戏剧文化遗产的当代价值，一方面加大改革力度，理顺广东戏剧院团管理体制机制；另一方面加大财政投入，多方筹措资金，切实解决困扰剧团生存与发展的几大困难与问题，同时加强戏剧市场的培育与管理，这样才能有效推动广东地方戏剧的传承与健康发展。

王婧宇的《近十年来（2005—2015）晋西临县伞头秧歌的发展变化研究》[②] 考察了近十年来现代信息技术的发展对伞头秧歌的影响。研究发现，当代伞头秧歌出现了两种发展路向：一方面网络秧歌形成，即秧歌爱好者在网络上通过 QQ 群、贴吧、微信群编唱的秧歌。网络秧歌具有鲜明的特点：唱词以它主题明确突出、内容包罗万象、形式新颖独特的魅力吸引着众多参与者，并形成了新的人际互动：各个村落秧歌群也如雨后春笋般建立起来用以互动交流。这是伞头秧歌发展史上的一次巨大变化。另一方面，目前传统伞头秧歌的生存现状也遭受着极大的考验：娱乐多样化的冲击、观众和参与者的流失、政府宣传保护力度不够，种种的原因都冲击着传统秧歌和舞台秧歌。

有的研究聚焦于剧团在当下的经营与生存状况。胡希可的硕士论文《民间职业川剧表演团体生存模式变迁研究》[③] 考察了国家影响下的职业川剧团的变迁。通过对民间职业川剧表演团体历史脉络的梳理和对现存“火把剧团”的实地考察，以多种维度探究民间职业川剧表演团体的运作机制，以及不同时期政治力量对它的外部介入，并以国家—社会的理论视野解释民间川剧表演团体生存模式变迁与社会改革和政府角色转型之间的逻辑联系。作者认为，民间职业川剧表演团体的发展过程，实际上体现了国家与社会、民间价值观念与官方意识形态的相互作用。政府在经济利益结构和内部组织结构两个维度上对民间职业川剧团的介入决定了其生存模式。

有的研究关注于艺人群体在当下的生存。王琳的硕士论文《山西临县三弦书盲艺人调查研究》[④] 是对山西临县三弦书盲艺人的调查研究，综合使用文献分析、田野调查、口述历史的研究方法，对山西临县三弦书的历史源流，以及盲艺人群体的学艺、演出、家庭生活、社会地位等进行了全面探究。研究发现，自近代以来，山西临县三弦书盲艺人的生活与演艺始终与时代紧密相连。在传统社会中，他们既是说书人，也是沟通人神者；在民间文艺改造的背景下，三弦书盲艺人迅速地接受了新时代的新内容以及新职能；非物质文化遗产保护运动的兴起，又将文化遗产传承者的标签加诸其身，但并未令其获得真正的鼓舞。非遗保护的工作仅关注到了三弦书艺术，对三弦书艺术的承载者盲艺人的关注却缺失。

有的学者揭示了当下的曲艺在社会转型与市场化发展中存在的问题。祝鹏程的《非

---

① 詹双晖：《广东地方戏剧的生存现状与传承保护对策》，《文化遗产》2015 年第 4 期。

② 王婧宇：《近十年来（2005—2015）晋西临县伞头秧歌的发展变化研究》，硕士学位论文，山西师范大学，2015 年。

③ 胡希可：《民间职业川剧表演团体生存模式变迁研究》，硕士学位论文，中央民族大学，2015 年。

④ 王琳：《山西临县三弦书盲艺人调查研究》，硕士学位论文，山西师范大学，2015 年。

主流相声：社会转型中的民粹与狂欢》[①] 揭示了当代相声的一种新现象——“非主流”相声产生的原因和危害。随着文艺团体市场化改革的加速，民间艺术社团更趋多元，越来越多的演员组成了直面市场的经营团体。“非主流相声”是中国社会转型期出现的独特的民间艺术，它的产生得益于转型期社会大众的消费需求与言说欲望，也得益于互联网等新传媒的兴起。自居“非主流”的演员们将这种相声作为自我营销的策略，采取了二元对立的话语模式和民粹化的言说方式，制造了反权威的狂欢化感受。但同时，这种民粹化的言说方式也造成、加剧了社会阶层的隔阂。

此外，王伟伟的《民营戏曲剧团的市场化与文化传承发展策略研究》[②] 探讨了民营剧团在市场化的语境下的生存状况；熊晓辉的《“口述”与“文本”——辰河高腔传承人百年记忆的表述方式》[③] 从艺人的口述史探讨了辰河高腔在当下的传承状况；杜静怡的硕士论文《上海说唱在城市更新中的传承与发展研究》[④] 将上海说唱放置到城市更新的现实环境和大背景中，挖掘了导致上海说唱当前困境的根本原因，并探索了有效的破解对策；吴贝的硕士论文《襄垣鼓书调查与研究》[⑤] 也通过田野调查，揭示出了襄垣鼓书目前存在的问题：受众群体不断缩小、走向下坡路，艺人收入与经济发展水平失衡，艺人的招收受到限制，传承面临后继无人等。

除了上述的研究外，关于民间戏曲与曲艺的当下传承与保护还有以下研究：崔海英的《从历史流变看地方戏剧种的现代发展——以平度市吕剧团为例》[⑥]、李晓艳的《“非遗”视域下传统戏曲的原生性与活态化——鄂西土家族戏曲曲种保护》[⑦]、王昆仑的《传承与创新：1980—1985 年婺源徽剧发展研究》[⑧]、张红娟的《平山民间艺术瑰宝——西调秧歌调查与研究》[⑨]、原琳的《山西洪洞琴书调查与研究》[⑩] 等。

结语

我们看到，2015 年度民间戏曲与曲艺的研究成果较为丰富，在各个领域都出现了较有分量的成果。总体而言，我们可以发现以下趋势：

首先，传统的文史考证研究仍保持了强劲的势头。民间戏曲、曲艺的文化内涵阐释，背后的信仰内涵与源流考辨仍占了相当大的比重，出现了一批颇有分量与质量的专著。新

---

① 祝鹏程：《非主流相声：社会转型中的民粹与狂欢》，《艺术广角》2015 年第 5 期。

② 王伟伟：《民营戏曲剧团的市场化与文化传承发展策略研究》，《东岳论丛》2015 年 11 期。

③ 熊晓辉：《“口述”与“文本”——辰河高腔传承人百年记忆的表述方式》，《文化遗产》2015 年第 4 期。

④ 杜静怡《上海说唱在城市更新中的传承与发展研究》，硕士学位论文，华东师范大学，2015 年。

⑤ 吴贝：《襄垣鼓书调查与研究》，硕士学位论文，山西师范大学，2015 年。

⑥ 崔海英：《从历史流变看地方戏剧种的现代发展——以平度市吕剧团为例》，《人文天下》2015 年第 6 期。

⑦ 李晓艳：《“非遗”视域下传统戏曲的原生性与活态化——鄂西土家族戏曲曲种保护》，《学术界》2015 年第 9 期。

⑧ 王昆仑：《传承与创新：1980—1985 年婺源徽剧发展研究》，《地方文化研究》2015 年第 2 期。

⑨ 张红娟：《平山民间艺术瑰宝——西调秧歌调查与研究》，《中国音乐》2015 年第 4 期。

⑩ 原琳：《山西洪洞琴书调查与研究》，硕士学位论文，山西师范大学，2015 年。

的研究方法与取向也产生了较大的影响，从物质文化展开戏曲研究，成为新的学术生发点。

其次，近年来的民间戏曲与曲艺的研究既取得了可观的成就，也产生了一些弊端。纵观2015年的研究成果，普遍缺乏长期扎根乡土的调查基础。这些文章尽管看上去很“全面”，但普遍不够深入，对艺人的长期跟踪、曲种与剧种的内部知识的揭示不够。我们看那些对民间戏曲曲艺当代生存状况的考察研究，尽管对象各异，但研究者发现的现象和提出的问题却大同小异，缺乏立足具体社区的，有针对性的见解。

再次，民俗学视角下的戏曲曲艺研究成果偏少。从2015年度的梳理可见，从戏剧学、曲艺学、音乐学、社会学、历史学等角度的研究占了绝大多数，但从民俗学、民间文学角度出发的研究所占的比重偏小。说明近年来民俗学界放慢了开拓这一领域的脚步。

最后，非遗保护成为民间戏曲与曲艺研究的新生发点。对相关非遗的研究成果甚多，但从目前的成果来看，这些研究仍有很大的深化空间。须知非遗保护不仅仅是一个技术性的问题，更涉及到如何看待民间、与民间展开平等的对话与互动，如何让民间戏曲与曲艺更好地介入到当下的社会建设中去等一系列的问题。

2015 年歌谣研究综述

王 娟*

2015 年的歌谣研究取得了一定的成果，但是无论是在歌谣理论研究方面，还是在歌谣史和歌谣基本研究方面都没有大的突破。在当代民间文学研究领域中，歌谣研究继续处于边缘地位。作为文化保存和文化传承的不可或缺的重要载体，从古至今，民间歌谣都异常活跃，在民众生活中占有着不可替代的重要地位，因此，歌谣研究领域始终存在着一个广阔的空间。歌谣的许多方面，如歌谣史、歌谣的传承、歌谣的程式、歌谣的格律、歌谣的类型、歌谣的整体性、歌谣的地方性、歌谣的工具性以及歌谣与其他文学形式的关系研究，等等，都值得我们深入其中，进行更深层次的研究。此外，歌谣研究还有助于民间文学、民俗学理论和方法的建构和完善，使我们对文化的传承有更进一步的理解。但是，遗憾的是，歌谣并没有吸引更多的学者进入其研究领域。

在过去的一年里，歌谣研究成果不多，近百篇歌谣研究论文基本集中在如下几个方面，即歌谣基本研究、古代歌谣研究、红色歌谣研究、少数民族歌谣研究等。

歌谣基本研究

在歌谣基本研究方面，代表性的论文有娄贵品和曹曦的《文化的民族性与地域性：基于陈国钧和刘兆吉所收歌谣的讨论》。该文通过对刘兆吉的《西南采风录》和陈国钧《贵州苗夷歌谣》等歌谣集的对比，探讨了歌谣的相似性和地方性问题。抗战爆发后，上海大夏大学迁黔，该校教师陈国钧在调查贵州苗夷的过程中收集了很多歌谣，并从中选出一千首，编成了《贵州苗夷歌谣》，并于 1942 年由文通书局出版。陈国钧的其他著作，如《安顺县苗夷调查报告书》《炉山县苗夷调查报告书》《定番县苗夷调查报告书》，以及《安顺苗夷的娱乐状况》《定番县歌谣丛录》等书中也收录了他自己当时所收集的一些地方歌谣。与此同时，长沙临时大学湘黔滇旅行团成员刘兆吉在迁滇途中也收集了两千余首歌谣，后从中选择出 771 首，编成了《西南采风录》，1946 年由上海商务印书馆出版。刘兆吉的《西南采风录》一度被杨振声、罗常培、王力、赵元任等知名教授赞为“现代三百篇”，具有重要的历史和学术研究价值，按照黄钰生所言，语言学者可以研究方言，社会学者可以研究文化，文学家可以研究民歌的格局和情调。但是，对于陈国钧的《贵州苗夷歌谣》，即国内第一本记录特种民族，或称少数民族的歌谣的著作，研究则不多见。该文认为，陈国钧和刘兆吉所收歌谣不仅在采集和出版的时间方面相当接近，且都涉

* 作者系北京大学中文系副教授。

及贵州歌谣，因此，对两位学者所收歌谣的比较研究，有助于我们更深入地理解文化的民族性和地域性问题。

通过比较，该文认为，首先，陈国钧的歌谣集更注重歌谣的民族身份，这一点从书名上即可看出。而刘兆吉的歌谣集更偏重地域性，书名《西南采风录》就是最好的证明。其次，两人收集的很多歌谣大部分都互为异文，或者说是同一首歌谣在不同地区的异文。如陈国钧《贵州苗夷歌谣》中有“半夜三更出太阳，年成不好去吃粮，等到吃粮回转来，跑到娘乡娘不张”的歌谣，刘兆吉《西南采风录》中也有，文本为“半夜三更出太阳，年成不好哥吃粮，我去前面有官做，花花轿子来抬娘”。这两首显然是互为异文的，是我们研究歌谣的传承、变异、结构、程式、整体性和区域性等问题的重要材料。此外，该文还讨论了歌谣搜集过程中必须要面对的方言、土语问题，认为正是因为遭遇方言土语的问题，才使得一些地区的歌谣采集工作受到限制，造成大量歌谣无法收录，让人感到遗憾。已经收录的带有方言土语的歌谣对研究少数民族语言及其分布、演变过程具有重要的参考价值。该文角度新颖，材料丰富，对歌谣史方面的研究很有借鉴意义。

张莹的《关东民众两性伦理观念论析：以辽宁歌谣口承文本为对象》以民间文学三套集成辽宁歌谣县卷本为蓝本，梳理了歌谣文本中所呈现出来的关东民众的两性伦理观念，并通过与正统伦理观念的对比，认为关东民众日常两性伦理观念既承袭了正统的伦理观，但与其又有一定的疏离。该文认为，民间歌谣虽然不如哲学家们对于人类、社会和宇宙观思考的完备、缜密，其想象性和思辨性不同，但却寄托着民众的欢乐和悲伤，引导着民众对宇宙、历史、地方的理解，因此它们正是我们理解民众生活，倾听民众心灵的最好线索。[①] 在此理念的基础上，作者展开了自己的研究。作者认为：

> 涉及恋爱、婚姻家庭、夫妻关系的歌谣占辽宁歌谣口承文本相当大的比重，这也是笔者选取两性关系切入研究民众伦理观念的主要原因。民众在日常生产、生活中，为了协调动作、鼓舞情绪、减轻疲劳、交流感情，便自发地编写歌谣。这些歌谣是现实生活最为直接的描述，隐含民众共同享有的“集体无意识”，也真实地反映了民众两性伦理观念。同时，民众通常借歌谣表达对现世社会规范的爱憎，以情感诉求的方式表达内心的幻想和向往，甚至借儿童之口以戏谑的口吻，用笑声颠覆处于强势地位的正统伦理道德观。特别是谈性色变的传统中国，两性伦理观念难以表达，更加隐秘莫测。在使用歌谣文本解读民众两性伦理观念时要万分小心，明确大部分私情歌谣表达俗民心声，其内容含有令人神往又有危险性的愿望、性冲动、道德怀疑，隐含的是真实的伦理诉求（Ethical appeals）。

作者在描述自己的研究动机、材料、观点和目的时，概念不清，语焉不详，研究缺乏条理性和逻辑性。该文材料丰富，但是遗憾的是作者在梳理材料，整理思路，表达观点方面还需要加强训练。最终，作者认为关东民众受父权家庭制度的制约，两性伦理观本质上承袭“大传统”的伦理规范，秉承相敬如宾的“道德之爱”，但濡染较浅、现实因素的制

① 张莹：《关东民众两性伦理观念论析：以辽宁歌谣口承文本为对象》，《民间文化论坛》2015年第1期，第82页。

约及关东社会生活背景的特殊性，使得民众日常两性伦理规范相对宽松。①

古代歌谣研究

在对古代歌谣研究方面，有冯艳的《明清散曲与歌谣时调互动研究的现状和意义》，邓晓东的《清代民歌小曲的文献考察》，徐文翔、蓝勇辉的《论冯梦龙的民歌观念》，蔡定益的《清代民歌中的茶与社会民俗》和汪泽的《汉乐府民歌中的死亡意识》等。

冯艳的《明清散曲与歌谣时调互动研究的现状和意义》对明清散曲与歌谣时调的互动研究情况及其意义进行了初步的探讨。该文认为，本源于民间的中国古代散曲，在明清两代虽整体上沿着雅化词化之路走向衰亡，但此间与民间的歌谣时调却时有碰撞、交会。与此同时，一直于民间蓬勃生长的明清歌谣时调在经历着自身生长衍变的同时，也与其他民间文艺样式和文人的文学创作产生不同形式的互动。明清散曲和歌谣时调之间的互动促进了彼此的发展，使得歌谣时调和散曲都呈现出更加丰富和多样化的存在形态。该文对以往散曲和歌谣的研究进行了梳理，认为以往的研究多集中在“歌谣时调与散曲之区别与联系”“散曲起源与歌谣时调之关系”“明代时调小曲衍变于元人小令”“歌谣时调对散曲家创作及散曲发展产生影响”和“歌谣时调之曲调与散曲曲牌关系”五个方面，但尚未见到对两者互动情况的系统研究。② 该文指出，尝试从散曲与歌谣时调交叉互动的角度去观照一系列相关问题，可以使研究视野更为开阔，也可以对二者的发展和关系有更为全面和动态的把握。例如，明代中后期是中国古代散曲史上的复兴期，散曲家们的创作呈现出更加丰富多样的内容和风格，其中一些散曲家的创作显然受到了明代中后期盛行的歌谣时调的影响。但是遗憾的是目前几乎没有学者从明清散曲与歌谣时调互动的角度全面动态地解析散曲家的作品创作及散曲观念受民间歌谣时调影响的环境、媒介及多样表现形态。因此，厘清“文人散曲”“歌谣时调”“拟歌谣时调”及“带有歌谣时调风味的散曲作品”之间的区别和联系，才能全面把握民间歌谣时调与文人散曲作品之间的关系。③ “关系研究”是当代学界跨学科交叉研究的一种新趋势，新角度。文化是一个复杂的整体，而现代学科往往各自为战，研究视野狭窄，只见树木，不见森林，很难准确而又完整地呈现出文化的全貌。该文提出了一个新的研究视角，我们期待作者能够在后来的研究中有所发现。

邓晓东的《清代民歌小曲的文献考察》将清代的民歌小曲文献以乾隆元年为界分为前后两期。认为前期传世文献较少，但对于了解明清之际民歌小曲的嬗递有较大价值。而在后期，随着花部的迅速发展，民歌小曲集逐渐增多，各类民歌小曲文献十分丰富。及至清末，出现了大量单首或数首合刻的木刻本、手抄本，这类文献未经辑录整理，保存了民歌小曲的原生面貌。④ 该文梳理了清代民歌小曲集，如清代最早的民歌小曲集《新镌南北

---

① 张莹：《关东民众两性伦理观念论析：以辽宁歌谣口承文本为对象》，《民间文化论坛》2015 年第 1 期，第 89 页。

② 冯艳：《明清散曲与歌谣时调互动研究的现状和意义》，《许昌学院学报》2015 年第 1 期，第 42—44 页。

③ 同上书，第 44—45 页。

④ 邓晓东：《清代民歌小曲的文献考察》，《南京师范大学文学院学报》2015 年第 1 期，第 59 页。

时尚万花小曲》和随后的《新镌南北时尚丝弦小曲》。《新镌南北时尚万花小曲》中所收录的《劈破玉》《吴歌》《银纽丝》《玉娥郎》《金纽丝》《醉太平》《黄莺儿》等均为明代已见的曲调，对于探讨明清之际民歌小曲之演进很有价值。《新镌南北时尚丝弦小曲》中辑录的曲目大多与《万花小曲》中的小曲相同，只是其中的十二首《边关调》为其所独有且系首次出现，对于探讨明清之际民歌小曲的演进有重要价值。① 康熙初年出现的反映西南地区（广西）的民歌总集《粤风续九》是多位文人的合作辑录之作，主编为吴淇，参与辑录的文人有修和、赵龙文、彭楚伯、黄道、沈铸、袁炯、何絜、程世英、吴代、谈允谦、潘镠、楚僧本符等。如此众多的文人参与民歌的辑录编校工作实为罕见。该文还介绍了乾隆朝以后民间小曲民歌的出版情况，认为随着地方戏曲的异军突起，与花部乱弹有密切关系的民歌小曲再一次地吸引了世人的眼球，收集、记录、抄写者也日渐增多。比较有代表性的有《霓裳续谱》和《白雪遗音》以及几十种不同的曲调民歌集。另外，清代郑旭旦的《天籁集》和悟痴生的《广天籁集》是我们研究清代儿歌的重要材料。清末民初更是出现了大量的时调小曲和民歌的木刻本和石印本，作者详细梳理了这些木刻本和石印本的刻印、出版以及现在的馆藏情况。该文材料非常丰富，线索梳理清晰，对我们研究清代民歌具有重要的参考价值。

徐文翔、蓝勇辉的《论冯梦龙的民歌观念》认为，学界研究冯梦龙的民歌观，一般集中在其对民歌“情”与“真”的阐述上，忽略了冯梦龙的“民歌文体”观。作者认为，如果没有明确的“民歌文体”观，我们就无法准确理解民歌的“情”与“真”。② 冯梦龙在《山歌》序言中曾说道，“书契以来，代有歌谣，太史所陈，并称风雅，尚矣。自楚骚唐律，争妍竞畅，而民间性情之响，遂不得列于诗坛，于是别之曰‘山歌’。言田夫野竖矢口寄兴之所为，荐绅学士家不道也”。一个重要的原因是荐绅学士们把持着文化话语权，民歌才逐渐被轻视，以至于“诗坛不列，荐绅学士不道”。该文认为，冯梦龙将民歌视为一种文体，与诗文并列于文坛，将山歌看成是“郑卫之遗”，甚至还说“但有假诗文，无假山歌”，此举不仅抬高了民歌的地位，还有抑诗文而扬民歌之意。③ 该文认为，冯梦龙不仅赋民歌以“名”，而且将民歌理解为“借男女之真情，发名教之伪药”和“苟其不屑假，而吾藉以存真”上，进一步从思想方面提升了民歌的功能。该文还用“情教论”来解读冯梦龙民歌中的“情”和“性”，认为尽管《挂枝儿》和《山歌》中有许多“淫艳亵狎”之作，但冯梦龙并没有进行删改，盖因其将民歌作为一种文体来平等看待，其辑录、整理及研究，皆出于尊重民歌之本体之心。④ 作者的“情教说”虽有新意，但在许多方面还值得商榷，需要进一步的研究和论证。

蔡定益的《清代民歌中的茶与社会民俗》从清代民歌的文本出发，探讨了清代民众日常生活中的茶文化。该文认为，从清代民歌中我们可以发现，茶在人们的日常饮食中占据着极为重要的地位，茶不仅是日常生活用品，而且还与礼仪有着密切的关系。人们可以用茶供奉神灵、表达敬意、传递爱情、缔结姻缘，等等。总之，丰富多彩的清代民歌，为我们提供了一个透视清代社会的角度。该文属于专题研究，对我们理解茶文化有一定的

① 邓晓东：《清代民歌小曲的文献考察》，《南京师范大学文学院学报》2015 年第 1 期，第 60 页。

② 徐文翔、蓝勇辉：《论冯梦龙的民歌观念》，《南方论丛》2015 年第 1 期，第 106 页。

③ 同上书，第 106—107 页。

④ 同上。

启发。

汪泽在《汉乐府民歌中的死亡意识》一文中，从三个层面讨论了汉乐府民歌中所表现出的死亡观念。一是“直面死亡”层面，表现的是民众在物质困境中的生存挣扎，战争摧残下的忧殇情怀和精神苦闷中的死亡反抗。二是“认知死亡”层面，表现的是民众对生命有限、祸福无常的恐惧和无奈。三是“超越死亡”层面，表现的是民众试图通过求仙、问仙的途径超越死亡的愿望。

该文的研究角度可取，但是，论证过程有些随意，不甚严谨。例如在讨论乐府古歌《公无渡河》时，作者认为，该诗虽然仅有十六个字，即“公无渡河！公竟渡河！坠河而死，当奈公何！”但是讲述的却是一个赤裸裸的死亡事件。作者据崔豹《古今注》的记载，描述了该诗的背景，即朝鲜津卒霍里子高晨起刺船，有一白首狂夫被发提壶，乱流而渡，其妻随而止之不及，遂堕河而死。于是援箜篌而歌此曲，声甚凄惨，曲终亦投河而死。子高还以语其妻丽玉，丽玉伤之，乃引箜篌而写其声，闻者莫不坠泪饮泣。作者认为，《古今注》只交代了创作缘由，并没有详解事件的缘由，因此“我们不知‘公’因何而狂，为何渡河。也正因如此，《公无渡河》的意义空白给后人留下了无限的联想与阐释空间”。既然没有线索可知这首歌的具体内容，那么不知为何作者接下来却言之凿凿地给出了自己的结论，认为：“公显然是一个对人世绝望了的形象。生命对他来说已是不值得顾惜的东西了……他很可能是迭遭打击、极度痛苦而至于迷狂，他在迷狂中也许依稀看到了水中是一个光明洁净的所在……为追求那一线虚妄和最后解脱，他顾不得浪滔滔‘竟渡河’，而大浪也吞噬了他……这是一出希望幻灭的悲剧。”① 作者甚至认为从白首狂夫身上，看到了屈原沉湘的影子，看到觉醒者在孤独中追逐理想，反抗绝望而殉身无悔的悲壮执着。② 作者在没有任何线索和材料支持的情况下，就一厢情愿地做出结论，给出结果，显然是不严谨的。从某种意义上讲，该论文具有一定的普遍性，许多学者的研究往往建立在自己的情感逻辑推导上，而不是从材料出发的科学论证。这样的论文更像是作品赏析，而不是学术论文。

红色歌谣研究

2015 年，红色歌谣的研究取得了一定的成果，比较有代表性的有林继富的《河南桐柏抗战歌谣研究：基于历史记忆的视角》，王兆辉、肖军、闫峰的《出版媒介场域对抗战歌谣的传播研究》，陈正平《川陕苏区的红军歌谣和歌谣化的政治宣传：川陕苏区红色歌谣简论之二》，汪晓万、邱奇杰的《赣东北根据地红色歌谣及其创作特征》等。

林继富的《河南桐柏抗战歌谣研究：基于历史记忆的视角》围绕着抗战期间流传在桐柏地区的抗战歌谣，尝试从口头传统中的历史记忆的角度还原桐柏地区抗战期间军民的生活面貌。该文认为，虽说歌谣是历史记录的载体，但是，当历史逐渐远离，许多历史细节以及重大的历史过程由于没有被正史记录而变得模糊不清的时候，原地区民众的口头传唱、口头讲述就会以不同的方式在生活需求和情感倾向的作用下记录着历史，成为地方历

① 汪泽：《汉乐府民歌中的死亡意识》，《宜宾学院学报》2015 年第 1 期，第 42—43 页。

② 同上。

史的重要组成部分。①

作者认为，抗战歌谣在记忆历史方面，因为歌者的特殊经历，具有记忆的倾向性和选择性。这些记忆并非虚幻的历史，并非空洞的口号，而是当下对桐柏地区抗战历史的真实记忆，成为还原桐柏地区抗战期间军民生活的有效途径。② 一直以来，传唱歌谣是桐柏人们生活中不可缺少的一部分，尤其是历史传说歌谣，尤其受到人们的喜爱，而且编唱古人歌，也是当地人记录历史、学习历史知识、了解历史事件和历史人物的重要途径和方式。抗战期间的各种历史事件和重要战斗，都曾被编入歌谣，被民众以各种方式讲述和传唱。例如，当地流行一时的《十二月抗日战歌》按照从一月到腊月的顺序，详细记录了日本侵略中国的事件过程，依次为中原——卢沟桥——上海、南京——黄河——台儿庄——荆州——徐州等。《十二月抗日战歌》把抗战八年的历史状况压缩在一年的十二个月里，用压缩时间、突出重点事件的方法，完整地记录了这段历史，唱出了每一个阶段人们不一样的情感。③ 该文认为，抗战歌谣是中国民间歌谣发展的主要阶段，每一类歌谣代表了特殊年代的历史及其民众的生活情感。抗日战争是驱赶侵略者的战争，全国人民空前团结，凝聚出巨大的力量保家卫国，这种力量和情感不同于中国任何时代创作和传承的民间歌谣。虽然在艺术表达上不及文人诗歌精致典雅，但是抗战歌谣以简短、凝练的语言和丰富、真挚的情感，像呐喊、像利剑直击民众的心灵世界，由此迸发出的巨大的力量是任何艺术无法媲美的。④ 口述史、记忆中的历史研究是一种新的研究角度，表现出学界开始关注历史发展过程中平民大众的足迹和声音。实际上，随着口述历史、社会“集体记忆”（collective memory or popular memory）、社会总体想象、世俗大众心态等概念的出现，学者们，包括历史学家们，已经将视野扩大到能够代表和反映大众文化的材料上来，其中包括歌谣、咒语、象征、符号、建筑、器具、图片，等等。这些内容逐渐进入学者的视野，成为研究过去社会的重要史料。但是，如何理解口述史和记忆历史，如何展开有效的研究，还需要更多的学者加入到研究中，继续深入探讨。

王兆辉、肖军、闫峰的《出版媒介场域对抗战歌谣的传播研究》一文尝试用场域的概念对抗战时期的歌谣进行研究。所谓场域，是“在各种位置之间存在的客观关系的一个网络或一个构型。出版媒介场域是以图书、期刊、报纸等各类出版传播媒介场域作为一种文献载体，承载了抗战歌谣产生、发展、演变的历史过程，是记载抗战歌谣的原始材料，也是研究抗战歌谣及抗战历史文化的重要载体”。⑤ 以往的歌谣研究多注重歌谣文本本身、歌谣的内容、艺术性、修辞手法等方面的研究，而从出版媒介场域对歌谣的研究不多见。该文认为，抗战期间，出版物、创作者、阅读者等不可或缺的关键因素共同构建了一个完整的信息传播系统。他们之间的良性互动为抗战歌谣的出版提供了广阔的空间，是

---

① 林继富：《河南桐柏抗战歌谣研究：基于历史记忆的视角》，《民间文化论坛》2015 年第 5 期，第 55 页。

② 同上。

③ 同上书，第 57—58 页。

④ 同上书，第 61 页。

⑤ 王兆辉、肖军、闫峰：《出版媒介场域对抗战歌谣的传播研究》，《重庆邮电大学学报》2015 年第 3 期，第 133 页。

抗战歌谣得以广泛传播的有力保证，给抗战歌谣的传播奠定了坚实的基础。[①] 该文列举了抗战时期重庆出版的大量的抗战歌谣集，以及报刊、杂志中的各种与抗战歌谣的搜集、创造、表演相关的报道，展示了当时的各种媒体相互呼应，共同营造和构建的一个强大的场域。这个极其活跃的场域不仅为歌谣的繁荣和传承发展提供了空间，而且也吸引了许多政治家、教育家、音乐家、诗人、作家、社会活动家、表演艺术家等关注民间歌谣，使用歌谣，表演歌谣和创作歌谣。这些行为不仅为民间歌谣的生存和发展注入了营养和活力，而且也催生了大量优秀作品不断涌现。场域的建构和生成是传统文化发展的重要舞台，也是文学创作繁荣的重要条件。该文材料丰富，视角新颖，对以后的歌谣研究有启发。

陈正平的《川陕苏区的红军歌谣和歌谣化的政治宣传：川陕苏区红色歌谣简论之二》集中讨论了歌谣的"工具性"，认为川陕苏区的红军歌谣，作为一种卓有成效的政治宣传工具，在配合当时的武装斗争和苏区建设工作中发挥出了重要的作用。在中国，民间歌谣历史悠久，其工具性早在远古时期就得到了充分的认识，因此，历朝历代不仅格外重视民间歌谣的采集工作，而且屡屡尝试运用民间歌谣鼓吹造势、宣政促变、教化民众和改良民风。川陕苏区利用歌谣进行政治宣传以及所产生的广泛的社会影响为我们研究民间歌谣的功能和民间歌谣的传承途径和方式提供了范例。此外，该文还认为"这些史诗般的歌谣是一面镜子，映照出时代的风云变幻，为中共党史、军事斗争史和地方文化史的研究提供了可靠的第一手材料"。[②]

汪晓万、邱奇杰的《赣东北根据地红色歌谣及其创作特征》对赣东北地区红色歌谣的创作特征进行了具体研究。许多红色歌谣改编自当地的民歌、民谣，该文对红色歌谣的创作过程，即红色歌谣如何改编和使用旧歌谣进行了梳理，认为在红色歌谣的创作过程中，人们或者采用旧曲填新词的方式，或者采用杂糅多种曲调创作新曲的方式，或者采用部分借用的方式，创作了大量优秀的红色歌谣。对民间歌谣元素的使用和借鉴可以说是红色歌谣的生命力之所在。该文通过对比民间歌谣和红色歌谣的内容、形式和曲调，从一个侧面为我们展示了民间歌谣的一些核心元素，如程式、句式、诗律等，对我们研究口传歌谣的程式具有借鉴意义。

少数民族歌谣研究

在少数民族歌谣研究方面，有李斯颖的《侗台语民族歌谣格律比较研究》，吴涤的《浙江景宁畲族婚俗仪式民歌〈借锅歌谣〉音乐形态探析》，罗相巧的《壮族民间音乐的传承与发展研究：以刘三姐歌谣为例》，梁嘉的《刘三姐歌谣文化的重构与发展》和齐风华的《科尔沁叙事民歌中的宗教文化初探》等。

李斯颖的《侗台语民族歌谣格律比较研究》重点探讨了侗台语民族歌谣的格律问题。作者认为，侗台语民族是古越人的后代，其歌谣可以上溯到汉代的《越人歌》。由于《越人歌》押腰脚韵，与现在生活在西南地区的少数民族，如壮族、侗族、布依族、水族、

---

① 王兆辉、肖军、闫峰：《出版媒介场域对抗战歌谣的传播研究》，《重庆邮电大学学报》2015 年第 3 期，第 133—134 页。

② 陈正平：《川陕苏区的红军歌谣和歌谣化的政治宣传：川陕苏区红色歌谣简论之二》，《四川文理学院学报》2015 年第 6 期，第 16 页。

毛南族、仫佬族和傣族的民歌格律相似，因此，作者试图通过比较的方法，以上述各民族的歌谣格律为线索，进行民族之间的关系研究。该文认为，歌谣的格律受到语言、曲调、乐器、民族心理等因素的影响，不易发生改变，可被视为“鉴定民歌的族群属性的最为可靠的尺度之一”。[①] 该文列举了上述少数民族的当代歌谣，认为腰韵是它们较为突出的歌谣格律特点，这种格律特点与他们的语言、文化及民族特性都有着深厚的关系。尽管侗台语民族分布的地区包括中国南方及东南亚越南、泰国、老挝、缅甸等国家，语言也发生了较大的改变，彼此之间不能通话，并受到周边民族的文化影响，但作为一种较为固定的模式，腰韵格律已经植根于民族的审美范式以及意识形态之中，并作为一种歌谣的生成机制为各民族所传承。[②] 从研究方法上讲，歌谣格律研究重点是歌谣文本的选择。该文并没有详细介绍所选歌谣文本资源的出处，以及所选歌谣是否具有代表性和典型性，歌谣的文本在整理、翻译和出版过程中是否被加工和修正等问题，因此，论文缺乏一定的严谨性。希望能有更多的田野调查材料为作者的研究提供材料支撑。

吴涤的《浙江景宁畲族婚俗仪式民歌〈借锅歌谣〉音乐形态探析》对景宁畲族的婚礼仪式歌进行了音乐的形态研究。景宁畲族婚俗仪式环节众多，其中包括拦路（门）、举礼、喝宝塔茶、脱草鞋、借锅、杀鸡、撬蛙、对歌、对盏、留箸、留风水、行嫁、拜堂、传代、回门等。由于畲族婚俗仪式过程中的所有环节都要有歌相伴。因此在准备迎亲之前，男女双方都要请到当地最好的民歌手到场唱歌。畲族婚俗仪式中，“借锅”仪式最具有趣味性、互动性和挑战性，因为在这个仪式中，双方所请的歌手要用谜语歌的形式以歌斗智，以歌讨物，展现了歌手的智慧，极具畲族传统特色。该文认为，景宁畲族民歌《借锅歌谣》无论从变化音处理、音列形态、调式色彩、节奏特点等诸多方面都与传统的畲族民歌大不相同，有着鲜明的地方特色。[③] 该文对景宁畲族《借锅歌谣》的独特地方性进行了初步的探讨，认为歌谣的“口传性”“即兴演唱性”“现场仪式性”和“诵唱结合性”是造成歌谣地方变异性的主要原因。该文对我们研究歌谣地方性及其成因具有借鉴意义。但是，歌谣的变异和地方化除了上述原因之外，其与周边其他民族群体的关系也是一个重要的原因。歌谣格律不仅是鉴定民歌的族群属性的最为可靠的尺度之一，也是表现群体差异性，包括群体内部差异性和群体之间差异性的标尺之一。从某种意义上讲，歌谣格律上的差异可以是一种策略和手段，是群体自我定义的工具。我们以为，学界关于歌谣的研究，总体上讲缺乏一种整体观，缺乏一种更为宏观的视野。

罗相巧的《壮族民间音乐的传承与发展研究：以刘三姐歌谣为例》探讨了如何在新形势下保存和传承刘三姐歌谣的问题。该文认为，刘三姐歌谣具有增强民族凝聚力，维系和促进族群和家庭和谐和倚歌择配的功能。[④] 但是近年来，随着改革开放以及经济全球化的深入发展，刘三姐歌谣的传承与发展受到了不同程度的冲击，出现了传统文化内涵受到破坏、壮语刘三姐歌谣的传播受到限制、传承后继无人、刘三姐歌谣文化商业化现象严重

---

① 李斯颖：《侗台语民族歌谣格律比较研究》，《广西师范大学学报》2015 年第 5 期，第 9 页。

② 同上书，第 16 页。

③ 吴涤：《浙江景宁畲族婚俗仪式民歌〈借锅歌谣〉音乐形态探析》，《内蒙古大学艺术学院学报》2015 年第 2 期，第 92 页。

④ 罗相巧：《壮族民间音乐的传承与发展研究：以刘三姐歌谣为例》，《广西社会科学》2015 年第 2 期，第 196—197 页。

等问题。例如，刘三姐歌谣的唱词起初都是壮语，各地对歌曲的称谓也不尽相同，就曲调种类称谓而言，归纳起来有“欢”“加”“西”“比”“伦”五种，不同地方用不同的方言演唱。但是在当代，为了方便各地传统民间文化交流，让外地来的歌手能够听得懂本地歌词的内容，当地歌手在演唱过程中常常把歌词翻译成汉语。此举虽然促进了刘三姐歌谣的传播，但是，其结果却导致原生壮语刘三姐歌谣的传播受到限制，刘三姐歌谣也失去了地方性和民族性。[①] 此外，新生代歌手无法承担传承重任，表现在如今，由于各种强势文化的浸染，本土民间艺术生存的社会基础受到了动摇，新一代歌手往往更倾向于学习现代流行音乐，或者更倾向于对传统刘三姐歌谣进行大规模的改编，更确切地说是只在现代流行音乐中保留些许刘三姐歌谣的元素，因而谈不上对刘三姐歌谣的传承。同时，刘三姐歌谣还存在着严重的商业化倾向。[②] 该文提出的问题非常具有普遍性，许多地方的传统文化都受到了各种各样的冲击，在弘扬传统文化的口号下，许多传统文化现象正在面临失去个性、地方性和本土性的危机。

至于如何化解这种危机，该文给出了一些建议：首先，保护刘三姐歌谣的发源场所——歌圩，并且通过歌圩推广普及原生壮语刘三姐歌谣，使刘三姐歌谣的传承成为真正意义上的“传承”；其次，把刘三姐歌谣融入当地学校课堂教学中，即把刘三姐歌谣列入学校教学计划中，系统性地培养年轻一代刘三姐歌谣传承人，等等。[③] 这些建议是否能够实施，是否有效我们不得而知，但是，文化的传承问题是一个非常复杂的社会问题，需要更多的人，包括学者、政府以及地方传承人共同面对。也希望有更多的专家学者参与到讨论当中。

在《刘三姐歌谣文化的重构与发展》一文中，作者对如何保护和传承刘三姐歌谣提出了自己的观点。该文认为，在开放的社会系统中，尤其是在当今的全球化背景下，不受任何外来文化影响的、纯粹的民族文化是不存在的，从这个意义上看，刘三姐歌谣文化是壮族山歌文化与其他文化不断融合、重构的结晶。实际上，在广西各地，刘三姐的传说源远流长，是壮、汉、瑶、侗、仫佬、毛南、苗各民族共有的歌仙。不同地区的民族都把刘三姐当成自己人，认为自己的家乡便是刘三姐的家乡。不同流传地的老百姓在进行文化重构过程中，都把当地最美丽的自然风光和最美好的祝愿赋予了刘三姐，使得当地的山山水水更加富有文化内涵，而刘三姐传说也因为这些美丽的自然风光而显得更加耐人寻味。该文认为，正是这种人文和地理的相互融合，使刘三姐歌谣文化在重构中获得了新的生命力。[④] 作者将刘三姐作为一种极具文化代表性和凝聚力的核心形象，展示了不同民族在使用这一典型形象时如何在不改变刘三姐歌谣核心内容和基本精神的情况下从唱词、形象、表演等方面将这一核心形象地方化，并逐渐使其成为本民族一员，为本民族所用的过程。例如，刘三姐歌谣的唱词经历了壮话、桂柳话、客家话以及汉语普通话的重构变迁。然而时至今日，我们也不能说壮话版的刘三姐歌谣比客家话版或桂柳话版的刘三姐歌谣更加原汁原味，因此，只要歌谣唱词的核心内容没有改变，所表达的主要思想没有改变，人们都

---

① 罗相巧：《壮族民间音乐的传承与发展研究：以刘三姐歌谣为例》，《广西社会科学》2015 年第 2 期，第 198 页。

② 同上。

③ 同上书，第 200 页。

④ 梁嘉：《刘三姐歌谣文化的重构与发展》，《广西民族研究》2015 年第 5 期，第 107 页。

把这些不同语言载体（包括汉语普通话）的山歌认定是刘三姐歌谣。这种重构体现了刘三姐歌谣的包容性和开放性，使刘三姐歌谣能够在更加广泛的地区和更加久远的历史中得到传承。①

在探讨刘三姐歌谣传承过程中的重构问题时，该文表现出了一种难得的“整体”观和“历史”观，即将刘三姐歌谣看成是一种可供使用的“资源”，且从历史的角度分析这一“资源”是如何被各民族借鉴和使用，以及借鉴和使用过程中的特点和规律等问题。但是非常遗憾，该文对这些问题只是进行了初步的思考，并没有进一步展开论证。

齐风华的《科尔沁叙事民歌中的宗教文化初探》尝试通过科尔沁叙事民歌的文本内容去“窥见当时科尔沁地区蒙古人民的精神信仰及宗教世界”，追溯古代科尔沁人的宗教观念及其信仰形式。该文认为，科尔沁叙事民歌是蒙古族经典的说唱艺术形式，是研究科尔沁地区经济、历史、文化、民俗、宗教等方面不可多得的珍贵资料。通过文本梳理，作者认为，古代科尔沁人的信仰表现出两种互相矛盾的特点，一是“笃信宗教，寄托情感”，二是在信仰宗教的同时，又“怀疑宗教，讽刺宗教的虚假性”。遗憾的是作者无论是在材料的使用上，还是观点的论证上都比较随意，既没有交代论文所选的科尔沁叙事歌的情况，也没有一个前后一致的理论系统做支撑，因此，论文只停留在一般简单的归纳梳理上，缺乏“论证”的成分。

总之，2015 年的歌谣研究成绩虽不理想，但有些研究成果还是让我们眼前一亮，带给了我们一些希望。表现在歌谣研究出现了一些新的研究领域，如红色歌谣研究；也出现了一些新的研究思路，如歌谣的“整体性”“历史性”和“关系”研究；也出现了一些新的概念，如“场域”等。希望在未来，歌谣研究能有更多有分量的学者和成果出现。

① 梁嘉：《刘三姐歌谣文化的重构》，《广西民族研究》2015 年第 5 期，第 108 页。

2015年民间艺术研究综述

尹笑非[*]

中国民间艺术研究与中国民间艺术一样，丰富多彩、数量繁多。2015年在中国知网检索2015年发表的以“民间艺术”为主题的论文，共有834篇，与上年866篇基本持平。2015年度民间艺术研究大致来自于民俗学、艺术学、美学几个方向，交叉性研究的特征依然极为明显。

多学科视角基础理论研究

在民间艺术基本理论研究方面，每年都有少量几篇持续推进的研究，今年研究角度又有了些许新的变化。

聂楠的论文《论民俗艺术的认知取向与符号系统》从民俗学科本身出发进行理论研究，认为民俗艺术认知的基础是观察和体悟，认知取向设计知人、知物、知事、知艺等基本方面。“民俗艺术的认知借助符号而展开，包括语言符号系统、声响符号系统、文字符号系统、图像符号系统、造型符号系统和动作符号系统等。民俗艺术的认知具有启迪当代教育、促进传承保护、美化现实生活、推进创新发展的意义。”①

季中扬、胡燕的论文《论中国民间艺术的文化内涵及其当代意义》从美学角度对民间艺术基本内涵的重释。“民间艺术是一种历时性演进比较缓慢的艺术形态，其结构相对稳定。就其文化内涵而言，处于结构底层的是原始文化观念，次之是世俗文化观念，再次是大传统文化观念，表层是形形色色的当下的思想观念。民间艺术的深层次文化内涵极其稳定，几乎不因社会文化变迁而发生改变，这不仅是因为这些文化内涵与人类的本能性需求密切相关，更为重要的是深层次文化内涵通过代代相传的象征体系，已经深度内化为民族的集体无意识了。民间艺术作为族群文化记忆的重要载体，在城乡生活空间急剧变化的当代，其‘无场所的记忆’功能对于活态传承文化遗产，重构民族文化认同，建设有根的现代文化有着无可替代的重要意义。”②

郑智武的《论民族艺术表演者权的主体》是一篇跨界研究，从法学角度出发但一直紧紧围绕本学科研究对象。文章认为“民族艺术表演者权主体是因艺术表演而享有权利

---

* 作者系华东师范大学国际汉语文化学院副教授。

① 聂楠：《论民俗艺术的认知取向与符号系统》，《民俗研究》2015年第2期。

② 季中扬、胡燕：《论中国民间艺术文化内涵及其当代意义》，《江苏社会科学》2015年第1期。

和履行义务的人或组织，有别于其他权利主体。民族艺术表演者权主体的界定，需考量民族艺术表演者权本体、艺术主体与客体的关系、法律人格、民族艺术特性等因素。民族艺术表演者权主体是多元、多层次的，其特有主体包括国家与政府、民间艺术表演者后代及传承人、族群及土著民社区等”。[①] 从表演法律关系角度，民族艺术表演者权主体呈现层次化，即群体、组织体、自然人个体。民族艺术表演者权主体对于民族文化艺术的发展和民族文化产业的壮大有着极重要的影响。

民间艺术与非遗联姻后的反思

2015 年度从民间艺术角度研究非物质文化遗产保护的文章，数量明显少于前一年，[②] 且在研究范围、学科交叉性等方面也略逊于上年。不知这是否由于非遗学科性理论性的缺乏导致研究者并未找到持续深入的突破点，进入了彷徨期。但另一方面，这种彷徨似乎促进了对已有状态的反观。2015 年度此方面研究出现了多篇反思性的重量级成果。

顾浩的《对非物质文化遗产语境“民间美术”研究属性的诘问》从“非物质文化遗产”和“民间美术”等相关概念入手，阐释了非物质文化遗产语境中“民间美术”具有“物质性”“非物质性”和“共时性”“历时性”两个关键的学科属性。“民间美术研究需要把握横向‘共时性’和纵向‘历时性’经纬，一方面呈现文化的可见物质性形态，另一方面揭示文化的不可见非物质内容。”这篇文章的关键之处是在非遗的大背景下重新考虑“民间美术”这一术语。因为“艺术学领域内，民间美术一词还事实存在，艺术研究者们针对的对象还是过去那些看得见摸得到的东西。民间美术总是由群体社会生活需求型所塑造，它们将在历时性上主动或被动地不断调整社会存活能力，包括形态、造型、工艺、功能、销售方式、传承等，就是说民间美术作为‘物’的发展是绝对运动的。”非物质文化遗产的提出，实质上一方面扩展了原来民间美术的学科属性范畴，另一方面却同时给研究者们提出了全新动态性难题。[③]

无独有偶，另一篇吴天跃的文章《“民间美术”概念的知识生成》也是从“民间美术”这一尴尬的概念入手而进行论证的。文章梳理了回顾了“民间美术”概念的生成史以及背后的社会思潮，继而从构词法和重要奠基者张道一与靳之林对“民间美术”的认识入手展开具体分析。近年来这一概念被提及的越来越少，一种策略是代之以范畴略有区别的“民艺学”，另一种策略是放在国际社会流行的“非物质文化遗产”的框架中，强调其活态性。这都表明原先带有本原主义倾向的“民间美术”概念其学理性色彩削弱了，未来或将逐渐退出历史舞台。

顾浩的另一篇文章《民间美术类非物质文化遗产研究的方法论及价值向度》，针对“非物质文化遗产”类民间美术研究的方法论和学术价值向度问题，从现存相关成果归类着手，分析了研究者知识结构新需求与方法论的关系。民间美术研究是将非物质文化遗产物质化的过程，研究方法论和价值取向的进步，必须主要运用扎实可信的参与式田野考察法获取资料，以客观资料学作为方法论主体，并正视基础民间资料的重要价值，最终完成

① 郑智武：《论民族艺术表演者权的主体》，《南京艺术学院学报》2015 年第 2 期。

② 知网搜索以“民间艺术”和“非物质文化遗产”为主题的论文，2014 年 114 篇，2015 年 93 篇。

③ 顾浩：《对非物质文化遗产语境“民间美术”研究属性的诘问》，《美术观察》2015 年第 10 期。

对资料文本的深描和解读。[1] 这篇文章中有诸多精辟论述："过去，肤浅支离破碎的方法论和片面的价值取向实质上吞噬着看似庞大研究成果的有效学术意义。今天，民间美术研究正出现跨学科的泛艺术化、去艺术化倾向，在对物的形态、人群、造物制度、文化面貌、审美意义的阐释过程中，如何弥补中国特殊社会发展阶段民间美术历史的缺失，并在激变的全球化时代收集整理可信翔实的民间美术田野资料，已经成为当代研究者极为重要的任务。可以认为，今天就方法论而言，参与式考察是研究者们解开民间美术惊天秘密的有效钥匙。参与式田野考察，将会不断迫使研究者们科学地获取资料、实证地把握过程、缜密地验证假设、客观地揭示规律。未来民间美术研究方法论和价值取向的进步必定来自三个方面：其一是理论对象的改变，从提出一个新名词去代替一个旧名词的文字游戏，从推倒这个理论建立那个命题的学术利益争夺，转移到抓地有痕的基础民间资料整理上来；其二是研究方法的改变，从个人感性认知手段变成如生物学和地质学一般的科学手段，从见物不见人的片面考察到由物及人的全面整体度量；其三是立场的改变，从主观的价值论、哲学论转化为理性而客观的资料学为主体的、实实在在的文本解读，并以此作为其他延伸研究的最根本基石。唯有此方法论与价值取向的逻辑契合，方能预见民间美术研究的未来曙光！"

徐艺乙的文章《城镇化进程中传统手工艺的保护与发展》为教育部委托项目的成果。徐先生多年来为国家非遗保护做了大量工作，故其文章中提及的各种问题[2]都为切实存在且研究者在书斋里很少顾及的实际问题。虽算不上是反思性的非遗研究成果，但其整体性的视野更似专家层面为政府所做的咨询，各方面内容皆基于现实相关情况与非遗相关政策规定。文章对城镇化进程大背景下，作为非遗保护对象的传统手工艺的保护与发展之间的矛盾问题进行了深入剖析。文章提及的措施包括以下方面：一是"当前研究传统手工艺要着重研究其本体发展的科学规律，并且在此基础上建立起具有中国特色的传统手工艺知识体系。这样的知识体系，要能够兼顾历史、科学、文化、艺术等方面的要素，并且能够方便未来的传承、传播、研究和普及"。二是应"恢复与重建健康向上的传统生活方式，探索合理利用的最佳途径"。在漫长的历史进程中，人们为了满足生活之需而创造了各种器物，而各种器物的精准制作和正确使用又形成了规范，多个方面的行为规范构成了民间社会的生活方式基础，而生活方式的传播与延续则是文化传统的重要组成部分。从这个意义上来说，传统手工艺与生活方式的关系是相互依赖的客观存在。三是加强对现状的调查研究，出台政策为传统手工艺的保护与发展构建多重保障。四是支持传承人的传承活动，

---

① 顾浩：《民间美术类非物质文化遗产研究的方法论及价值向度》，《装饰》2015 年第 10 期。

② 如："大规模的城市建设，改变了城市的地形地貌，一些老字号的传统手工艺企业遭到拆迁，一些行业的关键工作场地被改造，使得传统手工艺的生产和生存失去了必要的场所；通过多方面的努力和工作，为某些类别的传统手工艺解决了原材料，一些与法律法规有冲突的禁运、禁售材料通过专门渠道得到临时解决，但今后应当怎样解决原材料的来源；一些原先为野生的植物原料，因自然环境的改变而改为种植，时间长了物种的退化问题应当如何解决；在公共财政的支持下非物质文化遗产代表性传承人有了多个层面的补贴，但学员的生活补贴和其他相关费用应当怎样解决；在非物质文化遗产的调查和保护的过程中征集了大批实物资料，使各种展示场馆的展览有了基本的藏品保障，但这些以有机物为主要材料的实物资料应当如何进行科学保护；传统手工艺企业在实施非物质文化遗产保护的生产性保护方式的过程中，原材料的购入和手工艺产品的销售过程中发生了较高税率的税费，应当以何种途径和方式进行减免和规避"，等等。

探索多种方式的传承途径。五是开展科学研究，探索符合规律的科学保护方法与途径。六是加强与高等院校的合作，探索正规渠道培养非物质文化遗产保护人才的方式与方法。[①]

民间美术个案研究

民间美术的研究的高度和广度历来领衔民间艺术研究。2015 年度民间美术个案研究似乎跳出了往年大量重复梳理性研究的窠臼，在研究内容研究角度研究深度上都有较为出色的表现。

一些民间美术门类虽已在非遗名录之内，但之前尚未有很好的学术梳理，2015 年度此方面研究又有进展。如《中国民间糖塑艺术源流略说》对国家级非物质文化遗产糖塑的源流进行专门考证，[②] 从唐时的“猊糖”、宋元时期的“乳糖狮子”，到明代盛行的“兽糖”“飨糖”等见诸文献的历代各种造型糖，再到清代与民国时期反映“吹糖人”的诗词以及风俗画、雕塑、照片等，追溯和探析其在不同历史时期的名称沿革和表现形式，并对明代文献中“猊糖始于汉”的说法提出质疑，证实糖塑这门“俗艺”始于唐代，在我国有着一千余年的传承与流变历史。另一篇文章《胶东面磕子图案纹饰研究》对于胶东地区制作面食的模具面磕子上的图案进行分析整理，从构图、内容、表现几个方面入手，分析其图案纹饰的主要审美特征，强调继承与发展这门手工艺对研究民俗民风、传统审美的学术价值，同时也对发展具有地方特色的艺术形式的重要意义。[③]

另一些已有研究比较成熟的门类，2015 年度又增加了新的研究视角。如基于信仰的和心理的研究，《苗画，一种多神信仰的形象阐释》[④] 认为苗画图案中所表现的主题，都寓意着喜庆吉祥、人寿年丰，表达了苗族人民对生活的美好祈愿，但这使得一些研究者普遍将其视为与普通民间艺术相类似的门类，而其中所包含的苗族多神信仰的信息，却很少被人注意到。事实上，苗画所表现的图案，追记了苗族的历史遭遇与文化崇尚，反映了苗族多神观念之下的一种信仰体系。《基于社会心理学的民族蜡染图案构图心理研究——以贵州苗族、布依族为例》[⑤] 从蜡染以适形和象形造型的自然环境和社会环境入手，从相关的民间故事中透露的心理特征中归纳蜡染图案的构图心理。在《传统繁衍观念在当代民间剪纸中的演变——贺彩莲〈爱情剪纸系列〉分析》中，作者分析了贺彩莲《爱情剪纸系列》中的一些有别于传统的、通过动植物符号代替男女性交合的隐喻象征手法，而是以男女形象本身作为直观表现内容的作品。作者认为这是“形象思维取代符号思维的进步发展，是有别于传统繁衍题材剪纸的最重要特征”，“直接展示了生活的本质”。[⑥] 但也并没有完全抛弃传统艺术手法，在构图和传统哲学思维模式，阴阳五行天人观等方面仍保

---

① 徐艺乙：《城镇化进程中传统手工艺的保护与发展》，《贵州社会科学》2015 年第 9 期。

② 陈日红：《中国民间糖塑艺术源流略说》，《东南大学学报》2015 年第 4 期。

③ 赵江源：《胶东面磕子图案纹饰研究》，《装饰》2015 年第 3 期。

④ 谷利民：《苗画，一种多神信仰的形象阐释》，《装饰》2015 年第 1 期。

⑤ 胡小兵：《基于社会心理学的民族蜡染图案构图心理研究——以贵州苗族、布依族为例》，《贵州民族研究》2015 年第 3 期。

⑥ 王彬羽：《传统繁衍观念在当代民间剪纸中的演变——贺彩莲〈爱情剪纸系列〉分析》，《艺术评论》2015 年第 8 期。

持着延续性。只是摒弃了符号的含蓄意义而直接“解放了观念”，无论这是一个昙花一现的个案，还是发展的方向，抑或这种抛弃了典型的东方含蓄象征型的艺术手法不是发展而是倒退，都算是一次崭新的尝试。

再如基于符号学理论的图像探讨。张淑萍的《剪纸符号的像似级差及修辞》[①] 是对传统剪纸的文化符号学解读。剪纸既是直观像似符号，也是基于直观像似之上的图表像似和比喻像似符号。其表意过程长短不一，即刻效验性巫术剪纸和实用性祭祀剪纸是实指符号。意图定点在对象；预防诱导性巫术剪纸、祈福性祭祀剪纸和装饰性剪纸的意指过程长，指向解释项，并有多重意指。民俗剪纸在表意过程中使用各类比喻手法，如隐喻、明喻、提喻、转喻等。各类比喻在历史文化中的反复使用造成意义的累积，最终形成象征。《山西炕围画中的纹样与符号——以原平为例》[②] 对原平炕围画的主题和纹样的特色进行了整理，对图案纹样背后的指涉与象征予以探讨，落脚点放在探究民间文化道德“符号化”的传承路径。

而基于传统民间图案符号内涵的研究，即便是对于狮子与麒麟这种看似已无继续深入可能性的题目，居然也有了很出色的成果。《近现代中国画中“狮子”的图式与观念》[③]，以狮子这种典型的有深厚民俗传统的民间美术创作题材为研究对象。以狮子为选题的研究很难做出新意，但作者从20世纪初“醒狮”形象被革命者用作号召国民反抗外敌、奋发强国的有效宣传形式，并由此成为国民认可的中国国家形象的象征入手，剖析狮子画从最初的传统内涵与表现手法到后期写实风格并具特殊意义的绘画题材。这一视角的研究使狮子脱离了虎、鹰等已在古代绘画史中发展出各自造型或内涵传统的动物题材，亦有别于在古代民俗文化、民间美术中成型的狮子样式和内涵，是很有价值的崭新视角。《从麟吐玉书到麒麟送子》[④] 中，对在中国民间信仰和民间美术中具有神性的灵兽麒麟，其吉祥图案从麟吐玉书到麒麟送子的转变发展过程中，看出“麒麟从最初的道德仁兽形象逐渐转变为世俗化的神灵，既满足了人们对子孙繁衍的功利性需求，又潜移默化地塑造着人们的道德情操”，“麒麟的形象和神格从最初对仁德的表现到对多子多福的追求，世俗化特性越来越明显，这种变化正是民间信仰、民间艺术包容性、开放性、功利性的表现”。

亦出现了诸多进一步深入的选题独到的题目，《清代年画女性形象的图式构成》论述了清代年画中，女性形象呈现出组合式、场景式、连环式等多元化图式构成，一方面体现了创作者的艺术智慧，另一方面表达了民间艺术“满”“全”“多”的审美理念。这些具有唤起人们情感共鸣的感性召唤结构，暗示了民众对现实生活“求全”“求美”的心意诉求，是艺术补偿功能的内在契机体现。[⑤]《图像学视野下明代水陆画中的关羽形象》针对水陆画和关羽这两个已有研究都比较充分的内容，从图像学角度介入，进行了更为深入的剖析。关羽形象在明清时期的水陆画中极为常见，其宗教艺术的产生和流变是儒、释、道以及民间世俗各方文化共同作用的结果。通过图像学方法的运用，对于准确描述水陆画的绘制内容，精确分析水陆画各图像元素之间的关系，正确解读、深入发掘水陆画中的各种

---

① 张淑萍:《剪纸符号的像似级差及修辞》,《西北民族大学学报》2015年第2期。

② 李瑞:《山西炕围画中的纹样与符号——以原平为例》,《艺术百家》2015年第1期。

③ 倪纯如:《近现代中国画中“狮子”的图式与观念》,《民俗研究》2015年第6期。

④ 谷利民:《从麟吐玉书到麒麟送子》,《装饰》2015年第6期。

⑤ 袁宙飞:《清代年画女性形象的图式构成》,《装饰》2015年第6期。

文化价值有其独特的优势。不仅可以挖掘出关羽形象中蕴含的历史学、民俗学、宗教史、艺术史等方面的素材，还可以厘清宗教文化与世俗文化融合的轨迹。[①]《面具图像背后的文化权力——论民间面具程式化特征的传承与延续》[②] 认为，面具表演是全世界各地广泛存在的一种艺术样式，常被作为民俗研究对象的民间面具往往给人以简单、粗糙的印象，其程式化特征常常被忽略。文章以贵州安顺地戏面具、尼泊尔巴德岗九个杜尔迦舞、印度查乌舞面具等为例，从民间面具的程式化特征入手，引申出对面具图像背后文化权力的思考，并分析这种意向型的权力如何对面具图像的传承和发展产生巨大的影响。《民间艺术与鲁迅的美术观》认为“民间美术风格清新刚健、充满激情，体现了老百姓的爱憎情感和理想追求。这些形式各异的民间美术作品极大地影响了鲁迅的审美趣味和艺术爱好”，这使得“鲁迅一生都十分推崇那种坦荡、自由、有力且具有灵性和创造性的艺术作品，而排斥那种萎靡柔美纤巧之作”。[③] 鲁迅认为启蒙应着眼于大众，通俗易懂、广泛传播，增加读者的兴趣和理解，是来源于民间美术的启示。其重视连环画和书报插图、晚年大力倡导新兴木刻版画，也都是受民间美术的影响。其重视美术作品的现实性和真实性，与其文学观是一脉相承的。

年画门类研究中还难得出现了两篇与政治和意识形态相关的文章。一篇是《美术观察》刊发的《政治视觉与视觉政治——从新年画运动到春节联欢晚会》，讨论了一个很有趣的话题。[④] 新中国成立初期的新年画运动作为一种政治宣传手段，成功地将政治观念转化为视觉图像并渗透到民众日常生活之中，而且在其创作过程中，逐渐形成了一套图像生产机制和视觉政治体制，甚至广泛地影响了其他种类艺术的视觉生产。且“主流艺术形态借助于图像，将民众的生活情感神圣化为国家的大概念”。比如祈求丰收变为《合作生产收成好》，多子多福变成了《五子爱清洁》，美女佳人变成了《女炮兵班》。改革开放后年画作为政治视觉的宣传作用渐渐丧失，转回纯粹的艺术形式。“但新年画运动所保留下来的那套模式视觉政治并没有消失，而是转向了其他领域”，“春晚的舞台上，‘工、农、兵’依然存在，他们依然是‘红、光、亮’的形象”，“千家万户在同一个时间段内在收看同样的节目，任何矛盾和差别在此时被暂时消解。特别是在春晚中穿插着驻防部队、港澳台、海外华人的问候，以及零点报时的环节，无不蕴含着意识形态的旨归”，“在春晚中，将‘家’置换为‘国家’的策略依然存在”。因此作者判断“随着网络时代的来临和多元文化价值观的冲击”，“与新年画一样，春晚也将淡出人们的生活”。另一篇是张杰《延安抗战年画的视觉形象表达与政治话语建构》，作者指出，抗战年画是抗战时期的一种特殊的艺术表达，它既保留了传统年画的一些特点，又在形式内容上高度迎合现实与政治需要，并根据形势变化、政策指示，经历了化繁就简、由虚到实的艺术转变，突破了传统创作模式，把浓厚的民族情感寄寓其中，使其与政治目的高度契合，经过不断的形式摸索，最后形成了政治话语主导

① 张春蓉：《图像学视野下明代水陆画中的关羽形象》，《装饰》2015 年第 12 期。

② 袁琛：《面具图像背后的文化权力——论民间面具程式化特征的传承与延续》，《民间文化论坛》2015 年第 3 期。

③ 郑娟：《民间艺术与鲁迅的美术观》，《南京师范大学文学院学报》2015 年第 1 期。

④ 李庚坤：《政治视觉与视觉政治——从新年画运动到春节联欢晚会》，《美术观察》2015 年第 12 期。

下的抗战年画风格体系。

农民画在民间美术大体系中是和政府与研究者关系较为密切的一个分支。因此每一年关于农民画的相关研究都为数不少且质量较高。《打造地方：作为传统发明的农民画》[①]认为当代中国的政府和地方社会共谋，通过挖掘地方现有文化资源、发明地方社会传统，进而形成经济和文化互嵌发展模式。通过这种发展方式，政府能够获取绩效合法性，地方社会不仅能够获取利益，而且能够弥补中断的社会记忆。这种打造既是政府有意为之，同时也因其内在张力给地方社会带来种种影响。《新形势下中国农民画发展走向与思考》[②]从农民画发展的契机和机遇、价值与文化符号、走向与思考三个方面分析探讨，研究中国农民画在文化产业浪潮中如何走向超越。另一篇文章《中国现代农民画的原生性悖论——以黄州民间绘画三十年的创作为例》从黄州农民画地域性特征入手，分析了20世纪80年代，黄州农民画承继了中国现代农民画三个阶段的发展效应，在政府积极组织下迅速兴起。经过三十多年的发展，它已然成为一个完整的艺术社会学文本，让人读出在文化属性、艺术语言、画家身份三个层面所体现出的原生性悖论。[③]

民间音乐与民间舞蹈研究

民间音乐与民间舞蹈研究依然处于弱势。除去音乐与舞蹈专业角度外，从民俗与文化角度探讨的论文不多，研究对象亦主要集中在非遗领域。

跟非遗有关，道教音乐的研究呈上升趋势，本年度如《太平道乐：道教音乐的“活化石”》[④]《河北省清河与巨鹿两地道教音乐形态之比较》[⑤]《对道教音乐发展的意见和思考》[⑥]《武当道教音乐形成与活动轨迹探源》[⑦]比前些年介绍性质的研究略有进展，但大多依然处于对音乐现状、特点等的归纳，未有真正意义上的田野或理论性质的深入研究。

其他如《怀化会同地灵拉木号子的艺术特征及传承》[⑧]以湖南雪峰山地区传承的拉木号子为研究对象，对拉木号子的生态生成及文化艺术价值进行研究，从劳作生产的实用性、号子歌唱的艺术性及社会功能方面进行了分析。《空间、角色与权利——鄂西土家族哭嫁歌嬗变中的社会性别意识变迁》[⑨]，同样以作为非遗的鄂西土家族哭嫁歌作为研究对象，探寻土家族社会性别意识的发展历史。“基于其仪式空间中社会性别意识的迷思过程，以仪式中的音乐本体为切入点，结合田野调查资料，分析婚恋场域中女

---

① 董敬畏：《打造地方：作为传统发明的农民画》，《民间文化论坛》2015年第3期。

② 王淑兰、丁占勇：《新形势下中国农民画的发展走向与思考》，《南京艺术学院学报》2015年第5期。

③ 胡绍宗：《中国现代农民画的原生性悖论——以黄州民间绘画三十年的创作为例》，《装饰》2015年第11期。

④ 王珊、李紫娟：《太平道乐：道教音乐的“活化石”》，《四川戏剧》2015年第6期。

⑤ 于立柱、李涛：《河北省清河与巨鹿两地道教音乐形态之比较》，《音乐创作》2015年第4期。

⑥ 张凤林：《对道教音乐发展的意见和思考》，《中国道教》2015年第4期。

⑦ 杨美萍：《武当道教音乐形成与活动轨迹探源》，《宗教》2015年第3期。

⑧ 李强、杨果朋：《怀化会同地灵拉木号子的艺术特征及传承》，《中国音乐》2015年第3期。

⑨ 陈荣：《空间、角色与权利——鄂西土家族哭嫁歌嬗变中的社会性别意识变迁》，《民族艺术研究》2015年第2期。

性权利和角色的动力，展现出鄂西土家族哭嫁歌中，社会性别意识生成的空间动态性，过程的牛顿摆式平衡性以及趋势中的国家依赖性。”《安溪茶歌艺术特点研究与发展现状调查》① 以闽南文化中不可或缺的重要部分——安溪茶歌作为研究对象，从其历史流变、艺术特点、发展现状、传承保护等方面加以综合论述与深入研究，是一篇较为全面的梳理性的文章。

另外值得一提的文章是美国阿兰·柏德特著，郭翠潇译的《传统音乐档案的介质保护及其协作策略》，讨论了印第安纳大学传统音乐档案馆（The Archives of Traditional Music）的概况、在建项目、行动方略，以及该馆对归档过程中存在的核心问题——保护和接触——提出的解决方案。印第安纳大学传统音乐档案馆存放着超过 10 万份录音资料，时间跨度起自 1893 年直至今天。“这些资料包括来自世界各地的民族志录音和商业录音，内容涉及民族音乐学、民俗学、人类学、语言学、口述史及流行音乐等。过去的七年间，该档案馆构建起介质存放的协作环境，以消除其所面临的介质退化和格式过时的危险。2015 年是该馆开展大规模介质保护的第一年，目标是在校园里面搭建一个共享的、集中化的介质数字化设施。”② 文章讨论的“介质数字化与保护行动”的工作进度以及档案管理必须经历的转型，包括元数据迁移、版权工作、录音资料在线传递的伦理，对我国现阶段非遗数字化保护具有一定的参考价值。

在民间舞蹈方面，《作为年节庆典的乡村民间舞蹈——以河北省沧州市车官屯落子展演为例》可作为 2015 年度研究高度和深度的代表。文章建立在细致的田野调查基础上，对村落舞蹈进行了颇有意味的深描。“以年节和村落为表演时空的落子活动，在组织者、表演者和观众的‘戏乐’参与下凸显为一种乡土村落的民间狂欢。在不同历史时期，落子表演的运行机制和发生过程有很大差异，表现出民间舞蹈与社会情境的密切关联。落子展演的仪式活动特性具有活动组织的秩序性、人员构成的随意性、表演要求的严格性与年节展演的娱乐性。‘跑落子’活动被反复展演的目的，出于乡民群体在年节期间的仪式性庆典活动中对‘戏乐’的追求，人与人、村与村的互动关系一起建构了落子活动的内在秩序。”③

民间艺术文化产业研究及其他

民间艺术产业化的探索文章或偏理论或偏实践每年都有一些，今年也有些文章在持续推进这一部分内容。如《基于共生理论的传统民间艺术文化产业发展路径探析》虽仅为一篇概论性质的文章，尚未将路径与理论完全结合在一起，但至少在理论角度拓展了新的方向。文章认为民间艺术文化产业是有别于一般意义上的文化产业的，有其自身的特征，在共生理论视野下考察传统民间艺术文化产业发展是必要的。以陕北民间艺术为例，结合

---

① 叶彦：《安溪茶歌艺术特点研究与发展现状调查》，《交响》（西安音乐学院学报）2015 年第 6 期。

② 阿兰·柏德特：《传统音乐档案的介质保护及其协作策略》，郭翠潇编译，《民间文化论坛》2015 年第 6 期。

③ 郑晓、尹云龙：《作为年节庆典的乡村民间舞蹈——以河北省沧州市车官屯落子展演为例》，《民俗研究》2015 年第 6 期。

具体的民间艺术文化发展实际，借鉴生物学的共生概念及相关理论，通过创新和界定一系列概念，抽象出民间艺术文化产业共生现象，从而将生物学的共生学说创新为民间艺术文化产业共生理论，以创设民间艺术文化产业共生的目标范式。起源于生物学的“共生”思想为研究民间艺术文化产业现象和行为提供了新的研究视角，共生理论的本质特征是“协同进化”，这与民间艺术文化产业的诉求是一致的。文章以具有陕北民间艺术典型代表的陕北民歌为例，以共生理论为基石，在反思民间艺术文化产业发展实践的基础上，提出实现民间艺术文化传承与文化产业协同进化的新思路，期为民间艺术文化产业发展提供有益的借鉴。

《传统技艺的生产保护与生活传承》① 认为“生产性保护”主要是针对手工技艺类非物质文化遗产而言的。这类非物质文化遗产的最大特点是拥有具体的生产内容，贴近民众生活，是在长期的生产生活实践中形成的。因此对其保护的最好方式就是在生产中保持其核心技艺和核心价值，并与民众生活紧密相连，使之在生活中持久传承。《民间艺术产业化主体的构成、功能及特征》论述了作为民间艺术产业化的构成要素之一，民间艺术产业化的主体既是民间艺术资源的开发者与享用者，也是民间艺术市场的选择者与开拓者，包括民间艺术的生产经营主体与消费主体。企业化的生产经营主体构成民间艺术产业的供给主体，主要包括从事民间艺术生产经营活动的公司，文化产业集团，走向社会化、企业化的文化事业单位，民间艺术品展销市场，民间艺术产业园等。相较于传统民间艺术本地化的消费主体，外来游客等异地他族的消费群体构成民间艺术产业化的主要消费主体，呈现出外来化、大众化的特征。民间艺术供给主体与消费主体间的相互作用，决定着民间艺术的产业化路径与发展方向。

《论民间艺术产业化的系统要素》② 将民间艺术产业化系统分为主体、客体、中介与环境四大构成要素。作为客体要素，需要预先做好评估与分类工作，形成民间艺术资源的层级开发模式。企业化的生产经营主体与外来化、大众化的消费主体构成主体要素，他们既是民间艺术资源的开发者与享用者，同时也是民间艺术市场的选择者与开拓者。民间艺术市场作为中介要素，联结着主体与客体，应以工艺品市场、演艺市场、旅游市场和会展市场为主体市场，带动设计市场、影视市场和出版市场等周边市场的整体发展。环境要素是民间艺术产业化其他三要素赖以存在的外部环境。四要素间的相互作用，决定着民间艺术产业化系统功能发挥的效率和稳定性。

另有个案研究多篇，如《文化创意产业发展中传统民间艺术的生存策略——以温州米塑艺术为例》③《经济学视角下民间艺术一般产业化发展研究——以安徽美术为例》④《“滩头年画”手工艺产业转型与发展研究》⑤ 等，研究内容虽未较往年有很大突破，但亦是产业化理论的良好实践补充。

---

① 朱以青：《传统技艺的生产保护与生活传承》，《民俗研究》2015 年第 1 期。

② 张中波：《论民间艺术产业化的系统要素》，《河南大学学报》2015 年第 2 期。

③ 段静：《文化创意产业发展中传统民间艺术的生存策略——以温州米塑艺术为例》，《人民论坛》2015 年第 32 期。

④ 汪海燕：《经济学视角下民间艺术一般产业化发展研究——以安徽美术为例》，《江淮论坛》2015 年第 3 期。

⑤ 陈彦卿：《“滩头年画”手工艺产业转型与发展研究》，《美术观察》2015 年第 1 期。

英国学者罗伯特・莱顿和詹姆希德・德黑兰尼的文章《中国山东省传统艺术的留存与复兴》[①] 为本学科的汉学研究。文章认为中国文化是最伟大的文化之一，它的独特性不仅体现在其手工艺产品已经达到的文明高度，还在于其过去一千年中所使用的符号、身份标识和角色体系非凡的一致性和延续性。而山东省地处汉文化腹地，虽然文化的延续性受到中国近现代动荡的历史环境的极大影响，今日山东乡村生活中的很多方面仍然可以看出“旧”（1949 年以前）中国的潜在脉络。这篇论文是基于作者与山东工艺美术学院中国民艺研究所学者共同进行的田野调查。文章认为艺术如果得以存留至今不仅仅因为传统的惯性，还因为其在今天的中国文化中，重新被赋予了经济价值和文化意义。“对物质文化在实现社会认同中所扮演角色的关注凸显了制作（器物）和实践的行为本身是如何同时建构意识和器物的……意识因此可以说是在与其他因素的互动中、经由制作和使用（器物）的身体行动而构建的。”国外学者的研究角度的相异性和大范围与延续性，是可以给本土研究者提供一个反观视角的。

民间艺术中研究中与教育相关的部分本不在本综述研究的范畴内，但因 2015 年度有两篇文章较有特色，故提一笔。一篇是《地方高校如何讲述民间艺术——以梅山民间艺术为例》[②]，文章通过分析梅山民间艺术在湖南人文科技学院的讲述状况，发现了几个问题——特色培育与理念之限、民间视野与距离之限、技术就业与人文之限。寻求的地方高校可以运用嵌入式课程模块搭配、独立式校本课程开发、润物式隐性课程熏陶等教学方式讲述好民间艺术，促进年轻一代从民间艺术着手追寻民族文化与艺术的过去与未来，从而形成高校艺术教育的地域特色。另一篇《胜浦三宝钢琴辅助化传承下的社区课程开发》[③]论证了胜浦山歌和宣卷由钢琴辅助化传承的现实意义，并通过论证胜浦民间艺术传承与社区课程开发间的通融性，进而提出了钢琴在社区课程开发中进行辅助化传承的方案建议。文章对胜浦三宝、钢琴辅助传承与社区课程开发三者间的相互关系的论述，为民间艺术的传承提供新的思路见解。

总之，2015 年度的民间艺术研究以民间美术研究为代表，呈现出两方面的趋势。一方面是强烈的反思性，集中表现为在非遗保护十多年井喷式研究的背景下，渐趋冷静的对于已有研究从基本概念到内容的深度反思。另一方面是个性化趋势增强，对于个案的深入研究明显有所提升。除了往年比较常见的对非遗对象的常规性梳理研究外，今年的个案研究非常精彩。研究范围从古代到现当代，从传统社会到现代市民生活，从日常生活到意识形态，从民间艺术到精英艺术，消弭了民俗的传统界限。而且诸多文章的研究对象是已有研究已经极为成熟的，从中能够延展出新的角度和思路，极为难能可贵。不知这是否是民间艺术研究学者从非遗保护研究热潮回归到原本研究后的产物。

---

① 罗伯特・莱顿、詹姆希德・德黑兰尼：《中国山东省传统艺术的留存与复兴》，《民间文化论坛》2015 年第 2 期。

② 毛攀云：《地方高校如何讲述民间艺术——以梅山民间艺术为例》，《高教探索》2015 年第 5 期。

③ 陶红：《胜浦三宝钢琴辅助化传承下的社区课程开发》，《艺术百家》2015 年第 3 期。

2015年物质民俗研究综述

林海聪[*]

物质民俗与民众日常生活的方方面面息息相关，一直以来都是民俗学基本的研究领域之一。为了更好地观察日常生活中的美学价值，民俗学者逐渐开始运用整体性的、语境化的方法来考察物质民俗与生活文化，呈现出多学科、多面相的研究思路。

较其他民俗学分支研究而言，2015年的物质民俗或物质文化研究属于比较边缘的研究话题，成果并不丰硕。因此，下文将以电子期刊检索平台收录的学术论文以及专著为研究成果资料库，以民俗学的物质民俗研究为重心，兼及主题与物质研究联系较为密切的社科论著，总结2015年度物质民俗与物质文化研究领域的进展与得失。

一　物象的图像化与视觉表达

人类如何通过图像来记录物象、抒发情感，呈现个人性的思维认知与感官经验、群体性的地方文化结构，是物质民俗研究所追求的一个重要问题。

邓启耀的《物象的图像化及符号转型——以岩画的创制和解读为例》[①]以石器、岩画等历史文物资料为研究对象，对人类的物象认知与视觉表达的图像化形式进行了讨论。在他看来，物象记事的实物性到图像叙述的艺术化这一符号转型过程，反映了人类自身模拟指事能力和象征表达能力的进步。换言之，物象的图像化促使符号成为人类文明发育的重要载体与交流媒介。这一研究成果意在从方法论的角度提醒我们，在“文字”与“口头”之间尚有“图像”这一表达传统，因此我们可以尝试从视觉表达和图像叙事的角度来分析古代的民俗文化。就此而言，袁琛的《面具图像背后的文化权力——论民间面具程序化特征的传承与延续》[②]与朱恒夫的《中国当代傩面具谫论》[③]都是从物象的图像化、纹饰的视觉符号意义的角度切入，探讨图像文化书写与历史民俗传统背后的权力结构以及当代传承的具体遭遇，与邓文相得益彰。

从文化史的角度，围绕着具体的物象图形探讨某一时期、地方的民俗文化意蕴，是另

---

* 作者系中山大学中文系博士研究生。

① 邓启耀：《物象的图像化及符号转型——以岩画的创制和解读为例》，《民族艺术》2015年第5期，第33—39页。

② 袁琛：《面具图像背后的文化权力——论民间面具程序化特征的传承与延续》，《民间文化论坛》2015年第3期，第115—123页。

③ 朱恒夫：《中国当代傩面具谫论》，《民间文化论坛》2015年第6期，第97—106页。

一种物质民俗图像化的研究路径。秦树景的《圆梦吉祥婴戏纹——明清瓷绘婴戏纹民俗意蕴探析》[①] 对婴戏纹呈现的民俗观念进行了分析，世俗心态与审美理念的社会心理变迁促使祈子求福的基本内涵向追求生活幸福的吉祥内蕴扩展。刘冰莉的《“剺面”源流考》[②] 借助考古学与文献学的资料试图还原剺面习俗的源流演变。该文指出，这一源自北方少数民族的身体习俗具有特殊的巫术功能与氏族认同意义，且最初与丧葬祭祀行为有直接关联。唐宋两朝不同的民族传统与文化选择使得剺面习俗的传承处境截然不同。洪纬的《滨海垦殖与吴中鹤类追求的演变——以“绿足龟文”的鹤类形象为中心》[③] 则将视角转向动物纹饰与地方水生态环境变迁的内在关联，作者认为古代士大夫人鹤情感转移与华亭鹤的消失关系紧密。这三篇文章着眼于地方自然环境、文化心态的变迁与物象的图像化表述的联系，以物为切入点，透过具体的历史社会文化脉络来探讨人与物的社会性联结、物自身的象征化过程。

也有学者从物质民俗元素的现代创造与传统利用这一角度考察地方文化的资源化与民族化现象。董敬畏的《打造地方：作为传统发明的农民画》[④] 认为当代农民画的复兴是地方社会与政府通过经济与文化互嵌的发展模式进行地方文化资源开发的共谋产物。彭伟文的《从具象到抽象，从市井到民族——民俗元素在黄飞鸿电影中的记忆建构作用》[⑤] 指出民俗元素通过黄飞鸿电影完成了乡土性的消解，促使黄飞鸿由地方市井武师到民族英雄的形象提升，电影中的民俗元素重新建构了社会的文化记忆。这一研究思路敏锐地把握到当代物质民俗的媒介化特质，随着社会经济的变迁，物质民俗传统也被不断重新建构与再发明。

二 器物生产与信仰实践

从物自身的特性出发，发现物质文化的多样性表达，探讨物性如何塑造与反映社会文化中的道德价值与宇宙观，则是民俗学研究物质特性的另一种思路。这类研究不仅涉及普通之物如何透过符号化与象征化过程被赋予神圣性，最终成为神圣物的价值转化过程，同时也说明了民众的人观、宇宙观对物质文化与日常生活的重要性。

张青仁的《圣物的流转：墨西哥印第安琥珀的现代化历程》[⑥] 研究了琥珀从印第安人宗教圣物转变为现代商业化货物的过程，事实上也深刻反映了恰帕斯社会的经济转向与现代化过程。该文提出了一个关于全球化与商业资本化的物质民俗研究议题，也将我们的视

---

① 秦树景：《圆梦吉祥婴戏纹——明清瓷绘婴戏纹民俗意蕴探析》，《民俗研究》2015 年第 2 期，第 148—154 页。

② 刘冰莉：《“剺面”源流考》，《民俗研究》2015 年第 5 期，第 98—102 页。

③ 洪纬：《滨海垦殖与吴中鹤类追求的演变——以“绿足龟文”的鹤类形象为中心》，《民俗研究》2015 年第 5 期，第 136—144 页。

④ 董敬畏：《打造地方：作为传统发明的农民画》，《民间文化论坛》2015 年第 3 期，第 108—114 页。

⑤ 彭伟文：《从具象到抽象，从市井到民族——民俗元素在黄飞鸿电影中的记忆建构作用》，《民俗研究》2015 年第 6 期，第 57—67 页。

⑥ 张青仁：《圣物的流转：墨西哥印第安琥珀的现代化历程》，《民族艺术》2015 年第 4 期，第 162—165 页。

角带到了现代资本经济运作和地方的自然观念、社会秩序存在潜在的冲突与分歧这一层面之上。它的突破是，传统的封闭性象征沟通系统与生计模式已不复存在，物质民俗与陌生世界接触和探索时，如何超越与凸显原来的时空观念、人物互动模式的限制，自觉地意识到物的新特质与价值，恢复地方的历史心性与社会经济秩序，将成为更具挑战性的新问题。

不少学者对民间信仰仪式活动中的物质元素展开研究。林亦修、林可的《从物俗到信俗：温州红花染研究》[①] 围绕红花染制作工艺这一物质活动与实践，研究蕴含在生产和生活习俗中的神灵崇拜、厌胜巫术、操作禁忌，探讨物质民俗向精神信俗过渡的象征性。刘燕《民俗生活中的神马信仰——以云南腾冲神马为例》[②] 与耿涵的《内丘神码传承人魏进军口述史》[③] 分别从民俗图像的宗教性与非遗传承的角度研究了民间的“神马”（“神码”）生产技艺。王娟的《明器与冥器》[④] 以及顾春军的《“纸钱”流变考论》《墓志源流考论》[⑤] 则对丧葬文化中的陪葬物、祭祀品展开研究，分析其背后折射的生死观与宇宙观。总体而言，这类信仰仪式中的物质民俗事象研究，凸显了物如何异化人的日常生活，以及人如何赋予物以文化意义的辩证关系。

三 日常饮食与文化认同

食物处理与饮食制度的多元化，可以反映出一个地区乃至民族的生活方式，其背后蕴含着地方性的历史文化脉络与群体心性，自然也是物质民俗的重要组成部分。2015 年度，不少研究围绕着饮食文化的社会变迁与食物的礼物交换，研究了物质与日常生活、社会身份的现代性关联。

首先，该领域出版了两部重要的译著，有助于我们借鉴西方的饮食研究思路。大贯惠美子的《作为自我的稻米：日本人穿越时间的身份认同》[⑥] 旗帜鲜明地使用象征人类学的思路研究稻米在日本人生活与文化中所处的特殊位置。该书详细地分析了稻米所具有的象征意涵与神话美学张力，并通过作为主食的稻米来论述日本人的身份认同建构过程及自我与他者的关系重构。詹姆斯·华生主编的论文集《金拱向东：麦当劳在东亚》[⑦] 以台北、香港、北京、东京与首尔五个东亚城市里麦当劳的跨国饮食经营为研究对象，探讨麦当劳融入地方文化的成功经验。

---

① 林亦修、林可：《从物俗到信俗：温州红花染研究》，《文化遗产》2015 年第 5 期，第 99—104 页。

② 刘燕：《民俗生活中的神马信仰——以云南腾冲神马为例》，《民俗研究》2015 年第 6 期，第 146—151 页。

③ 耿涵：《内丘神码传承人魏进军口述史》，《民族艺术》2015 年第 5 期，第 69—75 页。

④ 王娟：《明器与冥器》，《民俗研究》2015 年第 1 期，第 96—103 页。

⑤ 顾春军：《“纸钱”流变考论》，《文化遗产》2015 年第 3 期，第 77—90 页；顾春军：《墓志源流考论》，《民俗研究》2015 年第 6 期，第 72—81 页。

⑥ [美] 大贯惠美子：《作为自我的稻米：日本人穿越时间的身份认同》，石峰译，浙江大学出版社 2015 年版。

⑦ [美] 詹姆斯·华生主编：《金拱向东：麦当劳在东亚》，祝鹏程译，浙江大学出版社 2015 年版。

不少学者研究了饮食习俗与地方文化结构的互文性关系，并且将社会心态与消费心理纳入分析框架之内。王晴佳的英文著作《筷子：一部文化与饮食史》[①] 探讨了筷子的历史演进过程、使用礼仪与习俗，并将筷子置于东亚文化圈中探讨筷子作为礼物的符号性隐喻。台湾学者吴秀雀的著作《春辣椒的滋味：清境义民人群之认同内容与变迁》[②] 立足于日常生活中最为平凡、常见的味道“辣”，通过研究观光发展过程中清境地区义民人群的日常饮食展演与传承变迁，考察当地的人际关系网络、社区的历史记忆。该研究将食物视为一种人群的“认同标志”，并且认为食物承载着人类对家乡故土的文化记忆、对生活的回味与怀念，是人类互相关怀的一种物质表达方式，也是移民群体适应社会变迁的一种生存机制，视角非常独到。尹韬的《无酒不成礼：对西南一个汉族寨子婚礼中“酒”的人类学解析》[③] 以贵州地区婚庆仪式上的用酒与饮酒习俗为研究对象，既观察火与酒之间物与物的生命特质，也凸显出当地社会透过酒来建构社会秩序与性别特质，呈现出中国社会的礼仪制度。舒瑜的《丰产与交换：云南诺邓盐井的仪式和神话》《关系中的“物”：一个盐井村落中的盐》[④] 两篇文章透过研究不同形态的日常生活之物的交换与献祭，来呈现地方社会文化的象征系统与人际关系网络的阶序性流动。刘畅的《妙峰山文会的吃食》[⑤] 则对民间信仰朝圣场所妙峰山的饮食情况进行了田野调查。吴英杰的《闽南牡蛎食俗的饮食人类学研究》[⑥] 透过城内村人的牡蛎消费来重新审视传统的饮食研究模式，该文认为当地的饮食模式考虑“效益最大化”的同时也很注重“思考有益”。陈金文的《壮族民间吃“狗屁馍”食俗的传说学探源》[⑦] 与周璃的《从粤东客家山歌与烹饪的关联性看区域经济民俗中的盐粮文化系统》[⑧] 则是从民间文学的角度切入，分析地域性饮食习俗的文化源流与社会经济系统。

还有一些文章从饮食习俗的历时性变迁来呈现中国社会的现代性过程。王宁的《流动的消费本土性：劳动力迁移中的文化随迁——以本土性饮食文化的跨境流动为例》[⑨] 借鉴“本土人”与“普世者”的社会学范式，通过研究劳动者与饮食文化的跨境流动来反

---

① Q. Edward Wang, *Chopsticks*: *A Cultural and Culinary History*, Cambridge University Press, 2015.

② 吴秀雀：《春辣椒的滋味：清境义民人群之认同内容与变迁》，开学文化事业股份有限公司 2015 年版。

③ 尹韬：《无酒不成礼：对西南一个汉族寨子婚礼中“酒”的人类学解析》，载王铭铭、舒瑜编《文化复合性：西南地区的仪式、人物与交换》，北京联合出版公司·后浪出版公司 2015 年版，第 337—368 页。

④ 舒瑜：《丰产与交换：云南诺邓盐井的仪式和神话》、《关系中的“物”：一个盐井村落中的盐》，载王铭铭、舒瑜编《文化复合性：西南地区的仪式、人物与交换》，北京联合出版公司·后浪出版公司 2015 年版，第 53—79、369—396 页。

⑤ 刘畅：《妙峰山文会的吃食》，《民间文化论坛》2015 年第 4 期，第 92—95 页。

⑥ 吴英杰：《闽南牡蛎食俗的饮食人类学研究》，《文化遗产》2015 年第 3 期，第 120—127 页。

⑦ 陈金文：《壮族民间吃“狗屁馍”食俗的传说学探源》，《广西民族大学学报》（哲学社会科学版）2015 年第 5 期，第 108—111 页。

⑧ 周璃：《从粤东客家山歌与烹饪的关联性看区域经济民俗中的盐粮文化系统》，《民俗研究》2015 年第 3 期，第 101—107 页。

⑨ 王宁：《流动的消费本土性：劳动力迁移中的文化随迁——以本土性饮食文化的跨境流动为例》，《山东社会科学》2015 年第 10 期，第 27—34 页。

思文化全球化的观点。在他看来，消费的本土性伴随着劳动者从“边缘”向“中心”迁移，实质上反映的是内部消费市场在文化随迁中的主体性作用。强舸的《小麦怎样走上了藏族的餐桌？——西藏的现代化与藏族饮食文化变迁》① 以小麦走入藏族餐桌的历史过程为研究对象，指出藏族民众餐饮文化的选择与转变实际上既得益于西藏现代化进程中的农业技术变迁与生产生活环境的改善，也受制于人口压力与自然环境。林海聪的《分餐与共食——关于中国近代以来的汉族饮食风俗变革考论》② 以“分餐”与“共食”的饮食方式为切入点，对近现代的饮食方式变革讨论与实践进行了梳理。该文指出，饮食风俗的改革实质上是在现代卫生与身体观念的影响下，中国饮食文化调适与移易自身的现代化尝试，最终形成契合当代中国人的饮食实践模式。颜学诚的《酸的轮廓：变化中的身体感》③ 以感官研究为取向，谈论日常生活中“酸”的身体知觉经验。身体感不仅是身体对外界刺激性信息的一种接受，同时也向外界传递着主体的感知，这种身体感知的动态轮廓不仅是主体感知世界的方式，也是他者与主体有效地沟通，达到感同身受的基点。

这些饮食文化研究提醒我们，可以追寻食物的物质性象征与隐喻意义来分析社会群体的人观，尤其是自我与他者的社会关系建构，我们将会发现作用于物质生活的人的创造能力。同时，当代物质消费生活已经被全球化与本土化的文化张力所渗透，异质性的现代文化如何透过社会经济、身体规训、空间建构的关系形塑介入日常生活方式之中，仍将值得关注。

四 时空观念与社会关系的再生产

生活空间与时间是人类理解世界最为重要的两种维度，是各种文化体系的基本构成元素，也是社区民众与自然环境相互作用的文化产物，它们深刻地影响着人类的生产方式、技术知识、社会组织与精神信仰等领域，因此也是物质民俗领域的一大研究课题。

一些学者对民俗生活中的聚落形态、民居住宅从文化学的角度进行诠释与研究。倪琪、王玉的《中国徽州地区传统村落空间结构的演变》④ 从建筑学与形态学的角度讨论了徽州地区传统村落空间的形成与社会生活的结构性关系。该书指出，风水意识、礼仪空间与农业生产活动等民俗文化对村落内部空间的布局影响明显。张原的《嘉绒藏人的神山与家屋：在神圣历史中生成的社会结构》⑤ 立足于嘉绒藏人的神话与仪式，探讨神山信仰与家屋在嘉绒藏人生活世界所扮演的文化角色，从而进一步解读当地文化价值与社会结构的深层同构关系。季国良的《城市化背景下上海石库门里弄住宅的特质》⑥ 与王文灏的

---

① 强舸：《小麦怎样走上了藏族的餐桌？——西藏的现代化与藏族饮食文化变迁》，《开放时代》2015 年第 3 期，第 175—192 页。

② 林海聪：《分餐与共食——关于中国近代以来的汉族饮食风俗变革考论》，《民俗研究》2015 年第 1 期，第 112—120 页。

③ 颜学诚：《酸的轮廓：变化中的身体感》，《考古人类学刊》2015 年第 82 期，第 157—184 页。

④ 倪琪、王玉：《中国徽州地区传统村落空间结构的演变》，中国建筑工业出版社 2015 年版。

⑤ 张原：《嘉绒藏人的神山与家屋：在神圣历史中生成的社会结构》，载王铭铭、舒瑜编《文化复合性：西南地区的仪式、人物与交换》，北京联合出版公司・后浪出版公司 2015 年版，第 135—169 页。

⑥ 季国良：《城市化背景下上海石库门里弄住宅的特质》，《民俗研究》2015 年第 2 期，第 155—160 页。

《庵上石坊的民间审美价值》① 则分别研究了极具地方特色的建筑模式，并且分析了这类地方性建筑的美学价值与伦理性意义。徐赣丽的《空间生产与民族文化的内在逻辑——以侗寨聚落为例》② 以别具特色的侗族村寨为例，探讨聚族而居的习俗、独特的信仰观念和生产生活方式对聚落空间的形成如何产生作用，同时空间又如何形塑多样化的社会关系。该文从景观论的角度切入，意在分析空间生成民族文化之间的内在逻辑关系。崔若男的《身体与象征：周代以前中国的“左”“右”尊卑观》③ 则将视野转向人类的空间认知与分类，“左/右”作为一种特殊的象征性与对称性概念而存在，通过古人的身体实践建构出象征性的礼仪秩序与社会结构，反映了古人阴阳调和的宇宙观。这一研究的重心在于揭示空间的力学，将实践主体的身体纳入人的生产生活与物质性空间的运作之中，探讨不同的空间认知与信仰观念如何有效地形成一套文化习惯与社会秩序。

王加华的专著《被结构的时间：农事节律与传统中国乡村民众年度时间生活——以江南地区为中心的研究》以及论文《传统江南棉稻区乡村民众之年度时间生活——以上海县为例》④，则将物质民俗的研究路径转向物理性的时间维度，考察了空间、生产、文化与性别等元素对社会时间观念的结构性影响，以及民众透过时间观念来安排日常生活与农事生产的文化逻辑。通过他的研究，我们可以感受到时间的社会化建构不只是建立在对自然时间的规律性把握之上，同时也受到民俗主体实践与感悟文化时间的影响。事实上，前者是不同社区民众所共享的一种日常生活节奏，后者则更多地依赖于独特的社会文化实践，并作用于地方性的时空认知体系。

关于时空观念的物质民俗研究，本质上凸显的是人类活动与物质性时空互相结合、共同运作而产生的新的社会关系与文化场域。人类以时空观念为指导，进行日常的物质性生产与生活。与此同时，社会关系脉络借助时空的物质性力量得以形塑自身。就此而言，透过时空观念，我们得以窥见人类社会关系的再生产。

五　自然的资源化与环境的景观化

人类物质资源的获得、生产生活的展开，每时每刻都在与自然环境进行对话与协调。因此，物质民俗现象也应该放置在“人与自然”的关系这一出发点上，从生态环境的角度重新认识民众的日常民俗生活。

一些民俗学者关注到民俗旅游的兴起与地方社会的营造促使环境被人文化、景观化的特殊现象。周星的《宁夏“八景”与“回族风情”：景观的变迁及其作为资源的意义》⑤

① 王文灏：《庵上石坊的民间审美价值》，《民俗研究》2015 年第 2 期，第 143—147 页。

② 徐赣丽：《空间生产与民族文化的内在逻辑——以侗寨聚落为例》，《广西民族大学学报》（哲学社会科学版）2015 年第 4 期，第 74—80 页。

③ 崔若男：《身体与象征：周代以前中国的“左”“右”尊卑观》，《文化遗产》2015 年第 1 期，第 89—97 页。

④ 王加华：《被结构的时间：农事节律与传统中国乡村民众年度时间生活——以江南地区为中心的研究》，上海古籍出版社 2015 年版；王加华：《传统江南棉稻区乡村民众之年度时间生活——以上海县为例》，《民俗研究》2015 年第 1 期，第 121—131 页。

⑤ 周星：《宁夏“八景”与“回族风情”：景观的变迁及其作为资源的意义》，《广西民族大学学报》（哲学社会科学版）2015 年第 4 期，第 60—67 页。

则是从景观论的角度审视宁夏回族自治区历史文化遗产“八景”的当代变迁。一方面，“八景”作为历史资源被继承；另一方面，“回族风情”的景观建构运动也促使“八景”在旅游产业化中重新“资源化”。陈爱国的《民间知识视野下的环境问题——以湖泊渔民的“想象力”和“生活经验”为中心》[①] 意欲从民间知识的角度观察湖泊水环境的治理，认为以民众“想象力”与“生活经验”为核心的“民间知识”实际上有利于人与自然的共生共存，符合生态环境的需求。这种环境文化史的研究路径充分肯定了历史文化的科学性与合理性，同时也为现代环境问题的治理提供了更多的知识与技术支持。周莉华的《顺德桑基鱼塘叙事与记忆的社会空间》[②] 则关注珠三角地区历史悠久的“桑基鱼塘”种养模式，认为桑基鱼塘作为一种农业文化遗产与人文景观，是岭南独特的地方文化记忆空间，应该得到恢复与保护。

还有一些学者通过研究物的自身特质与生命史，意在提醒我们应该努力打破人类中心主义的观念，以体物入微的姿态与自然环境进行对话，发现物自身的生态价值。张宪达的《“嘉兴掼牛”——传统的继承与发明》[③] 对“嘉兴掼牛”这一涉及动物的竞技体育类非物质文化遗产的发展源流进行了梳理。该文认为“嘉兴掼牛”是一种传统的复兴与发明，它既与回民的迁徙历史息息相关，同时也在现代发展过程中融入了动物保护观念，并且吸收了现代竞技体育的方式方法，促进了掼牛活动的发展。李婉婉的《水中乾坤：侗族对水的认知与生命轮回观——以广西三江侗族自治县车寨村为例》[④] 则是以“水”为研究对象，考察水资源在侗族社会中具有的文化内涵。该文指出，水不仅是侗族日常生活中不可或缺的自然资源，同时也扮演着沟通人神的物质媒介。透过研究水资源的日常与仪式实践，我们可以把握到侗族人的生命轮回观念。

六 物质消费与文化产业

现代社会中，文化的生产与消费成为两个重要的对等性环节，它们极大程度地体现出人与物之间的社会关系。透过生活产品的消费与产业化的资本发展，我们可以将物质民俗放置在社会文化的日常生活之中进行分析，不仅能够发现民众生活方式的现代性变革，还有助于我们理解当代人是如何看待世界与自我的。不少学者已经开始对民俗文化的资源化转换与当代民俗生活的生产、消费转型进行了研究。

潘博成的《“创意导向生活”——无形文化资产保护的台湾经验》[⑤] 对台湾的无形文化资产（即“非物质文化遗产”）保护经验进行了梳理，他认为“创意”与“生活”是

---

① 陈爱国：《民间知识视野下的环境问题——以湖泊渔民的“想象力”和“生活经验”为中心》，《文化遗产》2015 年第 1 期，第 112—119 页。

② 周莉华：《顺德桑基鱼塘叙事与记忆的社会空间》，《文化遗产》2015 年第 4 期，第 94—102 页。

③ 张宪达：《“嘉兴掼牛”——传统的继承与发明》，《北京民俗论丛》2015 年第三辑，第 54—64 页。

④ 李婉婉：《水中乾坤：侗族对水的认知与生命轮回观——以广西三江侗族自治县车寨村为例》，《民间文化论坛》2015 年第 2 期，第 75—80 页。

⑤ 潘博成：《“创意导向生活”——无形文化资产保护的台湾经验》，《文化遗产》2015 年第 6 期，第 10—23 页。

我们理解台湾无形文化资产保护与发展的重要角度，而这种“创意导向生活”的策略可以概括为“价值重塑”与“功能化”、“时尚化”与“年轻化”，以及“参与体验式”这三种方法。事实上，如何将无形文化资产与当代的日常生活进行融通和联结，使之重新适应当代社会生活的需求，是一个极具挑战性的议题，应该被物质民俗研究领域的民俗学者所关注。

徐金龙的《“六化”：民俗文化资源到动漫产业资本的发展路径》[①] 则关注当代国产动漫的市场化发展路径，他认为民俗文化通过本土化、审美化、人文化、国际化、现代化、产业化来完成形资源化的创造性转化，这一发展路径可以作为国产动漫的产业资本，也是国产动漫现代发展和整合创新的一种前进方向和出路。

周旋的《民俗视野下的主题酒店研究》[②] 从民俗的视角对主题酒店进行研究，探讨了民俗文化在主题酒店中的运用、主题酒店对民俗文化的弘扬和宣传等物质民俗的应用实践问题。该文还谈到，主题酒店既是旅游服务系统的重要环节，贴近地方的日常生活，也是一种“会说话的建筑”，承载着地域文化的特色。并将富有历史积淀的文化转换成活态的文化展示。此外，刘婷的《休闲民俗与文化传承——以哈尼族、彝族和傣族的艺术事象为例》[③] 与张婷婷的《旅游视角下的敦煌民俗文化活态传承研究——以敦煌月牙村和鸣山村为例》[④] 同样也从民俗旅游与休闲消费的角度探讨了地方民俗的活态传承、文化展示等问题。

七　手工技艺与生产知识

在2015年度的物质民俗研究领域，还有一些学者将民俗学与日常生活研究进行交叉的探讨，运用民俗志书写物质民俗的“生命史”，并探讨民众围绕着物化载体和生产技术建构知识结构、人际网络、社会秩序的文化图式。

刘爱华的《瓷都拾遗：景德镇瓷业习俗》[⑤] 围绕着陶瓷这一民俗事象展开民俗志式的历史书写，除了追溯陶瓷的起源，还条分缕析地对生产技艺、行规习俗、歌谣传说、行话谚语、行业神信仰、岁时节令等民间瓷业习俗展开描述。杜洁莉的《时尚的传统：岭南“香云纱”的民俗志》[⑥] 借助历史文献、影像图片与口述史，勾勒出一部岭南香云纱工艺的“生命史”。该书指出族权与政权的更迭、性别角色的差异、生产消费模式的转型以及非遗化的传统发明，共同构成了促使“香云纱”发生变迁的政治、文化权力。王瑛娴的《随“俗”而作：杨家埠年画的“生命”史》[⑦] 一书以时间为线索，对杨家埠年画在不同

---

① 徐金龙：《“六化”：民俗文化资源到动漫产业资本的发展路径》，《民族艺术》2015年第1期，第134—138页。

② 周旋：《民俗视野下的主题酒店研究》，硕士学位论文，南京师范大学，2015年。

③ 刘婷：《休闲民俗与文化传承——以哈尼族、彝族和傣族的艺术事象为例》，博士学位论文，云南大学，2015年。

④ 张婷婷：《旅游视角下的敦煌民俗文化活态传承研究——以敦煌月牙村和鸣山村为例》，硕士学位论文，西北师范大学，2015年。

⑤ 刘爱华：《瓷都拾遗：景德镇瓷业习俗》，中州古籍出版社2015年版。

⑥ 杜洁莉：《时尚的传统：岭南“香云纱”的民俗志》，民族出版社2015年版。

⑦ 王瑛娴：《随“俗”而作：杨家埠年画的“生命”史》，北京大学出版社2015年版。

时代与社会空间的发展与流动过程进行了追溯与还原，同时还考察了国家、知识分子与年画的生产者、消费者四种文化力量如何运用社会资本影响年画这一物质民俗的“生命轨迹”。万建中等人合著的《民间年画的技艺表现与民俗志书写——以朱仙镇为调查点》[①]，通过对朱仙镇木版年画的制作流程、技法等方面进行翔实的田野调查与记录，并考察了年画手艺人的个人生活史，从而探究年画制作工艺的传承模式与演进脉络。该书试图为民间技艺的民俗志书写提供一种可参考的综合性范例，具有建构一种民俗学方法论的雄心壮志。这些物质民俗研究著作均能以小见大、以物见人，充分探讨了文化资本对物质文化的介入与社会关系的形塑。

现代化的冲击与“非遗保护”的多方介入，使民间手工技艺的传承与发展面临着各种挑战与机遇。传统手工艺品在现代生活中应以何种方式继续生存，并使技艺得以传承，则是传统手工艺研究的一个重要课题。陈映婕的《走出瓶颈：浙江青田石雕的生产性保护经验》[②] 以浙江青田石雕的生产性保护为个案，认为地方政府的适时扶持与地方职业教育可以有效地维持国家级非物质文化遗产的生产和传承。毕传龙的《艺人、商人、传承人：北京珐琅行业能人的知识结构与社会资本》[③] 对“景泰蓝制作技艺”的国家级传承人的个人生活史展开叙述，发现兼具商人、传承人等多重社会角色的手工艺人既具备行业知识结构，又能协调处理生产与销售依赖的社会关系网络。该文从知识与社会身份的资本化角度分析手工艺人与生产技艺，是研究手工行业传承的一条有效路径。方李莉的《论“非遗”传承与当代社会的多样性发展——以景德镇传统手工艺复兴为例》[④] 以景德镇的手工艺为例，认为非物质文化遗产的传承是为当代社会发展的一种多样化方式，通过传承传统文化来完善地方现代性的独特现代社会运行模式。朱以青的《传统技艺的生产保护与生活传承》[⑤] 指出，在生产中保持手工艺的核心技艺和核心价值，并且贴近民众的日常生活需求，是保护手工艺的最好方式。

八 物质民俗的显与隐

中国文化向来注重记录自己的历史，通过图像与文字的转写，特殊历史时期的物质生活与生产实践被凝固在古代文献中。这些资料有助于当代人考察物质民俗曾经如何被生产、鉴赏、使用和消费，以及它们在过去的社会生活中究竟有何特殊意涵，又如何作为一种流动的力量改变着中国人的生活方式。不少学者循着这一思路，聚焦于特定的历史情境，试图建构出一部关于中国物质民俗发展的文化史。

---

① 万建中等著：《民间年画的技艺表现与民俗志书写——以朱仙镇为调查点》，中国社会科学出版社 2015 年版。

② 陈映婕：《走出瓶颈：浙江青田石雕的生产性保护经验》，《文化遗产》2015 年第 1 期，第 30—37 页。

③ 毕传龙：《艺人、商人、传承人：北京珐琅行业能人的知识结构与社会资本》，《文化遗产》2015 年第 3 期，第 19—25 页。

④ 方李莉：《论“非遗”传承与当代社会的多样性发展——以景德镇传统手工艺复兴为例》，《民族艺术》2015 年第 1 期，第 71—83 页。

⑤ 朱以青：《传统技艺的生产保护与生活传承》，《民俗研究》2015 年第 1 期，第 81—87 页。

德国学者薛凤的著作《工开万物：17 世纪中国的知识与技术》① 以宋应星的日常生活和他的《天工开物》为切入点，分析了古代文人记录手工艺生产技术的目的，并且通过梳理这些历史文本的内在脉络，从而得以重新审视中国的技术传统与实践经验的知识化过程。她的研究提醒我们，应该注意到物质性生产实践在科学技术思想史中所担当的重要角色，同时也应注意到“工巧”背后所蕴含的“德性”。类似的研究还有徐艺乙的《〈考工记〉与传统手工艺的观念》②，该文对文/质、物/欲、道/器、技/艺、用/美等和传统手工艺相关的道德与审美问题进行了讨论，分析工巧技艺背后的哲学思想。

除了研究物质民俗文献中的生活理念与哲学思想，还有学者专注于搜集整理文献所记载的民俗事象，分析文献呈现民俗传统的艺术手法和表达方式。王琴的《显与隐：中国农事器物记录观念论》③ 立足于人与器的关系，讨论不同历史时期农事器物记录背后的文化心态变迁。该文认为，农事器物本身反映这历史时期的社会境况和民众的深层心态，而关于器物显与隐的记录则是古人对器物分类的一种思维模式。刘卓的《陈师曾眼中民初的北京民俗——论陈师曾〈北京风俗图〉册页中的民俗表达》④ 则是以陈师曾的风俗画作《北京风俗图》为文献资料，这本现实主义的图像画册为我们呈现了民国初年北京百姓丰富的民俗生活。因此，从民俗图志的角度，依靠这些图像资料来还原民国初年北京地区的民俗风貌与民众的生活境况，可视作民俗史研究的一种方法。董晓萍的《民间碑刻使用的文字传统与民俗传统——从民俗学与语言文字学交叉研究的角度切入》⑤ 以水利碑为研究对象，将文献与田野结合，运用语言学与民俗学的双重研究，考察与释读碑刻的形、义、符，从而揭示附着于碑刻实体中的风俗文化是如何转化到农民组织的社会关系之中，有助于我们理解地方的民间用水习惯与基层的水治管理模式。谢忠强的《报纸与都市民俗鼎革——以〈申报〉在民国上海改历进程中的助推作用为中心》⑥ 将视野转向民国报纸《申报》这一传播媒介，分析报纸在移风易俗的民俗变革中所扮演的媒介角色。

九 总结

2015 年，物质民俗研究呈现出一种稳定的、成熟的、多样的研究样态。通过学者们的努力，我们可以更加深刻地了解物质民俗与人类社会关系、历史心性以及权力场域的内在关联。总体而言，这些研究成果呈现出三大特色：

一、整体性地把握物质的自然属性与文化意义。从物自身的物性、物质交换、生产消费、工艺美学到日常生活中的景观资源、创意传承、信仰实践，无论是物性的生命史还是

---

① ［德］薛凤：《工开万物：17 世纪中国的知识与技术》，吴秀杰、白岚玲译，江苏人民出版社 2015 年版。

② 徐艺乙：《〈考工记〉与传统手工艺的观念》，《西北民族研究》2015 年第 2 期，第 169—179 页。

③ 王琴：《显与隐：中国农事器物记录观念论》，《民俗研究》2015 年第 5 期，第 145—152 页。

④ 刘卓：《陈师曾眼中民初的北京民俗——论陈师曾〈北京风俗图〉册页中的民俗表达》，《民俗研究》2015 年第 5 期，第 72—77 页。

⑤ 董晓萍：《民间碑刻使用的文字传统与民俗传统——从民俗学与语言文字学交叉研究的角度切入》，《民俗研究》2015 年第 5 期，第 5—12 页。

⑥ 谢忠强：《报纸与都市民俗鼎革——以〈申报〉在民国上海改历进程中的助推作用为中心》，《民族艺术》2015 年第 6 期，第 128—133 页。

物的象征分类体系，物质民俗研究的方方面面都有学者涉及。

二、重视物质民俗与日常生活的联结。民众在日常生活中一直保持与物的互动和交流。人的物质活动不断改变着物性与物态，特定情境之物也牵涉到人类特定社会文化间的人际关系与社会秩序。这一研究思路，将有助于我们更好地体物入微。

三、多学科、多方法的交叉结合。正是因为物质民俗无所不在、无所不及，诸多人文社科的研究都将之视为重要的研究对象，从物切入，观其文化。因此，物质民俗研究开始走向跨学科、综合性的研究。同时，文献与图像的互证、旅游与消费视角的引入，都促进民俗学的物质民俗研究更加多元化。民俗志与生活史的提倡，为民俗学系统地呈现物质民俗提供了较为重要的书写范式。

不过，物质民俗研究过分囿于民俗事象之“物”，很少对以物为载体的人观展开探讨，更缺乏对民俗主体之人的身体经验、情感表达进行讨论，这或许是未来物质民俗学仍值得补充的议题。

2015年人生仪礼研究综述*

贺少雅**

人生仪礼是与人的生命历程中不同节点相伴随的一系列礼仪形态。民俗学研究视野下的人生仪礼主要分为诞生礼、成年礼、婚礼、寿礼、丧葬礼几个部分，中国传统礼仪研究则将“冠婚丧祭”作为人生四大礼仪。前者侧重于从仪式角度对可见的人生历程进行分割，后者则在中国传统哲学观念的统领下侧重对人的生命循环和价值观念的探索。中国学术界吸取二者之长，引入西方仪式研究理论，结合中国传统人生观念，对包括人的出生（诞生礼）至去世之后（祭礼）的所有礼俗形式进行了长时段综合性描述和理论探讨。为较全面反映民俗学研究之现状，且为便于年度之间的比较，2015年度写作结构基本沿袭以往模式，从诞生礼俗、成人礼俗①、婚礼、丧葬礼俗以及祭礼等几个类别进行综述。

本文以中国知网为主要数据来源，兼及部分大学的博硕士毕业论文数据库，所涉及学科以民俗学为主，也包括文学、历史学、社会学、人类学、教育学、古典文献学等相关学

* 说明：在本文中，会出现人生仪礼、礼仪、礼俗等不同概念，为便于读者理解，特做出如下解释。在本人看来，民俗学中的“仪礼”概念偏重于强调仪式本身，“礼仪”是中国传统文化中的概念，除了仪式本身，还包括日常生活中的各种礼仪形式，所包含的内容较之“仪礼”要宽泛一些。“礼俗”概念则是因中国文化视野下礼俗不分的传统而生，常作为学界默认的研究对象，民俗学界的研究也是如此。台湾地区学界将“人生仪礼”称为“生命礼俗”，二者基本等同。本文无意进行概念讨论，所以标题和部分解释仍遵从钟敬文主编《民俗学概论》书中的解说和界定采用“仪礼”，但行文中结合具体研究尽量做到严谨确切，用其他概念。

** 作者系北京师范大学中国社会管理研究院/社会学院博士后。

① 关于成人礼俗的概念，学术界有成人礼、成年礼、成丁礼和成人仪式等不同说法，尤以成人礼和成年礼使用居多，且存在混用。有的学者专门对此进行过辨析，台湾学者叶国良在《中国传统生命礼俗》一书中提出，“成丁礼”通常指的是一个民族还处在部落阶段时，考核男孩是否够格成为勇士的仪式，其共同点一是具有考核的过程，二是受考核者通常只有十几岁，三是考核的标准以忍受痛苦的程度为主、能力为次。如果考核通过，则具有成为勇士的资格。在世界范围内的具有残酷考验性质的成丁礼形态各异。“成年礼”指的是男女生理成熟时举行的仪式。对男女两性而言，这是承认其具备结婚条件的仪式。“成人礼”则是指青年已具备社会上所要求的知识、能力和品德而举行的仪式（台北五南图书出版股份有限公司2014年版，第31—38页。）民俗学者萧放认为，成年礼比较侧重于生理方面的成熟，成人礼的说法较侧重于心理方面。如果从这种角度来衡量，成人礼的年龄要求和仪式标准较之成年礼要高。另外，从本年度关于成人礼俗的研究来看，较为一致地集中使用了“成人礼”的概念，且探讨的问题也侧重于成人观念、成人标准，而非成年。再者，由于当前中学十八岁成人教育仪式（成人礼）说法的影响，学界也越来越多地使用成人礼的概念。基于上述原因，本文将“成人礼俗”作为标题和资料来源的界定标准。

科，共得著作11部，论文286篇，其中理论探讨和总论性文章14篇，专论性文章包括诞生礼俗9篇，成人礼俗26篇，婚礼109篇，丧葬礼俗113篇，祭礼等其他礼仪研究15篇。其中，多有可圈可点之作。限于篇幅，仅能择要综述之。

一　对人生仪礼的综合性研究和理论探讨

2015年度出现了三部人生仪礼研究著作，民俗学者岳永逸的《人生仪礼：中国人的一生》[①] 是一本面向国内中学生的文化选修教材，为《国际理解课程·不可不知的中华文化》系列教材之一，写作的主旨是展现“生活中的文化，文化中的生活”，所以该书的写作内容、文字风格通俗易懂，又蕴含深意。该书分诞生、成人、婚礼、寿礼和丧葬五个部分，作者广泛搜罗全国各地人生礼俗，配以优美的图片，并在行文中表达了自己的理解。比如，书的开头引用上古神话讲述人“从哪里来”的问题，这无疑把学界常提到的“诞生礼”一词在时间维度又往前延伸一步，即诞生礼仪中的孕育礼俗不仅包括俗世的求子和孕育行为，还应该包括人的存在观念。同时在成人礼部分，作者综合考虑了不同地域、人群、阶层、年代等因素，从“百越之礼”“俗礼”和“官礼”三个方面进行分类，表述全面且明晰。百越之礼主要是我国少数民族成人礼，汉族民间俗礼则是地方社会的十二岁过大生日、十五岁出花园等习俗，官礼包括了古代的冠笄之礼和当代的十八岁成人仪式。另一部研究专著是历史学者吴丽娱的《礼俗之间：敦煌书仪散论》[②] 一书，该书分上下两编，上编是对书仪文体的研究，下编专论礼仪与民俗，通过敦煌书仪所载对中古时期的丧葬礼俗、上下层社会之间的礼俗互动进行了探讨，对历史民俗学的资料和理论研究均有重要参考价值。台湾学者李秀娥的《图解台湾传统生命礼仪》一书[③]，以图文并茂的形式，对台湾地区的诞生礼俗、民间自发传承和重建的成年礼俗以及婚丧礼仪等进行了生动展现，是一本了解当地人生仪礼的变迁和现状的重要参考书。

在论文方面，也有一些总论性研究。王善军的《生命彩装：辽宋西夏金人生礼仪述略》[④] 以生命时间为序，对辽宋西夏金时期的诞生、成年、婚嫁以及丧葬礼仪做了勾勒，认为这一时期的人生礼仪呈现出的特点是向社会下层普及的同时，也出现族际之间礼俗的趋同之势。同时，各社会阶层间仍然存在重大差别。

不过，更多的学者是从仪式要素的小切口入手寻求理论的生发。有的借鉴符号象征理论，探讨仪式要素的象征意义。董磊明、李蹊《人情往来与新“差序格局”——基于河北顺平县东委村的考察》[⑤] 一文是对社会学家费孝通先生提出的经典概念“差序格局”的

---

① 岳永逸：《人生仪礼：中国人的一生》，光明日报出版社2015年版。

② 吴丽娱：《礼俗之间：敦煌书仪散论》，浙江大学出版社2015年版。

③ 李秀娥：《图解台湾传统生命礼仪》，晨星出版有限公司2015年版。

④ 王善军：《生命彩装：辽宋西夏金人生礼仪述略》，《兰州学刊》2015年第10期。相类似的研究还有李妍容《唐五代敦煌婚丧礼俗概论》（硕士学位论文，兰州大学，2015年），马忠娥：《华锐藏族人生仪礼文化研究》（硕士学位论文，中央民族大学，2015年），张凌波：《苗族人生礼仪的生命美学意蕴》（硕士学位论文，西南大学，2015年）等。

⑤ 董磊明、李蹊：《人情往来与新“差序格局”——基于河北顺平县东委村的考察》，《民俗研究》2015年第3期。

延展性研究。文章聚焦于河北省顺平县东委村，以当地的礼金变迁为切入点，分析礼金中的博弈，进而透视其背后的人际关系与社会结构。文章记述了随礼与失随的过程以及其中的礼俗互动，认为当前的乡土格局不再完全由血缘亲疏、地缘远近决定，经济因素的渗入和影响日益显著；伦理秩序中身份分层与经济分层错位，传统伦理纲常弱化；乡村正在形成一种横向关系扩展并重排、纵向等级扁平并错位的新差序格局。该文以区域社会的研究为例探讨一个经典命题的当代变迁，具有很强的说服力。朱琳《实物符号的象征与想像——穗东北客家村仪式的媒介人类学解读》[①] 一文也通过仪式中的实物符号来透视社会关系建构，作者认为人们通过具有多义性和模糊性的实物符号，实现社会关系的构成与调适，个体对仪式中实物符号的理解、主体间互相的意义使用等，都促使旧有社会秩序的维持或导致新的社会关系的构建。李婉婉《水中乾坤：侗族对水的认知与生命轮回观——以广西三江侗族自治县车寨村为例》[②] 一文则抓住“水”这个实物符号，提出水之于侗族社会不只是一种资源，而是沟通天、地、人，阴间与阳间的一种媒介，建构着个人、群体以及村落间不同层次的社会关系。刘萌萌《浅析人生礼仪中的吉祥图像——以河南汝南县为例》[③] 的文章对婚丧寿诞礼俗中的吉祥图像进行了展现和文化内涵分析。

在中国有礼乐不分的文化传统，音乐、戏曲等文艺形式作为重要的仪式要素，一直是学界研究的重头戏。杨惠玲《明清江浙“四礼”演剧活动考论》[④] 对明清江浙一带人生四大仪礼中的演剧活动进行勾勒和分析，认为演剧活动具有的社会功能，满足了人们多方面的需求，并且正因为与礼仪的紧密结合，造就了明清时期的戏曲繁荣。该文从民俗学视角补充了明清戏曲研究的文化解释。关于仪式与音乐和戏曲等文艺形式的研究，在诞生礼、婚丧礼仪部分中都比较明显，详见下文。

礼仪文本和文书作为重要的仪式要素，也是研究仪式结构和仪式内涵的不可或缺的部分。郗文倩《古代礼俗中的文体与文学》[⑤] 一书将早期中国的多种文体形式和文化传统置于礼俗视野之下，从文体所产生和发展的礼俗空间，以及文体与礼俗之间的互动出发，来揭示各种言辞句式所蕴涵的精神观念和艺术品质。该书讨论了祖饯仪式中的祖祝辞、“祖饯”诗和“离别”诗，赞（包括像赞、婚物赞、史赞），丧葬文书（如镇墓文）等多种文类的发生和演变，以及文体与仪式、幻术之间的关系等问题，对注重历史变迁研究的民俗学人来说颇有参考价值。台湾学者叶国良《礼仪与文体》[⑥] 从礼学和文体学研究出发，提出中国文学中因礼仪而产生的文体是中国文学的特色之一，这种文体因礼仪而产生，受到礼仪性质和气氛的制约，不易彰显文学趣味，但也不乏杰出作品。但由于文体的应用性强，与礼仪发展相适应，所以当该礼仪在社会上衰亡，其相应产生之文体亦必随之衰亡。

---

① 朱琳：《实物符号的象征与想像——穗东北客家村仪式的媒介人类学解读》，《民族艺术》2015年第6期。

② 李婉婉：《水中乾坤：侗族对水的认知与生命轮回观——以广西三江侗族自治县车寨村为例》，《民间文化论坛》2015年第2期。

③ 刘萌萌：《浅析人生礼仪中的吉祥图像——以河南汝南县为例》，《西安文理学院学报》（社会科学版）2015年第2期。

④ 杨惠玲：《明清江浙“四礼”演剧活动考论》，《中国古代小说戏剧研究》第十一辑。

⑤ 郗文倩：《古代礼俗中的文体与文学》，人民出版社2015年版。

⑥ 叶国良：《礼仪与文体》，《中国文化研究》2015年夏之卷。

叶氏对中国礼学颇有研究，曾结合文化人类学研究视角，搜集了大量与中国古代冠笄之礼相关的字说文体，梳理出冠笄之礼的历史发展脉络[①]，这些均是其学科交叉研究的重要成果。

作为一门具有强烈实践性的学科，民俗学始终重视实证性的研究，从丰富的民俗志材料或者从案例和小区域社会出发来提升和发展理论深度，并注重借鉴不同学科的理论视角。民俗学者周星2015年度发表了长文《汉文化中人的"生涩""夹生"与"成熟"》[②]，应用结构主义人类学的概念结构，借鉴"过渡礼仪"和"阈限"民俗学经典理论，对汉文化人生礼俗，包括诞生礼、成人礼和婚礼中从"生"到"熟"的隐喻性表述进行探讨。文章从文化人类学对于人的分类开始切入主题，首先强调了中国社会促进人由"生涩"向"成熟"过渡的成人仪式的普遍存在，并通过对当代成人仪式重建的分析，认为由于尚未确立统一的"成人礼"文化，汉人社会及文化中将结婚仪式视为成人的观念，进一步得到了强化和普及。接着作者又对婚礼中具有转折性的隐喻性、象征性环节——跨火仪式和闹洞房进行剖析，认为这种中介状态"既有洁净、性、治疗等身体性的意义，也有指导、服从、改变等社会性的意义"，目的是促使新人完成身份转变和过渡，即使是闹洞房中看似带有偏离性的"闹公婆"也是通过"对禁忌的违犯来强化现实中对禁忌的遵守"。文章还对涉及性的俗语和隐语、各地方言中对"夹生"状态人的描述以及当代社会的剩男剩女现象进行了分析，认为这种对反面教材的树立实际是为了维护既定的社会秩序和价值取向。再比如，身体理论是近年来学术界关注的热点，所关注的是身体如何构建社会意义。李向振的《"磕头"的艺术：仪式生活中的身体》[③]一文就是这方面的尝试，文章梳理了民俗学研究中身体理论的引入，接着对日常生活中的"跪"和"拜"等身体礼仪进行分析，认为，在乡土社会中，"身体"常被当作一种技术手段，并在仪式中进行展演，促进了一种特定生活秩序的生成，同时身体的展演也内化为村落相关的传统知识和规范。

最后，需要注意的是，近年来随着传统文化的复兴，礼学研究的升温，礼仪重建成为热门话题。礼学研究者们一方面从行动上积极呼吁全社会传承礼乐传统，重建礼仪制度，一方面从理论上拓展礼学研究视域。学者彭林是近年来推动礼仪研究和重建工作的急先锋，并且依托国家重大课题，积极推进传统礼仪的实践和礼仪知识的普及。2015年度他在《光明日报》《中国社会科学报》《中华读书报》《联合日报》等媒体撰文讲解礼仪文化知识，宣扬传统礼乐文明精髓，同时写作《移风易俗与礼乐教化》[④]和《"礼治"背景下的中华"软法"》[⑤]两文，前者主要集中于探讨对汉代礼仪应用于移风易俗实践的做法，后者对宋代以后民间的家训族规在社会治理中的作用和实现途径做了深入分析。作者的着眼点是当代社会的礼仪制度建设，带有很强的目的性。民俗学及相关学科也从礼仪重建的角度进行了一定的研究（详见下文）。

---

① 参见叶国良《冠笄之礼的演变与字说兴衰的关系——兼论文体兴衰的原因》一文，《台大中文学报》2005年5月第12期，后收入叶国良等《汉族成年礼及其相关问题研究》，台北大安出版社2004年版。

② 周星：《汉文化中人的"生涩""夹生"与"成熟"》，《民俗研究》2015年第3期。

③ 李向振：《"磕头"的艺术：仪式生活中的身体》，《民间文化论坛》2015年第3期。

④ 彭林：《移风易俗与礼乐教化》，《岭南学报》2015年3月。

⑤ 彭林：《"礼治"背景下的中华"软法"》，《孔子研究》2015年第4期。

二 诞生礼俗研究综述

钟敬文先生在中国民俗学学科建构过程中始终强调民俗学的两个面向，一是民俗学是一门现代学，应该眼光向下，关注社会变迁，遵循这种思路，近年来又有民俗学者提出这种现代学不仅应该眼光向下，而且应该眼光向前[①]；二是中国丰厚的文献传统所决定的历史民俗学方向。2015 年度的人生礼俗研究从这两个向度都取得了可喜的成果，诞生礼俗的研究也是如此。

（一）现代学的面向：传承、衍变与再生[②]

台文泽《人观、养育实践与成年礼——西汉水流域汉人“寄保”习俗的人类学研究》一文以盛行于西汉水流域汉人社会的“寄保”习俗为研究对象来探讨地方社会的生命观念。文章认为，当地以幼儿养育为题旨的“寄保”习俗生活实践，反映出以出生时间观念与地方民间信仰体系为基础的童年观念与建构，这种观念通过仪式展演实现了对个体人格的社会文化塑造，促使其迈向成年生命历程[③]。余杰《海南黎族传统育儿习俗研究》[④]和黄兴梅《西藏拉萨朗巴村生育习俗研究》等研究则在描述育儿习俗和分析内涵的基础上，又增加了历史变迁的维度[⑤]。

历史变迁视角始终是民俗研究的重要切入点。谢中元《从乡俗到非遗：佛山“官窑生菜会”的传承、衍变与再生》一文，通过历史文献记载再现了以拜观音、求子嗣以及求财为表征的官窑生菜会的活态传承图景，着重展现并分析了新时期以来复办以后的官窑生菜会的变迁脉络和特性。作者认为，官窑生菜会发生了从组织、管控和主导性质等方面的形态肌理变迁，显示出行政主导下民俗的遗产化和资源化取向，并由于某些原因出现了复归民俗传统的趋向。该研究不仅跨越了一个较长的历史时期，而且体现了对当代变动不羁的民俗现象的敏感把握，是一个很好的民俗学变迁研究范例[⑥]。王丹《〈黄四姐〉：从生活传统到文化品牌》也是从变迁角度对诞生礼俗的探讨，作者通过长期的田野调查，对《黄四姐》这个清江流域土家族“打喜”仪式中打喜花鼓的经典曲目，走入喜花鼓又走出喜花鼓、与喜花鼓共存共荣的发展历程进行了描述和研究。作者认为，通过喜花鼓的唱跳，人们得到情绪释放、亲情融通和情感绵延。如今的喜花鼓已经实现了从乡村田野向都市舞台、由风俗俚曲向文化品牌的转型，成为地方文化的表征和民族身份的象征，《黄四姐》的经典化生产对当下新型城镇化的建设和发展具有不可忽视的作用和价值[⑦]。

---

① 中国社会科学院户晓辉研究员语。

② 借用谢中元《从乡俗到非遗：佛山“官窑生菜会”的传承、衍变与再生》（《文化遗产》2015 年第 4 期）一文语。

③ 台文泽：《人观、养育实践与成年礼——西汉水流域汉人“寄保”习俗的人类学研究》，《原生态民族文化学刊》2015 年第 4 期。

④ 余杰：《海南黎族传统育儿习俗研究》，《民族论坛》2015 年第 6 期。

⑤ 黄兴梅：《西藏拉萨朗巴村生育习俗研究》，硕士学位论文，西藏大学，2015 年。

⑥ 谢中元：《从乡俗到非遗：佛山“官窑生菜会”的传承、衍变与再生》，《文化遗产》2015 年第 4 期。

⑦ 王丹：《〈黄四姐〉：从生活传统到文化品牌》，《广西师范大学学报》（哲学社会科学版）2015 年第 6 期。

（二）历史学的面向：考证、辨析与探究

“凡是民俗的，都一定是历史的，因为民俗必须经过一段时间的积累，才能成为民俗。严格来说，许多我们以为今天已经消亡的民俗，其实只是不停地，以至剧烈地转化了而已；一种民俗彻底消亡的速度，未必如我们想象中那样快。迅速消亡的，往往只是人们对民俗知识链的掌握；许多时候，研究者因为种种原因而知识链断裂，继而轻言某一种民俗已经消亡。历史民俗学的提出，或者可以让我们重新掌握中国民俗的知识链，没有道理因为未能解决学科归属的行政原因而放弃。”① 这是学者郑炜明在《况周颐笔记中的民俗史料举隅》一文中所提出的，郑氏一文运用严密的文献考证功夫，对晚清词家况周颐笔记中的民间文学“九九古谚”、广西桂林“寄名榕树”民俗、赓西桂林“转花”民俗进行辨析讨论，认为历史上曾有记载的习俗，有可能并未消失，而是以转化为另一种名义和形式，在当地某些地区和族群之中继续传承②。进而作者进一步提出历史民俗学研究的上述主张，这一基于文献考据的研究无疑是历史民俗学研究之于当代功用的最好注脚。史家王子今的《秦汉民间“讳忌产子”风习》一文则是运用史学考据和文献整理进行民俗史研究的又一典范力作。作者通过对秦汉时期诸多历史文献有关“讳忌产子”的片断记载还原了当时的社会风习，材料充实，为人所信服③。秦树景《圆梦吉祥婴戏纹——明清瓷绘婴戏纹民俗意蕴探析》一文对具有祈子原初含义的婴戏纹吉祥纹样进行了探讨，认为明清时期的瓷绘婴戏纹，在原初的祈子含义之外又承载了人们对生命及生活追求的几乎所有吉祥祈愿，融合了多元文化要素的纹样本身蕴含着深厚而独特的民俗文化内涵④。郑红、崔荣荣《近代徽州地区诞生礼仪习俗中的服饰文化》⑤ 和郑艳《食物在孕育礼俗中的作用》⑥ 两文则分别抓住服饰和食物两个内容对诞生礼俗中的特定表现和内涵功能进行介绍。

儿童诞生和养育礼俗实质上体现着民众对于培养什么样的人的观念。王友缘《传统童年观念的社会学研究——基于乡村民众的底层立场》一文，通过对 1930 年代至 1960 年代生人的大量访谈来探讨底层社会的童年观念，借以反思现代童年观念的偏颇。文章认为，以家为本位是乡村民众传统童年观念的主要特征。通常，人们将成家与否看作是童年的社会期望边界、与成人的区隔，而以家为中心扩展开来的人情网络是产生如此边界的区隔机制。传统童年观念中儿童是脆弱而又超能的，同时人们的观念里“‘长大’是一个永远抵达不了的终点，童年状态是绵延一生的体验”。这种底层社会的多元性的童年观念对于反思现代理性的童年观念具有启发性⑦。

总之，2015 年度诞生礼俗的研究已不再限于现象性的描述，而是从文献的细致考证

① 郑炜明：《况周颐笔记中的民俗史料举隅》，《中国俗文化研究》2015 年 12 月第十一辑，第 136 页。

② 同上书。

③ 王子今：《秦汉民间“讳忌产子”风习》，《秦汉研究》2015 年 8 月第九辑。

④ 秦树景：《圆梦吉祥婴戏纹——明清瓷绘婴戏纹民俗意蕴探析》，《民俗研究》2015 年第 2 期。

⑤ 郑红、崔荣荣：《近代徽州地区诞生礼仪习俗中的服饰文化》，《武汉纺织大学学报》2015 年第 5 期。

⑥ 郑艳：《食物在孕育礼俗中的作用》，《文史知识》2015 年第 7 期。

⑦ 王友缘：《传统童年观念的社会学研究——基于乡村民众的底层立场》，《全球教育展望》2015 年第 9 期。

和宏观的历史变迁两个角度都有所开拓，并且研究的延展性和深度都在加强。

三 成人礼俗研究综述

本年度出现两种与成人礼相关的理论研究专著。学者汤海艳《成人之道：中国传统礼仪及其道德教育功能研究》一书对传统礼仪的基本内涵、道德意蕴和基本特征、对个体道德养成的作用以及在当代道德教育中的转化与反思进行了较为全面的研究，书中特别强调了古代冠礼在塑造人和促进个体道德社会化方面的作用。[①] 美国学者大卫·科泽（David I. Kertzer）的《仪式、政治与权力》（*Ritual*，*Politics*，*and Power*）一书广泛引用人类政治生活中各种仪式活动，阐述了仪式在人类生活中的作用，是比较政治文化研究的经典之作。该书对于研究当代中学成人仪式教育活动很有启发意义。[②] 因为1990年代复兴的中学成人仪式在某种程度上是一种学校的政治仪式和教育仪式，而非传统意义上的成人礼。[③]

论文方面仍可依照历史与现代两个维度进行分类，且以现代维度为重：

（一）冠笄之礼的发生和变迁研究

汉族冠笄成人之礼近年来逐渐引起学界的重视，邓锡斌《宋代名字说的文体渊源》对与冠笄之礼关系密切的字说的文体渊源进行了追踪。文章提出，宋代社会文人之间广泛创作的字说文体主要来源于冠礼祝词，还受到王昶《诫兄子及子书》、陶渊明《命子》诗以及历代改名诏的影响[④]。此前，关于字说文体与冠笄之礼的关系，中国台湾学者叶国良和大陆学者刘成国都曾有专门论述[⑤]，邓氏的研究拓展了部分内容。相关研究还有张树业《冠礼与成人之道——由冠礼释义看儒家哲学的礼义诠释特征》[⑥]、贺少雅《汉族成年礼絮谈》[⑦]、周佳宁《明代冠礼的复兴》[⑧] 和付爽《浅析古代笄礼及其教化功能》[⑨] 等。黄开国《儒学成人理念》一文从哲学角度来探讨仪式与成人观念，提出儒学成人理念强调礼义对人之为人的重要性，而重视人的主体道德自觉则是成人的最重要保证[⑩]。

---

① 汤海艳：《成人之道：中国传统礼仪及其道德教育功能研究》，南京大学出版社2015年版。

② ［美］大卫·科泽（David I. Kertzer）：《仪式、政治与权力》，王海洲译，江苏人民出版社2015年版。

③ 参见周星《“现代成人礼”在中国》，《民间文化论坛》2016年第1期。

④ 邓锡斌：《宋代名字说的文体渊源》，《安徽理工大学学报》（社会科学版）2015年第1期。

⑤ 叶国良：《冠笄之礼的演变与字说兴衰的关系——兼论文体兴衰的原因》（《台大中文学报》2005年第121期，后收入叶国良等著《汉族成年礼及其相关问题研究》，台北大安出版社2004年版）。刘成国《宋代字说考论》，《文学遗产》2013年第6期。

⑥ 张树业：《冠礼与成人之道——由冠礼释义看儒家哲学的礼义诠释特征》，《南昌大学学报》（人文社会科学版）2015年第4期。

⑦ 贺少雅：《汉族成年礼絮谈》，《文史知识》2015年第7期。

⑧ 周佳宁：《明代冠礼的复兴》，《文学教育》2015年第12期。

⑨ 付爽：《浅析古代笄礼及其教化功能》，《智富时代》2015年8月。

⑩ 黄开国：《儒学成人理念》，《中共宁波市委党校学报》2015年第1期。

（二）当代成人礼俗的民俗志式和建构式研究

民俗志式的研究仍然是成年仪礼的重要方面。王志芳《山西壶关地区圆锁习俗探究》[①]一文关注的是流行于山陕冀鲁豫等北方地区的地方民俗——圆锁，对山西壶关地区圆锁仪式的圆锁年龄，仪式的变迁及其文化内涵做了描述和探讨。少数民族族群的成人礼仍为关注重点，涉及了青海藏族戴天头、贵州岜沙苗人“成人礼”、海南黎族纹身，而且研究者不再拘泥于现象本身和历史变迁描述，而是从社会制度、社会秩序等方面进行探究。刘军君《成人礼与婚姻规制的建构——青海贵德藏族“戴天头”的田野考察》[②] 在对安多藏区特有的少女“戴天头”成人礼细致考察的基础上，认为“戴天头”是与传统藏族社会的婚姻规制挂钩，仪式本身便是对婚姻规制的建构。

与其他类型人生仪礼形式相比，成人礼部分的突出特点是学者研究的建构性。关于当代中学成人仪式教育活动，尽管学界的意义界定尚不明确，且批评者居多，但不可否认，这种仪式实践已经获得了越来越多的学界关注和社会认同。

萧放、李晓冬《成年礼的仪式传统及其当代实践》[③] 一文在梳理中国成年礼文化传统的基础上，比较传统成年礼、当代学校成年礼以及借鉴台湾地区与东亚国家成年礼俗的基础上，融会传统与现代文化理念，提出了当代社会重建成年礼俗的设计方案，试图通过时间、空间的设置与礼服、礼乐、礼器、礼文等要素的完善，提供可以操作的完整成年仪式构想。这是偏向于一种实践指导性的文章，与当前民俗学理论界所提出的实践民俗学的构想相契合，是一种很好的应用性研究，具有重要参考价值。聂玮《成人仪式的社会学分析——以衡水中学成人仪式为例》[④] 借鉴过渡仪式理论，以衡水中学成人仪式为例，通过古今对比，来探讨当代成人仪式的象征意义及社会意义。王慧《成人礼“观念”的复归》[⑤] 和闫丽雯《18 岁成人仪式教育教育性的缺失及建构》[⑥] 两文也分别从批评和建构的

---

① 王志芳：《山西壶关地区圆锁习俗探究》，《山西农业大学学报》（哲学社会科学版）2015 年第 10 期。相似的研究还有樊晋希子《山西长子“圆锁”礼仪式调查——兼论成人礼的文化内蕴及时代变迁》（《长治学院学报》2015 年第 3 期）和戴秀敏《豫北武陟“开锁”仪式研究》（硕士学位论文，广西民族大学，2015 年）等。

② 刘军君：《成人礼与婚姻规制的建构——青海贵德藏族“戴天头”的田野考察》，《北方民族大学学报》（哲学社会科学版）2015 年第 5 期。相关研究还有，巷秀措《藏族女性成人礼仪的文化内涵及功能研究——以青海贵德藏区罗汉堂镇为例》（硕士学位论文，西藏大学，2015 年），王雅娟《黎族社会文明进程中的秩序与身体——以文身为中心的探讨》（《南海学刊》2015 年第 4 期），韦文华《贵州岜沙苗人“成人礼”仪式的文化内涵》（《贵州民族研究》2015 年第 2 期）和张丽花《日本黑齿习俗的文化象征涵义》（《文化学刊》2015 年第 2 期），等等。

③ 萧放、李晓冬：《成年礼的仪式传统及其当代实践》，《中原文化研究》2015 年第 1 期。

④ 聂玮：《成人仪式的社会学分析——以衡水中学成人仪式为例》，《河北学刊》2015 年第 3 期。

⑤ 王慧：《成人礼“观念”的复归》，《黑龙江教育学院学报》2015 年第 9 期。

⑥ 闫丽雯：《18 岁成人仪式教育教育性的缺失及建构》，《青少年学刊》2015 年第 4 期。类似研究还有，孔倩妮《我国法定成年年龄规定之妥当性研究》（《四川警察学院学报》2015 年第 3 期），高颖《关于推广中国现代成人礼的思考》（《学园》2015 年第 27 期），储小丽《成人礼与旅游的互动发展研究》（《旅游管理研究》2015 年 1 月下半月刊）和王珏《传承与教化——成人礼中的教育性问题研究》（硕士学位论文，东北师范大学，2015 年）等。

角度对成人礼的现状和发展提出了建设性意见。

四 婚姻礼俗研究综述

婚礼历来都是学术界的研究热点，近十年来，随着社会的急剧转型，婚丧仪礼的显著变迁更为学界所重视，每年都有上百篇不同领域和不同角度的探讨，限于篇幅，择要综述如下。

（一）婚俗变迁研究

从本年度研究来看，对特定族群婚俗变迁的探讨为数最多，包括客家人、白族、土家族、哈萨克族、裕固族等。所采用的模式较为统一，或做宏观现象叙述或以村落个案为基础，按照时间顺序对婚俗或者婚礼仪式进行描述或者古今对比，然后加以文化内涵的探讨以及变迁原因分析。杨庆毓《大理白族传统婚俗文化变迁研究》①一书从传统婚俗对于构建社会主义核心价值观的价值的角度出发，对传统婚俗的功能、历史变迁及其发生原因，对当代族群社会生活的影响等几个方面进行了较全面研究。从变迁角度展开研究的论文很多，冯之余《略论近代福建婚俗的变迁》②将近代以来较早开放的地区作为关注点，展现了一段时期以来婚礼形式的改良、婚姻形式的变化以及婚姻价值观的深刻变革。比如，婚姻礼仪日趋简化，恋爱自由、婚姻自主逐渐成为主流婚恋观。邵维庆《苗族“蒙”和“阿卯”支系的婚姻变迁及其动力机制——以水富县三角苗族村为个案》③分析了该族群在

---

① 杨庆毓：《大理白族传统婚俗文化变迁研究》，中国社会科学出版社2015年版。

② 冯之余：《略论近代福建婚俗的变迁》，《福建论坛·人文社会科学版》2015年第4期。

③ 邵维庆：《苗族“蒙”和“阿卯”支系的婚姻变迁及其动力机制——以水富县三角苗族村为个案》，《学术探索》2015年第6期。类似研究还有，陈业强、林圭琴：《福建长汀客家婚姻习俗变迁考察》，《贵州师范学院学报》2015年第2期。马威等：《广东客家当代婚俗及其文化内涵——以坪塘村一场客家婚礼为例》，《民族论坛》2015年第5期。高志勇：《民国时期河北婚姻变革探析——以方志为中心的考察》，《河北广播电视大学学报》2015年第6期。宋力行、李晓霞：《论广东疍民婚俗演进——以阳江市海陵岛为例》，《广东技术师范学院学报》（社会科学版）2015年第4期。汪菁：《哈萨克斯坦哈萨克族的传统婚礼与现代婚礼研究》，《伊利师范学院学报》（社会科学版）2015年第4期。哈森其木格：《科尔沁蒙古族婚俗之礼物的变迁——科尔沁左翼中旗西蒙古屯嘎查为个案》，《赤峰学院学报》（汉文哲学社会科学版）2015年第6期。呼格吉乐玛、南达汗：《驯鹿鄂温克人传统婚俗文化变迁研究》，《呼伦贝尔学院学报》2015年第3期。赵尔文达等：《论三都水族自治县怎雷村苗族语言与婚俗的变迁》，《铜仁学院学报》2015年第2期。马静、韦秀勋：《地域与婚姻：清水江流域苗族婚俗研究》，《河西学院学报》2015年第3期。扎拉加：《环青海湖牧区传统婚俗文化调查研究——以共和县莫热村为例》，《民族文化研究》2015年第2期。李小萍：《试探青海土族婚俗的变迁——以互助土族为个案》，《青海民族大学学报》2015年第1期。罗边伍各：《凉山彝族婚俗变迁及其存在问题的对策建议》，《西昌学院学报·社会科学版》2015年第4期。刘玉皑等：《传统沿袭与现代变迁：樟木夏尔巴人的婚俗调查》，《西藏民族大学学报》（哲学社会科学版）2015年第6期。龚德全：《现代语境下布依族婚姻仪礼的变迁——一个布依族村寨的实例》，《长江师范大学学报》2015年第1期。龚艺雯等：《玉龙县塔城乡纳西族婚俗文化变迁研究》，《滇西科技师范学院学报》2015年第3期。王艺澄：《民族杂居地区苗汉婚俗及其趋同现象初探》，《贵州民族研究》2015年第12期。钟梅燕：《试论裕固族族际通婚演变的历史轨迹》，《河西学院学报》2015年第6期。文山学院

婚恋对象、通婚范围、择偶标准、择偶权力、婚姻仪礼、婚姻开支等多方面的变迁。文章认为，国家现代化“秩序建构”的宏观背景、民众自我意识的觉醒以及现代化语境中民族文化的自主适应与创新等构成婚俗变迁的原因。

除此以外，不少学者从国家与社会、上下层礼俗互动等角度集中探讨了婚俗变迁的原因。唐士梅《1950 年〈婚姻法〉对汉中婚俗文化的影响》，着眼于新中国成立后颁布的第一部法律对婚俗破旧立新的巨大作用，以汉中 1950 年代文献资料为依据，分析了 1950 年《婚姻法》对当地的早婚、童养媳、招赘婚、招夫养夫、站门客等婚俗的影响，这些婚俗的表面性或根本性的变化折射出社会重大变革时期，国家制度对地方社会婚俗文化的影响[①]。吴云峰《革命、仪式与传统——华中革命根据地对传统婚礼的改造》[②]和《婚姻自由政策与华中革命根据地择偶方式的变迁》[③]两文聚焦于特定历史时期特定地域内的婚姻政策对地方社会婚姻仪式的影响，研究表明，根据地改革婚姻仪式的做法起到了一定的变革作用，但也受到了传统习俗的制约。刘彦《国家与地方视野下的破姓开亲与婚俗改革——以清代清水江下游锦屏九寨苗白、彦洞讨论为中心》[④]和丛小平《从“婚姻自由”到“婚姻自主”：20 世纪 40 年代陕甘宁边区婚姻的重塑》[⑤]也属于相似角度的探讨。这些学者虽然学科背景和问题视角不同，但均采用了相类似的理论模式，且理论分析较为深入，对民俗学的婚礼研究很有借鉴意义。

总体而言，关于婚姻礼俗变迁的研究多侧重于婚礼仪式变迁、社会经济原因探究和政府政策措施影响等，或者说宏观性研究较多，而从平民视角反映变迁主体——民众在婚俗变迁中的情感、角色、作用和评价等方面的研究较少；在研究方法上，较多采用单一学科方法，如历史学、民俗学、法律学、人类学等，而较少进行跨学科综合研究。

（二）婚礼仪式要素的研究

婚礼仪式要素研究是细致考察仪式内涵、聚焦社会变迁和生发理论的重要切入点，

（接上页）
民俗课题调查组：《文山市壮族土支系传统婚俗考察报告——以德厚镇铁则村民委下期乌村小组为例》，《文山学院学报》2015 年第 2 期。张兴莲：《现代文明建设视角下的彝族婚俗》，《文化学刊》2015 年第 3 期。武玮、田廷广：《现代生活方式渗透下非遗保护中公众自觉参与浅析——以羌族异地安置区直台村 CJ 古羌婚俗为例》，《陕西青年职业学院学报》2015 年第 3 期。夏洋：《湖南张家界土家族婚俗变迁研究——以王家坪镇石堰坪村婚俗为例》，硕士学位论文，吉首大学，2015 年。齐红日：《喀喇沁蒙古人传统婚姻习俗变迁探析——以赤峰市宁城县为例》，硕士学位论文，内蒙古师范大学，2015 年。郭万雨：《近代东北满族婚俗变迁研究》，硕士学位论文，宁夏大学，2015 年，等等。

① 唐士梅：《1950 年〈婚姻法〉对汉中婚俗文化的影响》，《文化遗产》2015 年第 3 期。

② 吴云峰：《革命、仪式与传统——华中革命根据地对传统婚礼的改造》，《华北水利水电大学学报》（社会科学版）2015 年第 5 期。

③ 吴云峰：《婚姻自由政策与华中革命根据地择偶方式的变迁》，《北华大学学报》（社会科学版）2015 年第 6 期。

④ 刘彦：《国家与地方视野下的破姓开亲与婚俗改革——以清代清水江下游锦屏九寨苗白、彦洞讨论为中心》，《云南社会科学》2015 年第 1 期。

⑤ 丛小平：《从“婚姻自由”到“婚姻自主”：20 世纪 40 年代陕甘宁边区婚姻的重塑》，《开放时代》2015 年第 5 期。

2015年度的仪式要素研究仍然是婚礼研究的重要组成部分，主要集中在仪式歌、仪式音乐等口头艺术形式，以及彩礼、婚礼文书等方面。

周仲强《诗性婚俗：台州“洞房经”的审美研究》一书是从审美角度对地方传统婚俗的研究，全书分上下两编，对“洞房”“对歌”等台州婚俗仪式进行了文化阐释和当代价值分析，也谈及习俗传承的困境，提出“活态传承”的可能性和可行性。下编则从五个方面对“洞房经”进行了审美分析，包括“地方婚俗之美”“家庭生活之美”“进取精神之美”“仪式欢乐之美”和“歌词韵律之美”①。王改凌《皖北喜歌中婚礼正日女性的聚合礼仪》应用过渡仪式理论，通过婚礼正日的喜歌，来探讨其中所体现的女性受礼者的礼仪过渡。文章对婚礼当日的礼仪进行了细密的切割，切分到“最小单元”（也就是维克多·特纳所称的symbol），如拜堂、挑褡头、交心盏、闹洞房、撒床、点灯等，这些“最小单元”作为具有实际含义的要素构成行为群，反映出受礼者实现身份转变和心理转变的过程②。钟建华的《闽南传统婚俗及其仪式歌的交互研究——以安溪县“八社”为考察地》从非物质文化遗产保护角度出发，以闽南传统婚俗保存较好的安溪县“八社”为基点，还原了当地传统婚俗的概貌，尤其是仪式歌在婚俗中的位置和作用，并进行古今对比，强调仪式歌传承与保护的重要性③。汪菁的《新疆哈萨克族传统婚礼仪式音乐研究》从音乐学研究对哈萨克族传统婚礼仪式音乐进行了详细的要素切分，分析了仪式音乐的社会、心理、审美和娱乐功能，强调其对民族社会发展与进步、文化传承以及民众生活的积极作用④。马韵斐的《时空转换中的碎片记忆——江苏兴化六书婚礼仪式调查》一文通过细致的田野调查和文献搜集，试图还原江苏兴化的水上婚礼仪式，尤其是婚礼中的六书艺术、六书班子的传承和变迁等⑤。覃娜娜的文章《论仪式语言的象征意义建构——以土家族婚礼中的口头论辩为例》以土家族婚礼中的口头论辩这一独特婚俗文化现象为个案，从口头论辩的内容、形式、论辩结果以及论辩主体四个方面去考察婚俗的象征意义和仪式建构⑥。

---

① 周仲强：《诗性婚俗：台州“洞房经”的审美研究》，中国社会科学出版社2015年版。

② 王改凌：《皖北喜歌中婚礼正日女性的聚合礼仪》，《盐城师范学院学报》（人文社会科学版）2015年第4期。

③ 钟建华：《闽南传统婚俗及其仪式歌的交互研究——以安溪县“八社”为考察地》，《河北北方学院学报》（社会科学版）2015年第1期。相关研究还有，彭秀祝：《婚嫁圈结构变动与哭嫁习俗变迁思考》，《吉首大学学报》（社会科学版）2015年6月。冉竞华：《沿河土家族哭嫁歌研究》，硕士学位论文，暨南大学，2015年。刘亚静：《云南红河哈尼族哭嫁歌研究》，硕士学位论文，天津音乐学院，2015年。孟凡玉：《浙北传统婚礼仪式歌曲“浪柳园”探析》，《中国音乐学（季刊）》2015年第1期等。

④ 汪菁：《新疆哈萨克族传统婚礼仪式音乐研究》，《新疆艺术学院学报》2015年第1期。

⑤ 马韵斐：《时空转换中的碎片记忆——江苏兴化六书婚礼仪式调查》，《贵州大学学报·艺术版》2015年第2期。

⑥ 覃娜娜：《论仪式语言的象征意义建构——以土家族婚礼中的口头论辩为例》，《贵州民族研究》2015年第1期。相关研究还有，苏娟：《论青海海西蒙古族婚礼仪式歌的人文价值与精神内涵》（《北方音乐》）。阿穆尔萨娜：《蒙古族婚礼祝颂词文本研究》，博士学位论文，内蒙古大学，2015年。薛方宁：《民国时期江南婚俗服饰探究》，硕士学位论文，苏州大学，2015年。尉迟从泰：《中原民间汉族传统婚姻中的禁忌》，《中国文化研究》2015年冬之卷。武原春：《山西柳林“婚礼”习俗的民俗模式解读》，《山西师大学报》（社会科学版）2015年5月等。

随着结婚消费日益走高，彩礼成为全社会以及学界关注的热点，且法律界人士的讨论较多。纳玉兰在《河湟农村高额“彩礼”探析——以青海省峡口村为例》一文中细致总结了当地彩礼的构成和时代变迁，分析认为彩礼飞涨的原因包括地区差距、从众心理和女性数量的不足，最后分析了造成的不良社会影响[①]。肖建飞的文章《法院如何引俗入审——以哈萨克族彩礼返还纠纷的司法审理为考察对象》从习惯法的当代价值视角出发，以哈萨克族彩礼习俗的历史变迁及彩礼返还纠纷案件审理的司法指导意见为考察对象，认为民族自治地方司法机关对待彩礼返还纠纷所依据的原则更多的是现代婚姻司法，应该尊重并广泛应用民族习惯法[②]。

还有一些学者的研究也值得关注。阿布都哈德的《结构与反结构——阈限理论视野下的“闹公婆习俗”》一文运用维克多·特纳（Victor Witter Turner）的“阈限”理论，对中国北方汉、回、东乡、撒拉、保安等几个民族婚礼中“三天无大小”“羞辱公婆”“公公背儿媳”等统称为“闹公婆”的戏剧化表演方式进行研究，文章认为，这种阈限状态下的娱乐仪式实际是一种正常社会状态的“非日常”，背后隐藏着要恪守孝道与遵行礼仪廉耻的严肃的社会期待[③]。祁晓庆的《敦煌壁画婚礼中的镜》[④]和何斯琴的《古代婚礼文书漫谈》[⑤]二文则分别抓住婚礼中的其他要素对其背后的文化内涵和历史变迁予以分析和探讨。

（三）对婚俗史和特殊婚俗的探讨

婚俗是历史学、人类学、民族学和民俗学等多学科共享的研究对象，只是不同学科关注点不同而已。2015 年度的研究涉及了抢婚、收继婚、招赘婚、走婚、奔婚等。杨波《略论元明戏剧中的抢婚与收继婚风俗》一文从《西厢记》《渭塘奇遇记》《剪灯新话》等文本中搜寻到元明时期的抢婚和收继婚俗，勾勒出民族之间的文化交流和影响[⑥]。谌鸿燕的文章《“入赘改姓”与“三辈还宗”：招赘婚的父权制意蕴——以贵州省安顺市 L 村的招赘婚俗为例》以一个历史上招赘婚现象较为集中的典型村落为例，抓住父系姓氏符号之间的传递和转换，对该村形式多样的招赘婚实践予以

---

① 纳玉兰：《河湟农村高额“彩礼”探析——以青海省峡口村为例》，《青海民族研究》2015 年第 1 期。相关研究还有，胥智仁等：《苗族乡土社会彩礼纠纷解决机制的调查——以贵州雷山西江苗寨为例》，《原生态民族文化学刊》2015 年第 2 期。艾虹、吕晓青：《从以茶为聘的产生看宋代婚俗观念之转变》，《农业考古》2015 年第 2 期。王祎茗：《传统中国聘财制度的法文化解读——以〈唐律疏议〉为中心》，《南昌大学学报》（人文社会科学版）2015 年第 6 期等。

② 肖建飞：《法院如何引俗入审——以哈萨克族彩礼返还纠纷的司法审理为考察对象》，《黑龙江民族丛刊》2015 年第 3 期。另外，还出现了 8 篇以彩礼或者彩礼返还为核心问题的硕士学位论文，如魏晓东《社会规范与法律的互动——以彩礼规范为切入点》，硕士学位论文，山东大学，2015 年；官文佳《我国彩礼法律问题研究》，硕士学位论文，中国海洋大学，2015 年；等等。

③ 阿布都哈德：《结构与反结构——阈限理论视野下的“闹公婆习俗”》，《西北民族研究》2015 年第 4 期。

④ 祁晓庆：《敦煌壁画婚礼中的镜》，《敦煌研究》2015 年第 6 期。

⑤ 何斯琴：《古代婚礼文书漫谈》，《文史知识》2015 年第 7 期。

⑥ 杨波：《略论元明戏剧中的抢婚与收继婚风俗》，《文化遗产》2015 年第 2 期。

呈现，认为该婚俗实质上是“以一种看似相悖的方式强化着父权制”①。相关研究很多，不再一一例举。

（四）当代婚礼的建构性研究

自21世纪初以来，随着西式婚礼的影响，中国城乡的婚礼和婚姻习俗发生了很大的变迁，包括婚礼空间的移位，婚庆行业的出现和发展，婚礼中的色彩变迁，婚礼主持人角色的变化，婚礼服饰的改变，以及媒体在婚礼中的介入和广泛运用，对于这些变化，民俗学界的研究大多止于描述或者是简单的评述，甚至是忽视，而对于美术学、设计学等专业人士来说则是一种比较积极的介入、实践和运用②。这些文章或从设计学视角出发，进行婚礼空间、服饰、文书的应用性研究，或者从人才建设或者行业发展角度对婚庆和婚礼的设计提出发展建议。比如，徐渊《论汉中当代婚庆的文化价值取向》一文通过整体观察，认为汉中当代婚庆变迁中，传统性、地域性正在逐步消失，时代性、趋同性正在逐步强化③。殷群《白族婚俗体验休闲旅游开发研究——以云南大理周城为例》从民族婚俗传承

① 谌鸿燕：《“入赘改姓”与“三辈还宗”：招赘婚的父权制意蕴——以贵州省安顺市L村的招赘婚俗为例》，《云南社会科学》2015年第6期。相关研究还有，雷铭：《战国秦汉招赘婚探析》，《鸡西大学学报》2015年第12期，卫彦慧：《从民俗学角度看〈诗经〉的婚俗文化》，《赤峰学院学报》（汉文哲学社会科学版）2015年第8期，郑先兴：《论秦汉时期赵国的奔婚习俗》，《邯郸学院学报》2015年第3期，江佳慧：《从王昭君的婚姻看西汉时期胡汉婚俗差异》，《民族论坛》2015年第1期，石小英：《唐五代宋初婚姻开放性初探——以敦煌妇女为中心考察》，《敦煌学辑刊》2015年第4期，陶自祥：《“不落夫家”：壮族女性走婚习俗的社会基础研究——基于滇东南X村女性“不落夫家”婚俗的考察》，《华中农业大学学报》（社会科学版）2015年第3期，马腾嶽：《“入赘婚”还是“收养婚”？——云南鹤庆地区白族“上门婚”的人类学再解读》，《民族研究》2015年第6期，许沃伦：《祖荫博弈与意义建构——大理白族“不招不嫁”婚姻的人类学研究》，博士学位论文，云南大学，2015年，魏霞：《国内族际通婚研究概述》，《满族研究》2015年第4期，等等。

② 限于篇幅，仅将相关研究列于下。包括：王若婧：《婚礼主持人语言风格的建构》，《开封大学学报》2015年第2期，曾毅、宁波：《湖湘婚庆典礼主持人职业素养研究》，《传播与版权》2015年第12期，郑带利：《高校婚庆人才培养模式探索——以桂林旅游高等专科学校为例》，《课程教育研究》2015年5月下旬刊，陈静：《时尚婚庆家纺设计与中国传统风俗婚礼文化融合浅议》，《纺织报告》2015年第9期，马晨晨、张毅：《色彩在中国婚庆家纺中的意义、特点和设计趋势》，《武汉纺织大学学报》2015年第4期，黄秀丽：《婚礼服贴体基型设计研究》，《惠州学院学报》（自然科学版）2015年第6期，卢佳等：《视听语言视域下的婚礼微电影研究》，《新闻研究导刊》2015年第22期，王引男：《主题婚礼中的视觉延展设计——请柬设计》，硕士学位论文，沈阳师范大学，2015年，金晶：《婚庆场景时宴会厅装饰设计研究》，硕士学位论文，中南林业科技大学，2015年，张涵：《云南文苑婚庆广场主题景观设计》，硕士学位论文，昆明理工大学，2015年，刘毅：《传统婚俗元素在现代婚庆用品包装中的应用研究》，硕士学位论文，湖南工业大学，2015年，卢玉琴：《中国传统吉祥纹样在现代婚礼用品中的运用研究》，硕士学位论文，湖南师范大学，2015年，林源：《当代城市婚礼仪式用品设计的互动性研究》，硕士学位论文，北京理工大学，2015年，任雯：《订制婚礼中视觉传达设计的应用研究》，硕士学位论文，湖南工业大学，2015年，张菡：《陕西关中传统婚俗文化的婚礼策划研究》，硕士学位论文，西安工程大学，2015年，等等。

③ 徐渊：《论汉中当代婚庆的文化价值取向》，《陕西理工学院学报》（社会科学版）2015年第2期。

与发展的角度，提出与旅游产业相结合的思路①。

总之，与成人礼的研究相似，婚礼的当代呈现形式已经发生了较多变化，但民俗学界还未及时跟上时代的发展，大多研究还停留在传统婚俗的描述、仪式的分析上，相反很多实践性较强的学科则在直接参与婚俗和婚礼仪式实践，这恐怕是对民俗学研究视角转换的一种提醒。

五 丧葬礼俗研究综述

在人生仪礼的相关研究中，丧葬礼俗常与婚姻礼俗并举，成为学界研究的重点，在研究角度和研究模式亦多有相似之处，研究成果显著。

2015 年度出现了三部丧葬礼俗研究专著。黄龙光《民间仪式艺术展演民俗传承：彝族花鼓舞田野民俗志研究》一书以长期深入的田野作业资料为基础，从民俗学视角出发，对彝族纳苏支系的传统舞蹈花鼓舞及其主要的载体——丧礼，进行了较为全面而客观的考察和民俗志描写，并运用民俗学以及人类学、社会学等学科理论对花鼓舞的传承现状进行了较为深入的理论思考和探讨。作者对丧礼的“深描”，从丧礼的筹备、进行以至结束，都可说是细致入微，并且时时观照花鼓舞在其间的表演和功能。在花鼓舞的现代传承和展演部分中，通过对当地政府官员、文化事业单位（如学校）、花鼓舞传承人、花鼓舞传承的参与者等的访谈，比较全面地展现了花鼓舞传承的现状，包括政府官员和文化部门对于花鼓舞传承的不同考虑和做法上的偏差；以及当代花鼓舞由于与传统仪式的逐渐脱离，带来的文化内涵和传承方式、传承主体的变迁等。对于花鼓舞的传承，作者直言对于下一代传承花鼓舞像小学生学跳花鼓舞的殷殷期望②。另外两部著作李玉洁《先秦丧葬与祭祖研究》和黄宛峰《汉画像石与汉代民间丧葬观念》都是文献学角度的研究，对民俗学研究者多有可参鉴之处③。

（一）丧葬习俗研究

刘冰莉《“剺面”源流考》一文从人类学、考古学、文献学和民族学的角度对我国特定历史时期存在于北方少数民族中的这一习俗予以源流分析，认为其最初的涵义应该与表达悲痛、寄托哀思、祭祀祖先的丧葬行为有关。但由于这种情感表达方式与温柔敦厚的儒教传统相违合，所以在宋代以后逐渐衰落下去，未能成为汉族习俗的重要形式④。张墨的《“割耳剺面”习俗刍议》也是针对该习俗的研究，通过整理分析历史文献，来厘清这种

① 殷群：《白族婚俗体验休闲旅游开发研究——以云南大理周城为例》，《经济研究导刊》2015 年第 4 期。相关研究还有，赵娜娜、李如跃：《三亚婚庆旅游产业发展研究》，《四川文理学院学报》2015 年第 5 期，彭艳君：《生态婚礼旅游发展前景探讨》，《绿色科技》2015 年第 11 期，张平芳：《构建以中国传统文化为本质的婚庆产业发展策略——以湖南省婚庆产业为例》，《东方企业文化》2015 年第 20 期等。

② 黄龙光：《民间仪式艺术展演民俗传承：彝族花鼓舞田野民俗志研究》，中国社会科学出版社 2015 年版。

③ 李玉洁：《先秦丧葬与祭祖研究》，科学出版社 2015 年版；黄宛峰：《汉画像石与汉代民间丧葬观念》，中国社会科学出版社 2015 年版。

④ 刘冰莉：《“剺面”源流考》，《民俗研究》2015 年第 5 期。

习俗在亚洲中东部的传播和嬗变，及其在不同文化语境中的内涵和社会学意义①。高晶晶的文章《试论辽代真容偶像葬俗》对辽代晚期兴起的这种特殊葬俗进行探究，对其发生、分布和类型等做了细致考证，认为其是辽代汉人集团在特殊政治语境中发展出来的一种文化行为，受到佛教、道教和契丹文化的影响，具有类型多样性、分布地域性和使用群体特殊性等特征②。马利清《匈奴与拓跋鲜卑毁镜习俗之比较研究》是对盛行于约公元2世纪下半叶到3世纪上半叶匈奴人和拓跋鲜卑之中的特殊丧葬习俗的研究③。段永升在《当代关中砖椁墓对古代棺椁制度之承继——基于关中地区G村的田野考察》一文中，通过实地考察，对比古代棺椁制度的起源、发展、演变过程，认为当代关中地区的棺椁形制与古代棺椁制度具有一脉相承之联系，比如关中地区流行的土葬砖椁墓承继了古代的棺椁制度；棺椁的使用和形制的发展演变以及葬俗背后所体现的社会文化心理均来源于深厚的传统文化根基④。

（二）丧葬仪式的文化内涵研究

专注于丧葬文化研究的学者陈华文、陈淑君2015年度发表两篇专论，其中《因时因

---

① 张墨：《“割耳剺面”习俗刍议》，《南阳师范学院学报》（社会科学版）2015年第1期。

② 高晶晶：《试论辽代真容偶像葬俗》，《文化遗产》2015年第2期。

③ 马利清：《匈奴与拓跋鲜卑毁镜习俗之比较研究》，《郑州大学学报》（哲学社会科学版）2015年第6期。

④ 段永升：《当代关中砖椁墓对古代棺椁制度之承继——基于关中地区G村的田野考察》，《文化遗产》2015年第3期。此外还有，钟韵：《先秦丧礼词汇名源及其文化阐释》《民俗典籍文字研究》，刘伟：《治丧与殡葬〈左传〉中丧葬程序研究》，《枣庄学院学报》2015年第1期，齐东方：《中国古代丧葬中的晋制》，《考古学报》2015年第3期，牛志平：《论唐代墓葬的形制》，《乾陵文化研究》2015年1月，张鹤泉：《东汉丧礼送葬考》，《古代文明》2015年第4期，雷闻：《从“京观”到佛寺——隋与唐初战场尸骸的处理与救度》，《魏晋南北朝隋唐史资料》2015年7月第31辑，贾吉泳：《多元文化背景下的丧葬习俗探究》，硕士学位论文，新疆大学，2015年，姜守诚：《台湾文献中的“开冥路”丧俗》，《世界宗教文化》2015年第2期，王倩倩：《青海史前文化缺首葬俗研究》，《青海社会科学》2015年第4期，张颖慧、李祥兰：《〈说文解字〉与西南山地民族葬俗合证》，《中华文化论坛》2015年第6期，马银行：《清代士人视野下的丽江纳西族葬俗变迁研究》，《大理学院学报》2015年第5期，高志勇：《改革开放后大名县卫东地区丧葬习俗的变迁——以高庄村为例》，《邯郸职业技术学院学报》2015年第2期，佘港、向勇：《鄂渝地区土家族丧葬仪式中舞狮习俗的文化人类学分析》，《四川体育科学》2015年第3期，张鲲：《关中地区传统丧礼仪式的现代镜像——关于周室故地岐山的典型调查》，《北方民族大学学报》（哲学社会科学版）2015年第6期，杨阳：《关中平原丧葬场景下的人际互动——陕西谓南客店镇丧葬仪式为例》，硕士学位论文，宁夏大学，2015年，邓玲：《“过渡礼仪模式”下的葬俗仪式结构研究——以D村D氏家族的葬俗仪式为例》，《柳州师专学报》2015年第3期，唐丽清、邹成芳：《连南瑶族丧葬之陋习及其批判》，《清远职业技术学院学报》2015年第2期，徐艺元：《叙永县麻城乡何氏坛班丧葬道场调查研究》，硕士学位论文，四川师范大学，2015年，张盈盈等：《彝族传统丧俗仪式调查实录》，《贵州民族大学学报》（哲学社会科学版）2015年第4期，李世武：《口头叙事与仪式对民间信仰的建构——以大理波长廊地区白族葬俗为个案》，《百色学院学报》2015年第4期，陈杭、陈家友：《先人崇拜冥俗的同源与异流——越北岱侬地区与桂东南民间丧葬礼俗之异同》，李学成等：《论清代满族丧葬习俗变迁》，《满族研究》2015年第2期，岳小国：《污染与洁净——三岩藏族丧葬文化研究》，《民族研究》2015年第5期，吕延：《以方言特征词探究皖西南二次葬的文化及根源》，《安徽理工大学学报》（社会科学版）2015年第5期，等等。

事而变：在时代的需求中适应传统——论魏晋南北朝丧葬文化的特征》基于时代背景对魏晋南北朝丧葬文化特征予以论述，认为其具有非常独特的因时、因事，甚至因人而变的文化现象，具体表现为：早期薄葬至中晚期回归厚葬；沿袭前代传统，等级制度突出；区域与民族之间的差异巨大；多种民族葬俗并存；风水观念的影响突出；佛道等宗教信仰的文化影响日深[①]。另一篇《完整结构与细节呈现：从丧葬史到个案研究——魏晋南北朝丧葬文化研究述论》一文全面梳理和展示了近百年来魏晋南北朝时期丧葬文化研究的成果[②]。赵周宽《在仪式中获得永生的有限存在者——关中丧葬仪礼的文化人类学考察》一文对丧葬仪式的精神宣泄、克服对于死亡恐惧等文化内涵进行了剖析[③]。李汝宾的文章《丧葬仪式、信仰与村落关系构建》着眼于仪式中的人群关系来探讨仪式的社会功能。文章以青州市井塘村的葬礼为例，在详细描述葬礼过程、分析其信仰和社会关系构建的基础上，认为丧葬仪式既建构了一种以血缘关系为纽带与核心的联结，并扩展为整合地缘联系的互馈机制。关系建构过程中的人情交流及信仰给予丧家以精神慰藉和建立和谐人际关系的推动[④]。

（三）丧葬礼仪要素研究

仪式要素的分析仍然探究仪式文化内涵的重要切入点。韩高年《丧礼临终之仪与周代遗训遗言——以〈尚书·顾命〉、春秋“遗训”及清华简〈保训〉为中心》通过文献梳理对丧礼中的遗训遗言进行探讨，提出丧礼临终之仪具有自上而下传播的趋势，遗训遗言书面化、礼仪化特征逐渐减弱，口语化的特点比较突出[⑤]。杨日的《主体性选择与身体表述——清江流域土家族跳丧变迁研究》通过调查研究，对不同社会语境下的清江土家族跳丧活动予以呈现，并且作者注意从文化主体视角出发，去发现主体在文化选择与调适过程中的角色和表达，以及如何实现身体表化[⑥]。身体观念的引入和心理学的研究视角值得提倡。沈宏格《社会变迁视角下的民国丧葬礼俗变革——以丧俗仪式“叫夜”的文化阐释为例》对地方性的招魂复活仪式内容、文化意涵及其现代影响进行研究[⑦]。侯小纳《向死而乐：丧葬仪式中戏谑的调适功能——以元谋凉山乡彝族丧葬仪式为个案》分析了丧葬仪式中呈现出来的调

---

① 陈华文、陈淑君：《因时因事而变：在时代的需求中适应传统——论魏晋南北朝丧葬文化的特征》，《西北民族研究》2015年第1期。

② 陈淑君、陈华文：《完整结构与细节呈现：从丧葬史到个案研究——魏晋南北朝丧葬文化研究述论》，《浙江师范大学学报》（社会科学版）2015年第1期。

③ 赵周宽：《在仪式中获得永生的有限存在者——关中丧葬仪礼的文化人类学考察》，《宝鸡文理学院学报》（社会科学版）2015年第3期。

④ 李汝宾：《丧葬仪式、信仰与村落关系构建》，《民俗研究》2015年第3期。

⑤ 韩高年：《丧礼临终之仪与周代遗训遗言——以〈尚书·顾命〉、春秋“遗训”及清华简〈保训〉为中心》，《西北师大学报》（社会科学版）2015年第5期。

⑥ 杨日：《主体性选择与身体表述——清江流域土家族跳丧变迁研究》，博士学位论文，中央民族大学，2015年。相关研究还有，罗晶鑫：《土家族丧葬绘画动物图形研究》，硕士学位论文，重庆师范大学，2015年，覃兴耀：《土家族跳丧舞的体育文化学意义》，《湖北体育科技》2015年第11期等。

⑦ 沈宏格：《社会变迁视角下的民国丧葬礼俗变革——以丧俗仪式“叫夜”的文化阐释为例》，《江西社会科学》2015年第10期。

侃、戏谑的态度，分析其对于生者的精神调节和心灵慰藉作用①。

王娟的文章《明器与冥器》对丧葬文化中的陪葬物进行了集中研究，对学界一贯坚持“巫术—宗教—科学渐进式”线性逻辑提出质疑，作者通过对中国远古时代的人殉、唐代及其之前的陪葬物“明器”以及宋代以后流行的“冥器”进行对比分析，认为“中国传统生死观并非一成不变，早期更偏理性，后期则杂糅了巫术和宗教的成分”，对固化的研究模式予以反思②。罗操的《墓券所见东汉时期的人鬼互动》一文通过对大量墓券文献的分析，展现了东汉时期的世俗民众的鬼灵观念。比如，认为鬼害人，便以多种降怪祛鬼之术，驱赶幽鬼。另一方面，鬼灵生前与生者的血缘、情感、爱恋关系，使得生者主动护佑鬼灵。其最终目的是佑护在世亲人③。顾春军的长文《“纸钱”流变考论》比较全面地对纸钱的来源及文化内涵的变迁进行了探讨，文章通过辨证认为纸钱源于商代墓葬中的的随葬品瘗贝，后随着造纸术的发展出现于南北朝时期，其与巫鬼信仰和拜火教、道教均有一定关系，宋代以后逐渐以“对货币的模仿”的角色通用于丧葬仪式之中④。

贾力娜、蒲亨强《三官寨彝族丧葬仪式音乐传承模式初探》对三官寨丧葬仪式中的布摩歌和莫亨（唢呐）曲的特定传承模式进行了考察研究⑤。龙晓添、萧放的《丧礼知识传统的当代民俗实践——以湖南湘乡礼生“喊礼”为例》一文从礼生对于丧礼知识的运用出发，来理解当代的丧葬礼。文章首先对丧礼知识予以解释，然后以湘乡礼生的喊礼过程为例，对比古今喊礼内容，提出“丧礼所体现的社会理想和社会价值一直未变，人们一直需要由此传达‘孝’的观念，并不断巩固和维护以宗族为核心并不断衍生的社会网

---

① 侯小纳：《向死而乐：丧葬仪式中戏谑的调适功能——以元谋凉山乡彝族丧葬仪式为个案》，《学术探索》2015 年第 2 期。

② 王娟：《明器与冥器》，《民俗研究》2015 年第 1 期。

③ 罗操：《墓券所见东汉时期的人鬼互动》，《民间文化论坛》2015 年第 2 期。另见罗操：《东汉至南北朝墓券研究》，博士学位论文，华东师范大学，2015 年。叶成勇：《贵州布依族摩经文本〈引路幡词〉考论》，《宗教学研究》2015 年第 4 期，夏广兴：《佛顶尊胜陀罗尼信仰与宋代丧葬习俗——以尊胜墓幢的建立为中心》，《世界宗教研究》2015 年第 1 期，彭辉：《江苏溧阳北宋李彬夫妇墓出土俑像、墓志及葬俗特征研究》，《东南文化》2015 年第 3 期等也属于类似研究。

④ 顾春军：《“纸钱”流变考论》，《文化遗产》2015 年第 3 期。类似研究还有，路春娇：《民俗纸扎的缘起与嬗变》，《石家庄铁道大学学报》（社会科学版）2015 年第 2 期和《民俗纸扎及其文化价值》，《石家庄铁道大学学报》（社会科学版）2015 年第 4 期，张瑞超：《陕西关中纸扎之陈记三多堂祭祀丧葬纸扎艺术》，《装饰》2015 年第 10 期。其他仪式要素的相关研究像王铭：《中古时期丧葬礼中的魂衣与魂车》，《中国文化研究》2015 年秋之卷，许道权：《重庆市巫山县当阳乡丧鼓习俗调查》，《三峡论坛》2015 年第 1 期和胡健、王米佳：《周代丧葬礼器“翣”的再探讨——关于“山”字形薄铜片的考证》，《中原文化研究》2015 年第 5 期等。

⑤ 贾力娜、蒲亨强：《三官寨彝族丧葬仪式音乐传承模式初探》，《中国音乐》（季刊）2015 年第 2 期。李卫：《春秋战国丧葬仪式中的“禁乐”与“用乐”》，《交响—西安音乐学院学报》（季刊）2015 年第 2 期，江敏：《武当丧俗音乐“待尸歌”初探》，《湖北民族学院学报》（哲学社会科学版）2015 年第 4 期，翟敏、熊文涛：《信阳潢川县丧葬科仪音乐调查分析》，《当代音乐》2015 年 9 月，王青：《豫南光山县斛山乡丧葬仪式音乐研究》，硕士学位论文，江西财经大学，2015 年，李想：《原阳县丧葬仪式音乐研究》，硕士学位论文，河南师范大学，2015 年，卫新力：《豫西北民间丧葬戏曲演出研究》，硕士学位论文，福建师范大学，2015 年，等皆为类似研究。

络。礼生的喊礼有据可依，又顺时而变，他们是丧礼知识转化为仪式实践的重要中介”[①]。彭卫民的《经典、仪式与地方知识人——明清时期民间丧礼中礼生及其对〈家礼〉的运用》同样也是抓住礼生这一文化媒介人展开探讨，文章对礼生的职责和作用、礼仪的标准化和在地化过程等进行了展现和分析，认为“礼生对经典中的仪式的解释和地方性适用，使得明清时期民间社会的丧礼真正朝着一种‘信仰式的日常规范’迈进”[②]。龙晓添的另一篇文章《日用类书丧礼知识书写的特点与变迁》从历史民俗学视角出发，对分门别类刊载民众生活常识的重要文献——日用类书中的礼仪知识进行了梳理。以《事林广记》《居家备用》《三台万用正宗》《万宝全书》等日用类书中的丧礼书写为例，展现了不同时期礼仪知识书写的特点及其变化，如仪节趋向简略、服制逐渐简化、礼文书增加。日用类书对于礼文的“框架性”知识保留为民众提供了礼仪文本参考，保证了儒家文化传承[③]。

（四）当代丧葬礼俗的研究

不少论文从殡葬制度改革、殡葬管理、殡葬执法、现代墓园设计、墓地使用权等方面进行研究[④]。胡叠泉《从互助到市场：农村丧葬服务变迁的实证研究——以湖南省双

---

① 龙晓添、萧放：《丧礼知识传统的当代民俗实践——以湖南湘乡礼生“喊礼”为例》，《中央民族大学学报》（哲学社会科学版）2015 年第 5 期。

② 彭卫民：《经典、仪式与地方知识人——明清时期民间丧礼中礼生及其对〈家礼〉的运用》，《社会科学论坛》2015 年第 7 期。

③ 龙晓添：《日用类书丧礼知识书写的特点与变迁》，《四川民族学院学报》2015 年第 4 期。

④ 刘文虎：《从安庆殡葬改革看社会治理能力建设》，《中共山西省直机关党校学报》2015 年第 4 期，何小梅：《火葬制度改革的思考——以连山县瑶族为例》，《理论观察》2015 年第 9 期，郭佩：《中国（农村）殡葬制度改革的伦理辩护——以湖南攸县长茹村庄殡葬改革为例》，硕士学位论文，湖南工业大学，2015 年，李勇：《重庆市殡葬制度改革的社会学研究》，硕士学位论文，重庆工商大学，2015 年，苗建中等：《殡葬执法的困境与对策——以海南省为例》，《中国民政》2015 年第 8 期，顾维：《殡葬行业行政性垄断探析》，《哈尔滨学院学报》2015 年第 3 期，熊骏：《我国殡葬管理中行政强制执行制度研究》，硕士学位论文，湘潭大学，2015 年，王敏：《我国城市殡葬业管理问题研究》，硕士学位论文，大连海事大学，2015 年，刘荣军：《殡葬专业学生职业道德教育探析——以长沙民政职业技术学院殡仪学院为例》，《长沙民政职业技术学院学报》2015 年第 4 期，谢宛彤等：《陵墓形态与殡葬方法研究》，《沈阳建筑大学学报》（社会科学版）2015 年第 4 期，郝萍萍：《生态伦理视野下的绿色殡葬》，硕士学位论文，中原工学院，2015 年，李洁：《生态系统视角下殡葬职工职业认同的提升》，硕士学位论文，西北大学，2015 年，吴东霖：《成都市公共墓园景观规划设计研究》，硕士学位论文，四川农业大学，2015 年，胡海洪、季鹏：《淮安区殡仪馆规划设计中人文意境建构》，《南方建筑》2015 年第 6 期，许曼：《现代城市墓园规划设计研究——以济南舜福园为例》，硕士学位论文，山东建筑大学，2015 年，孙俊桥：《现代城市墓园景观设计升级与优化策略研究》，《西部人居环境学刊》2015 年第 5 期，陈晓敏：《中国现代公共墓园景观规划设计策略研究》，硕士学位论文，四川农业大学，2015 年，黄迪：《公共墓园空间的情境设计初探》，硕士学位业论文，湖南师范大学，2015 年，马闯：《民法典视野下的墓地使用权制度研究》，硕士学位论文，吉林大学，2015 年，蔡庆：《公共墓地使用权的权利属性与法律保护》，硕士学位论文，西南政法大学，2015 年，周姣娇：《我国城市墓地使用权研究》，硕士学位论文，辽宁大学，2015 年，常战仁《西安市第二殡仪馆建筑命名之文化诠释》，《西安建筑科技大学学报》（社会科学版）2015 年第 2 期，等等。

峰县石村为个案》对丧葬组织的性质变迁进行了研究，认为在市场经济的推动下，农村丧葬服务已经由邻里亲友之间的互助行为转变为一种以金钱为媒介的即时交易，并对转变原因和影响进行了剖析①。郭林《城市墓地危机与祭祀文化转型研究》一文运用文化转型的理论，提出通过家祭和公祭相结合，以及社会组织的整合与引导，来实现传统殡葬文化中祭祀文化的转型，进而解决墓地危机②。方纲《政府主导型殡葬改革与厝棺土葬传统的变迁——来自安徽省桐城市的报告》是从推进殡葬改革的视角出发的理论探讨。文章分析了当前殡葬改革带来了民众各种形式的反抗及其背后原因，并在强调了厝棺土葬所具备的工具理性和价值理性功能基础上，提出建设性意见③。任乃鑫、谢宛彤《传统风水文化在墓园规划设计中的应用——以灵山墓园规划设计方案为例》试图融合中国传统风水文化、现代规划理念及园林文化理念进行园林设计，以实现民俗文化与现代观念，自然和人工景致的和谐共生④。

还有一些研究值得一提，比如王忠灿《宋代法律与风俗的冲突及其化解——以"士庶丧葬法"为中心》分析了在传统社会的转型时期宋代，统治者制定严格的"士庶丧葬法"，并以和缓的方式执法，最终解决国家法律与民间风俗冲突的实践，以期为当代法律制定和执法提供借鉴⑤。刘传启《敦煌民间结社丧葬救助研究》一文提出，唐代敦煌的民间结社在减轻老百姓的经济和精神负担等方面发挥了非常重要的作用⑥。

六　祭礼研究综述

"国之大事，在祀与戎"（《左传》），此语道出了祭礼在中国传统文化中的重要性。即使是作为人生仪礼的研究来讲，祭礼部分也不可或缺，体现着中国人的传统生命意识，并浸润于中国人日常生活之中，贯串于岁时节日以及特定的纪念日中。

学者邵凤丽2015年度发表多篇文章，其中《朱子〈家礼〉与宋明以来家祭礼仪模式建构》一文对朱子《家礼》所创制的经典家祭礼仪模式及其深远发展进行集中探讨。文章从祭礼的时间、空间、祭祀对象与参祭者、祭祀物品的备办、具体的仪节设定等五个方面对《家礼》的祭礼模式进行论述，并从《家礼》对国家、文人阶层以及庶民等不同阶

---

① 胡叠泉：《从互助到市场：农村丧葬服务变迁的实证研究——以湖南省双峰县石村为个案》，《深圳大学学报》（人文社会科学版）2015年第6期。还有杨丽云：《汉族葬礼中"帮忙人"的性别分工》，《吉首大学学报》（社会科学版）2015年6月学术专刊，赵凌：《近代上海殡葬组织与殡葬行业》，硕士学位论文，上海师范大学，2015年，等类似研究。

② 郭林：《城市墓地危机与祭祀文化转型研究》，《浙江社会科学》2015年第1期。

③ 方纲：《政府主导型殡葬改革与厝棺土葬传统的变迁——来自安徽省桐城市的报告》，《社会建设》2015年第2期。

④ 任乃鑫、谢宛彤：《传统风水文化在墓园规划设计中的应用——以灵山墓园规划设计方案为例》，《沈阳建筑大学学报》（社会科学版）2015年第3期。

⑤ 王忠灿：《宋代法律与风俗的冲突及其化解——以"士庶丧葬法"为中心》，《原道》2015年7月第25辑。

⑥ 刘传启：《敦煌民间结社丧葬救助研究》，《求索》2015年第12期。

层的影响论证了《家礼》的历史价值和地位①。钟俊昆的文章《从客家祠堂庆典仪式看民间文化的传承价值与机制》则是对当代家族庆典仪式的考察，作者借助表演理论，以赣南客家赖氏祖厅重光庆典为主要对象，结合台湾和广东等地重光仪式，来考察民间文化的传承价值和传承机制等问题。文章首先通过两个案例的对比研究，认为乡贤人物或者说地方文化精英是民间文化活动传承与复兴的内在力量，同时特定文化区域内形成的宗族文化活动会形成地方性的民间文化活动，并从家族、社区和国家三个层面分析当代宗族庆典的传承价值，最后提出仪式得以传承复兴的动力机制，如经济刺激、宗族话语权的掌控等②。王均霞的《传统的固守与变迁：上海清明节祭扫习俗的都市化进程》一文提到了当代清明节祭祀仪式的变迁，提出“新的祭祀仪式被看作是比传统祭扫仪式更文明的祭扫方式而被提倡、被接受，也正是在此过程中，都市清明节经历着道具/仪式替换过程”③。郭淑云的《汉军萨满祭祀仪式的象征与功能——以2012年吉林乌拉陈汉军张氏家族祭祀仪式为例》一文对汉军萨满祭祀的形成、特征和社会功能进行了研究。文章认为，该祭祀仪式既不同于满族萨满祭祀形态，又异于东北汉族祭祀，具有一套独特的象征体系④。艾红玲《晚清湘籍名人日记中的民间祭祖礼考察》依据晚清湘籍名人日记梳理出民间祭祖基本情况，提倡传统祭祖礼仪的当代价值⑤。蔡磊《清明祭祖与宗族共同体的延续——以鄂东浠水C氏宗族为例》的研究以具体事例进一步肯定了祭礼在村落中传承的生命力和重要存在价值⑥。

除了祭祖礼仪的宏观研究以外，邵凤丽和萧放的《礼生与祭礼知识传承》一文以礼生为研究对象，从历史文献的角度，梳理出礼生的出现以及在祭礼实践和礼仪知识传承中的作用。文章认为，礼生的出现是在强调礼仪“合用”的明代，到了清代其职责、构成来源和知识培训与传承更加完善，逐渐成为祭礼知识传承的“文化中介”⑦。

此外，还有对其他祭礼形式的研究。学者王霄冰在《祭孔礼仪的标准化与在地化》一文从国家与社会互动的视角对祭孔礼仪制度的形成和历史变迁进行了梳理，并着重对20世纪以来在东亚各地出现的各种形式的祭孔礼仪进行探讨。文章认为，历史上的“祭

---

① 邵凤丽：《朱子〈家礼〉与宋明以来家祭礼仪模式建构》，《中原文化研究》2015年第1期。其另一篇文章《祭祖礼仪的文化传统》（《文史知识》2015年第7期）也是相似角度的内容介绍。

② 钟俊昆：《从客家祠堂庆典仪式看民间文化的传承价值与机制》，《民俗研究》2015年第5期。

③ 王均霞：《传统的固守与变迁：上海清明节祭扫习俗的都市化进程》，《华东师范大学学报》（哲学社会科学版）2015年第6期。

④ 郭淑云：《汉军萨满祭祀仪式的象征与功能——以2012年吉林乌拉陈汉军张氏家族祭祀仪式为例》，《西北民族研究》2015年第1期。

⑤ 艾红玲：《晚清湘籍名人日记中的民间祭祖礼考察》，《求索》2015年第8期。

⑥ 蔡磊：《清明祭祖与宗族共同体的延续——以鄂东浠水C氏宗族为例》，《学术界》2015年第11期。相关研究还有，王志跃：《明代祠堂祭祖数及其位次考论》，《商丘师范学院学报》2015年第10期，管恩好：《商代祭祖祷祝活动与祭祖诗》，《诗经研究丛刊》2015年11月第26辑，王雪凝：《论祭祀诗中的祖先崇拜》，《绵阳师范学院学报》2015年第9期，卫泽：《转型期视域下祭祖文化的变迁——以山省运城市南卫村为例》，硕士学位论文，辽宁大学，2015年，张德华：《凉山彝族的祭祖与占卜》，《西南民族大学学报》（人文社会科学版）2015年第3期和贾雪玲：《关于民族地区学校教育个体社会化功能的反思——基于对贵州月亮山苗族祭祖仪式的田野考察》，《黔南民族师范学院学报》2015年第5期等。

⑦ 邵凤丽、萧放：《礼生与祭礼知识传承》，《文化遗产》2015年第5期。

孔礼仪的标准化过程往往是自上而下，且有强大的政治势力和经济力量作为支撑的。而在地化则包括了两种可能性，一是在效仿标准化礼仪规范时所出现的理解偏差，或者不自觉地被打上了本土固有文化与行为模式的烙印……二是作为一种自觉的礼仪改革或文化选择，用以表达一定的时间和范围内某种社会力量的政治诉求，或满足其特殊的心理需要"，而在"全球化语境下祭孔礼仪的'在地化'势在必然，而新一轮'标准化'的实现，一方面确实有赖于国家政府的统一规划与有效推行，另一方面却也必须建立在世界各国崇孔尊孔者之间的思想与文化交流，以及他们对于释奠礼仪及其信仰表征的本真性的自觉追求之上"①。

综上所述，2015 年度的人生仪礼研究相比上一年度有延续之处，也有开拓之地。若说延续，研究对象上，婚丧祭仍然是关注和探讨较多的点，诞生礼和成人礼的研究偏弱，研究角度上，对于民俗事项的传承、仪式要素的研究仍然是主要的切入点。同时，2015 年度在延续既往研究成果的基础上，又有一定的开拓，比如对当代成人仪式的建构性探索展现出新的理论空间，但是仍需要继续延展和深挖。民俗学的人生仪礼研究整体仍偏向于静态的结构式分析或者宏观的变迁研究，主体基调偏重于历史维度，缺乏对当代礼仪的"实践性"研究，理论建构也有待加强。再者，理论视角和理论借鉴较为单一，过渡仪式理论和国家与社会、礼俗互动视角是较多运用的，仍需要探索与心理学、身体理论等学科和理论的综合交叉研究。

① 王霄冰：《祭孔礼仪的标准化与在地化》，《民俗研究》2015 年第 2 期。

2015 年社会组织民俗研究综述

周　波*

2015 年度的社会组织民俗研究中，香会组织、庙会组织、宗族组织等仍是民俗学者的研究重点，此外在其他类型的社会组织民俗研究方面，以拳会组织的研究较有特色。不足之处在于，民俗学者在慈善组织、民间宗教等类型的社会组织民俗研究方面仍关注较少，而人类学、社会学、历史学、宗教学等学科则在这些方面做出了较多的努力。本文接下来将民俗学在内的多学科成果进行综述，主要分为三个主题进行，一是香会组织与庙会组织的研究；二是宗族组织与民间宗教组织的研究；三是包括慈善组织在内的其他组织的研究。

一　香会与庙会：民间信仰的聚散

处于底层的民间信仰在组织特征上有着十分典型的聚散机制，一方面它可能走向民间造神运动，进行社会整合；另一方面则是俗化，融入到民众的日常生活之中，二者长期处于动态的相互作用之中。① 其中，香会组织与庙会组织在民间信仰的聚散过程中扮演了十分重要的角色。

在中国民俗学史上，妙峰山与龙牌会是中国民俗学者的两大重镇，也不断地有研究者进行回访。由于 2015 年是顾颉刚考察妙峰山 90 周年，北京大学中文系的民俗学研究者重走顾颉刚的考察之路，并从不同的角度对此次庙会进行了考察。其中，吴新峰从身体视角考察庙会的变迁②；卢涛深入探析其神殿格局的资源整合情况及其背后的动因③；王悉源对妙峰山庙宇布局与神灵体系的变迁予以关注，指出旅游经济为主导重构的神灵体系仍然以满足民众的心理需求为出发点④；张宪达发现香道上的礼节和规矩逐渐被遗忘⑤；陈姵瑄则以妙峰山、山西潞城贾村碧霞宫为例探讨组织的展示动机⑥；陈泳超对地方性神灵王

---

* 作者系信阳师范学院法学与社会学学院老师。

① 参见金泽《民间信仰的聚散现象初探》，《西北民族研究》2002 年第 2 期。

② 吴新峰：《身体的在场：妙峰山庙会中的心灵》，《民间文化论坛》2015 年第 4 期。

③ 卢涛：《回香亭：神殿格局的资源整合》，《民间文化论坛》2015 年第 4 期。

④ 王悉源：《妙峰山庙宇布局与神灵体系的变迁》，《民间文化论坛》2015 年第 4 期。

⑤ 张宪达：《妙峰古道的变迁》，《民间文化论坛》2015 年第 4 期。

⑥ 陈姵瑄：《民间信仰庙会“赛社”、“香会”的身份认同和精神实践——以北京妙峰山、山西潞城贾村碧霞宫为例》，《民间文化论坛》2015 年第 4 期。

三奶奶和秃奶奶进行了特别关注①。此外，还有对妙峰山文会的吃食、香会博物馆、外来客的考察。② 这次调查仍是延续民俗学对妙峰山的研究传统，视角比较丰富，在对其现状的考察中贯串着历史的比较视野。

苗大雷的调查重心则在“妙峰山”之外，即强调对香会的日常生活空间进行深入调查。他发现，妙峰山香会的组织、价值、功能等一直处于发展变化之中，但不变的是其始终与传承人的日常生活密切相连。当代社会的香会传承包括师徒传承与家族传承两种形式，在态度上有守护传统的积极传承、守护传统的消极传承、发扬传统的积极传承和发扬传统的消极传承等四种不同特点。苗大雷认为香会之间的社会关系体现在贺会、行香走会和日常交往中，表现出明确社会结构特征。③ 张青仁则对包括妙峰山香会在内的背景香会形态的演变进行了历史的考察，指出清代北京香会发生的旗人（“井”字里）与非旗人（“井”字外）的分化与阶序等级的形成是多元文化交融的产物，亦是政治秩序对地方社会渗透的过程。④ 吴效群则以妙峰山香会作为中国香会式社团的代表，与西方教会式社团进行比较研究，指出当代中国其实缺乏建立平等的横向社会组织的经验。⑤

作为民俗学的社会组织民俗的另一个研究热点，河北龙牌会的发表成果相对较少，郭慧玲以河北龙牌会香火占卜为例，指出超自然信仰具有社会适应的意义，为社会事物提供民众在揭示和应对社会生活的不确定性和对未知世界的恐惧时可以依赖的意义系统。⑥ 民俗学者早期参与龙牌会的龙崇拜的建构显示了民俗学者最初对乡村民众的信仰知识的匮乏与误解，经历了对自身所扮演角色的反思和在民间信仰方面有更多的学术积累之后，转而对龙牌会之外的广阔天地有了更深厚的兴趣。跳出龙牌会，是民俗学在田野作业、理论方法、社会参与度等方面的理论思考与实践过程中的必然选择。

学者在对庙会组织民俗研究方面侧重对其信仰、传承、运作模式等问题的考察，韩同春通过对庄户—千军台幡会这一村落庙会中所敬奉的幡旗神灵的考察，发现庙会祭祀仪式的神灵信仰与民众群体所处的自然环境和民众的生活存在着内在关联。⑦ 侯杰、赵天鹭以女性信仰生活调查为中心，揭示其在信仰习俗传承等方面所做出的特殊贡献。⑧ 魏文静考察近代江南迎神赛会后，认为其商业化运作以营利为目的，形成了以政

---

① 陈泳超：《王三奶奶和秃奶奶》，《民间文化论坛》2015 年第 4 期。

② 刘畅：《妙峰山文会的吃食》，《民间文化论坛》2015 年第 4 期；宝诺娅：《妙峰山香会博物馆小议》，《民间文化论坛》2015 年第 4 期；朱佳艺：《妙峰山上的“外来客”》，《民间文化论坛》2015 年第 4 期。

③ 苗大雷：《走进日常生活的妙峰山香会组织研究——基于北京 32 档香会调查的再考察》，《文化遗产》2015 年第 2 期。

④ 张青仁：《“井”字里外各不同：区域社会史视野下北京香会的形成与分化》，《史林》2015 年第 5 期。

⑤ 吴效群：《对帕特南粘合性社会资本与连接性社会资本关系的研究——兼论西方的教会式社团与中国的香会式社团》，《世界宗教研究》2015 年第 2 期。

⑥ 郭慧玲：《信仰、意义与不确定性消减——以河北龙牌会香火占卜为例》，《宗教人类学》2015 年第 3 辑。

⑦ 韩同春：《民间信仰与村落生活——以庄户—千军台幡会为例》，《人文天下》2015 年第 61 期。

⑧ 侯杰、赵天鹭：《文本·信仰·再现：辰巳山庙会研究——以鲁中三镇缠足女性信仰生活调查为中心》，《民俗研究》2015 年第 4 期。

府为主导、以行业为主体、以民间资本运作为主的运营模式，形成了从单一民俗节庆向综合旅游节事的嬗变。[①] 此外，还有对庙会功能的考察，如徐京波对庙会的休闲娱乐功能进行考察，尝试理解其对于农民休闲生活方式的重要性，并指出庙会不仅为农民创造了集中放松、休闲娱乐的机会，也实现了跨出村界的社会交往，促进更大范围的社区认同与凝聚，构筑了一种区域性的社会网络。[②] 侯晓东基于陕西蒲城县尧山圣母庙会的调查，对庙会时间与区域农业种植结构、区域气候特点及区域民众的互动及联系进行了深入的解读，认为庙会时间是传统农业社会确定社会生活的重要时间体系，在区域社会具有多样性的功能。[③]

如果说香会组织、庙会组织代表了早期中国民俗学对中国社会制度建设与社会重构可能性的思考，那么宗族组织则是有着浓厚乡土情结的中国民俗学进行村落研究基本不会忽略的主题，其既是民俗学灵感的来源，又可能使得民俗学忽略了宗族之外的组织力量在中国社会的影响，比如民间宗教组织仍是民俗学者需要加强注意的组织类型。

二　宗族、民间宗教与社会整合

宗族组织与民间宗教组织是中国社会基本的两类社会组织，前者以血缘为中心，并与地缘政治进行紧密结合，而民间宗教组织虽然是打破血缘与地缘的存在，但在组织形态上仍具有“泛家族主义”的特色，受到官方政策和地缘政治的影响，表现出发展上的区域差异与时代差异。

（一）宗族组织与社会发展

中国人的家既是一种经济合作组织，也是一个伦理共同体，它的存在与发展受到国家意识形态、社会变迁和个人欲望等因素的共同影响。费孝通在《江村经济——中国农民的生活》一书中曾写道：“家的规模大小是由两股对立的力量的平衡而取决的，一股要结合在一起的力量，另一股要分散的力量。”[④] 家庭的分与合不仅关系到个人与家庭的关系，还关系着整个社会风俗的走向，甚至国家的稳定。宗族组织是小家之合的常见形式，学者对宗族组织民俗进行了全面的观察，并对其在不同的政治、经济环境下所表现出的不同特点也进行了深入的分析。

宗族组织要素的民俗研究方面，如彭牧对民居厅堂神堂——神龛及其周边墙壁上的装饰组合的构成与意义进行了考察，她指出，神堂沟通、连接了民众所想象的多重时间和空间，将过去与现在，历史与现实，祖先与子孙，家与世界，世俗与神圣等连接在一起，家庭组织与文化从而得到不断的再生产。[⑤] 鲁旭试图摆脱以往只对于“成功案例”的分析与展示，研究了一部尚未走向成功（或正在走向成功）的家谱，通过参与观察家谱编纂的

---

① 魏文静：《近代江南迎神赛会的商业化运作探究》，《社会科学辑刊》2015 年第 5 期。

② 徐京波：《传统庙会与农民闲暇生活方式》，《民俗研究》2015 年第 4 期。

③ 侯晓东：《农业、气候与祭祀——尧山圣母庙会时间的区域解读》，《青海社会科学》2015 年第 6 期。

④ 费孝通：《江村经济——中国农民的生活》，商务印书馆 2001 年版，第 42 页。

⑤ 彭牧：《记忆与想象：神堂上的家与世界》，《民俗研究》2015 年第 2 期。

具体过程，对这部尚未最终完成的家谱的缓慢成型过程进行描述。[①] 马新指出宗族与宗法血缘关系是中国传统社会结构的基本构成要素，也是中国传统社会的标志性内容，因此研究中国传统宗族，必须从宗族与宗法血缘关系的内在结构与外在影响出发，对传统宗族进行客观的历史分期，才能明确其范畴及其特征。[②] 陈延秋从传统宗族的儒家意识形态入手，指出今天的意识形态教育必须增强意识形态的现实说服力；不断满足人们的经济、政治利益要求，增强群众在现实生活中获取的对于意识形态的认同等。[③] 此外，还有叶舟从族谱来看近代苏南宗族的嬗变[④]，黄杰明等以家谱为中心讨论宗族组织的生存策略[⑤]，杜靖对族谱"传记"书写原则进行了考察[⑥]，孔卓对清代文斗寨契约所见苗族家庭财产共有制度的考察[⑦]，等等。

宗族组织结构的民俗研究方面。相较于众多学者对当代村落社会中发挥重要影响的宗族的重视，邓苗则从没有复兴的宗族入手，探讨日常生活视角下的衰落的宗族对于村落与民众所具有的深层意义。他指出，宗族与个人的日常生活实践相融合，个人的一切就具有宗族性，这样，宗族就从微观（外显）转化为微观（内隐），从而扩大了宗族的内涵。[⑧] 宗族衰微并不等于宗族消失，当其转化为个人的生活实践，宗族仍旧发挥塑造村落的作用，但此时宗族原有的桥梁作用消失，村落与个人发生了更直接的联系。于是，宗族一方面具有弥散性，个人失去了血缘组织的强力支持，但另一方面个人化的意志大大加强。此时，"宗族在人们的生活实践中，已经在很大程度上具体化为个人的一种社会交往能力和人际关系网络"。而且，一旦发生变故，宗族仍可能转向复兴，发挥更重要的作用。邓苗对衰落的宗族延续了其对弥散型宗族[⑨]的思考，也提醒我们注意到村落宗族的多样性、差异性，它们的经验、实践与其他制度性宗族、点缀型宗族、复兴宗族一样具有重要的意义。

裂变或合并是宗族组织为实现仪式功能而在结构上做出的不同调整。如过继是宗族组织内部各个家庭延续的重要方式，在西北农村地区，受传统观念影响，类似同宗内部过继

---

① 鲁旭：《家族意识与文化空间——对Z村回族杨氏新谱编撰的人类学研究》，硕士学位论文，上海师范大学，2015年。

② 马新：《中国传统宗族论》，《山东大学学报》（哲学社会科学版）2015年第4期。

③ 陈延秋：《儒家道德规范日常行为化的路径研究——基于宗族组织的考察》，《科学·经济·社会》2015年第3期。

④ 叶舟：《近代苏州族谱的改良》，《江南大学学报》（人文社会科学版）2015年第3期。

⑤ 黄杰明：《客家族谱合流现象的文化密码解读——以黄氏族谱关于黄峭山的传说为例》，《晋阳学刊》2015第1期；程源源：《明清徽州青吏与宗族社会——以家谱为中心的考查》，《池州学院学报》2015年第5期。

⑥ 杜靖：《山东滕州闵氏族谱"传记"的书写原则》，《青海民族研究》2015年第4期。

⑦ 孔卓：《清代文斗寨契约所见苗族家庭财产共有制度》，《青海民族研究》2015年第3期。

⑧ 邓苗：《村落日常生活视角下的宗族变迁——浙江省龙现村宗族文化调查报告》，《民间文化论坛》2015年第1期。

⑨ 邓苗：《从弥散型宗族到点缀型宗族——以浙江省福佑村鲍氏宗族为例》，《民俗研究》2011年第3期。

的“顶门”习俗还有不同程度的存留，它影响着家族内部及社区中人们之间的关系。① 同姓联宗则是宗族组织扩大的一个方面，陈夏晗以闽南地区为例，考察当代同姓宗族组织的结构、功能及产生原因，指出管辖与从属关系不适合解释同姓团体与下位宗族成员之间的关系，地缘性利益、经济利益的趋同促成当代闽南同姓团体的活跃。② 宗族组织的某些角色有时甚至可以成为超越宗族的存在，如李信成发现清代台湾宜兰地区没有时间发展宗族，却由官府于各姓举充族长，他指出同姓意识、推举家长的习惯、多由地主与商贾充当，与士绅功能的合一促成了这一现象。③

此外，还有对宗族械斗中国家与地方关系的考察，王聪聪指出清代中后期宗族与国家博弈的结局是国家向宗族妥协，宗族械斗无法得到有效控制，致使很多地域社会趋于碎片化。④ 宗族与地方社会的关系也对宗族组织的结构有着重要的影响。黄海娟以民国时期侨乡台山为例，探讨家族如何运用自治旗帜，随着中国政局变迁、行政区域的分合而嬗变，以及如何创造出一定的自治模式适应新的政治环境，最终与民主政治并存。⑤

宗族成员参与的民俗活动研究，如郭淑云对汉军张氏家族祭祀仪式的象征与功能的研究⑥，钟俊昆等从祠堂庆典来看客家文化的传承价值与机制等⑦。申红星指出对明清南方宗族的研究成果最为显著、丰富，对同一时期北方宗族的研究虽然已经开展，但对于明清北方宗族族人日常生活的区域研究还需给予更多关注⑧。一些研究者从宗族组织的民俗活动入手考察宗族与地方社会、国家的关系，如韩朝建将清明会视为透视华北乡村的宗族结构与社会结构的一个重要角度，指出其组织方式是平等与不平等并存。清明会既保证了普通族众参与祖先祭祀和聚餐的权利，又在管理架构上维护了精英群体的支配地位。⑨ 何菊基于云南省大理市周城白族村段氏宗族的调查指出，新中国成立后，现代国家政权建设在一定程度上改变了云南大理周城白族村段氏宗族祭祀仪式的地点和方式，但对祖先崇拜的信仰核心未曾造成彻底影响。⑩ 在乡村治理方面，杨晓曦认为要发挥宗族对乡村政治、经

---

① 李树侠：《西北农村地区“顶门”观念的生成条件及其社会影响》，《天水师范学院学报》2015年第5期。

② 陈夏晗：《地域、宗族、商人与同姓团体——以闽南地区的田野调查为例》，《开放时代》2015年第3期。

③ 李信成：《清代宜兰的官举族长及其功能探讨》，《台大历史学报》2015年第55期。

④ 王聪聪：《私利与公序：清中后期宗族与国家在械斗中的对抗与结局》，《晋中学院学报》2015年第4期。

⑤ 黄海娟：《民国时期台山县的家族自治》，《五邑大学学报》（社会科学版）2015年第1期。

⑥ 郭淑云：《汉军萨满祭祀仪式的象征与功能——以2012年吉林乌拉陈汉军张氏家族祭祀仪式为例》，《西北民族研究》2015年第1期。

⑦ 钟俊昆：《从客家祠堂庆典仪式看民间文化的传承价值与机制》，《民俗研究》2015年第5期；曾晓林、钟俊昆：《乡村民间仪式中的文化体现与价值认同——以龙南东水村赖氏始祉祖祠重光仪式为中心》，《农业考古》2015年第6期。

⑧ 申红星：《清前期豫北农村郭氏族人日常生活述略》，《农业考古》2015年第3期。

⑨ 韩朝建：《清明会与宗族结构——以民国河北栾城县寺北柴村为例》，《民俗研究》2015年第5期。

⑩ 何菊：《宗族祭祀仪式的分与合——基于云南省大理市周城白族村段氏宗族的人类学分析》，《中南民族大学学报》（人文社会科学版）2015年第1期。

济、法治、文化等方面的推动作用，同时约束和消除宗族的负面影响，使宗族成为乡村治理现代化的重要主体和推动力量。[①] 李文茂则以浦江郑氏宗族文化再造为例，关注其如何在多元利益格局与国家、市场的互动中在变通中寻求平衡和发展。认为地方政府不仅要从历史文脉延续的角度去保护，更应在尊重其自身发生发展逻辑的前提下，顺势而为，造就独具地方特色的城镇文化。[②]

宗族组织与水利社会研究的结合是较有特色的研究。张俊峰以张氏宗族为例探讨宗族与水利的结合，张氏将治水之神台骀建构为张氏宗族第三代始祖，张姓族人在特定地域社会里便拥有了旁人无可比拟的象征资本和精神资源，从而在水利社会运行中占据了一定的竞争优势，凸显出山西区域社会中宗族与水利紧密结合的特点。张俊峰将宗族研究引入山西水利社会史，希望突破以往各说各话的宗族史、水利史研究，从而为北方水利社会史研究增加一个新视角。[③] 在另一个研究中，张俊峰、武丽伟以北大寺武氏宗族为例，也同样探讨了宗族与水利结合关系的发展与终结历程。[④]

此外，一些学者对宗族的理论研究多有创见，如刘金梅认为华北地区缺乏宗族之刻板印象与学术界书写的文献的关系很大，而事实上则不然。[⑤] 杜靖、余梁认为应该把中国宗族看成是一种礼仪制度，而不是功能性单位。[⑥] 杜靖还对英国人类学家把中国宗族看成一个控财单位而不是一个系谱单位进行了辨析，认为弗里德曼之所以这样做，一是基于英国在二战后的社会福利问题而以中国的案例为自身社会提供智慧；二是为了与非洲世系群特征相区分，因为强调世系不容易把中国宗族与非洲世系群区别开来；三是有中国社会思想史和中国人民实践经验的支撑；四是通过中国宗族集体主义的经济生产方式和消费理念以批判西方个体主义，并达成对西方搭建在个体主义基础上的社会运转机制的反思。弗里德曼从福利学的角度去解读中国宗族可以为中国当下福利制度关注本土资源提供参照。[⑦] 宗族组织往往与历史、地方传统、民族、宗教等因素相互影响而表现出发展的多样性，周传斌、韩学谋充分注意到区域内部宗族类型的多样性，其将家族定义为基于共同祖先认同、由众多家庭构成的血缘群体，结合家族的血缘与民族身份两个要素，以甘青地区的家族为例，分为三个类型：多民族身份家族、转换民族身份家族、延续民族身份家族，并结合国家在场对家族类型及身份认同予以讨论。[⑧]

---

① 杨晓曦：《宗族视角下的乡村治理现代化——以河南省 X 村为例》，《郑州大学学报》（哲学社会科学版）2015 年第 3 期。

② 李文茂：《城镇化进程中文化记忆的符号建构——以浦江郑氏宗族文化再造为例》，《文化学刊》2015 年第 7 期。

③ 张俊峰：《神明与祖先：台骀信仰与明清以来汾河流域的宗族建构》，《上海师范大学学报》（哲学社会科学版）2015 年第 1 期。

④ 张俊峰、武丽伟：《明以来山西水利社会中的宗族——以晋水流域北大寺武氏宗族为中心》，《青海民族研究》2015 年第 2 期。

⑤ 刘金梅：《华北地区缺乏宗族之刻板印象与文献的关系》，《青海民族研究》2015 年第 2 期。

⑥ 杜靖、余梁：《湖南平江县闵氏宗族祭仪研究》，《民族论坛》2015 年第 12 期。

⑦ 杜靖：《弗里德曼为什么只重视中国宗族的功能而忽略系谱——兼论作为一种福利制度的中国宗族》，《青海民族研究》2015 年第 1 期。

⑧ 周传斌、韩学谋：《多元族群互动中的甘青地区家族类型——以三个家族为例的人类学研究》，《西北民族研究》2015 年第 4 期。

（二）民间宗教与社会整合

无疑，基于丰富的田野与文献，宗族组织民俗研究是十分有活力的研究领域，这也是民俗学者比较擅长的研究领域，与其他学科有较多的对话。然而在民间宗教领域，民俗学者却始终缺乏必要的关注。2015 年度，其他学科的研究者主要从组织人类学、组织社会学、历史学等学科的视角对民间宗教进行了大量的研究。

组织人类学的关注重点，如庄孔韶所说，“我们研究主要是看看那些地方的人民是如何组织起来的”[①]。郁喆隽在回顾西方宗教和中国宗教的类型学的既往资源之后，基于对上海市青浦区金泽镇民间信仰的田野调查成果，尝试对中国宗教进行初步的类型学研究。[②] 胡安宁从宗教组织的拓扑结构出发，基于韦伯意义上的理想型方法，考察了中国传统民间宗教、天主教和基督新教的组织结构特征。通过描述宗教组织不同元素之间形成的网络结构，展示了中国传统民间宗教的弥散性特征、天主教组织结构的层级特征以及基督新教组织结构的平等化特征。在宗教组织拓扑结构的基础上，进一步讨论了各自宗教传统下的组织特征对于不同宗教的团结程度与权威水平的影响。[③] 章立明运用常人方法学的实践局部性、索引性、权宜性和反身性概念，分析云南省的白族莲池会、景颇族妇女禁毒联防队和藏族姐妹会的组织结构、背景愿望、运作策略和社会空间，以期推动对少数民族地区的乡村妇女组织进行相关探讨。[④]

组织社会学比较注重组织的运作机制、功能、意义等方面。何倩倩、桂华指出研究民间宗教既需要关注个体在宗教活动中的精神心理满足，也需要关注宗教活动的组织过程。民间宗教除了具有满足私人信仰功能之外，还在维系地方社会秩序方面发挥重要作用。在后一层面，民间宗教活动具有公共性质，其宗教活动组织方式以及信仰活动中的象征资源是建构社区共同体和地方“权力文化网络”的重要部分。在近代以来的政权建设和市场经济发展的情况下，社区内部结构的瓦解与边界的打破，脱嵌于社会结构的民间宗教活动偏向了私人性一端。[⑤] 卢云峰、梁景文指出学界对国家之于教派变迁的影响很少考察，因此通过分析一贯道来考察政府管制对教派的影响。[⑥] 为民间宗教组织的管理提供参考是许多相关研究的最终落脚点，如党措通过对青海省黄南州同仁县年都乎村“於菟”仪式的现场观察，围绕这一民间宗教仪式之起源、传承、开展、变迁，深层次剖析和展现新时期青海部分地区民间宗教的处境及特点，指出“当前对同仁县民间宗教的管理，既缺乏较为有效的宗教化管理方式，也缺乏统一的、强有力的指导思想和管理手段。尤其在解放思想和正确认识民间宗教方面迫切需要有所改观。只有深化对民间宗教的认识，才能更好地

① 庄孔韶：《宗教人类学研究的两个整体性原理》，《青海民族研究》2015 年第 1 期，第 42 页。

② 郁喆隽：《中国宗教研究的类型学问题——从江南民间宗教出发》，《宗教人类学》2015 年第 3 辑。

③ 胡安宁：《宗教组织拓扑结构的“理想型”及其社会学启示》，《宗教社会学》2015 年第 3 辑。

④ 章立明：《乡村草根妇女组织实践的常人方法学分析——以云南省的 3 个少数民族个案为例》，《广西民族研究》2015 年第 3 期。

⑤ 何倩倩、桂华：《民间宗教的公共性及其变迁——基于甘肃中部的田野考察》，《世界宗教研究》2015 年第 3 期。

⑥ 卢云峰、梁景文：《解禁与教派演化：以台湾地区的一贯道为例》，《宗教社会学》2015 年第 3 辑。

逐步使民间宗教活动规范化、体系化，也才能更好地沟通并促进基层信众和基层社会间关系，为基层社会的管理和稳定奠定坚实基础”。[①]

其实在人类学、社会学社区研究的早期亦对清末以来的民间宗教鲜有关注，许烺光在云南西镇所进行的调查中所提及的圣谕坛被纳入“祖荫下”的模式建构之中，但杨春宇经过调查发现，其实圣谕坛是一个有着独特源流的民间教门组织，是宗族之外的重要社区力量，因此，作者认为中国人类学和社会学需要修正以往局限于宗族组织和社区自身的视角，更加重视跨社区传播的民间教门在中国社会中的作用。民国时代的民间教门是中国的宗教和结社现象在近世以来发展的最高峰，对于理解中国社会的性质有重要的意义。[②]

历史学则对民间宗教的缘起、与其他信仰的关系、思想史等问题较为关注。如李志鸿对闽西罗祖教的关系进行了历史的梳理，指出二者并非正邪对立关系，而是源与流的关系，因此，应以传统宗教—新兴宗教的概念来取代固有的正统宗教—民间宗教的观念。[③] 刘平基于明清时期的民间宗教经卷与官方档案，梳理了民间宗教“三才”思想的来源、内涵、特点、实践形态等。指出三才思想在民间宗教实践中发挥了重要影响，至今依然可以作为处理“人与自然”关系的参照。[④] 朱季康、孔祥德以太谷学派黄崖山寨为特案，考察咸同年间鲁西南地区外来民间宗教组织的群保自救与分析[⑤]。陈景熙以新加坡坤道许慈惠为案例，重点讨论在先天道坤道的入道、弘道的宗教生涯中宝卷类民间宗教文献所产生的具体作用。[⑥] 此外，还有韩松涛对中教及中教道义会的研究[⑦]，濮文起、莫振良、濮蕾对天地门教信众为其创教祖师与历代传人修建的墓地“师傅林”的调查[⑧]，等等。

在中国乡村社会其实存在着大量的民间宗教组织，但民俗学者往往忽略了对其组织特性的讨论，因为民间宗教组织具有神秘性，甚至处于秘密运作状态，这也束缚了研究者的进一步研究。简单地将其归入民间信仰虽然避免了研究的敏感，但却减弱了研究的解释力。在当今社会中民间宗教组织十分兴盛的情况下，民俗学者需要对人类学、社会学、历史学等学科的民间宗教组织研究进行借鉴，加强对该组织类型的关注既可加强对中国社会性质的认识，又可为国家转变对部分民间宗教组织的认识提供智力支持。

---

① 党措：《新时期青海黄南民间宗教的处境及思考——以“於菟”为中心的考察》，《青海民族研究》2015 年第 3 期。

② 杨春宇：《民国社区研究与民间教门——以西镇圣谕坛为例》，《社会学评论》2015 年第 3 期。

③ 李志鸿：《闽西罗祖教与佛教》，《世界宗教文化》2015 年第 5 期。

④ 刘平：《“天人合一”还是“天地人合一”——明清民间宗教之“三才”思想研究》，《世界宗教文化》2015 年第 2 期。

⑤ 朱季康、孔祥德：《咸同年间鲁西南地区外来民间宗教组织的群保自救与分析——以太谷学派黄崖山寨为特案的考察》，《宗教学研究》2015 年第 2 期。

⑥ 陈景熙：《先天道坤道的宗教生涯与宝卷的感化作用——以新加坡坤道许慈惠为案例》，《宗教学研究》2015 年第 3 期。

⑦ 韩松涛：《中教及中教道义会研究》，《世界宗教研究》2015 年第 3 期。

⑧ 濮文起、莫振良、濮蕾：《“师傅林”：天地门教研究的新发现——河北省 HH 市 NPH 镇“师傅林”调查记》，《世界宗教文化》2015 年第 5 期。

三 乡土中国的社会组织智慧

除了以上组织类型外，慈善组织、经济组织、村社组织、地缘组织等都为我们贡献了乡土中国的社会组织智慧。

从某种意义上说，宗族组织和民间宗教组织亦发挥了部分慈善组织的功能，如李学如对义庄这一宗族慈善组织进行了考察，其指出学界在义庄宗族结构、保障机制、义庄与地方政治经济的互动及对当下发展社会慈善事业的启示等领域，尚显薄弱。① 郑庆杰、许龙飞也以江西白鹭村为个案，着重考察嵌入地域宗族文化传统与慈善事业的互动机制和运行逻辑，认为除了经济理性主导下的慈善事业之外，公益慈善本土化中地方性知识和公共社会资源的有机结合亦应受到研究者的重视。②

仲鑫、张爱华以慈济基金会南京会所运行为个案，从社会学的视角探索其如何克服组织性、科层制的局限以及自身的多重敏感性限制，认为其在项目运行及组织结构上移植了台湾慈济本会模式，在运行中还体现出独特的女性视角、情感的运用，及“公领域”与“私领域”互为渗透的特点，其实践形态应得到重视。③ 肖燕对慈济基金会上海分会的人类学研究④认为，慈济的宗教性公益组织运行模式不仅对目前我国公益组织面临的问题提供了新思路，对于大陆宗教性公益组织也有着重要的借鉴意义。

佛教、伊斯兰教等制度性宗教的慈善组织亦受到研究者的关注。李湖江对民国初期的佛教组织的慈善思想进行了考察。⑤ 邓莉雅追溯佛教慈善功德会与现代慈善基金会的渊源、传统佛教慈善与现代公益慈善的区别，探讨中国佛教慈善组织现代转型中的自我调适问题。⑥ 庚荣对中国当代伊斯兰教民间慈善组织运行机制探析，指出包括伊斯兰教在内的宗教慈善组织运行机制的完善有赖于组织自身的不断努力、政策法规的调整支持及社会层面的广泛参与。⑦

还有许多学者对区域性的慈善组织进行了考察⑧，部分研究者从历史学的角度对慈善

---

① 李学如：《20世纪以来的宗族义庄研究》，《合肥师范学院学报》2015年第1期。

② 郑庆杰、许龙飞：《农村现代化进程中的宗族变迁与慈善复兴——以江西省白鹭村为例》，《社会建设》2015年第2卷第3期。

③ 仲鑫、张爱华：《女性、情感、私领域与慈善组织——对慈济基金会南京会所运行的个案分析》，《台湾研究集刊》2015年第5期。

④ 肖燕：《参与·融入·认同——对慈济基金会上海分会的人类学研究》，硕士学位论文，上海师范大学，2015年。

⑤ 李湖江：《民国初期的佛教组织与慈善思想》，《法音》2015年第2期。

⑥ 邓莉雅：《从功德会到基金会——佛教慈善组织现代转型问题探析》，《法音论坛》2015年第367期。

⑦ 庚荣：《中国当代伊斯兰教民间慈善组织运行机制探析》，《北方民族大学学报》（哲学社会科学版）2015年第3期。

⑧ 苗艳丽：《近代云南民间社团组织化赈灾特征探析》，《昆明学院学报》2015年第2期；张帆：《民间赈济：一九三四年浙江旱灾中的甲戌全浙救灾会》，《绍兴文理学院学报》2015年第1期；於淑娟：《简论清代和民国初年芜湖的慈善组织》，《苏州教育学院学报》2015年第6期。

组织发展、转型等问题进行了历史考察[①]。刘威指出，以国家为主导的中国式慈善一方面塑造着慈善事业的组织生态和总体性格，也制约着慈善事业的发展历程和转型路径。如何在既有国情下破解“中国式慈善”困局并非去行政化那样简单，相反，要充分发挥国家在场的经验优势，从根本上破除“官民二元对立”的思维模式，超越国家与社会、政府与民间的体制藩篱，建构国家与社会和谐共生的大慈善格局。[②] 除了常规性民间慈善组织之外，苗艳丽认为研究者忽视了对传统社会组织、临灾所设民间组织及相关理论研究的足够关注，这势必会影响对近代中国民间组织救灾问题的整体把握。[③]

经济组织的研究多是从历史的角度进行，如钟树杰从民国时期江苏合会入手，研究江苏民间借贷与农村经济运行。[④] 罗自强对民国时期城乡之间合会档案的梳理，认为民国时期合会的源流具有多元性，在合会功能方面也具有多样性与多向化，其风险规避机制和纠纷解决机制，对市场经济条件下某些经济问题的解决也具有一定的启发意义。[⑤]

行会组织与经济组织多有交叉，魏爱棠指出：“行业一词，在东西方文化中具有不同的发展逻辑与文化内涵。相对来说，行业在西方社会中表达的是一种自治的专业共同体的概念，而在中国文化中，行业最初却是在政府行政权力影响下建立的松散的同业网络。就大多数非物质文化遗产来说，这种异世家、流派为核心建立起来的同行网络不仅具有强烈的宗族性、地缘性特征，还体现了中国文化差序格局的关系网络特性。”[⑥] 商会组织是学者关注的重点，如：李小金从经济效率、社会公平和政治民主几个角度探讨了商会组织对区域发展的推动作用。[⑦] 郑成林、贾俊英对20世纪早期菲律宾马尼拉中华商会在“西文簿记案”抗争运动成长历程的考察[⑧]。孙斌通过苏州地区现存的碑文可以发现，清代商人们认为神明祭祀活动具有一种特殊的作用，它能够保证行规的执行，进而维护商人们的利益与行业的发展[⑨]。此外还有魏文享对异地商会兴起原因的分析[⑩]，等等。

---

① 何虎生、王超：《宗教公益慈善事业与中国社会的进步——兼论爱德基金会在中国社会发展中的作用》，《世界宗教文化》2015年第4期；郝华：《略论南北朝时期慈善组织的发轫》，《大庆师范学院学报》2015年第2期；王猛：《论中国慈善组织的近代转型》，《南华大学学报》（社会科学版）2015年第6期；刘艳：《近代常州慈善组织的多元发展及其绩效》，《常州工学院学报》（社科版）2015年第1期；杨正军：《潮汕民间善堂组织的历史嬗变》，《汕头大学学报》（人文社会科学版）2015年第3期；汪华：《超越合作与制衡：民国时期上海慈善组织与地方政府的互动》，《上海师范大学学报》（哲学社会科学版）2015年第2期；邓莉雅：《从功德会到基金会——佛教慈善组织现代转型问题探析》，《法音论坛》2015年第367期。

② 刘威：《国家在场的慈善事业：经验局限与转型进路》，《学术论坛》2015年第10期。

③ 苗艳丽：《近30年来中国近代民间组织救灾问题研究综述》，《保山学院学报》2015年第34卷。

④ 钟树杰：《江苏民间借贷与农村经济运行——基于民国时期江苏合会的研究》，《农业考古》2015年第3期。

⑤ 罗自强：《民国时期民间合会的渊源与功能》，《求索》2015年第12期。

⑥ 魏爱棠：《文化遗产关键词：行业》，《民族艺术》2015年第4期。

⑦ 李小金：《商会组织与区域协调发展》，硕士学位论文，华中师范大学，2015年。

⑧ 郑成林、贾俊英：《20世纪早期菲律宾马尼拉中华商会与西文簿记案》，《华中师范大学学报》（人文社会科学版）2015年第4期。

⑨ 孙斌：《试析神明祭祀与清代行会活动的互动与影响——以苏州地区碑刻史料为视角》，《苏州教育学院学报》2015年第3期。

⑩ 魏文享：《市场中的乡籍网络：异地商会的兴起要因分析》，《河北学刊》2015年第6期。

村社组织方面，以拳会组织的研究较为出色。张兴宇、张士闪对河北乡村梅花拳进行了考察。梅花拳不仅是一种武术，也有着独特的组织管理和运行机制。张兴宇对村民日常生活实践中借助梅花拳组织来推行基层村落社区的公益观念和净化社会道德秩序、维持地方社会稳定等方面的考察，认为梅花拳文化传承的经验可以为当代乡村社会治理提供重要参考。[①] 而张士闪从更广泛的意义上讨论当代民间信仰组织发展与中国礼治传统重构的可能关联，其视梅花拳为冀南民间社会的一种武术传统与信仰组织，也是一种乡村自治方式。通过对其文化传承与实践机制的考察，张士闪认为其对于如何在当代国家治理与地方民俗发展之间建立良性的共生互动关系，促进中国礼治传统的合理重构具有重要意义。[②] 两位研究者对拳会组织的研究无论在学术意义还是在实践意义上都对中国民俗学的社会组织民俗研究做出了重大的推进，他们提醒我们注意到类似拳会这样的组织对于当代社会治理的价值。

此外，还有一些研究者对村社组织研究进行了推进。韩万渠基于C村“会首制”的个案考察自生的社会动员能力对政治独立性下的农村现代化的影响。[③] 王洪刚民国时期新疆基层政权组织区村制研究[④]认为，作为一种社会组织，“工”在撒拉族历史上发挥了非常重要的作用。马伟根据民族学、历史学材料，运用语言学的研究方法，“工”是由数个村庄组成的一种社会组织，来源于汉语，原意为“工区”，后发展为相当于乡一级的行政区划的观点。它是清王朝加强对撒拉族地区统治的产物。[⑤] 李言统对民和县桥头村青苗善事进行民俗学调查，认为跨村落的联村组织信仰在仪式的展演过程中，包括以西王母庙为中心的庙会组织、村际之间的官房仪式、联村举行的庙宇善事等重新建构起了和谐有序的乡村社会秩序。[⑥]

地缘组织某种意义上是村社组织成员基于乡土情感在异域的再次结合，高红霞、蔡一依据相关档案资料，通过梳理近代同乡团体所设医院在上海城市的布局、医疗对象，比较同乡医院与上海其他医院的收费标准，考察同乡团体所办医院在上海医疗卫生体系中的地位与作用，探讨同乡组织在近代上海城市管理中的身份角色。[⑦] 牛冬对广州非洲人的社会组织的研究[⑧]；尤育号以温州旅沪同乡会为例，研究民国时期旅外同乡组织与家乡社会的双向互动[⑨]；沈路人将嵊县移民作为社会角色和社会集团组织的综合体，将其置于广阔的

---

① 张兴宇：《乡村梅花拳的公益观念与生活实践——冀南广宗县北杨庄梅花拳调查》，《民俗研究》2015年第6期。

② 张士闪：《民间武术的“礼治”传统及神圣运作——冀南广宗乡村地区梅花拳文场考察》，《民俗研究》2015年第6期。

③ 韩万渠：《公共活动、社会资本与乡村治理中的社会动员——基于C村“会首制”的个案考察》，《华中科技大学学报》（社会科学版）2015年第29卷第3期。

④ 王洪刚：《民国时期新疆基层政权组织区村制研究》，《贵州民族研究》2015年第6期。

⑤ 马伟：《撒拉族社会组织“工”的词源考释》，《西北民族研究》2015年第2期。

⑥ 李言统：《乡土社会农事祭祀与社会控制——对民和县桥头村青苗善事的民俗学调查》，《西北民族研究》2015年第3期。

⑦ 高红霞、蔡一：《近代上海同乡团体医院述略》，《史林》2015年第2期。

⑧ 牛冬：《“过客社团”：广州非洲人的社会组织》，《社会学研究》2015年第2期。

⑨ 尤育号：《民国时期旅外同乡组织与家乡社会的双向互动——以温州旅沪同乡会为例》，《中国社会经济史研究》2015年第2期。

时代背景和社会环境中，对嵊县移民和上海都会的互动关系做多层面、全方位的系统考察，既分析嵊县移民对上海社会的作用，又探讨上海社会对嵊县移民的影响，以揭示嵊县移民集团在上海现代化进程及社会发展、文化变迁中的“外显功能”和“潜在功效”。①

亦有对民间组织的当代运作进行了考察，如谢中元对复办以后的官窑生菜会进行了考察，认为其发生了从民间组织到官方主办、从有限禁令到全面管控、从信俗主导到商业盛会的形态肌理变迁，显示出行政主导下民俗的遗产化和资源化取向。而后续非遗保护过程中申报国家级非遗的动力及其所产生的官民互动、观念修正等因素，又倒逼官窑生菜会出现了复归民俗传统的趋向。② 刘东旭基于对贵州北部的玉宝山和朝阳洞两座庙宇重建过程的田野调查，探讨基于灵媒组织和地缘团体这两种民间力量为主导的庙宇重建所体现的不同逻辑与社会文化特征。③

民间组织的当代运作与社会的现实问题密切相关，如郭俊巖、赖秦莹、王德睦以信义乡为例，探讨台湾部落合作事业的发展与限制④；梁铠麟以九二一震灾重建下的菩提长青村为例，基于生活、生产、生态与生命四大面向的治理策略，探讨发展出组织的社会经济运作模式，让组织具有高度的财务自主性，并且减少组织使用货币于市场经济中获取财货的机会，创造出组织自身的永续治理策略。⑤ 郑筱筠试论福建民间信仰的组织管理模式对基层妇女的影响⑥；钟兆生、李允斐以高雄美浓地区的菸作生产空间菸楼作为研究对象，主要以美浓在地社区组织所发起的菸楼保存运动为例，寻找社区组织对于菸楼空间保存的动机、出发点、面临的问题及实践的过程。⑦ 陈俐如、詹宜璋以 2013 年南投原乡地区“部落老人日间关怀站计划（部落文化健康站）”的长老教会、社区发展协会、社团法人组织为研究对象，比较不同类型组织执行计划的差异。⑧ 陆思宇以宜州市围村老年协会为例，探讨乡村民间组织发展的运作要素及其作用⑨；张艳飞对斋奶会这一信仰组织进行了考察，指出其对于地方文化传承与老年人精神需要的意义。⑩ 吴燕红通过 L 寨的案例发现

---

① 沈路人：《嵊县人在上海——对近代江南一个移民群体的分析研究》，硕士学位论文，上海社会科学院，2015 年。

② 谢中元：《从乡俗到非遗：佛山“官窑生菜会”的传承、衍变与再生》，《文化遗产》2015 年第 4 期。

③ 刘东旭：《民间力量与乡村庙宇重建——基于贵州北部两座庙宇的研究》，《世界宗教文化》2015 年第 2 期。

④ 郭俊巖、赖秦莹、王德睦：《台湾原住民部落合作事业的限制与可能：以信义乡为例》，《社会政策与社会工作学刊》2015 年第 19 卷第 2 期，第 145—183 页。

⑤ 梁铠麟：《社会经济组织的永续治理策略分析——菩提长青村的个案行动研究》，《社科法政论丛》2015 年第 3 期。

⑥ 郑筱筠：《试论福建民间信仰的组织管理模式对基层妇女的影响》，《世界宗教文化》2015 年第 1 期。

⑦ 钟兆生、李允斐：《社区组织参与历史空间保存之研究——以美浓菸楼保存运动为例》，《康大学报》2015 年。

⑧ 陈俐如、詹宜璋：《在地组织参与南投原乡地区“部落老人日间关怀站计划（部落文化健康站）”执行模式之探讨》，《台湾原住民族研究季刊》2015 年第 8 卷第 1 期，第 43—76 页。

⑨ 陆思宇：《乡村民间组织发展的运作要素及作用——以广西宜州市围村老年协会为例》，硕士学位论文，广西民族大学，2015 年。

⑩ 张艳飞：《斋奶会：文化传承组织与老年妇女共同体》，硕士学位论文，云南大学，2015 年。

在一个少数民族社区保存较为完好的传统社会资本、社会组织形式、制度及价值观念等属于文化范畴的概念在应对灾害的全过程中起了积极作用。①

由上可知，与社会问题密切相关的慈善组织、村社互助组织等亦是社会组织研究的热点，这也是民俗学者可以深入调查和研究的方面。如何通过社会组织民俗的研究对当代中国社会问题进行更多的回应，将是影响中国民俗学发展的重要因素。

结语

综上所述，2015 年度的社会组织民俗研究方面，民俗学者与 2015 年之前相比，除了延续已有研究传统之外，在拳会组织的研究方面值得注意，而其不足之处依旧十分明显，民间宗教组织、慈善组织等类型的组织在学科发展史上一直处于较少获得关注的地位，也未完成应有的资料积累和理论储备，然而这些类型的组织却在近现代的中国社会发挥着重要的影响。因此，民俗学在社会组织民俗研究方面仍需加强对其他学科的相关研究成果的借鉴，这就需要打破已有学科偏好的束缚，积极推动社会组织民俗的研究，以加深对中国社会的认识。

① 吴燕红：《人类学视野下的少数民族社区应灾能力研究》，博士学位论文，中央民族大学，2015 年。

2015年节日研究综述

刘同彪　张　勃*

2015年，中国传统文化复兴浪潮继续高涨，国家非物质文化遗产保护工作不断向前推进，社会大众对民族民间文化更加重视，节日研究依然是学术界尤其是民俗学界讨论的热点，并取得了可观的研究成果。

一　著述

笔者所搜集到的2015年节日方面的专著有30余部，根据成果的内容和性质，大致可分为节日志书、节日专题研究及节日科普著作三类。具体情况如下：

在节日志书的编撰方面，文化部民族民间文艺发展中心组织实施的国家社会科学基金特别委托项目《中国节日志》，继2014年发行首批项目成果后，2015年再由光明日报出版社出版11种，分别是：杨甫旺主编《中国节日志·赛装节》，李静主编《中国节日志·春节（甘肃卷）》，周大明主编《中国节日志·春节（河北卷）》，刘目斌主编《中国节日志·纳顿节》，蒋彬主编《中国节日志·羌年》，黄纬华主编《中国节日志·马街书会》，黄安辉主编《中国节日志·哈节》，张炜芬主编《中国节日志·观潮节》，徐赣丽主编《中国节日志·春节（广西卷）》，刘晓春主编《中国节日志·春节（广东卷，上下册）》，孙桂林主编《中国节日志·春节（吉林卷）》。《中国节日志》既注重历史文献的梳理，又强调实地的田野调查；既有较强的可读性，又有一定的研究深度。以上11部《中国节日志》的出版，是2015年中国节日研究最为重要的成果之一。

在节日专项研究方面，也有可圈可点的成果出现。粟文清《侗族节日与村落社会秩序建构——以贵州黎平黄岗侗寨“喊天节”为中心的考察》，通过对贵州黄岗村特色节日“喊天节”的分析，指出侗族节日在沟通、协调和规范家族之间、村寨之间及两性之间村落社会秩序方面发挥着极为重要的作用。① 罗树杰《传统节日的生命力：广西虎村彝族跳弓节的个案研究》以跳弓节为重点，论述了广西虎村白彝传统节日自成一体的独特性及其产生和传承的生态空间、思想基础和运作机制。② 王剑《乌江流域少数民族传统节日文

* 刘同彪，北京联合大学北京学研究所、中国科学院地理科学与资源研究所博士后。张勃，北京联合大学北京学研究所研究员。

① 粟文清：《侗族节日与村落社会秩序建构——以贵州黎平黄岗侗寨“喊天节”为中心的考察》，民族出版社2015年版。

② 罗树杰：《传统节日的生命力：广西虎村彝族跳弓节的个案研究》，知识产权出版社2015年版。

化传承与保护体系研究》对乌江流域少数民族传统节日的主要类型、传承载体、历史演变、文化内涵、功能价值、保护现状及问题等进行了系统论述，在此基础上，结合实践案例，就乌江流域少数民族传统节日文化的开发、利用、保护、传承及产业化发展问题提出了对策。[①] 李银兵《云南少数民族传统节日文化创新研究》描述了边疆佤族关门节、景颇族目瑙纵歌节、三月街民族节、边疆彝族密枝节、新平花腰傣花街节等十个云南少数民族传统节日发展案例，围绕传统节日创新，系统分析了云南少数民族传统节日文化创新的背景及价值，创新的内容、目标及原则，创新的路径及模式，创新的保障体系及评价标准。[②]

景俊美《中国传统节日当代精神价值研究》从宏观的层面分析了中国传统节日的价值根源，将其概括为“天地人”和“仁礼敬”，进而阐述了中国传统节日的价值意义和文化功能，并指出传统节日精神价值的实现途径。[③] 肖文礼《岁时节日体系中的赣南客家仪式音乐研究》运用民族音乐学的理论和方法，将客家仪式音乐置入赣南地域民俗文化环境之中，把音乐本体与民俗仪式、家族文化、民间信仰、乐班组织、乐器形制、展演空间、国家政策等多元文化要素综合起来分析，深入分析了赣南客家仪式音乐与赣南客家岁时节日之间的关系。[④] 罗杨主编《节日文化纵横》是一本节日论文集，包括刘锡成《传统节日文化的继承和发展》、高丙中《节俗传承与国家的文化定位问题》、萧放《中国传统节日的复兴与未来发展》、李汉秋《中华节注重人伦情意》、郑土有《传统节日中的“亲缘”元素及其价值》等，这些文章从不同角度探讨了中国节日的文化内涵、历史演变及在当代的传承和保护问题。[⑤]

科普性节日著作出版达十余部。宋月航、匡野《中国人应知的节日与习俗》采用问答形式，深入浅出讲述了中国的九大节日、岁时节气、民间传说与信仰、饮食娱乐、服饰婚嫁五个方面的民俗文化。[⑥] 胡波、胡全《循环与守望：中国传统节日文化诠释与解读》，选取春节、清明、浴佛节、端午、七夕、盂兰盆节、中秋、重阳、冬至、腊八十个节日，用通俗易懂的文字叙述了各个传统节日的源起、发展及相关习俗。[⑦] 李汉秋《传统节日的奥妙——我们怎样过节》按春夏秋冬四个季节，讲述了春节、元宵节、清明节、中华母亲节等九个节日的民俗文化。[⑧] 丁睿《中华民族传统节日文化读本》介绍了春节、元宵节、清明节、端午节、七夕节、中秋节、重阳节、冬至节八个重要传统节日的由来、传说、习俗及相关诗歌，这部书对少数民族节日亦有叙述。[⑨] 陈丙合、高新宇《农村节气与农村节日》讲述了历法、节气、节日及农事生产生活的基础知识。[⑩] 王俊《中国古代节日》对中国古代重大的节日进行了细致的阐释，并讲述了与节日相

---

① 王剑：《乌江流域少数民族传统节日文化传承与保护体系研究》，人民出版社 2015 年版。

② 李银兵：《云南少数民族传统节日文化创新研究》，云南大学出版社 2015 年版。

③ 景俊美：《中国传统节日当代精神价值研究》，中国文联出版社 2015 年版。

④ 肖文礼：《岁时节日体系中的赣南客家仪式音乐研究》，中国社会科学出版社 2015 年版。

⑤ 罗杨主编：《节日文化纵横》，民族出版社 2015 年版。

⑥ 宋月航、匡野：《中国人应知的节日与习俗》，中华书局 2015 年版。

⑦ 胡波、胡全：《循环与守望：中国传统节日文化诠释与解读》，广东人民出版社 2015 年版。

⑧ 李汉秋：《传统节日的奥妙——我们怎样过节》，中华书局 2015 年版。

⑨ 丁睿：《中华民族传统节日文化读本》，中国书籍出版社 2015 年版。

⑩ 陈丙合、高新宇：《农村节气与农村节日》，金盾出版社 2015 年版。

关的民间故事、神话传说。[1] 徐忱《节日揽胜》介绍了不同类型的节日，包括传统节日、法定节日、现代节日、古代节日、民族节日、佛道节日、外国节日及中外各种纪念日。[2] 广州精神文明建设委员办公室《话说我们的节日》分为主要的传统节日、主要的纪念性节日两大部分，在介绍传统节日习俗时，将中华传统美德、爱国精神融入其中。[3] 范时勇《传统节日》介绍了一年中的主要节日及其习俗、仪式、起源等。[4] 王学文《中国文化·节日》在2014年出版中文版后，今年又发行了该书的波斯文、英文、俄文、土耳其文版本。[5]

二 论文

著述之外，2015年以节日为主题的各类期刊论文约300余篇，学位论文20余篇。综观这些节日论文，主要涉及节日研究的以下几个面向：

（一）节日与狂欢[6]

“狂欢”是一个西方概念，中西节日在狂欢性上存在明显区别，这种差异自然引发中国学者在中西节日比较方面的讨论，进而促使中国学者从本土经验出发探寻中国节日的特质，提升中国节日理论。李松在《“节日与狂欢”题解》中提到，“这个论题的提出，一方面是希望借此能开启一个理论对话的空间。因为我们很多理论对话是针对从西方引进的人文学科方法论方面的对应和参照，虽然这样的探讨无可厚非，但也更应该具有中国自己的特色。另一方面，我们也应该反思在当下中国社会文化中对狂欢现象的理解或者新的建构”。[7]

赵世瑜认为“狂欢”概念应该具有中国本土的特点，从岁时文献中可以发现，中国本土经验中存在“狂”的概念。“狂欢”与主流意识强调的秩序和理性存在相悖的地方，但节日中的“狂欢”不一定是反政府或社会的，老百姓会创造出很多其他的，规模相对较小的，自己能够管控的，不会影响太大的狂欢行为，这是老百姓在节日中的一种发挥。中国文化传统在长期的实践中，已具备了本土的特色。最后，赵世瑜提出节日中的“礼俗同构”问题。[8] 萧放指出中西节日文化形成的社会基础不同，中国的节日时间观念以农业、宗法为基础，与时令节奏、自然时序、生产活动安排及家庭活动的调节相关。中国历朝历代的节日可以说是有“狂”，但无“狂欢”。虽然中国传统节日有娱乐的一面，但狂欢因素很少存在。“类狂欢”的概念比“狂欢”更适合中国节日

① 王俊：《中国古代节日》，中国商业出版社2015年版。

② 徐忱：《节日揽胜》，中国文史出版社2015年版。

③ 广州市精神文明建设委员办公室：《话说我们的节日》，广州出版社2015年版。

④ 范时勇：《传统节日》，重庆大学出版社2015年版。

⑤ 王学文主编：《中国文化系列丛书：中国文化·节日》（分波斯文、英文、土耳其文、俄文四版），五洲传播出版社2015年版。

⑥ 本节论文均出自李松、张士闪主编《节日研究》（第十辑），学苑出版社2015年版，不再出版本注。

⑦ 李松：《“节日与狂欢”题解》，《节日研究》（第十辑），第3页。

⑧ 赵世瑜：《从本土经验提炼中国传统节日》，《节日研究》（第十辑），第5—8页。

的实际。同时也应该看到，现代社会与以往农业宗法社会有很大的区别，现代生活中的传统节日可以借鉴西方狂欢精神，以激发当代人的生活热情。[①] 叶春生认为节日的狂欢需以信仰为基石，每个节日都有一个信仰在支撑，没有信仰支撑的节日难以延续和流行，凡是比较火的节日，都与信仰有关。[②] 徐万邦指出中国带狂欢性质的传统节日，尤其是少数民族的节日占相当大的比例。节日存在狂欢的原因，是为解决人与自然、人与社会关系问题的需要。节日中的狂欢使被压抑的情感得到释放，给人以信心和鼓舞，对社会和谐有重要的意义。少数民族节日狂欢，以歌舞、游戏、竞技和宴饮为主要形式，强调的是一种娱乐精神，应该扩展节日的狂欢性。[③] 岳永逸主张从节日的定义认识节日的狂欢。受国家话语和消费主义影响，现代的节日与狂欢联合起来的可能性较小。[④]

焦勇勤结合海南军坡节案例，指出军坡节在遴选"婆头""钻轿子""开光""上轿""过火海"等仪式活动中带有强烈的狂欢色彩。这其中原因一是军坡节的神圣性保持较为完整，有深厚的群众信仰基础；二是军坡节内部有严密的社会组织，与西方节日狂欢强调个体解放不同，中国节日的狂欢与群体性有很大关系；三是军坡节的群众参与性极强；四是年轻人是军坡节狂欢的主要参与群体。[⑤] 刘岚从雷州半岛年例的节前准备、道士祭神仪式、正日神像游街、吃年例、酬神唱戏等节日程序讲述节日狂欢的具体表现。将节日狂欢内涵总结为：心理层面上的增强自身能量，社会层面上的增强村落团结，教育层面上的传递村落精神，娱乐层面上的释放生活压力，政治层面上的实现村落自治。[⑥]

侯小纳运用巴赫金狂欢理论及人类学民族志方法，对元谋凉山乡彝族火把节进行了系统性的论述，包括彝族文化中的火与火把节传说、元谋凉山彝族神圣与日常的生活场域、元谋凉山彝族火把节的狂欢性特点和元谋凉山彝族火把节的当下变迁四部分。[⑦] 鞠熙通过比较三部关于狂欢节的法文著作《罗芒狂欢节》《巴黎斋前节：从狂欢节到19世纪的巴黎1800—1914》《19世纪狂欢节的发明：巴黎、尼斯、里约热内卢》，深入细致地梳理了法国狂欢节的历史流变，指出法国狂欢节始终与社会政治紧密关联。狂欢节既是下层民众可资利用的斗争手段，又是上层掌权者维护统治的工具。[⑧]

---

① 萧放：《相异时空下的节日与狂欢的理论思考》，《节日研究》（第十辑），第14—15页。

② 叶春生：《以信仰为基石的节日狂欢》，《节日研究》（第十辑），第9—10页。

③ 徐万邦：《关于中国少数民族节日狂欢的思考》，《节日研究》（第十辑），第11—13页。

④ 岳永逸：《官方、消费体制下的节日与狂欢》，《节日研究》（第十辑），第16—17页。

⑤ 焦勇勤：《军坡节的狂欢性》，《节日研究》（第十辑），第18—19页。

⑥ 刘岚：《论节日狂欢的表现及内涵——以雷州半岛年例为例》，《节日研究》（第十辑），第57—62页。

⑦ 侯小纳：《神圣与狂欢——以元谋凉山乡彝族火把节为个案》，博士学位论文，云南大学，2015年。

⑧ 鞠熙：《法国狂欢节与城市政治：从文艺复兴到现代狂欢节的兴起》，《节日研究》（第十辑），第22—48页。

（二）节日与舞蹈[①]

崔阳解释发起“节日与舞蹈”论题，是基于中国民间舞蹈与人生仪礼、岁时节日的密切联系，希望通过这个专题讨论，给传统的戏曲和舞蹈研究者开拓一个全新的视野，同时也可以给中国传统节日研究寻找到一条独到的切入路径。[②]

梁力生认为节日与民间舞蹈是主和从的关系，民间舞蹈是民众在节日环境中表达情感愿望的一种形式，它只有依附节日习俗才能得以延续和传承。[③] 欧建平介绍了自己在东京购买的两张节日舞蹈碟《日本的祭》和《世界的祭》，“祭”在日语中是节日的意思。这两张碟给作者带来强烈的视觉震撼，由此他提出在数字时代探讨和实践节日舞蹈影像记录的必要性。[④] 江东认为从节日的角度透视舞蹈或从舞蹈的角度认识节日，是一个非常好的角度。在中国的传统节日中，舞蹈是主角，因为舞蹈本身对于节日这样的仪式性活动，有着一种非常醒目的、容易制造气氛的特质。以往的研究注重舞蹈本身，而忽视舞蹈生存、传承语境的研究。[⑤]

王建民认为节日与艺术之间关系的认识，是一个很值得探讨的话题。他以陕北秧歌、九曲黄河灯等民间舞蹈为例，指出节日舞蹈表现竞争和礼让的关系，是社会秩序、文化秩序和社会等级差异的体现。[⑥] 车延芬认为舞蹈在节日中之所以处于显著位置，是因为它可以表达喜悦，交流情感，是民族交流和认同的重要方式。[⑦] 王学文主张将舞蹈置入特定的节日时空中探讨，并关注舞蹈所呈现的身体文化和身体社会。[⑧]

张远满考察了酉水流域土家族舍巴节中的摆手舞、过年节中的毛古斯、跳马节中的跳马舞，指出土家族民间舞蹈与传统节日的相互关系。传统节日是土家族民间舞蹈的重要载体，民间舞蹈依附传统节日而传承，同时，民间舞蹈构成土家族传统节日民俗的重要部分。[⑨] 王莹运用身体与社会记忆方面的理论，将节日中的民间舞蹈视作一种体化实践，认为节日舞蹈承载和延续着群体的社会记忆。她结合山西民间鼓舞的例子，论述了作为体化实践的节日舞蹈如何承载社会记忆。[⑩] 孔令平强调了将民间舞蹈放入节日文化空间中探讨的必要性。[⑪] 赵颖结合实地调研，论述了广东省陆丰市甲子镇的民间舞蹈英歌舞的历史演

---

① “节日与舞蹈”是《节日研究》（第十一辑）的论题，该辑出版于2016年2月，但属2015年第2期，因此将这一辑的《节日研究》列为2015年的研究成果。本节论文均出自该书，不再出版本注。

② 崔阳：《主持人语》，《节日研究》（第十一辑），第2页。

③ 梁力生：《民间舞蹈是传统节日习俗的重要载体》，《节日研究》（第十一辑），第3—5页。

④ 欧建平：《国外节日舞蹈研究所引发的新思考》，《节日研究》（第十一辑），第6—8页。

⑤ 江东：《一个新的学术视角的挖掘与传播》，《节日研究》（第十一辑），第9—10页。

⑥ 王建民：《舞蹈在节日中的社会文化表达》，《节日研究》（第十一辑），第11—13页。

⑦ 车延芬：《关于节日与舞蹈命题的思考》，《节日研究》（第十一辑），第14—15页。

⑧ 王学文：《从身体技术走向身体文化与社会》，《节日研究》（第十一辑），第16—17页。

⑨ 张远满：《酉水流域土家族传统节日舞蹈研究》，《节日研究》（第十一辑），第33—44页。

⑩ 王莹：《作为体化实践的社会记忆：论岁时节日中的民间舞蹈》，《节日研究》（第十一辑），第45—54页。

⑪ 孔令平：《节日文化空间视域下民间舞蹈的传承与保护》，《节日研究》（第十一辑），第55—63页。

变、艺术特征，以及甲子英歌舞与甲子镇地域文化之间的关联。[①] 叶俏华选择保存传统乞巧民俗较为完整的甘肃省西和县为田野调查地点，论述了西和县乞巧节舞蹈的动作形态及跳麻姐姐仪式流程，进而分析了西和乞巧舞蹈的特征和功能。认为西和乞巧舞蹈有增强女性性别意识、促进社会交往、强化族群认同的社会功能。[②] 张巍论述了天津皇会民间舞蹈的特征及其功能的历史演变，指出天津皇会民间舞蹈长盛不衰的民俗文化环境。[③]

（三）传统节日的变迁与重建

节日在一定的社会文化语境中产生和发展，随社会文化语境的变化而变化。改革开放以来，中国社会发生了剧烈变化，传统节日面对的社会文化语境与以往有了很大的不同。在这种情况下，传统节日的某些方面需要重建，以适应新的社会文化语境，而正确把握新的社会文化语境的特征，是做好传统节日传承与重建工作的前提。2015 年，学界围绕“传统节日的变迁与重建”主题发表的论文数量较多，大致可分为以下几种类型。

1. 对传统节日的当代特征及重建策略的总体性思考

萧放指出，当下中国传统节日赖以生存的文化语境已经发生了重大变化。在全球化语境及多样文化选择面前，传统节日要想生存绵延，并对民族的未来有所助益，必须适应时代变化的需要，主动变革与创新；并进一步提出传统节日传承与重建的思路：一是适当将传统节日主题由家庭向社会移动，通过共享节日习俗，增强社会大众的公共文化空间意识和责任，形成家庭生活与公共生活相衔接的节日传统；二是重视节庆中的娱乐因素，以满足人们对自身精神娱乐与身体放松的需要；三是形成开放、包容的节日传统。传统节日要融入当代生活，需具备三方面的要素：第一，节日需要直接可以品尝、观赏、把玩的节日物质产品或节俗象征物；第二，节日需要仪式庆祝活动；第三，节日需要有特定的精神核心。应该适当传承以及升华传统节日对自然与祖先敬畏的信仰，强调家庭伦理与尊重他人的礼仪情怀，以亲近自然、敬重先贤、关爱他人、和睦家庭、团结社会为传统节日新的精神内涵。[④]

张勃在《建构时代的中国节日建设》一文中，敏锐地提出当前中国节日正处于建构时代，包括政府、商家、学者、民众在内的多种力量都积极介入节日建设，中国社会逐渐形成了传统节日、现代节日纪念日、外来节日、新兴民间节日、新兴地方节会等多种不同类型节日共生又竞争的多元并存格局。建构时代如何建设中国节日？张勃先是分析了中国节日发展的三种未来趋势：一是作为一种社会安排，节日在未来将会继续繁荣，在社会发展中发挥十分重要的作用，并产生广泛的经济收益和社会文化影响；二是优胜劣汰，适者生存，一些节日被淘汰，一些节日继续存在，若干新兴或外来节日可能牢固扎根，某些一度式微的传统节日会重新焕发生机；三是在文化选择机制作用下，未来会形成一个兼容多元的节日体系，社会成员节日生活的自主性和自由度大大增强，新的节俗活动得以生成。接着，张勃提出了中国节日建设的总体设想：第一，充分肯定当前节日建设的成果，正确认识节日发展的未来趋势和当下正处于建构时代特点，用更强的自觉意识和更前瞻的眼光

① 赵颖：《重要民俗节日中的甲子英歌舞》，《节日研究》（第十一辑），第 127—136 页。
② 叶俏华：《西和乞巧舞蹈的特征与社会功能浅析》，《节日研究》（第十一辑），第 146—153 页。
③ 张巍：《天津皇会民间舞蹈的传承与嬗变》，《节日研究》（第十一辑），第 120—126 页。
④ 萧放：《传统节日的传承与发展》，《人民政协报》，2015 年 2 月 16 日第 011 版。

进行中国社会的节日建设；第二，当代节日体系是来源各异、功能互补、彼此联系的多种节日共存的有机整体，需要用整体、包容的视野来看待；第三，区别对待，根据不同节日在节日整体格局中的地位及其发展现状确定合适的建设方案，采取相应的路径措施。①

2. 对传统节日变迁过程的具体描述和分析

黄彩文讲述了云南耿马佤族青苗节由村寨祭祀仪式向民族法定节日的变化过程。认为这一转变是佤族民众、各界精英、地方政府等多方力量共同作用的结果。② 蓝媛媛指出在现代化与全球化大背景下，澜沧拉祜族自治县葫芦节发生了以下几方面的变迁：一是葫芦节从民间活动向官方活动转变；二是从拉祜族的个体狂欢变成拉祜族及其他世居民族的集体大狂欢。③ 吴晓秋、曾凡勤、吴莎《论贵州生态移民传统节日的变迁》介绍了贵州生态移民迁出地与迁入地的主要传统节日，论述了移民带来的传统节日变迁，包括节日活动内容的简化、节日所持的民族性变得模糊、节日地域性烙印变浅、节日的继承性受到阻碍。通过分析移民传统节日文化变迁的原因，作者指出生态移民过程中，需要重视节日文化的适应性问题，减少生态移民对传统节日的冲击。④ 杨漪对螺蛳寨段氏家族后裔进行了较深度的田野访谈，通过段氏家族后裔的记忆，论述了螺蛳寨段氏家族的三次迁移过程，以及每次迁移对段氏家族节日的影响。文章认为螺蛳寨段氏家族在迁徙过程中，通过调整家族节日习俗，与当地人共享节日传统，并变更族属身份，来获得在当地社会的合法性。节日在地域融合与族群身份表达中发挥了重要作用。⑤ 李建明介绍了贵州三都县扬供水族霞节的历史变迁，探讨了家族节日实践与地方权力重塑的关系。作者详细论述了当地杨氏家族如何获取霞节节日祭祀权，并通过复兴霞节巩固家族的地方权力，分析了节日、家族、地域权力三方的互动关系。⑥

3. 对传统节日当代重建影响因素的探讨

张勃、王改凌《再次命名与传统节日的现代转换——基于重阳节当代变迁的思考》指出，在传统社会中，重阳节主要的文化诉求是消灾避难、祈寿求吉、敦亲睦友、娱乐身心和感恩祖先神灵，敬老孝亲并没有得到特别强调。但20世纪80年代以来，从地方到国家层面上将重阳节规定为敬老日、老人节或老年节，重阳节经历了再次命名的过程并得到了社会公众的认可，敬老孝亲逐渐成为重阳节的重要主题，再次命名使本已式微的重阳节在当代重新焕发活力。作者通过重阳节当代变迁的案例，论证了再次命名是传统节日进行现代转换的一种重要方式，并深入分析了再次命名作为一种文化唤醒机制，如何在传统节

---

① 张勃：《建构时代的中国节日建设》，《民俗研究》2015年第1期。

② 黄彩文：《从村寨祭祀仪式到民族法定节日：云南耿马佤族青苗节的变迁与重构》，《西南民族大学学报》（人文社科版）2015年第5期。

③ 蓝媛媛：《云南少数民族民俗节日文化的变迁——以澜沧拉祜族自治县葫芦节为个案研究》，《普洱学院学报》2015年第4期。

④ 吴晓秋、曾凡勤、吴莎：《论贵州生态移民传统节日的变迁》，《贵州师范大学学报》（社会科学版）2015年第1期。

⑤ 杨漪：《麻批麻普：黑树林地区螺蛳寨段氏家族节日变迁与族属流变》，李松、张士闪主编《节日研究》（第十一辑），学苑出版社2016年版，第82—98页。

⑥ 李建明：《扬供水族霞节：家族的当代实践与地域权力重塑》，李松、张士闪主编《节日研究》（第十一辑），学苑出版社2016年版，第99—116页。

日的当代重建中发挥积极的作用。[①] 李瑞彬、胡小安《传统民俗节日的循环再生——以广西隆安县那桐镇“四月八”农具节为例》探讨了一个业已衰落的传统节日重建后焕发活力的案例。四月八冯圣诞庙会是广西隆安县那桐镇的传统节日，曾一度兴盛，但由于各种原因，进入民国后，这一传统节日日渐式微，文革期间遭到严重破坏。新中国成立初年，那桐镇政府发展农具贸易，1965 年当地政府将四月八的冯圣诞庙会改名为“农具节”。但在随后的文革期间民众“农具节”的意识还很淡薄。改革开放后，地方政府积极推进传统节日的复兴和重建工作，恢复四月八冯圣诞传统庙会，再次命名为“农具节”，使这项传统节日与地方经济文化相适应，再次充满生机。[②]

萧放、张勃《中国民俗学会与国家文化建设——以传统节日的复兴重建为例》具体考察了中国民俗学会在传统节日的复兴和重建中发挥的重要作用。作者总结了中国民俗学会在传统节日复兴重建中的四大贡献：一是提出社会话题，引发社会讨论；二是积极推动国家节假日立法变革，为更多传统节日进入国家法定假日体系提供学术支持；三是进行传统节日的知识普及和理念更新，开展广泛的社会动员；四是进行节日复兴和重建的文化设计和评估。同时归纳了中国民俗学会促成传统节日复兴与传承的六条路径：一是积极承担、申报与节日有关的各类项目和课题，通过课题研究促进研究成果的生产和应用；二是推动传统节日进入不同级别的非物质文化遗产名录，为中国重大传统节日遗产保护和传承提供智力支撑；三是进行学理探求与知识普及的著述立说；四是积极主办、联办和参与各种有关节假日的会议、论坛，推动传统节日复归的社会进程；五是通过大众传媒和专题讲座发表学术观点，宣传传统节日文化，让学会服务社会的宗旨得到全方位的展现，同时营造重视传统节日的社会氛围；六是深入田野调查。最后，作者指出中国民俗学之所以能够在传统节日复兴重建中做出巨大贡献，这得益于学会学者具有强力的责任感和文化自觉意识、前瞻的眼光和积极的态度、扎实的研究，以及学术共同体的组织和集体能量的发挥。[③]

何马玉涓、和梦《民族精英与节日文化重构——以滇西少数民族地区为例》选取滇西傈僳族刀杆节、景颇族目瑙纵歌和阿昌族阿露窝罗节作为个案，结合田野调查，论述了社会转型期民族精英在节日文化重构中的作用和影响。作者从文化自觉、个人偶然因素和民族精英主导的多方共谋三个角度分析民族精英在节日文化重构中发挥的作用和影响，认为民族精英促成传统节日从“祭”到“节”、从“单一”到“复合”、从“约定俗成”到“模式固化”的转变。[④]

4. 对现代地方节会的研究

赖婷使用“传统化实践”这一概念，深入细致地分析了福建永安笋竹节的传统化实

① 张勃、王改凌：《再次命名与传统节日的现代转换——基于重阳节当代变迁的思考》，《西北民族研究》2015 年第 4 期。

② 李瑞彬、胡小安：《传统民俗节日的循环再生——以广西隆安县那桐镇“四月八”农具节为例》，《传承》2015 年第 5 期。

③ 萧放、张勃：《中国民俗学会与国家文化建设——以传统节日的复兴重建为例》，《民间文化论坛》2015 年第 1 期。

④ 何马玉涓、和梦：《民族精英与节日文化重构——以滇西少数民族地区为例》，《西南边疆民族研究》（第 17 辑）2015 年第 2 期。

践过程，论述了永安笋竹节如何在政府、地方文化精英、民间知识分子和民众的共同实践下，通过吸收、借用、整合和改编地方文化传统以及主动发明新的“传统”，来构建符合地域特征和时代需求的现代节会。借助这个案例，赖婷指出，“经济现代化并不意味着消灭传统，驱赶传统，在一定条件下，它反而成为了传统复兴与发明的动力之一，能被借用的是具备相应价值的‘传统’，而被选中的‘传统’，既要符合地方经济与文化发展的需要，又与地方领导人、文化精英、民间知识分子的主观能动性有很大关联，某一传统的复兴与发明是必然性和偶然性的统一”。[①] 吴炆佳、钱俊希、朱竑《商品化民族节日中表演者角色的认同与管理——以西双版纳傣族园泼水节为例》在对“商品化民族节日”进行界定后，以西双版纳傣族园推出的“天天泼水节”体验项目为研究载体，从表演和角色的视角，论述了“天天泼水节”表演者角色的认同及其与地方企业、外来游客之间的互动关系。[②] 桂慕梅借鉴当代芝加哥学派的“场景理论”，运用田野调查资料，具体分析了天津古文化街年货市场“传统节日文化场景”的形成要素、结构、功能及其所凝聚的认同。[③]

（四）国外节日研究及中外节日比较

对于国外节日的研究，可提供“他者”视野；通过中外节日的比较，可更清晰地把握中国节日的特质；国外节日遗产保护上的经验，可为当前我国节日遗产的传承保护工作所借鉴。2015 年国外节日研究集中在缅甸、老挝、菲律宾、马来西亚、韩国和日本等国家。

在云南和广西的边境上，有些民族节日的传播跨越了边界，不少学者关注和研究了民族节日的跨界现象及族群认同问题。马翀炜、张雨龙《民族节日的拟仿与政治意义的表达——中、缅、老边境地区“嘎汤帕”节的人类学考察》详细介绍了中国云南西双版纳、缅甸和老挝三地建构的新式“嘎汤帕”节的节日流程和文化内涵，分析了三地“嘎汤帕”节的区别及所表达的不同的政治意义。1988 年云南西双版纳傣族自治州政府主办的新式哈尼族“嘎汤帕”节与村寨举行的传统“嘎汤帕”节有很大不同。政府建构的新式“嘎汤帕”节在形式上类似晚会，缺乏传统仪式的神圣感，作者将之称为“拟仿”的节日，其目的是体现民族的平等与团结。而缅甸“嘎汤帕”节追求的是区域自治权的合法性，老挝“嘎汤帕”节则想表达的是族群平等的文化诉求。[④] 贺佳乐《国境线上的盘王节：勐腊县磨憨镇新明瑶村的边界实践》探讨了云南勐腊县磨憨镇瑶族的盛大节日盘王节在边境的实践，作者指出，国家政治地理边界并没有阻断盘王节跨越边界的交流，勐腊县磨憨镇新明瑶村盘王节在边境上的节日实践，背后隐含瑶族边民自我与他者的双重认同体系，同时也隐含着瑶族

---

① 赖亭：《永安笋竹节的传统化实践》，《北京民俗论丛》2015 年第 3 辑。

② 吴炆佳、钱俊希、朱竑：《商品化民族节日中表演者角色的认同与管理——以西双版纳傣族园泼水节为例》，《旅游学刊》2015 年第 5 期。

③ 桂慕梅：《场景、民俗及认同：天津古文化街年货市场研究》，《云南民族大学学报》（哲学社会科学版）2015 年 3 期。

④ 马翀炜、张雨龙：《民族节日的拟仿与政治意义的表达——中、缅、老边境地区“嘎汤帕”节的人类学考察》，《开放时代》2015 年第 2 期。

边民充满智慧的生活策略及积极的生活态度。[①] 覃肖华《我国广西壮族与越南岱侬族中元节文化习俗比较》比较了广西壮族与越南岱侬族中元节在起源、节俗、活动内容、文化内涵几个方面的异同。[②]

霍然《神圣与世俗的跨越——从马尼拉黑耶稣节看菲律宾民间天主教节日》详细论述了菲律宾马尼拉黑耶稣节的仪式、特点和功能。认为马尼拉黑耶稣节跨越了神圣与世俗的空间，它本来是神圣的天主教节日，却以一种大众的、世俗的方式进行，与正统的天主教仪式大相径庭。它不同于正式的、教条的天主教节日，也不是政府打造的节日，而是以民众为主体，经由教会一定组织下的自发行为。[③]

毕雪飞《论日本七夕传说的祭文形态》对日本七夕祭文的类型、内容、讲述、祭祀与信仰等方面做了深入解析，并将之与中国的民间故事和传说进行比较。作者论述了日本七夕祭文与民间信仰“いざなぎ（Izanagi）流”的关系，指出七夕祭文由“太夫”在“いざなぎ（Izanagi）流”民间信仰祭祀仪式上诵读，这是七夕祭文得以传承的重要原因。[④] 张婧《从日本七夕的发展看传统文化的传承》论述了中国七夕节向日本的传入及其在日本本土化的过程，介绍了现代社会日本七夕节的保护。[⑤] 张艳军《浅谈佛教影响下的日本“年中行事”——以盂兰盆节为例》介绍了日本年中行事的类别，佛教传入日本前七月十五的祖先祭祀活动，佛教传入日本后盂兰盆节的形成，论述了佛教对日本盂兰盆节的影响。[⑥]

陈媛、刘畅《韩国江陵端午祭的文化内涵》通过分析儒家祭祀中的祈祷文，论述了韩国江陵端午祭的源起、祭祀活动、巫舞类型及民俗活动，指出江陵端午祭的文化内涵是祈求丰收和平安。[⑦] 石晶莹《中韩元宵节俗对比》从元宵节的起源、元宵节节俗、元宵节饮食和元宵节传承四个方面比较了中国和韩国元宵节的异同。[⑧]

此外，还有刘健《赫梯基拉姆节日活动的仪式特征及其功能》，蔡燕《外国人中国传统节日认知与参与情况研究——以山东大学来华留学生为例》，陈原艳、陶勇《文化功能论视角下的西方传统节日研究》，黄慧彬《基于吉祥物文化的中西传统节日对比——以春节和圣诞节为例》，刘佳《跨文化视阈下中西方节日文化根源探析》等论文，从不同侧面

---

① 贺佳乐：《国境线上的盘王节：勐腊县磨憨镇新明瑶村的边界实践》，李松、张士闪主编：《节日研究》（第十一辑），学苑出版社 2016 年版，第 67—81 页。

② 覃肖华：《我国广西壮族与越南岱侬族中元节文化习俗比较》，《开封教育学院学报》2015 年第 12 期。

③ 霍然：《神圣与世俗的跨越——从马尼拉黑耶稣节看菲律宾民间天主教节日》，《世界宗教文化》2015 年第 2 期。

④ 毕雪飞：《论日本七夕传说的祭文形态》，《文化遗产》2015 年第 1 期。

⑤ 张婧：《从日本七夕的发展看传统文化的传承》，《安徽文学》（下半月）2015 年第 8 期。

⑥ 张艳军：《浅谈佛教影响下的日本“年中行事”——以盂兰盆节为例》，《赤峰学院学报》（汉文哲学社会科学版）2015 年第 1 期。

⑦ 陈媛、刘畅：《韩国江陵端午祭的文化内涵》，《文化遗产》2015 年第 3 期。

⑧ 石晶莹：《中韩元宵节俗对比》，《语文学刊》2015 年第 6 期。

和角度探讨了国外节日或中外节日比较。①

（五）媒体与节日传播

媒体特别是近几年兴起的新媒体对节日的影响越来越大，新媒体技术的应用和推广给传统节日传承带来诸多挑战，同时也为传统节日的当代重建提供了更多的思路和可能。关于媒体与节日的讨论，也逐渐成为学术界的热点，2015 年有关媒体与节日的论文颇多。

徐俊六分析了新媒体对民族节日的影响：一方面民族节日的时间性被打破，另一方面民族节日的神秘性消失、神圣性被消解。认为新媒体给民族节日文化的传承带来了巨大的挑战，同时也提供了诸多便利的条件，应充分发挥新媒体在民族节日传承中的积极作用，规范传播主体的行为，探寻新媒体民族节日的传播途径。② 谭沁以微博、微信为例，论述了“微时代”新媒体对中国传统节日的影响。认为微博、微信拓宽了传统节日的表达方式及节日娱乐空间，更新了传统节日的传播途径。③ 赵淑萍、王海龙关注了 2015 年春节呈现的新媒介行为，通过对春节期间的抢红包、手机自拍回家过年、多屏互动平台、海外话题设置等媒介行为的分析，探讨了媒介与节日的互动关系。④

刘子靖关注了媒体对西方节日的报道，指出媒体热衷报道西方“洋节”的现象并分析其原因，认为商家的宣传、大众媒体的造势、受众的消费与情感需求及西方节日本身的一些优势是西方节日报道日益增长的原因。⑤ 程嘉钧的硕士学位论文《〈新闻联播〉传统节日话语研究》选取 2012—2014 年《新闻联播》有关传统节日的报道，从宏观和微观两个层面对《新闻联播》关于传统节日的话语进行解读。宏观方面的分析包括《新闻联播》节日报道的宏观结构和互文性分析，认为《新闻联播》传统节日报道话语有着特定宏观命题，其话语意义受到政治话语、主流形象话语、民俗话语和资讯话语的影响。微观层面考察了《新闻联播》节日报道话语的文本结构、解说词和镜头语言。⑥ 李珊珊的硕士学位论文《少数民族传统节日的媒体呈现与文化认同研究——以〈西双版纳报〉对傣族泼水节的报道为例》根据 1960—2014 年期间 45 年的《西双版纳报》（汉文版）有关泼水节的报道，分析其呈现和建构出来的泼水节形象，并进一步讨论了傣族民众与媒体对泼水节的文化认同问题。⑦

---

① 刘健：《赫梯基拉姆节日活动的仪式特征及其功能》，《世界历史》2015 年第 5 期；蔡燕：《外国人中国传统节日认知与参与情况研究——以山东大学来华留学生为例》，《民俗研究》2015 年第 4 期；陈原艳、陶勇：《文化功能论视角下的西方传统节日研究》，《文史博览》（理论）2015 年第 1 期；黄慧彬：《基于吉祥物文化的中西传统节日对比——以春节和圣诞节为例》，《大舞台》2015 年第 5 期；刘佳：《跨文化视阈下中西方节日文化根源探析》，《文教资料》2015 年第 12 期。

② 徐俊六：《新媒体环境下民族节日的文化传承研究》，《昆明学院学报》2015 年第 1 期。

③ 谭沁：《“微时代”的中国传统节日文化传播》，《今传媒》2015 年第 12 期。

④ 赵淑萍、王海龙：《“用户时代”媒介行为的新变化——解读 2015 年春节期间的媒介现象》，《新闻与写作》2015 年第 3 期。

⑤ 刘子靖：《国际社会文化报道之西方节日报道》，《传播与版权》2015 年第 5 期。

⑥ 程嘉钧：《〈新闻联播〉传统节日话语研究》，硕士学位论文，陕西师范大学，2015 年。

⑦ 李珊珊：《少数民族传统节日的媒体呈现与文化认同研究——以〈西双版纳报〉对傣族泼水节的报道为例》，硕士学位论文，云南师范大学，2015 年。

宋颖对《中国年俗》民俗纪录片进行了深度剖析，认为《中国年俗》建构了对童年、故乡与春节的三重想象。通过对该部民俗纪录片的解析，作者提出了下述值得探讨的问题：民众的历史传统与现实生活所累积的民俗事象如何通过镜头和画面以及解说和配乐等综合手段被媒体加以表现和再现；在媒体再现的过程中，什么是拍摄者眼中和心中的民俗，什么是民众眼中和心中的民俗，在大众传媒受众导向指引下的春节习俗可能会如何表现以及应该如何表现。①

（六）节日史与岁时节日文献

中国节日历史源远流长，岁时节日文献浩如烟海，对节日的历史考察与岁时节日文献的整理和研究，是节日研究的基础工作。2015 年关于节日史与岁时节日文献的探讨，虽然不乏可圈可点的成果，但从整体上看，属于相对薄弱的一个方面。

在节日史方面，韩学山从人类学的视角，探讨了古代节日的祭门仪式，论述了古代节日祭门仪式的类型、祭门用具的巫术原理。他认为在古人的观念中，门不仅是实物建筑，而且也是一种象征符号，是保护人们生命的一道防线，门很早就成为了人们祭祀的对象。② 刘春香介绍了魏晋南北朝时期元日、正月十五、寒食节、三月三、端午等节日的饮食习俗，分析了节日食俗反映的大众文化心态。③ 孟宪实深入细致地考证了元宵节的渊源及在唐代发展的情况和特征。④ 贾鸿源、邓宁分析了唐代寒食节禁断鸡卵之风，论述唐朝政府如何从“行时令”和佛教劝诫两个维度，来禁止寒食节镂鸡子的奢侈风气。⑤ 袁志伟关注了宋代首都的宗教节日，对北宋开封和南宋临安主要的宗教节日做了介绍，并论述了宗教节日对宋代首都城市生活的作用和影响。⑥ 成永亮考察了晋西北抗日根据地政府对节日文化的建设情况，包括对传统节日的继承和改造，对新节日的植入和创设等。⑦ 秦秋菊也探讨了抗战时期的节日，认为战时陪都元旦节日活动具有明显的抗战色彩，是国民政府利用节日鼓舞民心士气，增强抗战信心的政治活动。⑧

此外，有几篇硕士学位论文以节日史为选题方向，如王文《近代山东节日习俗与社会变迁研究》⑨、崔备瑞《人日风俗传承研究》⑩、王晶晶《国家与社会视角下的

---

① 宋颖：《童年、故乡和春节：民俗纪录片〈中国年俗〉的“三重想象”》，《贵州大学学报》（艺术版）2015 年第 4 期。

② 韩学山：《古代节日祭门仪式的人类学意义》，《陕西理工学院学报》（社会科学版）2015 年第 1 期。

③ 刘春香：《魏晋南北朝时期节日礼仪饮食》，《农业考古》2015 年第 4 期。

④ 孟宪实：《论元宵节在唐代的发展》，《唐研究》第 21 卷，2015 年，第 399—416 页。

⑤ 贾鸿源、邓宁：《唐代寒食禁断鸡卵之风探源》，《寻根》2015 年第 4 期。

⑥ 袁志伟：《宋代首都的宗教节日》，《华夏文化》2015 年第 2 期。

⑦ 成永亮：《晋西北抗日根据地节日文化建设简论》，《山西档案》2015 年第 6 期。

⑧ 秦秋菊：《抗战节日与节日抗战——战时陪都的元旦活动》，《成都师范学院学报》2015 年第 6 期。

⑨ 王文：《近代山东节日习俗与社会变迁研究》，硕士学位论文，山东师范大学，2015 年。

⑩ 崔备瑞：《人日风俗传承研究》，硕士学位论文，云南大学，2015 年。

唐宋节日研究——以寒食节、诞节、中和节为例》[①]、周俐君《清明端午七夕中秋重阳腊八考》[②]。

在岁时节日文献的梳理和研究方面，田兆元指出节日神话概念的重要性，认为节日神话是神话的重要门类，是语言叙事、行为叙事和物像叙事的结合体。他分析了《荆楚岁时记》的节日神话内容，充分肯定了这部书在节日神话文献中的地位和价值。[③] 曾留香介绍了《朱峙三日记》对武昌节日习俗及民间信仰的记述，分析了朱峙三的节日观及其变化。日记通常反映个体的节日叙事，包含个体的节日实践和体验。从这个意义上，日记不失为一种重要的节日文献。[④] 潘明娟梳理了《全唐诗》关于唐代大明宫节日的记载，包括元日、人日、上元节、立春日、中和节、寒食与清明、端午、七夕、重阳十个节日的节俗。[⑤] 梅东伟考察了宋元小说话本中的节日资料，认为元宵节和清明节是宋元小说话本最关注的节日，这与两大节日的文化内涵相关，也与民众的节日心态相联系。[⑥] 康丽雅、徐永成对明代金陵《上元灯彩图》进行了解读，探讨了这幅风俗画所呈现的民俗风情。[⑦] 卜茹雯探讨了《清嘉录》《吴郡岁华纪丽》两部岁时文献对清代苏州岁时节日的记述，并分析了这两部著作的创作原因。[⑧] 李懿分析了宋代节日诗的创作特点，论述了节日民俗与文学创作之间的关系。[⑨]

（七）节日的文化内涵与地方性、民族性

我国疆域辽阔，民族众多，节日呈现丰富多样的地域、民族特征。2015 年部分成果探讨了特定区域或民族的节日文化内涵、特征、功能等。

刁统菊、赵容《山东中元节节俗述略》在对中元节进行历史考述的基础上，使用问卷调查方法，探讨了明清以来中元节在山东的传承情况及区域差异，认为山东中元节是“对亲人的感恩与缅怀，表达的是对祖先的孝心与归属感，有其严肃性和神圣性”。[⑩] 田级会对山西介休三月三源神庙会、寒食节、一百五、清明节等几个传统节日进行了田野调

---

① 王晶晶：《国家与社会视角下的唐宋节日研究——以寒食节、诞节、中和节为例》，硕士学位论文，河北师范大学，2015 年。

② 周俐君：《清明端午七夕中秋重阳腊八考》，硕士学位论文，曲阜师范大学，2015 年。

③ 田兆元：《节日神话：概念及其结构——以〈荆楚岁时记〉为中心的讨论》，《长江大学学报》（社科版）2015 年第 4 期。

④ 曾留香：《从〈朱峙三日记〉看清末民初武昌县的节日风俗及其转变》，《成都师范学院学报》2015 年第 12 期。

⑤ 潘明娟：《唐代大明宫的节日风俗——以〈全唐诗〉相关节日诗为例》，《唐都学刊》2015 年第 2 期。

⑥ 梅东伟：《宋元小说话本中的节日叙事——以元宵节、清明节为中心》，《黄河文明与可持续发展》2015 年第 11 辑。

⑦ 康丽雅、徐永成：《从〈上元灯彩图〉看明朝时期元宵节的民俗风情》，《兰台世界》2015 年第 30 期。

⑧ 卜茹雯：《清末苏州岁时记的创作原因》，《大众文艺》2015 年第 13 期。

⑨ 李懿：《宋代节日诗的游戏精神与谐趣书写》，《文艺评论》2015 年第 4 期。

⑩ 刁统菊、赵容：《山东中元节节俗述略》，《云南民族大学学报》（哲学社会科学版）2015 年第 3 期。

查，论述了介休传统节日与晋中地域文化传统之间的密切关系。[①] 汤漳平探讨了闽文化与楚文化的历史渊源，指出闽地中元节受楚文化影响颇大。[②] 张远满对浙江地区的春节、元宵节、清明节、端午节、七夕节、中秋节、重阳节七个传统节日的民俗事象进行了系统梳理，分析了浙江传统节日的地域特点，并指出口述史对保护传统节日的重要意义。[③]

另有一些学者，关注了少数民族节日的具体事象、文化内涵、特征、功能等方面。岗措详细梳理了不同藏区的重要民俗节日，包括各藏区的新年、卫藏地区的春播节与秋播节、各藏区的农历五月初五节、藏区的沐浴节、草原盛会。又介绍了全民参与的宗教节日，包括拉萨传昭大法会、佛的纪念日（佛诞辰、佛成道、佛涅槃）、噶丹昂曲纪念日、雪顿节。通过对上述藏族传统节日的梳理和探讨，指出藏族节日有三个方面的特点：一是相同的节日内容，在不同的藏区有着不同的时间安排，这主要是各藏区历法的不同造成的；二是宗教纪念活动日趋民俗化；三是带有浓郁的立体气候特点。[④] 金果·次平细致梳理了拉萨民族节日的特点、作用与功能、发展趋势及建议。[⑤] 黄润柏系统论述了壮族传统节日的特征，认为壮族传统节日植根于壮族稻作农耕文化和多神信仰的基础上，壮族传统节日蕴含自然和谐、敬祖尊老以及追求健康、富足和美满的文化内涵。[⑥] 胡月馨论述了壮族传统节日的类型、节日传说的主题类别、节日传说与其他民俗的关联及发展趋势。[⑦] 罗曲通过对凉山彝族节日口头传说的分析和对节日彝语名称的考证，指出彝族火把节最初的文化含义主要是祭天，作者认为“都者节”比“火把节”更能贴近这个节日的文化内涵。[⑧] 吴良平、龙开义、贺梦娇《节日互动与民族关系调控研究——以新疆石河子市六宫村回族古尔邦节族际交往网络为例》运用社会网络分析方法，以石河子六宫村回族古尔邦节为例，探讨了民族节日中的族际交往与节日文化共享问题。[⑨]

还有一些重要的论文难以为上述分类所涵盖，如刘铁梁强调了个人节日叙事与节日身体经验的重要性。在《身体民俗学视角下的个人叙事——以中国春节为例》一文中，他指出当前春节研究存在的一个不足是没有对当下老百姓在节日中的亲身经历给予更多的关注，还未能与广大民众丰富的春节生活实践及其现实感受发生紧密的联系。他从身体民俗学、个人叙事的视角切入，以春节为例，强调了节日个人叙事的价值。个人的节日叙事，

---

① 田级会：《节气民俗：时间观念中的黄土社会——以介休节气民俗考察为中心》，《民族艺术》2015 年 5 期。

② 汤漳平：《试探闽地中元节文化传承之渊源》，《闽江学院学报》2015 年第 1 期。

③ 张远满：《浙江地区传统岁时节日研究综述》，李松、张士闪主编《节日研究》（第十辑），学苑出版社 2015 年版，第 81—109 页。

④ 岗措：《藏族传统节日的地域性特点》，《中央民族大学学报》（哲学社会科学版）2015 年第 6 期。

⑤ 金果·次平：《略论拉萨民族节日文化的特点与功能及其发展趋势》，《西藏研究》2015 年第 2 期。

⑥ 黄润柏：《壮族传统节日的文化内涵》，《广西民族研究》2015 年第 6 期。

⑦ 胡月馨：《壮族传统节日传说研究》，硕士学位论文，广西民族大学，2015 年。

⑧ 罗曲：《凉山彝族文化中的“都者节”》，李松、张士闪主编《节日研究》（第十辑），学苑出版社 2015 年版，第 49—56 页。

⑨ 吴良平、龙开义、贺梦娇：《节日互动与民族关系调控研究——以新疆石河子市六宫村回族古尔邦节族际交往网络为例》，《西南边疆民族研究》第 16 辑，2015 年第 1 期。

包含了个体的节日身体记忆、身体经验和身体感受，对这些方面的关注，可增强节日研究中对个体的关怀。从身体的角度、个人叙事的角度探讨节日，有利于拓宽节日研究的视野和提升节日研究的理论。①

此外，一些学者对节日研究进行了总结和思考，如匡野、陆地《20 世纪 80 年代以来我国岁时节日文化研究述略》《我国岁时节日文化研究的现状和特征》、叶健的《羌族节日研究综述》等。②

三 总结与思考

总体上看，2015 年我国岁时节日研究保持了平稳发展，成果丰富，研究领域有所拓宽，在理论和方法上也有不少总结和探索。但同时也应该看到，有些方面的研究还比较薄弱，亟待提升。以下几点值得关注：

第一，科普性节日著作丰富，2015 年达十余部之多。这一方面反映了随着国家对传统节日文化的重视，社会大众对科普性节日书籍的需求增大；另一方面也反映学界重视传统节日的社会教育，对编撰科普性节日著作有较高的热情，这方面的成绩值得肯定。我国岁时节日文化的传承和保护，需要动员全社会的力量，一个前提是社会大众要有基础的传统节日知识储备，从这个角度看，科普性节日图书的编撰具有重要的意义。笔者认为，今后科普性节日图书的编撰应注意三个方面的问题：一是在选题上应仔细斟酌，充分了解已有的成果，尽量减少重复和雷同；二是讲求质量，用心做，力争多出经典作品；三是和大中小学的教学教育及青少年传统节日教育研究结合起来。当前国家教育改革强调学校加强学生的传统文化教育，传统节日教育是其中的重要方面，这已引起大中小学教师们的重视，民俗学者在编写符合大中小学学生阅读能力和阅读兴趣的科普读物方面需要进一步加强工作。

第二，少数民族节日研究成果丰硕。2015 年中国节日研究关于少数民族节日的探讨占了较大的比重。在笔者所搜集到的七部专项节日研究著作中，少数民族节日主题的专著有四部。相关论文数量也较多，且不乏有深度的研究。参与少数民族节日研究的学者，多来自民族学、民俗学、人类学、历史学等学科专业，探讨较多的主题有民族节日的渊源与流变、节日仪式、节日跨界传播与交流、节日与族群文化认同、节日与地方社会关系等，区域以云南、贵州、西藏、广西、新疆、甘肃六省居多。尽管少数民族节日研究取得了可喜的成绩，但这些成果多来自民族学学者，民俗学在这方面的贡献还比较有限。另外，在少数民族节日与汉族节日的比较研究方面还很薄弱，相关成果比较少。

第三，节日研究呈现多学科参与的景象。2015 年节日研究涉及的学科有民俗学、民族学、历史学、文学、传播学、新闻学、艺术学、社会学、人类学、地理学、民族音乐学、舞蹈学、体育人文社会学、历史人类学、对外汉语教育等十余门学科。这反映了节日研究已成为备受学术界关注的热门，也反映了节日本身的重要性、综合性和复杂性。多学

---

① 刘铁梁：《身体民俗学视角下的个人叙事——以中国春节为例》，《民俗研究》2015 年第 2 期。

② 匡野、陆地：《20 世纪 80 年代以来我国岁时节日文化研究述略》，《民间文化论坛》2015 年第 5 期；匡野、陆地：《我国岁时节日文化研究的现状和特征》，《文化月刊》2015 年第 9 期；叶健：《羌族节日研究综述》，《阿坝师范高等专科学校学报》2015 年第 3 期。

科参与，拓宽了节日研究的领域、视角和方法。但也要看到，多学科参与并不一定能自然促成多学科研究的自然融合。目前，参与节日研究的诸门学科之间还缺乏必要的合作与交流。如何在保持本学科特色的基础上，借鉴其他学科的理念和方法，提升本学科对节日的解释力度，已成为节日研究者不得不思考的问题。就节日研究的某些主题，展开跨学科对话，不失为一种有效的途径。

第四，在国外节日研究及中外节日比较研究方面，尽管不少学者做了积极的探索，也取得了一定的成绩，但整体看来，这方面的成果还不够丰富，有待加强研究力度，尤应注意对以下三个方面的探索：一是对国外节日研究理论和方法的总结和梳理；二是对国外节日文化遗产传承与保护工作经验的总结；三是中外节日文化事象和文化内涵的比较分析。

第五，2015 年节日研究在理论探讨上有不少亮点，学者们探索节日研究理论的本土意识增强。例如，萧放对中国节日文化内涵的深度理解及对中国节日传承与重建的理性思考；张勃对当前中国节日发展阶段特征的定位和把握，对现阶段中国节日类型的划分、对中国节日建设的前瞻性思考，以及对传统节日现代转换方式的发现和思考；刘铁梁对个人节日叙事、个人节日身体经验的前沿探索；“节日与狂欢”专题引发的提升中国本土节日理论建设的自觉意识等。

第六，岁时节日文献的整理与研究以及岁时节日口述档案的建设是相对薄弱的方面。节日研究建立在丰富的资料基础上，节日资料尽管有多种类型，如文献资料、口述资料、图像资料、视频音频资料、相关实物等，但最主要的是文献资料和口述资料。2015 年，我国节日研究在岁时节日文献的梳理和研究方面的成果比较少。另外，有关节日口述、图像、音像、实物等资料的采集、整理和建档，是节日研究的基础性工作，亟待加强。

2015年民间游戏研究综述

何雨阳*

2015年民间游戏方面的研究成果数量、质量有所提升。可以肯定的是，学界为民间游戏研究所付出的努力，已然收到了一定的成效。2015年度，民间体育游戏被学界关注颇多，民俗学、人类学、哲学、教育学、心理学等专业背景的学者对民间体育游戏议题的关注度不断提升，这在较大程度上拓宽了民间游戏研究的学术视野，也彰显出民间游戏研究与其他学科之间的互动与交流。2015年民间游戏研究领域的学术论文总数约50余篇，出版著作数本。本文将从以下几个方面来梳理2015年内民间游戏研究的主要成果。

一　民间游戏基础理论研究

游戏是什么？游戏的理论依据是什么？游戏有哪些内在的价值？游戏与体育、游戏与人性的关系如何？这些是困扰着每个游戏研究者的深邃理论难题，从康德、席勒的古典时代一直延宕至今，依然散发着迷人的学术魅力。幸运的是，经过一代代学者的探索研究，如今与游戏相关的理论谜题，不断得到阐述，人们在很多理论问题上，经过争论、博弈终于也形成了一些共识，这些共识业已对人们理解游戏的本质属性和本体价值形成有益指导。然而，理论问题越辩才能越明，对理论问题的探讨从来只有进行时，没有完成时。在2015年依然有不少学者，立足现实、回归经典，以不同的视角阐述民间游戏的相关基础理论和基本方法问题。

杜高山、周爱光的《席勒游戏美学初探》①（《体育学刊》2015年第6期）一文通过对比研究，较为深刻地阐发了康德、席勒两位古典哲学鸿儒的游戏哲学、游戏美学思想。杜文首先指出，康德与席勒的游戏美学思想有着诸多联系之处，比如都赞成“先验主义”的游戏美学思想，认为人有一种先天的、绝对的游戏冲动，这种游戏冲动演绎着人性中的先验的自由，随着“（游戏）美能使人性完整”之理念不断发散，“人如何才能成为人性完整的、真正的、自由的人”的命题迎刃而解：通过对人性的先验分析获得有关美的“纯粹性概念”，在推论美的“纯粹性概念过程中”，去诠释为什么审美能够促进人的感性与理性和谐，这就是席勒审美教育的最终目的——人性的完整和自由，“游戏冲动”就是这一过程中最重要的环节。其次，杜文强调了席勒游戏美学理论对康德游戏理论的扬弃与

* 作者系中央民族大学文学与新闻传播学院博士研究生。

① 杜高山、周爱光：《席勒游戏美学初探》，《体育学刊》2015年第6期。

超越。按照康德的理解，游戏自由隶属于自由道德律（绝对命令）范畴，是纯粹理性的东西，席勒起初是追随康德这种“形而上”理论的，但很快发现这种理论在现实生活领域的解释力十分有限，甚至显得苍白无力，于是，席勒在自己的游戏美学体系中引入经验主义观念。在《审美教育书简中》席勒谈到（游戏）经验美，即保留在审美主体记忆中、对审美对象以及与审美对象有关的外界事物的印象和感受的总和。比如，观赏某项体育赛事，有关这一赛事的所有经验、概念、事实印象都将印入记忆，并随着时间的沉积而变成有关这一赛事的审美经验，且这些审美经验构成游戏审美鉴赏能力提升的感性素材，而这些感性素材就是我们在观赏体育赛事时，当下审美体验多次反复的愉悦沉淀，因此，称之为经验美。依据杜文，很显然，席勒的游戏美学理论堪称兼容并包，理性主义、经验主义游戏美学的有机结合，游戏不仅是一种“自由”的美，而且会是一种“体验”的美，自由体验的游戏之美不仅仅是一种主体可以观赏的纯粹审美形式，还是一种主体可以参与其中，并在运动过程中感受到的审美体验。

周颖的硕士论文《儿童游戏精神的异化和皈依》①（湖北师范大学 2015 年硕士论文）突出了游戏内涵的“自由精神”，将古典游戏美学中的“自由之美”进行了具体化阐释。周文指出，自由是游戏精神的核心特质，这一特质体现在下述方面：其一，游戏者活动自由，在游戏的情境中，只存在游戏的玩伴，游戏者之间也是平等的，并无尊卑贵贱之分；其二，在游戏中，游戏者的心理是自由的。游戏能够发泄潜意识中的原始冲动和能量，缓解过度压抑带来的紧张疲劳感，适度的游戏能够给予游戏者内心最大的放松。同时，游戏的自由精神还衍生出了游戏的快乐精神，游戏通过独特的方式向人们传递了快乐的本质，因此，一个乐于游戏的人，其内心也必定是快乐的，而一个善于发现游戏快乐的人，更是将快乐提高到了一种精神的境界，这是一种对美的享受，是一种将自己与外界融合在一起的快感。审美的快乐是天国而非人间所有的。

冯鲸丹、李思娴的《民间游戏对幼儿社会性发展影响的研究》②（《现代教育论坛》2015 年第 1 期）一文总结了民间游戏对儿童社会性培养产生影响的理论依据。分别是群体社会发展理论、文化传承和游戏本体性理论、人本主义理论和社会文化发展理论，民间游戏作为传统文化中一颗散落的明珠，在幼儿社会性发展中发挥着重要的影响，对其理论基础和实践过程进行深入探究具有重大意义。

尹宁宁的《游戏视角：民间体育文化注疏》③（《体育科学》2015 年第 7 期）一文运用历史、比较研究方法，讨论了现代游戏理论和后现代游戏理论的差异，现代游戏理论认为游戏是一个整合性概念，包含了“play”“game”“sport”三重涵义，分别代表无规则游戏、规则化游戏和现代竞技，现代游戏服务于固定的人群、有相对固定的套路模式、蕴藉着特定的文化内涵。而后现代游戏理论之立意在于批判和反思，其大意在于游戏不再是传达艺术主题廉价的文化附庸，也不再扮演用以象征或者体现“感性冲动”与“理性冲动”（康德）从对立走向统一式游戏论的填充剂，游戏不再作为体育文化的一般抽象，而是往往被视为文化的实体概念而日渐回归其作为文化本体的价值本位。

① 周颖：《儿童游戏精神的异化和皈依》，硕士学位论文，湖北师范大学，2015 年。

② 冯鲸丹、李思娴：《民间游戏对幼儿社会性发展影响的研究》，《现代教育论坛》2015 年第 1 期。

③ 尹宁宁：《游戏视角：民间体育文化注疏》，《体育科学》2015 年第 7 期。

二 历史传承与变迁研究

如今，在神州大地的每一角落，我们几乎都能看到异彩纷呈、生动活泼的民间游戏，民间游戏点缀着我们的生活，愉悦着我们的身心，伴随着我们的成长与发展。然而，绝大多数的民间游戏都不出自今人的发明、创造，而是顺着历史的长河，流传至今。民间游戏凝结着祖先的非凡智慧，表达着先辈的生活情趣，给后人以身心上的愉悦、心智上的启迪。但颇为遗憾的是，传统游戏的传承现状并不乐观，很多游戏被人们淡忘、疏远，甚至有意识地抛弃。面对传统民间游戏行将失传的重大危机，不少学者通过介绍传统民间游戏辉煌的历史，揭示民间游戏的现代价值，来唤起人们对民间游戏及其保护工作的重视。

在2015年，关于民间游戏的传承、发展、保护的研究性文章较为丰富，根据写作视角的不同可细分为以下四类：

第一类研究性文章的主题是关于“现代生活方式对传统民间游戏的冲击”。这类文章较为客观地列举了传统民间游戏在工商业文明兴起之后的现代社会中传承、推广所面临的种种挑战，突出了传统民间游戏的“生存难问题”。代表性成果是徐浩的《略论现代生活对民间传统儿童游戏的冲击》①（《东方艺术》2015年第2季）。徐文从六个方面论证了现代生活与传统民间游戏之间可能发生的龃龉。第一点是城市化趋势下，农村人口锐减、城市规模扩大，城市生活方式上升为社会主流生活方式，从而挤压了传统民间游戏的生存空间；第二点是传统节令风俗体系的破坏；第三点是适应传统民间游戏发展的整体艺术、文化氛围淡化；第四点是现代教育体制过于外向和功利化，致使传统民间游戏难以进入校本教程；第五点是电子游戏、网络游戏对传统民间游戏的直接取代；第六点则是现代人“喜新厌旧”的狭隘观念导致传统民间游戏被有意识地冷落。此外，姜飞的《探讨民间游戏面临的时代危机及应对策略》②（《社会体育学》2015年第10期）一文对民间游戏的传承提出了与徐文的类似的担忧，文章指出，制约传统民间游戏传承的因素非常多，比如现代人的生活节奏快，这与提倡“休闲”“慢活”的传统民间游戏显然格格不入，而且，许多传统民间游戏没有开展的合适场所，很多游戏在现代人看来只是“一堆符码”而不是什么“切实可行”的事物。更为不利的是，现代人有自己酷爱的游戏方式，其丰富程度、有趣程度非传统民间游戏可匹。

第二类研究成果侧重于考察传统民间游戏的当代价值，旨在揭示传统民间游戏所蕴含的多种与现代生活需求相洽、互适的性状、属性。代表性研究成果有钟红燕的《满族传统体育项目珍珠球的历史演变与当代价值》③［《中央民族大学学报》（哲学社会科学报）2015年第1期］，钟文以“珍珠球”这一传统体育游戏项目的当代价值作为研究主题，论证“珍珠球”保护的必要性和紧迫性。钟文指出“珍珠球”不仅是有益身心的传统、大型集体竞技项目，而且是有中国特色的，能够反映满族传统文化的宝贵的游戏资源，根据钟文的描述不难看出“珍珠球”的参与面之广、场面之盛、游戏规则设计之巧并不亚于

① 徐浩：《略论现代生活对民间传统儿童游戏的冲击》，《东方艺术》2015年第2季。

② 姜飞：《探讨民间游戏面临的时代危机及应对策略》，《社会体育学》2015年第10期。

③ 钟红燕：《满族传统体育项目珍珠球的历史演变与当代价值》，《中央民族大学学报》（哲学社会科学报）2015年第1期。

一些风靡全球的西方体育运动，钟文引用一位国际奥委会的技术官员的话说："珍珠球这个项目可以向全世界推广。"此外，谢芬莲、李丽娥的《生活世界视野下审视民间游戏的兴衰》①（《教育与教学研究》2015 年第 7 期）一文以传统民间游戏教育意义为视角，讨论了游戏的当代价值。传统民间游戏天然赋有"社会化"的特征，其可以帮助游戏者"掌握社会技能、了解社会规则、演绎社会角色"，从而使游戏者摆脱天然的"动物性"，增加作为人所应有的"社会属性"。总而言之，传统民间游戏在当代依然有它不可替代的价值，它崇尚公平竞争、团队合作，倡导人际和谐、以和为贵，更兼能够强身健体，陶冶心性，比之那些充斥着赌博、暴力、色情元素的现代网络游戏，要更加高尚、纯粹，更加远离低级趣味，所以我们不能一味否定旧事物，认可新事物，而应该将旧事物中精华的部分继承、延续下来，而很多传统民间游戏恰恰就是旧事物中的菁华。

第三类文献是为保护传统民间游戏建言献策，寻求保护或者挽救传统民间游戏的方法、路径、策略。丁亚红的《挖掘教育资源传承燕赵文化：论河北民间游戏的传承与发展》②（《经济论坛》2015 年第 3 期）一文给出了四点保护建议：第一是政府制定民间游戏的保护的政策措施；第二是文化宣传部门及高校要加强民间游戏的研究及人才培养；第三，学校教育是民间游戏传承的主渠道；第四是民间游戏的传承与发展需要家庭、社区及社会等多方力量协同、努力。谢芬莲、李丽娥在《生活视界视野下审视民间游戏的兴衰》③ 一文中认为，传统民间游戏的保护须走三条路径，分别是政府保护、学校教育和家庭认可，其中家庭认可这一点较为新颖，她们看到了父母、子女的关系与传统民间游戏复兴有紧密关联，如果父母、子女关系和谐，父母重视子女身心的全面发展，通常会加入与子女共同游戏，或者允许子女加入别人组织的游戏，反之，如果父母都是极端望子成龙、极端功利的"狼爸""虎妈"，恐怕孩子会在很小的时候被拒绝于游戏之门外。这点认识，比较切合我国当前的实际情况，趋于紧张、严肃的家庭关系的确已经成为横亘在我国传统民间游戏传承之路上的"拦路虎"。此外，王强、伏学燕的《新疆叼羊运动发展现状及其保护与传承研究》④（《民族传统体育》2015 年第 5 卷）提到了"游戏"与"旅游产业"的结合，也不失为游戏保护的良策，游戏能够产业化将可借力市场，以产品、服务的欣赏供更多的人玩赏，不仅游戏的组织者可凭此赢利，游戏的参与者可以借此放松、休闲，如此，游戏就兼具了文化资源和经济资源的双重优势，在市场决定资源配置的经济体制下，游戏的影响力一定慢慢扩大，游戏的生命力一定愈发顽强。

第四类研究成果主要论述的是，传统民间游戏结构中融入现代元素的现象。古老与时尚元素的极致对碰，往往能摩擦出美妙的火花，继而又生成令人着迷的新鲜事物。李婧的《中国民间传统游戏的嬗变》⑤（《大众体育》2015 年第 121 期）一文描述了传统游戏中的现代元素。李婧认为传统游戏要想保留下来，就必须沾染一些现代的、时尚的气息，这种

---

① 谢芬莲、李丽娥：《生活世界视野下审视民间游戏的兴衰》，《教育与教学研究》2015 年第 7 期。

② 丁亚红：《挖掘教育资源传承燕赵文化：论河北民间游戏的传承与发展》，《经济论坛》2015 年第 3 期。

③ 谢芬莲、李丽娥：《生活视界视野下审视民间游戏的兴衰》，《教育与教学研究》2015 年第 7 期。

④ 王强、伏学燕：《新疆叼羊运动发展现状及其保护与传承研究》，《民族传统体育》2015 年第 5 卷。

⑤ 李婧：《中国民间传统游戏的嬗变》，《大众体育》2015 年第 121 期。

古今融合的趋势淋漓尽致地体现在游戏道具的翻新过程中，比如陀螺，古老的木质陀螺已经淡出人们的历史视线，当下流行的是音乐陀螺和光影陀螺，那些醉心于新式陀螺的玩家往往会有好奇心追根溯源地了解老式陀螺，这样反而有助于老式陀螺重新被人们追忆和关注。李文揭示了传统民间游戏传承必须学会“旧瓶装新酒”的道理，只有不断地装新酒，旧瓶才有可能保存下来，否则难逃被弃的命运，民间游戏的传承同样要遵循这样的逻辑。

三　传统民间游戏与教育

历来，民间游戏大量出现在幼儿园、中小学的各项课程中。随着素质教育的推广和深化，民间游戏以更加多样、更加新颖的形式出现在课堂上，今天的学校已然成为传承和挽救传统民间游戏的主要阵地。如果我们稍加分析不难看出，民间游戏与学校教育完全是一种相互促进的关系，教育是传播、推广民间游戏的有效方式，而民间游戏则是丰富教育形式、提升教育品质宝贵的“本土化资源”。正因如此，民间游戏与学校教育的和谐统一关系、民间游戏对于学校教育的价值和意义的相关问题，正在被越来越多的教育学者、学校教师乃至心理学专家所关注，人们力图通过建立民间游戏、学校教育之间的耦合关系，来实现二者间的相互推动、相辅相成。纵观 2015 年民间游戏研究成果，有不少文章论及民间游戏与教育的关系。

第一类研究成果主要是对民间游戏的教育价值、教育意义或者教育功能进行梳理，论证民间游戏进入中小学、幼儿园的校本课程的基本理据。代表性作品有李瑞琴的《传统民间游戏在园本课程开发中的价值与建构》①（《绍兴文理学院学报》2015 年第 12 期），刘志德的《体育游戏在中小学体育教学中的应用分析》②（《运动训练学》2015 年第 2 期）以及冯鲸丹、李思娴合著的《民间游戏对幼儿社会性发展的影响研究》③（《现代教育论丛》2015 年第 1 期）。李文重点强调了传统民间游戏的三点教育价值：一是有利于促进儿童身体的健康发展；二是有利于幼儿社会智力的形成；三是有利于激发幼儿热爱家乡的情感。冯、李合著论文以游戏对儿童社会性的培养为切入点，非常系统地剖析了民间游戏的对于推动人的社会化的意义和价值，观点鲜明、论证细致、有理有据，说服力很强。文中指出：民间游戏为幼儿提供了亲近、感知、认识社会的视角；让幼儿认识自我和他人，促进观点采择能力的发展；有利于促进幼儿的情绪社会化；有利于培养幼儿的集体荣誉感；有利于培养幼儿的民族认同感；有利于增进幼儿的民族文化交流与理解；有利于促进幼儿亲社会行为的发展；有利于提高幼儿的社会适应能力；有利于形成幼儿健康的个性；有利于培养幼儿良好的意志品质。刘志德结合自己的教学经验，专门论证了体育游戏的教育意义，刘文指出，体育游戏是有组织有纪律的集体活动，按一定的行为规范展开活动，有利于培养学生机智勇敢、热爱集体和团结友爱的风范，这样不仅全面提高学生身体素质，有利于健身防病及调解紧张的学习节奏与气氛，更有利于增强孩子们积极向上的心理品质，从而实现终身体育意识、习惯的塑造与形成。体育游戏有利于培养学生自觉遵守规则、遵

① 李瑞琴：《传统民间游戏在园本课程开发中的价值与建构》，《绍兴文理学院学报》2015 年第 12 期。

② 刘志德：《体育游戏在中小学体育教学中的应用分析》，《运动训练学》2015 年第 2 期。

③ 冯鲸丹、李思娴：《民间游戏对幼儿社会性发展的影响研究》，《现代教育论丛》2015 年第 1 期。

守纪律的良好习惯，有利于培养学生的集体主义精神、团结互助的优良品德，从而在轻松愉快的游戏气氛中培养与提高学生身体的基本活动能力。

第二类研究性文章是探讨学校教育中如何选用民间游戏的问题，这是一个极富操作性和实践性的问题。民间游戏如何选用，并无标准答案，而应该因材施教、因时制宜。涉及游戏选用问题的代表性文章有沈财利的《民间体育游戏在学前体育教育中的选用》①（《体育文化导刊》2015 年第 12 期），邢鹏燕的《民间游戏在幼儿园课程体系中的运用》②（《西藏教育》2015 年第 2 期）以及蒋瑶群的《让游戏浸润乡土气息——农村幼儿园民间游戏资源的开发与应用》③（《科技创新导报》2015 年第 1 期）。沈文强调游戏教育一定要因材施教，因人群而异，他主张将不同类型的民间游戏分别安排进幼儿园三个年级的课程，理由是在幼儿园这个特殊的学前阶段，幼儿的身心发展速度比较快，不同年龄在动作发展、运动技能、身体素质上都存在着差异，不同年龄（乃至相差一岁）所表现出来的水平都有不同，所以在游戏的选择中，应该根据儿童的生理机能活动变化规律和动作技能形成规律，充分考虑不同年龄儿童在动作发展、运动技能、身体素质及心理素质方面的特点，有针对性地进行选用。邢文特色在于提出游戏的选用须因时制宜。游戏的选用既要看对象、还要看时点，文中就有关于“依时点选游戏”的方法介绍：由于幼儿入园的时间不统一，幼儿入园的情绪也不同，因此，入园后的这一段时间应该以自由民间游戏为主；午餐前需要幼儿调整情绪，所以最好以静态游戏如纸牌等为主；根据学前儿童卫生学相关要求，幼儿在用餐后避免剧烈活动，教师应该合理安排幼儿开展活动，在幼儿用餐后可以安排幼儿散步，在长廊中欣赏传统艺术、重温民间童谣等。蒋文在内容上综合了沈文、邢文的观点，认为游戏的选用必须要分对象、分时点，其指出，游戏的教学始于对游戏本身的改编和分类，蒋文不吝笔墨提出了游戏分类的细致方案，这些方案对幼儿园、中小学分类游戏教育的指导价值不言而喻。

第三类研究成果是关于传统民间游戏与道德教育的内在逻辑关系。由于德育在学校教育体系中处于基石地位，因而游戏的德育价值也是游戏教育价值中最重要的一隅。2015 年，学术界依旧重视游戏教育的德育价值方面的研究，代表性成果有张格日勒吐的《传统游戏的教育价值审思》④（《赤峰学院学报》（自然科学版）2015 年第 11 期），邹乐陶的《中国传统益智游戏在学校教育中的应用研究》⑤（南京师范大学 2015 年硕士学位论文）以及王婷婷、周桂勋的《民间传统游戏的教育价值及实现》⑥（《幼儿教育研究》2015 年第 4 期）。张文透过苏联心理学家维果茨基的研究成果发现，游戏是驱动儿童社会化的几个有效途径之一，而社会化又是激发人的道德心理，树立人的道德信念的关键力量。文章讲道：“儿童道德信念、人生观和道德行为习惯的养成，一般从遵守游戏场上的两点最基

---

① 沈财利：《民间体育游戏在学前体育教育中的选用》，《体育文化导刊》2015 年第 12 期。

② 邢鹏燕：《民间游戏在幼儿园课程体系中的运用》，《西藏教育》2015 年第 2 期。

③ 蒋瑶群：《让游戏浸润乡土气息——农村幼儿园民间游戏资源的开发与应用》，《科技创新导报》2015 年第 1 期。

④ 张格日勒吐：《传统游戏的教育价值审思》，《赤峰学院学报》（自然科学版）2015 年第 11 期。

⑤ 邹乐陶：《中国传统益智游戏在学校教育中的应用研究》，硕士学位论文，南京师范大学，2015 年。

⑥ 王婷婷、周桂勋：《民间传统游戏的教育价值及实现》，《幼儿教育研究》2015 年第 4 期。

本规则做起：一是遵守次序，二是互相分享。传统游戏需要多人的参与、合作才能赢得游戏的胜利。”邹文建立在对学校游戏教育的观察和调研基础上，文章通过观察“解九连环”的游戏过程，揭示了该游戏的德育意义。邹文讲道，“解九连环”帮助学生体会到认真专注的重要性，学会摒弃干扰，投入到一件事中来，更加有耐心，淡定不焦躁，不畏失败、勇于尝试，让学生的心理素质得到锻炼。而参加解九连环比赛，除了培养临危不乱思维心性，学生还可以加强自己的品德修养，在竞争和比赛中，感受公平公正的比赛精神和谦逊有礼、友好待人的魅力。传统益智游戏在应用中，还有一个重要功能，就是对学生价值观的正确引导，教会学生应该以怎样的观念来待人接物。此外，王婷婷、周桂勋的论文之论点与前两篇文章基本类似，也指出开展民间传统游戏有助于幼儿良好品质和健全人格的培养。

四 民间传统体育游戏研究

现代游戏理论认为，游戏是无规则游戏（play）、有规则游戏（game）和现代竞技（sport）的三位一体。游戏与体育的关系十分紧密，甚至在大多数情况下，两者是合二为一、不分彼此的。民间体育游戏通常在不同的民间体育项目中得到演绎，是最切近日常生活也是最重要的民间游戏形式。相比文字游戏、美术游戏、音乐游戏，民间体育游戏规则简单、趣味性强，易于吸纳参与者，也更便于推广，所以只要政府和民众稍加重视，民间体育游戏的保护和传承事业就可能最先获得显著成果。在 2015 年，民间体育游戏的研究成果相当丰硕，更能反映出民间体育游戏有着广泛的关注度和良好的群众基础。总览众多的研究成果，可以分为以下几类进行介绍。

第一类成果是纯粹介绍地方传统体育游戏，这类文章类似于地方游戏志，对我们粗略了解某一地域的传统民间体育游戏，有一定助益。代表性成果是沈财利的《潮汕民间体育游戏整编》①（《韩山师范学院学报》2015 年第 6 期）、向富兴的《浅谈民族民间体育项目之陀螺运动》②（《民族传统体育》2015 年第 5 卷）以及常丹丹的《朝鲜族体育文化探析》③（《黑龙江民族论丛》2015 年第 4 期）。沈文认为，要重拾昔日风靡民间的体育游戏，必须要对那些濒临消失的经典的民间游戏进行整理，并详细记录游戏的玩法，使潮汕地区优秀传统文化之一的民间体育游戏得以保护和传承。沈文将潮汕地区体育游戏分为五大类二十小类，沈文对地方游戏进行细致、全面的编纂，为地方民间游戏的保护事业贡献了一份力量。如果说沈文是一种横向列举式的游戏编纂，向文则是对一种单项体育游戏的纵深解读。向文的研究对象是不同民族的“陀螺运动”，通过向文可知，陀螺又称为白跌（傣族）、布冷（佤族）、抽抽（彝族）、卡扒（拉祜族）、伯勒咱（傈僳族）等。陀螺游戏历史悠久可以追溯到四五千年前。瑶族所用陀螺有桩陀、木陀和石陀之分，彝族所用陀螺为木质坚硬细腻的平顶式陀螺，哈尼族所用为类似萝卜形态的奇特陀螺，陀螺头扁平，由一般常见杂木为原料，佤族所用陀螺形状似鸡棕，由特殊硬质木头制成，多呈圆形，高约 8cm，直径约 6—8cm，上粗下细，旋转时能发出嗡嗡声。拉祜族所用的陀螺是“平头

---

① 沈财利：《潮汕民间体育游戏整编》，《韩山师范学院学报》2015 年第 6 期。

② 向富兴：《浅谈民族民间体育项目之陀螺运动》，《民族传统体育》2015 年第 5 卷。

③ 常丹丹：《朝鲜族体育文化探析》，《黑龙江民族论丛》2015 年第 4 期。

陀”，一人放众人打。向文还指出陀螺运动需要走向竞技化，并且借助互联网这一基础设施向更多的地域推广。常文选择的研究样本是“朝鲜族的体育游戏”。常文将朝鲜族的体育游戏分为运动类、技巧类、智能类，大约十小类，文章不无担忧地指出了一些游戏类型在传承中的困难与危机，并呼吁政府、非政府组织和教育机构合力抢救正在被人们淡忘或遗弃的朝鲜族民间体育游戏。

第二类研究成果涉及民间体育游戏的文化、审美价值和实用价值。代表性研究成果有姚路嘉、袁宏的《从源流与发展看民间体育游戏的价值定位》,[①]（《山东体育学院学报》2015 年第 2 期），单凤霞的《人类学视域下“纸飞机”竞技化的价值诉求》[②]（《中州体育》2015 年第 5 期），王海英的《风筝运动承载的体育文化研究》[③]（《宝鸡文理学院学报》（社会科学版）2015 年第 6 期）。姚、袁合著论文深度挖掘了民间体育游戏的文化内涵，指出这类游戏不仅弘扬乡土文化、民族特色文化和以人为本的价值理念，而且发挥着健身、健心、益智、教育、刺激相关产业发展、增进国际文化交流等诸多现实的作用。王文对风筝这种运动的文化内涵和价值遵循展开了彻头彻尾的解读，首先，风筝运动是一种闲适文化的载体或符码，古往今来无数的文人骚客，借风筝一物抒发对闲适、自在生活的留恋或向往，风筝给人一种与世无争、随遇而安的心理启示。此外，风筝的审美价值，风筝运动的观赏价值不容忽视，“风筝作为我国民间传统工艺作品，将自然美和艺术美相融合，有独特的审美价值，”风筝图案几乎穷尽了世间一切美好的事物，“花鸟虫鱼”，但凡于风筝上展露，翱翔于天际，便能栩栩如生。放风筝的过程亦具有相当的观赏性，当无数的风筝驭风而上，驰骋于青空、徜徉于云端时，每个观赏者的心灵都不禁为之震撼。单文对纸飞机竞技化之于单个社会成员价值和社会整体价值，做了详尽的梳理。之于个人，它（纸飞机竞技）有娱乐健身的价值、脑力开发的价值、挑战和实现自我的价值，之于社会，它有文化保护与传承的价值、教育教化人类价值，为航天事业培养后备人才的价值。所以说，民间体育游戏无论是凭借其本体价值，还是对社会的工具性价值，都是值得社会每个个体珍视和保护的。

第三类研究成果关于是民间体育游戏的发展现状和保护问题。相关研究成果包括汤晓茵著的《大学生对民间传统体育游戏进高校体育课堂的态度调查》[④]（《学校体育学》2015 年第 5 卷），赵明、孙德朝的《羌族传统体育转换性发展研究》[⑤]（《吉林体育学院学报》2015 年第 6 期），张良祥等著的《达斡尔族体育非物质文化遗产保护理论发展研究》[⑥]（《辽宁体育科技》2015 年第 6 期）以及陈炜、王德彬的《南岭走廊少数民族传统

---

① 姚路嘉、袁宏：《从源流与发展看民间体育游戏的价值定位》，《山东体育学院学报》2015 年第 2 期。

② 单凤霞：《人类学视域下“纸飞机”竞技化的价值诉求》，《中州体育》2015 年第 5 期。

③ 王海英：《风筝运动承载的体育文化研究》，《宝鸡文理学院学报》（社会科学版）2015 年第 6 期。

④ 汤晓茵：《大学生对民间传统体育游戏进高校体育课堂的态度调查》，《学校体育学》2015 年第 5 卷。

⑤ 赵明、孙德朝：《羌族传统体育转换性发展研究》，《吉林体育学院学报》2015 年第 6 期。

⑥ 张良祥等著：《达斡尔族体育非物质文化遗产保护理论发展研究》，《辽宁体育科技》2015 年第 6 期。

体育文化资源调查研究》①（《桂林师范高等专科学校学报》2015 年第 1 期）。汤文是一篇实证性极强的调查研究报告，严格借助社会学调查研究方法呈现了民间体育游戏的生存、发展现状。得益于走访 + 问卷的研究方法，汤文反映出“大学生对民间传统游戏进入高校课堂的真实态度”，“男女生在条件允许的情况下希望参与的民间传统体育游戏项目的统计结果”和“男女生对民间传统体育游戏进课堂形式的偏好”。藉由对众多一手资料的分析、综合，汤文得出结论，大部分学生赞成民间传统体育游戏进入大学课堂，放风筝、中国象棋、舞龙舞狮、转呼啦圈、踢毽子是最受大学生欢迎的民间体育游戏，大多数学生认为体育游戏以随堂形式进入体育课更好。据此进一步得出结论，一些对场地、道具要求不高的民间游戏，只要学校和老师稍加重视，有意引导，一定有良好的发展前景。当然不是所有的传统体育游戏都能够轻易得到保护，赵明、孙德朝的作品就指出，羌族传统体育游戏就岌岌可危，其发展现状不容乐观：羌族人参与传统体育的水平低，政府对羌族传统体育项目的保护力度不够、羌族体育游戏相关学术研究较少。除了这三点一目了然的原因，赵文还提到一些导致羌族体育游戏生命力式微的更为隐秘的、潜在的原因。这里面既有外因又有内因，内因是人们对传统游戏的观念存在偏差，在生产力高度发展，工商业文明高度繁荣的现代化背景下，人们对传统体育游戏认知依然停留在古老的“工具层面”，不把它列为与现代生活相配的一种文化形态。而外因则出在现代体育产业和政府身上，新的体育产业迎合了人们喜新厌旧的心理，改变了人们的游戏审美偏好，而政府对传统民间体育游戏的工作“浮于表面、流于形式”，在履行保护职责的时候，失位、越位、缺位现象不穷，从根本上违背了保护地方非遗、民族特色文化的“元政策”要求。张良祥的论文指出达斡尔族的体育非物质文化遗产保护面临的几大难题，“后继乏人”“资金不足”“场地消失”，提出了民间体育游戏非遗保护的“三个结合”法，分别是“与民族旅游的互动发展”“与学校体育的互动发展”“与全民健身的互动发展”。一言以蔽，就是将体育游戏与人们的学习生活、家庭生活和经济生活结合起来。陈炜、王德彬的论文除了与上述作品有诸多共同之处外，还提出运用电子产业的相关技术手段，再结合多渠道融资、完善基础设施系统地、有效地保护民间体育游戏。陈文看到了现代高科技手段既可能冲击民间体育游戏，又可能成为壮大民间体育游戏的因素和力量，这是其观点上的新颖之处。

五 互联网 + 民间游戏研究

2015 年互联网 + 成为社会主流观念。所谓互联网 + 就是以互联网为基础设施，借助其强大的技术功能和网络效应，组织、协调、建设全社会的各项事业。民间游戏的保护作为一项重大的社会事业，应该借助互联网的大数据和信息服务平台，将传统民间游戏呈现在这一平台上，充分发挥互联网的放大效应，让更多民众领略到传统民间游戏的无限魅力。

民间游戏最能与互联网 + 结合的就是棋牌游戏。棋牌游戏有传统棋牌和新兴棋牌项目之分，内涵丰富，种类多样，且随着网络技术和游戏娱乐的融入、渗透，棋牌的含义和范

① 陈炜、王德彬：《南岭走廊少数民族传统体育文化资源调查研究》，《桂林师范高等专科学校学报》2015 年第 1 期。

围也随之延伸。朱亚成、鞠昀彤在《中国棋牌产业发展的现状分析及对策研究》[①]（《武汉生物工程学院学报》2015 年 3 月）一文中指出，目前中国拥有世界上人数最多的棋牌玩家和顾客，发展中国棋牌产业有着巨大的经济效益和长久的现实意义。目前，我国棋牌游戏，如中国象棋、围棋、扑克、麻将，等等，在现实生活中多以人与人之间的面对面比赛为主。棋牌项目仍以竞技为主要目的，往往关注的是金牌归属和比赛的胜负，而棋牌群众体育事业并没有得到相应的发展。随着中国网络用户的激增和居民上网时间的增加，再借着互联网 + 的东风，应大力促进棋牌产业大众化和社会化的发展。将棋牌运动根植于中国传统文化之中，运用互联网技术、移动手机等新兴网络技术，开创在线棋牌游戏，发扬“联众”模式。

在《中国体育报》刊登的两篇文章：《构建棋牌公共服务政策体系　启动“互联网 +”行动计划》[②]（2015 年 3 月 19 日）、《推动棋牌运动普及　引领棋牌产业发展》[③]（2015 年 9 月 11 日），都是该报记者专访国家体育总局棋牌运动管理中心的相关负责人。报道指出，总局棋牌中心研究推出了整套的构建棋牌公共政府服务体系，为全民服务。互联网为棋牌比赛形式提供了广阔的平台，总局棋牌中心与中国移动已经合作三年了，创造了“网络智运会”的品牌。马上还会开发棋牌游戏的网络转播等功能。刊登于《中国文化报》上的《腾讯欲打造“全民棋牌生活圈”》[④]（2015 年 12 月 25 日）一文，报道了由国家体育总局棋牌运动管理中心和腾讯棋牌联合主办的中国棋牌发展论坛在海南三亚举行。论坛上，与会人士认为，棋牌项目能够实现从精英人群向全民以及更多年龄段人群的覆盖，互联网发挥了很大的作用，互联网为传统棋牌项目带来了新的机遇和业务模式，二者的结合发展不仅有利于传统棋牌项目的传承和创新发展，也有利于互联网业务的拓展。腾讯游戏副总裁高莉说，“人们的传统印象中，棋牌游戏似乎是大爷大妈们的专利，实则不然，棋牌游戏拥有非常特别的三个属性：社交性、娱乐性和休闲性，这造就了它用户的多元化和大众化。尤其是随着‘互联网 +’时代的到来，20 岁至 40 岁的玩家已经占据棋牌游戏用户总量的 70%，是真正的棋牌游戏主力军”。这正道出了传统棋牌游戏在互联网时代背景下的新机遇，相关部门应推动文化、体育产业大融合的“泛棋牌化”发展，逐渐形成以棋牌内容为核心的棋牌运动生态圈。

另外，近年来，政府扶持互联网游戏产业发展的政策也相继出台，我国互联网游戏产业呈现出蓬勃发展的态势。然而，在目前的行业环境里，部分企业急于推广产品上线，模仿跟风缺少创新，导致国内互联网游戏产品的同质化现象严重。2014 年 9 月，依托福州互联网游戏产业形成的区域性优势，福州开发区成立了互联网游戏产业园，这一产业园以互联网、移动互联网游戏研发中心，各类互联网游戏产品运营平台及配套服务机构为主。基于这一产业园区的建立，《福州质量管理》杂志的特别策划栏目刊登出一系列关于福州互联网游戏产业的专题报道。报道显示，该园区内有标杆性的上市企业“网龙”，也有不

---

① 朱亚成、鞠昀彤：《中国棋牌产业发展的现状分析及对策研究》，《武汉生物工程学院学报》2015 年 3 月。

② 《中国体育报》，《构建棋牌公共服务政策体系　启动“互联网 +”行动计划》2015 年 3 月 19 日。

③ 《中国体育报》，《推动棋牌运动普及　引领棋牌产业发展》2015 年 9 月 11 日。

④ 《中国体育报》，《腾讯欲打造“全民棋牌生活圈”》2015 年 12 月 25 日。

少小规模运作的工作室，累计互联网游戏企业近2000家，已初步形成一条游戏产业的生态链。不少80后、90后的游戏玩家兼创业者表示，他们将充分利用园区内资源，与一家或多家企业发展联运模式，整合公司资源，形成优势互补、抱团发展的集群效应。

结语

总体上讲，2015年度有关民间游戏的研究议题一直保持着一定的热度，相关研究数量较多，整体质量有小幅提升。研究成果中不仅有丰富翔实的民间游戏案例研究，还有深层次的价值、功能分析，为进一步的研究奠定了一定基础。值得一提的是，2015年“互联网+”成为年度热词，互联网作为支持社会各项事业建设的基础设施，正在成为传承和推广传统民间游戏的“利器”，以“互联网+民间游戏”为主题的研究成果不断涌现。但纵观上述各大类成果，其中相当一部分仍旧是在简单而重复地堆积资料，真正以民俗学、人类学为学科视角，运用理论的和实践的方法对民间游戏进行深入研究的学术成果还比较少。我们应该意识到，民间游戏研究不仅仅是具体民间游戏的搜集和整理，更重要的是探求民间游戏的文化根源，挖掘民间游戏的象征意义，使其具有旺盛持久的生命力。我们期待与呼唤学界对民间游戏予以应有的关注，渴求更有分量的研究出现。

2015年旅游民俗研究综述

程 鹏*

旅游与民俗联系密切，无论是旅游的最早发展形态，还是当今蓬勃发展的大众旅游业，都贯串着民俗的身影。这些存在于旅游活动中的民俗事象是民俗学研究旅游的主要关注对象，它不仅包括旅游目的地作为旅游资源的民俗事象，还包括在旅游活动中游客所遵循和产生的民俗。当前，对旅游民俗的研究，已经渗透到旅游学、社会学、人类学、民俗学等多个学科。各个学科立足于自身的学科本位，从不同的视角展开相关研究，极大地拓展了这一综合性的学术领域。2015年有关旅游民俗的研究数量并不多，主要研究视角涉及以下几个方面：

一 民俗旅游资源的开发

民俗旅游是极具代表性的文化旅游形式，正成为21世纪增长最快和最具潜力的旅游项目之一。各地利用自身的民俗文化资源，大力发展民俗旅游。这股热潮吸引了大批学者进入到这一研究领域，围绕民俗旅游资源的开发、规划、评价等问题展开了相关研究。有的聚焦于某一民俗事象，从微观视角展开研究。如游红霞的《民歌的“旅游化”及其开发路径——以恩施民歌“六口茶”为例》就以恩施民歌“六口茶”为例，指出其在大众旅游的时代背景下，完成了乡野民歌到地方旅游名片的完美过渡，是民俗主义与旅游相结合的典范，对民歌旅游等民俗旅游的开发有借鉴意义，并提出“民俗主义”视角下的“旅游化”是民俗文化在时代语境下“应用”的有效动力机制。① 而吴莹、刘炳献的《潮汕游神赛会民俗文化旅游开发的思考》则对潮汕游神赛会民俗文化旅游开发的基础和存在问题进行了分析，指出潮汕游神赛会民俗文化旅游开发的产品类型选择应以民俗节庆开发为主，以博物馆中民俗专区、民俗文化园内表演项目、非遗传习机构和教育基地文化传承及旅游纪念品开发为辅。并且要在科学发展观指引下加强对潮汕游神赛会民俗的保护，重视潮汕游神赛会民俗旅游产品“文化符号”的意义，同时做好潮汕游神赛会民俗文化旅游产品开发的配套和营销。② 还有林立文的《农业民俗旅游资源开发研究——以费县薛

---

* 作者系上海社会科学院文学研究所助理研究员。

① 游红霞：《民歌的“旅游化”及其开发路径——以恩施民歌“六口茶”为例》，《湖北民族学院学报》（哲学社会科学版）2015年第3期。

② 吴莹、刘炳献：《潮汕游神赛会民俗文化旅游开发的思考》，《南方职业教育学刊》2015年第5期。

庄为例》聚焦农业民俗资源，以农业大镇费县薛庄镇为例，对其目前的经济发展水平、客源市场、资源特色以及当地农业民俗资源开发的环境可承受度进行了分析，认为薛庄镇农业民俗旅游资源开发应以原生村落民俗旅游为核心，同时加强与本区红色旅游开发的联动机制探索，以达到最佳的资源开发效果。[①]

近年来，随着民俗旅游的发展，各地相继涌现区域性的行业协会、社会团体，极大地促进了民俗旅游业的发展。如在2015年11月24日，北京民俗旅游协会就在北京成立。而聚焦于某一特定区域，对其民俗旅游开发的问题及对策进行研究，也是研究的一大热点。如何文的《红河州民俗文化旅游刍议》就指出红河州的民俗文化旅游在快速发展中也存在许多问题：一是民俗旅游项目过于舞台化和随意性，扭曲了民俗事项的历史文化内涵；二是开发格调低俗或把民俗庸俗化，对资源发掘的深度较浅；三是民族特色不够突出，资源整合的力度不够，并提出应本着突出特色、利益协调、开发与保护相结合等原则来进行开发，以实现民俗旅游资源值的最大化。[②] 董萍的《淮安民俗文化旅游资源的开发研究》分析了淮安市民俗旅游资源的现状以及开发中存在的问题，认为可以通过四种策略不断加快淮安民俗旅游资源又快又好地发展：招商引资，加强基础设施建设；挖掘本土民俗文化的内涵，加大宣传的力度；大力引进和培育高层次创新创业人才；各种旅游资源紧密结合，走可持续发展道路的对策。[③] 李琼的《许昌民俗旅游开发模式浅探》一文指出许昌民俗旅游的形成主要依赖经济、政治、地缘和精神四种因素，并将许昌民俗旅游资源分为具有吸引力和不具吸引力两大类，进而提出适合许昌民俗旅游的开发模式主要有主题附会模式、历史街区模式、静动态相结合模式、主题公园模式、节庆模式、陈列博物馆模式等。[④] 刘馨蔓的硕士学位论文《虎形山花瑶民俗生态旅游开发研究》，立足于虎形山花瑶民俗生态旅游发展现状，通过构造民俗生态旅游开发评价指标体系，对虎形山花瑶民俗生态旅游开发进行了定量评价，并通过构建虎形山花瑶民俗生态旅游开发模型，为虎形山花瑶民俗生态旅游开发模式提供了理论依据，指出虎形山花瑶可以选择民俗文化生态村开发模式、节庆活动及旅游节事活动模式和原生态自然模式。[⑤]

除了立足某一地区的民俗文化资源，做问题对策型的研究外，有些学者则从国际化的视野思考民俗旅游语境下民俗文化的传播和发展等问题。如蒙岚的《广西民俗文化旅游资源的国际传播研究》指出广西目前在对国际推广和传播民俗文化的工作中存在民俗文化的传承危机、民俗风情庸俗化、民俗风景区过渡商业化、传统民族价值观衰落、中西文化审美差异等问题，导致旅游资源供给与需求之间存在矛盾。文章在分析这些问题产生原因的基础上，提出解决问题的策略：寻求中西文化的契合点、打造广西民俗旅游文化名片、保护传统民俗文化资源，实现民俗文化的可持续发展、做好入境旅游的营销推广等方

---

① 林立文：《农业民俗旅游资源开发研究——以费县薛庄为例》，《铜陵职业技术学院学报》2015年第3期。

② 何文：《红河州民俗文化旅游刍议》，《淮北职业技术学院学报》2015年第6期。

③ 董萍：《淮安民俗文化旅游资源的开发研究》，《太原城市职业技术学院学报》2015年第12期。

④ 李琼：《许昌民俗旅游开发模式浅探》，《许昌学院学报》2015年第3期。

⑤ 刘馨蔓：《虎形山花瑶民俗生态旅游开发研究》，硕士学位论文，吉首大学，2015年。

面的工作。[①] 刘艳的《国际视角下辽宁满族民俗旅游研究》一文指出辽宁满族民俗旅游存在文化内涵挖掘不深、满族精神彰显不足、旅游内容展现不够和旅游体验品质一般等问题。认为在国际视角下发展辽宁满族民俗旅游，需要从挖掘文化内涵，塑造民俗品牌；彰显民族精神凸显旅游核心；丰富旅游产品，吸引游客参与；创新旅游体验，形成独特纪念等多个途径入手，从而使辽宁民俗旅游形成独特魅力，并走向国际舞台。[②] 此外还有涉及到区域合作等问题的，如钟俊昆的《论赣台客家民俗旅游合作发展》一文，指出在国家旅游政策的支持下，赣台客家民俗旅游迎来发展的最好机遇期，互相借鉴与合作发展势在必行，并提出建立赣台旅游机构合作联盟，整合客家民俗旅游资源，打造参与体验式客家民俗旅游产品，策划完美的“台闽赣”客家旅游线路，加强客家民俗旅游纪念品的文化创意设计，加大赣台客家民俗旅游的立体式宣传与营销力度，必将促进赣台客家民俗旅游合作的快速发展。[③]

另外，有些研究则聚焦于民俗旅游开发中的某一具体方面，进行深入细致的研究。如李芳、时少华、汤利华的《京西古村落民俗旅游品牌共建研究》一文就以京西知名古村落、京西名山和京西名寺为对象，在分析京西古村落民俗旅游的资源优势和品牌共建的可行性基础上，提出京西古村落民俗旅游品牌共建理念，并从寻求政府支持、筹措发展基金、保护民俗资源、展示民俗文化、开发民俗产品、完善交通设施、建构营销体系等方面入手，探讨了京西古村落民俗旅游品牌共建战略。[④] 而杨超、张巧梅的《民族地区民俗旅游发展中的灾害管理——以青海玉树地区为例》则关注民俗旅游发展中的灾害管理，认为灾害已成为制约民族地区民俗旅游可持续发展的重要因素，并指出玉树地区民俗旅游发展中的灾害管理存在灾害意识薄弱、主体意识不足、参与机制不全、信息化建设较落后、缺乏管理人才和民族文化差异等问题与不足。对此，应提高政府灾害管理意识、培育灾害危机文化、鼓励多元主体参与、构建以旅游社区为本的管理体制、加强信息化建设、建立与完善灾害保险制度、健全民俗旅游资源保护机制等。[⑤]

值得注意的是，许多研究都体现出跨学科多元化的研究视角，如邓亚平的硕士学位论文《苏州杨湾古村民俗文化旅游开发规划研究》，就以旅游学的视角评估杨湾古村的民俗文化，完成民俗文化—民俗文化资源—民俗文化旅游资源的逐级筛选，并通过指向型评估法将其划分为生活体验型、价值考察型、休闲观光型、娱乐参与型和自在型五类民俗文化旅游资源。[⑥] 周灵的硕士学位论文《基于国标的民俗旅游资源分类与评价体系重构》，通过对现行国标中有关民俗旅游资源的分类及其评价的分析研讨，针对民俗旅游资源的特点，初步构建了民俗旅游资源的分类体系和评价体系，参照相关民俗旅游的文献资料及相

---

① 蒙岚：《广西民俗文化旅游资源的国际传播研究》，《西南民族大学学报》（人文社会科学版）2015 年第 9 期。

② 刘艳：《国际视角下辽宁满族民俗旅游研究》，《满族研究》2015 年第 3 期。

③ 钟俊昆：《论赣台客家民俗旅游合作发展》，《赣南师范学院学报》2015 年第 5 期。

④ 李芳、时少华、汤利华：《京西古村落民俗旅游品牌共建研究》，《武汉商学院学报》2015 年第 5 期。

⑤ 杨超、张巧梅：《民族地区民俗旅游发展中的灾害管理——以青海玉树地区为例》，《衡水学院学报》2015 年第 1 期。

⑥ 邓亚平：《苏州杨湾古村民俗文化旅游开发规划研究》，硕士学位论文，苏州科技学院，2015 年。

关文化遗产的评定标准，确定有关评价指标，并通过利用 AHP 计算指标权重，从而建立了一套系统的民俗旅游资源评价体系。① 时少华的《基于人工神经网络的京西古村落民俗旅游资源评价》，更是在评价指标体系基础上运用 Clementine 12.0 中人工神经网络的快速、动态和 RBFN 3 种评价模型进行仿真训练；在动态方法模型基础上结合模糊综合评价方法对北京门头沟区 8 个传统村落民俗旅游资源情况进行了评价。②

二 民俗旅游的影响

民俗旅游的蓬勃发展具有深远的社会影响，这些影响既有积极的，也有消极的，涉及到经济、政治、文化等多方面，而且关涉到旅游目的地政府、当地居民、旅游企业、游客等各方群体。林德山的《民俗旅游开发检讨》一文中就列举了民俗旅游的积极意义，如促进经济发展，提高居民生活水平；增加地域自豪感，促进了文化自觉。同时指出民俗旅游开发对旅游目的地的民俗文化也具有许多消极作用，主要体现在臆造、破坏、同化三种形式中。并提出要重新认识民俗文化的经济价值和文化价值，在民俗旅游业进行得如火如荼的时代，必须高度关注民俗文化的保护，做到开发与保护并重。③ 民俗旅游所引起的文化变迁、涵化等问题也得到了许多研究者的关注，如白敷登巴托的硕士学位论文《民俗旅游中文化表达形式实践研究——以蒙古风情园为例》就对蒙古风情园蒙古族文化表达过程中的文化真实性以及近些年在少数民族地区旅游文化开发中普遍存在的文化“舞台化”、文化“涵化”等现象和问题进行了解析和探讨。④ 张婧的硕士学位论文《民俗文化视角下贵州西江千户苗寨旅游资源开发》也指出在旅游的发展和建设中，西江千户苗寨地区也出现了扭曲民俗原貌方式追求旅游发展、当地苗族群众风俗淡化没化、景观和民俗同质化加强，周边环境过度开发，防火防洪等配套设施建设不足等问题。⑤ 而付超的《略论旅游开发中的“伪文化”现象》，则提出近年来一些地区在对旅游资源进行开发的过程中出现了一系列扭曲文化的现象，即旅游“伪文化”现象，对旅游业、社会环境和传统文化造成了消极影响。为此，必须要坚持开发与保护并重的原则，深度挖掘文化内涵，坚持真实性和商品化并重、传统化和现代化相互融合，以实现旅游与文化的科学有效的融合。⑥

在民俗旅游语境下，民俗文化在变迁的同时也在不断地发生重构，一些学者的研究也涉及到这一问题，如冯海英的《利益相关者理论视角下民俗旅游与土族文化重构——以青海互助土族自治县庄村为例》一文运用利益相关者的理论视角来分析民俗旅游发展过

---

① 周灵：《基于国标的民俗旅游资源分类与评价体系重构》，硕士学位论文，福建师范大学，2015 年。

② 时少华：《基于人工神经网络的京西古村落民俗旅游资源评价》，《湖北农业科学》2015 年第 12 期。

③ 林德山：《民俗旅游开发检讨》，《人文天下》2015 年 6 月刊。

④ 白敷登巴托：《民俗旅游中文化表达形式实践研究——以蒙古风情园为例》，硕士学位论文，内蒙古师范大学，2015 年。

⑤ 张婧：《民俗文化视角下贵州西江千户苗寨旅游资源开发》，硕士学位论文，华中师范大学，2015 年。

⑥ 付超：《略论旅游开发中的“伪文化”现象》，《滇西科技师范学院学报》2015 年第 3 期。

程中土族文化重构问题。作者从微观层面考察各利益相关者的活动并分析他们的角色与作用。基于对庄村民俗旅游发展的研究发现：在自发阶段和市场化阶段利益相关者的角色和作用变化很大，并建构出民俗旅游发展过程中文化重构的关系模型。[①] 李洁的硕士学位论文《旅游语境中文化遗产的再生产研究——以湘西乾州古城为个案》指出原本作为居民生活空间的乾州古城，在文化旅游情境中，受制于文化遗产再生产诸多因素的综合影响，逐渐成为一个文化旅游景点。其文化遗产再生产的主要方式有物质上的复原、文化遗产的展演化打造和文化产品的开发。政府、学者、媒体等多方面的力量推动了文化遗产的变迁过程，并引导了其方向的转变。[②] 而王杰文在其《论民俗传统的"遗产化"过程——以土家族"毛古斯"为个案》中也提到土家族"毛古斯"被"去语境化"、改编后作为湘西民俗旅游的"文化资源"在舞台上表演。并指出这种与节日语境、仪式功能、地方民众、社区生活、戏剧形态相剥离的"毛古斯"，已经极大地区别于社区文化传统中的"毛古斯"，是一种被复兴的、被重新发明的所谓"传统文化"。[③]

民俗旅游在给旅游目的地带来经济发展的同时，也对当地居民的权益造成诸多损害，其消极影响除了民俗文化之外，还涉及到价值观、道德感等多方面。张萍的硕士学位论文《民俗旅游开发中的居民权益保护研究——以怀化侗族民俗旅游开发为例》就指出在民俗旅游开发过程中，常常存在损害当地居民生存发展权、社会经济权和文化传承权等问题，影响旅游产业可持续发展。对此应坚持依法保护、以人为本的原则，建立有效的居民保护模式，政府应当积极制定政策引导开发方向、规范开发过程和监督相关企业组织的经营活动；相关企业应当积极承担社会责任、建立环境保护机制、让利于民；居民应当树立主人翁意识，积极地投入景区建设管理，主动维护自身权益。[④] 而邹烽的《旅游对目的地居民道德影响的研究综述》则将近年来国内外旅游对目的地影响中有关道德方面的相关研究成果进行归类，分别从价值观、家庭伦理和社会伦理三个方面进行了阐述。[⑤]

三　民俗文化的保护与传承

对于在民俗旅游的开发过程中造成的消极影响，已经引起了普遍关注，对此许多学者也从保护性开发等方面展开了研究。如周博的《论民俗旅游的保护性开发——以建立民俗文化村为中心》一文就指出目前多数民俗旅游项目的开发仍处于分散且盲目的状态，在大批旅游者涌入民俗文化原壤地的情况下，极易使目的地民俗文化被同化、异化，甚至消失。他提出在开发民俗文化旅游项目时，应坚持保护在先的原则，兼顾社会效益、经济

---

① 冯海英：《利益相关者理论视角下民俗旅游与土族文化重构——以青海互助土族自治县庄村为例》，《青海民族研究》2015 年第 3 期。

② 李洁：《旅游语境中文化遗产的再生产研究——以湘西乾州古城为个案》，硕士学位论文，吉首大学，2015 年。

③ 王杰文：《论民俗传统的"遗产化"过程——以土家族"毛古斯"为个案》，《北京师范大学学报》（社会科学版）2016 年第 4 期。

④ 张萍：《民俗旅游开发中的居民权益保护研究——以怀化侗族民俗旅游开发为例》，硕士学位论文，湘潭大学，2015 年。

⑤ 邹烽：《旅游对目的地居民道德影响的研究综述》，《企业导报》2015 年第 2 期。

效益、环境效益，通过综合规划和管理实现可持续发展，通过建立民俗文化村这一封闭式的开发模式能够实现保护性地开发民俗旅游资源，并指出在建立民俗文化村的过程中，要坚持独特性、参与性、全面开发、环境保护等原则。开发建设时，迁徙原壤地居民到民俗文化村中居住、工作，并针对不同的民俗文化内容，采取不同的开发模式。①

民俗旅游的发展，客观上也会引起目的地居民的文化自觉，促进当地民俗文化的传承。梁丽霞、李伟峰的《民俗旅游语境中女性东道主与民俗传承》就重点关注了民俗旅游开发背景下，旅游地女性东道主在民俗文化传承中的重要角色。文章指出女性东道主民俗传承主体地位的形成，既源于旅游地社会男女性别角色与分工这一内在因素，亦深受民俗旅游中的性别消费文化以及民俗旅游村落人口流动等外在因素的影响；女性东道主对民俗文化的传承，对女性东道主自身以及旅游地的民俗文化都产生了重要影响。② 而余宏刚的《旅游业视野下少数民族文化的保护与传承》，则指出强化和加强载体的认识观念，提高民族认同感，提高民族、族群凝聚力，才是保护和传承少数民族文化最为本质的基石。③ 还有张婷婷的硕士学位论文《旅游视角下的敦煌民俗文化活态传承研究——以敦煌月牙村和鸣山村为例》以敦煌民俗旅游的发展现状为基点进行总结分析，从民俗文化传承人、民俗文化的可持续性和民俗文化的生存环境三者之间的密切关联性出发，根据敦煌民俗文化的特性以及传承过程出现的问题，以旅游的视角对敦煌民俗文化的活态传承进行了研究。④ 而周琳的《非物质文化遗产曲艺的传承构想——以开发利用“广西戏曲艺术”为例》则提出对非物质文化遗产的曲艺项目进行旅游开发，有利于其传承发展，并且还可与高校教育相结合，有的放矢地培养具有地方特色的、能为旅游开发所用的曲艺人才。⑤ 此外，有些学者的研究也旁涉到民俗文化的旅游化传承问题，如徐赣丽在其《当代民俗传承途径的变迁及相关问题》一文中就指出当代民俗的传承途径发生变迁，依靠市场和旅游场域传承也成为一条重要路径。“日常生活中越来越少看到的传统民俗文化，却在旅游场域中得到展演或复兴或再生产。”⑥

四 游客心理及态度研究

民俗旅游是旅游者与东道主之间民俗文化的交流与互动，伴随着民俗旅游的发展，对旅游消费者的心理及态度研究，也成为学界关注的热点。刘军、黄盈、邓秀惠、冯倩倩的《民俗旅游景点的文化消费心理探讨》一文指出文化消费心理影响着旅游文化软实力的发展、旅游产业的经济效益与可持续发展。该文立足于民俗旅游文化视角，提出从消费者的

---

① 周博：《论民俗旅游的保护性开发——以建立民俗文化村为中心》，《吉林工商学院学报》2015年第5期。

② 梁丽霞、李伟峰：《民俗旅游语境中女性东道主与民俗传承》，《民俗研究》2015年第2期。

③ 余宏刚：《旅游业视野下少数民族文化的保护与传承》，《深圳职业技术学院学报》2015年第6期。

④ 张婷婷：《旅游视角下的敦煌民俗文化活态传承研究——以敦煌月牙村和鸣山村为例》，硕士学位论文，西北师范大学，2015年。

⑤ 周琳：《非物质文化遗产曲艺的传承构想——以开发利用“广西戏曲艺术”为例》，《社会科学家》2015年第5期。

⑥ 徐赣丽：《当代民俗传承途径的变迁及相关问题》，《民俗研究》2015年第3期。

消费心理入手，应成为旅游产业经营者开发经营产品的主要研究方向。[①] 李彤的《民俗旅游项目价值性设计与规划》指出当前多数民俗景区旅游项目经营普遍不景气，主要原因在于其旅游项目本身设计与规划难以满足旅游者多元化的消费心理需求。作者通过硬性文化载体规划、软性文化载体规划与软硬结合文化载体规划三个层次来阐释在新的市场背景下如何进一步有效实现民俗旅游项目价值最大化，从而为我国少数民族风俗文化的传播与价值实现提供合理化建议。[②] 戴欣佚的《学习经历对民俗旅游态度影响实证研究》一文则指出潜在旅游者对民俗旅游的态度受多种因素影响，其自身文化素质是重要的影响因素之一。作者指出民俗旅游辅助学习和专业对民俗旅游态度存在正面影响；对民俗旅游态度影响最大的学习方式是社会传习，而学习时间的长短则与民俗旅游态度无关，应充分利用移动互联网进行民俗旅游传播。[③]

游客对民俗旅游目的地的感知，不仅是评价其人文价值的重要指标，也是促进其发展的重要依据。马婷婷、周新辉的《民俗旅游的人文价值及其评估方法——以山东民俗村为例》一文就解析了游客的感知价值与情感诉求的概念，分析了民俗旅游的文化特性与人文价值，并针对人文价值的模糊性特点，认为综合评价方法中的层次分析法和模糊评价方法适用于人文价值的评定。[④] 而黄芸玛、陈琼、李春花的《少数民族村落社区参与旅游模式的游客感知视角研究——以青海省互助土族自治县小庄村为例》则从游客感知视角，通过问卷调查研究了游客对全国农业旅游示范点——青海互助土族小庄村参与的旅游感知。结果显示：游客总体感知均值较高；多数游客感知指标其期望值与现实值差距较小。通过深入剖析后发现小庄社区参与旅游模式与其他社区比较有以下特点：首先是政府主导下的参与；其次是村委会组织下的社区参与更具有集体性；再者小庄村的社区参与具有土族民俗文化特色；最后优良的区位条件为土族社区参与旅游提供了稳定的客源市场。[⑤]

此外，还有从旅游民俗史的视角展开的研究。如张甜颖的《唐代民俗文化与旅游业的发展探微》就对唐代的民俗文化进行了研究，指出唐代民俗丰富众多，节日民俗、社会民俗、游乐民俗、边塞民俗、生产民俗均和旅游活动密切相关，民俗文化的发展促进了社会旅游风气的形成，对唐代旅游业的繁荣发展产生了巨大的影响。[⑥]

总体说来，2015 年关于旅游民俗的研究成果非常有限，质量上也不尽如人意。虽然有许多年轻学子甚至本科生加入到研究行列当中，壮大了研究队伍，但从这一领域的研究成果来看仍然缺乏厚重的研究著作和有深度、有新意的研究，围绕民俗旅游开发所做的大量问题对策型文章，往往泛泛而谈、言之无物，缺乏深入细致的研究和理论性的提炼，这些都有待未来的补充和推进。值得注意的是，对于旅游民俗的研究已经走向跨学科、综合

---

① 刘军、黄盈、邓秀惠、冯倩倩：《民俗旅游景点的文化消费心理探讨》，《广州航海学院学报》2015 年第 4 期。

② 李彤：《民俗旅游项目价值性设计与规划》，《贵州民族研究》2015 年第 7 期。

③ 戴欣佚：《学习经历对民俗旅游态度影响实证研究》，《兰州教育学院学报》2015 年第 11 期。

④ 马婷婷、周新辉：《民俗旅游的人文价值及其评估方法——以山东民俗村为例》，《安徽农业科学》2015 年第 21 期。

⑤ 黄芸玛、陈琼、李春花：《少数民族村落社区参与旅游模式的游客感知视角研究——以青海省互助土族自治县小庄村为例》，《青海社会科学》2015 年第 3 期。

⑥ 张甜颖：《唐代民俗文化与旅游业的发展探微》，《兰台世界》2015 年 6 月。

性的研究。2015 年的相关研究仍然表现出多学科参与的特点，多元的视角、不同的研究方法，极大地促进了这一领域的发展。当然，多学科的共同参与并不意味着多学科研究方法的自然融通，还需要学者的个人努力与合作对话，而目前的研究仍然缺乏共同的话语平台和深入的学术对话。民俗学虽然在旅游研究方面有着与生俱来的优势和责任，但研究成果一直乏善可陈，民俗学者在这一领域仍然缺乏持续的关注和深入的研究，未来还需要加倍的努力！

2015 年少数民族民俗研究综述

金　蕊[*]

俗语道“十里不同风，百里不同俗”，在人类文明的历史长河中，由于自然环境、社会环境、生产生活方式和历史文化的不同，不同地区、不同民族有着不同的风俗，且各民族风俗所包括的范围很广，形式多样，内容纷呈。对任何一个民族来说，民俗文化都是该民族集体智慧的结晶和区分“自我”与“他者”的标识，是维系民族生存发展的动力和源泉。当今世界瞬息万变，科学技术突飞猛进，以强大的力量带动着全世界，不仅如此，各民族文化交流日趋频繁，国际竞争日趋激烈，为了各国的良好发展，使自己的国家自立于世界先进民族之林，就必须弘扬民族文化。中华民族要想立足先进民族之林需要 56 个民族齐心协力才能达成。因此，对少数民族民俗研究进行系统梳理具有十分重要的意义。

一　少数民族民俗研究的概念

（一）“民俗”的定义

“民俗”一词作为专门学科术语，是对英文“folklore”的意译。即“folk”——民众、民间，和“lore”——风俗、知识、学问合成的一个新词，特指民间风俗现象。民间是指广大的中、下层民众；风俗指民众在社会生活中世代传承、相沿成习的生活模式，它是一个社会群体在语言、行为和心理上的集体习惯。

学界认为，民俗有广义和狭义之分。广义的民俗指一个国家或民族中广大民众所创造、享用和传承的生活文化。狭义的民俗主要有四：一是认为民俗是文化遗留物，是一个已发展到较高文化阶段的民族中所残存的原始观念与习俗的遗留物；二是认为民俗是精神文化；三是认为民俗为民间文学；四是认为民俗为传统文化。[①]

综上所述，民俗就是在人们的日常生活中靠口头和行为传承的文化模式。它涵盖了三个方面的内容，即：一、民俗存在于人们的日常生活中；二、民俗是靠口头和行为的方式代代传承的；三、民俗在长期的流传过程中已经形成了相对固定的文化模式，这种模式制约着人们的思想和行为方式。[②]

---

* 作者系新疆大学人文学院、新疆民俗文化研究中心讲师。

① 参阅钟敬文主编《民俗学概论》，上海文艺出版社 1998 年版。

② 陶立璠：《民俗学》，学苑出版社 2007 年版，第 3 页。

（二）少数民族民俗的概念

少数民族是指多民族国家中人数最多的民族以外的其他民族。在我国指汉族以外的其他民族，如蒙古族、回族、藏族、维吾尔族、哈萨克族、苗族、彝族、壮族、布依族、朝鲜族、满族等民族。中国自古以来就是个统一的多民族国家。新中国成立后，通过识别并经中央政府确认的民族共有56个。由于汉族以外的55个民族相对汉族人口较少，习惯上被称为“少数民族”。①

少数民族民俗就是少数民族民间的风俗习惯，指各少数民族民众在长期的历史生活过程中所创造、享用并传承的物质生活与精神生活文化，反映少数民族物质文化和精神文化的人文遗迹、遗物和传统知识及其表达。少数民族民俗文化从不同侧面反映了各民族近现代的社会发展、社会生产和社会生活，是研究民族历史，特别是研究少数民族历史的宝贵资料。其中，有些少数民族由于历史的原因，没有本民族的文字或关于本民族历史的文字记载，该民族的历史文化遗物、遗迹、传统知识及其文化表达形式就会成为研究该民族历史发展的唯一可以依据的材料，具有极其重要的意义。

（三）少数民族民俗研究之意

基于以上认识，我们认为少数民族民俗研究特指对少数民族创造的民俗文化进行研究。具体来说，就是对反映在各民族服饰、居住、生产、饮食、婚姻、丧葬、节庆、礼仪等方面的喜好、风气、习尚和禁忌等进行研究；研究还应包括少数民族民间语言和艺术、民族民间工艺美术、民族民间习俗礼仪节庆等诸多方面。少数民族民俗往往以声音、形象和技艺为表现手法，依靠特定民族、特定人的展示而存在。对其研究最大的特点就是不脱离少数民族特殊的生活生产方式，不脱离具体的民族历史和社会环境，研究应是民族个性、民族审美的“活”的呈现。

二　2015年少数民族民俗研究总体情况

近年来，我国综合国力迅猛发展，“文化兴国”的意识逐渐增强。特别是2005年3月国务院办公厅下发了《关于加强我国非物质文化遗产保护工作的意见》，并在北京召开了“全国非物质文化遗产保护”工作会议，一场声势浩大的“非遗”运动如火如荼地展开。“非遗热”引领着相关学科的研究日益增多，对少数民族民俗研究也逐步重视起来。

关于2015年少数民族民俗研究的总体情况，通过检索中国知识资源总库，利用CNKI，根据关键词在学术期刊网、硕博论文库、学术会议论文集等资源库进行了不同条件和时间的检索，2015年发表的相关论文共有431篇，博士论文5篇，优秀硕士论文12篇，重要会议论文18篇。发表的论文主要涉及以下几个方面：

（一）物质民俗

由于物质民俗贯串于人类日常生活的方方面面，与衣食住行、吃穿用度、生产消费息息相关，故而也是最容易被学者所观察和感受到的民俗文化内容。本部分的综述分为

---

① 参阅百度百科 http：//www. baike. sogou. com. v102424. htm。

"物质生产民俗"与"物质生活民俗"两大核心部分。

1. 物质生产民俗

一些学者延续传统研究的路径，针对少数民族的生产方式及其手工艺制作的生产与技术民俗展开了研究。如旦正才让的硕士学位论文《论牦牛与玛曲游牧民俗文化》[①] 认为在水草资源充裕的青藏高原，藏民族与大自然相依相辅、相互促进、和谐共存，同时也创造了丰富的游牧民俗文化。然而，随着城市化的发展，大量农业人口向非农业人口转变，农业活动的地域向城市地域转化的过程中，人类的功利行为滋生了一系列生态环境问题。旦正才让以高原之舟——牦牛为主线，界定了与牦牛相关的玛曲民俗文化之范畴，阐述了该地区按牦牛的大小、毛色、外形而命名的习俗，并对其产生的原因和文化内涵进行了分析，主要论述了游牧民生活中和牦牛有关的社会活动、宗教礼仪等。

朝木日力格的硕士学位论文《库如奇村达斡尔族生产经济变迁》[②] 认为，新中国成立以来60多年间，在我国社会制度、经济体制、政策变革以及外部文化影响下，少数民族地区经济发生了重大变迁，达斡尔族经济也经历了同样的变迁历程。在60多年的经济发展过程中，农村达斡尔族的生产经济发生了变迁，与此同时，生产活动、生活方式及民族文化也相应有了很大变迁。该研究阐述了在我国社会变迁、市场经济影响下库如奇村达斡尔族如何从传统的包括农业、牧业、放木排业、大轱辘车制造业、猎业、采集业等多种经营经济转变为单一农业经济的变化及产生的影响。通过访问调查、参与观察等民族学、经济人类学方法调查研究库如奇村达斡尔族新中国成立至今几十年来的经济变迁历程，描述和剖析这60多年间的库如奇村达斡尔族的经济变迁状况及对传统文化、日常生活的影响。

喻林、刘艳的《皖西民歌中的物质民俗事象考察》[③] 一文认为民俗为民歌提供了表现的题材，是民歌的物质基础；民歌在民俗中产生，记录和保留了民俗，并成为民俗的一个部分。皖西民歌中生产民俗以农业习俗为主，包括农事生产、农具使用、农业生产场景和家禽家畜饲养等；饮食民俗包括待客方式和特色小吃，以及当地颇具特色的茶俗；服饰民俗包括当地妇女的着装、配饰、色彩等；商贸民俗主要表现为集市和行商两种贸易方式。对皖西民歌中的物质民俗事象的考察，有助于了解皖西地区的民俗特点和把握皖西民歌的文化特征。

索南昂旦的《河曲游牧文化的兴起与变迁研究——以青海河南蒙古族自治县为例》[④] 一文主要以生态学、草原畜牧业学、生态经济学、民族学、人类学、蒙藏游牧文化及游牧文明等相关理论和知识为依据，采用实地调查和多学科视角相结合的方法，试图展现河曲游牧文化的兴起与变迁，并尝试将这些理论与河南县蒙古族游牧文化的实际变迁问题相联系，对河南县蒙古族游牧文化的兴起、特点及其变迁原因等方面进行较详细的理论分析、阐述和研究。

求去吉的《玛曲藏族游牧方式的现状调查研究》[⑤] 一文利用历史文献研究的方法，吸

---

① 旦正才让：《论牦牛与玛曲游牧民俗文化》，硕士学位论文，西藏大学，2015年。

② 朝木日力格：《库如奇村达斡尔族生产经济变迁》，硕士学位论文，内蒙古大学，2015年。

③ 喻林、刘艳：《皖西民歌中的物质民俗事象考察》，《哈尔滨学院学报》2015年第9期。

④ 索南昂旦：《河曲游牧文化的兴起与变迁研究——以青海河南蒙古族自治县为例》，硕士学位论文，中央民族大学，2015年。

⑤ 求去吉：《玛曲藏族游牧方式的现状调查研究》，硕士学位论文，兰州大学，2015年。

收国内外有关玛曲游牧社会研究的成果，对历史上玛曲游牧方式进行阐述，更加清楚地观察玛曲游牧方式的产生、发展、变迁的历史脉络，为读者认识玛曲游牧文化提供更多视角和方位。同时，选定玛曲县四个游牧民定居点为田野调查对象，概要介绍了四个定居点的基本情况，并通过不同的个案了解玛曲游牧民定居后生活的基本情况以及定居后所产生的问题，分析草场承包制和游牧民定居工程在当地开展所取得的实效以及产生的相关问题，对玛曲游牧方式变迁的深层次内涵进行探索，思考游牧文化的未来走向。

乐昂的《阿尼玛卿周边游牧文化变迁研究》① 一文以生活在阿尼玛卿周边的游牧部落——果洛扎那合三部落的历史渊源为出发点，重点论述了近年来该地区游牧文化的变迁状况。阿尼玛卿周边的游牧部落因其所处地理环境的特殊性，游牧文化也具有一定的特殊性。研究阿尼玛卿周边游牧文化一方面能引起人们对处于边缘地区的藏族游牧文化的关注，引导更多的学者在研究藏族文化时积极主动地从事游牧文化的调查和研究，不断地扩充藏族文化。另一方面，对阿尼玛卿周边游牧文化能起到很好的保护和传承作用，避免少数民族优秀文化的消失，也为当今的牧区发展提供丰富的内容和理论依据。

查干姗登的《黎族的狩猎生计及其变迁》② 指出，黎族是我国南方的狩猎民族。在农业文明的影响下，农耕逐渐发展成为黎族主要的生计方式，狩猎则成为黎族重要的副业。20 世纪 90 年代末，海南省政府开始施行生态保护工程，实行禁猎政策，对海南濒临灭绝的野生动物加以保护，黎族的狩猎生计退出了历史的舞台，揭示农耕文化与狩猎文化的碰撞影响着黎族狩猎生计方式的变迁过程。

杨佳蓉的《中原旱地农业文化圈与北方森林草原狩猎游牧文化圈文学比较研究》③ 一文基于中华文化板块结构的基本划分，从宏观的理论视野上，运用平行研究的方法，对四大板块中的两大板块——中原旱地农业文化圈和北方森林草原文化圈进行了比较分析，着重探讨这两大文化圈的差异及其形成原因。

王新宇、熊泽利的《新疆维吾尔族地毯艺术风格研究》④ 中提到维吾尔族地毯作为一种物态的传统文化形态，构成了维吾尔族民间物质生活和民俗生活，并且作为一种美术作品，丰富、革新着维吾尔族的社会生活，使现实生活环境更绚丽多彩、异彩纷呈。新疆维吾尔族地毯是维吾尔民族文化的历史积累和民族文化传统的具体表现。地毯中的色彩、图案以及它自身的制造技艺都很好地体现出维吾尔族人民的心灵手巧和聪明智慧。

方玲的《海原民间手工艺“回族刺绣”状况研究》⑤ 中提到海原回族刺绣艺术经过长期的传承和发扬，形成了自己独特的艺术风格。广大回族女性在参与的同时，也把民间刺绣的技术及文化流传给一代代后人。随着生活水平的不断提高，人们的欣赏力也在一步步提高，手工刺绣产品的销路也会越来越广，为刺绣产业的发展提高良好的机遇，使其能更好地传承、发扬光大下去。

---

① 乐昂：《阿尼玛卿周边游牧文化变迁研究》，硕士学位论文，中央民族大学，2015 年。

② 查干姗登：《黎族的狩猎生计及其变迁》，《广西师范大学学报》（哲学社会科学版）2015 年第 1 期。

③ 杨佳蓉：《中原旱地农业文化圈与北方森林草原狩猎游牧文化圈文学比较研究》，《阿坝师范高等专科学校学报》2015 年第 3 期。

④ 王新宇、熊泽利：《新疆维吾尔族地毯艺术风格研究》，《艺术品鉴》2015 年第 3 期。

⑤ 方玲：《海原民间手工艺“回族刺绣”状况研究》，《科技视界》2015 年第 2 期。

2. 物质生活民俗

物质生活民俗最初是以满足生理需要为目的，如以巢穴房屋满足抵御风雨侵袭，防御野兽伤害的需要；以服饰满足遮身蔽体、防寒保暖的需要；以饮食满足维持生活的需要。由于衣食住行是人类日常生活最基本的要素，从研究成果的数量上而言，这方面自然成为物质民俗领域成果最多的部分。

居住民俗就是指一个国家、民族或地域的广大民众在居住活动中所创造、享用和传承的属于本群体的独特的民俗习惯模式。如居所新建时的一系列仪式、居所内部物品的摆设、家庭成员住房的分配以及住房之间的相互协调，等等。如陈佳慧、潘永刚的《新疆回族民俗建筑雕刻艺术图案特征初探》① 一文认为，回族建筑艺术的独特魅力，体现在长期形成的建筑风格上，这种独特风格的形成和回族生活方式的形成是一样的。它随伊斯兰教、阿拉伯文化的传入，在与中国传统文化和谐相处、长期融合下实现了多元文化的完美统一，其中雕刻艺术更是对回族文化的深刻体现。文章主要通过对新疆回族雕刻艺术在宗教与民俗文化共同作用下的探索，寻找所呈现出的独特雕刻艺术图案的特征，供同行参考。

高欢的《贵阳市花溪区镇山村布依族建筑民俗社会调查》② 一文结合调查实际着重讲述花溪布依族的物质民俗。通过分析花溪布依族的建筑民俗，进行历史与现实的对比，思考花溪布依族经历过400多年历史的跌宕起伏后，在现代文明中保持本民族民俗特色的问题。

此外，还有刘青、陈柏坤的《近代“满族老屋”建筑考证》③、王铁军的《东北满族民居本土文化传承与发展研究》④ 等。和这种为求安居目的相联系的，是服饰及其民俗的形成。服饰是人类特有的文化现象。作为物质文化，它是人类物质生产的产物；作为精神文化，它又是人们政治、宗教、哲学、伦理、审美等观念的结晶。服饰民俗是一个地区生活风尚的表征，服、饰结合的民俗，既指衣饰，也含穿着者的行为和文化习惯。如交巴草的《迭部藏族女性服饰研究》⑤ 一文从迭部藏族的传统服饰出发，梳理了迭部藏族服饰在地域环境、生产方式、历史发展的影响下所产生的种种变异及特点。

王凡的《新疆卫拉特蒙古族妇女传统服饰研究》⑥ 一文认为，新疆卫拉特蒙古族妇女传统服饰在新疆服饰文化中具有显著的地域性和识别性特征，既是新疆卫拉特蒙古人生活和节日里的重要元素，又因独特华丽的造型装饰特征使其具有重要的民族传统手工艺艺术品的特质。文章通过在巴州地区、塔城地区、博州地区和伊犁地区实地调研时拍摄的第一手图片资料，按照地区分类法对其进行归纳整理，详细分析各个地区的妇女传统服饰的造型和装饰特征，最后初步探讨新疆卫拉特蒙古族妇女传统服饰与周边文化的吸收与借鉴，

---

① 陈佳慧、潘永刚：《新疆回族民俗建筑雕刻艺术图案特征初探》，载于《安徽建筑》2015年第4期。

② 高欢：《贵阳市花溪区镇山村布依族建筑民俗社会调查》，载于《黑龙江史志》2015年第5期。

③ 刘青、陈柏坤：《近代“满族老屋”建筑考证》，载于《兰台世界》2015年第22期。

④ 王铁军：《东北满族民居本土文化传承与发展研究》，载于《吉林艺术学院学报》2015年第3期。

⑤ 交巴草：《迭部藏族女性服饰研究》，硕士学位论文，中央民族大学，2015年。

⑥ 王凡：《新疆卫拉特蒙古族妇女传统服饰研究》，硕士学位论文，新疆师范大学，2015年。

从其呈现的多元化特征更加深入地探究新疆卫拉特蒙古族妇女传统服饰的审美特征。

杨素的《民族旅游对少数民族服饰文化影响路径分析——以维吾尔族为例》① 中提到，民族服饰作为一种文化符号，具有明显的族群标识和区别功能，各个族群之间鲜明的服饰差异是最初区分族群和自我认同的一个重要手段。民族旅游的兴起给维吾尔族服饰带来机遇的同时，也带来了诸多挑战。通过民族旅游对维吾尔族服饰文化影响路径的梳理，总结出其在各个阶段的特征，提出导游讲解传统服饰的内在文化、游客参与到服饰制作之中、加强民族服饰的创新和创建维吾尔族服饰展馆的建议来复兴和保护维吾尔族传统服饰。

再如杨濛的《谈满族服饰文化中的自然之美——兼论萨满文化中“万物有灵”观念》② 中指出，萨满文化是满族及其先民对世界文化与文明最丰美神秘的贡献之一。作为最古老的原始宗教，萨满教主张“天地合一”“万物有灵”，敬畏和崇拜自然这种观念不但支撑着满族的民族信仰，更渗透表达于其物质文化中。可以说，满族服饰是满族萨满文化最直观的表达形式和思想表征，其精美绝伦的图案样式、丰富的色彩搭配及映射出的文化内涵给我们留下了珍贵的文化遗产。文章以萨满文化中“万物有灵”观念为研究基础，以全新的视角探寻和发掘满族服饰文化中独具魅力的自然之美。

民以食为天，饮食在人们生活中占有十分重要的地位。它不仅能满足人们的生理需要，而且也因其具有丰富的文化内涵，在一定程度上满足了人们精神层面的需求，从而形成丰富多彩的饮食文化。有的学者从“舌尖上的民俗”入手，探寻少数民族饮食民俗。如阿依努尔·阿合买提江的《新疆阿勒泰市哈萨克族饮食文化变迁研究》③ 在调研和访谈的基础上，分析研究了哈萨克族饮食结构和菜肴名称，旨在反映其饮食文化发展融合及变迁现状，探究其发展变迁与生态环境、经济类型、社会发展等因素之间的关系等。

马超的《贵州苗族饮食民俗研究》④ 一文，通过对贵州苗族饮食民俗文化的研究，介绍了苗家人在饮食民俗中的各类食俗、饮酒民俗以及饮食礼仪文化，间接反映出苗族人独特的物质生活民俗。

我国少数民族的民居文化丰富多彩，各民族在与自然的同化顺应过程中，形成了适合自己生存空间的一整套独特的建筑观念系统、建筑形制和建筑技艺，体现出浓郁的民族文化特征。民居是民族文化中重要的物质文化符号，沉淀着各民族的精神文化内涵，是其精神文化和物质文化的统一载体。如张晓宁的《畲族传统民居建筑与居住文化研究》⑤ 一文在对浙西南、闽东北畲族居住地区进行实地考察后，从畲族地区的自然环境、社会历史环境、生产方式变革，传统民居文化，居住方式以及地域文化特点入手，通过对畲族民俗文化、居住文化形成的背景分析，对畲族地区不同类型的民居建筑形态、室内外空间布局、

---

① 杨素：《民族旅游对少数民族服饰文化影响路径分析——以维吾尔族为例》，载于《河北旅游职业学院学报》2015 年第 4 期。

② 杨濛：《谈满族服饰文化中的自然之美——兼论萨满文化中“万物有灵”观念》，载于《才智》2015 年第 14 期。

③ 阿依努尔·阿合买提江：《新疆阿勒泰市哈萨克族饮食文化变迁研究》，硕士学位论文，新疆师范大学，2015 年。

④ 马超：《贵州苗族饮食民俗研究》，硕士学位论文，华中师范大学，2015 年。

⑤ 张晓宁：《畲族传统民居建筑与居住文化研究》，硕士学位论文，浙江农林大学，2015 年。

房屋装饰艺术等方面进行归纳和总结，发现畲族传统居住文化不仅有自身丰富民族文化内涵，同时也反映出人和自然环境、社会环境、地域文化相互作用、相辅相成的互动存在关系。立足于畲族特殊的自然、地理、人文、村落特征，结合在畲族地区的实地考察调研，探寻畲族地区的历史文化背景和经济社会生活的各个方面。

（二）社会民俗

社会民俗，是民俗学的一大分类，它所包含的内容十分广泛。任何习俗在塑造个人行为方面所起的作用远胜于个人可能影响传统习俗做出的任何努力，个人生活史的主轴是对社会遗留下来的传统模式准则的顺应。每个人的一生，都面临着既有民俗对他的塑造，如婚礼是人生礼仪中的一大礼，历来都受到个人、家庭、社会及广大学者的高度重视，2015年少数民族婚俗研究也不例外。如从民间文学角度研究婚俗的，阿穆尔萨娜的《蒙古族婚礼祝颂词文本研究》[①] 一文认为，蒙古民族把独具特色的生产生活方式、民俗、宗教信仰等丰富的文化遗产融入到了其民间文学当中，通过民间文学记载并表达着自己的民族情感。文章通过比较研究古代蒙古人所流传下来的婚礼仪式诵词等，归纳总结了这些颂词的口传性、民俗性及其所反映的婚礼特点，揭示蒙古族婚礼习俗的原始性、它的起源、基本性质、内在联系及其变迁过程等。

魏乐平、邹岚的《图说哭嫁——香格里拉深处之迪庆藏族的婚礼习俗》[②] 一文认为，迪庆藏族哭嫁是独特的高原藏族婚姻仪式环节。它除了保持青藏高原藏族的民族特性，还融合了云南迪庆多民族地区各民族的传统文化。迪庆藏族婚礼既是当地主要的人生礼仪，又是当地传统教育模式，具有丰富的文化象征意义与文化传承的意义。

从传播学视角看婚礼仪式的，罗彬的《新疆哈萨克族婚礼仪式传播研究》[③] 一文指出，哈萨克婚礼仪式是哈萨克礼仪文化的重要内容，随着经济社会的发展，哈萨克礼仪文化发生了变迁。哈萨克婚礼仪式传播通过仪式主体间的互动，强化了人们之间情感建构及其社会关系。通过哈萨克婚礼仪式传播，不难看出哈萨克族潜在的文化认同。

吾提库尔·阿扎提的《传播学视角下维吾尔族婚姻文化演变分析》[④] 中指出维吾尔族在漫长的历史发展过程中，用勤劳和智慧创造了优秀的文化，有着独特的民族风情。维吾尔族通常将“成家”与“立业”分而论之，其实在古人的意识中，“成家”与“立业”是相辅相成的，而且强调的是家业，而不是事业。多数人以创造发展家业为人生目的，故称婚姻为“终身大事”，举办婚礼是一个人建立家庭、发展家族的起点。维吾尔族婚礼作为缔结婚姻的基本仪式，具有鲜明的民族性、地域性、传承性和稳定性。

从习惯法的视角关注少数民族婚姻的，思娜、柯岚的《蒙古族婚姻习惯法研究》[⑤] 一文提到蒙古族婚姻习惯法是在特定自然地理环境、宗教和历史文化条件的综合作用下产生

---

① 阿穆尔萨娜：《蒙古族婚礼祝颂词文本研究》，博士学位论文，内蒙古大学，2015 年。

② 魏乐平、邹岚：《图说哭嫁——香格里拉深处之迪庆藏族的婚礼习俗》，载于《民俗非遗研讨会论文集（上）》2015 年 10 月。

③ 罗彬：《新疆哈萨克族婚礼仪式传播研究》，载于《今传媒》2015 年第 5 期。

④ 吾提库尔·阿扎提：《传播学视角下维吾尔族婚姻文化演变分析》，载于《青年记者》2015 年第 33 期。

⑤ 思娜、柯岚：《蒙古族婚姻习惯法研究》，硕士学位论文，西北大学，2015 年。

的，这决定了其在蒙古族生产生活中有着不可磨灭的印记。而蒙古族婚姻习惯法的禁忌、传统道德等渊源在内容上具有丰富性和稳定性。

另外，刘军君的《成人礼与婚姻规制的建构——青海贵德藏族“戴天头”的田野考察》① 中指出安多藏族“戴天头”（skra phab pa）是通过一系列宗教与世俗仪轨宣布少女性成熟的成人礼。此礼为安多藏区特有，以青海贵德藏区最为隆重。礼毕意味着少女由童年进入成年，享有婚配权与生育权。针对这项“过渡仪式”，以往的研究多停留在民俗性描述上，缺乏对仪式与制度建构的讨论。揭示成人礼之于婚姻规制的建构，认为“戴天头”是与传统藏族社会的婚姻规制挂钩，仪式本身便是对婚姻规制的建构。

还有从民间音乐角度对婚礼仪式进行考察的，如钱玥旨的《民俗活动中的白族音乐——以白族婚礼中的吹打乐为例》② 一文指出，在云南白族的婚礼中，以吹打乐为主的音乐占据着重要的地位，它贯串整个婚礼的仪式，并融入于婚礼的各个环节。以白族婚礼的吹打乐进行田野调查，以此分析音乐在白族民俗活动中的作用，探索音乐与人的关系之本。

汪菁的《新疆哈萨克族传统婚礼仪式音乐研究》③ 一文从哈萨克族传统婚礼仪式音乐的歌词格律、修辞手法、艺术构思、压韵方式、调式音阶、曲调、节奏、节拍、曲式结构等方面浅析哈萨克族传统文化和生产生活方式对哈萨克族婚礼仪式的影响。反之，哈萨克族婚礼仪式音乐体现了一定的社会功能性，这些功能对于哈萨克族的社会发展与进步，文化的传播与传承，民族审美和娱乐情趣的表达起到了积极的作用。

马暄盈的《新疆阿勒泰地区图瓦人婚礼音乐调查研究》④ 一文，通过对作为较少族群的新疆阿勒泰地区图瓦人的婚礼音乐研究发现：在现代社会发展浪潮中，图瓦人的传统文化尤其是文中提及的婚礼音乐，受到了前所未有的冲击和变迁。这其中有客观的时代因由，更多地则是族群内部对现实生活的主动选择与跟进。一个有意思的现象是，尽管变化巨大乃至变异，但其婚礼音乐中的功能、作用，尤其是族群情感的声响记忆，依然保持着十分清晰的“传统”味道，甚至极为“讲究”。这或可成为我们在现代社会文化发展中，对族群传统文化变迁认知的一个新的视角。变化是恒久的，而其中的“讲究”亦是恒定的。

丧葬仪礼，是人生最后一项“通过仪礼”，也是最后一项“脱离仪式”，故学者对其进行了深入的研究。如邓姝婷的《湖北恩施土家族丧葬礼仪的民族文化心理探析》⑤ 一文选取湖北恩施土家族丧葬仪式中的丧葬舞蹈——“撒尔嗬”为具体研究内容，在查阅文献的基础之上，收集土家族“撒尔嗬”的有关资料，对其歌舞乐进行简要的介绍，并探

① 刘军君：《成人礼与婚姻规制的建构——青海贵德藏族“戴天头”的田野考察》，载于《北方民族大学学报》（哲学社会科学版）2015 年第 5 期。

② 钱玥旨：《民俗活动中的白族音乐——以白族婚礼中的吹打乐为例》，载于《歌海》2015 年第 2 期。

③ 汪菁：《新疆哈萨克族传统婚礼仪式音乐研究》，载于《新疆艺术学院学报》2015 年第 13 期。

④ 马暄盈：《新疆阿勒泰地区图瓦人婚礼音乐调查研究》，硕士学位论文，新疆师范大学，2015 年。

⑤ 邓姝婷：《湖北恩施土家族丧葬礼仪的民族文化心理探析》，硕士学位论文，长江大学，2015 年。

讨其历史起源与历史变迁，解析土家族在历史的变迁过程中，受到了社会变迁、生活环境的多重影响，并有对巴文化、楚文化以及汉文化等多个民族文化的吸收与融合，最终形成有土家族特色的民族文化体系，也表现了土家族民族心理在不同时期不同背景下的不同表现形式、内容与意蕴。

李春文的《基于田野调查的哈尼族丧葬礼俗及其文化内涵探析》[①] 一文认为，丧葬作为哈尼族文化的重要载体，是哈尼族文化中的主要内容之一，其丧葬礼俗蕴含了深厚的民族文化内容，葬礼上每个仪式、每个过程都代表了特定的文化内涵，反映了哈尼族特有的民族心理和价值追求。

李春文的《哈尼族丧葬礼俗的哲学思想与民俗功能》[②] 指出哈尼族特有的丧葬礼俗已经深深扎根在每个哈尼族人民的心中，文章运用人类学理论对哈尼族丧葬礼俗的民俗功能做一个系统的阐释，力图说明人类永生的信仰和由此产生的对死人的崇拜是如何构成这个民族宗教的一个重要组成部分，认识理解哈尼族这种看起来稀奇的思想和礼俗，并体会哈尼族这种自然与生命合一、生死合一的追求和向往。

（三）精神民俗

与物质民俗、社会民俗不同，精神民俗是一种无形的心理文化现象，特指民众间流行的偏重于崇拜心理观念的俗信。学者对这种心意民俗进行了较为充分的调查、研究，如彭建兵的《布依族天神信仰探析》[③] 中提到布依族天神信仰属于原始自然崇拜范畴，在布依族日常生活习俗及文化艺术形式中均有不同程度的表现，具有较为鲜明的生态民族文化特色。

再如肖文朴的《瑶族度戒仪式及其用乐观念所属信仰体系辨析》[④] 中提及国内外学者多将瑶族宗教信仰纳入道教体系，观点依据集中在瑶族度戒仪式中。自然，度戒仪式音乐也多归类于瑶族道教音乐或瑶传道教音乐中。不可否认，道教信仰对瑶族民间宗教活动产生了普遍影响，但瑶族支系的繁杂性及各自受影响的情况不一，仍有坚守本族传统信仰的做法。

陈新林、冯惠玲的《土家族民间信仰研究述论》[⑤] 提到民间信仰是土家族研究领域中的核心问题，自潘光旦先生以降，学者着力甚多，成就斐然；就研究范式而言，土家族民间信仰研究大体上遵循着“信仰—事象”范式、“文化—象征”范式到“国家—社会”范式的嬗递路径。

子志月、于霄的《布朗族民间信仰研究的回顾与前瞻》[⑥] 一文指出，布朗族是云南特

---

① 李春文：《基于田野调查的哈尼族丧葬礼俗及其文化内涵探析》，载于《戏剧之家》2015 年第 5 期。

② 李春文：《哈尼族丧葬礼俗的哲学思想与民俗功能》，载于《现代交际》2015 年 5 月刊。

③ 彭建兵：《布依族天神信仰探析》，载于《黔西南论坛》2015 年第 3 期。

④ 肖文朴：《瑶族度戒仪式及其用乐观念所属信仰体系辨析》，载于《南京艺术学院学报（音乐与表演）》2015 年第 1 期。

⑤ 陈新林、冯惠玲：《土家族民间信仰研究述论》，载于《宗教学研究》2015 年第 2 期。

⑥ 子志月、于霄：《布朗族民间信仰研究的回顾与前瞻》，载于《楚雄师范学院学报》2015 年第 8 期。

有民族、跨境民族和人口较少民族之一，主要分布在云南边疆山区和半山区，经济社会发展相对滞后。由于受历史和自然等多种因素的影响，布朗族较为完好地保留了独具特色的民间信仰，至今仍在其社会生活中发挥着十分重要的作用，从而引起了学术界的广泛关注，产生了较为丰硕的研究成果。从布朗族民间信仰的体系研究、习俗研究、仪式研究、功能研究以及变迁研究等方面对近年来学术界的研究成果进行梳理和总结，有利于推动学术界对布朗族民间信仰的进一步研究。

肖燕的《羌族民间信仰及其社会价值功能》① 一文认为近百年来，国内外研究者对羌族社会、经济、文化等做了大量调查与研究，尤其对羌族的宗教、习俗、“释比”文化等做了详细的记叙和探讨，但对羌族民间信仰及其社会价值功能没有较为系统完整的梳理和研究。文章通过大量文献资料、考古材料以及羌族民间神话、传说，祭祀礼仪活动等，对羌族民间信仰以及社会价值功能做一探讨，揭示古羌文化的基本原型，体现羌族原始宗教文化的最高原则，为羌族优秀的历史文化和非物质文化遗产的继承和发扬做出努力。

胡月馨的《壮族传统节日传说研究》② 认为，壮族传统节日按主题可分为物质生产性节日、宗教祭祀性节日、纪念庆祝性节日、文娱社交性节日、综合性节日及其他。对壮族传统节日传说的情节单元进行概括，并按内容进行归纳，具体包括：反映人与自然做斗争的传说、反映民间孝道观念的传说、反映婚姻爱情的传说、反映民间信仰的传说、反映民众反抗压迫的传说、反映民众反侵略的传说及其他；通过壮族传统节日传说分析壮族其他民俗文化，发现人们生产生活的方方面面，如农业生产习俗、信仰习俗、物质生活习俗、人生仪礼和游艺习俗，最后阐述了壮族传统节日传说的意义及传承趋势。

（四）语言民俗及其他

口承语言民俗又称“民间口头文学”，是民俗学研究的一个十分重要的领域。从 2015 年诸学者的研究来看，少数民族口承语言民俗的研究成果较为丰硕。如迎春的《蒙古民俗传说研究》③ 认为，蒙古民俗传说是蒙古族传说与民俗的重要组成部分。蒙古族传说研究在族源传说、历史传说、地方风物传说和宗教传说等方面取得了可喜的成就，但民俗传说的研究有待重视和提高。迎春将蒙古民俗传说视为蒙古传说的重要类型之一，将其归类，并选择分布较广、母题较多的典型例子，把它放在蒙古历史、文化、生产、环境、宗教和民俗等广阔平台上，运用文化、民俗和民间文学研究视野、理论及母题分析、比较研究等方法，论述其生成、演变的历史文化、宗教信仰根源及特征。

高云球、代娜新的《满族神话中的族群认知与精神建构》④ 中提到满族神话以其特殊的民族文化特质伴随并参与了民族的历史发展与族群建构。通过对满族神话发生学与叙事学视阈的追根溯源，在历史碎片中可以努力寻找满族神话的叙事内涵与历史踪迹。在满族

---

① 肖燕：《羌族民间信仰及其社会价值功能》，载于《西南民族大学学报》（人文社会科学版）2015 年第 3 期。

② 胡月馨：《壮族传统节日传说研究》，硕士学位论文，广西民族大学，2015 年。

③ 迎春：《蒙古民俗传说研究》，博士学位论文，中央民族大学，2015 年。

④ 高云球、代娜新：《满族神话中的族群认知与精神建构》，载于《中央民族大学学报》（哲学社会科学版）2015 年第 3 期。

神话中，不论是口传神话还是文本神话，都影响着族群成员的内在精神塑造，也成为凝聚族群共同体、建构社会组织意识形态的文化表征。基于这样的考察，不但有助于我们了解满族的历史文化发展轨迹，更有助于我们探究满族共同体族群精神认知的建构与本体意识的文化想象。

邵丽坤的《传统满族说部的传承特征及其传承谱系》① 中满族说部传统的传承方式主要是萨满传承和家族传承。由于满族的萨满都是氏族萨满，因此在一定的历史时期，往往呈现出萨满传承和家族传承存在重合的特征。实际上满族说部主要是由家族萨满代际口传的传承方式，以氏族中的一支或者家庭中直系传承为主，多半是血缘传承，所以呈现出说部传承的单一性、线性的承继性和单线秘传的特征。

然而，在民俗学研究中将民间文学作为民俗学的一部分，很重要的原因，是强调民间文学在创作和流传上的口头性、集体性和变异性特征。故我们不能忽视少数民族日常生活中的民间音乐舞蹈、民间游戏竞技、民间工艺等民间游艺民俗的展现。有些学者针对民间音乐舞蹈进行研究，如姜克微的《傣族舞蹈的艺术特征分析》② 中提到在长期的生产生活中，傣族人民创造了属于自己独特的舞蹈文化，为我国民族民间舞蹈艺术的发展做出了重要贡献。傣族舞蹈优美、灵活、轻盈，舞姿丰富，雕塑感强，具有浓郁的地域风格和独特的亚热带风情。文章从动作、韵律、意境、气质等方面对傣族舞蹈的艺术特征进行分析，以期加深人们对傣族舞蹈艺术价值的认识，促进傣族舞蹈更好的发展。

又如朴永光的《论“场景”中的中国朝鲜族舞蹈》③ 中讲到由人做事而成“场景”，且因事限定场界及确定在场人的身份，人的身份伴随着所做的事或附着或脱落，并因事的“类”而形成“类场景”。民族舞蹈的“场景”由“保护、教育、创作、研究”构成，且由此确定了入场的保护者、教育者、创作者、研究者的身份。中国朝鲜族舞蹈也同样是在不同的场中由不同身份的人做事而呈现为场景的，介入场中的人在中国这一国家边界下、在中国语境中做着朝鲜族文化的舞蹈行为。笔者在此提出“场景”的概念并予以解读，且在解读“场景”的基础上展现人们所做的各种各样的“中国朝鲜族舞蹈的事”，继而讨论“中国朝鲜族舞蹈场景”下的一些话题。

又如韦霞、刘朝猛的《广西壮族“打榔舞”现状透视与传承保护》中讲到的少数民族文化是我国的宝贵遗产，有着最原始、最生动的文化印记。“打榔舞”是广西壮族人民稻作文化的缩影，是壮族人民庆祝丰收、祈求风调雨顺的一种简单舞蹈。如今它已经发展成为远近闻名、能够给人们带来经济效益、文化熏陶、社会反响的文化品牌。其良好的发展现状给它的传承和保护带来了良好的契机，也给其他民族文化的传承与保护提供借鉴。

有的学者对民间竞技、游戏习俗进行研究，如陈星全、陈立谷的《从秋千项目的演进过程看哈尼族体育文化特质嬗变》④ 中基于对独具特色的哈尼族秋千传统体育项目的演进进程进行探析，发现哈尼族体育文化特质的流变过程能够较好地反映出不同时期哈尼族的社会经济、政治与文化。

---

① 邵丽坤：《传统满族说部的传承特征及其传承谱系》，载于《通化师范学院》2015 年第 7 期。

② 姜克微：《傣族舞蹈的艺术特征分析》，载于《大舞台》2015 年第 3 期。

③ 朴永光：《论“场景”中的中国朝鲜族舞蹈》，载于《民族艺术研究》2015 年第 3 期。

④ 陈星全、陈立谷：《从秋千项目的演进过程看哈尼族体育文化特质嬗变》，载于《贵州民族研究》2015 年第 1 期。

张兆、王天军、马慧敏的《哈萨克族传统体育文化探源》[1] 中提到采用文献资料法等对哈萨克族传统体育文化的起源进行研究，其民族传统体育文化主要来源于马背文化、先祖崇拜文化、宗教文化和图腾文化，这些民族文化共同构成了哈萨克族传统体育文化。

宋君、张雪莹的《浅谈水族传统体育舞蹈的保护与传承》[2] 中讲到水族的传统体育舞蹈源自于古代的祭祀以及生产等活动，是水族一项重要的非物质文化遗产，有着振奋民族精神，增强民族自信心和凝聚力以及愉悦水族人民的身心等作用，且一直活跃在当今的水族社会中。但是，随着我国现代化的不断发展，以及全球化的逐步深入，其传承逐渐处于一个艰难的境地。文章主要从水族传统体育舞蹈保护与传承的现状出发，并详细探析了促进水族传统体育舞蹈保护与传承的具体措施。

（五）非物质文化遗产的保护与研究

在一系列鼓乐盛装的热闹之下，在众口一词的“非遗热”“后非遗时代”进行时中，民俗学学者亦对其报以极大的关注。如李钦曾、罗丹的《课堂教学与非物质文化遗产传承——以维吾尔族花毡制作技艺为例》[3] 提到学校教育是非物质文化遗产复兴的重要场域，非物质文化遗产能否进入课堂教学系统已经成为当前亟需解决的问题。文章以维吾尔族花毡制作技艺为例，着重解决非遗内容知识体系与课堂教学系统对接中存在的问题，认为在课堂教学中可通过非遗生态环境的“原境重构”与“桥梁搭建”方法，构建非物质文化遗产的教育知识系统，进而实现其与基础教育的对接，最终实现非物质文化遗产的复兴。

齐子杨、王俊霞的《文化生态视角下的少数民族非物质文化遗产保护——以蒙古族长调为例》提到少数民族非物质文化遗产是民族精神与民族文化的核心代表，以非物质的形式存在，并对周围环境有较高的依赖性。随着工业化、现代化的不断推进，部分少数民族非物质文化遗产原有的生存环境遭到破坏，非物质文化遗产的传承与保护举步维艰。文章以蒙古族长调为例，分析蒙古族长调传承与保护的现状及成因，从文化生态的视角探讨对这一少数民族非物质文化遗产的有效保护。以某一少数民族非物质文化遗产相关的一系列文化生态因素的整体性保护为出发点，分析研究少数民族非物质文化遗产保护的理论及政策措施，意在实现少数民族非物质文化遗产保护的可持续发展，最终达到文化生态系统的自然平衡。

杜华军、杨亚娟的《宁夏回族传统技艺的“非遗”所思——以银川国际会展中心 C 馆的黄渠桥羊羔肉试吃活动为视点》[4] 中提到，时至今日，非物质文化遗产及其存续问题成为多方讨论的热点。然而，在对当今历史文化资源挖掘的同时，也应孕育出一种如何看待民间传统文化并使其活态传承，进而保护当代文化多样性的“非遗”话语。毫无疑问，

---

① 张兆、王天军、马慧敏：《哈萨克族传统体育文化探源》，载于《沈阳体育学院学报》2015 年第 4 期。

② 宋君、张雪莹：《浅谈水族传统体育舞蹈的保护与传承》，载于《才智》2015 年第 30 期。

③ 李钦曾、罗丹：《课堂教学与非物质文化遗产传承——以维吾尔族花毡制作技艺为例》，载于《石河子大学学报》（哲学社会科学版）2015 年第 6 期。

④ 杜华军、杨亚娟：《宁夏回族传统技艺的“非遗”所思——以银川国际会展中心 C 馆的黄渠桥羊羔肉试吃活动为视点》，载于《民族艺林》2015 年第 1 期。

非物质文化遗产保护为回族民间传统技艺焕发生机创造了契机，这门传统技艺既是经过长时间形成并传承下来的，又是现实生活中被延续的，是一种“活”的文化。文章以宁夏首批自治区级“非遗”项目中的黄渠桥清真爆炒羊羔肉制作技艺为个案，运用民族社会学的相关理论和方法，从传统技艺与非物质文化遗产的关系入手，分析了该项技艺中所包含的历史记忆、民族生存智慧及其面临的问题。

周梅的《贵州民族“非遗”生产性保护研究》① 从民族学理论视角出发，综合运用文化人类学与社会学相关理论方法，选取较具地方民族特性的部分黔西南州非物质文化遗产项目为研究对象，以企业、个体经营、家庭作坊三种模式为综合考察案例，主要考察以布依族服饰、龙溪石砚、小屯白棉纸、窑上制陶为代表的民间手工技艺的生产性保护实践，既探讨了生产性保护对这些民族“非遗”传承和发展的影响，又分析了保护过程中出现的矛盾和问题，进而为贵州整体开展“非遗”生产性保护做出初步的思考与探索。

陈功军的《新疆哈萨克族非物质文化遗产的保护与传承》② 一文认为，哈萨克族定居工程给游牧民族非遗保护传承工作带来了很大的机遇和挑战。文章从新疆哈萨克族非物质文化遗产的传承与保护现状、新疆哈萨克族非物质文化遗产的传承与保护的途径两个方面探讨了新疆哈萨克族非物质文化遗产的保护与传承。

杨田华的《非遗保护中的多元主体博弈探析——以彝族“白依人”唢呐保护为例》③ 一文指出，在全球化背景下的现代中国，非物质文化遗产保护逐渐成为时代主题之一。以云南鹤庆县彝族白依人唢呐文化保护项目为例，通过分析各参与主体的利益诉求及其互动过程，对非遗保护中的多元主体博弈问题进行了探究。倡导形成多元主体皆有机会参与及平等对话的工作机制、构建多元主体权力制衡及利益博弈的动态系统、提升各参与主体的非遗保护意识，对当前中国的非遗保护事业都是有益的启示。

杨殿斛的《一个“非遗”传承人的音乐人生与社会——音乐民族志写作探索之二“布依族音乐人杨宗培”》④ 一文关注黔南平塘县克度乡省级“非遗”保护音乐传承人杨宗培，平生追求民间音乐，热爱吹拉弹唱，努力挖掘身体最大表演（唱奏）音乐潜能。以“杂技音乐”自称，其影响已达申报吉尼斯纪录的程度。从民间舞台到央视媒体，“杂技音乐”是艺术表演还是杂要噱头？自我认同的价值取向支撑了杨宗培老人的音乐人生，也启示我们文化传承以及“非遗”保护应主动作为。

彭雪芳的《苗族“非遗”保护与传承现状调查——以贵州省台江县为例》⑤ 一文指出，少数民族丰富多彩的非物质文化遗产是中华民族文化宝库的重要组成部分。台江苗族历史文化底蕴深厚，拥有众多的非物质文化遗产资源，保存状况相对较好。然而，在经济全球化的当今社会，人口流动、城镇化建设的步伐加快、生产生活方式的改变、外来文化

① 周梅：《贵州民族“非遗”生产性保护研究》，硕士学位论文，贵州大学，2015 年。

② 陈功军：《新疆哈萨克族非物质文化遗产的保护与传承》，载于《艺术品鉴》2016 年第二期。

③ 杨田华：《非遗保护中的多元主体博弈探析——以彝族“白依人”唢呐保护为例》，载于《贵州民族研究》2015 年第 4 期。

④ 杨殿斛：《一个“非遗”传承人的音乐人生与社会——音乐民族志写作探索之二“布依族音乐人杨宗培”》，载于《音乐艺术》（上海音乐学院学报）2015 年第 4 期。

⑤ 彭雪芳：《苗族“非遗”保护与传承现状调查——以贵州省台江县为例》，载于《青海民族研究》2015 年第 3 期。

的影响，台江苗族非物质文化遗产也面临巨大的冲击，有的已处于濒危状态。文章通过实地调查，较为全面地描述与分析台江苗族非遗保护与传承状况，探索保护与传承苗族非遗的最佳途径。

纵观这些研究成果，有如下特点：关于可观可感的民俗事象的研究，尤其是具有表演性质的民俗文化的关注居多，涉及少数民族民间用语、民族心理等内容的研究较少，而少数民族民俗文化的教育传承研究更是少之又少。此外，我们利用京东网、当当网、亚马逊网的图书出版和介绍，将出版时间界定在"2015 年"，查询到涉及少数民族民俗研究的专著一百余部，研究的具体内容主要包括以下几个方面：

一是概述少数民族民俗文化的，如舒静庐的《礼赢天下·中华与世界礼仪全览：少数民族礼仪》①，罗杨的《大美村寨（连南瑶寨）》②，胡庆生的《贺州瑶族》③，郝国强的《坳瑶历史与文化》④，李春雨主编的《藏羌文化与民俗》⑤，张耀天、陈中山的《武陵地区土家族、苗族文化普及读本》⑥，"乡土中国"张良皋、李玉祥的《武陵土家》⑦，张锡禄的《张锡禄学术文选——南诏与白族文化》⑧，"美丽中国 56 个民族文化寻迹"杨福泉的《象形文里写春秋：纳西族》⑨，赵心愚编写的《纳西学研究（第 1 辑）》⑩，李霖灿、白庚胜、和自兴、和良辉的《李霖灿纳西学论集》⑪，桑耀华著、张瑞才主编的《德昂族史略》⑫，"临夏回族自治州史话丛书"董克义、沈国伟主编的《临夏保安族史话》⑬，阿本千的《鄂温克历史文化发展史》⑭，"走近中国少数民族丛书"⑮ 马自祥、马兆熙、丹珠昂奔的《东乡族》，陈立明、张媛的《门巴族》，李金明、丹珠昂奔的《独龙族》，吕俊彪的《京族》，王政德、董潇红的《裕固族》，马少青的《保安族》，乃珂热曼·依布拉音的《俄罗斯族》，玉时阶的《瑶族》，杨筑慧的《侗族》，陈国光的《彝族》，陈立明、李锦萍的《珞巴族》，朱凌飞、杨周明的《普米族》，黎学锐、黎炼的《仫佬族》，郭锐的《佤族》，苏翠薇的《拉祜族》，丹珠昂奔的《藏族》，李月英、张芮婕的《怒族》，王政德、董潇红的《裕固族》，马成俊、马建新的《撒拉族》，艾克拜尔·吾拉木、买力克·买买提、伊利迪尔的《维吾尔族》，林华的《台湾少数民族》，周国炎的《布依族》，罗文雄的《黎族》等。

---

① 舒静庐：《礼赢天下·中华与世界礼仪全览：少数民族礼仪》，上海三联书店 2015 年版。

② 罗杨：《大美村寨（连南瑶寨）》，辽宁民族出版社 2015 年版。

③ 胡庆生：《贺州瑶族》，世界图书出版公司 2015 年版。

④ 郝国强：《坳瑶历史与文化》，民族出版社 2015 年版。

⑤ 李春雨：《藏羌文化与民俗》，西南交通大学出版社 2015 年版。

⑥ 张耀天、陈中山：《武陵地区土家族、苗族文化普及读本》，重庆大学出版社 2015 年版。

⑦ 张良皋、李玉祥：《武陵土家》，三联书店 2015 年版。

⑧ 张锡禄：《张锡禄学术文选——南诏与白族文化》，云南人民出版社 2015 年版。

⑨ 杨福泉：《象形文里写春秋：纳西族》，民族出版社 2015 年版。

⑩ 赵心愚：《纳西学研究（第 1 辑）》，民族出版社 2015 年版。

⑪ 李霖灿、白庚胜、和自兴、和良辉：《李霖灿纳西学论集》，民族出版社 2015 年版。

⑫ 桑耀华著、张瑞才主编：《德昂族史略》，云南大学出版社 2015 年版。

⑬ 董克义、沈国伟：《临夏保安族史话》，甘肃文化出版社 2015 年版。

⑭ 阿本千：《鄂温克历史文化发展史》，中国社会科学出版社 2015 年版。

⑮ 《走近中国少数民族丛书》，辽宁民族出版社 2015 年版。

二是对少数民族本土知识给予关注的，如对少数民族口头传统进行研究的，姜又春的《沅水瑶族民间故事》①，朱刚的《作为交流的口头艺术实践——剑川白族石宝山歌会研究》②，贵州省民族古籍整理办公室出版的《北部侗族婚嫁歌（侗汉对照）》③，依不拉音·阿尤甫汇编的《阿图什民间文学精选》（维吾尔文）④，吾买尔江·吾斯曼编的《维吾尔民间文学精选一：莎车卷》（维吾尔文）⑤，阿依夏木·艾合买提编的《维吾尔民间文学精选一：哈密卷》（维吾尔文）⑥，海菲兹·萨塔尔编的《维吾尔民间故事》（维吾尔文）⑦，白克力·伊布拉音的《维吾尔绰号初探》（维吾尔文）⑧；如对少数民族医药的研究，胡玉萍的《土家医技医法精粹》⑨，杨付明的《土家族药物概论》⑩；如对少数民族农业生态本土知识的关注，严火其的《哈尼人的世界与哈尼人的农业知识 》⑪，朱贺琴的《维吾尔民俗与文化生态研究》⑫，柏贵喜的《土家族传统知识的现代利用与保护研究》⑬。以及“重庆市少数民族文化系列丛书”⑭ 袁昌曲、杨如安编的《重庆市少数民族饮食文化》，代银主编的《重庆市少数民族碑刻楹联》，陈彤、范才成、杨如安主编的《重庆市少数民族生命之礼》，康康主编的《重庆市少数民族民间音乐》，肖泽平的《后河戏剧本集》，张诗亚、杨如安主编的《民族文化传承研究文集》 等。“云南少数民族科技与文化”秦莹、李伯川主编的《傣族传统灌溉制度的现代变迁》⑮，杨久云、诸锡斌主编的《云南少数民族科技与文化——云南哈尼族医疗技术考述》⑯、《云南少数民族科技与文化——云南哈尼族传统药物探究》⑰，沈云都、杨琼珍的《纳西族山林观念研究——地方性知识的

---

① 姜又春：《沅水瑶族民间故事》，西南交通大学出版社 2015 年版。

② 朱刚：《作为交流的口头艺术实践——剑川白族石宝山歌会研究》，中国社会科学出版社 2015 年版。

③ 贵州省民族古籍整理办公室出版：《北部侗族婚嫁歌（侗汉对照 ）》，贵州大学出版社 2015 年版。

④ 依不拉音·阿尤甫汇编：《阿图什民间文学精选》（维吾尔文），新疆大学出版社 2015 年版。

⑤ 吾买尔江·吾斯曼编：《维吾尔民间文学精选一：莎车卷》（维吾尔文），新疆青少年出版社 2015 年版。

⑥ 阿依夏木·艾合买提编：《维吾尔民间文学精选一：哈密卷》（维吾尔文），新疆青少年出版社 2016 年版。

⑦ 海菲兹·萨塔尔编：《维吾尔民间故事》（维吾尔文），伊犁人民出版社。

⑧ 白克力·伊布拉音：《维吾尔绰号初探》（维吾尔文），新疆人民卫生出版社 2015 年版。

⑨ 胡玉萍：《土家医技医法精粹》，科学出版社 2015 年版。

⑩ 杨付明：《土家族药物概论》，中医古籍出版社 2005 年版。

⑪ 严火其：《哈尼人的世界与哈尼人的农业知识 》，科学出版社 2015 年版。

⑫ 朱贺琴：《维吾尔民俗与文化生态研究》，光明日报出版社 2015 年版。

⑬ 柏贵喜：《土家族传统知识的现代利用与保护研究》，中国社会科学出版社 2015 年版。

⑭《重庆市少数民族文化系列丛书》，西南师范大学出版社 2015 年版。

⑮ 秦莹、李伯川主编：《傣族传统灌溉制度的现代变迁》，中国科学技术出版社 2015 年版。

⑯ 杨久云、诸锡斌主编：《云南少数民族科技与文化——云南哈尼族医疗技术考述》，中国科学技术出版社 2015 年版。

⑰ 杨久云、诸锡斌主编：《云南少数民族科技与文化——云南哈尼族传统药物探究》，中国科学技术出版社 2015 年版。

建构与科技文明的袭入》[①]，诸锡斌的《云南少数民族科技与文化——傣族传统灌溉技术的保护与开发》[②]，秦莹、李伯川编著的《云南少数民族科技与文化丛书——傣族传统灌溉制度的现代变迁》[③] 等。

三是对少数民族非物质文化遗产的介绍与研究，如肖远平、柴立主编的《中国少数民族非物质文化遗产发展报告》[④]，祁庆富、史晖的《少数民族非物质文化遗产研究》[⑤]，邓娅、池永文的《土家族非物质文化遗产的学校教育传承模式研究》[⑥]，买合木提·买买提编写的《哈密刺绣》（维吾尔文）[⑦]，阿依夏木·艾合买提的《哈密木卡姆与麦西来甫》（维吾尔文）[⑧]。“湘西非物质文化遗产丛书”[⑨] 田明的《湘西土家族织锦技艺》，张子伟、石寿贵的《湘西土家族还土王愿》《湘西祭祖习俗》《湘西苗师通书诠释》《湘西苗族古老歌话》《湘西土家族毛古斯》；孟宪政主编的《湘西民间歇后语与谚语集萃》等。“中华文脉新疆非物质文化遗产保护系列丛书”[⑩] 别克苏勒坦的《哈萨克族阿依特斯》，王敏、周亚成的《哈萨克族转场》，戴明忠的《新疆花儿》，佟加·庆夫的《锡伯族西迁节》，楼望皓的《麦西热甫》，贺继宏的《玛纳斯》，徐玉梅的《新疆曲子》，周建国的《维吾尔族达瓦孜》，迪力夏提·帕尔哈提主编的《维吾尔族鼓吹乐》，王菲的《乌孜别克族埃希来叶来》等。

四是对少数民族村落民俗志的书写及文化变迁的研究，如井祥贵的《民族传统文化的学校教育传承研究：以丽江纳西族学校为个案》[⑪]，龙运荣的《嬗变与重构：新媒体语境下侗族传统文化的现代性变迁研究》[⑫]，孙明福的《民族民间审美文化消费式传承——以湖北省五峰土家族自治县为例 》[⑬]，蒋颖荣的《民族伦理学研究的人类学视野——以哈

---

① 沈云都、杨琼珍：《纳西族山林观念研究——地方性知识的建构与科技文明的袭入》，中国科学技术出版社 2015 年版。

② 诸锡斌：《云南少数民族科技与文化——傣族传统灌溉技术的保护与开发》，中国科学技术出版社 2015 年版。

③ 秦莹、李伯川编著：《云南少数民族科技与文化丛书——傣族传统灌溉制度的现代变迁》，中国科学技术出版社，2015 年 6 月。

④ 肖远平、柴立主编：《中国少数民族非物质文化遗产发展报告》，社会科学出版社 2015 年版。

⑤ 祁庆富、史晖：《少数民族非物质文化遗产研究》，中央民族大学出版社 2015 年版。

⑥ 邓娅、池永文：《土家族非物质文化遗产的学校教育传承模式研究》，中国社会科学出版社 2015 年版。

⑦ 买合木提·买买提编写：《哈密刺绣》（维吾尔文），新疆人民出版社 2015 年版。

⑧ 阿依夏木·艾合买提：《哈密木卡姆与麦西来甫》（维吾尔文），新疆人民出版社　年版。

⑨《湘西非物质文化遗产丛书》，湖南师范大学出版社 2015 年版。

⑩《中华文脉新疆非物质文化遗产保护系列丛书》，新疆美术摄影出版社 2015 年版。

⑪ 井祥贵：《民族传统文化的学校教育传承研究：以丽江纳西族学校为个案》，科学出版社 2015 年版。

⑫ 龙运荣：《嬗变与重构：新媒体语境下侗族传统文化的现代性变迁研究》，中国社会科学出版社 2014 年版。

⑬ 孙明福：《民族民间审美文化消费式传承——以湖北省五峰土家族自治县为例 》，中国社会科学出版社 2015 年版。

尼族为中心的道德民族志》[①]，何平的《傣泰民族的起源与演变新探》[②]，栗文清的《侗族节日与村落社会秩序建构——以贵州黎平黄岗侗寨喊天节为中心的研究》[③]，如对社会性别的关注，张翠霞的《神坛女人——大理白族村落莲池会女性研究》[④]，王逍的《超越大山：浙南培头村钟姓畲族社会经济文化变迁》[⑤]，王希辉主编的《从马背到牛背：散杂居蒙古族社会与文化变迁——以重庆彭水向家坝村为考察中心》[⑥]，黄嘉颖主编的《遗落古都心脏的民族文化珠宝——西安鼓楼回族聚居区结构形态变迁研究》[⑦]，刘婷主编的《壮族布洛陀文化的当代重构及其实践理性——那县的田野表述》[⑧]，王玲的《云南少数民族农村的社会文化变迁：对石林圭山大糯黑村彝族撒尼支系的调查与思考》[⑨]，田阡、何明的《“边缘”的“中心”：龙河流域土家族村落的文化变迁与族群建构》[⑩]，冯彦明、刘永佶的《十堰坪村调查：土家族》[⑪]，以及“中国民族经济村庄调查丛书”张丽君主编的《阿敦高勒嘎查调查：蒙古族》[⑫]，王天津主编的《三兰巴海村调查：撒拉族》[⑬]，李克强、王华主编的《新月村调查：畲族》[⑭]，高韫芳主编的《班丽村调查：拉祜族》[⑮]，高韫芳主编的《多依树村调查：佤族》[⑯]，王纪芒主编的《阿克喀巴克村调查：乌孜别克族》[⑰]，冯彦明的《十堰坪村调查：土家族》[⑱]，刘江荣、曾羽的《潘老寨村调查：侗族》[⑲]，等等。

---

① 蒋颖荣：《民族伦理学研究的人类学视野——以哈尼族为中心的道德民族志》，人民出版社 2015 年版。

② 何平：《傣泰民族的起源与演变新探》，社会科学文献出版社 2015 年版。

③ 栗文清：《侗族节日与村落社会秩序建构——以贵州黎平黄岗侗寨喊天节为中心的研究》，民族出版社 2015 年版。

④ 张翠霞：《神坛女人——大理白族村落莲池会女性研究》，博士学位论文，中央民族大学，2015 年。

⑤ 王逍：《超越大山：浙南培头村钟姓畲族社会经济文化变迁》，中国社会科学出版社 2015 年版。

⑥ 王希辉：《从马背到牛背：散杂居蒙古族社会与文化变迁——以重庆彭水向家坝村为考察中心》，中国社会科学出版社 2015 年版。

⑦ 黄嘉颖主编：《遗落古都心脏的民族文化珠宝——西安鼓楼回族聚居区结构形态变迁研究》，中国建筑工业出版社 2015 年版。

⑧ 刘婷主编：《壮族布洛陀文化的当代重构及其实践理性——那县的田野表述》，博士学位论文，中南民族大学，2015 年。

⑨ 王玲：《云南少数民族农村的社会文化变迁：对石林圭山大糯黑村彝族撒尼支系的调查与思考》，中国社会科学出版社 2015 年版。

⑩ 田阡、何明：《“边缘”的“中心”：龙河流域土家族村落的文化变迁与族群建构》，知识产权出版社 2015 年版。

⑪ 冯彦明、刘永佶：《十堰坪村调查：土家族》，中国经济出版社 2015 年版。

⑫ 张丽君主编：《阿敦高勒嘎查调查：蒙古族》，中国经济出版社 2015 年版。

⑬ 王天津主编：《三兰巴海村调查：撒拉族》，中国经济出版社 2015 年版。

⑭ 李克强、王华主编：《新月村调查：畲族》，中国经济出版社 2015 年版。

⑮ 高韫芳主编；《班丽村调查：拉祜族》，中国经济出版社 2015 年版。

⑯ 高韫芳主编：《多依树村调查：佤族》，中国经济出版社 2015 年版。

⑰ 王纪芒主编：《阿克喀巴克村调查：乌孜别克族》，中国经济出版社 2015 年版。

⑱ 冯彦明：《十堰坪村调查：土家族》，中国经济出版社 2015 年版。

⑲ 刘江荣、曾羽：《潘老寨村调查：侗族》，中国经济出版社 2015 年版。

三 展望与思考

纵观以上少数民族民俗研究的论文和著作，可以说，2015 年少数民族民俗的研究成果颇为丰硕，特点有三：一是学者人数众多，论文、著作层出不穷，尤其是地域性的民俗文化研究丛书居多；二是研究视野既在民间文化方面，又侧重于解决现实问题；三是涉及面深且广，少数民族的政治、经济、文化、教育、社会、宗教、民俗、民族关系等均有涉猎，其研究范围大大拓宽。然而，该领域的研究仍然存在些许问题，有待民俗学者们进一步充实和解决。

其一，有关少数民族民俗文化的历史文献资料尚有许多未被开发利用。由于少数民族社会历史、经济和文化发展的特点所致，少数民族历史文献有口碑文献、简易图符文献、少数民族文字文献及用汉语言或其他民族文字所记载的关于某一少数民族文化信息的文献。这些数量庞大、内容复杂的少数民族历史文献，其开发利用的价值巨大。

其二，对少数民族民俗文化的研究自发分散，缺乏整合协调与理论引导。已有的部分研究成果志在梳理有关少数民族民俗文化的文献资料，但有关史料的整理工作仍非常艰巨，需要更多的学者致力于其间；就研究而言，大多学者对少数民族文化进行了宏观描述，许多理论问题仍有待于具体深入的研究；另高水准的研究成果必须以重大项目为带动，而目前，如前所述国家社科重大项目只有兰州大学宗喀·漾正冈布教授、西南民族大学土登彭措教授领衔的“藏蒙医学历史与现状调查研究”、中山大学孙九霞教授、北京大学孙华教授领衔的“中国西南少数民族传统村落的保护与利用研究”及中央民族大学那木吉拉教授领衔的国家社科重点项目“中华各民族神话比较研究”，重大项目少、研究分散仍制约着少数民族民俗研究的进一步深入。

其三，同一省区的某一少数民族，在不同的文化空间内，其民俗文化的表现形态或许截然不同。然而，学者的研究“地方性知识”大多不太明显，多是针对某少数民族民俗文化事象的泛泛而谈，较缺乏深入田间地头的田野作业。故对少数民族社会结构及其变迁的整体把握应当建立在尽可能丰富的民俗志资料基础上，开展更多地以村落为单位的田野调查。而要想详尽所有民族在各地域的民俗研究，费时、费力且工程比较浩大。因此，此方面各民族的研究都比较匮乏。

民俗是一个民族生存与发展的根基，少数民族民俗研究问题，不仅是一种被长期忽略的各民族民间文化资源进入主流文化的过程，同时，也是一个对民族生存智慧及活态文化存在的再认知的过程，是一个更具理性精神的民族文化整合过程。我们认为，在现代社会中，学者应肩负起保存、传承和创新少数民族民俗文化的历史使命，拓展少数民族民俗文化传承的方式，为保护我国少数民族民俗研究提供新的视角，走出新的路径，最终在全国构建少数民族民俗研究的新行为和新途径。2016，我们拭目以待。

第四篇

论 著 评 介

【《亚洲民族学》杂志“中国民俗研究”特刊】

《亚洲民族学》杂志“中国民俗研究”特刊，2015 年 11 月

2015 年 11 月，名为“中国民俗研究”（*Chinese Folklore Studies*）的《亚洲民族学》（*Asian Ethnology*）特刊（第 74 卷第 2 期）在日本名古屋出版。经过五年的努力，在国内外学者的精诚合作下，由李靖、彭牧和杜博思（Thomas David DuBois）担任特约编辑的特刊终于付梓发行。

《亚洲民族学》的创刊可追溯至上个世纪 40 年代。1940 年，北平辅仁大学在叶德礼（Matthias Eder）及其他汉学家的努力下，成立了人类学博物馆。1942 年，博物馆的下属期刊《民俗学志》（*Folklore Studies*，或译《民俗研究》）创刊。此后，在叶德礼等外籍教职员以及国内学者赵卫邦等的参与下，该学刊坚持每年一期，用英、法、德语介绍东亚国家的民俗研究情况，包括东亚地区田野调查的最新资料、理论与方法论的进展等。1948 年，该刊迁至日本，1963 年改名为《亚洲民俗研究》（*Asian Folklore Studies*）。直到 2008 年，因“民俗”（folklore）一词的局限性，该刊改名为《亚洲民族学》（*Asian Ethnology*），目前由日本南山（Nanzan）宗教与文化研究所以英文出版。作为“艺术与人文科学引文索引”（*Arts & Humanities Citation Index*，简称 A&HCI）收录的民俗学国际核心期刊，该刊在亚洲民俗学研究领域中有着重要的地位，其特色之一是鼓励亚洲本土学者的研究。

《亚洲民族学》创刊以来，除了上世纪 40 年代初期赵卫邦在此发表了整体介绍中国民俗学研究的论文以外，后来虽然零星有中国学者发表中国民俗研究的文章，但整体看来，呈现出来的大多较为碎片化，缺乏综合全面的展示。而本期特刊，由六篇中国学者的文章组成，较为全面地呈现了中国民俗学兴起的历史、近年的发展轨迹与当下研究的现状。

李靖作为特刊的特邀编辑，其《中国民俗研究：走向学科成熟》（*Chinese Folklore Studies: Toward Disciplinary Maturity*）一文，可视为本特刊的绪论。在总结其他五篇文章的基础上，该文较为全面地介绍了本特刊的主旨。作者主要从民俗学史的角度切入，在回顾了中国民俗学发端、早期发展中的社会背景及政治倾向后，又分别从三个方面阐明了新世纪民俗学学科的转向。首先是对“到民间去”（going to the people）的新理解与新实践，如“民”的概念的转变。其次是对当下民俗学者身份的重新评估。作者肯定了学术界的独立性和批判性，肯定了学者们的自我意识。最后介绍了中国学者与国际民俗学界的交流，特别是在国外理论的引进及应用方面。作者提到，在探讨这期特刊中主要表现什么时，有两个引进的概念一直被学者们提及，它们分别是体知（embodiment）和语境（context）。其他五篇文章，分别从不同侧面反映了这两个概念，并在实践中对它们进行了反思与推进。正是在学者们的共同努力下，中国民俗学正在逐渐走向学科成熟。

安德明与杨利慧合作撰写的《1970 年代末以来的中国民俗学：成就、困境与挑战》（*Chinese Folklore Since the Late 1970s: Achievements, Difficulties, and Challenges*），细数了中国民俗学从上个世纪 70 年代末到当下三十多年的发展情况，展现了民俗学这门学科在中国社会的政治文化背景中的浮沉命运。该文第一部分为民俗学的复兴与重建。这一部分详细介绍了中国民俗学的学科性质、学科地位及机构设置，还特别提到了为民俗学学科建设做出巨大贡献的钟敬文、张紫晨等老一辈民俗学者。第二部分为理论与方法论的新拓展。民俗学逐渐恢复了学术研究的独立性，主要实现了研究对象、研究方法、研究视角三个方

面的转变，其间还涉及到国外理论的译介与应用。第三部分为民间文学三套集成与非物质文化遗产保护。这是中国民俗学界三十多年来在社会文化工作中影响最为重大、影响最为深远的两件事。第四部分为困境与挑战。作者就学科定位、个案与区域研究等方面的问题表达了对民俗学学科前景的思考。

刘铁梁的《劳作模式与村落认同——以北京房山农村为例》（Village Production and the Self Identification of Village Communities:The Case of Fangshan District,Beijing）一文，提出了中国村落研究的新视角。作者通过对房山农村地区的持续观察，回归生活本身，看到了村落在工业化影响下产生的“劳作模式”（village production）的变迁。而村落劳作模式（territorial village production）包含着村民们在特定的生产过程中所累积起来的身体经验与感性知识，正是这种共享的身体实践，构筑起了村民们的自我认同及其村落共同体。作者以京郊房山沿村的编筐业为例，从历史文献到口述资料，梳理了该地区的城乡经济结构的变化，并详细说明了该项手工业对该地区的生产、生活，特别是村落的集体信仰产生的深刻影响。基于此，作者进一步肯定了劳作模式对村落认同的积极建构作用。

陈志勤的《为了谁而保护非物质文化遗产？——民间信仰的主体置换与地方文化的再生产》（For Whom to Conserve Intangible Cultural Heritage:The Dislocated Agency of Folk Belief Practitioners and the Reproduction of Local Culture）一文，可以说是对国内正在如火如茶进行的非物质文化遗产保护的质疑与反思，特别是在民间信仰方面。作者在浙江省绍兴市调查时，发现其大禹信仰与舜王信仰分别被置换为名为“大禹祭典”和“舜王庙会”的非物质文化遗产，这里的置换，不仅是名称上的，更是主体上的。再加上之前旅游业的发展，该地的信仰文化不断被再生产。在这个过程中，因利益等因素，原来的信仰主体为政府所代替，连带着其信仰文化也被重构，而该信仰的真正主体即当地民众，却丧失了对自己的文化资源的社会与经济价值权力，甚至面临离开家园、放弃记忆的困境。基于这些事实，作者提出了非物质文化遗产保护的基本问题：为了谁而保护。这种“政府主导”的非物质文化遗产保护是值得深思的。

彭牧的《不可见的与可见的：与阴间沟通》（The Invisible and the Visible:Communicating with the Yin World）一文，创造性地用实践理论来探讨一个村落的信仰问题。作者从湖南茶陵地区村民们日常生活的身体实践出发，解释了当地人如何在缺少制度性宗教的条件下形成有关阴间的概念与信仰。作者参与观察了该地区阴历七月的鬼节（中元节），结合自己的体知，细致描述了村民们在祭祀期间的各种活动，如“下饭”“烧包”等。另外，作者还特别提到了当地的两种灵媒，一种是业余的，即“颠祖牌”时被祖先附身的普通村民，另一种则是专业的，即“梅爷”，可“查家”“调魂”等。“梅爷”的存在，以村民们共享的关于阴间的知识为基础，而这又反过来促进了村民们对阴间的信仰。正是这些“实践的信仰”（practical belief），使村民们在传统实践的“做”中完成了对阴间的想象与确认，并使之代代相传。

杨利慧的《语境的效度与限度——对神话传统的民族志研究反思》（The Effectiveness and Limitations of “Context”:Reflections Based on Ethnographic Research of Myth Traditions）一文，是对学术界“语境”（context）一词泛滥应用的质疑。作者立足于河南淮阳、重庆市走马镇司鼓村、山西省洪洞县侯村等三个社区的田野调查，提出了对“语境”这一概念之有效性的反思。语境虽然影响着神话文本的构成和变化、神话的讲述场合、讲述者与听众的构成与规模以及神话的功能与意义，但这种影响是有一定限度的。这种限度表现在神话的核心母题、母题链的组合与类型、基本情节等方面的稳定性。基于对“语境中的民俗”的反思，作者提出结合文本与语境、历史与具体表演时刻（the very moment）、区域与比较、集体传承与个人创造力的“综合研究法”（synthetic approach）。

本期特刊，突显了中国学者在民俗学研究领域的不断探索与进取之心。这组文章不仅较为全面地展示了中国民俗学界最新的理论思考与研究成果；更为重要的是，让中国民俗学在国际民俗学界发出了自己的声音。这种声音，不仅打开一个了解领略中国当代民俗学学科成熟的窗口，也必定会进一步促进国内外学术界之间的交流与合作。我们相信，不管是对中国还是世界民俗学界来说，这都将是一个新的开始。

（原载《贵州民族大学学报（社会科学版）》2016 年第 1 期；供稿：沈　燕）

【二十世纪中国民间文学学术史】

刘锡诚著，中国文联出版公司 2014 年 12 月版

民国时期，梁启超（1873—1929）著有《清代学术概论》《中国近三百年学术史》。自从新中国成立后，至 2006 年 12 月为止，有上百部中国文学史、近代中国文学史、中国现代文学史、中国当代文学史、20 世纪中国文学史，却并无中国文学学术史。有十几部文学思潮史，其中涉及文学思潮，也没有学术思潮史。有几部思想史，主要是谈政治思想，也没有学术思想史。之所以出现这样的情况，原因多种，主要原因在于，要从上千个学者、名人、作家的著述中爬罗剔抉出学术思想来，谈何容易！2006 年 12 月，河南大学出版了刘锡诚先生（1935—　）撰写的《二十世纪中国民间文学学术史》，终于打破了新中国无学术史的记录。从 2011 年起，刘锡诚先生集中精力，费时三年，悉心对原书进行修订和增补。2014 年 12 月由中国文联出版社出版了这部 110 万字的增订版《二十世纪中国民间文学学术史》（以下简称《学术史》）。研读这部新增订的煌煌巨著后，我认为，该书具有六大鲜明特色，应该大书特书。

特色之一是，时期划分创新。一般的文学史、思想史、学术史分期或以朝代划分；或以年代划分；或以思潮划分；或以某一社团（如“左联”）的成立划分；大致雷同，看不出该时期文学、思潮、思想、学术的特殊性。在他们笔下，文学的发展似乎是径行直遂，总是前进、向上的。其实，南朝的文学，“绮丽不足珍”，早就受到后人的批评。《学术史》从民间文学学术实际出发，认为民间文学学术，包括：民间文学，民间文学的收集和研究，关于民间文学的主张，思想和理论，民间文学田野调查，与民间文学有关的刊物宗旨和具体实践，等等；将 20 世纪中国民间学术史划分为六个时期：现代民间文艺学的滥觞期（1900—1918）、歌谣运动的兴衰（1918—1926）、学术转型时期（1927—1937）、战火烽烟中的学科建设（1937—1949）、共和国“十七年”的民间文学搜集研究（1949—1966）、新时期的民间文学理论建设（1976—1999）。各个时期民间文学学术的特殊性；相互之间的区别；下一时期与上一时期之间学术的衔接、传承和发展；阅后一目了然。1966—1976 的“文化大革命”期间，并无民间文学学术，干脆不划出“文革”十年民间文学学术时期。一句话，实事求是，一切立足于民间文学学术的实际。这样，各时期民间文学学术的特殊性有了，区别所在有了，传承和发展也有了。

过去，论及“五四”新文化运动时，总是把梅光迪视为思想保守的代表人物。但是，恰恰是梅光迪，使用了“民间文学”这个词汇，并提出“文学革命”要从“民间文学”入手这一思想。“仅此两点，在当时的学界当属首创。”《学术史》把梅光迪作为“现代民间文学的滥觞期”的代表人物之一。相反，“左联”，一般人都认为是革命文学阵营之所在，但是，“左联”中的人物，除鲁迅、茅盾、周文等少数人对“民间文学”持肯定态度外，其余大多数人却把“民间文学”等同于“封建文艺”予以彻底否定。什么是创新？仅就划分时期而言，这就是创新！因为，前人不曾有过如此从实际出发的学术史分期的划分。

特色之二是面、点结合。刘锡诚先生把各个时期不同地域的民间文学学术作为“面”，同时又把该时期的一些代表性学者的民间文学学术思想、学术成就、学术理论作为“点”，如此“面” “点”结合，就如实地、深入地显示了不同时期民间文学学术的全貌。如第四章《战火烽烟中的学科建设（1937—1949）》，刘锡诚先生把沦陷区北平的民间文学，上海、香港、北平的俗文学派的崛起，南溪、昆明、贵阳的社会—民族学派，大西南的民间文学采录，胜利后的上海民间文学界、解放区的民间文学搜集和研究，香港的民间文艺活动，作为“面”；而把郑振铎、赵景深、黄芝岗、叶德均、刘兆吉、吴泽霖、光未然、袁家骅、陈国钧、顾颉刚、罗香林、常任侠、徐旭生、闻一多、朱自清、薛汕、程憬、孙作云、丁英、李白英、钟敬文、柯仲平、林山、董均伦、钱毅等人在民间文学学术上的成就和观点作为“点”，给予充分的、深刻的研究。“面” “点”结合，战火烽烟中的我国民间文学的学术思想、学术观点、学术成绩，历历如绘地呈现在读者面前。

特色之三是“重” “轻”得当。在我国民间文学学术的历史发展中，有的学者的观点正确，影响广泛且深远；有的学者观点有争议，影响有限且短促。如果有闻必录，轻重不分，平列地加以论述，那就不但违背史实，而且失之公正了。刘锡诚先生不是这样，他按照历史的本来面目，将民间文学学术界内的知名人物的影响深远的学术思想，视为“重”；但也不忽略那些曾经在小范围内产生过某些影响的学术思想，视为“轻”，“重” “轻”得当地给予论述。如鲁迅的神话观，不只评说了神话的产生；神话是先民的集体口头创作，是社会发到一定阶段的产物；神话的演进与消亡；神话幻想的特点是把自然现象人格化、把自然力神灵化；神话中的幻想是以现实做根据的；原始先民对神话是信以为真的；而且还论说了神话与文学的关系，神话是文艺的萌芽、小说的开端；探索了我国古代神话何以仅存片断的原因等。刘锡诚先生既肯定“鲁迅无疑是我国神话研究领域的开创者之一”，又同时指出“鲁迅的神话观点往往带有他早期的思想特色和局限”，总共给予18页的篇幅。此外，对于郑振铎等人的民间文学研究，《中国俗文学史》的问世，也着“重”做了论述。对于某些学者的“一家之言”，尊重他们的学术思想，也给予一定的评说，但并不多费笔墨。有关四大传说研究（牛郎织女、孟姜女、白蛇传、梁山伯与祝英台），《学术史》作为“重”，加以细致、切实的研究，而对于中国不多的“动物故事”，作为“轻”，几乎一带而过。“轻” “重”得当地论述民间与学术思想，使《学术史》的学术含金量大大提高。

特色之四是“史中出论”。在左倾思想严重时期，文学史界有过“以论带史”的说法和做法，一部中国文学史被写成儒法斗争史或现实主义和反现实主义斗争史。新时期到来后，这种说法和做法得到了纠正，但“以论带史”的影响还在。刘锡诚先生不是这样，他在《学术史》中实践的是“史中出论”。当他对学术史的叙写与论述到了相应时刻，他自然地适当地从“史”中提出“论”。1957年反“右”运动开始后，把1954年《民间文学》创刊时钟敬文的《发刊词》和1957年《民间文学》的《编后记》当作错误言论来批；到1958年发动新民歌运动以配合“三面红旗”——“总路线”“人民公社”“大跃进”三大政治运动；到组织创作新歌谣去配合国际上反帝反修斗争……这时，刘锡诚先生“史中出论”，指出：我国“把民俗学批评为资产阶级的科学，把民俗学的学者斥为资产阶级学者”，把民间文学“等同于一般文学创作，把它当成‘为政治服务’的工具”，“显然是进入了误区”。在对新时期的史诗研究作了叙写和论述以后，刘锡诚先生又水到渠成地发表高论：“20世纪末的二十年间，中国的史诗研究从无到有”，“初步建立起了我国自己的史诗学理论框架和体系，初步形成了史诗研究的中国学派。更令人欣喜的是，史诗作为古代文学的重要体裁，已经赫然地登上了中国文学史的殿堂。”我国历史著作本来就有“史中出论”的优良传统，司马迁在《史记》中常常在叙写了某人某事的历史发展后发表他的言论。他写完《项羽本纪》，以“太史公”的名义写道：一方面称颂项羽的功绩“近古以来未尝有也”；另一方面批评项羽：“卒亡其国，身死东城，尚不觉寤，而不自责，过矣。乃引‘天亡我，非用兵之罪也’，岂不谬哉！”刘锡诚先生继承与弘扬了这种来自历史又高于历史的“论”的修史传统，我认为它既是《学术史》的特色，也是十分可取和应当提倡的。

《学术史》特色之五，与国际民间文学学术接轨。国际民间文学学术发展到了今天，有三大概念已经成了国际民间文学界的共识：一、民间文学必须是原汁原味的，口述者是谁，何时口述，何人记录，必须严格符合历史真实，原汁原味。二、那些文人编写的所谓“民间故事”“民间文学”，是伪民间文学，必须把它们剔除在民间文学之外。三、民间文学必须重视田野调查。《学术史》“以百年民间文学学术史上是否存在着流派和流派的消长为切入点，对学术史进行了深入的耙梳与研究”，从一开始就只搜集研究原汁原味的神话、童话、歌谣、传说、故事、民族学调查中的民间文学、民间文学采录、民间叙事史、史诗等相关资料，认真、切实地加以论述。凡是文人编写的所谓“民间故事”“民间文学”一概不收。譬如，山西有个清徐县，说是该县《罗氏家谱》中第六代罗锦有“次子出外”字样，遂认为罗锦无名字的“出外”“次子”即为《三国演义》原作者罗贯中。但经学者考证，纂修《罗氏家谱》的罗礼，和罗锦“出外”的“次子”罗才某的关系是侄子和亲叔叔的关系。罗礼纂修《罗氏家谱》时在1567年，约40岁左右。他的“出外”的二叔罗才某比他大25岁至27岁，出生于1500年上下，即明弘治十三年左右。庸愚子（蒋大器）为《三国志通俗演义》作“序”的时间，为弘治甲寅，即1494年，罗才某尚未出生。因此，可以肯定，《罗氏家谱》中的罗才某，根本与《三国演义》无关。山西清徐县的所有关于罗贯中的“民间故事”“民间文学”，均出于文人之手，是假民间文学，《学术史》一概没有收录。但《学术史》无论是对歌谣研究会派对歌谣的采集，还是对新时期马学良的田野调查、参与观察，都做了翔实的记叙，都做了充分的肯定，认为马学良“所倡导的，恰恰是田野考察和参与研究的要义。他的学术思想在少数民族民间文学和民俗学干部中有着广泛的影响”。所以，《学术史》的全部叙写与国际民间文学学术接轨，它已成为国际民间文学学术的组成部分。

最后，《学术史》特色之六，是它学术性和通俗性兼备，成为一部可读、耐读的学术著作。一般的文学史、思潮史、思想史著作大多写得学术性有余，通俗性不足。不是同行、专业的普通读者，很难从头看到尾。《学术史》的行文，简洁、明白、凝练、流畅，既是学术性的又是通俗性的。其间穿插着一些故事，如梁启超第一个使用“神话”一词；程憬《中国古代神话研究》的遭遇；长沙子弹库楚帛书创世神话研究，等等，都写得情文并茂，兴味盎然，叫人一口气读完。如此学术性与通俗性兼备的著作，为学术著作走向一般读者开辟了一条通道。

新中国第一部特色鲜明的民间文学学术史，能取得这么大的成就，实在难得。我为刘锡诚先生贺，更祝愿《学术史》不只在民间文学界，而且也在文学界、学术界、史学界产生久远的影响！

（原载《民间文化论坛》2015 年第 6 期；供稿：陈　辽）

【中国民间故事史】

祁连休著，河北教育出版社 2015 年 1 月版

2015 年，祁连休先生在河北教育出版社出版了三卷本《中国民间故事史》，这是第一部中国民间故事史类丛书。我有幸拜读了祁连休先生的大著，深为书中科学精深的论述所敬佩，深为宏富广博的资料所惊叹，深为中国民间故事史书编写的创新精神所折服。该书籍由民间故事历史发展状况来观照中国历代文学作品中所录的民间故事，读者因此可以窥探民间故事在时代发展中的演变过程，以及其表现方式的递进。难能可贵的是，该书在条理清晰地演述中国古代民间故事进程的同时，兼顾对于相关古籍和所载故事的记录和分析，涉及到多数过去中国民间故事史料撰写者所不曾或较少留意的古籍文献，也论及了一些前人所未曾或较少涉及的论题。此外，祁氏的《中国民间故事史》在书写方法上的独特性和中国民间故事理论追求，体现了祁先生在中国民间故事研究方面的大胆创新和对中国民间故事文化的多元性、多层次性的科学认识，代表了中国民间故事的最前沿研究成果，是目前中国故事研究中最具历史文化含量的著作。

一　资料广博而翔实 取材全面而精细

修史，是一件苦差事，要翻阅大量文献，掌握大量资料，要对资料的科学性进行甄别。“史书”是用事实说话，拥有清晰的历史逻辑，尽管包含了个人的选择因素。民间故事史的基本材料是民间故事，但是又不仅仅囿于民间故事，而是关涉到与民间故事有关的文化。中国民间故事浩如烟海，跨度两千多年，涉及几十个民族，流布在广袤的中国大地上，尤其困难的是在两千多年中并没有系统地记录民间故事的专门文集，即使有以民间故事为主的“笔记”，却大多是某一个时期的产物，常常挂一漏万不够全面，并且常有非民间故事夹杂其中，即便如此也并不是被完整地保存下来，有的全书遗失，有的残缺不全。而大量的民间故事则散见于各种古籍文献之中，因此，要想窥见中国民间故事的全貌，并不是一件容易的事。《中国民间故事史》实现了作者“以充分展示中国历代民间故事作品为主旨……尽量充分地揭示出中国古代民间故事多姿多彩的面貌，而且突出其不同于一般笔记小说、通俗小说的民间文学特征”①（导言，P3）的著书意愿。充分利用故事编写故事史，从大量的故事资料引用和分析中，揭示出中国民间

① 祁连休：《中国民间故事史·导言》，河北教育出版社 2015 年版，第 1 页。

故事发展史的清晰脉络，是本书一大特色，令人耳目一新。

从《中国民间故事史》使用的民间故事文本例证来看，主要突出了以下特点。一是广博，上自秦汉下至清末两千多年范围内，从各种文献中进行了拉网式排查、钩沉、梳理，所得中国传统故事尽收于使用资料之中，所列古文献目录达220多种，其中不少是类书和集成，这类书籍动辄有千百万字，从中搜集民间故事犹如大海捞针，尽管如此，作者却能一丝不苟，无间寒暑，穷尽民间故事，为使该书完成揭示中国民间故事全貌的任务准备了充分的条件，从此可见作者付出的巨大劳动和心血。二是质量高，中国民间故事在漫长的岁月里由于人们的认识问题及其他社会原因，常常鱼目混珠。为使中国民间故事名副其实，作者对所搜集故事作品，都一一做出严格鉴别，认定每篇作品是否真正属于中国民间故事。祁先生明确提出了鉴别中国民间故事的方法，即："以符合民间故事的基本特征（包括思想内容、艺术风格、叙事特点、结构模式等）以及流传变异、故事类型的相关特征为准绳，这是最主要的鉴别方法……运用各种参照的方法进行鉴别。以各种已有定评的古代民间故事作为参照；以中国各民族现当代口传民间故事作为参照；以外国民间故事作为参照。"[①] 这样筛选出的作品，为全书的科学性提供了保证，从中可以看出作者严谨的学术态度和对中国民间故事科学性的责任感。三是使用了新发现的材料，有一些古籍文献在过去的年代里并未引起民间故事学者的关注或较少关注，例如宋代成书的《鬼董》《湖海新闻夷坚续志》《说郛》，明代成书的《情史》《稗史汇编》《玉芝堂谈荟》等，再如藏族故事集《甘丹格言注释》《益世格言注释》。祁先生从这些文献中整理出许多优秀民间故事，极大地丰富了中国民间故事宝库。

中国民间故事史对民间故事素材的使用和处理十分精当，恰到好处，每则故事都经过作者精心选择，恰如其分地充当说明主旨的最合适的材料。据统计书中有1180多处引用故事原文（包括故事异文），占整个中国民间故事的比例并不算大，都极具高度代表性。在众多同类型故事中选取一两篇代表作品，需要具有极高的学术造诣方能做到，而祁连休先生深思博辨，慧眼独具，所选例篇十分适当。尤其可贵的是所使用的每则故事，不论篇幅长短，少则几十字，多则几百字，甚至上千字，祁先生对每则故事都有寥寥数语画龙点睛的点评，揭示出故事的核心所在，指出其思想性艺术性及其影响作用。例如作者对《幽明录·庞阿》故事点评道："叙写石女因倾慕意中人而离魂诣其家，两度被拘执，方证实其为石女之魂神，令人称奇。精诚所至，金石为开，石女最终与心仪已久的庞阿结为夫妻。这则作品，使《搜神后记》卷三《形魂离异》中的离魂母体得到进一步的发展，成为一桩感人的婚恋故事。它对后世的民间故事与文艺创作都有影响。在【唐】陈玄祐撰《离魂记》、【元】郑光祖撰《倩女离魂》、【明】汤显祖撰《牡丹亭》、【清】蒲松龄撰《聊斋志异》卷二《阿宝》等中，都不难窥见这种影响"[②]。这个点评说明了故事情节（离魂到意中人家两次被拘）中心思想（对爱情的坚定追求）艺术技巧（令人称奇），同时详细叙述了其对历代文艺创作的影响。这种点评工作需要极高的学术水平，祁先生却能做得简明扼要得心应手，足见其功力深厚。

---

① 祁连休：《中国民间故事史·导言》，河北教育出版社2015年版，第2页。

② 祁连休：《中国民间故事史》，河北教育出版社2015年版，第125页。

二 科学的编写体例 崭新的历史视角

中国民间故事数量极大，门类繁杂，要做到作者“以展示见诸历代各种文献的不同门类、不同题材的民间故事为主线来撰写一部中国民间故事史，而不是以展示历代记载民间故事的古籍文献为主线”[①]的预期目的，除了对中国民间故事全局的把握和深入的认知之外，还需要科学的论证体系。祁先生在充分把握资料的基础上，在编写体例和论证方法上都做了新的尝试。他将民间故事分别划分为幻想故事、写实故事（又称生活故事）、民间笑话、民间寓言四大门类，排除了神话、民间传说等类型的口头叙事文学，从而保证了取材的科学性，避免了以往将部分民间文学的东西夹杂其中的不当做法。同时，在论述时仅仅把握各时期的重点，先秦两汉部分突出了民间寓言，魏晋南北朝和隋唐部分突出了幻想故事和写实故事，明代突出了民间笑话，这种讨论重点突出，主次分明，却又显示出中国民间故事较强的体系性。

作为史书，对故事的发展应有较为明确的时代划分，否则，故事的发展将与时代背景脱节。中国民间故事属于意识形态范畴，它的产生、发展、变异、影响以及凋亡，都与社会发展有关，所以对中国民间故事进行断代，对民间故事研究工作具有重要意义。祁先生对中国民间故事断代问题非常明确。他提出了“根据作品记录的年代来断定作品的年代”[②]的方法，来划分作品年代的问题，是较为合理的。前一个朝代的人不可能记录下一个朝代出现的故事，每一个朝代都有记录相关故事的文献，这样，谙熟古代典籍的祁先生辨别中国各故事产生的大致年代是准确而符合实际的。他将中国两千多年的故事发展分为六个时期，即先秦两汉时期、魏晋南北朝时期、隋唐五代时期、宋元时期、明代时期、清代时期。对各个时期分章列节，首先论述该时期重要的民间故事文类，再论及其他文类，讨论该时期的民间故事类型和民间故事采录，最后选编重要著作加以分析。结构清晰整齐且能够较为全面地观照到中国民间故事史的各个方面。重点突出，充分展示各个时期民间故事发展的脉络、成就和贡献，一目了然，可谓体例科学，纲举目张。该书对中国故事六个发展时期分别做了十分精辟的概述，分别放在每篇之首，指出每个时期在中国故事发展链条上的成就、地位、重点、特色、重要文献，使读者在阅读该时期故事史时首先有一个概括的认识。例如对于宋元时期，书中写道：“宋元两代共计408年，这个时期，中国民间故事在隋唐五代的基础上得到了进一步的发展，并且为明清两代中国民间故事的发展和进入鼎盛时期做好充分准备。宋元时期在中国民间故事发展史上具有承上启下的地位和作用，各类故事的发展都比较均衡，不但幻想故事、写实故事、民间笑话、民间寓言四个门类如此，每个门类中的各个小类也大体上如此”[③]。如果将六个时期的概述放在一起看，它就是一篇简明中国故事小史，对读者具有十分重要的指导作用。

在对各个时期发展论述时，除对该时期各类故事重点论述外，还另列一个章节集中讨论该时期与民间故事采录的相关问题。这是作者的历史新视觉，通过这一视觉的观察，使读者更为详细地了解中国民间故事在各个时期涌现的热心采录民间故事的文化人和收有民间故事的著作，以及

① 祁连休：《中国民间故事史·导言》，河北教育出版社2015年版，第1页。

② 同上书，第2页。

③ 祁连休：《中国民间故事史》，河北教育出版社2015年版，第322页。

各时期对民间故事讲述人的重视程度，从而可窥见采录情况的好坏、对中国民间故事发展的直接影响。这一历史新视觉，为故事史书增添了新内容，成为该书的一大亮点。

中国民间故事的源头在民间，民间故事是民众以自发方式世世代代口耳相传的口头叙事文学，经过文化人的采录，由口耳相传形式变为语体。其实中国民间故事采录的过程就是中国故事史的发展过程。但在历史的发展中民间故事也有所变化，而我们又怎知今日所见书籍记载的故事是否就是当时民间流传的故事呢？这就需要考察古籍文献对于民间故事的采录状况，祁连休先生说："撰写中国民间文学史，包括撰写中国故事史在内，主要是以历代古籍文献的相关资料为依据的。因此，对于历代古籍文献在民间文学作品，包括民间故事在内的采录状况的关注，是写史的一个不可忽视的重要内容。"[①]（先秦至隋唐五代篇，P63）

从先秦至明清，祁先生细致入微地概括了不同时期中国民间故事采录的基本情况，从先秦时期的起步到魏晋南北朝时期自觉性采录的大进步；到隋唐五代进入中国民间故事采录的成熟期；随后进入宋元时期，中国民间故事采录迎来了新时期，出现了录写民间故事的专书并开始重视民间故事讲述人；明代是发扬了前朝民间故事采录的优良传统，出现了"许多比较有成就的民间故事采录家"；最终迎来了清代中国古代民间故事采录的顶峰时期。根据这一观察不难发现，中国民间故事发展的坐标线非常清楚。另外，先生悉数每个时期的中国民间故事的采录特点，在中国古代民间故事史的宏观背景下观照中国古代民间故事的采录发展史，如此勇敢的尝试不仅表现了祁先生的学术胆识，更对今后的故事研究工作将产生很大影响。

祁先生在论述了中国古代民间故事采录的发展脉络后，侧重论述了每个时期对于民间故事做出卓越贡献的文献古籍。如魏晋南北朝时期的《搜神记》，他认为《搜神记》在总结借鉴前人的基础上，加之作者自身的摸索，而成就了民间故事采录的一个"较为完整的体系"，概括出收集民间故事的两大主要渠道：其一，"采用前人成果"，包括"直录旧籍，不作改动"和"进行必要的加工、润饰，或作必要的增补"两种方式；其二，"自己采录"，包括"采录前朝流传下来的民间故事"和"采录当时流传的民间故事"两种方式。祁先生将《搜神记》当做"我国民间故事采录发展的一座里程碑"，认为它"不仅影响了两晋和南北朝时期出现的另外一批采录者的实践，使他们在收集、录写民间故事方面取得许多成绩，而且有力推动了自隋唐五代以来民间故事采录事业的健康发展"（先秦至五代篇，P172）。祁先生对中国古代民间故事采录的重要文献分析，不吝笔墨，避开多数故事学者对于文献古籍中故事文本的关注，更多留意故事的采录，视角独特。这样以中国民间故事采录发展史为书写的视角，对于中国故事史的研究具有深刻意义，对于现当代民间故事的收集和采录仍具有重要的借鉴作用。

三　关注故事类型发展　考察故事流传变异

该书在每一章中都列有一节关于该时期的民间故事类型，以讨论该时期民间故事新类型的生成和旧故事的流传变异或衰落，这是祁先生研究故事史的新角度。即通过某一时期故事类型的出现情况来判定该时期故事发展创作采集流布的繁盛与缓

---

① 祁连休：《中国民间故事史》，河北教育出版社 2015 年版，第 52 页。

慢情况，即通过对某一具体故事的流传变异凋亡的考察来说明故事在某一时期的生存状态。这个角度是直观的。书中列举了先秦至清代出现的故事新类型数量，计有：春秋至战国 20 个，两汉 15 个，魏晋近 70 个，隋唐 50 多个，宋元 50 多个，明代 70 多个，清代 150 多个。通过故事数字的统计可以直观地了解各时期民间故事发展的情况。例如书中对魏晋南北朝时期评价道"魏晋南北朝时期是中国古代民间故事的第一个大发展时期，也是中国古代民间故事类型的第一个兴旺发达时期，涌现出近 70 个新的故事类型。新涌现的故事类型门类齐全，既有幻想故事、写实故事、民间笑话、民间寓言以及各类民间传说等方面的类型，充分显示出这一时期民间故事类型的多样性特点和丰富程度，令人耳目一新"①。

这个研究角度又是微观的，通过对故事个案的考察，以发现该时期各类故事的生存状态。祁先生说："民间文学作品的生命在于流传。民间故事绝不可能一成不变。它总是在流传的过程中产生变异，保持活力，发挥影响。只有捕捉到民间故事在流传过程中的各种生存形态和变化，才能真正认识民间故事，发现民间故事的特征和价值。"②

《中国民间故事史》正是通过考察民间故事在流传过程中产生的变异来观察它们的生存状态，从而达到发现民间故事的特征和价值。作者在民间故事类型部分里一一详细记述了各个新类型出现的原始典籍以及当时流传的变异情况并列出异文加以比较。例如魏晋南北朝时期出现的"观仙对弈型"故事，最初见于《郡国志》题目名"王质"，又见于《搜神后记》卷一题目名"仙馆玉桨"和《幽明录》题目名"仙馆棋者"及《殷芸小说》卷七"仙馆棋者"，还见于《异苑》卷五"樗蒲仙"和任昉撰《述异记》卷上"王质"。并举出三篇异文加以分析，这则故事由最初《郡国志》的 26 字经改写变异发展到《述异记》的六七十字。其间经过了《搜神后记》的加工和《幽明录》《殷芸小说》对《搜神后记》的改写，以及《述异记》在文字上的拓展。并指出各异文间的差异以及此故事后来在唐宋元明清及近代各时期多有发展，至现当代仍在冀、豫、晋、辽、沪、粤、桂等地流布。通过对这则故事来龙去脉的考察，见微知著，使读者了解各类故事的发展历史及人民群众对故事发挥的创造性和对故事倾注的感情。正是由于对典型个案的认真考察极大地加强了该书的学术深度，有力地支撑了该书的科学性，对中国故事的学习者和专业研究者都有莫大的启发和帮助。一则故事从出现以至于流传变异或失传的过程十分复杂，要厘清这个发展过程十分不易，祁先生不但搞清故事发展原委并对每一变化过程做出符合实际的解释，这在相当程度上为我们展示了中国民间故事的发展具有的动力源泉。

祁连休先生在《中国民间故事史》中对于同一主题、同一类型跨时代、跨地域的不同文本的比较特别突出，在比较的过程中认真分析各种变化的原因和变化的情况，例如，在探讨隋唐五代的降妖灭怪故事类型时，先生就将其与前一时期同类故事做了比较，认为这个时期的降妖灭怪故事发生了两种变化，一为"宗教（道教与佛教）的影响力明显增加"；二为故事主角在降妖灭怪过程中更多了"充分了解对手，化敌为友，为我所用"的故事情节。再如，隋唐五代时期的鬼魂故事与其他时期相比"宗教影响有了明显增加"，而这

① 祁连休：《中国民间故事史》，河北教育出版社 2015 年版，第 144 页。

② 同上书，第 53 页。

自然与此时宗教的繁盛，佛教经典的传译增多有着密切关系。对于异文的比较，是该套丛书篇幅最多的内容之一，为便于读者了解异文之间的差异，祁先生将重要故事类型的异文大篇幅地摘录出来进行分析。正如祁先生所言，对于异文的关注“成为录写民间故事与进行小说创作的一大区别。小说创作力避重复与雷同。而采录民间故事异文，则要在相似的故事情节里面捕捉流传过程中产生的变化、发展，发现其中所包含的各种意义和价值”。① 异文是故事发展变异的重要特征，祁先生注重对故事异文的研究，不单是为了说明故事本身的发展，其意义还在于通过这一研究透视出中国故事对中国文艺的影响，折射出中外文化交流的情况，以及对各时代人民精神生活的影响和社会思潮的相互作用。从这个视角来看，《中国民间故事史》的学术思想十分厚重，并且具有跨文化比较的意义。

四　作史表志　凸显人文关怀

梁启超先生曾经说过：“盖读史以表志为最要，作史亦以表志为最难。旧史所无之表志，而后人摭拾丛残以补作尤为难。”② 祁连休先生把自己的大半辈子奉献给了民间故事的研究事业，这套丛书的付梓不仅是先生对于中国民间故事历史的查缺补漏和回顾梳理，先生更是借以托物言志，表达自己的人生观、价值观和世界观。

一部好的史书，总是在向读者展示过去的同时，引导人们建立健康的读史视角，积极地面对当下。祁先生的《中国民间故事史》是极为注重文本分析的，初拿此书，读者不免会为书中大篇幅引用的民间故事感到震撼。我也曾一度怀疑，该书是否会存在乏味陈列民间故事的可能，但仔细翻阅后，却让我深深地沉浸在了祁先生对于民间故事的深深感情中，这大约也是民间故事的感召魅力。例如，在谈及魏晋时期的善恶有报故事时，祁先生认为该类型在当时主要有两个方面的内容，一为“为人忠厚者行善积德终得好报”，二为“奸诈狠毒者怙恶不悛终得恶报”，并认为“内中难免带有某些迷信色彩，但其惩恶扬善的题旨在当时乃至后世，都具有一定的积极意义”，并以《搜神记》中的《张璞》为例；在谈及明代的美德故事时，先生特意提及这个时期美德故事的一个重要内容，“即展现和赞颂抗倭英雄勇敢杀敌、视死如归的道德风尚”的故事，并感慨这些英勇的人物和激荡人心的争战“可歌可泣，永垂青史”；在论述宋元恶报故事时，祁先生在列举各类恶报故事后认为“每一类故事，都不乏精彩之作。它们总的思想倾向是积极健康的，对社会进步颇有裨益。其中，亦有部分作品的思想意识较为陈旧，说教的情节较多，读来颇为乏味”；在讲到家庭故事时，引用的民间故事，若是父慈子孝、兄友弟恭的，祁先生在所引文段后都会将其社会意义和教育启迪意义提出引导读者恭亲和善，如若家庭不和睦而生事端，祁先生也会将其提出警醒后人，以清代此类故事为例，引用《咫闻录》中的《情格》和《金壶浪墨》中的《王甲》二文，两者均以兄弟、妯娌不和为故事主要内容，前者主人公改恶从善后，兄弟友爱如初，后者则不知悔改，最终恶有恶报。凡此种种，读者均可在读史书的过程中感受到作者传递的正能量。然而对于书中所引的故事作者并非无感情的陈列，而是在生动地分析故事文本后，引出作者对于故事及其异文所传递的人生意义或社会意义的理解，使读者在阅读后总有一种亲切的温暖。

---

① 祁连休：《中国民间故事史》，河北教育出版社 2015 年版，第 159 页。

② 梁启超：《中国近三百年学术史》，中国画报出版社 2010 年版，第 200 页。

民间故事是贴近日常生活的一种文艺形式，反映的也都是百姓日常所见所想之事，大多是内涵饱满，感情丰厚的故事。民间故事史的撰写者，如若怀有人文关怀的精神来整理这些民间故事的资料，方能引导读者更为贴近历史，与历史中流传的故事拉近关系。

祁连休先生的《中国民间故事史》是新世纪中国民间故事学史书类的重要著作，是后来者研究民间故事史不可逾越的一部重要文献，其建构的中国民间故事史的知识体系具有鲜明的开拓性，为后人研究同类型的民间文学史提供了科学的指导。

祁连休先生在六十多年的研究生涯中，中国民间故事采集和研究矢志不移，在民间故事的历史长河里孜孜不倦，这一精神感召了更多和我一样的普通人，士不可以不弘毅，任重而道远，接到祁先生这部书，我更感觉是接到了一份嘱托和重任，相信在祁先生对中国民间故事的执着和热情的感召下，中国民间故事的研究会百花齐放，绽放异彩。

（原载《民间文化论坛》
2015 年第 4 期；
供稿：林继富　李晓城）

【一个蕴含史诗魅力的中国民间故事】

刘守华著，北京大学出版社 2016 年 4 月版

摆在我面前的这部《一个蕴含史诗魅力的中国民间故事》厚厚的书稿，是老友刘守华先生对一个题为“求好运”的中国民间故事（类型）30 年的追寻史。书稿中收入了他本人和好几位世界知名学者同行就这个故事（类型）所撰写的研究阐释文章以及在中国各地区各民族口头流传的故事记录文本。作为对这一民间故事（类型）的采辑与研究，本书第一次以全文的形式，向世界广大读者、尤其是向对中国民间文学及其研究成果一向比较隔膜或忽视的西方世界展示了 20 世纪在中国多个民族以及在汉语地区口头流传的 73 篇同一母题的民间故事，标志着中国民间故事走向世界迈出了重要的坚实的一步。

这个来自社会底层民众近现代口头传诵的、被学界称为幻想故事或童话的民间故事，所以能使作者在如此漫长的人生经历与学术探求中魂牵梦绕、难以忘怀，我想，不外乎有两个方面原因：其一，一个民间故事在我国许多省区和民族中口头流传了两千多年，经历过多次社会动荡和制度转型而迄今传习不息，其生命活力及其蕴含的文化密码，足以激发起那些以研究和弘扬民族传统文化为己任的学者终生不离不弃和孜孜以求的问学情怀。回想 20 世纪 20 年代前辈学人顾颉刚先生辑集和研究孟姜女故事，早期就曾积累了 25 个省区和地方的孟姜女故事的记录文本，穷几十年的精力而到老不辍，但最终他还是没有能够实现年轻时就立下的编纂一部完善的孟姜女故事文集的夙愿。而今，守华已经搜集和积累了来自中国不同地区、不同民族（汉、满、藏、回、土、撒拉、维吾尔、朝鲜、苗、壮、傣、黎、彝、白、畲、傈僳、布依、毛南、土家、仡佬等）的“求好运”故事记录文本（异文）210 篇，为这个构成了“世界性故事圈”的故事和国际学界兴趣所在的这个研究焦点做出了重要贡献！

其二，中国版的“求好运”故事（类型），虽然也带有某些宗教（佛、道）的因素或印迹，但就其内容指向和基本格调而言，却显示着强烈的世俗性和入世性，显示出地位低微的故事主人公穷小子不向强势低头，与消极避世的“生死有命、富贵在天”世界观无缘，践行和张扬了中华民族的“先人后己、助人为乐”的道德观念，“表现了主人公积极进取，奋力向命运抗争的精神”。这种精神就是我们中华民族的民族精神，就是我们民族所以生生不息并不断走向繁荣富强的源泉。

编著者以全球学术的视野和宽容并存的治学风格选取了在这个故事（类型）研究上不同理念、不同方法的学者的研究成果，给读者提供了了解各位不同背景、不同理念和不同方法的学者是怎样从不同角度和侧面共同推进了这个故事（类型）的研究和破解的。关于这一点，我们从日本青年学人桥本嘉那子的《“问题之旅”相关先行研究和今后的课题——以阿尔奈“有钱人和他的女婿”为中心》这篇述评中多少看到了一些信息。作为中国学者的刘守华的“求好运”故事研究，从1979年起30年来先后发表的七篇论文，在方法上可能各有侧重，但细读起来，则可以看出，每走一步都有新意，而不是同义反复的。从总体上说，他既接受了、延续和发展了外国先行学者在“类型”研究上的某些理念和方法（譬如把中国的“求好运”故事细分为“问活佛型”“找聘礼型”和“幸运儿型”三个亚型），又显示了中国民间文艺学和作者个人的学术独特性——诗学评价和价值判断。他发现了并着重评价了“求好运”故事主人公的“西天问佛”（问三不问四）行为和最终结局（穷小子愿望的实现）的正义性、合理性和社会进步性。“中国近现代流行的‘求好运’故事的突出特征是表现了主人公积极进取，奋力向命运抗争的精神。故事的主人公均为处于社会最底层的穷苦小伙子，他们屡代受穷……不论故事情节是问事还是以寻宝为中心线索，其终极意愿莫不是为了寻求幸福，改变自己贫困不幸的命运。这种强烈意愿，洋溢在故事叙说中。所以我在多年研究中认定，以‘求好运’作为它的类型名称最为恰切。”“存活于中国各族民众口头心间的‘求好运’故事，作为幻想故事或民间童话故事，在朴野单纯的叙说中，蕴含着富有象征性的丰厚文化意蕴，达到诗意与哲理的巧妙融合。将口述材料记录写定的那些单篇文本一篇一篇来读，所得印象也许平淡无奇，可是把它作为覆盖中国大地由各个兄弟民族众口传诵、有着几百篇异文和多种载体的叙事作品联结成为整体来看，再联系中国大地涌动的民工潮来体味它的深厚文化意蕴，它的史诗魅力与价值就更为彰显，值得我们作为中国民间文学难能可贵的精美之作来看待了。”他为这本著作选定了《一个蕴含史诗魅力的中国民间故事》这样一个富有诗意的标题，不是体现了他心中的诗学情结吗？价值判断和诗学评价，在刘守华的民间文学、特别是民间故事研究中，是一个固有的学术个性和持久不变的特点，这一点我曾在为他的自选集《民间故事的艺术世界》写的序言中有所触及，而这一特色在“求好运”故事的论说中尤为突出（如上所引），这恰恰又是西方学者们的“类型”建构和剖析中所缺乏的。

围绕着一个知名的民间故事或歌谣的研究与文本汇集而编纂的著作，在“五四”时代我国民间文艺学界曾经有过探索，如董作宾的《看见她》、罗香林的《粤东之风》等，《一个蕴含史诗魅力的中国民间故事》延续了当年北京大学歌谣研究会开创的这个好的传统，但就其规模和深度而言，无疑已经大大超越了我们的先贤们。

（原载《中国艺术报》
2015年6月19日第3版；
供稿：刘锡诚）

【中国农民画考察】

郑土有　奚吉平主编，上海人民出版社2014年7月版

作为一项诞生于20世纪50年代的艺术形式，尽管今天农民画作为一类民间艺术为大众所知，但它的历史面貌却截然不同于大多数传统民间艺术形式。正如《中国农民画考察》一书开篇所言，农民画一开始就建立在两个前提之上：第一，农民

画的“群众美术”范畴诞生在具体实践之前，观念上是理论先行的；第二，“群众美术”的实践由国家美术体制推动，并贯串在生产、流通、宣传、展览的整个过程中。[①] 因此，这会导致研究者因为时代文化语境的因素而形成诸多盲点：首先，作为一项以“农民”为主体展开的群众艺术运动，直接参与者本身在农民画历史记述中的缺席是无法回避的；其次，当今天的农民画已经成为一种承载传统乡村文化情味的重要载体，历史记述与当下现状的割裂构成了近年农民画研究的重要缺陷。

《考察》一书正是将对农民画的研究重新拨回民俗学田野考察传统的一项工作。在金山区文广局支持下，复旦大学艺术人类学与民间文学研究中心与金山农民画院合作，动员复旦大学、华东师范大学等高校数十位师生，进行了历时 5 年，遍及全国 12 省 16 地的调查工作。此后历经 3 年的整理、研究与编校出版工作，这部洋洋二百余万言的作品详细呈现了农民画的历史文化全貌，为读者认识农民画由“群众艺术”与“民间艺术”的双重命名而形成的复杂形态，重新思考何为“民间”提供了一种可能性。

一　从三种模式探寻农民画发展的文化动力

无论从何种角度入手，“邳州—束鹿”“户县”与“金山”这三种模式始终是讨论农民画历史的基本框架。通过《考察》一书中口述史材料与文献记载的互见，我们可以发现上述历史框架内蕴含的更多细节，而由此出发，《考察》一书提供了农民画发展中文化动力机制的详细分析。

1958 年，“全国农村群众文化艺术工作会议”的召开确定了农民画与基层行政与文化机构之间的工作归属关系，确立了基层辅导员制度成为农民画工作的基本要件。大量专业美术院校人才开始介入农民画的辅导工作，尽管强调“技术必须为内容服务”“作品的政治标准第一”，但大量专业美术技艺已经成为辅导培训的内容。此后，“党委、辅导员、学员”三结合模式在农民画工作中的普遍推广标志着“国家意志—专业美术辅导—美术骨干—学员/学徒”工作链条在农民画工作中正式成型，“有组织的艺术”由此确立。[②]

正如诸多研究者所言，模式意味着农民画最初自主色彩的消退，但另一方面也意味着在国家的强力规约下，专业美术与业余群众艺术活动之间界限的进一步模糊，一个既独立于民间传统艺术，也独立于专业美术体制的艺术生产流程开始成型。“赚工分”“商品粮”情节是农民作者群体形成过程中无法回避的因素，同样的内容也出现在农民画作品本身的价值判断上，正如《考察》一书所见，“农民画作品的声名是在公社里、县里操办的各种展览上获得的”，不仅在邳州、户县，在各地后起画乡那里这些也都是早期亲历者叙述的共同看法。

稳定艺术生产流程的成功建立，使得户县作为农民画工作模式的典型不断受到推崇和推广，也因此使得“户县模式”代表了整个 60 年代到 70 年代中期农民画的一般模式。但如《考察》一书所见，在这过程中，专业美术尽管深度介入了创作，却并没有成为置换性的力量，专业美术与农民以及背后的民间原生艺术冲动与思维方式之间保持了微妙的共处关系。户县美

① 郑土有、赛瑞琪：《中国农民画属性问题探讨》（代前言），见郑土有、奚吉平主编《中国农民画考察》，上海人民出版社 2014 年版，第 21 页。

② “有组织的艺术”不能仅从集体性、多元协作的字面意义理解，需将“组织”一词放在 20 世纪下半叶中国政治社会特定语境下加以理解。

专确立的“生活化”辅导与创作模式成为这种微妙关系展开的具体媒介。模式一开始是以“革命现实主义”的艺术话语为基础建立的，力图将“速写”“构图”“人物景物研究”等专业美术理念导入农民画，以改变早期农民画创作生产上的不稳定状态。但是在“农民”身份本身的文化模糊性中，“生活化”逐渐变形。1959 年，陕西省美协的培训班中已经开始出现对于“形准”作品的排斥，和对“失真”作品的推崇。1960 年陕西省群艺馆的训练班中，艺术导向已经改为要求农民画作者既要在画中“保持他们原始的一些好想法和情感造型”，又要“表现出自己的生活感受”，画出“他们最熟悉的丰富的田园生活”；在辅导方法上“尽量避开一般专业性的方法”，仅在“进行构图创作过程中给予一些技术方面的指导”。[①] 从 1963 年到 70 年代初，记人记事，表现当时农村日常情景的特写式画作在各类农民画展览中大量涌现。从《考察》一书对各地亲历者的访谈可知，原则的成功推广一方面确实在表层形成了政治口号“户县图案化”的效果，但另一方面，户县农民画在“群众艺术”与“民间形象”之间形成的微妙关系也由此不断注入各地画乡的农民画工作程序。

“金山模式”的出现与这种微妙关系更是密不可分。金山农民画始于“户县模式”成熟并在全国推广之后，因此与几个早期画乡不同，它一开始就由基层文化馆站的美术积极分子牵头发起，而且很快形成了辅导员—培训班—基层美术骨干常态体制。通过《考察》中吴彤章等当事人的深度访谈，我们能够进一步解读金山农民画兴起的历史背景。[②] 第一，作为大城市上海的郊县，金山并未在“群众”色彩最浓厚的 50 年代末到 60 年代末投入以“农民”政治术语为中心的农民画运动中。第二，由于并非在垂直至基层的群众美术体系上发展，金山农民画最初的发起者和辅导者一开始就具有了主动从他们所界定的“民间”美术现象中选择作品风格元素，并以此选择形成作者群体的能力，金山农民画的“女性传统”由此形成。第三，这种主动性使得辅导者能够激发和尊重农民画作者的创造性，与自身针对性的引导和塑造过程结合一体。联系《考察》对 70 年代末众多农民画当事人的采访内容，可以看出金山的上述成功之处，实际上是在新文化语境下，对户县模式 70 年代末一系列变化的进一步扩大。

当然，农民画群体内部在“群众”与“民间”之间的自我塑造，实际上并不能脱离外部政治话语而独立存在。从外部对农民画的关注、命名历史出发，我们可以从另一个角度对上述三种模式之间存在的共同文化动力机制加以认识。

最早对于农民画的书面报道始于 1958 年，邳州农民画配合“大跃进”运动使农民画进入了官方媒体视野。尽管同年已有吴步乃《从农民画看“月份牌”年画》这样以民俗艺术视角进行的专业讨论，但此时农民画基本上是以宣传战线中的一大成功案例频繁见诸新闻的。60 年代“户县模式”的兴起过程中，农民画的专题美展、专门画集、专业美术刊物报道以及调查报告、专题论文等迅速增加，属于“农民群众”的农民画逐渐从一个文化事件转化为文化常识。1977 年，金山在报道农民画涉外交流时已经开始强调外宾评价“金山农民画不同于户县农民画”，“地方特色与乡土味”等内容。1978 年，邳县举行“农民画、泥塑展”，广东龙门举办“龙门农民

---

① 王睿、骞婵：《陕西户县农民画调查》，见《中国农民画考察》第二编，第 249 页。

② 见郑土有、奚吉平主编《中国农民画考察》，第 92、111、164 页。

年画展”，这些直接体现传统民间艺术特质的活动开始被本地媒体广泛报道，后者更是促成了《广东龙门农民年画集》的出版。此后直至1980年，各地媒体开始将农民画直接与剪纸、泥塑等传统民间艺术形式并列，报道其参加各种以“民间美术”“民间艺术”等为题的展览。1982年，吴彤章《金山农民画的艺术道路》一文提出“农民画是现代民间艺术”“有地方特色才有它（农民画）的生命力”这两大命题。尽管从1978年到80年代末，“农田改造大会战”、计划生育、农业科普等与传统“农民”“基层”相关的农民画活动主题依然大量存在，但“地方”与“民间”这两大关键词已经成为外界关注农民画时的焦点。

此时，原先隐性的民间基因在外在话语的推动下直接成为了界定农民画的基础。1981年，安塞县举办的第二次农民画创作班正式以“民间绘画”命名。此后，从“文化”“民间”“乡土”等视角出发的农民画展览、报道与讨论已经成为外界关注和认知农民画的主要方式，而逐渐脱离“工农兵”“群众”定位，从画作的地域文化元素出发形成的“渔民画”、少数民族农民画也纷纷见诸报道和专业讨论。1985年11月，中国美术馆画廊组织的“中国现代民间绘画展”在美国举办，12月，时任文化部长朱穆之为束鹿题词“画之乡”，标志着“现代民间绘画”与“画乡”这两个概念开始成为官方对农民画的界定。1988年文化部第一批45个“中国现代民间绘画画乡”的公布，正式将这个称谓作为“农民画”的官方称呼。同年5月，文化部社文局召开“全国民间美术工作会议”，授予“民间美术工作开拓者”称号，标志着国家群众文化工作系统也接受了对于“群众美术”的新定义。此后直到90年代中期，“现代民间绘画”称呼出现的次数渐有超越“农民画”之势。进入新世纪以来，随着非物质文化遗产保护工作的开展，许多省市县将农民画列入当地非遗名录，农民画的称谓又声名鹊起。

从农民画关注方式的几次转变，“农民画”“现代民间绘画”等称谓界定的几起几落中可见，围绕“农民画”展开的“民间”想象本身就呈现出一种多重叙事的色彩。通过《考察》，我们能看到一种对于“民间”的特殊认知和表达是如何在短短半个多世纪的时间里成长起来的，并依然在今天每一个读者所在的文化空间中持续演化着，而过程正是农民画历史发展的文化动力最关键的来源。

二　农民画的文化属性与价值的亚民间文化定位

由于国家意识形态与专业美术体系始终是农民画发展的在场者，即使仅就农民画艺术审美形态而言，它们的参照系依然是农民画成为特殊艺术形式并逐步成型的关键因素。无论是户县由于政治原因正向导入专业美术的“写实”话语，还是金山实质上以更加独立的专业美术意识对“农民”审美特征的归纳与反向塑造，农民画的“民间”属性都是由两种来源不同、文化特性不同的艺术话语体系对话和不断重塑而塑造的。单纯强调农民画的“群众”属性会导致误读，单纯强调其“民间”属性，同样抹除了20世纪下半叶政治文化生态对于农民画的真切影响。因此，属性的模糊也使得农民画在单纯艺术价值之外，对于现实中国的实际文化价值确有暧昧不清之处。

在经典的社会学定义中，亚文化（subcultures）“通常被定义为更为广泛的文化的一个亚群体，又包括一些其他群体所不包括的文化要素的生活方式”[1]。而从文化群体角度，亚文化群“是指一群以他们特定的兴趣与习惯，以他们的身份、他们所做的事以及他们做事的地点而在某些方面呈现为非常规状态和/或边缘状态的人”[2]。从这两种定义可以看出，亚文化是一类与主体文化既具有包含关系，又具备一系列文化身份、文化行为与文化空间上的区别甚至拒斥关系。更为重要的是，亚文化与主体文化之间既关联又互相主动加以区分的关系，使得亚文化成为主动探索主体文化边界的关键力量。

从此视角出发，农民画从诞生之初到此后的逐次“变相”，实际上都体现着背后的时代话语自身存在的语境隔阂与超越努力。这种矛盾性成为《考察》一书从农民画的现实理解其文化属性与价值的出发点。

1. 从消费定义功能：农民画画作的价值生成方式

首先，农民画的文化价值与20世纪下半叶中国社会对于“文化”的特殊消费方式有着直接关系。尽管来自中国传统民间艺术的文化基因始终是推动农民画发展的核心因素，但作为一种重建的艺术，农民画并具备民间艺术天然的文化功能。《考察》一书并未回避这一点，书中采访的胡永法，这位出身于民间画工的作者就直言，农民画和他最初所熟悉的民间彩绘最大的区别，在于前者是“没有用的”。[3] 同样，调查者发现，即使在以农民画闻名的金山，当地农民并不喜欢农民画，不愿意花钱买画在家中张挂。[4] 而即使对农民画的艺术品质与审美价值已有充分认识的辅导员、组织者与展览方，在判断作品价值与农民画作者时也存在着标准上的巨大不同，甚至直接认为“农民不懂什么是好画，只要能卖钱就可以”。[5] 可见，从美术选拔、策展角度形成的定位同样与直接参与者自身在功能认知上存在落差。

《考察》并未回避的另一点，则是农民画虽然在某些消费群体中受到推崇，但其中存在一定的猎奇成分。不同旁观者对于“民间”的想象构成了农民画形象的重要元素。身处城市精英文化语境中的本土知识分子对于“乡土”的怀旧，西方推崇者对“农民画”产生关于“原始思维”“东方艺术”甚至“现代性”的想象，实际上都难以摆脱猎奇的嫌疑。这有意无意成为农民画发展中的重要元素，从《考察》的采访中可以发现，80年代后的代表作者就有“外宾还是喜欢怀旧的”，怀旧就是“土一点”这样的看法。在这点上，农民画与任何一种在当代被标示为“民间”的文化艺术现象一样，猎奇心理往往成为它们被外界关注时的重要因素。因此，《考察》一书在专题讨论金山农民画时提出了这样一个问题：“究竟应该画‘金山农民画’，还是作为‘金山农民’而画?”[6] 问题所体现的同样是研究者最初面对农民画时的主要困惑。

从《考察》中可以发现，一个当代农民画消费者眼中的“民间”，正是农民画不断与国家话语、专业美术认知与艺术市场进行对话中形成的。从农民

① ［美］戴维·波普诺：《社会学》，李强等译，中国人民大学出版社1999年版，第78页。

② Ken Gelder, ed. *The Subcultures Reader*, 2nd Edition, London and New York: Routledge, 2005. P. 1.

③ 见郑土有、奚吉平主编《中国农民画考察》，第995页。

④ 同上书，第46页。

⑤ 同上书，第833页。

⑥ 同上书，第31页。

"群众"情绪的自然宣泄，到国家—专业力量对这些表达元素的抽象与塑造，最后将农民画的创作主体"农民"真正摆上艺术舞台的过程，无论国家的意识形态消费，专业美术界对于"乡土味"的消费，还是今天的农民画受众对于"民间艺术"的消费，都不是一个单向的获取过程。国家话语、辅导体制与艺术市场与具体农民画作者之间的关系也不仅在于前者的强势塑造，同样存在后者对于前者的反向影响。

如金山枫泾古镇"红胜火"画廊成员所述，他们对于辅导员"不欣赏你的画就等于给画判了死刑"感到十分不满。辅导员认为很多年轻作者带有立体风格的作品"走到歪路上去了"，因此不能通过审查，但这些作品在市场上所获得的肯定却让作者有底气表达对这种标准的不赞同。这同样改变着农民画的面貌，尤其在年轻一代作者中表现尤为突出，如金山的陆永忠、慈溪的余海军、龙门的谭楷园等，他们对于农民画的认同，一定程度上是建立在艺术市场所提供的信心之上的。画作消费本身对于农民画整体价值的界定，实际上也是农民画对于20世纪的"民间"文化认知主动加以拓展的基本方式。

2. 以艺术重建身份：农民画的民间身份重建

对于原生的民间艺术而言，因为文化功能的确定性，技艺传承决定了作品的面貌以及所在社会对它的接受方式。而制作者是否在这种传承中获得某一确定身份，则往往会成为一件具体作品是否获得文化认同的第一要素。民间艺术对于技艺传承的强调，在农民画的形成过程中同样起着重要作用。比如青海湟中的农民画，与唐卡等宗教艺术关系密切，后者的技法体系与艺术特征就成为了前者进行自我界定和传承时的重要参照，而《考察》一书对贵州水城、云南腾冲、陕西安塞等地的调查表明，在当地农民画的创作中，对当地民族民间艺术技法的直接移植同样十分明显。通过《考察》一书的访谈资料，可以看到这种民间艺术特有的技艺本位在各地的农民画中都广泛存在。尤其是上世纪80年代后随着民俗风情主题的主流化，这些已经成为农民画的关键内容。当然，这并不意味着农民画最终成为了其他民族民间艺术的衍生品，农民画与专业美术的紧密关系决定了它在艺术思维上的独立性。如湟中乔应菊所言："一开始学的话，唐卡比较难了，农民画简单；如果你学会了以后，农民画就复杂了，唐卡简单。因为唐卡是个程式化的东西。"金山的新一代画师邱建国在叙述自己的师徒传承时，也使用了一系列"局部""构图""色相""色度"等专业美术术语。这体现出农民画经过长期发展，事实上已在专业美术与民间艺术之间构建起了一个相对独立的文化身份空间。

透过《考察》的深度访谈，我们可以看到在第三、第四代农民画作者中这一身份空间的日益扩大。对于沿海地区的许多画乡而言，农民画作者往往接受过专业美术训练，拥有相关美术认知和技艺，甚至以画工、美术教师等职业为生。尽管这些作者或者依然务农，或者不同程度地生活在乡村，但农民画在作品层面与他们的"农民"身份并无直接关系；相反，他们的农民画家身份只有在具体的作品与艺术活动中才能得以确定，而他们为画作获取各种"民俗""民风"元素的方式实际上与专业美术作者的采风活动也并无二致。对于新一代的作者而言，无论是"民间"还是"群众"，此时都已经能够转化为他们画笔下具体的艺术元素，转化为一种可以主动把握的艺术风格，而农民画本身则成为他们可以主动进入的艺术空间。正如金山的第三代作者陆永忠在采访中所说："种田和画画，画画是一种喜欢，种田充实我的画画。对我来说这两种身份都很重要，……我并不是因为我是画金山农民画而自豪，我觉得我画画很自豪。”①

结语

正如上文所言，《中国农民画考察》一书的完成与出版，首先是民俗学资料收集与整合传统的一大成绩。历时五年，行程十数省，数十位研究生和地方文化工作者的工作，来自近百位农民画画家、参与者的各种资料，这部鸿篇巨制将已经诞生半个多世纪、曾经遍及大江南北的农民画艺术活动的真实全貌第一次整体呈现出来，这自然为农民画研究的继续推进踏出了关键一步。事实上，全景式地展现一种艺术现象，决定了观察者必须首先思考自身立足于当代的文化视角，而由此形成的解读也就成为从当代向历史深处的一次凝视，当《考察》一书从当代农民画的种种现状入手展开叙述时，它所展示的也就不仅仅是当下的农民画，而是半个多世纪形成的历史层累与当代农民画之间复杂的互动关系。

因此，《考察》一书对于农民画的全景式观察所具有的学术意义也就不仅限于农民画本身。正如上文所言，“民间”是一个需要不断在现实文化实践中加以界定的范畴，尤其对于当下中国而言，社会认知与国家文化体系的迅速变化使得许多民间文化现象，正通过“非物质文化遗产”“优秀传统文化”等新一代的“组织”概念进入原本异质的国家文化体制与城市文化语境；原本“城—乡”“传统—现代”“糟粕—精华”等隔离式的边界范畴也正在转变形态与内涵，形成更为多向共融的复杂文化图景。在这些前提下，农民画这样一种亚民间文化的历史与现实就具有了特殊的案例意义。

以今天的语境而言，“民间”与“传统”往往构成了一对共生范畴，而当我们讨论这对范畴时，“传统”实际上会不同程度地替换为“遗存”；在这过程中，民间文化事相本身的当下时空属性也就逐步抽离出我们的视野，最终“无历史的人民”成为研究者和大众眼中的一种常态，这或许是任何一种在当下进行的“民间”表述与认知难以回避的思维盲点。但从《考察》一书立足当代进行的观察中，我们能看到原生的“民间”是如何一次次进入“群众艺术”的话语空间，又在主动或被动地拆解为一系列可用元素后退出空间，或以空间自身的规则自我塑造，重新出场。一个自身的文化时空与“农民”并无半点关系的读者，依然能够在《考察》一书文字和图像面前真切地感受到一点，农民画所在的文化时空和其他任何一种当代文化艺术现象依然保持着一致性，只是属于同一个故事的不同部分而已。

《考察》一书的出版又一次说明田野调查对于民俗学，乃至于更广阔的文化学科而言，始终是其持久生命力的重要来源。尽管在该书调查最后一年才匆匆加入，笔者为能够参与这项调查设计明晰，调查规程详尽而克制的工作而感到庆幸。当然，这样一个无法简单规约的调查对象能够不费吹灰之力地摧毁年轻人的书斋幻境。但20世纪的文化人类学始终有一句半调侃的话，田野是人类学家的成人礼，八年的调查、思考与写作确实让笔者在内的一批青年学子通过农民画这个“民间艺术的奇葩”，真正身处于历史和现实之间体验到了“民间”的艰深与魅力。

（原载《在“群众”与“民间”之间——〈中国农民画考察〉评述》；供稿：屈啸宇）

① 见郑土有、奚吉平主编《中国农民画考察》，第204页。

【背过身去的大娘娘：地方民间传说生息的动力学研究】

陈泳超著，北京大学出版社 2015 年 10 月版

在学科细分的今天，作为中国古代小说研究的从业者，能够读到陈泳超的新著《背过身去的大娘娘：地方民间传说生息的动力学研究》（以下简称为《背过身去的大娘娘》，北京大学出版社，2015 年），真是一个意外的惊喜。

一

其实，民间文学和古代小说这两个领域渊源甚深。民间传述的人物和故事，常常成为作家取资的素材，以戏曲、小说（短篇话本和长篇章回小说）的形式改编甚至重写。《三国志演义》《水浒传》《西游记》都受过民间传说的滋养，经过长时间的累积，最后才由文人写定，成为古代小说史上的经典大著。至于陈泳超本人，最初也是古代小说研究的“同道中人”，他的本科学位论文题为《冯梦龙真情民歌观》（1988），硕士学位论文题为《白蛇传形成土壤的历史层积》（1991），博士学位论文题为《尧舜传说总体研究》（1998），还曾与古代小说研究名宿谈凤梁先生合作撰写有《借神演史的封神演义》（辽宁教育出版社，2000 年）一书，他早年的这些学术经历，使得《背过身去的大娘娘》这部新著让我读来觉得亲切有味。

民间文学研究和古代小说研究，均起步于 20 世纪初，且都以文本为研究中心。20 世纪 20 年代出版问世、被誉为“建立我们现代民间传说学的奠基石”的顾颉刚《孟姜女故事研究集》，其依托的资料大致可以分为三类：“文人著录”（典籍、诗文、小说）、“民间流传”（传说、歌谣、乐歌）和“学者考辨”，几乎全都以文本为主，只有少数图片、碑拓来自田野。而早期小说与传说关系研究的开山之作，如郑振铎《中山狼故事之变异》（1926）、赵景深《包公传说》（1933）、赵景深《八仙传说》（1933）、赵景深《祝英台故事小论》（1933）、叶德均《关于八仙的传说》（1934）、浦江清《八仙考》（1936）、阿英《玉堂春故事的演变》（1936）等等，也均以书面的文字记载为中心。

今天，民间文学与古代文学研究的最大分野，恐怕就是前者更重视田野调查，实迹追踪地方生活世界中持续发生作用的传说、仪式和信仰了。如果说文学研究的方法是依靠文献想象历史、还原历史，立足于田野调查的民间文学研究、民俗学研究则是直接置身历史进程之中，故此本身也成为历史的一部分。古代小说研究乃至于整个古代文学研究，能从今天的民间文学研究中吸取养分、丰富自身吗？答案是肯定的，最近十多年成为学术前沿的地域文学研究、家族文学研究、传播接受研究等都开始引入了田野调查的方法，虽然仍以文本、文献为中心，但研究者的视野也在慢慢发生变化，整个研究领域呈现出了新鲜的气象。

二

陈泳超《背过身去的大娘娘》是他和他的团队持续八年的田野调查的结果，关注的是当下地方传说中话语交流所体现的动力和权力问题。读过此书的人，想必都会对作者在写作过程中对相关概念的反复辨析和灵活运用留下深刻的印象。

吕微先生认为：“对核心概念的讨论，却可能是陈著全书——相对于对田野经验的表述——最含混的地方，这很是影响了陈著的总体性阐释力。”① 这里，我的看法略有不同，“最含混的地方”其实是陈著

① 陈泳超：《背过身去的大娘娘：地方民间传说生息的动力学研究》，北京大学出版社 2015 年版，第 3 页。

的精神所在，这“含混”并不是真的含混，而是结合了田野经验和书本理论。“一切理论都是灰色的，唯生命之树常青”，没有哪个概念能一劳永逸地涵盖认知对象的全部特点，概念的“准确”“精确”只是相对的，承认理论和概念的局限，立足于丰富复杂的现实经验，因地因时地灵活运用概念，使之成为有效的分析阐释工具，这才是好的学者和好的学术研究的标准之一。

即以吕微先生所举的“语境”概念为例，这个概念背后的理论渊源极其复杂，稍有不慎就会在盘根错节的思想史、学术史中泥足深陷。但如陈泳超《绪论》所言，此书一再出现的“语境”“田野”“乡村”“地方”等关键词，都可用“地方”一词统摄。[①] 那么，对于具体的传说研究而言，如何限定“地方”的中心和边界，使之成为一个真正有效的分析工具呢？如果理解无误的话，我想陈泳超是通过辨析“仪式圈”和“文化圈”来厘清“地方”这个概念的。山西洪洞地区“接姑姑迎娘娘”是区域性的民间信仰活动，三月三日、四月二十八日两次大型游神活动的“仪式圈”本身是封闭的，只代表游神仪式活动的实际路线，并不暗示圈内的村庄就一定信仰二位娘娘，凡在圈外的村庄就都与此信仰无关。“文化圈”大于“仪式圈”，它虽然是一个开放的概念，但所指又不是威廉·施密特意义上的宏大想象，而是弗里茨·格雷布内尔意义上的有限地理空间，这个地理空间相对集中了某些文化元素和文化特质。也就是说，只有具备娘娘的传说和信仰以及互称亲戚的人际关系这些特定文化元素的地区，才可归入“接姑姑迎娘娘”文化圈内，整个山西南部异常丰富的尧、舜、二妃信仰传说因此可被排除在这一文化圈外。[②] 与此同时，在这个被称为“地方”的整个“接姑姑迎娘娘”文化圈内，还有更小的区域或社会（community），有各自相对独立的诉求，也就是说，“地方”之内还有“地方”。[③] 作为此书研究对象的“地方”，其中心和边界，既是相对的，也是清晰的。

再如推动地方传说变异的主导性力量“民俗精英”这个概念。陈泳超据法国社会学家皮埃尔·布尔迪厄的理论，以“身份—资本”为基础，将当地的传说实践者分为七个不同的层级：普通村民、秀异村民、巫性村民、会社执事、民间知识分子、政府官员和文化他者。陈泳超在田野调查中发现，虽然这七类人群不同程度地影响了当地传说的讲述、接受、变异，但影响最大的还是那些身份兼跨不同层级的卓越人士。为此，他借用“地方精英”（local elite）概念而创设了“民俗精英”一词，专指“对于某项特定的民俗具有明显的话语权和支配力，并且实际引领着该项民俗的整合与变异走向的个人及其组合”（第155页）。例如，身兼政府官员、会社执事的于占辉，既是民间知识分子又可视为会社执事的罗兴振，这些在书中活跃的突出代表，均可用“民俗精英”括之。为什么弃而不用“民间知识分子”这个概念呢？陈泳超认为，一旦离开当地民众文化，“他们的知识水平就绝对不是其特长，甚至是否必须用‘知识分子’来称呼他们，也值得怀疑了”[④]。不一定具有较高的文化

① 陈泳超：《背过身去的大娘娘：地方民间传说生息的动力学研究》，北京大学出版社2015年版，第12页。

② 同上书，第102—104页。

③ 同上书，第202页。

④ 同上书，第151页。

水平，与今天所谓的“知识分子”（intellectual）概念更有一定距离，但却掌握地方民俗信仰活动话语权的这些人，老实说，除了陈泳超创设的“民俗精英”这个概念，我不能想象还有其他更好的概括了。陈泳超自己也说：“这样跨越层级人物的存在，恰恰表明我区分层级的有效性，也就是说，跨越层级越多，对于当地传说信仰的影响力可能就越大，因而也更有可能成为本书所谓的‘民俗精英’。”① 这里，陈泳超表现出来的自信是很有感染力的，学者的工作有助于理清纷繁复杂的生活现象，经得起现实经验的验证，这不正是学术研究的价值和意义所在吗？

陈泳超对概念的辨析和灵活运用，是富有启发性的。即以古代小说研究为例，很多古代小说的作者，其社会地位难以被视为精英，其学养当属“文人”无疑。吴敬梓、曹雪芹、李汝珍这些清代小说作家，与熊大木、冯梦龙、天花藏主人等明清职业小说家很不相同。同样是职业小说家，明末编辑出版“三言”的冯梦龙与清初才子佳人小说大家天花藏主人又有很大不同。当我们谈论“文人小说”的时候，我们谈论的是什么呢？是语言技巧，还是思想抱负？蒲松龄、纪昀算是文人小说家吗？这些问题，虽然已有论者触及，但尚待精耕细作，厘清“文人小说”概念的中心和边界。

三

“传说动力学”是陈著的重心所在，全书共八章，动力学研究就占了五章：第四章“层级性动力”、第五章“民俗精英”研究影响传说演进的主体，第六章“地方性动力”研究影响传说演进的地方人群意志（注意，地方中还有地方），第七章“时代性动力”讨论“申遗”活动对地方的影响，第八章“写传说”以地方传说写本为中心讨论动力学视野下地方性知识传播的载体问题。

什么是传说的动力学？陈泳超说：“本书所谓的传说动力学，是要在田野调查的情景语境中去探讨作为地方性知识存在的传说，尤其注重于考察那些具有明显动机的传说变异过程，也就是说，某一传说之所以被这样讲而不是那样讲，其中包含着讲述者可被观测的实际目的，是讲述者自觉推动了该传说的变异。”② 所谓“动力”，陈泳超说：“动力一词带有明显的动态特征，说明文本与当地人群的真实关系，对于传说的田野调查，主要不是记录一个一个的文本，也不是事无巨细地去描摹每次演述的场景，重要的是发现诸多文本之间映射的人际关系，以及这些关系之间的动力层次和类型，从中窥探到这些动力所组成的潜在结构。”③ 所谓“生息”，陈泳超说：“我们不再把作为传说实践者的地方人群当作均质的存在，正是他们的差异性，引发了日常生活的话语交流，才使得地方传说持续变异，生生不息。本书副题选用‘生息’一词来总括传说的存在样貌，就是因为它既有‘发生’‘成长’的明确涵义，也有变异、休息乃至寂灭这些与‘生长’发生对待关系的种种暗示，或许比‘生长’一词具有更丰富的意义联想。”④ 这里，不得不再次感叹陈泳超用词的生动、准确和慎重。

陈泳超指出，“传说”一词本来就有

---

① 陈泳超：《背过身去的大娘娘：地方民间传说生息的动力学研究》，北京大学出版社 2015 年版，第 156 页。

② 同上书，第 130 页。

③ 同上。

④ 同上书，第 14 页。

动词、名词两个义项，作为整体的关于娘娘身世的各种说法是“一个传说”，关于它的每一次讲述文本（口头的或书面的）是“这一个传说”，后者的实践是地方传说持续变异、生生不息的重要推手。的确，如陈泳超所言，过往的传说研究，归根到底是史料学的一种补充（这种古代小说研究中尤其明显，作为小说戏曲素材的传说故事，往往都变成了“本事”研究、渊源研究），“这些研究本质上并不把传说本身作为研究目标，而是将传说当作另外一种史料来构建新的史学图景”，“只关心被叙述的文本，不关心实际的叙述行为”，“这类研究本质上是以过去为指向的，现时态的人群似乎只是过往历史的延续，基本看不到他们的现实生活”。[①] 从关注被叙述的文本，到转而关注实际的叙述行为，亦即“这一个传说”，关注其后的“实际目的”（信仰本身、不同的利益诉求、争夺话语权等等），关注讲述人的真实生活和真实环境，关注他们的希望和失望、欲望和理想，便是陈泳超“传说动力学”研究的重心。

这个“实际目的”，尽管陈泳超小心地将之限定为“可被观测的实际目的”，但确如吕微所说：“‘实际目的’背后是否还有无法公开验明的隐秘目的，我们永远也无法弄清楚。”[②] 我想，恐怕这就是动机研究难以避免的缺陷吧。例如，在古代小说研究中，同一题材的改写、重写、续写之作层出不穷，研究小说“重写”，乃至跨文类“重写”现象，亦即“关注实际的叙述行为”，探究其后的写作动机、时代动力，这类研究其实也面临永远无法真正讲清楚的问题，所谓“可被观测的实际目的”，很大程度上既取决于现存的有限文本，也取决于研究者的立场和视角。

无论如何，在那些“可被观测的实际目的”中，不得不提民俗精英改造传说的道德感和使命感，为此他们甚至提出了“规范传说”的口号。陈泳超写作此书，与最早激发他探究冲动的那些“铭心事件”之一有关。2007 年当他和他的团队第一次在当地展开大规模调查时，他听说了“背过身去的大娘娘”的故事。娥皇、女英两位娘娘争大小，通过三次难题考验，“大的成了小的，小的成了大的”，大娘娘的塑像只能屈居下首，据说汾河以西的娘娘塑像，大娘娘都板着脸，甚至还有大娘娘的塑像是背过身去的。他听到这种说法后很兴奋，按捺不住寻找这类塑像的冲动，“总相信会在某个地方，有一个未被人注意的小庙，里面还度尽劫波地残留着一个荒破的‘背过身去的大娘娘’，等着我在某天忽然推开那扇吱吱呀呀的庙门”。[③] 看起来，陈泳超并没有找到“背过身去的大娘娘”，他所见的都是“转过身来的大娘娘”——这被吕微先生拿来用做了长篇序言的标题。这两个标题之间张力十足，耐人寻味。民俗精英对本地传说的改造，总是自觉不自觉地向超越地方范围的主流文化靠拢，用民俗精英吴青松的话来说：“民俗是不可改变的，但是是可以规范的。在民俗中间，我的思想就是要让民俗为当今社会所用，促进思想文化建设，有些东西就吸收进来，我们要尊重历史尊重民俗，但时代大背景变化以后，不受民俗的约束，有些东西不能接受可以不信。”[④] 正是这种

① 陈泳超：《背过身去的大娘娘：地方民间传说生息的动力学研究》，北京大学出版社 2015 年版，第 5 页。

② 同上书，第 9 页。

③ 同上书，第 22—23 页。

④ 同上书，第 249 页。

道德感和使命感，民俗精英才让大娘娘“转过身来”，他们对地方传说变异生息的影响，尤其是在申遗的背景下积极主动“规范传说”的行为，真的不会对民间传说、民俗信仰活动“伤筋动骨”吗？吕微先生的态度似乎是很悲观的，特别是当他联想到一个世纪以前精英们对传统文化的“激进”态度时。陈泳超则更强调民俗精英所受的制约，他认为，从目前来看，无论是改造传说还是改良仪式，“作为最大基数的普通村民，发挥了无形却巨大的影响力，因为只有他们的总和，才是本地传统的最终代表”①。确如陈泳超所言，长时段的结论需要持续地追踪调查，就其田野属性而言，此书的研究是永无止境的，眼下的话语竞争只是历史长河中泛起的小小涟漪，也许某天他真的会找到“背过身去的大娘娘”，谁知道呢？

最后，也许是出于以文本为中心的惯习，我还特别注意到陈著第八章“写传说”提到的内部写本的“正史化”问题。在对地方传说写本的考察中，陈泳超敏锐地指出内部写本与传统乡邦文献在编创地方性知识方面存在“同构现象”。他说：“内部写本越界外传的首要途径，是其所属上级辖区的正规文献，比如县志、府志以及精英知识分子个人所撰风土志一类的书籍；换句话说，某种说法被正式的乡邦文献采纳，是这些写本转化为现实价值的主要指标；再换句话说，历来的乡邦文献，哪怕是最正式的县志省志，经常会采录一些地方性知识，而这些地方性知识未必都是历史悠久的本地共识，常常可能是某些民俗精英们近期创作的内部写本。”② “地方志一类的乡邦‘正史’，从地方性知识的传播链来说，是内部写本的终端，同时又是外部写本的开端。”③ 方志类的乡邦文献，是基础的文学文献之一，陈泳超用珍贵的田野调查实例再次提醒我们，这类文献的源头很有可能出自民间的不同层次，地方街谈巷语的稗史和道貌岸然的正史之间的距离，也许只有一步之遥。

“麦田在传说中第八次成熟”，是陈泳超《后记》中自述心志的白话诗中的一句。我想，没有什么能比这句诗更能传达此书所凝聚的他和他的团队长达八年的辛苦劳作了。理论总是灰色的，生动的田野经验因文字记录将会成为不可磨灭的、长期的历史记忆。这也让我想起圣经文学中关于麦子的那个著名隐喻：“一粒麦子不落在地里死了，仍旧是一粒；若是死了，就结出许多子粒来。”此书写作完成，陈泳超找到了让自己安心的答案，困扰他的思维螺旋运动基本停歇了，这粒麦子又会在民间文学研究界、古代文学研究界结出什么样的果实呢？我们拭目以待。

（供稿：刘　倩）

【中国非物质文化遗产百科全书·史诗卷】

诺布旺丹主编，中国文联出版社2015年5月版

《中国非物质文化遗产百科全书·史诗卷》经过编委会全体成员的努力，终于面世了。它是6月12日在京首发的《中国非物质文化遗产百科全书》（冯骥才总主编，中国文联出版社2015年5月版）首批推出的三大卷之一，其余还有《传承人卷》和《代表性项目卷》。

历时2年　权威专家参与编纂

《格萨（斯）尔》《江格尔》《玛纳

① 陈泳超：《背过身去的大娘娘：地方民间传说生息的动力学研究》，北京大学出版社2015年版，第253—254页。

② 同上书，第297页。

③ 同上书，第300页。

斯》并称为我国“三大史诗"，它们是我国藏族、蒙古族和柯尔克孜族等民族的族群记忆、民间习俗、地方知识、宗教信仰的重要载体，是这些民族历史文化的“百科全书”和口头传统的集大成，也是中国族群文化多样性和人类文化创造力的生动见证。

20 世纪 50 年代以来，我国在抢救、搜集、整理和研究三大史诗方面的工作取得了巨大成就，陆续出版了一系列学术研究成果。这些成果多数或仅仅流传在民族地区，或作为学术研究对象高悬于学术机构的书架和办公桌上，较少为广大读者所熟知，适合大众口味的读物更是寥若晨星。随着我国对文化软实力建设的重视和国际社会对非物质文化遗产的关注，文化的交流和互动日益成为我国与国际社会沟通的重要方式，三大史诗研究走向大众刻不容缓。

在 2014 年举行的中国社会科学论坛——“现代社会中的史诗传统”上，国际史诗学者不约而同地提出，当前史诗研究应首要关注的问题，是编纂不同史诗传统的“百科全书”。为适应时代要求，由中国文联出版社立项．组织国内相关领域权威专家，历时两年有余，终于完成这一学界期盼已久的世纪宏愿。该卷对历史上尤其是 20 世纪 50 年代以来，学界关于三大史诗文化的研究进行了全面系统的整理。

百科荟萃　呈现史诗文化特性

非物质文化遗产是我们这个时代具有象征意义的文化样式，在学术界和文化艺术界也是颇具时代感的一个名词，甚至有人将这个时代称为“非遗时代”。我国是“非遗”大国，相关资源达 87 万项。作为人类一种古老的文明形态，非物质文化遗产不是孤立的文化表象，它与物质文化遗产、自然文化遗产有着内在依存关系，涉及人类文化的诸多根脉和基因问题。该卷力图把握三大史诗的两大特性：一是其作为“口头传统”的特性，充分展示史诗在呈现民族文化、社会、经济、哲学、宗教、军事、艺术等方面的深层内涵和人文特色，以图文并茂的形式，客观、科学、通俗地将史诗展现在读者面前。这是对中国的另一种图景阐释，有利于提升我们的文化自信和民族自豪感。二是把握了三大史诗作为中华民族不同族群的文化特性。三大史诗来自不同民族，大部分文本均以口头或民族语言文字形式流传。如何将海量的史诗内容翻译成汉文，成为编写过程中首先要面对的问题和难点。该卷将大量文献资料与田野收集的影音图文等文本资料相结合，客观展示了三大史诗的知识系统。

雅俗并重　凝聚学界最新成果

随着当下神话学、口头诗学和民俗学等学科的突飞猛进，在国际上已经延续和活跃了近千年的史诗研究愈加升温，与史诗学相关的一系列新的理论范式、思想方法和阐释理念蜂拥而至，形成史诗研究的全新局面。

该卷充分借鉴和吸收近年来学界对三大史诗的最新学术研究成果，一改以往只关注文本，忽略史诗创作主体和语境的学术传统，将史诗置于整个民族“口头传统”的整体系统中加以考虑，把史诗看作整个口头传统的一个子要素，使史诗与整个口头传统的诸要素产生广泛联系。不仅如此，还与相关族群的文化产生了横向联系，衍生出诸多支脉，从而在史诗的定义、文本的理解、语境的阐释、文类间的互文等方面，形成了新的学术观点，使全卷不仅具有完整性、知识性和通俗性的特点，而且具有学术性、前沿性和规范性的特质。

学用皆宜　展示不同功能特质

在编排过程中，该卷没有千篇一律、生搬硬套地采取同一种模式，而是根据三大史诗及其研究的实际情况，甄别不同史诗传统和学科间的异同关系，分门别类、各取所需，从各自实际出发进行编写，形成了“和而不同”的文本框架和叙述策略。譬如，涉及《格萨（斯）尔》和《玛纳斯》时，尽可能地反映该学科的全部内容，体现其“百科全书”的性质；阐述《江格尔》时，则侧重于其学术性，主要反映其与学术有关的诸多内涵。在体例的编排方面，则参照国内外相关典籍编写的惯用路数，尽量做到学用皆宜、查阅方便。在内容上，主要涉及词条的选择标准和字数的统一性两个方面，在选择词条时，采用“避重就轻”的原则，做到所选词条具有代表性，避免了“捡芝麻丢西瓜”瑕疵的出现。

（原载《中国社会科学报》2015 年 6 月 15 日；供稿：诺布旺丹）

【中华文明探源的神话学研究】

叶舒宪著，社会科学文献出版社 2015 年 7 月版

《中华文明探源的神话学研究》是一本厚重的大书，厚重不仅仅在于其长达七十万字的篇幅，更在于其所探讨的主题：中华文明的起源。21 世纪初国家所启动的“中华文明探源工程”，以考古学为主，综合了多种学科，探寻中华文明的起源。然而，该工程却缺少神话学方面的知识参与。因此，本书的目的是从比较神话学的视角出发，给予这个世界人口最多的大国的文化寻根带来某种新认识。

由于历史的变迁，四千年前的古代世界对于今人来说已经非常陌生了。而文明探源的过程，就相当于在奇特的神秘世界中探险。著者叶舒宪先生从人类学家那里找到探险此神秘世界的有效途径。人类学家吉尔茨在《文化的阐释》中通过分析巴厘岛的斗鸡以呈现该岛文化的独特性。而拥有古老历史的中华文明与其他文明不同的地方在于：在新石器时代向青铜时代的过渡期，曾有一个崇拜“疯狂的石头”的漫长时代。

玉石如何被神圣化？在某种物质被神圣化的背后，与华夏国家的形成又有什么关系？为什么汉字“国”写作四方城中守着玉？叶舒宪此前编的另一本书给出了答案：玉成中国。

本书中首先提出“玉教”这一概念。显然，玉教不能用一般的宗教观来理解，而著者只是为了凸显先于华夏文明而出现的玉石崇拜信仰具有与一般宗教同等的精神力量。因为玉的神话对国族情感的凝聚以及文明国家的形成，具有重要的推动力。书中用大量案例来证明这一观点。“疯狂的石头”不仅仅促成中华文明的诞生，并一直伴随着文明演变的过程。在史前墓葬以及城邦遗址中发现大量的玉器；秦国统一天下时专用玉玺为王权象征。文学想象中有琼楼玉宇所建构的天国神话、女娲利用五彩石“玉”补天的说法，文学名著《石头记》中贾宝玉是衔玉而生。在当代，玉成为建构中国形象和书写中国故事不可或缺的元素。2008 年北京奥运会奖牌，设计成凸显中国特色的金镶玉奖牌，而近期美国电影《功夫熊猫 3》中大量使用玉器，将其打造成组成中国故事的独特元素。因此，叶舒宪对玉的研究，是藉此深入挖掘古人的文化世界。

研究没有文字记载的史前东亚社会，大量考古实物（包含大量玉器）和图像成为进入古人精神世界的入口。在这种背景下，一味照搬西方学科体系是行不通的，因此研究对象的独特性就决定了必须综合利用多学科的知识进行研究。并且，叶舒宪针对文化的独特性而重新区分“大小传统”，将汉字以前的文化视为大传统，并在阐释考古实物的时候，创造性地应用多重证据法。

此类比较神话学的研究，总会使人想

起以美国著名比较神话学家约瑟夫·坎贝尔为原形的电影《达·芬奇密码》。在该影片中，主人公利用其神话学的知识，破解各类离奇案件的谜团。不过，在早已失落的古老文化世界中探险，这不是娱乐，而是严肃的科学研究。在这里，侦探只是一种隐喻。本书综合运用多重证据，通过进入先民的思想世界，力图破解一宗宗迷案，如八千年前的玉玦代表什么？五千年前的玉璧为什么象征天界？外方内圆的玉琮为何伴随文明的到来而被废弃等等。这许多案例的解析，都使人茅塞顿开，恍然大悟。每一种史前玉器都代表着一类神话观念。这时，著者成为解开文明谜团的文化侦探。

叶舒宪一直用热情甚至生命做研究和写作。与座椅上的神话学家约瑟夫·坎贝尔不同，叶舒宪是行走在书斋与田野之间的学者。学术研究没有电影中浪漫的情节和跌宕起伏的经历，不过，学术探险却充满着艰辛和危险。书中所使用的大量插图都是叶舒宪亲自在博物馆和考古现场实地拍摄。如果读者感兴趣，可以看看本书结语中所列出的长长的著者近几年所考察的博物馆名单，看了就会明白著者为此书付出了多少努力。

不过，这份名单仅仅是叶舒宪考查调研所到之地的冰山一角。对学术的热爱，寻找失落的中华文明的精神故土的渴望，成为支撑其学术研究的全部意义。叶舒宪近几年屡次西下调研，甚至曾经在暑期横穿大沙漠。高校老师能够自主的时间只有寒暑假，但是，在这两个时间段，他所要去调研的地方，却是该地方一年最冷或最热的季节。在此种恶劣的外在环境中展开调研，其艰难程度可想而知。读者也就可以体会如此厚重的一本书背后的探险过程是何等艰辛。虽然书中的观点未必所有人都认可，但是，著者对中华文明以及学术研究所怀有的那份虔敬，令人肃然起敬。

（原载《文汇报》
2016 年 8 月 22 日；
供稿：张洪友）

【中国民间故事形态研究】

李扬著，中国社会科学出版社 2015 年 7 月版

李扬《中国民间故事形态研究》（汕头大学出版社 1996 年）初版之后，我曾在两篇文论中简评李扬君的大著；现值该著（中国社会科学出版社 2015 年）再版之际，应李扬君来信邀约“就拙著及普氏理论评点一二，申引发见”，再撰专论一篇，内容如下。

> 据我所知，在这方面李扬先生的专著《中国民间故事形态研究》是迄今为止中国学者对普罗普的“民间故事形态学”所做出的最具国际水平的批评研究，且至今国内还没有人超越他。李扬在他的专著中着重讨论了普罗普关于功能顺序的假说，李扬随机抽取了 50 个中国的神奇故事做样本，通过分析，他发现，普罗普的功能顺序说不能圆满解释中国的故事，中国故事中的许多功能并不遵循普罗普的功能顺序。李扬研究了其中的原因，他发现，在许多情况下，中国故事的功能之所以没有按照普罗普的设想依次出现，是因为普罗普给出的叙事法则如若在中国故事中完全实现还需要其他一些限定条件，因为中国故事比普罗普所使用的俄国故事更复杂，由于俄国故事相对简单，是一些简单的单线故事，所以在应用普罗普的假说时无须增加条件的限制。李扬认为，在生活的现象中，构成事件的各个要素固然按照时间和逻辑的顺序依次发生，但生活现象中的事件并不是一件

接一件地单线发生的，而是诸多事件都同时发生。因此，一旦故事要描述这些在同一时间内同时发生的多线事件，而叙事本身却只能在一维的时间内以单线叙述的方法容纳多线事件，故事就必须重新组织多线事件中的各个要素，这样就发生了在一段叙事中似乎故事功能的顺序颠倒的现象，这其实是多线事件在单线故事中的要素重组。当然，李扬所给出的功能顺序的限定性条件不是只此一种，但却是其中最重要的一种，即功能顺序的假定只有在单线事件被单线故事所叙述的情况下才能够被严格地执行。从李扬的引述中，我们也读到了其他一些国家学者对普罗普功能顺序说的质疑，但我以为，李扬的分析之深入和清晰的程度不在那些学者之下，有些分析还在他们之上。对于普罗普的功能顺序说，李扬不是简单地否定，也不是一味地肯定，他一方面指出了普罗普的功能顺序说只具有（应用于俄国神奇故事的）的相对普遍性，同时又在给出一定的限定性条件后，论证了该假说在一定条件下（可应用于复杂的神奇故事甚至各种体裁的民间故事）的绝对普遍性，从而肯定了普罗普假说的合理性。

以上是我在2007年写下的一段评论，强调了李扬君“通过文本内部的故事内容—叙事形式的非时间性规定性，质疑了普罗普关于神奇（幻想）故事的‘功能时间顺序说’”。现在看来，我当年给予李扬君大著的学术价值判断，大体上仍站得住脚；但是我对普罗普的理解，不仅仍然“远远在李扬先生之下”，甚至还达不到当年自我断言的“基本停留在简单接受的水平上”。于是借着为李扬君再版大著撰写评论的机缘，我重新阅读了普罗普的相关著作（包括普罗普与列维-斯特劳斯之间那场著名的争辩），以期更好地理解普罗普。因为，如果“李扬在他的专著中着重讨论了普罗普关于功能顺序的假说”，进而“李扬先生的专著《中国民间故事形态研究》是迄今为止中国学者对普罗普的‘民间故事形态学’所做出的最具国际水平的批评研究”，那么，正确地理解普罗普的“科学发现”，就成了准确地理解李扬君的学术和学术史贡献的前提条件。但是，要正确地理解普罗普，又要先弄清楚普罗普（神奇故事形态学）与阿尔奈—汤普森（民间故事类型学）之间的区别，因为阿尔奈—汤普森类型学正是普罗普形态学的起点（尽管是批评的起点）。

表面看来，要清楚地区分普罗普神奇故事形态学的“功能”概念与阿尔奈—汤普森民间故事类型学的“母题”概念，并非易事；因为二者都是指涉了故事内容当中不断被重复叙述的情节单元。但是，母题的所指范围甚广，只要是被重复叙述的情节单元，阿尔奈—汤普森就视之为一个母题；而普罗普的功能仅仅指涉了故事内容中不断被重复叙述的角色行为。普罗普通过对100篇俄国神奇故事（我们习惯于称之为幻想类型的民间故事）的分析，发现神奇故事的功能最多31个，尽管这31个功能，往往只有N个功能能够出现在某一篇神奇故事的具体实体当中。由此，普罗普划分了故事类型（学）与故事形态（学）之间的区别。

在普罗普看来，故事类型学着眼于一篇具体故事的表面内容之内（或情节的表面），一个故事的类型（或一个类型化的故事）是由N个功能组成的。而故事形态学则放眼于所有具体故事的表面内容之间（或情节的背后），即故事的形态是由从所有故事（以100个故事为案例）中抽象出来的31个功能“组合”（composition）而成的。换句话说，这31个功能仅仅存在于所有故事之间，而不可能全部存在于某一具体故事的“实体”当中，以此，普罗普才说，“情节可以被称为内容，情节的组合不能叫做内容”，情节（在具体故事的表面内容中，功能也可以被称为“情节”）的“组合不是一种现实的存在……它只存在于人的意识中”。以此，由31个功能组合而成的形态，就像是索绪尔心目中完美地存在于每个人头脑中但不是完美地存在于某个人头脑中的完整语库。这样，对于阿尔奈—汤普森来说，一个类型（具体内容的情节组合）就是一个故事，或者说一个类型化的故事就是一个由诸母题（具体内容的情节）组合而成的情节化的具体故事实体；而对于普罗普来说，故事的形态则超出了一个具体的故事实体，即，所谓神奇故事的“形态”就是既通过又超过100个具体的神奇故事实体，“从整体上、从故事的整个范围来确定”的“基本故事”的“元结构”（metaatructure）。

但是，尽管故事的类型（情节）和故事的形态（组合）是如此地不同，尽管在普罗普看来，阿尔奈对故事类型的划分具有相当的主观性，普罗普却仍然把自己的故事形态学研究建立在“按情节［而不是按情节的组合］来进行的研究”的故事类型学的研究基础上，即普罗普仍然把自己的故事形态研究对象置诸故事类型的研究结果（属于阿尔奈分类体系的100个神奇故事）。普罗普自我辩解说：“如果无法从整体上、从故事的整个范围［即故事形态方面］来确定［研究对象］这一点，那么从各个［主题、情节的分类］方面来说确定被称之为‘神奇故事’，即真正意义上的故事是可能的。此书研究的只是神奇故事。”——列维－斯特劳斯敏锐且正确地指出了，普罗普这是在强制“把自己绝对地局限在支配主题分组的［主观性］规律中”，对于讲究科学性、客观性的普罗普来说，这实在是一件令人无法思议的事情——所以，普罗普“最初的书名是《神奇故事形态学》，而初次预告该研究成果时的命名还要更贴切些：‘俄罗斯神奇故事形态学’”，直到该书出版了英译本，书名才变成了 *Morphology of the Folktale* 即“民间故事形态学”。

当然，将自己的形态学研究命名为“神奇故事形态学”，也许是普罗普的无奈之举，因为基于形态学的故事分类学还没有建立起来；所以，普罗普的故事形态学研究对象即原本是类型学研究结果的“神奇故事”，只能够是一个尽管必须但却是随机的“工作假设”。作为工作假设，普罗普的研究对象——按照普罗普自己的说法——是“受制于外部因素”即人为、主观因素而设定的；而列维－斯特劳斯则再一次惺惺相惜地对“外部强加”于普罗普的人为、主观因素，表示了同情和理解。但是，这却带来了一个意外的惊喜，即，如果普罗普的研究对象（神奇故事）只是随机假设的结果，那么，其研究方法也就具有了随机地指向民间叙事的所有体裁、类型的可能性。进而，列维－斯特劳斯针对普罗普没有把各种体裁、类型的民间叙事都纳入形态学研究的批评，也就被普罗普的研究对象的随机性所否定了。但遗憾的是，普罗普自己并没有意识到这一点，而是仍然坚持自己的形态学研究只是针对的神奇故事的特殊结构，而不是针对的各种体裁、类型的民间叙事的统一结构。

在明白了普罗普的研究旨趣其实最终指向了所有故事体裁、类型的统一结构（普罗普本人也表示过“这一规律的揭示可能会有更广泛的意义”，“我的模式适合于能够模式化的对象”）之后，我现在的问题是：为什么普罗普会如此着迷于故事形态的统一性呢？普罗普自己解释说：这是因为，“对我来说确定民众以怎样的顺序来排列功能项是十分重要的”。即，如果“根据模式，［民间文艺学家］还可以自己按民间故事的规律［自由任意地］编出无数个故事来”，那么，“普罗普承认，讲述者在选择某些人物、省略或重复这种那种功能、确定保留功能的方式以及最后用更圆满的方式将名称和特性分派给人物方面有相对的自由”。这种讲述者的相对自由包含两重含义：从形式上说，功能组合的自由；以及从内容上说，情节选择的自由。列维－斯特劳斯认为，普罗普所说的这种相对的自由就是“任意”（法文 arbitraire，英文 arbitrary），而基于“任意”，普罗普最终得出的结论（正如列维－斯特劳斯所引）就是：“自由是民间故事独有的特色。”户晓辉也认为，“普罗普在此并没有否定这种自由，在这个意义上，他也是考虑和尊重‘民众’的选择权的”。尽管与此同时，普罗普却又强调说“以上这些的创造［并非］是‘绝对自由的’，那将只是一种可能。让我们再一次强调，这不是绝对自由的”。而且，对这种任意的自由——如果我们把任意的自由［例如历史的自由创造］视为对法则的选择性应用，那么就意味着——唯当我们认识了叙事的法则之后，才可能认识到叙事对法则的自由选择。

“任意的自由意志”（拉丁文 arbitrium liberum）是康德使用过的一个重要概念（列维－斯特劳斯不愧是哲学家，通过意出“任意”的概念，打通了普罗普故事形态学与康德实践哲学之间在学术—思想上的问题史联系），康德也用 Willkür（英译 choice/汉译“选择”）表达“任意”的意思。“任意”这一概念也曾被索绪尔借用来描述语言制度和文化的实践原则。根据索绪尔的研究，语言和文化的实践制度、原则，主要就是基于任意的自由意志即意志的自由选择。可以说，普罗普的神奇故事形态学研究接过了康德的问题：任意的自由意志是否就是遵循或违背某种原则（规律）？而这个问题在跨文化、语境化经验的比较研究中能够给出直观的答案。于是，我们也就可以进一步理解，李扬《中国民间故事形态研究》的跨文化、语境化经验比较研究的学术价值和学术史意义了。李扬《中国民间故事形态研究》并不仅仅是对普罗普的普遍性发现的跨文化、语境化质疑和修正，同时更是对普罗普问题意识的进一步推进。从纯粹学术的角度说，李扬《中国民间故事形态研究》“力图描述这些［中国］故事的叙事形态，总结其独有的区域类型特征”的科学性毋庸置疑（正如我已经指出的）；而从学术史的角度说，李扬对普罗普问题的再研究，不仅符合世界范围内，从共时性语法学（语言研究）到历时性语用学（言语研究）的语言学学科范式转换，也符合刘晓春所言从民俗研究到“语境中的民俗”研究的民俗学学科范式转换的学术史进程。在这一从现代性到后现代性转换的学术史进程中，普罗普和李扬们反复追问的问题，不应该仅仅被锁定为故事本身的讲述规律，更应该被设定为：故事讲述人根据或违背普遍原则（规律）的自由意志究竟如何可能？因而在普罗普、李扬的科学发现之后，逻辑上可进一步提出的问题是：如果跨文化、语境化经验的比较研究证明了任意意志的现实性（康德也认为，任意意志可以为感性经验直观地证明），那么，人的绝对的自由意志（德语 Wille/英语 will）是否也必然应该且能够建立起某种法则（规律），从而使得任意意志的自由选择成为可能？而对此，民间文学的各类形式（母题、类型、形态、原型……）研究是否应该以及能否进一步证成这一追问？将是我们学界中人共同面对的课题。

（供稿：吕　微）

【清代说唱文学创作研究】

车振华著，齐鲁书社 2015 年 1 月版

《清代说唱文学创作研究》是车振华博士在其博士论文基础上精心打磨匠心独运的一部关于清代说唱文学研究的专著。近年来，有关清代说唱文学方面的研究成果不断涌现，还有不少学者正以此为研究对象做着艰苦卓绝的努力。清代说唱文学已然成为学术研究的一方热土，这也充分说明了车博士的眼光灼灼和见识超群。

说唱文学，又名讲唱文学，是中国俗文学的一个重要分支，也是中国文学史的重要组成部分。清代说唱文学创作的成就很高，存世文本也很多。经过研究者几十年的努力，有很多已经整理出版，但这些作品至今没有得到足够的重视。一般来说，辑佚、结集、校勘、注疏，是俗文学研究的基本工作，但不是俗文学研究的终极目标。要想探究到俗文学的奥妙所在，必须深入并上升到“史”的理论的层面，揭示俗文学发展演变的历史，以俗文学为史料，反映当时社会的方方面面。对于清代说唱文学来说也是如此，想要改变传统文学史的格局，让说唱文学在中国文学史中享有它应得的地位，关键要靠对作品的研究。

以前学者们对清代说唱文学创作的研究，主要是对中国文学史、俗文学史和说唱文学史中一个章节的论述，或者是对某几类说唱形式的单一研究，尚缺乏对整个清代说唱文学创作情况的宏观全面的研究。《清代说唱文学创作研究》正是以全面的发展的眼光来看问题，它以清代的说唱文学文本为研究对象，涉猎范围广，且分析论证深刻而透彻。

车博士界定了“说唱文学”的定义和发展历程，在对清代说唱文学的创造概况及其研究综述详尽的梳理和归纳的基础上，对清代说唱文学进行了深入的探讨。他立足于个案研究为主，以点带面，以严格的文本阅读和历史考证为基础，阐发说唱文学的基本特征；他以西方的相关研究方法为借鉴，说明清代说唱文学所可能蕴含的意义和发展方向，或探赜索隐，或钩深致远，凡此种种，反映在此著作中，表现出一个鲜明的特点：即内容的广泛性、方法的多元性和论点的开放性。就内容而言，既有对说唱文学本身的阐发，亦有对说唱文学史、域外说唱文学研究动向的介绍；就方法而言，既有借传统研究方法来探究说唱文学之实的方面，亦有相互补充乃至互为证成的地方。要之，不同的方法，可以通过相互的借取与攻错，进而呈现说唱文学的不同样态；而观点之间的差异，则进一步显示出说唱文学本身所具有的深广的诠释视域。

提到说唱文学，人们头脑里马上映出的便是街头艺人说书的画面，中学课本收录的《明湖居听书》便是《老残游记》里最令人难忘的章节，“白妞说书”的动人情节说明晚清说唱艺术已经达到了非常高的境界。也正是如此，我们认为，说唱文学生长发展的基础在民间，这是毋庸置疑的事实。“中国民俗学之父”钟敬文曾说过：“在已经进入文明时期的社会，上层文化的保存和继承，大都凭借文字记录，但是广大民众没有学习和使用文字的机会，他们的民俗传承，只有依靠历史因袭的形式，即行动传承、口头传承和心理传承。这些传承往往是互相关联和交错的。这种传承方式形成了民间文化的重要特点——与文籍文化相对立的民间传承文化。”（转见董晓萍：《乡村戏曲表演与中国现代民众》“总序”，北京师范大学出版社 2000 年版）。民间说唱艺术家正是通过说唱——这种他们所熟悉并擅长的方式，对我们优秀的民俗文化不辞辛劳地进行着播撒传送。他们没有文本，而是依靠师徒间的口耳相传，按照民俗的思维定式，把民俗语言、思想、习惯的精华在天南海北传承并发扬光大。虽然有着模式化的痕迹，

但因为贴近生活、紧偎现实，它仍然有着强大的生命力，依旧规范着人民群众的价值观、审美观，形成异常宏大的民间传承文化。

虽然如此，但是如果仅仅依靠民间，依靠民间说唱艺术家，说唱文学的发展还是会止步不前，逐渐衰落，甚至会消亡，永久地退出历史舞台。《清代说唱文学创作研究》正是弥补了这方面的缺憾。它肯定了文人的创作对说唱文学的意义，指出了说唱文学之所以繁荣发展，文人的创作功不可没。书中强调："如果没有文人的热情参与，清代说唱文学就难以由通俗甚至庸俗脱胎升华至雅俗共赏的形态，也难以以具有自觉的创作意识和完美的美学特质而与正统的诗文以及戏曲、小说相抗衡。"因此，对清代说唱文学的创作，特别是对那些文人的创作进行研究就具有了重要而深远的意义。

本书借鉴了前辈学者和当代学人的研究成果，在研究方法上，从宏观着眼，选取清代的说唱文学创作作为研究对象，对清代说唱文学创作的具体概况做了系统全面的梳理，探讨了清代说唱文学兴盛和衰败的原因，窥测探究了清代说唱文学的全貌。在具体论述中，以个案研究为主，选取了在民间影响巨大同时又有着卓越创作成就的几类说唱文学形式，包括聊斋俚曲、清代女作家弹词、清代的道情、贾凫西的"木皮词"、子弟书等等，对这些具有典型意义的清代说唱文学创作的重要作品进行文本细读。这些作品属于不同的说唱文学形式——俚曲、弹词、道情、鼓词、子弟书，有着很强的代表性，代表了在中国南北地区和满汉民族中广泛流行的一些主要的说唱文学形式。它们还有一些共同的特质，即它们都是作家的独立创作，都被正统文学史所忽视和排斥，却又拥有巨大的文学审美价值，为广大的民众所喜闻乐见。它们语言华美而又通俗易懂，既体现出文人阶层的思想情感，又与正统思想若即若离，以其复杂性彰显出中国文学和文化的博大精深。这都反映出这一重要俗文学门类在清代文学史乃至中国文学史上的位置。综上所述，说唱文学作为俗文学的重要分支，它在文字史上的贡献大家有目共睹。它完全有资格昂首进入中国文学经典的殿堂；而《清代说唱文学创作研究》就是为说唱文学进入中国文学经典殿堂发出的振聋发聩的呐喊。

（原载《文史杂志》
2015 年第 6 期；
供稿：张 伟）

【戏曲行业民俗研究】

宋希芝著，山东人民出版社 2015 年 3 月版

中国的戏曲与民俗原本有着千丝万缕的联系，但正如《戏曲行业民俗研究》的作者宋希芝女士所说："目前，学界对于戏曲行业民俗的研究还非常薄弱，只是在戏曲学的一般论著中涉及某一剧种戏曲行业民俗的某些特征。"因此，当这本厚实的著作呈现于读者面前时，无论对于专门从事戏曲学、民俗学研究的学者，还是戏曲与民俗的爱好者，都是一件欣喜不已的事情。读者既获得了戏曲行业民俗的诸多知识，又深感这种看似轻松融合背后的不易，只有熟稔戏曲行业民俗的原始资料，具备戏曲与民俗的理论知识，并且进行耐心而细致的分类、归纳，才有呈现于我们面前流畅而科学的体例安排。

一 完整的理论体系与生动的戏曲民俗实例之融合

该著作既有严谨的理论品质，又有鲜活、生动的戏曲民俗实例，二者融合于著作始终，使该书摆脱了学术著作艰深难懂，难以普及之弊。首先，该书在第一章总论中建立起理论框架，设立专章从民族性、社会性、行业性、传承性等四个方面，系统总结、评价了戏曲行业民俗的特征，高

屋建瓴地为戏曲与民俗的融合阐明了理论依据、构建起理论体系。然后，将戏曲行业民俗细分为演出民俗、艺人民俗、经营民俗等三部分，深入分析它们各自的作用，恰当评估其价值。每一章节内容的编排都是那么饱满、丰富，布局则科学、合理。仅通观目录，即令人有赏心悦目之感。如“戏曲行业演出民俗”一章中，有四节：演出禁忌、功能民俗、仪式民俗、特色民俗，每一节下面又分别包括时间禁忌、空间禁忌、剧目禁忌、演出禁忌、观剧禁忌；节戏、会戏、贺戏、愿戏、罚戏、垫戏；破台戏、排八仙、跳加官、跳财神、扫台戏；亮箱戏、打炮戏、压轴戏、送客戏、反串戏等丰富而有趣的内容。戏曲行业民俗沉淀于几千年的戏曲行业发展中，它在历史的进程中革新、发展，也随着戏曲的衰落，逐渐衰落。宋女士以戏曲研究者与爱好者的双重身份，在最后一章“戏曲行业民俗的继承与革新”中，既理性评价戏曲行业民俗的积极成分与消极成分，深入戏曲发展的生态环境，剖析其衰落的影响及其衰落对戏曲发展的影响，也立足观众，深中肯綮地提出了戏曲行业民俗重兴的方略：“遵循‘观众至上’的理念以支撑行业民俗的回归、恢复戏曲的酬神和娱人功能以满足民众的需求、突破‘薄弱地带’以扩大行业民俗回归的空间、遏制剧种‘消亡’以稳固行业民俗回归的基础、‘国有剧团’断奶以壮大行业民俗回归的力量”，这些见解可谓真知灼见，不仅是戏曲行业民俗的回归之路，也是戏曲重兴的关键。

其次，在论述戏曲行业民俗的特征及各类戏曲民俗时，时时处处又以戏曲行业民俗的例证为论据，使得论述有理有据、生动服人。如在民族性一节，从戏神队伍、艺术模式、演出功能、观演方式等诸多方面，逐层深入地阐述了戏曲行业的民族性特征，使读者从宏观上深入了解了戏曲行业民俗的这一特征。在围绕戏曲行业民俗民族性特征论述的同时，又巧妙而自然地插入例证，在阐述戏曲表演程式的差异性时，强调戏曲不同的行当，会有区位不同、幅度不同的表演程式，接着以手的活动区位与扇子的运用为例，加以说明。书中举例道：“比如手的活动区位，就有‘花旦齐肚式，小生在胸前，乌面到目眉，老丑胡乱来’的基本规范。”接着，作者引用“戏谚”说明扇子的程式化运用，读者会饶有兴趣地继续阅读：“旦角扇子不离鬓，小生不离大衣襟，老生垂手扇胯骨，花脸张臂与肩平，文人写字爱扇袖，教书之人扇坐凳，苦力之人只扇裆，盲目之人扇眼睛。”这些生动的例子，一方面，佐证着作者的观点，另一方面，也是对戏曲民俗的宣传与普及，该著作中像这样的举例不胜枚举。

二　西方戏剧民俗与中国戏曲行业民俗的比较

一般研究中国戏曲的，较少关注西方戏剧，然而，宋希芝女士的《戏曲行业民俗研究》中，注重西方戏剧民俗与中国戏曲行业民俗的比较，在比较中突出中国戏曲民俗的民族性、社会性特征的文化根源。从中西宗教信仰的差异，推衍出中国各剧种所供奉戏神之不同的深层原因。西方是一神论宗教，而“中国民间盛行‘万物有灵’的多神崇拜……因此，中国的戏曲行业中，几乎每个剧种都有自己的戏神，有的剧种还拥有几个甚至十几个戏神。同各行各业相比，戏曲行业的祖师父和保护神的数量绝对是首屈一指的”。在论述戏曲的写意艺术时，将之与西方的再现艺术相比较，称西方戏剧的程式是“因为有火，手才收缩”，而中国戏曲的程式是“因为手收缩，才知道有火”。从中西民族性格的不同，比较出中西观众欣赏戏剧的不同反应，“西方人看戏时往往容易沉浸于剧情之中，且他们对戏剧剧情的评价往往比较理性。……中国观众对剧情的沉浸往往不深，对戏曲的表演却有着过分的沉迷，有着趋向于追求喜庆热闹的感官愉悦的娱乐倾向”。这种比较无意于分出中西戏剧艺术的高下优劣，作者的旨意十分清晰，即从比较中剖析出中国戏曲民俗产生的深层文化因素，为中国戏曲行业民俗寻根觅祖，也让读者从戏曲行业民俗的特征中感受到中国传统艺术的独特魅力。

三　戏曲行业民俗与中国传统文化的融合

中国戏曲行业民俗中蕴含着丰富的传统文化，《戏曲行业民俗研究》一书注重将戏曲行业民俗置于中国传统文化的视野中，在论述时，作者指出不同戏曲行业民俗中所体现的文化内涵，其中既包括传统文化的精髓，也有局限与糟粕。如从戏曲演出功能民俗中可知，节令戏是连接宗教仪式与戏曲的桥梁，“宗教仪式不仅为戏曲生成提供了装扮和表演等基本构成要素，还对戏曲艺术时空观的形成起到了重要的培育作用”。又如，从戏曲海报排名习俗的演变中，作者对当下戏剧广告中，演员排名居于由文化部门大小头头冠名的总策划、总监制、顾问、统筹的后面，而深表不满，并进行了犀利的分析：“旧时代戏曲艺人处于下九流的地位，在广告上名角尚且能够‘高居榜首’，新社会称戏曲演员为人民艺术家，演员在广告中上的位置却屈居榜尾……这种民俗的变化，一是说明了目前虽然戏曲艺人的社会地位提高了，但无论如何还没能够高于官员；二是反映弥漫了中国社会几千年的‘官本位’思想依然根深蒂固……以权势来压低艺术，势必会挫伤戏曲艺人的积极性。中国戏曲当下的萎靡不振，与这种‘领导中心’的陋俗是否有某种关联，是我们应该关注和思考的问题。”作者由当前戏曲广告宣传中演员居于末位，敏锐地揭示出问题的根本所在，她在为戏曲民俗革新叫好的同时，也不回避当下社会“领导中心”对戏曲振兴的负面作用。诸如此类的分析，贯串《戏曲行业民俗研究》一书的始终，作者在具体、恰切的民俗例子中，透过现象，揭示出其背后的深层文化渊源，有的应该、也值得承继，有的则如杂草，需要革除，却历经千百年顽固地存在于中国社会的各个角落。作者对传统文化是挚爱的，热切奔走呼吁，希望重振传统戏曲，然而，对于传统戏曲行业习俗中所包含的文化糟粕与行业歧视，则毫不留情地予以揭露。尤为可贵的是，作者一针见血地指出“官本位”对戏曲文化振兴的阻碍，表现出一位知识分子的良知与正义。萨义德在接受中国记者采访时说：“我一向觉得知识分子扮演的应该是质疑，而不是顾问的角色，对于权威与传统应该存疑，甚至以怀疑的眼光看待。”在这本看似平和而传统的戏曲行业民俗研究专著中，适时透露出作者存疑的态度与批判的锋芒，这也是当代学者最需要的学术勇气。

《戏曲行业民俗研究》一书，在系统研究传统戏曲民俗的同时，对一些民间惯常的认识深入探究，或纠正错误，或系统总结，对于当代人正确认识戏曲民俗，起到了重要的文化普及作用。如“压轴戏”，听来司空见惯，但为什么以“轴”称戏，却不为多数人所知。作者做了详细阐释：“过去的剧本创作，通常是写成一幅长卷，卷的底部有一卷轴，类似于装裱国画时用的画轴，戏曲行业便以此形容位于不同演出时段的戏曲：最先演出的戏称为‘早轴’，中间的戏称为‘中轴’，倒数第二的称为‘压轴’，长卷的最后一戏靠近木轴，所以称为‘大轴’。”一般认为“压轴戏”是置于全场最后一折或一场戏，同时也是最精彩的部分。殊不知，压轴戏的本意是指连台本戏‘大轴子’之前‘中轴子’的最后一出戏。作者援引杨掌生《梦华琐薄》中所载为证：“今梨园登场，日例有三轴子，早轴子：客皆未集，草草开场。继则三出散套，皆佳伶也。中轴子后一出曰压轴子，以最佳者一人当之。后此是大轴子矣。”并继续引用当代学者的论述，阐述今日戏剧界将倒数第一出戏称作压轴戏的原因。如此一来，关于“压轴戏”的演变历程便生动地呈现于读者眼前，从中，也印证着作者关于戏曲行业民俗不断演变、革新的观点。

《戏曲行业民俗研究》是一部立足传统戏曲，跨越两大学科，勾连古今的著作。作者面对卷帙浩繁的资料，取舍得当，运用自如，论述得体，新论迭出。该著作的价值原不是一篇小文所能尽述，仅以此文郑重推介，希望更多的读者能够一睹为快，共同感受戏曲民俗文化的博大精深与无穷魅力，重视其在戏曲振兴中的重要作用。

（原载《民族艺林》2015 年第 4 期；供稿：刘衍青）

【北方民间宝卷研究】

尚丽新　车锡伦著，商务印书馆 2015 年 11 月版

作为兼具宗教信仰、社会文化与审美娱乐等多重属性与功能的说唱形式，宝卷在中国南北各地民间社会文化生活中产生过长期的重要影响。它不仅扎根中国底层民间社会，深度建构着其宗教信仰、社会风俗、休闲娱乐等生活形式，而且曾经严重危及国家政治大厦的安危。

尽管如是，在帝制社会时期，除了查办民间教门教案活动所涉及的档案文书、数本有限的小说戏曲之外，我们几乎看不到宝卷的身影，也更谈不上探讨了。进入 20 世纪 20 年代后，在近现代民主思潮的影响下，学界目光下移，宝卷始进入学术视野，从而拉开中国宝卷研究的序幕。自此，郑振铎、李世瑜、车锡伦、马西沙、泽田瑞穗、欧大年等中外学人，前后相继，对中国宝卷的属性、类别、特征与功能，产生、发展与流变等基本问题，教门宝卷与民间宝卷等不同类别做了深入系统的探讨。在民间宝卷领域，为回应国家非物质文化遗产保护，在车锡伦等先生的示范与推动下，宝卷研究近些年来进展较快。中国宝卷研究界分别对江南吴方言区宝卷、西北宝卷、河北及山西等地的宣卷活动、宝卷文献等做了较为全面的调查、搜集与整理，并对上述各地宝卷的产生与发展，文本形式与宣演特点，与当地信仰、风俗、民间曲艺等之间的关系等做了一定研究。但是，因为宝卷自身的复杂性，宝卷文献的搜集、疏证之难，学界的学科分类之限等，中国宝卷研究依然在上述各方面存在诸多争议，留有相当大的研究空间。就民间宝卷领域而言，南强北弱的局面有待改善，与教门宝卷之间的关系研究有待突破，在其发展中与各地的其他民间文艺活动之间的互动关系研究有待深入，与各地民间社会的信仰生活、风俗变迁等生活方式之间的关系研究有待深化。为是，历经六年磨砺而告竣、出版的《北方民间宝卷研究》彰显出其不凡的学术价值，成为中国宝卷研究，特别是民间宝卷研究领域的一大创获。

《北方民间宝卷研究》为尚丽新与车锡伦两位先生合著，是一本严谨、扎实、深细的学术专著，它采用个案探讨与整体研究相结合的方式，对北方民间宝卷在山西、西北、河北等地的流布，在教门宝卷与不同民间文艺活动影响下的发展与流变，相对于南方宝卷的不同地域特征与发展路径等，做了全面、深入、细致的探讨，有力推动了中国宝卷，特别是民间宝卷研究的进展。

就其学术贡献与特点而言，主要体现在如下四个方面：其一，该书第一次对北方民间宝卷的宣演活动、文献留存、地域特征与历史发展等做了系统深入的探讨，填补了该地域宝卷系统研究的空白，在一

定程度上纠正了民间宝卷研究南强北弱的偏向。其一，在多年田野调查与文献搜证的基础上，作者以其锐敏的学术眼光，选取孟姜女故事宝卷、《黄氏女宝卷》《白马宝卷》等四部宝卷为代表，将其置于中国民间社会生活变迁、中国宝卷与各种民间文艺形式的传播与流变的视野中，对北方民间宝卷的发展路径与地域特点，所受民间教门宝卷、各种民间文艺形式等影响，与北方民间社会的民间信仰与宗教生活的关系等给予了专门探讨。其次，不仅对北方民间宝卷的文献留存的数量、产生年代与代表性宝卷的文本形式与宣演特点等做了翔实的记录与整理、考辨与论析，而且站在中国宝卷整体及其历史发展的高度，结合南方宝卷的研究，对北方民间宝卷的地域特色、形式变迁及其发展过程中与各种民间文艺形式之间的互动关系等做了高度的理论概括与深入细致的论析。该书对北方民间宝卷的案例论析与整体论证扎实有力、富有说服力，在一定意义上对以后的研究具有示范意义。

其二，该书以车锡伦先生的《中国宝卷总目》为基础，结合作者在北方各地的田野调查、各大图书馆所藏宝卷的研读，以及网络所见新文献的购阅等，第一次对北方民间宝卷系统在不同历史阶段与不同地域的现存宝卷文献的名称、数量等做了新的增补与全面的整理、辨析与归类，同时也更正了《中国宝卷总目》若干失误之处，为后来者的北方民间宝卷研究奠定了坚实的文献基础，大大便利了学界对北方民间宝卷的进一步研究。作者不仅在宝卷文献搜集、整理的基础上，统计出明末至嘉庆前的宝卷17种，嘉庆、道光年间的宝卷21种，介休民间宝卷74本等，而且对作者所经眼的116种北方宝卷（以民间宝卷为主）版本、文本形式与故事内容、来源与传播等情况做了翔实的记录与考辨。以往，在北方各地的宝卷搜集、整理与研究中，因为对宝卷的属性、历史发展与地域特性没有真正的掌握，缺乏对该地宝卷判别的科学标准，在相当程度上存在着对本地宝卷的历史年代、来源与数量的误判。该书的上述研究对此做了有力的纠正，为其他区域以及后来者的地域宝卷研究提供了一个范例。

其三，作者以开阔的学术视野、高度的学术勇气，打破民间俗文学研究与民间教门研究的学科壁垒，对北方民间宝卷在发展中所受民间教门宝卷的影响，以及由此而来的形式特点与地域特色等给予了有力探讨。以河北、山西等地为中心的北方地区，自古以来就是民间教门孕育、发展与繁荣的中心地带，明清时期民间教门宝卷盛行于此、蔚为大观，对该地区的民间信仰活动、社会风习与各种民间文艺形式等产生过直接、深入、长期的历史影响。这是南方地区所不能比拟的。作为俗文学研究界的学者，注意到这一点不难，但是对其进行深入探讨，就不容易了。这不仅要跨越已经形成的学科分界，而且要克服自身在民间教门领域的学术短板，需要相当的学术胆识。当然，作者的研究相当聪明，他们有效避开了民间教门宝卷内容与功能的某些更为艰涩、专门的方面，而是着重研究北方民间宝卷的孕育与发展中，民间教门宝卷在艺术形式等方面的影响。与民间教门宝卷的关系，是该书研究的一条重要线索，无论是个案研究，还是整体研究，无论是地域特征研究，还是历史发展研究，都贯串其中，比较突出的是对北方民间宝卷形式变迁、孟姜女故事宝卷等的研究。

其四，作者以翔实的资料、严谨的考辨，对北方民间宝卷发展流变与地域分布中与各种民间文艺形式之间的互动关系做了深入细致的探讨。南北民间宝卷之所以各具特色，且在北方不同地域的民间宝卷呈现出不同的风采，其中一个重要的原因就在于与不同民间文艺形式之间的关系有别。民间宝卷与民间文艺形式之间的关系研究一直是宝卷学界多有谈及，却鲜有专门深论的薄弱环节。该书作者为此付出了相当努力。作者以宝卷文本细读为前提，在广考不同俗文学故事传播与流变的基础上，对宝卷所涉故事内容与形式因素在不同历史阶段、不同地域、不同艺术形式之间的融汇与更新、发展与嬗变做了专门而深入的研究，并在此基础上深入探讨了北方民间宝卷与各种民间文艺形式之间的互动关系，以及由此而带来的南北宝卷不同的地域特征。其中，个案研究，如《红灯宝卷》与“红灯记”故事的流传之间关系的研究，视野开放，资料翔实，爬梳细致，论证具体而深入，相当耐读。不仅如是，即便是在第一部分的专章研究中，也无泛泛而论，而是注重实证，讲究宝卷文本细读与各种相关民间文艺形式系统之典范文本之间的比较与论析。

当然，因为史料留存的局限、作者学科背景与研究思路的制约等，该书并未穷尽北方民间宝卷的全部内容，有些方面还有待明确、补充与深化。其一，北方民间宝卷的类别有待细化。按照车锡伦先生的观点，民间宝卷除“讲唱故事”宝卷外，还有劝世文宝卷、祝祷仪式宝卷、小卷等。那么，北方民间宝卷又可以分为哪些类别，是否也是如此呢？北方民间宝卷中，有无祝祷仪式宝卷、劝世文宝卷，若有的话，又有何新的、与南方不同的特点呢？北方是否有新的宝卷种类呢？这些探讨有助于对北方民间宝卷的属性、特点与功能等其他方面的理解与评价，还是有必要交代、说明与探讨的。其二，关于北方民间宝卷与民间教门宝卷之间的关系研究。在这一方面，作者确实下了相当的力气来处理这一问题，不过依然存在着多重形式、略轻内容等的遗憾，而这势必影响到研究的深入。比如，在北方民间宝卷中存在一种宝卷，专门在民间信仰场所说唱，内容虽有故事性因素，却并非角色分明、张弛有度的文学故事，而是一种神圣信仰的呈现与表征。这些宝卷，虽未有明确的教门归属，却在神灵信仰与思想内容上与民间教门宝卷存在着或多或少的联系。如何认识这些民间宝卷与教门宝卷之间的关系，有赖于对其宗教内涵、意义与功能的解读。总之，北方民间宝卷与民间教门之间的关系研究还有相当空间。其三，北方民间宝卷与民间社会之间的关系亦有待展开与深化。作为一种富有信仰、教化功能，且未受官方宰制的民间说唱形式，北方民间宝卷的创制、抄念等活动本身就是民间社会自我维系与发展的一种社会活动形式，融入民间社会的肌体内部而成为其不可分割的组成部分。要研究其与民间社会的关系，就有必要以宗教学、社会学、人类学与文化学等理论与方法进行深入的田野调查、案例分析与理论论证。该书虽然对此有所论及，但相对来说还有点单薄，有待加强。

总之，《北方民间宝卷研究》突破了北方民间宝卷研究仅注重一时一地的局限性，将北方各地域宝卷视为一个整体，在中国宝卷历史发展与地域分布的大背景上，全面深入地研究了北方民间宝卷的发展演变与地域特色，与民间教门宝卷、各种民间文艺形式等之间的关系，为北方民间宝卷，甚至整个中国民间宝卷的进一步深化研究奠定了坚实的基础、提供了相当多的学术话题与研究空间，成为《中国宝卷研究》后民间宝卷研究界又一富有创造性、具有突破意义的学术专著。该书不仅具有重要的学术意义，而且对于北方民间宝卷的保护、整理与发展也有相当的参考价值，值得学术界与相关部门重视。

（原载《博览群书》
2016 年第 4 期；
供稿：隋爱国）

【中国科技口述史研究——以河北传统造纸和造船为例】

李涛　高红雨著，科学出版社2015年11月版

《中国科技口述史研究——以河北传统造纸和造船为中心》的第一作者李涛和我虽然都从事科技史的研究工作，但一花五叶，我对他的研究方向知之不多。中国现代数学史是我的主要研究领域。在这个史学领域中，虽然我主要利用文献史料，但对口述史料并不陌生。有人曾对数学大师陈省身、吴文俊做了访谈；袁向东、郭金海对丁石孙、徐利治做的一系列访谈更是被汇集成书，已经出版。由此我知道了湖南教育出版社编辑出版了“20世纪中国科学口述史”丛书，该丛书已经有12部。可以说，我国口述科学史研究已经是一个成绩斐然的领域。那么，李涛的著作有什么特色呢?

理论和实践的统一是李涛口述科技史研究最鲜明的特色。李涛2006年入厦门大学攻读博士学位以来，一直从事口述科技史研究，至今已近10年。前期的工作主要偏重于理论方面，有《论中国口述科技史研究》《试论口述科技史的客观性》《论口述档案的搜集》等重要论文发表在《自然辩证法研究》、《科学技术与辩证法》（即《科学技术哲学研究》）和《档案学研究》等专业核心刊物上。这些研究成果汇集为专著《中国口述科技思想史料学》于2010年由科学出版社出版。有了较为扎实的理论功底，进行实践研究就轻车熟路了。现在这部专著虽也简略地讨论了口述科技史的一些理论问题，对以前的研究工作有所拓展，但还是以口述科技史的实践为主，与以前的研究工作形成呼应之势。

访谈普通人传统工艺的传承是李涛当前口述科技史研究的另一重要特色。确实，我国当前口述科技史取得了不少成绩，但是从上述“20世纪中国科学口述史”丛书看，访谈的对象为袁隆平等男性精英科学家，主要是请他们追述中国近现代科技史的一些重大事件。而李涛在同事和朋友的帮助下，访谈了一些传统工匠。“保定富昌屯传统造纸口述史”“肃宁桥城铺传统造纸口述史”“安新马家寨传统造船口述史”是本书主要内容，包含9次访谈，基本清晰地还原了河北部分地区的造纸和造船工艺。这对中国传统科技史和非物质文化遗产的研究具有重要意义。

自从20世纪80年代中国引进西方具有学科意义的口述史方法以来，中国口述科技史的传统大树开始枝繁叶茂，蓬勃发展。《中国科技口述史——以河北传统造纸和造船为例》一书是这棵大树上长出的新枝叶。中国科学院退休研究员、著名科学史家陈久金先生认为，随着社会的发展，技术的进步，传统工艺面临着被淘汰的危机。岁月流逝，老艺人，老工匠只会越来越少。传统工艺和土法生产的抢救性保护迫在眉睫。在这种意义上来看，这本著作也具有很强的现实意义。稍有遗憾的是，作者对河北的传统造纸、造船等工艺与我国的南方地区，如四川的传统造纸、福建的传统造船等缺乏一些比较研究，我们期待他以后的研究能在这些方面有新的突破。

（原载《中华读书报》
2016年4月13日；
供稿：刘秋华）

【汉唐风土记研究】

李传军著，中国社会科学出版社2015年11月版

北京师范大学萧放教授主编的“历史民俗学丛书”，近来由中国社会科学出版社推出一部新著，即李传军著《汉唐风土记研究》。展读之下，感觉该书研究扎实，新意迭出，对于中国历史民俗学以及思想文化史等方面研究都颇具贡献，值得重视。

历史民俗学是民俗学的分支学科，其

在中国的建立既有学科内在的必然逻辑，也有民俗学发展自身的历史渊源。民俗学家钟敬文先生曾讲过：“‘民俗学’，在我看来，应该说是‘民俗诸学科’，就是说它里面可以包涵很多分支学科……有位同志提出可否建立‘历史民俗学’的问题。我以为这是可以的。问题在于处理的是不是历史民俗现象，或者是否从历史学的角度去考察民俗现象。如果有上述两种情形，那么，这种支学就可以成立。历史民俗学，应当包括民俗志、民俗史、民俗学史以及其他有关著述。它与神话学、故事学等一样，可以成为民俗学的一个支学。”[①] 当然，民俗作为民众的生活文化，具有历时性和共时性的特征。所谓民俗文化的历时性特征是指任何民俗文化都是历史形成的，都有一个发生、发展、传承和演变的过程。所谓民俗文化的共时性特征是指民俗文化一旦形成，总会在一定时期内以相同或相近的形态存在于一定区域和阶层的民众生活之中，以相对稳定的形态为人们所共享。民俗学以民众生活传统为研究对象，当然是一门以现实生活习惯为研究重心的学问。但生活传统的形成是一个历史过程，因此民俗学在追溯传统的时候必定与历史学交叉。可以说，历史民俗学一头连接着历史，一头连接着现在，是中国民俗学的重要组成部分。

《汉唐风土记研究》一书系萧放教授指导下的博士后研究报告。风土记是专门记载我国古代地理和风俗的历史文献，是一种历代传衍的民俗记录和民俗解释文献。本书对以《汉书·地理志》、周处《风土记》、盛宏之《荆州记》及《大唐西域记》为代表的汉唐风土记给予较为深入的研究，探讨了中国古代风土观念的起源和演变，并以周处《风土记》为个案研究了汉唐风土记的写作体例与文献特征。本书指出汉唐风土记集中体现了中国古代风土与民俗的统一，时间与空间的统一，具有重要的历史民俗学研究价值。可以说是一部沿着中国历史民俗学理论路径探索创新的专著。

首先，本书以“风土记”为研究对象，在研究上颇给人以耳目一新的感觉。

在中国唐时期曾经涌现出许多著名的风土记著作，如周处的《风土记》、盛弘之的《荆州记》、杨衒之的《洛阳伽蓝记》、莫休符的《桂林风土记》等等，其数量不下百余种。“风土记”在我国古代文献中是很特殊的一个门类，过去并未过多地引起学者的关注，只有方志编写者钟情于此。这可能和以往的研究重正史，轻方志的传统有关。其实历史研究离不开方志资料，要想描述一个时代的民众生活史，方志或专门的风土志资料是不可或缺的，甚至可与正史媲美。汉唐时期，在我国历史上也是特殊时期，曾经创造过辉煌的文化，从民俗的角度而言，汉唐时期也是中国民俗文化（特别是节日文化）发展定型的鼎盛时期，专门记载地理和风俗的文献很多。本书选取魏晋南北朝时期的具有影响力的周处《风土记》展开研究，辑录、考证极为详尽。同时作者注意到与同时代的众多《风土记》《岁时记》的比较，突出风土记体现的时代特色和地域特色。从选题上来说，作者选取汉唐风土记这一在中国历史上曾经风行一时，而又在后世逐渐散佚的古代风俗历史文献作为研究对象，对风土记这种历史资料的文献性质、历史渊源、体例特征、历史价值和发展演变做出了深入的分析，对这种历代传衍的文献民俗志做了深入的发掘，极具学术价值。

其次，本文所提出的核心概念和思想，

① 钟敬文：《谈谈民俗学研究中的几个问题》，见刘锡诚《妙峰山·世纪之交的民俗流变》，中国城市出版社 1996 年版。

对于中国民俗学乃至中国思想文化史的研究，都具有重要的意义。

对中国古代“风土”观念演变的探讨，是本书最为精彩的篇章，也是本书最具思想深度的文化探索。风土在中国古代是民俗的代称，常见于中国古代的各种正史和文集。但风和土，本是自然事物，一属天气现象，一属地质资源，它们虽然对人类的生产、生活有巨大的影响，但它们并非人类生活的本身，然而在中国古代风土合称，竟成为社会风俗，即人类社会生活的代称，这的确是一个值得探究的现象。作者从殷商卜辞资料和《淮南子》《吕氏春秋》等古代记载入手，深入考索。揭示了风与四季和岁时节气有关，在特殊语境下成为农业生产和民众经济、文化生活的象征符号。土地是人们的繁衍生息之所，是人类一切生活赖以存在的基础，更是人类所有民俗活动展开的舞台。因此风土表现出极强的人文特性，是一定区域内气候和风俗，即自然环境和人文环境的总和，也就是风土人情和风俗习惯的统一。另外，本书第四章深入探讨了中外空间观念的异同，指出汉唐风土记集中体现了中国古代民众生活中的空间观念，体现了中国古人对生存环境的认识、感知和探索过程。也是本书颇具创新的论述。

最后，本书的作者充分发挥民俗学、历史学、文献学的学术专长，对于汉唐风土记特别是周处《风土记》的辑佚、考证和研究，呈现出严谨的科学态度和学术规范。

周处《风土记》是汉唐风土记的代表性著作，深入剖析这部著作，对于认识汉唐风土记此类文献的性质和学术价值具有重要的意义。本书第二章以四节十四个部分的重要篇幅，详细探讨了周处风土记撰写的时代背景、历代学者对它的辑录和研究、周处风土记的区域文化特色和文献体例特征。并以严谨的体例、全新的面貌、详细的校勘和注释呈现了本书的周处《风土记》新辑本。经过研究，本书指出风土记是中国古代的地理书，是中国古代地方志的滥觞，是特定区域文化的产物，它以记载当地的山水、气候、风俗、岁时节令和人物、传说为主，它体现了中国古人天人合一的人地关系观念；展现了中国古代下层民众的思想与生活，从多个层面体现了中国汉唐时期的历史民俗；体现了中国古代民众生活中的空间观念，体现了中国古人对生存环境的认识、感知和探索过程；汉唐风土记中的外国游记和风土传，还体现了汉唐时期中国民众与世界交往交流的历史，体现了中国文化对外部世界异域文化的认知与冲击。总之，本书认为汉唐风土记作为特殊的地理文献，是中国传统文献发展过程中出现的一种新形式，在体裁、类别方面丰富了中国古典文献的内容。

细读全书，感觉《汉唐风土记》的研究也存在薄弱之处，大体而言，有以下几点：

第一，全书以汉唐风土记研究为名，涉及历史时期相当长，从本书的附表中也可以得知，这一历史时期出现的风土记著作不下百种。但本书仅对周处《风土记》和西域风土记进行了较为深入的探讨，对《汉书·地理志》、盛宏之《荆州记》乃至莫休符《桂林风土记》的研究都较为薄弱，内容上畸轻畸重，不足以发掘并阐明汉唐这个宏观历史时代风土记发展演变的全貌和深层次规律。

第二，本书对个别观念如中国古代风土观的演变的阐述，固然精彩，体现了作者一定的理论关注和思考深度。但本书对中国古代空间观念的论述则略显粗浅，未能撷取更多典型而内涵丰富的史料、案例进行深入解析，现有的论证缺乏深入的比较、考辨和总结，且不免存在堆砌史料的嫌疑。

第三，历史民俗学是中国民俗学中新

兴的一个学科分支，在理论上固然有钟敬文先生等几代学人丰厚学殖来奠基，但不同的著作都应呈现新的理论思考、思想思辨和方法创新，承担着拓展历史民俗学学科理论和研究范式的学术使命。本书虽然做了一些富有创建的思索，但远未餍人耳目，一新视野。相关的理论阐释还有进一步拓展深化的空间。

汉唐风土记数量众多，散佚严重，对它们的研究难有止境。本书的研究相信能够激发起学者们对这一学术领域的关注，从而涌现更多的高质量的学术成果和著作。这是读完本书后笔者的期待。

中国历史民俗学植根于五千年的中华文明传统，发轫于中国民俗学派的厚重学术积淀，又注重融会西方历史社会学等新兴学科的理论养分，可谓是一个古老而新鲜的学科领域，在钟敬文、萧放诸先生的努力下，它根深叶茂，繁枝窈窕。《汉唐风土记研究》的出版是这棵学术之树上绽开的一朵新花，期盼更多的著作出版，迎来繁花似锦的中国历史民俗学的春天。

（原载《中华读书报》
2016 年 6 月 29 日；
供稿：许　辉）

【都市中国的乡土音声：民俗、曲艺与心性】

岳永逸著，中国人民大学出版社 2015 年 1 月版

时至当下，“民俗”伴随着国家节假日的设置、非物质文化遗产的保护而不断进入公众的话题之中，不少人认为中国传统民俗重新回到了“最好的时代”。与之相对的，是民俗学学科内部的另一重风景。一方面，当代民俗学学者不断地重新调整民俗学的研究范式，由传统的民俗事象研究转向“语境”中的民俗研究。[①] 同时，伴随着民俗学的学科范式转向，人文学科交叉研究的特性日益凸显，导致处于“边缘”的民俗学其“学科边界在何处”的问题一度成为施加给民俗学的一种无形压力；另一方面，现代技术高速发展，民众日常生活的形式内容日新月异，社会民众的感受与心态时刻发生变异，使得民俗学传统的研究对象与研究方式多多少少与社会现实无法洽合，甚至在一些重要议题上，民俗学呈现出一种集体失声的怪相。不仅如此，“以‘民俗’为对象的研究就是民俗学”这一看似正确无疑的命题也被一批学者从学理上发起了明确质疑，直中当下某些民俗研究的要害。于是，民俗学似乎进入了“忧郁”[②]（借用作者《忧郁的民俗学》一书的提法）的阶段。

正是在这种背景之下，岳永逸的《都市中国的乡土音声：民俗、曲艺与心性》（以下简称《都市中国的乡土音声》，引用该书时仅注明页码。）恰逢其时，作为其近几年来思考的成熟想法，或许能够告诉我们，民俗与民俗学在现代化的都市中国中究竟何去何从，民俗学自身的想象力与洞察力又在何处。该书共收录 17 篇学术论文与随笔以及 1 篇访谈录，内容主要涉及都市曲艺、民俗理论、民间宗教信仰等方面，也不乏对其他学科及相关著作的述评。作者不仅对传统民俗的现代变迁情况及其存在的现实问题做了文化政治学的话语分析，重新梳理民间文化与精英文化的张力关系，更为重要的是，该书还对都市民俗学的理论研究做了积极探索，充分肯定民俗承载者的主体心性与文化自觉、民间文化自身的“自由”向度，并将民俗学定位

---

① 刘晓春：《从“民俗”到“语境中的民俗”——中国民俗学研究的范式转换》，《民俗研究》2009 年第 2 期。

② 岳永逸：《忧郁的民俗学》，浙江大学出版社 2014 年版。

为一种思考和认知现代都市生活的学术范式。

一 民俗研究的"文化政治学"范式转型

《都市中国的乡土音声》这本书承续建构主义的民俗研究视角，首先从学理上出发，以建构论的视角审视了不同语境中与"原生态"相关的话语，认为"原生态"的概念是外来文化精英对本土文化的浪漫想象与文化殖民式的商业消费，更是对民俗文化持有者主体能动性的忽视、对其文化经验的刻意遮蔽。进而，作者提出把民间文化置于"文化社会生态中的整体研究"，[①] 就此而言，这一方法论既考虑外在的文化结构与社会关系等文化生态，同时兼及民间文化自身内在的能动性与历史性，从内、外两个维度来审视民间文化，显得更加立体化。

因而，除了关注民间曲艺自身的文化演变过程，作者更是多次探讨民间文化与精英文化的关系。首先，作者非常明确地指出，作为俗文化的民间文艺必然受到精英文化的意识形态限制与影响。二人转的传播传承过程就是最典型的例子。当代二人转的展演从东北乡野移动到都市舞台上，事实上是官方与媒体"无视文艺市场自身的选择和竞争机制"[②]，试图将民间艺术当作启蒙和改造民众思想的工具。民间艺术自身的生命力被压迫、忽视乃至边缘化，导致赵本山为代表的二人转一枝独秀，打破了民间艺术生存的生态平衡。其次，作者还提醒我们，作为非主流的、小传统的民间曲艺，为了自身在现代社会的发展，适应不同阶层的供需要求，民众对精英也会采取"部分认同与主动合作"[③] 的基本态度，重新寻找自身存在的合法性。正因如此，作者将民间文化视为本身就是"雅、俗"一体的融合物，体现的是民众的"自主性、能动性和强大的反刍功能"[④]。无论是传统民间曲艺的教化意味，还是传统"胡仙"文化的两可性与模糊性，抑或当代非物质文化遗产的认定与民众对自我文化的历史攀附，都显示出这种融合主义的文化政治脉络。

事实上，民间文化不仅与精英文化之间的关系错综复杂，形成一种互相制衡、具有张力的话语网络，而且民间文化内部同样存在着类似的权力互动，显示出内在的复杂文化政治。该书借助诺贝特·埃利亚斯的"赛局"理论，对民间文化不同元素之间的博弈与竞争关系进行了阐述。这种此消彼长的文化权力格局，不仅体现在前面讨论的、处于民间文艺市场经济内的不同草根相声类别之间，同时也能在"乡土宗教"内部的信仰实践里找到佐证。作者通过调查梨区分裂的信仰现状，发现本土宗教（"行好的"）的信众广泛、历史传统更久远，处于国家政策的优势位置，而处于劣势的天主教自身文化资本相对雄厚，同时有限地吸纳中国传统进行本土化。这种现状促使两种宗教力量互相发挥自身的长处，彼此较劲，在言语和行动上形成博弈的发展局面。然而，这种"赛局"也带有流动性。地缘、血缘的社会结构变化，国家文化政策（如"非遗"保护）的介入，民众对自身文化的认同态度变化，都将影响民间文化内部"赛局"的生态平衡。

除了不同文化圈之间的传统文化政治

---

① 岳永逸：《都市中国的乡土音声：民俗、曲艺与心性》，中国人民大学出版社2015年版，第19页。

② 同上书，第71页。

③ 同上书，第37、88页。

④ 同上书，第251页。

关系，现代社会的文化经济学还带来了另一个分析的视角：即观者与演者之间互相消费的供需关系。一方面，作者通过梳理精英对民国人力车夫“身体”与“苦难”的文学书写，认为无论是现实还是叙事，车夫的身体在“看与被看”之中成为了被知识分子与政治力量双重“消费”的对象。另一方面，通过分析民间文艺的现代化发展历程，作者还敏锐地意识到，当代民间文艺市场的供需关系实际上已经产生了一次位移，即传统的供应商由民众变为官媒，民众反而处于消费和使用的地位。倘若我们细细琢磨当代“春晚”舞台上的二人转与政治化相声背后的意识形态、国家文化政策与“非遗”保护的思维逻辑，其中不乏作者对权力话语的批判，我们或许就不难理解作者的观点了。

当代民俗学对“民俗”的认知已经从不言自明的本质主义立场发展为“发现”文化与生活的建构主义路径。民俗学者在具体社会情境与行为过程中把握“民俗”的展演与生产，动态的叙述模式分析代替了传统的文本研究，研究对象的重心也由“物”的历史与流变转移到以“物”为媒介的社会关系与文化观念的话语关系上，我们可以将之称为“文化政治学”的研究范式。这也是《都市中国的乡土音声》一书给我们最直观的阅读体验和理论思考。与此同时，作者不断在传统与现代之中勾勒民俗文化的变迁过程，以及未来发展的可能性，极大地延续了民俗学研究对民俗事象和主体之间的“传承”关系的定位与坚持。

二 民俗志书写维度的调整：情感与体验

在《都市中国的乡土音声》中，除了对当代都市曲艺进行文化政治学的分析与阐释，作者还尝试性地讨论了民俗志的写作范式。

作者首先从自己的经验研究出发，认为不同于作为“他者”的其他学科传统那样依靠理论预设将乡土社会“写出来”，民俗志的写作应该注重民众自己的言语与行为两方面的“日常表达”，乡土社会应该是“说出来”[①] 的。因此，作者通过“自家屋”“我们村东”“我们都是亲戚”的话语叙事和实践行为来呈现河北、北京、山西三地的乡土社会，反映地缘关系内部文化结构与关系的象征意义。换言之，作者更加关注民众的话语体系与表达方式，实际上是希望从动态的实践过程中把握本土文化的脉搏，也是对民众主体性的一种最大彰显。这一研究思路在《“5·12”震灾后的羌寨现场》一文中也有类似的体现。

在作者眼中，既然我们承认了民众的主体性地位，那么就应该调整我们对“访谈”“口述史”这些资料的获取方式与文字书写的认知，重新审视民俗志的写作与阅读过程。的确，将民俗志视为具体语境下讲述者与被讲述者之间“合谋”的建构性结果，也关乎民俗志调查自身的学术伦理。正如作者所言，由于讲述者本身受到民俗知识与生命经历的限制，加之又是在研究者的追问之下做出的回答，因此口述史的“真实”并非绝对意义上的真实，而是在具体语境下经由学者激发、民众讲述的“一次斗智斗勇也是相互安慰的言语冲突”[②]，是一种学者与研究对象的“共谋”和“妥协”。那么，我们又应该如何应对这一田野关系呢？按照作者的思路，民俗学者应该努力坦陈访谈的目的，民俗志的写作就需要学者努力与访谈对象之间达成平等、尊重的田野关系，发挥学者的想象

① 岳永逸：《都市中国的乡土音声：民俗、曲艺与心性》，中国人民大学出版社2015年版，第163页。

② 同上书，第270页

力和敏锐度，发掘访谈者话语背后的生存心境，更应该不断反思自身的学者角色。

实际上，作为一门关注民众生活的学问，该书还提到民俗学的民俗志写作还应该注重民间文化的“情感”与“生活意义”[①]，呈现出一种对民众“生命经验的裸写”[②]。那么，究竟如何才能达到作者所谓的“具有可读性、资料性和理性认知”的“裸写”呢？一方面，作者认为仍然应该调动丰富的材料和事实，以充沛而饱满的情感质朴地叙述个人的生命经验，全景式地立体呈现研究对象的内化体验，而不是将自己置身于研究过程与研究对象之外。正如该书所言，“一部好的都市民俗志，不仅仅是描述都市人何以生活，而是深入他们的精神世界，言说他们的挣扎妥协，以及在此心态下衍生出的一系列新兴甚至荒诞短时间内又不会消失的现象”[③]，在关注民俗志写作的理论提升时，身处民俗生活中的民俗学者是否又意识到了“情感”的深度这一点，是否真正地书写了民俗生活之人的社会心态与内在精神，这对于研究重点是“人”的民俗学而言尤为重要。而要达成这一民俗志的情感“裸写”，民俗学应该关注周作人所提出的“共同的人类的命运”（周作人：《艺术与生活》），民俗学者应该与研究对象回到平等的文化关系，在互相的交流与对话之中解读各自的生命经验。

三 现代民俗学如何可能：对两个学术传统的回归

最后，让我们借着《都市中国的乡土音声》这本书的核心关键词“都市民俗学”（“现代民俗学”）[④]，回到探讨“现代民俗学的研究实践如何可能”这一问题上。无论是对现代民俗做建构性的解读与阐释，还是提倡情感性的、关注主体价值的民俗志书写，归根结底都是作者意在讨论现代民俗学研究的可能性、阐释力究竟在何处。

无论是“不是个味儿的年味儿”，还是“遭忽悠的老鬼与新鬼”，又或者是“杂吧地儿”北京的前世今生，都非常明了地向读者展示了民众日常生活在中国社会的现代转型过程中的巨大变革。以工业革命、信息技术为主宰的都市生活方式不仅仅在城市民众生活里植根，同时也将传统的乡土社会卷入其中，衣食住行无出其外。反观社会关系，民众生活状态更加个体化，推动“熟人社会”向“生人社会”过渡。社会文化的流动性逐渐强烈，信息的共享与生产已从现实走向虚拟。正如该书所言，作为一门关注现实的学问，中国民俗学理应与时俱进，将“现代性、都市化、公民的日常生活”纳入当代学科的基本命题之列，完成学科“由强调传统、农民的乡土民俗学向强调现代、公民的都市民俗学”的学科转型。换言之，当代的中国民俗学不仅是关于现代的学问，也是关于现代性的学问。也如作者对中国民俗学史的梳理，民国时期的燕京大学社会学学士论文就已经开始对现代都市民俗生活现状进行记录和思考，如今中国民俗学实在是有必要重新拾起这一“优良的学术传统”，用以研究和应对当下日常的不确定性，有助于用一种想象的方式给作为本土文化研究注入新的生机。

而且，作者还不断地强调，作为一种

---

① 岳永逸：《都市中国的乡土音声：民俗、曲艺与心性》，中国人民大学出版社 2015 年版，第 280 页。

② 同上书，第 284 页。

③ 同上书，第 292 页。

④ 同上书，第 254 页。

"思考范式"[①] 和"认知范式"[②] 的民俗学应该主动地调整自身的研究视角，将民俗学的研究重心重新放置在作为社会行动主体的"人"之上。诚然，无论是语境研究范式还是表演理论的引入，民俗学的研究都主张从主位视角来思考民间文化，充分重视民众的主观能动性。基于内、外两种层次的社会关系组合之间存在权力话语的结构性张力，民俗学对民间艺术政策及其实践的分析应该放置在"民间艺术的精英化"而非"民间艺术政治化"的视角[③]之下来解读和阐释。毕竟，民俗学者所面对的研究内容，乃是"民众的日常生活世界"本身，同时也是"人与人之间面对面的一种交流、交往的生活方式与策略"[④]。

尽管作者花了大量笔墨分析民间文化发展的话语政治与权力结构，但是又不断提醒我们应该将其视为"自由的艺术"[⑤]：它"既是特定群体生活的一部分，也是该群体生活的民众的远点与动力机制"[⑥]。换言之，无论是民俗的研究，还是民俗的生产，作为民俗学者的我们应该努力使民间文化体现为一种平等、自由的"人与人的关系"，而不应该仅仅将民间文化任意地贬低为经济利益主导的"人与物的关系"[⑦]，使之成为脱离生活本身的文化政治的"交际花"，最终走向"工具化"的结局。基于此，作者才认为面对市民的都市化曲艺将对演者从德与艺两方面提出了更高的要求[⑧]，民间艺术家应该承担起与"表演"同时存在的、对观众和传统所具备的责任感[⑨]——这才是民间文学、现代民俗学自身的"本真性"指向，关乎其内在的自我道德约束与责任担当。换言之，理想的民间艺术应该表现出真正的"自由"维度，现代民俗学还应该回归周作人强调个体的"人的价值"[⑩] 的这一学术传统。

尽管作者谦虚地将自己的诸多思考视为"不合时宜"的发声，然而观乎当代社会的现代变革与民俗学学科的发展轨迹，民俗学研究者或许应该再次倾听一下《都市中国的乡土音声》中所传递的这些"新声"，试着再度寻找民俗学对当代日常生活的解释效力，重新塑造当代民俗学的想象力。

（原载《民族艺术》
2016 年第 5 期；
供稿：林海聪）

【山西省民俗地图集】

山西省地图集编纂委员会编制，西安地图出版社 2015 年 12 月版

2015 年 12 月，我国第一部民俗地图册问世。这本民俗地图集，是山西省测绘地理信息局直接设计和承担制作，山西省文化厅、省文联、省地方志、省党史办、省社科院以及山西大学、太原师范学院、

① 岳永逸：《都市中国的乡土音声：民俗、曲艺与心性》，中国人民大学出版社 2015 年版，第 256 页。

② 同上书，第 282 页。

③ 同上书，第 88 页。

④ 同上书，第 57、155 页。

⑤ ［德］约瑟夫·皮珀：《闲暇：文化的基础》，刘森尧译，新星出版社 2005 年版。

⑥ 岳永逸：《都市中国的乡土音声：民俗、曲艺与心性》，中国人民大学出版社 2015 年版，第 9 页

⑦ 同上书，第 12 页。

⑧ 同上书，第 84 页。

⑨ 户晓辉：《民间文学的自由叙事》，社会科学文献出版社 2014 年版，第 217 页。

⑩ 岳永逸：《都市中国的乡土音声：民俗、曲艺与心性》，中国人民大学出版社 2015 年版，第 295 页。

三晋出版社等多方参与的结果。

由山西省测绘地理信息局上报，山西省人民政府批准编制《山西省民俗地图集》项目计划，2014 年通过省的项目技术设计评审和选题论证后，2014 年山西省测绘地理信息局下达任务书，图集编制项目正式立项。在山西省地图集编纂委员会领导下，成立了由副省长挂帅、相关单位领导参加组成的《山西省民俗地图集》编辑委员会，山西省地图集编纂委员会办公室具体承担图集编制工作。

以“民俗”为专题的地图集目前在国内还是空白，民俗地图编制起源于欧洲，在日本有发展和完善，但是和《山西民俗地图集》所要体现的内容不同。设计内容时参照了中国民俗学体系分类，充分吸收了民俗专家的意见，建立了本地图集的体系和逻辑关系。

民俗对制图人员来说是一个陌生领域，他们多方咨询专家，不断完善设计内容。原山西文联副主席、民俗专家张余研究员，中国民俗学会常务理事、山西民俗学会副会长段友文教授，中国民俗学会常务理事、国际亚细亚比较民俗学会副会长、常年研究日本民俗地图并致力于在中国推广民俗地图/文化传承图的日本首都大学东京的何彬教授应邀参与了这个项目。除了邮件往返的意见交换和文稿修改之外，何彬教授分别于 2015 年 8 月和 10 月两次亲临山西，对初稿进行审定。

编撰者的共识是，五千年的文明历史和历史时期民族的交融为山西民俗的独特性提供了独有的人文环境。在今后相当长时期内，无论搞旅游开发，推进社会主义经济发展，还是构建和谐社会，促进社会主义精神文明建设，都离不开民俗这块土壤。民俗标示地图，可以增强在地人们的文化认同，强化民族认同感，反映民族品格。

《山西民俗地图集》共 60 多万字，230 页。地图集分为：序图、物质民俗、社会民俗、精神民俗、民俗旅游五个部分。本地图集配有地图及民俗分布图共 110 幅，各类反映山西各个时代不同民俗的照片 700 余张。图集重点标示了历史上迄今仍然活态存在、并仍然在一定范围内广泛流行的民俗，同时增加了在物质文化生活不断丰富的新的社会环境下所产生的新的民俗。对于已经消失或已经变容、行将消失的民俗，亦有述及。

这本民俗地图集另一个特点是集研究性和实用性于一体。民俗地图集不仅为决策者掌握山西历史文化全貌提供了参考信息，也适合历史学、社会学、民俗学、地理学、旅游学和经济学等学科研究使用，同时为社会公众认识山西文化、了解山西省情和生活旅游提供了大量信息。

该民俗地图集设计创新点有以下几点：

1. 内容全面——以物质民俗、社会民俗、精神民俗和民俗旅游资源为主，系统展现了山西省仍然活态存在的传统民俗和在新的社会实践中产生的新的民俗，并为民俗旅游开发提供了信息基础，主题明确，内容全面，重点突出。

2. 图文并茂——地图版面只占约 1/3，以文字照片为主，图标和文字资料可以同时参照，以利于读者充分把握民俗事项的详情。

3. 详略均衡——图集采用点、片、面结合、从面到点、先总后分的表现方法。“面”按照方言、历史文化（民俗文化圈）等大的地域特征、民俗的内容本质和具体表现形态，结合地形、水系和行政区划划分；“片”是指流布在一个小范围的民俗，内容和大地域基本相同，形式上又区别于大地域内其他民俗；“点”是特定的民俗，是某个特定地方的特色民俗，如大槐树祭祖、关帝庙会、五台山骡马大会等。虽然对民俗地域性划“片”的认识不尽相同，但这种划分可以提示人们关注小范围民俗的特征。

除地图标示外，图集还充分运用了表格、文字描述、图片展示等多种表现形式。地图以分布图为主，插加了部分分析图和网络地图，如村落分布、窑洞分布、商店分布等，部分图幅去掉地名要素，凸显民俗事项与地形的关系及其地域分布特征。

4. 历史味道的色彩——地图色彩以复色为主，显示为陈旧的暗色系，体现民俗文化历史发展的沧桑。

5. 民俗性装帧——图集开本使用 10 开本，与山西省测绘地理信息局出版的系列地图集一致。在微细之处加入民俗文化元素，如：封面设计为民俗建筑、红色围墙和门环，以剪纸图案点缀，寓意此地图集要叩开民俗文化的大门；版面图边以祥云和“福”象征着民俗追求吉祥幸福的寓意；版面的版芯使用了皱折陈旧的纸纹，文字全部使用隶书，黑白照片统一加了齿状边框，象征着民俗文化的历史沉淀等等。

万事开头难。制作中国省级民俗地图的第一步，已经由山西省迈出了。或许会有这样那样的不足，但是，第一步的艰辛和开路人的工作已经足以获得掌声赞许了。接下来，期待更多的省级的、市级的、专题的、广域的、特定历史阶段的、单项的、多项的、记述的、比较的、分析的、诸如此类不同的民俗地图的成果陆续开放在丰饶的传统文化大地上！

（原载中国民俗网 http：www.chinesefolkore.org.cn/；供稿：月　色）

【民间仪式·艺术展演·民俗传承：彝族花鼓舞田野民俗志研究】

黄龙光著，中国社会科学出版社 2015 年 7 月版

民族艺术常常与仪式、节庆以及民众的日常生活紧密结合在一起，审美虽为其功能之一，却基本退居次席，它们更多地具有敬祖娱神、禳灾祈福、丰产增收、绵延子嗣等功利目的。在民族艺术的背后，常常传达出当地民众的宇宙观、价值论、审美意识等文化观念，是族群认同与社会整合的有力的精神纽带。在全球化的社会文化语境中，民众传统的生活方式发生了极大变迁，相应地，民族艺术受到了极大冲击，来自经济的、政治的、文化的外力，迫使其内涵与形式发生着巨大转变。有些不可避免地被吞噬，走向消亡，成为博物馆里的化石；有些则因应时代潮流，在复杂的语境中绵延了下来。黄龙光所研究的峨山彝族花鼓舞，便属后者中的一个典型。

峨山隶属云南玉溪市，是中国第一个彝族自治县，花鼓舞乃当地一种传统的民族艺术形式。据有关统计，峨山地区的 15 万人中，约有 1 万人跳花鼓舞，到 2006 年为止，峨山县共有花鼓舞队 681 支，几乎每个村民小组都有一支花鼓舞队。无疑，这是一个颇值得关注的艺术现象。传统彝族花鼓舞主要用于丧葬仪式，2006 年被列入了云南省非物质文化遗产保护项目，经济效益的促动，行政力量的干预，促使花鼓舞的应用场合迅速扩大，成为一种展演性的艺术形式。黄龙光对于这一多元语境下的彝族花鼓舞，进行了深入的民族志考察，在笔者看来，这本书突出地体现了以下几个特点。

第一，本土学者的参与式研究。

传统人类学基本是对遥远异文化的研究。人类学家在田野过程中，为了获得切实可信的资料，既要花费大量时间学习当地语言，更要无所不用其极地与当地人打成一片。比如日本民俗学者营丰，为了研究小千谷的斗牛习俗，特地养了一头斗牛，取名“天神”。当此之时，本土学者的优势尽显。黄龙光是土生土长的峨山彝族人，他的田野地点就是他的家乡。他懂得彝族语言，尽管目前能说能写彝语文的人已越来越少，但在当地的民间传说以及日常用

语中，仍有大量彝语，遑论诸多彝语典籍了。因此，欲研究彝族文化，必须掌握彝语。黄龙光对语言的精熟，在本书中得到了非常好的体现，尤其是他提出从彝母语探寻花鼓舞的起源的观点，更是非通晓彝语者不能为了。

黄龙光在身份上虽已有所变迁，成为一名接受了高等教育的学者，成为一名都市人，但他对于生于斯长于斯的土地、民俗和文化等等地方性知识，都是极为谙熟的。他的研究，少了外来学者在交流上的障碍和文化上的隔膜，他能自然地与乡里乡亲聊天，进行深入的访谈，获得翔实的第一手资料。虽然黄龙光对他的研究对象——彝族花鼓舞已是了熟于心，但他并不敢懈怠，一方面进行了刻苦的案头工作，搜集了大量文献资料，另一方面进行了扎实的田野调查，前后历时约 300 天，获得了丰富的录音录像资料，以此为基础写成此书。这种严谨的治学态度，在当下是尤为值得推重的。

第二，历史与当下兼顾、传统与变迁并举的田野民族志。

对于众多小型社会来说，艺术传达着丰富的信息，往往是其历史、传统与文化的重要载体，无文字社会尤其如此。花鼓舞之于峨山彝族，同样是这样。有所差异的是，20 世纪 50 年代的民族识别中被命名的峨山彝族有自己的文字，在 80 年代曾搜集到近百万字的彝文古籍，这使得其历史意识更为厚重。彝族有着古老的历史，而今滇、川、黔、桂的彝族尊奉共同的始祖阿普笃慕，传说在经历一次大洪水之后，其六子率族人迁徙各地，是为“六祖分支”，这成为彝族人共有的族群记忆，潜踪于其仪式与艺术之中，代代流传。比如彝文经书《史节罗施则德》记载的便是分支六祖时举行盛大祭祖仪式，开拓四方的历史。

原本用于葬礼上的彝族花鼓舞，一方面仍在沿续着其古老的文化功能，每逢有正常故去的老人，家人或亲友总会请来花鼓舞队，多则十七八支，少则五六支，它们贯串于丧礼的不同环节，旨在“驱鬼、安魂和送灵”；另一方面，在现代社会和文化的强烈冲击下，彝族花鼓舞又获有了新的功能和存在语境：其一差不多是民众自觉的选择，新中国建立以来，随着社会经济的发展与变迁，花鼓舞拓展到贺新居、开新街、拜新年、火把节等传统节日之中，具有了商业化的意味；其二是在行政主导下的民众参与，地方政府通过举办艺术节、纳入非遗保护项目等一系列举措，在媒体的合力参与下，将花鼓舞打造为当地的一张文化招牌，推动文化产业与地方经济的发展，这同样是众多非遗项目所面临的普遍命运。

全书即是集中于以上三种语境展开研究。书中第二章，从口头传说、彝族历史和彝母语名等视角切入，多方位地探讨了彝族花鼓舞的起源。作者从彝语入手来分析其起源问题，其观点尤显可贵。作者提出：“彝族‘花鼓’，是彝族传统‘跳鼓’进入地方民间社火表演活动，采用外来形制的‘花鼓’后被逐渐冠以的客位称呼，是主流汉语对边缘彝语‘者比’（跳鼓）的一种误译和转述，是彝族‘跳鼓’被汉语客体化命名的直接结果。”[①] 这种观点虽未必得到学界一致认同，但其研究思路无疑是值得肯定的。

第三章对于彝族民间丧礼花鼓舞的仪式过程进行了民族志记录，作者将此过程分成 20 个阶段，对各个环节逐一进行了民族志细描，通过文字、影像、图表、曲谱、

① 黄龙光：《民间仪式·艺术展演·民俗传承：彝族花鼓舞田野民俗志研究》，中国社会科学出版社 2015 年版，第 87 页。

歌词等资料，展示了独特而丰富的彝族丧礼细节，表达了彝族特有的生死观与价值观。在作者看来，花鼓舞以模拟其远祖开疆拓土、四方迁徙的行为和动作，表达着祖灵崇拜，强化着历史记忆，“千百年来，彝族民众不仅以口头唱诵，以艺术化的肢体语符进行动态呈现和表达，更以铿锵锣鼓圣乐将其统一起来，全方位叙说彝族的历史、宗教和文化，进行着民族自我认同和凝聚，不断生发出自身发展的生命力。这是彝族民间花鼓舞内生的元传承力，也是彝族民间花鼓舞最深层的文化意义，不理解这点，就无法真正体会和领悟其审美内涵和艺术真谛。”① 这一观点颇具启发意义，只有深入到一个民族的历史和文化的最深处，才能深彻地领略其艺术的真正内蕴。

第四和第五章，集中研究当代语境下的彝族花鼓舞。作者探讨了花鼓舞在开新街、拜新年、艺术节、非遗展演等多元场域中功能与内涵的变异，舞者的态度、立场与观念，以及官方的介入所带来的变化和影响，还涉及到了花鼓舞在中小学中的传承等诸多话题。作者运用大量生动翔实的田野访谈资料，对花鼓舞在当下的存在境遇进行了立体式的展示。在这两章中，作者的心态明显是颇为复杂甚至沉重的，一方面，对于花鼓舞在当下的繁荣发展，他感到欣慰；对于花鼓舞从神圣祭礼到世俗表演的变迁，他予以同情的理解，认为民俗传统就是一个动态的变迁过程；对于行政力量对花鼓舞的简单挪用和粗野干预，他表达了鲜明的批判立场。

第三，人文学者的价值立场与批判意识。

在人类学史上，马林诺夫斯基奠定了参与观察式的田野研究方法，他强调民族志的科学性和客观性，采用一种俯视的视角进行客观描述，研究者往往退居幕后，隐而不彰，其价值立场似乎是“中立”的。20 世纪 60 年代以来，民族志的科学性与客观性受到质疑，人们更多强调研究者的在场感，将民族志当成一种叙事行为和文化的解释，研究者的个体情感渗透于其中。

就本书而言，作者黄龙光首先是一个客观的记录者，他记录下了丧葬仪式的全过程，记录下了众多花鼓舞的动作、歌词、曲谱，记录下了花鼓舞的时代变迁，花鼓艺人的喜与忧，这都是弥足珍贵的研究资料。与此同时，作者又是始终在场的。作为一名当地人，作者对他的研究对象投入了深厚的情感；作为一名人文学者，作者又能跳脱出来，以批判性的目光加以审视和分析。近些年来，当地出现了花鼓舞队拦车拜年的现象，对于这种民众自发的行为，作者直斥其为“陋俗”，认为花鼓舞沦为了商业化的道具，并对全球化所造成的现代商业意识进行批判。当地政府为了发展经济，随意地改动祭神仪式的时间和地点，作者指出其破坏了其神圣性和原生性，违背了民间文化自身生存和发展的规律。在他看来，“政府出于通盘考虑，删繁就简，以简约、高效、共赢等原则及方式进行地方民族文化建设，但这绝不能成为任何以打着挽救、保存、传播‘原生态’民族文化旗号对真正原生态民族文化进行随意嫁接、改造的借口，这样只会加剧原生态民族文化变迁的速率，导致原生态民族文化的拟生态和无生态，从长远的历史视角来看，无异于是对民族传统文化的蚕食和灭绝”。② 作者对于花鼓舞展演中

① 黄龙光：《民间仪式·艺术展演·民俗传承：彝族花鼓舞田野民俗志研究》，中国社会科学出版社 2015 年版，第 152 页。

② 同上书，第 188 页。

以专业演员与民间艺人的不平等身份，以及用艺术标准规范民间表演的现象进行了反思，提出在彝族花鼓舞的表演和传承中，需要充分尊重民众的文化主体性。实际上，这是非物质文化遗产保护与传承过程中所面临的普遍问题，也是学者们所呼吁的民俗要“还俗于民”，民族民间艺术要“还艺于民”，尊重民众的主体性，尊重民族民间艺术背后的价值观和精神世界。

第四，方法论上的自觉探索。

张士闪曾撰文指出，新时期的中国艺术研究经历了一次“田野转向”，出现了艺术人类学、艺术民俗学等新学科，这些学科“强调返归具体文化语境和现实生活世界中重新理解艺术活动，将艺术活动脱离狭窄的文本研究，而将其置入艺术活动发生的文化—生活整体语境中解读，在秉持‘艺术作为现实个体的生活实践’的理念之下，眼光向下，寻找实际材料，力图贴近现实生活”①。可以说，黄龙光的这部著作，正是此一学术背景下的产物。

作者对于方法论有着自觉的思考，他紧扣彝族花鼓舞的当代语境，关注彝族花鼓舞的民俗主体，提出了“主体生活串联式民俗志”的观念，这一观念主张将研究从文本回到田野、从文体回到主体、从文化回到生活。在具体研究中，“以彝族花鼓舞的传承为主线，关注彝族花鼓舞背后人们的日常生活，尤其注意在那些特别的事件和冲突中展开观察和分析，以构拟出彝族花鼓舞传承群体的生活相，挖掘他们传承、操演花鼓舞真实存在的或显或隐的传承机制和规则。”② 这一研究方法，实际上贯彻了人类学的整体性视野，作者不仅关注花鼓舞的艺术本体，更关注艺术主体，关注艺术主体的日常生活世界，关注各种权力交织的社会文化语境，及其对民众主体与艺术本体的复杂影响与交互关系。

在一定程度上，这一具有整体性的、动态多元立体的研究视野和研究方法，构成了当下艺术学研究中的一种新范式。

（原载《民族艺术》
2016 年第 1 期；
供稿：尚 竑 李修建）

【深圳民间节俗】

廖虹雷著，深圳报业集团出版社 2015 年 9 月版

节日文化是民众生活的一部分，它最能体现人们生活的方方面面，也更贴近民众的思想感情。它既是一种智慧的创造，也是一种精神的享受。可以说，在众多的民俗事象中，没有比节日更贴近人们的生活，更能寄托人们美好的期望。

廖虹雷先生是深圳杰出的民俗学工作者，也是一位出色的重视民俗田野考察的学者。他是深圳市本土（乡土）文化艺术研究会会长，近 10 年来，将精力完全集中在深圳民俗文化的考察和研究上，先后出版了《深圳民俗寻踪》（2008 年）、《深圳民间熟语》（2013 年）等专著，前者荣获广东省第八届鲁迅文学艺术奖，后者获广东省第六届民间文艺著作奖。现在他又将一部《深圳民间节俗》呈现在我们面前，可见他治学和写作的勤奋。

廖虹雷先生的几部著作都是考察、追忆深圳传统民俗文化的。读这样的著作，无疑会改变人们对深圳文化的认知和了解。因为在大多数人的心目中，深圳是一座五方杂处，极具现代化色彩的移民城市；同

① 张士闪：《眼光向下：新时期中国艺术学的“田野转向”——以艺术民俗学为核心的考察》，《民族艺术》2015 年第 1 期。

② 黄龙光：《民间仪式·艺术展演·民俗传承：彝族花鼓舞田野民俗志研究》，中国社会科学出版社 2015 年版，第 23 页。

时又是一座新兴的，高度现代化的工商业特区城市，而且城市建设发展到今天，已经是全国唯一的没有农村的城市了。这样的政治、经济、社会背景，给人们的印象是，深圳的传统文化似乎已经渐渐消失。有人甚至称深圳是“文化沙漠”。如果不带偏见的话，“文化沙漠”只是形象的比喻，因为没有文化的城市是不可思议的。

虽说深圳特区的建设只有短短的三十几年，但它的发展充满了神奇，建设不愧为“深圳速度”。谈到深圳文化，我们会看到，在深圳各种现代化的建筑中，同样包含了各种各样的文化设施。西方文化、港台文化、移民文化在这里汇聚升腾，形成生气勃勃的新兴文化，影响着内地。另一方面，我们也会看到，无论深圳的发展多么急剧，多么现代化，而居住在那里的原住民，仍然留恋和守望着传统的生产和生活方式。这种生产和生活方式是和深圳的地域环境、历史变迁紧紧联系在一起的，不易改变。回望深圳，虽说它是一座新兴的工商业城市，而它的历史却是非常悠久。一千六百多年的郡县史是很好的证明。如今的鹤湖新居、大万世居、南头古城、大鹏所城、凤凰古村皆为文化底蕴深厚的古迹，其中大鹏所城还被列为“全国重点文物保护单位”和“中国历史文化名村”；还有南山区蛇口半岛的赤湾左炮台、宋少帝陵、天后宫等。赤湾左炮台保存完好的古炮及清军驻守时的营房遗址，为深圳市重点文物保护单位。盐田区沙头角的中英街是一条古老的街道，被称为“一街两制”。街道中央有当年清朝政府与英国政府共同设立的界碑。这一切都说明深圳在成为特区之前，传统文化的根基是非常深厚的，深圳文化的根就在民间。

然而，时代在前进，社会在转型。面对工业化、信息化、城镇化的滚滚浪潮，传统文化与现代文化的碰撞、交融势不可挡。作为民众生活一部分的民俗文化，也在随时代的发展而发展。“俗随时变”是民俗文化传承和发展的客观规律。何况深圳毗邻香港，是中西文化交流的桥头堡，传统文化势必要受到外来文化的撞击，而且随着人们生活方式的变化，原有的价值观也在变化，这就是传统文化式微的原因。深圳在变为特区时，尤其如此。但是，传统的民俗文化毕竟是深圳民众的精神家园，要留住深圳传统文化的根，守望其精神家园，是我们一代民间文化工作者的责任。廖虹雷先生就是深圳民俗文化的坚定的守望者，也是一位保护传统文化的先知先觉者。他对深圳民俗文化的考察、记录和书写，几乎是和深圳特区的建设同时起步的。而且几十年如一日，在深圳的农村，在建设工地，在繁华的街市，寻踪昔日的精神家园，采录即将消失的民俗，取得了丰硕的成果。他的如上两部著作和大量的论文，便是证明。现在，廖虹雷先生又将一部《深圳民间节俗》呈现在我们面前，留住记忆，留住传统的实践之道，使我深深地感动。

节日文化是一种综合性的文化，它的灵魂是信仰。人们为了表达心中的诉求，将许多智慧和创造附着在节日之上，使其显得更加炫目多彩。深圳的节日文化历史久远，丰富多彩，至今还伴随着人们的生活，展现异样的风采。如“沙头角鱼灯舞”“西乡抢炮”“坂田麒麟舞”“福永舞龙狮”“南澳舞草龙”和“大鹏清醮”等，年复一年出现在人们的生活中，并没有被现代化的生活所取代。而且所有这些，在廖虹雷先生笔下，被展现得淋漓尽致，栩栩如生。

《深圳民间节俗》分四章30万字，记述深圳的农事节俗（时令节俗）、祭祀节俗（神诞节俗）、纪念节俗（庆贺节俗）和游乐节俗，内容十分详备。从中不难看出深圳人（土著居民）在历史上和现实中是怎样思考和生活的；不难看出极具民俗文化的地域性和族群性特色；更不难看出传统文化的生命力和作者的田野作业功力。

廖虹雷先生是土生土长的深圳人，他熟悉深圳的山山水水和一草一木，对每一民俗事象都怀有深厚的感情。当他走进民众生活时，不仅细致地观察和体验，而且是各种活动的直接参与者。所以他在书写每一项节日习俗时，不同于一般民俗志，强调纪实，而是通过散文式的笔墨，叙述作者进入和观察节日习俗的全过程。这不仅给人以身临其境的感觉，而且通过对每一事象形成的历史渊源的追述，如对“陈仙姑祠”“车公庙”“三界庙”“侯王庙”“文昌诞”“北帝诞”“关公诞”等信仰习俗的介绍，对“做年”“五月节”“七姐节”“十月朝”等节日习俗的铺叙，都有作者的身影在其中。读后使人有一种穿越时空，体验无穷的感觉。

最后值得一提的是，《深圳民间节俗》形成于深圳特区建设之中，带有抢救和保护民俗文化的性质。廖虹雷先生几十年间走遍了深圳乃至广东大地，每到一处采风问俗，寻踪访古，心到、口到、手到，记录了大量的资料。特别对东江客家民俗、广府民俗、潮汕民俗有着深入的了解。当深圳作为特区进行建设时，城乡之间昔日的老街区和镇村消失了，传统的民俗文化面临危机。于是他将目光投向深圳的民俗文化，四处奔走，并以卓绝的努力，抢救即将消失的文化遗产；参与组织百年老字号品牌“合成号”和客家凉帽等大型民俗活动，千方百计恢复传统的手工艺生产，助力非物质文化遗产的继承与发展。同时将深圳丰富多彩的民俗文化，变为文本记录，“留住记忆、留住传承”的真正含义，在他身上得到生动的体现。

（原载《深圳特区报》2015年12月4日第7版；供稿：陶立璠）

【两个人的乡村——作家通信】

杨村　余达忠著，生活·读书·新知三联书店2015年1月版

与“梦”一样，“乡愁”无疑是这两年的热词，完全掩盖了此前“原生态”“非物质文化遗产”的光芒。“乡愁”不是新生事物与思绪，亘古有之。《黍离》之悲、“昔我往矣，杨柳依依”、“举头望明月，低头思故乡”、“明月何时照我还”等等，都是明证。乡愁时下的红火与势不可当的城镇化洪流紧密相关，尤其是2013年岁末中央的城镇化工作会议更加促生了各界对“乡愁”的热捧、审视与解读。近十多年来，随着城镇化步伐的加快，都市生活方式大行其道、从文字写作到摄影，从电影到地下纪录片，乡愁的表达蔚为大观。花大力气制作的“舌尖上的中国”不但未能免俗，还多少有些拙劣地将味觉乡愁做成了空洞的视觉。

在这些因时应景的关于乡村、乡愁的表达中，三联书店新近推出的杨村和余达忠的《两个人的乡村：作家通信》别具一格，颇值得寻味。人到中年的作者杨村、余达忠都出生于山高水长的黔东南。改革开放初期，通过那个年代鲤鱼跃龙门的经典方式——考试，两人终于离开了自己自小生活的村寨，成为了拥有粮食折子，吃上“皇粮”的城里人。对于20世纪六七十年代出生的人而言，赶上改革开放恢复高考的好机遇，也能通过考试改写既有的低人一等的乡民身份，是很多人都羡慕忌妒恨的事情。但正是“从山里飞出的金凤凰”这一身份的质变，导致了这部分人对乡土、乡村、农民等挥之不去的情结。身心的渐行渐远，且行且回头，成就了其永远矛盾的心态和五里一徘徊的忧郁身姿。

书写自己的乡村　情与理对峙中的哀思

这种摇曳的身姿、阴影、心性与短期上山下乡后又回到城里的知识青年当下的回首迥然有别。无论是以知青写作出了名

的梁晓声、还是至今偏居锦官城的邓贤，他们都有着作为两栖物类的高贵：对于没下过乡的城里人而言，他们下过乡；对于原本出生乡野的乡下人而言，他们始终都有着需要仰视的城里人身份。通过考试才挤进大城小镇讨生活的杨村、余达忠们永远都没有这种左顾右盼、怡然自得的荣誉感。穷山恶水也好、山清水秀也好，生活多年、劳作多年的故乡永远都是他们心中挥之不去的痛，是剪不断、理还乱的脐带。这在专攻写作的杨村和既写作也有着教授头衔的余达忠身上表现得更加鲜明。

副题为“作家通信”的这本书，本意并非是要描述记录处于身不由己的变迁中的黔东南的大小苗寨、侗寨，而是力求辨析出这些表象背后的动因，试图回答为什么和怎么办。于是，在情真意切的描述中，就有了时时不忘也试图说理的情感性冲动，有了一堆堆无奈数据堆砌、罗列的不得已的拙劣，有了在因为所以的逻辑析辨中满含泪水的漆黑的夜，有着刻骨铭心的揪心的痛与阵阵痉挛。情与理的对峙、互搏，更加撕裂了本身已经裂变的乡村，哀鸿之情浸透纸背。

对于习惯于用文字表达所思的人而言，煽情并不难。难就难在这“情”不是与作者无关痛痒之物，不是至今还在学界忽悠人的人类学家念经般的“他者”之思。无论是固守剑河的杨村，还是已经远去困居闽中三明的余达忠，他们始终都厮守着剑河、黎平的山山水水，凝视、默观着这里的花草树木、左邻右舍的一举一动。他们书写的不是别人的乡村，而是自己的乡村，现实的与想象的、过去的与未来的混融一处的乡村。

也因为二人不是官员，没有政绩的考量，没有歌功颂德的硬性要求，对挥之不去的乡村的情感性忠诚使得各级政府一致叫好的力求经济“发展”的村落的城镇化、旅游化，在他们往返的信札中有了那么多的问题。原因很简单，如果所谓的“发展（经济）”必须要以牺牲生态、牺牲优秀的民族民间文化、牺牲人与人之间的真情、亲情、牺牲个体的性情为基础，那么这种金玉其外败絮其中的发展是不需要的。顺此思路，对他们而言，如果一节课最多只能用两支粉笔的“贫瘠”乡村教育能够激发幼小孩童与大自然的亲近，能够造就幼小身躯的坚毅、勤劳、积极向上的品质，能够培育满含敬畏的真诚心灵，那么这样的乡村教育是不应该被无情地淘汰出局的。

与众不同的乡愁　“我像一只闲狗”

这些不合拍、不讨人喜欢的低沉“杂音”，这种文人任性的不合时宜、两面不讨好的孤独成就了他们两个人勉力坚持书写数年“乡村”，承载着他们黑云压城毁城般的“乡愁”。“望得见山、看得见水”的乡愁是钢筋水泥堆的城里人的，“儿童相见不相识”的乡愁是与故乡隔绝多年的高高在上的文人雅士的。之所以说这两个离开村寨后，又高频度回归村寨的“乡下人”的乡愁与众不同，是因为他们在书中有很好的自画像：“我像一只闲狗”，我很喜欢这句素朴而又感伤的浅吟！

在我们的语境中，狗是多义也歧义的。看门狗、哈巴狗、丧家的资本家的走狗、疯狗都是置人于死地的痛快的骂人话。在“狗”前加上一个“闲”字，虽然不一定有褒义，贬义则全无。熟悉村落生活的人都知道，乡村里看家护院狩猎，忠诚于主人的狗是自由幸福的，尽管它可能经常吞食的是婴儿的粪便，也没有御寒的奇形怪状的冬衣，但它可以自由地奔跑，可以对陌生人大声地嚎叫，可以尽情地在村寨里漫步、闲逛，真正地做一只狗。于文人而言，自比作狗绝对是需要勇气的。一只不粉饰太平，在村寨不时游荡的闲狗，只能是素朴的与感伤的。除了不合时宜，除了不可能有答案的追问，在热热闹闹要城镇化的村寨、要发展旅游的村寨，它能看到什么呢？只能是两个人的不一样的乡村！

记得去年暑假在银川，不经意地看到一部纯粹出于个人兴致拍摄而一直隐于市的纪录片，片名正好是“两个人的村子”。如果说杨村和余达忠俩人的村子多少是情感化的、文学化的，有着青山绿水、风雨楼、高速公路的五彩底色，那么这部题名为“两个人的村子”的纪录片则是残酷、惨烈与撕心裂肺的，仅有贫瘠、残破、黄沙与苍凉。固原缺水，其资源性贫困、生态性贫困远胜于黔东南。片子中的那个记不清名字的小村只有长相厮守的一对老年夫妻。这对夫妻，男性自幼双目失明，女性则少了双手。于是，一个女人的眼睛与一个男人的双手合二为一，成为了一个完整的人、一个终日只能默默与皇天后土为伍的大写的人。当然，还有一只忠诚的狗作伴。

除了政府补贴的搬迁费之外，他们拿不出需要自付的剩余部分的钱款，这对身残志坚的老年夫妻就只能留守故里了。清晰的镜头中呈现的这对夫妻在干裂蓝天下的每一步、每一个动作，都是那样地触目惊心。没有当事人的哭诉，甚或没有一点悲伤的表情，却让人汗流浃背，热泪盈眶！

如果杨村、余达忠二位目睹的正好是这样的村子，是这样的父老乡亲，不知他们是否会神游八荒之外？他们的妙笔、深情又会写出怎样的“两个人的乡村”？

（原载《新京报》
2015 年 5 月 2 日；
供稿：岳永逸）

【民间文化遗产传承的原生性与新生性——以纳西汝卡人的信仰生活为例】

冯莉著，民族出版社 2015 年 1 月版

学界对于本质主义静态研究模式的质疑和批评，使文化实践、现象、创造和再生产成为当下学术研究的热点。在这一背景下，有关“民间文化遗产”的讨论，不应仅仅从满足于从非物质文化保护制度和保护技术的角度来展开，而更应该关注受到非物质文化保护制度强烈影响的民间文化正在经历的变化。该书针对国家非物质文化遗产保护实践中的矛盾，就民间文化遗产当代传承问题提出“原生性”与“新生性”概念，以回应国内外理论与之相关的二元对立式争论，并为国家文化保护制度提供可资借鉴的参考。

作者以云南迪庆藏族自治州三坝乡纳西汝卡人村落信仰生活为田野个案，探讨民间文化在当下语境中发生的变迁：村落中正在发生的“传统的发明”以何种途径和手段来完成与原生性文化传统的对接和传续。在研究方法上，采取同一社群多点调查的方法，结合地方性知识来阐释当下民间文化传承的流动性和互动性模式，并围绕村落历史和现实两种语境讨论文化传承行为的变迁。在民族志书写中，运用多声部叙述方式进行口述史呈现，以表达文化主体实践的能动性及其在多元力量交错中对民间文化原生性与新生性因素的应用。

全书主要由绪论、正文和结论三部分组成。绪论部分，主要辨析“民间文化”“民间文化遗产”与“非物质文化遗产”概念，提出并论述“原生性”与“新生性”的观点，梳理课题相关研究，说明研究视角和方法。正文包括五章。第一章，从共时和历时两个维度阐述纳西汝卡人的生产情况及背景，社会文化历史变迁与重构。第二章，围绕纳西人原生性世界观及主体所承继的信仰体系和文化逻辑，探讨当下村落传承新生性的特质和原因。第三章，从日历（时间）、节日（文化空间）、占卜（行为实践）三方面，探讨民众在信仰生活中传承的能动性。第四章，讨论“东巴”作为“仪式专家”的成长、传承。第五章，通过祭天、祭教祖舞仪等分析仪式重构模式、变迁及其组织的原生性与新

生性。

作者通过论述和研究得出如下结论：民间文化遗产的传承，为多种力量本着不同目的来实践各自不同的表达，提供了一个共同的焦点。传承不仅是学者们构建的本真性神话理想，更是民众精神家园和内价值的需求，也是国家政治保护文化多样性的诉求。但究其本质而言，民间文化遗产传承恰恰是原生性与新生性的交织和纠缠。而从传承实践来看，无论是相对自足的传承，还是基于保护政策的传承，传承主体在场实践参与的多少，决定着传承中原生性和新生性二者比例的大小，这是构成民间文化当下多样面貌的重要因素。

（供稿：冯　莉）

【作为交流的口头艺术实践：剑川白族石宝山歌会研究】

朱刚著，中国社会科学出版社 2015 年 3 月版

石宝山歌会是剑川白族重要的文化空间，也是一项历史久远、内涵丰富的民俗文化事件。作为一宗活形态的非物质文化遗产，石宝山歌会在剑川白族民众的生活中一直发挥着重要的作用。该著作重点探讨了石宝山歌会的民俗内涵及社会功能，进而阐释了“石宝山歌会是什么”“其对当地白族民众具有怎样的意义”等重要的学术和现实问题。回顾相关研究，何为石宝山歌会这样的问题至今未有令人满意的梳理和解答。与该问题相关的历史文献和研究成果，大多为简单的资料记述或客位描写，系统研究或个案研究均匮乏，乃至采用人类学、民俗学、社会学等学科的观察视角也不在多数之列。究其致因，一方面由于白族研究本身的边缘性，既无深厚的学术史积淀，也没有形成专门的研究力量，造成石宝山歌会研究成果乏善可陈，在数量和质量上无法与花儿会、歌圩等平行个案相提并论；另一方面，前沿性的学术反思难以波及该话题，这进一步限制了歌会研究水平的提升。

基于民俗学的立场，该书试图通过多学科的视野，回顾民俗学研究范式的发展，把握现代民俗学理论在研究取向上的脉动，建构一种可行的歌会民俗研究新趋向：从交流的角度看待歌会（民俗）。具言之，该书将石宝山歌会视为民众的交流事件，关注歌会语境下地方民众使用当地语言进行交流的过程。该书的理论创新在于，利用非物质文化遗产的文化空间概念，将口头诗歌即文化表现形式置于研究的核心地位，并将白曲这一口头文类的实践扩展为一种演述事件和交流事件，同时引入了交流民族志的理论模型，从言语事件的角度对石宝山歌会进行考察。在这种研究角度的限定之下，石宝山歌会研究也就进一步具化为，歌会情境中白族民众以传统诗歌作为交流资源而形成的言语事件。这样，通过将前沿的口头传统理论方法引入石宝山歌会研究，以交流活动（事件）为关注对象，石宝山歌会中的口头艺术实践也就进一步被归入人类言语行为的范畴。这种研究设计也直接将石宝山歌会研究推至当代人文社会科学领域学术话语的核心地带——民俗学中的特定文类，作为特定的言说方式，进入了人类言语行为研究的学术谱系。另一方面，基于石宝山歌会研究长期滞后的现状，这种新视角的引入，也有助于打开石宝山歌会研究的新视野。石宝山歌会已被列入首批云南省非物质文化遗产名录（2006）及第二批国家非物质文化遗产名录（2008），但是对石宝山歌会进行严肃乃至系统研究的成果在国内仍为数不多。放眼国际，也仅有个别日本学者对石宝山歌会中的白曲与日本古代文学做过比较研究，并附有一定数量的白曲文本记录。与之形成鲜明对比的是，现有关于石宝山歌会的文字或研究，大多属于一种异域民族风情的基本介绍。大量的带有偏

见的标签如“白族狂欢节”“原始群婚制残余”“白族情人节”等等被附会于这一传统事件之上，令外界读者不免产生了歪曲的、不恰当的文化想象。

因此，该书从民俗学的角度出发对歌会进行系统而严肃的研究，以文化表现形式和人文地理环境的二元统一透视歌会，从语言实际交流的角度出发，有助于将歌会的研究视野限定为交流事件（言语事件）及与之相关的社会文化要素之上。这在某种程度上还原了石宝山歌会的实际面貌，填补了学术史的空白。最后，该书所主张之以口头诗歌的实际演述为中心的方法，主要是通过回溯人文社会科学领域的“语言转向”思潮以及民俗学的学术史而得出的一种学理性总结。在“语言转向”的背景下，“以演述为中心”的民俗学方法与当代哲学、语言学等学科的理论反思体现出了相同的理论倾向，均将“语言”视作本学科核心的理论命题。

中国社会科学院学部委员、国际哲学与人文科学理事会主席、中国民俗学学会会长、中国社会科学院民族文学研究所所长朝戈金研究员认为，该书以探讨发生在现代人文学术领域的范式转换为基本线索，在民俗学、语言学和哲学等多个学科的“边界作业”中交互检视，对“语言转向”这一关联域进行了细致的梳理，重新构建了“以演述为中心”的民俗学方法自20世纪下半叶以迄当今的学术史脉络，进而从“交流民族志”的理论模型找到了进入口头诗学的创造性张力。与此同时，作者基于长期跟踪白族石宝山歌会的田野研究，在民族志叙事阐释的基础上，力图创建一种新的民俗学解析框架——交流的诗学——由此为观察和研究“歌会”这一特定的文化空间，提炼出一种或可适用于诸多民族口头传统的理论阐释模型。另外，国际史诗研究学会秘书长、中国民俗学会副会长、中国少数民族文学学会副会长、中国社会科学院民族文学研究所巴莫曲布嫫研究员认为：该著的基本创获在于兼顾了民俗学理论反思与民族志个案研究的双重努力，从民俗学研究的学科互涉谱系探究文本与语境之间的方法论张力。一方面，在复杂而又广博的学术史脉络中剖析了现代民俗学理论演进的内在理路，特别是在“演述”这一人文社会科学领域的核心话语中扩展了民俗学与其他学科对话的可能性；另一方面，通过分析石宝山歌会的文化空间和文化表达形式之间的互为抱合，以扎实的田野作业和细腻的文化解读，深入地刻写了这一民俗生活世界的观念表征与文化意涵。此外，作者也力图从田野研究走向理论建构：“交流的诗学”成为一个可资不断深拓的学术阐释空间，由此也为读者呈现了作者走近自身文化传统的民俗学实践路径。

（供稿：朱　刚）

【北京798艺术区：市场化语境下的田野考查与追踪】

刘明亮著，中国文联出版公司2015年1月版

艺术人类学是舶自西方的一门学问，田野考察的研究方法是艺术人类学的立命根基，传统的西方人类学田野调查往往是指异文化、落后土著部落或社会，在中国通常是指对本土民族民间艺术的调查与研究。但是，人类学不能只重视边缘和民间艺术研究，也应该将视野扩展到主流社会中尤其是城市中的艺术研究，这既是当代中国快速城市化进程发展的需要，也是研究视域拓展的需要，如此它在主流社会中的应用性得到了加强，并获得更广阔的发展空间。自新时期以来，我国的城市化进程迅速推进，城乡之间的壁垒逐渐松动，大量的农村人口涌入城市，身份也发生了由农民到市民的转换。“城市化是人类社会、经济、文化的综合作用的结果，是社

会生产力发展所引起的人类生产方式、生活方式、居住方式发生变迁的自然历史过程，它包括：农业人口向非农业人口迁移、城市人口规模扩张城镇数量增加、城市用地向农村扩展、城市生活方式向农村扩散等因素。城市是人类文明的结晶，城市化则是催生人类文明创造的主要动力，传统落后的农业社会被现代先进的城市社会所取代无疑具有划时代的历史意义。"①

城市艺术区是一个既普遍而又特殊的文化艺术现象，说其普遍是因为它在全球范围内的多个地域城市出现，包括美国纽约的"SOHO"艺术区、"切尔西"艺术区，法国的"左岸"艺术区，德国的"达豪"艺术区，英国的"纽卡斯尔"艺术区，韩国的"仁寺洞"艺术区等。说其特殊在于每个国家的艺术区都有其独特的历史和社会价值，同时艺术区也是一个兼具艺术创作和艺术消费的聚集区，往往成为城市当代艺术的中心。刘明亮的《北京798艺术区：市场化语境下的田野考查与追踪》正是基于这一问题背景而产生的一部研究著作。

自2007年考入中国艺术研究院以来，刘明亮选定了"北京798艺术区"作为其博士论文研究对象，798是中国当代艺术最大的聚集区之一，选择这一个案作为城市艺术的田野研究对象具有典型性。如其所言："798艺术区作为当前当代艺术的一个集中展示的区域，已经不仅仅是一个画廊的聚集区，而是兼具时尚高档区、旅游区以及具有公共艺术教育功能的区域。它既是一种艺术现象，也是一种文化现象：一个围绕当代艺术而建立起的多元文化业态区域，其不断解构和建构的过程，集中体现了当代艺术以及艺术群落在市场语境和全球化背景下的变迁。"② "它可以被看作一个舞台，在这个舞台上，集中呈现了一个区域、一个地理空间如何转化为一个公共的、文化的空间的过程；呈现的是一个非主流艺术群落在市场语境和全球背景下的文化权利诉求及理想主义追求；这里是一个非传统社区，人们之间的关系不是建立在传统的地缘和血缘关系基础之上，它是市场经济与全球化视野中逐渐形成的一种新的人文景观。"③ 通过持续3年的田野考察，他采访了798艺术区163家机构和个人，包括画廊、艺术家以及商铺、餐馆商业机构等，完成了《北京798艺术区：市场化语境下的田野考察与追踪》一文，凭借此文获得了艺术学博士学位。毕业以后经历了几年的沉淀与修订，2015年1月由中国文联出版社出版。该著作结构严整，分为绪论、第一章"北京798艺术区发展概况"，第二章"多元互动的艺术生态"，第三章"市场·艺术·艺术家——798艺术区引发的思考"、结语五部分。三个章节层层递进，直击问题本质，作者以艺术人类学的视角，关注艺术区的形成、发展、与市场、政府的互动关系，以及通过田野调查形成的问题思考，着力于探讨全球化背景下798艺术群落与社会发展的多元互动关系，以期能够通过这一个案来展示中国当代艺术不断建构、解构的历程和多元共生状况。我认为，该著主要有以下三个特点：

一　拓展了传统艺术人类学的研究视域

中国的艺术人类学研究秉承西方人类学的研究路径，所不同的是研究视域主要

① 杨立勋：《城市化与城市发展战略》，广东高等教育出版社1999年，第32页。

② 刘明亮：《北京798艺术区：市场化语境下的田野考查与追踪》，中国文联出版社2015年版，第2页。

③ 同上书，第3页。

以本土的艺术事象作为研究对象，相当长的一段时期内尤其是以民族民间艺术研究为主要研究对象的乡村人类学发展模式。20世纪90年代以来，伴随着中国社会城市化进程的加速，学者们的研究视域也拓展到了城市中，田野工作不再仅仅局限于乡村中的民间艺术，城市中的艺术田野成为中国艺术人类学研究进程中一个新节点。中国城市中的当代艺术群落，是伴随中国社会和文化转型而出现的文化艺术现象，它们往往出现在经济、文化较为繁荣的城市，成为该城市的一张文化名片。798艺术区所在地是20世纪50年代建立的北京华北无线电联合器材厂所在地，即718联合厂，是苏联和东德社会主义阵营援助中国工业化体系建设的结果。自20世纪90年代以来，随着社会转型和产业转型，大批工业产业退出，大量的工业厂房闲置下来，为艺术家的租住创造了条件，使艺术区的形成成为可能。诸如宋庄艺术区、上海飞地音乐文化、莫干山艺术区、深圳大芬油画村等，在国际上引起了广泛的关注。这些城市艺术区的出现足以说明，随着时代语境的变迁，艺术正以其独特的方式在城市中聚居起来，展现出当代艺术的独特魅力。那么究竟有哪些原因导致了这些城市艺术区的出现？艺术区的发展与变迁受哪些因素影响？经历了一种什么样的发展轨迹？要回答这些问题，不仅需要艺术学的视角，也需要人类学的视角，需要更加深入的城市艺术田野调查。在20多年学术发展历程中，先后涌现出了一些城市艺术人类学研究的案例，如方李莉学术团队承担的“北京798与宋庄等艺术区发展研究”和“景德镇传统手工业的变迁、转型与复兴”课题研究，洛秦学术团队的“上海城市音乐人类学”系列研究，以及近期中国音乐学院主办的关于“音乐北京学”的学术研讨会等，均属艺术人类学城市艺术研究。刘明亮的研究属于方李莉学术团队关于“北京798与宋庄等艺术区发展研究”的一个组成部分，他们的研究拓展了艺术人类学的研究视域，丰富了艺术人类学的研究对象范畴。

面对城市艺术区的田野研究，与以往乡村人类学研究具有很大不同。乡村人类学面对的相对封闭的静态空间，通常有着较为稳定的血缘、地缘与业缘关系，而城市艺术区的田野研究所面对的是一个高度开放式的空间，在这里不存在稳固的血缘、地缘与业缘关系，人口的流动性很大，没有固定的居民和组织机构，所有的一切都是通过市场而串联在一起的。因此，在田野工作中不仅需要面对艺术家、艺术机构、商业机构等构成的复杂文化空间，还要面对包括艺术家、观光客等在内的高度流动的人口，以及由市场联系起来的艺术区、市场、管理方和政府等之间的多元互动关系，可以说难度很大。但正是这样一项研究，对传统的艺术人类学研究提出了挑战，在拓展研究视域的同时，也会促进学科方法论与理论的更新与进步。

二　历时性研究与共时性研究的有机结合

历时性与共时性是索绪尔在《普通语言学教程》中提出的一对术语，历时性强调某一系统发展的历史性变化情况，共时性强调在某一特定时刻该系统内部各要素之间的互动关系。换句话说，历时性在研究中注重史学的纵向维度关照，而共时性则注重当下的现实活态。刘明亮的研究将历时性研究与共时性研究进行了有机的结合，既注重文献的梳理与分析，又注重现实活态田野的调查。在具体的研究中，作者从史学维度进行了历时性的探讨，回溯了城市艺术群落在中国的发生与发展，从圆明园画家村到花家地画家村，再到艺术家往798艺术区的聚集，进而扩展至全国范围内多个城市艺术区的形成。在这一论述过程中，作者对中国城市艺术区的形成机制、圆明园画家村艺术群落的兴衰历程及动因、艺术家的身份认同与迁徙史等问题做了相当精彩的分析。以798为代表的当代城市艺术区，与中国当代艺术的发展紧密相连，对其发展变迁史的研究从一定意义上而言，也可以反映中国当代艺术的发展变迁史，这也是作者在研究中认识到的一个问题。在区域空间上也做了跨国际的横向比较，对外国城市艺术区的形成与发展状况做了详细的梳理与分析，为研究国内城市艺术区提供了一个可供参照与比较的坐标系。

历史是一面镜子，“以史为鉴，可以知兴替”，通过历史的研究可以为当下提供一些启示。刘明亮对中国城市艺术群落形成、发展及其变迁史的研究，可以为当下城市艺术区的发展与建设提供一些很好的建议和思考。作者对798艺术区的考察，展现给我们的是一个动态的考察与研究，通过对艺术群落发生与发展历程的描述，展现了中国城市艺术群落的普遍性发展轨迹。他认为：“中国艺术村落的变迁史和艺术家的‘迁徙史’，实际上也是中国当代艺术的变迁史——从‘地下’到‘地上’、从‘边缘’到‘主流’，是中国现当代艺术发展的一个缩影：从‘地下’到‘地上’、从‘边缘’到‘主流’。”[①] 透过他的研究我们看到，中国城市中的艺术群落一直处于流动的变迁之中，造成这种变迁的原因是多方面的，通过798的个案剖析，作者指出了导致艺术群落发生变迁的原因，主要是受市场和政治体制的影响。尤其是自2008年世界性的金融危机以来，798的发展遭遇到了前所未有的冲击，其经济、文化环境发生了巨大的变化，发展面临困境。作者进而分析了造成这种困境的原因，主要有显性问题和隐性问题两种。显性问题主要有，房租问题、艺术家地位边缘化、画廊经营困难、过度商业化；隐性问题主要有艺术区的定位问题、中国本土画廊何为。这些问题原因的分析与应对策略的提出，恰恰是历时性与共时性研究的有机结合使然。

三　翔实的数据分析

在本书中，作者通过深入的田野调查收集到了大量的第一手资料，运用社会学统计分析的方法制作了大量图表，这些数据分析更为直观地展现了798艺术区的发展与变迁，以期探究引起艺术区变迁的内在动因。通过调研作者发现：“798从废弃工厂到当代最大和最有影响力的当代艺术集散地的‘再造’过程，集中凸显了在全球化背景和市场语境下，民间力量开始超越早期的理想主义阶段的‘乌托邦’追求，并将艺术的追求和当下的社会及人的生活状态相结合，开始了对自身话语权的主动诉求。798艺术区的艺术生态呈现出多元共生的状态，在这个艺术群落中，各成分之间相互依存，互为前提。这些不同的成分之间通过市场连接到一起，形成了一个完整的艺术生态系统，构成一个复杂的多元互动链条。”[②] 在这样一个多元互动的链条当中，市场是起决定性作用的因素，正是不同利益方在市场化语境下的博弈，造成了艺术群落中不同层次力量的动态变化。“当然，在市场的因素之外，国家的政策、管理者的管理水平以及对798艺术区的定位，也都会影响到不同利益方的力量分化。从这一点看，798艺术区的变迁，是以市场为主导的多种合力的

---

① 刘明亮：《空间与心理的双重“边缘”：不断迁徙的艺术群落》，中国艺术人类学学会编《非物质文化遗产与艺术人类学》，学苑出版社2012年，第556页。

② 刘明亮：《北京798艺术区：市场化语境下的田野考察与追踪》，中国艺术研究院博士学位论文的部分中文摘要，2010年。

结果。”[①] 这些结论的得出，来自于翔实的数据分析，作者制作了艺术家、艺术机构、商业经营机构入驻的变化情况柱式图表，798 艺术区画廊、机构与艺术家作品流向比例图，2009 年金融危机对入驻艺术家和艺术机构影响情况圆环图表，艺术区的艺术机构和个人房租情况统计柱式图表，798 历届艺术节情况统计表等多种图表，此外还构建了艺术市场模型示意图、艺术市场模型泛化系统示意图，绘制了 798 艺术区艺术家工作室、画廊、商业机构等的空间分布地图，从而直观地展示了 798 艺术区的发展与变迁状况。

四 与作者商榷

手捧明亮兄的这部著作，看到他扎实的田野工作和严谨的学风，不禁感叹其 3 年攻读博士所付出的艰辛和努力，在肯定性评价的同时我也有一些可以继续思考的意见与他共勉。

其一，人类学的田野研究讲求动态的持续考察，该研究考察的是 798 艺术区 2007 年至 2010 年之间的情况，截至 2015 年已经过去了 5 年，这么长的时间里 798 艺术区又发生了哪些新的变化？艺术家、艺术机构、商业机构的变化情况如何等，尤其是在城市发展和更新的速度更为迅速的今天。因此，适时对其进行一些回访，将最新的发展动态补充进来，并使之与前些年的状况进行比较研究，如此可以更好地展现 798 艺术区动态的发展与变迁。但不可否认的是，我们正处在一个高速发展的全球化时代，文化的变迁每时每刻都在发生。庄孔韶在中国乡村人类学世纪回访中谈到：“从人类学关心社会文化变迁的主题来讲，相对于平静的社区，对在时间和空间上经历过巨大社会变故的社区的回访工作更值得。作为一种行之有效的研究取向和极具理论价值的学术实践路径，回访不仅可以重新找到审视同一调查点的机会，也延伸了先驱者作品的学术生命与意义。”[②] 王铭铭也认为：“在旧有的田野工作地点进行跟踪调查，有可能比较完整地把握被研究社区的旧貌和新颜。”[③] 可以说回访以体现其不同历史时期的对比，即使一个研究结束了，隔几年对其进行回访，来比较和分析几年来发生的文化变迁，将是很有意义的研究。其优点在于，一则可以因理论构架的扩充而增加不同的观察视角，二则还可以弥补原初共时性研究的不足。“跟踪调查的魅力还在于它打破了社会人类学家对平衡论的偏爱，以一个可以比较的时间点再现社会结构的变迁过程，再现历史意义上的当地社会。我们的追踪调查表面上是对村庄故事的续写，其实质是对新知的记录与开掘，是故地新知，是旧瓶装新酒。”[④]

其二，在刘明亮的论述中，艺术家、画廊、艺术机构被分得很清晰，他们共同组成了一个固定的模式结构，他们之间力量的此消彼长导致了 798 艺术区的发展与变迁。但是，今天艺术区能叫一种流动性的城市空间，很难说是一个固定的模式结构。它们的入住机构和访问者一直在不断地变化，所以艺术区的景观也天天不同。流动性的主要动因是大众（这里的大众可能是观览者、旅游客、消费者或市民等，非常复杂），可见大众的主动性参与

① 刘明亮：《北京 798 艺术区：市场化语境下的田野考察与追踪》，中国文联出版社 2015 年版，第 75—76 页。

② 庄孔韶等：《时空穿行——中国乡村人类学世纪回访》，中国人民大学出版社 2004 年，第 490 页。

③ 王铭铭：《西学“中国化”的历史困境》，广西师范大学出版社 2005 年版，第 109 页。

④ 孙庆忠：《人类学追踪调查的虚与实——重访南景村的思考》，《思想战线》2007 年第 1 期。

对798艺术区的变化是一个很重要的因素。“互动艺术”认为观众和作品之间会产生积极的互动，这一美术史的概念同样适用于798艺术区，“互动艺术”是艺术家和观众不可分开，艺术家没完成作品，让观众来完成，这时候没有规律可循，也可以说没有观众就没有完成的作品。可以说艺术区也是一个互动的艺术空间，除却商业性的融合、政府的干预等因素，大众的主动性参与也对798艺术区的发展与变迁发挥了重要作用，他们主动地进入到798艺术区，因为他们喜欢这个被文化化、艺术化了的空间，在其中旅游、消费有艺术化享受的感觉。因此，正是大众的主动性参与，一定意义上影响着798艺术区的发展方向。

其三，对于“公共意识形态”的关注。798艺术区由曾经的“异托邦”——“观念共同体”嬗变为今天由市场为主导的“利益共同体”，探其原因不应忽视对公共意识形态的关注。当前城市中正在出现“群落生存现象”，艺术家、打工者、知识分子等都会形成这种群落，其产生的关键是他们作为一个“观念共同体”而走到一起。因此，798艺术区的研究应该上升到“城市群落”的高度，但应该看到的是这样的群落不是社会的主流，而是社会的“次亚文化”的代表，当次亚文化受到主流文化的冲击之时，它们可能会重新选择，以另一种形式出现，也可能会开始迁徙。如果在研究中抓住了798艺术区“公共意识形态”的主体，对于其发展与变迁的原因会阐析得更为深刻。

但是，瑕不掩瑜，刘明亮的研究，呈现了一个典型的城市中现代艺术区田野调查与研究个案，既是国内第一部从艺术学角度以博士论文的篇幅进行城市艺术区研究的论著，也是一个与中国城市当代艺术发展紧密结合在一起的现实性对策研究。在研究过程中，作者没有就艺术而谈艺术区，而是以798艺术区的艺术生态为基点，围绕着与798有关的画廊、艺术家、入驻商家、游客等多个群体展开了细致的田野调查，在798艺术区发生发展的时间纵轴和798艺术区当代性建构的横向节点上展开论述，对市场——艺术——艺术家之间的互动关系进行了充分阐述，因此他的研究既是历时性的，也是动态性的。随着中国在世界上影响力的不断增强和城市化进程的不断加速，城市艺术区已然成为中国城市现代文化和艺术的一张名片，在国际上享有盛名。据笔者了解，很多外国游客来到北京除却历史古迹的游览之外，是一定要到798去的。但是，当下城市艺术区的发展的确面临诸多困境，商业气息的泛华、艺术家群体的集体出走等，已成为关系其发展的重要问题，未来的城市艺术区发展该何去何从，我想刘明亮的研究提供了一个很好的个案，具有重要的理论与实践指导意义。

（原载《民族艺术》
2016年第3期；
供稿：王永健）

第五篇

年度优秀论文

"表演的责任"与民俗学的"实践研究"

——鲍曼《表演的否认》的实践民俗学目的—方法论[①]

吕　微[*]

【摘要】本文将鲍曼关于"表演者对表演的否认"的田野经验，视为实践民俗学的研究对象的事实表象起点（而不是概念表象起点），并通过对在田野经验中呈现的民俗现象的条件还原的"理性的实验"（康德），指出，鲍曼的表演"职责/责任"，不仅仅是对民俗现象进行归纳而得出的经验性概念，同时也是对民俗现象的发生条件给予先验阐明而演绎的先验理念。本文尝试将康德基于先验逻辑的论证方法（而不是自然科学式的仅仅给予一个理论性命题以经验性论据的证明方法）运用于民俗学的实践研究，以达成民俗学的实践目的论（先验理想）与知识方法论（先验演绎）在操作（实践判断力）层面的综合统一的有效性。笔者认为，面对自由的人（民）的自由的生活（俗），民俗学者只有站在实践研究的范式立场上，才不会把"表演""语境""职责/责任"等也可以属于实践民俗学的意志论理念，单单用作理论民俗学的认识论概念，从而避免民俗学的"理性的误用"。

【关键词】表演　道德　责任/职责　权利　语境　鲍曼　康德　实践民俗学

一　序言：表演的经验性标定与先验标定

表演理论被引进中国民俗学界以后，中国民俗学家讨论最多的表演理论的关键词是"表演（performance）"和"语境（context）"，但是，对表演理论的代表性人物鲍曼（Bauman，1940—）反复使用过的另一个关键词"责任（responsibility）"却不曾关注。1993年，美国民俗学家们曾合作出版过一部专题论文集《口头话语

---

① 《表演的否认》（*Disclaimers of performance*）收入［美］鲍曼《作为表演的口头艺术》，杨利慧、安德明译，广西师范大学出版社2008年版，第130—156页。在本文中，凡引用《作为表演的口头艺术》的地方，若没有特别说明，仅在正文中注明该书的页码（用"P…"标示）。在此，谨向为中国民俗学界介绍、引进表演理论的鲍曼先生和《作为表演的口头艺术》的译者杨利慧先生、安德明先生，致以衷心的感谢！且以本文纪念鲍曼《表演的否认》（1993年）发表二十周年。

* 作者系中国社会科学院文学所研究员。

中的责任与证明》（*Responsibility and Evidence in Oral Discourse*，P. 130），其中讨论的内容（除了鲍曼本人的论述），至今没有被汉语学界所了解，以此，本文讨论的对象仅仅是“鲍曼的”表演理论的“责任”概念（作为目前中国学界能够共同讨论的对象）。

在讨论“责任”的同时，我们也要讨论鲍曼提出的另一个命题——“表演者对表演的否认”，因为在某些时候，鲍曼认为，“表演者对表演的否认”就意味着“表演者真的不愿意承担起表演的责任”（并不仅仅是“表面上否认自己具有任何真正的交流能力”）。由于在鲍曼对“表演”的定义中，“责任”被界定为表演的本质，所以，在本文中，笔者把“责任”肯定为表演理论的关键词之一。这里，可以借用倪梁康先生的一句话：“我们暂且不经检验就将其‘表演……其本质在于……责任’的命题作为我们的出发点接受下来，当然，随着阐述的展开，这个出发点将会得到论证。”① 而且我们要像康德那样，严格地“以令人信服的方式来阐述这种联系”。②

虽然早在1975年发表的著名论文《作为表演的口头艺术》中，③ 鲍曼就已经注意到表演者本人对自己的“表演的否认”，然而那时的鲍曼，仅仅视“表演的否认”为标定表演特点的经验性手段之一，因而“表演的否认”尽管与表演的本质即责任“并不相矛盾”，但二者之间也没有什么实质性的关联，即“表演的否认”仅仅是标定表演的一种习惯性做法而已。

> 传统上用以标示表演的手段也可能是表面上否认自己具有任何真正的交流能力，即对表演的否认……当然，这样的否认与承担展示交流能力的责任并不相矛盾，而是对礼节和行为举止规范的让步，因为在这些礼节和举止规范中，妄自尊大是受到贬抑的。在这样的情形下，对表演的否认既是一种道德姿态，用以平衡表演所引起的对表演者的高度关注，同时其本身也是对表演的一种标定方式。(P. 26)④

而鲍曼于2005年在北京师范大学的讲演中，把“表演的否认”明确解释为表演者对“表演的重新标定”，即从表演的交流模式、言说方式（民间文学家称之为“体裁”），向其他的交流模式或言说方式的体裁转换。这就意味着，在2005年，鲍曼最终决定，不再把“表演的否认”视为对表演本身的标定（不仅是经验性而且是道德性的标定）。

> 另一个问题是表演的重新标定。表演只是交流的一种模式，它是灵活的、可变动

---

① 倪梁康：《现象学及其效应——胡塞尔与当代德国哲学》，生活·读书·新知三联书店1994年版，第38页。

② ［德］康德《实践理性批判》，韩水法译，商务印书馆1999年版，第136页。

③ 王杰文：《“表演理论”之后的民俗学》，载《民俗研究》2011年第1期。

④ 王杰文批注：“陕北秧歌表演者经常唱的一个套路式的开头是：‘不会唱呀不会唱，伢把我推到秧歌场上；捉不了嗓子捉不了调，哎——唱得不好了伢可不要笑。’”“我个人觉得［这份材料］与鲍曼的本意比较契合。当然，他后来提供的那些材料，又远不如我们所知的‘表演之否定’之具体情况复杂。”

的。在某种特定的情况下，表演者会从表演的交流模式转换到其他的交流模式。比如一个说话的人会在某个特定时候对观众/听众说承担表演的责任，但别的时候他就不要求听众/观众对他进行品评——“我会给你讲这个故事，但是我不是在为你做表演。”研究者应该敏锐地观察这种交流模式的转变，特别是在田野作业中。在田野作业中，有时会遇到这样的情况：某位故事讲述家会说，“好吧，我知道这故事，我也会讲给你听，但我不是在表演，我对表演不承担责任”；“我会‘报道’给你听，或者给你概述故事的梗概，或者引用别人的讲述，但我不是在表演”。所以，要注意到在任何交流情境中的动态变化：即使在讲述同一个故事的时候，人们也可能会从一种言说方式转换到另外一种言说方式。……人们也许会知道一个故事，但是他们也许会觉得自己缺乏相关的讲述技巧以把它表演出来。比如一个故事讲述者会说：“我知道这个故事，这是我祖母讲的，虽然我会转述给你听，但这是她的表演，而不是我的表演。”另一个例子是“排练”，排练的时候表演者是在练习，他也不要求这个时候对他的表演技巧、能力等进行评价，他不是在表演。……从更大的范围来讲，表演是一个社会中所有的言说方式的一部分，所以，我和我的同事特别感兴趣的还有这样一些问题：在一个大的语言社区中，表演和其他的言说方式有何差异？在所有的言说方式之中到底什么是表演的独特之处？……我们归纳出以上这些表演形式的特点，就是想通过考察一个社区当中表演具有的功能、模式，从而把它与那些更随意的或者其他的言说形式区别开来。这里我想再一次强调：在谈到“表演”的时候，一定要意识到表演只是一种艺术的交流方式，还存在其他的一些交流方式，要考虑二者之间的相互关系是什么。（P. 200—202）

鲍曼似乎认为，比起表演的交流模式，人类的其他交流模式是“更随意的”，就鲍曼认为表演应该是负责任的表演而言，表演的确有不能随意的一面。而先于2005年的讲演，在2000—2001年期间，鲍曼在接受《作为表演的口头艺术》的译者杨利慧、安德明的访问时谈到：“‘表演的否认’，就是说在一些情况下，表演的框架实际上是不断协调、不断变化的……在那种情况下，讲述者是否愿意表演成了动态的民族志事件的一部分。所以，有的事情就不是表演。”（P. 236）就已经初步表达了他关于“表演的否认”是表演的交流模式向其他交流模式的体裁转换的观点。

但是，为什么表演者要在不同的交流模式之间进行体裁的转换？这次鲍曼语焉未详，也许是因为，鲍曼认为，该问题他早在1993年的论文《表演的否认》（收入《口头话语中的责任与证明》）中就已经给出了答案，即：“表演的否认”是表演者因掌握的表演知识和表演能力的缺乏所导致的主观决定的偶然结果。但是，就在同一篇论文中，鲍曼还记录了他所观察到的一组特别值得关注的民俗现象：表演者“真的不愿意”承担表演责任的真诚态度。且鲍曼暗示，在这种“真的不愿意”的真诚态度下面，掩盖的是主观的责任态度所依据的客观（主观间共同）的责任（理性的）理念，即“人应该是什么样的”，[1] 而这正是该篇论文最具魅力的地方。

---

① ［德］康德：《纯然理性界限内的宗教》，载《康德论上帝与宗教》，李秋零编译，中国人民大学出版社2004年版，第326页。

这就是说，鲍曼在不同时段、不同论文中，描述了不同的“对表演的否认”的民俗现象：在1975年，鲍曼视“对表演的否认”为表演中的修辞（“表面上否认自己具有任何真正的交流能力”），因而可以作为标定表演的经验性手段；而到了1993年，鲍曼认识到，“表演的否认”可能是对“完全的表演”的道德性先验标定（体现了鲍曼在解释田野经验时令人赞叹的先验敏感性，正如鲍曼自己的声明：“研究者应该敏锐地观察这种交流模式的转变”，使之成为“动态的民族志事件的一部分”）；而到了2001年以后，鲍曼似乎又回到了他在1975年的经验论、认识论立场，尽管鲍曼的最新结论不再坚持“对表演的否认”是表演的经验性标定，而是认定“对表演的否认”仅仅体现了表演者希望向不同于表演体裁的其他交流模式转换的主观任意的态度。①

或者，也可以这样说，鲍曼始终没有意识到他在1993年的论文《表演的否认》中所观察到的“表演者真的不愿意承担表演责任”这一重要的民俗现象的实践论、先验论解读的可能性与价值，而笔者却认为，鲍曼在1993年亲证的表演者“对表演的否认”的田野经验，具有实践民俗学的“新生性”。② 而这就意味着，我们实际上面对的是两个不同的鲍曼，一个是作为经验论者和理论认识论者的鲍曼，一个是作为先验论者和实践认识③论者的鲍曼，而我们主要关注的是后一个鲍曼。以此，在本文中，笔者对鲍曼关于“表演的否认”以及表演的责任的实践民俗学先验阐明，仅仅限于《表演的否认》一文。

二 表演的职责（responsibility）与道德责任（duty）——实践民俗学先验理想的目的论

> 任务一，设定一个意志是自由的：试发现唯一适宜于必然地决定它［即意志］的那个［普遍］法则。
>
> ——康德④

① 王杰文批注：“在‘艺术人类学’或者‘讲述的民族志’的最初的意识当中，研究者们已经发现，‘表演’仅仅是交流的多种‘框架’之一。而‘口头艺术’之‘类型’特征注定了‘表演’是其最突出的交流框架，于是乎，‘表演理论’由此而出。”

② ［美］鲍曼：《作为表演的口头艺术》，杨利慧、安德明译，广西师范大学出版社2008年版，第41页。

③ “实践认识”，见［德］康德《实践理性批判》，韩水法译，商务印书馆1999年版，第61页，第113页。在康德那里，“实践认识”是对“［人的］实践知识”的认识，康德指出：“理性（具有）这种乐意对所提出的实践问题进行极其精细考察的倾向。”（同上引书，第168页）“实践认识”，康德也称之为“实践研究”（同上引书，第26页）。“实践研究”，德文 praktischen Untersuchungen，英文 practical investigation，见《实践理性批判》德文原本（科学院本）A48；英文译本第24页，参见 Immanuel Kant, *Kritik der praktischen Vernunft*, neunte Auflage, Verlay Von Felex Meiner in Leipzig, 1929; Immanuel Kant, *Critique of Practical Reason*, Translated and edited by Mary Gregor, Cambridge University Press, 1997.

④ 在康德《实践理性批判》中为“任务二”。［德］康德：《实践理性批判》，韩水法译，商务印书馆1999年版，第29页。

首先，还是让我们从鲍曼对“表演（performance①）”的定义，以及鲍曼关于“表演的责任”的命题入手。

> 从根本上说，作为一种口头语言交流的模式，表演存在于表演者对观众承担展示自己交流能力的责任。这种交流能力依赖于能够用社会认可的方式来说话的知识和才能。从表演者的角度说，表演要求表演者对观众承担展示自己达成交流的方式的责任，而不仅仅是交流所指称的内容。从观众的角度来说，表演者的表述行为由此成为品评的对象，表述行为达成的方式、相关技巧以及表演者对交流能力的展示的有效性等，都将受到品评。（P. 12）
>
> 表演是交流性展示的一种模式。在表演中，表演者要对观众承担展示自己交流技巧的责任。表演特别强调言语交流的过程中言语生产行为得以完成的方式，比如表演者会通过表演与观众进行交流：“请观察我，看我说得有多棒!”表演者会邀请观众关注其表达行为，并品评其言语交流行为如何有技巧、有效地完成。所以这里的一个特别关键的问题是表演者如何和听众进行交流。（P. 198—199）
>
> 简而言之，我把表演理解为一种交流模式，一种言说方式，其本质在于承担起向听众展示交流技巧的责任，在交流方式的指涉内容之上和之外，突显出达成交流的方式。②
>
> 表演是一种交流性展示的模式，其中表演者对观众承担着展示交流技巧的责任，它凸显的是话语生产行为得以完成的方式，而不仅仅是交流行为可能负担的其他多种功能。在表演中，叙事行为本身被框定为一种展示：它被客体化，并在一定程度上被从语境背景下抽离出来，允许观众对其内在品性以及引起的反响自由地进行阐释性、品评性的仔细审查。（P. 77）

---

① “作为语言学的术语，performance主要是指语言的实际应用，以此在汉语语言学中被译为‘语言运用’，而不是‘表演’。为了统一，也为了避免误解，我们在全书中把performance一律译为‘表演’。但需要指出的是，本书，特别是本文在介绍语言学的相关观点时提到的performance，指的就是语言运用，而表演理论也正是在这一层意义上来借鉴语言学的相关成果的。”［美］鲍曼：《作为表演的口头艺术》，杨利慧、安德明译，广西师范大学出版社2008年版，“译者注”，第84页。鲍曼使用的performance，可能借自奥斯汀，但奥斯汀在*How to Do Things with Words*一书中使用的performance，只能根据该词的本义译作“实施”，例如：the performance of the act（行为的实施）. 且奥斯汀更多地使用的是performative（实施式），如：Ⅰ Performatives and Constatives；Ⅱ Conditions for Happy Performatives；Ⅴ Possible Criteria of Performatives；Ⅵ Explicit Performatives；Ⅶ Explicit Performatives Verbs；Ⅺ Stadtements, Performatives, and Illocutionary Force. 参见Austin，*How Do Things with Words*，外语教学与研究出版社2002年版，第8页；以及“目录”，F7、F36。但鲍曼承认，奥斯汀的言语行为理论对表演理论有一定的影响，参见［美］鲍曼《作为表演的口头艺术》，杨利慧、安德明译，广西师范大学出版社2008年版，第8页。（王杰文批注：“对上述相关表演的理解，最好置诸于‘语言人类学’对呈现方式的强调的传统中来理解。”“‘表演’作为日常交流的分析框架之一，是从‘语言人类学’来的，戴尔·海姆斯的名篇《突破进表演》中有详细分析。”）

② Richard Bauman, *Story*, *Performance*, *and Event*: *Contextaul Staudies of Oral Narrative*, Cambrigdge University Press, 1986, p. 3. 转引自户晓辉《民间文学的存在论——中国民间文学对象化研究批判》，未刊稿打印本，第29页。

> 简单地说，我将表演理解为一种元交流的框架，其本质在于表演者对观众承担着展示交流能力的责任，它突出了艺术交流进行的方式，而不仅仅是它所指称的内容。因此，在这一意义上谈表演，说话行为本身便被框定为展示，它在一定程度上从其语境背景中被客体化、被提取出来，并由观众进行自由而仔细的审查。(P. 131)
>
> 在表演所具有的这种意义上，交流行为是被展示，被客体化，在一定程度上被从其语境背景中提取出来，并交由观众进行仔细审查。因此，表演会引起对交流行为的特别关注和高度意识，并允许观众对其以及表演者予以特别强烈的关注。表演使表演者在交流上负有责任，也赋予观众对表演者的相关技巧以及表演完成的有效性进行品评的责任。(P. 68—69)
>
> 卡巴瑞体现了马尔加什高地人的表演范畴。参与卡巴瑞表演，就意味着要对观众承担展示自己对传统卡巴瑞形式的掌握能力的责任，并接受观众对自己的演说质量的品评。(P. 14)

以上是鲍曼关于“表演的责任”的几处很明确的表述，我们从中可以得知，在鲍曼看来，表演是需要承担起某种责任（responsibility）① 的交流模式，不仅表演者要向观众或听众承担起展示自己的交流能力的责任，观众或听众也要承担起品评表演者的交流技巧、交流效果的责任，亦即，在鲍曼看来，参与表演的双方（表演者和观众、听众）都应当承担起交流的责任。② 尽管在鲍曼对表演的诸多经验性标定中，责任并没有位列其中(P. 16—29)③，但是，正如鲍曼本人所反复强调的，用责任标定表演，却是我们理解表演

---

① 我们注意到，在指涉表演的“责任”时，鲍曼使用的是 responsibility 一词。而鲍曼使用 responsibility 一词以说明 performance 的做法，可能也是源自奥斯汀。奥斯汀在 *How to Do Things with Words* 一书中使用过 responsibility 一词，如：Features of this sort would normally come under the heading of ‘extenuating circumstances’ or of ‘facters reducing or abrogating the agent's responsibility［代理人的责任］’, and so on. 参见 Austin, *How Do Things with Words*，外语教学与研究出版社 2002 年版，第 21 页。

② “一般而言，在记述式言语行为的意义中，不会出现特殊的行为义务；……要想［交往行为］发挥直接影响互动结果的约束力，言语者和听众就必须相互保证，他们的行为是建立在对语境的解释上的，而且与被认真接受下来的命题之间没有冲突。”［德］哈贝马斯：《交往行为理论》，第一卷“行为合理性与社会合理化”，曹卫东译，上海人民出版社 2004 年版，第 289 页。

③ 鲍曼指出：“每一个社区都会在其标定表演的框架的各种资源中，习惯地使用具有结构性的一套独特的交流手段，以使该框架中发生的交流能被理解为该社区中的表演。这些标定手段可以包括特殊的套语（‘从前……’）、言说的风格化（例如平行律、平行关系、比喻性的语言）、求诸传统作为表演者所承担责任的参照标准（‘老人们说……’）、特殊的符码（比如古老的语言），等等。在特定的社区中，用以标定表演的交流手段的集群也是因具体文化而异的，需要通过经验去发现；它们在不同文化中可能会有变化。”(P. 131—132)“这里我想说明的一个基本观点是：我们必须要经验性地确定在一个特定的社区中，哪些是特殊的、惯常被用以标定表演的手段。尽管这些手段也许会具有地区的和类型的模式以及普遍性的倾向，但是它们常常会由于社区的不同而存在差异。”(P. 26—27)“另外一个重要问题是表演者如何标定他的表演：表演者用一些什么样的手段来标定‘这是一个表演’，或者‘我现在开始表演了’。这种标定表演的手段在不同的地域文化和不同的历史发展阶段也是有差异的，但我们会发现有一些标定手段在世界范围内的许多文化中都被广泛地使用……需要注意的是：我们无法开列一个清单，列出所有标定表演的手段和方式，而是需要通过民族志的研究，考察在不同文化、不同社区当中使用的不同的标定表演的方法。”(P. 199)

的本质（表演的“本质在于表演者对观众承担着展示交流能力的责任”）的实质性条件。因为，如果说到责任，最终只能是人——作为人——的自由—理性的实践行为（例如“观众进行自由而仔细的审查”）的先验标定——正如康德所言，从实践的观点出发，除非我们先于任何经验就设定人是具有纯粹理性和自由意志，因而能够对自己的行为负起责任的存在者，否则，人作为人，其“自由意志就是一个谬论”① ——尽管对此，鲍曼并没有明言（但是视责任为表演的本质，仍然真切地反映了鲍曼在界定“表演”概念时的先验论意识，因而显得意味深长）。

我们可以从相反的方向设想：如果一个人的行为及其责任仅仅是被动地被各种语境条件的“外在因素”② 客观地规定的，而没有任何主观性、主动性可言，人还需要对自己决定、选择的行为承担起什么责任吗？答案自然是否定的。这就是说，唯当行为是人出于理性的自由意志的选择和决定（作为结果），人才需要为自己选择、决定的行为负起责任（作为原因）；反过来说，一个应该负起责任的行为，一定是人的自由行为、理性行为。③ 就此而言，负起责任，是人的任何一种自由行为、理性行为的先验标定，④ 而非如康德所言，仅仅是人的普遍的实践活动——道德行为的标定。

康德将人的各种实践活动中的道德行为，划分为：对自己和对他人的完全责任（perfect duty）行为和不完全责任（imperfect duty）行为。⑤ 康德认为，对他人的完全责任（不许欺骗，不许撒谎）和对自己的完全责任（不许自杀），是每一个自由—理性的存在者都必须（必然应该）承担的道德责任；但是，对他人的不完全责任（应该帮助他人）和对自己的不完全责任（应该发展自己），尽管也是每个人都应该承担的道德责任，因而是值得赞许的，却不能强制每个人都必须承担，而应该允许有例外，⑥ 因而，不完全责任所根据的行为准则不属于实践行为所必须遵守的普遍的道德法则。

---

① ［德］康德：《道德形而上学基础》，孙少伟译，九州出版社2007年版，第127页。“作为一种有理性同时又能够负责任的存在物，人具有人格性的禀赋。”［德］康德：《纯然理性界限内的宗教》，载《康德论上帝与宗教》，李秋零编译，中国人民大学出版社2004年版，第304页。“善与恶必须是他的自由任性的结果。因为若不然，他就不能为二者负责，从而他在道德上就既不能是善的也不能是恶的。”同上引书，第318页。“设想自己是一个自由行动的存在物，同时却不摆脱适合于这样一种存在物的法则（道德法则），这无非是设想出一个没有任何这样一种法则的作用因（因为依据自然法则作出的规定由于自由的缘故而被取消）；而这是自相矛盾的。”同上引书，第310页。

② 以及“外在的命令”“外在的决定”“外在的影响”等，参见［德］康德《道德形而上学基础》，孙少伟译，九州出版社2007年版，第125页，第127页，第129页，第151页。

③ “在那作为其原因的公认自由的行动中，就已经现存着使他负责的充足根据了。”［德］康德：《纯然理性界限内的宗教》，载《康德论上帝与宗教》，李秋零编译，中国人民大学出版社2004年版，第315页。

④ “作为一种有理性同时又能够负责任的存在物，人具有人格性的禀赋。”［德］康德：《纯然理性界限内的宗教》，载《康德论上帝与宗教》，李秋零编译，中国人民大学出版社2004年版，第303页。

⑤ ［德］康德：《道德形而上学基础》（英汉对照），Beck译，九州出版社2007年版（科学院本），第421页。

⑥ “人意识到了道德法则，但又把偶尔对这一原则的背离纳入自己的准则。”［德］康德：《纯然理性界限内的宗教》，载《康德论上帝与宗教》，李秋零编译，中国人民大学出版社2004年版，第308页。

这样，根据康德对道德行为的等级和类型划分，我们可以将鲍曼所说的表演责任视为人应该对自己和他人承担的不完全责任，而表演之所以被先验地标定为不完全责任行为，是因为，因表演而应该承担的责任，尽管是（通过品评而）值得赞许的，但却不是每个人都必然应该（必须）承担的。也就是说，如果一个人“不愿意”为自己的表演行为负起责任，即“不愿意”让自己的表演被别人认为是表演（鲍曼称之为“表演的否认”），也即“标记着［表演者］真的不愿意对表演承担责任”（P. 153）；或者根本就“不愿意”参与交流（同样没有承担起对自己和他人的表演责任）……那么对此，人们只能表示遗憾而不能予以谴责。因为“不愿意”承认自己是在表演甚至“不愿意”进行表演以加入交流的例外行为，尽管没有与道德法则的普遍原则即完全责任“和谐一致”，但也没有违背或者与完全责任“相抵触”。①

康德关于人的不同行为责任之间关系的论述，为我们先验地标定（认识）表演的本质，提供了重要的“框架”。尽管我们知道，康德的“责任（德语 Pflicht/英语 duty）”概念与鲍曼的表演“责任（responsibility）”概念不是同一等级、同一性质的“责任”概念。康德的 Pflicht，汉语或译作“责任”，或译作“职责”，或译作“义务”，② 英语一般译作 duty，对此，鲍曼应该是熟知的。在英语世界中，duty 和 responsibility 之间，有普遍的、抽象的道德责任和特殊的、具体的身份责任之别。③ 也许，正是因为鲍曼清楚地意识到，

---

① “在人性中，有获得更加完满的能力，这些能力属于对我们自己人身中的人性尊重的自然之目的；忽视这些能力，也许与那作为自身即是目的的人性的保存相一致，但却并不与这一目的的增进相一致。”［德］康德：《道德形而上学基础》，孙少伟译，九州出版社 2007 年版，第 89 页。

② 比较：在康德《实践理性批判》中文译本中，韩水法将 Zurechung 译作“责任”，将 Verbindlichkeit 译作“义务”，将 Pflicht 译作“职责”。［德］康德《实践理性批判》，韩水法译，商务印书馆 1999 年版，“索引”，第 190、191 页。“Pflicht（duty）这个词我们一概译作‘责任’而不是译作‘义务’。”［德］康德：《道德形而上学原理》，苗力田译，上海人民出版社 2005 年版，“译者后记”，第 149 页。

③ Beck 把康德的 Pflicht（责任）译作 duty。在英文中，duty 和 responsibility 都是指的“责任”，但 duty 的用途更广，除了具体的道义责任，也可专门用于指涉比较抽象的道德义务（moral obligation），而 responsibility 仅用于指涉比较具体的行为责任。后者往往以一个人的工作（job）、职业（profession）或社会角色（social role）为条件，比如“我是我弟弟的监护人吗（Am I my brother's keeper）?”（语出《旧约·创世纪》）这句问话中，就包涵了“我应该承担起我作为我弟弟的监护人的职责”的意思。因此，responsibility 是一种身份职责，即因一个人的特定身份而应该承担的道德责任（“职业道德”的说法庶几近之）。而 duty 在用于道德义务时，却是指的先于每个人的后天身份都应该承担（must do）的（作为人的）先天责任，用北京土话说，就是一个人“该着［zháo］的”（to be due to）的责任，或者用陕北方言说，就是对别人甚至对自己上辈子“欠下［hà］的”（to be owed to）的责任，亦即必然“能够被要求的（that witch can be required）”的责任。因为道德责任是只要你是人，就应该承担也一定能够胜任的责任，而无论你是否具备践行道德责任的自然能力，因为人先天地就具备践行道德责任的纯粹理性—自由意志的实践能力。一个人未能履行身份职责（failure to discharge a responsibility）（可能因为其自然能力的缺乏）不一定会遭到“谴责（censure）”，但可能会遭到“处罚（penalty）”；但一个人即便违背道德责任，也未必会遭到“处罚”，尽管他一定会遭到“谴责”（因为他没有运用自己的自由能力）。参见《牛津哲学词典》，纽约：牛津大学出版社 1994 年第 1 版；上海：上海外语教育出版社 2000 年 12 月第 1 版，“duty”和“responsibility”词条，第 112 页，第 329 页。笔者也曾就 responsibility 与 duty 的区别请教杨利慧先生和安德明先生，并获教益，谨此致谢！

duty 与 responsibility 之间的区别，所以鲍曼在界定作为特定的、具体的交流模式的表演责任的时候，才使用了 responsibility，而不是 duty。

尽管 responsibility 和 duty 都可以译作“责任”，但是在本文中，为了更清晰地表达笔者的旨意，从现在开始，我们将把指涉具体的身份责任的 responsibility 译作“职责”，而把指涉普遍的道德责任的 duty 译作“责任”，以突显二者之间同与不同的关系（而在需要兼顾 responsibility 和 duty 的双重意思的地方用“职责/责任”表示）。① 而这也就是说，人的特殊的、具体的身份职责，虽然以特定的、具体的语境目的为经验条件（performance 本身就包含着“履行”语境化责任的意思在内②），但仍然且必然建立在人的普遍的、抽象的道德责任的基础（前提、根据）上，因为，如若没有先验的道德责任意识，人也就不可能产生应该承担具体语境中的身份职责的职责意识。③

这样，通过“责任”（首先是通过普遍的道德责任，其次再通过具体的身份职责）的概念，我们先验地就可以知道，人是有自由意志的理性存在者（这是一个从实践的观点必然做出的设定），同时也是并非没有自然本能的感性存在者，但最终却是理性，而不是感性，规定了人的存在的本质，同时也规定了人的职责意识的无条件条件——人的出于自由理性的责任意志（没有理性和自由意志，人也就无需负起具体的身份职责）。以下是在《道德形而上学基础》中，康德给出的关于“责任”的三个命题：

第一个命题：“一个行为要具有［人的自由］价值，必然是出于［人的自由意志的］责任。”④（反过来说，通过“责任”概念，我们才能够认识到一个行为具有出

---

① 高丙中批注：“两个词的翻译也许可以这么考虑：responsibility，是侧重有能力或有意愿（主动性）做出反应，能够担此大任，也就是该反应时就会反应；duty 是侧重义务，无条件地回应，多一点必然性、必要性。前者翻译为责任（也许你用职责，强调是一种本份），后者翻译为义务。当然还是要看文中的运用。”杨利慧批注：“responsibility 译为‘责任’较妥，它比较抽象，在戈夫曼的拟剧理论当中，也十分强调表演者和观众的‘责任’，已经成为学界通行的译法了。duty 我觉得可以译为‘职责’较好，它稍微具象一些，是与特定的‘职’相关的责任。”

② 我们注意到，在英文中，performance 及其动词形式 perform，其本义首先都是“履行［职责］”“执行［指令］”“完成［任务］”，而“表演”只是其“引申”的词义。

③ “身份职责”与“普遍责任”之间的区分，参见黄裕生关于人的“舞台角色”与“本相身份”之间的区别的论述。黄裕生：《真理与自由——康德哲学的存在论阐释》，江苏人民出版社 2002 年版，第 67—68 页。

④ ［德］康德：《道德形而上学基础》，孙少伟译，九州出版社 2007 年版，第 17 页。这句话苗力田译本作：“道德的第一个命题是：只有出于责任的行为才具有道德价值”。［德］康德：《道德形而上学原理》，苗力田译，上海人民出版社 2005 年版，第 16 页。Paton 解释：“人类行为在道德上的善良，并不因为出于直接爱好，更不是出于利己之心，而是因为出于责任。这就是康德关于责任的第一个命题，虽然他本人并没有用这样的一般形式来表述这一命题。”同上引书，第 99 页。李秋零译本据德文原文没有译出这句话，［德］康德：《道德形而上学的奠基》，见《康德著作全集》，李秋零译，中国人民大学出版社 2007 年版，第 4 卷，第 406 页。亦即，在《道德形而上学基础》德文原文中，康德没有直接表述“第一个命题”，“第一个命题”的具体表述见 Beck 等英文译本，是英文译者根据康德原意所补充的。苗力田译本“根据普鲁士皇家科学院所编 9 卷本《康德文集》”，但用［ ］号标出的“第一个命题”的这句话可能也是“参考现有的汉文和英文的译本”而补充的。［德］康德：《道德形而上学原理》，苗力田译，上海人民出版社 2005 年版，第 148—149 页。

于自由意志的人的价值①）——说明责任体现了一个行为（作为人的行为）的自由属性。

第二个命题："一个出自责任的行为，其道德价值并不来自于通过此行为［依据自然规律］而要实现的［经验性］意图，而是来自行为被［普遍法则所］规定的［主观］准则［的客观必然性］。"② ——说明责任行为的客观必然性。

第三个命题："责任是出于对［普遍］法则的尊重而做出的［个人］行为的［主观］必然性。"③ ——说明责任行为的主观必然性。④

---

① 我们可以仿照康德，这样来界定责任和自由意志的关系：责任是自由意志的认识条件，而自由意志是责任的存在条件。"［自由］是我们所知道的道德法则的条件。当我现在把自由称为道德法则的条件，而在随后的著作里面又声称道德法则是我们能够最初意识到的自由所凭借的条件时，为了使人们不误以为在这里遇到了前后不一贯，我只想提醒一点：自由诚然是道德法则的存在理由（retio essendi），道德法则却是自由的认识理由（ratio cognscendi）。因为如果道德法则不是预先在我们的理性中被明白地思想到，那么我们就决不会认为我们有正当的理由去认定某种像自由一样的东西（尽管这并不矛盾）。但是，假使没有自由，那么道德法则就不会在我们内心找到。"［德］康德：《实践理性批判》，韩水法译，商务印书馆 1999 年版，第 2 页"注释"①。于是我们才可以理解康德为什么一方面说"责任的概念包含了善良［的自由］意志的概念"，另一方面又说"责任是自身即是善良［的自由］意志的［认识］条件"。［德］康德：《道德形而上学基础》，孙少伟译，九州出版社 2007 年版，第 11、27 页。

② ［德］康德：《道德形而上学基础》，孙少伟译，九州出版社 2007 年版，第 17 页。

③ ［德］康德：《道德形而上学基础》，孙少伟译，九州出版社 2007 年版，第 19 页。邓晓芒概括"普通的道德理性知识"的三个命题："（1）只有意志的出于义务的行为才具有道德价值；（2）这种行为的道德价值不在于其结果，而只在于其意志的准则（动机），因而这准则只能是意志的先天形式原则；（3）'义务就是一个出自对法则的敬重的行动的必然性'，这敬重所针对的法则是一种普遍的立法原则。"邓晓芒：《康德哲学诸问题》，三联书店 2006 年版，第 77 页。

④ 康德关于"责任"的相关论述：（1）"依据这条［实践］法则而排除了一切出于禀好［因而依据自然规律］的决定根据的行为是客观［必然］地实践的，这种行为称作职责［Pflicht/duty 即责任］。"［德］康德：《实践理性批判》，韩水法译，商务印书馆 1999 年版，第 87 页。（2）"［职责（Pflicht/duty 即责任）是］对法则的客观必然的遵守。"同上引书，第 165 页。（3）"一个不绝对善良的意志对自律性原则的依赖性（道德的强制性）是约束性责任（duty）。一个出自约束性责任的行为的客观必然性就叫做责任（duty）。"［德］康德：《道德形而上学基础》，孙少伟译，九州出版社 2007 年版，第 111 页。（4）"一个实践规律……遵守这个［实践］规律即是责任（duty）。"同上引书，第 77 页。（5）"根据这个［实践］原则的行为的实践［客观］必然性，即责任（duty）。"同上引书，第 97 页。（6）"根据这个［实践］原则的行为的［客观］必然性，就被称作实践的强制，也就是责任（duty）。"同上引书，第 97 页。（7）"我就必须把知性世界的法则看作是对我的律令，而把根据这个原则的行为看作是责任（duty）。"同上引书，第 143 页。（8）"责任（duty）是出于对法则的尊重而做出的行为的［主观］必然性。"同上引书，第 19 页。（9）"对实践规则的纯粹尊重而来的行为的［主观］必要性构成了责任（duty）。"同上引书，第 25 页。据此，康德的所谓"责任"，一方面是："依据这条［实践］法则而排除了一切出于禀好的决定根据的行为""根据这个［实践］原则的行为""遵守这个［实践］规律［的行为］""出自约束性责任的行为"的客观必然性［从（1）到（7）］；另一方面则是：人"出于对法则的尊重而做出的行为""对实践规则的纯粹尊重而来的行为"的主观必然性［（8）和（9）］。

这样，康德就从自由意志基于被“强制”“应当”服从实践原则的客观必然性，和自由意志出于“尊重”而“意愿”服从实践原则的主观必然性这两个方面，阐明了何谓实践行为的“责任”，进而“责任”行为的实践价值，即属于“人的行为”的自由价值。或者也可以这样说，所谓道德责任，一方面起源于实践原则对主体的实践行为的强制的约束（反过来就是实践行为的主体对实践原则的依赖），即普遍原则的“应该”的客观必然性动因，[①] 另一方面则起源于实践行为的主体对实践原则的尊重，即个人意志的“意愿”的主观必然性动机。

换句话说，如果仅仅是实践行为的主体在主观上对实践原则的服从，实践原则不是主体的实践行为的客观必然性动因，服从就可能仅仅是主观任意性动机；但是，如果仅仅是实践原则在客观上对主体的实践行为的强制的约束，实践原则就不会成为对主体的实践行为来说的主观必然性动机的内在性自律原则，从而实践原则就会成为单纯强制、约束主体的实践行为的外在性的他律规则。这就是说，凡是在需要主体为实践行为负起责任的地方，一定是责任“应当”的客观必然性动因和责任“意愿”的主观必然性动机的先天综合的必然统一，而也这正是康德心目中最高等级的实践行为——道德行为的完美标定。

在现实的语境中，尽管并不是所有的实践行为都符合康德心目中最高等级的道德行为的完美标定，即如鲍曼所言表演的交流模式，其直接承担的只是应该对自己（“发展自己”）和他人（“帮助他人”）所承担的不完全责任，即对“值得赞许”的交流能力的展示和品评，而不是必然应该（必须）承担的对自己和他人（“不许……”）的完全责任，但完全责任仍然可以作为“表演”的标定，乃是因为，表演行为的交流模式的不完全责任实际上仍然是建立在实践行为的完全责任的道德原则（例如对表演者自己和观众、听众人格的尊重，即哈贝马斯所谓交往理性的“真诚性原则”[②]）的基础上，而这就要求参与表演的主体双方，都应该通过表演交流的不完全责任，承担起隐蔽在表演交流内部的完全责任，以满足表演交流最基本的实践目的论的道德要求。

以此，表演必然出于人的理性（尽管不一定是纯粹理性）的自由意志，以此，表演才是需要人通过其理性的自由意志承担起职责的自律行为（而表演的“自愿行为”[③]“可能负担的其他多种功能”如艺术表达的功能倒在其次了），这样，理性的自由意志就成为了承担职责的表演的“自愿行为”即自律行为的无条件条件，而这个表演职责的无条件条件——出于理性的自由意志的责任，我们只能通过让表演行为至少“在一定程度上被

---

① “每个人都必须承认：如果一个规律要适用于道德，即成为义务的一个根据，那么它必定具有绝对的必然性。”［德］康德：《道德形而上学基础》，孙少伟译，九州出版社 2007 年版，第 7 页。

② 吕微：《反思的民间文学与民俗学的学术伦理》，见吕微、安德明编《民间叙事的多样性》，“代前言”，学苑出版社 2006 年版，第 5 页。

③ ［德］康德：《道德形而上学基础》，孙少伟译，九州出版社 2007 年版，第 159、161 页。

从其语境背景中提取（抽离）出来”即在被“语境背景”限制的职责意识之外才能够找到，如果“语境背景”被限定为时空条件下“语境因素（元素）”即现实和历史的经验现象的全部实存的话。①

现在，如果我们假设，表演只是一个在直观中呈现的出于主观任意性（康德所谓“随意的选择”② 的“要实现的［经验性］意图”③）的动机的“自愿行为”，而不是一个在实践上被要求合于客观必然性动因的责任行为，那么，如果表演者对自己说：“我‘应该’‘愿意’我的表演!”就是无意义的；因为，如果表演者自己已经“愿意”表演了，表演者再用命令的口吻对自己说“我应该”，在理论上能有什么意义呢?④ 但是，如果表演不仅仅是一个因语境化目的而出于主观任意性的职责动机的自愿行为，更应该是一个在实践上合于客观必然性的责任动因的自愿行为，那么，如果表演者只是出于主观上任意的动机意愿去表演，表演者就可以对自己说：“我‘应该’‘愿意’我的表演!”也就是说，通过这样一个“我应该”的命令引起或转换一个“我愿意”的行为职责，即根据一个客观必然性的实践责任，我们就将自己的出于主观任意性的职责意愿（愿意），裁成同样是

① “民俗学家们不断精细地区分‘语境’，无非是为了把每一种潜在的语境性因素都寻找出来，但是，这些努力穷尽了‘语境’的所有元素了吗? 查尔斯·布瑞格斯发现，在界定‘语境’概念的过程中，民俗学家们存在着两个问题，一是他们试图穷尽地描述‘语境’的所有元素；一是他们努力把这一描述性的工作当作一种‘客观的’描述。然而，首先，从理论上讲，特定民俗事件的‘语境’是不可能被穷尽的，因此也不可能是‘完整’的。因为特定民俗事件的‘语境’因素并不都是呈现在民俗学家面前的，大量的‘语境’因素是潜在的，无法被民俗学家直接感知的；第二，既然民俗学家是特定民俗事象的描述者，既然他把语境性的因素视为一套外在于、独立于表演的客观的元素，他就必然会成为‘语境’因素的仲裁人，他自身所带有的主观偏见会影响这一仲裁的过程也是不言而喻的。然而，尽管这两种局限性是显而易见的，但是，当时的民俗学家与人类学家们却为了强调自己所从事的研究的客观性、可靠性，竟然有意无意间忽视了这些问题的存在，甚至提出了所谓‘自然语境（National Context）’与‘人为语境（Artificial Context）’的区分，把在‘自然语境’中从事田野作业作为学术共同体最受推崇的学术规范。”王杰文：《“语境主义者”重返“文本”》，载《青海社会科学》2013 年第 3 期。

② ［德］康德：《实践理性批判》，韩水法译，商务印书馆 1999 年版，第 90 页。

③ ［德］康德：《道德形而上学基础》，孙少伟译，九州出版社 2007 年版，第 17 页。

④ “一个关于人们应当乐意做某事的命令，是自相矛盾的，盖缘如果我们自己已经知道有责任去做什么事了，如果我们此外还意识到乐意去做此事，那么这样的命令就是毫无必要的。”［德］康德：《实践理性批判》，韩水法译，商务印书馆 1999 年版，第 90 页。“一种颁行的信仰乃是无稽之谈……认定这种可能性完全无需命令。”同上引书第 157 页。“这种信仰不是颁行的，而是……我们判断的自愿决定。”同上引书第 159 页。这正如“承认一般幸福的可能性完全无需命令”。同上引书第 158 页。“自己的幸福是理性的尘世存在物的主观的终极目的……由于自己的依赖于感性对象的本性，每一个理性的尘世存在物都具有这种主观的终极目的，关于这种目的，说人们应该具有它，是愚蠢的。”［德］康德：《纯然理性界限内的宗教》，载《康德论上帝与宗教》，李秋零编译，中国人民大学出版社 2004 年版，第 293 页。这就是说，尽管与对于幸福的目的一样，外在“颁行”的命令固然是毫无必要甚至愚蠢的，但是对于信仰来说，内在的“自愿决定”的自我命令，却并不是无稽之谈。

我们自己的出于主观必然性的责任意志（应该的愿意）。[①]

因为，只有在主观上出于应该的职责意愿的动机，才真正是由客观上必然地应该的责任意志的动因所引起的。据此反观作为交流模式的表演行为，如果我们认为，表演行为应该是出于职责的交流模式，那么，表演者就不能仅仅是出于在主观上任意的职责意愿的动机，而不是出于在客观上必然地应该的责任意志的动因，因为，若此，表演在本质上就可能是也可能不是出于责任（即便是合于职责）的交流。但是，既然作为先验论者的鲍曼实际上先验地界定了表演的本质是一个在客观上的责任行为——尽管同时在主观上也必定是一个出于或合于职责的“自愿行为”——那么，表演就一定有一个在客观上应该（尽管并非直接以客观上的必然应该）的先验动因，以作为表演交流的实践目的论的本质条件。

但是，正如笔者在本文的第一节已经指出的，我们面对的是两个鲍曼，即作为先验论者和实践民俗学者的鲍曼，以及作为经验论者和理论民俗学者的鲍曼，而在本节中，我们描述了鲍曼从实践民俗学的先验论立场出发，对“表演”以及“表演的职责”的先验规定。然而现在，作为经验论者和理论民俗学者的鲍曼开始发出质疑：作为先验论者的鲍曼凭什么就界定表演交流在本质上是一个客观上“应该”的责任行为呢？仅仅凭借对人作为自由主体之“应当‘是’”的一个先验的规定吗？当然，在现实中，我们想象的这种情况并没有发生，相反，田野中的、在经验论和先验论之间游移不定的鲍曼（至少是1993年的鲍曼）最终完全认同了在对“表演”的概念进行定义时持一贯的先验论立场的鲍曼，而1993年的这一次认同事件，究竟是如何发生且如何可能的呢？

三　对表演的否认是对完全表演的标定——实践民俗学的先验还原方法论

> 任务二，设定惟有准则的单纯立法形式是意志充足的决定根据：试发现那只有通过它［即普遍法则］才能被决定的意志的［自由］性质。
>
> ——康德[②]

① 这里所说的实践动机的主观必然性，指的就是实践意志的主观动机的绝对自发性，即自由意志：“自由并不在于行动的偶然性（即它根本不为任何根据所规定），即并不在于非决定论，而是在于［自我决定、自我规定其根据的］绝对的自发性。”［德］康德：《纯然理性界限内的宗教》，载《康德论上帝与宗教》，李秋零编译，中国人民大学出版社2004年版，第331页。而实践动机的主观任意性，同样不是“不为任何根据所规定”的，亦即，实践的任意性同样要用某种规则、规矩（或者是自由法则，或者是自然规律）规定其实践动机。

② 在康德《实践理性批判》中为“任务一”。［德］康德：《实践理性批判》，韩水法译，商务印书馆1999年版，第28页。

在上一节中，我们已经讨论了作为实践民俗学的“坚定不移”的先验论者的鲍曼，如何界定“表演”的概念；而在本节，我们将讨论作为理论民俗学的游移不定的经验论兼先验论者（1993 年）的鲍曼，主动地认同前一个鲍曼这一认同事件，究竟是如何发生且如何可能的？现在，我们就来考察这一问题。但是，与上一节不同，在本节中，我们考察的对象，不再是先验论者的鲍曼对“表演”概念的先验界定，而是作为游移不定的经验—先验论者的鲍曼借助“表演”概念所表象的他亲证的田野经验——表演者的表演行为以及表演者的职责意识，并且以这些经验现象（而不是表象经验现象的概念）作为考察鲍曼的“表演”概念的事实表象起点。

但是，尽管我们考察的是在鲍曼的田野经验中呈现的民俗现象，民俗学者毕竟是在用概念来呈现其田野经验以及田野经验中的民俗现象，而概念以什么方式被使用，又是民俗现象的不同性质得以在田野经验中被呈现的不同（概念）形式条件。换句话说，正是概念的不同使用方式——实际上体现了概念的不同（经验的或先验的）性质——规定了民俗现象的不同性质。这就是说，尽管“表演”的概念可能“始于”田野经验，但是，决定了表演的本质的“职责”概念（决定了我们对表演的理解）却并不一定就“源于”田野经验。[①] 这样，我们最终是通过概念的不同使用方式亦即不同性质的概念来考察田野经验，以达成对田野经验的经验性理解或先验的理解，而这也正是鲍曼在考察自己的田野经验时所面临的问题（正是以此，鲍曼在解释“表演的否认”时陷入了两难境地，即出现了两个不同的鲍曼）。

于是，在具体地考察鲍曼的田野经验之前，我们尽可以使用不同性质的“表演”和“责任”概念，亦即“表演”和“责任”概念的不同的——或者是理论民俗学的经验论，或者是实践民俗学的先验论的——使用方式，对表演现象做出不同的假设或假定。特别是作为经验—先验论者的鲍曼所提出的作为表演的本质的“职责”概念，最终是一个基于表演现象而归纳出来的（“始于”经验的）经验性概念，还是一个对表演现象的发生条件

---

① “我们的一切知识都从经验开始，这是没有任何怀疑的。……但尽管我们的一切知识都是以经验开始的，它们却并不因此就都是从经验发源的。”［德］康德：《纯粹理性批判》，邓晓芒译，人民出版社 2004 年版，B1，第 1 页。“如果我们停留于时空，那么，我们就只有直观，而没有先知，事物则只是时空关系物，只以时空形式存在。要把按时空形式存在的印象材料做成经验对象，或者说，事物要在时空中显现其本质，就必须让这些印象材料与我们不得不置身其中的先知（诸超验范畴及其运用原理）发生关联，让它们按照这种先知形式展开出来。……经验事物必须有自己的本质规定，才是一经验事物，才是某种什么……［否则］不可能是有本质的存在，也即不可能是经验事物。”黄裕生：《真理与自由——康德哲学的存在论阐释》，江苏人民出版社 2002 年版，第 76 页。

给予先验阐明而还原出来的（并非“源于”经验的）先验理念？[1] 进而，鲍曼究竟是经验地还是先验地使用“职责”的概念来考察自己的田野经验——表演？如果是后者，那么，作为游移不定的经验—先验论者的鲍曼，认同作为坚定不移的先验论者的鲍曼，其根源可能就隐藏在这里。

首先，我们可以从经验上假设：并不是所有的人甚至表演者本人都愿意承担表演的职责。对这一基于经验的理论假设，鲍曼借助其田野经验，直接就给出了证明。但是与此同时，我们也可以在实践上先验地假定：所有的人包括表演者本人都“愿意”承认“表演就应该是负责任的表演”。换句话说，所有的人包括表演者本人，先于经验都拥有“表演就应该是负责任的表演”的责任意识。对这一实践上的先验假定，我们则必须通过对——在田野经验中感性地直观到的——表演交流的经验现象的发生条件的先验还原，间接地才能够予以阐明。[2]

我们看到，在《表演的否认》中，鲍曼的问题意识更倾向于后一种（不同于他在《作为表演的口头艺术》中以及在北京师范大学的讲演中的问题意识），而无论鲍曼本人是否清楚地意识到了这一点。可能，鲍曼本人对自己的问题意识并没有自觉的反思，换句话说，鲍曼不曾追问，布什先生（鲍曼的访谈对象）之于表演交流的职责意识，究竟是他本人的、可直观到的经验性职责意愿的主观任意性，还是我们通过对布什先生的职责意愿的发生条件的先验还原而发现的、对于每一个表演者来说都只能如此而不可能不如此的先验的责任意志的主观必然性。

有趣的是，鲍曼所使用的方法竟和康德的方法有异曲同工之妙（因为相同的问题意识，导致他们使用了相近的方法，这其间似乎有某种必然性），即，他们都是通过一项事实（经验事实或“思想实验”的事实）的反例，证明了一个先验的实践命题。这个先验

---

① 在康德那里，简单地说，实践的先验理念与理论的经验概念在使用中的区别在于：理论的概念用于经验的对象——可直观地认识的现象，而实践的理念用于先验的对象——不可直观地认识的实践意志的先验目的及其现实实现的先验条件。参见［德］康德《实践理性批判》，韩水法译，商务印书馆1999年版，第146—149页。关于“先验阐明”或“先验演绎”邓晓芒解释：“由此先验演绎就分成两个阶段，第一阶段叫主观演绎，第二阶段叫客观演绎，把顺序颠倒过来也是可以的……主观演绎就是我们刚才所讲的，追溯我们经验对象之所以可能的先天条件；客观演绎就是从这个已经追溯到的条件里面，推论出这些经验对象的客观必然性，由此说明这个先验条件是有权运用于经验对象的。也就是说，从经验里面找到经验所包含的先天条件，就是主观演绎；从这些先天条件来说明经验对象必然是如何形成的，就是客观演绎。主观演绎是从下往上进行的，即从经验材料往上追溯到它之所以可能的先天条件；客观演绎则是从上而下，用这些先天的范畴来说明经验的对象是如何形成的，如何获得客观必然性和客观实在性，也就是如何形成科学知识的对象。”邓晓芒：《〈纯粹理性批判〉讲演录》，商务印书馆2013年版，第107—108页。

② “人们虽然可以通过经验觉察到违背法则的行动，乃至（最起码在自己身上）觉察到它们是有意识地违背法则的，但是，人们却不能观察到准则，甚至在自己的心中也并不总是能够观察到。因此，‘行为者是一个恶的人’，这一判断并不能可靠地建立在经验之上。所以，为了称一个人是恶的，就必须能够从一些，甚至从惟一的一个有意为恶的行动出发，以先天的方式推论出一个作为基础的恶的准则，并从这个恶的准则出发，推论出所有特殊的道德上恶的准则的一个普遍地存在于主体中的根据，而这个根据自身又是一个准则。”反过来说，对于善的行为的善的准则，其推论的方法也是一样。参见［德］康德《纯然理性界限内的宗教》，载《康德论上帝与宗教》，李秋零编译，中国人民大学出版社2004年版，第300页。“对于道德法则的敬重之中的动机，我们永远也不会丧失。”同上引书，第318页。

的实践命题，对于康德来说就是：每一个人先于经验就拥有实践的道德意识；[①] 而对于鲍曼来说则是：每一个表演者都先于经验而拥有表演的责任意识，而不仅仅是表演的职责意愿。于是，鲍曼谈到了表演者“对表演的否认”。

与康德将道德责任区分为对自己和他人完全的责任和不完全的责任相类似，鲍曼也把表演区分为“完全（的）表演”（full performance，P. 31，P. 80，P. 132，P. 133，P. 236）（或“完全的艺术性的表演”，P. 152）和“部分的表演”（即“有限定的、不确定的、协商性的、变换的或者部分的表演”，P. 133）。鲍曼指出，从前者到后者之间，表演的“范围会沿着一个连续统一体而有变化：从持续不变的、完全的表演到稍纵即逝的、突破性进入的表演”（P. 132），或者说，“在这两极之间的也许就是有限定的或者协商性的表演”（P. 132）。而与“完全的表演”和“部分的表演”相对应的，就是表演者拥有的表演的“完全的能力（full competence）”和承担的表演的“完全（的）职责（full responsibility）”（P. 28，P. 141，P. 151），以及表演能力的缺乏，和表演者对应该承担的职责的“表演的否认”。

鲍曼发现，当一位正在表演中的表演者，意识到自己的表演能力处于缺乏状态时，他就会倾向于否认自己是在表演，“声明不愿意对他的听众承担展示故事讲述技巧和有效性的责任［即职责］”（P. 151），以此摆脱观众或听众对自己的表演所提出的职责要求甚至责任要求，使之转换为“有限定的表演”（hedged performance，P. 69），例如，

> 有人讲了一个伤风败俗的笑话，［他处于表演当中］；
>
> 声称自己是从别人那里听来的，［他否认自己是在表演，且暗示自己只是在转述别人的表演］以防观众不是特别喜欢；

① 与鲍曼提供的经验性反例不同，康德提供的是一个在思想中进行的“理性的实验”的反例。康德的反例大致是这样的：如果我们假设，一个人选择了一个恶的规则作为他的行为的主观准则，那么，他是否愿意他所选择、认同的这个主观准则也被其他人认同和选择呢？但我们先验地就能够认识到，他一定不愿意其他人都认同、选择这一恶的准则；相反，他倒是希望其他人在主观上都认同、选择与客观的普遍原则即与道德法则相一致的善的准则。而同时他自己所认同、选择的恶的准则只是一个例外，即不愿意他所认同、选择的恶的准则像一个自然规律那样普遍有效；同时，他也不愿意道德法则不像一个自然规律那样普遍有效。通俗地说，尽管一个人例外地选择了恶的准则，但同时却一定希望其他所有的人都不例外地选择善的准则（这样他的恶的准则才能没有阻碍地实现），因为，每一个人（即使他是一个恶人）都“会需要他人的爱和同情”并怀着“欲求帮助的所有希望”（《道德形而上学基础》第73页）。这样，康德就从一个相反的方向即从每个人在主观上不愿意的例外视角，先验地阐明了我们每个人（即便一个恶人）对道德法则都有先验的意识乃至先验的、出于自由意志的主观必然性意愿，后者康德称之为“不是出于乐意”的敬重（《实践理性批判》第91页）或“不情愿的尊重”（《实践理性批判》第94页）、“敬重之中的不快”（《实践理性批判》第84页）甚至“痛苦的情感”（《实践理性批判》第79页）。换句话说，对道德法则的客观意识和主观意愿是我们每个人（无论善人还是恶人）都先验地拥有的，即每一个人“都依赖于同一［道德］原则”（《道德形而上学基础》第75页）作为自身行为的立法意志，套用Paton的话说，康德《道德形而上学基础》的这一论证几乎是无懈可击的，以此，道德法则就是先验地存在于我们每个人的意识当中的理性的表象。“无论以什么样的准则，人（即使是最邪恶的人）都不会以仿佛叛逆的方式（宣布不再服从）来放弃道德法则。毋宁说，道德法则是借助于人的道德禀赋，不可抗拒地强加给人的。……道德法则（这是他在自身之中就拥有的）……”［德］康德：《纯然理性界限内的宗教》，载《康德论上帝与宗教》，李秋零编译，中国人民大学出版社2004年版，第311页。

但他还是尽力绘声绘色地讲述，期望自己讲述的技巧和有效性能得到肯定的评价。[可以假定：如果能够得到听众或观众的正面评价，他将因此而愿意承认自己是在表演]（P. 69—70）①

鲍曼注意到，“在这些例子中，表演者也许并不希望对其观众承担全部的展示交流能力的责任[即职责]”（P. 133），以至于表演“可以如此地受限定，以至于假如观众对一段笑话的讲述的评价是否定性的，那么表演者就可能否认其表演的意图，并转而依赖于另一可以选择的、已经有所预备的表述框架”（P. 134），在前面的例子中就是“从别人那里听来的”“非完全的、变换的表演”（P. 134）这一“可以选择的、有所预备的表述框架”。②

鲍曼认为，根据自己的田野经验，“有几个因素严重地阻碍了他[表演者布什先生]向我[鲍曼]详细地讲述[他自己的]这些故事，这涉及他对于承担展示故事讲述才能的责任[即职责]的意愿”（P. 136）——“所有这些要素必须在社区的特定语境中去发现”（P. 153）——这些因素有些来自观众或听众对表演者应该承担的表演职责的期待，“情势和观众可能对说话人是否愿意为展示交流能力承担责任[即职责]具有决定性的影响”（P. 154）；有些则来自研究表演（者）的学者（包括鲍曼本人）对表演者应该承担的表演职责的期待：“布什所生产的文本，在很大程度上是我将其置于口头叙事表演者的角色后新生的结果”（P. 154），即“口头文学的讲述者可能会巧妙地拒绝我们希望加在他们头上的表演者的帽子”（P. 154）；但影响表演者主观意愿的最终的决定性因素则出自表演者本人，“不愿意”承担表演的职责，是“他自己因为感觉到能力有限而对于承担责任[即职责]持有模棱两可的态度的结果”（P. 154），而表演者本人的这种“不愿意”承担起职责的态度，同样是出于对“表演者应该承担起表演责任[即职责]”的先于具体的表演经验的责任意识。

表演者“不愿意”（P. 143，P. 151）承担表演的职责，“体现了[表演者自己的]交流能力的两个侧面”（P. 139），即为承担表演交流职责所需要的知识的“缺乏”（P. 139，P. 140，P. 152），和交流能力的“缺乏”（P. 141）。③ 换句话说，表演者之所以要通过对

---

① 鲍曼先是在《表演：观念与特征》（1992年）中举了这个例子，一年以后，鲍曼在《表演的否认》（1993年）中，再次使用了该例证，只是字句稍有不同：“就像一位推销员讲了一个伤风败俗的笑话，并声称是从别人那里听来的，以防观众不是特别喜欢；但他还是尽力绘声绘色地讲述，期望自己讲述的技巧和有效性能得到肯定的评价。”（P. 134）可能鲍曼认为，这个例子很能有效地说明，什么是表演者“对表演的否认”。

② 鲍曼使用 performance 和 responsibility 的概念，显然受到奥斯汀的影响，而鲍曼对“表演的否认”的现象的关注，是否也受到奥斯汀的影响，进而受到康德的影响呢？至少，奥斯汀论及“表演的否认”时，就提到了康德：“或许是康德最早系统地加以论证的那样，许多‘陈述’，尽管其语法形式无懈可击，但被证明纯属胡说……人们逐渐普遍认为，许多貌似陈述的话语要么根本就不打算，要么只是部分打算记录或传递关于事实的直接信息。譬如说，‘伦理命题’也许全然地或部分地被用于表露情感，或规范行为，或以特殊的方式影响行为。在这里，康德也是先驱者之一。”[英]奥斯汀：《如何以言行事》，杨玉成、赵京超译，商务印书馆2013年版，第6页。

③ 鲍曼的相关表述有：“能力的衰竭”（P. 139）、“能力的退步”（P. 140）、“能力的低弱”（P. 143）。

自己的“表演的否认”，而表示“不愿意”承担起表演的职责，直接是表演者自己“无力表演的产物，是实际上缺乏表演的标志”（P. 153），即表演者自己因知识缺乏和能力缺乏导致了表演者在主观上“不愿意”承担表演交流职责。相反，我们可以设想，如果表演者具备了相关的知识和能力，则表演者在主观上将“愿意”承担表演的职责（P. 152）。

这就是说，“首先是缺乏能力，其次是缺乏知识，这两者构成了布什先生之所以没有能力进行叙事表演的基础”（P. 152），亦即，“在缺乏继续叙述行为的能力的基础上构成了［表演者］对［自己的］表演的否认”（P. 139—140），这样，“无论是由于缺乏能力还是缺乏知识，布什先生都将自己从展示完全的能力以及承担叙述故事的完全责任［即职责］中抽脱了出来”（P. 141），因而“像布什先生的叙述个案那样，它标记着［表演者在主观上］真的不愿意对表演承担责任［即职责］”（P. 153）。

这样，在鲍曼的田野经验中，表演者是否愿意承担表演的职责，就完全取决于表演者本人的表演意愿的主观任意性，换句话说，表演者承担表演职责的主观意愿，实际上依据的实践理由是：如果我拥有表演的知识和能力，我将愿意承担表演的职责，否则我就不会愿意承担表演的职责（因为——至少从我们中国人的观点看——这事关我本人的面子）。这就是说，由于一个在实践上主观任意的直言命题（“我不愿意……”），在理论上只能表现为一个“按照自然规律被看做是必然的”[①] 而客观的假言命题（“如果……否则……”）。

于是，我们通过对鲍曼的田野亲证的考察，就一方面从经验上直接证明了：并不是所有的表演者（由于经验的原因）都“愿意”承担表演的职责。而与此同时，我们却还没有在实践上阐明：所有的表演者（先于经验的根据）都拥有“表演就应该是负责任的表演”的责任意识。但是关于后者，我们现在似乎还看不到任何在实践上给予先验阐明的可能性（而这种可能性从理论上、在经验中是无法证明的）。

但是，鲍曼并没有停留在经验的结论上，而且继续朝向人的实践经验的先验条件的（胡塞尔所言）超越论方向前进，他以一个康德式的提问立即打破了问题的僵局：如果“愿意”承担表演职责的声称，不能作为表演的经验性标定（因为同时存在着“不愿意”承担表演职责的声称，于是在鲍曼关于表演“特点”［P. 202］的标定“手段”［P. 18—29］的经验性列表中，赫然没有“职责”这一项）；那么，“对表演［职责］的否认本身也许是对完全表演的［先验］标定”（P. 153）。这样一来，鲍曼就从相反的方向指出了，任何一位“讲述者如何向观众标记或否认其展示能力的责任［即职责］”都可以成为“在表演中予以展示交流能力的［先验］标准”（P. 153）的证明的可能性。

当然，在《表演的否认》一文中，鲍曼并没有对“表演的否认”何以就是表演的标定，给出进一步的解释（鲍曼这次描述的表演者“对表演的否认”显然不同于1975年那次所描述的表演者“对表演的否认”），但是，我们完全可以沿着鲍曼的思路继续前进，为鲍曼填补他本人为作为实践民俗学的、先验论的表演理论所留出的空白。让我们尝试为

---

① ［德］康德：《纯然理性界限内的宗教》，载《康德论上帝与宗教》，李秋零编译，中国人民大学出版社2004年版，第322页。

鲍曼填满、补足他的先验实践命题的后半部分。①

无论布什先生是否因为自己的知识缺乏和能力的缺乏，而不愿意承担表演的职责，他都先于表演而承认：理想的表演应该是一个承担起“完全职责”的“完全的表演”。所谓“完全的表演”是说，表演者的表演完全展示了表演者完整的表演知识和完善的表演能力，并因承担了完全的表演职责而取得了完满的表演效果；而“完全职责”是说，表演者承担起了在表演中完备地展示其表演知识、表演能力并争取完满的表演效果的表演目的。而与此同时，布什先生也先于表演经验就已经断定，每一个听众或观众，也都持有与自己同样的对表演和表演责任的先验理想，并且将这一先验的理想（“表演就应该是承担起完全职责的完全的表演”）运用于对表演的评价，否则，他也就不会因为自己缺乏表演能力而感到不安了。

但是这样一来，布什先生对表演的无论“愿意”还是“不愿意”的主观任意性意愿，就统统建立在了每一个人（包括表演者和所有观众、听众）对表演和表演职责乃至表演责任的主观间客观（共同）的约定性理想甚至必然性理念的先验基础上；反过来说，正是因为每一个人都对表演和表演职责有一种先验的期待，并以此作为规定表演的本质的先验规定，布什先生才会因为自己的知识和能力的缺乏，而“不愿意”承担表演的职责，因为他“对表演的否认”是以“完全的表演”的“完全职责”即“在表演中予以展示交流能力的［先验］标准”为前提的，所以鲍曼才说，“对表演的否认……是对完全表演的标定”。②

这就是说，布什先生“对表演的否认”，恰恰证明了，“职责”是标定“表演”的一个先验的实践理念，而不是经验性的认识论概念。进而，一个“应该负起责任的表演”的命题，也不是通过对表演者及其观众、听众的主观任意性意愿——“愿意”或“不愿意”承担表演职责——的态度（甚至心理）中总结出来的经验性、认识论命题，而是通过对表演交流的经验现象的发生条件的先验阐明，而还原到表演者及其观众、

① 在本文中，笔者对鲍曼的阐释是否属于“过度阐释”？笔者可以援引康德的一段话事先作答：“这里所说的，切不可被看做是在阐释《圣经》，阐释《圣经》是在纯然理性的权利界限之外的。人们可以就如何在道德上利用一种历史记载的方式做出解释，而不必断定这究竟是作者的意思，还是仅仅由我们穿凿附会的意思，只要这个意思自身不需要任何历史证明就是真的，同时又是惟有按照它，我们才能从一段经文中引出对我们来说有助于改善的东西的意思。否则那经文只不过是我们的历史知识的一个不结果实的赘疣而已。如果某种东西，无论怎样理解它，都无助于成为一个更好的人，如果某种能够有助于此的东西即使没有历史证明就已被认识，甚至完全抛开历史证明来认识，那么，非不得已，切勿对它及其历史威望哓哓争辩。那种与此没有对每一个人都有效的内在关系的历史知识，属于每一个人都可以随其喜好来对待的中性物。”［德］康德：《纯然理性界限内的宗教》，载《康德论上帝与宗教》，李秋零编译，中国人民大学出版社 2004 年版，第 329 页。

② 表演者“对表演的否认”可以有多种形式（以此鲍曼于“否认”一词使用的是复数的 disclaimers，130）：或者是表演者不愿意承担表演的职责（因为表演能力的缺乏，如布什先生的例子），或者是表演者不愿意表演（因为如果表演，就要承担起表演的职责，有人不堪其负担，故不愿意表演），甚至有人就是想不承担职责地表演（仅仅是为了破坏表演的职责秩序），实际上都是把“表演应该是负责任的表演”当作表演的先验标定。这正如维特根斯坦在《论实在性》中所言，先有不怀疑，才有怀疑，怀疑是以不怀疑为前提的。以此，对于表演，我们也可以说，对表演的否认，是以对表演职责的承认甚至以对表演责任的信仰为基础的。

听众出于主观间客观（共同）的普遍性理想甚至必然性理念，而给出的先于经验的实践命题。

因为，我们绝无可能从“愿意”和“不愿意”承担表演职责的、相互矛盾的主观态度中，理论地、经验地总结出标定表演的客观的、不会自相矛盾的普遍标准（表演者出于“不愿意”的主观态度“对表演的否认”，证明了视“职责”为表演的本质的经验性理论认识，必然不会成功）；① 但是与此同时，我们却有可能从“不愿意”承担表演职责的主观任意性态度中，实践地还原出表演的职责标定的客观且绝不会自相矛盾的先验本质。

鲍曼关于以人的自然能力为条件的、出于主观任意性意愿的表演交流的“完全职责”说，尽管并不能等同于康德关于以人的自由（道德）能力为条件的、出于客观（也是主观）必然性意志的道德实践的“完全责任”说，正如我们在上文已经说明的，表演至多只能被纳入康德的“不完全责任”的行为范畴，即应该得到赞许，然而可以容许例外（对“表演的否认”并不会因此而遭到谴责）的道德行为。但是，鲍曼意义上出于主观任意性意愿的“不完全职责”的表演行为，仍然是以康德意义上出于客观必然性意志的、“完全责任”的道德行为的最高原则为基础的。

正如我们所看到的，布什先生之所以否认自己在表演，一方面固然是因为他自己缺乏表演的知识与能力（这是一个理论理性的经验性判断），另一方面也可能是因为，布什先生认为，不能违背“对自己和他人必然应该承担的完全责任”（不许撒谎、不许欺骗）的道德行为的普遍原则（这是一个实践理性的先验推断）。以此，布什先生“对表演的否认”，从理论的、经验的观点看，可能是出于自私的意愿；但是从实践的、先验的立场看，却至少是合于（尽管我们不能断言就是出于）“完全责任”的道德意志，或者说，是以“完全责任”（不许撒谎、不许欺骗）的客观必然性的道德实践的普遍意识为前提的。

这就是说，无论对于表演者的布什先生来说，还是对于布什先生的观众或听众（包括鲍曼本人）来说都是只能如此而不能不如此的，即：出于（自然能力的充足而成就的）“完全职责”的“完全的表演”，甚至（因自然能力的缺乏而造成的）“不完全职责”的“部分的表演”，都不容许对观众或听众撒谎，也不容许表演者自我欺骗，因而，如果一位并不具备表演能力的表演者勉强承担起表演的职责，那就是对表演双方的不负责任。

这样，布什先生对“表演的否认”（即便是出于自私的考虑），现在反而是对表演负责任的表现，因而符合表演责任所依据的普遍原则——道德法则。以此，我们甚至可以说，正是表演者“不愿意”承担表演职责即对“表演的否认”的主观任意性意愿，反而体现出表演者“愿意”承担由主观间共同性的客观必然性意志所规定的道德实践的“完全责任”，即表演的双方对表演的真正本质——道德实践的普遍原则（对自己和他人的完全责任）——的先验标定，即“来自行为被［普遍法则所］规定的［主观］准则［的客

① “如果要对道德的存在者，即显象中的人，亦即经验使我们认识到的人，就德性而言予以评价，那么，就可以给予上述两个问题［德性必须是学习来的吗？是否不仅仅只有一种德性？］以肯定的答复。因为在这种情况下，并不是在纯粹理性的天平上（在一个属神的法庭上），而是按照一种经验的尺度（由一个属人的审判者）来评判人的。”［德］康德：《纯然理性界限内的宗教》，载《康德论上帝与宗教》，李秋零编译，中国人民大学出版社2004年版，第326页。

观必然性]”。[①] 这正如康德所言：“任性［之所以］是自由的”，乃是因为“任性自由的概念，并不是先行于对我们里面的道德法则的意识，而是仅仅从我们的任性可被作为一种无条件命令的道德法则所规定推论出来的”；[②] 更是因为“［道德］法则是惟一使我们的任性独立于（我们的自由的）其他所有动机的规定，并由此而同时意识到对一切行动负责的能力的法则”[③]。

至此，通过对表演交流的语境化、经验性职责的发生条件——作为表演的本质的先验的、普遍的责任意识——的先验还原，本文的“出发点”已得到了充分的论证；[④] 而与此同时，游移不定的经验—先验论者鲍曼，如何认同坚定不移的先验论者鲍曼的1993年认同事件，之如何发生以及如何可能的问题，也就得到了完满的解决。最后，民俗学的实践目的论（视责任为表演的本质规定的先验理想）与知识方法论（对表演的职责的条件还原的先验演绎）在“原初的自明性”（胡塞尔）上也获得了有效的综合统一。

现在，让我们重新回到鲍曼对“表演”的定义，让我们把鲍曼关于“表演”的多次界定加以综合，表述如下：表演的本质就是表演者和观众、听众应该共同承担起展示、评价表演能力、效果的完全职责/责任（responsibility 和 duty 综合统一）的交流模式。于是，我们就能够认识到，鲍曼的表演理论不是建立在经验归纳的理论基础上，而是建立在对经验现象的发生条件的先验阐明的还原方法而给出的实践命题的理念基础上。

正是以此，鲍曼才断言，与影响表演者“愿意”或“不愿意”承担表演职责的“语境元素”，以及表演的经验性标定“必须在社区的特定语境中去发现”（P. 153）不同，[⑤] 表演的责任本质只能在“一定程度上从其语境背景中提取（抽离）出来”，才能够被发现，进而得到正确的、准确的理解和评价。因为，只有彻底摆脱了时空语境下自然法则对人的实践行为的客观规定，人才能够自由地运用自己的纯粹理性，规定自己的实践意志，[⑥]

---

① ［德］康德：《道德形而上学基础》，孙少伟译，九州出版社2007年版，第17页。

② ［德］康德：《纯然理性界限内的宗教》，载《康德论上帝与宗教》，李秋零编译，中国人民大学出版社2004年版，第330页。

③ 同上书，第327页。

④ “我们能够完满证明的东西对我们来说，是与我们亲眼目睹而确信的东西一样可靠的。”［德］康德：《实践理性批判》，韩水法译，商务印书馆1999年版，第160页。

⑤ “那种不依赖于感性冲动、也就是能通过仅由理性所提出的动因来规定的任意就叫作自由的任意（拉丁文：arbitrium liberum），而一切与这种任意相关联的，不论是作为根据还是后果，都称之为实践的。实践的自由可以通过经验来证明。……所以我们通过经验而认识到，实践的自由是自然原因之一，也就是理性在对意志作规定时的原因性。”［德］康德：《纯粹理性批判》，邓晓芒译，人民出版社2004年版，第610—611页。实践的先天综合命题之所以可能，“乃是由于它在根本上包含了在经验中认识一种自由的任性的规定根据的先天原则，只要这种经验在人的目的中表现出道德性的效果，并作为尘世上的因果性，赋予德性的概念以客观的、即使只是实践的实在性。”［德］康德：《纯然理性界限内的宗教》，载《康德论上帝与宗教》，李秋零编译，中国人民大学出版社2004年版，第294页。

⑥ “对于预定论者来说，行动的规定根据存在于过去的时间之中。因此，行动现在已不为我所支配，而是落到了大自然的手中，不可抗拒地规定着我。”［德］康德：《纯然理性界限内的宗教》，载《康德论上帝与宗教》，李秋零编译，中国人民大学出版社2004年版，第331页。

"为自由行动本身（完全当做自然结果）寻求时间上的起源，这是一种自相矛盾"，① 而这并不与"我们将表演行为看作是情境性的行为，它在相关的语境中发生，并传达着与该语境相关的意义"（P. 31）的理论说明乃至经验证明相矛盾，因为按照康德的说法，这是从理论理性和实践理性这"不同的两种情况""思考"表演的结果。

> 如果那自认为自己是自由的主体，在称自己为自由的时候，与在同一行为中认为自己又是服从自然规律的时候，都是在同一意义上或者同一关系中思量自身的，那么，这个矛盾就不可避免。因此，思辨哲学的一个不可避免的任务就是至少要指出，这个矛盾的幻象的产生是基于这样一个事实，即我们在不同的意义上，或者在不同的关系中来思考人，而当我们称某人为自由的时候，与当我们认为其是自然界的一部分而要服从自然规律的时候，是不同的两种情况。②

当然，对于自己界定的"表演"概念和自己提出的"表演的职责"的命题，鲍曼还是每一次（至少在1992年、1993年、2005年）都使用了"在一定程度上"这样谨慎的表述方式，说明鲍曼本人对于自己所提出的这一先验的实践命题信心不足，③ 但是，在经过了我们的论证，并为鲍曼填补了基于经验事实的反例而留出的逻辑空白之后，我们已经有足够的信心断言：唯当从康德意义上的时空形式的"语境背景"④ 下的诸经验条件中解放出来，表演之出于纯粹理性—自由意志的道德责任的本质，才能够从实践的立场上被先验地把握。

进而，恰恰是实践理性的先验的"职责/责任"理念，而不是理论理性的经验性"语境"概念，⑤ 才是"表演理论"的核心范畴。因为，唯有"职责/责任"的先验理念，才能够在表演的实践框架之下，回答那个始终萦绕在鲍曼心中的问题（先验理想）："我们可以利用什么来使我们成为社会的人？"（P. 241）进而，"究竟是人类的哪一种基本特性导致我们成为社会的一员？"（P. 234）就此而言，上文所说的两个鲍曼，归根到底，还是一个鲍曼，也就是那个内心汹涌着普适情怀的鲍曼。

---

① ［德］康德：《纯然理性界限内的宗教》，载《康德论上帝与宗教》，李秋零编译，中国人民大学出版社2004年版，第314页。

② ［德］康德：《道德形而上学基础》，孙少伟译，九州出版社2007年版，第147、149页。"这和所有那些应该被看作是在时间中发生的事件（变化）、从而按照自然规律被看作是必然的、其反面却同时又服从道德规律、被看作是由于自由而可能的东西是一样的。""认为任意的行动作为事件、其规定性的根据存在于先前的时间之中（它连同自己所包含的东西已不为我们所支配）的预定论，如何能够同认为行动与否在发生的瞬间都必然为主体所支配的自由共存，这倒是人们期望看到却从未看到的东西。"［德］康德：《纯然理性界限内的宗教》，载《康德论上帝与宗教》，李秋零编译，中国人民大学出版社2004年版，第322、330—331页。

③ 户晓辉批注："［'先天'］容易被中国读者误解，可改为'先验'。"以此，文中凡是"先天的"，笔者均遵嘱改用"先验的"。

④ 户晓辉批注："其实康德的时间已经不是物理学时间了，不然何来现象学的时间？"

⑤ 杨利慧、安德明对鲍曼"语境"概念内涵的归纳，见《作为表演的口头艺术》第150页注释［16］。

四　结语：表演的责任和表演的权利[①]

说唯有“职责/责任”而不是“语境”，才是表演理论的核心范畴，未免有些言过，但却反向地突显出一个问题：在表演理论被引进中国民俗学界之后，为什么“语境”概念的理论运用备受关注，而“职责/责任”理念的实践应用却遭受冷落？其间，中国民俗学家自觉或不自觉的观念与方法选择，[②] 值得进一步讨论，但这已经是另外一篇专文的题目了。这里，笔者只想简要地指出，在一种理论的系统引进中，对该系统的基本概念（或核心范畴）的字面含义的正确解释（翻译也是解释，例如究竟把 performance 译作“表演”还是译作“演述”更为贴切？）固然是重要的“基本功”，但同样重要的是，应该考虑被引进的概念的用法。[③]

这就是说，在域外，在美国，原本被用作学术实践的表演理论的理念（不仅是“职

① 感谢户晓辉先生的提醒，在结语中我增加了讨论表演的责任与表演的权利之间关系的内容。

② 由于英文 performance 及其动词形式 perform，其本义首先都是“履行［职责］”“执行［指令］”“完成［任务］”的意思（奥斯汀就在“实施”的意义上使用 performance 一词），而“表演”只是其“引申”的词义，所以，也许，在讲英语的鲍曼看来，表演和被履行的职责之间的关系只是分析的同一性关系，而不是综合的关系（这样我们才容易理解，为什么鲍曼很自然地就谈到，表演不应该是“随意”的，而应该是负责任的交流模式）。于是，当鲍曼说到表演的“本质在于承担起向听众展示交流技巧的责任［即职责］”的时候，可能，他并不认为自己这样做，是在给“表演”的概念以一个先验综合（即康德意义上）的“知识性”定义，而只是在把“表演”的概念中已有的内容（职责）更清楚地加以说明而已，因而鲍曼给出的只是一个分析命题。进而，在鲍曼看来，为了理解表演，并不需要对表演的发生条件予以先验的还原，以还原出表演的本质规定性（先验的标定），因为“表演”这个词本身就包含着“职责”的意思（表演就是在履行职责），只要我们使用“表演”这个词规定表演的行为，就已经将表演的行为认知为承担一定职责的行为，这就是说，在英语“视界”中，表演和职责其实是二而一一而二的事情。但是，当汉语学者把 performance 译作“表演”，汉语中的“表演”一词，却弱化了英语 performance 所包含的职责的意思（“表演：①戏剧、舞蹈、杂技等演出；把情节或技艺表现出来。②做示范性的动作。”《现代汉语词典》，商务印书馆 2002 年修订第 3 版，第 85 页），因此，对于汉语学者来说，就更易于将表演和职责之间的联结理解为综合性关系，问题在于，表演和职责之间的联结关系，是（performance 与 responsibility 之间的）经验性的综合，还是（performance 与 duty 之间的）先验的综合？通过本文的分析，我们已经证明了，performance（表演）与 responsibility（职责）是以 duty（责任）为条件而先验地联结起来的综合关系，以此，“表演的本质在于承担起向听众展示交流技巧的责任［即职责］”的表述就是一个先验综合命题。于是，对于英语学者来说的一个因语言（文化）而难以察觉的（先验）问题，对于汉语学者来说，却有着因“误译”的曲解而易于直达表演的责任本质的方便之处。就此而言，语言（文化）可能有助于揭示存在的本质（如汉语之于 performance），同时也可能成为对存在的本质的遮蔽（如英语之于 performance）。但是，无论语言对于存在的本质，具有怎样的揭示或遮蔽作用，都无法阻止思想对存在的本质的先验理解，而思想的作用，不仅在于打破语言的界限，甚至还包括了警惕因语言的遮蔽而导致的理性的越界，而后者正是我们在“表演”概念的理论运用中所看到的，即原本是表演实践的意志理念，被越界地应用于对表演现象的理论认识。

③ 维特根斯坦认为“词语的意义在使用中”：“命题只有在使用时才有意义。”“一个词的一种意义就是对于该词的一种使用。”“比较一下一个词的意义与一个官员的‘职能’。比较一下‘不同的意义’与‘不同的职能’。”［奥地利］维特根斯坦：《论实在性》，张金言译，广西师范大学出版社 2002 年版，第 3、11、14 页。

责/责任”也包括“语境”),[①] 在引进之后，却被用作了单纯理论的概念。[②] 而这样的情况之所以会发生在中国学界，其缘由，笔者在《民俗学的笛卡尔沉思》中已表达了基于学术史考察的初步认识：学术概念的单纯理论化使用，是中国民俗学之人类学化，乃至社会科学化朝向彻底的经验论的努力结果。[③]

进而，如若中国民俗学仅仅以“呈现社会事实”为己任（理论民俗学),[④] 而不是同时也自觉地、积极地参与社会的建构（实践民俗学),[⑤] 那么，像“语境”这样本原地应该是也可以是实践理念的概念,[⑥] 如果不是退回到马林诺夫斯基式（亦即康德式）的古典用法，笔者实在想象不出还有什么其他的出路（当然，如果“语境”概念不是被理论化、古典式地使用，就仍然可能是表演理论的核心理念)，更不要奢谈“职责/责任”理念的实践地使用了。

再退一步，即便在美国民俗学家当中——与在中国民俗学家当中一样——“职责/责任”理念同样不像“语境”概念那样，更为民俗学家所重视，但是，由于美国民俗学家“幸运”地生活在一个表演的权利已然被确立的语境（我们暂且因其理论化、古典式的用法）当中，所以，即便美国民俗学家于“职责/责任”的实践理念，完全弃之而不用（当然不是事实)，而只是戴着语境的理论眼镜，到“全国各地”去直观民众的表演，就已经是在通过“呈现社会事实”而维护、促进民众的表演权利了。

但是，在中国民俗学家这里，情况恰恰相反，民众自由地表演的权利还没有被确立，因而，在这样的语境（国情）条件下，仅仅理论地使用“语境”概念，甚至以古典的方式使用“语境”概念（如黄裕生先生所言“如果我们停留于时空，那么，我们就只有直观……”[⑦])，亦即，很难再立足于实践的立场，有效地认识中国当下的现实语境（又是一次“语境”概念的古典理论的用法）中的民俗学问题。而这也就是笔者特别强调表演理

---

① 彭牧：《实践、文化政治学与美国民俗学的表演理论》，载《民间文化论坛》2005年第5期。

② “我们在这里看到理性及其概念已经转移到另外一种应用，而与理性在那里应用这些概念的方式完全不同了。但是，这样一种转移就使得比较新旧两种应用成为必要，以便区分新旧两条路径，同时观察出它们之间的联系。”［德］康德：《实践理性批判》，韩水法译，商务印书馆1999年版，第5页。

③ 吕微：《民俗学的笛卡尔沉思（上）——高丙中〈民俗文化与民俗生活〉申论》，载《中国民俗学》，广西师范大学出版社2012年版。另参见吕微《中国民间文学的西西弗斯——刘锡诚〈20世纪中国民间文学学术史〉读后》，载《民俗研究》2008年第4期。

④ 高丙中：《中国社会科学需要培育扎实的民族志基本功》，见高丙中《民间文化与公民社会——中国现代历程的文化研究》，北京大学出版社2008年版，第323—327页；并见高丙中《日常生活的文化与政治——见证公民性的成长》，2012年5月第1版，第338—342页。

⑤ 高丙中：《民间文化与公民社会——中国现代历程的文化研究》，北京大学出版社2008年版；高丙中：《日常生活的文化与政治——见证公民性的成长》，2012年5月第1版。

⑥ 中国民俗学家对“语境”概念的讨论参见巴莫曲布嫫《叙事语境与演述场域——以诺苏彝族的口头论辩和史诗传统为例》，载《文学评论》2004年第1期；刘晓春《从“民俗”到“语境中的民俗”——中国民俗学研究的范式转换》，载《民俗研究》2009年第2期；杨利慧《语境、过程、表演者与朝向当下的民俗学——表演理论与中国民俗学的当代转型》，载《民俗研究》2011年第1期；王杰文《“文本化”与“语境化”——〈荷马诸问题〉中的两个问题》，载《民族文学研究》2011年第3期；杨利慧《语境的效度与限度——对三个社区的神话传统研究的总结与反思》，载《民俗研究》2012年第3期；王杰文《“语境主义者”重返“文本”》，载《青海社会科学》2013年第3期。

⑦ 黄裕生：《真理与自由——康德哲学的存在论阐释》，江苏人民出版社2002年版，第76页。

论的“职责/责任”理念，应该得到中国民俗学家的特别关注的实践理由，因为，在“职责/责任”的实践理念背后，站立的恰恰是表演的权利问题（不谈责任，何如权利？不谈权利，如责任何？甚至如何履行职责？①）。

正如笔者在上文已经指出的，如果表演者仅仅对自己说“我‘愿意’表演”，这只是一个主观任意性的实践命题；如果表演者同时还对自己说“我‘应该’‘愿意’表演！”这就是一个主观必然性的实践命题。但是，表演者的主观必然性实践，又是以表演者能够自由地表达“我‘应该’‘愿意’表演”的、客观必然地“应该”拥有的实践权利为实现条件的。以此，如若中国民俗学家，在表演者尚未拥有自由地表达“我‘应该’‘愿意’表演”的实践权利的时候，仅仅理论地使用表演理论的“语境”概念，甚至将原本可以用作实践理念的“职责/责任”也用作单纯的理论概念，那就是把自己关进理论的象牙塔里，而罔顾中国民俗学当下应该有所为有所不为的实践语境，或者说，把原本是一个中国的语境问题，当作域外甚至美国的语境问题来处理了。

当然，这样说并不是否定中国民俗学的成就，不是否定中国民俗学的人类学化、社会科学化努力，不是说中国民俗学“呈现社会事实”的做法本身出了什么问题，套用丹麦学者扎哈维的说法，中国民俗学的问题仅仅在于，它在“呈现社会事实”方面“太过于成功了”，而“成功”本身成了问题。② 扎哈维的说法当然是源自胡塞尔，胡塞尔的原话是：

> 所有这些学科科学上的严格性，它们的理论成就以及它们的持久的令人信服的自明性，都是不成问题的。……这种见解并不是说，实证—科学方法的自明性是错觉，它们的成就只不过是虚假的成就，而是说，这种自明性本身是一个问题。③

胡塞尔的意思是，科学的“自明性”本身所掩盖的问题是科学自身所无法解决的。④以上就是笔者在本文中，通过对一项实践民俗学的方法论案例的讨论，希望与学界同人交

---

① 虽然我们不能说不完全的职责（responsibility）必然与人的权利相关，但我们至少可以说完全责任（duty）必然与“他人的权利”相关，即“perfect duties are those that are correlative with the rights of others”。参见《牛津哲学词典》，牛津大学出版社 1994 年版；上海外语教育出版社 2000 年版，“duty”词条，第 112 页。

② “用有些悖论式的方式来说，危机在于：实证科学，或者更具体地说，科学的客观主义范式，一直以来太过于成功了。”［丹麦］扎哈维：《胡塞尔现象学》，上海译文出版社 2007 年版，第 135—136 页。

③ ［德］胡塞尔：《欧洲科学的危机与超越论的现象学》，王炳文译，商务印书馆 2001 年版，第 14、123 页。

④ “严格的科学性要求研究者要小心地将一切评价的态度，一切有关作为主题的人性的，以及人的文化构成物的理性与非理性的问题全都排除掉。科学的客观的真理仅在于确定，世界，不论是物质的世界还是精神的世界，实际上是什么。……如果是这样，这个世界以及在其中的人的生存真的能有意义吗？我们能够对此平心静气吗？我们能够生活于那样一个世界中吗？……”［德］胡塞尔：《欧洲科学的危机与超越论的现象学》，王炳文译，商务印书馆 2001 年版，第 16—17 页。参见吕微《民间文学—民俗学研究中的“性质世界”、“意义世界”与“生活世界”——重新解读〈歌谣〉周刊的“两个目的”》，见《民间文化论坛》2006 年第 3 期。

换的认识。最后，笔者想转述户晓辉先生对本文“自由地进行［的］阐释性、品评性的仔细审查”（P. 77），以作为本文的一个开放性的结语：

> 也就是说，甚至在表演者不愿承认是表演的情况下，“责任”仍然能够成为表演的标定，因为它依据的不（仅）是表演者的主观心理是否意愿等主观（偶然的经验）条件，而是同时依据客观“必然的先验”条件；这样也许就可以回答这类问题：即如果某个表演者或者表演者与听众主观上都不意愿（承认或者没有意识到）自己有什么责任，这时我们能否标定他的行为是“表演”？或者说，我们可以完全不管表演者（以及听众）主观经验上是否意愿（怎么想），我们认为是表演，它就是表演？按照客观必然的“应该的意愿”来推，我们只能做肯定的回答（且“是只能如此而不能不如此的”），那么有人会问：这会不会导致话语“霸权”或者民众主体性的丧失？这实际上涉及民间文学体裁如何认定以及由谁认定的问题。如果表演者自己不认为自己在表演，谁有权利认为他（是）在表演？也许我们可以通过分析和论证说，表演的否认恰恰可以反证责任的存在，先验条件还原法为回答这个问题提供了很有说服力的答案：权利不是经验性概念，而是先验的概念，所以不能在经验上求解。这是民间文学研究的一个大问题：凭什么（经验标准还是先验标准?）判定体裁，由谁来定?

（原载《民间文化论坛》2015 年第 1 期）

民间文学：社会主义核心价值观的传统载体

万建中*

【摘要】培育和践行社会主义核心价值观，必须立足中华优秀传统文化，坚守中华文化立场，深入挖掘中华文化的精神和价值。民间文学是流传最为广泛的属于民众自身的文学活动形式，是民众自己的知识、教化行为手段及日常娱乐的生活形态。作为中华传统文化的有机组成部分，民间文学包含社会主义核心价值观的基本元素。围绕社会主义核心价值观，开展民间文学的推荐和讲述活动，让民众喜闻乐见的民间文学遗产注入社会主义精神实质，这有助于社会主义核心价值观的培育与践行。

【关键词】社会主义核心价值观　民间文学　传统道德

中央宣传部、中央文明办印发的《培育和践行社会主义核心价值观行动方案》，强调“要立足中华优秀传统文化，坚守中华文化立场，本着客观科学礼敬的态度，深入挖掘中华文化的精神和价值，结合当今时代要求，进行创造性转化和创新性发展，深耕厚植社会主义核心价值观”。① 民间文学作为在民众中流行最为广泛的文学活动样式，一直秉承民众思想道德教育的职能，最有利于核心价值观的传播和培育。

一　民间文学蕴含核心价值观

培育和践行社会主义核心价值观，必须努力发掘和传承中华优秀传统文化，努力实现中华传统美德的合理性转化、创新性发展，努力使中华民族最基本的文化基因与当代社会的精神境界相协调。民间文学作为历史文化传统，本身就蕴含中华民族的精神实质，其中就包括社会主义核心价值观。以核心价值观中的“爱国”为例，民间文学是方言的文学、家乡的文学，也是带有情感的文学。这种情感首先是对家乡的情感，也是爱国主义情感。爱国主义只有建立在家、家乡观念的基础上，才能落到实处。中国人具有强烈的家和家乡观念，而“家”与“国”唇齿相依，故称国家。中国人非常爱国，与这种家国文化的特质有关。民间文学的传承和演述活动极大地强化了特定区域人们的乡音和乡恋的情愫。作为民间文学学者，应该有意识地以弘扬民间文学传统为己任，通过发掘和阐释民间文学的核心价值元素，让社会主义核心价值观伴随民间文学活动传播开来。

---

* 作者系北京师范大学文学院教授，博士生导师。

① 《中宣部负责同志就〈培育和践行社会主义核心价值观行动方案〉答记者问》，《光明日报》2015 年 4 月 17 日，第 4 版。

培育和践行社会主义核心价值观之所以需要民间文学，主要基于三个方面：一是民间文学是宝贵的历史文化遗产，是中华民族祖祖辈辈集体智慧的结晶，积淀着中华民族特有的、丰富的思想道德和文化意识形态。二是民间文学是民众自己的文学，具有最为广泛的人民性，没有哪一种文学艺术形式拥有如此众多的作者和观众。潜移默化中，这种文学形态对人们的生活方式和思想观念所产生的影响也是最为深刻和久远的。三是民间文学是民众喜闻乐见和最为熟悉的审美方式，也是最为便利的文学活动形式。每个地方都有祖辈延续下来的故事传说、歌谣谚语、小戏说唱等，为当地人耳熟能详。这些民间文学一旦进入当地人的生活世界，便释放出强大的感化能量。

民间文学作为中华民族先祖们的口传遗留物，是传播于广大底层民众当中的华彩乐章，是各民族人民所创作、鉴赏和世代享用的视听盛宴以及认识表达、情感抒发的普遍样态。流行于现实生活当中的活态的民间文学，虽然存在巨大的民族和地域差异，表现形式迥然有别，五彩缤纷，但基于中华民族血脉相连的大一统的思想基础，毫无例外地宣扬了中华各族人民共同的精神境界和美好的“中国梦”，激荡着亘古以来连绵不绝的社会底层民众淳朴的道德情怀和精神意识流，并由此构成了培育和践行社会主义核心价值观的基础之一，在历史的民族的层面奠定了培育和践行社会主义核心价值观理性和情感的基调。

民间文学作为民族民间文化传统，可以在流传过程中不断调整自己的流传方式和内容，并注入当代性的思想意识，在社会主义核心价值观的培育过程中再现富有时代特征的生命活力。美国学者 E. 希尔斯曾对“传统”做了这样的评判：传统，就其显而易见的通常的意义而言，其基本实质表现为世代相传，即任何从古代一直延续下来的事物。其中起决定性作用的法则是，传统表现为人类的言行、思想和想象，并且一代一代流传至今。[①]民间文学作为传统的一部分，是集体记忆的产物，法国学者莫里斯·哈布瓦赫在其名著《论集体记忆》中，把“集体记忆”视为对以往的一种不断积累的建构，同时又作为对过去的一种穿插式（episodic）建构，是“立足现在而对过去的重构”。[②] 传统是依据过去而面向当今社会重构的产物，其实，民间文学的表现形式已然发生了诸多变化，其内涵也在不断偏向社会主义的思想需求。从民间文学中凝练社会主义核心价值观，既是传承本身的累积性建构，也是基于当今社会思想建设的穿插式（episodic）建构。结合社会主义核心价值观，开展民间文学推荐和讲述活动，让传统口头文学焕发出时代意义，恰恰揭示了其重构传统的本质。

二 民间文学适合社会主义核心价值观的培育

为了引导民间文学学科研究体现社会主义核心价值观，将民间文学中的社会主义核心价值意识充分释放出来，需要对民间文学展开专题研究。运用民间文学进行的道德教化本身就是我国各民族的优良传统，这对于中华民族品德的铸就和个体人格的塑造，都达到了润物细无声的显著效果。中华各民族传统的道德思想，在民间文学中都有生动的体现，并借助民间文学形象化的演述获得富有实效的传播。作为一个礼仪之邦，传统道德教育不断

---

① ［美］爱德华·希尔斯：《论传统》，傅铿、吕乐译，上海人民出版社 1993 年版，第 15 页。

② ［法］莫里斯·哈布瓦赫：《论集体记忆》，毕然、郭金华译，上海人民出版社 2002 年版，第 53 页。

演绎着至今仍为人们津津乐道的诸多成功实践，这些实践经验进入民间文学并成为恒常主题，通过口传的形式得以广泛灌输。培育和践行社会主义核心价值观，民间文学同样具有不可替代的作用。民间文学作为民众最擅长享用的艺术方式，可以让核心价值观得到最为生动的诠释。

有则名为《善良的书生》的故事情节是这样的：有一个书生，三年应试未中。听说诸葛亮能推会算，便满怀希望去隆中问诸葛亮第四年的应试有何结果。一路上，有三人分别托书生请诸葛亮解答三个问题。到了隆中，诸葛亮只能回答书生三个问题。书生为了信守诺言，帮助别人解决难题，便放弃了自己想问的问题。书生这种行为后来得到好报。故事结尾点题：与人为善，如眠锦帛。这个故事是典型的“三段式”结构，应试了三年，路上走了三天，遇到三件事，被托问三个问题。此故事运用“三段式”结构模式显扬了友善与诚信的为人处世观念。“反贪”是民间故事一个常见主题。中国人传统的生活态度是知足者常乐，对那些贪得无厌的行为总是深恶痛绝。一则流传十分广泛的民间故事是这样的，有一位名叫良心的小伙子，捕到一条天鲤神鱼，便以要杀死这条神鱼作为威胁，迫使神鱼不断满足他越来越大的贪欲。最后，这个叫良心的小伙子得到应有的惩罚。正所谓“不讲天理（鲤），没有良心”。其实，民间文学所承载的观念涉及社会主义核心价值的方方面面，蕴涵着各民族人民的一切基本的意识形态，诸如生活观、家庭观、爱情观、价值观、生命观等。

在传统社会里，民间文学的演述不止是娱乐的，更是陶冶性情和铸就情操的。伴随着民间文学的演述过程，在不知不觉中道德力量被释放了出来，在场的所有的人共同完成了一次心灵的洗礼和道德的评判。有则名为《挑铜钿还赌债》的民间故事讲述道：儿子赌博竟然输掉了父亲苦心经营的一半产业。父亲让儿子挑着铜钿，一家一家去还赌债。在这还赌债的艰难过程中，儿子醒悟过来，重新做人。诚信的行为往往都要付出一定的代价，所以，诚信的行为本身可以教育人和感化人，也可以达到自我救赎。这位父亲没有一味地指责儿子，而是让儿子步入诚信的轨道，通过诚信行为获得一种感恩和悔过之心。所有人的身上都潜藏着善与恶的基因，故事中每个角色都折射出一个完整的人的某一方面。[①] 二元对立是民间文学常见的结构形态，善与恶、美与丑、高尚与卑鄙的对立是民间文学的常见主题，好有好报、恶有恶报的结局告诫人们：如何做人才是人性的和符合道德规范的，我们最可能在哪些方面陷入道德沦丧。故事结束了，绝非一笑了之，在场者全都进入思虑的境界，这种讲述空间、故事完结之后的讨论以及对心理沉渣的过滤，构成一个完整的故事演述过程中的基本环节。透过这个由讲述者和听众共同完成的叙事，人们认识到道德和价值的生命意义，从而引导人们的行为都符合社会行为准则，崇尚社会价值。

如今，青少年享用的现代娱乐方式往往远离传统道德和价值观，民间文学对青少年的道德感化和价值观的塑造尤为重要。儿歌、童谣、童话等迎合了儿童的接受心理，引导儿童在幻想的美好世界里遨游，并逐渐使之养成健康的心身和高尚的情操。一位著名学者的话引发我们思考童话世界想象境界的无限与永恒。他说，如果我们认真地思考这样一个问题：在我们这个社会，有什么力量能够抑制成人欲望的恶性膨胀呢。除了宗教主义者、宿命论者，以及认为科学万能的极端主义者，我们都应该意识到，“恰恰由于一代代的儿童

---

① 麦地娜·萨丽芭、叶舒宪、黄悦：《故事语言：一种神圣的治疗空间》，《广西民族学院学报》2003 年第 5 期。

不是在成人实利主义的精神基础上进入成人社会的，而是带着对人生、对世界美丽的幻想走入世界的，才使成人社会不会完全堕落下去”。[①] 童话中往往出现宝物或者魔物，不同道德品格的人，对待宝物的方式迥然不同，显示出贪婪、邪恶、自私与无私、正义、高尚的极度反差，后者正能量的高扬和前者破坏力的危害泾渭分明。最后总是后者战胜了前者，品德败坏者受到严厉惩罚，情操高尚的主人公过上了美好的生活。当善良最终战胜了卑鄙，在满足了儿童审美愉悦的同时，也向他们灌输了高尚的道德情愫。民间文学一贯以这种“大团圆”的结局引导人们放弃以身试法，崇善憎恶，向往美好的未来，并树立自己坚强的信仰。

曾几何时，广大民众不拥有读写能力，村史、寨史、镇史及其他地方史都是通过民间口头文学的形式代代传承，民间文学成为传授历史知识的唯一媒介，也是进行历史教育的唯一教材。相应地，一个区域内的传统规训和行为准则也借助于当地民间文学的演述和说唱，一直延续了下来，成为维系地方安定和调节社会关系的传统范本。随着社会的发展，广大民众都能够通过书面的形式表达思想感情，然而，由于民间口头文学具有一些书面文学无可比拟的优势，民间口头文学依旧大量流行，同样承载着历史文化与价值观念，仍然显现出强大的社会教化功能。社会主义核心价值观同样需要借助民间文学获得培育和践行。

三　民间文学传衍社会主义核心价值观

民间文学肇始于没有读写的原始社会，而且一直伴随着社会文明的进程而演变，出于寓教于乐的需要，道德规范的元素便不断注入文本之中。这一动态的文学特征使得民间文学具有了其他文学形态，尤其是作家文学所不具有的优势和职能，那就是将贯彻国家层面的价值目标、社会层面的价值取向和公民个人层面的价值准则作为自己传承的一种重要指向。任何一种民间口头传统的产生，尤其是持续下去，必定需要民众有共同的接受心理，或远古信仰观、或伦理道德原则为前提。由于流传历史的久远，古代人们的一些思想意识逐渐在一些民间文学文本中积淀下来，这些民间文学文本成为古代人们思想观念的共同记忆，是民间思想意识的历史载体。这些思想意识尽管不能等同社会主义核心价值观，但蕴育了社会主义核心价值观的基本元素，最为广泛和生动地阐发了核心价值观的具体指向。在民间文学研究的功能学派看来，神话故事、歌谣、民间说唱、民间小戏等无论是在强化传统、信仰和文化，还是在树立道德、伦理、爱国情操及促进社会和谐等方面都具有不可替代的社会功能。

社会主义核心价值观延续着民族精神，承载着民族精神的民间文学在培育和践行社会主义核心价值观中的作用更是举足轻重。我国源远流长的民间文学，一直以来都是民众传承自己的历史和生产生活知识及为人处世之道的主要途径，抒发了广大民众基本的情感态度和张扬了中华民族基本的思想道德准绳，从根本上使社会主义核心价值观与广大民众的理想追求相吻合，并且迎合了社会发展的进程。可以肯定，一旦民间文学衰落，培育和践行社会主义核心价值观便在很大程度上丧失了民间的根基和最具广泛性的文学推动力。

---

① 王富仁：《现代中国·儿童·文学主潮·序言》，载王泉根《现代中国儿童文学主潮》，重庆出版社 2000 年版。

民间文学绝非普通的文学，它是一个民族或地区祖祖辈辈智慧的结晶，凝聚了民众集体的表演才华和宣泄意愿。与作家文学不同，民间文学的创编、演述、享用和修改等环节是同时进行的。在这一过程中，民间文学文本不断渗入主流意识形态，完成自我调节，迎合当下社会发展对文学的政治需求。秉承集体性的民间文学表达一个民族或地区共有的思想观念和情感态度；同时又是民众不可缺少的基本的生活样式，带有强烈的生活属性。民间的歌舞、说唱及其他口头演述和民众的生产生活方式融为一体，构成了带有审美情趣的日常生活图式。鞭挞、嘲讽、褒扬、歌颂等爱憎分明的民间文学题材永远是社会发展的正能量。在一定意义上，广大民众自发形成的民间文学活动就是社会主义核心价值观的形象阐发和弘扬。

民间文学的创作与传播和人们的生产生活融为一体并使生产生活具有了美感情趣。作为文学的民间口头样式，民间文学的结构形态及内涵呈现都是按照当地人传统的美感习惯设置和传习的，当地人在演述和传播自己最为熟悉的文学传统，因而可以获得最大化的审美享受。民间文学的所有社会功能都是建立在其独有的审美性基础上的。美国民间故事学家珍妮·约伦指出："无论是口头流传的故事还是写在书上的故事——是个好故事，这才是最要紧的。在书面故事这张广阔的锦缎上，同时也织入了口头与记录的故事传统。梭子来回编织，将各种丝线混合在一起。现在，只有最孜孜不倦的学者才能追溯出哪一条丝线源于何处。然而在这样做的过程中，这些分析学家和考证家们经常忽视了整匹锦缎的美。"① 民间文学的演述，便构筑起轻松、欢乐、温馨的民间场域，能使大家从紧张的工作节奏中暂时解脱出来，适时地放松心情和娱乐，获得心身的愉悦和满足。

社会主义核心价值观包含于民间文学文本之中，演述民间文学作为一种常见的审美活动，其实就是社会主义核心价值观的培育和践行的过程。社会主义核心价值观的抽象概念，一旦进入民间文学的审美范式，便成为一个传说、一则故事、一篇说唱、一折民间小戏，甚至是一句谚语，裹上了为人们喜闻乐见的文学外衣。民间文学作为一种不可或缺的生活样式，历来就不是一种单纯的以娱乐为目的审美活动，而是沿袭了一种与历代人民的基本生活和文化传统浑然交合发展趋向，并且连续性地自我完善，这种完善自然也包括中华民族基本价值观的强化和显现。我们的祖祖辈辈用民间文学这种古朴又易于接受和享乐的审美方式，传衍着富有中华民族特征的价值观念。也正是价值观渗入民间文学文本及演述当中，才显示出民间文学审美的正当性、合理性及持续发展的内在动力。

民间文学每个作品的具体内容各不相同，但其所体现的情绪、思想倾向、生活理想却有一定的共同性。因此，在演述活动中，作品本身这种共同性经过演述者的发挥，很容易和听众（观众）发生心理共鸣，被听众（观众）接受，使"个体知觉变成集体知觉"，达到人们共识和共有的精神趋同，即"共同感"。关敬吾在描写故事讲述活动中的这种情形时说："随着故事情节的发展，不管它的主人公是人，是动物，是天狗，还是老山妖，故事里的主人公、讲故事的人和听众们能完全融为一体。人们沉浸在故事里，形成了一种精神集体。"② 演述的过程，达至在场者心灵的沟通，演述活动这种现场气息无疑起着将基本的精神价值转化为叙事的作用，演述者和观众围绕共同的口头文学传统分享祖先遗留

---

① ［美］珍妮·约伦：《世界著名民间故事大观》，潘国庆等译，上海文艺出版社 1991 年，第 9—10 页。

② ［日］关敬吾：《日本民间故事选·致读者》，中国民间文艺出版社 1982 年版，第 5 页。

下来的智慧、知识、情感和文化认同。倘若在这一过程中有意识地注入或凸显社会主义核心价值观，可以达到意想不到的培育效果。

马克思和恩格斯认为，我们的历史是在目的十分明确的前提和条件下创造出来的，而“传统”正是这种前提和条件之一。法国著名社会学家涂尔干认为，社会现象是一种不依赖于人的主观意识为转移的客观存在，作为一种社会现象，民间文学不是某一个体的文化创建，而是先于任何个人的社会经验，因此，被视为历史文化的经典而受到崇仰。基于人们对本民族本地区历史文化传统的眷恋和敬奉，民间文学对人们精神洗礼和净化心灵的作用显而易见，其他娱乐形式是难以企及的。所以恩格斯高度称赞德国民间故事书的重要作用——德国故事书的一个神圣使命，宛如圣经一般，强化了农民明确的道德观念，使他意识到自己所拥有的力量、权利和自由，激发他战胜一切困难的勇气并唤起他对祖国的挚爱。[①] 在这里，恩格斯将民间文学视为思想启蒙的伟大篇章，赋予了民间文学思想道德教育的神圣使命，极大地提升了民间文学的政治地位。

总而言之，在新时期的民间文学中，社会主义核心价值观已然被涵化和内在化，从核心价值观的立场展开释听和释读，可以避免价值观宣传中可能产生的空洞与教条。民间文学通过说唱、表演和叙述等途径，将缺乏语境的核心价值观念演绎得真实可感、引人入胜，使社会主义核心价值观与民间及民族传统和日常生活紧密联系在一起。利用民间文学开展培育和践行社会主义核心价值观活动，可以在民间、民族和传统情怀的语境中，引导核心价值观进入人们的生活世界，并且在潜移默化和循循诱导中深入人心。

（原载《新视野》2015 年第 4 期）

---

① 《马克思恩格斯全集》第 2 集，人民出版社 2005 年版，第 84 页。

“神话”概念的内容规定性与形式规定性

吕 微*

【摘要】本文从“神话”概念的定义方式（而不是仅仅从概念本身）入手，通过对神话研究的单纯理论范式所陷入的悖论（二律背反），以及二百年来理论（质料）神话学向实践（形式）神话学转换的概念史及其内在逻辑的考察，阐明了实践神话学在理论上的可能性，为把神话学建设成为一门以理解人的本原和当下存在方式为目的论的严格科学做出努力。

【关键词】神话　神话学　质料　形成　理论范式　实践范式

一　民俗学家给予“神话”概念的最后见解

根据对中国神话学学术史、学科史的晚近梳理，西方现代神话学“间接通过日本”进入中国的早期传承路线，已很清晰。但是，日文“神话”一词原是根据英文 myth 翻译的，而据威廉斯（Williams）《关键词：文化与社会的词汇》“myth（神话）”词条，myth 这个词在英文中出现的时间也只是 19 世纪的事情①，于是我们可以想见，当 20 世纪初神话学传入中国的时候，神话学在世界各国也都还是一门相当年轻的学问。

可以说，用“神”和“话”两个汉字组合的词语翻译英文 myth，是一既平易却又充满张力的译法。“平易”是说“神话”这个词就其字面意义（“神的故事”）来说，并不难理解（在古代汉语和日文中，“话”都有“故事”的意思）；而“张力”是说“神话”的词义又可以从不同（比如“神灵”故事或“神奇”故事、“神异”故事甚至“神圣”故事）的角度予以生发。但是，“间接通过日本”引进神话学的众多旅日学者当中，除了鲁迅，少有人曾尝试给予“神话”概念以确切的定义。在《中国小说史略》（1920 年）中，鲁迅写道：

> 昔者初民，见天地万物，变异不常，其诸现象，又出于人力所能之上，则自造众说以解释之：凡所解释，今谓之神话。神话大抵以一“神格”为中枢，又推演为叙说，而于所叙说之神，之事，又从而信仰敬畏之……故神话不特为宗教之萌芽，美术所由起，且实为文章之渊源。……迨神话演进，则为中枢者渐近于人性，

* 作者系中国社会科学院文学所研究员。

① ［英］威廉斯：《关键词：文化与社会的词汇》，刘建基译，三联书店 2005 年版，第 313—315 页。

凡所叙述，今谓之传说。传说之所道，或为神性之人，或为古英雄，其奇才异能神勇为凡人所不及……①

在《中国小说的历史的变迁》（1924 年）中，鲁迅又写道：

原始民族，穴居野处，见天地万物，变化不常，——如风、雨、地震等——有非人力所可捉摸抵抗，很为惊怪，以为必有个主宰万物者在，因之拟名为神；并想象神的生活、动作，如中国有盘古氏开天辟地之说，这便成功了“神话”。从神话演进，故事渐近于人性，出现的大抵是“半神”，如说古来建大功的英雄，其才能在凡人以上，由于天授的就是。例如简狄吞燕卵而生商，尧时“十日并出”，尧使羿射之的话，都是和凡人不同的。这些口传，今人谓之“传说”。②

“更加严格地来说，以神格为中心之某种说话叫做神话”，“‘神格’一词是鲁迅最早从日文借用过来的。日文‘神格’（シンカク）是‘神的地位’的意思。鲁迅借用‘神格’一词来说明神话是以神为中心的古代传说。”③ 这就是说，在鲁迅通过日文“神格”而规定的神话观中，“神话”一词偏重于“神的故事”的意思。与间接通过日本引进神话学时不大定义“神话”的做法不同，直接通过欧洲引进神话学的中国学者，在介绍西方学者的神话观时，往往首先给出“神话”的定义。

神话是什么？这不是一句话就可以说明白的。如果我们要一个简单的定义，则我们可以说：神话是一种流行于上古时代的民间故事，所叙述的是超乎人类能力以上的神们的行事，虽然荒唐无稽，可是古代人民互相传述，却确信以为是真的。④

以上这段论述，出自茅盾《中国神话的研究》（1925 年）一文，尽管《中国神话的研究》“是他［茅盾］研究中国神话的第一篇长文”，然收入《神话杂论》⑤ 的第一篇长文却是《神话的意义与类别》（1928 年），这很符合当时神话通论类著作将“概论”置于篇首的一般性结构。该文开篇即云：

何谓神话？这个问题，不是一句话就能说清楚的。我们要晓得，凡荒诞无稽，没有作者主名的流行故事，不尽是神话；凡叙述原始人类迷信鬼神的故事，也不一定是神话。我们所谓神话，乃指：一种流行于上古民间的故事，所叙述者，是超乎人类能力以上的神们的行事，虽然荒唐无稽，但是古代人民互相传述，却信以为真。⑥

① 鲁迅：《中国小说史略》，《鲁迅全集》第 8 卷，人民文学出版社 1957 年版，第 11—12 页。

② 鲁迅：《中国小说的历史的变迁》，《鲁迅全集》第 8 卷，人民文学出版社 1957 年版，第 314—315 页。

③ 刘锡诚：《20 世纪中国民间文艺学学术史》，河南大学出版社 2006 年版，第 42 页。

④ 茅盾：《神话研究》，百花文艺出版社 1981 年版。

⑤ 茅盾：《神话杂论》，世界书局 1929 年版。

⑥ 茅盾：《神话研究》，百花文艺出版社 1981 年版，第 3 页。

> “神话”这词，在英文为 myths。研究神话的科学叫做 mythology，此字有时亦指神话本身，譬如 mythology of Greece 即指希腊全部的神话。①

与《中国神话研究》相比，《神话的意义与类别》于“神们的行事”（茅盾多以此语为“神话”定义）之外，多出了“凡荒诞无稽，没有作者主名的流行故事，不尽是神话；凡叙述原始人类迷信鬼神的故事，也不一定是神话”两句话。这多出的两句话，反映了茅盾之于神话观更深入的思考，在今天看来，具有重要的启发意义和学术价值。

与茅盾先后的黄石《神话研究》（1927 年开明书店初版）、谢六逸《神话学 ABC》（世界书局 1928 年初版）、林惠祥《神话论》（商务印书馆 1933 年初版）都是以综述现代西方神话学研究成果为主要内容的著作，与茅盾一样，黄石、谢六逸、林惠祥的著作也是从援引西学对“神话”的定义开始的。

> 我们所谓“神话”，英文叫做“myth”，这个字渊源于希腊语的“mythos”，至于“mythology”一语，乃由拉丁语的“mythologia”转变而来，其语渊是希腊语的“mythosoyia”。② 照正当的解释，myth 这个字是用来表示原始时代关于神奇的事物，或受神能支配的自然事物的故事；“mythology”一语是指关于这些故事之科学的研究，或历史的解释，故严格说起来，当译为“神话学”（the science of mythology）。但这个字的意义，用起来的时候，却很广泛，往往与“神话”一词相混，没有清楚的界别。③

> 神话学这个名词，译自英语 mythology。此字为希腊语 mythos 与 logus④ 的复合。mythos 的意义，包含下列几种：一、一个想像的故事；二、极古生代的故事或神与英雄的故事；三、如实际的历史似的传说着的通常故事。logus⑤ 则为记述的意思。由此二语复合而成的 mythology，可以解释为：一、神话及故事的学问或知识；二、神话的汇集或整理；三、传说的书物等。
>
> 神话（myth）是神或“超自然的存在”的行为之说明，常在原始思想的界限里表现，神话企图说明人类与宇宙的关系。在述说神话的入门，有重大的宗教的价值。神话又是因为说明社会组织、习惯、环境等的特性而出现的。⑥

> 神话的界说——神话的意义或说是“关于宇宙起源、神灵英雄等的故事”（A·Lang），或再详释为“关于自然界的历程或宇宙起源宗教风俗等的史谈”（H·Hopkins，R·H·Lowie）。神话学便是研究神话的科学，不论是专门讨论一个民族的神

---

① 茅盾：《神话研究》，百花文艺出版社 1981 年版，第 8 页。

② 李川批注：“mythosoyia 或系黄书误排，这个词构成 mytho（s）-logia，中间那个 s 被吃掉了。”

③ 黄石：《神话研究》，开明书店 1927 年版，第 1 页。

④ 户晓辉批注：“疑为 logos 之误，但此说不对，英语的后缀 – ology 来自古希腊语动词 λεγω，意思是‘所说的事情’。”

⑤ 户晓辉批注：“疑为 logos 之误，意思同上。”

⑥ 参见谢六逸《神话学 ABC》，收入《神话三家论》，上海文艺出版社 1989 年版，影印世界书局 1928 年版，第 1 页，第 3 页。

> 话，或综合世界各民族的神话，而探讨其共同的原理，都可称为神话学；但这个名称有时用以指一民族的神话的全体，这是错的，只有叙述没有理论的只可称为神话，不应称为神话学。神话学原名在拉丁文为 mythologia，源于希腊文 mythologia，系由 mythos = myths（神话）+logia（学）合成。[①]

与茅盾一样，黄石、谢六逸、林惠祥也都是主要根据英语世界的神话学概论性著作立论（黄石引西文著作 13 种[②]，谢六逸引西文著作 14 种、日文著作 2 种[③]，林惠祥引西文著作 16 种[④]），因为内容相似，他们的著作也都有相近的篇章结构，先之以神话学的基本理论，继之以神话的分类说明或对各国各民族神话的介绍。[⑤]

揆之茅盾、黄石、谢六逸、林惠祥给予"神话"的定义，我们看到，尽管都是援引西方学者的观点以立论，其间仍有细微的差别。谢六逸、林惠祥与茅盾的定义比较接近，茅盾说神话是讲述的"神们的行事"，谢六逸说"神话是神或'超自然的存在'的行为之说明"，林惠祥说神话所讲述的是"宇宙起源、神灵和英雄的故事"，且强调"人格化（peronification）神话中的主人翁不论是神灵或植、动、无生物，都是当做有人性的，其心理与行为都像人一样，这是由于'生气主义'（animism）的信仰，因信万物皆有精灵故拟想其性格如人类"；[⑥] 而黄石则独辟蹊径，认为，神话乃是"神奇的故事"。"神灵的故事"和"神奇的故事"，虽然仅为一字之差，却蕴含了超越以日文"神格"规定神话的可能性。当然，这种可能性却不可能为当时的学者（甚至为当事人自己如黄石本人）所察觉，正如马克思曾经说过的：除非事物的某种功能得到了充分的发展，否则，在尚未发

---

① 林惠祥：《神话论》，商务印书馆 1933 年版，第 1 页。

② 黄石：《神话研究》，开明书店 1927 年版，第 232—233 页。

③ 参见谢六逸《神话学 ABC》，收入《神话三家论》，上海文艺出版社 1989 年版，影印世界书局 1928 年版，第 125—127 页。

④ 林惠祥：《神话论》，商务印书馆 1933 年版，第 108—109 页。

⑤ 茅盾《神话杂论》目录：神话的意义与类别；人类学派神话起源的解释；神话的保存；各民族的开辟神话；自然界的神话；中国神话研究；希腊神话与北欧神话。黄石《神话研究》目录：上编 神话概论：第一章 什么是神话；第二章 神话的分类；第三章 神话的解释；第四章 神话的价值；下编 各国神话：第一章 埃及神话；第二章 巴比伦神话；第三章 希腊神话；第四章 北欧神话。谢六逸《神话学 ABC》目录：第一章 绪论（神话学的意义、神话学的进步、最近的神话学说、神话与民俗学土俗学的关系）；第二章 本论（神话的起源、神话的成长、神话的特质）；第三章 方法论（材料汇集法、神话分类法、比较研究法）；第四章 神话之比较的研究（自然神话、人文神话、洪水神话、英雄神话）。林惠祥《神话论》目录：第一章 神话的性质及解释；第二章 神话的种类；第三章 神话的比较研究（以自然神话为例）；第四章 各民族神话概略；第五章 神话实例。

⑥ 参见林惠祥《神话论》，商务印书馆 1933 年版，第 2 页。刘锡诚在讨论鲁迅的神话"神格中枢论"时指出："鲁迅用'神格'一词来说明神话是以神为中心的古代传说，大体包含下面两个意思：一、强调神在故事中的地位，神话的主要形象是神，神处于故事的中心地位而不是从属地位；而随着神话的发展，中枢改变了，神的地位逐渐让位于半神和英雄，于是，代替神话就出现了传说。二、'神格'一词当是仿'人格'而称之词，说的是有特定性格如人那样，但又与人有区别，非人而又超人的神；神话就是以这些有特定性格，如人那样，但又非人、超人的神为中心的故事。"林惠祥所谓"人格化神话中的主人翁"庶几近之。参见刘锡诚《20 世纪中国民间文艺学学术史》，河南大学出版社 2006 年版，第 42 页。

展的条件下，事物的特定功能是不可能被人们所认识到的。[①]

作为“神奇故事”或“神异故事”甚至“神圣故事”的神话，其“功能”尚未作为“神话”定义的形式规定性的内涵得到诠释，因而在黄石那里，“神奇故事”仍然是作为“神话”定义的内容规定性的外延，而被囊括在“神灵故事”之内，没有人能够否认神灵故事同时也就是神奇故事，黄石与茅盾一样，也仍然以“受神能支配的自然事物的故事”为研究对象。于是，黄石给予“神话”的定义，尽管与茅盾、谢六逸、林惠祥略有差异，却不为他人和自己所意识到，也就再正常不过了。而定义“神话”为“神奇故事”甚至“神圣故事”的真正学术价值，只有在今天，当神话学者们对神话的本质有了新的理解之后，才能够认识到，而对于茅盾“原始人类迷信鬼神的故事也不一定是神话”的说法，也才有了新的解读的可能性。[②]

但是，在茅盾、黄石、谢六逸、林惠祥的时代，“神们的行事”（而不是“神奇的故事”）是他们定义“神话”的基本思路（黄石亦不例外）。在黄石、谢六逸、林惠祥“取材”的参考书籍或书目中，林惠祥把安德鲁·兰《神话学》排在第一位，黄石将安德鲁·兰《神话、信仰与宗教》和《神话学》分列第一位和第二位，谢六逸将安德鲁·兰《神话学》和《近代神话学》排在第五位、第六位；[③] 而泰勒《人类学》和《原始文化》在他们的书目中分列第四位（黄石）、第五位（林惠祥）和第七位（谢六逸）。林惠祥特别注明，其“参考书目”的“（排位）数字”乃是根据“本书中取材最多”者的等级而排列的。这说明，20世纪30年代以后，以茅盾为代表的“欧派”神话学者对“神话”的定义（“神们的行事”）主要“取材”于现代西方人类学的进化论学派的神话观，他们甚至认为：“自古以来，有许多神话研究者曾经从各方面探讨（神话）这个谜，不幸尚无十分完善的答复；直至近年始有安德烈·兰（Anderew Lang）的比较的圆满的解释。”[④] 据此，马昌仪理据充分地指出：

> 以鲁迅、周作人、沈雁冰（茅盾）为代表的文学家，引进、改造并吸收了西方、主要是英国人类学派神话学的理论观点和研究方法，特别是沈雁冰的《中国神话研究ABC》等专著的问世。不仅奠定了中国神话学的理论基础，使中国神话学作为一门独立的学科而被学术界所承认，而且使在人类学派影响下出现于中国学坛的这部分

---

① 马克思的原话是：“人体解剖对于猴体解剖是一把钥匙。低等动物身上表露的高等动物的征兆，反而只有在高等动物本身已被认识之后才能理解。”参见马克思《〈政治经济学批判〉导言》，《马克思恩格斯选集》第2卷，人民出版社1972年版，第108页。

② “神话之‘神’，不一定体现为人格神，而是事物相对于人的认识或知识的神奇与鲜活之处。汉语的‘神’字强调的恰恰是事物（不仅是所谓‘神’的）特别高超、出奇和令人惊异之处，因此，神话是有关事物存在的特别高超、出奇和令人惊奇之处的‘话’或言说。这样看来，神话的特别之处恰恰在于它高于、超于我们的认识或知识，它越出人类认识的边界，所以，才格外令人惊异。具有人格的各种神灵只不过是事物的这种特别高超、出奇和令人惊异之处的人格化或具象化，也就是《孟子·尽心》说的‘圣而不可知之之谓神’。换一个角度看，神话本身不仅不属于认识领域，而且向我们显示了事物的存在意义。它在逻辑上而非时间上先于我们的认识。”参见户晓辉《返回爱与自由的生活世界：纯粹民间文学关键词的哲学阐释》，江苏人民出版社2010年版，第281页。

③ 参见谢六逸《神话学ABC》“序”，收入《神话三家论》，上海文艺出版社1989年版，影印世界书局1928年版，第1页。

④ 茅盾：《神话研究》，百花文艺出版社1981年版，第8页。

学者成为中国神话学领域里的一个颇有成绩的、主要的神话研究群体。[①]

亦即，尽管与旅日学者的“取经”路线有间接或直接的不同，然在定义“神话”的基本理念方面，两条路线既存在差异却又大体上保持了一致。当然，我们也注意到，在现代神话学的故乡，关于“何谓‘神话’”的问题，同样也存在着不同的看法乃至说法。列在林惠祥“参考书目”第六位的是1914年出版、由时任英国民俗学会会长博尔尼（Burne）重编的第二版《民俗学手册》[②]，在该版《民俗学手册》中，英国的民俗学家就将“神话”定义为较为含混的“起因故事”而不是明确的“神格……叙说”（鲁迅）或“神们的行事”（茅盾）：

> 神话是起因故事。这些故事尽管荒诞不经，但讲故事的人都相信它，真诚地用它来说明宇宙、生与死、人和动物、人种、物种的区分、男女的不同工作、神圣的典礼、古代的习俗以及其他神秘的自然现象。……因此传统的故事似乎自然而然地分为两类——当作真人真事而讲的故事（神话、传奇、英雄传奇）和为消遣解闷而讲的故事（各种各类的民间故事或 Märchen），但是不管这种分类对白人有多大方便，在土人的心目中它并不说明什么问题。对于土人来说，如果他脑子里想到分类的话，可能就是分为“神圣的”和“渎神的”两种。因为神话和传奇常常列为一个部落（或其他团体）最神圣的所有物。[③]

《民俗学手册》的作者还特别指出，一些神话“故事本身并非像人们可能设想的那样，涉及天神和英雄的行为，而只是叙述部落的历史和它漂泊的情况，以及它逐步从野蛮状态上升到较佳生活条件”。[④] 即便“起因故事”并不一定就讲述了神的故事，但是，“讲故事”的“土人”仍然“怀着宗教的敬畏来看待那一段神秘的或称为阿尔哲令伽的时期”。[⑤] 这就是说，无论“起因故事”的内容如何，“起因故事”的叙事内容以及关于“起因故事”叙事内容的“真人真事”的“宗教敬畏”的真实感与“神圣”感的信仰形式，始终构成了判断一则故事是否属于神话的双重标准。

博尔尼《民俗学手册》一直没有完整的中文译本，但该书的主要观点曾为多种中国学者撰写的“民俗学概论”所介绍，如林惠祥《民俗学》（商务印书馆1934年初版）称：“本书系以英国民俗学会会长彭尼女士（C. S. Burne）所著《民俗学概论》（*Handbook of Folklore*. 1914）为蓝本，撮译其要点，并以己意略加改变，而文字与细目亦常有不同之

---

① 马昌仪：《中国神话学发展的一个轮廓》，载马昌仪编《中国神话学文论选萃》，中国广播电视出版社1994年版，第10—11页。

② 参见［英］瑞爱德《现代英国民俗与民俗学》，江绍原编译，上海文艺出版社1988年版，影印中华书局1932年版，第193、286页。

③ ［英］博尔尼：《民俗学手册》，程德祺等译，上海文艺出版社1995年版，第211页。程德祺汉译本“根据伦敦塞德维克和杰克逊出版公司1914年最新增订版译出”，英文版原书名为 *The Handbook of Folklore*，见该书版权页。

④ ［英］博尔尼：《民俗学手册》，程德祺等译，上海文艺出版社1995年版，第213页。

⑤ 同上。

处。”[①] 关于神话，林惠祥这样写道：

> 神话是说明的故事，是要说明宇宙、生死、人类、动物、种族、男女、宗教仪式、古旧风俗以及其他有神秘性的事物的原因的，内容虽很奇特，常出于事理之外，但却为民众所确信。[②]

基本上传达了博尔尼《民俗学手册》的神话观。[③] 马林诺夫斯基在其名著《原始心理与神话》中曾引用过博尔尼在另一本著作（*Notes and Queries on Anthropology*）中与上引《民俗学手册》大同小异的一段话，并称这段话不仅是“简洁有力的陈述”（a condensed and authoritative statement），而且“是近代人类学对于这个题目的最后见解”（a nutshell all that modern science at its best has to say upon the subject）。[④] 马林诺夫斯基所谓“最后见解”[⑤] 就是指的博尔尼《民俗学手册》所提出的“神话”定义的双重标准，如果我们赞同马林诺夫斯基对该定义的评价，那么我们也许可以称之为“现代科学”（modern science）——具体地说就是功能论神话学——之于“神话”概念的经典定义。而这一经典定义或“最后见解”之双重标准中的“后项”（通过语境中的主体才可能间接地理解的“真实感”“神圣感”等信仰形式的实践规定性）似乎比“前项”（通过文本客体就可以直接地直观的“起因故事”等叙事内容的理论规定性）更具有“决定性”的意义。[⑥]

---

① 林惠祥：《民俗学》，《林惠祥人类学论著》，福建人民出版社 1981 年版，第 80 页。

② 同上书，第 68 页。

③ 据张紫晨，“1935 年方纪生先生著《民俗学概论》也参照了博尔尼女士的这本著作（《民俗学手册》）。”参见张紫晨《民俗学手册》“中译本序”，程德祺等译，上海文艺出版社 1995 年版，第 3 页。方纪生《民俗学概论》关于神话这样写道：“神话被称为说明的故事，因为它是未开化人解释宇宙、生死、人类、动物以及其他大地间现象的起源及状态的工具，内容虽极怪诞无稽，但却正是原始民众心理的表现。”与林惠祥所述大同小异。参见方纪生编著《民俗学概论》，北京师范大学史学研究所资料室 1980 年版。该书“校印题记”云：“本书是我国关于民俗学之最早的系统论述，不只介绍了外国材料还大量利用了中国材料。原出版于 1934 年，曾用作大学教本。”

④ 参见马林诺夫斯基《原始心理与神话》，即马林诺夫斯基《巫术 科学 宗教与神话》下编，李安宅译，中国民间文艺出版社 1986 年版，第 93、94 页；Malinowski，*Myth in Primitive Psychology*，p. 39，p. 41，包括 p. 41 的注释①，London，1926. 李安宅“根据原作者（马林诺夫斯基）的意见”，将该书与马氏的另一著作《巫术 科学与宗教》（*Magic*，*Science and Religion*）合译为一书，商务印书馆 1936 年初版，中国民间文艺出版社 1986 年重新排印出版，参见［英］马林诺夫斯基《巫术 科学 宗教与神话》，“译者按”，李安宅译，中国民间文艺出版社 1986 年版，第 79 页。

⑤ 似应译作“最好见解”“最佳见解”或“最优见解”。

⑥ “神话是关于世界和人怎样产生并成为今天这个样子的神圣的叙事性解释。其中决定性的形容词‘神圣的’把神话与其他叙事性形式，如民间故事这一通常是世俗的和虚构的叙事形式区别开来。神话的意味是神圣的，因为所有形式的宗教都以某些方式与神话结合，而且这不是对‘神话’这两个字眼的贬损。‘神话’（mythos）这一术语原意是词语或故事。只有在现代用法里，‘神话’一词才具有‘荒诞’这一否定性含义。照通常的说法，‘神话’这个词常被当作‘荒诞’或‘谬论’的同义词。但是，不真实的陈述并非是‘神话’合适的含义，而且神话也不是非真实陈述，因为神话可以构成真实的最高形式，虽然是伪装在隐喻之中。”参见邓迪斯编：《西方神话学读本》“导言”，朝戈金译，广西师范大学出版社 2006 年版，第 1 页，引文有节略。

其实，“神话”定义之“决定性”的后项标准，20世纪上半叶的中国神话学者们早就注意到了：“初民……于所叙说之神，之事，又从而信仰敬畏之”（鲁迅）；“所叙述者，是超乎人类能力以上的神们的行事，虽然荒唐无稽，但是古代人民互相传述，却信以为真”（茅盾）；“神话……在我们文明人看来，诚然是怪诞荒唐，不合理性的，但在原始时代的讲者和听者却都信以为真，绝不觉得有半点虚妄”（黄石）；[①] “（神话是）实在的（substantially true），在民众中神话是被信为确实的纪事，不像寓言或小说的属于假托”（林惠祥）。[②] 而于该标准之“前项”的多种规定的可能性，林惠祥引 A. Lang 之神话乃“关于宇宙起源、神灵英雄等的故事”，以及 H. Hopkins，R. H. Lowie 关于神话是“自然界的历程或宇宙起源宗教风俗等的史谈”等断语，也都注意到了。但是，尽管中国神话学者已经注意到“神话”定义在西方学者那里的多重规定，却仍然倾向于用“一言以蔽之”式的“神格中枢”或“神们的行事”的故事（叙事）内容（质料）规定性（而不是信仰形式规定性）来定义“神话”，因为即便是在现代神话学起源地的西方学术界，“神们”的“神格”也仍然是当时的学者们定义“神话”的“决定性”指标，“决定性”从“神话”定义的前项（理论的使用）标准转移到后项（实践的使用）标准，是后来的事情。

二 “神的故事”的定义起源于现代神话学

威廉斯（Williams）《关键词：文化与社会的词汇》“myth（神话）”词条写道：

> myth 这个词迟至 19 世纪才出现在英文里，虽然 18 世纪就有 mythos 的存在。mythos 最接近的词源为后期拉丁文 mythos，希腊文 mythos——指的是一则寓言或故事；后来与 logos（道、理性）和 historia（历史）形成对比，产生了下述意涵：“不可能真正存在或发生的事情”。myth 与 mythos 出现之前，mythology（从 15 世纪起）及其衍生词 mythological，mythologize，mythologist（从 17 世纪初）就已经存在。这些词与“寓言式叙述”（fabulous narration，1609）有关，但是，mythology 与 mythologizing 最常被使用，其意涵指的是对寓言故事的解释或注释。从 1614 年起，我们就有“神话学的诠释”（mythological interpretation）。……回顾过往。myth 与 fable（寓言）交互使用，有别于 legend（传说、传奇故事）。……从 19 世纪中叶起，myth 的单纯用法——不仅是一种想像的，而且是不可靠的、甚或是刻意带有欺骗性的虚构——普遍且持续地被使用。
>
> 在其他传统里，myth 具有一个崭新而且正面的意涵。在 19 世纪之前，mythos 被斥为只不过是寓言（通常是指异教徒的寓言），或是被当作讽喻，或是被视为关于起源与史前史的一些令人困惑的回忆。myth……这个词进入英文是在一百五十年前，当时是一个正统宗教崩解的时期。myth 向来被视为具有负面意涵，作为事实、历史（history）与科学（science）的对比；myth 与 imagination（想像）、creative（有创造力的）与 fiction（虚构的）这些词的复杂的现代意涵纠葛不清。[总之，在 19 世纪以前——笔者补注] myth 具有一个普遍共同的意涵：一种虚假的（通常是刻意虚假的）

① 黄石：《神话研究》，开明书店 1927 年版，第 4 页。

② 林惠祥：《神话论》，商务印书馆 1933 年版，第 2 页。

信仰或叙述。[①]

鲍登（Bowden）也指出：

> myth 这个词直到1830年才从晚期拉丁语 mythos 或 mythus 进入英语；它的同语族的词包括法语 mythe，西班牙语 moto，德语 mythe 和俄语 muo。在基督教早期时代，人们从希腊语中采用了 mythos，当作 fabula（“逸事”、“故事”）的同义词。[②]

这就是说，威廉斯等人认为，以19世纪前期为分水岭，之前，英文 myth 被用作寓言或故事等“负面意涵”的同义词或近义词；而19世纪前期以后，由于人类学家在“其他传统”即所谓的“野蛮民族”中也发现了类似古代希腊 mythos 的叙事传统，于是，当人类学家用 myth 来指涉这些“其他传统”时，myth 一词才因“特定社会里的神话对那个社会而言的事实”（纳吉，见下引文）而获得了“正面的意涵”，即前引是“西方社会对［非西方］异文化的了解日益增长的结果”（彭牧引史密斯）。但是，其实，在古代希腊，现代英文 myth 的词源 mythos，并非从来就是虚构的寓言的意思，而是也曾经表达过“真实故事”和“神圣故事”的“正面的意涵”。巴雷特（Barrett）写道：

> 词语 mythos 的［古代希腊——笔者补注］早期历史是明了的，与词语 logos 有相同的意义：词语（word）、说话（speech）……随着该词语的原始意义（primitive meaning）的发展，mythos 意指：故事（story，tale）……而且［即便这时——笔者补注，下同］，mythos 也仍然可与 logos 互换地使用。[③]

纳吉对古希腊文 mythos 从“早期历史”的“原始意义”“发展”为“现代意涵”（威廉斯）的进化过程给出了清晰的描述：

> 在后荷马传统中［而荷马传统中，mythos 表达的是其“原始意义”——笔者补注］，例如我们在［希腊晚期——笔者补注］品达诗歌的句法中已经见到的例证那样，muthos［秘索思］确实已经成为 alethes［真实的］或 aletheia［事实］的对立项了。……在品达的诗歌句法中，muthos 实际上可以在“神话”这一词汇［“虚构”——笔者补注］的现代意义［威廉斯所谓“现代意涵”——笔者补注］上进行对译。……在此过程中该词的稳固性发生了动摇。神话成为相对的，不被信任的，正如我们甚至在我们［今天］对该词的日常使用中所看到的那样。在我们的日常用法中，神话［myth］一词的通俗意义必须与该词的学术意义相并置，也就是依照人类学者的用法，将一个特定社会［威廉斯所谓“其他传统”——笔者补注］里的神话

---

① ［英］威廉斯：《关键词：文化与社会词汇》，刘建基译，三联书店2005年版，第313—315页。

② 转引自户晓辉《返回爱与自由的生活世界：纯粹民间文学关键词的哲学阐释》，江苏人民出版社2010年版，第197页。

③ Barrett, *Myth and the New Testament——The Greek Word Mythos*, Segal, *Philosophy*, *Religious Studies*, *and Myth*. New York & London: Garland Publishing, Inc. 1996. p. 25.

> 视同为对那个社会而言的［真实］事实。……神话的这种学理意义，与荷马句法中所折射的 muthos［秘索思］的早期意义［巴雷特所谓“原始意义”——笔者补注］是相匹配的……概言之，在希腊语 muthos［秘索思］的早期意义和后期意义之间出现的差异，恰如现代借词神话［myth］在通俗意义［虚构］与学术意义［信实］之间的区别，二者有着丝丝入扣的匹配性。①

根据纳吉的描述，我们就获得了关于 mythos 与 myth 之意义关系的一个非常清晰的对应图式。见表 1。

表 1　mythos 与 myth 的不同意义

	真实的叙事	虚构的叙事
mythos	早期意义	后期意义
myth	学术意义（学者用法）	通俗意义或现代意义（日常用法）

就此而言，现代人类学家在其他传统中发现的 myth 的词语意义，也就是古典学家在古代希腊的早期历史中所发现的 mythos 这个词语（真实、神圣）的原始意义。而威廉斯所云现代英语 myth 所接受的后期拉丁文（鲍登云“晚期拉丁文”）mythos 的词语意义，也只是古代希腊文 mythos 的后期意义。至于现代神话学之于 myth 的“学者用法”，则可直接对译于古希腊文 mythos 的早期（原始）用法。维柯（Vico）甚至指出，myth 的学者用法或学术意义并非人类学家因“其他传统”的启发而被采用的，在意大利人的日常语言当中，mythos 就保留了早期拉丁文乃至荷马传统的“自然语言”的“原始意义”。

维柯 1725 年出版的《新科学》意在说明早期拉丁文与古希腊文之间的“派生关系”②，即属于拉丁语民族的意大利人很早就掌握了 mythos 这个词语，③ 而且意大利文 mythos 还保存了古希腊文 mythos 的“实物，真事，或真话的语言”的“原始意义（primitive meaning）”（巴雷特）或“早期意义”（纳吉），而不仅仅是“虚假的信仰或叙述”（威廉斯）的“后期意义”（纳吉）。

---

① ［匈］纳吉：《荷马诸问题》，巴莫曲布嫫译，广西师范大学出版社 2008 年版，第 169、171、174 页。

② ［意］维柯：《新科学》，朱光潜译，人民文学出版社 1986 年版，第 658 页。

③ 维柯写道：“拉丁人跟着希腊人走。”“我们曾经假定，作为一种必然的猜测，在拉丁区域海岸上曾有一座希腊（殖民）城市把希腊文字教给了拉丁人。这种文字，象塔西佗所记载的，起初象最早的希腊文字，这是个有力的论据，证明拉丁人是从拉丁地区的希腊人，而不是从大希腊的，更不是从希腊本土的希腊人学到希腊文字。拉丁人在和他林敦进行战争以及接着又和庇洛斯进行战争之前，和希腊本土的希腊人根本没有往来。要不然，拉丁人就会用最近的希腊文字而不会保留着原始的及古老的希腊文字。”参见维科《新科学》，朱光潜译，人民文学出版社 1986 年版，第 203 页、397 页。《新科学》的英文译者费希在为《新科学》1968 年英文版写的“引论”中指出：“维柯当过那不勒斯大学的拉丁修辞学教授，在 1709 年到 1722 年之间已用拉丁文写过四部著作，然后才转用意大利文来写作这部《新科学》，所以可以设想，他用来源于拉丁文的意大利文的词汇就带有字源方面的生动联想意义。”

> 逻葛斯（logos，词语）对希伯来人来说，也可以指事迹，对希腊人来说，也可以指实物。同理，mythos 原来在意大利文里的定义是“实物，真事，或真话的语言”，也就是首先由柏拉图，接着由扬布里球斯都认为在世界上有一个时期曾用过的一种自然语言。①

维柯生活于 18 世纪，这正印证了威廉斯关于“18 世纪就有 mythos 的存在”的断言。但是，尽管 18 世纪的意大利语中存留了古希腊文 mythos 这个词，似乎（至少在《新科学》一书中）还没有出现与英语 myth（神话）相当的现代意大利语词汇 mito。因此，维柯在《新科学》中凡在指涉古希腊人的 mythos 和我们今天所说的 myth（神话）的时候，用的都是 favola（“寓言”，复数 favole）而不是 mito，可见鲍登之“在基督教早期时代人们从希腊语中采用了 mythos 当作 fabula（‘逸事’、‘故事’）的同义词”，以及威廉斯之“回顾过往 myth 与 fable（寓言）交互使用”所言不虚。换句话说，尽管维柯发现了意大利语 mythos 作为曾经的“自然语言”的“原始意义”，但在维柯自己所处的时代，意大利文 mythos 与 favola 之间的等价或等值，说明其时的 mythos 主要是在现代通俗、日常的（虚构）意义上被使用的，威廉斯、巴雷特并没有说错。

与 mythos 相关的词语及意义：

mythos：意大利文“真话”（古希腊文的早期意义）

mythos：古希腊文“寓言”（古希腊文的后期意义）

fabula：拉丁文“故事”②

favola：意大利文“寓言”

favella：意大利文“说唱文”

fable：英文“寓言”

维柯写道：“Logic［逻辑］这个词来自逻葛斯（logos），它最初的本义是寓言故事（fabula），派生出意大利文 favella，就是说唱文。在希腊文里，寓言故事也叫做 mythos，即神话故事，从这个词派生出拉丁文的 mutus，mute（缄默或哑口无言）。”③

显然，维柯认为，意大利语 favola 和 mythos 有作为古希腊词语的共同起源，而据威廉斯的说法，意大利语 favola 只能对应于古希腊语 mythos“后期意义”的“负面意涵”。上面这段话的《新科学》意大利文版原文作：

---

① ［意］维柯：《新科学》，朱光潜译，人民文学出版社 1986 年版，第 178 页。

② 李川批注：“（fabula 是）拉丁文，《金驴记》曾七次使用该词，尤其是卷四叙述爱神和普绪客的神话故事，正是用这个词。词义有多种，传说、故事、谈话等。”

③ 参见维柯《新科学》，朱光潜译，人民文学出版社 1986 年版，第 177 页。巴雷特说，“早期 mythos 与 logos 同义”，与维柯所见相同。里拉指出：“维柯发现。诗性神话必定是早期民族用诗性的真实叙述（vera narratio）讲述的真实的历史。我们在传统上认为是我们智慧的远祖神话（mythos），实际上是粗野的、野蛮的诸民族的语言（logos，逻格斯），那种看法犯了年代误植。”并引维柯《新科学》：“神话（mythos）的定义是‘真实的叙述’，但其延续至今的含义却是‘寓言’，迄今为止，每个人都认为这意味着‘虚假的叙述’。而逻格斯（logos）的定义则是‘真实的叙述’，尽管一般都认为它的意思是‘起源’或者‘词语的历史’……寓言和真实的叙述其实说的是一件事情，证明它们就构成了最初的民族的词汇。”参见里拉《维柯：反现代的创生》，张小勇译，新星出版社 2008 年版，第 167 页。

> "Logica" vien detta dalla voce logos, che prima e propiamente significo "favola", che si trasporto in italiano "favella" — e la favola da'greci si disse anco mythos, onde vien a'latini "mutus". ①

贝根(Bergin)、费希(Fish)的英文译本作:

> Logic comes from logos, whose first and proper meaning was fabula, fable, carried over into Italian as favella, speech. In Greek the fable was also called mythos, myth, whence comes the Latin mutus, mute. ②

朱光潜汉语译本根据英文译本译出,故有"favella 就是说唱文,mythos 即神话故事"的说法。而在维柯《新科学》的意大利文本中,并没有用 fable(现代英语"寓言")解释拉丁文 fabula,用 speech(现代英语"说话")解释意大利语 favella,用 myth(现代英语"神话")的概念解释拉丁文(原古希腊文)mythos,用 mute(现代英语"缄默")解释拉丁文 mutus 的做法。用现代英语的 myth 和现代汉语的"神话"解释古希腊文的 mythos,贝根、费希发明在前,朱光潜踵之于后,由于朱光潜根据《新科学》的英文本翻译,而没有查证原版《新科学》的意大利文,于是把英文本的注释(贝根、费希的做法亦不正规)错误地舛入了汉语译本的正文。

尽管贝根、费希和朱光潜"增字解经"的做法有失对维柯原著的忠实,但是在维柯的年代,由于在意大利文(至少在《新科学》)中还没有使用与 myth 相当的 mito 这个现代意大利语的词汇,故维柯用现代意大利语 favola 来解释古希腊文的 mythos,说明维柯正是在纳吉所言之"虚构"的"后期意义"上来使用古希腊文 mythos。这就是说,尽管意大利语 mythos(如维柯所言)还保留了希腊文 mythos 之"真话"的古义,但是当维柯讲到我们今天所说的"希腊神话故事"的时候,使用的词语却是 favola,而 favola 这个词既含古义(真话),同时更表达了现代意义(寓言)。正是以此,凡《新科学》中之 favola,贝根、费希英译本一般都译作 fable(寓言、传说、虚构的故事),而朱光潜汉译本则依上下文,或译作"寓言故事",或译作"神话故事"(偶尔译作"神话"),也就符合维柯的本意了。

正是因为维柯所使用的意大利文 favola,与我们今天所理解的"神话"(英文 myth、意大利文 mito),在叙事内容(用茅盾的话说即"神们的行事")上无大差别(差别仅在于"神话"定义的人类学"后项标准"即"信仰形式"),所以才有朱光潜根据英文本将 Greek fables(《新科学》意大利文原作 greche favole)译作"希腊神话故事",③ 将 Homeric fables(《新科学》意大利文原作 favole omeriche)译作"荷马神话故事"④ 的做法。维

① Vico, *Scienza Nuova Seconda*, V. I, p. 161, BARI GIUS. LATERZA and & FIGLI, 1942, XX.

② Vico, *The New Science of Giambattista Vico*, Revised Translation by Bergin and Fish, p. 127. Cornell University Press, 1968.

③ 参见维柯《新科学》,朱光潜译,人民文学出版社 1986 年版,第 49、160、167 页;意大利文版,第 I 卷,第 47、144、151 页;英文版,第 37、115、120 页。

④ 同上书,第 433、449 页;意大利文版,第 II 卷,第 25、39 页;英文版,第 317、328 页。

柯写道：

> 最初的神学诗人们就是以这样方式创造了第一个神的神话故事（favola），他们所创造最伟大的神话故事就是关于天帝约夫的（the first divine fable，the greatest they ever created：that of Jove）。……原来创造这种神话故事的本人当然也信以为真，又在一些可怕的宗教里对它们涌起敬畏和崇拜。①
>
> 赫希阿德［通译“赫西俄德”——笔者补注］有可能比荷马还早，因为他的作品包括了全部关于诸天神的神话故事（favola，who contains all the fables of the gods）。②

通观维柯《新科学》，凡引述某一 favola 的具体文本时，其内容多与希腊诸神的故事有关，因此，当维柯用 favola 定义 mitologia 时，贝根、费希用 mythologies（神话集），朱光潜用“各种神话”翻译 mitologie，也就顺理成章了。这就是说，尽管在 18 世纪的意大利语中，还没有出现 mito（神话）这个词，却已经有了单数名词 mitologia③、复数名词 mitologie④、形容词 mitologico⑤。mitologia，英译者译作 mythology，意思是“神话集”（亚里士多德就已经使用过 mythikos 这个词），朱光潜译作“神话”，并与将 favola 译作“神话故事”严格对应，例如下文：

> 各种神话（mitologie）必然就用各种神话故事（favole）所特有的语言；神话故事（favole），如我们已经指出的，既然就是想象的类概念，神话（mitologie）就必然是与想象的类概念相应的一些寓言故事（favole）。⑥

> Quindi le mitologie devon essere state i propi parlari delle favole；talché，essendo le favole，come sopra si è dimostrato，generi fantastici，le mitologie devon essere state le loro propie allegorie. ⑦
>
> Thus the mythologies，as their name indicates，must have been the proper languages of the fables；the fables being imaginative class concepts，as we have shown，the mythologies must have been the allegories corresponding to them. ⑧

---

① 参见维柯《新科学》，朱光潜译，人民文学出版社 1986 年版，第 164 页；意大利文版，第Ⅰ卷，148 页；英文版，第 118 页。

② 参见［意］维柯《新科学》，朱光潜译，人民文学出版社 1986 年版，第 856、437 页；意大利文版，第Ⅱ卷，第 29 页；英文版，第 320 页。

③ Vico，*Scienza Nuova Seconda*，V. I，p. 55，p. 80，p. 90，p. 93，p. 318，V. II，p. 44，BARI GIUS. LATERZA and & FIGLI，1942，XX.

④ Vico，*Scienza Nuova Seconda*，V. I，p. 130，BARI GIUS. LATERZA and & FIGLI，1942，XX.

⑤ Vico，*Scienza Nuova Seconda*，V. I，p. 260，BARI GIUS. LATERZA and & FIGLI，1942，XX.

⑥ ［意］维柯：《新科学》，朱光潜译，人民文学出版社 1986 年版，第 179 页。

⑦ Vico，*Scienza Nuova Seconda*，V. I，p. 163，BARI GIUS. LATERZA and & FIGLI，1942，XX.

⑧ Vico，*The New Science of Giambattista Vico*，Revised Translation by T. G. Bergin and M. H. Fish，p. 128，Cornell University Press，1968.

这就是说，在《新科学》中，favola 与 mitologia 之间只是具体的“神话故事”与“神话”的总称之间的区别，而且无论 favola 还是 mitologia，其“原始意义（primitive meaning）”（巴雷特）都是“真实的叙述”，只是后来“真实的叙述”才被歪曲了，成为现代意义的“寓言”。

> “词源”这个词本身的意义是 veriloquium（真话），正如寓言故事（favola）的定义是“真实的叙述”（vera narratio）一样。[①]
>
> 最初的寓言故事（favola）就不能是伪造的，所以必然象上文所下的定义，都是些“忠实的叙述”。[②]
>
> 神话故事（favola）在起源时都是真实而且严肃的。[③]
>
> 神话故事（favola）在起源时都是些真实而严肃的叙述，因此 mythos 的定义就是“真实的叙述”。但是由于神话故事（favola）本来大部分都很粗疏，它们后来就逐渐失去原意，遭到了篡改，因而变成不大可能，暧昧不明，惹笑话，以至于不可信。这些现象就是。[④]

维柯认为，favola、mitologia 之所以是“真实的叙述”，是因为，favola 和 mitologia 最初就是历史叙述，于是在维柯那里又有“历史性神话”（意大利文 mitologia istorica，英文 historic mythology）[⑤] 的说法。

> 最初的神话（fables）都是历史。[⑥]
>
> 一切古代世俗历史都起源于神话故事（fabulous beginnings）。[⑦]
>
> 凡是异教的历史都起源于神话故事（fables）。[⑧]
>
> 一切野蛮民族的历史都从寓言故事开始（fabulous beginnings）。[⑨]
>
> 希罗多德所写的《历史》是大部分用神话故事的方式（the form of fables）来叙述的。[⑩]
>
> 神话故事（fables）在初产生时原是直截了当的，达到荷马手里时就已经过歪曲和颠倒了，……这些神话故事起初原是真实的历史（true histories），后来就逐渐遭到修改和歪曲，最后才以歪曲的形式传到荷马手里。因此荷马应该摆在英雄诗人的第三

---

① ［意］维柯：《新科学》，朱光潜译，人民文学出版社 1986 年版，第 179 页。

② 同上书，第 408 条，第 183 页。

③ 同上书，第 81 条，第 60 页。

④ 同上书，第 814 条，第 425 页。

⑤ 同上书，第 91、106、341、454 页；意大利文版，第Ⅰ卷，第 80、90、93、318 页，第Ⅱ卷，第 44 页；英文版，第 66、73、76、249、331 页。

⑥ 同上书，第 817 条，第 427 页。

⑦ 同上书，第 840 条，第 433 页。

⑧ 同上书，第 820 条，第 429 页。

⑨ 同上书，第 202 条，第 102 页。

⑩ 同上书，第 914 条，第 456 页。

个时期。第一个时期创造出作为真实叙述（true narratives）的一些神话（fables），“真实的叙述”（true narration）是希腊人自己对神话（mythos）一词所下的定义。第二个时期是这些神话故事（fables）遭到修改和歪曲的时期。第三个最后时期就是荷马接受到这样经过修改和歪曲的神话故事（fables）的时期。[①]

神学诗人们自己就是些英雄，歌唱着真实而严峻的神话故事（fables）；其次是英雄诗人们的时代，英雄诗人们把这些神话故事（fables）篡改和歪曲了。第三才是荷马时代，荷马接受了这样经过篡改和歪曲的神话故事（fables）。[②]

所以维柯坚决反对“亚里士多德在《诗学》里（24，18，1460a 19）说，只有荷马才会制造诗性的谎言”[③] 的说法，而坚持 favola 和 mitologia 最初都是关于诸神的“真实的叙述”的立场和观点，“真实的叙述”之被歪曲不是荷马的责任，荷马只是被动地接受了“神话故事”被歪曲的结果（维柯做出如此判断，显然也受到了“异教的历史”“一切野蛮民族的历史”亦即前述人类学家所谓“其他传统”之“礼失求诸野”的方法影响）。据此，在维柯发表《新科学》的时候（1725 年），意大利文 favola 和 mitologia 至少都包含了后期希腊文和晚期拉丁文之“神的故事”和“神的故事集”的词语意义。[④] 这样，受后期希腊文和晚期拉丁文的影响，以及欧洲各国语言的相互影响，最终，在欧洲各国的现代语言中，形成了可以相互对译的 myth 词语家族。

“神话”一词英文是 myth，法文是 mythe，德文是 mythos、mythus、mythe，意大利语 mito，西班牙语 mito，葡萄牙语 mytho，荷兰语 mythe，挪威语 myte，丹麦语 mute，俄文 mif，这些语言都是源于希腊文 mythos（或是 muthos）而来的。[⑤]

陈连山指出：

目前，中国神话学界一般都把神话理解为“神的故事”，但是，这个来自西方的神话概念实际上只是现代神话学的一个分析的范畴，而非原生的范畴。在西方，它并非自古皆然，一成不变的。在古代希腊语中，“神话”的意思是关于神祇和英雄的故事和传说。其实，古代希腊人并不严格区分神话和历史，他们把英雄神话当做“古史”，并且为神话编定系统，为神话人物编定年谱。另外，希腊神话主要依靠荷马史诗保存下来。在荷马史诗中，神灵的故事和英雄的传说也是交织在一起的。在荷马心

---

① ［意］维柯：《新科学》，朱光潜译，人民文学出版社 1986 年版，第 808 条，第 423 页。

② 同上书，第 905 条，第 451 页。

③ ［意］维柯：《新科学》，朱光潜译，人民文学出版社 1986 年版，第 809 条，第 423 页。

④ 但也有一说，“到了纪元前 6 世纪，诗人 Pindaros（品达，522—448BC）的时代，muthos（神话）一词就有了‘说关于神性存在态的话语或故事’的意思。”参见钟宗宪《中国神话的基础研究》，洪叶文化事业有限公司 2006 年版，第 21—22 页。

⑤ 王孝廉编译：《神话的定义问题》，载《民俗曲艺》1983 年第 27 期，第 89—103 页。据“编译者附记”：“这篇文字是根据松村武雄博士的《神话学原论》上卷（东京，培风馆发行）第一章‘序论’编译而成的。”参见钟宗宪《中国神话的基础研究》，洪叶文化事业有限公司 2006 年版，第 21—22 页。

目中，神话和历史是交织在一起的。当然，在希腊神话故事中，神和人在身份上彼此不能转换，存在着一定的区别。公元前3世纪，欧赫麦尔认为宙斯是从现实的人被神化为主神的，看来他也没有严格区分神和人的关系。后来的基督教只承认上帝耶和华是神。为了维持这种一神教信仰，打击异教，基督徒引用欧赫麦尔理论贬斥异教神灵都是虚构的，这显示出基督教把神与人的关系做了彻底区分。18世纪，西方理性主义觉醒，历史学家开始严格区分神话与历史，所以，在西方现代神话学中，myth的意思一般只包括神祇的故事，而删除了古希腊词汇中原有的英雄传说部分。这种做法固然有一定的根据，超自然的神和现实的人之间的确存在差异，但是毕竟过分夸大了希腊神话中神和人之间的差异，同时忽略了古代希腊人把神话看做上古历史的思想。西方现代神话学的神话概念并不能真正反映希腊神话的实际。现代神话概念与古代希腊社会的神话概念之间的差距，是个十分棘手的问题。德国的希腊神话专家奥托·泽曼在其《希腊罗马神话》中一边承认古希腊神话概念——“神话是讲述古老的、非宗教性质的神和英雄或者半人半神的诞生及其生平事迹的”，一边却又企图使用现代神话概念，他说：“人们默契地达成共识，把叙述神的生平、事迹的称为神话，而把讲述英雄事迹的称为传说。”他遵循古代希腊的传统，在其著作中同时叙述了神的故事和英雄的故事，但是这些英雄故事时而被他称做“神话”，时而被他称做“传说”。因此，在他的著作中，神话和传说这两个概念之间几乎是一笔糊涂账（［德］奥托·泽曼《希腊罗马神话》，周惠译，上海世纪出版集团2005年）。其他西方神话学家（例如佛罗依德、列维－斯特劳斯）偶尔也把希腊英雄传说（例如俄底浦斯王的传说）当做神话看待，列维－斯特劳斯就认为：神话与历史之间的鸿沟并不是固有的和不可逾越的。中国学者引入的神话概念通常都只包括“神的故事”，不包括英雄的传说，因此只是西方神话学界主流的一个分析的范畴。只有吕微曾经注意到西方神话学中神话概念的不统一，可惜对此他没有深究。严格地说，中国现代神话学引入的神话概念只是西方启蒙主义运动以后的神话概念，是西方现代神话学根据自己的需要总结古希腊神话作品的结果。①

这就是说，以现代英语myth为代表的“神话”语族，是从古希腊词mythos中分化出来的结果。最初，mythos的“字面意义”和“用法意义”是统一的，而mythos和logos的“用法意义”也是等价或等值的。然而，随着philosophy（哲学）、history（历史）拥有了相对于myths的独立“用法”，在mythos的原始用法或早期用法中并不需要特别说明的“用法意义”——“真实性”，现在反倒需要从神话信仰的主位视角予以特别注明，② 即“神话”的“真实性”乃是主观态度上的信仰形式的真实性，而不是客观认识到的叙事内容的真实性（但是对真实性的信仰态度的实践认识，却又是基于对叙事对象的虚构性的理论认识）。于是，现代神话学就有了两种关于myth的定义方式，一种是关于神话的叙事

① 陈连山：《走出西方神话的阴影——论中国神话学界使用西方现代神话概念的成就与局限》，《长江大学学报》（社会科学版）2006年第6期。

② “西方也只有在启蒙时代把自然看作科学研究的对象之后，超自然作为一种观念才成为可能。”参见彭牧《Religion与宗教：分析范畴与本土概念》，载《中国民俗学》第一辑，广西师范大学出版社2012年版，第143页。

对象——“神或英雄的故事”（维柯：最初的神话是关于神的故事）的内容（质料）规定性的定义方式（文学或民间文学的定义方式）；另一种是对于神话的信仰态度（真实与否、神圣与否）的形式规定性（维柯：创作神话的人对神话信以为真、敬畏和崇拜）的定义方式（民俗学、人类学的定义方式），即前述马林诺夫斯基所言“近代人类学对于这个题目的最后见解”。

这样，回到前述中国现代神话学者之于“神话”的定义而偏重于视“神话”为“神格……叙说”或“神们的行事”的说法，则可断言，当时的中国神话学者与世界上其他国家的神话学者用故事内容（叙事质料）和讲述态度（信仰形式）同时作为“神话”的定义标准，却以前者为首要的判断指标这一主流趋向是一致的，而这一趋向，正如我们已经分析过的，一方面是语用历史上因词语的日常使用方式（对应于 mythos 的晚期用法）和学理使用方式（对应于 mythos 的早期用法）发生历时性变化的结果，另一方面实在又是概念的理论使用方式（对应于 myth 的通俗用法）和实践使用方式（对应于 myth 的学理用法）发生了共时性分化的结果，也就是说，我们未必不能把西方文化的语用历史上 mythos 和 myth 的使用方式或用法意义的历时性（从早期用法意义到晚期通俗用法意义的）变化理解为共时性（理论使用方式和实践使用方式的）分化。

> 神话的研究与神话的没落是同时开始的。只有当神话与现实生活之间产生距离，神祇与人类之间趋于疏远，人对神祇的信仰发生动摇的时候，人们才有可能或多或少客观地对待神话。……于是神话世界逐渐远去，神话成为观察的对象，神话与理性（逻各斯）相遇，有了这些条件，便有了神话本身的没落和神话研究的发端。①

这样，据大林太良，神话研究就是神话学者站在神话信仰叙事主体之外的客位立场上，“客观地对待神话”，于是“神话成为观察的对象”，即神话不再是实践地主观信仰的对象，而是理论地客观认识的对象。于是，神话的叙事内容的真实性，就成为了一个被经验所证伪的理论认识论问题；与此同时，神话的真实性也就成为了一个只能诉诸于信仰形式的实践论认识问题。以此，所谓“神话”的“早期意义”（“原始意义”）、“学术意义”（“学理意义”）、“正面意涵”的“学者用法”，与“后期意义”（“现代意义”）、“通俗意义”、“负面意涵”的“日常用法”之分，其实只是“神话”词语—概念的实践用法与理论用法之分。所谓“后期”“现代”“日常”“负面”，都是“神话”概念的理论用法的“通俗”版；而所谓“早期”“原始”“学理”“学者”“正面”，则是“神话”词语的实践用法的“学术”版。这种“神话”概念—词语的理论和实践使用方式实质性的共时性理性分化，② 在经验中却表现为大林太良所言，理论认识对实践信仰的历时性理性祛魅。据此，马林诺夫斯基之前以神话叙事内容为主要考察对象的神话学，我们就可以称之为理论认识的“质料神话学”；而自从马林诺夫斯基开创了神话学从进化论的文本研究朝向功

① ［日］大林太良：《神话学入门》，林相泰等译，中国民间文艺出版社 1989 年版，第 1 页。

② “我们通常说理性分‘思辨（理论）理性’和‘实践理性’，这并非说，有两种相互独立的理性，理性只有一个。理性之分实践理性和思辨理性，只是就同一个理性［使用方式不同］的关联领域所作的区分。”参见黄裕生《真理与自由——康德哲学的存在论阐释》，江苏人民出版社 2002 年版，第 257 页。

能论的语境研究的范式转换，神话学家们就试图站在神话信仰叙事主体的主观态度的信仰形式的主位立场上，同情地理解“神话”的实践使用方式的意义。以此，马林诺夫斯基之后以神话信仰叙事为主要考察对象的神话学，我们就可以称之为实践认识的“形式神话学”。正是由于神话研究从聚焦于神话文本的客体叙事质料（内容），到聚焦于神话语境中的主体信仰形式，前述“神话”定义的“决定性”指标才发生了（从“前项”到“后项”的）重大转移。

当我们说，马林诺夫斯基所开创的“（实践）形式神话学”克服了此前以认识神话的叙事内容为主要鹄的的“（理论）质料神话学”，并不是说“形式神话学”就不重视神话叙事的文本内容，而是说，“形式神话学”试图回溯、还原到“神话”的叙事内容的“字面意义”（“神的故事”）和信仰形式的“用法意义”（“真实的、神圣的‘神的故事’”）之（逻辑上而不是时间上）未分化的信仰—叙事的意向性，在这种“神话”的字面含义与用义之间未分化的语用状态下，“神话”概念的双重定义可以同时兼顾神话的叙事内容和信仰形式在使用（实践）中的统一性。但是，马林诺夫斯基的这一努力并未取得预期的效果，他还是陷入了“神话”的前项定义与后项定义在使用中的自我矛盾、自相冲突乃至自行瓦解。

如果说，语义史和语用史上“神话”与“哲学”“历史”等诸多词语的分化及“神话”自身的语义和语用分化反映了人的存在状态（存在方式、存在领域）的分化，那么，这种分化不仅可以表现为历史时间之中的演化，同时也可以表现在不同的“空间”之间的变化，而这种不同的“空间”，与其理解为“文化间”的不同关系的经验性差别——正如上文所论——不如理解为人的理性的理论使用与实践使用的不同关系的先验差异。据此，也许正是由于马林诺夫斯基把理性的理论和实践使用方式之间的先验差异，理解为“文化间”的不同使用方式的经验性差异，他企图通过“文化间”（野蛮文化与文明文化）的不同关系，解决一并使用“神话”定义的双重标准（克服“神话”悖论）的经验性尝试，才最终以失败告终，因为，“文化间”的不同关系，并非克服“神话”悖论所需要的“不同关系”的充分条件，甚至不是其必要条件（概念的理论与实践的不同使用方式）。

除了马林诺夫斯基本人，其他人类学家（如博厄斯）与之类似的田野试验也相继失败。但是，马林诺夫斯基不曾自觉地宣称要回到“野蛮人”自身作为神话实践主体的信仰叙事语境吗？现代神话学为“神话”概念的经典定义所制定的双重标准不正是因为承认“特定社会里的神话［信仰的真实性是］对那个社会而言的事实”（纳吉），因而是“西方社会对［非西方］异文化的了解日益增长的结果”（彭牧引史密斯）吗？何以“神话”双重定义的“最后见解”仍然在异文化中的应用四处碰壁？而我们看到的情况是，尽管马林诺夫斯基们提出了还原到神话叙事主体的主位信仰形式的实践认识纲领，但很遗憾，人类学家们仍然坚持了“神话”概念的理论使用方式，即仍然视神话实践的主体和主体的神话实践为可直观的神话实践的经验性现象，于是，理论认识的经验，只能一方面证明神话信仰形式（心理态度）的真实性，另一方面证明神话叙事内容的非真实性，二者永远处于自我矛盾、自相冲突、自行瓦解的悖论当中。

（原载《长江大学学报》（社科版）2015 年第 11 期）

镇江金山寺“高僧降蛇”符号的叙事体系

余红艳*

【摘要】景观符号的建构过程是一个多维叙事形态共同架构的叙事体系，同时也是一个文化选择与遗忘的编码过程。镇江金山寺“高僧降蛇”景观符号在水陆法会仪式行为叙事的初构下，在“白蛇传”传说语言叙事的强化下，以及在法海洞和白龙洞景观叙事的再生产下形成、发展。在此过程中，与“高僧降蛇”文化相背离的其他叙事文本被逐渐淡化与修正，“高僧降蛇”成为金山寺最核心的景观生产主题与景观符号。

【关键词】镇江金山寺　高僧降蛇　仪式行为叙事　语言叙事　景观叙事

镇江金山寺始建于东晋，唐时，始称金山寺。清时，作为临济宗宗风传承道场，被列为江南“四大丛林”之一，成为佛教禅宗名寺，素以“高僧降蛇”文化为核心景观符号。文化作为一种记忆，具有遗忘机制，它在选择的过程中必然伴生着遗忘。① 景观符号的建构就是一场别有用心的符号编码过程，金山寺“高僧降蛇”符号经历了水陆法会仪式行为叙事的初构，僧蛇斗法传说，尤其是“白蛇传”传说语言叙事的强化，以及法海洞、白龙洞等传说景观叙事的再生产等三种叙事形态的合力建构，从而使得金山寺在众多有着僧蛇斗法传说的寺庙中脱颖而出，成为“高僧降蛇”文化的代表性佛教景观。

一　水陆法会：仪式行为叙事对“高僧降蛇”文化的初构

水陆法会又称水陆道场、悲济会，全称为“法界圣凡水陆普度大斋胜会”，是汉传佛教在寺庙中举办的最为隆重的经忏法事，以供奉饮食为主，用以超度水陆一切鬼神。主要有三个目的，一是为亡者幽灵做追善菩提；二是把施食功能回向于施主及其眷属，藉此得以延年增福；三是救济六道所有众生。② 金山寺为水陆法会祖庭③。据《至顺镇江志》记载：“梁武帝尝临寺（即金山寺），设水陆法会。”④ 清光绪《金山志》记录了具体时间：

---

* 作者系江苏大学中文系教师。

① Yu. M. Lotman, B. A. Uspensky, “On the Semiotic Mechanism of Culture”, George Mihaychuk (trans.) *New Literary History*, *Soviet Semiotics and Criticism*: *An Anthology*, 1978, vol. 9, No. 2.

② 李小荣：《水陆法会源流略说》，《法音》2006 年第 4 期。

③ 今金山“江天禅寺”门前挂有“水陆法会祖庭”之牌。

④ （元）俞希鲁：《至顺镇江志》，江苏古籍出版社 1999 年版，第 366 页。

"梁天监四年，即金山修水陆会。"[①] 水陆法会盛行于宋代。北宋熙宁年间（1068—1077），有进士杨锷根据梁武帝仪文撰成《水陆仪》三卷，盛行于当世。宋元丰七、八年（1084—1085），佛印（了元）禅师住金山时，有海贾到金山寺设水陆法会，佛印亲自主持，影响颇巨，由此，"金山水陆"驰名，并被后人视为水陆之极。[②] 元祐八年（1093），苏轼作《水陆法像赞》十六篇，以悼念亡妻王氏，世称"眉山水陆"，其引文中称："在昔梁武皇帝，始作水陆道场。"[③] 径山元叟行端在《朝廷金山作水陆升座》法语中记载道，元代延佑三年（1316），朝廷设水陆法会于金山寺，命江南教、禅、律三宗诸师说法，参加僧众一千五百人。[④] 至治二年（1322）所修水陆法会规模尤大。正印禅师在《金山大会归上堂》中记载："金山大会，诚非小缘，山僧得与四十一善知识，一千五百比丘僧，同入如来大光明藏，各说不二法门，共扬第一义缔。"[⑤] 今天现行的水陆法会仪本为清代仪润所撰的《法界圣凡水陆普度大斋胜会仪轨会本》，共计六卷。水陆法会具有历时长（多则 49 天，少则 7 天）、规模大（参加的僧人可达千人，一般也需要 300 人左右）、法事全（凡佛教各种常见法事都包括在内）、艺术性强（音乐、水陆画等）等特点，它不仅属于宗教范畴，更是中国传统文化的重要组成部分，2014 年，金山寺水陆法会音乐入选第四批国家级非物质文化遗产名录，充分肯定了金山寺作为水陆法会祖庭的佛教地位以及水陆法会这一宗教仪式的文化价值。

关于梁武帝在金山寺首设水陆法会的缘由，文献主要有两种不同的记载。一是源于高僧托梦。宋宗鉴《释门正统》卷四记载："所谓水陆者，因梁武帝梦一神僧告曰：六道四生，受苦无量，何不作水陆大斋以普度之……遂于镇江金山寺修设。"[⑥] 《金山志》引《释宏乘名胜录》亦云："梁武帝梦僧，告曰：六道四生幽囚者众，何不建水陆大斋而济拔之？帝既寤，诏十大高僧，披寻大藏，撰成仪文，始于金山建此大会。"[⑦] 这一类记载表明梁武帝设水陆法会乃是源于高僧指点，目的是普度众生。

另一种说法则是将武帝设水陆法会的初衷与郗后相连。据《南史》卷十二《武德郗皇后》篇记载，武德郗皇后讳徽，高平金乡人也。齐建元末，嫔于武帝，三十二岁殂。"后酷妒忌，及终，化为龙入于后宫井，通梦于帝。或见形，光彩照灼。帝体将不安，龙辄激水腾涌。于露井上为殿，衣服委积，常置银鹿庐金瓶灌百味以祀之。"[⑧]《南史》文字简洁，但也为"郗后化蛇"传说以及设水陆法会的降蛇仪式铺设了基本叙事框架：郗后生前好妒，死后化为龙形，曾托梦或面见武帝，武帝以佛事祭祀之。

宋人编写的《六朝事迹编类》卷九《灵异门》中，收录了一篇题为《郗氏化蛇》的传说，它进一步渲染了郗氏化蛇的痛苦，并详细记录了武帝于金山设水陆法会的过程：

---

① （清）卢见曾：《金山志》第 1 卷，文海出版社 1975 年版，第 76 页。

② 心斋：《金山：第一水陆法会》，《中华遗产》2007 年第 5 期。

③ （宋）苏轼：《苏轼散文全集》，今日中国出版社 1996 年版，第 958 页。

④ 行悦：《列祖提纲录》卷十六之径山元叟行端：《朝廷金山作水陆升座》法语。

⑤ 宗颐：《水陆缘起》，转引自中国佛教协会编《中国佛教》第二册，知识出版社 1982 年版，第 384 页。

⑥ 苏金成：《水陆法会与水陆画研究》，《南京艺术学院学报》2006 年第 1 期。

⑦ （清）卢见曾：《金山志》第三卷，文海出版社 1975 年版，第 156 页。

⑧ （唐）李延寿：《南史》卷十二列传第二《后妃》（下），中华书局 1975 年版，三三九。

蛇为人语启帝曰："蟒则昔之郗氏也。妾以生存嫉妒六宫，其性惨毒，怒一发则火炽矢射，损物害人死。以是罪谪为蟒耳。无饮食可实口，无窟穴可庇身，饥窘困迫，力不自胜。又鳞甲有多虫唼啮。肌肉痛苦甚剧，若加锥刀焉。蟒非常蛇，亦复变化而至，不以皇居深重为阻耳。感帝平昔眷妾之厚，故托丑形陈露于帝，祈一功德，已见拯拔也。"帝闻之，呜呼感激，既而求蟒，遂不复见。帝明日大集沙门于殿庭，宣其由，文善之最，以赎其苦。志公对曰："非礼佛忏，涤悃款不可。"帝乃然其言。搜索佛经，录其名号，兼亲抒睿思，洒圣瀚，撰悔文，共成十卷。皆采摭佛语，削去闲词，为其忏礼。又一日闻宫室内异香馥郁，良久转美。初不知所来，帝因仰视，乃见一天人，容仪端丽，谓帝曰："此则蟒后身也。蒙帝功德，已得生忉利天。今呈本身，以为明验也。"殷勤致谢，言讫而去。此见梁武忏序。①

化形为蛇的郗氏向武帝细数蟒身之苦、解脱之急，武帝由此而诏金山寺高僧撰仪文而设水陆法会，使其摆脱蟒形，得以超度。明末冯梦龙拟话本《喻世明言》第三十七卷《梁武帝累修归极乐》一文对此亦有详细的描述。在冯梦龙的小说中，郗后并非面见武帝，而是托梦以陈其化形为蛇的原因与痛苦：

末后到一座大山，山有一穴，穴中伸出一个大蟒蛇的头来，如一间殿屋相似，对着梁主，昂头而起。梁主见了，吃一大惊，正欲退走，只见这蟒蛇张开血池般口，说起话来，叫道："陛下休惊，身乃郗后也。只为生前嫉妒心毒，死后变成蟒身，受此业报。因身躯过大，旋转不便，每苦腹饥，无计求饱。陛下如念夫妇之情，乞广作佛事，使妾脱离此苦，功德无量。"……梁主道："朕回朝时，当与汝忏悔前业。"蟒蛇道："多谢陛下仁德，妾今送陛下还朝，陛下勿惊。"说罢那蟒蛇舒身出来，大数百围，其长不知几百丈。梁主吓出一身冷汗，醒来南柯一梦，咨嗟到晓。②

上文还明确指出："《梁皇忏》者，梁主所造，专为郗后忏悔恶业，兼为众生解释其罪。"水陆法会设在金山寺，而参与水陆法会筹备、撰文的高僧则主要来自金山寺。《金山志》卷三《方外》记载了金山寺僧人宝志"天监中同僧祐建水陆大会于金山"，僧祐"天监四年奉诏金山证明水陆仪文建大会"，③ 郗后死后化形为蛇、梁武帝设水陆法会为之超度，从而开启了佛教盛典——水陆法会仪式的传说，表明水陆法会最初就是一场由金山寺高僧主持的大型降蛇仪式，是金山寺"高僧降蛇"文化的初构。

东汉末年开始进入长江流域的佛教，首先面临的便是如何战胜江南地区普遍存在的蛇信仰。早在新石器时代，吴越地区已存在蛇信仰，河姆渡文化、崧泽文化和良渚文化出土陶器的几何纹饰便是当地人对蛇信仰的抽象化表达："更多的几何图案是同古越族的蛇图腾崇拜有关，如旋涡纹似蛇的盘曲状，水波纹似蛇的爬行状等。南方地区几何印纹陶文化

---

① （宋）张敦颐撰，王进珊校点：《六朝事迹编类》，南京出版社1989年版，第72—73页。

② （明）冯梦龙：《喻世明言》第三十七卷《梁武帝累修归极乐》，中华书局2009年版，第357—358页。

③ （清）卢见曾：《金山志》卷三《方外》，文海出版社1975年版，第155—156页。

的分布范围正是古代越族的活动区域，南方印纹陶的几何图饰是其民族的图腾同样化的结果。”① 在新石器时代之后的考古发掘中，仍然有很多青铜器上出现蛇纹图案，这说明蛇崇拜在吴越地区一直得以延传。据姜彬先生研究，“到了河姆渡时期，这种信仰出现了一个新的开端，那就是河姆渡人的稻作农业和蛇崇拜发生了联系，这加强了河姆渡人和良渚人对蛇崇拜的信仰，在吴越稻区这种信仰一直沿续到近代”。② 江南水稻种植忌鼠害，而蛇则是鼠类的天敌，江南稻作文化的背景更加强化了江南蛇信仰。此外，在江南杭嘉湖地区，民间除了种植水稻之外，养蚕缫丝业也较为普遍，蚕与水稻一样，害怕鼠类，因此，蚕农对蛇也有着特殊的崇拜情感。在江南地区，蛇王庙、蛇王殿是民间开展蛇崇拜仪式的重要场所。比较著名的有苏州娄门城头上的蛇王庙，庙中没有神像，在梁柱上刻着大大小小的蛇，蛇神还处在自然状态的阶段。此庙在 1958 年拆城时被废弃。正是在江南较为普遍的蛇信仰的地方文化背景下，佛教在进入江南并扎根江南的过程中，逐渐采取了一系列与江南蛇信仰相抗衡的举措，其中，不乏以降蛇仪式来开展的仪式行为叙事模式。

类似于郗后化形为蛇的传说也同样记录在雷峰塔附近。雷峰庵广慈大师便曾为一名生前恶毒、死后化蛇的妇人做法事超度。③ 正如吴真在研究佛道相争的叙事策略时所指出的，佛教对地方民间崇拜的征服往往体现在降服蛇怪的叙事模式上，制度性宗教从未放弃改造（或者说降服）巫觋传统的民间信仰的努力。④ 金山寺高僧降蛇的叙事模式首先便体现在水陆法会这一佛教盛典之中，它以仪式行为的叙事形态开启了金山寺高僧降蛇文化的第一篇，以水陆法会祖庭的独有地位赋予了金山寺高僧超群的降蛇法力，为金山寺高僧降蛇传说奠定了信仰基础。

二　僧蛇斗法：语言叙事对“高僧降蛇”文化的强化

金山寺的降蛇传说最早起源于唐代，所涉高僧主要集中于唐代的灵坦、裴头陀以及法海禅师。《金山志》记载了一则唐灵坦禅师驱伏巨蟒的传说：“今泽心也，其山北有一龙穴，常吐毒气，如云有近者多病或死，坦（唐灵坦禅师）居之，毒云遂灭。”⑤ 释行海《金山龙游禅寺志》有类似的记载：“唐天宝中，有广陵灵坦禅师，初于江心金山之北入定蟒洞，降蟒归海，乃重开山为禅宗之始焉。”⑥ 清光绪《丹徒县志》记载的金山寺降蛇高僧则是裴头陀：“相传裴头陀开山得金处，昔有蟒盘踞其中，头陀驱去之。”⑦ 南宋诗人林景熙在其七律《金山寺》中也提及了金山寺高僧制服水怪的传说：“衲寄云林青海怪，泉移蛟窟照僧闲。”元人章祖程对此二句注解道：“寺僧相传，在先江中蛟鼍出没，不时

---

① 陈江：《图腾制度反映的古代部落与考古文化的吻戏》，《南京博物院集刊》1984 年第 7 期。

② 姜彬主编：《稻作文化与江南民俗》，上海文艺出版社 1996 年版，第 516 页。

③ （宋）章炳文：《搜神密览》之《化蛇》，见《续修四库全书》，第 1246 册，上海古籍出版社 1995 年版，第 600 页。

④ 吴真：《降蛇——佛道相争的叙事策略》，《文化研究》2006 年第 1 期。

⑤ （清）卢见曾：《金山志》（十卷），文海出版社 1975 年版，第 157 页。

⑥ （清）释行海：《金山龙游禅寺志》（上），见《中国佛寺志丛刊》第 49 册，江苏广陵古籍刻印社 1996 年版，第 27 页。

⑦ （清）吕耀斗等撰，冯寿镜、何绍章修：《光绪丹徒县志》（一），江苏古籍出版社 1991 年版，第 68 页。

兴波为患，后有神僧以袈裟镇之，始息。”[①] 这些记载集中指向的是金山蟠巨蟒、高僧来驱伏的传说，显示了金山寺高僧的降蛇法力。

除了各类文献记载之外，金山寺高僧降蛇的传说还在地方民间口头中流传，其中，有一则白蟒还山的传说，充分表达了佛教对地方民间信仰的征服姿态。据说，在法海准备上金山之前，镇江、瓜州一带盛传这座山上有一条几丈长的会吃人的白蟒蛇，但是，法力高超的法海并不惧怕白蟒，还是决定上山。就在他向山上走的时候，迎面来了一位手持龙头拐杖的老人，老人见了法海便鞠躬道：“我的主人到了。”夜间，老人又托梦说：“我是山上的一条白蟒蛇，在山上有一千多年了，这山应该是你的，我现在交给你了，现在这山脚东南角上有五坛金子，五坛银子，你可以把它挖出来。”天明后，法海挖出金子，并献给朝廷，从此，这山便叫金山，朝廷让法海用挖来的金子修整寺庙，即金山寺。法海觉得白蟒蛇对金山寺有恩，所以，度白蟒蛇归入佛教。[②] 这则传说的讲述者原是一名僧人，故事带有鲜明的佛教和地方蛇信仰争夺信徒的宗教意味。

此外，《金山志》和《金山龙游禅寺志》还分别记录了一则更为具体的僧龙斗法故事：

> 往有高僧呼龙曰：“汝能现身乎?”龙即现一头如山。僧曰：“汝能大，却不能小，能入吾钵中乎?”龙即入钵中。僧曰：“汝能出乎?”龙百伎莫能出。僧因与之说法，降其毒恶。即今顺济龙王，是为本山伽蓝之一。[③]

高僧降服巨蟒的传说显然是印度佛教故事在中国的变体，可以追溯至佛教因缘故事，其原型应该是佛教创始者佛陀收伏三迦叶。该故事详细记载于《佛本行集经》,[④] 在克孜尔石窟中亦有相应的壁画，宫治昭对该壁画做了描述：“手执白蛇蹲钵的佛陀，同时在圆形背光的外周绘有水鸟和莲的水流，此场面似乎是表现佛陀在尼莲禅河边，对三迦叶显示降伏毒龙的故事。”[⑤] 除了佛陀钵收毒龙的因缘故事之外，《法苑珠林》中还记载了一则类似的典故：某城中有一悭吝长者，死后化为毒蛇亦要谨守财宝，众人便请佛祖前去调服毒蛇，佛祖对毒蛇讲完前世因果，毒蛇醒悟，主动入佛祖钵中。[⑥] 佛祖钵收毒龙的故事直接影响了金山寺高僧降蛇传说的演变，这一细节更为“白蛇传”传说情节的发展提供了线索，发展成法海以金钵收伏白蛇的叙事模式。“白蛇传”传说中的金山寺高僧收伏蛇精的故事，其实正是对金山寺既有宗教地位与传说故事的黏附。传说以金山寺作为江南佛教的宗教圣地，以唐灵坦法师、裴头陀等金山寺高僧为原型，以金山寺盛传的“高僧降蛇”

---

① （宋）林景熙：《金山寺》，收录于《霁山集》，中华书局1960年版。

② 《法海的传说》，口述人：孔繁珠（惟宽和尚），男，67岁，现在兴化县竹泓公社竹三大队务农；记录人：吴林森、方范、康娟；讲述时间：1981年8月8日夜晚，收录于《白蛇传》资料本，江苏省镇江民间文学工作者协会镇江分会，第67—70页。

③ （清）卢见曾：《金山志》（十卷），文海出版社1975年版，第212页。（清）释行海：《金山龙游禅寺志》（下），见《中国佛寺志丛刊》第50册，江苏广陵古籍刻印社1996年版，第308页。

④ （隋）释阇那崛多译：《佛本行集经》，南昌刻经处，清光绪三十年刻本，卷四十一，第一页。

⑤ 宫治昭撰，唐启山译：《论克孜尔石窟——石窟构造、壁画样式、图像构成之间的关联》，《敦煌研究》1991年第4期。

⑥ （唐）道世：《法苑珠林》卷第七十八，上海古籍出版社1991年版，第555—556页。

故事为基础，成功塑造了手持金钵、维护正义的高僧形象——法海，这正是传说对地域景观既有文化史的借鉴与“地方性知识”的表达。

在金山寺“高僧降蛇”文化建构的过程中，文人叙事的参与强化了金山寺的宗教力量，并为其建构了最具独特魅力的景观话语。明末冯梦龙拟话本《白娘子永镇雷峰塔》（以下简称“冯本”）以金山寺高僧“法海”取代了龙虎山道士“奚真人”，并在具体情节的安排上，体现出白蛇对金山寺高僧的畏惧心理。许宣去金山寺烧香之前，白娘子与其约法三章：“一件，不要去方丈内去；二件，不要与和尚说话；三件，去了就回。”之后因许宣未归，白娘子与青青乘船来金山寺，遇见法海，白娘子急忙“摇开船，和青青把船一翻，两个都翻下水底去了”。[①] 白蛇“不战而逃”的细节从侧面烘托了金山寺高僧的高超法力，进一步强化了金山寺作为江南禅宗道场的独特地位。清中叶“梨园旧抄本”依据金山寺特殊的地理位置（四面环水）又为传说进一步的情节想象提供了地理性的因素。方成培戏曲本《雷峰塔传奇》（以下简称“方本”）沿用“梨园旧抄本”的金山“水斗”情节，将金山寺这一地域性景观由单纯的宗教背景发展为传说至关重要的矛盾高潮——水漫金山。

但值得注意的是，尽管“方本”中的白娘子为寻回许宣而力战法海，从而引发了水漫金山，然而，在水斗之前，白娘子告诉小青：“这金山寺中有个法海禅师，法力无边，不比凡僧。”[②] 由此可见，白蛇惧怕金山寺高僧的心理并未改变。“方本”的水漫金山一方面是为了以轰轰烈烈的战斗场面强化情与理的矛盾纠葛，并为白蛇的悲剧结局埋下不可饶恕的罪孽，另一方面水漫金山以白蛇与法海的正面冲突表现出了金山寺高僧收伏妖魔的法力以及对家庭伦理的重视。“水斗”中，白蛇掀起江水，“江中水势大作，一直漫上山来”，法海从容淡定：“不妨。此乃妖魔法术，把我这袈裟，罩住山头，水势自然退出矣。”[③] 这正是借“袈裟镇山”传说展示了金山寺高僧的伏魔法力，同时，法海以白蛇“腹中有孕，不能收取”的佛家慈悲表明了佛法对家庭伦理的尊重。因此，从这一视角出发，水漫金山其实正是以白蛇为个人私欲而丧失理智的“妖性”反衬出金山寺高僧的法力无边，以及明确表明佛家收妖与家庭子嗣传承并不矛盾，水漫金山情节着力塑造的是金山寺高僧的正面形象。

至此，传说依托金山寺的宗教传统、佛教故事，以语言为媒介建构了金山寺高僧除妖降魔、慈悲为怀、尊重家庭伦理的宗教话语，并以水漫金山这一激烈的“斗法”故事使金山寺在众多“高僧降蛇”的寺庙传说中脱颖而出，成为金山寺最具传奇魅力的景观文化。正是在传说语言叙事的景观建构中，水漫金山被定格为“白蛇传”传说最具冲突的审美性母题，在历代文人改本、地方戏曲、民间口传以及民间工艺中，以《水漫金山》《水淹金山寺》《金山寺》等为题的情节、曲目、工艺作品得到了最为普遍的演绎与广泛的传播，甚至在颐和园彩色画廊的枋梁上亦绘有“水漫金山”的画面，而颐和园“颐乐殿”展示的为慈禧太后表演的戏曲名册中，选取的也正是名为《金山寺》的曲目。可见，“白蛇传”传说在对金山寺既有文化传统沿承之外，还以更有戏剧矛盾张力的情节为传说

---

① （明）冯梦龙：《白娘子永镇雷峰塔》，收录于《警世通言》第二十八卷，中华书局2009年版，第290页。

② （清）方成培撰，李玫校注：《雷峰塔》，华夏出版社2000年版，第131页。

③ 同上。

建构了更为独特、更具感染力的景观话语，进一步强化了金山寺“高僧降蛇”的文化符号。

三　法海洞与白龙洞：景观叙事对“高僧降蛇”文化的再生产

金山寺古无“法海洞”，今之“法海洞”是景观生产者依据“白蛇传”传说的语言叙事，对金山寺既有景观“裴公洞”加以改造和命名而生产出来的传说景观。[①] 金山寺围绕“白蛇传”传说而开展的“法海洞”景观生产是一场充满地域文化与佛教文化的景观叙事，是对“白蛇传”传说语言叙事形态的景观转化与地域创新，其试图传递的核心文化符号仍然是“高僧降蛇”。因此，法海洞这一传说景观其实就是景观生产者对金山寺“高僧降蛇”文化的再生产。

传说景观生产是以传说的语言叙事为记忆前提与叙事原型而进行的传说景观转化行为。就法海洞的景观生产而言，“白蛇传”传说的核心人物——法海——是传说景观生产赖以记忆的语言叙事形态。在“白蛇传”传说的语言叙事中，法海这一人物形象经历了由明清时期宗教话语和道德话语中的正义使者，到“五四”时期文化话语中的守旧力量，再到革命话语和当代民间话语中的反动势力的演变过程。因此，法海的形象充满流动的变异性，在不同的文化语境与时代背景下，有着不同的改写与传播，尤其是在现当代文化与革命话语的历史范畴中，在精英文人如鲁迅、田汉等文学创作的影响下，法海的负面形象得到了更多的传播，被定格为一个破坏他人婚姻的恶魔。然而，作为金山寺认定的第二代开山祖师，传说中法海的负面形象难以得到金山寺僧众的认同，他们对由“白蛇传”传说改编而成的电视剧、电影的场景拍摄也较为排斥，并努力通过对法海洞的景观再生产，试图重构一个高僧降蛇的正面形象。法海正面形象的重构，即法海洞的景观生产主要是通过法海洞门前的简介、洞内的法海石雕像，以及金山寺导游的导游词等多维元素构成的景观叙事体系来实现的。其中，法海洞门前的景观简介，点明法海乃唐宰相裴休之子的高贵身份，以及他燃指一节、获金建寺、寺成远去的高尚品质，讲述的是一个地方历史记忆和佛教集体记忆中的高僧形象；法海洞的核心景观，即法海石雕坐像是一个与“冯本”较为一致的慈祥高僧，表明了金山寺围绕“白蛇传”传说而生产的传说景观是对法海高僧形象的选择性记忆，坚持以实体景观默默地讲述冯梦龙笔下具有降蛇法力的佛教传奇人物，表明了景观生产者即金山寺僧众对法海禅师的敬仰与维护；导游词是以景观为视觉叙事元素而进行的口头语言叙事，是传说景观对传说口头讲述的生产。传说的景观生产借助现代旅游，以传说的语言叙事形态、仪式行为叙事形态为记忆前提，以传说景观建筑为主要叙事元素，结合导游词，在实现民俗旅游、传说旅游的同时，一定程度上，也是对民间文学类非遗项目的一种积极的传承。金山寺的导游词一致强调的是法海建寺的壮举、法海是唐朝人而非宋朝人的年代身份、法海降蛇的传说等，这些围绕法海洞而讲述的景观传说既是对“白蛇传”传说的补充与修正，同时更是一场围绕传说景观而展开的新的语言叙事，投射了传说的语言叙事、仪式行为叙事和景观叙事三者之间互为生产的逻辑互动关系，同时，这三种叙事形态的生产过程也是对传说景观文化符号的建构过程。

---

① 参见拙作余红艳《走向景观叙事：传说形态与功能的当代演变研究——以法海洞与雷峰塔为中心的考察》，《华东师范大学学报》（哲学社会科学版）2014 年第 2 期。

除了对高僧修行处所——法海洞——进行“高僧降蛇”文化符号的再生产之外，金山白龙洞也是“高僧降蛇”文化符号的叙事元素。白龙洞位于今镇江金山西北山脚下的玉带桥旁，正对着御码头，在朝阳洞左侧。洞口高约两米、宽不足一米，洞内空间狭小，约三、四平方米。在其右侧底部，有一条狭长的小石洞，可供七八岁的孩童匍匐爬行。在洞口的上方，还刻有一行醒目的红色文字：根据传说，此洞直通杭州西湖。在白龙洞外右侧，立有一块石碑。碑上刻有白龙洞简介：

> 宋朝《高僧传》载：此洞内原有白蟒，吐毒气如烟蕴，人过则亡。唐高僧灵坦入洞参禅，大蟒归海而去。民间传说由此可通杭州西湖断桥。

除此之外，在白龙洞外左前方，约十米开外，靠近玉带桥的方向，竖立着两尊并肩站立的两米多高的石像。石像面朝白龙洞方向的江水，是古代女子的装扮。个子略高的一位身披白色披风，右手微微举起，注视着远方；个子略低的一位，则身着青色披风，右手执剑。毋庸置疑，无论是白龙洞简介中提及的“民间传说”、洞内所刻写的“根据传说”，还是洞外竖立的白、青二位女子的塑像，都鲜明地指向“白蛇传”传说。然而，在整个白龙洞景区，却无一处提及“白蛇传”传说字眼。为何白龙洞景观对“白蛇传”传说多处暗示，却又游离回避？白龙洞的“白蛇传”传说景观缘何呈现出如此暧昧的生产态度？

这与白龙洞在“白蛇传”传说中的核心情节密切相关。自民国时期梦花馆主将白龙洞首次纳入“白蛇传”传说的叙事框架之后，民间传说结合白龙洞原有的“白蟒化海”传说，将白龙洞演绎为法海与小青大战而败，最终变成一个蟹和尚的失败的战场：

> 白龙洞里有一个小洞，狭长狭长的，可以通到杭州西湖呢。小青就是在洞里等法海，终于把法海打败了。①

> 法海洞在上面，是法海修行的地方，白龙洞在下面，是白娘子修行的地方。这个洞可以通到杭州，许仙被法海关在金山寺，不把回家，一个好心的小和尚，告诉许仙，从这个洞钻进去，就爬到了西湖。②

在这些传说中，与白龙洞相关的情节主要包含如下几个方面：一是白龙洞可以直通杭州西湖；二是白龙洞是法海与小青打斗的场所；三是法海战败。这几个内容均是将感情投放在白娘子、小青和许仙的身上，对法海更多的是厌恶甚至憎恨，表达了民众对美好爱情的向往与同情。显然，此类白龙洞传说不利于树立金山寺高僧法海的正面形象，对于将法海视为开山祖师的金山寺僧众来说，是一个不愿承认也不愿提及的负面传说。在此，我们不妨借用美国人类学家罗伯特·雷德菲尔德（Robert Redfield）所提出的大小传统的分析概念。对流淌于民间口传的白龙洞传说而言，记载于《金山志》《宋高僧传》，以及各类

---

① 被访谈人：王女士，67岁，镇江人；访谈人：余红艳；访谈时间：2012年7月15日；访谈地点：镇江市五条街附近。

② 被访谈人：周女士，65岁，镇江人；访谈人：余红艳；访谈时间：2012年7月15日；访谈地点：镇江市五条街附近。

地方志中的高僧降蛇传说，某种意义上，具有代表地域或宗教正统文化的大传统意味，而民间流传的白龙洞法海狼狈惨败的传说则属于小传统的范畴。小传统深受民间传说“白蛇传”传说的主题影响，表现出对法海的憎恨和对白娘子、许仙的同情，因此，联系到白龙洞的白蟒传说，使得白龙洞成为了白蛇的修行处所，而法海却丧失了除妖降魔的法力。

民间传说是一种地方性话语，是地方民众历史观、价值观的重要载体。但是，民众又并非是一个均质的抽象的概念，他们也有着不同的价值立场与自身的身份属性。在“白蛇传”传说的讲述与传播对象中，就存在着普通民众与宗教信徒之间的区别。笔者在金山寺访谈的时候，金山寺僧人就一致表示，法海是金山寺开山祖师，法海洞是法海修行的处所。而对白龙洞，则明确表示曾有毒蟒居住，后被金山寺高僧（灵坦或法海）收服：

> 传说那是瞎说的，白龙洞门口的简介不是写了吗？白龙洞里原来住着一个大白蟒，有毒，害死很多人，是法海和尚赶走了它。①

但是，法海亦是文人借助金山寺高僧降蛇传说，虚构出来的“白蛇传”传说中的人物形象。金山寺愿意接纳法海，弘扬其收服妖蛇的高超法力，并奉其为第二代开山祖师，极力维护其正义形象，而对白龙洞则采取了相反的态度，否定其与“白蛇传”传说的关系。在白龙洞的简介中，宣传的也主要是金山寺高僧降服毒蟒的记载，而对“白蛇传”传说则遮掩回避，这一充满矛盾的景观生产态度恰恰投射了民间传说宗教类景观生产的信仰主题，也明确表达了金山寺以景观为叙事载体重构“高僧降蛇”文化符号的信仰态度，这一态度还体现在金山寺对法海洞和白龙洞景观生产的不同重视程度上。法海洞自20世纪80年代以来，经历多次修葺，几乎每一次金山寺的大型整修工程，法海洞都会包括在其中。在法海洞门内，设有专职值班的僧人和功德箱，洞内除了塑有法海石像之外，还供奉了一尊观音像。在问及为何会在法海洞内供奉观音时，法海洞僧表示，观音是菩萨，法海是高僧，所以就供奉在一起了。② 显然，在金山寺僧众的心目中，法海是功德圆满的得道高僧。与之相反，白龙洞则较少得到关注，在笔者针对法海洞和白龙洞这两大景观的游客游览情况的调查中，我们发现，80.3%的金山寺导游表示，一般只会带游客参观法海洞，几乎不去白龙洞；65.4%的游客表示，并不知道白龙洞在哪儿。③

法海洞与白龙洞作为“白蛇传”传说的信仰景观，有着各自的景观符号。法海洞是降蛇高僧的修行地，是重构法海正面形象的重要景观；而白龙洞则有着较为复杂的景观文化，它既是白蛇的修行洞府，是江南地区的蛇信仰景观，但同时，它又是金山寺既有的“高僧降蛇”传说景观，以及“白蛇传”传说中法海战败的负面景观。因此，白龙洞景观生产便表现出较为多元的叙事主题。然而，在其纷杂的景观叙事元素中，我们仍然可以看

---

① 被访谈人：法海洞内僧人；访谈人：余红艳；访谈时间：2013年3月12日；访谈地点：金山寺法海洞。

② 被访谈人：法海洞内僧人；访谈人：余红艳；访谈时间：2012年10月15日；访谈地点：法海洞内。

③ 数据来源于笔者针对法海洞、白龙洞的游客游览情况所做的问卷调查。作者简介：余红艳（1979—　），女，江苏阜宁人，江苏大学中文系副教授

出，白龙洞景观对“白蛇传”传说的暧昧态度显然是出于对高僧形象的坚定维护，是金山寺“高僧降蛇”景观叙事的重要载体，是在文化选择之后的符号编码。

镇江金山寺在佛教信仰与“白蛇传”传说的双重生产中，借助传说广泛深入的社会影响力，以水陆法会的降蛇仪式、“白蛇传”传说的僧蛇斗法语言叙事，以及法海洞和白龙洞的景观叙事等多维叙事形态共同架构了一个立体化的叙事体系，并在景观符号的选择与遗忘中，进一步强化了镇江金山寺“高僧降蛇”的景观文化符号。

（原载《广西民族大学学报》（哲学社会科学版）2015 年第 6 期）

传说形象的生活化功能

——作为互动媒介的秃尾巴老李

李　然*

【摘要】“秃尾巴老李”作为山东人的保护神，是地域文化中一个具有特定意义的符号，在民众的现实生活中承载着诸多功能和作用。以传说形象为切入点，将传说放回到生活的具体场域，尤其是人与人的互动过程，描述秃尾巴老李传说中包含着的众多真实且与讲述者和听众都息息相关的信息和情感，探讨该传说形象作为一种沟通的媒介符号，在民众生活世界的互动中承担重要责任。

【关键词】秃尾巴老李　传说　互动　媒介

作为中国民间文化中极具生命力的一种形式，传说以其鲜活的角色形象、错综的情节单元、深厚的生活感染力在文化传承中生生不息。传说的背后蕴含着人类共同的思维逻辑和深刻的心理结构，反映并满足着人类各种实际的或象征性的需要。

在民间传说一系列家喻户晓的形象中，“秃尾巴老李”作为山东人的保护神成为特定地域文化中一个意义符号，承载着诸多功能和作用。他是心理安慰剂，在无法预知的天灾面前赐予人们实际的帮助；他是词语释义，可以解释众多超自然现象的渊源；他是信仰的对象，传承着相关的民俗知识与节日仪礼，直接影响着传统社会中人们的生产与生活。他的故事涉及到人生中难以躲避的很多话题，涵盖着人类思维中常见的二元对立结构：生存和死亡、幸福与灾祸、顺利或艰难；其相关信仰活动又经常联系着家族或村落的权力与义务、秩序与规则。本文将传说放回到生活的场域，通过描述秃尾巴老李传说中包含的众多真实且与讲述者和听众都息息相关的信息和情感，探讨该传说形象在民众实际生活中的具体功能，尤其是作为一种沟通的媒介，其在民众生活世界的互动中承担重要责任。

一　传说形象具有互动媒介功能的必然性

众所周知，民间传说是由集体创造、流传的，它所描述的人物及风物形象具有鲜明的地方性和民族性，其内容有一定的教育和娱乐功能。追溯、探究它的创造起源、创作方式、传播渠道及传承心理，不难发现，历经时光洗礼而久传不衰的传说形象，其所具备的

* 作者系山东财经大学法学院讲师。

互动媒介功能是与生俱来的必然产物。

1. 生活历史塑造的传说形象。

调查资料显示，“秃尾巴老李”的传说故事大多牵涉某个家族或村落的起源，换言之，“秃尾巴老李”就诞生在中国古朴的传统村落中，并在此留下了这样那样的印迹与故事。如在诸城传说中：

> 没尾巴老李出生后，吓死了母亲，被父亲砍断了尾巴，一溜烟就往东北跑，尾巴拖拉着划出了一道大沟，被人称为黑龙沟。也有说法是每年五月十三秃尾巴老李母亲的忌日，它都要回山东上坟。大旱时，他就泪流满面，大雨倾盆；涝天时他的泣声小，雨就小。有一年，老李实在控制不住思母之情，放声大哭，平地涨水。老李十分内疚，嗖的一划，划出大沟一道，雨水流进沟内，消除了涝灾，这条沟就被人叫作了黑龙沟。明初，山西移民到诸城黑龙沟附近的人，听到没尾巴老李的传说后，都把自己的居住地命名为黑龙沟，新出现了赵家黑龙沟、孙家黑龙沟、刘家黑龙沟、小黑龙沟、大黑龙沟等一溜黑龙沟。①

在历史追溯中成型的传说人物与村落、家族、地理风貌有机结合，自然而然地成为人们记忆时间和场域的标志，在人群交流中承担着重要的作用。

2. 传说形象富含生活细节。

传说以口耳相承为基本传播途径，因此，个人在传说的叙述中会有意或无意地增添日常化的情节和生活中的情感，以便于记忆和流传。秃尾巴老李传说的很多分支故事中都包含着真实的、有价值的、与讲述者和听众都息息相关的信息和情感。因此在民众的现实生活，尤其是人群之间的互动过程中，其很容易作为常见的沟通符号搭建起人与人之间的交流桥梁。

> 第二年，秃尾巴老李干脆不种庄稼了。掌柜的知道他不是凡人，都不管他。一天，他说要去种荞麦。掌柜的就给他些荞麦种，他就满山扬。没歇儿的功夫，天就下雨了，掌柜的一看，满山遍野长满了荞麦。干了二年，掌柜的就发了财。（烟台传说）②
>
> 到下晚年幼的拾柴禾的，下山了，找个石崖蹲着去了。他哎打个滚，摇身一变，变条大黑龙，“哧哧”地两爪子，抓一大堆，打滚又变人，捆上挑了回家。（费县传说）③

由此可见，“秃尾巴老李”这一传说形象具有浓郁的生活气息，它来源于乡土，熟悉民间的人情世故，能够为乡邻的农业劳作发挥自己的作用，寄寓着乡村生活理想与愿望，传说形象与乡村息息相关，与乡党声气相投，应该说，其所具有的生活化功能是一种自然属性。

---

① 诸城市：《诸城非物质文化遗产申报书》，2006年。

② 中国民间文艺家协会山东分会编：《秃尾巴老李的传说》，内部资料，1988年，第72页。

③ 同上书，第361页。

二　“秃尾巴老李”在家族互动中的功用

传统社会中，“秃尾巴老李”以突出的灵验辅助了农业生产，为乡村和乡亲带来实际的恩惠，备受推崇。现实生活中，作为传说形象的“秃尾巴老李”，其具体功用已远远超出了佑护风调雨顺、平安出行等表象性范畴，从深层次的心理状态来剖析其作为核心内聚力以强化家族历史感、作为荣誉象征以提升家族地位的意义，更值得人深思与体味。

1. 作为核心内聚力，强化家族历史感

中华民族早在公元前7000年就已经进入农耕时代，农业直接取资于土地，所以“直接靠农业来谋生的人是黏着在土地上的”[①]，其生活状态亦是世代沿袭，这种黏着与沿袭必然导致民众对传统的无上尊崇。其中，最为强烈的当属祖先和故土意识。一种传统的寻根意识成为全民族的共同心理，每一个家族，都有关于自己来历的故事，通过口耳相传代代留存。

在山东盛传“秃尾巴老李”事迹的地方，民众对其态度很值得玩味。他们并非仅仅将其作为一个地方神灵来崇拜。由于奇特的出身，“秃尾巴老李”在各地都有被当作亲族另眼相看的例子，成为某个家族或村落独有的标志。莱芜市八里沟村的李氏族谱上明确记载着“秃尾巴老李”的出生与功绩[②]。诸城南三里庄村，当地的李氏家族也自称为“秃尾巴老李”的后人，虽然其家谱已于文革时焚毁不见，看不到其神龙祖先的文字记录，但诸城李氏族人至今还保留着拜龙尾、认龙祖的祭祀传统。

> 保存“没尾巴老李”半截尾巴的李姓第一代传人叫李开源，第二代传人兄弟俩，老大李槐、老二李木，后因战乱灾荒，传人断代。清末，李金平的老爷爷（第十二代传人）李龙桦，经过多方查证，去东北将被老毛子抢走的半截尾巴赎回来，然后传给儿子李旭云（第十三代），李旭云又传给儿子李乐春（第十四代），现存于第十五代传人李金平家中。[③]

以“秃尾巴老李”为标志的家族历史，一方面回答了人们寻根的困惑，为自己找到安身立命的根基；另一方面通过勾画祖先筚路蓝缕、创建生活的努力，暗含着对先人的颂扬与纪念，记忆祖先的来历与生活成为每一个孝子贤孙所必做的功课，也是潜意识中与祖先的一种交流，从而获得神灵后人的心理安慰。在将“秃尾巴老李”当作家族文化资源予以利用方面，有的村庄甚至围绕着龙王事迹以及对该地的贡献，形成了包括信仰传统、集体价值观念和具体实物在内的一整套特有的家族文

---

① 费孝通：《乡土中国·乡土本色》，北京大学出版社1998年版，第7页。

② 中国民间文艺家协会山东分会编：《秃尾巴老李的传说》，内部资料，1988年，第101页。

③ 诸城市：《诸城非物质文化遗产申报书》，2006年。

化，可谓做到极致[①]。

2. 作为荣誉象征，提升家族地位

传统中国是一个宗法社会，家族不仅在人们的观念中根深蒂固，还是村落社区的重要组成部分。家族有一定组织和领导系统，对于其内部的个人与小家庭有直接的掌控，并进而对整个村落的秩序与权力分配有所影响。因此，杂姓聚居村落中常常会出现大家族争夺村落权力的现象。为了扩大强化自己家族的影响，可以借助各种各样的手段，经济的实力、政治的地位、繁盛的人丁等，有些特殊的习俗也成为扩大家族声威的有效手段。[②] 在信奉传讲"秃尾巴老李"的地方，其作为一种标志性的文化资源即具有这种功能。

最早从文登龙母开始，很多地方都强调"秃尾巴老李"的族人和家人的力量。"崂山阴岛……以后若干年间，每逢李妻祭日，这条秃尾巴龙总是身挟冰雹和雷鸣光临，周围百姓苦不堪言。纷纷向李根求情，让他向儿子求情。李根无奈，便率众乡亲面向苍天祷祀，望儿子念大地养育之恩，保佑百姓安居乐业。秃尾巴龙好象理解乡邻们的心愿，以后很少来此，从此大地风调雨顺，年年丰收。为纪念它，百姓修起庙宇，塑了它的身像纪念它，四时香火不断。"[③] 诸城南三里庄李氏家族也特别指出向龙王求雨必须要带上姓李的才管用。而费县西蒋与龙王同族的朱姓家族中甚至还流传着朱龙王给自己家里人看孩子的传说。[④] 作为龙王的同族，讲述神的灵异和相应的家族超凡特性，无疑是提高自己家族地位、扩大影响的最直接最有效的手段。

至于其他家族，则通过渲染先祖与秃尾巴老李的特殊情谊，来突出本家族的与众不同。文登张家灌张培芝的讲述中，说自己祖先曾经为"秃尾巴老李"请假探母并因此得到了老李的回报。

---

① 根据光绪年间《东明县志·异闻》所载："冯重礼，其先山西襄垣人。明宏治间，迁居东明二十馀年，有田夫投宿其家，相貌甚古。诘旦，求为佣工。问其姓名，曰：'吾与公同乡里，襄垣人也。姓焦，愿为公佣。'礼留之，凡委任悉称意旨。……三年辞去。礼曰：'后见有期乎?'曰：'试看西北雷震，骤风暴雨，即吾至也。相见终属不便，感公谊，附近四十里不受冰雹，乃所以报公者。'言讫，忽昏雾，少顷，雷声大作，赴西北去。至今呼为龙王冯家。"由于秃尾巴老李（当地叫焦龙王）曾经化为凡人在冯家扛活，龙王冯的冯姓人自称为"龙主"的习俗延续至今，且当地龙王庙里同时还祭祀着冯家祖先，突显了冯姓人作为"龙主"的地位。根据笔者2008年的调查，至今冯姓家族中，还保留着讲述龙王主要功绩的《龙影二十四宫》，俗称"龙谱"或"龙王传"。龙谱有图画二十四幅，配有简略的文字，与冯氏家谱并置代代传承。逢年过节，龙谱、家谱以及画有龙王功绩的轴子常常摆在一起接受冯氏后人的祭拜，已经成为冯氏家族祭祀的重要组成部分。在这里，所有关于秃尾巴老李的信仰传统、祭拜仪式、历史故事以及证物（龙谱家谱）都与家族息息相关，形成一整套家族文化，在日常生活中发挥着现实的功用。

② 在莱芜颜庄镇西港村，有吴姓人不泼汤的习俗。泼汤的意义在当地人看来除了作为祭送逝者的盘缠；更重要的是作为向管理当方的土地老爷的一种报告，以及取得动土埋葬死者的权力。吴姓不泼汤是由于其祖上有一位名人吴来朝，是明朝万历年间山西荣县的知县，吴来朝的三个儿子也均在南方出任高官。既然族中出了这样的高官，且官位比土地老爷还高，当然吴姓族人死后就不需要向土地汇报了，因此不报庙，不泼汤就成为吴姓家族的特殊权力。访谈对象：吴兆祥；访谈人：李浩；访谈时间：2009年4月26日；访谈地点：莱芜市颜庄镇西港村。这种习俗在当地可以说尽人皆知，成为吴姓区别于他姓的自豪之处。附近村落中，也有类似的说法，如"谭家小孩不拜土地，生下来比土地爷大"等，这些习俗旗帜鲜明地昭示着该家族的特殊地位。

③ 中国民间文艺家协会山东分会编：《秃尾巴老李的传说》，内部资料，1988年，第124页。

④ 王成君编：《龙的传说》，内部资料，1988年，第300页。

清家时，俺老太爷在京为官，名呼云龄，字玉九。有一天，张天师邀他做客，他就应邀来到护佐门。……天师说："恁这个乡亲来给你讲个人情，（要）不，我不能叫你家去。"老李，他最孝顺了，……家去了。这是个人情呀，以后，俺老的御官不做了，往家走。他去了，"张某人，你将近就要起程了，我老李没有旁的送你，我送你把伞——天太热了。""不用哇，做什么，咱们乡里乡亲的。"俺老的把这事也没当景啊。起程回家了，走到照旺庄了，想起来了，"你看看老李，在京的时候他就说送我把伞。我这来到家了，我也没看见"。噗啦一声，那块云彩散了——从出京，那块云彩老遮着他的轿，这些轿夫也不热。……等来家以后——"张某人呀，我没有什么打你的人情，我送几个菜畦子给你，你好种小菜吃。"——晚上秃尾巴老李托梦给他。"不用喀，哪好这么的。""崦，我说就算。"第二天大雨，可真把岚子前的小泊吐下来了呢。那村离岚子前六七十里地，那么吐下来了？老辈说，（那泊地）有一千来亩，连树都搬下来，送饭篓子都挂在树上。（文登传说）①

故事套用了文登丛兰为"秃尾巴老李"求情探家的情节，又加上了送地的情节，无形中提升了自家的身份。

作为村落中的一个家族，在激烈的生存竞争中，为了巩固家族在村落和区域中的社会地位，政治、经济实力固然是首要的，然而在一定意义上，利用宗教信仰或其他文化资源的力量也是必需的，其目的无非是借助神的力量维护家族的安全、利益，维系家族内部的团结，扩大家族在村落和区域中的影响。②

三 "秃尾巴老李"的作为群体划分的标志功能

在今天大众传媒无所不在，交通和信息工具强大发达的条件下，"秃尾巴老李"作为知识体系的传承需要已大大降低，但其作为面对面交流互动的工具特性依然强大。在家族、村落等群体内部或群体之间发生互动时，"秃尾巴老李"作为一种文化资源自然就成为重要议题，不仅承担着前述的回忆祖先历史、提升家族地位的责任，而且具有标志性的群体区分功能。

所谓群体，指的是本质上有共同点的个体组成的整体。群体是自古以来人类生存、繁衍的基础条件。人类的思维结构中天然就具有分类的本能，分类需要标准，什么样的标准作为划分人群的依据，人们可以找到各种各样的途径。融合了信仰内涵的秃尾巴老李传说不同于民间故事，他以史实的面貌活跃在民众的生活世界，作为一种文化符号存在于民众的互动之中，因而带有群体心态史的意义，同时某种意义上也具有区分不同群体的标志作用。但由于民众世界中互动的形式与互动者的类型千差万别，"秃尾巴老李"参与其中时必然也体现出不同的侧重。

1. 以保佑家乡为依托，划分本地族群与异地族群。

"秃尾巴老李"是一个在山东境内被普遍认同的地方保护神，其最为民众熟知的就是

---

① 中国民间文艺家协会山东分会编：《秃尾巴老李的传说》，内部资料，1988 年，第 14 页。

② 刘晓春：《一个地域神的传说和民众生活世界》，《民间文学论坛》1998 年第 3 期。

黑龙江上“没有山东人不开船”的习俗传说。在大部分山东民众心目中，其成为山东人的形象代表，也是整个山东文化的显著标志之一。但是以保佑家乡为主要神格的“秃尾巴老李”在山东省内有传说不一的出生地，于是就出现了以其家乡或其乡亲为标志的信仰圈，区别着当地与异地、划分着本地族群与异地族群的界限。因此在这种狭隘的功利目的的支配下，信仰活动经常带有明显的地域印记。

各地“秃尾巴老李”都有具体保佑的地域范围。在临沂费县，当地人都认同“秃尾巴老李”（朱龙王）保佑从西蒋到临沂大岭这一带的说法。① 这个范围恰好与以龙王堂为中心的祭祀圈、婚姻圈、市场圈互相吻合，也是每年庙会庙戏摊款的大致范围。菏泽龙王冯，“秃尾巴老李”（焦龙王）离开时许诺曰：“感公谊，附近四十里不受冰雹，乃所以报公者。”莱阳张家观则将自己周围四十里的肥沃土地归功于“秃尾巴老李”的开垦。“李龙在回家的路上连风带雨加雹子，弄得大海波浪滔天，回到家后，母子相抱大哭一场，在这期间，张家观周围方圆四十里，接连下雨，借此机会，为家乡人开垦了许多土地，土质肥沃。土质都是红色的。种粮丰产。”②

在保佑相应地域的同时，“秃尾巴老李”也会特意保佑相应的人群。“老李每次回家祭祖，很关心家乡的穷苦人家，芋桥和周围庄上的穷人，户户都要囤满仓流，足够吃一年的啦。”③ “秃尾巴老李到关东，年年风调雨顺，……临沂人到了关东可好了，……秃尾巴老李见临沂人去了，格外保佑。庄户人到哪里也是打庄户，临沂人下关东也就是去开荒种地，呆那里不怕旱不怕涝，是块地就能伸勺子挖饭吃，有秃尾巴老李向着还怕天?”④

2. 以庙宇归属权为中心，分配村落权力

山东大部分的秃尾巴老李庙宇是建立在村落之外，往往由附近的几个村庄共同管理，如费县龙王堂、文登回龙山，即使是建在村落内部，如菏泽市牡丹区龙王冯村内的龙王庙，也是由七个村庄的会首共同负责。所以，管理权责的划分直接体现了各村落在现实生活中的地位和影响力。

在菏泽龙王冯村，庙宇虽然建在龙王冯的土地上，但管理庙宇的会首却以武城集为大。对此龙王冯的村民却毫无意见。他们自己解释说因为那里出过进士，行政级别高。而龙王冯原龙王庙碑记《东明县正堂刘谕单》的碑文中明确记载着这样的字句：“查武城集地方代管有龙王冯家村……”可见在清代，武城集一直对龙王冯村负有代管之责。龙王冯对武城集地位的认可，完全是两村历史地位的延续。当然也有不被认可的村落。菏泽市王浩屯镇吕沟村信奉龙王比较晚⑤，但后来也建起了龙王庙而且不再到龙王冯祭祀，“他

① 访谈对象：颜景修；访谈人：李然；访谈时间：2005年7月8日；访谈地点：临沂市费县南阳庄村。

② 中国民间文艺家协会山东分会编：《秃尾巴老李的传说》，内部资料，1988年，第89页。

③ 同上书，第176页。

④ 王成君编：《龙的传说》，内部资料，1988年，第275页。

⑤ “吕沟从前有个人叫二花高，这会儿是没他了，他家出邪症，家里闹鬼，过年你做馍、炸的丸子就是驴粪蛋子。家里柱子上都糊的都是粑粑（粪便）。找张天师去吧。走得累了，在树底下歇歇吧。有个老头问，你抓（干什么的意思）来？把家里的事说了一遍。说你别找他了，你找不到他，你回去吧，我给你说个法儿。你回去后赶紧把家里的东西倒腾出来，这三天里头，把东西都挪出来。这个法儿就管。我给你写个符，咋着咋着。一道火光，把鬼劈了。吕沟从那就信，原先没这么信龙王。”访谈对象：冯元绅；访谈人：李然；访谈时间：2008年8月4日；访谈地点：菏泽市牡丹区龙王冯村。

该给这边交钱，他不交，跟这边闹得也很别扭。他唱戏，馍都是从馍店里弄的，弄来时候没事，他一熘，就说是‘鬼捏了’，就跟死面的一样”。[①]

这种借神灵惩罚来体现村落享有祭祀权力正统性的例子其他地方也有记述。栖霞县香夼村的秃尾巴老李庙每年二月初十有庙会，西至小河畔家，东到徐村，南至南庄，周围四十八个村庄的人都到此地赶庙放鞭炮。庙会期间，此地鞭炮齐鸣，声传十余里，声势颇为壮观。几十年规矩不改，没有敢反对者。有一年千家沟村人说：“年年放鞭都到香夼放，今年便在咱村里放，也放给自己老婆孩子听听。”便未去香夼放鞭炮。结果当年夏秋，这村便受了雹灾．连松树头都被冰雹摧折。[②]

庙宇的具体归属常常引发村落间的矛盾与争执。香夼村的秃尾巴老李庙最初在蛾山、香夼、藏家三村之间的西沟龙眼（泉名）处，开始香火并不兴旺，百姓赶庙时断时续，没有常规。康熙五十年（1712 年），翟氏人始搬进香夼村定居。三代后，翟氏家族人丁旺盛，乾隆四十一年（1777 年）翟氏家族开始掌握了乡村政权，城里亦有了做买卖的商人。掌握了村中实权的富户翟仪与翟剑二人发动村民搬庙进村，重修此庙。因为旧庙、新庙周围之地尽为翟氏兄弟所有，是以别人亦毫无办法。后因为李老爷庙由西沟龙眼搬到了香夼。搬庙的举动导致藏家村与香夼村二村隔阂甚深，许多年两村秧歌队都互不走动往来。[③]

即便没有明显的矛盾，各个村落村民的意识和话语中，或多或少都会表达出自己对庙宇支配权的正当性。在费县，楼斗湾村一直力争龙王堂属于自己村，村民田续发说：“那片山林最早是楼斗湾捐给庙里的，解放后分庙产，给了周围村子，楼斗湾就剩了中间一块。”[④] 但这种说法却无法获得周边村落的认可，费县南阳庄会计颜景修说：“山林是附近几个村庄一块捐的，后来又还给各村。”[⑤] 在文登回龙山，一山之隔的山东、山西两村因为争夺庙宇的归属权也有类似的心结。

互相矛盾的话语中可以清楚地看到不同村落对于“秃尾巴老李”的争夺，但这种争夺并不涉及经济利益分配，更多的是一种心理上的需要，显示的是以地缘结成的利益共同体的荣誉感和凝聚力。

3. 家族内部的支系再划分

即便是在一个家族内部，“秃尾巴老李”也能够成为一种划分群体的标志。龙王冯村分为东冯和西冯，并且一直存在着家支大小的争论，其中焦龙王庙宇的坐落位置在这场争论起到了关键作用，因为两支都认可庙在哪一边哪一支为大的说法。由于原先龙王庙的土地属西冯所有，一直以来，西冯人都以此为据证明自己为长支。但 1988 年冯家重修家谱时考察了整个村落，发现东冯还有一个老庙底子，比两村交界处龙王庙旧址建造的时间还

---

① 访谈对象：冯元绅；访谈人：李然；访谈时间：2008 年 8 月 4 日；访谈地点：菏泽市牡丹区龙王冯村。

② 中国民间文艺家协会山东分会编：《秃尾巴老李的传说》，内部资料，1988 年，第 41 页。

③ 同上。

④ 访谈对象：田续发；访谈人：李然；访谈时间：2005 年 7 月 9 日；访谈地点：临沂市费县楼斗湾村。

⑤ 访谈对象：颜景修；访谈人：李然；访谈时间：2005 年 7 月 8 日；访谈地点：临沂市费县南阳庄村。

要久远，从而印证了东冯为长的说法，使得西冯最终不再争执。家支大小并不是这次争论的根本，真正目的在于掌控庙宇的监管权。按宗法社会传统，祭祀是属于长支的权利，家支大小提供了权利分配的直接依据。从1988年重修庙宇，两个家支间的权力分配的争议就从未停止。东冯不满西冯对龙王庙的处置，尤其是让外人加入到日常庙宇管理中来，认为其中搀杂了太多的商业因素，于是在东冯的民间话语中就兴起了这样一种新说法——利用龙王来发财是对龙王的大不敬，会惹龙王不高兴，并自豪地宣称东冯人不会利用龙王做生意，指东冯的人没有在龙王庙会上卖香火的。西冯则充分利用自己的地理、人脉优势，不仅在庙宇扩建中引进外来资源（包括经济资源和人力资源①），甚至变更了龙王庙的名称——更名为龙海寺以适应当前的形势，而且还积极参与庙会的经济活动（主要体现在香火买卖上）。东冯人通过寻找龙王庙宇坐落和肯定自身品质，对自己的祭祀地位据理力争，实质上暗含了要求获得庙宇监管权的申诉，是一种试图重新分配家族事务权的努力。在此过程中，秃尾巴老李（焦龙王）庙既是两个家支争夺的目标，同时也是家族权力分配的认定依据。

总之，在以群体为基础的传统社会互动中，内外之分是必要且永恒的；但作为互动单位的群体，其大小范围却是可变的。以龙王冯为例，相对于外姓人，冯姓人是一个群体，都是“龙主”，以“龙主”的话题与外姓人进行交流。而冯姓的内部，东冯、西冯又是相对独立的群体，家支大小的争论，庙宇最初的坐落在东冯、西冯两个群体间引发争议，成为互动的开端。——这是群体缩小化的例子。群体扩大则可以从“没有山东人不开船”的情节中略见一斑。秃尾巴老李以山东人保护神的姿态出现在传说中，此时作为互动单位的群体就扩大成了整体的山东人，将具有相似特征的人群全部包容进来。当山东人面对着山东人以外的群体讲述该情节时，那种对于山东人群体的文化认同自然显露无疑。②

但是，无论以何种范围的群体为互动单位，该群体必然享有共同的文化背景，能够分享同一种文化资源。笔者在文登宋村镇山东村调查时听到了一个有趣的说法。年近七旬的房得滋老人说秃尾巴老李出生在山东村，但他在山东有四处行宫，现在都被保护起来了。③ 而他所说的四处行宫正是2006年山东省公布的第一批非物质文化遗产项目中有关秃尾巴老李传说的四个地方（日照莒县、威海文登、潍坊诸城、青岛即墨）。在“非遗”申报的热潮中，一直执着于自身正统地位的群体在官方树立的权威下开始认可其他分支的存在，形成新的群体认同单位。这种共同的文化资源及其所具有的意义，使得特定群体成员能够与其他群体相区别，并产生对自身所归属群体的特殊情怀和成员彼此间的团结感。

四 结语

作为乡土社会生活中的互动媒介，秃尾巴老李信仰与传说的存在与流传加深了祖先记

---

① 人力资源指菏泽市龙王冯村龙海寺中的当时请来的主持和尚。

② 笔者在2008年菏泽龙王冯的田野调查中发现，当表示自己清楚秃尾巴老李是怎么回事儿的时候，当地人马上会对你产生某种认同感，作为山东人的认同。不过产生认同感之后却是无话可说。既然你知道这个传说，你就是这种文化的一部分，我不需要多加解释，因为这个传说是处于这个文化中所有人共同拥有的标志。

③ 访谈对象：房得滋；访谈人：李然；访谈时间：2009年4月4日；访谈地点：文登市宋村镇山东村。

忆、提升了家族地位、辅助群体内部权利分配并为代际传承提供可资的凭借，但所有这些生活化功能的实现都需要经由“文化他者”的配合。在外来者面前，村落的来历、家族的传奇才成为区别内外的显性标志。在菏泽龙王冯村，冯姓人自豪地宣称自己这一族人都是“龙主”。这种讲述只有当外姓人存在时，才有叙述的必要。作为交流另一方的非冯姓人有时会提出自己的反驳。在龙王冯采访时，一直住在龙海寺中老家鄄城的陈景芝对冯家的这种“龙主”说法很不以为然。她说：“龙王也不是到他们冯家来扛活的，是来破案的。他们冯家的老头在天上犯了法，下来了。但是天上少了三条龙，要找龙，玉帝就开会：谁去找龙啊？龙王爷就自报家门说去找（龙），这样才来到冯家。”[①] 但是，不论反驳还是赞同，这个话题毕竟使双方构成了一种互动。而如果交流双方仅限于同一群体的冯姓人，“龙主”的话题就失去了原有的意义，不再具有互动的功能。同理，作为互动媒介的秃尾巴老李只有代表一群人与另一群人进行交流时才能体现出其价值和功能。

承载众多生活话题的传说形象，作为互动中的通识性符号满足了人们对祖先和历史的追溯渴求；承担着群体分类的标志功能，成为“我”与他人的分界，在各种互动与交流中历久不衰。

（原载《民俗研究》2015 年第 5 期）

---

① 访谈对象：陈景芝；访谈人：李然；访谈时间：2008 年 8 月 4 日；访谈地点：菏泽市牡丹区龙王冯村。

民间故事讲述的话语互动及其田野研究

祝秀丽*

【摘要】作者回顾了我国民间故事的语言研究的学术简史，并以雅各布森、萨克斯、巴赫金的语言理论阐释讲故事的结构要素、互动序列和话语性质，进而倡导关注多种实际语境、不回避局内人视角的研究视点，并从调查时间角度区分三种田野作业法，最后讨论几种录音的文字转写方法。

【关键词】民间故事讲述　话语互动　田野作业　录音转写

日常生活中的民间故事讲述活动（以下简称讲故事），是讲述人在特定场合、用口头语言、与听众互动中的讲述行为，其互动话语兼具口头艺术和人际交流的特征。有关讲故事的语言交流的深入研究，是我国故事学亟待拓展的视域之一。正如万建中所说，民间故事是语言的艺术，但“故事是如何‘说’出来的”等问题令20世纪我国故事学家们束手无策。[①] 讲故事的语言，不仅包括方言、语音、声调、节奏、重复、省略等口语媒介层面，还关涉话语互动的语境、听讲主体及其辅助行为、故事生成等。本文只对此问题做一些粗浅的探讨，期待志同道合者的批评或反思。

一　我国民间故事的语言研究的综述

事实上，与文本研究、类型研究的洪流相比，我国学界对于民间故事语言问题的研究如涓涓细流，断断续续地被一些学者论及。早在20世纪二三十年代，钟敬文、刘万章、葛孚英[②]、周作人[③]等就提出记录故事的语言诸问题。对故事记录语言的把关，就是对故事本真性的确认。中华人民共和国成立后，仍有不少学者对此发表见解（钟敬文1950，1980[④]；刘

---

* 作者系中国科学技术大学人文学院副教授。

① 万建中：《20世纪中国民间故事学术史研究》，载林继富《中国民间故事讲述研究》，中国社会科学出版社2013年版，第52—65页。

② 万建中：《20世纪中国民间故事研究史》，北京师范大学出版社2011年版，第81—85页。

③ 周作人答雪林信，载林兰《渔夫的情人》，北新书局1929年版，第53页。周作人序，载林培庐《潮州七贤故事集》，上海天马书店1936年版。

④ 钟敬文：《谈谈口头文学的搜集》《关于故事记录整理的忠实性问题》，载钟敬文《民间文艺谈薮》，湖南人民出版社1981年版，第304—325页。

魁立1957，1960；许钰1985，1996[①]），延续到90年代。可见此问题的重要性和解决的难度。从表面看，它是文字记录技术处理问题，实则关涉故事口头性本质特征的理解。因此，这些讨论带动了对讲故事话语互动交流特点的思考。

许钰较早讨论了故事讲述的语言特点。其文《现代传说的语言问题》关注了现代传说的口语特色，分析口头叙述的语言基调、讲述人叙述的功能、叙述语言的变化、生动的口语词汇。该文结合听讲经验，对比作家文学风格，阐释了被记录整理的传说文本中讲述人口头叙述的语言特点，触及到口承故事语言的一些基本问题。[②]

至20世纪80年代，尤其1984年之后，中国民间文学三套集成的编纂促使故事搜集整理在全国展开，发掘出数以万计的故事、成百上千的故事家、数个故事村。秉持“忠实记录、慎重整理”的原则，加上录音机的采用，催生了一批尊重地方口语风格的采录者及其采录的故事集，以及研究故事家讲述特点和语言风格的著述。如张振犁《从曹衍玉的故事谈起》指出曹衍玉“古拙”而有别于书面语的话语艺术特色[③]；袁学骏《耿村民间文学论稿》归纳耿村各故事家的讲述风格和语言特点[④]；王作栋《从村落到社会——中国农民故事家刘德培故事活动简论》分析刘德培与听众话语互动中借风扬谷、相机切入等特点[⑤]；江帆《民间叙事的即时性与创造性——以故事家谭振山的叙事活动为对象》总结谭振山面对不同类型的听众时根据叙事程式即兴创造的话语行为特点。[⑥] 这一时期的研究主要是研究者从采录现场“听/看”出、或从故事家回忆中“悟”出、或从采录文本中“读”出讲述人话语行为的概貌，而关注具体语境中话语互动的系统考察却很少见。

故事的普查揭开了一幅宏阔的、讲故事的生活画卷，引起学者对故事本质的深度认知。许钰撰文《民间故事的讲述和记录》对讲故事的民俗性质和口语特点进行深入思考，将讲故事视为民俗活动之一，以语言学知识重新诠释口承故事的语言问题，分析了听众和讲述人的互动反应、讲述人的讲述方式、结合体裁的叙述特点以及表演中口语的语词类别、结合体态语等表达特点，提出围绕口头语言记录故事的田野作业法。[⑦] 许钰把故事重置于广阔的民俗生活中，视之为讲述人和听众参与共建的民俗事象，强调在讲故事的民俗活动整体中来考察讲述行为和语言，推进了此后的故事研究进程。

90年代末以来，我国民间文学界加强吸收国外理论方法、反思国内研究历史和现状，努力寻求学科独立、突破困境，产生了学术理念和研究范式的转变。西方60余年的学术

---

① 刘魁立：《刘魁立民俗学论集》，上海文艺出版社1998年版，第157—183页；许钰：《口承故事论》，北京师范大学出版社1999年版，第272—288、171—196页。

② 许钰：《口承故事论》，北京师范大学出版社1999年版，第204—217页。

③ 原载《民间文学》1986年第9期，载曹衍玉讲述、张振犁等采录《故事婆讲的故事》序，海燕出版社2000年版。

④ 袁学骏：《耿村民间文学论稿》，中国民间文艺出版社1989年版。

⑤ 王作栋：《从村落到社会——中国农民故事家刘德培故事活动简论》，《民间文学论坛》1995年第1期。

⑥ 江帆：《民间叙事的即时性与创造性——以故事家谭振山的叙事活动为对象》，《民间文化论坛》2004年第4期。

⑦ 许钰：《口承故事论》，北京师范大学出版社1999年版，第171—196页。

演进中，口头语言和表演行为作为口头传统的重要构成逐渐得到系统观照：从博厄斯、萨丕尔研究“民族语言学模式的文本”，雅各布森奠基言语民族志，到泰德洛克开拓民族志诗学，再到鲍曼把表演作为艺术交流方式。口头程式理论、表演理论、民族志诗学、行为视角等理论方法被尹虎彬、朝戈金、巴莫曲布嫫、杨利慧、安德明等陆续译介与运用。① 这触发了我国学界对口头范式的反思，对口头语言和行为研究的关注。刘铁梁、刘宗迪、贺学君等强调从书面范式向口头范式的转换；万建中致力于口头语言范式和生活属性的研究；周福岩、江帆、杨利慧等关注了口头叙事表演；笔者、林继富等探索村落语境中讲故事活动现状与传统……口头的、行为的、表演的、过程的研究正改变着“以文本为中心”的故事研究现状。②

上述学者中，万建中对故事的口头交流的理论研究较多。其文《论民间文学的口头语言范式》将口头交流视为民间文学的存在形式，分析民间文学（以故事为代表）的口语范式的优越性、以“声音”构建场域的特征，主张记录和研究要面对“声音”展开。③ 在专著《20世纪中国民间故事研究史》中，他总结中国故事学的成绩和不足，指出以文本、类型研究为基础的学术短板阻碍了故事学进程，提出面对故事生存现状、还原故事生活形态来寻求如下新视域：正视传统故事变迁、建构声音故事学、突破表演理论困境、重新理解故事、开拓“行为视角”、关注文本制造过程。这为我国故事学指出一条理解讲故事的生活意义、关注参与者共建过程的新路。④ 特别是关于声音故事学、行为视角等方面，都直接指向了故事的语言交流或话语互动的研究。

那么，目前仍有两个基本问题需要厘清：

1. 作为语言交流模式之一，讲故事有怎样的结构要素、互动序列和话语性质？

2. 讲故事话语的田野研究将如何开展？即讲故事话语的田野研究基本方法。

下文将简要探讨这两个问题。

---

① 尹虎彬自1996年起发表多篇有关口头程式的论文，并译洛德《故事的歌手》，中华书局2004年版；朝戈金运用口头程式理论著有《口传史诗诗学：冉皮勒〈江格尔〉程式句法研究》，广西人民出版社2000年版，并与巴莫曲布嫫访谈琼斯，《民俗研究的行为视角——迈克尔·欧文·琼斯教授访谈录》，《民间文化论坛》2005年第2期；杨利慧介绍表演理论、民族志诗学等方法并用之以研究我国口承神话，与安德明译鲍曼的《作为表演的口头艺术》，广西师范大学出版社2008年版。

② 刘铁梁：《“民间文学”的概念与20世纪中国的民间文艺学》，乃《20世纪中国民间文学经典》的前言，北京师范大学出版社2003年版；刘宗迪：《从书面范式到口头范式：论民间文艺学的范式转换与学科独立》，《民族文学研究》2004年第2期；贺学君：《从书面到口头：关于民间文学研究的反思》，《民间文化论坛》2004年第4期。祝秀丽：《辽宁省中部乡村故事讲述人活动研究——以辽宁省辽中县徐家屯村为个案》，博士学位论文，北京师范大学，2002年；林继富：《民间叙事传统与故事传承》，博士学位论文，北京师范大学，2005年。周福岩：《表演理论与民间故事研究》，《鞍山师范学院学报》2001年第1期；江帆：《口承故事的“表演”空间分析——以辽宁讲述者为对象》，《民俗研究》2001年第2期；杨利慧：《表演理论与民间叙事研究》，《民俗研究》2004年第1期；杨利慧：《民间叙事的传承与表演》，《文学评论》2005年第2期。万建中：《口头交流：民间文学的演说范式》，《广西民族学院学报》（哲学社会科学版）2006年第2期。

③ 万建中：《论民间文学的口头语言范式》，《民俗研究》2006年第1期。

④ 万建中：《20世纪中国民间故事研究史》，北京师范大学出版社2011年版，第315—333页。

二　讲故事的结构要素、互动序列和话语性质

（一）讲故事的结构要素

笔者曾借用雅各布森（又译雅柯布森）的言语交际要素来概括故事讲述的六大构成要素以及相互的关系①，现调整如下图：

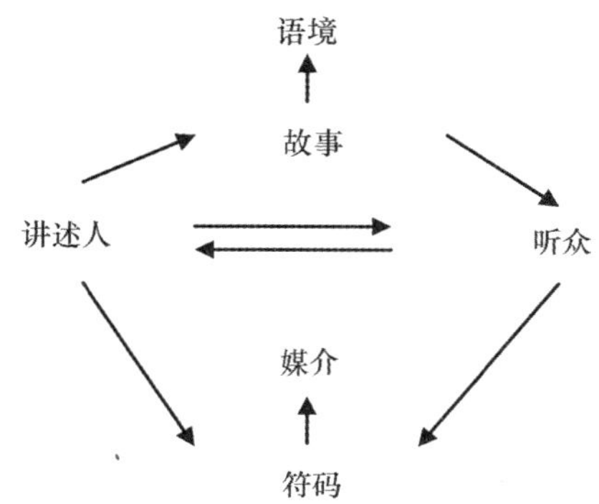

民间故事讲述的构成要素关系图

这六大要素的特点及其相互关系，已讨论过，不再赘述。重要的调整在于：听讲双方之间交流的是故事，而不是文本。据凯瑟琳·杨的区分，故事与文本不同，故事离不开语境。② 简言之，讲故事是在特定语境中讲述人和听众用口头语言围绕故事进行的话语交流过程。

日常生活中的讲故事，是社会性与个人性、共时性与历时性的结合。讲述人、听众作为主体，是个人性的，但要彼此互动交流，又是社会性或主体间性的；讲故事伴随时间流动的过程，是历时性的，但六大要素共同作用，又是共时性的。然而，上图只能让读者看到被抽象的共时性的结构与关系，却无法明晰这些构成要素互相作用后在话语行为层面上形成的历时性过程。因此，下面论述讲故事的话语互动序列问题，以作补充。

（二）讲故事的互动序列

讲故事是在讲述人和听众的话语交流过程中完成的，那么这个话语交流不是杂乱无章的，而是按照彼此能接受的社会互动规范有秩序有组织进行的。倡导会话分析的哈维·萨克斯的研究则发现了这一点③，在此借鉴其分析思路，将讲故事概括为如下几个互动序列：

1. 前言序列：由听众提议，或讲述人自荐，待双方协商、一致同意后才进入讲述

① 祝秀丽：《解析故事构成要素：雅各布森的理论视角》，《民俗研究》2013 年第 1 期。

② 王杰文：《“语境主义者”重返“文本”》，《青海社会科学》2013 年第 3 期。

③ ［英］约翰·B. 汤普森：《意识形态与现代文化》，高铦等译，凤凰出版传媒集团、译林出版社 2005 年版，第 300—314 页。

序列。

2. 讲述序列：由讲述人讲、听众听的互动行为构成。常被反应序列打断，越是反应强烈时，打断的频率可能越高。

3. 反应序列：表现为听众插话（复述，或赞叹/惊讶，或提问等）、讲述人回应。反应强烈时，听众与讲述人会形成较长的讨论。

4. 离题序列：讲述人或听众由于某些因素，暂时离开讲述的主题，而言及其他。这种离题，如同互联网中暂时离线一样，待杂务处理完毕，话题转移结束，又重新上线，即回到讲述序列。

5. 结束序列：当故事讲述完毕，则进入结束序列。讲述人宣称故事结束，听众终于放松。结束序列后也可能紧随着反应序列，例如听讲双方进行整体评述。

上述序列，并非全部，还需通过多个案例研究加以完善和细化。且前言序列总是作为开始、结束序列总是作为结尾；讲述序列可能引起反应序列，也可能被离题中断；每个序列都可能因听讲双方的不合作而结束讲述行为；这些序列的先后次序只有在每次日常讲述活动中才能被实践行为所确定。而且，每个序列都由讲述人和听众交替讲话形成的多个话轮构成。至于话轮的类型、诗学特征、主体间性与故事生成等问题，仍需深入的个案研究来明确。

（三）讲故事的话语性质

从社会学诗学的意义层面，巴赫金把话语视为一种社会互动的表现和产物：

> 任何现实的已说出的话语（或者有意写就的词语）而不是在辞典中沉睡的词汇，都是说者（作者）、听众（读者）和被议论者或事件（主角）这三者社会的相互作用的表现和产物。①

他还区分了两种话语类型："生活话语"和"艺术话语"。艺术话语是存在于"业已完成的诗歌作品"之中的艺术的语言表述。"艺术是创作者和观赏者相互关系固定在作品中的一种特殊形式。"生活话语即"产生于非语言的生活情景中并与它保持着最紧密的联系"的生活的语言表述。非语言的情景是作为表述意义的必要组成部分而进入话语的。②

巴赫金做出生活话语和艺术话语的区分，主要是针对作家文学作品，是为了将写就的作品中的艺术话语重新放置于社会生活情景中进行社会学诗学的研究。他当时没有提及民间故事讲述的话语。但他对话语的研究却为我们理解故事讲述的话语性质提供了深刻的启迪。

首先，作为口头艺术，被讲述出来的故事（无论声音作品，或是被采录者整理出版的文字作品）无疑属于艺术话语。其次，同等重要的是，故事讲述的话语产生于日常生活交往当中，由讲述人与听众之间的互动（对话言语、非言语行为等）构成。不能仅仅截取讲述故事情节的话语（即讲述序列），视之为艺术话语，而将听众与讲述人之间其他

---

① ［俄］巴赫金：《巴赫金全集（第二卷）》，钱中文译，河北教育出版社2009年版，第89—90页。

② 同上书，第75—104页。

互动序列视为生活话语。因此，讲故事的话语的现实原生形态不完全是艺术话语，而是从属于生活话语，并穿插着讲述序列、反应序列、离题序列等有关语境事件的、多种话语类型的多声部协奏，并且在艺术话语与生活话语互相渗透、交接、重叠、依次扩展的运动中得以实现的。

讲故事的话语研究，不需要艺术话语重置于生活话语之中，因为艺术话语就融合于生活话语之中，也不能割裂成艺术话语与生活话语的二分，因为这会损伤故事讲述话语的完整性，重陷抽离于现实语境而建构人为文本的危险。在讲故事的过程中，讲与听几乎同时发生，艺术话语在生活话语的承载、互渗中完成，彼此交融，最后作为一种口头传统的艺术形态植根于故事讲述时的语境。因此，若非要为故事讲述的话语命名，姑且称之为“艺术生活话语”。

三 讲故事的话语互动的田野研究

（一）关注多种实际语境

巴赫金提醒研究者注意，不要将话语表述从其扎根并滋养的现实土壤中抽离出来进行抽象形式或意义的研究，因为来自于生活的话语表述是参与者社会互动的产物，其形式和意义都取决于此种社会互动的形式和性质，话语所赖以产生的现实生活情景，就是理解话语形式和涵义的钥匙。① 不脱离现实语境或日常生活的话语研究，已经成为现代语言人类学、社会语言学等学者努力的主要方向之一。

人类学家、民俗学家是通过田野调查来获得研究样本的，由此，研究者外在于被调查的集团的身份特征，常使得调查时的语境必然有别于被调查集团自身的自在自为的语境。为此，杨利慧赞同以西方学界提出的“实际语境”来指称研究者田野调查中身处其间的、被调查的民俗生活流程受到研究者嵌入的语境，而研究者渴望的“自然语境”几乎是不可能的。② 既然“自然语境”不可能真正获得，那么，学者可在不背离学术伦理的前提下关注多种“实际语境”中的研究对象和不同的“实际语境”之间的差异问题。

田野关系，是实际语境的构成因素之一。尝试在不同类型的田野关系中实现研究目标，将使学者直面各种实际语境且有所建树。如芭芭拉、詹尼弗等将录音机交给研究对象来录制所需要的对话语料，分别获得一位女故事家寓言故事讲述、诸多女性日常会话的语料，并做出卓有成效的研究。③ 语言学家格列高里对自己两个小儿子语言活动过程的长期记录，雅各布森称赞说，这不是“对语言行为和当前语言能力的快照”，而是精心记录下

---

① ［俄］巴赫金：《巴赫金全集（第二卷）》，钱中文译，河北教育出版社2009年版，第90页。

② 杨利慧：《从“自然语境”到“实际语境”——反思民俗学的田野作业追求》，《民俗研究》2006年第2期。

③ Barbara Kirshenblatt-Gimblett, “A Parable in Context: A Social Interactional Analysis of Storytelling Performance”, Dan Ben-Amos & Kenneth S. Glodstein, *Folklore: Performance and Communication*, Mouton, 1975, p. 105 – 130；［英］詹尼弗·柯茨：《女士交谈：建构女性友谊的话语》，北京大学出版社2006年版。

孩子语言发展的整个全貌。[①] 故事学学者也可尝试研究身边的讲故事活动。任何发生于日常生活中的故事讲述都值得观察，即使讲述人是研究者本人。在一定意义上讲，研究者面对自己生活中的故事讲述，是一种特殊的“实际语境”，研究者可以反身性地观察这种情境下的互动规则。

身份，是能否获得局内观察的衡量维度之一。早期的人类学家常常要为了从局外人向局内人转变而大费周章，直到后来出现大批局内人民族志研究；而我国民俗学则以家乡研究发端和成长，逐渐洞悉这种局内人的身份和文化理解的优势。[②] 因此故事讲述的研究也不必一定要以定期离开来获得旁观者的立场，而是可以因投入其中并切身体验而加深对主体间话语运作规律的洞察。笔者觉得，适当的局内人视角，可能是故事讲述研究创新性发现的有效途径之一。

（二）三种田野作业法

民俗事象的过程的研究，只有通过扎扎实实的田野作业才能获得。而且，如果想弄清楚某一民俗事象的逐渐习俗化的过程，则需要更长时间的田野观察。故事讲述，既有突发性讲述（时间、场合、听讲群体不固定，常常转瞬即逝、时过境迁），也有习惯性讲述（时间、场合、听讲群体较固定，且日复一日地进行一段时间，有的甚至长达数年）。若考察突发性讲述，常依靠讲述人回忆来完成，因当时的语境无法复制，除非研究者在调研中碰巧邂逅；若考察习惯性讲述，则最好选取正在进行中的习惯性讲述活动，研究者可以直接参与观察讲故事时话语互动的细节和过程，并结合深入访谈。

从考察时间的角度来看，故事讲述的田野作业可分为三种：

1. 一次或数次的短期考察：如目前我国的硕士、博士论文作者，大多是利用一年的寒暑假期，通过几次短期造访故事村、故事家（每次不到两个月），调查其故事讲述的情况。

2. 定期追踪的长期考察：如江帆研究谭振山[③]、林继富研究孙家香[④]，虽然每次考察应属于短期考察，但是前后延续十余载，对故事家的故事讲述做前后对比研究和总体讲述风格的综述研究。

3. 一年以上的逐日考察：这类研究可针对正在进行中的某一故事讲述习俗，需要日复一日地考察故事讲述活动日常状态以及长期演进过程。此类研究选点难度大、调查耗时多、技术要求高，而我国民俗学界目前阙如。

短期考察，截取的是故事讲述情况的片断，而且是研究者调动出的故事讲述的片断，距离日常生活中的讲述实况较远，但具有机动灵活、可做横向对比的特点。定期追踪的长期考察，虽然也常常是研究者调动出的讲述行为，但因长期追踪，获取的讲述情况距离日常生活要比短期考察更近一步，且能在总体上把握同一类故事讲述的基本特点，拥有一定的纵深度。而一年以上的逐日考察，由于面对的是正在进行中的某一故事讲述习俗，且通

① ［美］雅柯布森：《雅柯布森文集》，钱军编译，湖南教育出版社2001年版，第284页。

② 安德明：《家乡——中国现代民俗学的一个起点和支点》，《民族艺术》2004年第4期。

③ 江帆：《农耕文化最后的歌者——谭振山和他讲述的千则故事》，江帆采录整理的《谭振山故事精选》序，辽宁教育出版社2007年版。

④ 林继富：《孙家香故事讲述研究》，中国社会科学出版社2013年版。

过一年以上不间断的参与观察，距离故事讲述的日常生活形态最近，无论故事讲述的纵向历时全景，还是话语互动的细部特写，都可被细心、耐心的研究者采获，有利于揭示出故事讲述的诸多规律性。

故事话语研究，可以选择上述三种田野作业法。通过田野笔记、录音、录像等主要的记录手段，把故事讲述活动的过程记录下来，作为田野资料库，为进一步理论研究和规律发现打下良好基础。这是需要勇气耐力、也是值得开拓的领域。

（三）录音的文字转写方法

录音转写涉及到口头语言如何被誊写为文字、以及口头语言与书面语言的差别等问题。民间故事讲述使用的是口头语言，是作用于听觉的声音或动作符号系统，当它被誊写成文字时，则转变为作用于视觉的绘画符号系统了。口头语言具有连续性、线性和时间性，文字书写后的书面语言则具有空间性、非连续性。[①] 由即时发生的口头语言转写成书面语言之后，各种强烈依赖语境而产生的靠声音表达的语符、语法要变成以既定的文字[②]、标点、暂定的符号等标示的可反复阅读、可任意分行或不断拆分的书面语言符号系统，而口头语言中的诸多声音或动作表达及其语境因素无法一一呈现，例如语调、口音等。因此，再好的文字转写方法，也只能展示口头故事讲述的部分风貌，而原有录音或录像则始终是研究者重新理解故事讲述田野实况的重要参照。

尽管如此，录音转写仍然是故事田野研究的必须。录音只有被转写成文字，才能为引证语料、阐述观点、陈述发现做好前期准备。目前民间故事研究文献中出现的录音的文字转写方法有如下几种：

1. 通用的民俗资料转写法：将录音中说话人的语句按说话次序分行转写，括号注明语气、动作等辅助语言，方言做出注释，访谈时间、地点等或注释或写在文本开头。这类简要的转写法自90年代至今被我国故事学学者广泛采用。

2. 民族志诗学的转写法：以此方法记录的诗歌、故事的文本一开始仅出现在西方学者的译文中，其后，杨利慧采用此方法，对口头神话调查时学者和讲述人、听众之间互动过程的录音做文字转写，用粗体、{}、[ ]、－－－、=、{……} 等9种符号来记录讲述过程中的诸多话语现象。[③] 可以看出，民族志诗学方法正帮助学者朝着“增强书面形式对口头艺术的表现能力”的方向努力。

3. 语言人类学的转写法：话语分析和交流民族志是语言人类学的两种研究视角。20世纪90年代以来，语言学的译著中常见会话分析方法，学者刘虹使用这一方法研究了汉语会话结构特点，其著作中专门辟出一节“会话的转写方式”，介绍录音的文字转写方法，包括转写时语言和非语言细节的取舍、转写系统、常用转写符号。其用［、］、=、（·）、(0.0)、－、>…<、<……>等15种符号表示常见的话语现象，也在每行末尾标注了序号。如不同人说话重叠时，采用［］，［代表两人同时开口，］代表结束处；停顿或沉

---

① 郑立华：《口语与书面语关系论——文字仅仅是记录口语的符号吗?》，《广东外语外贸大学学报》2010年第1期。

② 文字并非是口语的简单记录，也无法记录所有口语，文字代码不同于口语在同一语言里拥有的代码。如汉字无法写定我国所有方言土语，必要时只能记音。

③ 杨利慧：《民间叙事的传承与表演》，《文学评论》2005年第2期。

默的时间，用（0.0）标出等。[①] 在民俗研究领域，西村真志叶使用了此种方法，对京西燕家台村的日常谈话“拉家”进行了深入的研究，阐释了被研究者主体（而不是研究者）所理解的“拉家”话语的日常实践。[②]

表演理论的代表人物理查德·鲍曼也受到语言人类学的深刻影响，他将故事讲述视为用于话语交流的口头艺术，在录音转写时，按说话次序进行文字转写，括号描述语气、动作，还将每个语句做分行处理，标出序号。[③] 这便于他对讲述人表演时的话语进行多种角度的细致分析。

怎样转写录音，是十分重要的一环。从录音转写的方法，可以看出研究者所持有的学术理念，以及适合于澄清研究问题的文字处理策略。故事讲述的话语互动研究，需要从上述的转写方法中吸收精髓，以便充分展现讲故事的艺术生活话语性质和特征。

总之，民间故事讲述的话语互动的研究，需要明晰其构成要素的结构关系、互动序列和话语性质，进而聚焦于日常生活中讲故事时的话语互动过程，这对研究者提出了更高的田野作业要求：置身于正在进行中的讲故事习俗活动，不仅要关注讲故事的整体事件一次次发生的过程，也要切实地把研究目光长期聚焦于这一习惯化的、时常发生的民俗事象，对其话语互动进行整体研究和历时观察。录音的文字转写技术，也是不可或缺和慎重择优的。研究者不必回避局内人身份，只要选择最能发现研究问题的田野作业法、文字转写法，并结合适当的理论观点进行阐释，进而提出理论建构，就会在我国故事学新视野中做出应有的学术贡献。

（原载《民俗研究》2015 年第 6 期）

① 刘虹：《会话结构分析》，北京大学出版社 2004 年版。

② ［日］西村真志叶：《日常叙事的体裁研究——以京西燕家台村的“拉家”为个案》，中国社会科学出版社 2011 年版。

③ ［美］理查德·鲍曼：《作为表演的口头艺术》，杨利慧、安德明译，广西师范大学出版社 2008 年版。

口头传统的电子媒介化

——以温州鼓词的当代传承为个案

包媛媛*

【摘要】在当下，电子媒介已成为口头传统“朝向当下”研究中不可忽视的视域。作为地方标志性口头传统，温州鼓词自20世纪中期以来经历了广播、录音带和VCD的传播过程，形成了不同特征的口头表演形态。电子媒介已成为现代口头传统重要的传播载体，并作为内在的建构力量形塑了口头传统的多样形态，展现了当代口头传统的多重面向，也丰富了口头传统的传承形式。当下口头传统的研究应该探求电子媒介对口头传统传承方式和传统形态的革新，全面呈现当代口头传统的传承生态。

【关键词】口头传统　电子媒介　温州鼓词

现代传播媒介已经成为人类信息传播和文化研究的重要维度。诸多新形态的媒介形式，如广播、电影、电视及网络已在日常生活中普及，并与社会、文化、政治、经济等因素紧密联系，对社会形态及人类文化产生重要的影响。基于此，20世纪60年代，海曼·鲍辛格（Hermann Bausinger）在著作《*Folk Culture in a World of Technology*》中提出将现代科技世界作为民俗的“自然语境”，现代传播媒介作为科技世界中的重要面向得以进入到民俗学者的研究视野。美国民俗学者琳达·戴格（Linda Dégh）对现代传播媒介与民俗文化之间关系的研究是这一领域的重要成果。她在《*American Folklore and the Mass*》中详细探讨了录音、电视、电影、网络等多种现代传播媒介形式对于传统民俗的利用与改造，同时也对因现代电子传媒而新生的民俗现象予以关注。

受此影响，当下口头传统的研究视域也由“口头—书面”的探讨转向“口承—书写—电子传媒的三维观照”①。杨利慧立足于神话，对电子传媒时代的神话传承进行综合研究②。

---

* 作者系北京师范大学民俗学博士，北京印刷学院博士后。研究方向：中国民间文学。

① 巴莫曲布嫫：《口头传统·书写传统·电子传媒：兼谈多样性讨论中的民俗学视界》，《广西民族研究》2004年第2期。

② 杨利慧的一系列文章对现代电子媒体中的民间文化传统进行关注，认为在现代媒介中，民间传统是巩固民族文化根基、弘扬民族传统美德、重建民族自我认同的重要文化资源，这一重构的过程与现代全球化与反全球化的语境密切相关。参见杨利慧《全球化、反全球化与中国民间传统的重构——以大型国产动画片《哪吒传奇》为例》，《北京师范大学学报》（社会科学版）2009年第1期，第80—86页；杨利慧《神话的重建——以《九歌》、《风帝国》、《哪吒传奇》为例》，《民族艺术》2006年第4期，第65—71页。

孙正国以《白蛇传》为分析对象，对口头形态、书面形态、戏剧形态、影视形态和网络形态的口头传统进行个案研究，认为“现代传播媒介给予《白蛇传》从内容到影响多个层次的有力推动”①。王杰文的《媒介景观与社会戏剧》则以中央电视台小品大赛中二人转表演的风波为切入点，对大众传媒时代电视媒介中口头传统的境遇予以关注。由此可见，电子媒介已成为口头传统“朝向当下”② 研究中的重要社会语境和急需拓展的学术视域。电子媒介在现代社会的广泛应用不仅影响了口头传统的传播模式，同时作为一种重要的建构力量，更是重塑了当代口头传统的传承形态。

在此研究视角下，本文将以温州鼓词这一口头传统为个案，结合具体的社会历史语境，细致梳理温州鼓词在广播、录音机、VCD 这三种电子媒介中传播的过程，并突破将电子媒介视为均质化媒介语境的研究取向，探讨不同形式的电子媒介化温州鼓词如何呈现差异化的特征，在此基础之上对电子媒介与口头传统传承之间的关系做进一步探讨。

一　温州鼓词：浙南标志性地方口头传统

温州鼓词，俗称“唱词”，由于在鼓词发展之初多由盲人操之为业，因此也称为“瞽词”“盲词”，是华东地区和浙江省的主要曲艺种类之一。它以瑞安的城关话为标准音，以板腔体为唱腔音乐，以“吟调”为基本曲调，是一种颇具特色的说唱艺术。在演唱时，艺人登上小高台，左手执三粒板，右手拿琴槌，前置放扁鼓、牛筋琴等乐器，自奏自唱，或白或演，生旦净末丑独具一身。温州鼓词大多取材于历史小说和民间传说，叙述家庭的悲欢离合和男女爱情故事，以表现忠奸斗争，颂善惩恶为主要内容。

清末至解放初期，无论是城镇还是乡间，庙会祭祀还是夏日乘凉，温州处处都可听见鼓词的琴声音韵，终年不绝。每逢节日、佛诞日、庙会、会市或宗谱完谱、庙宇兴筑、佛殿开光，均要唱鼓词酬神保太平。孩子新生、周岁，寿诞，嫁娶，乔迁，出殡丧葬等红白喜事，鼓词演唱也是必不可少的仪式。鼓词演唱多则数夜，少则一夜即止。每年八月，逢温州地区民间纪念当地女神陈十四娘娘诞辰，各地村舍的庙宇举办陈十四娘娘祭祀，延请鼓词先生演唱以女神的传奇经历为内容的“大词”③《南游》，连唱七天七夜，非常隆重。在城镇里，听词是市民重要的娱乐休闲方式，专门供鼓词艺人卖票坐唱的词场和词园数量可观，常常人声鼎沸，宾客满座。

新中国成立后，20 世纪 50 年代，政府收回了固定词场的管理权，将其改造为文化场所，安排专业人员进行管理。在文化大革命期间，鼓词演唱被定性为迷信活动，词场或是

---

① 孙正国：《媒介视野下〈白蛇传〉的现代传承》，《文化遗产》2008 年第 4 期。

② “朝向当下”是指不同与民俗学“向后看”的研究取向，对民间传统在当下的传承状况和生存境况进行田野调查和民族志研究。“被挪移出村落的边界、经由各种中介而进入其他商业性、政治性、文学艺术性以至于学术性的语境中的民俗也急需加以具体、深入的研究。”参见杨利慧《遗产旅游：民俗学的视角与实践》，《民俗研究》2014 年第 1 期，第 18—20 页。

③ 温州鼓词根据演唱的内容和形式分为“平词”与“大词”。“大词”是指以佛、道教的经卷书和民间神、怪故事为内容的鼓词演唱，以酬神为主要目的，在演唱时伴有一定的宗教仪式。其中以歌颂温州地方女神陈十四娘娘功绩的“娘娘词”《南游传》最为流行。参见陈小萍主编《温州鼓词》，浙江摄影出版社 2008 年版，第 20—21 页。

被清除，或是被改造成为政府文化场所，鼓词艺人群体严重缩减。改革开放之后，随着经济的发展，现代娱乐消费方式迅速占领民众的生活，温州鼓词现场演唱急剧衰退。20世纪90年代至今，温州鼓词演唱场所所剩无几，从艺人员逐年下降，“平词”[①] 演唱逐渐消逝，仅有与温州地区民间信仰相关的“大词”演唱随着宗教活动的繁荣得以继续。

面对现场演唱衰退的困境，“平词”利用电子媒介技术获得了新生。20世纪50年代初期，瑞安和温州两地的人民广播电台相继邀请鼓词艺人进行表演，并对之现场录制，听众们通过广播收听鼓词的演唱，这是温州鼓词利用现代电子媒介进行传播最初的形式。随着电子媒介技术的发展，温州鼓词在20世纪80年代被灌制成录音带，90年代被录制成VCD发行，从单一的音频代码发展到二维音像代码进行传播。温州鼓词的电子媒介化突破了传统鼓词的演唱场域，与现代社会城镇民众的审美旨趣和观赏方式相契合，深受欢迎。男女老少围坐录音机和电视机周围观听鼓词演唱已成为温州新时期的风俗，各类鼓词音像制品也随着温州人的脚步被带出国门，传播至世界各地。在现代化和全球化的当下，传统文化的生存空间被极度压缩，温州鼓词却依靠电子媒介技术走出了一条民间文化的扩张之路。经过半个世纪的发展，电子媒介化已成为温州鼓词重要的传播形态，深刻地影响着温州鼓词的现代传承。

二　广播鼓词：新生的“人民艺术”

20世纪50年代，瑞安和温州两地的电台相继开设了“广播曲艺场”栏目，播放越剧、莲花、道情、鼓词等各类戏剧、曲艺，作为标志性地方口头传统，温州鼓词是其中重要的内容。“广播曲艺场”一个星期播放两次，一次半个小时左右。在娱乐方式匮乏的社会里，喜闻乐见的曲艺表演十分受欢迎，每逢广播曲艺场开始时，高音喇叭下都是人头攒动。

“词学弗起，只讨饭”，在当地社会，鼓词演唱是最为卑微的职业选择，只比做乞丐的“讨饭”稍微体面些。1949年解放之后，在新中国的文艺政策之下，温州鼓词成为“文艺轻骑兵”被收编入政府的文化管理体系，进入到“权力和威信象征”[②] 的官方媒体进行演唱传播。对于“下里巴人”的温州鼓词而言，无疑是一种新生。

人民广播电台作为20世纪80年代之前的主流媒体，是由各级政府掌控的宣传喉舌，政治宣传和文化教育是其主要目的。挤身进入广播媒体的温州鼓词并不是简单地将词场中的表演原封不动地搬进广播电台的录制室，而是必须根据人民广播电台特殊的媒介属性进行调整，从题材、内容到表演都必须符合人民广播电台宣传正确价值观的艺术标准。温州知名鼓词艺人潘爱国在接受访谈时说[③]：

---

① 温州鼓词根据演唱的内容和形式分为“平词”与“大词”。“平词”是指演唱根据传书、小说、武侠等题材的鼓词，演唱形式较为简单，街头巷尾，草坪中堂均可在场表演，以娱乐为主要功能。参见陈小萍主编《温州鼓词》，浙江摄影出版社2008年版，第19—20页。

② 阿兰·科尔班：《大地的钟声：19世纪法国乡村的音像状况和感官文化》，王斌译，广西师范大学出版社2003年版，第332页。

③ 访谈对象：潘爱国；访谈时间：2011年3月24日；访谈地点：温州市鹿城区家中；访谈者：包媛媛。

> 五六十年代的时候，我们就有人到政府的广播台去鼓词表演了。虽然也是唱词，但都不是原来的那些词了，也不是人人都可以去的，先交一个作品上去，等那边的人审核过了才能去。唱的也都是新词，这些新词就是反映那个年代的社会的词，大多是新编的，你自己有水平就自己编，自己编不了也可以请别人来编，也有的是政府的文化部门编好了请人去唱，各种情况都有。

温州鼓词历来是“唱古”的，以历史上的帝王将相、才子佳人为主要内容，极少有反映现实的题材。而在20世纪50年代，在文艺为政治服务的文艺政策指导之下，温州鼓词突破传统，出现了大量以现代革命故事和现代新事物为题材的鼓词，以政治宣传和文化教育为目的进行演唱。广播成为20世纪60年代现代鼓词最为重要的传播媒介。瑞安著名鼓词艺人唐孙文先生回忆①：

> 那个时候虽然提倡唱现代词，但很少到各地村镇现场演唱，都是去参加政府演出的时候唱唱。还有就是去广播唱，广播那时候就特别欢迎现代词，所以去广播还是挺多的。

文化大革命时期广播曲艺场遭到了停播，直至1978年才恢复录制播放。此后的十余年时间里，温州、瑞安两地的人民广播电视台延请大批名师录制温州鼓词进行播放。1987年，由温州市文化局、中国曲协浙江分会、温州市曲协编印的《温州鼓词选（一）》收录了部分在20世纪80年代由人民广播电台录制播放的鼓词。在词目中，我们依旧可以看到一定数量的描述社会新现象、宣传现代价值观的现代鼓词，如《法庭擒鹰》《谁之罪》《〈启事〉的启示》等。其中，鼓词《法庭擒鹰》通过记叙一场现代法律诉讼，塑造了一位抵制外国资本主义商人的民族工商业者的形象。无论是故事主题、情节还是融入英语词汇的词文设计都充满了鲜明的现代特征，符合改革开放的浪潮之下发展民族工商业的宣传意图②。

除了现代题材的鼓词之外，20世纪80年代的广播鼓词并不排除传统鼓词的演唱，但具有明确的取舍标准。进入人民广播电台的传统鼓词从故事主题、情节内容及唱词上都要符合主流媒体宣传正确健康价值观的指导原则。因此，在传统温州鼓词词目中，言情、武侠、神话等题材的鼓词因其明显缺乏宣传教育功能而很少进入广播录制演唱，历史类、公案类的鼓词则更受广播媒介的青睐。对于通过价值观审核的传统鼓词，如《猴王出世》《拳打镇关西》《西门豹除巫》等，需要在内容和词文表达上做进一步的修改，将部分低俗的内容进行改编和再创作，以书面化的语言替代口语化的唱词。在录制时，艺人需要一字不差地演唱提交至广播电台的审核稿，无任何自由发挥的可能③。

无论是现代鼓词的大量播放还是传统鼓词的严格审核，都展现了温州鼓词在人民广播电台这一宣传贯彻政府意志的主流媒体中作为“人民艺术”的新生。从乡间里巷到广播

---

① 访谈对象：唐孙文；访谈时间：2014年3月5日；访谈地点：瑞安市西山词场；访谈者：包媛媛。

② 霍尔：《编码/解码》，姜志辉译，载罗钢、刘向愚《文化研究读本》，中国社会科学出版社2000年版，第347页。

③ 访谈对象：潘爱国；访谈时间：2011年3月24日；访谈地点：温州市鹿城区家中；访谈者：包媛媛。

录制室，广播鼓词经历了全面的改造，以观众为中心的娱乐价值让位于政府的宣传教育，“书写”和“知识”成为鼓词创作的重要规则。广播鼓词也因此摆脱了鼓词演唱作为低微谋生手段的“下里巴人”形象，转而成为“文艺轻骑兵”融入到政府的文化建设事业中。

三　录音带鼓词：传统的复兴

20世纪80年代初，在改革开放的浪潮中，大量先进的西方电子产品进入到国内，录音机就是其中之一。此时，温州鼓词在经历文化大革命十余年的“禁唱”之后初次解禁。但经历过“改造”的鼓词艺人一时间并不敢在公众场合进行演唱。因此，当录音机进入到民众的生活时，鼓词艺人受流行音乐带的启发，对着录音机将文革期间被禁唱的鼓词录制下来，灌制成录音带，进行交换欣赏，偶尔也有零星的销售。曾任瑞安市曲艺家协会秘书长的金增眉谈及自己用录音机录制鼓词演唱的经历时如此叙述[①]：

> 就是自己对着录音机唱，录下来，拿出去给别人听，听着听着觉得好了，就用录音机复制几盘用来卖。就这么开始的。就是觉得好玩，那时候刚知道有录音功能，很新鲜，就拿来尝试着录制鼓词。

媒介技术的进步引领全新的变革，录音机的普及不仅给民众带来了快捷且强大的传播方式，作为一项新兴技术，政府监管的空白使录音带的传播更为自由。技术的便利和相对松散的政策环境激发了民众的主动性，他们自发地将传统温州鼓词与现代电子媒介技术相结合，使鼓词演唱以一种新的传播方式重新进入到民众的生活之中，促进鼓词演唱在“解禁”初期得以迅速地恢复。随着鼓词录音带买卖活动的日益增多，个体艺人的录制活动逐渐发展为集体的行为。少数鼓词艺人购买设备，自设录音棚，批量邀请艺人演唱录制，进行市场化的销售。

与人民广播电台相比，录音机拥有完全不同的媒介属性。作为一项人人能够习得且自由的传播媒介技术，它轻易地打破了强加广播鼓词上的政治桎梏和技术限制，使录音带鼓词在制作传播上摆脱上层精英的操控，以民众的审美趣味为主要导向。因此，录音带鼓词将具有明显政治宣传意图的现代鼓词排除在外，近百部词目均为传统鼓词，而且大多数是具有一定听众基础的“起房词”[②]。

此外，相对于广播电台对于鼓词录制表演的严格审查和监控，录音带鼓词的录制过程是相对“自在”的表演。著名鼓词艺人林秀珍自20世纪80年代中期至今参与过一系列广播、录音带和VCD鼓词的录制，对现代电子媒介中温州鼓词的表演和传播有着丰富的经验性认识。在谈及录音带鼓词录制的情况时，她说[③]：

---

① 访谈对象：金增眉；访谈时间：2011年9月27日；访谈地点：瑞安市安阳镇家中；访谈者：包媛媛。

② “起房词”，意为鼓词艺人成名之作和代表之作，基本上是艺人表演技艺最精湛最受欢迎的一两部鼓词。

③ 访谈对象：林秀珍；调查时间：2011年3月22日；调查地点：瑞安国际大酒店；访谈者：包媛媛。

> 录录音带的时候完全没有经验，也没人管，现场演唱什么样子，录起来就什么样子，对着录音机就唱开来。一般不会看词本，那时候都没有词本，有也都是个故事，没什么好看的，都是靠自己的脑子唱出来的，对着录音机演唱的时候没有特别多的拘束，就当前面有观众的样子。

艺人在录制鼓词录音带时并不受书面化的词本和监制人员的控制，重新居于中心主导的地位，凭借表演实践的身体记忆和情景模拟进行相对自然的表演，最大限度地再现传统温州鼓词的表演。

录音带鼓词是以鼓词艺人为主导的将新兴电子媒介技术与传统温州鼓词相结合的产物。在平民化的电子传播媒介之中，录音带鼓词迎合民众对传统温州鼓词的欣赏期待，传统词目全面复兴，在相对“自在”的表演中着力再现观演互动情景，表现出强烈的复归传统的特征。

四　VCD 鼓词：视觉化的叙事

20 世纪 90 年代中期，随着电子媒介技术的发展，VCD 机迅速取代了录音机，成为家庭必备的娱乐电器。温州鼓词的电子媒介传播也随着技术的进步而进入到视听全面呈现的 VCD 时代。与广播、录音机这两种电子媒介相比，VCD 的特殊媒介属性在于视觉的呈现。作为一种视听全面呈现的媒介技术，VCD 突破了广播鼓词和录音带鼓词单一的声音传播方式，将一维的声音传播扩展为音像结合的二维呈现，将录音机无法传播的表演形象通过影像呈现在观众面前。

在 VCD 鼓词的制作和呈现中，“形美”是重要的标准。在传统的温州鼓词表演中，除了在演唱“娘娘词”时，有由纸扎搭建起来的华丽的庐山景之外，其他题材鼓词演唱的舞台非常简陋，一张方桌倒立在一个小高台上即可。艺人们也是随意穿着，几乎不做打扮，甚至有艺人直接穿着白汗衫加拖鞋就可以上台表演。鼓词 VCD 完全脱去了这种“草根”的形象。鼓词 VCD 中总有各式色彩鲜艳的布景作为陪衬，艺人身着唐装或礼服，妆容精致。经过精心设计的 VCD 鼓词银幕形象十分华美，给人以精致的视觉体验。

追求视觉效果的鼓词 VCD 在制作过程中对艺人及鼓词题材有所选择。在 VCD 鼓词中，男性艺人与女性艺人参演的比例严重失调，百分之九十的词目是由女性艺人演唱。具有美丽形象的女性艺人更符合 VCD 的银幕呈现，受观众欢迎。

温州地区最大的鼓词音像制品生产公司的负责人张瑞星在谈及艺人选择标准时如此说①：

> 有的艺人唱得挺好的，但是没法录 VCD，这个就是不上镜，到了我这里跟丑八戒一样。她就是不上镜，比如说在我这里拍起来很难看，纠正也纠正不起来。就是形象问题。原来也蛮漂亮的，但是上了这个镜头以后就不行了。有几个艺人唱得很好，我们也想请她唱的，但是拍出来不行，我们也得对她们负责，拍出去反而损害自己的

① 访谈对象：张瑞星；调查时间：2011 年 2 月 21 日；调查地点：瑞安市时代广场银座家中；访谈者：包媛媛。

名声。这个VCD的形象很重要的，这个形象拍出来不行，大家就不感兴趣了。

在VCD鼓词中，良好的荧幕形象是表演是否受到欢迎的重要评判标准，这使得容易“上镜”的女性艺人在VCD这一电子媒介中占据优势。与男性艺人相比，女性艺人因为天生的嗓音条件对世情小说类鼓词驾轻就熟，而在演唱激越雄浑的历史类和公案类等题材鼓词时往往力不从心。因此，在以女性艺人为主导的VCD鼓词中，世情小说类鼓词数量最多，占据半壁江山，而备受现场演唱欢迎的历史类鼓词则退居次要地位。就演唱风格而言，不同于男性艺人的浑厚粗犷，女性艺人唱腔婉转悠扬，表演内敛含蓄，以优美动情见长。

VCD鼓词视觉化叙事的另一项重要内容是将鼓词的词文显示于屏幕。从音到字，从听到看，VCD鼓词在实现声音的传播之外增加文字的视觉传播，观众可以通过阅读屏幕上的词文来理解故事的内容，显示于屏幕的词文能使听众不再受方言和口音的限制，扩大了鼓词传播的地域。屏幕上的词文并不是艺人演唱的直接转化，在VCD鼓词的生产过程中，“词文在前演唱在后”的制作流程决定了对词文进行改编是录制前期的重要工作。具有丰富制作经验的鼓词音像制品生产商张瑞星在介绍VCD鼓词制作过程时说[①]：

> 将字幕打上去，就不能乱搞了。我就搞了一个创作队。我就温州鼓词那些文学重新整理，不要搞以前那些，虽然温州鼓词是下里巴人，不是什么阳春白雪，都是很通俗。我就请了温州地区比较出名的而且对温州鼓词都有研究的，叫他们重新创作。原来那些都乱七八糟的，我让他们重新整理，在文学上上一个台阶。

在VCD鼓词中，词文视觉化的呈现要求对其进行文学性的书面写作。因此进入VCD制作的鼓词词文都是要经过专职写作人员的改编或创作。相对于口语化、俗语化的现场鼓词表演，鼓词VCD的词文更追求巧妙的情节、丰满的场面、文雅的语句和整齐的韵律。“阳春白雪”的VCD鼓词以其独有的“雅”风而区别于广播鼓词和录音带鼓词。

录音机和VCD都是脱离上层精英控制的平民媒介技术，录音带鼓词和VCD鼓词同是由鼓词艺人为主导将现代电子媒介技术应用于鼓词传播的产物。因此，VCD鼓词延续了录音带鼓词以市民娱乐审美为导向、面向传统等特征。但同时被视觉化呈现的媒介属性所定义的VCD鼓词展现出与录音带鼓词差异化的表演特征。在追求“形美”的制作策略之下，VCD鼓词具有精致的表演场景，由女性艺人演唱的世情小说类鼓词占据主导。此外，VCD鼓词词文视觉化的呈现要求鼓词进行书面化的创作和改编，使鼓词VCD呈现出“雅化”的特点。

五　结语

从广播鼓词到录音带鼓词再到VCD鼓词，以电子媒介为载体的温州鼓词表演已经成为与口头演唱并存的传播方式，两种传播形式相互补充共同传承温州鼓词。20世纪50年

---

① 访谈对象：张瑞星；调查时间：2011年2月21日；调查地点：瑞安市时代广场银座家中；访谈者：包媛媛。

代至70年代末，在现场口头表演被严格控制的社会环境中，广播词场及时补缺，成为鼓词传承的主要形式。20世纪80年代，录音带鼓词以其自由的传播形式促进了温州鼓词的复兴。而在当下，以娱乐为主要诉求的鼓词VCD（主要为“平词”）及以娱神为诉求的口头表演（主要为“大词”）相互补充。

“生产建构信息”[①]，技术不只是民俗扩张的工具，技术渗透的过程更是重新定义、建构民间传统的过程。电子媒介不仅是口头传统的传播载体，同时作为内在的建构力量形塑了电子媒介化口头传统的多样形态。广播电台中“人民艺术”式的鼓词，录音带中的“复归传统”式的鼓词，VCD中的“阳春白雪”式的鼓词，不同电子媒介形式的媒介属性定义了电子媒介化口头传统的生产过程，使之形成差异化的形态特征，展现了当代口头传统的多重面向，也丰富了口头传统在当下社会的传承形式。

在大量以抢救性姿态关注活态口头传统的研究潮流之下，温州鼓词在现代电子媒介方式中传播的过程使我们正视电子媒介已成为现代口头传统重要的传播形式和传承方式这一现实处境。突破“伪民俗”[②] 的藩篱，将电子媒介作为口头传统的一种传播方式和建构因素纳入到研究的视域中，探求电子媒介对口头传统传承方式和传统形态的革新，才能全面呈现当代口头传统的传承生态。

（原载《温州大学学报》（社会科学版）2015年第3期）

① 霍尔：《编码/解码》，姜志辉译，载罗钢、刘向愚《文化研究读本》，中国社会科学出版社2000年版，第347页。

② 在对当时德国社会普遍存在的加工民俗以及制造民俗以吸引顾客的现象批评的基础上，汉斯·莫泽（Hans Moser）在1962年提出的“民俗主义”的观点指称这种加工处理、重新发明民俗的行为，他认为“任何脱离了自身生存土壤而被作为表演题材孤立地提取出来的民俗都是二手的假货，民俗研究者们更不应该对此信以为真”。在变迁的社会环境下，当传统发明已经成为当代社会的常态，二手制造的“伪民俗”已经成为文化的重要成分时，民俗学者需要正视“伪民俗”存在的意义，并将其纳入研究的视野，对现代社会的多元的民俗文化进行研究。参见王霄冰《民俗主义论与德国民俗学》，《民间文化论坛》2006年第3期，第100—105页。

分餐与共食

——关于中国近代以来的饮食风俗变革考论

林海聪[*]

【摘要】历经百年，中国饮食风俗的变革几经移易，“分食”与“共食”在中国仍然是高下难分。总体上看，整个近现代的饮食方式变革之讨论与实践的实质，与其说是一场中国文化遭遇西方文明冲击后的饮食风俗改革，不如说是全球化背景下的中国饮食文化所历经的一次现代化的本土尝试。饮食对于中国人而言，已经不只是满足人类温饱需要的生理行为，更是一项非常重要的社会文化活动。在当代公共生活中，饮食风俗也将在现代卫生与身体观念的影响下，通过民众的传习与接受，不断潜移默化，约定俗成，形成契合当代中国人的饮食实践模式。

【关键词】分食　共食　移风易俗　现代化

“民以食为天”，普通民众对饮食一直都非常重视。对于传统儒家礼乐文化而言，“夫礼之初，始诸饮食”[①]。由此可见，饮食习俗是中国日常生活的重要组成部分，关乎民众的生存。现代社会里，大家往往喜欢热闹、团圆的气氛，一般都是围桌共饮，觥筹交错，亲密接触，不亦乐乎。饮食，不仅仅只是为了满足人类温饱的生理需要，也是一项非常重要的社会文化活动。然而，这种历时悠久、约定俗成的历史传统是否就说明了中国饮食的共食制已经拥有了最大的正当性呢?

事实恐怕并非如此。尽管影响饮食风俗的因素非常多，但是由于近现代以来西方饮食风尚的传入、新中国成立后国家对卫生安全的宣传与重视，以及当代中国人的身体观发生变化，中国的知识分子主要围绕“卫生”与“文明”，展开变革“共食”这一中式饮食方式的讨论。因此，本文尝试梳理近代以来不同时期有关共食与分餐的变革与讨论，由此我们可以检视近代以来中国传统饮食风俗与中国现代化进程的关系，并且尝试探究当代饮食风俗将何去何从。

一　从分餐走向共食

实际上，中国传统的日常饮食方式也是经历了从分餐逐渐转变为共食的漫长演变过

---

* 作者系中山大学中文系2013级博士研究生。

① 《十三经注疏》整理委员会整理：《礼记正义》卷二十一·礼运第九，北京大学出版社1999年版，第666页。

程，自此以后一直延续到了明清，并未发生重大变化。为了便于展开后续讨论，首先让我们简单回顾一下中国饮食风俗中共食制的发生及演变过程。

最早的史前氏族文化阶段，由于生产力低下，人类只能通过共同劳作来求得生存，劳动生产的成果并不丰富，生产资料实行严格的平均分配制度，采集的食物也是共同所有，[①] 可谓是“天下为一家，而无私织私耕，共寒而寒，共饥其饥”[②]。食物通过加工后，按照人数平分，然后各自进餐，这是最原始的分食制。[③] 这种饮食模式持续时间十分漫长，即便是农业生产进一步发展，集体生活形式开始向家庭生活过渡，氏族内部出现阶级分化和贫富差距，“分食”模式也没有被改变。但是，史前人类开始大量生产陶制炊具和骨质餐具，[④] 这为商周时期“分食”的精细化提供了物质条件。

等到商周时期，中国人开始席地而坐，凭俎案而食，人各一份，分食制成为非常厚重的一种饮食传统。[⑤] 同时，食材的品种日渐丰富，烹饪的方式不断变革，逐渐开始出现“宴饮”的公共饮食方式，也就是说，饮食最原始的“献祭”意义经由风俗变迁逐渐隐蔽，开始变成了一种“礼物”的馈赠与共享，共食的形式则具有建构生者之间“我们属于同一个共同体”的文化功能。[⑥] 此后，这种饮食方式一直延续到唐中期，普通民众恐怕也是如此，《后汉书·逸民传》[⑦] 中所记录的孟光与梁鸿夫妻俩“举案齐眉”的典故，可谓是对平民日常生活饮食方式的一个侧面写照。魏晋南北朝，少数民族与汉族的文化逐渐融合，也带来了饮食风俗的变化，最为典型的是这一时期出现了高足坐具。高桌大椅的出现，促使大家开始同桌而食。[⑧] 在敦煌四七三窟壁画中已经开始出现家庭式的合桌会食场景。但是，这种情况并不代表大家已经开始“共食”了。实际上，食品的分配上仍然是一人一份，只是围桌而坐，有了“共食”的那种气氛而已。实际上，在一些晚唐五代的上流阶层饮宴场合中，基于长幼尊卑、主客有别的观念，还是会在筵席中实行分餐制，是否“经济”反而不是首先要考虑的问题。如南唐《韩熙载夜宴图》里面就保留了一幅生动的古代饮宴的分食“现场”。有意思的是，在食桌上的碗碟旁边分别放着餐匙和箸，这与现代的饮食餐具摆设无异。相较于先秦两汉时期的文献资料多数只是描述“礼食”或者贵族宴饮的场合，魏晋南北朝至唐代的图像资料更加丰富，也为今人一窥古代民众生活

① 石兴邦：《半坡氏族公社》，陕西人民出版社1979年版，第22—33页；王仁湘：《中国史前饮食史》，青岛出版社1997年版，第128—129页。

② 八六九五五部队理论组、上海师范学院古籍整理研究室注：《尉缭子注释》·治本第十一，上海古籍出版社1978年版，第63—64页。

③ 石兴邦：《半坡氏族公社》，陕西人民出版社1979年版，第26页；黎虎主编：《汉唐饮食文化史》，北京师范大学出版社1998年版，第257页。

④ 王仁湘：《中国史前饮食史》，青岛出版社1997年版，第135—157页。

⑤ 姚伟钧：《商周饮食礼俗考论》，李国章、赵昌平主编：《中华文史论丛（总第72辑）》，上海古籍出版社2003年版，第1—29页。

⑥ ［美］西敏司：《甜与权力：糖在近代历史上的地位》，王超、朱健刚译，商务印书馆2010年版，第16—17页；彭兆荣：《“共食”：饮食共同体的表述伦理》，《饮食人类学》，北京大学出版社2013年版，第219—227页。

⑦ （南朝宋）范晔撰、（唐）李贤等注：《后汉书》卷八十三·逸民列传第七十三，中华书局1973年版，第2768页。

⑧ 王仁湘：《往古的滋味——中国饮食的历史与文化》，山东画报出版社2007年版，第56页。

提供了不少蛛丝马迹。

到了唐末宋初，食材的多元化、烹饪样式的多变极大地丰富了宋代餐桌的菜色，教坊酒楼、勾栏瓦舍等公共饮食空间的出现，促使饮食文化走向商业化，这是中国民众饮食文化的一次重要改革。[①] 另据尚秉和考证，中国人坐椅子围着桌边进餐的情形出现的时间应不早于北宋。[②] 自宋以来，美食开始从豪门贵族走向街头百姓，从琳琅满目的飨宴到贴近民众的茶楼酒肆，极大地丰富了当时百姓的饮食活动。而且，不管是何种饮食情境，但凡是有客人上门，"好客"[③] 的中国人常会以丰盛的菜肴来款待客人，席间主人还会"劝菜"[④]，既是主人害怕客人因为过于谦逊而吃不到美食的缘故，也是主人表达视乎远客为自己人，并不见外的一种情感流露，通过"共食"这一中式饮食风俗习惯，主客之间的距离一下就被拉近了。

总体上而言，无论是日常的家庭饮膳还是社交性的公共宴饮，中国饮食空间变成私人性的家庭饮食与公共性的社会聚餐两种，饮食方式从分食制逐渐变成以共食制为主，并且由此产生了一些与之相匹配的饮食习俗。中国汉族家庭的日常饮食一般都是以"户"为单位开伙，以共食的方式进餐，除非兄弟之间分门别户，另立炉灶，否则就算是分家也未必会分爨[⑤]。即便是分爨，也只是大家庭单位的一种重组，分家之后的小家庭仍然是"共食"的。自宋以来，中国汉人特别喜欢在婚丧嫁娶、生日节庆的特殊日子里大摆筵席，形成一种作为礼物流动的"办桌"文化[⑥]。这种酒席一般菜色丰富、分量足，基于经济的

---

① 徐苹芳：《中国饮食文化的地域性及其融合》，载林庆弧主编《第四届中国饮食文化学术研讨会论文集》，财团法人中国饮食文化基金会 1996 年，第 100 页；［法］谢和耐：《蒙元入侵前夜的中国日常生活》，刘东译，江苏人民出版社 1995 年版，第 97—103 页；黎虎主编：《汉唐饮食文化史》，北京师范大学出版社 1998 年版，第 212—252 页。

② 尚秉和：《历代社会风俗事物考》，中国书店 2001 年版，第 117 页。

③ 彭兆荣：《好客的食物：餐桌伦理结构中的张力叙事》，《广西民族大学学报》（哲学社会科学版）2012 年第 34 卷第 5 期，第 16—22 页。

④ 古代会食，"主人不导客，客辄不先尝"，一切客随主便，故而"食远者，主人必推致之，不然客不远取"，这是古礼之遗。"劝菜"则是主人直接夹菜到客人碗里，也是基于类似的照顾性考虑。然而出于洁净的观念，不乏文人雅士对中国的"劝菜"习俗持批评态度。相关研究可见尚秉和：《历代社会风俗事物考》，中国书店 2001 年版，第 94 页；（清）袁枚：《随园食单》，《随园食单、白门食谱、治城蔬谱、续治城蔬谱》，南京出版社 2009 年版，第 32 页；王力：《劝菜》，杨耀文选编：《文化名家谈食录——五味》，京华出版社 2005 年版，第 46—48 页。

⑤ 分家最为显著的标志是"分灶"，但在汉族家庭中并非是必须的，只是随着中国社会的个体化程度加深，这种分爨型分家形式在当代逐渐开始普遍化。Myron L. Cohen. "*Family Management and Family Division in Contemporary Rural China*". The China Quarterly No. 130，1992：pp. 357 – 377；费孝通：《江村经济》，上海世纪出版集团 2012 年版，第 71 页；阎云翔：《家庭政治中的金钱与道义：北方农村分家模式的人类学分析》，《社会学研究》1998 年第 6 期，第 74—84 页；周大鸣：《凤凰村的变迁：〈华南的乡村生活〉追踪研究》，社会科学文献出版社 2006 年版，第 146—151 页；李霞：《娘家与婆家：华北农村妇女的生活空间和后台权力》，社会科学文献出版社 2010 年版，第 6—7 页。

⑥ 董晓萍：《全球化与民俗保护》，高等教育出版社 2007 年版，第 249—250 页；曾品沧：《办桌——清代台湾的宴会与汉人社会》，《新史学》2010 年第 21 卷 4 期，第 1—53 页；彭兆荣：《好客的食物：餐桌伦理结构中的张力叙事》，《广西民族大学学报》（哲学社会科学版）2012 年第 34 卷第 5 期，第 20 页。

考虑，都会采用“共食”的方式开席。更何况，对大多数中国人而言，能与人共桌吃饭，“同吃一盆菜”①，就是一种“与有荣焉”的人际关系建构，“敬陪末座”也不会计较，觥筹交错间呈现出一种人情社会的彼此认同。

二 当中餐遇到西餐②

自明末清初以降，与西方传教士关系较好的一些中国文人开始接触到西方的饮食。康熙时期，安文思、南怀仁编撰《御览西方要记》，节录艾儒略的《西方答问》，介绍了西方的饮食习俗：“每人各有空盘一具以接，专用不共盘，避不洁也。”③ 但是，西餐及其相关的饮食习惯并未在当时的中国产生多少影响。

1840 年后，中国饮食文化再次遇到西餐这个“强敌”。随着国家的门户逐渐洞开，西方大量的咖啡馆和西餐厅传入中国，不少中国人开始出于好奇的心态，前往西餐馆就餐或者直接在家模仿西餐的饮食方式宴请宾客，甚至还有出版专门帮助培训人员在家中制作西餐的食谱④。这种情况在建立民国的革命年代愈演愈烈，因为革命人士多有海外经历，经他们的身体力行，一时之间全国上下“器必洋式，食必西餐。无论矣，其少有优裕者亦必备洋服数袭，以示维新”⑤，崇洋之风甚嚣尘上。这一时期的上海地区，西餐被民众称为“大菜”，而本土的中餐却反而称为“小吃”，吃得起西餐，并且能够熟练地、符合餐桌礼仪地在西餐馆进餐，被视为是一种个人财富和西方文化涵养的表现。⑥ 为了方便民众学习烹调西餐，时希圣曾在民国二十一年（1932）7 月出版了一本《中西精美食谱》，⑦ 其中就有专门介绍西餐的烹调法，西餐食谱的出版无疑为西餐饮食在中国的广泛传播增加了可能性。但是，当“西餐”被当时的知识分子和官僚普遍视为一种进步、文明、高贵的“身份”象征之时，另一种反对声浪很快出现，不少人士开始大声疾呼“维持国货”⑧，进食方式的选择就不再只是日常生活的平常小事，而是关乎民族气节的一种身体力行的表态。但是，西餐的繁盛已经成为一个时代的选择，抵制“西餐”

---

① 华琛：《同吃一盆菜：中国社会中的平等宴会》，载［美］华琛、华若璧《乡土香港：新港的政治、性别及礼仪》，张婉丽、盛思维译，香港中文大学出版社 2001 年版，第 83—97 页。

② 此处的“西餐”，主要是指以英美为代表的欧式分餐制餐饮。

③ 姚伟钧：《中国饮食礼俗与文化史论》，华中师范大学出版社 2008 年版，第 222 页。

④ 同治五年（1866）上海美国传教士高丕第的夫人编写《造洋饭书》，由上海美华书馆出版。该书是基督教会为适应外国传教士吃西餐的需要和培训厨房人员而编写。详见夏晓虹《晚晴的西餐食谱及其文化意涵》，《学术研究》2008 年第 1 期，第 139 页。

⑤ 《论维持国货》，《大公报》，民国元年（1912）6 月 1 日。

⑥ 陈元朋：《清末民初的上海西餐馆——以“区分”、“认同”、“空间”及“失礼”为主的初步讨论》，《东华人文学报》2009 年 7 月第 15 期，第 165—219 页；陈尹嬿：《西餐的传入与近代上海饮食观念的变化》，《中国饮食文化》2011 年第 7 卷 1 期，第 156 页。

⑦ 时希圣编：《中西精美食谱》，上海广益书店，民国 21 年（1932）7 月。

⑧ 《论维持国货》，《大公报》，民国元年（1912）6 月 1 日。

的呼吁收效甚微。[①]

实际上，中西方餐饮之间除了食物和礼仪存在差异以外，最为明显的差异在于进餐方式是“分餐”还是“共食”。饮食方式存在这种差异则与两种饮食文化中的餐桌形制和饮食主体的社交观念有关。西方的宴饮空间多为窄长的方桌，食客不便于取用离自己较远一端的食物，因此需要事先将食物分配成更小的份额，然后再提供给食客。就此而言，西方的饮食组织模式是个体性的，食客自己对食物有相对自主的支配权。相较之下，中国使用圆桌或八仙桌，每个个体与餐桌中间的菜肴之间的距离是相等的，比较“公平”。[②] 加之取食过程是一个“分享”的过程，与祭祀仪式后的“分胙”[③] 很类似，通过食物的分割来连接整桌人的身体，因此，“共食”也可视为一种人际关系亲密的隐喻性行为，体现了中国人重视和气、热闹的饮食氛围，在饮食空间上对“整体”的重视。应该说，两种不同的饮食方式实际上都是贴近各自饮食主体的饮食风俗，本质上并无高下之别。

然而，到了20世纪30年代，当时的中国知识分子开始关注西方的“卫生”知识，一些学人通过书籍、报刊向民众普及有关卫生的“新知识”，民众了解到“肺痨”与“细菌”、人的体液与疾病传染之间的关联性[④]，大家开始出现排斥“人我津液交融”的情感倾向，这使得以“共食”为标志的中餐成为所谓开明之士的诟病对象，尤其是菜肴的“共食”问题。同时还有专业人士指出国人十一种不卫生的“恶习”，其中就认为“共食”是肺痨“传染之道”的“一大因”[⑤]。实际上，中国传统中医学饮食观除了认为“医食同源”，讲究“食疗”和“养生”以外，[⑥] 也非常注重饮食卫生问题。如张仲景在《金匮要略· 禽兽鱼虫禁忌并治》中“秽饭、馁肉、臭鱼，食之皆伤人”[⑦] 的记载，以及孙思邈《备急千金要方·道林养性》“茅屋漏水堕诸脯肉上，食之成瘕结。凡曝肉作脯肉不肯干者，害人”[⑧] 的说法，都是明证。而且，孔颖达在解释《礼记·少仪》“凡洗必盥”

---

① 不过，这种爱国情绪的出现激发了出中国饮食业创新的一次商机，很快在上海地区出现了中国人开设的“番菜馆”，该类餐馆对西餐进行口味的改良，同时吸纳燕窝、鱼翅等高贵的中餐食材来制作料理。详见陈尹嬿《西餐的传入与近代上海饮食观念的变化》，《中国饮食文化》2011年第7卷1期，第160页。

② 当筵席的餐桌上没有可转动的圆盘时，宴客们一般根据就近原则吃自己附近的菜，如果频频起身去夹他人身边的菜，就会被认为不礼貌、不懂规矩。相关研究可参见余建华、张登国《宴会、礼仪与地位——关于赣东北某村宴会礼仪的饮食人类学透视》，《民俗研究》2006年第3期，第34—35页。

③ 何长文:《中国古代分胙礼仪的文化蕴含》，《东北师大学报》（哲学社会科学版）1999年第3期，第49—53页；彭兆荣:《“共食”：饮食共同体的表述伦理》，《饮食人类学》，北京大学出版社2013年版，第219—227页。

④ 雷祥麟:《卫生为何不是保卫生命？——民国时期另类的卫生、自我和疾病》，载李尚仁主编《帝国与现代医学》，中华书局2012年版，第449及455页。

⑤ 同上书，第454—455页。

⑥ 王仁湘:《饮食与中国文化》，人民出版社1996年版，第233—258页；王学泰:《中国饮食文化史》，广西师范大学出版社2006年版，第105—108页；陈苏中:《人类饮食文化学》，上海文化出版社2008年版，第91页；万建中:《中国饮食文化》，中央编译出版社2011年版，第159—171页。

⑦ （汉）张仲景:《金匮要略译注》禽兽鱼虫禁忌并治第二十四，刘蔼韵译注，上海古籍出版社2010年版，第338页。

⑧ （唐）孙思邈:《备急千金要方》卷第二十七养性·道林养性第二，人民卫生出版社1982年版，第479—480页。

的说法时，就说“凡饮酒必先洗爵，洗爵必宜先洗手也”①，可见古人非常重视饮食器具的清洁。此外，袁枚在《随园食单》中也谈到厨房卫生的“洁净须知”，同样强调“多洗手，然后治菜”②。但是，总体上而言，中国传统的饮食卫生观念与清末民初西方传入的卫生知识存在一个较大的差异，即中国饮食卫生注重的是食物的品质和食具的洁净这些外在环境因素，而不强调人自身的身体状况，自然就不会去考虑改变“共食”的饮食习惯了。可是，这些西方关于身体与疾病的新知识和新观念的传入，却深刻而直观地反映出人与人在卫生健康问题上的身体关系，使得一部分民众开始反思自己的日常饮食实践。同时，在清末民初“中国传统的负面整体化”过程中③，“共食”所依附的中国饮食也未幸免，一些接受过西方文化熏陶的中国革命激进人对中国的共食制饮食发起猛烈的批评。有些公共卫生学者更是将中国“大众杂坐，置食品于案之中央”的共食与欧美各国及日本那种“不论常餐盛宴，一切食品，人各一器”的分餐模式相提并论，认为中国饮食“争以箸就而攫之，夹涎入馔，不洁已甚”④，从而提出“饮食革命论——废止筷碗共食、实行中菜西吃法”⑤，每人两套餐具以共食，避免病从口入。于是，在这种强大的革命舆论话语主导之下，加之受到西餐的吸引，当时的中国社会开始出现一些调整饮食习惯的新现象。实际上，当时的广州人在吃宴席时创造了一种叫“每人每”的用餐模式，即每位食客“各肴馔一器”，但是价格十分昂贵。虽然这种安排只是为了“昭示敬礼之意，非为讲求卫生而设”，普及度有限，但是依稀也受到了西方分餐制的影响。⑥ 可以说，新的现代卫生知识和西方餐饮模式逐渐改变了中国人的身体距离和人际接触方式，大家对日常的身体性互动变得很敏感，促使中国民众重新思考个人与社会的关系，个人主义式的身体观被强化⑦。

较为温和的学者如伍连德，他认为“最善之法，莫如分食”，但是考虑社会习俗和中国的烹饪方式，“分食制似不适宜”。于是他提出了一套名为“卫生餐台”的全新餐饮模式，即“法以厚圆木板一块，其底面之中央镶入一空圆铁柱，尖端向上，将此板置于转轴之上。则毫不费力，板可以随意转动。板上置大圆盘，羹肴陈列其中，每菜旁置公用箸匙一份，用以取菜至私用碗碟，而后入口”。⑧ 这套办法只是改变了餐桌的形式，并且随菜碟增加一副“公筷”，简单合宜又不失中餐的乐趣，慢慢成为中餐馆和华人家庭喜欢使

① 《十三经注疏》整理委员会整理：《礼记正义》卷第三十五·少仪第十七，北京大学出版社 1999 年版，第 1043 页。

② （清）袁枚：《随园食单》，载《随园食单、白门食谱、治城蔬谱、续治城蔬谱》，南京出版社 2009 年版，第 26 页。

③ 罗志田：《中国传统的负面整体化：清季民初反传统倾向的演化》，载李国章、赵昌平主编《中华文史论丛（总第 72 辑）》，上海古籍出版社 2003 年版，第 225—251 页。

④ （清）徐珂编撰：《清稗类钞》第十三册·饮食类·每人每，中华书局 1986 年版，第 6269 页。

⑤ 雷祥麟：《卫生为何不是保卫生命？——民国时期另类的卫生、自我和疾病》，载李尚仁主编《帝国与现代医学》，中华书局 2012 年版，第 455 页。

⑥ （清）徐珂编撰：《清稗类钞》第十三册·饮食类·每人每，中华书局 1986 年版，第 6269 页。

⑦ 雷祥麟：《卫生为何不是保卫生命？——民国时期另类的卫生、自我和疾病》，载李尚仁主编《帝国与现代医学》，中华书局 2012 年版，第 454 页。

⑧ 同上书，第 456 页。

用的方式。有些地方的餐馆还开始了使用“一次性”筷子的做法，广受欢迎。[①]

但是，某些人过分追求饮食环境的“卫生”程度，“卫生好洁，不与人共食，若赴宴，他人已下箸，则弗食之”，遭致周围朋友的反感，认为这种人“过于养其身，而忽于养其心”，[②] 出现了适得其反的结果，变成了一个缺乏礼数的不文明人。正如雷祥麟所言，这种现象不仅过于极端而显得自私自利、不近人情，造成人际之间的关系疏远和嫌弃，甚至过度地实践这种“反社会的习气”反而容易导致洁癖感，因疑心重而生病。

近代以来的“西风东渐”，使得中国饮食方式的选择不再只是遵从“礼制”教化的原则，更不仅仅是历史传统的一种日常习得。当时的中国人通过对西方现代化的整体性想象和憧憬，开始以一种现代“城市风景”的眼光来“发现”西方的“分餐制”饮食模式。但是就其背后的卫生观念而言，实际上更加强调个人对于公共卫生这一集体性事务的服从。虽然无论是从群体阶层还是地域空间来看，西餐在当时的社会生活中的普及程度确实是有限的，但是与之相随的“文明”与“卫生”的现代化思潮却在一定程度上催化了民国时期饮食风俗的变革讨论，从而掀起了近现代学者对中餐“共食制”的批判和反思。

三　集体生活中的分餐与共食

虽然民国期间批评“共食”的声音非常强大，同时工商业的发展产生了大批的职工，他们经常需要在单位里吃午餐，然而到了傍晚，职工们下班回家之后仍旧会与家人共食。[③] 临近解放前，有的职工公共食堂采取传统的共食制，每桌人数不定，在规定时间内随到随吃。[④] 有些地方为了加强工人的集体观念，职工公共食堂实施包饭制，即每人每日预先进行包饭，可根据自己的经济状况、食量大小、胃口爱憎来填写一张饭牌，然后伙房按量做饭。下班后，每人即持牌前往食堂用餐。[⑤] 新中国成立之后的最初几年，国家机关与企事业单位干部职工就餐的方式沿用解放区的供给制度，各机关自行办食堂，大家在日常工作期间会前往单位食堂就餐。1954 年以后，国家开始实行工资制，但是公共食堂被保留，各机关单位、厂矿学校都建了食堂，作为对单位职工和师生的一种生活照顾。[⑥] 在这一时期，职工多是以粮票来支付饭钱，然后各自分餐而食，有时候还会在单位食堂买饭菜带回家，与家人一起合家同食，其乐融融。如果遇到加班，单位还给补误餐，一般是工人自己打饭，然后共食菜肴。[⑦]

如果说，现代化进程中的职业变化和社会关系的个人化倾向[⑧]，对中国当代的公共饮

---

① 《说小吃》（中），《晶报》1936 年 9 月 9 日。

② 雷祥麟：《卫生为何不是保卫生命？——民国时期另类的卫生、自我和疾病》，载李尚仁主编《帝国与现代医学》，中华书局 2012 年版，第 452 页。

③ 陈尹嬿：《西餐的传入与近代上海饮食观念的变化》，《中国饮食文化》2011 年第 7 卷 1 期，第 188 页。

④ 《石市的公共食堂》，《人民日报》1949 年 3 月 11 日。

⑤ 《一个工人食堂》，《人民日报》1949 年 9 月 21 日。

⑥ 严昌洪：《20 世纪中国社会生活变迁史》，人民出版社 2007 年版，第 74 页。

⑦ 访谈对象：实华女士（武汉退休职工），60 岁；访谈者：林海聪；访谈时间：2014 年 5 月 1 日；访谈地点：QQ 聊天工具。

⑧ 阎云翔：《中国社会的个体化》，陆洋等译，上海译文出版社 2012 年版。

食方式变革起到了推动作用，在城市中的职工群体中形成了共食与分餐并存的饮食模式，那么50年代时兴起的“爱国卫生运动”则从科学、卫生的理性角度向普罗大众推广了分餐制。虽然中国医疗状况在民国时期已经得到了很多发展，但是整个中国的日常生活卫生环境仍然不佳，而且很多流行性疾病与季节气候变化关系密切，为了减少各种传染病的发病率，改善民众的身体健康状况，共产党政府开始向普通民众普及传染病防疫知识。时任华北人民政府卫生部部长殷希彭特别撰文《疾病的传染和预防》①，其中就对饮食卫生进行了论述，特别还强调了“不要和传染病人同居共食”。实际上，当时有病人的家庭通常也会采用分餐制的方式来避免家庭内部成员之间的传染。换言之，如果家庭成员身体都非常健康，实行共食制的饮食方式也并无不妥。

进入新中国成立初期的50年代初，受到当时国际外交环境的影响，中国国家政府在全国展开一场“爱国卫生运动”。50年代至70年代中期的“爱国卫生运动”主要任务是“抵御外国细菌战”和“除四害”，积极防治春季流行病和地方病，培养群众讲卫生的新习惯②。一些城市的普通饭馆，尽管设备条件不是很好，但是也在“搞好卫生，保证顾客身体健康”的口号下，千方百计地讲究卫生。当多位顾客一起就餐时，饭馆除了为每位顾客准备自用的筷、匙外，还备有公筷和公匙，并为有病的顾客单独准备了餐具。③ 某些农村公社还形成了“户户用公筷”的饮食新风气。④ 在1958年，中国广大农村公社开始兴办公共食堂，一些公社甚至改变了进食的方式，实施分餐制和公筷制，并且注重餐具的消毒处理。公社还向社员宣传新的一套卫生习惯，每天刷牙，勤洗澡、勤换衣、勤晒被，饭前要洗手。这些配套措施的实行，客观上减少了各种疾病的发病率。⑤ 而且，从50年代初起，全国范围内开展了一场旷日持久的爱国卫生运动，国家政府希望引导民众发扬自爱爱人的美德，把中国建设成“现代工业、农业和科学文化的强国”⑥。在集体主义生活日益高涨的年代里，“爱国卫生运动”经由党的情感动员，在全国各地不断地被宣传和推行。在公共食堂中就餐的民众非常多⑦，为了预防“病从口入”，讲求卫生，很多地方政

① 殷希彭：《疾病的传染和预防》，《人民日报》1949年3月1日。

② 《以除四害为中心开展卫生运动 中央卫生部召开会议研究经验进》，《人民日报》1957年11月12日；杨念群：《再造“病人”：中西医冲突下的空间政治（1832—1985）》，中国人民大学出版社2013年版，第480—489页。

③ 《北京市饮食行业出现卫生红旗 鸿兴饭馆干净利落顾客满意》，《人民日报》1959年8月5日。

④ 《文化革命的浪花——四川农村新事》，《人民日报》1958年7月26日。

⑤ 《讲整洁 爱卫生 南江人民公社是榜样》，《人民日报》1958年11月16日；《决心赶上太阳村》，《人民日报》1960年6月10日。

⑥ 《发扬了自爱爱人的美德——访南京市五老村一群爱劳动讲卫生的人们》，《人民日报》1958年2月17日。

⑦ 实际上，各地组织就餐的方式不尽相同，有些地方以家庭为单位、按人口数量领取相应分量的饭菜回家，然后再合家共食；有些地方则要求必须在公共食堂里一起共食就餐；也有一些地方则采取了分餐制，各自领取各自的饭菜，然后就餐；还有一些地方的公共食堂只提供主食，而各家各户仍然需要自己准备蔬菜。以上信息来自访谈对象：实华女士，60岁，访谈者：林海聪，访谈时间：2014年5月1日，访谈地点：QQ聊天工具；访谈对象：曾桂珍，72岁，访谈者：林海聪，访谈时间：2014年5月1日，访谈地点：访谈对象家中；高默波：《高家村：共和国农村生活素描》，章少泉、喻锋平等译，香港中文大学出版社2013年版，第125页。

府于是在集体用饭时开始推行“公筷制”，以“改变中国几千年来传统的用饭习惯”[①]。这种新型模式虽然在1950年时已经有人提出，但是直到人民公社时期，才被视为“一件对人民健康极为有益的移风易俗的大事情”[②]，得到了广东、四川、湖南、黑龙江、浙江等较多省市地区公共食堂的响应。

总而言之，无论是城市工人还是农村民众，无论是想努力建设新中国还是要“改造世界”[③]，这一时期中国普通家庭开始由私人生活变为集体生活，由生产单位统一管理，不仅希望“帮助妇女从琐屑的家务下解放出来”，[④] 也十分强调“集体过生活，集体讲卫生”[⑤] 的观念，民众饮食的公共食堂化客观上促进民众对饮食卫生及消毒措施的了解与重视，有利于在集体生活中保障每个农民的身体健康，提高劳动的出勤率，保证日常生产的正常开展。与此同时，与公共食堂同时产生的“公筷制”也逐渐走入普通民众的饮食生活，成为一种自觉选择的生活习惯。[⑥] 此外，职工公共食堂虽然初衷是加强职工的集体主义观念，但是实际上却是推广了分餐制以及分配制度的个体性，对当代中国人社会关系的变革也存在影响。由此可见，虽然这场“移风易俗”的饮食生活变革并未完成“改造世界的伟大目标”[⑦]，但也没有彻底“失败”。

四　“革除陋习”还是“保留传统”?

20世纪80年代初，以麦当劳和肯德基为代表的新式西方快餐与自助餐餐厅开始抢滩大陆，取得了巨大的成功，带来了新的就餐环境、新的装潢方式、新的饮食样式和新的服务模式。这种漂亮、干净、舒适的就餐方式，加之随取随用的便捷和快速，很快吸引了大量的中国民众，同时也形塑了新一代中国人时髦、平民、卫生与快捷的饮食观念。有鉴于西式餐饮企业在管理、经营模式上占据了极大优势，不少中国餐饮企业也开始模仿，投消费者所好，逐渐出现了蒸有味、好功夫、大家乐等实行单人点餐、分餐进食的中式快餐馆。无论是西式还是中式，快餐饮食的“个人套餐化”配餐模式无疑强化了饮食中的个体化色彩[⑧]，自然也使分餐制得到更大的彰显。

如果说上述新式餐饮经营模式发生变化，使中国人的饮食风俗经由对西方饮食的想象

---

① 《安徽省开始推行公筷制》，《人民日报》1958年2月8日。

② 《推广公筷制!》，《人民日报》1958年2月9日。

③ 《以移风易俗改造世界的气概开展爱国卫生运动 卫生部部长李德全的发言》，《人民日报》1960年4月5日。

④ 邓颖超：《学习苏联人民崇高的共产主义道德品质——有关劳动、爱情、婚姻和家庭的道德》，《人民日报》1952年11月5日。

⑤ 《集体过生活 集体讲卫生 湖南湘阴川山人民公社集体卫生工作做得好》，《人民日报》1959年1月14日。

⑥ 《发扬了自爱爱人的美德——访南京市五老村一群爱劳动讲卫生的人们》，《人民日报》1958年2月17日。

⑦ 《以移风易俗改造世界的气概开展爱国卫生运动 卫生部部长李德全的发言》，《人民日报》1960年4月5日。

⑧ 当然，西式快餐文化还带来了“AA制”的新兴付费方式，与分餐制的推行也不无关系。为避免偏离本文要讨论的焦点，此处不赘述。

而被动地发生变化，那么国家政府不断强调爱国卫生运动的重要性，特别是注重改善农村大众的饮食环境和饮食观念，并且普遍提倡一种节俭的饮食风气，强调国民的个人卫生意识，同样是影响深刻。70年代末，中国在经济飞速发展的过程中逐渐形成了新的话语模式——“改善社会风气”，并视其为当代精神文明建设的重要部分，逐渐形成新时期以学雷锋、树新风、“五讲四美”① 为核心的国家风俗观，以便促进城乡精神面貌和整个社会的风气改变。② 兴起自50年代的“爱国卫生运动”为了配合改善社会风气的新时期国家精神文明建设目标，其核心价值则变成了“提高我国人民科学文化水平、实现四化的重要内容，也是反映人们道德风尚和精神面貌，关系中华民族兴旺发达、子孙后代健康的大事”，因此中央要求各相关单位要深入广泛地开展卫生宣传工作，“使爱清洁、讲卫生的新的道德风尚家喻户晓，深入人心，蔚然成风”。③

虽然改革开放后，大众一直在努力配合国家的政策宣传，希望建立卫生环保的生活环境，但是中国接连发生了两次重大的公共卫生事件，则促使中国人开始主动地变革和调适自身的饮食观念，不少人士站在现代的“卫生防疫”角度，抨击中国的共食制度，认为这是一种“陈旧陋俗”。首先是80年代初，某些地方出现传染性疾病“肝炎”。经过中华人民共和国成立后多方对“卫生”的宣传，大众其实对“病从口入”和“传染病”的认知已经加深，于是“改变共食为分食，移风易俗”④ 来预防肝炎传染的倡议进入大众的话题。时任卫生部卫生防疫司的官员郭节一同样认为应该改变国人集餐的方式，过去中国人都是团团围坐、菜肴居中、各自伸筷、同食一盘，从卫生角度看，“是一种不良的吃饭习惯，必须加以改革”。因此，为了防止疾病传染，他倡议把吃饭方式由集餐制改为分餐制，各地不妨创造条件加以实施。⑤ 中国预防医学科学院佟之复教授从专业角度提出肝炎可以通过消化道传播，因此提倡分餐，改变共食这一“不良的陋习”。⑥ 针对中国饮食上的“不文明习俗”、⑦，一些饮食烹饪专家发出“积极改革我国筵席”的倡议，移风易俗，改变观念，普及饮食科学知识，“改变那种认为筵席的菜点越高档、剩得越多越能显示主人热情待客等陈旧观念”，同时“因地因人而宜，提倡公筷、公勺”⑧。直到90年代，这场关于“分餐”与“共食”的讨论还尚未停息。相较于国家政府基于“分餐容易控制菜量，减少浪费，一人一份，卫生方便，不用互相礼让，有助缩短用餐时间，也便于餐厅人员实行规范化服务”的考虑，开始在“国宴”上实行分餐制，⑨ 民众对这场讨论的回应则较为平淡，家庭饮食无论是日常三餐还是节俗宴客，仍然以共食制为主。

---

① “五讲”指讲文明、讲礼貌、讲卫生、讲秩序、讲道德；“四美”指心灵美、语言美、行为美、环境美。

② 《共青团第四次共产主义道德教育座谈会指出 继续深入开展道德教育改善社会风气 学雷锋、树新风、“五讲四美”活动要做到经常化、具体化》，《人民日报》1981年6月2日。

③ 《中央爱卫会等八个单位联合通知 要求各地进一步加强卫生宣传工作》，《人民日报》1979年8月1日。

④ 张晓仑：《吃饭应提倡分餐》，《瞭望》1984年第48期，第21页。

⑤ 《改变集餐方式》，《人民日报》1983年5月12日。

⑥ 《提倡文明就餐》，《人民日报》1992年2月11日。

⑦ 《改一改不文明习俗》，《人民日报》1988年2月23日。

⑧ 《烹饪界发出倡议 移风易俗改革筵席》，《人民日报》1994年1月16日。

⑨ 《说国宴改革》，《人民日报》1988年1月17日。

第二次公共卫生事件发生在2003年春季，一种新型的传染疾病“SARS”[①] 席卷了整个中国。一时之间，人人自危，大众“下馆子”的次数急剧减少。“分餐制”在这场时疫中再次成为一个流行话题。首先，餐饮业为了官方控制疫情和重新振作食客信心的需要，短时间内从卫生到服务都有了极大的改善，大众也尽量选择分餐制，使用公筷、公匙。其次，有些媒体甚至认为“非典”给中国带来七个转机，其中就包括改变国人“火锅式”的饮食陋习，推行分餐制，限定个人酒量与饭量，减少浪费。[②] 同时，中国饭店协会制定了《餐饮业分餐制设施条件与服务规范》，作为全国300多万家餐饮经营企业分餐制的操作指南，并且正式向国家质检总局申报为强制性国家标准。[③] 但是这种行为被大众视为激进的强制措施，而且选择的主动权在广大顾客而不在各家饭店手中，因此有人提倡从移风易俗的角度多做努力。[④]

尽管经过二十多年的专家学者奔走呼告，期间经历了“肝炎”和“非典”两次大范围的社会疫情，但是大众对此仍然是应者寥寥，仅一些事业单位、集体性企业坚持了“分餐制”。支持者主要是站在公共卫生安全的角度来推广分餐制。反对者则主要强调中餐共食是一种“国粹”，体现中国团结和谐的气氛，分餐是“舶来品”，“不合中国国情”。[⑤] 诚如王力在《劝菜》[⑥] 中所言，因共食而“津液交流”的饮食场面确实令人心生不快，有违现代卫生要求，只是仅从“卫生健康”这一所谓的现代文明观念就否定中国的“共食制”固然有其科学理性的道理，但未免太过偏激，恐怕不尽然能解释时至今日“分餐制”为何仍然无法在中国普通家庭中普及的事实。更何况，在“非典”时期大家能自发地实行分餐制，一些公共场合的聚餐也会使用公筷、公勺，本身就反映出中国人实际上很重视饮食的公德，也明白“病从口入”的道理，并非真的以为“不干不净，吃了没病”。大众对分餐这种“卫生的家庭饮食方式”并不太买账，而是以“传统”和“西化”的文化认同名义来抵制分餐制。实际上，相较于过去，中国的医疗水平大幅提高，加之民众自身的卫生观念也被强化，家庭内部的厨房烹饪环境已经有了极大的改变[⑦]，很大程度上减少了“病从口入”的风险性。而且，在家庭中实行“分餐制”既显得“生分”和疏远，又令人觉得麻烦，无论是风俗习惯上还是卫生健康角度，中餐的共食方式并未受到太大的冲击和民众的反对，只是相较于过去，西方新式餐饮模式的推广与普及，确实有限地提高了当代民众在公共聚餐时，甚至是家庭饮食中开始选择分餐的可能性。

---

① “SARS”，即严重急性呼吸综合征（Severe Acute Respiratory Syndrome），又称“非典型肺炎”，为一种由SARS冠状病毒（SARS-CoV）引起的急性呼吸道传染病。“SARS”是非典型肺炎的一种，中国媒体普遍简称其为“非典”。相关研究可参见谢铉洋《SARS医学图像识别与辅助诊断研究》，中国科学技术大学2006年博士学位论文。

② 《非典可能带来的七个转机》，《科技与企业》2003年第7期，第25页。

③ 《餐饮业分餐制强制标准将推广 不分餐别想办筵席》，《北京晨报》，2003年5月28日。

④ 西尧：《分餐制能强制执行吗》，《经营与管理》2003年第8期，第6页。

⑤ 王玲：《分合离聚话筵席》，《中国食品》1994年第8期，第34页。

⑥ 王力：《劝菜》，杨耀文选编：《文化名家谈食录——五味》，京华出版社2005年版，第46—48页。

⑦ 董晓萍：《全球化与民俗保护》，高等教育出版社2007年版，第252—253页。

五 结论

历经百年，中国普通民众的饮食风俗自觉不自觉地几经移易，“分食”与“共食”在中国仍然是高下难分，这充分显示了饮食文化作为一种社会风俗所具有的传习性、凝固性和变异性特征。[①] 纵观近现代以来中国饮食风俗的变迁过程，尽管影响进餐方式的因素纷繁复杂，但总体上看，无论是民国时期转动餐台的发明，还是中华人民共和国成立后对“公筷制”的推行，或者是当代对“分餐制”的再次倡议，这些近代饮食风俗的改革与移易措施与古代的移风易俗思想在理念上存在着极大差异，如果说传统的饮食风俗观是以儒家礼仪为主体的传统道德伦理为理论根据的话，那么近现代以来兴起的饮食风俗变革已经开始以西方习俗为参照物，并且不断在反省与实践中形成一种自觉的现代化风俗观话语体系，影响着中国近现代以来的饮食风俗变迁。换言之，与其说这是一场中国文化遭遇西方文明冲击后中式饮食风俗的被迫改革，不如说是全球化背景下的中国饮食文化所历经的一次主动的现代化本土尝试。在“卫生”“文明”与“独立”“个体化”的现代饮食消费观念与“分享”“平等”的传统人情社交需求之间不断的协调下，最终形成了今日“共食”与“分餐”并存、“中餐”与“西餐”兼容的中国式餐饮文化。

尽管中国人的私人生活在发生变革，民众的身体观随卫生观念的变化也在不断调适。诚如前文所述，中国人并非不重视饮食卫生问题。实质上，“共食制”不仅仅只是一种基于经济的考虑来合力分享丰富美食，更是一种“平等”姿态的体现，正是有这一层传统文化的人情底色，在中国的社会生活中，共食制恐怕仍然符合多数普通民众的饮食就餐观念。在当代公共生活中，饮食风俗也将在现代卫生与身体观念的影响下，通过民众的传习与接受，不断潜移默化，约定俗成，从而形成一套契合当代中国人的饮食实践模式。

（原载《民俗研究》2015 年第 1 期）

---

① 萧放：《中国传统风俗观的历史研究与当代思考》，《北京师范大学学报》（社会科学版）2004 年第 6 期，第 38—39 页。

汉文化中人的“生涩”“夹生”与“成熟”

周　星[*]

【摘要】以汉语、汉字为主要媒介的汉文化，对于“人”的成长过程，经常使用从“生”到“熟”的隐喻性表述。本文详细梳理了汉文化对“人”的“生”与“熟”这两种不同状态的描述，指出汉文化对处在“生”与“熟”的中间状态，亦即所谓“半生不熟”或“夹生/半熟”状态的“人”，也有着非常丰富的表象。在汉文化对人的“生”—“夹生/半熟”—“熟”等状态的分类中，内涵着汉文化的秩序及其价值取向。

【关键词】汉文化　生与熟　夹生/半熟　结构人类学

人类学是研究人及其文化的学问，因此，其对“人观”亦即不同社会、不同族群、不同文化对“人”的定义、看法及观念等的研究，自然也就是人类学最为重要的课题领域之一。本文拟集中讨论汉文化中有关人的“生涩”与“成熟”这两种不同状态的分类及其彼此间的过渡关系，故在某种意义上，本文可归属于一种“人观”的研究，但同时也是一项结构主义人类学的研究。在汉人的社会文化结构里，原本潜在或显在地有对于人的多种分类与描述，其中尤其对“生涩”与“成熟”的中间状态，亦即“半生不熟”或“夹生/半熟”状态的人有着非常丰富的描绘与表象。本文作者倾向于认为，对于“生”“熟”之中间状态的关注，实际上正是指向于形塑合格的“社会人”或“文化人”以及人之为“人”所应该呈现的那种状态①。

一　对“人”的分类与社会秩序

汉文化和很多其他文化一样，也对人做出各种“分类”，若将所有这些分类叠合、拼接在一起，大致就可以窥见汉人社会的“人观”。诸如，按照年龄、性别将人分为“老人”“年轻人”或“男人”“女人”；按照社会地位和财富将人分为“贵人”“贱人”，“富人”“穷人”，“上等人”“下人”等；按照价值判断、政治理念或仅凭印象，将人分

---

* 作者系日本爱知大学国际中国学研究中心教授（日本名古屋 453 - 8777）。

① 本文是提交给日本国立民族学博物馆于2014年11月22—23日举办的主题为“中国文化的持续和变化（Continuity and Change of Chinese Culture: Family, Ethnicity and State under Globalization）”国际研讨会的专题论文，在22日下午发表时，得到横山广子、梁闲淳（韩国亚洲大学）、潘宏立、聂莉莉诸位学者的点评和指教，在此，谨致谢忱。

为“好人”“坏人”“恶人”“善人”“左派”“右派”等。所有这些分类所由依据的逻辑或标准，大概都有其片面性和随意性，但在结构主义人类学看来，“任何一种分类都比混乱优越，甚至在感官属性水平上的分类也是通往理性秩序的第一步”，“即使是一种不规则的和任意性的分类，也能使人类掌握丰富而又多种多样的事项品目；一旦决定要使每件事都加以考虑，就能更加容易形成人的‘记忆’”。[①] 不言而喻，上述分类或多或少程度不等地反映着为汉人社会及文化所默认的某些尺度或标准，只是由于这些分类几乎全都没有被人类学者认真地研究过，所以，我们不得不承认这确实是汉人社会及文化之人类学研究的一个缺憾。

人类学早就揭示出人是分类的动物，分类在人的行为中具有核心位置，它通常成为某一文化里的“常识”，甚至是不言而喻、理所当然的知识。自从法国学者涂尔干和莫斯开辟了分类的人类学研究方向，并指出“事物的分类则再现了人类的分类”[②]“最初的分类就是人的分类”[③] 以来，对于分类的研究就始终是人类学的一个持续关注的焦点。正如罗德尼·尼达姆在为《原始分类》英译本写的导言中指出的那样：“社会人类学最原初的、最基本的关怀，就是分类”。人类学者在田野研究中，“他每一次学到的东西，在本质上都是分类”。“所以，他在分析上的任务，首先就是要理解分类的模式”[④]。人类学者充分地认识到：“分类，从人类学的意义上说，意味着根据社会上已经确定的范围和类型区分物体、人、动物和其他现象。在任何社会，这都是知识体系的一个重要组成部分，而知识总是与社会组织和权力有关。”[⑤]“（分类）贯穿于许多从本土的角度对周围世界的理解当中——既包括自然世界也包括文化世界，……。此外，在人们以惯常手段处理日常生活事物的过程中，对事物进行分类的观念也为人们如何措辞或者说如何使用意象来表达自己的想法提供了基础”[⑥]。就此而言，汉人社会也不例外，汉文化的价值取向是特别强调“做人”，并往往是通过对人的各种分类而表象出人所应当的那种理想状态。

人一般是通过分类来认识宇宙万物，并赋予其所处的自然及人文社会生活以秩序的，人试图通过分类而将其生活世界归纳得井井有条。“人是会分类的生物，他们会区分有序和无序、内部和外部、洁净和不洁净”[⑦]。但因此，人在通过分类把握和理解世界并建构秩序的同时，也总是会制造出问题，因为分类总是在形成秩序的同时，必然生产出秩序的对立面“无序”或秩序之“外”。“任何一种已有的分类体系都免不了会产生非正常的东

---

① ［法］列维－斯特劳斯：《野性的思维》，李幼蒸译，商务印书馆1987年版，第21—22页。

② ［法］爱弥尔·涂尔干、马赛尔·莫斯：《原始分类》，汲喆译，上海人民出版社2000年版，第12页。

③ 同上书，第89页。

④ ［英］罗德尼·尼达姆：《〈原始分类〉英译本导言》，［法］爱弥尔·涂尔干、马赛尔·莫斯：《原始分类》，汲喆译，上海人民出版社2000年版，第96—141页。

⑤ ［挪威］托马斯·许兰德·埃里克森：《小地方，大论题——社会文化人类学导论》，董薇译，商务印书馆2008年版，第308页。

⑥ ［美］麦克尔·赫兹菲尔德著：《什么是人类常识——社会和文化领域中的人类学理论实践》，刘珩等译，华夏出版社2006年版，第196页。

⑦ ［挪威］托马斯·许兰德·埃里克森：《小地方，大论题——社会文化人类学导论》，董薇译，商务印书馆2008年版，第311页。

西”[①]，尤其是在分类体系所无法穷尽的边缘、剩余、中间或过渡状态，就会问题丛生，甚或成为“污染”和“危险”的起源。玛丽·道格拉斯认为，“污染是一个系统序列和事物分类的副产品”[②]，而“异类通常与危险和污染相联系”[③]。在她看来，象征分类是社会的基础，而那些“异类”（anomalities）正是由于其无法根据给定的分类法予以安置，所以，便对秩序构成威胁。实际上，所谓“异类”或异常之物，一般来说不宜简单地只被归结为“正常”的反面，它不只是列维－斯特劳斯式的二元对立构造中的一元，在很多时候，还因为它触犯了或逸脱于社会认知及文化分类的某种底线或边际，而有可能被视为“暧昧”“不纯”“污秽”和“危险”的存在。当然，对于这些暧昧、不纯、污秽或危险的存在，不同的社会或文化体系往往会有不同的定义。例如，同性恋在某些社会可能只是“另类”并在某种程度被容忍，但在另一些社会却有可能绝对不被接受，甚至被视为“邪恶”。通常，一个文化对人的分类往往内涵着道德评价，人们往往会在内部寻找那些被“污染”了的存在或外部邪恶势力的代理人，试图驱逐之或至少使它们边缘化，从而维系社区或体系内部的“净化”状态。[④] 也就是说，社会的秩序得以建构起来是有赖于其内在的分类体系，这正是道格拉斯《洁净与危险》这一伟大著作所揭示的原理。[⑤]

既定文化对人或事物的分类，往往作为其社会日常生活或文化“常识”而为所在其中的人们熟视无睹，目为“理所当然”。很多分类里的行为或意义，往往颇为隐晦，潜藏在其社会文化结构的深部。前述汉人社会及文化里的那些诸如人的“生熟”“高低”“上下”“阴阳”之类的分类，大概就是如此，它们虽然重要，却很少被人们清晰地意识到。例如，汉人社会及文化里对人是有一个“成熟”的预期，一般来说，人的“早熟”基本上受到鼓励，而“晚熟”则要遭到揶揄或指责，说他“不成熟”“幼稚”，或者“书生气”“不开窍”等。按照社会学的说法，举凡社会化过程比较顺利的人，就被认为是正常的人、成熟的人，否则，便是“半熟”“夹生”或“半生不熟”的状态。不仅如此，人的成长过程在汉人社会及文化里，既可以被表象为某种作物、动物之从“幼稚”“青涩”到“成熟”或“瓜熟蒂落”的自然发育过程，也可以被说成是一个从“生”到“熟”的料理烹饪过程。若是依据列维－斯特劳斯的说法，在食物的“生”“熟”“半生不熟（夹生）”的分类和人的“生”“熟”和“半生不熟”的分类之间，存在着譬喻性的而非因果性的关系。[⑥] 如上文论及的那些举凡不能明确地予以归类，处于游移、暧昧、边缘或中间状态的人，就会成为汉人社会特别予以关注和质疑的对象，诸如“不生不熟”的人、“不阴不阳”的人、“不男不女”的人，大概就会是如此的境遇。

在中国的互联网上，有为数众多的帖子热烈地讨论着有关人或男人、女人的“成熟”

---

① ［英］玛丽·道格拉斯：《洁净与危险》，黄剑波等译，民族出版社2008年版，第49页。

② Douglas, Mary. 1966. *Purity and Danger*. London: Routledge & Kegan Paul. P35.

③ ［挪威］托马斯·许兰德·埃里克森：《小地方，大论题——社会文化人类学导论》，董薇译，商务印书馆2008年版，第310页。

④ ［美］杰里·D. 穆尔：《人类学家的文化见解》，欧阳敏等译，商务印书馆2009年版，第300页。

⑤ 朱文斌：“分类体系的社会秩序建构——对《洁净与危险》的述评”，《社会学研究》2008年第2期。

⑥ ［法］列维－斯特劳斯：《野性的思维》，李幼蒸译，商务印书馆1987年版，第121页。

"半熟""不成熟（生涩）"，还有人分别列出"成熟男人"（女性通常认为比较靠谱、可寄托终生者）和"成熟女人"（男性想像或期待的女性形象，包括性的成熟和作为女人的成熟）的性格特征清单，似乎可以说明在现代中国，人们对于人的"生涩" "夹生""熟"这一分类仍然津津乐道。不仅如此，来自乡土社会的人类学田野报告，也有许多很值得深思的素材。例如，张百庆博士和李霞博士在山东省鲁西南的张村进行的田野调查告诉我们，在这个乡村社区里极具重要性的民俗概念有"为人"和"懂事"。① 所谓"为人"，就是人缘好，能够处理好各种社会交往的关系，也包括主观上的做人；"懂事"则是指通情达理、熟悉社群的规矩等，也就是成年人的成熟。为人好，懂事，并且能够在社区里获得尊重的人被叫作"嘹亮人"；相反，那些为人差，不懂事理的人则被称作"半熟""半吊子""不嘹亮"（边缘人），甚至"魔道"。张百庆指出，社区里对于人的这些分类，实际上也就是所谓"社区人的质量"。李霞则认为，"为人"与"懂事"的规范，意味着在汉人乡土社会里，人的社会性成熟与社区共享的社交体系有着密切的关联。

二 成长仪式和成人仪式

人随着年龄增长，自然会在身体（生理）、心理和社会认知、人际关系等方面均发生一系列转变或曰成长。发展心理学专门研究作为自然的对象的人的发育与成长；社会学与人类学则重视其作为社会人或社区人的成长过程。从幼儿幼女到少年少女，再到男女青年，人不断地从"青涩"经"夹生/半熟"走向"成熟"，这个过程充满着喜悦和烦恼，也面临诸多困扰和张力。民俗学与文化人类学对于人生通过仪式的研究有非常多的积累，相对于民俗学对诞生礼、成长仪式、成人仪式及婚礼等的详细记录，文化人类学也基于田野研究而生产出不少理论性的分析。美国人类学者玛格丽特·米德在其著作《萨摩亚人的青春期》里，描述了她于20世纪20年代在萨摩亚岛屿世界"发现"的所谓无忧无虑、轻松愉快、平和且拥有性社交自由的青春期，并由此和西方社会里通常充满着紧张冲突和情感矛盾的青春期形成了鲜明的对照。由于青春期是人达致成熟期的身体生物学变化和人的社会化、文化相互纠葛的复杂过程，因此，米德的研究引起了广泛的关注。但德里克·弗里曼基于他1940年代的田野调查，却发现了米德著作中许多严重的失误，1984年（其时，米德已经去世），他出版了《米德与萨摩亚人的青春期》一书，全面地批评了米德的研究，指出萨摩亚人的青春期也有其烦恼、困扰和矛盾冲突，甚至经常还会发生"摩苏"状态，亦即对成人社会权威或家长的执拗、抵触和叛逆，极端时甚至还包括忧郁、狂躁、忿恨之类的情感或精神反应，以至于还可能发展到自杀，而绝非如米德所描述的那样和平、舒缓。德里克·弗里曼进一步还指出，萨摩亚社会非常看重处女的纯洁，甚至童贞验证也成为婚礼的一部分。

汉人社会及文化也不例外，为了缓解人从"生涩"到"成熟"过程中的诸多困扰和担忧，也设置了一系列人生过渡仪式，以期孩子们健康成长和顺利地实现社会化。通过这些仪式，社区和家庭，尤其是家长寄托了让孩子逐渐长大、成人、出息的心愿。例如，婴

---

① 张百庆：《"为人"与"懂事"——从乡村的民俗概念看中国法治之"本土资源"》，周星主编：《国家与民俗》，中国社会科学出版社2011年版，第368—390页。李霞：《娘家与婆家——华北农村妇女的生活空间和后台权力》，社会科学文献出版社2010年版，第43—54页。

孩出生之后的“洗三”“满月”“剃头”“周岁（抓周）”等，就寄托了父母和亲邻对孩子未来的期待，社会性别正是这些期待中最为关键的内涵。接下来便是成长仪式，除了每年的生日（并非每个地方均认真对待生日），还有“寄养”“命名”“渡关”以及“开笔启蒙礼”等许多名堂，但大都是对少儿少女健康成长的祈福，包括对各种真实或想象之“难关”的仪式性转化或超越。在陕西省宁强县的山区，人们通常要给不满12岁的孩子穿“百家衣”，这有众人抬举、担保此孩之意。再就是成年仪式，诸如“过十三岁”“过十六岁”“冠礼”和“笄礼”等，这些都是促使当事人意识到自己长大成年，进入成人世界，可以和异性交往，并需要承担对于家庭、宗族或社区之责任和义务的重要契机。最终，男女通过婚礼而正式、“成熟”地为人夫妻、为人父母。

中国历史悠久，汉文化源远流长，汉民族又人口巨多、地域性文化特点也非常突出，故本文无法也不需要对汉文化的人生过渡仪式进行系统性的描述。这里只需指出至今在一些地方，仍然可以看到有专门为孩子们设计的成长仪式和成年仪式。汉人儿童的成长仪式，可以湖南省石门县一带儿童的“渡花树关”/“渡小关”为例。① 男孩女孩在3岁、6岁、9岁时，要延请巫师为其举行“渡小关”（相对于12岁的成年礼而言）仪式。在由巫师主持的法事上，过“关”的孩子需要走过一座搭在两个椅子上的小竹桥，桥上要插一棵花树，故亦称“花树关”。孩子们的成长被认为不得不经过许多“关煞”，亦即现实或想像中孩子可能遇到的各种风险，如“断桥关”“水火关”“短命关”“鬼门关”等，整个仪式就是由巫师招请傩神保佑孩子平安过关。为了准备这个仪式，事先要由在当地有影响的“正派”的成年人带着孩子去讨“百家米”，用收自百家的碎布头做成“百家衣”，用讨自百家的钱打造“百家锁”，这都是为了借助社区众人的生命力来为孩子加持。亲友们会在这一天为孩子“送情”，一般是送上一些衣物和食品作为祝福，而孩子自3岁“渡小关”这天戴上百家锁之后，要一直到12岁的成人仪式时，才可以摘取下来。

中国自先秦时代起，就有冠礼和笄礼，它们分别是男子和女子的成人式。冠礼约在男子20岁时举行，根据《仪礼》《礼记》等文献记载，冠礼的程序颇为复杂，包括筮日、筮宾、冠日陈服、礼加、再加、三加、宾字等一系列仪式，但大体上是通过发式、冠服的改变来体现当事人成年身份的获得。笄礼一般在女子15—20岁之间举行，大体也是通过改变发式使之意识到自己的成年，同时也让大家知道她已经到了可以婚嫁的年龄。此类冠礼和笄礼，早期大概只行于上层贵族社会，后来由于非常复杂的历史进程，其间虽然也曾有过宋明理学家或其他贤哲们致力于改革或恢复的实践，但由于清朝时在高压政策下，人民的发式被迫发生改变，冠礼也就无所依托，总之，古代典籍里记载的那类冠礼和笄礼确实是在汉人社会及文化里彻底地衰落了。然而，“礼失而求诸野”，在中国各地的民间社会却也形成了一些地方性的成人礼俗。② 例如，在江苏省吴县的胜浦前戴村，女孩子常常是在虚岁13岁那一年的农历七夕举行当地俗称“留头发”的成年仪式。③ 当天午饭后举行“斋星官”，供奉王母娘娘，同时女孩子第一次梳成和女青年一样的发型，并包扎头

① 杜平、贾国辉：《湖南省石门县儿童“渡关”风俗调查》，张紫晨主编：《民俗调查与研究》，河北人民出版社1988年版，第60—68页。

② 钟敬文主编：《中国民俗史（明清卷）》，人民出版社2008年版，第242—247页。

③ 魏采苹、屠思华、朱庆贵：《江苏吴县胜浦前戴村妇女服饰调查》，载张紫晨主编《民俗调查与研究》，河北人民出版社1988年版，第31—59页。

巾，显示她已经成年。从此，她的服饰和妆扮就由“少女型”变为“青年妇女型”，服饰上的装饰图案也由女孩的“囡囡花”之类，改变为比较复杂的“蝶穿梅菊”之类，在后一类图案，其实是内涵有男女交会的寓意。

湖南省石门县一带的“渡童子关”习俗，则是当地继“渡小关”之类的成长仪式之后，于12岁时举行的成人仪式。① 这种只为少年举行的成人仪式，又叫作“打童关醮”，一般要延请巫师做3天法事。准备环节包括由少年本人亲自去讨百家米和百家布（现在只讨12户）；用讨来的布头缝制百家衣，在仪式当日穿着；设置供桌，供奉诸位傩神；用门板搭桥，并在桥尾“置关煞”（用一个饭甑置于桥尾的桌上）。仪式第一天，主要是由巫师降神；第二天（一般为少年12岁生日），少年穿着白色的“和尚衣（百家衣）”，脚穿旧鞋，身背包袱（里面是新的衣服和鞋袜），由巫师牵引过桥，并钻过关煞，由父母接着。然后，给他理发，并留出“马桶盖”头型，换上新衣裤和新鞋袜，表示成为一个新人。经过此仪式之后，他便具有了男子汉的权利，包括参加宗族祠堂活动、继承宗族财产；父亲不在时，有当家权；可以结婚；可以结拜兄弟；可以和来宾同桌用餐；可以参加他人婚礼上的“陪十兄弟”活动等。换言之，他将作为一个成年男子而为社区所承认。第三天，是还傩愿亦即酬神演戏，其中必有《孟姜女下池》的曲目，内容大意涉及两性的相识、交往和成婚，有时也包括一些性内容，旨在使新成年的男子意识到性和结婚对于家族的意义。② 最后，鸣放鞭炮，由法师诵读“钩愿文”而结束仪式。据说类似这样的成人仪式，还见于湖北鄂西、四川川东等地。③

在广东省的潮汕地区，至今仍有“出花园”仪式，当地一般以15岁为男女成年，此前的孩子们被认为是“花仔”，受床神保护。15岁时要举行拜别床神的仪式，这天祭拜床神时，孩子要穿全身的新衣服，让其吃寓意“聪明”和“换肠换肚（具备成年人的心智）”的猪肝炒葱等，然后，母亲来到孩子身边，给他或她念诀：“阿奴（孩子）坐北朝南，阿奴已经成人”④。另在台湾台南一带，则有“做十六岁”的成年仪式。⑤ 类似这些仪式，在民俗学的观点看来，应该就是少男少女进入成人社会的“成熟的标志”。⑥

包括成长仪式和成人仪式，以及后文即将论及的婚礼等，所有这些人生仪式均有明确的目的，按照人类学的解释，这些仪式都具有预示作用和方向性，它们对于人与事物的因果程序具有控制和转化的能力。⑦ 曾经引起人类学者关注的赞比亚本巴人（Bemba）的齐松古（chisungu）仪式，其实就是本巴人女孩的成人仪式，其目的就是要使女孩“长大”，

① 杜平、贾国辉：《湖南省石门县儿童“渡关”风俗调查》，载张紫晨主编《民俗调查与研究》，河北人民出版社1988年版，第60—68页。

② 周星：《境界与象征：桥和民俗》，上海文艺出版社1998年版，第72页。

③ 巫瑞书：《傩戏〈姜女下池〉的民俗学价值》，载张紫晨主编《民俗调查与研究》，河北人民出版社1988年版，第326—337页。

④ 郭湘鎏：《潮汕地区床神崇拜研究》，《民俗学刊》第五辑，澳门出版社2003年版，第146—153页。

⑤ 苏素卿：《“做十六岁”的成人礼——以台湾台南市开隆宫的活动为例》，《民俗研究》1998年第1期。

⑥ 钟敬文主编：《民俗学概论》，上海文艺出版社1998年版，第170页。

⑦ ［美］麦克尔·赫兹菲尔德著：《什么是人类常识——社会和文化领域中的人类学理论实践》，刘珩等译，华夏出版社2006年版，第290—294页。

让她们成为女人，亦即把一个不成熟的女孩变成一个成熟的女人，一个准备结婚，并且能够在性交和月经的污染之后，承担起净化丈夫和自己的危险任务的女人。举行这个仪式，需要该社会里的年长妇女作为监督，对于这些监督者而言，没有经历过此仪式的女孩仍然属于“垃圾”，“是一口没点火的锅”。换言之，她还不是一个完整的女人。她们通过仪式，在女孩子身上制造出变化，将其由令人担忧的不成熟状态转化为能够孕育生命的女人。仪式让女孩子脱胎换骨，将未成熟女人纳入成熟女人之列。仪式上，女孩要披上毯子，倒退着爬进仪式小屋，象征着摈弃旧的生活，随后还要忍受年长妇女的取笑，被奚落仍属于未成熟的范畴，她们则通过哭喊以表明接受这种分类及其内涵的虚弱，同时也表明愿意接受新的分类，亦即成熟女人的范畴。通过取笑与哭泣之类的折磨，仪式把她们带入成人社会，使她们实实在在地长大。赞比亚恩登布人（Ndembu）的伊索马（Isoma）仪式，也是旨在将一个不完整的人（无生育能力的妇女）改变成为一个完整的人（有生育力的女人）。

应该说汉人社会及文化里的成长仪式和成人仪式，同样具有明确的方向性，同样具有促使人从“生涩”状态朝向“成熟”状态转化的功能。在这些仪式上，除了巫师或法师之类神职人员的灵力之外，成年社会里那些“正派”的成年人、“好命人”、有福气的人（全福人）等等，都是对即将成年者的引导、暗示、期许和示范，也是为了促使他或她们顺利地实现“社会化”的目标。在中国很多地方的农村，青年男子的人生思想可以被简要归纳为“房子”“娘子”和“儿子”[①]，这种理想的大面积存在，至少部分地导致了20世纪80年代全国范围的农村“建房热”。事实上，如今中国各大中城市已经导致泡沫频生的房地产过度开发，以及经常被怪罪于中国式“丈母娘”的人们对于房子的疯狂态度，恰好说明农村那个“房子”“娘子”和“儿子”的人生理想的逻辑，在城市里也大同小异。在中国绝大多数地区，例如，在台湾、广东、福建、山东、湖南、四川、陕西等地，人们所谓的“好命”“有福”或“全人”，大都是指他或她们拥有理想的人生，亦即完成了自身的婚姻，子孙满堂，尤其是拥有传承父系的男嗣；扶养子女长大并为他们完婚；同时还能尽孝、奉养父母；年老时又能有子女赡养，以及最后要有子孙为自己养老送终。这些父母健在、儿女双全，同时又在社区里具有威信的成年男女出现在成长仪式、成人仪式及婚礼上，其用意自然是想使有关价值内化于仪式当事人，使之模仿这些令人羡慕和尊重的人。

近代以来，在中国作为国民国家致力于国民文化建设的过程中，“成年礼”作为一个尚待解决的课题，一直延续至今。一方面，国家颁布的法定成人年龄为18岁，另一方面，学校教育的普及使得入学式、毕业典礼以及少年先锋队的入队式、共青团的入团宣誓仪式、官办的国际儿童节和五四青年节等等，逐渐发挥了人生通过仪式的某些功能。与此同时，不少濒临解体的乡土社区依然坚持着本地独有的成长仪式和成人仪式；更为广泛的包括市民、干部和职工阶层在内的汉人社会及文化，对于男孩女孩的成长、成人过程依然保持着一些默契共享的期许。国家在建构举国一致的“成人礼”上犹豫不决，也由于过往的实践过于意识形态化，并和五四青年节纠葛不清，故一直未能成功。然而，很多有识之士鉴于日本等邻国的经验而极力主张，甚至亲自实践“成人礼”的尝试，始终不绝如缕。进入21世纪以来，此种建构“成人礼”的努力，

① 周星：《房子、娘子、儿子》，《淮海论坛》1995年第8期。

尤其在汉服复兴运动中有突出的表现。①

或许正是由于当代中国社会尚未确立统一的“成人礼”文化，汉人社会及文化中原本就有的一种观念，亦即归根结底是把子女完婚的结婚仪式视为他们或她们最终成人的观念②，进一步得到了强化和普及。实际上，在各地民间，婚礼兼具成人礼之意义的情形，原本就不是很罕见。结婚对于汉人而言，意味着父母亲使命的完成。为子女完婚，才算尽到为人父母的责任；它同时也是子女的人性、社会性和性关系能力全面成熟的重要时刻，是男女最终成人，独立于父母的标志。它如此重要，以至于男女青年如果未婚而亡，家人甚至还会为他们安排“冥婚”。

三 旨在“预热”的“跨火”仪式

汉人的婚礼除了具有使男女当事人完成身份转换，让女子成长为妻子，男子成长为丈夫，使一个新生的家庭诞生之外，还要对家庭内和睦的性关系以及由此而来的生殖、繁衍下一代有所关照。由于在传统的汉人家庭内部一向忌讳谈论“性”，也由于传统中男女结婚的基础往往不是基于自由恋爱，而是基于父母之命、媒妁之言才得以成立的，婚前性关系曾是严格的禁忌等，家长们潜意识里非常担心子女的“洞房”能不能顺利。旧时在天津杨柳青一带，每年春节前会把一些“春画”当作年画来销售，这便是著名的“女儿春”，又称“嫁妆画”“箱底画”“压箱底”。③ 它一般是在女儿出嫁时，由父母夹带在嫁妆里带到夫家，用来启发新婚二人的性生活。民国年间，除了天津杨柳青，山东潍坊、苏州桃花坞等年画里亦有此类品种，反映了强劲的民间需求。至于婚礼上那许多对性关系的暗喻和明示，更是自不待言。可以说，在各地汉人的婚礼上，设计了许多使得男女当事人双方能够尽快“成熟”、不再让人担心的环节。

若是从人的从“生涩”经“半熟/夹生”到“成熟”这一成长过程的隐喻性、象征性来观察，笔者觉得对中国传统婚礼中某些环节就有可能做出新的解释，具体而言，可以把新娘须经过“跨火盆”方可进入男家的习俗，解释为是一种仪式性的“预热”；而把新娘进入男家之后，孤立无援地面对“闹洞房”的尴尬处境，解释为是一种“催熟”。这里的“预热”和“催熟”，既是心理性的，也是身体性的，还是社会性的，均是对即将发生的合法的性关系过程的隐喻性表象，而这些隐喻又往往与烹饪、料理有关。正如汉语把男女的性前戏称为“亲热”一样，结婚及随后的“洞房”必须是热烈、热火、热闹，而绝不能是冷淡、冷清、冷静。婚礼上让新娘进入男方家时必须经过的“跨火盆”“跨火把”“跨火堆”“跨火烟”之类的仪式，各地的民俗称谓不尽相同，总体上可将其归纳为“跨火”仪式。通常的解释是把它视为一种过渡，或把它解释为“辟邪”，或将其寓意解释为是对婚后红火生活的追求等。其实“辟邪”诸说和笔者在此提出的解释未必有多大的矛盾，因为在广大汉族地区，向来是把妇女难以怀孕称为“病”“厄”“难”或“邪”的，所以，在旧历正月十五，各地的“走桥”祈嗣习俗，

① 周星：《新唐装、汉服和汉服运动》，《开放时代》2008 年第 3 期。

② 张继焦：《洛村汉族儿童的社会化过程》，《民族研究》1998 年第 1 期。

③ 刘达临：《纵横华夏性史——古代性文明搜奇（下）》，台湾性林文化事业股份有限公司 1995 年版，第 266—267 页。

又叫做“走百病”“度厄”。[①]

在广州，举办传统婚礼时，一些固守传统的家庭会在新娘子进门之际，特意设置“跨火盆”仪式，具体做法是让新娘进入堂屋大厅后，跨过设在堂屋门槛前的“火盆”，接着再踩碎一些瓦片。俗称“过火”与“破煞”。对此风俗的解释，一种说法认为踩碎瓦片的寓意是把过去视为瓦片，踩碎它表示要开始新的生活；还有一种说法认为，这是古代验证新人是否为处子之身的一种象征性方法，新娘如果是完璧之身，就不用担心，就能准确地把瓦片踩碎；否则，就会有些害怕，往往会踩歪或不一定踩破，这种说法有点“神判”的意味。这些说明在多大程度上可以被接受，人类学者一般认为，当然是应该尊重当事人的主位性解释，例如，现在，人们往往是将此类仪式视为希望婚后生活能够“红火”“兴旺”。虽然上述解释未必不对，但如果是从当事人婚礼之后即将发生的合法、为社区公众所知晓，且大家均饶有趣味地予以关注的性关系，还有这种关系对于人的身体与心理之从“生”到“熟”的变化来看，我们的确可以给它以另外的解释：跨火盆就是对女性身体的“预热”“加热”，这是一个寓意为“性前准备”的仪式；至于踩碎瓦片，当寓意新娘处女之身将破，因为古时曾将女孩出生视为“弄瓦之喜”[②]，故踩碎瓦片寓意如此，实在不难理解。在福建省泉州一带，旧时婚礼去接新娘子的轿子，前面必须有人抬着烘炉火炭，并生旺火，其上覆盖两块瓦片。[③] 在这里，瓦片与生炭组合的寓意应该就是破处之性与多生孩子。

跨火仪式在广东全省颇为普遍。在佛山一带，婚礼上新娘子的轿子一到，伴娘（大襟姐）便要背着新娘子，跨过事先堆好并点燃的火堆，然后，再将新娘子背入新屋。[④] 在潮州，彩轿来到时，新郎要拔下新娘头上的银衩，在新娘额头“狠狠”扎一下，据说这表示下马威；洞房时，新娘则要使劲踩新郎一脚，以示“反抗”。新娘进门时，要由伴娘搀扶着，跨过门槛底下一堆燃烧的草团即“火烟”，俗称“骑金马”；如果新娘来潮，则要在火烟之上加放一只稻草扎的马，俗称“骑竹马”。[⑤] “金马”和“竹马”的区别，暗示着女性生理的状况和当晚性事的可能性。新娘“跨火烟”时，长辈要说吉祥寓意的“四句”，内容无非是“跨火烟，生男孙”“良辰吉日跨火烟，金童玉女来结婚”之类；潮州的“结婚歌”里也有“新娘举步踏火烟，早得麒麟是男儿”之类歌词，这是把跨火仪式和生育直接联系在了一起。[⑥] 在梅县的畲江，新娘子一到，男方家就点燃火堆让她跨过，这个火堆一般是由杉树枝、稻草等堆成的。饶平一带也叫“跨火烟”，它一般用稻草堆成，点燃之后特意让其多出浓烟，届时人们说的吉祥话也是“跨火烟，千子万孙”之类。在广东省的客家地区，所跨的火堆是用稻草、苏茅草点燃的篝火，然后，要由“福

---

① 周星：《境界与象征：桥和民俗》，上海文艺出版社1998年版，第80页。赵世瑜：《明清以来妇女的宗教活动、闲暇生活与女性亚文化》，载郑振满、陈春声主编《民间信仰与社会空间》，福建人民出版社2003年版，第148—182页。

② 《诗经·小雅·斯干》：“乃生男子，载寝之床，载衣之裳，载弄之璋。……乃生女子，载寝之地，载衣之裼，载弄之瓦”。

③ 陈垂成主编：《泉州习俗》，福建人民出版社2007年版，第206页。

④ 刘志文主编：《广东民俗大观（上）》，广东旅游出版社1993年版，第272页。

⑤ 同上书，第276—277页。

⑥ 方纪生编著：《民俗学概论》，北京师范大学史学研究所资料室，铅印本，1980年版，第84页。

好”“命好”的长辈提携着新娘跨过。在开平、恩平等地，婚礼时让新娘子跨过茅草火堆，俗称“跨禾竹”。在南海县的朗边乡，新婚夫妇一起“跨火烟”，甚至族人在外乡完婚回到故乡之时，夫妇也要跨过“火烟”，才可进入新房。[①] 此外，在福建省闽南的北山村，婚礼上除了要由“好命人”牵引新娘跨过位于正门、象征着兴旺和平安吉祥的早稻草火堆之外，进洞房前还要跨过一个火盆，如果新娘有孕在身，则可绕过，以免冲犯胎神，这火盆烧得越旺越好，表示兴旺。[②]

从上述这些例子，可以归纳一些要点：一是意识到新人尤其是新娘的身体及生理状态，二是有对吉祥祝福的追求，其大意均是生儿育女、传宗接代，也间接、隐讳地涉及性的交涉。实际上，在各地婚礼上反复演绎的生育主题[③]，其背后隐含的自然就是性。三是通过“有福”“命好”者的参与，宣示男女主人公理当得到的人生期许。正如维克多·特纳对仪式之“中介状态”的研究揭示的那样，中介状态的内涵异常丰富，既有洁净、性、治疗等身体性的意义，也有指导、服从、改变等社会性的意义。[④] 在婚礼上必须经验跨火和闹洞房的新婚男女，恰好正处于如此的中介状态。

类似的跨火仪式在全国很多地方都有记录。在青海省民和一带地方，新娘子在婆家门口下马或下轿后，接亲奶奶要点燃五种树枝，让新娘子从火烟上跨过。[⑤] 宁夏地区旧时的满族婚礼，男女当事人喝过交杯酒，在入洞房之前，要从洞房门口的“火盆”上跳过去，象征以后日子兴旺、热火。在当地，这种火盆一般用铜或铁制成，使用灵武瓷窑堡一带的香碴煤块，燃烧极旺，甚至用火柴也能轻易点燃[⑥]。在河南省周口一带，新娘下轿之后，也要迈过一个熊熊燃烧的火盆，以为辟邪；或者跨马鞍和“盛子”（织布机上的经轴），当地俗称“骑马过盛”。[⑦] 旧时河北省定县农村的婚礼，新娘子下轿、进洞房之前，要在大门两旁焚烧两束谷草，表示新娘子进门后的日子会“红火”，像火一样“旺”。[⑧] 在山东一些地方，有“燎轿”“燎车”之俗，新娘的轿子一到，由两个小男孩或女孩手持麻杆做成的火把，围绕轿子或车子燎一燎；有的地方在新娘下轿子之前，要用熨斗盛火炭烤一烤她的脚；进了大门后，在二门口放置火盆，让新娘跨过，表示生活红火。[⑨] 在陕西省的韩城农村，花轿进门之时，婆婆赶紧要去洞房点燃灯烛，并在炕上放个墩子或抱一下枕头，表示即将抱上孙子了；接着去给灶神上香，并在灶膛点一撮干草，拉两下风箱，意思

---

① 刘志文主编：《广东民俗大观（上）》，广东旅游出版社1993年版，第282、289、322、327—328、332页。

② 杨晋涛、余光弘主编：《闽南北山人的社会与文化》，厦门大学出版社2012年版，第264—294页。

③ 尚会鹏：《中原地区的生育婚俗及其社会文化功能》，《民俗研究》1997年第2期。

④ ［美］维克多·特纳：《戏剧、场景及隐喻：人类社会的象征行为》，刘珩、石毅译，民族出版社2007年版，第50—51、233—234页。

⑤ 谢国先：《走出伊甸园——性与民俗学》，四川人民出版社2002年版，第52页。

⑥ 杨继国、马青主编：《宁夏民俗》，甘肃人民出版社2004年版，第159页。

⑦ 刘永立编著：《河南民俗》，甘肃人民出版社2004年版，第321页。

⑧ 李景汉编著：《定县社会概况调查》，世纪出版集团、上海人民出版社2005年版，第387、369页。

⑨ 山曼等著：《山东民俗》，山东友谊书社1988年版，第193—194页。

是“烧火抱墩子，明年添孙子”[①]。正如汉语表述中“火居道士”“火宅僧”被用来指称拥有家室的道士及和尚一样[②]，婚礼上反复出现的“火”，显然也可以被理解为性欲、性事的象征。

在陕西省的富平、潼关和蒲城一带，民间有“烘房”与“燎媳妇”之说：新婚前夜，要由新郎同辈的男青年在新房里嬉闹一夜，称为“烘房”；次日，花轿去接新娘时，要用火把将花轿里外烘烤一遍；新娘乘轿子来到婆家时，先用石灰撒在轿子周围，再用火把、烧红的犁铧、鞭炮饶花轿一周；接着在大门内设置火堆，让新娘从其上跨过，方可进入洞房。[③] 在沁阳县一带，当迎接新娘的花轿回到新郎家门前时，要鸣放鞭炮，这时，会从门内跑出二人，一般多为厨师或新郎的兄长，他们一人手持谷草火把，另一人左手用钳子夹住一个烧红的犁铧，右手端一碗醋或水。他们绕轿子三圈，一边跑，一边向犁铧上面浇淋醋液，同时口唱一些吉祥与驱魔之语。这是使用特殊的气味以辟邪冲煞，俗称“打醋坛”[④]。这个仪式在河南省豫东的西村，则叫作“打醋担”：新娘进门面临的“考验”之一，便是下轿前有这种仪式，一人拉着一个烧红的犁铧，另一人向上面浇醋，环绕花轿一周，据说这是为了去掉新娘身上的邪气[⑤]。在山东省的济南，新娘须跨马鞍及火盆后，方可进入夫家，等相互交拜之时，要用火酒数瓯浇于火上，以取将来家业兴旺如火之意。[⑥] 在荣城地区，民间婚礼上有“烤拖拖”的仪式设计。花轿到达之后，男家人要将一盆燃烧着的耕地犁铧（当地称“拖拖”），放在轿门前，用来烘烤新娘，俗称为“烤性”。当地的意思是“劝性子”，熬磨新娘性情，以免她日后脾气暴烈。[⑦] 在安徽省的六安一带，新人拜堂后，要由“全福妇女”陪伴新娘进入新房，这时，房内已经预备好火炉，燃烧木炭，但故意使其黑烟四出，然后，让新娘子围炉转圈，“系磨折新娘之性情”。[⑧] 烧旺或冒烟（即将燃烧）的火炉以及坚硬而又火烫的铁犁或犁铧，在此均有丰富的象征性，其中犁铧作为耕具的象征性，与“耕地”这一行为本身在农村往往就是一个对性活动的比喻密切相关。虽然上述习俗的本地说明或为辟邪，或为熬性，但它们总是强烈暗示着新娘的身体。

各地的“燎新娘”“烘房”“暖轿”“暖床”以及此处的“烘烤”新娘之举，很容易使我们联想到列维－斯特劳斯著作中提及的那个著名的法国风俗：当某位姑娘结婚时，她的未婚的姐姐就将被迫卷入一个仪式，即在婚礼的某个时刻，无论她是否同意，都要被人托起来放在炉子上烘热，因为她对爱情太冷漠了。[⑨] 列维－斯特劳斯举出的这个例子，也应了一句中国俗语：“姐姐不嫁，耽搁了妹妹”。[⑩] 在广东雷州一带，民间很忌讳弟妹先于

① 杨景震主编：《陕西民俗》，甘肃人民出版社2003年版，第245页。

② 刘瑞明著：《性文化词语汇释》，百花洲文艺出版社2013年版，第96页。

③ 张建忠主编：《陕西民俗采风（关中）》，西安地图出版社2000年版，第240页。

④ 刘永立编著：《河南民俗》，甘肃人民出版社2004年版，第318—319页。

⑤ 尚会鹏：《闹洞房》，中央民族大学出版社2000年版，第29页。

⑥ 胡朴安：《中华全国风俗志（下编）》，河北人民出版社1988年版，第96页。

⑦ 尚会鹏：《闹洞房》，中央民族大学出版社2000年版，第91页。

⑧ 胡朴安：《中华全国风俗志（下编）》，河北人民出版社1988年版，第270页。

⑨ ［法］克洛德·列维－斯特劳斯：《神话学：生食和熟食》（周昌忠译），中国人民大学出版社2007年版，第432页。

⑩ 曲彦斌主编：《中国民俗语言学》，上海文艺出版社1996年版，第156页。

兄姐成婚，认为如此就会使兄姐不兴旺，若事情迫不得已，届时，兄姐就要去“争高”，亦即爬到村后高山上或上树登高，以为禳解。[①]

大约在几十年前，韩国的婚礼仪式一般是在上午举行，新郎要先到新娘家门口，跨过一个“火盆”，据说这意味着驱走妖怪魔鬼；然后，才能接到新娘；等新娘来到新郎家门口时，同样也要跨过“火盆”。接着，身着民族服装的新人再向男方父母磕头，公婆会把桌子上的大枣扔到新娘的裙子里，祝福新娘吃枣之后早生贵子。这是男女均要跨火盆“预热”的例子，其中的“性”含义亦若隐若现。

四　旨在“催熟”的“闹洞房”

婚礼上的“跨火”之俗对于“性”的表象，有时候还较为隐晦，以至于人们往往会把性的热乎、红火解释为婚后生活的红火（其实，这两种解释并不一定矛盾），把对新娘子处女与否、来潮与否以及是否具有性能力、性知识的异常关注，有意无意地“曲解”为辟邪、除祟，突出跨火（跨火盆、跨火烟、跨火堆等）作为过渡仪式的意义。相比之下，很多地方婚礼中的“闹洞房”，则对“性”毫不含糊，是明目张胆地特意要将“性”表彰出来。闹洞房在各地的民俗称谓也有很多：“闹房”“暖房”“听房”“要新媳妇”“戏妇”“虐郎”“暖房”“吵新”“黄（旺）新孺人”等，但意思大体上相同。尚会鹏教授曾对这一习俗的“显性结构”和“隐性结构”进行了深入的研究[②]，他提供了丰富的资料，对本节的分析颇具参考价值。

闹洞房的起源很早，据说在汉魏时代。唐魏征《群书治要》引东汉仲长统《倡言》就提到：“今嫁娶之会，捶杖以督之戏谑，酒醴以趋之情欲，宣淫佚以广众之中，显阴私于新族之间，污风诡俗，生淫长奸，莫此之甚，不可不断者也”。晋代时，民间有戏弄新妇之法，葛洪在《抱朴子·疾谬篇》里也提到刁难新娘的习俗：“于稠众之中，亲属之前，问以丑言，责以慢对，其为鄙黩，不可忍论”。可知闹洞房自古就深受士人们的责难[③]。唐代时，敦煌一带闹洞房的特点是先在女方家闹，再就是于婚礼的“催妆”环节之前闹[④]。可见，闹洞房的习俗还是有不少变迁及地方性差异。但无论如何，这个在民间异常固执、异常俗套、异常不雅，同时也令众人异常兴奋的习俗，数千年来虽饱受诟病甚或官府的禁止，它却依然故我地延续至今，即便是在互联网时代，依旧行之有效，所以，其内在深刻的文化逻辑很值得深究。

闹洞房曾被有些人解释为远古野蛮时代“初夜权”的遗留[⑤]，但其实，它是传统社会里“性教育”的一种。无论“文闹”，还是“武闹”，大致都围绕着性展开。俗话说：“新媳妇三天无大小”或“新婚三日无大小”[⑥]，这既是说新媳妇初来乍到，不识男方家

① 刘志文主编：《广东民俗大观（下）》，广东旅游出版社1993年版，第585页。

② 尚会鹏：《闹洞房》，中央民族大学出版社2000年版，第15页。

③ 钟敬文主编：《中国民俗史（汉魏卷）》，人民出版社2008年版，第357页。

④ 高国藩：《敦煌民俗学》，上海文艺出版社1989年版，第195—196页。

⑤ 黄华节：《闹新房》，载高洪兴、徐锦钧、张强编《妇女风俗考》，上海文艺出版社1991年版，第154—173页。

⑥ 曲彦斌主编：《中国民俗语言学》，上海文艺出版社1996年版，第156页。

亲属大小，也是说一旦入了洞房，男方家的村邻，不论男女长幼均可以入房来“看新媳妇”，并逗逗新娘；尤为重要的是，闹洞房时，众人们要让新人说出或做出各种亲密的、隐讳的，但同时也是性指向非常明确的各种言行动作，一定要把新娘和新郎的陌生感、羞涩感彻底打消，帮助他们为那激动人心的时刻做好铺垫。这几乎就是众人共同参与的性前戏。闹洞房其实就是一种绝非暧昧的性教育：事情就是这么回事，情形就是这个样子，一切都要接纳和顺畅无阻。闹洞房的一切作为都是要使原本羞羞答答的黄花闺女，尽快变成落落大方的泼辣媳妇。通过闹洞房，男方家要让新娘在她尚不熟悉的社会里尽快学习适应新的角色，考验她待人接物、应对客人的能力，同时也不断地提示、催促她对于性和生育的责任。① 萍乡一带旧时闹新房，往往还会扩大到“反（玩）大衿（伴娘、喜娘）”，在这种情形下，颇有应对心得和经验的“大衿”，某种意义上就是在给新娘做示范。

古时候汉人的婚姻，大都是由父母包办，也多为早婚。男女在结婚前，一般是没有任何接触，甚至连面都没有见过，更谈不上相互的了解与熟悉了。经过婚礼一下子成为夫妻，相互之间的陌生感必须尽快克服，两位当事人之间必须尽快熟悉起来、尽快热络起来，所以，便在婚礼上设计了闹洞房的过程，期待由此可以改变或预防两人之间的任何冷漠、茫然、“隔涩”、不顺畅的气氛，促使新人之间尽快减少生涩之感，尽快进入“亲热”状态。在河南省豫东的西村，村民们的解释是说，以前结婚时，当事人还没有见过面，彼此很“生分”，闹闹房就熟悉了；至于闹洞房习俗近年逐渐衰落的原因之一，则正是因自由恋爱所导致，婚前已经对新娘子较为熟悉，没有了新鲜感。②

闹洞房亦有“暖房”之说，这个“民俗用语”委实意味深长。在河南省一些地方，举行婚礼的前一夜，装饰一新的洞房不能空着，应由新郎住宿其内，并需要有弟侄之辈陪伴“压床”，民间俗称“暖房”。③ 前述陕西富平、潼关和蒲城一带的“烘房”，应与此大同小异。在陕北的黄龙一带，闹洞房时的节目，时不时还会有“熏房”之举，通常是由调皮的后生事先准备好辣椒、花椒、烟叶等呛味十足的东西，点燃后从烟囱或炕洞塞进去，再堵住洞口，让洞房充满呛味，以为捉弄。④ 而在广东省的东江，旧时闹新房，最后要由一些“送房客”朝新房里抛入鞭炮，以闹出火爆的效果。⑤

闹洞房的“催熟”绝不只是让两位当事人相互熟悉，或只是让新娘子尽早熟悉婆家的亲邻四舍，它更为直接的主题或深意，涉及男女主人公当晚的性活动以及进而由此实现身体的从“生涩”到“成熟”。闹洞房是为即将发生的性关系过程助兴、“加温”，创造“火热”的氛围。在陕西省的关中，闹洞房的节目也是花样繁多，充满性挑逗，其中的“焐红薯”正是从“生”到“熟”之性过程明白无误的引导。⑥ 在广东省的揭西县农村，婚礼当天晚上，有一个“烧虾须”的仪式环节，亦即由老祖母或多子多孙的老太太，左

---

① 尚会鹏：《闹洞房》，中央民族大学出版社2000年版，第43—44页。

② 同上书，第85、114页。

③ 刘永立编著：《河南民俗》，甘肃人民出版社2004年版，第314—315页。

④ 张建忠主编：《陕西民俗采风（陕南·陕北）》，西安地图出版社2000年版，第205—206页。

⑤ 黄华节：《闹新房》，载高洪兴、徐锦钧、张强编《妇女风俗考》，上海文艺出版社1991年版，第154—173页。

⑥ 魏正乾：《关中婚期“房事”民俗初探》，载西安关中民俗艺术博物馆编《关中民俗艺术论集（一）》，三秦出版社2003年版，第220—226页。

手拿着虾公笼，右手持火，她来到新婚夫妇二人的婚床前，把火伸入笼中，象征性地烧去虾须，虾公从此可以自由进出，并暗示今晚若同床，明年生贵子。“烧虾须”仪式完毕后，大家便离开洞房，留下新婚二人。[①] 最为贴切和形象地表现闹洞房之意义及功能的，有广东俗谚曰：“头夜唔烧北（相识），二夜干到眠床角，三夜干到肚叻叻”。大意是说，旧时婚姻多为父母之命、媒妁之言，当事人相互之间不了解，新婚第一晚，彼此尚不熟识，没有感情基础，能否顺利圆房，乃家长担心之事。但到第二夜、第三夜，两人就会如鱼得水、如漆如胶，很快女方就会怀孕，亦即“肚叻叻”。鉴于婚礼当晚闹洞房仪式的涵义是如此重要，以至于在阳江农村，旧时较早结婚的男子，婚后到30岁仍没有生育的话，就要再举行一次婚礼入洞房仪式，这被叫作“闹老房”，以和“闹新房”相互区别。[②] “闹老房”的意思是想重新唤起夫妻的生殖力，可以说是一种象征性的生殖力再生仪式。

婚礼上以各种形式演义的性隐喻，总是和从“生”到“熟”的烹饪过程密切相关。在北京门头沟斋堂镇一带，婚礼上有吃“缘分饼”的仪式，“缘分饼”是一张放了很多盐（“盐分”谐音“缘分”）的半熟白面烙饼，新娘下轿后，要喝一口盐（“缘”）水，吃一口“缘分饼”，人们这时就要问她“生不生?”，她则一定要回答“生!”由此祝福未来的生产顺利。[③] 在天津，新婚之夜要吃“子孙扁食”。这种特意煮成半生不熟的“子孙扁食”，需要用“子孙筷子”从“子孙碗”里夹出来，喂给新娘子，而做这一切为得只是求她说一声“生”，以取义婚姻、洞房的本义，亦即生子、生殖。[④] 有趣的是在河北省邯郸市的矿区一带，婚礼上新人夫妇进洞房后吃饺子时，回答则有两个：新郎要回答“熟”，为他端上饺子的嫂子们这时便要戏虐地说“原来，你们早就熟了?”新娘子则要回答“生”，嫂子们则说：“那你就要生了”。新郎、新娘和嫂子们围绕“熟”与“生”的问答，暗示着当事人之间性关系的存在及其令人期待的结果，[⑤] 亦即随后不久新娘子的“生”。令人深感兴趣的还有接下来的“种饺子”情节，所谓“种饺子”，亦即把饺子分别摆放在洞房的门口、窗台、炕头、灶膛等，以取“热气腾腾”的吉利。[⑥] 这里的“种”亦即种植，是一种明确无误的性行为隐喻。实际上，各地婚礼上的“撒帐”，其播种祈嗣的含义亦非常明朗，有趣的是在有些地方，还要把它们事先炒熟。若对伴随着婚礼的“撒帐歌”“喜歌”“闹洞房歌”等做一番文本分析，可知撒的是五谷干果，收获的却是婴孩。

对于闹洞房，各地民间至今流传着“越闹越喜”“越吵越好”“越闹越发，不闹不发”或“不闹不安宁”（辟邪），“不闹不亲爱”（去掉新人的生涩），“不闹不热闹”之类的说辞。[⑦] 伴随着婚礼洞房过程的完成，当事人双方，尤其是新媳妇的身体变化，往往也是乡俗较多在意的。例如，旧时妇女的“绞脸”习俗。过去，一般是在新婚前夜或当

---

① 刘志文主编：《广东民俗大观（上）》，广东旅游出版社1993年版，第310—311页。

② 同上书，第408页。

③ 刘铁梁主编：《中国民俗文化志 北京·门头沟卷》，中央编译出版社2006年版，第290—291页。

④ 尚洁主编：《天津民俗》，甘肃人民出版社2004年版，第219页。

⑤ 周星：《饺子：民俗食品、礼仪食品与“国民食品”》，《民间文化论坛》2007年第11期。

⑥ 杜学德主编：《河北民俗》，甘肃人民出版社2004年版，第183页。

⑦ 谢国先：《走出伊甸园——性与民俗学》，四川人民出版社2002年版，第53—55页。

日早上举行“开脸”仪式。[①] 此外，还有发型的变化、戒指位置的变化、服装的变化、称谓的变化等，所有这些除了用来表象新婚当事人的身份完成过渡之外，也说明其身体的任何变化均始终为当事人周围的社区和家庭所深切关注而无所遁形。

婚礼对“性”的执着关注，还以旧时珠江三角洲一带民间婚礼的“烧猪”习俗较为典型。当地非常看重新娘子的贞节，男女洞房之后的“三朝”，新媳妇更衣回娘家时，男方家则须准备一些“烧猪”送去女家，以证明妻子为白璧处女。于是，回娘家时有无“烧猪”，便成为一种判断的依据。据说，旧时在广州，有一种人被称作“婆子”，专门配药给女子吃，叫作“装猪”。清人俞溥臣在其著述中曾提及广州婚礼，于成礼后三日，返父母家，毕以烧猪随行，其猪数之多寡，视夫家之丰瘠，若无之，则妇女为不贞。他还作岭南杂咏诗，其一绝云：“闾巷谁教臂印红，洞房花影总朦胧，何人为定青庐礼，三日烧猪代守宫”。新娘子若被人说“唔食得烧猪”，就是指她曾经偷过汉子，那就将面临极大的困扰。[②] 在韶关，旧俗是新娘子若为处女，则为“烧全猪”，猪头上挂红彩，送到女家；如非处女，则“烧猪肉”送去，但这样做比较危险，容易导致新娘子寻短见。所以，也有把全猪肢解开之后，再凑成“全猪”之状，既不为外人所知，保全了新娘子的名誉，却也让娘家人心知肚明。[③] 这种风俗是直接用“烧”来形容已经发生的男女生理过程。列维－斯特劳斯曾经列举出“世界各处的人们似乎在性交和饮食之间发现的极其深刻的类比的某些特例”[④]，广东的“烧猪”验贞堪称是又一个这样的特例。

闹洞房的参加者，大都和新郎属于一种调侃关系、玩笑关系。[⑤] 在汉人社会里，玩笑关系和禁忌关系形成了鲜明的对比，各地老百姓对此类知识当然是谙熟于心，例如在陕西省的澄城县，就有“兄长不进弟媳门，公公不进儿媳门，男人不进月婆门”之说；在北京西郊门头沟一带，乡民则有“荤叔公，素大伯子”的说法。[⑥] 和新郎处于玩笑关系的年青人彼此之间的污言秽语，那些涉及性的口头表述，非常类似于语言中的“社交咒骂”[⑦]。事实上，涉及性的玩笑或故事，在中国各地农村乃是日常生活的一部分[⑧]，但通常它是在众人皆知的场合，这些众人相互间多属于玩笑关系而非禁忌关系。就以闹洞房而言，在绝大多数场合下，新娘家一方通常不会参加，新郎一方的长辈一般也不会参加，这是因为汉人社会结构中有“辈分”原理，乱辈几乎就接近于乱伦。

但由于闹洞房是结婚喜事的一部分，不只是当事人，对于新郎父母而言，它也是大喜事，于是，“抹喜灰”——通过捉弄新郎父母，给他们脸上抹以灶灰或锅底烟黑，以为志庆、以为贺喜的习俗，在全国不少地方也颇为普遍。[⑨] 我们把“抹喜灰”的环节视为婚礼喜庆狂欢的一部分，也可以把它视为是闹洞房习俗的“外溢”或扩大化。在上海郊区的

---

① 王秉愚编著：《老北京风俗词典》，中国青年出版社2009年版，第30页。

② 刘志文主编：《广东民俗大观（上）》，广东旅游出版社1993年版，第287页。

③ 同上书，第353页。

④ ［法］列维－斯特劳斯：《野性的思维》，李幼蒸译，商务印书馆1987年版，第120—121页。

⑤ 尚会鹏：《闹洞房》，中央民族大学出版社2000年版，第41页。

⑥ 刘铁梁主编：《中国民俗文化志 北京·门头沟卷》，中央编译出版社2006年版，第293页。

⑦ 露丝·韦津利：《脏话文化史》，颜韵译，文汇出版社2008年版，第58—59页。

⑧ 阎云翔：《私人生活的变革：一个中国村庄里的爱情、家庭与亲密关系》，龚小夏译，上海书店出版社2009年版，第77—78页。

⑨ 尚会鹏：《闹洞房》，中央民族大学出版社2000年版，第62页。

横沙岛，婚礼上的闹客，会当着新娘子和众人的面，给公公强行戴上一顶红帽子，并在其身后插上一支“扒灰棍”，然后百般调笑和戏虐他，使公公当众出丑，直至婆婆出面，当众训斥他，命他改邪归正。[①] 山西省一些地方则有“哄公公”“哄婆婆”之俗，在临县一带，甚至要给公公身上撒炒面，暗讽他是“炒面神”。[②] 笔者在陕西省韩城市党家村进行民俗调查时，也曾观察过村民婚礼上给新郎父母脸上抹锅底灰的场景。考虑到各地民间又较为普遍地存在关于公公“爬灰”之类情节的“荤故事”[③]，似乎就可以将“抹喜灰”理解为是对“荤故事”宣示的乱伦禁忌的一种戏剧性和喜剧性的公开展演。这是一场诙谐却寓意深刻的闹剧。根据民俗学者谢国先教授的解释，涉及翁媳关系或岳母与女婿的关系等乱伦禁忌的荤故事，其功能正在于它是以故事中对禁忌的违犯来强化现实中对禁忌的遵守。这些“荤故事”可以缓解人们对于乱伦禁忌的顾虑、担忧、恐惧以及因为共处于乡土近距离熟人社会而产生的精神压力，它通过将丑事公开化的方式强调此种禁忌的合理性和必要性，强化人们服从禁忌的自觉意识。[④] 笔者认为，在这一解释的延长线上，婚礼上“抹喜灰”也就是不难理解了。

在陕西省关中的渭北和咸阳茂陵一带，某人家里若生了孩子尤其是男孩，村民们就会“烧腾贺喜”或“烧火吃喜”。一般是在孩子出生后20天或满月时，村邻们在其家门口堆起麦草或玉米杆，点燃后大喊：“快报柴，烧旺点！”等主人（通常就是新生婴儿的爷爷奶奶）出来，拿烟酒糖果招待大家，贺客们则趁其不备，给他们脸上抹以锅底的灰墨，以为贺喜。[⑤] 应该说，“烧腾贺喜”习俗中的“抹灰”举动，也能在上述解释的文脉中得到很好的说明。在泾阳、淳化等地，新媳妇生头胎是一件大喜事，村邻们除了要为新生婴儿的爷爷奶奶“抹彩”，祝福孙子孙女出生外，“烧火吃喜”甚至要举行多次，在孩子满月之前至少要有三次。[⑥]

五　涉及性的俗语、隐语及其他

中国各地涉及性的民间俗语、隐语以及几乎所有体裁的口碑文学，无论是种类还是数量，都是无法穷尽地丰富，可由于知识界人士的偏见，即便是民俗学者对它的相关搜集和研究工作也一直没有多大的起色。90多年前，周作人曾在北京大学的歌谣运动中提倡过要重视猥亵歌谣的学术价值[⑦]，但至今中国民俗学依然面临的这一问题，和近一个世纪之前并没有明显的变化。尽管资料缺乏，但从仅有的线索，仍可以获知在很多涉及性的俗语、隐语及口碑文学的世界中，往往就有一类是以“生”“半熟/夹生”“熟”的分类来

---

① 刘克宗、孙仪主编：《江南风俗》，江苏人民出版社1991年版，第194页。

② 张余、曹振武编著：《山西民俗》，甘肃人民出版社2003年版，第249页。

③ 谢煜主编：《民间荤故事大观》，中国民间文艺出版社1992年版，第14—18、12、19—21、64—65页。

④ 谢国先：《农民生活中的虚拟世界——都柳湾故事的性质与功能研究》，中国书籍出版社2009年版，第63—65页。

⑤ 张建忠主编：《陕西民俗采风（关中）》，西安地图出版社2000年版，第34页。

⑥ 杨景震主编：《陕西民俗》，甘肃人民出版社2003年版，第231页。

⑦ 周作人：《猥亵的歌谣》，载《周作人民俗学论集》，上海文艺出版社1999年版，第115—121页。

做隐喻，并把性交涉的过程比拟为料理从“生”到“熟”的人为烹饪或加工过程。把性、性关系和性过程比拟或对应于烹饪、料理和饮食的过程，固然可以说是汉语言文化的一大特色，但英国学者杰克·古迪通过对欧亚诸多社会的烹饪和菜肴进行的颇为广泛的比较研究，却发现了“食物和性、生产和繁殖之间的紧密而长久的联系（频繁地成为广泛的隐喻的主题）”①。

早从《诗经》时代起，就有用“饱”“饥”作为“性隐语”的例子。② 此后，无论是唐诗、宋词那样古雅文训的表述，还是如今餐桌及互联网上无处不在的“荤段子”，民众对于涉及性的表述，有着无限的创造力和想象力。这是因为汉文化中自古就有“食色，性也”（《孟子·告子上》）的理念，它们原本都是所谓“饮食男女”“人间烟火”的题中应有之义。难怪汉语用“秀色可餐”形容女子之美和男子的垂涎；用“老牛啃嫩草”形容年纪大的男性和年轻女子的性关系，类似的用例不胜枚举。在台湾本岛，人们常用“惹火”一词形容性感的女性；在江西上饶一带，“伙计公婆”一词，是专指男女情人，其中“伙”就是伙食，在此亦指性交。③ 旧时山西一些地方把已婚妇女称为“灰子”“妃子”，这里的“灰”“妃”均谐音“烩”，包含有“食”及性事经验之意。

在台湾地方的俚语中，“炒饭”一词有“性交”“做爱”之意。④ 对这种说法的解释之一是认为它容易使人联想到“翻云覆雨”，其意象是把男人想象为炒饭的铲子，女人则被想象为饭锅。铲子在锅里“炒”来“炒”去，故可被视为“做爱”的另一种说法。“锅”确实在很多情形下可成为女性器官的比喻，例如，在晋南，已婚妇女被称作“光（广）锅”；旧时东北的江湖艺人称已婚妇女为“果（锅）张”；重庆方言里的“涮锅”“揭锅盖”“大锅菜”以及香港方言的“开镬（锅）”等，均是这方面的用例。⑤ 在陕西省长武县的农村，新媳妇生第一胎时，丈母娘要在一个约定的时间到女儿家，她进门不说话，径直到女儿房间的窗户前，把手中的红布揉成团从窗口塞进去，询问女儿：“锅打了没有”，婆婆则在屋内应声：“锅打了”。这一问一答的寓意是，“锅底”被打破后，产妇就会顺产。或以为“炒饭”这一性隐喻来自“生米煮成熟饭”这句俗语；正如“生米煮成熟饭”是一个不可逆的烹饪过程一样，男女之间的性关系也是一个从“生”到“熟”不可逆的过程。从“生米”到“熟饭”是第一次发生的过程，“炒饭”则意味着把“熟饭”再次炒过，亦即“熟”上加“熟”。因此，“炒饭”一词在其延伸的意义上，可被用来指称反复、重复的性关系。该词进一步延伸，就是“炒剩饭”或“翻炒”等。类似的还有“烧饼”（上海旧时称妓女）、“煲老藕”（香港指怀着不良目的、和富婆结婚者）等。台湾艺人小S曾在2013年某电视节目的性话题中，自我比拟如紧闭的“热炒蛤蜊”，

---

① ［英］杰克·古迪：《烹饪、菜肴与阶级》，王荣欣、沈南山译，浙江大学出版社2010年版，第267页。

② 曲彦斌主编：《中国民俗语言学》，上海文艺出版社1996年版，第178—179页。

③ 刘瑞明著：《性文化词语汇释》，百花洲文艺出版社2013年版，第40页。

④ 也有人认为，用炒饭暗指做爱的说法，起源于在台湾电视节目由台湾某艺人讲的荤笑话。其实，这是一个在民间有颇多用例的说法，如旧时在南京，就把妓女和鸨母等依靠色情业为生的人，叫做“吃油炒饭的”，这里的“油”亦即“酉”，可通假为“鸡”“妓”。

⑤ 刘瑞明著：《性文化词语汇释》，百花洲文艺出版社2013年版，第73—75、189页。

此话一出，现场笑翻。所有这些都是汉语言文字及文学中，以烹饪关系、料理关系、食物关系隐喻两性关系的典型表现。

江苏如皋话中有一个“炜”字，本义是指长时间用文火、亦即小火煮食物（不同于“烩”，烩是指用文火煲羹），但逐渐地，“炜”与“逸”结合为“炜逸”一词。“炜”可被用来骂詈，相当于“泡妞”的“泡”。“炜”你，就是长时间地慢慢地烧（搔）你、泡你、搞你、弄你、慢慢享受你的过程和结果。这个结果就是“逸”的感受：安逸、快乐、舒服。把“炜逸”一词用为动词时，意思是搞得快乐、舒服；它早先为骂人话，但现在则不是了。①

再以广东省潮州一带的俗语为例，往往亦多用“烧”这一烹饪用语来隐喻性交。“双目乌溜溜，烧甫紧过报父仇！”大意是说眼珠子较黑，且明眸闪亮的女人，性欲一般较强。“老人烧甫，哉呀哉呀！”大意是说老年人的性能力下降，房事往往力不从心，这句俗语常被用来表达凡事应量力而行之意。“人生短短，烧甫最好！”大意是说人生苦短，不妨及时行乐。“烧甫大王”，是指性能力很强的猛男。以“烧”这一烹饪用语作为性行为的隐喻，其实在中国民间文化中比比皆是。如在西北的“花儿”民谣里，就有“干柴湿柴架一盆火，火离了干柴是不着。尕妹是肝花者阿哥是心，心离了肝花是不活”的表述。通常，人们是把前两句解释为“比兴”，但“干柴烈火”以及是否烧得着，同时也是民间最普遍的性隐喻之一。

据谢国先教授估计，在民间故事家讲述的故事中约三分之一为“荤故事”。这些荤故事也经常用“烧”来表现性交的关系和动作。例如，把性关系称为“烧火”，把公公和儿媳妇的私情叫作“公老烧火”“烧火棍”“烧火头”“吃窝头”，把翁媳乱伦称作“扒灰”或“爬灰”。② 在陕西汉中的方言里，人们因忌讳而故意将“烧火”说成“架火”“传火”等；此外还忌讳说“吃锅巴”“铲锅巴”，因为这两个词暗示弟嫂之间有暧昧关系。在陕北的吴堡，当地人把和媳妇暧昧的公公称为“炒面神”，女人作风不正被叫作“活炒”，把男子调戏女性称作“烧把头”，这些都和烹饪过程的用语存在关联。值得一提的是，各地还都有一些主题为“傻女婿”或“傻媳妇”的荤故事，这些故事的艺术性恕难恭维，但它们在乡土社会里却有一个重要的功能，亦即性教育。那些愚蠢之极、不谙房事的傻男傻女，可以说就是性的“半熟/夹生”者，他们或她们恰好从反面凸现出性对于“做人”的极端重要性。

笔者曾在陕西南部山区的方言里，发现有“烧窑”一词的双关隐喻。窑是用来烧制陶瓷器、烧木炭和烧砖瓦的设施，大概制陶烧窑之从“生坯”到“熟器”的过程（炉火烧制），与人的从“生”到“熟“（例如，身体从青春期到成人的过程、女性从“涩女”到“熟女”的过程等）具有某种结构相似性，所以，它们经历的过程，经常可被比拟为人的身体以及性的过程。北平旧时把妓院叫作“窑子”，把妓女叫作“窑姐”，把逛妓院叫作“逛窑子”，把性交叫作“烧窑”，这是把女性器官比拟为“窑”。至于暗语有“芍药”一词，其实正是“烧窑”“烧约”的谐音，亦被用来指性交、约会。③ 此外，旧时东

① 孙汝建：《汉语的性别歧视与性别差异》，华中科技大学出版社 2010 年版，第 109 页。

② 谢煜主编：《民间荤故事大观》，中国民间文艺出版社 1992 年版，第 8、12、19—21、38、40、50、63 页。刘瑞明著：《性文化词语汇释》，百花洲文艺出版社 2013 年版，第 227—228 页。

③ 刘瑞明著：《性文化词语汇释》，百花洲文艺出版社 2013 年版，第 30 页。

北的土匪黑话里指暗娼为“苦（窟）窑”，北京的流氓用语有“卖窑（淫）”，四川旧称妓院为“牡丹窑子”，忻州旧称妓女为“窑婆”。有些地方，还把只生女孩的妇女戏称为“瓦窑”。可见“窑”这一性隐喻在全国各地，确实是有一定的普遍性。此外，又有以“灶”作为性隐喻的例子，如以“冷灶”来形容不怎么走红的妓女。《金瓶梅》第七十五回里，潘金莲曾要求西门庆“冷灶着一把儿，热灶着一把儿”，亦即对妻妾均应有性事方面的关照。显而易见，以“灶”为性隐喻，其实是和以“吃”“食”“烧”“烤”“褒”“炜”“烩”“锅”“鼎”“窑”“爬灰”等属于同一个系列的词汇，当然也是基于同一个文化的逻辑。

汉语文中有一类“骂詈词”，每每涉及性、性器官、性活动和性关系。[①] 有趣的是，在儿童的世界，骂人和说脏话始终是被家长和学校禁止的，成人社会则相反，即便认为不雅，骂詈现象依然在成人社会普遍存在。成人世界之污言秽语的泛滥以及社会对骂詈行为的宽容和孩子们的世界相对较为干净的现状，反倒意味着骂人等于“成熟”这一看起来颇为奇怪的等式。因年纪不够大，所以，还不能咒骂[②]，这可能是在很多文化里均有的现象，故度过青春期的孩子开口骂人，反倒感觉自己成熟了，于是，骂娘、我操的粗口往往成为“男子汉气十足”或硬汉形象的语言表征。[③] 汉文化里的骂詈其实也是具有一套逻辑：人因为性而由“生”变“熟”，所以，满口粗话有时就是“成熟”“烂熟”的标志。由此，当说某人“幼稚”，就相当于说他不成熟，像小孩一样，在汉语里有“竖儒”“竖子”“小子”“黄口小儿”“乳臭未干”“黄毛丫头”等词被用来贬抑成人。[④] 范增骂项羽不成熟，说他“竖子不足与谋”；鲁迅小说里的阿Q式骂人：“儿子打老子”，都意味着对方为小辈、不成熟。在陕西省商洛方言里，骂人时常说“碎娃”“碎怂”，意思也是说对方尚是小孩，不懂事，不成熟。依据萨皮尔—沃尔夫假说，汉语言中的年龄、辈分和性别歧视对于国人思维是有影响的，或者反言之，这些骂詈词深刻地反映了汉文化的某些价值观和日常生活逻辑。涉性的骂詈词经过语境转换，也能变成不是骂人的意思，但却延伸为和被骂者之间特别“熟”的关系状态。

人的从“生”到“熟”，既是一个过程，也是一组分类。在大量使用汉字的日语里也有“生娘”（きむすめ）一词，是指尚未和男性有过性经验的姑娘，亦即处女，相当于汉语的“黄花闺女”；而“生息子”（きむすこ）一词，是指尚未和女性有过经验的男子，亦即处男。与“生娘”对应的自然就是“熟女”，这个词一般指中年以上的女性，也暗示其性经验丰富，如所谓“熟女AV”，就是指那些在色情影像作品里表演性活动的演艺人士。然而，并非和“成熟”对应的“生涩”“青涩”或“半熟”都是负面的，它们往往同时还意味着童真、童贞、纯洁、清醇、生机勃勃和很多未来的可能性。日本古时曾有用处女（“贵生女”）的唾液作为发酵之酒曲的传统，中国至今仍以“黄花闺女”为贞洁、为珍贵。

---

① 文孟君：《骂詈语》，新华出版社1998年版，第52—55页。

② 露丝·韦津利：《脏话文化史》，颜韵译，文汇出版社2008年版，第52页。

③ 文孟君：《骂詈语》，新华出版社1998年版，第44页。

④ 同上书，第72—73页。

六 各地汉语方言对人的“半熟/夹生”状态的描述

并不是所有人均能够顺利地完成包括性的成熟在内的人的全部社会化过程，所以，自然就有一些“半熟/夹生”的人。荤故事里的傻男傻女（现在网络用语的骂人话SB约与之相当），可被视为对性行为“外行”[①]、亦即性的不成熟者的表象。就乡土社会里的性而言，和女性作为稀缺“资源”较少高龄单身的情形形成鲜明对照的是，高龄单身男性的较大面积存在。因此，各地方言对他们多有负面表述，如东北方言把未成家的成年人叫作“鞭杆儿”，山西平遥把年纪大而未婚者称为“脚子旱”，厦门把中年以上的单身汉称为“十一叔”[②]，以及全国通用的“光棍”等，这些用语大都内涵着性饥渴之意。不过，更为常见的主要还是对社会性的“半熟/夹生”状态的描述。中国各地方言不同，有的方言之间甚至通话都有问题，但几乎每一种方言，或多或少都对人的“半熟/夹生”状态予以高度的关注。在所有这些方言语汇中，既有能够超越某方言区而具有全国普遍性的，如“嘴上无毛，办事不牢”“夹生”“二百五”等，也有主要只在某方言区所使用的情形。然而，只要稍加解析，便不难发现各方言中对于人的“半生不熟”状态的描述，又有许多雷同或相似之处，如果要说它们之间的共同性，那就是均或多或少地带有一些贬损、讽刺、嘲笑或揶揄之意。

在湖北省的武汉、孝感等地，方言有“半吊子”一词。当说某人“真是个半吊子”时，几乎就等于骂人。“半吊子”的本意是说某人不开窍、不清楚、不合分寸、不合时宜、不懂事、说话容易得罪人、不通情达理等。“半吊子”的“半”也就是一种不完全、不完整、有缺陷、不靠谱的中间或暧昧状态。这个民俗词语的由来，民间有各种说法。有一则民间故事说，某人在外地做生意，被一个生意人名叫钱厚的商人嘲笑，遂用“半吊钱”（一千文）打了一个哑谜：他把一吊钱分成三份，半吊钱放在肩上，再在胸前挂上二百五十个零钱，剩下的二百五十个挂在背后，由此暗指“前后（钱厚）”都是“二百五”（亦即“半吊钱”）。据说古时候曾以一千文为一吊（贯），五百便是半吊子。如果某人的思维不够全面即所谓“满贯”，那就是“半吊子”，而“半吊子”的一半便是“二百五”，这两个词均是贬义，是指做人、做事不够圆满。这个故事似嫌牵强，但确实解释了它要表达的意思。“半吊子”的同义词“二百五”的用法，在中国各地比比皆是，也有很多口碑故事解说它的由来，在此不再赘述。关于“半吊子”，另一个说法则是把“半吊子”的“吊子”，看作是一种陶罐器皿“铫（吊）子”，旧时，当地乡民常喜欢在灶门口挂上一个“铫子”烧水，由于灶门口的火势小，一整铫子水难以烧开，往往就只打半铫子水，使其很快沸腾。当半吊子水开时，声音特别大。于是，乡民便用此来比喻某人浮躁、浅薄，是指“满桶（瓶）不响，半桶（瓶）晃荡”之意。在陕南山区也有类似说法：“满罐子不响，半罐子扑腾”，意思是说有学问的人往往很谦虚，一知半解的人却喜欢咋咋呼呼。

与“半吊子”“二百五”类似或可以置换的孝感方言词汇，还有“二杆子”“嘎巴子”“夹生苕”“夹生”“差火”等。“二杆子”及“二百五”的“二”，意思就是指那种

---

① 钟敬文：《呆女婿故事试说》，载《钟敬文民间文学论集（下）》，上海文艺出版社1985年版。

② 刘瑞明著：《性文化词语汇释》，百花洲文艺出版社2013年版，第82页。

不靠谱、愚笨、不开窍的状态。“嘎巴子”是指头脑不清楚，夹生半吊之人。“夹生”一词，不言而喻是指做饭或烹饪、料理，由于做得半生不熟，故多被用来批评人际关系不好，难于交往，办事不好说话等，如“夹生个么事沙?”就是说某人“真是个夹生货”。“夹生苕”一词，也非常接近“半吊子”亦即做人做事“半生不熟”的状态。“苕”在孝感当地常被用来形容某人蠢笨，所以，“夹生苕”也是贬损人的话。当地有民间歌谣：“生苕甜，熟苕粉，夹生苕，冇得整”。当地民间认为，苕生熟皆好，唯有半生不熟的没法吃，让人倒胃口。用“夹生苕”来比喻人，一般是指其和正常人不同，有点不正常。“差火”一词，是指人“欠火候”，也就是不够成熟。由上述可知，在这些民俗词语中，有不少与烹饪相关，显示了乡土社会对人的分类和评价常会使用的一些手法。

江苏省南京及周边江淮一带方言，也有“夹生”一词，说某人“夹生得不得了”，就是指他或她难以打交道，难处关系，不好说话。这个表述一般而言是引自“夹生饭”一词，表示半生不熟，或表面熟了，里面却还是生的。至于“二五”“二五郎当”“二胡”等，大都是指脑子不好使，神经质或欠缺点什么，不正常、爱胡闹。另有“二姨子”“姨子”指男人“娘娘腔”，这应该也是在人的分类上有点问题，成为被责备或揶揄的对象。上海方言有“十三点”一词，据说是来自“痴”字的笔画为十三，故沪人以“十三点”隐指痴呆、痴情或者蠢笨。

东北各地方言里，也有“夹生”“二百五”等词。说某人是“夹生人”，一般是指他喜欢抬杠、犟嘴、钻牛角尖、尖刻、挑剔、认死理。此外，“二虎八叽”是指傻乎乎的人；“二椅（姨）子”指不男不女的人；“二串子”一般是指杂交混血、非正宗的意思；“隔啦八生”“隔了隔生”，一般是指饭做得不烂，吃了胃不好受，进一步引申为人际关系不很协调，不顺畅。如说某人和某人的关系有些“隔生”，就是有别扭的意思。“半拉子”一般指尚未成年的劳动力，说他只能顶半个成年人。吉林方言有“隔涩”一词，说某人真“隔涩”，那就意味着他和大家不太一样，不随和。相似的还有“隔生”，指不合群、不随和。如果说某件事“办夹生儿了”，则表示事情不顺利、没办好。说某个孩子越长越“夹生儿”了，大意是说他的长相与实际年龄不符、不太相称，太老面或太嫩面。有时候，说某人尤其是年青人“真生蒿”，就是说他不讲理、不懂事。在吉林乡下，成年妇女有时会称“未经人事”的小青年为“青蛋子”。长春方言里除了会说某人是“愣头青”，以表示他做人“生分”，不够圆熟之外，还有“缺”（缺心眼、缺根筋）、“二”“虎”等用例，一般是指办事、做人不老练，或有点和平常人不太一样之处。北京方言有“生瓜蛋儿”“雏儿”，大概也都是用来描述年青人的“不成熟”。上述方言中的“青蛋子”“愣头青”之“青”、“隔涩”之“涩”，当然也都是可以和“生”的状态相通约。

在山东省的济宁等地，“半熟”一词颇为常用，指人做傻事而不自知。滕州人有“半浮”的说法，一般是指做事不经大脑或调戏同龄异性等言行。此处的“半浮”应为“半熟”，因为滕州人把 shu 发音为 fu。此外，“半熟”的用法还商丘、徐州、亳州等很多地方。在陕西省的关中方言里，当说某人是“生生”时，也就意味着他“未熟”“不成熟”，不懂事理。据说用一个“生”字，表示人 6—7 成“熟”，用两个“生”字，好像就只有 2—3 成“熟”了。在陕西省丹凤一带，乡民批评年轻人没有分寸、不知轻重、不机灵、没有礼貌的言行为“生怂”“生娃”“冷娃”，大致相当于“二百五”。关中一带说某人“二百五”，那就是指他蛮干胡扑，莽撞、傻气，做事不计后果。此外，还有“二杆子”（莽撞）、“二气”（痴呆）、“二彪子”（胆太大）、“愣头青”（不知天高地厚）、“瓷马二楞”（不机灵、反应迟钝）等。甘肃省武威方言里，有“五二鬼”（不务正业、好逸恶劳）、“二流子”（不务正业、不爱劳动）等对某些人的贬称；另外又有“冷棒”一词，和陕西的“冷娃”意思相同或类似。值得注意的是，“生”和“冷”、“冷”和“楞”原本也是可以通约、通转的词语，它们都和乡民饮食中忌讳“生”“冷”的习惯有着逻辑上的一致性。①

但各地方言所描述的人的“半熟/夹生”亦即“半生不熟”的状态，实际上是有若干不同的情形，往往因语境而异。一是人在从“生涩”到“成熟”的过程中，一般而言，多少均会出现的“书生气”或不够成熟的某种“半熟/夹生”状态，伴随着进一步的成长和学习，此状态可以逐渐地由于人的成长而改变，“半熟/夹生”的状态最终会被超越。二是社会化过程不只是不顺畅，而是被认为失败的例子，亦即做人、办事、说话等，始终处于“半熟/夹生”状态。上述方言的分类与描述若是针对第一种情形，则除了讽刺之外，还会包含一些善意，人们通过这样的分类、评判或揶揄，有意促使他或她早日脱离成长过程中的中间状态。但如果是针对第二种情形，则主要就是贬损和责骂了。总之，一切均应该在各自被使用的具体场景和语境下去理解。无论如何，各地汉语方言对人的“半熟/夹生”状态的揶揄、讽刺甚或责骂，反过来正是为了维系那个被认为人和事均“应该”有的秩序状态。应该说，汉语对此种“半熟/夹生”的分类与描述，也是符合涂尔干和莫斯所说的使人或事物各有归属，“并确定它们的包含关系或排斥关系”②。

七 延伸讨论：人们为何关注“剩男”“剩女”？

汉人社会及文化里人从“生涩”经“半熟/夹生”到“成熟”的过程，其间既有成人社会的设计和母体文化的期许，也有当事人的进取实践或消极抵触；也因此，既有顺利乃至于“圆熟”“烂熟”的成功者，也有“半生不熟”、滞留在“半熟/夹生”状态，甚或拒绝成长的脱轨者。社会对他们或她们是各有归类和评判，文化对于他们或她们是既有宽容，也有责难。

汉人社会里一向有“男大当婚，女大当嫁”“女大不中留，留来留去留成仇”“恨嫁”等很多俗语及表述，反映汉人社会对于人生的“时序”普遍地持有一些既定的观念：人到了某个年龄段，无论男人还是女人，就需要做那个年龄段的人应该做的事，家长、长辈、亲友、教师和社会一般人士均假定或期待那个年龄段的人应该去做的事情，这类假定与期许一定程度上也是汉文化中人的“社会化”的动力机制之一。如果违背了这些期许或社会公众一般的认知，就会得到负面的关注或数落。旧时，广东省番禺俗谓弟妹嫁娶先于兄姊为“跨头”，兄姊不能嫁娶致误弟妹之婚期者为“阻头”，“阻头”被认为不便，“跨头”被认为不祥，故十二三岁即要订婚。③ 女孩如不出嫁，就要自梳或冒贞（去男青年夭折者家里），方可躲过责难。再比如，在甘肃地区，男青年去找女青年的“求偶”行

---

① 周星：《乡土生活的逻辑——人类学视野中的民俗研究》，北京大学出版社2011年版，第22—23页。

② ［法］爱弥尔·涂尔干、马塞尔·莫斯：《原始分类》，汲喆译，上海人民出版社2000年版，第4页。

③ 胡朴安编：《中华全国风俗志（下编）》，河北人民出版社1986年版，第386页。

为，被叫作“做后生”①，意思是说这种行为本来就应该是“后生”所为。如果青年人整天“宅”在家里，不去“做后生”，反倒会让家长担忧。再进一步，就是有违“天时”、有悖“时序”。一般人婚姻的“失时”，在中国，常被视为是很严重的问题。古代皇帝也要操心的大事之一，便是不能使百姓的婚姻“失时”，因为婚姻及其人口的繁衍乃是社会发展和存续的基础。汉人社会历来对婚姻“失时”的情况非常敏感，经常为此感到不安。王震将军当年曾为新疆建设兵团的将士们物色配偶的故事，就被认为是一种“仁政”和“德举”。历来多位国家领导人关心“大龄青年”的故事，也绝非只是装装样子。对“大龄青年”的个人婚姻问题，忧心忡忡的不仅是家长，还有亲友、邻居和社区的大妈大婶，都会以各种形式表示关注和担心，那些热衷于给“大龄青年”介绍异性朋友的大妈们，绝不是因为她们闲得无聊。

眼下，据说全国约有单身的“白、骨、精”（白领、骨干、精英）有近600万人，事实上，这些被揶揄为“剩男”和“剩女”的人们，经常会处于各种焦虑状态，他们或她们中有些人积极进取，致力于类似日本社会里大龄男女的“婚活”，即以结婚为目的而参与各种社交活动；也有很多人坚守自己的底线，不为周围异样的目光所动。他们或她们有可能面临所谓“逼婚”或迫不得已的“相亲”，以至于出现了过年回家前临时“租赁”女友或男友的“生意”。更夸张的是，近些年来，在北京、上海、广州、西安等全国各大中城市，均不约而同地兴起了“白发相亲”的社会现象。②“可怜天下父母心”的家长基于子女尚未完婚，自己就责任仍在的认知，对几乎大都是独生子女的儿女们的婚姻大事尚未解决感到寝食不安。于是乎，老爸老妈比本人更着急，遂亲自出马，代替子女频繁地前往相亲。显然，这个在其他国家或文化的人们看来有些过分、甚至匪夷所思的“父母相亲”现象，实际意味着汉文化有关“婚时”的传统文化逻辑依然鲜活、有效地发挥着作用。

当代中国以互联网为主的各种公共媒体，对于日益增长、蔓延的“剩男”（年过四十而未婚?）、“剩女”（年过三十而未婚?）现象，表现出过分重视、过度关注以及调侃、讽刺、同情、怜悯、厌恶、焦虑，甚或恶意攻击等多种复杂的反应，这应该也是基于上述的文化逻辑。一般来说，相比起“剩男”来，“剩女”面临的压力和困扰更多，这主要是因为汉人社会里的“社会性别”观念对男子的“适婚年龄”更为宽容，而女子在“适婚年龄”之外，更有一个生育的最佳适龄期的制约。这些主要来自父母和长辈亲友以及社区的压力，对于男女当事人而言，甚至也能促成类似于德里克·弗里曼曾经在萨摩亚人的青春期里发现的那种“摩苏”状态：执拗、反对、不情愿、精神上的紊乱或沉默的对峙。③汉人社会尤其是家长亲友们给“剩男”“剩女”施加影响和压力的理由，是因为汉文化基本上还是希望后代子女能够不违“婚时”地谈婚论嫁、生儿育女。事实上，很多“剩男”“剩女”自身始终对婚姻汲汲以求、心怀向往，甚至一些人也并不缺少性活动的伴侣，但“剩男”“剩女”问题之所以刺痛媒体和公众的神经，主要是因为其与传统的汉文化对人的分类以及建立在这种分类之上的秩序有所冲突而已。

---

① 邢植朝、王静主编：《甘肃民俗》，甘肃人民出版社2004年版，第136页。

② 关于“白发相亲”，可参阅孙沛东《谁来娶我的女儿》，中国社会科学出版社2012年版。

③ 德里克·弗里曼：《米德与萨摩亚人的青春期》，李传家、蔡曙光译，光明日报出版社1990年版，第200—205页。

与“剩男”“剩女”之类多少不乏贬义的新词语相类似的，还有“宅男”“宅女”，“半熟男”“轻熟女”（或相反，“轻熟男”“半熟女”），“奇葩男”“奇葩女”，“玻璃男”“伪娘”（“女装子”）“同人女”（和“腐女”一样，来自日语①），“男娘子”（在台湾叫做“半男娘”）“女汉子”，以及“女博士”“女强人”“涩女郎”等。虽然上述词汇未必全是贬义（例如，“轻熟女”通常是指年轻却成熟的女子），但却潜藏着类似于男人、女人、“女博士”或男人、女人、“男娘子”之类的玩笑式分类系列，进而把“女博士”“男娘子”突显为特殊的另类，甚或把他们或她们“妖魔化”或“污名化”，成为当代中国社会里一部分根深蒂固的歧视所由依托的“根据”。应该说，这类表述至少部分地和各地的民间禁忌有一定的关联，如在广东潮汕一带，民间婚配忌讳选“猫声”（女声）、“姿娘腔”者为婿，选媳妇也是“一怕乌，二怕粗，三怕行走似摆柳，四怕雷声（男声），五怕妈爹（男人妈）”②，对性倒错者有排斥的意向。

和日本社会基于“萌”和“可爱”之类的审美意识③，对于女性的“幼稚”言行更为宽容相比较，汉人社会似乎要更为严厉一些。中国的媒体和公众往往倾向于对“装嗲”“卖萌”等和其年龄不相称的“装嫩”行为持批评的姿态。这也意味着社会对于不同年龄段的人确实是有一些先入为主的刻板印象。但究竟到了哪个年龄段，人才算成熟呢？这其实是因文化而异的。在日本，据说是以男子42岁，女子33岁时的“厄年”（本命年）作为“熟年”，故有熟年祝贺之礼。④ 在中国，这类判断的依据并不那么鲜明，但所谓“知性熟女”和“知性熟男”一般是比较容易获得正面的好评。曾有一位作者著文尖锐批评“夹生”女人。作者自诩敬重“成熟的女性”，因为她们经历了性的洗礼，是母爱的载体。“夹生的女人”则令他毛骨悚然。“夹生的女人”有那些特点呢？她们在生理上已走过少女时光，行为举止却是“一张说生不生说熟不熟的脸”时刻作少女状（乖巧、娇憨、天真烂漫状）。她们本该静惠贤淑、稳重端庄，老老实实地告别少女时代，向新生活迈进，可偏偏沉溺于少女时光，年龄老大了，却把自己弄得“妖精”一样。“夹生的女人”伴随着某种愚蠢和脆弱。⑤ 眼下，“夹生”竟成风尚，无数人竞相“夹生”作年轻状，甚至有少女作儿童状。必须声明，笔者并不赞同上述评论，但认为它代表了汉人社会及文化里颇为常见的一些认知。“剩男”“剩女”或“半熟/夹生”者之所以受到如此关注和负面评价，只是因为他们或她们的言行多少脱离了汉人社会及文化之理想人生设计和期许的“常轨”而已。实际上，汉人社会及文化中的“社会性别”建构，又常将女性形象等同于儿童，诸多针对女人的“幼化”用语（小心肝、宝贝、小可爱）之类，原本就含有女人不成熟（幼稚和纯洁）的意味，同时也有怜爱之意。⑥ 因此，简单地指责现代社会里女性

---

① “腐女”或“腐女子”的表述，很容易令人联想到列维－斯特劳斯提示的“烹饪三角”以及他的论断：“烧煮使生食发生文化转换，正如腐败是它的自然转换”。参阅［法］克洛德·列维－斯特劳斯《神话学：生食和熟食》，周昌忠译，中国人民大学出版社2007年版，第192页。对于“烹饪三角”的理解，可参阅［英］杰克·古迪《烹饪、菜肴与阶级》，王荣欣、沈南山译，浙江大学出版社2010年版，第27—28页。

② 刘志文主编：《广东民俗大观（下）》，广东旅游出版社1993年版，第613—614页。

③ 周星：《“萌”作为一种美》，《内蒙古大学艺术学院学报》2014年第1期。

④ 林光江：《从民俗学角度看日本传统的儿童观及教育观》，《东北亚学刊》2003年第13期。

⑤ 毒艳：《夹生的女人》，《婚姻与家庭》1994年第4期。

⑥ 孙汝建：《汉语的性别歧视与性别差异》，华中科技大学出版社2010年版，第28页。

的“夹生”“逆成长”（例如，以此指演员刘晓庆）等，并不能真正理解此类社会事实与现象。

2013年在第六届台北“艺穗节”上，上演了由林慧祺导演/编剧的《生存以上生活以下》，其关键词即为“半熟”“矛盾”。“半熟族”工作了一段时间，职位不上不下，恋爱了一段时间，还结不了婚。有梦不知怎么追，或不知梦想为何物。没饿着自己，物质上也偶能有享受，一天天却总觉得差强人意。于是，就“生存之上生活之下”的赖着，眼看人生分水岭的30岁大关即将到来，他们该如何自处？应该说，这样的解说词反映了现代社会里男女青年颇为普遍的困扰。在和平年代的富足社会，晚婚、晚育、少子化，甚至选择不育的“丁克”现象，几乎已经是世界各个国家和地区普遍性的潮流。最近在中国大陆，自诩“半熟”的男女青年似乎在迅速地增加，他或她们不想长大，不羡慕成熟，不怕别人批评“装嫩”或者特意有选择地“成熟”。[①] 于是，“半熟/夹生”甚至可以成为一种具有正面价值的选择，例如，“半熟/夹生”既可以是对青春的礼赞或流连，也可以是对崇尚“圆熟”的社会规则（或“潜规则”）的拒绝。由刘鼎业导演的电影《半熟少女》讲述的是少女们美好青春的故事；由刘孝伟导演的电影《旺角半熟少女》则讲述了“半熟”的问题少女们悲凉的故事。在网络用语中，“半熟女”一词也有可能被认为是童稚和诱惑的结合体，是具有“正面”的价值。至于有人将“熟悉的陌生人”（familiar stranger）翻译成“夹生人”，也应该是没有丝毫的贬义。所以，“半熟/夹生”也完全有可能成为一种有尊严感的分类或称谓，一切皆取决于它们被讲述时的文脉和语境。即便是上述被人尖锐批评的那一类“夹生的女人”，在笔者看来，她们也只是在现代社会日常生活的延长线上徘徊、烦恼或自得其乐的一群女性而已。

类似这样将一部分人视为“另类”的分类，尤其在涉及同性恋或性倒错之类的现象或人的状态时会更为普遍，例如，各地方言非常普遍地有对“不男不女”者的“二姨子”“娘娘腔”等称谓，其实这和当前网络上特意把李宇春称作“春哥”或韩寒将郭敬明视为“小女子”之类情形的逻辑如出一辙，它们均可以从社会对人的分类上予以阐释。由于同性恋的性取向完全脱轨或背离了汉文化里为人夫妻、为人父母的人生轨迹，所以才被重点关注。对于社会上具有“两义性”的各种人或其群体，依据结构主义人类学的观点和玛丽·道格拉斯有关“污秽就是分类的剩余和残留”的著名论断[②]，他们或她们因为分类困难（或被分类体系排斥、边缘化）而经常会处于“禁忌”“危险”“异常”“暧昧”乃至于“污秽”的境地。显然，在社会价值日趋多元化的当今时代，此类分类依然健在并横行无阻的这一基本事实，很值得深思。应该指出的是，在这些对人的分类中被目为“另类”的存在，如果不能将其同化，就会将其异化。这些因为分类而成为“异类”的人们，总是容易受到社会里粗糙而又根深蒂固的歧视和偏见的伤害。那些被认为脱离“常轨”的人或事物，总是在迫使社会及文化里支持主流价值观的分类体系对其予以重新的安置，因此，他们或她们往往也能够成为促使社会变革与文化再创造的驱动力。但由于对人的分类所建构的“常识”具有非时间性的

---

① 黄冲、陈彦青：《破坏成人世界社交规矩　56.6%青年感觉自己“半熟”》，《中国青年报》2009年5月21日。

② ［英］玛丽·道格拉斯：《洁净与危险》，黄剑波等译，民族出版社2008年版，第45页。

特质而倾向于维系现存的结构，所以，“另类”的存在往往容易成为“正面”道德价值或既定秩序的反面教材。对此，人类学者立足于反对一切歧视的立场，应该致力于揭示导致歧视的社会及文化根源，并大力呼吁全社会对于那些被目为“另类”的人们秉持更加宽容和理解的姿态。

（原载《民俗研究》2015 年第 3 期）

古代人怎样发现了时间的秘密?

刘晓峰*

一年有十二个月，三百六十五天，每天有二十四个小时。每个小时有六十分钟，而每分钟有六十秒。这套来自西方的时间制度，我们都早已习惯了。时间就在我们身边。天上飞的飞机，地上跑的火车，大街上所有匆匆来去的人们，都走在时间的刻度上。但是，在西方的时间制度走进我们的生活之前，我们中国古代的先民们依靠的是怎样的时间体系?他们究竟是根据什么安排自己的时间生活?

循环是时间生活最重要的特征。昼往夜来，月升月落，春夏秋冬，时间的脚步循环往复永不停歇。而先民们对时间的认识，有一个不断发展的过程。最早被发现的时间刻度单位应当是“日”。太阳是全世界人认识时间的第一个标志物。先秦时代的《击壤歌》唱道：“日出而作，日入而息。”太阳的升与落是一日劳作和休息的标志。由昼与夜组成的一天，则是一年的基本单位。汉字中，“旦”字表示太阳刚刚升起，把“旦”倒过来就是古体字的“昏”。随着先民们认识的深入，白天和黑夜又被细分。《左传》记载“日之数十，故有十时”，这种划分一日为十时的方法，应当和古代传说羲和生了十个太阳相关。但后来普遍流行的是一日为十二时辰的分法。一日分为十二时辰，一个时辰相当于我们今天的两个小时。比日大一号的刻度是月。古人很早就认识到月亮定期的循环变化。王国维在释读殷商时代青铜器上的文字后指出，殷商时代已经分一月为四：自一日至七八日曰初吉，自八九日已降至十四五日曰既生霸，自十五六日以后至二十二三日曰既望，自二十三日以后至于晦日曰既死霸。可知当时已经对月亮的变化周期有了非常清楚的认识。

认识日和月相对容易，因为太阳和月亮的循环变化直接看得到，但认识季节就有一定的难度。四季中古人最先认识的是春天和秋天。这是由于对农业生产来说，春种和秋收是最重要的。甲骨文中到现在还没有发现“夏”字。“冬”字虽然有，但表达的是“终”字的意思。大概因为古人长时期熟悉了“春”和“秋”的划分，即便“夏”“冬”被发明后，有些古籍说起四时，依旧把春秋连起来，把四季说成“春秋冬夏”，这就是习惯的力量啊。最早的一部编年体史书被命名为《春秋》，应当就和这一古老的习惯有关。

“年”是我们时间生活中最大的单位，认识它就更需要对于自然加以整体把握的思考能力。典籍记载北宋时女真族记年龄用自己看过几度草青为标志。这种以草木枯荣为一年的习惯很多民族都有。不过汉民族很早就发现了白天用立木测日影的方法。古人用这样简单的方法发现了冬至和夏至这两个重要的时间节点。由此延伸出春分和秋分。在两分两至之上，又发展出立春、立夏、立秋、立冬，最后发展成二十四节气。中国古人认识一年的

---

* 作者系清华大学历史系教授。

另一个途径来自于夜晚对于星星的观察。经过精密的观测，古人发现了头顶的星空上，北极星永远安定地挂在北方，而北斗七星按照季节不断地旋转，斗勺柄春天指东，夏天指南，秋天指西，冬天指北。聪明的古人于是把星空分成了青龙、朱雀、白虎、玄武四个星区，又在每个星区选出代表性的七颗星，这就是二十八星宿。如果把一年的时间比喻为一个钟表表盘，那么北极星就是钟表的表芯，北斗七星就是指针，而二十八星宿则是周围的时间刻度。遥想古人第一次发现这片星空就是一个巨大时钟的瞬间，他们的心情该是怎样的激动啊。遥望神秘的宇宙，发现时间秘密，曾给他们的思想带来过怎样的冲击呢?

依靠对于日、月、星的观测，在春秋战国以前中国古人已经建立了对日、月、四季和年的基本认识。实际上除了天文，古人还在身边的自然变化中发现了无数时间的刻度。他们发现到了一个季节鹿会生角，到另一个季节鹿角会脱落，发现大雁、伯劳等候鸟总是按照季节飞来，又按照季节飞去，发现花开花落、雷雨风霜都是和时间的循环密切相关。所有这一切，后来被一点点编组到古代时间的谱系中。其中最体系化最有代表性的是“七十二候”。“七十二候”把二十四节气的每一个节气一分为三，并按时序分别选取三种物候编成。每一种物候都是可以作为时间变化标志的自然现象。发展到这个阶段，中国人已经通过对天文地理的观察，完全地掌握了大自然时间变化的秘密。这些有关时间的知识，对农业生产和社会生活意义重大。因为一旦清楚了时间循环的链条，古人就可以预先知道大自然即将发生的许多变化。人们可以按照历法有条不紊地安排一年的生产和生活，未来由未知变成可知。古代中国人由此依循大自然变化规律生产和生活，并从中抽象出敬天顺时、尊重自然、天人合一等思想观念。这些观念构成了我们中国文化最核心的理念，直到今天依旧发挥着重要作用。

1911 年孙中山领导的革命推翻了清王朝，新成立的中华民国决定顺应世界潮流使用西历。但因为中国的传统历法生于中华这块土地，并已深深融入民众生活的方方面面，所以直到今天依旧是我们时间生活非常重要的部分。要理解这一点，只要比较一下元旦和春节在我们生活中的分量就足够了。

（原载《天津日报》2015 年 5 月 25 日）

第六篇

重要论文摘编及摘要

【接续民间文学的伟大传统——从实践民俗学的内容目的论到形式目的论】

吕微[1]，《民族文学研究》2015 年第 1 期；全文收入吕微：《民俗学：一门伟大的学科——从学术反思到实践科学的历史与逻辑研究》，中国社会科学出版社 2015 年。

只有不断进行现象学的双重悬搁并对马克思式的认识论加以先验论现象学的方法论改造，我们才能从实践的立场上把民间文学及其研究看作双重主体并且区分其外在的经验性目的（自然动机）和自身内在的先验目的（自由动因），进而通过反证法还原出民间文学的发生与存在“在理性中的原因”或“理性上的起源”。民间文学先验的发生条件和纯粹的存在理由，不仅是民间文学的先验传统和先验理想，也蕴含着现代社会及未来社会的根本依据（根据）和原初法则（原则）。

【《转过身来的大娘娘》】

吕微，《民间文化论坛》2015 年第 2 期；全文收入吕微：《民俗学：一门伟大的学科——从学术反思到实践科学的历史与逻辑研究》，中国社会科学出版社 2015 年。

本文是对陈泳超著《背过身去的大娘娘》的长篇评论。本文关注的焦点，并非陈著的具体结论和论证过程，而是该著作者在田野研究中所遭遇的种种方法论与伦理学之间的困境。这种困境实际上也就是中国民俗学乃至中国学术在近代以来所面临的最重大的问题，即康德所云理论理性与实践理性因为在同一件事情上的使用而陷入的二律背反：研究者在把被研究者当作对象的同时，是否还应该敬重被研究者的人格？在这方面，陈著无疑做出了弥足珍贵的重要实践。文中写道：“陈泳超君终于还是按捺不住‘怀疑批评’的实践冲动，而最终超越了自己为自己设定的理论理性的经验主义、客观主义的直观界限！……陈泳超君及其团队的 17 次山西之行，就通过与地方民众之间自由、平等的交流、交往，为中国民俗学真正开启自身的‘对话理性’（哈贝马斯）的实践范式，迈出了尽管艰难却极为关键的一步，正如陈泳超君所言：‘笔者坚信，我们做田野调查，并不仅仅是在考察这一个田野对象，而是在田野里思考整个世界。’”

【民俗学的哥白尼革命——高丙中民俗学实践“表述”的案例研究】

吕微，《民俗研究》2015 年第 1 期；全文收入吕微：《民俗学：一门伟大的学科——从学术反思到实践科学的历史与逻辑研究》，中国社会科学出版社 2015 年。

《民俗文化与民俗生活》之后的高丙中，为中国民俗学引进了“公民社会”这一先验理想的语境条件，并将民俗（学）实践的“双名制”“合法化效力的策略”，奠定于康德意义上的“经受某种合法秩序所包含的有效规则的（普遍化）检验”的最高实践原则，以及“非遗”作为实践判断力形式的“第三者”基础上，从而为把中国民俗学的先验实践理想与经验性理论方法之自我矛盾的学术范式，转换为先验实践目的论与先验认识方法论自我统一的民俗学实践范式，即实践民俗学，做出了实质性的尝试和贡献。

【返回民间文学的实践理性起点】

户晓辉[2]，《民族文学研究》2015 年第 1 期

现代民间文学或民俗学学科从德国浪漫派那里获得了内在目的和实践意志，即在把不同地区、不同族群的民间文学或民俗看作手段的同时也看作目的，它们不仅

① 吕微：中国社会科学院文学研究所研究员。

② 户晓辉：中国社会科学院文学研究所研究员。

有社会功能，也有自身的目的和价值。对于世界范围的民间文学或民俗学而言，德国浪漫派的实践科学仍然是一项未被充分理解和领会、更没有被充分展开和实现的任务。因此，民间文学的实践研究需要返回学科的实践理性起点才能反本开新。

【论民间文学的时间存在形式】

户晓辉，《阅江学刊》2015 年第 5 期

民间文学的时间存在形式并非外在的物理学时间，而是一种内在的时间，二者的区别在于：首先，物理学时间可以分割，而内在的时间或时间性可以区分但不可分割；其次，物理学时间是从过去到现在再到将来的直线时间，内在的时间则反过来由将来到过去再到现在，或者说，内在的时间是过去、现在和将来的“视域融合”。民间文学的讲述不仅是听众与讲述人的共同在场，也是过去、现在和未来的共同到时。民间文学不是现成物，因为它一直处于完成的过程中而又始终不能被完成或终结，因而它永远向未来开放自身。

【中国民俗学的新时代：开创公民日常生活的文化科学】

高丙中①，《民俗研究》2015 年第 1 期

民俗复兴是中国过去三十多年的社会巨变所包含的重要内容，中国的民俗学顺势而为，也在这个过程中获得了巨大发展。对中国民俗学的多方面学术积累进行一次定性评估，有助于达成一种对于民俗学的学科共同体的总体认知：中国民俗学已然完成一次理论转向和方法更新，已然与所处的社会全面建立起一种新的积极关系，其潜在的发展趋向已经清晰可见，相较于以前的文史性的遗留物研究，中国民俗学已经注入了全新的内涵，并内生出成长为一门关于公民日常生活的文化科学的趋向。我们认识到这一趋向，并确认为民俗学的学科建设的目标，将为中国民俗学开创一个新时代。

【民俗学的中国机遇：根基与前景】

高丙中，《广西民族大学学报（哲学社会科学版）》2015 年第 5 期

民俗学在世界范围都处于不景气状态，但是中国的民俗学几乎是一枝独秀。自 20 世纪 80 年代兴起的民俗复兴带来了民俗学的复兴，非物质文化遗产保护进一步为民俗学在中国的大发展带来了活力。但是，既然世界民俗学都不景气，中国的民俗学如何能够是一个例外呢？主要回答是民俗学在中国有机会参与中国现代以来的国家建设，而这在相当大的程度上仍然是一个未竟之业，民俗学在中国可以通过把自身发展成为一门确认“民”的文化、政治和社会地位的基拙性的学术，获得持久的动力和需求。为此，中国的民俗学可以从德式、美式、英式和中国古代的思考中获得思想资源。

【浪漫主义与德国民俗学】

王霄冰②，《广西民族大学学报（哲学社会科学版）》2015 年第 5 期

18 世纪末 19 世纪初的德国浪漫主义运动在孕育了德国民俗学的同时，也在不断建构和影响着这门学科的研究对象——德意志民族的日常生活和民间文化传统。第三帝国时期，民俗学因其浪漫主义的学术情怀而为纳粹政治所利用，成为战后学术讨伐的对象。这正是德国当代民俗学在追求学科改革和学术转型时一定要摒弃浪

① 高丙中：北京大学社会学系教授。

② 王霄冰：中山大学中国非物质文化与遗产研究和文化遗产传承与数字化保护协同创新中心教授，中文系民俗学专业博士生导师。

漫主义的原因所在。尽管如此，浪漫主义不仅对德国民俗学的建立和早期发展功不可没，而且浪漫主义在整体理念上也不一定就反理性和反科学。浪漫主义民俗学者勇于在生活实践中用理想的愿景去改变和影响他人的精神，或许正是当前身处民族复兴和文化重建时期的中国民俗学所需要的。

【走向“文化研究”的芬兰民俗学】

王杰文①，《广西民族大学学报（哲学社会科学版）》2015 年第 5 期

自 19 世纪中叶以来，芬兰民俗研究在“浪漫民族主义”思潮的影响下为芬兰“民族—国家”的建立做出了巨大的贡献；19 世纪末期，芬兰民俗研究渐渐向“自由民族主义”传统靠拢，并形成了享誉国际的“芬兰学派”；20 世纪 50 年代以后，芬兰民俗研究认真面对“社会现象”的剧烈变化，反思性地检讨了民俗学知识生产的机制，成功地实现了民俗学的“范式转型”，并通过更新的民俗学知识成功地“介入”了当代民众的社会生活。

【风俗与善治：中国古代的移风易俗思想】

张勃②，《广西民族大学学报（哲学社会科学版）》2015 年第 5 期

移风易俗是人在有意识促使风俗发生变化方面的思想观念和社会行动。中国古代的移风易俗思想内容丰富，古人对于移风易俗的可能性、重要性、价值、方法等方面均有十分深刻的认识，他们强调移风易俗的治世价值，在法治与礼教两种方法中更主张后者，更重视社会上层和国都在移风易俗方面的作用发挥。从风俗角度入手，通过移风易俗行动以求善治，是中国古代富有特色的治国思想。对于中国民俗学的发展而言，移风易俗思想也具有重要意义。当前，它有助于明确民俗学的实践属性，自觉参与善治过程，并为民俗学如何参与善治提供借鉴。

【语境方法的解释学向度】

胥志强③，《民俗研究》2015 年第 5 期

借自美国学界的语境方法在国内民俗研究中占有重要地位，但研究者对美国语境理论的理解存在一定的偏颇与误区，尤其忽视了上世纪 90 年代以来语境阐释的重大变化。这一变化受到了欧洲现象学及福柯等人的影响，表现出一定程度的解释学色彩，并在语境的本质、语境与文本的关系以及相应的研究方法论等关键问题上有了全新的阐释。

【对象化的乡愁：中国传统民俗志中的“家乡”观念与表达策略】

安德明④，《民间文化论坛》2015 年第 2 期

中国古代到近代的民俗志中，有不少属于作者因战乱等各种原因离开故土之后的一种回忆式记录，通常是记录者根据自己过去对家乡生活的参与、体验和观察而书写完成的。这种借助记忆构建的民俗志，在保留当时生活文化方面珍贵资料的同时，也集中表达了作者的浓厚乡愁以及对于故园美好生活的理想化想象。而由于客观记录和保存以往生活传统的目的，故乡的风俗和基于这些风俗的乡愁，在这类志书中往往被以对

① 王杰文：中国传媒大学教授。

② 张勃：北京联合大学北京学研究所研究员。

③ 胥志强：华中师范大学文学院讲师。

④ 安德明：中国社会科学院文学研究所研究员。

象化的方式加以呈现，从而使作者的离散之情和对故国的怀念掩藏在客观冷静的描写当中。但是，尽管没有直抒胸臆，被那种看似克制、沉着的文字所衬托出的家国之思，却沉淀得更为深沉，更为隽永。

【身体民俗学视角下的个人叙事——以中国春节为例】

刘铁梁[①]，《民俗研究》2015 年第 2 期

在民俗学研究中，如何理解和运用那些经由访谈得来的具有“个人叙事”性质的资料，需要进行经验的总结和理论的探讨。近年来，民俗学研究的身体视角得到加强，这不仅是对哲学、社会学等学术思想中身体视角的借鉴，而且与当代社会发展过程带给人们的一些现实感受有更加直接的关联。与春节有关的个人叙事，来源于个人节日生活经历中的身体经验，具有身体记忆的性质，并因之赋予春节以鲜活的文化意义。对于个人叙事文化建构作用的关注，应在今后的民俗学研究中成为常态。

【“民间文学志”概念的提出及其学术意义】

万建中[②]，《云南师范大学学报（哲学社会科学版）》2015 年第 6 期

民间文学不等于民间文学作品，而是一种具有美感效应的日常生活方式。在后《集成》时代，单纯以记录民间文学文本为目的的田野作业已变得不合时宜，而且越来越不可行。以作品分析为基本套路的民间文学研究亟待被突破，民间文学志的学术范式便成为田野作业和研究的必由之路，不只是关注语境，而是将演述的行为、场面、过程、在场者的互动关系以及社会历史背景作为考察的重点。对表演过程中审美体验和文学场域的把握，应该是民间文学志的独异性之所在。

【“表演”新释】

［美］鲍曼[③]著，杨利慧[④]译，《民间文化论坛》2015 年第 1 期

本文主要论述了“表演”观念形成的学术基础以及多元的理论渊源。民俗学领域“以表演为中心”的视角的根基，主要源于民间故事研究者的观察。该视角的形成受到多种跨学科理论的促动，尤其深受语言人类学、社会语言学和符号学等的影响。作者通过生动案例的展示与分析，清晰地表述了其表演观：表演是一种特殊的、显著的交流性实践的方式，尽管一种更为宽泛的表演观——将表演作为情境性的话语实践至今流播广泛并仍富有创造力。表演是一种立场表达的行为，其中牵涉着权力关系，这警示我们关注表演的政治学和诗学，关注权力被声称、分配、赋权、协商和竞争的方式。

【口头表演的诗学与政治学——关于“表演”的批评与反思】

王杰文，《民间文化论坛》2015 年第 1 期

在口头艺术研究领域，“表演”的研究方式既是在跨学科的历史语境中被提出来的，又是在跨学科的横向交流中被发展完善着的；置诸“表演研究”这一多学科对话的学术语境中，口头表演的诗学与政治学研究清楚地显示了“表演”如何正在成为一种具有独特视角的研究方式。

---

① 刘铁梁：山东大学人文社科一级教授。

② 万建中：北京师范大学文学院教授，博士生导师。

③ 理查德·鲍曼：美国印第安纳大学教授。

④ 杨利慧：北京师范大学文学院教授。

【当代民俗学“以演述为中心的方法”——理论背景、发展轨迹及概念解析**】**

朱刚[1]，《民间文化论坛》2015年第1期

“演述”是当代民俗学的一个关键概念。如何更好地理解“以演述为中心的方法”在民俗学发展史上的位置及其深刻学理，需要我们从理论发生的历史文化背景以及思想史的传承关系入手，从历史到现实、从学科内部到学科外部进行多重视角的观察和对比，定位该思想的理论主张与问题意识。在此基础上，我们才能对“演述”的具体概念进行解析，找到其与以往民俗学理论相较的差异及创新，以此增进我们对于当代民俗学理论体系和主流范式的理解和把握。

【表演中的文本与语境：文本化与语境化】

［美］鲍曼著，杨利慧译，《西北民族研究》2015年第4期

在民俗学领域，民俗文本一直被视为能够被预先辨识和确定的、客观化的一种普遍性的或者主题性类型的表征。然而，从“表演”是一种交流实践的模式这一视角来看，文本性不仅仅是一段再三重复的口头文学的预先包装，而且是一次话语的实现，一个将一段口头表达展演或再生产为文本的实际过程，即“文本化”的过程。语境化是在某一表演与现象世界的其他显著特征之间建立起联结关系的过程。语境化中最常运用的一种普遍模式是传统化。文本化和语境化都是一个完整而统一的过程的一部分，都是一种话语的实现。本文以一个墨西哥集市上的推销辞为个案，生动地展示了推销员将其推销辞巧妙地文本化和语境化的多种艺术手段和维度。以表演为中心的动态性视角为理解民俗是生存的必需品，是完成社会生活中经验升华的资源，提供了富有高度建设性的优越出发点。

【“他者的”遗产：城市文化、市民社会与城市展望】

［德］沃尔夫冈·卡舒巴[2]著，安德明译，《民间文化论坛》2015年第4期

随着大量人口不断涌入城市，“城市化浪潮”日益加剧，城市的过去、现在和未来，已逐渐成为全球化时代所有社会文化景观的核心问题，这使得对城市文化与城市社会的关注，成了民俗学、民族学者在以往有关传统村落社会的研究之外，不得不面对的另一个重要任务。本文主要以对欧洲城市的观察为基础，梳理了现代化语境和全球化背景下城市社会与城市文化发生的诸多变化，分析了城市未来的发展趋向以及民俗学、民族学者在城市文化与社会发展进程中应尽的责任，尤其揭示了在不同的领域，传统是如何与新的时代发展需求相结合，来形成新的文化资本与生活方式的。

【“文本的民族志”——劳里·航柯的“史诗研究”**】**

王杰文，《文化遗产》2015年第4期

20世纪80年代以来，劳里·航柯应用“民俗过程”的基本理论框架，细致地描述与分析了芬兰史诗的文献材料与印度史诗的田野材料，提出了“史诗”的“文本化”模型；重新“发现”了芬兰民族史诗《卡勒瓦拉》“文本化”的问题，批判了浪漫主义思潮影响下的传统史诗观；并在对民俗学的“元理论”与方法论进行自反性追问的前提下，提出了“文本的民族

---

① 朱刚：中国社会科学院民族文学研究所助理研究员。

② 沃尔夫冈·卡舒巴（Wol fgang Kaschuba）：德国柏林洪堡大学欧洲民族学研究所所所长，教授。

志”的研究范式。

【非物质文化遗产：从学理到实践】

朝戈金[①]，《西北民族大学学报（哲学社会科学版）》2015 年第 2 期

中国的非物质文化遗产工作成绩瞩目，但仍存在一些问题。许多问题产生的深层次原因是从业者们对“非遗”的内涵和特征理解不到位。文章从“非遗”理念的学理性基础、文化遗产公约的相互关联、与民众紧密相关的属性以及其共享性、跨界交叉性、工作对象的无边界性、参与观察、忠实记录田野方法的重要性、尊重遗产持有人的权利、准确理解“非遗”的“原生态”或“本真性”等九个问题切入进行了论证分析，揭示和解答“非遗”的内涵、外延特征。

【从语词层面理解非物质文化遗产——基于〈公约〉“两个中文本”的分析】

巴莫曲布嫫[②]，《民族艺术》2015 年第 6 期

21 世纪以来，在文化遗产领域最具影响力的国际法律文书当属 2003 年通过的《保护非物质文化遗产公约》。但该公约目前存在两个中文本：在联合国秘书处登记、经秘书长确认并纳入《联合国条约集》的“前在本”和并非交存于教科文组织秘书处且由其总干事保管的“订正本”。全国人大常委会通过其《公报》或网站正式发布的中文本既没有留下“订正本”的明确标记，也没有披露过“订正本”与“前在本”之间存在怎样的关联。基于这样一种“文本间关系”，通过档案查证和抽样比对，以期从《公约》本身厘清核心术语之间的关联、错位与对接，揭示二者之间的不一致处，进而结合两个中文本在中国的使用情况，说明理解“非物质文化遗产”的“所指”和“能指”，还是需要回到《公约》的概念框架中，以文本为原点，从语词层面观察《公约》创制的一系列关键词对地方、国家和国际层面的“非遗”保护所施加的潜在影响及其意义消解的可能性。

【非遗时代民俗学的实践回归】

户晓辉，《民俗研究》2015 年第 1 期

只有从实践科学的立场才能看出，非遗保护和公共民俗学都从内部彰显出民俗学本身的实践属性，都是民俗学内在实践目的的部分实现。联合国教科文组织《保护非物质文化遗产公约》不仅重新激活了民俗学的实践意识和自由意志，也给我们重拾学科求民主、争自由的古典理想并且回归德国浪漫派为民俗学设定的实践理性起点或自由意志提供了契机。非遗时代民俗学的实践回归实际上就是返回民俗学的自由意志或实践理性起点，重建实践民俗学。这是学科整体的应然，是学科本然的、客观的内在要求，也是当代中国社会迫切的客观需求。

【国家话语与代表性传承人的认定——以满族说部为例】

高荷红[③]，《民族文学研究》2015 年第 4 期

继 20 世纪 50 年代发起大规模的民族识别和民族社会历史调查，80 年代完成“民族民间文艺十套集成”的搜集工作，21 世纪以来对文化事业影响比较大的国家政策乃至世界性的大环境就是保护非物质文化遗产。我们发现，在非物质文化遗产保护的四级传承人体系中，传承人在享有所给予的权利的同时，还要承担相应的责

① 朝戈金：中国社会科学院学部委员，民族文学研究所所长、研究员。

② 巴莫曲布嫫：中国社会科学院民族文学研究所研究员。

③ 高荷红：中国社会科学院民族文学研究所副研究员。

任和义务。能够获得国家级传承人的称号首先需要文化部、专家学者的认同，而这一切对该民族的民族认同、民族感情的凝聚都是有意义的。文章以满族说部国家级传承人富育光的个人经历，来解读非物质文化遗产保护过程中国家话语与传承人之间的博弈。

【延安时期解放区革命歌谣：社会记忆与时代“共名”】

毛巧晖[①]，《民间文化论坛》2015 年第 5 期

革命歌谣诞生于特定的历史时期，其内容承载了革命时代的社会记忆，同时也是顺应时代的产物，成为与时代“共名”的作品。随着社会的发展，对其解读与阐释需要依附于特殊的时代情境，但是它所承载的革命记忆已经转化为一种共同的文化符号，熔铸为社会的共同情感。

【论神话生境】

陈建宪[②]，《长江大学学报（社科版）》2015 年第 7 期；赖 婷摘

神话生境指的是神话存活的必要条件与相关要素，如神话创造者、神话展演过程、神话的时空要素和传承方式等。神话的创作主体不是一般百姓，而是掌握着族群权力的精英阶层，他们以神话来控制知识的生产与传播，规范社会的行为。但说神话的创作主体是精英阶层，并不是要否定神话的全民性。因为它为全民族所享用，下层民众也会自发地创作神话、传播神话，只不过他们所起的作用相比之下比较次要一些，大多出自一种自发的、无意识的状态，与精英阶层的神话创作自觉意识不同罢了。神话展演诸要素中最重要的是时间、空间和参与者。神话传承涉及的因素还有传承人，除宗教职业者外还有许多普通民众。神话传承者与一般人讲故事不同，常常用其他工具来强化人们对神话的信仰，需要专门的研究。所以传承媒介也值得我们注意。此外，我们还应注意传承语境。不同语境中，神话呈现的状态大不相同。在严肃的宗教仪式环境中，神话传承是一种神圣叙事的过程。而在民间生活中，神话传承有时会更加突出娱乐功能。该文最后指出：“神话不是木乃伊，而是活着的、充满创造性的力量，这些力量塑造着特定族群的价值观，把一代代人的生活经验转化为文化模式，同时，通过文化习得来模塑族群的行为。神话的这些功能都是通过其生境来实现的，因此，对于神话的研究，不能仅停留于神话的书面文本上，还应深入到神话生境之中。”

【列维－斯特劳斯的神话思维理论浅说】

陈连山[③]，《长江大学学报（社科版）》2015 年第 12 期；赖 婷摘

近年来，我国神话学界比较繁荣，古典神话和现代民俗神话都得到了较深入的探讨，但也存在不足之处，最主要的在于我们对原始思维的认识不足。英国人类学大师爱德华·泰勒的学说与法国社会学家列维－布留尔的学说，都把原始思维看作某种幼稚的、低级的思维方式，并且把原始思维与以西方哲学为代表的“理性思维”相互对立起来。虽然这些学说在当今国际人类学界已经逐渐丧失了学术影响，但是在我国，它们还时常出现在我们有关原始文化的各种研究之中。

列维－斯特劳斯认识到西方传统哲学思维方式只是人类全部思维方式中的一种而已，将理性与感性对立起来的做法只是

---

① 毛巧晖：中国社会科学院民族文学研究所研究员。

② 陈建宪：华中师范大学文学院教授。

③ 陈连山：北京大学中文系教授。

西方传统哲学的一种选择，人类的智力活动可以采取不同于西方传统哲学的方式。所以，他力图超越理性与感性之间的对立，在新的基础上建立起新的逻辑原则，重新认识人类的思维本质。他认为，人类思维在本质上只有一个，只是有时处于野性的状态，有时处于驯化的状态，所谓“原始思维”，只是人类思维处于野性的状态而已。神话思维的特性是综合地思考问题，它拒绝分析。所以当它遇到一个问题的时候，总是把该问题当作与宇宙、物理、道德、法律、社会等方面的问题相互对应的一个问题，并把它们放在一起加以阐述。所以，神话思维不使用“因为……所以……”这样的话来表达自己的推理过程。当神话思维进行推理时，它通常使用“这是当……”或者“这就像……”这样的话来展开。这种推理方式对于现代人来说当然是不够的，但是神话却十分巧妙地运用着它，并用它取代了论证。列维-斯特劳斯对神话思维深层逻辑的揭示，说明了人类思维在本质上是理性的。

【程憬先生中国神话研究简论】

陈泳超[①]，《民间文化论坛》2015 年第 6 期；赖　婷摘

程憬先生的中国神话研究具有学术史意义、理论创新意义和史料意义。其突出贡献在于提出了“神话时代”和“神话系统”两个相关联的概念。他的大部分思想应该是接续茅盾的神话研究而来，茅盾认为中国古代神话系统只是一个“假定”，是需要现代学者去努力为之“建立”的，而程憬则将这一认识从“假定”推到“确有”。现代学者“合理”而“充分”展示“确有”的策略是用“合理的”分类体系策略建立“神话系统”的内容结构，并且“加以变通”地使其契合中国传世文献的相关记载。它直接借鉴比安其教授（G. H. Bianchi）拟定的希腊、罗马神话体系，用接近古史辨派的对于史料先后关系加以严格审核的态度，为中国神话编制了整套系统。从学术史意义上看，茅盾的《中国神话研究 ABC》堪称系统研究中国神话的第一部专著。而程憬经过长时间的积累，于 40 年代末完成的《中国古代神话研究》可谓是第二部重要专著，在中国神话史上具有不可忽视的意义。此后，唯有袁珂先生对中国神话的系统整理与研究在新中国成立后的中国神话学界影响卓著。但茅盾、程憬的系统主要还是以印欧神话为模板，袁珂先生对中国神话的系统整理则已明显放弃了西方神话的模范价值，变成中国神话的资料汇总了。

【神话现象学的逻辑原则】

王怀义[②]，《文学评论》2015 年第 2 期；赖婷摘

受实证主义和心理主义思潮的影响，以解释的方式确定神话特定意义的研究方式是以往神话研究的主流形态。这种依据先在法则将神话与某些人性特质相等同的做法将神话凝固化、实体化，严重扭曲了神话的存在形态。神话作为原始先民自然意识和生命经验的最初集合体，必然成为哲学研究尤其是现象学研究的论题。

该文指出崭新的“神话现象学”需要对现象学与神话及其所建构的生命世界具有怎样的内在关联等问题进行系统的整理与研究。作者进一步细化前述问题，尝试解决主体生命中的感性经验如何内化为神话的本体属性，以及二者之间具有怎样的相互构成关系和逻辑原则的问题。

神话现象遵循和凸显神话对主体生命

① 陈泳超：北京大学中文系教授。

② 王怀义：江苏师范大学文学院副教授。

存在的体验、感知和真实领悟的根本精神。人类以视听经验为基础的身体感觉经验及其本源属性是神话的本质规定性，它以叙述和行动的方式“言说”生活世界的真实性。神话事件是凡人生活事件和行为的根源或依据，凡人生活事件的真理性只具有实时性，它的真理性不能内在于它自身，只能通过与神话事件的联结才能实现，于是，建立生活事件与诸神事件的联系，使实时真理转化成神话真理，成了人类日常生活中的一项永恒课题。而神话事件是神话意象的集合体。神话意象以各种方式触动主体的感觉经验使之参与、融入到这种始源经验中，形成结构复杂的唤醒机制和建构功能，以与主体当下的生命经验相统一，从而将过去、当下和未来建构为统一性、时机化的生活整体。

总之，确立神话现象学的逻辑原则，首先应破除神话解释学对神话所做出的寓言式解读，将神话从某种潜在的人性特点和逻辑规则中解放出来，重新恢复神话与主体的生命感觉经验之间的一体性关系。

【神话社会学：族群灾难应对话语经验索引意义解读】

王曙光[①]　董雪[②]，《社会科学研究》2015年第2期；赖　婷摘

该文通过实证测量与诠释分析对羌族少年儿童灾后心理创伤复原的本土神话故事话语实践策略的情景意义进行了社会学解读。在少数民族裔族群社会，一则当地神话故事被日常言说，或作为仪式唱词传唱，这主要体现出了神话在传达信仰、承载传统、彰显人文精神等方面一般意义的功能。然而，当面对生活难题、危情与重大事件时，神话作为族群语境中传统文化经验的话语文本角色则会以真正意义上的“活态”面目浮现出来。本文的研究也获得了能够表明神话话语实践在促进行为改变方面具有显著效果的较为完整的经验实证证据。

灾后背景下羌族神话话语实践研究进一步从社会学视角的探索中，发现神话是语境性的话语文本策略和思想文本形式，是对族群利用语境寻找多元、灵活、开放、革新意义的传统经验的索引向导。羌民是依据他们的羌寨生活经验来建立和理解灾难神话故事意义的，神话因此具有语境性叙事的话语策略特点。正是通过与情境的互动，神话叙事的意义超越了故事内容自身，而成为当地羌人用以谈论、理解、评价、矫正和应对生活问题的传统言说话语架构。所以，将灾难、冲突、困境、难题等复杂情景问题纳入羌的话语模式中，进而对其性质、状况、特征进行识别、定义、编码、判断，使其能够被传统话语模式处理，这就是族群话语实践具有的“情景意义”建构过程。

【论神话的民俗学阐释功能】

王宪昭[③]，《广西民族师范学院学报》2015年第1期；赖　婷摘

“神话”与“民俗”分别属于两个不同的学科，但它们又是两个密切相关的概念。从某种意义上讲，许多民俗都可以作为神话传承的重要载体，而世代相传的神话则在很大程度上解释并支撑着民俗。神话之所以可以阐释民俗，具有若干实践依据和现实基础，主要表现在如下几个方面。一、民俗与神话元素或神话故事具有相互依存性。神话以口耳传承为基本形态，一般都要在民俗环境里讲述、传唱，民俗活

---

① 王曙光：四川省社会科学院社会学研究所研究员。

② 董雪：四川省社会科学院研究生院硕士研究生。

③ 王宪昭：中国社会科学院民族文学研究所研究员。

动成为神话演述的重要场所与背景。二、民俗事项及研究表明神话阐释民俗具有客观依据。三、神话有助于民俗解释的正本清源。四、民俗事象本身有时就是神话的重要载体。神话的载体有多种形式，民俗活动则更多地涉及神话的活态语境。

神话对民俗内涵的阐释功能具体表现在：神话往往为民俗的产生提供重要的“母题”或“原型”；神话元素或神话叙事支撑了民俗的内在精神；神话叙事构成民俗事象的地域特色与民族特色。同时，神话阐释民俗具有地方色彩与主观性特点，因此，以神话阐释民俗时需要注意以下几个问题：民俗历时性对神话印记的遮蔽；民俗对神话元素的差异化选择；民俗生态中神话自身的演化与变异。

关注与探讨神话对民俗的阐释功能不仅有助于全面认知神话的文化价值，而且对推进民俗学研究也将大有裨益。

【论中国神话母题编码体例的建构——以〈中国神话母题 W 编目〉为例】

王宪昭，《长江大学学报（社科版）》2015年第2期；赖　婷摘

为全面系统研究中国各民族数量众多的神话，母题分析法已成为一个被普遍接受的测量工作。那么，该如何构建一个科学有效的神话母题编码体例？该文以《中国神话母题 W 编目》为例，探讨了中国各民族神话母题编码体例的生成与呈现问题。

“母题”作为对各民族神话进行定量和定性分析的特定单位，具有典型性、普适性和关键词、检索词功能。中国神话母题的主要来源是中国各民族神话文本，应包括中国各民族神话、中国古代典籍神话和中国近、现、当代采集的民间口头流传的神话，在关注中国神话的民族因素的同时，涉及一定数量的目前已经消失的古代民族和未确定的族群族体。神话母题提取以特定的神话文本为主体，主要来自如下资料：国内外公开出版发行的相关出版物；神话学著作；未公开出版的，但具有权威性的地方性文化资料；学术期刊；必要的田野调研搜集材料。母题提取方法其基本过程是，先从复杂神话文本中分析出最简单母题项，然后是若干母题的归纳，再逐步探讨各类型母题项间的关系。通过 W 编目的母题设定与排列，我们不仅会归纳出母题排列的规则，还会发现母题的组合必然形成类型。W 编目还可以解析神话叙事结构模型。在查找母题方面，W 编目设计了不同层次、多角度定位的检索方式。通过关联母题的标记与提示，可以查找到其他母题类型中与该母题相关的特定母题，进而扩展对神话叙事元素或结构的多方位了解。并且，中国神话母题编码的最终检索功能将通过软件开发嵌入在互联网信息媒资系统，以供检索。

通过母题代码，可以在神话类型、神话文本、神话的民族属性、神话流传地区、神话图像与文本、中外神话比较等多个领域建立快捷的关联。这种新的数据分析方法，会为中国乃至世界神话学学科建设做出积极的贡献。

【多元“玉成”一体——玉教神话观对华夏统一国家形成的作用】

叶舒宪①，《社会科学》2015年第3期；赖　婷摘

该文从文明发生的观念动力要素视角，运用四重证据法考察夏商周三代玉礼器的王权建构意义，解析玉石之路的开通对西周王朝国宝资源从多源向一源转化的过程，并揭示了其促使华夏国家形成的核心物质与主导精神的认同纽带

① 叶舒宪：中国社会科学院文学研究所研究员。

作用。

中国史前期产生以玉为神和以玉通天的玉教神话，其以玉为神的信仰是统一的，而所用玉料情况却是多元的、多样化的、因地制宜的和各自为政的。在物质条件上支配着史前期玉文化繁荣的玉料产地多元性，也伴随着中原文明国家的权力集中化倾向，并开始向一元性的方向转化。借助于西玉东输数千公里的玉石之路的开通，发展到商代之后的两周时代和秦汉时代，多元一体的华夏玉文化已经基本上被一元一体的玉文化所取代。该文还阐发早期文明内部多元文化融合的奥秘，从战略资源整合互动关系上厘清广幅的多民族国家从“多元”到“一体”的生成。依据远古不同地域族群在华夏中央王权象征圣物的原料供给网络中的关联地位，重新梳理出“满天星斗说”与“多元一体”说所缺失的动力要素。

玉教神话观的提出，依据考古发现的玉文化大传统实物证据，给出华夏认同的神圣化物质基础，有助于解说统一国家形成的凝聚力源头和精神价值系统的建构方向，总之，玉教神话驱动的礼器奢侈品生产，西玉东输运动，白玉崇拜的起源等文化关联现象，为华夏国家诞生奠定共同的信仰观念基石，并实际充当着多元文化整合为一的纽带作用。

【民族国家与文化遗产的共构——1949—1966年中国少数民族神话研究】

毛巧晖，《中南民族大学学报（人文社会科学版）》2015年第1期；赖　婷摘

新中国成立后，中国共产党积极推进从20世纪40年代就已确立的民族自治政策，在政治与文学等因素的共同建构中，迅速发展了民间文学与少数民族文学。通过建构共同的传统记忆、语言和文化，民族与国家希望实现无缝结合，国家即民族，民族即国家。这既是1949—1966年少数民族神话研究的语境，也是其得以迅速发展的契机。

1949至1966年间，国内发表有关少数民族神话论文与书籍130余篇（部），内容大致可以分为四类：一是少数民族文学史或民族史志的编撰；二是少数民族民间文学的搜集，其中关涉较多的是创世与英雄神话；三是民族学视野的研究；四是神话本体的研究。这一时期少数民族神话（口头文学）的研究，主要是为了在文学上呈现“革命中国”这一“想象的共同体”，通过文学的路径使得新的民族国家的理念影响各个民族的全体人民。此外，新中国成立后民间文学资料的搜集也推动了当时少数民族神话的研究。这一时期少数民族神话搜集与研究的指导思想与核心理念是人民口头创作鲜明的阶级性和思想性。神话被纳入到新的社会主义文学及其实践的进程中，成为阐述或呈现新的人民文学的重要路径之一。

总之，1949—1966年少数民族神话的研究，可以说既是新中国社会主义多民族文学实验的重要场域，也是民族文化遗产保护的重要对象，是现代民族国家与民族文化遗产共构的产物，对其学术史、思想史的梳理与阐释需要回复到这一历史语境之中。

【试论牛郎织女传说圈——地理系统的研究】

刘锡诚[①]，《民间文化论坛》2015年第4期

本文旨在运用20世纪百年间从民众中搜集的牛郎织女传说口头记录材料，通过地理分布的分析研究，以期勘定其这一

① 刘锡诚：中国文联研究员。

时段上流传的核心地区亦即传说故事学上所称的“传说圈或故事圈”以及呈辐射状的周边地区。研究显示：一、在20世纪百年中，这个故事传说在受着小农经济的狭小空间限制和束缚的26个省区的广大农民群众中一直记忆深刻，不同程度地在口头上流传，故事情节也没有出现太大的变异和发展，并且逐渐形成了一个以河北、山西、山东、江苏、浙江、福建、河南7个省区构成的“牛郎织女传说圈”。二、在称为“传说圈”的核心区外，还有19个省区有牛郎织女传说的流传，呈现出不规则的辐射状分布，可以称之为周边地带。20世纪80年代有“活态”流传的省区，到了20世纪末和21世纪初，已经发生了巨大的变化，锐减为8个省区——一个以东部沿海（即牛郎织女神话的原发地古东夷地区）及其周边地区为中心的较为狭小的地区了。牛郎织女传说的急剧衰微趋势，给我们的传统文化和非遗保护工作敲响了警钟。

【从移民传说到地域认同：明清国家的形成】

赵世瑜[①]，《华东师范大学学报》2015年第4期，《社会科学文摘》2016年第1期

近年来不同学科对认同问题的讨论很多，但在历史学内部，较为引人注意的是与美国“新清史”有关的讨论，以及美国《近代中国》“华琛专号”引发的讨论，这些讨论是与海内外中国研究对多元性的重视及对大一统机制的探讨直接相关的。移民传说是讨论地域认同的一个切入点，它是16—18世纪地域认同不断扩展，也即明清国家形成的重要表征。无论是对认同问题的讨论，还是对明清国家形成的认识，都应被置于一个具体的历史情境和时空过程中。

【身体、家庭与超越：凡女得道故事的中法比较】

鞠熙[②]，《民俗研究》2015年第2期

在中国与法国的宗教传说中，有一类极为相似的故事，它们都讲述一个凡人女孩生来美丽，却因宗教信仰而招致磨难，最后舍去身体而获得神性，成为被崇拜和祭祀的对象。这类“凡女得道”的故事与中法两国普遍存在的民间信仰有关，在两国都有相当强大的生命力。对两国同类故事的相似之处进行描述并深入探讨故事的母题细节后，可以发现故事所反映的是中法两国关于女性的身体、家庭和超越等方面截然不同的观念。

【凡人成神的传说模式】

王尧[③]，《民族文学研究》2015年第5期

凡人成神的传说主要有生前德行型和怪异死亡型两类，其叙事结构均由两个核心要素组成：修炼——命名。此外，还有一些表层的情节元素也保持稳定，它们未必在每次演述中都出现，可是一旦得到应用，就必然表现为单一的固定形态，因其背后潜藏着宏大的地方传统，能够激发成神联想。这些元素是传说叙事的附加项，它们选择性地配合修炼——命名结构出现，共同构成凡人成神传说的普遍模式。

【传说与神灵的地方化——以山西洪洞的青州二郎信仰为例**】**

王尧，《民族艺术》2015年第5期

山西洪洞地区存在多种不同的二郎信

① 赵世瑜：北京大学历史系教授。

② 鞠熙：北京师范大学文学院讲师。

③ 王尧：中国社会科学院民族文学研究所博士后。

仰。其中，青州二郎的前身“广德真君”曾是一位显赫的全国性神灵，传入洪洞后渐为当地的二郎信仰所吸纳同化，转化为地方性神灵“青州二郎”，并成为二郎“结义神团”中的核心成员。其身世传说中影响力最大的一类，采纳了“外来——传入”结构为叙事模式，将其中的地名落实到本土村落，直接影响了传说享有者在现实生活中的功能性行为模式，是促进该信仰完成地方化转变的有力方式。青州二郎与原身份的关联主要体现在水神功能的恒定。而推动该信仰输入、转化与再生长的动力，正源于当地对水神的强烈需求。

【混同与选择——湖北孝感“董孝子”传说研究】

刘惠萍[①]，《民俗研究》2015 年第 2 期

“孝感”素以“孝道昌盛”而得名。过去，关于“孝感”之名的由来，多以为因西汉孝子董永曾“流寓孝感”之故。然据较早的文献如南宋王象之所撰《舆地纪胜》引《图经》则以为“因孝子董黯立名也”，故“孝感”之得名，可能并非独因董永一人之故。通过结合传世文献与近世出土的汉魏墓葬孝子图中关于董永与董黯之材料，发现在汉魏时期曾流传另有一位因“怨亲之辱，白日报仇”，取仇首祭母，因而被皇帝封赐的孝子——董黯。然由于“董黯”与“董永”皆为“董孝子”，故大约到了南北朝时期，二位董孝子的传说可能即已产生了相混的现象。到了唐代以后，一方面由于董永的传说更富于传奇性，而被人们所津津乐道；另一方面可能也与唐代以后，由于国家法律制度的建立与完善，不再容许血亲复仇的行为存在，致这位杀仇祭母的“董孝子”逐渐被“孝感动天”的董永这类更具正面形象的“董孝子”所取代。

【口头传说在非洲史研究中的地位和作用】

张忠祥[②]，《史学理论研究》2015 年第 2 期

随着传统史学向“新史学”发展，历史研究发生了深刻的变化，新的理论和方法层出不穷。在此背景下，口述史学方兴未艾。由于非洲尤其是撒哈拉以南非洲文献资料的缺乏，口头传说对非洲历史的研究有着特别重要的意义。非洲国家独立后，在非洲本土历史学家的努力下，口头传说的价值得以重新发现。口头传说不仅是研究非洲历史的重要资料，而且提供了从内部解读非洲的钥匙。与欧美口述史研究的重点放在社会史领域所不同，非洲口述史研究重点遍及政治史、民族史和文化史等领域。非洲口述史不只是对文献档案历史的拾遗补缺，而且是历史研究的主体，并且已经成为非洲史研究的亮点和特色。

【景观生产与景观叙事——以“白蛇传”为中心】

余红艳，华东师范大学博士学位论文，2015 年 5 月；王　尧摘

随着现代生活方式的转变，以及人类信息传播媒介的多样化，民间传说语言存在形态日渐衰微，以“观赏”为主要讲述与传播方式的视觉文化传播媒介逐渐取代传统的“口述倾听”，成为民间传说较为重要的存在形态与传承模式。

正是在这一社会语境与文化转向的基础上，本文提出“传说的景观生产”概念，着重探讨传说依附现实景观而实现对景观文化符号的生产、景观变迁又衍生出围绕景观展开的新的地方传说，即从传

---

① 刘惠萍：台湾花莲东华大学中国语文学系教授。

② 张忠祥：上海师范大学非洲研究中心教授。

说——景观——传说，又或者从景观——传说——景观的循环生产过程。因此，传说景观生产包含着景观符号生产、景观传说生产，以及景观的实体生产三大类型，在具体的生产模式上，又有着景观命名、改造、重建，以及新建等基本生产方式。景观具有重要的叙事功能，它以景观建筑为核心，由传说图像、雕塑、文字介绍、导游口述等为叙事元素，景观的视觉冲击力具有诱发传说再次回复口述的可能，从而使得景观成为传说讲述与传承的新的文化空间与叙事形态，形成传说语言叙事、景观叙事和仪式行为叙事三位一体的景观叙事体系。

景观的叙事功能推动着地方对景观的生产欲望，同时，景观生产也进一步地强化着景观所具有的叙事性特征，一定程度上，景观生产决定着景观叙事的发展，即传说的发展。因此，传说景观生产主体便成为景观生产研究十分重要的内容。在当代非物质文化遗产生产性保护的文化语境中，景观生产主体包含着地方政府、开发商、学者、民众，宗教信仰等多重要素，他们各自从地方经济发展、文化重构、商业资本追逐、信仰观念等不同的生产立场，介入到民间传说的景观生产实践之中，在促进传说发展与传承的同时，也一定程度上影响着传说的良性发展，呈现出市场运作的商业化趋势和娱乐化、游戏化的发展特征。

“白蛇传”是一则典型的景观传说，在全国各地遗存或新建的景观约有七十项左右，其中，又以传说发源地——杭州、镇江和峨眉山的景观最为丰富，且直接关系着传说核心情节与主题演化。因此，本文着重梳理分析了三地核心景观——杭州西湖景观群、镇江金山湖景观群和峨眉山景观群。在梳理景观的历史性生产的基础上，分析传说与景观的融合，传说对景观符号的建构，景观变迁对新的景观传说的生产，以及当代多重主体纠葛中的景观生产现状及存在的问题。杭州西湖“白蛇传”景观生产以雷峰塔的重建为主要生产模式，表现出政府主导，经济效应为导向的生产特征。因此，在旅游经济的驱使下，雷峰新塔被生产成为一座“白蛇传”塔，客观上对传说发展与当代的景观化传承有着积极意义，但娱乐至上的景观生产既忽略了雷峰古塔浓厚的宗教信仰意味，同时也忽略了雷峰塔作为宗教景观对“白蛇传”传说的文化意义。镇江金山湖“白蛇传”景观生产则在金山寺与地方政府双重主体的融合与冲突中，呈现出截然不同的三大类型的景观生产。一是以金山寺宗教信仰为生产主体的法海洞景观生产，一是以地方政府为生产主体的“白娘子爱情文化园”景观生产，还有一类便是矛盾冲突的焦点——白龙洞，暧昧地夹裹在宗教信仰与地方旅游经济发展的缝隙之中。相比于杭州与镇江的景观生产，峨眉山“白蛇传”景观生产则在佛教信仰的统一生产理念下逐渐弱化，唯一重要的景观——白龙洞也被改建为“白龙寺”，名存实亡。与之相对应，在景观生产缺失的语境中，峨眉山一带的“白蛇传”传说讲述与传播也逐渐模糊，甚至淡忘。

综合三地“白蛇传”传说核心景观的当代生产现状，“白蛇传”景观生产在地域文化上呈现出鲜明的江南化特征，在景观生产的主题倾向上表现出从神圣走向世俗的世俗化特征，而在景观生产的运作上，则愈加表现出走向市场的商业化特征。商业资本的介入在为景观生产注入充足的资金保证的同时，追逐的更多是经济效益的最大化。因此，合理引导景观生产的商业化走向，需要专业的民俗学者的积极参与，使得景观生产的市场运作成为推动传说发展与当代传承的有效路径。

【谣言的发生机制及其强度公式】

施爱东[1]，《民族艺术》2015年第3期

谣言是以讹传讹的小道消息，它迎合了人们对于世界的特异想象。谣言的讹误机制主要有五种：刻意的丑化或美化、观念图式的故事化、虚实结合的因果联想、偶发事件的传奇化，以及因理解偏差而导致的玩笑变谣言。此外，谣言强度也与谣言发生有着密切的关系，谣言强度跟问题的重要性、证据的含糊性、公众的批判能力、事件的反常度等多种因素相关。同理，决定谣言强度的因素也是刺激谣言发生的重要因素，从此还可得出社会谣言产生的五大先兆：发生反常事件、事故的重要性非常突出、信息严重匮乏、公众情绪不稳定、弱势群体过于庞大。

【民族主义谣言的两极策略】

施爱东，《民族艺术》2015年第6期

当代中国民族主义谣言表现出了两种极化的叙事策略。对外两极表现为：一方面声讨敌对势力的挑衅行为，极力丑化、矮化西方社会，把它们当作“反动派”“纸老虎”；一方面又极力美化西方的政治与文化，将西方名人的“忠告”“评点”奉为圭臬。对内两极表现为：一方面极力夸大中国的现代化建设成就，尤其是夸大当代军事成就；一方面极力贬低中国国民素质，丑化现行政治体制。谣言一旦披上民族主义的外衣，往往能够激起巨大的传播效力。谣言以我们自己的行为习惯来想象外部世界，便于以我们的思维方式来品评政治、褒贬人物、指点江山，唤起“国家主人翁”的心理优越感。谣言误导民众，激化情绪，表面上拉近了民众与外部世界的距离，实际上拉大了民众与真实世界的距离。

【谣言背后的“神话心性”及世界观研究】

刘文江[2]，《民族艺术》2015年第1期

用神话学的视野与方法进行谣言研究，是民俗学介入这一领域的新动向。尽管谣言在内容和功能上看起来是反神话的，然而它的形成仍然以神话的“心性”作为根本的动力。神话的世界观是各种口头叙事总体性的心理基础，神话心性或者说传统的精神结构在现代社会中由超自然力的形象转变为抽象的“公正”和“自由”一类概念，它们同样也成为了谣言叙事的出发点，但因为谣言并不能合理地使用理性，使得它的结果往往陷入冲突和暴力，并且最终走向消失。

【超越民俗学的故事研究：数据与分析】

张琼洁[3]，《汉语言文学研究》，2015年第3期；漆凌云摘

讲述和倾听（书写与阅读）故事是一种普遍的人类现象。按照现有的学科体制，专门研究故事的学科是法学门类下的民俗学。但是由于故事的内涵极具包容性和广阔性，对于故事的研究已不仅限于民俗学领域，还涉及到人类学、文学、民族学甚至伦理学、政治学、教育学、新闻学等更广泛的学科领域。我们对“故事”的考察不应仅限于民俗学范围之内，还应该将其放到更开阔的学术领域进行研究。通过对“超越民俗学的故事问题”进行的数据分析研究，表明故事在各学科领域的受关注度逐渐上升，导致了法律故事化、历史故事化、经济故事化等现象的出现。故事问题研究不是任何哪一个学科可

---

① 施爱东：中国社会科学院文学研究所研究员。

② 刘文江：兰州大学文学院副教授。

③ 张琼洁：南开大学文学院博士。

以完全覆盖的，对其问题的广泛性和复杂性的探讨需要各个学科倾力为之。然而故事亦不能被各学科割裂、片面地分而“食”之。在关涉众学科领域之后，应超越所有学科对其有更准确、更全面的人类学大视野的理解和把握。既然故事现象广布于人类社会生活的各个层面，我们也应顺其纹理，打破学科界限做综合性、创新性、包容性研究。

【东亚口头传承数字化之策略、实践及国际协作的可能性】

樋口淳①著，莎日娜②编译，《民间文化论坛》，2015 年第 6 期；漆凌云摘

全球化和互联网创新已经从根本上改变了我们的生活方式，使得不同年龄人群的代沟不断变大。我们已经失去了很多交流和理解民间故事所必需的传统词汇，因此我们必须鼓励和培训一批新型的传统民间故事讲述人，将原汁原味的民间故事讲述给年轻一代。本文以东亚民间故事数据库（EAFDB）的实践为例，讨论其数字化项目的进程和相关结果，主要涉及如下几个层面的问题：（1）数字化、采集和方法论；（2）元数据标准与应用程序；（3）资源共享、“互联网 +”战略和多方协作；（4）语言、平台以及开发共同工作模型的可能性；（5）数字化实践的个案研究。国际合作来制作口头传承艺术的数字化档案并不困难，数字化中应尊重目前国际通用的 AT 和 ATU 分类编号。虽然 AT 分类法依据的是欧洲民间故事的框架，并不完全具备国际通用性，但是它作为事实标准已经被研究者使用了 100 多年，历史上积累了大量的研究成果。各国的研究者可根据该框架，根据必要加入各国或地区的分类。

【性别制约与规范重叙：中国巧女故事研究】

康丽③，《民俗典籍文字研究》第 16 辑，2015 年第 2 期

巧女故事能够在中国民间文学的库藏中占据重要的位置，引得诸多学者的学术关注与思考，不仅是因为其传承时域广远、文本储量丰厚，更为重要的是故事主要角色的性别设置使得故事所展示的内容与民众对中国传统社会现实生活的性别认知背离甚远。只有仔细考量了故事多重叠加的叙事意涵，才能真正揭示出这种介于文本叙事与传统意识形态之间、曾被赋予了“女性精神反叛”标签的反差背后的本质蕴含，以及故事文本中民间女性言行与传统性别规范之间的复杂张力。

【傻女婿的傻样——兼论中国民间故事中的家族关系**】**

鹿忆鹿④，《民俗研究》，2015 年第 4 期

西方的民间故事大多倾向个人的情感追求，中国民间故事则常围绕着婚姻关系、家族关系打转。从中国民间故事中傻女婿的傻样出发，可以深入探讨中国的家族关系。首先，傻女婿故事中主要的情节，几乎都围绕着女婿在岳家应对不得体的内容，傻女婿学话或拜寿时出尽洋相，受尽岳父或连襟的奚落。传统家庭中对女儿的轻视态度，使得傻女婿故事普遍流传，傻媳妇故事却相对少见。其次，傻女婿对房事的懵懂，表明传统家族对子女的婚姻态度，将传宗接代视为唯一要务。再者，故事中

① 樋口淳：日本专修大学教授，东亚民间故事数据库委员会主席。
② 莎日娜：中国社会科学院民族文学研究所副研究员。
③ 康丽：北京师范大学文学院副教授。
④ 鹿忆鹿：台湾东吴大学中文系教授。

翁婿、连襟、姊妹之间的纠葛或较劲，傻女婿有时也会去捉弄岳家人，隐隐散发出一种传统文化的劣根性。傻女婿故事与徐文长、白贼七故事中都有一些幼稚可笑的屎尿学，故事背后表现出一种对人毫无同情心的残忍。与西方的傻子娶亲故事相比，中国傻女婿故事类型中有姊妹关系、连襟关系，也有翁婿关系，呈现出一个与西方家族文化不同的家族关系。

【三条鱼的故事——印度佛教故事在丝绸之路的传播例证】

陈明[1]，《西域研究》，2015 年第 2 期

论文把文本细读和图像考察相结合，分析《三条鱼的故事》在巴利文佛教《本生经》、史诗《摩诃婆罗多》、民间故事集《五卷书》、《益世嘉言集》和《故事海》、粟特语故事文本、阿拉伯语《凯里来与迪木奈》、波斯语《玛斯纳维》和泰语《娘丹德莱的故事》等多元与多语种文字文本中的流变，认为源自印度民间的“三条鱼的故事”进入到佛教的本生故事系列，又以口头传播的形式在丝绸之路上流传，并且被记录下来。该故事又通过《五卷书》的译本《凯里来与迪木奈》等中介，以改写或变形，进入到伊斯兰教等新的宗教文化场域。除了口头与多元的文字文本之外，该故事还进入了伊斯兰世界艺术家的笔下，成为精美的细密画，以图像的方式进一步开拓了传播的时空。可以说，“三条鱼的故事”在印度、斯里兰卡、中亚的粟特、西亚和北非的伊斯兰世界（波斯、阿拉伯、叙利亚、埃及等）以及东南亚的印度尼西亚和泰国等地区的广泛流传，实际上是印度文学向外传播的一个缩影，为我们理解印度文学的丰富性以及印度文学与宗教对外传播的复杂性，提供了一个有效的实证事例。

【朝格日布之“汉族故事”研究——以〈王外外的故事〉为个案的分析】

李丽丹[2]，《民族文学研究》，2015 年第 2 期

蒙古族故事家朝格日布所讲“汉族故事”中的《王外外的故事》以《喻世明言》《警世通言》《醒世恒言》的故事情节为架构，运用故事家特有的娴熟技巧将众多汉族小说情节加以增添和联结，融汇成蒙古文化色彩浓郁的汉族故事《王外外》。作者认为“三言二拍”、《聊斋志异》等汉族小说在中国蒙、藏、回等多民族的多元化传播并形成具有鲜明民族文化特点的汉族故事，其途径至少有如下几种：一是小说被全译或选译为民族语言，其中部分译本被文人改编为戏曲，故事讲述人又辗转将其演述为故事；也不排除有些故事讲述人能阅读本民族文字的作品，将译作直接改编为故事传播。二是因商业、移民、迁徙等原因，能够互通语言的汉人将故事和戏曲直接带给各族同胞，本民族对这些故事感兴趣的故事家又以高超的讲述技艺和编创故事的能力进行再创作，从而产生有民族文化特色的汉族故事。《王外外》展现了汉族小说在蒙古族民间文学中的活力，见证了蒙汉文化交流的历史。

【中日弃老故事比较研究——以“原谷型”与“姥捨て型”为中心】

毕雪飞[3]，《民俗研究》，2015 年第 5 期

中国的“原谷型”弃老故事基本以“弃父”为核心展开，而日本流传较广的“姥捨て”弃老故事则主要围绕“弃母”

---

① 陈明：北京大学东方文学研究中心教授。

② 李丽丹：天津师范大学文学院副教授。

③ 毕雪飞：浙江农林大学外语学院副教授。

问题流传。“姥捨て”的“折树枝型”弃母故事与夫妇别墓制下的两墓制有着较深的关联，属于社会习俗；而“原谷型”弃父故事和“姥捨て”的“致富型”弃母故事都反映了家庭纠葛的不同方面，属于个体行为，“留物警示”与“致富惩恶”均告诫世人要孝养自己的父亲和母亲。

【中日“解难题”型龙女故事比较——以格雷马斯矩阵分析为中心】

徐磊[①]，《文化遗产》，2015 年第 2 期

论文对 282 则中日“解难题”型龙女故事进行比较分析，运用格雷马斯符号矩阵分析法，从中日故事文本中析出不同的函项关系，结合结局不同联系故事所处历史文化语境分析得出结论：中国该类型故事体现了“爱与美女神”的功利化以及中国独特的龙女信仰；而日本该类型故事则折射出日本人源于“原彼世观”思想的追求“整体性”的女性意识。

【女巫与父权：“龙女”与“百鸟衣”复合型故事解析】

黎亮[②]，《民俗研究》，2015 年第 4 期

“龙女”与“百鸟衣”复合而成的故事，讲述的是乐人因为能够吹奏美妙的音乐而娶龙王女儿为妻。妻子被国王夺去后，以百鸟衣定计，令乐工换下国王龙袍，夫妻团圆并当上一国之主。这类复合型故事将龙女形象叠加于被抢去的妻子形象之上，不仅强化了具有灵力的女巫形象，更反映了女性权力的被夺以及建立在性别不平等基础上的父权机制，构成了对社会历史中权力运作的深层隐喻。

【IT 笑话：网络社会中的新民间叙事】

吉国秀[③]、胡安亮[④]，《民俗研究》，2015 年第 6 期

作为网络社会中的新叙事文本，IT 笑话是在信息技术引入中国、技术群体逐渐崛起、专业知识术语开始出现以后产生的一种新民间叙事体裁。IT 职业群体以内部形成的专业知识结构为框架重新解释日常生活实践，进而把对信息技术本身、人、自然以及世界的思考和认识传达给行业内部以及行业外部群体，对于这一知识的讲述和阅读就是 IT 笑话的生产过程。IT 笑话重返了技术与民俗的关系这一主题，技术与民俗并不是一组相对立的范畴：技术并没有终结民俗，相反技术却进入到民俗的叙事结构中。网络社会所创造的虚拟空间与现实空间相叠加，一并成为民俗传承的空间，民俗因技术而获得了历史的连续性。

【作为表达资源的笑话——以万荣笑话为例】

王旭[⑤]，《民间文化论坛》，2015 年第 1 期

论文以万荣笑话“立碑为证”为例，通过对其书面文本和表演文本的分析和比较，说明将笑话作为一种表达资源的重要性，这一新视角打破了以往笑话研究的文学—语言学范式，转向了民族志的研究范式。这一转变有助于弥补书面文本研究的不足，使笑话研究更加关注相对性、综合性和主体性。

---

① 徐磊：广东外语外贸大学东语学院副教授。

② 黎亮：浙江师范大学国际文化与教育学院讲师。

③ 吉国秀：辽宁大学文学院教授。

④ 胡安亮：辽宁大学文学院研究生。

⑤ 王旭：北京师范大学文学院 2013 级博士生。

【民间口头叙事传统的变迁与保护——基于湖北省都镇湾故事讲述传统的调查】

林继富[1]，《广西师范大学学报》，2015 年第 4 期；漆凌云摘

以口头叙事传统丰富的湖北省都镇湾为个案，讨论在当下社会转型过程中出现的口头叙事在讲述传统、讲述功能和听众等方面的变化。当地政府提出了“熟人社会”的故事讲述保护策略，采取抢救式保护、纳入文化生态区、运用现代媒体拓展故事传播渠道、纳入学校教育和举办故事大赛等方式进行保护，为民间口头叙事传统的可持续发展提供了新的思路和条件。但保护不是将民间口头叙事尘封起来，不是把讲述人供养起来，而是采取能动的方式，让民间故事讲述人在社会潮流中享受传承民间口头叙事带来的乐趣，享受传承民间故事带来的利益，这样才能够调动民间口头叙事讲述人的积极性，才能够将博物馆式的保护引向生活化和社会化的保护，才能够激活民间口头叙事传统，使之在创新中得以世代流传。

【讲述人、讲述视角与巧女故事中的女性形象再认识——兼及巧女故事研究范式的反思】

王均霞[2]，《民族文学研究》，2015 年第 6 期

通过比较不同性别的故事讲述者所讲述的巧女故事，男性讲述的要远远多于由女性讲述的。在整体讲述模式趋同的情况下，男女故事讲述者所塑造的巧女形象仍表现出一定的差异性：以男性讲述者为主讲述的巧女故事更倾向于表现家长的权威性与巧女的顺从性，而女性讲述者的讲述却一定程度上凸显了巧女对家长权威的对抗。在不同的讲述视角下，巧女形象具有多样性与复杂性，但整体上仍未超越传统父权制对社会性别角色的框定。巧女形象本质上并未超出传统父权制对于女性的社会性别角色的规定框架，恰恰是传统父权制的社会性别规范在民间教化实践的结果。以往巧女故事的研究所强调的巧女的反叛精神，实际是抽离了故事文本内在的叙事情境，很大程度上从研究者的文化客位所进行的一厢情愿的话语建构。这种话语建构将巧女形象均质化为一种“反抗”形象，从而抹杀了故事文本中巧女形象的多样性与复杂性。富有政治意图的“压迫”与“反压迫”的二元分析框架已沦为一种既脱离故事文本叙事情境又脱离社会现实的僵化模式。面对新的社会语境，是时候摒弃这种二元分析模式，回归巧女故事文本的上下文，乃至更广阔的故事讲述语境来研究巧女故事。

【柳田国男与日本民间故事整理和分类法】

乌日古木勒[3]，《民间文化论坛》，2015 年第 6 期；漆凌云摘

柳田国男在一国民俗学理念下，提出系统整理和研究一个民族或国家的民间故事的方案。他通过整理和分析日本民间故事文本，借鉴 AT 分类法和赛多的二分法，将日本民间故事分为完形和派生两种，并系统探究两种民间故事的关系。之后的日本故事学家虽然没有采纳他的完形和派生两种民间故事分类法，但柳田国男提出的日本民间故事的体系化的整理和分类提案，在日本民间故事搜集整理、分类和研究史上做出了巨大贡献。柳田国男民间故事的二分法虽然受到了以关敬吾为代表的日本故事学人的质疑，但他的关于日本民间故事搜集和整理的方案直接指导了日本民间

① 林继富：中央民族大学教授。

② 王均霞：华东师范大学民俗学研究所讲师。

③ 乌日古木勒：中国社会科学院文学研究所副研究员。

故事搜集、记录、整理和研究事业。在柳田国男的指导和巨大影响下，日本民俗学界涌现出关敬吾、稻田浩二、野村纯一、小泽俊夫和伊藤清司等杰出的故事学家。他们批评地继承了柳田国男的故事学思想，并编著《日本昔话集成》《日本昔话大成》和《日本昔话通观》等科学价值极高的标志性成果，推进了故事学理论和实践。

【民间故事搜集整理的学科史意义】

穆昭阳①，《中华文化论坛》，2015 年第 5 期；漆凌云摘

论文考查了中华人民共和国成立初“十七年”时期、“集成普查”时期、“非遗”时期三个较为重要的历史阶段的民间故事搜集整理状况。认为民间故事的记录从开始的单一情状，向多样化结构发展，并与口头讲述时的现场开始联系起来，由平面化向立体化发展。口头讲述转换为文字表现时，原有的场景、声像都消失了，文字以外的内容尽然丢失，难以与文字文本一同表现出来。“文字化”的过程便成为研究的焦点，口述与记录本身就是一对矛盾统一体，修饰和润色的工作自然是不能避免的。口述的特点决定了“出口成文”的几率大大降低。相反地，一些记录文本或是经过改写的书面文本则可能具有较个别讲述更为优越的质素。

【刘守华民间故事比较研究述评——以“求好运”故事研究为例】

漆凌云②、周超③，《民俗研究》，2015 年第 4 期

论文以刘守华二十多年间发表的七篇求好运故事论文为个案剖析其比较故事学特色。认为研究特色体现在广泛搜寻不同性质的文本资料，尝试研究方法的综合运用，深入挖掘民间故事的中国特色，以跨学科研究探讨佛教、道教等宗教文化与世俗文化的互渗。刘守华的比较故事研究成果特色鲜明，但寻找故事生活史的研究范式当下也面临困境。21 世纪的中国比较故事学要有所突破须超越故事生活史范式。

【新中国成立前民间戏曲演出习俗考论】

徐志伟④，《文史杂志》，2015 年第 6 期

在新中国成立之前，民间艺人在村镇的演出活动，大多是伴随着节日、庙会，集市贸易、还愿酬神、生辰吉庆、婚丧嫁娶等民间民俗活动而进行的，因此也就形成了全国各地性质各异、名目繁多的演出习俗，并代代相传。这些演出习俗对民间戏曲的生存、发展无疑起到了重要的维系与促进作用。但也正是因为其是迎合民俗活动需要的产物，所以导致其很难适应新中国的社会发展需要，有些演出习俗甚至对于社会主义意识形态的建构与传播是极为不利的，因此也就很有必要在政府的干预和引导下对其进行改造。

【“口述”与“文本”——辰河高腔传承人百年记忆的表述方式】

熊晓辉⑤，《文化遗产》，2015 年第 4 期

通过对辰河高腔传承人口述回忆的整理及对辰河高腔“文本”中百年来呈现的一些变化，探讨辰河高腔及其传承人的生存、嬗变、发展轨迹与历程，寻求地方戏曲在新时期如何持续发展并继续传承的有

① 穆昭阳：赣南师范学院历史文化与旅游学院讲师。

② 漆凌云：湘潭大学文学与新闻学院副教授。

③ 周超：湘潭大学文学与新闻学院民间文学研究生。

④ 徐志伟：哈尔滨师范大学文学院教授、博士生导师。

⑤ 熊晓辉：湖南科技大学艺术学院副院长、教授。

效途径。口述历史的表述方式有助于更全面、更深刻地理解辰河高腔的延续原因和存在状态，并且可以将口述人的个案放置历史过程中重新加以验证。同时，还应从多学科的角度，利用现代科学研究成果，在地方戏曲的保存和继承方面积极探索新的思路和新的途径。

【早期目连戏、观音戏文本的演变及其对辰河高腔之影响】

熊晓辉，《文化艺术研究》2015 年第 4 期

早期目连戏、观音戏的文本具有极强的宗教特色和鲜明的儒家文化色彩。从内容上看具有鲜明的世俗化倾向；从演出形态上看具有程式化特点，且文本内容为巫、傩、道等教义的集中体现。早期目连戏、观音戏的文本演变对辰河高腔产生了深远的影响。辰河高腔的许多剧目来源于目连戏、观音戏，辰河高腔的曲牌声腔仍然保留着目连戏、观音戏曲牌声腔的原始痕迹，目连戏、观音戏的音乐结构与辰河高腔有许多相似之处，辰河高腔沿袭了目连戏、观音戏的角色分工。

【略论元明戏剧中的抢婚与收继婚风俗】

杨波①，《文化遗产》，2015 年第 2 期

在元明戏剧中，有大量少数民族婚姻风俗。如风靡天下的《西厢记》中就包含着少数民族抢婚的风俗，其形式包括：明抢、暗抢；一人独抢，两人争抢等。梳理《西厢记》故事的发展脉络，正好可以找寻出时代风俗对戏剧的影响。除了抢婚之外，元明戏剧中还有收继婚风俗，明代无名氏所作《渭塘奇遇记》的故事就是明证。从无名氏的杂剧到瞿祐《剪灯新话》里的渭塘故事，再到叶宪祖的创作，正好昭示了明代戏剧中的少数民族风俗逐渐减少的历史事实。从少数民族主政的元朝到汉族为主的明朝，尽管戏剧受到少数民族风俗的影响逐渐减弱，但是少数民族风俗对中华戏剧的影响仍不容忽视。

【分别与交流——戏曲与祭祀仪式剧异同论】

麻国钧②，《戏曲艺术》，2015 年第 1 期

在中国传统戏剧中，有两大类演出艺术形态——戏曲与祭祀仪式剧。二者不同而相类，分别而交流，却始终未能走向一致，融合而为一。戏曲不能全面覆盖祭祀仪式剧，而祭祀仪式剧更不能取代戏曲。二者在演出形态上迥然不同，也在展演空间上存在很大区别。祭祀仪式剧自古迄今未能脱离祭祀坛场而独立为艺术商品，从整体而言，它始终以神灵供品的属性活跃在村落，展演在各种各样的祭祀空间中；而戏曲至迟在勾栏出现之后，已经完成其作为艺术商品的蜕变。更加重要的是，祭祀仪式剧虽然历史悠久，却始终没有形成脚色行当体制，而戏曲却早已用脚色行当这个具有中介性质的体制去塑造人物，敷衍故事，戏曲与祭祀仪式剧的根本区别恰在于此。

【戏曲行业禁忌习俗的属性与特征探微】

宋希芝③，《民俗研究》，2015 年第 2 期

禁忌是人类普遍存在的文化现象。戏曲行业的禁忌习俗比其他行业更丰富繁杂：既有尊崇神灵与避凶驱邪、刚性约束与硬性惩戒等一般行业禁忌的属性，又有演员禁忌与角色禁忌并存、自身禁忌与社会禁

---

① 杨波：中山大学中国非物质文化遗产研究中心文化遗产传承与数字化保护协同创新中心中文系博士。

② 麻国钧：中央戏剧学院教授。

③ 宋希芝：临沂大学文学院区域文化研究中心副教授。

忌交融的特殊属性。这些属性使得戏曲行业成为旧时最为特殊的行业。戏曲行业禁忌习俗的特征是：禁忌主体的卑贱性；禁忌主体的双向性；禁忌内容的丰富性；禳解程序的严肃性。从戏曲行业禁忌的属性和特点来看，这些禁忌固然有一定的积极作用，但占主导地位的是消极作用。

【略论中国仪式戏剧之演进——以闽台戏剧为例】

骆婧[①]，《闽台文化研究》，2015 年第 1 期

仪式戏剧是中国戏曲发展进程中诞生的特殊形态，广义包含作为祭祀仪式之献礼的所有民间戏剧，狭义则专指巫术仪式之遗存的戏剧。闽台两地活跃着傀儡戏、打城戏、法事戏等几种仪式戏剧类型，它们由于艺术化的程度不同而在演进中呈现不同的形态。从演出市场和演出内容两方面比较可知，上述三种戏剧形态之所以止步于不同的阶段，源于文化生态的差异，尤其是“信仰”和“艺术”这两大核心文化要素之影响比重的不同。在相对闭塞、神秘的信仰仪式中，艺术因子渗入的比重有限，只能形成仪式戏剧的初级阶段——法事戏。一旦信仰环境趋于宽松，艺术比重的不断增加终使仪式戏剧的成熟成为可能。然而，通过打城戏和提线傀儡戏的对比可知，艺术比重是否能够超越信仰而推动仪式剧种向世俗戏剧蜕变，还要取决于不同的剧种特性。

【“十二寡妇征西”故事新考】

朱浩[②]，《文化遗产》，2015 年第 2 期

在杨家将“十二寡妇征西”故事中，征西女将必须都被标榜为“寡妇”、数量必是“十二”，这种颇为奇特的现象与该故事如何产生这一问题息息相关。张政烺先生推测该故事来自于出殡仪仗队，对此话题的开辟之功实巨，但其说非为定论，值得重新探讨。“十二寡妇征西”故事来自于明代社火中的“六丁六甲”舞队，而此种舞队在南宋民间社火中就已存在，是从南宋宫廷傩仪中移植而来。“十二寡妇征西”故事乃民俗与民心之结晶，代表了民间故事衍生的一种机制。

【国家话语下的地方娱乐——以“化妆相声”《资本家与洋车夫》为个案】

祝鹏程[③]，《内蒙古师大学报（哲社汉文版）》，2015 年第 3 期

作为一种地方艺术，传统相声为北京市民提供了重要的娱乐。在“十七年”里，相声转变成了国家性的教化艺术。为了兼顾国家的话语与地方的娱乐需求，相声的从业者们创制了以《资本家与洋车夫》为代表的“化妆相声”，他们动用“双名制”的策略，强化了相声的教化主题，响应了国家的文艺政策；又保留了相声中的娱乐因素，满足了地方民众的需求。

【论书面创作对文类形态的重构——以“十七年”(1949—1966) 时期对口相声为例】

祝鹏程，《民族文学研究》，2015 年第 2 期

在新中国成立初期的“十七年”里，对口相声的生产方式从口头传承转变为书面创作。社会政治、文艺体制、时代美学等众多的因素，尤其是主题先行的创作模式和社会主义现实主义的美学观念等众多的因素形塑了相声的书写方式，也规约了书写的内容，并影响到其文类形态与叙事方式。受此影响，对口相声从原先的开放

① 骆婧：国立华侨大学文学院副教授。

② 朱浩：南京大学文学院博士研究生。

③ 祝鹏程：中国社会科学院文学研究所博士。

性叙事，转变为线性叙事，其故事性得到前所未有的凸显，而语境化能力则大幅减弱。

【非主流相声：社会转型中的民粹与狂欢】

祝鹏程，《艺术广角》2015 年第 5 期

随着文艺团体市场化改革的加速，民间艺术社团更趋多元，越来越多的演员组成了直面市场的经营团体。“非主流相声”是中国社会转型期出现的独特的民间艺术，它的产生得益于转型期社会大众的消费需求与言说欲望，也得益于互联网等新传媒的兴起。自居“非主流”的演员们将这种相声作为自我营销的策略，采取了二元对立的话语模式和民粹化的言说方式，制造了反权威的狂欢化感受。但同时，这种民粹化的言说方式也造成、加剧了社会阶层的隔阂。

【作为年节庆典的乡村民间舞蹈——以河北省沧州市车官屯落子展演为例**】**

郑晓[①]、尹云龙[②]，《民俗研究》，2015 年第 6 期

以年节和村落为表演时空的落子活动，在组织者、表演者和观众的“戏乐”参与下凸显为一种乡土村落的民间狂欢。在不同历史时期，落子表演的运行机制和发生过程有很大差异，表现出民间舞蹈与社会情境的密切关联。落子展演的仪式活动特性具有活动组织的秩序性、人员构成的随意性、表演要求的严格性与年节展演的娱乐性。“跑落子”活动被反复展演的目的，出于乡民群体在年节期间的仪式性庆典活动中对“戏乐”的追求，人与人、村与村的互动关系一起建构了落子活动的内在秩序。

【对非物质文化遗产语境“民间美术”研究属性的诘问】

顾浩[③]，《美术观察》2015 年第 10 期

文章从“非物质文化遗产”和“民间美术”等相关概念入手，阐释了非物质文化遗产语境中“民间美术”具有“物质性”“非物质性”和“共时性”“历时性”两个关键的学科属性。民间美术研究需要把握横向“共时性”和纵向“历时性”经纬，一方面呈现文化的可见物质性形态，另一方面揭示文化的不可见非物质内容。

【政治视觉与视觉政治——从新年画运动到春节联欢晚会**】**

李庚坤[④]，《美术观察》2015 年第 12 期

新中国成立初期的新年画运动作为一种政治宣传手段，成功地将政治观念转化为视觉图像并渗透到民众日常生活之中，而且在其创作过程中，逐渐形成了一套图像生产机制和视觉政治体制，甚至广泛地影响了其他种类艺术的视觉生产。主流艺术形态借助于图像，将民众的生活情感神圣化为国家的大概念。改革开放后年画作为政治视觉的宣传作用渐渐丧失，转回纯粹的艺术形式。但新年画运动所保留下来的那套模式视觉政治并没有消失，而是转向了其他领域。千家万户在同一个时间段内在收看同样的节目，任何矛盾和差别在此时被暂时消解。特别是在春晚中穿插着驻防部队、港澳台、海外华人的问候，以及零点报时的环节，无不蕴含着意识形态的旨归。在春晚中，将“家”置换为“国

① 郑晓：温州大学教师教育学院讲师。
② 尹云龙：中国知网编辑。
③ 顾浩：扬州大学艺术学院副教授。
④ 李庚坤：清华大学美术学院博士研究生。

家"的策略依然存在。

【近现代中国画中"狮子"的图式与观念】

倪纯如[①]，《民俗研究》，2015 年第 6 期

狮子在汉代传入中国后，其形象经过漫长的演化成为具有深厚传统和影响力的民俗信仰对象，也是重要的民间美术创作题材。直到20世纪初，"醒狮"形象被革命者用作号召国民反抗外敌、奋发强国的有效宣传形式，并由此成为国民认可的中国国家形象的象征，写实的狮子形象则成为当时许多艺术家热衷表现的对象。以中国画技法结合写实风格描绘的"狮子"形象，作为具有特殊象征意义的中国画新题材，区别于虎、鹰等已在古代绘画史中发展出各自造型或内涵传统的动物题材，也与在古代民俗文化、民间美术中成型的狮子样式和内涵截然不同。然而，狮子这一题材在近现代中国画体系内的特殊性并没在美术史的研究中引起足够的重视，缺乏专门的讨论。有鉴于此，这里将专题讨论近现代中国画中"狮子"题材的成立及其图式与观念特征。

【民间美术类非物质文化遗产研究的方法论及价值向度】

顾浩，《装饰》，2015 年第 10 期

本文针对"非物质文化遗产"类民间美术研究的方法论和学术价值向度问题，从现存相关成果归类着手，分析了研究者知识结构新需求与方法论的关系。民间美术研究是将非物质文化遗产物质化的过程，研究方法论和价值取向的进步，必须主要运用扎实可信的参与式田野考察法获取资料，以客观资料学作为方法论主体，并正视基础民间资料的重要价值，最终完成对资料文本的深描和解读。

【论民俗艺术的认知取向与符号系统】

聂楠[②]，《民俗研究》，2015 年第 2 期

本文从民俗学科本身出发进行理论研究，认为民俗艺术认知的基础是观察和体悟，认知取向设计知人、知物、知事、知艺等基本方面。民俗艺术的认知借助符号而展开，包括语言符号系统、声响符号系统、文字符号系统、图像符号系统、造型符号系统和动作符号系统等。民俗艺术的认知具有启迪当代教育、促进传承保护、美化现实生活、推进创新发展的意义。

【"创意导向生活"——无形文化资产保护的台湾经验】

潘博成[③]，《文化遗产》2015 年第 6 期

创意与生活是理解台湾无形文化资产保护与发展的重要角度。创意作为策略，使无形文化资产与当代日常生活融通。此处的"创意"和"生活"具有特定含义：作为方法的"创意"，不仅指运用文化创意产业发展无形文化资产资源的狭义概念，也包括在公共文化建设和公众日常生活实践等领域运用创意保存与发展无形文化资产的广义性。"生活"又可分为无形文化资产重新回归日常生活或形成新的日常生活功能等属性，亦可基于主体性分析此为"谁的'生活化'"。具体之，"创意导向生活"策略包括"价值重塑"与"功能化"，"时尚化"与"年轻化"，"参与体验式"等三组方法。但其也存在同质化趋向严重、应用范围有限、区域与类型的发展不平衡、过度依赖政府资金等局限。

---

① 倪纯如：四川大学艺术学院 2012 级博士研究生。

② 聂楠：东南大学艺术学院博士研究生。

③ 潘博成：台湾国立交通大学社会与文化研究所博士研究生。

【圣物的流转：墨西哥印第安琥珀的现代化历程】

张青仁，《民族艺术》2015 年第 4 期

纵观印第安社会琥珀的发展进程，可以看出，琥珀的现代化进程是其逐渐丧失主体性，沦为商品交易物的过程。作为物的存在，琥珀成为具备一定主体性的、支配和维系印第安传统社会的圣物。然而，商业贸易的发展及其资本最大化的诉求解构了琥珀原生的神圣属性，在使其主体性丧失的同时，亦彻底沦为资本市场上炙手可热的商品。在商业资本的侵袭下，一切固有的、神圣的东西都烟消云散了。

【宁夏“八景”与“回族风情”：景观的变迁及其作为资源的意义】

周星[①]，《广西民族大学学报（哲学社会科学版）》2015 年第 4 期

根据实地调查，描述了宁夏回族自治区的文化景观之从“八景”到“回族风情”的变迁轨迹，进而探讨了新的景观建构对于旅游产业所具有的资源性意义。指出宁夏地区的历史景观遗产以“八景”文化为代表，虽然也有对“八景”予以继承的尝试，但围绕着“回族风情”而兴起的景观建构运动，人为地创造出了更多的景点和景区，从而使宁夏地区的文化景观发生了深刻的变迁。

【传统江南棉稻区乡村民众之年度时间生活——以上海县为例】

王加华[②]，《民俗研究》2015 年第 1 期

传统乡村民众年度时间生活的一大特点即是以农为本，一年之中人们总是以农事节律为基本轴心展开各相关活动。就传统上海县而言，以棉花种植周期为基础，在年度时间生活上表现出一种明显的忙闲交替节奏，即夏秋棉忙、冬春农闲。而在农忙与农闲期内，人们分别会有不同的活动要从事，从而使各项活动以农事活动为核心，巧妙配合而又有序地分布于年度时间轴上。

【显与隐：中国农事器物记录观念论】

王琴[③]，《民俗研究》2015 年第 5 期

在不同时代的不同记录中，中国农事器物被人为地赋予了诸多意涵，成为“天工”之技、“本土智慧”、“先进”科技、“民艺”乃至“平民历史”的载体。凭借自觉或不自觉地“显隐”之法，这些记录将农事器物纳入不同的范畴；在再现农事器物与人的关系时，不同的记录具有不同倾向。从器物环境到与人的关系，再到器物本身，对器物的“新旧”显隐记录，折射了时人对机械化的憧憬或恐惧，其实质是对科学技术的“信仰”或“质疑”。综观不同记录，一个理想的农事器物记录，至少是未忽视与“器物”相伴之“人”及其生活的记录。

【艺人、商人、传承人：北京珐琅行业能人的知识结构与社会资本】

毕传龙[④]，《文化遗产》2015 年第 3 期

在社会转型加速期，传统手工技艺类国家级非物质文化遗产代表性项目的行业能人值得重视，其个人生活史与特殊社会史需要进行个案研究。张同禄是当今唯一健在的“景泰蓝制作技艺”首批国家级传承人，他拥有艺人、商人、传承人的多重社会角色。这些角色相异的身份，既能表

---

① 日本爱知大学国际中国学研究中心教授。

② 王加华：山东大学儒学高等研究院副教授。

③ 王琴：中山大学中文系博士研究生。

④ 毕传龙：中国社会科学院民族文学研究所博士后，助理研究员。

达他作为行业能人所具备的行业知识结构，又能体现工匠与工匠、工匠与行业、工匠与社会等多重社会关系网络。从社会角色分析社会资本，应是研究手工行业知识传承的一条有效路径。

【酸的轮廓：变化中的身体感】

颜学诚[①]，《考古人类学刊》2015 年6 月第82 期

许多词汇可以用来描绘不同类别的感官知觉。这种跨界现象往往表示它们共享相同的动态轮廓。本文指出动态轮廓的概念能帮助我们对感官知觉作进一步的拆解与分析。动态轮廓不仅是感知世界的方式。透过类比的过程，可以将他人的动态轮廓模写并拓印到自身，成为沟通的媒介。模写与拓印是符号化的过程。这种符号却与象征符号有着不同的性质。不同的模写与拓印有好坏之分，表示符号与象征对象有内在的联系。象征符号则是透过社会的约定俗成，将符号与象征对象做出任意性的联系。此外，模写与拓印追溯主体在时间流动中的感知的变化；象征符号则将现象切割为一段段的同时限脉络，以系统内部的关系来定义事物。本文将比较这两种不同的符号，指出身体感可以提供一种不同于象征符号的意义理论。

【民间碑刻使用的文字传统与民俗传统——从民俗学与语言文字学交叉研究的角度切入】

董晓萍[②]，《民俗研究》2015 年第 5 期

在民俗学与语言文字学交叉研究历代碑刻方面，水利碑是一种合适的对象。民俗学运用文献法和田野作业法对水利碑开展个案研究，通过自下而上的考察，揭示在我国长期运行的文字传统和民俗传统中，特别是在华北地区，水利碑怎样成为农民与自然灾害相处的“弱者的武器”。水利碑处于政府管理与民间自治管理的表层，其深层是农民将管理水渠流域之“形”、管理水日权威之“符”，与合理分配用水的社会公平之“义”合成宇宙观，指导民间公平用水，结果是实现了国家水治与民间水治的互补。民俗学和语言文字学合作的碑刻研究能补充为经史典籍所不记载的传统民俗文化成分，获得民俗学或语言文字学单独从事碑刻研究所不能获得的新认识，因此双方可以共同拓展碑刻研究的方法论。

【民间知识视野下的环境问题——以湖泊渔民的“想象力”和“生活经验”为中心】

陈爱国[③]，《文化遗产》2015 年第 1 期

在湖泊等水环境的治理过程中，自然科学作为“科学知识”一直发挥着重要作用。而近年来，人文、社会科学的作用也日益受到重视，“民间知识”作为民众的智慧与技术也成为其重要的研究对象。然而，现有研究更多的是探讨什么是民间知识，有哪些民间知识，而本文考察的中心问题是民间知识在何种情况下才能被社会所认知、重构与利用。全文以查干湖与太湖为例，结合田野调查与文献考察展开讨论。查干湖渔民凭借“想象力”认为人、神与自然处于共生共存的关系而延续着“猎杀不绝”的捕猎习俗，而太湖渔民则依据“生活经验”认为芦苇等水生植物的有效管理有利于维持生态环境、维系渔民生活。而这样的民间知识与商业运作、旅游开发、行政策划博弈时会处于劣势而可

① 颜学诚：台湾大学人类学系助理教授。

② 董晓萍：北京师范大学民俗典籍文字研究中心教授。

③ 陈爱国：上海交通大学人文学院讲师。

能受到渔民自身或外部社会的弱化或忽视。为了使民间知识为人类合理利用资源、保护自然环境发挥更重要的作用，我们一方面需要重视民众立场，在民众层面唤醒或重建有利于自然环境保护的民间知识，另一方面在地方环保政策的制定过程中也需要考虑如何有效地利用更多、更广的民间知识。

【人情往来与新“差序格局”——基于河北顺平县东委村的考察】

董磊明[1]、李蹊[2]，《民俗研究》2015 年第 3 期）

本文以礼金变迁为切入点，以河北省顺平县东委村为例，通过记述“随礼”的传统互动模式以及“失随”如何发生，分析礼金中的博弈，透视背后的人际关系与社会结构。从中我们可以发现，原有乡土格局已被打乱：“差”不再完全由血缘的亲疏、地缘的远近决定，同一圈层被经济分层切割成若干块，外圈势力逐步渗入原有圈层；“序”不再简单由长幼尊卑定位，身份分层与经济分层错位，伦理纲常弱化。横向关系扩展并重排、纵向等级扁平并错位的新差序格局正在形成。

【实物符号的象征与想像——穗东北客家村仪式的媒介人类学解读】

朱琳[3]，《民族艺术》2015 年第 6 期

仪式中的实物符号主要包括形似象征、音似象征和意似象征三种类型。实物符号具有多义性和模糊性，人们对实物符号有多种解读的空间。当实物符号的确切含义模糊不清时，此种符号或者成为想像的对象，在现世的理解中延续下来，形成不同以往的地方性知识；或者根据当前的生活水平、行为习惯，变通地使用其他实物符号取而代之。在仪式中承载丰富信息的实物符号对社会关系的形成与改变起着中介作用。个体对仪式中实物符号的理解、主体间互相的意义使用，促使旧有社会秩序的维持或导致新的社会关系的构建。

【“磕头”的艺术：仪式生活中的身体】

李向振[4]，《民间文化论坛》2015 年第 3 期

在乡土社会中，“身体”本身经常被村民当作技术手段，用以储存关乎生活的默会知识。在日常生活中，村民潜移默化地掌握了这样的技术手段，并在仪式中通过身体的展演，将其内化为生活中不言而喻的知识。在仪式过程中身体的某些动作，尤其是磕头行为，往往极具程式化和规范化特征。通过这些程式化动作的展演，一种特定的生活秩序得以生成。可以说，“磕头”是仪式生活中身体的艺术，在“磕头”实践中，村落相关的传统知识和规范得以生成并延续。

【明清江浙“四礼”演剧活动考论】

杨惠玲[5]，《中国古代小说戏剧研究》第十一辑，2015 年

明清江浙一带，人生四大仪礼中的演剧活动相当普遍，对戏曲的繁荣起到了非常积极的推动作用，体现了礼乐传统和戏曲艺术的密切关系。这些演剧活动承载着复杂而丰富的文化心理，充分发挥了戏曲艺术的文化功能，能满足人们多方面的需求。笔者认为，明清戏曲繁荣的主要动因

---

① 董磊明：北京师范大学社会学院教授。

② 李蹊：北京师范大学社会学院本科生。

③ 朱琳：中山大学社会学与人类学学院博士研究生。

④ 李向振：山东大学儒学高等研究院民俗学研究所博士生。

⑤ 杨惠玲：厦门大学人文学院副教授。

正在于此。

【礼仪与文体】

叶国良[1]，《中国文化研究》2015 年夏之卷

中国文学中有许多因“礼仪”而产生的“文体”。此种文体的类别众多，是中国文学的特色之一。此种文体既因礼仪而产生，则会受到该礼仪之性质和气氛的制约，容易形成固定的形式与内容，不易彰显文学趣味；但若有大文豪突破固定形式与内容，亦能创造出杰出作品。唯一当该礼仪在社会上衰亡，其相应产生之文体亦必随之衰亡。

【况周颐笔记中的民俗史料举隅】

郑炜明[2]，《中国俗文化研究》2015 年 12 月第十一辑

本文就晚清词家况周颐笔记中的三则民俗史料展开讨论，以论证清季至民初文人的著述中也蕴藏着极为珍贵的、不可取代的民俗学资源。三则民俗史料包括民间文学“九九古谚”、广西桂林“寄名榕树”民俗、广西桂林“转花”民俗。经过研究，我们发觉历史上曾有记载的习俗，有可能今天仍以另一种名义和形式，在其他地区和族群之中有所传承。我们相信，凡是民俗的，都一定是历史的。许多我们以为已经消亡的民俗，其实只是不停地，以至剧烈地转化了而已。

【从乡俗到非遗：佛山“官窑生菜会”的传承、衍变与再生】

谢中元[3]，《文化遗产》2015 年第 4 期

官窑生菜会在同治十一年刻本《南海县志》、光绪十年《点石斋画报》、宣统二年刻本《南海县志》等文献中展现了以拜观音、求子嗣以及求财为表征的活态传承图景，并因经历“文革”时期“经验的存封”而中止。随着新时期以来民俗的解封和认同的复兴，以及非遗保护的兴起，复办以后的官窑生菜会发生了从民间组织到官方主办、从有限禁令到全面管控、从信俗主导到商业盛会的形态肌理变迁，显示出行政主导下民俗的遗产化和资源化取向。而后续非遗保护过程中申报国级非遗的动力及其所产生的官民互动、观念修正等因素，又倒逼官窑生菜会出现了复归民俗传统的趋向。因此只有以传承、变化、发展的视角审视民俗，成为非遗的民俗才真正具有生生不息的活力。

【《黄四姐》：从生活传统到文化品牌】

王丹[4]，《广西师范大学学报》2015 年第 6 期

作为清江流域土家族“打喜”仪式中打喜花鼓的经典曲目，《黄四姐》诞生于民众生活中，传唱在百姓口头上，经历了一个走入喜花鼓又走出喜花鼓、与喜花鼓共存共荣的发展历程，实现了从乡村田野向都市舞台、由风俗俚曲向文化品牌的转型，成为地方文化的表征和民族身份的象征。

【传统童年观念的社会学研究——基于乡村民众的底层立场】

王友缘[5]，《全球教育展望》2015 年第 9 期

乡村民众的传统童年观念在现代理性二分的思维方式下沦为被改造与弃绝的非

---

① 叶国良：台湾大学中文系教授、文学院院长。

② 郑炜明：香港大学饶宗颐学术馆高级研究员。

③ 谢中元：佛山科学技术学院佛山岭南文化研究院讲师。

④ 王丹：中央民族大学博士后。

⑤ 王友缘：上海师范大学国际与比较教育研究院讲师。

理性的童年观念，传统童年观念的多元面向隐匿。文章基于底层乡村民众的立场，以质性访谈法探究1930年代生人至1960年代生人的童年观念，尝试呈现哑然无声的底层童年观念。首先，以家为本位是乡村民众传统童年观念的主要特征。家，是人们看待童年的根本基点。童年以是否成家为边界，而产生如此边界的区隔机制即是以家为中心扩展开来的人情网络。童年的意义与价值局限于家族的框架内。其次超越理性是传统童年观念的内在精神，体现为对儿童超能与脆弱的认识以及乡村民众童年的绵延性体验。传统童年观念的内涵为反思现代童年观提供新的启示。乡村民众童年的绵延体验消解了由儿童及成人的理性划分，体现出某种生长的力量。儿童与成人的这一模糊划分挑战了现代童年观念的进化论取向。童年观念现代化的过程并非是弃绝自身的过程，而是需要一份基于本土根基的坚守与澄明。

【成年礼的仪式传统及其当代实践】

萧放[①]、李晓冬[②]，《中原文化研究》2015年第1期

成年礼是中国古代重要人生仪式之一。先秦开始的冠礼，经过宋代朱熹等人的变通改良之后，成为后人遵从的成年礼俗，而中国民间社会则存在有各种民俗成年仪式。在近代学校教育兴起之后，传统成年礼在主流社会的地位明显下降。在当代社会，由于教育理念与教育目标贯彻的需要，学校出现了新型的成年仪式。这些成年仪式与传统成年仪式比较起来，缺乏文化内涵。我们在比较传统成年礼、当代学校成年礼以及借鉴台湾地区与东亚国家成年礼俗的基础上，融汇传统与现代文化理念，提出了当代社会重建成年礼俗的设计方案，试图通过时间、空间的设置与礼服、礼乐、礼器、礼文等要素的完善，提供可以操作的完整成年仪式构想，以供有志之士参考。

【冠礼与成人之道——由冠礼释义看儒家哲学的礼义诠释特征**】**

张树业[③]，《南昌大学学报（人文社会科学版）》2015年第4期

冠礼是传统社会男子成年的标志，古代礼仪系统的起点。冠礼源出远古部族时代成人礼，是古初成人礼经过自觉仪式改造和精神提升的全新生活仪轨和文化形式。《礼记·冠义》作为儒家礼仪释义文献的代表作，对冠礼所象征的“成人之道”进行了系统解说。古人所谓成人，是社会—伦理价值意义上的，亦是性体论意义上的，人之异于禽兽的礼义本质在其生命中的实现与彰显。成人更意谓成德之人，即礼义在人生命中的充分实现。儒家冠礼释义围绕伦理—政治维度、德性—修养论维度和形而上—性体论维度三个方向展开。通过冠礼释义，使其义理信念落实于社会礼仪活动，同时通过对其内涵的揭示和解释，使礼俗获得点化和提升，从而实现了生活哲学化与哲学生活化的双向互动。

【1950年《婚姻法》对汉中婚俗文化的影响】

唐士梅[④]，《文化遗产》2015年第3期

1950年《中华人民共和国婚姻法》是新中国成立后颁布的第一部法律，它在破

---

① 萧放：北京师范大学文学院民俗典籍文字研究中心教授。

② 李晓冬：高等出版社实习编辑。

③ 张树业：河南师范大学副教授。

④ 唐士梅：陕西理工学院经济与法学学院副教授。

除旧的婚姻观念和婚姻习俗，确立新的婚姻家庭制度与新的婚俗风尚方面发挥了巨大作用。在对汉中1950年代大量文献资料梳理的基础上，分析了1950年《婚姻法》所确立的各项基本原则和法律规定对汉中的招夫养夫、站门客、童养媳、招赘婚、早婚等婚俗的影响，揭示了社会重大变革或变迁时，婚姻法律在传承婚姻习俗的同时，对汉中婚俗文化诸多或表面性或根本性的变化。

【从“婚姻自由”到“婚姻自主”：20世纪40年代陕甘宁边区婚姻的重塑】

丛小平[①]，《开放时代》2015年第5期

本文利用陕甘宁边区高等法院的档案，对20世纪40年代边区婚姻纠纷案例和婚姻政策变化进行了分析。作者认为“婚姻自由”的激进政策源于都市知识分子在五四新文化运动中对家庭革命的论述以及中国共产党的革命理想，与北方乡村社会的实际格格不入，因此在指导社会改造的具体实践中遭遇挫折。但是在20世纪40年代的法律实践中，基层法律工作者发展出了新的实践原则，即“婚姻自主”，用以处理婚姻纠纷。“婚姻自主”原则避免了“婚姻自由”所引起的混乱，赋予女性当事人选择婚姻的决定权，并试图以此排除父母和第三方对妇女婚姻问题的干涉，从而削弱了父权势力。在若干年的实践之后，“婚姻自主”终于在1978年写入《宪法》，1986年写入《民法通则》，被定义为婚姻当事人的事实权利。从“婚姻自由”的政治口号到“婚姻自主”的法律权利，这一发展过程反映了20世纪中国通过法律实践探索适合中国社会的变革方式。

【皖北喜歌中婚礼正日女性的聚合礼仪】

王改凌[②]，《盐城师范学院学报》2015年第4期

喜歌即司礼人顺应婚礼程序吟唱或念诵的与习俗活动意图相应的喜歌喜词，是婚嫁礼仪的组成部分和重要载体，尤以婚礼正日关涉女性受礼者最为密集。过渡礼仪是传统婚礼中女性受礼者状态转化的重要机制，它依次由分隔礼仪、边缘礼仪、聚合礼仪构成。婚礼正日在整个婚礼中属聚合阶段，从皖北喜歌中婚礼正日女性的聚合礼仪可以发现：握纂、哭嫁为女性脱离原在世界的分隔礼仪；上轿、撒豆谷、转席是女性边缘阶段的呈现；拜堂、挑褡头、交心盏、闹洞房、撒床、点灯属于女性加入夫家的聚合礼仪。不过，三者之中聚合礼仪最为突出，既反映聚合礼仪仍可析出较小的过渡礼仪进程模式，同时也折射出传统婚姻缔结及过渡礼仪实施的最终目的。

【因时因事而变：在时代的需求中适应传统——论魏晋南北朝丧葬文化的特征】

陈华文[③]、陈淑君[④]，《西北民族研究》2015年第1期

魏晋南北朝之所以独特，一方面在于社会的动荡和政权的更替，另一方面在于文化的民族间交流和区域间碰撞。因此，它在丧葬文化的存续方面，形成了自己非常独特的因时、因事，甚至因人而变的文化现象，变革和适应传统：薄葬回归厚葬，等级制度依然主宰丧葬文化，区域与民族的丧葬文化差异巨大，相信风水能迅速改

① 丛小平：美国休斯敦大学历史系。

② 王改凌：亳州师范高等专科学校副教授。

③ 陈华文：浙江师范大学学术期刊社社长，浙江省二级教授。

④ 陈淑君：浙江师范大学图书馆副研究馆员。

变命运，佛道等宗教信仰的文化进入民间丧俗之中。这些构成了魏晋南北朝丧葬文化的时代特征，并对后来不同朝代的丧葬文化持续地产生影响。

【“剺面”源流考】

刘冰莉①，《民俗研究》2015年第5期

从人类学的角度上讲，自毁容颜的剺面习俗与早期先民所普遍存在的人体彩绘、黥面的做法相类似，同时具有辟邪驱魔的巫术功能、氏族认同的图腾意义和标新立异的审美内涵。从考古学和文献学的角度上讲，我国北方少数民族中很早就有剺面的习俗，其最初的涵义应该与表达悲痛、寄托哀思、祭祀祖先的丧葬行为有关。从民族学的角度上讲，唐人之所以部分接受了“剺面”习俗，恐怕与李氏皇族的鲜卑血统有关。但由于这种近似毁容的情感表达方式不符合温柔敦厚的儒教传统，因而在宋代以后未能成为汉族习俗的重要形式。

【试论辽代真容偶像葬俗】

高晶晶②，《文化遗产》2015年第2期

真容偶像是辽代晚期兴起的一种特殊葬俗，它兼具类型的多样性、分布的地域性和使用群体的特殊性等多重特性，也是辽代汉人集团在特殊政治语境中发展出来的一种文化行为。佛教对丧葬文化的影响是其产生的根本动力，此外道家、契丹等丧葬习俗亦对其产生着不同程度的影响。辽代真容偶像的背后，不仅体现着不同宗教文化的杂糅，也体现着汉族和契丹两种文化的碰撞。

【当代关中砖椁墓对古代棺椁制度之承继——基于关中地区G村的田野考察】

段永升③，《文化遗产》2015年第3期

在对当代关中地区G村砖椁墓的实地考察中，结合对古代棺椁制度起源、发展、演变过程的剖析与追溯，可以清晰地看到当代关中地区的棺椁形制与古代棺椁制度的承继关系。具体而言，有如下诸端：其一，当今关中地区流行的土葬砖椁墓与古代的棺椁制度一脉相承；其二，棺椁的使用经历了一个从无到有，由简至繁，再由繁至简的螺旋式发展过程；其三，黄肠题凑到石材题凑再到当今关中地区砖椁墓的流变过程，体现了皇家葬制下移的演变规律；其四，当今关中地区的砖椁墓实为黄肠题凑的简化与象征；其五，棺椁形制的演变，既与人们追求不朽的社会文化心理有关，又与人们祈求获得祖宗庇佑的现实功利心理有关；其六，从古到今墓穴的形制大致经历了由竖穴墓向横穴墓的发展演变。

【丧葬仪式、信仰与村落关系构建】

李汝宾④，《民俗研究》2015年第3期

围绕着丧葬信仰与仪式展开的人际互助关系，搭建了孝子孝女、围观者与当事人以及生者与亡人之间的隐秘关联，并调整、重塑和涵化着相互之间的关系。丧葬仪式在沟通家庭、宗族、村落关系中有着举足轻重的作用，这是一种本质上以血缘关系为纽带与核心联结起来，并借力邻里互助习俗进一步整合地缘联系的互馈机制。通过人情交流，丧葬仪式及其有关信仰有助于抚慰死者亲属，并使其在集体活动中获得和谐亲密的人际关系。

---

① 刘冰莉：山东大学儒学高等研究院博士研究生。

② 高晶晶：中山大学社会学与人类学学院博士研究生。

③ 段永升：咸阳师范学院国际交流学院讲师。

④ 李汝宾：山东大学儒学高等研究院民俗学研究所博士研究生。

【丧礼知识传统的当代民俗实践——以湖南湘乡礼生“喊礼”为例】

龙晓添[①]、萧放，《中央民族大学学报》2015 年第 5 期

我国大量的丧礼文献形成一套完整的丧礼知识体系，而此知识体系既指导又体现着礼仪实践。“喊礼”是民俗生活中重要的礼仪实践。传至今日的这一实践活动既体现出丧礼知识传统的传承，也成为当代地方民俗生活的新习俗。

【明器与冥器】

王娟[②]，《民俗研究》2015 年第 1 期

陪葬物普遍存在于各种丧葬文化之中，体现出不同的死亡观念。中国远古时代的陪葬物“刍灵”、唐代及其之前的陪葬物“明器”体现出偏理性的本土自然死亡观，宋代及其以后流行的“冥器”则反映出偏巫术、宗教色彩的灵魂不灭死亡观。对这一变迁轨迹的梳理，不仅有利于我们重新反思“巫术—宗教—科学”的渐进式研究模式，而且也有助于建立更加科学的生死观和世界观。

【墓券所见东汉时期的人鬼互动】

罗操[③]，《民间文化论坛》2015 年第 2 期

东汉时期的世俗民众认为，鬼灵会给世人带来无情的病痛和灾祸，他们便运用多种降怪祛鬼之术，力求把幽鬼赶往彼岸世界，彻底消解鬼怪灵祟扰生者之心而永居冥府不再踏入尘世。然而鬼灵生前属于家族中的成员，生者也会因彼此间的血缘、情感、爱恋关系而留意冥府幽鬼的命运，主动给鬼灵禳灾解祸、创造一个衣食无忧的理想家园，以便让逝者安享异域生活。不过世间亲人关注殁亡人的前途命运只是表象，实则以生者的安危荣辱为重心，他们讨好亡人只是期待逝者发挥其佑护在世亲人的功能。

【“纸钱”流变考论】

顾春军[④]，《文化遗产》2015 年第 3 期

纸钱，即冥币，纸钱的源头是商代墓葬中的的随葬品瘗贝。随着造纸术的发展，纸钱在南北朝时期出现。丧葬、祭祀仪式中的纸钱，是鬼文化与巫文化的体现。纸钱与宗教关系密切：起源受到拜火教的影响，后被佛道两种宗教接受并发扬。文人士大夫对纸钱的反对，则反映了士大夫在守礼与从俗之间的矛盾心理，纸钱是真实货币的模仿。

【从客家祠堂庆典仪式看民间文化的传承价值与机制】

钟俊昆[⑤]，《民俗研究》2015 年第 5 期

民间文化的特色体现在仪式中，仪式就是一种文化的展演，是一种区别于艺术表演、蕴涵了象征意义的文化表演。仪式中的每一个环节都蕴含了大量的民间文化信息，体现出乡村民间文化的内涵与特色。仪式的展演实际上是乡村民间文化的重要传承与保护方式。通过客家赖氏祖祠重光庆典的两个案例的考察，可以看出其仪式表演与文化氛围营造是民间文化的重要表现形式，由民间文化精英主导的乡土权力的激活又是民间文化活动的内在力量。形成区域民间文化活动重要的激励机制，目的在于达成血脉亲情的

① 龙晓添：广西师范大学文学院讲师。
② 王娟：北京大学中文系副教授。
③ 罗操：华东师范大学历史系博士生。
④ 顾春军：珠海城市职业技术学院讲师。
⑤ 钟俊昆：赣南师范学院客家研究中心副主任、历史文化与旅游学院教授。

结构秩序、宗族文化的认知、乡土情感的释放。民间文化叙事在一定程度上展示了民间文化承载的形式与内容，使民间文化作为民众日常生活的重要组成部分，具有重要的文化传承价值。

【汉军萨满祭祀仪式的象征与功能——以2012年吉林乌拉陈汉军张氏家族祭祀仪式为例】

郭淑云[①]，《西北民族研究》2015年第1期

汉军萨满祭祀是汉军旗人在汉族原有祭祖习俗的基础上，受满族萨满跳神影响，最终定型的既别于满族萨满祭祀形态，又异于东北汉族祭祀（民香）的特殊祭祀形式。汉军祭祀仪式是一个独特的象征系统，具有群体性、地域性、整合性和传承性等特征，并具有标志神圣、祛邪纳吉、凝聚合族、教化族众的功能。

【礼生与祭礼知识传承】

邵凤丽[②]、萧放，《文化遗产》2015年第5期

中国传统社会生活中祭礼知识的传承依赖礼生的“文化中介”作用。从宋代朱熹《家礼》，到明代丘濬《文公家礼仪节》，再到宋明以来徽州宗族祭礼实践，祭礼仪式中的礼生经历了由无到有，且不断壮大的过程。礼生最终成为仪式专家，承担了将祭礼知识转化为行为实践的责任，他们在祭礼知识历史传承过程中发挥了重要作用。

【祭孔礼仪的标准化与在地化】

王霄冰，《民俗研究》2015年第2期

祭孔礼仪（旧称释奠礼）制度的形成，有赖于历史上的一些王朝和君主在整饬与统一礼仪标准方面所做的努力，其实施在古代也主要凭靠政府的支持和推动。20世纪以来，祭孔礼仪在东亚各地呈现出了多种多样的形态与风貌，在基本形制上主要出现了古礼和今礼两大类别。在追求政治多元化和文化多样性的今天，祭孔礼仪的“在地化”势在必然，而新一轮“标准化”的实现，一方面需要政府的介入，另一方面也有赖于世界各国崇孔尊孔者之间的思想与文化交流，建立在他们对于释奠礼仪及其信仰表征的本真性的自觉追求之上。

【记忆与想象：神堂上的家与世界】

彭牧[③]，《民俗研究》2015年第2期

基于湖南、山东和江西的田野作业，考察了民居厅堂神堂——神龛及其周边墙壁上的装饰组合的构成与意义。神堂既是与祖先、神灵沟通的仪式空间，也凝结着家庭的现实生活和历史记忆，更投射了对外部世界的理解和想象。在神堂上，记忆与现实、历史与未来、逝去的祖先与绵延的子孙、熟悉的家庭与远方的世界、日常生活与看不见的神灵世界，交织、并置、关联并得到同时呈现，家庭传统与身份也不断成形与更新。作为民众家庭生活的中心与灵魂所在，在岁时节日的律动中，神堂沟通、连接了民众所想象的多重时间和空间。

【对帕特南粘合性社会资本与连接性社会资本关系的研究——兼论西方的教会式社团与中国的香会式社团】

吴效群[④]，《世界宗教研究》2015年第2期

---

① 郭淑云：大连民族学院东北少数民族研究院教授。
② 邵凤丽：辽宁大学文学院讲师。
③ 彭牧：北京师范大学文学院副教授。
④ 吴效群：河南大学文学院教授。

一方面，粘合性社会资本造就的横向关系社团和高密度的横向关系社团生活是现代社会的特点与基础；另一方面，粘合性社会资本在加强宗教、族群等社团团结的同时有可能与外界产生间隔。帕特南将社会资本区分为粘合性社会资本与连接性社会资本，他困惑于粘合性社会资本的这两种相反的特性。其实，这是两种性质不同的粘合性社会资本，前者禀持人人平等理念，后者则不然。总起来说，粘合性社会资本是连接性社会资本的前提和基础。共识、道德、信任、社会网络等社会资本主要产生于面对面的、经常的、平等交往的社团。传统中国的社团主要是纵向的血缘性或拟血缘性的，以香会为代表的横向关系的社团缺乏内部亲密交往的机制，社会资本难以生成。今天，在中国进行社会领域建设时，应首先关注社会组织内部的平等交流互动，以培养和积累社会资本。无论社会如何发展，面对面的平等亲密交流互动都是人们所需要的，这种关系的社团是社会资本产生的主要方式。

【民国社区研究与民间教门——以西镇圣谕坛为例】

杨春宇[①]，《社会学评论》2015 年第 3 期

晚清、民国时期，民间教门迅猛发展，同时期成长起来的人类学和社会学社区研究却对此鲜有关注，这一反差背后的原因值得学界思考。许烺光在西镇的研究为破解这一谜题提供了一个良机。根据田野回访和在当地发现的鸾书，他在西镇未能深入考察的圣谕坛其实是一个有着独特源流的民间教门组织，是宗族之外的重要社区力量。田野工作中的不足为他后来关于中国社会组织形态与变迁的理论失误埋下了伏笔。这一案例提醒我们，中国人类学和社会学需要修正以往局限于宗族组织和社区自身的视角，更加重视跨社区传播的民间教门在中国社会中的作用。

【民间武术的“礼治”传统及神圣运作——冀南广宗乡村地区梅花拳文场考察】

张士闪[②]，《民俗研究》2015 年第 6 期

梅花拳作为民间社会的一种武术传统与信仰组织，在冀南广宗乡村地区有着长期稳定的传承。梅花拳文场组织形态的自秘性与社会实践的灵活性，是其在乡村社会中的立身之本。作为一种乡村自治方式，它是对中国社会礼治传统的承接与活用，并试图以“在野之礼”的角色对国家政治有所助益，因而能够不断地焕发生机。深描其文化形态与实践运作机制，对于如何在当代国家治理与地方民俗发展之间建立良性的共生互动关系，促进中国礼治传统的合理重构具有重要意义。

【乡村梅花拳的公益观念与生活实践——冀南广宗县北杨庄梅花拳调查】

张兴宇[③]，《民俗研究》2015 年第 6 期

梅花拳作为中国传统武术的重要拳种之一，过去曾广泛流行于河北、山东、河南等一带的乡村。清末义和团运动期间，梅花拳一度成为这一运动的中坚力量和主力军。在河北省广宗县北杨庄，梅花拳属于名副其实的“庄稼拳”。近百年来，当地村民不仅注重和热衷于梅花拳的文场、武场修炼，在日常生活实践中也借助乡村梅花拳独特的组织管理和运作机制，使其

① 杨春宇：中国社会科学院民族学与人类学所助理研究员。

② 张士闪：山东大学文化遗产研究院教授。

③ 张兴宇：山东大学儒学高等研究院 2014 级博士研究生。

在推行基层村落社区的公益观念、净化社区道德秩序、维持地方社会稳定等方面发挥重要作用。

【藏族传统节日的地域性特点】

岗措[①]，《中央民族大学学报（哲学社会科学版）》2015年第6期

传统节日作为一个文化符号，凝结着一个民族的民族精神和民族情感。藏族的传统节日丰富多彩，每一个节日几乎都蕴含着耐人寻味的故事。五省的藏族聚居区，除了共同的宗教节日外，不同的地域各有其极具地方特色的民俗节日，就是同一个宗教节日，也因为地域的不同和所使用的历法不同，而形成了时间差。不同地域所特有的民俗节日背后，又有形成其节日的历史事件、历史人物、独特习俗等文化内涵。

【建构时代的中国节日建设】

张勃，《民俗研究》2015年第1期

传统节日、现代节日纪念日、新兴民间节日、新兴地方节会以及外来节日等多种不同类型节日共生又竞争的多元并存，是中国节日格局的现状。中国节日正处于建构时代，有必要加强节日建设的顶层设计。不同类型的节日代表着传统与现代、本土与外来、国家与地方等不同层面的文化，具有不同的意义和价值，因此既应该持守包容开放的心态，欢迎不同类型节日的共同发展，又要认识到它们在其中的地位并不相同。在凝聚人心、传承民族传统、培养现代公民意识等方面有更多担当的传统节日和现代节日纪念日，应该成为中国节日体系的主体部分和国家大力提倡并优先建设的对象。基于不同节日在节日整体格局中的不同地位、不同功能预期及不同发展现状，在具体如何进行节日建设上应该有不同的着力点和路径选择。

【童年、故乡和春节：民俗纪录片《中国年俗》的“三重想象”】

宋颖[②]，《贵州大学学报》2015年第4期

纪录片《中国年俗》强调春节是每个人用爱铺就的一条回家路，呈现了动人的民俗生活画卷。文章提出这部纪录片借助艺术表述手法完成了对童年、故乡和春节的“三重想象”，即在时间上对于童年的个体记忆回溯与当时家庭关系的想象，在空间上对于回不去的故乡的回溯与当时建筑景象的想象，在主题上对于中国最大的非物质文化遗产春节习俗的描述、建构和想象；挖掘了中国人的幸福观和心理结构，即“家庭—母亲—孩子”和“家庭—乡土（社区）—国家”的以家庭为核心的内外同构；揭示了国家立场的大众传媒对于民俗事象的影像表现及其意义。

【节日神话：概念及其结构——以《荆楚岁时记》为中心的讨论】

田兆元[③]，《长江大学学报》2015年第4期

节日神话是神话的重要门类，是语言叙事、行为叙事和物象叙事的结合体，体现出民俗生活中叙事在认同感建立过程中的核心作用。《荆楚岁时记》是一部典型的节日神话著作，传述了中国节日神话的精华，同时体现出，荆楚地域意识对于中华帝国、东亚地区的节日生活都具有深刻的影响。

---

① 岗措：中央民族大学藏学研究院副教授。

② 宋颖：中国社会科学院民族文学研究所助理研究员。

③ 田兆元：华东师范大学社会发展学院教授。

【再次命名与传统节日的现代转换——基于重阳节当代变迁的思考】

张勃、王改凌，《西北民族研究》2015 年第 4 期

敬老孝亲的文化诉求在传统社会的重阳节中并不突出，现在却成为重阳节的重要主题。这一变迁与 20 世纪 80 年代以来对重阳节的再次命名有密切关系，也紧紧关联着重阳节命运的当代逆转，是激活传统并使之有机融入现代生活的珍贵样本。重阳节的当代变迁显示了再次命名的力量。再次命名，实质是文化重构，它既是一种文化唤醒机制，也是一种文化转换机制，是当下一种激活传统并有助于其实现现代转换的重要方式。在传统复兴的情境中，往往具有历史合法性和现实合理性的再次命名才能获得成功。

【山东中元节节俗述略】

刁统菊[①]、赵容，《云南民族大学学报》，《哲学社会科学版》，2015 年第 3 期

中元节一直是一个内容丰富多元、流传范围广、具有民族和区域特色的节日。历朝历代中元节普遍以七月十五为期，其活动内容既有与宗教有关者，也有一般人家所行的祭祖之礼，而且通常并行不悖，其中荐新祭祖一直是一般民众的主要活动。目前来看，该节在南方比北方要隆重。明清两朝至民国年间，山东中元节亦以“祭祖”这一基本内容最为普遍。当代山东地区的中元节无论是节期还是名称均延续了明清以来的习惯，在活动内容上也以祭祖（居家祭祀或上坟祭扫）为主。区域分布上，山东中元节习俗活动几乎涉及全省大部分村落，其中以鲁中地区的祭祖活动最成体系也最为典型。调查表明，尽管中元节在山东节日体系中的地位也存在区域差异，但人们认可中元节是对亲人的感恩与缅怀，表达的是对祖先的孝心与家族归属感，有其严肃性和神圣性，作为一种传统习俗应该积极传承下去，这应该就是它在传统文化体系中的地位和意义。

【法国狂欢节与城市政治：从文艺复兴到现代狂欢节的兴起】

鞠熙[②]，《节日研究》（第十辑），学苑出版社 2015 年，第 22—48 页

本文通过历史文献的梳理，简述了法国狂欢节发展流变的若干重要的历史阶段，尤其是承接启蒙运动的文艺复兴末期和 1789 年法国大革命之后至 19 世纪中期的现代化早期，揭示了狂欢节作为一种群体性的“娱乐”节日，始终与社会政治保持着密切联系。狂欢节之于社会，它既是下层民众可资利用的斗争手段，也是上层掌权者维护统治的工具；它既是阶级压力的集中释放，也是以获得社会认同与社会动员的真实力量。

【论日本七夕传说的祭文形态】

毕雪飞：《文化遗产》2015 年第 1 期

日本七夕传说除了以神话、故事、传说以及中世纪小说的形态传承于世以外，还以祭文的形态传承于高知县等地。七夕祭文通过民间信仰“いざなぎ（Izanagi）流”得以活态传承至今，每逢七夕行事和病人祈祷时由“太夫（Tayuu）”诵读。从其讲述内容来看，是由日本羽衣故事加难题型故事再结合七夕传说而构成；从祭祀仪式来看，体现了与纺织信仰的结合。集祭祀、祈祷、占卜等仪式为一体的日本“いざなぎ（Izanagi）流”民间信仰中的七夕祭文，以“太夫”诵读的方式保存和

① 刁统菊：山东大学儒学高等研究院民俗学研究所副教授。

② 鞠熙：北京师范大学文学院讲师。

传承了七夕传说。

【节气民俗：时间观念中的黄土社会——以介休节气民俗考察为中心】

田级会[①]，《民族艺术》2015 年第 5 期

节气民俗的形成与人类对自然物候的认识及在此基础上形成的时间观紧密相关，表现为岁时节日的民俗活动。民俗活动的背后，往往是对时序节律的一种文化选择与秉承。在晋中黄土文明背景下，对介休三月三源神庙会、寒食节、一百五与清明节等几个传统节日的民俗活动考察中，其背后依据纠合着不同的历法系统，蕴含着晋中一带的水文化、敬土迎新及祭祀等传统。这凸现出节气民俗在时间观念与文化传统相结合的三种类型，反映了以介休为范例的晋中地区人们对时间节序的文化选择与文化认同，体现了晋中人们对黄河流域一带自然物候及生产生活的认识，呈现了不同时间观念相互交织的黄土社会。

【场景、民俗及认同：天津古文化街年货市场研究】

桂慕梅[②]，《云南民族大学学报》2015 年第 3 期

当代芝加哥学派新近提出的“场景理论”旨在说明，城市中各种娱乐休闲设施构成不同的组合体，形成了各类“场景”。不同的“场景”代表着不同的文化价值取向，吸引市民到此消费并推动城市发展。借鉴“场景理论”对具百余年历史的天津古文化街年货市场的分析表明，民俗、空间气氛及市民的文化消费与民俗体验共同构建了天津古文化街年货市场的“传统节日文化场景”。该场景的作用不仅在于繁荣城市经济，还呈现了文化的多样性，它所凝聚的文化认同是促进城市社会全面发展的强大内驱力。

【传统民俗节日的循环再生——以广西隆安县那桐镇“四月八”农具节为例】

李瑞彬[③]、胡小安[④]，《传承》2015 年第 5 期

那桐“四月八”农具节是隆安地区的传统民俗节日，产生于壮族先民的原始崇拜，与稻作文化有着深厚的历史渊源。那桐“四月八”农具节经历了不同历史时期的融合再造，从生存需求所形成的民间信仰逐渐发展成为与地方经济文化相适应的现代人文表达。

【论贵州生态移民传统节日的变迁】

吴晓秋[⑤]、曾凡勤[⑥]、吴莎[⑦]，《贵州师范大学学报》2015 年第 1 期

贵州生态移民工程较多涉及少数民族地区，无论是迁出地还是迁入地，大多保存着丰富的民族传统节日文化。由于依托小城镇、工矿产业园区、旅游资源开发区等是生态移民当下和未来的主要安置模式，它或将会对贵州民族地区的移民传统生产生活方式产生巨大冲击，从而导致他们的节日文化在转型的过程中发生变迁。

① 田级会：四川大学文学与新闻学院博士研究生。
② 桂慕梅：天津社会科学院社会学研究所助理研究员。
③ 李瑞彬：广西民族大学 2011 级历史学专业本科生。
④ 胡小安：广西民族大学民族学与社会学学院副教授。
⑤ 吴晓秋：贵州师范大学国际旅游文化学院教授。
⑥ 曾凡勤：贵州省发展和改革委员会地区处处长。
⑦ 吴莎：贵州师范大学国际旅游文化学院副教授。

【民族节日的拟仿与政治意义的表达——中、缅、老边境地区“嘎汤帕”节的人类学考察】

马翀炜[1]、张雨龙[2]，《开放时代》2015 年第 2 期

“嘎汤帕”是哈尼/阿卡人辞旧迎新、祭祀祖先及结算村寨账目的村寨性节日。中国云南省西双版纳州政府主办的新式节日“嘎汤帕”已经被建构为体现民族团结、促进民族文化传承与社会发展的文化符号。这个新型节日是对主办者有关“嘎汤帕”想象的拟仿。在缅甸及老挝阿卡人社会中出现的新式节日“嘎汤帕”是对中国哈尼族“嘎汤帕”的模仿。分属不同国家的“嘎汤帕”尽管在形式上相近，但是，举办这些节日的目的诉求并不相同，其表达的政治意义也有很大的差异。

【民族精英与节日文化重构——以滇西少数民族地区为例】

何马玉涓[3]、和梦[4]，《西南边疆民族研究》（第 17 辑）2015 年第 2 期

个体行动的能动作用在文化变迁过程中究竟处于怎样的位置，是本文关注的问题。田野考察呈现出节日文化的承继与异化根植于习性的持久和创新属性，并具象为民族精英受外界刺激做出的反应。他们在与政府、民众发生互动中，不断参与到节日文化的重构过程，并形成有效机制，能动地作用于节日文化现代特征及其发展结果。

【外国人中国传统节日认知与参与情况研究——以山东大学来华留学生为例】

蔡燕[5]，《民俗研究》2015 年第 4 期

以山东大学来华留学生为例，通过调查统计与访谈的方法，可深入分析外国人认知和参与中国传统节日的情况。留学生对节日的认知广度、对节日日期和民俗活动的认知深度存在地域和汉语水平的差异。社交因素是影响“旁观型”留学生不参与春节的重要原因。留学生参与中国春节的状况呈现为三种类型：交际型参与、文化型参与、娱乐型参与。主动参与动机与伴随参与动机是来华留学生过春节的两大动因。多数来华留学生对参与中国传统节日和体验节日民俗活动表示期待。

【扬拱水族霞节：家族的当代实践与地域权力重塑】

李建明[6]，《节日研究》（第十一辑），学苑出版社 2015 年，第 99—116 页

本研究通过贵州三都县扬拱水族霞节仪式过程，来探讨其背后杨氏家族在当代的家族实践，以及由此产生的扬供杨氏家族与都柳江、樟江流域水族村寨的互动与社会交换。霞节在历史上有被“偷请”的文化习俗，即哪个村寨获得霞神便获得节日祭祀权，处于该区域的节日中心地位。然而随着历史的变迁，偷神的习俗逐渐式微，在当下的实践中已经获得节日祭祀权的杨氏家族，通过复兴霞节来巩固本家族节日权的核心地位，同时通过霞节祭祀中的家族实践来强化其与周边村寨之间的联系。研究认为在当代的实践中，扬供杨氏

① 马翀炜：云南大学西南边疆少数民族研究中心。
② 张雨龙：云南大学民族研究院。
③ 何马玉涓：云南大学 2010 级人文学院博士，云南艺术学院文华学院讲师。
④ 和梦：云南大学民族研究院民族学专业硕士生。
⑤ 蔡燕：山东大学国际教育学院讲师。
⑥ 李建明：云南民族大学助理研究员。

家族通过霞节复兴既巩固了本家族在霞节核心区的节日权的中心地位，同时通过杨氏家族的祖先记忆，拓展了杨氏家族与周边村寨之间的社会交换。继而实现了从节日“偷请”而产生的地域权力转换到通过霞节家族能动性的实践，来主动确认地域权力关系在当下的塑造，确立了节日、家族与地域权力之间的边界与互动关系。

【神圣与世俗的跨越——从马尼拉黑耶稣节看菲律宾民间天主教节日】

霍然[①]，《世界宗教文化》2015 年第 2 期

马尼拉黑耶稣节是菲律宾一年一度全国瞩目的盛大节日，本是神圣的天主教节日，在菲律宾却以一种大众参与的、室外的、世俗的方式进行庆祝，与正统的天主教仪式大相径庭。其背后蕴藏着丰富的文化内涵，看似疯狂的形式背后是菲律宾人的前殖民文化和虔诚信仰。节日中人们跨越神圣与世俗的空间，表达对人神之间亲密关系的向往。菲律宾民众的社会交往方式也得到体现，节日仪式也有强化社会秩序的功能。

【麻批麻普：黑树林地区螺蛳寨段氏家族节日变迁与族属流变】

杨漪[②]，《节日研究》（第十一辑），学苑出版社 2015 年，第 82—98 页

本文通过对黑树林地区螺蛳寨段氏家族三次迁居过程中节日变迁及族属流变，阐明节日在地域融合与族群身份表达中的重要作用。文章首先通过段氏家族在黑树林地区哈尼族“苦扎扎”节中特殊的节日表征，引出段氏家族在该地区“麻批麻普”的族群身份认同。进而追溯段氏的迁居过程、节日变迁、族属流变、家族记忆以及这几者之间的关系。段氏家族随着历史上的三次迁居，所过节日不断变迁，其族属身份也不断变化，但作为段氏家族后裔的记忆从未改变。段氏家族在不同地域中通过与当地人共享节日并变更其族属身份来获得在当地社会中的合法性，同时又通过特殊的节日表征来强调其作为大理段氏的家族记忆，凸显出段氏“麻批麻普”的族群身份以及族群之间的边界。研究认为，段式家族通过节日实现了互动交流与融合，但又通过节日来界定了其民族\族群的边界。作为少数群体的段氏在民族\族群互动中不仅没有被置于边缘，反而体现出其在互动中的主体性。

【凉山彝族文化中的“都者节”】

罗曲[③]，《节日研究》（第十辑），学苑出版社 2015 年，第 49—56 页

彝族的火把节由于其热闹的节日场面和丰富节日内容常常被人认为是发生在中国的“狂欢节”，然而本文通过对节日彝语名称的考证和实地调查说明了“火把节”一词在涵盖民族文化意义上的缺失，并诠释了其背后深刻的文化逻辑，从而认定都者节更能贴近节日的文化内涵。此外笔者还对节日的节期做了历法和文化上的考察，更进一步地揭示了它与其他民族文化之间的广泛联系。

【西和乞巧舞蹈的特征与社会功能浅析】

叶俏华[④]，《节日研究》（第十一辑），学苑出版社 2015 年，第 146—153 页

位于我国甘肃陇南的西礼二县至今保存着最完整的乞巧节日习俗，西和乞巧历时整整七天八夜，被称为中国古代乞巧风

---

① 霍然：北京大学外国语学院东南亚系博士研究生。

② 杨漪：云南民族大学硕士研究生。

③ 罗曲：西南民族大学教授。

④ 叶俏华：湘潭大学硕士。

俗的“活化石”。乞巧舞蹈反映了农耕文明与原始宗教、娱神与娱人相结合的特征，并在特定的节日时空中发挥着增强女性性别意识、社会交往与族群认同的功能。

【国境线上的盘王节：勐腊县磨憨镇新明瑶村的边界实践】

贺佳乐[①]，《节日研究》（第十一辑），学苑出版社 2015 年，第 67—81 页

在国家政治地理边界产生之前，并不存在跨境民族一说，他们的迁移也不受国家的控制。国家政治地理边界产生之后，国与国之间变成了一条国土、国民、权力的分割线，将邻国、人民以及其经济社会、政治、文化生活的区域隔离开来，从而形成了跨境民族。但由于地缘、血缘、姻缘等现实原因和历史、文化、宗教等集体记忆的因素，凭一条人为的政治地理边界线不能阻隔这种跨境之间的交流。边境地区的节日作为传统文化的载体，也作为一种节日在边境的实践，不仅可以反映出跨境民族的共同记忆与传统习俗，也能够看到节日具有超越国界的属性。本文通过云南省西双版纳州勐腊县磨憨镇瑶族盘王节在边境的实践，来表述节日是如何超越国界的。其背后不仅隐含着瑶族边民自我与他者的双重认同体系，同时也隐含着瑶族边民充满智慧的生活策略及其积极的生活态度。

【作为体化实践的社会记忆：论岁时节日中的民间舞蹈】

王莹[②]，《节日研究》（第十一辑），学苑出版社 2015 年，第 45—54 页

岁时节日不仅是人类社会生产与生活的重要组成部分，也是民族和区域特色文化的独特表达。舞蹈活动是岁时节日民俗活动中最为生动、精彩的构成，也是用身体述说和延续历史记忆的代表性标识。作为某一特定时间内不可或缺、生动而具体的身体实践活动，岁时节日民间舞蹈的意义不仅限于表演、传承和纪念，更在于它或多或少地沉淀着群体的社会记忆。本文以社会记忆理论为研究起点，以山西民间鼓舞为例，探讨作为体化实践的岁时节日民间舞蹈所承载的社会记忆。

【商品化民族节日中表演者的角色认同与管理——以西双版纳傣族园泼水节为例】

吴蚊佳[③]、钱俊希、朱竑[④]，《旅游学刊》2015 年第 5 期

现代人体验异种民族文化风情的渴求，促进民族文化旅游的蓬勃发展。节庆作为民族旅游的主要吸引物，正随着目的地的开发而逐渐被商品化。文章引入角色、认同等相关概念，选取西双版纳傣族园景区泼水广场作为微观研究场所，通过质性研究方法，展现了傣族园“天天泼水节”表演者在旅游场域中的角色认同与管理过程。研究表明，在民族节庆商品化过程中，“天天泼水节”的剧班成员自身具有“东道主（当地居民）”和“表演者”双重角色，表演者自身存在基于物质空间生产和基于展演内容的角色内冲突。同时，表演者与游客之间还存在“表演者”和“观众”的角色间冲突。表演者在表演过程中通过“隐瞒”自己的真实情感以及与游客之间的“协调一致”保证双方互动的顺利进行。同时，表演者角色认同受到经济利益的驱动，表演者的权力话语在与游客、开发商等其他角色互

① 贺佳乐：云南民族大学硕士研究生。
② 王莹：浙江大学博士。
③ 吴蚊佳：华南师范大学旅游管理学院。
④ 钱俊希、朱竑：华南师范大学地理科学学院。

动的过程中处于弱势。表演者基于地方的角色认同随着旅游发展发生改变，在此过程中，表演者主体也有意识地对地方意义进行重塑。

【宋元小说话本中的节日叙事——以元宵节、清明节为中心】

梅东伟[①]，《黄河文明与可持续发展》第11辑，2015年第1期

元宵节和清明节是宋元小说话本中最为突出的节日，这两个节日及相关习俗的备受关注有其必然性，既与民众的节日心态有关，也与它们的文化内涵紧密相连。宋元小说话本的叙述者通过对人物与故事的选择构筑出富有青春气息与神秘色彩的节日故事世界，形象表现了民众的习俗心理经验。宋元小说话本的节日叙事具有多重意义，节日时空是节日时间与空间相结合的时空体，是组织情节、增强小说叙事真实感与逼真性的重要方式。节日叙事还为我们研究宋元时代元宵、清明节间人们的精神面貌和社会心态留下了鲜活资料。

【《新闻联播》传统节日话语研究】

程嘉钧，2015年陕西师范大学硕士学位论文，新闻学专业

本研究选取《新闻联播》（后文简称“联播”）中2012—2014年有关传统节日的报道。借助批评性话语分析理论作为分析工具，由此来对电视文本中的意义与意识形态的建构方式进行考察，厘清其最终意义生成机制与建构策略。以往有关于此研究成果虽然数量诸多，但是，却有着以下的不足：首先，以往很大一部分研究主要是从业务层面的角度出发，探讨节日报道的相关经验，因此，使得研究显得形式主义色彩浓重。其次，以往研究对传播过程中的电视文本背后的意义的具体呈现机制缺乏具体的考察，对隐藏意识形态的分析过程也十分粗浅，得出的结论往往说服力十分有限，更无法有效说明传统节日的内涵在众传媒的影响下，发生了怎样的变化。此外，在批评性话语分析方面，虽研究趋势已经渐渐从阐释理论本身过渡到了理论的应用方面，但是，在新闻传播学科内，主要的分析对象以平面媒体为代表，而对于电视媒体的分析研究成果尚为数不多。因此，本研究也试图证明，作为一种强有力的解释性理论，批评性话语分析的应用范围不仅广阔且有着较强的说服力。本研究从宏观和微观两个角度对电视新闻话语进行解读。研究发现，在宏观方面，“联播”的传统节日电视新闻话语有着特定宏观命题，这个命题体现着电视新闻话语的总体意义，即新闻报道的主要内容，这种结构可以以树状图的形式表现出来。在最高层的总体意义的“统领”之下，延展出更多个次级命题。在这其中，包含着现代人的生活与民族精神的传承两大部分。而通过对电视新闻话语的互文性分析，发现其话语最终意义受到政治话语、主流形象话语、民俗话语、资讯话语的影响。政治话语的介入使得我们看到，在传统节日期间，“联播”通过展现国家领导人在过节前后所出席的会议，对于基层的考察等政要活动，来反映中央对于节日本身与百姓的关心，这说明传统节日绝不仅仅是民俗的还是国家的。同时，在“联播”的传统节日话语体系里，借助传统节日来建构主流形象，展现中国人勤劳、爱岗、踏实的一面，这些也是其话语体系里必不可少的一部分；民俗话语则向我们展示中华民族传统文化源远流长、举国共度佳节、国泰民安的图景；资讯话语显示出“联播”的社会服务职能，它注重反

① 梅东伟：河南大学文学院副教授。

映过节时候的票务信息、交通和天气状况，同时，通过这些的报道，也从另一个侧面凸显着国家繁荣稳定的局面。在微观层面，本研究对文本结构、解说词、镜头语言进行了考察。在文本结构方面，研究发现“联播”对于特定的主题往往会采用特定的电视新闻结构来呈现，以实现意义表达效果的最大化。而在解说词方面，对节目时长的增加、话语意义边界的扩大和言语行为过程的选择都可以使解说词产生新的特定的意义内涵，从而影响报道的倾向。而在镜头语言方面，不同的镜头的角度往往可以带来不同的表意视角，“联播”以中景、近景、特写的方式捕捉人物细节，以反映最终主题意义。而全景、远景则用于交代事件发生的具体环境的同时，还能对事件做出全景式扫描，将全国各地节日氛围纳入到观众的视野。此外，在拍摄方式上多采用固定化的方式也说明了“联播”稳健、模式化的话语风格，同时也说明其信息传递的权威性、客观性，以符合它自身作为我国电视新闻领域权威与风向标的角色。最后，在阐释分析部分，本研究以为，“联播”的传统节日电视新闻话语本质上是一场传播仪式。在仪式里，“联播”借助电视这种有着强大影响力的大众传播媒介，营造一种对国家与其传统文化的认同感。同时，从仪式的话语建构方式上看，这种仪式的叙事方式具有“神话”的特征，通过符号的二度意指来完成新的意义的生成，即传统节日本身是为了凸显国家发展，民族富强，社会稳定这个意义。而在仪式话语的成因方面，有着十分复杂的原因。是由传统节日在人们生活的现实遭遇，以及我国文化的政策和《新闻联播》媒介角色的定位这三者来共同决定的。

【民俗旅游语境中女性东道主与民俗传承】

梁丽霞①、李伟峰②，《民俗研究》2015 年第 2 期

在民俗旅游开发背景下，旅游地女性东道主在民俗文化传承中扮演着重要角色；其民俗传承主体地位的形成，既源于旅游地社会男女性别角色与分工这一内在因素，亦深受民俗旅游中的性别消费文化以及民俗旅游村落人口流动等外在因素的影响；女性东道主对民俗文化的传承，对女性东道主自身以及旅游地的民俗文化都产生了重要影响。

---

① 梁丽霞：济南大学政治与公共管理学院副教授。

② 李伟峰：济南大学政治与公共管理学院副教授。

第七篇

优秀学术随笔

一个地方女神的记忆与精神传统

陈华文

今天的记录与研究，尤其是记录，与从前的差异就在于，当下是以文化的全方位存在，或者是以文化空间或文化多元性或文化多样性或文化各要素之间的相互关联性等为前提的立体和整体的记录与研究。

“迎神、歌唱、舞蹈、祭祀、敬神，复迎神、歌唱、舞蹈、祭祀、敬神……神的影子已日渐淡薄，映射其中的只有人类繁衍生息的精神力量。我们所崇拜并依赖的任何力量或许终只来自于我们对生活的热爱。生活的目的就是生活本身，人因此而获得维持生命的力量！”这是刘秀峰在《俗神叙事：传承、流变与展演》中的结尾。我在该书中读到了一个地方女神在民间的深刻记忆，感受到这种记忆在流传中的精神力量，代代相传，生生不息。同时，也看到一个地方文化研究者对民间文化的自觉审视。

重新记录与研究

文化记录和研究是非常重要的工作，它能使一个地方的独特文化被其他区域的民众所了解，甚至接受，进而获得传播。这其中，文化工作者的作用就比较直接和突出。20世纪80年代之后的文化讨论和研究的热潮，在一定程度上推动了我们对于传统文化的重新认知，并开始了文化研究，尤其是探寻中国传统文化与现代化之间的关系。当年，我们之所以讨论或研究文化，是因为开放的中国需要通过文化的重新认识来确立中国与世界的距离，确立中国文化，尤其是传统文化是否还能适应现代化的需要。

为此，我们主要从中国典籍文化中去寻找答案，但也有一部分人则从民间传统中去寻找答案。以钟敬文为首的学者，则与中国民间文艺家协会一道，开展了“三套集成”，即民间故事、民间传说和民间谚语的普查与编撰工作。人们试图通过这一工作，找到另一个存在于民间的传统世界，其中通过叙事方式完成的民间故事与传说的世界，就是较为重要的对象。虽然这一工作并不完美，甚至还存在许多批评的声音，然而，我们却通过“三套集成”看到了民间对于传统、民俗生活、信仰、传统的道德和伦理观念、理想、追求、真善美等的另一种标准。于是我们发现，中国文化是多元的，典籍文化与民间的传统文化存在着相同性的同时，差异则更为巨大。

而生存于各地的传统民间叙述，不仅在内容、形态和表达方式上，主体的参与方式和民众对于具体叙述或文化的认同上，都存在着较大的差异。因此，从当下的视角，我们发现当年的记录，虽然带有当时的时代烙印，但更多则是体现了对于民间存在的具体记忆，是一种非常难得的文化记录。然而，也是从当下的视角，我们又发现，当我们的叙事或文化研究向前发展之后，当年的记录对于今天的研究者来说，有着大量的不严谨和不规范，须重新进行记录和研究。

当年，我们只是怀疑我们的文化不具

有现代化社会的适应性，因而进行文化的记录和研究，以便找到能适应中国社会继续向前发展的文化形态或模式；而今天，我们记录并研究文化，是为了证明，我们的文化不仅独特，而且可以继续为传统到现代的转型所用。这是当下重新开展文化记录并进行文化研究最主要的动因。不过，今天的记录与研究，尤其是记录，与从前的差异就在于，当下是以文化的全方位存在，或者是以文化空间或文化多元性或文化多样性或文化各要素之间的相互关联性等为前提的立体和整体的记录与研究。它除了重视文献资料及其考据之外，更重视口述的民间表演的，甚至是与信仰相关的文化记录与研究。因此，当下的记录和研究就显得更加全面和科学。

全方位叙述与研究陈十四

兴起于 21 世纪初的非物质文化遗产保护工作，从政府层面到民间都激发出了对于传统或民间文化的重新审视需要。党的十八大之后，又将五位一体的概念推向社会，除了上述的文化建设等内容之外，增加了生态文明建设的内容，并提出文化强国建设和文化大发展大繁荣目标。近些年的民间文化繁荣和丰富，是 1949 年以来少有的。而民间文化的繁荣和丰富，也激发了对于这种文化重新兴旺的记录与研究。与 20 世纪 80 年代后不同的是，原来我们只注重民间文化的叙事方式或形态的研究，现在则开始运用不同的理论，对于因叙事而环绕的所有事象，都展开全方位的调查记录和研究。刘秀峰所做的陈十四的记录与研究，原本我们可能只注重它的叙事文本，而忽略文本之外的内容，如今则不仅重视文本，还重视文本之外的表演、习俗、信仰和传承人等内容，将它纳入综合研究的过程。这是一种学术发展，也是一种社会真实性的再现。

记得在 20 世纪 80 年代后期，上海民间文艺家协会的王文华先生对陈十四的有关故事、歌谣进行过记录与整理，出过一个内部资料本。20 世纪 90 年代中期我在丽水做调查时，发现丽水存在陈十四的大量故事、歌谣和信仰的祠宇等载体，而且我还通过调查发现，它沿瓯江流域传播与扩散。瓯江流域以及浙南的温州等地，与福建一样存在非常丰富而多样的陈十四的传说、歌谣、说唱等艺术形式以及民间信仰。但由于语言方面的原因，我没有进行更多的调查和研究。

从 20 世纪 90 年代开始进行的家乡民俗的研究，到今天的家乡文化研究，最突出的特色就是在地性，或者换句话说就是地方性特色非常鲜明。刘秀峰所选择的陈十四，就是当地文化中非常具有代表性而且影响巨大的一种，它深刻地影响着人们的叙事文学、说唱和表演艺术，人们的信仰和生活，人们的道德观念和价值判断。这种在地性的特色，帮助研究者更快地获得资料，更容易与被调查者建立良好的关系和深入的沟通，并且通过他者的审视，发现更深层的、隐含于叙事背后的文化。这种深层的文化对于一个非本土文化生长起来的人，是很难深切地体会的。调查资料的科学性和全面性，决定了研究的科学性和全面性。《俗神叙事：传承、流变与展演》是一个案例研究，更是一种实证研究，它通过著者深入民间的调查，在获得第一手资料的基础上，进行个人视角的研究。

陈十四的研究和资料收集，文人、爱好者和研究专家实际上很早的时候就已开始，因此，有关文献资料其实并不缺乏。但从近些年的研究情况来看，大都是个案或从某个角度切入的问题讨论式研究，形成一个完整内容并以著作的形式呈现的却没有。《俗神叙事：传承、流变与展演》第一次在学术层面全方位地叙述并研究了陈十四在浙南，尤其是浙江丽水地区的存在。而且，这一存在是通过从叙事切入，并在传说、传说的演进、叙事的多元化，以及叙事与俗信、叙事与展演形态、叙事与民俗社会的构造、叙事与传人等不同的内容之间展开的。从问题讨论的完整性来看，这样的结构有特色且全面；从内容上来看，也非常丰富，它不仅对于传说进行研究，而且还透过传说，讨论与传说叙事相关的说唱等艺术，并在俗信、庙会与民俗社会的构造中寻求学术研究上的突破。

（原载《中国社会科学报》
2015 年 1 月 14 日 B08 版）

故乡，还是他乡

——乡土摄影的困局与突破

邓启耀

自从阮义忠把“正方形的乡愁”演绎到极致，各式“方形”的乡思、乡情喷薄而出。多年来，摄影家扎堆到乡村拍照，摄影媒体成批刊登影友的乡土摄影，似乎已经成为常态。琳琅满目的，是乡俗风土的诗情画意、色相光影。和许多摄影品类一样，乡土摄影也被玩成了“沙龙”。当然，那种把乡土拍出牛粪味的，或把乡土拍出史诗感的，艺术趣旨相去甚远。

乡土摄影的作者群庞杂，涉足过此界的，有专业摄影家，有一般发烧友，有乡土的局外人，也有乡土的局内人。他们的作品，也因此类型多样。

乡土摄影的异样兴盛，往往是因为乡土的缺失。痴迷于此道者，很多是那些早已丧失乡土的城里人。他们试图到乡下去重温乡情和记忆，在他乡寻找故乡。

和他们的方向相反，来自乡下的农民工们却努力在城里“找感觉”，在异乡寻求认同，自称或被称为“新莞人”“新×人”等。他们拍摄的打工生活，充满了对现代性的想象，以及建构“第二故乡”的渴望，让城里人看到自己陌生而又熟悉的镜像。

这种状况类似“围城”：城里的人想出去，城外的人想进来。在某种程度上说，我们每个人，都有一点站在故乡望他乡，或走在他乡忆故乡的情结。

所以，关于乡土为何的问题，如果去想一下，还真会陷入莫名的纠结之中。

想想祖籍地和实际生活过的地方，我们发现，人已经很难一辈子待在一个地方。许多中国人，除了祖籍故乡，还多了一个谋生地居住地的第二、第三、第N“故乡”；其中相当一部分人，特别是沿海地区及与海发生关系的人们，除了本土关系，还有省外或海外关系，与本土中国（或故乡）并存着一个“海外中国”或“异域故乡”。他们在他乡建立自己的“新疆街”“湖南街”“唐人街”之类“飞地”，坚守着自己的身份认同和文化认同。但在不断的文化交流、区域互动或族群融合中，某些曾经不可逾越的界限被不断逾越。混居，甚至混血，不再稀罕。人们越来越难于回答：何为故乡？何为他乡？就在肉身可感的有限时段和目力所及的有限范围内，我们的故乡和所居之地经过多次交错更迭，从居住时间和熟悉程度看，都已经有些“梦里不知身是客”；而“别时容易见时难”的故土，即使得见，也往往变得面目全非，让人找不到家。

人类学家费孝通眼中的“乡土中国”，因其千年延续的社会结构、经济形态和文化观念，形成一种同质性很强的固态模式，从一个村庄往往可以看到整个中国的缩影。但现在的乡土中国，已经在几次剧烈的社会变革和经济文化转型中变得面目皆非，千变万化。原来坚不可摧的地缘、业缘和血缘关系解体了，许多村庄青壮年走空了，祖屋被拆了，土地荒废或被征收变卖了。

山清水秀的宁静乡村，被无所不在的电视和广告骚扰，被农药、塑料垃圾甚至化工排放物污染。当桃花源不复存在，关于世外桃源的镜像就会成为被追捧的梦想；那些由于边远、闭塞和落伍而幸存的乡土，也因之成了稀缺资源，来去匆匆的摄影家们未卜先知似地给它们摄下“最后的”留影。

乡土摄影里，大量被标题为“最后的××”的作品，流露着对故土不再的许多无奈。但小资情调的乡思乡愁，每每抵不住这样一句大实话：你搬来这儿住好吗？用不了几天，这些乡土生活的歌者就会逃离，就像当年的知青一样。事实上，我们中的绝大多数人，也是从那里出逃、升迁，或者被剥离开了的。很多人一去不返。真搬回去住的，也不是没有，但那多是经过精心打造、移植了更遥远更时尚生活方式的消费行为。身在乡土，其实置身乡土的世外，整个人与当地相隔。而没有足够财力和可能性在那里弄一幢庄园的，就成为摄影家。远远地摄取几帧小桥流水人家，回来挂在家里或网络上，表达一下自己的雅趣。他们都属于乡土中的“局外人”。

这也不是不好，起码说明我们还没有忘本。虽然我们貌似融入了现代，正在向未来狂奔，但心底还有一份对过去的牵挂。我们为过去的消失感到焦虑，害怕自己没有根，没有记忆，如影飘移。

乡土摄影中“局内人”的影像，近年较有影响的是“把摄影机交给村民”的几次尝试（如“农村妇女自我写真”“社区影像”“村民影像”等）。通过他们的影像，人们“看”到当事人“看”的是什么，怎样“看”。“文化持有者”本体对自己的文化生活状态的看法，正是影视人类学所重视的。

其实，更早的“局内人”影像，自在于古村老宅的客堂墙壁上。祖屋里几代同堂的全家福，祠堂门前的宗族大合影，是中国社会基础结构和文化传统的视觉写照。如今，除了部分地区还保留着某些节令性的回访或象征性的纪念活动，这种大家庭结构和宗族组织已经解体，文化传统由于年轻人的出走而发生断裂，无以为继。大家庭的黑白老照片霉迹斑斑，孤悬老屋一角。这些发黄的老照片很少有人注意，但它们却是乡土摄影的原型。画家在这样的家庭合影上，看到中国传统社会的深层结构和诡异面相（如张晓刚）；摄影家也在乡土家庭、宗族或村社的大合影甚至刻意摆拍的呆照中，复现那些由于熟视无睹而几乎被忽视的结构性元素。黄庆军拍摄的《家当》系列，把房主人和家当请出家屋之外，使他（它）们和居住空间及环境空间形成一种分离或游移不定的关系。徐晋燕等指导拍摄的《白族百村》，以及延伸出的“中国白族村落影像民族志”系列丛书，将影像与族群文化传统和当代生活有机结合，属于乡土影像中较有人类学特色的作品。这类乡土摄影，就多了一重艺术或学术的追求。

（原载《中国摄影报》
2015 年 9 月 11 日第 9 版）

能不能把端午节过大

黄　涛

端午节是我国重要的传统节日之一，但是在节俗的传承方式和传承状况方面与春节、清明节、中秋节有着显著的不同。春节、清明节、中秋节都有按着儒家道德规范必须遵行的节俗，如祭祖、拜年、扫墓、家族团聚等，如果不遵行这种节俗，会受到别人的非议甚至谴责。而一般地方的端午节没有这种必须要做的礼仪规范性节俗，它在传承上缺少了其他大节的那种道德强制性动力，这是它在较长历史时期以来传承更为单一的主要原因。

在漫长的历史时期，节日习俗的维系和传承需要适应主流文化和民间文化的变迁。先秦到汉代是端午节的初期，这一时期人们还保持着很盛的原始信仰，即五月五日为“恶月恶日”的观念，自然地采取避忌措施，传承动力较为充沛。但到了魏晋南北朝时期，社会思想比以前相对开明，人们的原始信仰观念有所衰退，端午节早期主题的传承动力逐渐减弱。这种变化的标志就是产生了用纪念历史人物的传说来解释端午习俗的情况。关于五月五日吃粽子是为了祭祀屈原的记载最早见于南朝梁代吴均的《续齐谐记》，端午龙舟竞渡是为了表达抢救屈原愿望的传说最早见于南朝梁代宗懔的《荆楚岁时记》。这些传说的产生表明，人们开始对早期端午节的一系列避邪习俗感到莫名其妙，就编出了一些历史人物传说来解释。但是，靠这些历史人物传说所带来的传承动力，与其他传统节日所具有的家庭团聚、祭祀祖先等习俗相比，在切合儒家文化和获得民众认同方面都远远不及。

在当下重视非遗保护的社会背景下，端午面临着重振的重大机遇。在尊重历史文化传统、不损害端午节本真性的前提下，我们理应积极采取措施，促进古老的端午节更好地适应现代生活并在现代社会发展壮大。

首先需要搞明白端午节能在现代社会广泛传承的文化内涵和主要习俗是什么，对于当代一般民众来讲，端午节的主题显得模糊不清。纪念屈原、爱国主义一度成为其最显赫的主题，应该说，这是魏晋以后端午节的部分习俗，但是将与屈原有关的内容放大到几乎是端午节的主体，无疑是部分学者将自己的政治理想和道德情操浪漫地注入民间习俗的结果。

端午节原本丰富多样的避邪习俗基于古人的原始信仰，许多避邪习俗成为这一古老节日的象征符号。在某种程度上，端午节可称为“卫生医药节”。洗兰花浴、用蒿草烟熏蚊虫都是讲卫生的活动，端午节部分习俗蕴含着爱美的内涵。据明《帝京景物略》记载，旧时北京人每到此时，从初一到初五，要把家里的小女儿打扮得很漂亮，头戴石榴花，臂系五彩丝，身上佩香包，因此我国对端午节有“女儿节”的别称。而划龙舟则是一项富于体育竞技性、观赏性的活动充满阳刚之美。这一面被日本发扬光大，使端午节在那里发展成为男儿节。综上所述，我们认为，端午节的原初主题在现代社会生活中经过调整革新，完全可以成为一个富于魅力、活力和现代性的节日。

其次，推广做大端午节纪念物的生产和消费。端午节的节日纪念物较为丰富，有粽子、龙舟、菖蒲、艾蒿、香包等，其中嘉兴粽子已经成为市场销售较好的纪念物，香包也很有发展潜力，如甘肃庆阳香包在市场推广方面已有成效。

第三，支持开展端午节大型公共节庆活动。端午节在我国的传承情况不够理想的一个主要表现，就是保留下来的习俗活动比较单调而且公共节庆活动较少，甚至有韩国教授认为中韩两国端午节的主要区别是韩国端午节主要是公共场合的节庆活动，中国端午节主要是私人家庭场合的活动。

第四，支持做大基础好的端午节地方特色节庆活动。韩国的端午祭就是将一个地方（江陵）的端午节庆活动搞得很盛大，其实韩国一般地方的端午节习俗也很衰弱。我国各地的端午习俗很多地方都很有特色，但大规模的综合性端午节庆似不多见，所以可以考虑将基础好的端午节庆做大、做出影响。

（原载《中国文化报》
2015 年 6 月 19 日第 7 版）

“泛娱乐”战略让知识产权跨界增值

黄永林

近年来，以网络游戏、网络文学、数字短片、数字音乐、数字电视电影、动漫和数字出版物等为主题内容的互联网文化产业突飞猛进的发展，泛娱乐的模式日渐丰富化，优秀传统文化与科技的深度融合正在成为一个市场价值越来越大的有机生态系统，泛娱乐文化产业发展潜力巨大。以腾讯为例，在2011年中国动画发展高峰论坛上，腾讯公司在业界首次提出“泛娱乐”构思，2012年，该公司进一步提出了以“明星IP”为核心的“泛娱乐”战略，并根据自身资源优势，在网络游戏业务的基础上，2012年到2014年先后推出了动漫、文学、影视等三大新业务平台，系统布局泛娱乐生态，推动旗下文学、动漫、游戏、电影四大板块资源整合。经过几年的不断发展和创新，腾讯公司逐步构建了一个实现版权多元开发和运营的互联网文化产业商业模式，在游戏、文学、动漫业务等领域处于国内领先地位，“泛娱乐王国”梦想正在逐步变为现实。这一文化创意产业发展模式较好地顺应了文化与科技融合发展的时代需求，其创新具有以下特点。

首先，创新“明星IP”模式，突显内容创意关键。IP即知识产权。文化产业是以“内容为王”的创意产业，说到底是一种知识智慧产业，是通过打造人人喜爱和家喻户晓的人物和故事，将这些好的故事与更多的人分享，从而创造社会效益和经济效益的产业。而“泛娱乐”关键就是创新明星“IP”即以版权为主的知识产权，也就是一个“故事核”或者一个形象符号，比如唐老鸭、孙悟空或者钢铁侠。当今时代，全球文化软实力的竞争很大程度上就是各国强势IP之间的交锋。我国文化产业的发展在打造内容创意本身的同时，开始转向对于版权自身价值及增值服务的探索。腾讯公司提出的“明星IP”模式，就是在同一个文化创意内核的基础上，多领域同时互动共建同一版权，使“明星IP”价值实现几何级壮大和APRU值（每用户平均收入）的大幅提升，从而最终完成互动娱乐产业的扩容和增值。这一模式凸显了文化产业发展中内容创意的关键要素，深入挖掘了“明星IP”品牌的巨大潜在价值，能更好地让一个个拥有数千万甚至数亿粉丝的“明星IP”资源转化为巨大的经济资源，实现明星资源品牌到产业经济品牌的转化，通过产业实现版权值的放大，为文化产业发展真正带来新的活力。

其次，提出“泛娱乐”战略，实现多领域跨界共享。娱乐是人类永远的精神需求，随着人们收入不断增加和物质追求逐渐满足，人们对娱乐的需求更加旺盛，特别是随着移动互联网的普及，人们可以在任何时间、任何地点进行阅读、听歌、观影和游戏，生活就是娱乐，娱乐就是生活，两者之间的界限开始被全面打破，大众的娱乐需求得到空前的释放。在这样的背景下，腾讯提出“泛娱乐”战略，具体来说，就是以互联网为基础，以知识产权为原点，让“明星IP”实现多域跨界共生，形成在文学、动漫、游戏、影视等领域的

"泛娱乐"一体化的多元文化产业链，保证知识产权的价值能在各产业领域进行充分地开发，实现知识产权影响力扩散和价值共享、打造多元互动娱乐体验，让用户无论在哪个场景中，都能欣赏自己喜爱的形象，这种"泛娱乐"战略的实施将是一场声势浩大的文化产业变革，为文化产业发展带来前所未有的发展机遇。每个业务平台每个艺术形式有不同的特点，比如用户会看喜欢的小说，很大程度上也会喜欢看相关的漫画、游戏以及高品质视觉体验的电影，"泛娱乐"战略就是通过这种方式实现文化产业增值。

其三，实施"明星 IP"计划，实现优质版权价值放大。知识产权保护的对象是"人的心智、人的智力的创造"，是人的"智力成果权"，是在科学、技术、文化、艺术领域从事一切智力活动而创造的智力成果依法享有的权利。版权是文化创意行业的原点，发展文化产业以版权为核心，是人的价值本身的回归，这就必须高度重视知识产权的保护，重视知识产权培育。腾讯拥有较多的优质版权，实施"明星 IP 打造计划"，就是要保护知识产权，并使其实现价值的放大。据有关媒体介绍，腾讯等公司将成立专门版权团队，主要负责版权的签入与"泛娱乐"的拓展；大力培育优秀的作者队伍，针对有成功创作经历的作家，重点通过系统传播、主题包装以及"泛娱乐"运作，扩大品牌效益；针对新人作家，通过内容专家全程指导和专业团队有针对性运作，有效缩短人气积累周期，让这批作家快速崛起。这些措施不仅为企业未来的发展储备了人才，积累了后劲，而且更重要的是让知识产权得到更好的保护，能让"明星 IP"品牌成为产业品牌，发挥出更大更好的效益。

其四，整合多方资源优势，实现跨界互动协同创新。以"明星 IP"为核心的"泛娱乐"战略不是简单地把一个知识产权进行授权，要真正实现"明星 IP"优质资源在多领域跨界广泛共享，发挥最大效益，必须在大格局背景下实行大统筹和大协同。首先，必须实现本企业内优质资源的大统筹与整合。腾讯互娱是一个有内容、有互动的用户平台，旗下涵盖腾讯文学、腾讯游戏、腾讯动漫和腾讯电影等多个互动娱乐实体业务平台，但文学、游戏、动漫和影视这四大板块从内容制作到运营呈现相差太大，在这多个环节中同时打造 IP，这不仅需要生产企业具有很强的综合实力，还需要多个"术业有专攻"的高水平创作者（团队）和策划者对市场的深入把握能力，更需要企业在各个领域和环节上具有超强的统筹和整合能力。没有强有力的统筹和整合，再优质的资源也是不可能被共享和实现其最大价值的。其次，还要与行业伙伴进行广泛互动与协同。整合营销与跨界融合已成为这个时代主流趋势，移动互联网时代的到来，为跨界多方合作提供了更多、更新的方式和可能，腾讯互动娱乐持续基于互联网的多领域共生，为腾讯平台聚拢的数亿用户提供基于特定"明星 IP"的优质产品以及围绕这些知识产权展开的多元泛娱乐体验，为不同业务的泛娱乐融合找到新的途径，同时，这些知识产权业务完全可以和外界其他的平台进行充分多组合和跨界互动和融合。立足"泛娱乐"战略，用创新方式打造"明星 IP"的粉丝经济，将优质知识产权孵化出更多更好的文化产品，这充满了无限想象空间和美好的期待。

（原载《中国知识产权报》
2015 年 4 月 17 日第 9 版）

民间舞蹈生存需要节日民俗文化“温床”

——节日文化空间视域下的民间舞蹈传承与保护

孔令平

对于节日的定义，目前没有一个统一标准，但纵观我国传统节日的来源，不外乎与原始崇拜、宗教、祭祀等有关，如春节、中元节、浴佛节、盘王节。而舞蹈的起源往往与图腾崇拜有着密切联系，如汉族的龙舞、鄂伦春族的熊舞等。因此，节日与舞蹈有着天然的联系，在节日民俗文化空间下看民间舞蹈，二者之间实际还有着从属关系，民俗是民间舞蹈的依存土壤，民间舞蹈在民俗活动中产生、传承和发展。民间歌舞作为民俗节庆活动的核心部分，以鲜明的民族地域形象和热烈的集体参与气氛吸引着本土与外来的观者，使民俗事项有了广泛的群众基础；同时，民间歌舞也因有了节庆的坐标，以固定地点为活动和发展的特定时空，才得以代代相传。

塑造有意义的节日文化空间

节日文化空间所涉及的门类众多，不仅包含仪式、礼仪等活动，也包含了舞蹈、音乐、戏曲等艺术形式。节日文化空间的形成与其所包揽的内容是分不开的，一个成熟的节日文化场域是经过漫长的人文习俗聚攒而来的，由一系列的人为事项、场地设施、活动用品、仪式程序组成。“文化空间”是在特定的时间内进行特定文化活动的场所。节日文化空间不仅兼具时空性，同时，节日文化活动的开展也离不开活动主体——人的参与，且节日文化活动更多是自发的全民参与。节日活动不应与商业活动相提并论，它完全取决于民众对节日的向往。

节日文化空间的保护对于保护节日文化活动具有重要意义：依据保护非物质文化遗产的整体性原则，节日民俗的整体性保护体现在空间和时间的双重向度上，静态的空间保持和活态的时间再现是节日文化空间建构的关键。目前，众所周知的中国传统节日如春节、端午节、中秋节皆是全国法定假期，而少数民族节日也有当地的节日放假制度。周期性的放假制度为节日文化活动提供了时间保证。此外，保持节日民俗文化场所的原型和重现节日民俗活动的原貌也是节日民俗整体性保护的重中之重。节日文化活动是依靠节日文化空间存活下来的，节日文化空间不仅包含了时间，而且有物质层面的空间形态，小到一间庙宇，大到一座城市，它是比较具体的、有形的、现存的。而随着经济的快速发展，“文化搭台，经济唱戏”较为严重，很多节日文化空间成了旅游开发的“重灾区”，为了追求节日文化空间单一的经济价值，忽略其文化价值，导致节日文化空间遭到不同程度的破坏，最后沦为商业化比较浓厚的“旅游胜地”，也就失去了节日安身立命的生存空间了。

民俗节日作为中华民族的优秀文化遗产，其包含的民俗节日活动非常丰富，每个民俗节日的主题和形式不尽相同：有的以选对象、谈恋爱为主题，如苗族的“姊妹节”；有的以祈求人畜兴旺、风调雨顺为目的，如壮族的“蚂拐节”；有的为展示服饰、选美比美，如彝族的“赛装节”，还有以欢聚歌舞、万人狂欢为主要形式，如景颇族的“目瑙纵歌”。民俗节日的主题体现出节日内在的文化价值，同时也是节日的精神内涵，它强烈反映了一个民族的愿望、习俗、特质和凝聚力。节日的主题性是一个节日所有活动所围绕的核心，由此应该围绕节日的主题去塑造一个有内容、有价值、有意义的节日文化空间。

民间舞蹈是节日民俗不可或缺的内容

节日民俗文化空间是民间舞蹈生存的“温床”，同时，民间舞蹈又是节日民俗不可或缺的活动内容。早在30年前，由文化部、国家民族事务委员会、中国舞协主办，全国艺术科学规划领导小组组织编纂出版的大型民族民间舞蹈文献——《中国民族民间舞蹈集成》成为中国民族民间舞蹈艺术有史以来的第一部总集。《中国民族民间舞蹈集成》力求准确、科学、全面地记录各民族、各地区的民间舞蹈。不仅记录动作、音乐等，还包括每个舞蹈相应的风俗习惯和宗教仪式活动，其中每个民间舞蹈都有它所专属的民间习俗。统计显示，《舞蹈集成》中信仰习俗舞蹈438项，节日舞蹈799项，人生礼仪舞蹈107项，生产生活舞蹈585项，其中节日舞蹈的数目最大。

随着全球化进程的日益加快，占据统计比例中最大的传统节日正面临着西方节日的冲击，中国传统节日的传承与发展面临着巨大挑战，传统节日一旦消亡，那么节日当中的舞蹈也就随之消失了。目前，以贵州为例，其各民族的传统节日总和是全国最多的，据粗略统计共计1000多项，有代表性的苗族的苗年、姊妹节、吃新节；布依族的三月三、六月六；彝族的彝年、赛马节；瑶族的盘王节等。其中，每个少数民族节日又包含了具有代表性的传统舞蹈，如苗族的木鼓舞、布依族的回旋舞、彝族和瑶族的铜鼓舞。但最近调查显示，贵州的有些少数民族节日已经不再有任何活动了，随之而来的是节日中的传统舞蹈也慢慢地退减。可见，对于节日文化空间下民间舞蹈的保护刻不容缓。

民间舞蹈寓于民俗文化之中

舞蹈是一种文化现象，民间舞蹈寓于民俗文化之中。民间舞蹈是民俗文化整体中有形传承的重要体现；民间风俗又为民间舞蹈增添了浓郁的民族文化色彩并提供了内容、气氛以及广阔的传承和发展空间。通过一个舞蹈，可以了解一个民族。民族文化像一个纽带将舞蹈艺术与民间风俗紧紧联系在一起，使舞蹈艺术与民俗文化互相渗透，互为依托。由此在与之不可分割的节日民俗当中看民间舞蹈的传承与保护，需从几方面把握：

第一，节日文化空间里民间舞蹈的独特性认识。民间舞蹈，历史悠久、形式多样、种类繁多。每个民族都有自己独具特色的舞蹈；甚至一个民族因聚居的区域不同，其具有的节日民俗特色也不尽相同。许多民族的节日舞蹈不仅有整体性、综合性，通过节日习俗还使它们规范化、仪式化，具有节日文化空间下的独特性。从节日民俗看民间舞蹈，不仅可以看到一本完整的舞蹈艺术史，也可以窥见一部独特的节日舞蹈文化史。节日民间舞蹈文化内涵的性格特征，其实是建立在多种文化空间形态构成的民族文化总体价值层面上的，其个性化的舞蹈节日文化空间内涵尤为突出。例如壮族蚂拐节中的蚂拐舞具有鲜明的典型性：壮族蚂拐节的舞蹈从古越传统文化基础上发展而来，保留了较多的越文化特点，蚂拐舞以群体性为主，有反映先民的祭祀仪式，也有动物模拟和表现农业、家庭副业劳动的，带有较强的图腾崇拜和模拟、再现生产生活的舞蹈特性，壮族的蚂拐节舞蹈具有其节日文化空间的独特性烙印。

第二，节日文化空间为民间舞蹈的生态性保护提供可能。舞蹈的创造者是人，人又是“物化”了的舞蹈创造品。这门既古老又充满青春活力的艺术，以其自身的特质决定了它与人类及其生存环境的关系格外密切。它紧随着人类进化而传衍、发展，留下的那千姿百态的斑斑绰影，正是人类发展历程中，与其生存环境相互影响、相互作用的某种呈现方式。生态环境对于舞蹈可以产生很大影响，很多民族所表现出的文化特征即是生态环境影响的结果，当然，民间舞蹈也不例外。一种民间文化遗产是连同其周围环境一同存在的，保护工作不仅是保护其本身，还要保护其周围的整体环境，这样才能体现出历史的风貌。节日文化空间实际上就是民间舞蹈的生态环境，民间舞蹈依托于节日文化空间传承。

第三，节日文化空间是民间舞蹈活态传承的保障。所谓民间舞蹈的活态传承，实际上是使某个民间舞蹈成为它所属的民族、地区文化生活空间中的一部分。活态传承是民间舞蹈的传承特性，它不仅需要传承民间舞蹈的文化形态，而且必须是活着的艺人正在传承的。民间舞蹈传承人指的是某个团体或个人能够熟练掌握某个民间舞蹈项目，并能积极地带徒授艺使活态的民间舞蹈继承下来，民间舞蹈传承人不单单指的是个人，也包括团体和组织。非物质文化遗产最大的特点就是必须依托人的存在，通过语言和动作等行为而得以延续，是靠人的活动传承下来，如果从事非物质文化遗产的人越来越少，那么非物质文化遗产就可能失传，所以说，活态传承最重要的是对传承人的保护。既然传承人对于民间舞蹈的活态传承非常重要，那么传承人传承民间舞蹈的文化空间就显得尤为重要，节日文化空间是民间舞蹈传承和弘扬的有力保障。在节日文化空间里，民间舞蹈拥有属于自己的观众群体和文化氛围，或者说有一定的“市场需求”，节日文化空间为民间舞蹈提供了展现舞台。随着节日文化空间的不断演变，民间舞蹈所表演的内容以及表演的规模也会随之丰富起来，这实际上为民间舞蹈的活态传承提供了可能。

文化生态是民族文化生存的基本条件，一旦发生变化，该文化就会发生相应变异甚至消解。节日民俗作为一种文化生态现象，在节日文化空间这一特定的环境中，综合了节日文化所需的一切内容，影响着民间舞蹈的传承、发展的方方面面。由此，保护好传统节日是继承和保护民间舞蹈的重要手段，民间舞蹈应保护在其所属文化空间内，进而保持其原生性、整体性、独特性，在特定节日文化空间下对于民间舞蹈的原真性保护、整体性保护、活态性保护具有重要意义。

（原载《中国艺术报》
2015年8月12日第6版）

发展传统民间游戏需要新的文化空间

林继富

随着现代化及城镇化的不断推进，许多“大杂院”消失了，民间游戏失去了游玩的场所；“鸡犬相闻”的邻里没有了，民间游戏失去了广大的参与者；没有儿童的嬉戏打闹，民间游戏便失去了原有的乐趣和童趣。与此同时，语言文字类民间游戏，因语言游戏的“普通化”，其方言性和多元化的地域特质也在不断消亡，因此，如何复兴传统民间游戏，不仅关乎文化多样性的保护，也关乎我们的记得住的乡愁和童年的记忆。

每个人从出生的那一刻起，父母的一颦一笑成为我们幸福的营养源和催化剂。爷爷奶奶口口相传、爸爸妈妈手把手教授的游戏歌谣和游戏活动，成为儿时欢乐的主要元素。与伙伴们一起成长的日子里，大家无拘无束地在游戏嬉闹中协作、竞争，是那么有趣和快乐。所有游戏中展现出来的亲切感总是与朗朗的笑声和浓浓的乡情融在一起。不论是斗百草、放风筝、骑竹马、荡秋千、捉迷藏、斗蟋蟀，还是跳房子、老鹰捉小鸡、拔河、赛龙舟、摔跤、下土棋等，几乎每个炎黄子孙都会津津有味地说出许多许多。这些传统民间游戏产生于民间、流行于民间，深受民间百姓的喜爱，成为人们美好生活的源泉，并伴随着一代代人的成长，沉淀成温暖而深刻的记忆。

传统民间游戏是由普通民众生活经历、经验和智慧创造的民间文化集体活动形式。从历史发展的角度看，由于朝代的更迭、政治经济环境和风俗习惯的改变，民间游戏受到各个朝代民众生活方式和时代文化的影响，先前的传统民间游戏的细节不断完善，花样不断翻新，并且不断融入时代新的内容。同时，每个朝代均会产生新的游戏，尽管这些游戏流传在民间，有的游戏并不复杂，但却体现了民众在生活中的大智慧、大情怀。从这个角度来看，不同种类的传统民间游戏的发展轨迹记录了不同阶段民众生存状况、文化心理和精神气质，是一个民族时代精神最直观、最鲜活的外在体现。

传统民间游戏将自身内部元素与社会结构整合，并得到可持续性的发展。一些传统民间游戏在保持特色的同时，游戏的内容有所创新，如扑克和麻将的玩法不断翻新，即使同一种玩法在不同地区也有不同规则。但是，无论规则怎样变化，均被当地人所接受，这种创新和发展正是传统民间游戏作为地方知识创新发展的基本原则。

然而，随着现代化及城镇化的不断推进，许多“大杂院”消失了，民间游戏失去了游玩的场所；“鸡犬相闻”的邻里没有了，民间游戏失去了广大的参与者；没有儿童的嬉戏打闹，民间游戏便失去了原有的乐趣和童趣。传统民间游戏自身的“新陈代谢”过程难以与现代化的快速发展同步，从而使许多民间游戏面临萎缩或消失的危机。

从目前来看，中国传统民间游戏存在的文化生态已发生了巨大变化。儿童游戏被成人控制的程度增强，并由在户外进行的社会性集体活动逐渐向在室内以儿童或以儿童与父母等成人为玩耍主体的活动转化。

城镇化进程的加快，高层住宅楼房取代了平房小院式的传统家居形式，淡漠的邻里关系将以前屋里院外跑来跑去的儿童束缚于相对狭小的室内。儿童们居住的环境变了，没有了过去的自由，没有了彼此的打闹。城市的不断发展以及对旧城区的改造，使传统意义上的游戏街区场所快速消失，村寨的一块平地或者街道的广场曾经是居民室内生活空间的延伸，也是儿童可以玩跳皮筋、过家家、踢毽子等游戏的场所，这些原本贴近自然、融入自然的游戏场所被虚拟的电子空间所替代。

此外，民间游戏中的乐趣来源于游戏过程，也来源于游戏玩具的制作。在过去，受经济发展水平的制约，儿童在游戏活动中所使用的玩具很多都是就地取材于大自然和日常生活，如石头、木头、竹子、泥巴、纸、鸡毛、麻绳、铁丝、棉线等无须花钱就可成为儿童们手中的玩具，儿童和父母在一起制作玩具的过程其乐融融。

随着社会经济的发展，制作精美的商品玩具代替了过去用自然材料制作的玩具，也剥夺了孩子“制作”的乐趣与在这个过程中想象、思考的权利。比如，20 世纪 60 年代儿童的“捏泥”游戏包括到户外寻找合适的黏土、泥块，根据自己的经验、想象捏出各种物体，用自己制成的泥巴玩具玩耍等步骤。80 年代末期，橡皮泥已经出现，孩子们再不去找泥巴、挖泥巴了，而是从商店里买来橡皮泥。90 年代，橡皮泥不仅改进为更安全美观方便的“培乐多”，而且还配备了各种造型模具。从捏泥巴玩具及其游戏的变化，可以发现这一游戏的过程缩减了，在捏泥过程中的创造性和趣味性也有所减少，同时拉大了儿童与自然之间的距离。

随着经济和社会的发展，许多新的游戏方式在社会上不断出现。比如网络游戏的出现，改变了传统民间游戏人与人之间面对面的游戏方式，演变成了超越熟人社会，在虚幻空间开展的游戏行为。网络游戏的出现可以说是一场游戏的革命，它不仅压缩了游戏的活动空间，改变了游戏的活动方式，而且出现了许多崭新的游戏内容，以至于影响了人们的生活态度和生活行为。

传统民间游戏要适应时代的变化而变化。以民间传统游戏为核心的“乡愁”相当多地曾经是民众的生活方式，有一部分消失了，这是文化发展的规律，但是，对于相当多的传统民间游戏，我们应该将其引入到发展创新的机制中来，除了记录保存以外，还要通过各种方式和办法将它们留存下来，并挖掘其资本价值。我们要更多地从民间传统游戏中发掘具有正能量的素材，使之进入更为广阔的网络空间，将传统游戏有计划、有步骤地推进到民众的生活之中，发展传统民间游戏产业，增强中国传统文化的影响力，从而带来更多的经济效益和社会效益。

（原载《中国文化报》
2015 年 5 月 13 日第 7 版）

重新“发明”传统节日

刘大先

节日代表着一种社会时间，仪式感是节日文化形式的关键

明天就是除夕了，节日的氛围已经越来越浓。如果细察，这种节日氛围和我们以前所感受到的“年味”还是有微妙的差别——传统节日所蕴含的天地人文合一的时空理念，融合了风俗、制度、历史、情感的温情脉脉的时间感，被时下流行的节日消费狂欢遮掩了不少。尤其是那些舶来的节日如情人节等，很大程度上已经成了血拼的嘉年华，节日本身所拥有的丰富文化内涵被简化了。

节日和时间有关。区别于生理时间和物理时间，节日是一种类似周期性仪式的社会时间，它是时间常态中的非常态，是逸出日常生活的狂欢时刻。人们在同一个时刻经历同样的习俗，开展同样的活动，体验同样的价值，在一种仪式性的时间中感受家庭与社会、伦理与情感、历史观照与价值关怀，一个共同的社会就在这种“共情”的时刻得以生产和再生产，从而福祚绵延、赓续不绝。所以说，仪式感是节日文化形式的关键，仪式的淡化往往会带来节日的精神变异，仅仅停留于消费层面，仅仅从事娱乐、购物等活动，这样的“年味”无怪乎会起变化。

传统节日既是自然习得的结果，又处在流动的历史变迁中

从文化机制上说，传统节日是一种自然的习得。中国许多节日都与农耕、游牧的传统相连，与时令节气、宗教祭祀有关，具有强烈的族群性和地域性。比如，对一些少数民族而言，因为时间观念不同，对“过年”的理解也有不同。至今，春节在维吾尔族那里可能还是没有肉孜节、古尔邦节重要；藏族有自己的藏历年，还有像燃灯节、驱鬼节也都是年份转换时的重要节日；彝族的新年却在农历十月左右，有跳虎、吃坨坨肉等风俗；苗族过年没有固定的日期，大致也是在农历十月，会有百狮会、上刀梯、跳芦笙等活动；蒙古族“年”的意思是“白色的月份”，恰在夏季水草丰茂、牛羊肥壮的时节，草原上会举行那达慕大会……这就是所谓岁时有别、礼俗不同。

另一方面，节日也是一种历史化的存在，它并非一成不变，相反，进入现代化、城市化、商业化的时代，节日的内涵不可避免地会发生一些变化。比如“过年”这一在中国人心目中举足轻重的节日现在已经几乎等同于春节，而春节本来主要是中原华夏民族的节日，在现代中国建立“中华民族”共同体的过程中被广泛推广，才逐渐成为整个中华民族共同欢度的节日，原先形形色色的“年”现在已经统一于春节这种被重新“发明”的传统里了。其他传统节日，比如清明、端午、中秋，从其根源来说，也都是族群性、地方性、区域性的节日，但是随着历史的发展，辐射范围越来越广，影响民众越来越多，逐渐成为中华民族共享的节日

文化遗产。

经历了 19、20 世纪之交的新文化浪潮，20 世纪中叶民族国家的体制性建设，五六十年代的革命跃进以及西方文化的现代化冲击，在破旧立新的意识观念下，中国传统节日内在的宇宙观念、世界认知、知识体系和支撑它们的生产生活方式已经发生了现代性变迁，越来越多的传统节日民俗在政治行动、商业行为和民众的集体无意识中发生了改变。许多节日已经被历史涤除，当然也留下了许多有着深厚文化积淀、悠久历史传承和坚实心理基础的节日；一些节日的外延变了，但内核仍然稳定，不会轻易丧失。历史进程中节日的变与不变，生动地体现了“流动的传统”的意义。

节日推动着个人身心的“再生产”，也促进着民族精神和文化认同的“再生产”

作为一个承载文化传统的综合体系，传统节日既包含着饮食、仪式、娱乐等多种活动，也蕴含着年深日久的文化积淀、情感生成和价值观念，同时还是凝聚社会群体、彰显伦理道德、提高民族自信心的重要途径，能够起到协调个人、家庭、社会、国家之间的关系，乃至促进经济社会发展的作用。

越是综合地看、历史地看，越是能认识到，传统节日不仅仅是“传统”，同时也是一种活生生的生产力。这种生产力既有身体上休养生息的意义——通过祭祀、娱乐等活动来缓解疲乏，积蓄未来生产生活的心理能量和体力，满足人们定期进行身心调整、休息、再生产的需要，也是一种经济活动商机——这些年大热的“节日经济”就是一例，更重要的，它也是一种文化理念和精神寄托的“再生产”，潜移默化地推动着人们的文化自觉，唤醒沉睡的集体记忆和民族精神的认同。

节日如同语言文字，是人类具有指示和沟通作用的一种符号体系，构成节日内容的每一事物，都可以解释为一种具有传达意义功能的符号。意识到传统节日在文化象征、寄托情感、凝聚大众、弘扬传统方面的价值，在全球化的语境中，在外来文化的挑战与刺激下，重新发现本土传统节日文化就显得尤为重要。所谓传统的恢复与“发明”，就是将传统节日作为凝聚点，通过周期性的活动，唤起人们对传统的敬重，增强人们的民族文化情感，实现其他文化形式难以实现的传承文化与强化认同的功能。

在这个意义上说，重新发明传统节日也是在重塑一种价值观。在节日带来的特殊的文化时空里，国家层面的文明与和谐、社会层面的自由与平等、个人层面的爱国与友善，都可以在公共的互动实践中获得培育和彰显。这些年最引人注目的国家层面的举措，就是将传统节日与法定假日相关联。法定假日反映的是国家的价值取向，传统节日凸显的则是民族的文化意味，两者有一定重合，但并非完全相同。传统节日与现代法定假日结合，一方面，可以作为社会文化再生产的机制，通过民俗与仪式的传习增强民族认同，巩固现代国家观念和政治认同，另一方面也稳固了文化根源、文化认同和历史延续性。

相比情人节、圣诞节等外来节日，本土传统节日更具亲和力，不仅是“消费节日”，更是“文化节日”。有许多源自中国的节日在华夏文明区域或者说儒家文化圈内影响深远。比如，七夕作为中国的情人节就是融合了中原乞巧与西亚祆教、东南沿海拜魁星的风俗，春节在韩国、越南、新加坡都是最重要的假日，韩国把中秋节列为法定假日，中国香港、台湾地区把春节、清明节、端午节、中秋节都列为假日。所以，重新“发明”传统节日，将传统节日纳入假日体系，还可以让港澳台胞、海外华人在文化认同上有归属感，增强中华文明的影响力。本土节日经过展开、衍生、推广、弘扬，将成为国际交往中重要的文化竞争力。

（原载《人民日报》
2015 年 2 月 17 日第 14 版）

延续每一个故事“自己的生命”

——关于改写民间故事的讨论

刘守华

民间故事是孩子们最喜爱的精神食粮，中国民间故事更以其丰富优美闻名于世，可惜至今还没有一本如同《格林童话》那样的书在公众中广泛流行。目前，有不少教育界的有识之士尝试为孩子们编写和改写民间故事的读物，我十分赞赏，我认为，这一类的图书绝不能粗制滥造，急功近利，有教学基础的写作者可以先写出来，给学生试讲，或者也可以给乡民试讲，再集印成书，争取能做到雅俗共赏、学术性与可读性相结合。

至于怎样编写，能有所加工而又保持民间故事的本色魅力，这就是一个可供业界探讨的话题。我认为，《格林童话》《意大利童话》和阿·托尔斯泰的《俄罗斯民间故事》就是典范。在中国，董均伦和江源合作的故事也可以与之媲美。

在民间故事的改编和写作中，《故事学纲要》《民间故事经典》等著作，《意大利童话》的作者伊·卡尔维诺、俄罗斯作家阿·托尔斯泰关于民间故事的文章，以及董均伦、江源等前辈关于创作民间故事的论述，都在告诉大家，他们怎样进行这方面的工作。我以为，创作者们最初不必急于改写故事，要先认真读书，同时也要广泛阅读中国精选的故事书，深入领会民间口头文学特质与艺术魅力，再来进行改写改编活动；而不能只是简单地找几篇故事来拼合——向孩子们口头转述这些故事是一回事，将它们改写成为文学创作成果出版又是一回事，这是需要较长时间的学习、磨炼才能实现的。

在学习和创作的过程中，多读一些中国各族各地的民间故事，不断从中吸取文化滋养至关重要。《中国民间故事集成》就是一部中国的“故事海”，值得创作者们终身“享用”。这样大部头的故事书只能慢慢啃。同时，我建议大家多读一些中国民间故事的精选本，如贾芝、孙剑冰选编的《中国民间故事选》三卷本（作家出版社出版），中国少数民族文学学会选编的《中国少数民族民间故事选》（中国民间文艺出版社出版），祁连休选编的《中国民间故事精选本》（中国少年儿童出版社出版），郑硕人、顾乃晴选编的《中国童话》（上海文艺出版社出版），刘守华、黄永林选编的《中国民间故事精选》（华中理工大学出版社出版），以及新近问世的由中国民协选编的《中国传统故事百篇》（人民出版社出版），刘守华选编的《中国民间故事经典》（华中师范大学出版社出版）等，诸多学人视作经典代表的故事约在百篇左右，创作者们若能烂熟于心，不论讲故事或编故事，自能得其神韵。

在阅读欣赏这些民间故事时，还要特别注意那些著名故事讲述家——即故事传承人的代表作。我在《故事学纲要》中已评介了秦地女、黑尔甲、金德顺和刘德培这四位传承人，现在还可以加上辽宁的谭振山、山东的胡怀梅、山西的尹泽、河北的靳正新、四川的魏显德等。民间故事的讲述也是有个性色彩的，我们改写故事并非要突显某种个性色彩，而是要懂得语言艺术风格样式的多样性，正如画家要懂得运用多种色彩来作画一样。

民间故事的原生态是口头讲述，经文化人记录写定成为书面文本，才广传于世。我国长时期将这一过程称为“搜集整理”，但搜集整理缺乏科学规范性，忠实于原作的程度很不一致，以致精粗不一，真伪难辨，容易失去民间文学的本真性。在这一过程中，创作者需要以“科学性、全面性、代表性”为标准，并将“科学性”置于首位来编纂，这就是“采录”的过程。“采录”是要忠实于它的本真形态的，但也可以采取“改编”“改写”乃至“再创作”等方式进行不同程度的艺术加工。现在一些创作者不直接采录民间文学传承人的口述故事，而是就已写定的故事文本作再加工，我以为叫“改写”较为恰当；阿·托尔斯泰和卡尔维诺笔下的《俄罗斯民间故事》和《意大利童话》就是这样的范本——在保持原故事基本面貌（核心母题、主要角色、主干情节）的前提下作适当文学加工修饰，应当被作为民间故事的一个新品种来看待。一位年轻作者在与我沟通时表示，他“不是拿某个故事作为题材，写一篇用于表述我自己的小说”，而“应该使每一个故事成为它们自己”，即延续它们“自己的生命”，其中包括尊重、保留原故事所含习俗信仰根基。我很赞同这一说法，只是要做到既不对原作生搬硬套又保持原作（并非某一单篇文本）的生命神韵，实际上是比通常的“整理”或自己独立编写故事的工作更为繁难。改写民间故事是一项既富有文学性又兼含学术探索性的工作，值得全力以赴。

行文至此，我不禁想起搜集整理《白族民间故事传说集》的李星华女士（1911—1979），她是中国共产党创始人之一李大钊的长女，上世纪40年代在延安中学教语文课，上世纪50年代任《民间文学》杂志编辑，曾赴云南采风，从瑞青妈妈等故事家口中采录整理出《白族民间故事传说集》，并由人民文学出版社出版。我在《中国民间童话概说》一书中，评述过其中的《两老友》等几篇。书中的精美故事和李星华女士献身于民间故事所获得的卓越成就，都是难能可贵的范例。

（原载《中国艺术报》
2015年11月9日）

保护传统年节的地域特色

刘晓峰

作为一个研究节日的学者，每年几个大的年节都是最忙的日子。今年6月18日至21日，在浙江嘉兴开节俗讨论会之余，我有幸再睹美丽的江南水乡的端午节俗。6月30日至7月3日，借在湖北省黄石市参加节俗研讨会的机会，又实地参观了西塞神舟会。这期间先后阅读了200多篇论文，听到几十位学者的讨论。各种信息、各种看法、各种思路此去彼来，在头脑中绕来绕去。我反复思考的核心问题是：今后传统节日该怎样研究和保护？

刚刚参观过的西塞神舟会，是中国端午节非常有代表性的节俗，2009年申请人类非物质文化遗产名录时，它与“屈原故里端午习俗”“汨罗江畔端午习俗”“苏州端午习俗”一起被列为中国端午节4个代表性节俗。

西塞神舟会的地方特色非常强。和许多地方的端午习俗不同，西塞神舟会是大端午。节俗活动以神舟的扎制和放流为主线，由开工扎船、神舟开光、恭请诸神、神舟巡游、打醮守夜、神舟登江等主要环节构成，节期从四月初八一直跨到五月十八。

按照《礼记·月令》的记载，五月是“阴阳争，死生分”的月份。夏历五月为夏至所在之月，日照时间最长。这也是南方暑热难挨，各种疾患、时疫流行的季节。所以一直有把五月看成“恶月”“毒月”的说法。西塞神舟会的神舟，就是用来承载五月这些瘟疫、诸秽与百毒的神舟。借神舟送走诸殷秽恶，借以祈福纳祥是西塞神舟会的核心主题。

屈原传说是端午节起源传说中流传最广、影响最大的一个。历史上西塞神舟会原称“龙舟之会”。“龙舟之会”也有屈原登场，但扮演的角色很不同。清代的《大冶县志》载清代文人胡梦发《五月十八日龙舟记》称：“楚中五月十八日复有龙舟之会，装饰楼船送屈子，谓疫气亦随之以去，不知始于何时。”按照当地人的解说，农历四月初八举行“收禁”仪式，将“春瘟诸秽百毒”全部收入“黑爷”的腰袋中，然后把“黑爷”请入神舟宫供奉起来。此后“黑爷”在诸神的辅佐和帮助下，押解着“春瘟诸秽百毒”乘神舟登江远离西塞驶向五洋。这位“黑爷”，与胡梦发《五月十八日龙舟记》中的屈原担当的明显是同一角色。

两者之间的传承与演变，今天却是一个尚待解开的谜。端午吊屈的大传统下，西塞明显有自己的小传统。发端于战国时期的端午节，在中国很早就是全国性节日，影响远及海外。

2000多年的传播史中，与中国各地的风土、地理、人文相结合，发生了各种各样的变化，所以类似的小传统所在多有。我想，今后的端午节研究，如果能更多地把研究聚焦在这些小传统上，从文献和田野调查两方面入手，对这些端午节的地域性知识进行深入的梳理和研究，同时立足宏观的立场，对这些小传统的相互关系进行多层面的分析、比较，中国端午节丰富的节俗内容才可能得到全面的展示，端午节的研究也一定能够发展到一个新的层次。从这个意义上讲，端午节依旧有广阔的研究空间。

2009 年，端午节进入人类非物质文化遗产代表作名录，中国古代传统节日跻身世界级“非遗”的，到现在为止还是只此一家，别无分店。但是，成为了世界级“非遗”的端午节，究竟该如何保护，实际上是一个很大的问题。端午节日覆盖面涉及全国，作为国家法定假日，更与民众生活密切相关。相关问题的讨论，因此具有非常重要的理论和现实意义。

一位来自屈原故里、年轻时就参加过赛龙舟的古稀老人，对于龙舟使用玻璃钢材质意见很大。另一位从事非遗研究的资深学者，则对把龙舟赛编排成 500 米、800 米的赛程颇有微词。我非常理解他们的文化立场，失去了古老传统的传承，何言非遗？但问题还有另一面。与木质龙舟比较，玻璃钢材质的龙舟船体轻宜于竞赛、成本低且易于保存。而自 20 世纪初现代体育竞赛体系传入中国算起，100 多年来民众已经习惯了运动会式的比赛方式。把龙舟赛按照水上运动会的方式编排，不仅形式上丰富了传统竞渡的内容，而且大多数民众也是可以接受的，因为这种方式他们也已习以为常了。

给端午节带来变化的，还有地方政府的力量。典型的如嘉兴举办多年的端午民俗文化节。这个盛产粽子的城市 2015 年围绕“嘉兴端午、中国味道”这一主题，安排了龙舟直道竞速及配套开展的水上展示项目、端午子胥庙会、端午民俗展示体验、文艺演出、端午美食、童玩游艺等系列活动。在市区凌公塘主题公园，还有端午掼牛全国争霸赛、“传统文化与当代节日”嘉兴端午节的当代价值学术研讨会等林林总总 10 项活动。这些活动有传承、创新，有民众积极的参与，有以推动地方文化建设为目的的政府推手，有以逐利为目标的商家活动，有学者对于端午节深入的学术讨论。所有这些都同样构成了当代中国端午节生活的重要内容。

这就是现实：我们面对的端午节这一世界级“非遗”，是学者们和地方贤达们努力坚守自己古老传统的非遗，是在民众层面被多重演绎变化繁复的非遗，也是被现代国家意识形态纳入体系的非遗。它不断在发展变化，来自中国社会的多种力量都在影响它。这是我们需要正面面对的现实，也是需要正面肯定的现实。

回首中国传统节日发展史，我们可以清楚地看到，节日习俗一直因为受到时代因素、地域因素以及社会发展变化因素的影响而不断变化。而在所有的力量中，民众的积极参与才是最根本的因素，因为民众才是节日存在下去的根本。而学者的使命，在于如何因势利导，在于保持节日文化的内涵的前提下，在尊重民心、民情、民意的基础上通过对历史和现实的研究与分析，不断去拓展节日的外延，以期让端午节的节日活动更深入地成为民众自发、自觉、自愿的活动。

所以，端午节玻璃钢的龙舟可以有，但一定要保护好木质龙舟以及制造木质龙舟的传统技术；端午节现代体育竞赛式的龙舟赛可以有，但一定要保护好原汁原味的传统龙舟赛，两者兼顾才是对端午节最根本的保护。要言之，进步和坚守是重要的两翼，而动态中的均衡，永远是举翥高翔最重要的秘诀。

（原载《中国文化报》
2015 年 7 月 8 日）

给“民间文学艺术作品著作权保护”泼点冷水

施爱东

中国正当文化立国之时，不必急于实施民间文学作品著作权的隔断保护，而是该为保障公众自由使用人类文化遗产做出更多努力。

2014年9月，国家版权局发布新版《民间文学艺术作品著作权保护条例（征求意见稿）》，各大媒体纷纷转载此一消息，普遍认为“加强民间文艺作品的著作权保护立法工作，不仅是推进社会主义文化强国建设的要求，还是参与国际规则制定，争夺国际话语权的要求”。不过，这一观点似乎并未得到多数法律学者和民俗学者的认同。

《条例》中的“民间文学作品”，特指那些找不到具体创作者或执行者，“由特定的民族、族群或者社群内不特定成员集体创作和世代传承，并体现其传统观念和文化价值的文学艺术的表达”。至于那些能够指认具体创作者或表演者的作品，比如你从李大娘那里听到的歌谣，我从张大爷那里听来的故事，都已经在《中华人民共和国著作权法》中得到了保护，因而不在本文讨论范围之内。

著作权法的理论基础，是将作品视为法律上的财产，将作者视为原始的权利人，预设作者付出了独创性的劳动。可是，民间文学的创作者和传承者并不是特定的个人，因此，既无从确认其权利人、也无法确认其独创性。正如钟敬文先生指出的：“民间文学既不是哪一个作者所创作，也不为哪个个人所私有；既不标明哪个作者的名字，也不赋予哪个个人以著作权，它们是人民的集体创作。”

事实上，从国内的情况来看，目前尚未出现一例真正的民间文学作品著作权纠纷，现实生活中基本没有该法律需求。也就是说，《条例》中的问题是我们设想出来的，而不是实际生活中的真实诉求。我们知道，法律是社会关系的调节器。任何部门法皆应以调节、平衡既有社会矛盾为使命。如果我们只是为了立法而立法，其后果必然是无矛盾处发现矛盾，无纠纷处挑起纠纷，显然不利于和谐社会的建设。

我们知道，民间文艺作品具有鲜明的共享性特点，也正因为这个特点，才使我们的非物质文化遗产保护具有了世界意义。现代著作权法的理念是著作者利益与社会公共利益的双重保护，平衡二者的利益关系是著作权立法的基本精神和目标。民间文学作品由于其集体性、口头性、匿名性、变异性等特点，每一个传播者的每一次创作，都是在复制别人基础上的即兴创作。作品完成之后，同样不可逆转，必须将之返还给公共领域，并将作品的再次使用权让渡给其他的传播者。只有这样，才能使社会公众自由接触和继续利用该作品的要求得到满足。

民间文学鲜活地体现着一个民族的审美风尚，既是一个民族核心价值观的优良载体，也是富于民族特色的文化输出品。自上世纪60年代以来，围绕民间文学著作权保护问题，国际知识产权界展开了旷日持久的论争。但迄今为止，全世界还没有一个文化强国制定法律自缚手脚，限制这种“惠而不费”的文化输出。目前已经实施保护政策的多是一些经济、文化相对落后的非洲国家，其内在理路是弱势国家针对发达国家的文化抵抗，是回避文化竞争的无奈选择。

我国的发展中国家定位，使得部分学者认为我国也应该实施该项保护。但要特别注意的是，我国是一个典型的多民族国家，地区文化发展极不平衡，如果将这一国际间的“斗争”策略简单地移用于国内民族民间文化领域，就极有可能影响到各民族间的文化交流，甚至影响到民族团结。

民间文化的相互交流与影响，自古以来就是民族融合、民族团结的黏合剂。各民族政治、经济、文化上的密切联系，必然带来民间文化尤其是民间文艺的交流。这种相互学习、相互促进、共同提高的关系，增进了民族团结，活跃了民族文化生活，推动了各民族民间文艺的共同繁荣和发展。这不仅是民间文学工作者的共识，也是全世界知识界的共识。中国正当文化立国之时，不必急于实施民间文学作品著作权的隔断保护，而是应该为保障公众自由使用人类文化遗产做出更多努力。

（原载《经济日报》
2015 年 4 月 19 日第 6 版）

鸟舟竞渡

田兆元

关于端午竞渡，我们几乎都认为，竞渡一开始就是龙舟竞渡。但事实不是这样的，最初的竞渡是鸟舟竞渡。

与龙舟相关的文字记载最早的是《穆天子传》，说是“天子乘鸟舟龙浮于大沼”。对于这段文字，有人认为是“龙”字下面还有一个“舟”字脱了，这只是一种猜想，没有说服力，一个人不能同时踏上两条船，这是常识。可能这段文字并没有错误，说的是鸟舟像龙一样漂浮在大泽上。

用于竞渡的，是南朝时期吴楚地区的舟船。在《荆楚岁时记》及其注文中有集中的表述：

> 是日竞渡，采杂药。按：五月五日竞渡，俗为屈原投汨罗日，伤其死所，故并命舟楫以拯之。舸舟取其轻利，谓之飞凫。一自以为水车，一自以为水马，州将及土人。悉临水而观之，盖越人以舟为车，以楫为马也。邯郸淳曹娥碑云：五月五日，时迎伍君，逆涛而上，为水所淹，斯又东吴之俗，事在子胥，不关屈平也。越地传云起于越王勾践，不可详矣。是日竞采杂药，夏小正云，此日蓄药以蠲除毒气。

这段文字中我们找到了《穆天子传》中所谓的“鸟舟”的传承者，即飞凫舟，吴楚“鸟舟”名叫“飞凫”，竞渡之舟是一种会飞的野鸭子形态。这里没有龙舟竞渡的事情，是典型的鸟舟竞渡。

这就提出来一个问题：人们说的所谓龙舟竞渡是吴越地区的龙崇拜的产物，是不是站不住脚?

闻一多先生在《端午考》中指出：“寻常舟船刻为龙形，本是吴、越一带的习俗。”这不够准确。吴越地区在古代是鸟文化的崇拜地区，其关于龙文化的崇拜是外部迁入的，虽然也产生很大影响，但是鸟文化一直在民间占据很高的地位。从6000—7000年前的河姆渡时期开始，河姆渡一带主要是鸟文化，没有见到龙文化的影子。著名的“双凤朝阳”的图案，以及在考古中出现的江南吴越地区广泛呈现的鸟文化区，都是鸟舟广泛使用的文化基础。竞渡的时候，人们划的船是“鸟舟”而不是龙舟。

在先秦的时候，龙舟大概是普通人都可以乘坐的，既有舟船做龙形的，也有车做龙形的。比如屈原的《楚辞》里面，反复出现乘龙、驾龙的表达，有舟船意象，如《九歌·湘君》：“驾飞龙兮北征，遭吾道兮洞庭。”但是，大多数都是龙车，即车上刻有龙纹。而我们很清楚地看到，屈原驾龙是在洞庭湖，是楚地的风俗。一般来说，楚辞是尊凤贱龙的，龙在屈原的诗歌里面地位很低，都是驾车的角色。楚地的飞龙舟与竞渡的龙舟是完全不同的概念。关于当年楚地的竞渡，用的是什么样子的舟船，还需深入讨论。

汉代桓谭有说“水戏则舫龙舟，建羽

旗，鼓吹乎不测之渊”，这个龙船乃是一个歌船游船。

从汉赋中出现的几次龙舟看，这个龙舟大体上就是一个游船，是不能参加竞渡的。班固《西都赋》里面提到的“后宫乘辂，登龙舟，张凤盖，建华旗，祛黼帷，镜清流”，则明显是皇家的游船。至于后来隋炀帝出巡的大龙舟，更是皇家宝船的代名词。所以秦汉以后，普通人没有乘坐龙舟权利，更不要说拿龙舟来竞渡了。

刘宋王朝有规定：“诸王女封县主、诸王子孙袭封王王之妃及封侯者夫人行，并不得卤簿。诸王子继体为王者……乘舫皆平，两头作露平形，不得拟像龙舟。”这里要求王子的乘舟都不得“拟像龙舟”，平民可想而知。所以我们也就明白，宗懔写作《荆楚岁时记》为什么没有提到龙舟。那个时候不能赛龙舟，只能赛鸟舟。那一时期，有丰富的关于鹢首鸟舟的文献，这里不一一列举。平民乘坐鸟舟，是基本的习俗。

鸟舟竞渡在龙舟禁止的岁月里，承载了端午竞渡文化的内涵，演绎了千年端午竞渡的壮举，这段历史我们不能忘怀，也为中国的鸟崇拜的文化认同做出了重要贡献。

那么真正用来竞赛的“龙舟”是什么时候开始出现的呢？我们翻遍唐人的诗歌，发现关于龙舟的叙事，大多数是咏叹隋炀帝龙舟误国的事情，几乎与竞渡和端午节无关。唐人心中的龙舟，简直就是荒淫误国之形象，是悲剧形象，需要反思的问题。龙舟与竞渡是没有交集的两个概念。唐代关于竞渡的诗歌描述，也没有见到龙舟，只有彩船，反倒是鸟舟依然，如“分曹戏鹢舟”，张说在岳阳楼观看端午竞渡是这样的情况：“画作飞凫艇，双双竞拂流。”唐代基本上是“鸟舟竞渡”，而不是龙舟竞渡，跟《荆楚岁时记》里面的描述一样。

据《东京梦华录》载，北宋开始有龙舟夺标的游戏，但是与端午竞渡无关，时间是在三月一日到四月八日之间，且该游戏主要是皇家所为。据我的考证，可能的“龙舟竞渡”的表述时间是在南宋时期。南宋有一位词人叫甄龙友，他有一首《贺新郎》：

> 清江旧事传荆楚。叹人情、千载如新，尚沉菰黍。且尽尊前今日醉，谁肯独醒吊古。泛几盏、菖蒲绿醑。两两龙舟争竞渡，奈珠帘、暮卷西山雨。看未足，怎归去。

这里开始出现与竞渡有关的龙舟，是一件值得关注的事情。南宋词人黄公绍又将龙舟竞渡与端午连在一起，他有一首《端午竞渡棹歌》：“看龙舟，看龙舟，两堤未斗水悠悠。”

南宋时期龙舟与端午竞渡才完全联系在一起。至于唐代和唐代以前是不是在某些地方也有龙舟竞渡，虽然不敢贸然否定，但需要文献材料才能说明唐代及其以前真的有端午龙舟竞渡的事情。

为什么是在南宋的时候王朝放松了对于龙舟的禁制呢？或许这时的南宋王朝本身都向金称臣了，是一个地方政权。对于作为皇家身份的龙形象，理论上说王朝使用都没有合法性了，便也放任民间一起享用这份资源。联系到宋代在信仰世界里广泛的大众化倾向，我们会发现王朝放松龙王信仰禁制的理由。如宋代民间祠堂的兴建，民间的祖先祭祀得以大规模兴起，这都是了不起的成就。龙舟竞渡就在这样一个背景下诞生出来，成为朝野共享的文化盛事。这一文化解放加强了文化的认同性，促进了民俗文化的发展。

从鸟舟竞渡到龙舟竞渡，走过了千年的历程。龙舟开始向海外传播，所以今天世界上的民俗赛舟，大多数都是龙舟。龙舟成为中国文化的符号，但是我们不要忘记，端午竞渡不仅仅是龙舟，还有鸟舟。是不是还有鸟舟竞渡的文化遗存，需要田野的资料佐证。

今天讨论鸟舟问题，主要是了解一段历史，不要因为主流话语忽视了文化的多元存在，同时，让我们知道文化端午竞渡文化，是如此博大精深。

（原载《光明日报》
2015 年 6 月 22 日第 8 版）

德国人的“乡愁”与家乡文化保护

王霄冰

何谓“乡愁”？顾名思义，就是对于故乡的怀恋、生怕失去它的焦虑和想要留住它的希冀，以及在此之间惆怅徘徊的那样一种复杂心境。“乡愁”的产生，与社会现代化的历史进程密不可分。人类的爱乡恋乡之情自古有之。但在古代社会，“乡愁”一般只存在于个人的情感生活层面，只有在一些非常特殊的年代，例如国家遭到外族侵略、大多数国民不得不背井离乡的年代，“乡愁”才会成为一种广泛的社会意识，表现为集体的文化记忆。工业革命之后，频繁不断的技术革新和社会结构的彻底变化加快了生活节奏和变迁速度，并使“怀旧”和“乡愁”成了一种普遍化的集体无意识行为。

在德国，“乡愁”的普遍化与社会化过程可在“家乡”（Heimat）一词的语义转变中得到印证。自 19 世纪中期以来，原指地理和生物意义上的老家的 Heimat 被逐步地抽象化和意识形态化，更多地被用来指代德意志民族文化和精神的故乡。研究表明，德语中 Heimat 的含义在 19 世纪上半叶还相对比较明确和具体，指的就是人们所生存和占有的那片土地，以及地面上的房屋和其他物质用品。随着新兴的市民阶级登上历史舞台，孕育出一些新思想和新观念，其中也包括“乡愁”和原乡意识。在 19 世纪中期以后的德国文学与艺术作品中，“家乡”的主题常常出现，其内涵也从原来的物质与地理的单一维度扩展到情感和精神的多重范畴，带有美好、和平的意蕴。特别是在 1848 年革命失败后，一些资产阶级的代表人物放弃了在国家层面的政治活动，而把兴趣转向经营地方性的民间组织，试图在乡土文化保护活动中实现自己的社会理想。崇尚地方主义和经营家乡文化一时间在德国成为一种时尚。

19 世纪 70 年代，国家在政治上的统一需要有一致的民族文化认同感作为基础。“家乡”一词开始超越地方主义的范畴，而上升到了国家和民族的层次。此前受到文人、艺术家和落魄政治家们大加描绘和极力赞颂的“家乡”，不仅经常与“祖国”这一概念相等同，而且还成了“团结协作”的代名词。据考证，最早把“家乡”和“祖国”等同起来的是语言学家、《格林童话》的搜集改编者之一雅各布·格林。1830 年，他在哥廷根大学发表了题为“关于家乡之爱”的教授就职演说，其中反复提到“人民”“祖国”和“家乡”（或“传统空间”），并将它们糅合在一起，并指出，语言是联结个人与家乡的纽带。

“家乡”概念在德国承载着三个等级的共同体的归属感：农村或小城镇（地方）、主权国家和民族。在国家主义或政治民族主义高涨的时期，“乡愁”就会演变为一种意识形态，同时也会被政治所利用。特别是在纳粹统治的“第三帝国”时期，种族主义者故意在“纯粹的日耳曼种族”“美丽的家乡”和“伟大的德意志帝国”三者之间画上等号，蓄意编造了一个“血液和土壤”的神话。“家乡”一词由此也被打上了极端民族主义和种族主义的烙印。第二次世界大战结束之后，德国政治界和文化界开始全面“去纳粹化”和“去意识形态化”，“家乡”概念中所包含的作为血缘性与地缘性相结合的特殊共同体的这层意义遭到摈弃，但其中与地方主义相关联的内涵却得到了保留。战后德国被压抑的民族意识和爱国心使得国民再次把注意力转向了地方性的“小传统”，美好、和平、宁静、永恒的“家乡”又一次成为知识分子和市民阶层逃避现实的“世外桃源”。这也正是20世纪五六十年代德国各地“家乡文化”得以蓬勃发展的原因之一。伴随着旅游业的兴起，各个地方都在挖掘和打造本乡本土的民俗与传统文化，人们对于区域史、风俗、方言和民间文学等的兴趣被当成一种事业或产业来经营。

今天，“家乡文化保护”在德国已不再是一种“怀旧”心理驱使下的民众运动，而是一种制度化的社会行为。各州政府通过采取各种鼓励措施，积极推动民间力量去保护和发展本地区的传统文化。由政府委任的或志愿性质的家乡文化保护员在其中扮演了关键性角色。以他们为中心，广大的地方文化爱好者汇集组成各个层级的家乡文化保护协会，开展多种多样的有利于促进和保护传统民间文化的公共活动。其中大部分都属自娱自乐性质，既没有历史上的原乡运动曾带有的政治化倾向，也没有战后经济恢复期经营家乡文化行为的商业化气息。在当代家乡文化保护机制中，一种融国家民族意识于地方情怀的健康向上的公共文化得以兴起，与此同时，“乡愁”也在各种地方小传统的延续中以及多样化的区域文化认同中得以消解。

（原载《中国社会科学报》
2015年8月19日第8版）

21 世纪中国文化发展的开篇力作

——中国民间文化遗产抢救工程回眸

向云驹

中国民间文化遗产抢救工程（以下简称“抢救工程”）是进入 21 世纪以后由中国民间文艺家协会发起并实施的大型民间文化工程。这个工程从 2001 年中国民间文艺家协会召开第六次全国代表大会，选举产生以冯骥才任主席的主席团后，由他力倡并确定的一项大型文化工程，并以之为中国民协的重要重点重大工作。工程自 2001 年开始酝酿，2002 年筹备准备并于当年 12 月获准为国家社科基金特别委托项目，2003 年 2 月正式在北京人民大会堂隆重启动实施。此后历时十余年，工程获得一系列文化成果，产生了广泛而深远的国际国内影响。

抢救工程是 21 世纪我国首个超大型文化工程，向外与国际上几乎同步展开的联合国教科文组织的人类非物质文化遗产保护运动（代表作名录、国际保护公约等）相呼应，向内与国家非物质文化遗产保护工作（国家四级名录建构、代表性传承人认定、非遗立法等）相合力，掀起了 21 世纪第一波文化大潮，拉开了 21 世纪文化发展的大幕，是 21 世纪中国文化发展的开篇力作。

抢救工程是中国民协自上世纪 50 年代初成立以来，60 年间实施的三大文化工程之一。这个工程的实施提振了全国民间文艺界的士气，极大地普及了民间文化知识，引发了全民性的民间文化自觉，空前地使各级人民政府和党政干部重新审视、认定、推崇民间文化的文化根基性、文化多样性、文化独特性。此间多年，民间文艺界专家学者为工程奔走呼号、为工程身体力行、为工程思想行动、为工程实践试验、为工程宣传推广、为工程呕心沥血。工程改变了全国民间文艺家的书斋学者的形象，使他们的学术与广大的农民农村、民间民俗、匠人艺人、老村老寨、老房子老手艺、老技艺老文化紧紧地联系在一起。

抢救工程是新世纪我国文化遗产保护理念创新的摇篮和孵化器。工程以其巨大的文化影响力促使我国一系列重要的文化政策出台，催生了一些重要的文化制度的制定和施行，形成了广泛的社会文化风尚，改变了中国文化发展的轨迹。在中国民间文化遗产抢救工程营造出的社会氛围中，国家设立了文化遗产日制度，重设和新增了民俗节日为国家假日的制度，制定和公布了《非物质文化遗产法》，设立了非物质文化遗产名录和代表性传承人名录，前所未有地投入数十亿巨额资金抢救和保护非物质文化遗产，全面推行“我们的节日”民俗节日活动。在汶川地震灾后重建中对羌族文化遗产予以前所未有的关切和扶持，实施了一系列民间文化遗产数字化工程，把非物质文化遗产优秀作品纳入教育课程和教材……中国的文化遗产保护大踏步突破传统樊篱，抢救性保护、动态保护、活态传承、教育传承、大遗产观、整体保护、生态保护、景观保护、记录保护、数字保护、综合保护、传承人保护，一系列新观念、新理论、新举措，令人耳目一新，更见实效、更有成效。

抢救工程在我国新世纪文化思想出新上做出了有益的贡献。思想是工程走在时代前列的推力和动力，理论是工程超越历史、超越自我、超越时代的精神奥秘。工程在实施中不断提出新的思想和新的理念理论，不仅贡献于学界，也为全社会增添了思想财富和精神遗产。理论上解读了在当今时代民间文化遗产为什么容易濒危，如何挽救和保护濒危；哲学上思考了民间文化遗产的历史、文化、社会、思想、精神、艺术、美学、哲学的价值，用“文化的另一半”“农耕文明遗产”“精神家园”“杰出传承人”“民间创造、精英选择”等来定位定性其价值；学术上研究分类，辨析理论，重建田野，记录口述，建立档案，立体普查，审慎整理，科学编纂；实践上应对民间文化困境，倡议国家文化战略，呼吁全民动员文化自救，放眼全球文化碰撞，定位人文精神重建，申明文化自觉和文化先觉，呼吁文化良知良心和文化责任与担当；工作上解读文化保护困境，提出保护建议和意见，施行文化行动救助民间文化……

抢救工程获得了一系列震惊世人的文化成果。民间文化的研究由于材料的出新和新貌，引发了更加深入更加学术的研究，学科建设、学术成果层出不穷。22卷大型丛书《中国木版年画集成》，以空前绝后的规模、文图、影像和立体的全方位的文化记录，受到中外学者的一致赞誉。民间剪纸、唐卡、泥塑、节俗、口头遗产、神祇绘像、美术图典、史诗、神话、古村落、民间故事、服饰文化、传承人口述史、传承人名录与谱系、皇会、雕塑造像、皮影、民俗志、民间工艺、民间文化代表作、民间文学经典……为我国文化宝库增添了新的内容和新的成果。抢救工程还在施行中创造完善了田野调查、口述史、文化普查的方法论，形成了更加科学完善的学科方法，开展了民间文化遗产海外传播的调查、整理和出版，对学界和社会产生了深远的影响。

抢救工程留下的各种文献档案，真实地记录了这一工程的发起、推进、发展、提高的过程和历程，这些档案具有珍贵的文献价值。档案记录的是中国21世纪的文化变迁和文化历史。这些文图档案还存录下各种信件、文件原件和手稿、书稿、表格、会议记录、工作简报、讲话记录、公函、批示、通知、手册等，把一个文化工程的背景、内幕、流程、历程、过程都提示、展示、指示出来，呈现出历史的丰富、生动和细节。十余年持续不断的舆论关注和各种各样关于工程的即时的新闻报道，不仅反映了各种大大小小工作的展开，也呈现出其中的新闻价值、思想价值和理论观点，这些记录与报道拓展了工程的广度与深度。鲜活的图像则让工程的历史形象化、可视化、对象化，可以从中一睹工程实施者的精神风采和工作场景。

目前，中国民间文化遗产抢救工程正展开民间剪纸的全面普查，中国唐卡艺术的调查、整理、出版，中国口头文学遗产数字化工程，中国传统村落普查立档等。回眸历史，我们看见：中国民间文化遗产抢救工程是一个滚雪球的工程，越滚越大，越做越多，越来越丰富和深入。

（原载《光明日报》
2015年4月15日第10版）

延安民间文艺是一座历史丰碑

向云驹

民间文艺是延安文艺中的一幅别开生面、生动有趣、生机盎然的历史画卷。这一历史画卷体裁题材大开大阖，音乐、文学、美术、戏曲、说唱、理论等无不涉猎，从民间的层面展开了延安文艺的方方面面，是延安文艺的一个全景的横截面或剖断面，也是中国文艺史、中国民间文艺史的一个划时代的景观或断代史。无论这个历史场面和民间文艺史景观多么风起云涌，它的核心价值观、它的历史走向、它的目标和追求，一言以蔽之，依然是毛泽东《在延安文艺座谈会上的讲话》精神的写照：人民的文艺和为人民服务的文艺。

延安民间文艺中的民间歌谣部分是最值得重视的内容。首先做这项工作的是一批具有音乐专业素养和文学修养的文艺工作者。早在1938年，延安对此有热心和匠心的文艺人就组织成立了中国民歌研究会，在吕骥的倡导和身体力行中，他们对绥远、内蒙地区的民歌进行了搜集和采风，然后将采风扩大到延安和晋察冀地区，并且搜集内容从民歌扩展到眉户、秦腔、道情、说书等民间文艺形式。1941年，中国民歌研究会更名为中国民间音乐研究会。他们搜集、编印的民歌中就有至今仍在传唱的《黄河九十九道弯》等。1942年《讲话》发表后，鲁艺戏剧音乐部的师生又集中开展了民歌的采风。此后他们曾经将搜集资料编辑油印，辑成数十本民间歌曲。从当时所辑录的民歌作品中，我们可以看到延安文艺界对民间文艺的由衷热爱和他们看待民歌艺术的、科学的眼光。他们记录时，不仅记录下了歌曲曲谱，也配上各段歌词，同时标注流行地区，有可能的情况也注释采录人和时间地点，释义其中的方言、典故、采录缘由等。记录的范围和对象包括了陕北流传的经典民歌，也有全国流传的神话、历史、传说、人物等的民歌，其中还关注到一批曲调优美传唱广泛、文词精彩、文学性突出的民歌，也有现实意义非常突出、反映人民反抗压迫、反抗封建礼教、反抗地主剥削、反抗列强侵略的具有强烈人民性的民歌。此中还包括一些旧瓶装新酒的新编民歌。例如《东方红》的记录、整理、传播、传唱，就是当年也是此后几十年影响巨大的新民歌创作。体裁上，所记的民歌有大有小，有长有短；有抒情山歌，也有叙事民歌；有号子酒曲，也有套曲组歌；有民间艺人自编自唱，也有专业人士的新编新创。延安民歌采录的成绩特别突出：一是记录了众多的作品，为我们保存了一大笔十分珍贵的民歌遗产；二是采录方法的科学性，包括词曲并录、注释、附记、说明等科学方法的运用；三是对《东方红》《绣金匾》《咱们的领袖毛泽东》等著名新民歌的记录和传播，为红色文艺和社会主义文艺奉献出不朽的经典之作。

民间故事传说也反映出延安民间文艺的若干特殊性。首先是革命故事的大量涌现，这是延安民间文艺的最大亮点之一。如谢觉哉的《毛泽东的故事》，林凯的《三湾改编》《一个伤兵的愿望》，罗武应的《老太太对得很》，柯蓝的《将军们的故事》等。这些革命故事大多都是从真人真事演变为民间口碑和民众传说。当然，这首先也是因为革命的人、事、物实在是经历了太多的腥风血雨，经历了太多的坎坷曲折，经历了太多的起起落落，本身就是惊险、刺激、传奇的历程，本身就充满了机智、智慧、巧妙，本身就具有人类伟大追求、境界和中国历史开天辟地新气象的性质。这一切正是民间传说故事产生与流传的根本原因。其次是传统民间故事既反映了传统思想文化的继承传承，又具有现实的教化教育意义。这些作品反映了人民的正直品质品德和生活智慧，也具有优美的情节、故事、人物、语言，可以说是“文质兼美”的口头文学的经典之作、代表之作，如《水推长城》《一张饼》《鸟王作寿》等。在延安发表的传统民间故事中特别形成了一批反映长工与地主斗争和矛盾的作品，对启发和教育人民起来进行革命、反抗压迫、追求翻身解放具有强烈的现实意义，也形成民间文学搜集整理的一种特别题材，对以后新中国民间文学搜集整理产生了巨大而深远的影响。再次是这些民间文学搜集整理后大多都发表于在延安广有影响的报刊上，如《群众日报》《新中华报》《新大众》《解放日报》《边区群众报》等，对文化人、革命军人、普通群众都产生了积极影响。可以想见，民间文艺在当时的延安是有一个生动活泼的局面的。

延安说书也深刻地记录和反映了延安民间文艺的一个重要侧面和历史史实。陕西、陕北人爱听说书，此地说书人之众也是一个独特的文化景观。延安文艺工作者很快就关注到这样一种独特的文化现象，在改造旧书匠、训练新说书人才、编印新说书三方面都取得积极成果。延安文艺工作者采取了三种办法：一是记录、整理、选择书匠的口头创作；二是发动会写诗的同志参与编写或创作新书；三是改编旧说书。这些都取得了显著成绩，表现在：一是专业作家创作了一批优秀新书。如陈明的长篇说书《平妖记》是一次史诗性的写作和史诗性的成果，在延安文艺和中国文艺史上都应有其应有的地位。二是韩起祥的成绩和成就。韩起祥是民间盲人书匠，也是极具天赋的民间杰出传承人。延安民间文艺工作者立刻就关注到他。不仅帮助他，而且研究他、为他编印新书。韩起祥的说书在延安轰动一时，不仅老百姓有口皆碑，就是毛泽东等革命领袖看了他的说书也夸赞他说得好。文艺工作者专门成立了说书训练班，以韩起祥为示范，帮助创作。三是延安文艺工作者向民间学习，大力创编新型文艺作品，开启了革命文艺繁荣发展的第一个高潮和高峰。例如从民间传说获得现实题材，创作出了划时代的作品新歌剧《白毛女》；从民间剪纸、年画中获得大众喜闻乐见的形式、体裁、技法，创作了大量宣传抗日、宣传革命、宣传根据地的新年画、新木刻、新美术，从信天游中产生了新诗《王贵与李香香》等。直取民间经典使其名垂青史，改编改造民间作品使其彪炳史册，以民间为素材、题材、体裁创造出崭新的杰作留芳百世，这是有史以来，民间文艺向人类文艺史高峰发展的三种路径，延安文艺在这三种路径上都开创了民间文艺的新局面，为后世的文艺发展和民间文艺事业奠定了气象宏阔的大格局。

延安文艺工作者研究、阐发延安民间文艺的理论文章或资料史实性记述，也具有非同小可的理论价值和史料意义。这些文章，有些是当时著述，有些是事后不久的回忆。在那战火纷飞的年代，这一批优秀的文艺工作者，仍然能在各种忙碌和战事工作之余，拿出时间研究、阐发民间文艺，的确难能可贵。他们中有吕骥、柯仲平、安波、冼星海、李季、严辰、何其芳、柯蓝、艾青、王朝闻、林山等著名文艺家。

其中很多人在新中国成立之后，不仅在文艺战线的重要岗位工作，而且仍然为新中国民间文艺事业发展做出了杰出贡献。以延安中国民间音乐研究会为范式，新中国成立了中国民间文艺研究会（后改名为中国民间文艺家协会）。这一批著名文艺家的工作，从音乐、文学、美术、戏曲、说唱等各个角度论证和论述了民间文艺的价值，极大普及了民间文艺的专业知识，也大大提升了民间文艺的文艺史、学术史的地位，抬高了人民创作的地位和艺术性价值。

事实上，关于延安民间文艺在延安文艺史和中国文艺史上的地位、作用、意义，恐怕一直都被低估了。延安民间文艺是一种符合民间文艺科学的民间文艺，它包括了在民间层面的各种民间文学、民间戏曲、民间小戏、民间说唱、民间美术、民间表演等，是中国民间文艺进入现代历程以来，首次呈现出的科学性的全貌并被统一地纳入工作、专业、学术视野，这在学术史上具有重要价值和意义。延安民间文艺出现了真正科学地搜集整理。尽管这一工作发端于五四北京大学的歌谣运动，但那时的搜集基本上都是间接的、二手资料，是征集式地搜集。延安民间文艺工作者首次开展了科学直接全面系统地采风、记录、搜集、整理，并且达到门类齐全，搜集广泛。史实证明，新中国成立初期和改革开放时代的民间文学“三套集成”、十大民族民间文艺集成志书工程、中国民间文化遗产抢救工程，其工作方法、组织形式、学术理念、文化诉求、政治理想、思想境界，都起源和发生于延安民间文艺，都起于五四新文化运动，又传承和超越了那个中国民间文艺学鸿蒙初生的时代。延安民间文艺正是此中承上启下的一座历史丰碑。

（原载《文艺报》
2015 年 3 月 18 日第 3 版）

文化时间，色彩斑斓

萧　放

在中国传统社会里，节气天时是一个个重要节点，围绕这些节点形成了一系列信仰仪式活动，人们通过仪式信仰的表达，取得了与天地的沟通，从而实现与社会人事和自然的协调。

二十四节气不仅仅是一种简单的时间体系，在其传承过程中，它已经发展成一种民族的文化时间，它是人们把握作物生长时间、观测动物活动规律、认识人的生命节律的一种文化技术。对人们而言，它具有生活节奏的提示与生活方式调节的指导意义，是一种关乎时间的生活情趣。传承二十四节气，不仅可以让人们自觉地尊重自然时间、尊重生命节律，更能够让人们从机械的钟表时间中解放出来，进而享受色彩斑斓的文化生活时间。

春

迎春与鞭春

立春，四季之首，是生命春天降临的标志，是农事耕种启动的重要时令。据《礼记·月令》记载，周天子在立春之前三天斋戒，立春之日，天子亲率三公、九卿、大夫，到东郊迎春。汉朝继承周制，在立春日，皇帝率大臣到东郊迎接春气，祭祀青帝勾芒。这天，人们穿青色的衣服，唱《青阳》之歌，舞《云翘》之舞。宋朝开始有鞭春习俗，当时北宋开封府，在立春前一天，“进春牛入禁中鞭春”。明代北京地方官员立春前一天，要在东直门外春场举行盛大的迎春、鞭春仪式。官员一律着红色衣服，簪花迎春，将春牛由春场迎入府内。清代立春日，有“进春”仪式，各省会府州县卫“遵制鞭春”。

“咬春”与清明茶

在大地回春之际，应食辛温食物，发散藏伏之气。所以古代的人们会制作春盘，也叫“五辛盘”，民间的五辛盘，一般盛葱、姜、蒜、韭菜、萝卜等，“取迎新之义”。五辛盘兴起于仙道信仰流行下重视养生护生的六朝时期，人们以 5 种辛辣之物，发五脏之气。萝卜也是立春的应节食品，明代北京人在立春这天无论身份贵贱都嚼萝卜，称为“咬春”。清明茶是饮食民俗中的佳品。饮茶的最好季节是春天，带露的明前茶是茶中珍品。“新火试新茶”曾是古代最流行的时尚。清明时节，无论家居还是出门在外的文人雅士，都以清明钻取的新火煮新茶。在天地澄净、春意醉人的时节，迎着拂面的温柔清风，擎起兔毫盏或白玉杯，那种心境和滋味，大约是品尝新茶最妙的境界。

夏

迎夏与度夏

立夏作为夏季的开始，自古受到人

们的重视。周天子重视季节之首，在立夏前三天，负责天文历法的太史会亲自谒见天子说："某日立夏，盛德在火。"天子于是斋戒。到立夏这天，天子亲率三公、九卿、大夫到南郊迎夏，回朝后，依从时气，颁行赏赐。在上古时代，人们的饮食起居要依从时令，夏季天子住在明堂南方的东室，穿着红色的衣服，佩戴赤玉，食用豆与鸡，出行使用朱红色的车马，打的自然也是赤色之旗。浙江一带有立夏上吴山的风俗，这天店铺、作坊都放假，三教九流纷纷上吴山游玩。夏至是气候转热的开始，夏至时节宜闭门静养，安然度夏。据宋代《文昌杂录》记载，夏至之日始，百官放假3天。辽朝夏至日妇女纷纷以彩扇、香囊相互馈送。彩扇能带来清风，香囊可以驱除汗臭，是两件特别实用的节令物品。

"健脚笋"与"夏至面"

夏天是高温潮湿的季节，为防止"疰夏"之疾，江南立夏饮"七家茶"，也称"立夏茶"。明人田汝成《西湖游览志》中有载："立夏之日，人家各烹新茶，配以诸色细果，馈送亲戚比邻，谓之七家茶。"浙江新昌人立夏日吃健脚笋，说这天食用鲜笋，会强健脚力。吃立夏蛋，也是民间立夏强身的风俗，俗谚"立夏吃蛋，石头都踩烂"。白居易在《和梦得夏至忆苏州呈卢宾客》诗云："忆在苏州日，常谙夏至筵。粽香筒竹嫩，炙脆子鹅鲜。"这种夏至饮食在宋代发生了变化，京畿一带，夏至日要吃"百家饭"，以度过炎炎夏日。明清以来，民间夏至的食品是面条，俗有"冬至馄饨夏至面"之说。据清乾隆年间成书的《帝京岁时纪胜》记载，当时北京人夏至日家家都吃冷淘面，各省到北京游历的人都说"京师的冷淘面爽口适宜，天下无比"。

秋

迎秋与秋色

在古代，朝廷要在立秋时举行盛大的迎秋仪式。立秋之日，周天子亲率三公、九卿、大夫到京城西郊迎接秋气。天子回朝之后会对有功的军人进行奖赏，并开始军事训练、整顿法制、征讨抗拒王命之人。为顺应秋天的服色要求，天子衣白衣，乘白色的大车，佩戴白玉，树立白色的旗帜，吃糜子与狗肉。这一季节，农人新收稻谷，进献给天子，天子尝新之前，先供给祖先。宋时立秋这天，宫内要把栽在盆里的梧桐移入殿内，等到立秋时辰一到，太史官便高声奏道："秋来了。"奏毕，梧桐应声落下一两片叶子，以寓报秋之意。宋代有立秋戴楸叶民俗，人们在立秋日将楸叶剪成花样戴在头上，以迎节气。

"咬秋"与迎霜兔

立秋有"咬秋"民俗，人们在立秋这天要吃秋瓜、秋桃，以保健避疫。这也是古代《诗经》所说"七月食瓜"的遗意。《津门杂记》载："立秋时食瓜，曰咬秋，可免腹泻。"清代北京人在立秋日阖家同食西瓜、茄脯，饮香薷汁，说这样秋后可免暑热痢疾害。四川一些地区，在立秋时全家同饮一杯水，传说这样就能保证将积暑消除，不发生秋季腹泻。吞服赤小豆，也是过去立秋节日保健习俗。宋人《岁时广记》记载："立秋日，以秋水吞赤小豆七粒，止赤白痢疾。"清代北方民间霜降期间会吃迎霜粽、迎霜兔。迎霜兔是野兔，明朝宫廷中结合重阳节，吃登高迎霜麻辣兔。

冬

迎冬与祭祖

古代帝王重视立冬，据《礼记·月令》记载，周天子从立冬开始入居玄堂左室，乘坐黑色的车子，驾黑马，竖黑旗，着黑色的衣服，佩戴玄玉，食用猪肉与黍米，总之一切以水色为尚。立冬之日，天子亲率三公、九卿、大夫到北郊迎冬。回转朝廷后，天子要“赏死事，恤孤寡”。后代帝王沿袭了立冬北郊迎气习俗。汉代开始庆贺冬至，六朝时代，称冬至为“亚岁”，媳妇给公婆进献鞋袜，给长辈祈寿。宋代官府冬至放假如同新年。明清江南吴越地区冬至仍然是民俗大节。冬至这天，士大夫家拜贺尊长，交相出谒；一般百姓，也必换一身新衣服，互相作揖祝贺，称为“拜冬”。清代的安徽、江西、湖南人在冬至节祭祀祖先，一般是合族聚会祠堂，祭祀历代祖先，然后宴饮。

“冬至盘”与藏冰

民间在立冬酿酒、腌菜、舂米，民间谚语：“立冬不起菜，必定要受害。”到了冬至，一些地区节俗的热闹场面甚至超过了新年，因此有“肥冬瘦年”的俗说。清代苏州人“最重冬至节”，冬至前一天，亲朋好友互相馈送节日食品，提篮担盒者满路，俗称“冬至盘”。苏州冬至的节令食品是冬至团，冬至团用糯米粉做成，中间包裹肉、菜、果、豌豆沙、萝卜丝等。大寒是一年四季最寒冷的时节，此时人们会取冰、藏冰，以备夏日降温之用。皇家有大型冰窖，明代北京的冰窖在安定门与崇文门外，现在北京西城地区还有冰窖胡同。明代藏冰的时间在腊八，先期将冰凿成方块，到腊八就藏于冰窖中，然后封固。清代大寒时节仍有藏冰的传统，江南苏州人在葑门外，按二十四节气建造了24个冰窖，严寒时特制冰块，贮存冰窖，以备夏日鱼类保鲜之用。

（原载《中国文化报》
2015年2月4日第5版）

寻求中国史诗学的可持续发展途径

尹虎彬

史诗研究者往往是古典学、语言学、比较文学、民俗学、民族志学或文化人类学等专门学科的专家。欧洲古典学、18 世纪欧洲浪漫主义运动、19 世纪中叶欧洲民俗学的产生，都推动了史诗学术研究的发展。从 20 世纪后半叶起，随着人类学和民俗学的不断发展，人们在世界各地的当代社会中发现了大量的口头传统史诗，这些新材料的发现促使史诗研究者从东西方文明对话和文化多样性的角度反思史诗观念，它涉及史诗的口头创编和演述，涉及史诗搜集、整理、移译和出版等一系列问题，这些问题也逐渐成为民俗学的热点问题。

晚近的口头传统研究主要关注人类在保持文化多样性与坚持可持续发展所面临的许多重要问题。学者们强调不同文化背景和多学科之间的对话，从文化遗产学、口头传统研究、信息科学、传播学等多个领域，对濒危语言与口头传统进行跨学科研究，其根本目的就是要创造环境来保存和传承我们人类共同的遗产。史诗学的议题包括口头文学的创编、记忆和传递，口头传统的采录、归档、整理和数字化，濒危语言抢救和民俗学档案馆建设等。随着新技术革命的迅速发展，信息化建设正在向哲学社会科学各个领域逐步渗透，形成多学科综合发展的崭新局面。近 20 年来，世界范围内的口头传统研究与数字技术相结合，形成了富于创新的领域。

中国少数民族的口头史诗蕴藏丰富。举世闻名的“三大史诗”有藏蒙史诗《格萨（斯）尔》、蒙古族史诗《江格尔》和柯尔克孜族史诗《玛纳斯》。此外，在中国的北方和南方，发现并记录了数以千计的史诗或史诗叙事片段。蒙古、土、哈萨克、柯尔克孜、维吾尔、赫哲、满等北方民族，以及彝、纳西、哈尼、苗、瑶、壮、傣等南方民族，都有自己的史诗传统和丰富的史诗篇目，它们至今仍以活形态的口头演述方式传承和传播。中国史诗学的研究对象主要包括《格萨（斯）尔》、《江格尔》和《玛纳斯》，以及其他北方和南方少数民族的史诗。专题研究涉及史诗的搜集、整理、翻译和出版，特定史诗的传承和流布、演述和创编、文本和艺人，史诗学理论和学科建设等诸多问题。

在中国少数民族文学研究中，史诗研究逐渐成为一个比较重要的领域。这是因为相对于汉族来说，我国少数民族的口头文学蕴藏丰富，尤其以口传的长篇叙事诗歌和史诗最具民族特色，传承时代久远，流传地域广阔，与少数民族的历史生活和文化认同联系紧密，比较充分地反映了各个民族的文化创造力量，最能代表各个民族的文学成就。

史诗进入中国学术殿堂，得益于中国多民族文学史观的建立。少数民族文学事业，包括民族民间文学的搜集、整理和出版。目前，相关研究机构的设立获得国家的持续支持。

近 20 年来，中国史诗学界加强了对 1960 年以来欧美史诗学的研究，系统介绍了口头程式理论、民族志诗学、表演理论和故事形态学等重要理论和方法，一些重要的理论著作在学界产生广泛影响。另外，通过学术访问、双边合作项目等方式，加强对外交流，提高了研究人员的素质和科研水平。1999年，中国社会科学院少数民族文学研究所与美国密苏里州立大学口头传统研究中心签署了合作协议，以期在口头文学研究领域，通过一系列的学术交流活动，共同促进学科的进步和发展。双方在各自的学术阵地——《民族文学研究》（中文）和《口头传统》（英文）上，分别出版“美国口头传承文化研究专辑”（中文）和“中国少数民族口头传统研究专辑”（英文）。《民族文学研究》陆续介绍了20世纪民俗学的重要成果，产生了良好的影响。中国社会科学院与荷兰皇家科学院两度开展合作研究，分别出版了项目成果。由联合国教科文组织《国际博物馆》中文版编辑部编纂、中国史诗学学科成员供稿，于2010年3月出版的“中国口头史诗传统”专刊，对中国史诗丰富的类型与流布、史诗歌手与史诗文本的传承、史诗演述与民俗生活变迁等多个重要研究支系进行了介绍。

中国史诗和史诗研究现已成为国际史诗研究不可或缺的一部分。19世纪和20世纪的两百年中，作为东方学研究的一个分支，中国各民族的史诗逐步引起了国外学者的注意，其中成果影响较大的学者有大卫·尼尔（David Neel）、石泰安（R. A. Stein）、施密特（I. J. Schmidt）、拉德洛夫（F. W. Radloff）、海西希（W. Heissig）、夏嘉斯（K. Sagaster）、莱歇尔（K. Re-ichl）、波塔宁（G. N. Potanin）、科津（S. A. Ko-zin）、鲁德涅夫（A. Rud-nev）、札姆察拉诺（Zhamcarano）、波佩（N. Poppe）、弗拉基米尔佐夫（B. Ya. Vladimirtsov）、日尔蒙斯基（V. Zhir-munsky）、涅克留多夫（S. J. Neklju-dov）、兰司铁（G. J. Ramstedt）、鲍顿（C. R. Bawden）和查德威克（Nora K. Chadwick）等。

近年来，中国史诗学建设已成具有国际影响力的优势学科。中国史诗和史诗研究成为国际史诗研究不可或缺的一部分。国际史诗研究学会在中国成立，必然要重视史诗传统的多样性、创造性及可持续性，这将会给中华各民族文化带来新的活力，将会促进中华各民族文化大发展，提升中国史诗研究的话语权。

（原载《中国社会科学报》
2015年11月6日第6版）

春秋代序，辞以情发

张　勃

二十四节气是我国古代对于时间的一种重要切分方式，与季节的转换以及气候、物候的变化紧密联系。因此，人们十分强调节气是指导农事活动的主要依据，然而二十四节气绝不仅仅关乎农业生产。试看一副对联的产生：传说明代江南有一位知府，一次到郊外游玩，恰逢一个农夫扶犁杖在道边出一上联求对："一犁耕破路边土，今日芒种"。那位知府沉思片刻，便对出下联："双手捧住炉中火，明朝大寒"。这是一个农民与一个官员的合作，不仅对仗工整，而且精妙地反映出节气不仅关乎生产，亦深系生活。

几千年来节气普遍存在和作用于社会生活和生产，以至围绕节气出现了民谚、民谣、对联、曲赋等多种文学艺术作品。诗词作为按照韵律要求，用凝练的语言、绵密的章法、充沛的情感以及丰富的意象高度集中表现社会生活和精神世界的文学样式，也与节气密切相关。因节气而写，为节气而写，写节气日之所见所闻、所思所感的诗词为数众多，并不乏上乘之作。

状写物候，抒发时间与情感之变

每一个节气都有相应的气候和物候，比如雨水时"獭祭鱼，候雁北，草木萌动"，小暑时"温风至，蟋蟀居壁，鹰始挚"。诗人的心灵无疑是敏感的，并有着更强的生命意识。在中国传统社会，风霜雨雪、草木荣枯、飞鸟去来，所有这些都会引起诗人的关注，他们通过描写气候物候来表现对于特定节气的感知。

气候物候不仅是时间的符号，更是诗人抒情言志的重要媒介。这在宋玉的《九辩》中已有很好的反映："燕翩翩其辞归兮，蝉寂漠而无声；雁雍雍而南游兮，鹍鸡啁哳而悲鸣。独申旦而不寐兮，哀蟋蟀之宵征。时亹亹而过中兮，蹇淹留而无成。"在诗里，燕子和大雁的南飞、蝉的无声、鸡的悲鸣、蟋蟀的夜行等，都是标志秋天到来的物候，它们向人们昭示着一年的时间已经过了一半，也意味着个体的生命已经过了中年，从而形成自然物候与个体生命的对应关系。正是基于此，作者自然发出了"蹇淹留而无成"的人生感慨。

"荷叶生时春恨生，荷叶枯时秋恨成。"（李商隐诗）通过描写气候物候之变抒发自己的所思所感，堪称中国古代诗词的传统。而这一传统遵循的逻辑在刘勰的《文心雕龙》中已有很好的总结，所谓："春秋代序，阴阳惨舒，物色之动，心亦摇焉。"所谓："岁有其物，物有其容，情以物迁，辞以情发。"不过，虽然"情以物迁"，但真正令诗人心动的其实是"时间"。

气候物候之变是节气推迁的表征，也是节气推迁的结果，而节气推迁的实质是时间的流逝。"不因时节日，岂觉此时衰?"（白居易诗）物候之变让诗人深刻地感受到季节的更迭、岁月的无情、年华的逝去和人世的变迁，并由此心生无限感慨。值得注意的是，一年之中，春秋两个季节更容易令诗人心动，时节诗更多表达的是惜春、伤春、遣春、悲秋、惊秋、感秋之情，因而，比之冬夏，春秋更堪称为“诗的季节”。

记述农事，诉说农民的苦与乐

二十四节气的产生得益于我国较早就发展起来的农业生产，形成后又成为农业生产的指南。“种田无命，节气抓定。”春耕、夏耘、秋收、冬藏，不误农时，是农业获得丰收的基本保证，农民们则根据时节来安排生产和生活，用艰辛的劳作求得家庭幸福、衣食饱暖。对此，一些关心百姓疾苦的文人用诗歌体裁记述下来，其中最优秀的，莫过于《诗经》中的《七月》。这首诗以时间为线索充分展现了农民的生活与苦乐，其中的一个段落：“六月食郁及薁，七月亨葵及菽。八月剥枣，十月获稻。为此春酒，以介眉寿。七月食瓜，八月断壶，九月叔苴，采荼薪樗，食我农夫。”译成现代汉语为：六月食李和葡萄，七月煮葵又煮豆。八月开始打红枣，十月下田收稻谷。酿成春酒美又香，为了主人求长寿。七月里面可吃瓜，八月到来摘葫芦……农民们月月做着各月应做的不同的事，并有着不同的心情。时间的节奏就这样决定着他们生活的节奏。

同样的诗在后代也不断出现，陶渊明、孟浩然、苏轼等诗人都曾留下佳作，而一些诗深刻地反映农民的艰辛和受到的盘剥。清人陈恭尹有首《耕田歌》云：“耕田乐，耕田苦。乐者乐有年，苦哉不可言……二月稻芽，三月打秧。五月收花，六月垂垂黄。再熟之田始有望。三月打秧，六月薅草，一熟之田九月始得获稻。上官不待熟不熟，昨日取钱今取谷，西邻典衣东卖犊。黄犊用力且勿苦，屠家明日悬尔股。”字里行间充满了作者对农民深深同情。

描述节气里的礼和俗

中国传统节日的一个特点是与节气有着十分密切的关系，这一方面表现在一些传统节日因吸纳了相关节气日的礼俗活动和文化意义而变得更加丰富，比如惊蛰对龙抬头节、春分对社日、夏至对端午节、秋分对中秋节都产生深刻的影响；另一方面表现在一些节气日如立春、清明、冬至等，本身就是官民重视的传统节日，它们有着十分多样的礼俗活动。这些礼俗活动也被诗人骚客看在眼中，转入笔下，化为诗行，成为诗词宝库里富有特色的一部分，也成为今人考察古代节日礼俗的重要凭证。

“一年之计在于春。”立春是春天来到的标志时间，至少从汉代起，一直到清代，政府都要举行隆重的迎春大典，后来更演化为鞭春、演春、送春、吃春卷等多种礼俗活动。苏东坡的《减字木兰花·立春》，便描绘了宋代海南的立春情景：“春牛春杖，无限春风来海上。便与春工，染得桃红似肉红。春幡春胜，一阵春风吹酒醒。不似天涯，卷起杨花似雪花。”读来如有春风拂面，仿佛整个人都笼罩在春天的气息中。

又如清明。清明节气在唐代时发展成为节日，一直到今天仍然流行，扫墓祭祖与春游娱乐（如斗鸡、蹴鞠、荡秋千、放风筝等）是其主要习俗活动。清明节是将生死并置的节日，一方面慎终追远，感恩逝者，另一方面关心当下，珍爱生命；这种巨大的张力对有着强烈生命意识的诗人总会产生巨大的吸引力，因而历史上的清明节诗词颇为洋洋大观。柳永的《木兰花慢·清明》：“拆桐花烂漫，乍疏雨，洗清明。正艳杏烧林，缃桃绣野，芳景如屏。倾城尽寻胜去，骤雕鞍，绀幰出郊坰。风暖繁弦脆管，万家竞奏新声。”桐花绽放，杏花盛开，桃花灿若云霞，人们倾城出动，寻芳觅胜……柳永的长调慢词用光艳明媚的色调描绘出宋代人清明时节踏青出游的热烈场面。

中国文学史上关于节气的诗词是数量众多的，这既是二十四节气影响力的具体体现，也是二十四节气文化的有机组成部分。没有二十四节气，不可能产生这样的作品，而对这些作品的阅读和传播，则进一步加深了二十四节气的影响力。“清明时节雨纷纷”“冬至阳生春又来”的千古名句，不断提醒着节气的存在，提醒着人们要珍爱二十四节气，因为它们是中华民族智慧的结晶，也是中华民族对世界文化的独特贡献。

（原载《中国文化报》
2015 年 2 月 4 日第 5 版）

修复与提升：传统村落保护的关键词

张　勃

当前中国的传统村落保护工作，是由政府主导的、以挽救迅速衰落的传统村落为目的的大型行动。这一行动的迅速兴起，与传统村落的危机及其价值的新发现有关，也与人们对中国城市化道路的深刻反思有关，同时也是有识之士努力推动和官方介入的结果。关于如何保护传统村落，学者们仁者见仁，智者见智，而《关于切实加强中国传统村落保护的指导意见》中也已在传统村落保护的基本要求、保护措施、组织领导和监督管理等方面作出了明确规定。在笔者看来，修复和提升是当前传统村落保护行动中的两个关键词。

作为一种基本生活空间，村落存在的合理性在中国传统社会从来没有受到过质疑。但近几十年来，伴随城市地位的提升以及城乡二元体制下市民与农民权益方面的不公平分配，村落日渐变成人们心目中的落后之所，成为被改造、被抛弃的对象。离开村落是许多农民的迫切愿望和实际选择，而这正是村落近年来迅速衰落的重要原因。如今要保护传统村落，首先就要修复全社会尤其是村民对传统村落的珍视态度和发展信心。只有这样，才能形成全社会保护传统村落的文化自觉。

要真正实现修复，就需要重新认识城市化，重估城市、村落的价值及其对人类社会的意义，认识到虽然城市化必然让一些人离开乡土，但并不意味着村落没有未来。而传统村落作为传承久远的文化载体，更具有多重价值。无论是从传承优秀中华文明的角度，还是从维护文化多样性的角度，它们都值得珍视。当前需要充分利用报纸、电视、网络平台等，广泛开展社会宣传，将先进理念变成社会共识，增强全社会对传统村落文化的保护意识和责任感，尤其是让村民形成以在传统村落中生活为荣的心理，珍视自己的文化以及文化身份。

修复传统村落中受损的建筑、院落和村落肌理也是修复的一个重要方面。我国传统村落的选址、乡土建筑与居住环境的营造，一般都因地制宜，布置合理，这既是传统村落的外显标志，也是其特色所在。但由于自然损坏、年久失修、商业开发等因素，许多传统村落的整体空间形态、村落肌理、建筑等都严重受损，保护传统村落，需要对它们进行修复。

由于各村落受损情况不同，具体修复时当然要因村而异，但无论哪个村落，都应该立足本村落的历史风貌和现状，注重村落空间的完整性，保持建筑、村落以及周边环境的整体空间形态，严格限制核心保护区内的重建、扩建、室外装修，严格限定建筑风格、高度、密度等控制指标，保存传统村落的原有肌理。当然，修复并不意味着完全“修旧如旧”，应将其与改善基础设施和公共环境结合起来进行，使传统村落保持外观原貌的同时引入现代化成果，变得更加宜居。同时注意保留不同时代的历史遗迹，使其成为承载丰富历史信息的重要载体。比如，在许多传统村落的建筑墙壁上，我们都可以看到上世纪五六十年代书写的标语：“修复时就可以保留，不必刻意抹去。”

传统村落的危机直接缘起于村落人口的大量流失，这主要根源于村民日益增长的物质文化需求及其难以在村落空间中得到满足二者之间的矛盾。因此，要挽救传统村落的危机，就要留住原住民；要留住原住民，就要改善村民的生活条件，提升村民的生活质量。

我国现存的传统村落大多位于偏远地区，生存条件恶劣，经济发展十分缓慢，现代化基础设施的普及率低，公共服务设施落后。生活太苦，是不少人选择离开村落的重要原因。提升传统村落居民的生活质量，就是不让传统村落的居民生活“太苦了”。为此，一方面需要加大资金投入力度，加强传统村落公共基础设施建设，改善村民日常生活条件。另一方面，需要完善农村的各种社会保障制度，并适当建立针对传统村落居民的政府补贴机制，使其共享经济社会发展的成果。

要留住原住民，还需要提升他们就近就业的机会，使他们在传统村落或者周边就能够获得比较稳定的收入。而如何为原住民提供就业机会需要群策群力，在分析各种优劣条件的基础上，充分发挥传统村落的既有特色，运用传统村落的自有资源，增强“造血”能力。目前在传统村落保护方面已经出现了博物馆式保护、集散为整保护、历史街区保护等多种保护模式，可以为传统村落发展道路的选择提供若干参考。但无论选择怎样的道路，都有必要考虑原住民的就业问题。

为原住民就近创造就业机会看似离传统村落保护工作较远，却具有根本性意义，它是保持传统村落生活完整性的必备条件，应该妥善解决。从目前来看，旅游业是不少传统村落未来发展的方向。旅游业的发展可以带来很多就业机会，如果旅游从业人员和旅游纪念品、旅游消费品的生产都能够实现本土化，将很好地解决原住民的就业难题。而伴随着传统村落保护修缮、基础设施建设以及公共环境改善等工作的推进，也会出现大量的就业机会。这些机会也应该优先向村落原住民提供。如果他们资质不够，可以由政府出资进行资格培训。

同时，在传统村落保护发展工作尤其是决策环节中，还要充分尊重村民的利益诉求。这一方面是因为原住民是传统村落的主人，是传统村落保护工作最直接和最重要的利益相关者。另一方面，原住民参与传统村落保护工作，有助于加深对传统村落价值和意义的认识，形成保护传统村落的文化自觉意识，提升参与传统村落保护的行动能力，对传统村落的可持续发展产生积极而深远的影响。事实也证明，那些基于社区参与的传统村落保护往往能走向和谐发展之路。

投入巨大力量挽救传统村落于式微，考量的不仅是一个国家的经济实力，同时也是一个国家的文化眼光。在我国，从国家层面重视和开展传统村落保护工作刚刚启程，在树立正确的传统村落保护理念以及方法选择方面，仍需要做大量工作。当传统村落保护的正当性成为社会共识，人们普遍将那些散布在中华大地上的传统村落视为珍珠而不是敝屣，保护传统村落就会成为一种自觉的社会行动，传统村落也会焕发出夺目的光彩。

（原载《中国文化报》
2015年7月20日第8版）

“城乡民俗连续体”有重构趋势

张士闪　李海云

当前国家政治与民俗学术的密切互动，以现代国家治理向民俗传统的自觉贴近为显著特征。作为群体生活规范与文化认同的民俗文化，在利用传统智慧推进国家社会建设的过程中，其作用是无可取代的。国家主席习近平讲话和中央文件的主流话语中，大量运用民俗语词，经常涉及民俗范畴，就是值得特别分析的表征。

城乡民俗文化发展中有着一定的趋同现象

国家治理与民俗文化发展是一种共生关系，在我国是一个长期互动的过程。一方面，民俗文化由民间自发形成，具有多样性、地方化特征，而国家治理则属于顶层设计与宏观管理，具有统一性、标准化的特征。民俗文化总是想寻找自由发展的空间，而国家治理的方针与策略则是将民俗文化发展控制在已设定好的轨道中，因此国家治理的规约性与民俗文化的自发性之间存在张力，须经过双方不断调适才能逐渐融合。然而，从另一方面来说，国家社会治理又是以丰富的民俗文化实践为支撑的，离开了民众生活的认同与贯彻，国家社会治理便无从谈起。同时，民俗文化作为一种结构存在也并不是孤立的，而是存在于所处社会的更大的结构之中，必然会受到社会政治、经济和文化等“外力”的影响，这种“外力”以国家社会治理的力量最为强大与持久。即使是看似自由发展的民俗文化活动，实际上依然摆脱不了国家宏观政策和社会发展现实的影响。

在中央新型城镇化决策的继续推动下，城市与乡村的民俗文化始终处于不断的发展变化之中。城乡民俗文化发展有着一定的趋同现象，反映出城乡民众在日益交织的现实境遇中，互为借鉴，互为资源，在主动建构自身生活世界过程中的相通相连。

国家治理中的村落民俗传统发展

在国家政治改革持续向社会生活落实的过程中，乡土村落的民俗文化发展呈现出两大特点：

一是乡村在国家自上而下的治理中发生了重大变革，其结果既不是村落的终结，也不仅是村庄的减少，更多的是村落空间、村落组织、村落关系、村落劳作模式以及村落文化系统全方位的变化，并整体表现为一种主动性的“文化应激”，即抓住机遇，主动寻求变革和发展，转变生产和生活方式，向城乡一体化靠拢，由此发生了以“农村社区”、“村改居”等为特征的深刻转型。

诞生于农耕文明基础之上的村落民俗文化，在进入城市化所带来的现代社会之后，面对着工业文明甚至后工业文明、科技文明、信息文明的猛烈冲击，正在经历社会空间重组与文化元素再造的过程。以村落组织而论，传统乡土社会中多以血缘和地缘构建社会关系，然而随着新农村建设和城镇化建设的不断深入，村落世界向城市高度开放，出现了基于“业缘”、“趣缘”等关系而建立的组织形式，并催生了各种新型的组织，包括大学生村官等由政府直接主导的组织、志愿者团队等政府积极鼓励和引导的组织，以及“老人会”、民间慈善团体等自发形成的组织，由此导致村落社会的社区化、城市化，甚至呈现出全球一体化的某些特征。而村落中原本存在的一些民间艺术团队或民间信仰组织，也大都顺变应时代转变职能，开始积极参与村落公共事务管理。其中，各地普遍建立的“老人会”（即老年协会），是在国家推行城镇化建设战略的大环境下，村落中的留守老人对村落“空心化”状态的自发应对。值得注意的是，当下村落中各种新型组织的出现，对农业经济的依赖日趋减少，这意味着，当代村落民俗传统的小农经济特征虽然在逐渐淡化，但却不会在新型城镇化建设中无处存身。

二是村落自身固有的民俗脉络依然坚韧，并与国家治理之间形成一种相互制衡关系。民俗文化毕竟贯穿着一方民众的集体智慧与文化逻辑，承载着民间社会千百年来形成的道德观念、精神需求、价值体系等，具有潜移默化的约定性，从而构成了一种无形的群体性行为规范。然而，村落民俗文化即便是没有政府的参与和干预，也处在不断的发展变化之中，既有传承又有创造。换个角度来说，民俗文化其实代表着一种特殊的进化力量，具有一定的适应现代社会发展、不断自我更新的能力，我们对这种力量或能力绝不能小视。尤其是随着目前城乡一体化进程的加快，村落民俗文化的发展开始向城市文化靠拢，而农村的公共服务体系也开始建立，因此，应充分评估并尊重村落民俗文化在现代语境中对“旧我”的挣脱与再造，在适应新语境的过程中所表现出来的对自身生命力的拓展，以及如何在涵化现代文化成分后获得新活力，遵循自身发展逻辑奔向未来。

城镇化进程中重构“城乡民俗连续体”

我国常住人口城镇化不断增加，在城市化、商品经济、消费主义的扩张之下，加之非物质文化遗产运动方兴未艾，许多乡村民俗事象映现出了诸多新特点与新趋势，并在国家大力推进新型城镇化建设的影响下，初步呈现出“城乡民俗连续体”的重构趋势。

传统的中国城乡二元结构社会中，借助于因集镇体系的经济流动而产生的公共性场域，为民俗文化提供了其在城乡两大传承系统中的交流耦合，并进而形成了民俗传统得以存身与创造性传承的完整生态系统。中国真正意义上的城乡分化是从近代社会开始的。尽管20世纪前半期是国家局势在激烈震荡中走向统一的时段，但社会革命的有限性造就了乡土社会的稳定性。相比之下，乡土社会虽然也呈现出反复波动的态势，但振幅较之国家政治的波动幅度要小得多。这就使得屡屡“断裂”的乡土传统能够在新的政治框架中不断地被再造与接续起来。20世纪中国走向现代化的过程，亦是乡土社会接受改造、不断解构自身传统的过程，而民俗文化则在这一过程中几度起落，命途多舛。在中国，城市从来都是乡土气息浓郁的城市，乡村则是越来越具有更多城市化色彩的乡村。有意识地促成地域民俗文化的现代性转换，可以使其在当代和谐社会建设中发挥特殊作用。促进乡土社区尤其是城乡结合部地区民俗文化的可持续发展，是缩小城乡差距、建设和谐新农村的重要手段。事实上。中国的城市和农村是相互开放的，彼此之间没有明显的景观阻隔。比之村落与村落之间的关系，当代城乡关系作为区域范围重大的空间构架，使乡村民俗文化在朝向城市的开放关系中获得了新的发展契机。

（原载《社会科学报》
2015 年 4 月 16 日第 6 版）

创世神话“盘古开天地”的现代启示

郑土有

“自从盘古开天地，三皇五帝到如今”，这是流传在中华大地上一句耳熟能详的口头禅。短短两句话，概括了中华民族的历史，也道出了中华文化的根脉。盘古是中国古代的大神，“盘古开天地”是中国最典型的创世神话，在汉族及多个少数民族中均有广泛流传。“盘古开天地”虽然只是中华民族先民对自然万物起源的想象性解释，但其中蕴含的敢于开创、乐于奉献、不屈不挠的民族精神正是中华民族几千年来屹立于世界民族之林，中华民族文化绵延不断、生生不息的源泉，也是当代中国所需要继承和发扬光大的。“盘古开天地”最早的文字记载见于三国时徐整所作的《三五历纪》《五运历年记》，南朝梁任昉《述异记》等文献中也有零星记载。这则神话的文字记录虽然较晚，但从其包含“宇宙卵母题”和“垂死化生母题”的内涵看，无疑是早期的神话。而且该神话至今仍在民间广为流传，演绎出了许多不同的异文，如在上世纪八九十年代的民间文学三大集成搜集整理活动中，仅浙江省境内就搜集到盘古开天辟地神话三十多篇，如东阳县的《盘古王开天》、浦江县的《盘古开天地》、普陀区的《盘古开天地》等，说明它具有顽强的生命力和影响力。

每个民族都有自己的创世神话，因为人类先祖最为好奇也最需要解释的是天地万物是怎么回事，人又是如何来的？每个民族的先民都会对天地万物及人的起源问题作出解释，但基于生存环境的不同和在此基础上产生的认知差异，解释的路径可谓千差万别。正如以格林兄弟为代表的神话学派所强调的，神话是民族文化的源头，所以这种差异事实上已经蕴含了各民族文化的独特个性和民族精神。“盘古开天地”从表面上看，仅仅是一个解释天地万物来历的神话，其中的“宇宙卵母题”、“垂死化身母题”也是世界各地普遍存在的神话母题，但透过表象，我们可以发现其内涵和实质与中国先民的生存环境以及文化有着极为密切的关系。“宇宙卵”与相传伏羲所创的“先天太极图”有着共生的关系，宋代哲学家邵雍曾说：“先天者伏羲所画之易也，后天者文王所演之易也。伏羲之易，初无文字，只有一画以寓其象数，而天地万物之理，阴阳始终之变具焉。”在湖北出土的新石器时期的陶纺轮上就有太极图。太极图以圆圈代表天象和宇宙，与“宇宙卵”的思维方式完全一致。“太极生阴阳，阴阳生四时，四时生八卦”，自然万物均来自阴阳两种力量的运动与变化，而阴阳则包含于太极这个“宇宙卵”之中，因此中国文化中最重要的阴阳观念或许就缘于“盘古开天地”，而阴阳观念是中国人认识世间万事万物所遵循的基本原则；“垂死化身”源自先民“物我混同”的思维方式。在他们眼中，宇宙间万物都像人一样，有生有死，太阳每天晚上死去，早上复活；花草树木冬天死去，春天复活；人也和万物一样，富于变化，种子下地变成幼苗，蛋变为小鸟，蛹变为蛾……其中孕育了中国的天人合一观念。由此可见，

"盘古开天地"神话既与其他民族的"宇宙卵"神话有着共同的原始思维特征，又有着鲜明的民族文化特色，其中孕育和包含的阴阳观念、天人合一观念对中国文化影响巨大，也成为了中国人认知世界、探索发展规律、处理各种关系的核心理念，也可为当代中国所用。

天地是如何来的？神话中说是盘古用他巨大的身躯支撑的："天地浑沌如鸡子，盘古生在其中。万八千岁，天地开辟，阳清为天，阴浊为地。盘古在其中，一日九变，神于天，圣于地。天日高一丈，地日厚一丈，盘古日长一丈。如此万八千岁。天数极高，地数极深，盘古极长。后乃有三皇。"（《艺文类聚》卷一引《三五历纪》）经历了漫长的一万八千年后，盘古终于完成了开天辟地的创举。今天流传在民间的神话，也有说天地是盘古用巨斧劈出来的。他担心天地会重新合拢，于是用自己的身躯撑在天地之间，不让两者合拢来，久而久之，他的身躯就变成了一根擎天大柱——不周山。这是何等伟大的开创精神和气势！这种精神延续到中国另一创世神话《女娲补天》："昔者共工与颛顼争为帝，怒而触不周之山，天柱折、地维绝，天倾西北，故日月星辰移焉；地不满东南，故水潦尘埃归焉。"（《淮南子·天文训》）于是，女娲"炼五色石以补苍天，断鳌足以立四极，杀黑龙以济冀州，积芦灰以止淫水，苍天补，四极正，淫水涸，冀州平，狡虫死。"（《淮南子·览冥训》）通过女娲的不懈努力，终于使倾斜的天空得到纠正、止住了滔滔洪水、消灭了危害人类的各种祸害，天下恢复了太平。中国梦是强国梦，需要有改革的勇气、不断进取开拓的精神。我们国家虽然经过三十多年的改革开放，已经取得了令世人瞩目的成就，但仍然面临着贫富差距拉大、城乡差距悬殊、环境污染严重、官员腐败、人们道德水准下降等诸多社会问题，要解决这些问题都需要加大改革的力度，要有盘古开天辟地的勇气和担当。

盘古是一位奉献之神。为了创造宇宙万物，不惜将自己的身体转化为万物，在《五运历年纪》中记载："……首生盘古，垂死化身：气成风云，声为雷霆，左眼为日，右眼为月，四肢五体为四极五岳，血液为江河，筋脉为地里，肌肉为田土，发为星辰，皮肤为草木，齿骨为金石，精髓为珠玉，汗流为雨泽，身之诸虫，因风所感，化为黎甿。"（《绎史》卷一引）也即宇宙间的日月星辰、风雨雷电、名山大川、矿产、草木、黎民百姓都是盘古的身体所化，盘古为一个美好世界的诞生，贡献了自己的一切。这种精神在中国古代其他神话中也有反映，如《夸父追日》，为了探索太阳的奥秘，巨人夸父最终渴死途中。这种"鞠躬尽瘁，死而后已"的献身精神和勇敢无畏的行动态度，正是今天我们在实现中华民族伟大复兴中国梦旅程中所需要的。盘古开天辟地，用自己的身体变化为世间万物，实践了他的梦想；他的精神为千秋万代的后人景仰，也一直激励着中华儿女，无数先烈为了实现中国强大、民族振兴和人民幸福的梦想而贡献自己的一切。

（原载《解放日报》
2015 年 10 月 18 日第 7 版）

春节：民俗的教化场

郑土有

据2015年1月23日人民网报道，今年的春运大军将增至37亿人次，相当于非洲、欧洲、美洲、大洋洲四大洲人口搬1次家，这是何等壮观的场景和靓丽的风景！春运固然让交通管理部门头疼不已，但仔细想想这又何尝不是中国传统春节魅力和力量的体现！

每到春节，数以亿计的中国人都朝向一个目标——家（老家）——汇聚，任何困难都阻挡不了人们前行的步伐，哪怕是为了一张火车票排上几天几夜的长队，哪怕是多花数倍的钱从票贩子那里购买高价票，哪怕是在拥挤的火车车厢里站十几个小时，哪怕是顶风冒雪骑行上千里……尤其是那些进城务工人员，平时为了赚钱加班加点，为了存钱省吃俭用，但在这个时候再多的钱也肯花。是什么神奇的动力促使人们这样做？答案只有一个：亲缘民俗。

春节是农耕文明的产物，是一个酬神、谢神、祈神的节日。在农耕社会中，在辞旧迎新之际，感谢神灵一年来的护佑，祈祷来年的丰收，是每个家族的大事，必须要求全体人员到场，以示虔诚，于是逐渐形成了春节期间全家团聚的习俗。而在宗法家族制的社会结构框架下，又赋予团聚以更多的内涵，通过祭祖、团圆饭、守岁、拜年、走亲戚等强化血缘亲情关系。尤其是除夕晚的团圆饭所有的家庭成员都要参加（民间传统，实在不能赶到的成员，也要为他放置一副碗筷），其乐融融地围坐一桌，享受一顿辞旧迎新的团圆饭。这是两千多年来形成的习俗，虽然没有明文规定，但已成为一种集体记忆深入到了中国人的心灵深处，沉淀在每位中国人的血液之中。今天虽然已进入了后工业时代、信息时代，为了农事而酬神、祈神的目的已经淡化，但春节团聚所具有的巩固亲情、联络感情的功能仍焕发出顽强的生命力。在亲缘民俗的作用下，春节成为了人们期盼家庭团聚的日子。

上世纪八十年代以来，由于中国社会的急剧转型，经济高速发展，农村城镇化步伐加快，人们的生活方式发生了巨大的变化，产生于农耕文明基础之上的春节氛围逐渐淡化，许多仪式活动消失，人们不断发出“年”味越来越淡的感叹。正是因为认识到了这种危险性，我国于2006年5月20日公布的第一批国家级非物质文化遗产名录中将春节列入了保护行列。这些年来，随着政府主管部门以及广大民众对春节的重视，许多仪式活动得到恢复，“年味”一年比一年浓了，也就更加吸引人们返乡过年的愿望。这从春运人次的变化中也可看出，据“百度百科·春运”提供的数据，1994年12.2亿人次，2000年16.16亿人次，2004年18.9亿人次，2010年25.41亿人次，2014年预计为36.23亿人次，二十年间翻了2倍。

传统节日是中华民族在长期的历史发展过程中生存智慧的结晶，“过节”是民众的自发自觉行为。在倡导社会主义核心价值观、重建良好社会风气的今天，如此好的传统民俗文化，我们何不因势利导充分发挥其正能量的作用。当我们面对汹涌而至的春运大潮时，应该想一想人们为什么要在这个时候回家，而且非得要赶在年前回家？他们回家又做了些什么？政府管理部门年年呼吁人们错峰出行，最好留在工作地过年，这些呼吁为什么发挥不了作用？事实上，春节返乡、亲友相聚，从某种意义上说恰恰是建设和谐社会、培养人们良好道德观的一种民俗行为，是亲缘民俗在自然状态下发生潜移默化作用的生动展现。中国是一个“家—国”同构的社会，“家”是一个人人生的起始点，亲缘关系是人生网络的核心，家人的言传身教决定着一个人的价值观取向。早在两千多年前《论语·学而》中就说过：“其为人也孝弟，而好犯上者，鲜矣；不好犯上，而好作乱者，未之有也。”能够孝顺父母、尊重兄长的人，是很少会冒犯上级长辈的；那些不会冒犯上级、长辈的人，从来就没有会造反的。《孝经》中也说：“夫孝，始于事亲，中于事君，终于立身。”“修身、齐家、治国、平天下”均始于“孝”，试想一个在家都不孝敬父母、尊敬长辈的人，到社会上怎么可能尊老爱幼、关心他人、尊重他人，怎么可能热爱家乡、热爱祖国？而做不到这些，一个人又怎么可能会有良好的道德水准、符合规范的价值观？社会是由一个一个个体组成的，一个社会的核心价值观也是由其中绝大多数人的价值观组成的。

春节是一个民俗教化场，在其乐融融的节日气氛中，通过传统的仪式活动，让参与其中的个体受到传统的熏陶、接受无言的教育，纠正一些错误的行为观念，消解一些平时积累的矛盾，融洽人与人之间的关系。亲缘是春节团聚的核心，但又不局限于此。从除夕夜的家庭团圆饭、守岁，到正月初一开始的亲戚朋友互相拜年，再到元宵节前后的各种社区活动，人际交流的圈子逐渐扩大，其功能也从倡导亲人间的孝亲慈爱，扩展到提倡邻里和睦、人与人之间的和谐相处、坦诚相待。春节是中国人的传统节日，“过年”是民众的自发行为。党中央倡导用中国数千年来形成的、民众乐于接受的传统形式进行社会主义核心价值观的建设，春节无疑是最好的时机之一。我们的政府主管部门千万不能因为工作上的难度而禁止这个、不许那个，这是一种“懒政”行为。

（原载《社会科学报》
2015 年 3 月 19 日第 6 版）

神缘文化助力“海上丝绸之路”

郑土有

2013 年 9 月和 10 月，习近平主席访问哈萨克斯坦和印尼时，先后提出了建设“丝绸之路经济带”和打造“21 世纪海上丝绸之路”的倡议。党中央从实施新一轮改革开放、推进亚洲区域合作以及世界和平与发展需要的高度，将“一带一路”建设确定为我国新形势下对外开放的新战略。在“一带一路”建设中强调优先发展互联互通，视不同情况逐步实现“五通”（政策沟通、道路联通、贸易畅通、货币流通、民心相通）。有学者指出，“五通”之中政策沟通是保障，道路联通是条件，贸易畅通是目标，货币流通是途径，民心相通是关键。也就是说，“民心相通”是极为重要的一环。但在不同国家、不同文明之间如何真正实现“民心相通”，是需要高度智慧的。民心相通，不应只是人员间的友好往来，也不仅仅是道义上的相互支持，而是心灵的沟通，是相互的理解信任。发掘中华民族历史上与丝绸之路周边国家友好交往的宝贵资源为今天所用，无疑是有效途径之一。

就海上丝绸之路建设而言，长期以来在中国与海上丝绸之路沿线诸国民间交往过程中形成的“神缘文化”应是一条重要的交流纽带。

“神缘”是指以神灵信仰为纽带而建立的人与人之间的关系，因为信仰中包含着人类认知自然、社会、人类自身的各种观念，如世界观、道德观、价值观、审美观等，因此具有共同信仰的人群因为观念的相同或相近，容易沟通、理解、交往，更易于建立一种和谐的人际关系、和谐的社区关系。

信仰承载于每个个体身上，历史上当中国人大量移居海上丝绸之路沿线诸国的时候，也将信仰带到了当地，如妈祖信仰、关帝信仰、城隍信仰等，成为了当地华侨华人的精神支柱和凝聚力的重要载体。与此同时，海上丝绸之路沿线诸国都有自身在适应生存环境过程中逐渐形成的独具特色的文化。华侨华人为了适应当地的文化，融入当地文化，必然需要在某种程度上对原有的信仰作自动的调适。正如徐李颖在《佛道与阴阳：新加坡城隍庙与城隍信仰研究》中所说：“在新加坡近两百年的发展史中，华人庙宇跟随着社会变迁发生着潜移默化的改变，无论从外部形态、社会功能，还是在国家认同、象征意义上，华人庙宇都在为适应社会的变化而进行着自我调整与相互整合。”这对于华侨华人在异文化中立足和发展起到了至关重要的作用。

而在华侨华人逐渐融入当地文化，参与当地社会、经济、文化建设的过程中，源自华侨华人的神灵信仰也逐渐被当地人所接受，成为华侨华人与当地人沟通的纽带和桥梁，并逐渐成为当地文化的有机组成部分，使得海上丝绸之路沿线诸国的文化中包含了中华文化的因子。例如徐李颖指出：“通过对新加坡的华人城隍信仰的研究，我们发现，在文化认同的层面之下，还有一种更为深刻的力量在推动和改变着华人庙宇的发展，那就是隐形的国家的力量。在庙宇的建构中，我们看到不同的人带给庙宇不同的命运。然而不同的人背后仍是受到了国家话语的操纵。国家成为一种隐形的力量，它并不直接干预但却深刻地影响着个人和社团的选择。”“新加坡华人的民间信仰虽然源自中国，但是在当地的社会环境下，华人信仰越来越与当地的文化相融合。”也就是通过这种隐形的国家的力量，将华人的信仰纳入了在地国的文化体系之中。这种融化于精神生活的文化因子，成为了中国与海上丝绸之路沿线诸国进行海上合作交流、“民心相通”的基础和重要元素。

中国与海上丝绸之路沿线诸国所处的地理环境、生存环境、人文传统不同，形成了各自独具特色的文化。文化多样性是人类的一项基本特性，文化多样性创造了一个多姿多彩的世界，通过不同文化间的交流和互动，人类的创造力得以实现。每个民族创造的文化都有独特的不可替代的价值，是不可剥夺的权利，尊重彼此的文化，是合作交流的基础。中国与海上丝绸之路沿线诸国的交流合作也应遵循此基本原则。

同时我们也应该承认，文化的差异在一定程度上也是交流合作的障碍。因为价值观、思维方式的不同，常常会导致对某一相同问题认识上的差异、处理方式的不同。这种差异有时体现在政治意识形态方面，有时影响到经济贸易往来。若能找出不同文化间的“异”中之“同”，则交流合作将更为顺畅、有效。由于历史的原因，中国的民间神灵信仰随着华人的步伐流传到了海上丝绸之路沿线诸国，融入了当地文化。神灵信仰是文化中最具有影响力的元素之一，它深入到每个人的心灵深处，左右着人们的价值观和日常行为，挖掘这种神缘文化并加以恰当运用，无疑对开展中国—海上丝绸之路沿线诸国友好交流和务实合作具有十分重要的作用。

神缘文化以共同的神灵信仰为基础，而妈祖信仰、关公信仰、城隍信仰等倡导惩恶扬善、诚信待人、护境佑民、劝人为善等道德观念，对各国民众都有一定的影响。这对于邻国之间的和平相处、美美与共、合作互助，对于构建和谐的中国—海上丝绸之路沿线诸国的关系具有十分积极的意义。

神灵信仰呈现于人们的日常生活之中。例如近些年来海上丝绸之路沿线诸国的信众纷纷到中国大陆的妈祖庙、关帝庙、城隍庙“朝香”，纯粹是一种民间活动。神缘文化基本不涉及意识形态问题，是人们的一种精神追求和对未来美好生活的期盼。因此利用好神缘文化，可以巧妙地避开因政治意识形态不同而造成的交流合作摩擦。神缘文化是一种民间文化，利用其“民间”的优势，以“神缘”为纽带促进“民心相通”，在民间层面搭建好交流合作的平台，发挥神缘文化软实力的功能，必然会对“21 世纪海上丝绸之路”建设产生积极的影响。

（原载《社会科学报》
2015 年 1 月 22 日第 6 版）

第八篇

学 人 评 介

抗战中的民间文艺家

刘锡诚

抗战时期，在党的领导下，抗日文艺战线成为一支特殊的、重要的、不可抵挡的战斗力量，在唤醒民众、鼓舞斗志、团结教育人民、凝聚民族精神等方面发挥了不可替代的重要作用。人们用口口相传的方式创作了数以万计的民歌民谣和民间传说，鼓舞那些离开父母、离开家乡与敌人厮杀的英勇军人，真实地记录下了人类历史上的这场战争，批判了入侵者在中国领土上所犯下的种种令人发指的反人类罪行，讴歌了前方和后方的中国人不屈的民族精神和国家认同感与凝聚力。当时的民间文艺工作者、诗人、作家及艺术家，在沦陷区，在大后方，在解放区……搜集记录下了各民族群众口头创作和传播的不计其数的抗日歌谣和民间传说，谱写了中国文化史和文学史上的灿烂篇章。

投笔从戎上前线的民间文艺家

抗日战争爆发后，在民族危亡的严重关头，有一大批热爱中华本土文化、热爱中华民族传统的民间文学家、作家、文化工作者，在极困难的条件下坚持着五四新文化运动开拓的道路。他们中许多人投笔从戎，一面坚持抗战，一面从事文学创作，参与民歌民谣的搜集与出版，并为此做出了重要的贡献。

民间文艺家、诗人林山，1933 年在上海加入中国共产党，1934 年毕业于上海暨南大学文学院。1937 年到延安，任延安陕甘宁边区文协秘书。1938 年，延安战歌社举行了多场“诗的朗诵问题座谈会”，林山在会上的发言《关于街头诗运动》，经《新中华报》发表座谈纪要后，成为中国诗坛开展街头诗的宣言。他说：“时代迫切地需要诗歌的朗诵，而诗歌也可以而且应该是一种朗诵的艺术。”1938 年 9 月 1 日，陕甘宁边区文艺界抗战联合会（后更名为“中华全国文艺界抗敌协会延安分会”）在延安成立，林山成为第一届执委会成员之一。

1940 年，林山担任桂林文化供应社编辑。其间，在报纸上发表讨伐汪精卫的文章。皖南事变后，他去了香港。后返回内地，来到苏北抗日根据地，从事敌后诗歌运动和编写通俗读物工作。据《苏北抗日根据地文化大事记》载：1941 年 6 月 28 日，“苏北诗歌协会因常务理事分散各地无法集中，特由副理事长劳辛聘林山、陆维特、江明、高文四同志组成诗歌辅导委员会，林山为主任委员”。1941 年 7 月 19 日，“苏北诗歌协会在《江淮日报》辟‘街头诗运动专号’，发表《自卫队》《都来参加妇救会》等 8 首街头诗和林山文章《开展街头诗运动》”。1943 年 11 月 13 日，“王阑西、阿英、林山等人研究，拟将《大众知识》扩大改名为《新知识》，每期 5 万字。……林山作 10 首墙头诗发表在《大众知识》第 7 期上，师鲁工团为诗配画。于是，林山又发起组织‘墙头诗画社’，出版了《墙头诗画集》，其中集诗 28 首，画 6 幅。”1943 年 1 月 4—6 日，“因形势紧张，黄克诚同杨帆等人商议决定将尚在盐阜区的文化人转移到阜东县海边八大家一带，6 日起行。他们是芦芒、林山、沈柔坚、阿英、铁璎、贺绿汀等”。这是“盐阜区文化大事记”有关林山的一些记载。

为保护文艺工作者的安全，有的文化名人回到了上海，有的去了延安。1945 年，陕甘宁边区文协成立说书组，由安波、陈明、林山等组成。米脂县的盲艺人韩起祥就是在林山的帮助下成长起来的，他帮助韩起祥改造旧说书，修改完成了《刘巧团圆》。

说到苏北新四军的文化人，不能不提著名的文学史家阿英一家。上海失守后，他带领全家赴苏北盐城参加了新四军。即使在抗战时期，他也非常关注和倡导民间文艺的发展。他的长子钱毅，到苏北后任《盐阜大众》副主编等职。苏北大“扫荡”后，钱毅辗转海边，专攻大众文艺和民俗学。1947 年，他从容就义，留下了《庄稼话》《海洋神话与传说》《钱毅的书》等民间文学著作及民俗学杂稿。

歌谣学家薛汕在北京上学时参加过“一二·九”学生运动，后到上海参加了司马文森、钟望阳组织的文艺俱乐部，1937 年抗日战争全面爆发后，到闽浙赣边区新四军根据地搞文艺工作。1939 年任中共赣州市委宣传部长。1940 年被捕入狱，翌年从江西集中营中逃出，辗转至桂林、柳州、重庆。1941 年开始在江西、广东、广西、贵州、云南、四川、陕西等地搜集和研究各地民歌。完成稿本有《邕江儿歌》、《刘三姐歌乡》、《瑶歌》、《侗歌》、《岭南梅》和《客家山歌》等。在《柳州日报》上编《民风》副刊。1946 年任上海震旦大学教授，与丁英（丁景唐）、袁鹰等组织民歌社，与李凌、沙鸥编《新诗歌》月刊，在创刊号上发表《胜利灾》，继而发表《抗战梦》，还编纂过《中华民族歌谣文学大系》。

20 世纪 20 年代末、30 年代初先后在中山大学和杭州主办《民间文艺》《民俗学集镌》《民间月刊》等民间文学期刊的钟敬文，在从日本留学回来不久，卢沟桥事变爆发后，便随他所工作的浙江民众教育实验学校内迁，而后毅然放弃了他所热心的民间文学事业，辗转到了前线，在广东四战区政治部任视察专员，撰写报告文学（有报告文学集《良口之战》）；并与何家槐共同创立了中国全国文艺抗战协会曲江分会，被选为常务理事。中山大学由云南迁粤北坪石后，他又转到学校执教，讲授民间文学课程。

从 20 世纪 30 年代初起就专事谚语研究、晚年定居台湾的著名谚学大家朱介凡，抗战期间在国民党军校中任教官。1939 年，他两次向各方寄发征集谚语的启文；1940 年起在军校推行“不讲武而讲谚语”，在学员间采录南北各地谚语和歌谣。他从学员口中和他自己行军途中所搜集的各地抗日歌谣和谚语，大多编入他和娄子匡合著的《五十年来的中国俗文学》《中国谚语里的历史传说》两部著作中，还对搜集来的歌谣和谚语作了注疏和考据。

大西南与大后方的民间文艺家

抗战期间，由上海迁至贵阳的大夏大学的社会学家们，对民间文学的搜集与研究作出了令人瞩目的成绩。该校于 1938 年春设立了“社会经济调查室”（后改名为“社会研究部”），由社会学家吴泽霖主持。他们曾先后到贵州的安顺、定番、炉山、下江、都匀、八寨、三合、荔波、都江、榕江、永从、黎平以及广西的三江、融县等调查社会状况和民俗资料，并主编《贵州日报》副刊“社会研究”栏目，出版“苗夷研究丛刊”及《贵州苗夷歌谣》《贵州苗夷社会研究》《贵州苗夷影荟》等著作。吴泽霖调查记录了贵州花苗的兄妹婚神话、大花苗的古歌《洪水滔天歌》、八寨黑苗的洪水遗民神话以及炉山等地的短裙黑苗的洪水神话。陈国钧到下江一带深山中的生苗（少与外界交往的一支苗族）进行社会与民俗调查，用国际音标记录了三则生苗的人祖神话，其中有一则是诗体的，长达488行，是演唱时记录的。大夏大学社会研究部对贵州各民族各地区歌谣的搜集成绩尤为突出，仅陈国钧一人就搜集到几千首歌谣，涵盖黑苗、花苗、红苗、白苗、生苗、花衣苗、水西苗、仲家、水家、侗族等，他从中选择出1000首编成《贵州苗夷歌谣》厚厚的一册。其他人员，如吴泽霖、杨汉先、张少微、李植人、胡体乾、梁瓯弟等人在搜集歌谣方面也各自有所贡献。

在广西，有陈志良、刘介、雷镜鎏、乐嗣炳等民间文艺家在从事搜集和研究工作。陈志良在苗、瑶、壮、彝等民族中搜集到的歌谣，数量达3000余首，选编为《广西特种部族歌谣集》一书，其中不乏当地少数民族中流传的抗战歌谣。

对西南少数民族民间文学进行调查，搜集了大量材料，对我国民间文学事业贡献殊多的，还有当时也迁到昆明，1940年后又迁到川南南溪县李庄的中央研究院的一批学者。

1939年，李霖灿（原为杭州艺专学生）抱着绘画的目的去了丽江的玉龙山，被纳西族（当时译名通用么些族）东巴经里的民间故事所吸引，由此也确定了其终身的事业。他在纳西人的帮助下，搜集了几十个东巴故事，其中包括多个创世神话。这些纳西族传说故事的搜集与翻译，极大地推动了对纳西族文学艺术、宗教、哲学和社会的认识与研究。

1940年冬，中央研究院历史语言研究所的芮逸夫与傅斯年的研究生胡庆钧从临时所址李庄出发，赴川南之叙永县鸦雀苗居住地进行婚丧礼俗田野调查，搜集到仪式歌多首，对于研究鸦雀苗的礼俗和口头文学有非常重要的价值。当时也在李庄的，还有原北京大学文科研究所助理研究员马学良，由于中央研究院史语所与北大文科研究所合并，他也是中央研究院的研究人员了。马学良长期在云南彝族地区进行彝语学习和彝族民族调查，与彝胞朝夕相处，搜集了大量彝族的民俗、信仰以及神话、传说和故事。他所搜集的神话、传说和故事，如《洪水》《八卦》《山神》等都发表在方国瑜等人创办的《西南边疆》和《中央研究院历史语言研究所集刊》《边政公论》等期刊上。由于他是语言学家，又在西南联大大迁徙中跟随闻一多采过风，他所搜集的彝族口头文学，都是从讲述者口中原原本本地记录下来的。

之江大学史学教授徐松石从1927年起到1940年间数次到广西桂北、左右江流域、黔西、黔中、黔南、广东粤江流域旅行调查风土人情，研究粤江流域人民史和泰族、僮族、粤族源流，当中也注意搜集少数民族的神话、传说、歌谣（苗歌）。他搜集到的桂北苍梧一带流行的《竹王的故事》以及手抄歌本《盘皇书》和苗民谱本，具有相当高的民俗学和历史学价值。他的《粤江流域人民史》一书于1940年付印，正是抗日战争如火如荼的时候，他在该书《跋》里写道：“我爱两广，我爱西南壮族，我爱印度支那与我们同宗的泰人掸人。但我的心更爱念的，乃是我们伟大的中华民族。”

诗人光未然1939年1月率抗敌演剧第三队由晋西抗日游击区赴延安；3月间写了著名组诗《黄河大合唱》，经冼星海谱曲后广为流传，成为抗日军民的一支号角。皖南事变后，光未然被迫从重庆流亡缅甸；1942年回到云南，在路南县一所中学里教书。他根据彝族青年学生毕荣亮提供的讲述，记录、写定了彝族支系阿细人的民间长篇叙事诗《阿细的先鸡》，于1944年2

月由李公朴主持的昆明北门出版社出版。当时也在西南过着流亡生活的北京大学文科研究所语音乐律实验室的语言学家袁家骅，参加路南县政府编修县志的工作，在路南读到光未然整理的《阿细的先鸡》（北门版）后，找到了光未然记录整理《先鸡》的“发音人”毕荣亮，用国际音标再次记录了这部叙事诗，这就是1951年由中国科学院印行的《阿细民歌及其语言》。

从大西北的兰州辗转来到重庆的张亚雄，是一名新闻记者。他把他十年来在做新闻工作的同时，从牧童、脚夫、小工、车夫、雇农、学生、排字工友以及各阶层的文化人和朋友中间搜集起来的一部《花儿集》的原稿，带到重庆，1940年由青年书店出版。花儿是西北广大地区流行的民间文艺形式，但此前并没有人去搜集记录过。该书是搜集者由手头积累的2000首花儿中挑选出来的，共计600首。

抗战期间，民族学、民俗学、民间文学人才汇集于西南地区，开展实地调查，创办多种边疆期刊，发表和积累了丰富的民间文学材料，推动了相关学科的发展。晚年的娄子匡写道：“（全面）抗战八年，日军入侵，我学术南移，多少清风亮节之士，在抗战大后方，过着日食粗糙、衣不蔽体的匮乏生活，走出书斋，掀起了边疆学术调查研究的高潮，其人文部分，少有与俗文学有关。据古氏选目（古今式《抗战以来我国民族学选目》，古道济《战时我国民族学选目》），战时出版虽极度困难，而边疆期刊，有二十七种。”有些期刊，如昆明出版的《西南边疆》、成都出版的《康导月刊》和《风土什志》等，都比较注重发表民间文学作品和理论研究，对于西南地区形成我国民间文学运动的中心地位，起过一定的作用。《风土什志》创刊于1943年8月，主办者李劼人，发行人樊凤林，编辑有谢扬清等，其宗旨在于弘扬西南地区的乡土民俗文化。该刊常常发表一些各地的民俗随笔、民间故事和民歌，趣味性较强，是一份大众读物。但也发表过像《格萨王传》这样价值很高、篇幅不算很短的作品的片断。

受时代限制，我们今天能看到的大后方民谣出版物，只有由武汉的大众文化丛书社1938年出版的一本由江凌主编、江敉编著的图文并茂的《抗敌时令歌谣》，所收歌谣与全国民众的抗日信念和意志息息相通。

《西南采风录》及其他

1937年七七事变后，抗日战争全面爆发。北京大学、清华大学、南开大学三校于11月南迁长沙，成立国立长沙临时大学。12月13日南京沦陷，立足未稳的长沙临时大学决定再次西迁昆明。其中，由336人（一说284人）组成的“湘黔滇旅行团”于1938年2月19日启程，徒步向昆明进发。加入步行团的教授和学生，分别成立了各种沿途考察的组织，民间歌谣组就是其中之一。

闻一多是参加步行团的教授之一，他担任民间歌谣组的指导，而且沿途对少数民族的习俗、语言、服装、山歌、民谣、民间传说亲自做调查。“每到一处山寨，他顾不得安顿住处，也顾不得沿途的疲劳，一到宿营地就带着我们几个年轻人走家串户，采风问俗。他在破旧的村舍里和老乡们促膝长谈，谁也看不出他是中外著名的教授和学者。他兴味十足地观看少数民族青年男女的舞蹈，并从中考证《楚辞》与当地民俗的关系。他喜欢去茶馆酒楼闲坐，听素不相识的老乡论古道今，了解当地的风土人情。他亲自指导同行的原南开大学学生刘兆吉沿途搜集民歌民谣，到昆明后整理成《西南采风录》，并亲自为之作序。”（马学良《记闻一多先生在湘西采风

二三事》，《楚风》1982年第2期）

刘兆吉在书的前面有一篇文字，记载了有关这次徒步旅行中搜集采录民歌的种种细节以及他个人关于民歌的一些观点。从长沙到昆明3300华里，路经大小城镇30余座，村落不计其数。旅行团走了68天。刘兆吉在闻一多指导下沿途采风，采得各地区、各民族民间歌谣2000多首。这本《西南采风录》中所录的歌谣包括各地即席编唱的“抗战歌谣”和“民怨”歌谣，强烈地反映出民心的向背。这类民歌可以作为中国民众同仇敌忾的见证；而在艺术上，有的也堪称上品。如在湖南常德采集到的一首《调兵歌》、在昆明附近采集到的《送郎出征抗日歌》，为了容纳较为广泛的抗战内容和普通中国老百姓保家卫国的信念，这两首民歌都采用了民间小调的范式，表达了劳动妇女在民族大义面前的刚毅与温柔。

作为西南联大中文系主任的朱自清先生，也为刘兆吉的《西南采风录》一书写了序言，从与闻一多不同的角度，高度评价了刘兆吉的采风成果：“他将采集的歌谣分为六类。其中七言四句的‘情歌’最多，这就是西南各省流行的山歌。四百多首里有三分之一可以说是好诗。这中间不缺少新鲜的语句和特殊的地方色彩，读了都可以增扩我们自己。还有‘抗战歌谣’和‘民怨’两类，虽然没有什么技巧，却可以见出民众的敌忾和他们对于政治的态度；这真可以‘观风俗’了。历来各家采集的歌谣，大概都流传已久；新唱出来的时事歌谣，非像刘先生这样亲历民间，是不容易得到的。”在中国民间文学的学术史上，抗战中诞生的《西南采风录》是一个直接从老百姓口头上采风的典范，对认识社会风尚，特别是抗战歌谣所提供的广大人民群众对这场战争的认识和对民族精神的坚守，提供了弥足珍贵的历史资料。

（原载《中国社会科学报》
2015年9月29日第816期

周作人：人本主义民俗学立场

周　华

在中国民俗学的发展史中，周作人地位显赫，他是“公认的现代民俗学的拓荒者”。“民俗学”一词，便是由周作人从日文译介而来的。1920 年，他又和钱玄同、沈尹默、刘半农等人一起，发起成立了“北大歌谣研究会”，随后又成立了风俗调查会，促进了中国民俗学的发展。他还不断引入西方神话学、文化人类学，日本民俗学的理论，有意识地对中国民俗文化进行研究，可谓是“20 世纪初中国学界民俗自觉意识的首创者”。

周作人之所以如此倚重民俗学，是和五四时期有识之士“改造国民性”、“救国保种”的历史使命感分不开的。民间文化在五四学者眼中，是通达民众心灵的途径，故而研究民俗，也是改造国民性的必经之路。而在周作人的民俗研究中，我们更多的是看到他对人性的关怀和对理想的人性的诉求，即基于人本主义立场的民众关怀。同时，笔者认为，人本主义，也是现代民俗研究所应秉持的态度。

一　从自然人性论说起

人本主义，在周作人看来，就是要提倡人的自然本性。首先，他所说的人的概念，“不是世间所谓‘天地之性最贵’，或‘圆颅方趾’的人。乃是说，‘从动物进化的人类’”。从动物进化的人类，既有动物的属性，又有超越动物的灵性，“兽性与神性，合起来便只是人性”。他肯定人的本能生活，凡“人的一切生活本能，都是美的善的，应得完全满足。凡有违人性不自然的习惯制度，都应该排斥改正”。人之所以为人，正因为他有兽性，否则他就是神了，“人生有一点魔性，这才使生活有些意味，正如有一点神性之同样的重要。”同时，他也不否认人还应当具备超越兽性的一面，那种“死便埋我”，妄求快乐的做法也是“趋于极端的”。

因此，周作人主张的自然人性论，是一种内在与超越相结合的人性。对人的本性的肯定和关怀，造就了周作人无法割舍的人本主义情结，成为其思想的根底。作为一个文学家，他的文学创作在追索这种自然人性，他的文学理论在呼吁“人的文学”。同样的，作为一位民俗学先驱者，其民俗思想的深处也流淌着他对人类生存和发展的深切的关心和爱，他关于民间文化的论述是自然人性论的一种表达。

二　关注吾民之精神

民俗学是关于普通民众的知识和学问，对民俗学的关注，也就是对普通民众的关注。早在《诗经》年代，中央就在地方以采风的形式从民间收集歌谣，观察其政治得失，到了汉代还成立了专门的乐府机构。清末，国家处于危亡之间，严复等爱国志士纷纷提出治国化民以救国的保种策略，提高民众素质、改造国民性成为救国的必由之路，从而民众又被纳入学者关注、研究的视野。现代民俗学，一面继承着中国采风传统，“20 世纪民俗学的研究机构、大宗资料记录以及田野考察活动，关注大众歌谣和故事的社会与艺术价值，是继承了长期延续的中国传统”；一面继承着清末知识分子的启蒙理念，关注国民性并力图改造之，以救国保种。

周作人对民俗学的兴趣，自然和民俗学发展趋势不相违背，但倾注其中更多的是，他对人的生存状态的普遍关怀。而改造国民性于周作人，更多的是帮国人重塑自然健康的生活和灵魂。在他看来，人始终是第一位的。如他所言：“我对于人类学稍有一点兴味，这原因并不是为学，大抵只是为人，而这人的事情也原是以文化之起源与发达为主。”可见，周作人的民俗研究从一开始就是从人自身出发的。他研究礼俗，是为了研究中国人民的感情与思想，“中国人民的感情与思想集中于鬼，日本则集中于神，故欲了解中国须得研究礼俗，了解日本须得研究宗教。”他研究神话，是为了体会原人的感情，“所谓神话等……本不是存心作伪以欺骗民众，是在只是真诚地表现出他们质朴的感想。”他致力于收集民谣，因为他相信：“根据在这些歌谣之上，根据在人民的真感情之上，一种新的‘民族的诗’也许能产生出来。”

可见，对人的精神、思想以及情感的普遍关注，是周作人民俗学的出发点。而对普遍意义上的人的关注，又与周作人的自然人性观是一致的。在周作人看来，人都是兽性和神性的统一体，即使是最普通的人，也是人类群体中的一员，也值得重视。因此，周作人的民俗学是以研究人和人性为出发点的，从一开始就打上了人本主义的印记。

三 性灵自然之美

周作人的人本主义立场也体现在他对神话、童话、民歌等民俗文化的理解和价值判断上。

受安德路朗的神话学思想的影响，周作人首先以人类学的理论来解释神话传说和童话，而摒弃了历史学派、譬喻派、神学派以及言语学派对神话的解说。相对于这些学派，周作人的神话观更具人本主义立场。前者或认为神话是历史的讹变，或认为神话本是道德训诫的故事，或认为神话源于旧约故事，或认为神话源于语言疾病。在这些观点中，人始终是被抽离的不在场，人的主观能动性对于神话的生成和发展并不起作用。但在周作人看来，人恰恰是神话产生的根本动因，“神话是原始人的文学，原始人的哲学，原始人的科学，原始人的宗教传说”，是“人民信仰的表现”[①]。归根结底，是人类思想、精神、情感的外化和对象化。由此可见，周作人的神话观是强调人的因素的，因此是人本主义的。

正因为周作人把神话看作是人自身的产物，他也十分赞成童话有美育作用。传统观点认为，童话中包含了大量的对世界的错误的认识，儿童读了会受影响，“终身迷信”，因此百害而无一利。周作人对此说嗤之以鼻，他认为“童话者，幼稚时代之文学，故原人所好，幼儿亦好之，以其思想感情同其准也。今之教者，当本儿童心理发达之序，即以所固有之文学（儿歌童话等）为之解喻，所以启发其性灵，是顺应自然，发达具足……”儿童的思维和原人思维是同构的，因此儿童阅读童话，是顺应并满足儿童的“本能的兴趣与趣味”，在儿童成长过程中有助于培养其天真的想象力。相反的，那些主张以道德教化为主旨的儿童教育，是对儿童“自然之本相”的抑制和对其想象的压迫，“他将

① 吴平、邱明一：《周作人民俗学论集》，上海文艺出版社1999年版。

失了一切的兴味，变成枯燥的唯物的人。”因此，周作人认为“在诗歌里鼓吹合群，在故事里提倡爱国，专为将来设想，不顾现在儿童生活的需要的办法，也不免浪费了儿童的时间，缺损了儿童的生活。”

由此可见，周作人的民俗观充满了人本主义的关怀，他认为，神话是人的精神禀赋之外化，童话有助于人的自然性灵的发展，民歌体现了真实自然的人性美。他的所有民俗研究都是从人出发的，一切民俗文化的价值也在于揭示了人的思想、情感和自然本性。

四 人本主义的理想

周作人民俗学研究的出发点是人，其最终的落脚点还是得回归到人自身。在对遗风旧俗的考察中，周作人深刻揭露了中国几千年来的旧道德、旧风俗对人性的压抑和扭曲，鞭辟入里地批判了“存天理，灭人欲”的封建礼教对人性的束缚，意图建立“以人为本的新道德观”，可见其人本主义的立场和决心。

周作人在批判国人的劣根性的同时，也展现了他的人本主义的思想。通过对歌谣的研究，他看到了中国人人性中的“卑怯”、“妥协、顺从，对于生活没有热烈地爱着，也便没有真挚的抗辩”，数千年来，人们只凭着习惯而生活，却不曾“真挚热烈地生活一天”。在这里，周作人呼唤的是有血有肉、有悲有喜的真真正正的人，而不是墨守成规的非人的机器。这是对人的感性、知性和理性的诉求，对人的本质的回归。

通过对婚姻家庭以及妇女风俗的研究，周作人坚决批判了所谓“殉节”、“守节”的畸形贞操观。他言辞激烈地表示，“对于妇女的狂荡之攻击与圣洁之要求，结果都是老流氓的变态心理的表现。”这在中国男尊女卑的传统社会中，不可不谓是振聋发聩的一声。由此也可看出，周作人所说的人的范畴，不仅包括男人，也包括女人，他的人本主义是针对普遍意义上的人，而非阶级的、性别的。因此，他竭力为女性夺回做人的权利，承认女性本能需求的合理性，倡导男女平等和灵肉合一的爱，将人本主义的光芒照射在生活在黑暗中的广大女性身上。

通过对祖先崇拜、家族制度的民俗研究，周作人提出，祖先是为子孙而生存的，而不赞成当时社会流行的子孙为祖先生存的思想。他认为子孙是有独立人格的，而不是家长的所属品，因此，每个人都有权追求自己的幸福。这是对人的自由意志的肯定，是将自我从他者身份中解放出来，是对每一个独立个体的存在价值的肯定。

由此可见，周作人以他的自然人性论的人本主义立场，冷峻地审视着传统社会中种种压迫人性的风俗，并热切盼望建立一个人人平等、自由、充满生机的人的社会，这也是他从事民俗研究的终极目的。正如他自己所言：“假如另外有人对于中国人的过去与将来颇为关心，便想请他们把史学的兴趣放到低的广的方面来，从读杂记的时候起离开了廊庙朝廷，多注意田野坊巷的事，渐与田夫野老相接触，从事于民间生活史之研究，此虽是寂寞的学问，却于中国有重大的意义。”①

纵观周作人的民俗学著述，我们发现，他的研究范围十分广泛，研究内容相当庞杂，对民俗学的学科阐述却寥寥无几，更难建立一个属于他的民俗学体系，可能这也并非他从事民俗研究的本意。如果一定要对周作人的民俗学思想做一个概括总结，我想那只能聚焦在人本主义的民间立场上

① 程光炜：《周作人评说80年》，中国华侨出版社2000年版。

了。因为，从他的民俗研究的出发点，到具体而微的民俗观，再到研究的最终目的，人本主义是他一以贯之的原则。而我认为，这正是周作人作为现代中国民俗学先驱的意义所在。他的功绩不只在于他引入了国外的民俗学理论和方法，推动了中国本土的民俗学的发生，更重要的是，他让后来者认识到民俗学的初衷在于人，目的也在于人，它是一门真正意义上的人学。今天的民俗学发展依然需要这样的情操和认知，脱离了对人的热忱和对人的终极意义的思考，民俗学充其量也不过是一门工具学科。

（原载《学理论》
2015 年第 12 期）

郑振铎：中外史诗研究

冯文开　王立霞

郑振铎是“五四”新文化运动的倡导者之一，他不仅积极地翻译和介绍外国文学，而且把中国传统文学放在世界文学这个参照系内重新估定其价值。他具有强烈的世界文学的意识，1923 年至 1927 年撰写的《文学大纲》和 1935 年创办的《世界文库》便是他这一学术思想的实践。史诗作为世界文学的一个重要组成部分与西方文学的源头，郑振铎在这两次学术实践活动中都不惜笔墨地谈论史诗。《文学大纲》不但开设专章全面系统地介绍荷马史诗、印度史诗和中世纪的欧洲史诗，而且详细讲述了文人史诗《埃涅阿斯纪》《神曲》《失乐园》，等等。郑振铎对史诗不是纯粹地介绍，而是在介绍中每每有着自己独到的见解和分析。对于荷马史诗，郑振铎认为它是“终古的‘光芒万丈长’，永为后人心灵上和艺术上的修养的无穷尽之汲取的泉源”，[①] 指出如果缺少荷马和维吉尔等人的著作，那么古典文库就不能称为古典文库。对于其他史诗，郑振铎也强调要给予同等的关注，说道：“《吠陀》、《死书》、《新旧约》、《摩诃巴拉他》、《拉马耶那》和《诗经》，一切古代的经典和史诗、民歌，都将给以同等的注意。”[②]

一

梁启超、王国维、鲁迅、胡适、周作人和茅盾等诸多中国学者都曾在不同的学术背景下使用过“史诗”一词，而且运用时史诗在他们的脑海都呈现出一种较为清晰的图像。但是史诗的性质是什么？什么是史诗？史诗属于哪种性质的体裁？他们没有回答这些与史诗理论有着直接关联的问题，而郑振铎尝试性地对这些问题做出了自己的回答。1923 年，郑振铎在《诗歌的分类》中把史诗置于西方文学的演进过程中阐明其特点，描绘了抒情诗（Lyrical Poetry）、史诗（Epic Poetry）、剧诗（Dramatic Poetry）三者产生的次序，即史诗最先，剧诗其次，再次抒情诗。这种观点显然不同于黑格尔为代表的西方古典诗学对这三种文类发生先后——史诗最先，其次抒情诗，再次剧诗的排列。郑振铎作出这样排序的理由是：“史诗及剧诗，都为叙事的，抒情诗则为反省的；故事的喜欢，为初民时代即具有的特性，至于反省的感觉，则非人类已进步至某种程度不能具有；因此，抒情诗发达，遂自然的较史诗及剧诗为后了。”[③] 这种排列顺序可以看出郑振铎接受了当时进化论这一知识界的主流话语，推导出三大文类的演进秩序。它在表层上与黑格尔等人的古典诗学观不同，而本质上实是无异，都有线性进化论之僵硬的特征。其实，抒情诗未必后于史诗，鲁迅在解释诗歌起源时提出的“杭育派”，

---

① 郑振铎：《郑振铎全集》（第十五卷），花山文艺出版社 1998 年版，第 367 页。

② 同上书，第 369 页。

③ 郑振铎：《郑振铎全集》（第三卷），花山文艺出版社 1998 年版，第 463 页。

这种歌可以称得上一种抒发情感的抒情诗，它似乎可以说明抒情诗未必晚于叙事诗和史诗。19世纪后期，许多西方学者已经对西方古典诗学关于诗歌的分类及其公式化体系和顺序提出质疑，其中影响最大的是俄国比较文艺学家亚·尼·维谢洛夫斯基(1838—1906)。依据民俗学者对口头诗歌的重新发现，他对亚里士多德以来以西方古典文学范本推演出来的规范化诗学提出挑战，意识到史诗、抒情诗、乃至剧诗不是呈现公式化的演进规律，而是时常呈现一种混合的状态，而且他也看到存在抒情诗先于史诗的文学现象。① 因此，他主张突破亚里士多德诸人的规范化诗学的模式，不再纠缠于三者先后之关系，而是要关注三者的语言风格、起源和演变规律。郑振铎虽然一直坚持抒情诗是后起的一种诗体，但是也看到了抒情诗的源头和雏形并不晚于史诗和剧诗以及抒情成分对史诗和剧诗的重要性。他说道："如史诗，如剧诗，如教训诗之类，他们之所以能成为诗歌者，完全因其同时并带有抒情的分子在内之故；如把他们这种抒情的分子取出，便如从美酒中把酒精取出，从蜂房中把甜蜜取出，简直不能称其为诗了。"② 至于史诗，郑振铎在《诗歌的分类》一文指出它是长篇的叙事诗歌，注重讲述事实，而其中又带有不少的抒情分子。他否定了许多批评家提出的"抒情诗与剧诗都是个人的，都是表现个人的性格与情绪的"，而史诗是"表现一个民族的精神与历史的"观点。③ 因为在他看来，史诗不仅包括了古代史诗，而且包括近代史诗，而近代史诗，尤其是短的史诗，差不多都是表现个人的事迹与情感的。

如果说《诗歌的分类》对史诗的论述比较粗略，那么郑振铎《史诗》一文对史诗的论述就较为明晰了。前者发表在1923年《文学》第85期，后者发表在同一刊物的第87期。前者没有详细区别史诗与叙事诗，也没有较为清晰地论述史诗的类型，只是提到长篇史诗与短史诗、古代史诗和近代史诗这些模糊的概念，而后者较为清晰地解答了这些问题。首先，郑振铎把史诗（Epic Poetry）视为叙事诗（Narrative Poetry）里最重要的亚类，指出除了史诗以外，叙事诗还包括英雄传说、冒险记、寓言、短歌、牧歌、歌谣。他肯定民族史诗是长期发展和演变的结果，其间消化了多种不同文类。④ 与胡适、鲁迅等学者不同，郑振铎站在史诗本体的立场上认识史诗这个文类的形成和重要地位。但是，与他们一样，在中国丰富的少数民族史诗没有得到充分挖掘的情况下，郑振铎只能以古希腊、古罗马等诸多西方史诗和东方的印度史诗为范例，以西方学者的史诗理论为借镜阐述自己对史诗的见解，《诗歌的分类》《抒情诗》《史诗》等文章皆是明证。

郑振铎探讨了史诗的分类问题，将史诗划分成民族的和个人的两大类，指出民族的史诗是"古代的即各民族由古代流传下来的伟大的韵文的故事，他们所叙述的大概，都是一个或几个民族间的战事；或一个英雄的冒险的经历或他的各种雄伟的勋绩"；⑤ 个人的史诗是"近代的，即由一

① ［俄］维谢洛夫斯基：《历史诗学》，刘宁译，百花文艺出版社2003年版，第264—382页。

② 郑振铎：《郑振铎全集》（第三卷），花山文艺出版社1998年版，第479页。

③ 同上书，第463页。

④ 郑振铎：《郑振铎全集》（第十五卷），花山文艺出版社1998年版，第363页。

⑤ 同上。

个作家创造出来的伟大的韵文的故事。”① 郑振铎的分类标准是可商榷的，因为个人史诗未必都是近代的作品，维吉尔的《埃涅阿斯纪》显然要比《尼伯龙根之歌》、《罗兰之歌》、乃至中国的《格萨尔》等史诗要更远古。因此，从这个角度而言，郑振铎这种分类是欠严密的。郑振铎以史诗创作者是个人还是非个人为界定维度区分出民族的史诗和个人的史诗两种类型，这种维度是一个区别性的维度。他强调个人史诗的作者不仅是非匿名的，而且带有作者的个性和作家的理想，并以但丁的《神曲》、斯宾塞的《仙后》、维吉尔的《埃涅阿斯纪》、弥尔顿的《失乐园》为旁证。

同时，郑振铎以西方史诗和印度史诗为范例对民族史诗的特点做出了较为全面的归纳。首先，它们的“著作者都是不知姓名的，也许可以说都是‘非个人的’”。② 他分析了荷马史诗、《摩诃婆罗多》和《罗摩衍那》的作者，得出这些史诗不是个人创作的、而是经历数年形成的一种集体创作的结论。这种论断无疑是正确的，符合文学艺术创作规律和民族史诗的实际。以中国后来发掘的少数民族史诗《格萨尔》《江格尔》《玛纳斯》作为考察对象，亦可发现这种观点的正确性。其次，这些史诗“所叙的事实，大概都是关于一个或几个民族的战事，或其他与战事有关的大举动的。”③ 综观世界所有的民族史诗，这个特点确实是它们普遍具有的共同特点。无论西方的《伊利亚特》《奥德赛》《贝奥武甫》《尼伯龙根之歌》《罗兰之歌》《熙德之歌》等，还是东方的《摩诃婆罗多》《罗摩衍那》《格萨尔》《江格尔》《玛纳斯》等，反映的无不是一个民族重大的历史事件，牵涉的无不是民族的生存，乃至政治经济利益和命运。再者，这些史诗“所叙的事实大概都是超自然的，天神与魔鬼都常在史诗里出现。自然界中的动物与植物及其他，在他们里面也常得占一个地位。”④ 荷马史诗中的诸神、印度史诗中神猴哈奴曼皆可印证此点。其实不仅这两个民族的史诗，《格萨尔》《玛纳斯》《江格尔》等史诗也都具有神话的属性。细观这三个特点，它们的确概括出民族史诗在内容方面具有的特点，但是因为郑振铎接触的皆为英雄史诗，所以更确切地说，它们是英雄史诗的特征。至于史诗这一伟大的文学体裁是如何消失的，郑振铎认为民族史诗不再出现是由于行吟背诵的消失与“传奇”、“神仙故事”等新文体的产生，而个人史诗的衰落是因为小说这种新文体的发达。诚然，郑振铎举出的这些因素是史诗消歇的原因，但是史诗消歇归根结底还是在于史诗赖以产生的社会历史条件已经不复存在。况且，并非所有的民族史诗都消歇了，远的不说，就说中国的三大史诗《格萨尔》《江格尔》《玛纳斯》，它们仍然在人们中间传唱着，而且在不断地发展着。

二

论述史诗时，郑振铎也注意到中国文学的“史诗问题”，确切地说是汉族文学没有史诗的问题。他对这个问题的回答很复杂又充满矛盾。首先，他在《诗歌的分类》中把《孔雀东南飞》《长恨歌》《卖炭翁》等叙事诗包括在“史诗”之内，称之为“短史诗”。或许这是因为出于提高

① 郑振铎：《郑振铎全集》（第十五卷），花山文艺出版社1998年版，第364页。

② 同上。

③ 同上。

④ 同上。

中国文学在世界文学中的地位和中国文学自尊的需要，或许是承续胡适故事诗的观点，他肯定中国存在史诗。但是在随后的《史诗》中，郑振铎又否定了自己的这种观点。因为《孔雀东南飞》在中国文学史虽算是古今第一长诗，但是字数尚不足一千八百字，而白居易、杜甫诸人所作的叙事诗更为短促，故而他指出如果按照严格的史诗定义，那么中国可以说没有民族的史诗，也没有个人的史诗，“所有的仅零星的叙事诗而已”。[①] 其次，郑振铎讨论了《诗经》中的“史诗问题”。较早谈到这个问题是在他1932年出版的专著《插图本中国文学史》中，他认为《公刘》是歌咏周民族先祖公刘的故事诗，推测《荡》或许是史诗作者的一篇歌咏文王的故事诗中的一段，[②] 但是，在同一章中郑振铎把《文王》《大明》《绵》《思齐》《皇矣》《灵台》《生民》《公刘》诸篇视为叙事诗，把他们看成是“各时代的朝廷诗人，追述先王功德，或歌颂当代勋臣的丰功伟绩，用以昭示来裔，或竟是祭庙时所用的颂歌。”[③] 显然，郑振铎不赞成1925年陆侃如、冯沅君提出的《生民》诸五篇是“周的史诗”的观点。[④]

可是，在1938年开始撰写的《民族文话》中，郑振铎肯定《生民》、《公刘》、《绵》、《皇矣》及《大明》为史诗。[⑤] 这可能与当时中国的政治形势有关。那时日本入侵中国，民族已在危急存亡之际，为了弘扬中华民族的伟大和激发民族抗战的信心。郑振铎专辟一节论周民族的史诗。1953年，郑振铎在《中国古典文学中的诗歌传统》中以荷马史诗和印度史诗为范例指出史诗是“有故事的”和“表现民族传统、民族历史、命运、生活的”，亦是“叙事诗发展的最高形式”和“民族的百科全书”，认为中国古代没有史诗，“《诗经》中虽有几篇类似的东西，但和印度、希腊的史诗还很不相同。”[⑥] 显然，这是对抗战时期自己提出的周民族的史诗观点做出一种反拨。

至于中国为何没有史诗呢？他肯定了中国文学有足以构成史诗的资料，存在过叙述大英雄伟大事迹的简短的民歌。至于为何没能把这些零散的资料集合起来熔铸成一篇大史诗而流传下来，郑振铎认为中国没有荷马之流的伟大天才诗人把它们融冶成史诗，而且孔丘、墨翟等只知致力救治当时政治、社会和道德上的弊端，对国民的文学资料的保存无所用心，从而导致古代许多民间传说为时代所湮没。[⑦] 鲁迅也持相似的观点，他说道：“一者华土之民，先居黄河流域，颇乏天惠，其生也勤，故重实际而黜玄想，不更能集古传以成大文。二者孔子出，以修身齐家治国平天下等实用为教，不欲言鬼神，太古荒唐之说，俱为儒者所不道，故其后不特无所光大，而又有散亡。”[⑧]

郑振铎还指出中国“律诗”体式的过于严整限制了中国诗人不能创作如维吉尔《埃涅阿斯纪》、弥尔顿《失乐园》、但丁

① 郑振铎：《郑振铎全集》（第十五卷），花山文艺出版社1998年版，第365页。
② 郑振铎：《插图本中国文学史》，人民文学出版社1982年版，第42页。
③ 同上书，第46页。
④ 陆侃如、冯沅君：《中国诗史》，百花文艺出版社2000年版，第40—41页。
⑤ 郑振铎：《郑振铎全集》（第四卷），花山文艺出版社1998年版，第44—46页。
⑥ 郑振铎：《郑振铎全集》（第六卷），花山文艺出版社1998年版，第96页。
⑦ 郑振铎：《郑振铎全集》（第十卷），花山文艺出版社1998年版，第160—161页。
⑧ 鲁迅：《鲁迅全集·中国小说史略》（第九卷），人民文学出版社1973年版，第164—165页。

《神曲》之类的长篇巨制的伟大诗篇。[①] 钱钟书《谈中国诗》也指出“一篇诗里不许一字两次押韵的禁律限止了中国诗的篇幅”。[②] 不过，钱钟书更强调中国学者缺乏伏尔泰所谓的“史诗头脑”是中国文学没有史诗的主要原因。[③] 陈寅恪也曾提出骈词俪语与音韵平仄的配合限制了中国文学创作长篇巨构的作品的观点，即“对偶之文，往往隔为两截，中间思想脉络不能贯通”。[④]

郑振铎对中国“史诗问题”持有的观点与当时学者的观点大致相同，在一定程度上较为合理地解释了汉族文学没有史诗的原因，为往后探讨这个话题提供了必要的启示和参考。

三

在世界文学知识背景下阐述史诗，必然要纳入比较研究的视野和方法。郑振铎在1923年底发表的《明年的〈小说月报〉》就直接宣告自己撰写的世界文学通史《文学大纲》是具有“比较文学史”的性质，[⑤] 而这种著作也是一部真正意义上的比较文学史。仅就史诗而论，郑振铎在这部著作中以荷马史诗为典范对世界史诗以宏观的目力进行叙述和评价，[⑥] 而且以荷马史诗和印度史诗为参照系估定中国文学作品的价值。在论述《诗经》时，他说道：“《诗经》在孔子、孟子时代的前后，对于一般政治家文人等，即已具有如《旧约》、《新约》及荷马的二大史诗之对于基督教徒与希腊作家一样的莫大的威权。政治家往往引《诗经》中的一二诗句以为辩论讽谏的根据，论文家及传道者亦常引用《诗经》中的一二诗句以为宣传或讨论的证助；有的时候，许多人也常常讽诵《诗经》的一二诗句以自抒叙其心意。”[⑦] 郑振铎没有详细对《诗经》与《新旧约》、荷马史诗做具体的比较研究，而是使用平行比较的方式阐明《诗经》在中国文学史上的地位。在估价唐传奇的文学价值时，郑振铎也使用此法。他说道：“后来的诗人，戏曲家也都取他们所写的事实为其作品的题材；所以唐人传奇在中国文学上便成了文坛的最初资料之一种，便有了与荷马史诗、《亚述王的故事》以及《尼拔龙琪故事》在欧洲文学上的同样位置了。”[⑧] 郑振铎使用譬喻的方式把唐传奇与荷马史诗等诸多史诗并置，肯定唐传奇对中国文学发展的深远影响。他把《目连救母变文》中详尽叙述地狱的情节与《奥特赛》（Odyssey）、《阿尼特》（Aenied）及《神曲》诸史诗做平行比较，重新评价《目连救母变文》应有的艺术价值。[⑨] 郑振铎认为《三宝太监西洋记》比《奥德赛》更为怪诞，

---

① 郑振铎：《郑振铎全集》（第十卷），花山文艺出版社1998年版，第392页。

② 钱钟书：《钱钟书文集·谈中国诗》，生活·读书·新知三联书店2002年版，第163页。

③ 同上书，第162页。

④ 陈寅恪：《寒柳堂集·论再生缘》，生活·读书·新知三联书店2001年版，第72页。

⑤ 郑振铎：《郑振铎全集》（第三卷），花山文艺出版社1998年版，第469页。

⑥ 对于荷马史诗，郑振铎在《文学大纲》里专门开辟一章讲述它，详细描绘了《伊利亚特》和《奥德赛》的故事梗概和艺术特质、荷马与荷马史诗在世界文学中的地位。在介绍印度两大史诗和中古欧洲英雄史诗时，经常把它们与荷马史诗做比较。参见郑振铎《郑振铎全集》（第十卷），花山文艺出版社1998年版，第21—374页。

⑦ 郑振铎：《郑振铎全集》（第十卷），花山文艺出版社1998年版，第162页。

⑧ 郑振铎：《郑振铎全集》（第十一卷），花山文艺出版社1998年版，第115页。

⑨ 郑振铎：《插图本中国文学史》，人民文学出版社1982年版，第456页。

直可视为与《罗摩衍那》不相上下的一部叙录神奇的历险与战争之作了。[①]

郑振铎把西方史诗和印度史诗作为范例与中国文学做出不同程度的跨文类比较研究，涉及的内容相当广泛，诗歌、弹词、变文、传奇、小说、戏剧无不入其中。这里仅以“弹词”为重点论述郑振铎在跨文类比较研究方面的开拓和贡献。郑振铎把弹词视为可以与史诗相提并论的文类，乃至把弹词直接称为史诗。他认为弹词是“一种被笼罩于黑雾之间，或被隔绝于一个荒岛中而未为人发见的文艺支干。”[②] 郑振铎把弹词和史诗并置在一起进行比较的做法与他“整理旧文学”的提出和俗文学的立场不无关联。长期被低估的弹词是郑振铎关注的对象，郑振铎把它与史诗对照的做法有利于重新发现和估定弹词的文学价值，把弹词原有的地位和原有的价值还给弹词。再者，弹词与史诗确有许多类似之处，在郑振铎对弹词和史诗的论述中至少可以看出郑振铎认为它们有四点相似之处：1. 两者皆是依凭歌者流传，而使用的乐器则不同，弹词说唱使用一面鼓或三弦，荷马史诗演唱使用竖琴；2. 两者的表演情形相似。“一个盲者挟一面鼓或三弦，登上支搭于街头巷尾的木台上，弹着唱着，四周是有了无数的妇人与男子，静静地坐在自备的木凳上听着。”[③] 这与许多史诗的演述情形也是相同的；3. 两者皆鸿篇巨制。例如《玉簪缘》、《天雨花》或《三小新编》等至少要半个月或十天八天才能唱完。他在《三十年来中国文学新资料发现记》指出“《安邦志》、《定国志》和《凤凰山》的三部曲，是至今尚未有可以相匹敌的弘伟的史诗。”[④] 事实确是如此，这三部曲共有一百二十册之多，在数量和篇幅上亦不亚于任何史诗了；4. 两者叙事结构类似。弹词是“以第三人的口气来叙述一件故事的，有时用唱句，有时用说白，有时则为叙述的，有时则代表书中人说话或歌唱。”[⑤] 正是从这种艺术特点出发，郑振铎认为弹词“不类小说，亦不类剧本，乃有似于印度的《拉马耶那》，希腊的《依里亚特》，《奥特赛》诸大史诗。”[⑥] 鉴于弹词和史诗诸多的相似和弹词研究的薄弱，郑振铎不禁略带遗憾地评述弹词道：“其描写之细腻与深入，已远非一般小说所能及的了。有人说，中国没有史诗；弹词可真不能不算是中国的史诗。我们的史诗原来有那么多呢！谈弹词的人，如今也还没有。”[⑦] 其实将弹词与史诗进行比较的最早的学者并非是郑振铎，吴宓可能是较早的学者。他在《希腊文学史》第一章《荷马之史诗》一文列举了荷马史诗与弹词相同点十二条，认为“以其大体精神及作成之法论之，弹词与荷马史诗极相类似，故窃意若欲译伊里亚及奥德西为吾国文，则当译之为弹词体矣。”[⑧] 朱应鹏在《艺术三家言》中也把弹词和西方的史诗作比较，指出中国弹词大鼓一类的东西可以与荷马史诗并论，认为荷马史诗是中国所谓的弹词，

① 郑振铎：《插图本中国文学史》，人民文学出版社 1982 年版，第 916 页。

② 郑振铎：《郑振铎全集》（第五卷），花山文艺出版社 1998 年版，第 300 页。

③ 同上。

④ 同上书，第 501 页。

⑤ 同上书，第 304 页。

⑥ 同上书，第 305 页。

⑦ 同上书，第 300 页。

⑧ 吴宓：《荷马之史诗》，《学衡》1923 年第 13 期，江苏古籍出版社 1999 年版，第 45 页。

都是民众的结晶。[①] 后来陈寅恪在《论再生缘》一文中指出中国的弹词就文体而言足以与希腊、印度及西洋的诸多史诗相媲美。[②]

然细究四人对弹词与史诗的比较，各有不同。吴宓较早比较弹词与史诗，但是他立场还沿袭着传统文学观念，在骨子里还是看不上弹词这种平民的作品，这也是他为何阐述了弹词和史诗相同之处而不愿直截了当地肯定弹词的文学价值等同荷马史诗的原因。与之相反，本着打破学术上贵贱尊卑的成见以及以平等眼光对待中国文学的目的，郑振铎将弹词与史诗相提并论，提升了难登大雅之堂的弹词在中国文学史上的地位。朱应鹏与郑振铎都主张站在民众的立场比较弹词和史诗，提高弹词的文学地位。但是，在弹词研究上朱应鹏用力不如郑振铎，而他们对弹词研究产生的影响都不如陈寅恪。陈寅恪兼通中外文学，具有宽广的学术视野，他把《再生缘》放在世界文学中阐述其文词、结构和思想的特点，得出弹词与史诗在文体上无差异的结论。这个结论的严密和精审可能胜于郑振铎对弹词的一些看法与见解，而郑振铎对弹词的搜集整理以及民间文学的立场或许是陈寅恪不及之处。

新文化运动时期，郑振铎不仅倡导世界文学，而且在实践上积极介绍、翻译和评述世界文学，史诗作为世界文学最重要的一个组成部分理所当然地得到了他相当程度的关注。他介绍西方史诗、印度史诗和史诗学理论，同时把史诗引入中国文学批评，以之为范例重新估定中国传统文学的价值，把那些缙绅士大夫素来瞧不起的平民文学抬高到类似史诗的地位，而且把它们与史诗并置在一起做跨文类的比较研究，这是一种具有深远意义的学术行为。

（原载《民间文化论坛》2015 年第 6 期）

① 朱应鹏：《民国丛书·艺术三家言》，上海书店 1989 年版，第 158 页。

② 陈寅恪：《寒柳堂集·论再生缘》，生活·读书·新知三联书店 2001 年版，第 71 页。

程憬：中国神话学的全面研究

陈泳超

程憬（1902—1950），安徽绩溪人，生前为中央大学教授，著有《中国古代神话研究》手稿一部，历经坎坷，几乎湮没。笔者于2011年推动该书由北京大学出版社正式出版，之后又多方披寻相关资料，对其生平及业绩有了相对全面的了解。

通览程憬先生的学术历程，笔者发现，与民国时期的许多人文学者一样，他有着开阔的视野和多方面的成绩。大致说来，他首先从哲学入手，故在清华国学院毕业论文的题目是："二程的哲学"、"先秦哲学史的唯物观"、"记魏晋间的哲学"。这三个方面后来都有单篇论文发表，而唯物观则是其最核心的理论武器，终其一生未尝改变，且贯穿于他的所有学术领域之中。而他更为倾心倾力的，则是在唯物史观的指引下，从社会生活的角度对中国古代史进行了非同寻常的研究。这主要集中在他1920—1930年发表的一系列论文，从《中国的原始社会》到《夏民族考》，再到《商民族的氏族社会》《春秋战国时代的社会变动情况》，分明勾勒出一条从人类初期到先秦时代的历史线索，并得出了许多令人耳目一新的论断，至于使用甲骨文、金文以及现代考古学等新潮方法，从开创新局面的宏观着眼，反而落入第二义了，尽管它们无疑大大提升了其研究的精密程度。程憬后期逐渐转入政治学领域，《秦代政制之研究》《中国政治学之过去与现在》等即其代表作。

当然，站在笔者的立场上，程憬先生对于学界的最大贡献，终究还在于他对中国古代神话的全面研究。目前，全面论述程憬先生神话研究特色与成就的文章，只有马昌仪先生的《程憬及其中国神话研究》，该文发表于1994年《中国文化研究》秋之卷，后被收为程憬先生《中国古代神话研究》一书的附录。该文首先肯定程憬先生的中国神话研究具有学术史意义、理论创建意义和史料意义，然后着重探讨其理论创建的两大方面，即"神话时代"与"神话系统"。

就"神话时代"而言，顾颉刚先生在给程憬《中国古代神话研究》写的序言中就提出，这是对夏曾佑"传疑时代"的延续和总结，"我们可以说：夏曾佑先生开始发现了这问题，而程憬先生则是初步解决了这问题。"[①] 其实，"这问题"还有不少异说，比如徐旭生《中国古史的传说时代》等。但是夏曾佑、徐旭生他们提出的"传疑时代"或"传说时代"，都是从历史学的角度对无文字时期进行的概括，是纯粹的史学研究；而程憬先生的"神话时代"，主要不是历史分期，而是以神话为中心的专门称述，用他的话说："我们相传的关于远古的史事——说得肯定一点，即洪水时代及那个时代以前的史事，都是神话；所有的人物如黄帝、尧、舜、禹、稷等，都是神话中的人物。"

程憬先生之所以能提出"神话时代"这

① 程憬：《中国古代神话研究·顾颉刚序》，北京大学出版社2011年版，第3页。

一概念，源于他对于该时代一定有“神话系统”的信心。他在《自序》中开头就说：

我们的古代是有神话的，有系统的神话的。从现存的古籍中仔细地去搜集，谨密地去考证，我们敢这样说，这本书便想证明它。虽然所引证的还不能达到巨细无遗的程度，但勉强可说已把我们的古代神话，古代神话系统之全貌素描出来了。①

实在说来，“神话时代”也好，“神话系统”也好，都不能算是程憬先生的创举。在他之前，尽管大多数学者早就认识到，相对于西方神话而言，中国神话显得零散驳杂、没有系统，并为之找到了诸多解说，胡适、鲁迅等皆是。但也有相信中国其实可以有神话系统并为之做出初步努力者，比如茅盾，在其出版于1929年的专著《中国神话研究ABC》中，就肯定地说：

我们的古代史，至少在禹以前的，实在都是神话。如果欲系统地建起中国神话，必须先使古代史还原。否则，神的系统便无从建立。……用了极缜密的考证和推论，也许我们可以创造一个不至于十分荒谬武断的中国神话的系统。②

两相对照，程憬的大部分思想，很明显都是承续茅盾而来。但茅盾认为中国古代神话系统只是一个“假定”③，是需要现代学者去努力为之“建立”的；而程憬则认为是“确有”，所以他在《自序》里说：“我们的远古确有这样的一个‘神话时代’，确有这些朴素而荒唐、美丽而伟大的故事，且已杂合而发展，成为系统。”而学者的任务，是“用比较分析和批评方法，去剖开他们的表皮，还能显露出他们的本来面目来”，并称“我在这书里将引导读者诸君进入这个时代，去欣赏那些惊魂动魄，可歌可泣的故事，去周游一个奇离古怪，可羡可咀的世界。”④

无论“假定”还是“确有”，重要的是现代学者如何将之合理而充分地展示出来呢？

所谓“合理”，首先是要对“神话系统”的内部结构有一个明晰的认识，往直白里说，就是要有一个“合理的”分类体系。鲁迅曾说：“内容分类，似可参照希腊及埃及神话之分类法作之，而加以变通。”⑤ 这其实代表了那一时代学人的普遍认知，茅盾、程憬概莫能外。只是，西方神话的分类也有各种策略，谢六逸早在1928年世界书局版的《神话学ABC》中就列有“神话的分类”专门章节，介绍了许多西方神话的分类原则和具体案例，其中一例是“比安其教授（G. H. Bianchi）的‘希腊与罗马的神话组织’”，分类如下：

第一部　天地开辟及神统

第二部　诸神

　　俄林普斯诸神

　　天上及下界诸神

　　家及家族之罗马诸神

第三部　英雄

　　人类之创造及原始状态

　　地方的英雄传说

　　英雄时代后期的事迹⑥

茅盾《神话研究ABC》的章节大致便从其中化成，分别是“宇宙观”（相当于

① 以上二段引文均出自《中国古代神话研究·自序》，第1页。

② 茅盾：《神话研究》，百花文艺出版社1997年版，第221页。

③ 比如茅盾曾说：“但是我以为我们可以假定一个系统。这个假定的系统立脚在说明地方呢？我以为就可立脚在中国古史上。”见《神话研究》第78页。

④ 程憬：《中国古代神话研究·自序》，北京大学出版社2011年版，第2页。

⑤ 鲁迅：《致梁绳祎》，《鲁迅全集》第十一卷，人民文学出版社1991年版，第438页。

⑥ 谢六逸：《神话学ABC》，载于《神话三家论》，上海文艺出版社1989年版，第74—75页。

第一部)、“巨人族及幽冥世界”和“自然界的神话及其他”（相当于第二部)、“帝俊及羿、禹”（相当于第三部)。而程憬《中国古代神话研究》的章节更是与之若合符节，胪列于下：

第一部　天地开辟及神统
　第一篇　创世纪——天地开辟
　第二篇　神统纪
第二部　神祇
　第一篇　天地及昆仑
　第二篇　天神
　第三篇　地祇
　第四篇　物魁
　第五篇　鬼与幽都
第三部　英雄传说
　第一篇　后羿
　第二篇　后稷、巧倕、夔及后启等的传说
　第三篇　海内外纪

“合理”的第二要义在于契合中国传世文献的相关记载，这便是鲁迅所谓的“加以变通”了。茅盾通过梳理文献，认为中国神话按照地域来看可以分为北（中原)、中（楚地)、南（两粤）三个“独立的系统”，“并且三者合起来而成的中国神话也还是不成系统，只是片段而已”①。而程憬更多关注的是文献的时间先后关系，比如“天地开辟”部分，他先列举了“天地剖判说（《天问》等)”和“经天营地说（《淮南子》等)”，而后代学者特别爱说的盘古，却被他置入“巨灵躯化说”而作为该篇附录的，且该附录也先从《山海经》里的“烛阴”和“烛龙”说起，因为关于盘古的记录要到三国吴时方始出现，显示出程憬经过古史辨派洗礼后对于文献的特殊敏感。事实上，程憬跟古史辨派尤其是其领袖顾颉刚先生，一向保有非常密切的交流。

再说“充分”，茅盾的著作写于1928年前后，当时因第一次国共合作破裂，茅盾正旅居日本躲避政治迫害，手边没有太多书籍可以借鉴，所以写得颇为粗略，他自己的定位就很清楚：“所以此编之作，实在是‘开荒’的性质，因而也只是‘绪论’的性质”②。而程憬的著作是经过很长时间酝酿积累的。从现有的资料来看，最早在1933年发表的《中国的原始社会(续完)》一文之注释里，已经提到他有一部未刊稿《古神话与古传说》，并且该稿还有“附录”，看上去不像只是单篇文章③。他的《山海经考》虽然发表于1943年，但在文章末尾专门注明：“此文初作于民国二十二年，为拙作中国古代神话研究之附篇。二十六年秋，与神话之原稿同为寇火所毁。今仅依记忆所及而略言之，若云论定，当俟异日。”④民国二十二年即1933年，前述《古神话与古传说》与此《中国古代神话研究》显系同一著作，现在出版的《中国古代神话研究》中也确实将《山海经考》一文作为附录的，说明这一著述计划大约在1933年前后就已经基本成型了。此后，他陆续发表了关于泰一、洪水尤其是后羿的多篇论文，每篇都考证详密，时有发覆，并在其生命的最后年月里，不断为之修订补充，笔者从其女公子程守京处看到多份与之相关的手稿，其中勾点批划，历历在目。因此，他最后的手订稿即目前呈现在我们面前的北大版《中国古代神话研究》，较之茅盾之作，在精

① 茅盾：《神话研究》，百花文艺出版社1997年版，第141页。

② 同上书，第223页。

③ 茅盾：《神话研究》，《大陆评论》1933年第2卷第4期。

④ 国立北平图书馆编：《图书季刊》，商务印书馆1943年新第4卷第3—4期。

密与充分方面的进步简直不可以道理计。尽管他在《自序》里仍然谦虚地说：“在我国一切均在草创的现在，对于这方面的研究还是开始，距离成功之时尚很远。”[①]但正如马昌仪先生所言：

> 如果说，玄珠（茅盾）写于1929年的《中国神话研究ABC》具有开山意义，堪可作为奠基阶段系统研究中国神话的第一部专著的话，那么程憬于40年代末完成的《中国古代神话研究》一书则可以认为是第二部，在中国神话史上具有不可忽视的意义。[②]

这样的定位，笔者以为是非常恰当的。

顺着这样的定位，是不是还有第三部、第四部呢？随着后来社会环境的日益稳定，及至今日之学术昌明，关于中国神话的研究层出不穷，确实出了一些全面阐述中国古代神话系统的专著，但大多未见反响，唯有袁珂先生对中国神话的系统整理与研究，在建国后的中国神话学界影响卓著，值得再加探讨。

袁珂先生的神话研究开始于建国前夕，从1950年出版的简本《中国古代神话》，到1984年出版的《中国神话传说》，其间屡经增补，不断扩充，成为总体整理中国古代神话传说的集大成之作，对中国神话的宣传和研究产生了极为重大的影响。但对比几个版本可知，他多年的工作主要是在不断扩充，“格局”上并没有太大变动。以最后出版的《中国神话传说》为例，且不论其广义神话的学说，单看它的章节设置，除导论之外，分别是：

“开辟篇”
“黄炎篇”
“尧舜篇”
“羿禹篇”
“夏殷篇”
“周秦篇”

这就俨然回到了传统历史分期，类似于《路史》《绎史》的结构方式，放弃了鲁迅、茅盾、程憬等人的共同主张与实践的神话本身的逻辑结构。此外，他的书中并不像茅盾那样强调地域性的神话差异，也不像程憬那样强调文献资料的时间关系，而是将被记录的所有神话按照“神话表述时间”而非“表述神话时间”[③]安插到各个部分。因此，袁珂先生对于中国神话的系统整理，严格地说，只是神话题材的资料汇编，正如他在书《序》中所说：“这样，就从盘古开天辟地到秦始皇统一六国，在历史长河的肩架上，展现了形形色色的古代神话传说，而它们先前本来是各不相干、断简零篇地散落在大量古书里的。”[④]它并非自觉接续着茅盾、程憬的研究传统。当然，他们之间并没有高下之分，或许袁珂先生的笼统整理，可以更方便滋生出对中国神话自身系统特点的概括，毕竟，茅盾、程憬的系统，主要还是以印欧神话为模板的。

（原载《民间文化论坛》2015年第6期）

---

① 程憬：《中国古代神话研究·自序》，北京大学出版社2011年版，第8页。

② 同上书，第308页。

③ 所谓“神话表述时间”，指神话文本内显现的时间，而“表述神话时间”，即指神话文本被记录的时间，两者经常是不一致的，在神话文献方面尤其如此。比如关于盘古的“神话表述时间”应该是最早的，但其“表述神话时间”却很晚。

④ 袁珂：《中国神话传说·序》，中国民间文艺出版社1984年版，第5页。

钟敬文：把生命的根脉扎进民间土壤

涂　石

近日，我从北京师范大学我的好朋友董晓萍教授处获悉，由她主编的《钟敬文全集》（全20卷，40册）将于2015年年底前由高等教育出版社出版完毕。2002年1月10日是钟敬文先生逝世的日子，掐指一算，钟先生离开我们已有13个年头。在这13个年头里，我无时无刻不怀念这位品格高尚的老人；每次忆及，我都百感交集、感慨万端。

1979年1月19日，严冬腊月，作为上海文艺出版社的编辑，我冒着零下10余度的寒冷赴京组稿。在北京新街口外大街19号北京师范大学小红楼二幢七号二楼，我第一次拜访了钟敬文教授。他在自己狭小的四壁堆满图书的书房里接待了我。他阅读了我递给他的图书出版规划后，肯定这个规划好，并且对近年来民间文学、民俗学运动如火如荼的开展感到欢欣鼓舞。他思路敏捷，谈锋锐利，滔滔不绝。两个多小时的交谈在不知不觉中过去了。谈话之间，我一直注视着他，聚精会神地听他的每一句话、每一个话题。那时，他已是76岁的老人，但他的头发是黑的，脸庞是红润而饱满的，说话的声音响亮而有力。

20世纪八九十年代，是我国民间文学蓬勃发展的年代，在这期间，民间文学、民俗志、民俗学图书出版事业都获得空前的进步，上海文艺出版社编辑出版的这类图书多达四五百种，俨然成了全国民俗文化图书出版的中心。北京师范大学聚集了以钟敬文为学科带头人的众多民俗学专家学者，他们与上海文艺出版社结下不解之缘。从那时起至20世纪末，上海文艺出版社陆续出版了钟敬文的《钟敬文民间文学论集》《钟敬文民俗学论集》《谣俗蠡测》，以及由他主编的《民间文学概论》《中国民俗学年刊》《民俗学概论》。尤其令人难忘的是《民俗学概论》，这部高等院校文科教材从编写、修改，直至完成，前后经历了8年时间。1998年夏，这部35万字的书稿定稿时，钟敬文已是一位95岁高龄的老人，他依然不辞辛劳，率领“审订小组”成员，冒着酷暑，认真逐篇修改。在此后10年时间里，此书先后重印10多次，总印数达10余万册，读者范围从高等院校文科师生，扩展到政治、法律、民族、外交、体育、文艺、旅游、国际文化交流等诸多领域。

在与钟敬文20余年的交往中，始终有一个问题在我的脑海里萦绕：是什么力量支撑着他几十年如一日埋头于中国民间文学、民俗学这块学术园地呢？什么是钟敬文生命的源泉呢？我发现他的身上有许多老一代知识分子共同具备的一些高尚的品德和宝贵的精神，以及一些他自身特有的优秀品格。后来我还领悟到，钟敬文之所以能做到融生命、教学、科学研究于一体，保持生命之树常青，其诀窍在于他懂得返回自然的人生真谛。只要稍微与钟敬文打过交道的人都知道，他的家对所有的中外师生、朋友都是敞开的，他自己也总是耐心地倾听着别人说话，遇有能引发出深意的或有必要深入探讨的话题时，才会很有礼貌地插话，师生或朋友之间的交流——

学术交流、思想交流、感情交流就这样自然而然展开了。钟敬文虽然身处校园，却对外部世界、对国内外文化学术界的历史与现状了如指掌。他曾对我说："在与别人交流中，我的思想、思维方式、知识、创造力也得到锻炼、提高、丰富、完善与激发。它使我全身心地投入，脑体都不停地运动，生活有了活力，生命才得以持续。"

钟敬文还是著名的现代作家、诗人。早在"五四"时期，他已在文坛崭露头角，不仅能写优美的散文，而且创作了大量诗歌。20 世纪 30 年代，他出版了《荔枝小品》《西湖漫拾》《湖上散记》等散文集，发表新旧体诗六七百首以及诗论《兰窗诗论集》，出版过新诗集《海滨的二月》《偶然草》《东南草》等。他自称诗是他的精神故乡，诗是和他的生命融合在一起的。这样一位早已知名的作家、诗人，后来为什么放弃了文学写作，而八十年如一日，默默无闻地献身于中国民间文艺学、民俗学呢？他说：一，从事民间文学、民俗学工作，是加强国情和历史教育的一个组成部分；二，民族传统文化是当前现实的社会主义文化的一部分；三，对于创造时代的新文学和新艺术有滋养的作用。从这里，我终于找到了钟敬文先生之所以那样热爱自己终身选择的事业的原因，找到了其生命之树之所以长青的源泉所在。

钟敬文在上世纪 40 年代就提出了民间文艺学的理论，80 年代提出民俗学结构体系，90 年代创立了民俗文化学，20 世纪末提出建立中国民俗学派新理论。他在这短短几十年时间里，创造了中国民俗学事业的一个个奇迹。我简直难以想象，一个人的一生，在进入晚年之后，仍能有如此大的决心、毅力，能有如此无所畏惧的精神，追随科学的发展，适应时代的需要，紧跟时代的步伐，提升了中国民俗学这样一门极具民族特色的文化学科的国际影响力。可以说，没有钟敬文晚年的不懈努力，就没有中国特色民俗学发展之今日。他的事业与国家、人民、科学的需要是相一致的。他的个人命运与祖国、事业、人民的命运是紧密相连的。

我曾经是钟敬文生前多部出版著作的责任编辑，还为他编选过《钟敬文民俗学论集》。在与他工作来往的 20 多年时间里，同他结下了深厚的友谊。在他离开我们的第十三个年头，在《钟敬文全集》即将出版完毕前夕，我写下以上这些文字，表示我对他的深切怀念和崇高敬意。

（原载《人民日报》
2015 年 3 月 31 日第 24 版本）

周扬：对中国民间文学事业的贡献

刘锡诚

周扬是20世纪中国文艺界卓越的领导人和著名的马克思主义文艺理论家，对我国社会主义文化事业和文艺事业作出了重要的贡献。他对我国民间文艺事业的贡献也是不能忘记的。新中国建国到他逝世前的我国民间文艺事业，如果没有他的首倡和支持，包括专业民间文艺研究机构——中国民间文艺研究会的建立和民间文艺收集研究工作的开展，我国的民间文学事业也许会是另一个样子。

一

20世纪30年代，除了鲁迅先生外，在上海左翼文艺队伍中，对民间文艺，要么是缺乏研究和认识，要么是看不起，总之，包括周扬在内，对民间文艺是轻视的、忽略的。那个年代，周扬更多地接受了外国的或西洋的文艺理论，对民间文艺是不屑一顾的，甚至将其看作是应该被抛弃的“旧形式”（旧文学）。作为“左联”或左翼文艺的一个代表性人物，他也参加了当时在《北斗》上关于“文学大众化”的讨论，但在他（们）笔下的“大众文艺”是反动的、封建的，要不得的。那时，他是以一种“超革命”的极左的言词谈论小调、唱本等民间文学的，如：“直到现在为止，多数的劳苦大众完全浸在反动的封建的大众文艺里，我们一方面要对这些封建的毒害斗争，另一方面必须暂时利用这种大众文学的旧形式，来创造革命的大众文学。不过我们不要忘记劳苦大众是应该享受比小调、唱本、文明戏等更好的文艺生活的。伊里奇也说过：‘许多人不老老实实地相信现在的困难和危险是可以由“面包和马戏”去克服的’，面包——当然是要的！马戏——也是不错的！但是我们不要忘记马戏不是一种伟大的，真正的艺术，而是一种低级的娱乐。……我们的工人和农人应得享受比马戏更好的东西。他们有权享受真正的，伟大的艺术。”①

到新中国成立后的第二年即1950年，周扬才在《怎样批判旧文学——在燕京大学的讲演》中反思和检讨30年代在对待包括民间文艺在内的继承传统文化上的错误态度：“五四运动在总路线上是正确的，但也有些偏向。当时有一部分过‘左’的人，说西洋一切都好，对整个中国旧文化采取一种完全否定态度，认为所有的旧的只能进博物馆。这种倾向后来被左翼文学继承下来。左翼批判了五四运动的不彻底，批判了胡适等人的资产阶级的思想。但是这种否定一切旧文化的偏向却没有克服。我当时也在左联，当时我们是坚决摒弃一切旧东西，反对旧戏，就连《水浒》也不主张叫人看的。”②

① 周扬（起应）：《关于文学大众化》，《周扬文集》第1卷，人民文学出版社1984年版，第28页。

② 周扬：《怎样批判旧文学——在燕京大学的讲演》，《周扬文集》第2卷，人民文学出版社1985年版，第11—30页。

30 年代中期，蒋管区的左翼文坛发生了国防文学和民族革命战争的大众文学两个口号的论争，周扬受到了鲁迅的批评，这件事直接间接地导致了周扬离开上海转赴延安解放区。1937 年 9 月，周扬夫妇和李初梨、艾思奇夫妇、何干之、周立波、林基路、李云阳、舒群等一行 12 人从上海出发，到延安去。到延安去也许成了周扬一生中在对待民间文学（艺）的认识上、态度上发生根本性转变的一个转捩点。

二

在延安的最初几年里，作为学者和职业革命家的周扬发表了好几篇文章，其中最值得注意、最有影响的，莫过于 1940 年 2 月 15 日在他所主编的《中国文化》创刊号上发表的《对旧形式利用在文学上的一个看法》。周扬在这篇文章里多处谈到民间文学（用当时通用的用语和提法是“旧形式”），涉及到对民间文学的价值判断、历史文化认识作用以及在文学上的利用等问题。他写道：

> 把民族的、民间的旧有艺术形式中的优良成分吸收到新文艺中来，给新文艺以清新刚健营养，使新文艺更加民族化、大众化，更为坚实与丰富，这对于思想性艺术性较高，但还只限于知识分子读者的新文艺形式，也有很大的提高作用。……所谓旧形式一般地是指旧形式的民间形式，如旧白话小说、唱本、民歌、民谣以至地方戏，连环画等，而不是指旧形式的统治阶级的形式，即早已僵化了的死文学，虽然民间形式有时到后来转化为统治阶级的形式，而且常常脱不出统治阶级的羁绊。
>
> 在旧小说中可以窥见老中国人和旧社会的真实面貌，从民歌、民谣、传说中可以听出民间的信仰、风俗和制度。整个旧形式，作为时代现实之完全表现的手段，虽然已经不行，但这并不妨碍我们以之为反映现实之一种借镜，以之为可以发展的民族固有艺术要素，以之为可以再加精制的一部分半制品。要向旧形式学习。对旧形式的轻视态度应当完全改变。必须把学习和研究旧形式当作认识中国，表现中国的工作的一个重要部分，把吸收旧形式中的优良成果当作新文艺上的现实主义的一个必要源泉。
>
> 旧形式正是那以文字的简单明白而能深入了广大读者的心的，过去虽有人对民间文艺作过一些整理，搜集与研究的工作，但这工作还没有得到普遍的重视，民间艺术的宝藏还没有深入地去发掘。对这工作也还没有完全正确的态度，还没有把吸收民间文艺养料看作新文艺生存的问题。”①

文章写好后，周扬送请毛泽东审阅，毛于 11 月 7 日致信给他表示赞赏，并提出了一些重要修改意见。毛泽东给周扬的这封信，对于理解周扬这篇文章的一些观点以及如何理解农民，都极为重要，但有关方面出于种种考虑，终于在 62 年后（2002）年公开发表。兹引在下面：

周扬同志：

> 文章看了，写得很好，必有大影响。某些小的地方，我认为不大妥当的，已率直批在纸上。其中关于“老

① 周扬：《对旧形式的利用在文学上的一个看法》，《周扬文集》第 1 卷，人民文学出版社 1984 年版，第 295、301、302 页。

中国”一点，我觉得有把古代中国与现代中国混同，把现代中国的旧因素与新因素混同之嫌，值得再加考虑一番。现在不宜于一般地说都市是新的而农村是旧的，同一农民亦不宜说只有某一方面。就经济因素说，农村比都市为旧，就政治因素说，就反过来了，就文化说亦然。我同你谈过，鲁迅表现农民着重其黑暗面，封建主义的一面，忽略其英勇斗争、反抗地主，即民主主义的一面，这是因为他未曾经验过农民斗争之故。由此可知，不宜于把整个农村都看作是旧的。所谓民主主义的内容，在中国，基本上即是农民斗争，即过去亦如此，一切殖民地半殖民地亦如此。现在的反日斗争实质上即是农民斗争。农民，基本上是民主主义的，即是说，革命的，他们的经济形式、生活形式、某些观念形态、风俗习惯之带着浓厚的封建残余，只是农民的一面，所以不必说农村社会都是老中国。在当前，新中国恰恰只剩下了农村。是否有当，还请斟酌。

作文当遵命办。

有暇请来谈。

敬礼！

毛泽东

（1939）十一月七日①

尽管周扬在这篇文章里认为民间文学“作为时代现实之完全表现的手段，虽然已经不行，但这并不妨碍我们以之为反映现实之一种借镜”，但作为标志，他的这篇文章毕竟完全改变了他本人以及“左联”朋友们曾经的贬低和忽视民间文学的偏见，同时也为两年后毛泽东《在延安文艺座谈会上的讲话》中对民间文艺的重视和提倡做了铺垫。（毛泽东的《讲话》稿曾交由周扬做过不少修改）。由亭子间到土窑洞，周扬到延安后，开始对民间文艺重视起来，除了发表文章外，还在他主持的鲁迅文艺学院（常务副院长）文学系、音乐系内开设民间文艺课程，设立文艺运动资料室收集编辑民间文艺资料，并多次组织文艺工作者下乡收集民间音乐、民歌、民间故事，领导了改造旧秧歌、改造旧说书运动等，在收集和改造民间文艺方面做了大量工作。他关于民间文学和民间艺术的性质、特点所发表的论说是深刻的，如“从民歌、民谣、传说中可以听出民间的信仰、风俗和制度”，如“民间旧有的形式，一则因为它也是反映旧生活的，即反映建立在个体的、半自足的经济之上的比较单纯比较闲静的生活的，二则因为在它里面仍然包含有封建的毒素，所以它并不能够在那一切复杂性上，在那完全的意义上去表现中国现代人的生活。”如“必须把学习和研究旧形式当作认识中国，表现中国的工作之一个重要部分，把吸收旧形式中的优良成果当作新文艺上的现实主义的一个必要源泉。”等等。可以看出，由于解放区所处的政治形势和共产党的历史使命，他的这些论说，不是四平八稳的学院式的研究论文，也不是课堂上宣讲的面面俱到的讲义，更多地是从建设和发展新文艺的角度来谈论民间文艺的。

毛泽东《在延安文艺座谈会上的讲话》发表之后，周扬在讲话或文章中多次谈到民间文艺问题。1943 年 2 月 26 日，他在《解放日报》上发表了《一个不识字

---

① 据《毛泽东文艺论集》，中共中央文献出版社 2002 年版，第 259—260 页；又据龚育之《首次发表的毛泽东致周扬的一封信》，《学习时报》2002 年 6 月 10 日。

的劳动诗人——孙万福》①，热情褒扬农民诗人孙万福的诗歌创作艺术才能。1944 年 3 月，在《表现新的群众的时代》这篇著名的文章里，就陕北边区农村里流行的旧秧歌和新秧歌发表意见，强调秧歌这类民间文艺门类的创作，既是“农民固有的一种艺术”，同时指出传统的秧歌也具有表达农民对社会的意见的意识形态性，故而也要适应时代的变化和斗争的需要：

> 秧歌本来是农民固有的一种艺术，农村条件之下的产物。新的秧歌从形式上看是旧的秧歌的继续和发展，但在实际上已是和旧的秧歌完全不同的东西了。……他们已不只把它当作单单的娱乐来接受，而且当作一种自己的生活和斗争的表现，一种自我教育的手段来接受了。
>
> 恋爱是旧的秧歌最普遍的主题，调情几乎是它本质的特色。恋爱的鼓吹，色情的露骨的描写，在爱情得不到正当满足的封建社会里，往往达到对于封建秩序，封建道德的猛烈的抗议和破坏。在民间戏剧中，这方面产生了非常优美的文学，我看过一篇旧秧歌剧，叫作《杨二舍化缘》，那里面对于爱情的描写的细腻和大胆，简直可以与莎士比亚的《罗密欧与朱丽叶》媲美，使人不得不惊叹于中国民间艺术才的伟大与丰富。但是旧民间戏剧中恋爱的主题，一方面仍带着浓厚的封建色彩，另一方面是比较静止比较单调的农村生活的反映。②

1944 年 11 月，周扬在延安文教会的总结报告《开展群众新文艺运动——文教会上周扬同志的总结报告》里说：

> 秧歌、社火是群众艺术中最普遍最重要的一种形式。它的特点是综合性（熔戏剧、音乐、舞蹈、美术、文学于一炉）的，又是群众性的。秧歌活动主要在春节，春节是群众的艺术节日。……（民间艺人刘志仁和他的南仓社火）堪称群众新秧歌运动的先驱和模范。③

除了发表文章和讲话外，他还亲自垂范，与萧三、艾青于 1946 年 12 月合作编辑出版了一本《民间艺术和艺人》的民间文学文选，将其纳入《民间文艺丛书》之一，由东北书店发行。这本选集几乎把边区文艺工作者们发现的重要民间艺人和重要项目的相关文章都选进来了，如陕甘宁边区文教会艺术组的《刘志仁和仓南社火》、丁玲的《民间艺人李卜》、艾青的《汪庭有和他的歌》、萧三和安波的《练子嘴英雄拓老汉》、林山的《改造说书》、陕甘宁边区文教会艺术组的《自乐班》《驼耳巷区的道情班子》《吆号子》、艾青的《窗花剪纸》等，也收入了前面提到的他写的《一个不识字的劳动诗人——孙万福》。这套《民间文艺丛书》，应该是边区第一套以民间文艺为主题的丛书。而这本《民间艺术和艺人》也不是一本平常的记述陕北民间艺人的书，而是一本以展示边区改造旧秧歌和艺人、提倡搜集和改造民

① 周扬：《一位不识字的劳动诗人——孙万福》，《周扬文集》第 1 卷，人民文学出版社 1984 年版，第 432—436 页。

② 周扬：《表现新的群众的时代——看了春节秧歌以后》，《周扬文集》第 1 卷，人民文学出版社 1984 年版，第 437—453 页。

③ 周扬：《开展群众新文艺运动——文教会上周扬同志总结报告》，《解放日报》1944 年 11 月 21 日。

间艺术与艺人、带有标识文艺方向的文集。

1947 年 5 月，纪念毛泽东文艺讲话五周年之际，周扬在晋察冀边区举行的文艺座谈会上作了题为《谈文艺问题》的讲话，系统地阐述了他此时关于民间文艺的新观点：

> “文艺座谈会”以后创作活动上的主要特点，就是内容为工农兵，形式向民间学习。我们在民间形式的学习上是有很大收获的。现在已经不再是简单的“利用旧形式”了，而是对民间形式表示真正的尊重，认真的学习，并且开始对它加以科学的改造，从这基础上创造出新的民族形式来。文艺上的民族新形式正在生长与发展的伟大过程中。今天，各种形式新旧交错，杂然并陈，有的是新生的，有的是过渡的，新生的有的已经成熟或接近成熟，但许多还是幼芽，其中也有不一定能成长的。……所有这些形式，只要是群众所喜欢所能接受的，都应该让它们有自由发展的机会。
>
> ……群众有卓越的创造才能。……群众有自己的文艺传统，……我们必须尊重他们的经验。特别是群众固有的文艺形式。边区民间文艺形式的贮藏量听说是丰富得很的，这是人民的财产呀，民间艺人常常就是这些财产不被注意的所有者、保存者。为了学习和创造，我们拜民间艺人为师吧！①

作为边区文艺工作的领导人之一，周扬的这篇讲话，自然是以毛泽东文艺讲话五年来边区文艺工作的新情况为依据的，而其中关于民间文学的思想，也是从整个文艺工作的大局出发的。边区的文艺家们纷纷下乡，收集蕴藏在老百姓之中的民歌和民间故事，是这几年来边区文艺工作的突出特点之一。鲁迅文艺学院文学系、音乐系和中国民间音乐研究会的同志，在陕北各地进行了大规模的采风，最后由何其芳负责，张松如、程钧昌、毛星、雷汀、韩书田参加，将其编选为《陕北民歌选》，1945 年由晋察冀新华书店出版。一些作家，在农村、前线深入生活的过程中，和老百姓、战士打成一片，搜集了一些各个时代的民间故事，如李季、康濯、李束为、董均伦、贺敬之、闻捷等。1946 年由太岳新华书店出版的《水推长城》（张友编），1946 年月由吕梁文化教育出版社、华北新华书店、晋冀鲁豫军区政治部分别出版的《毛泽东的故事》，1947 年由冀南书店、华北新华书店、晋绥边区吕梁文化教育出版社分别出版的《地主与长工》（马烽编），1947 年由山东新华书店出版的《红军长征故事》，1947 年由华北新华书店出版的《揭石板集》（马石安辑）等民间故事集中，收入了这些作家们收集的民间故事，展示了解放区民间文学事业的实绩。中国民间音乐研究会所搜集的编曲民歌后来编为《陕甘宁老根据地民歌选》。他呼吁：群众有卓越的创造才能。群众有自己的文艺传统。民间文艺是人民的财产，民间艺人是这些财产所有者、保存者。我们必须尊重他们的文艺和经验。

三

中华人民共和国成立伊始，作为党中央中宣部副部长兼政务院文化部副部长的周扬积极倡导和支持我国的民间文学事业。在他的领导、支持、批准和主持下，经过

① 周扬：《谈文艺问题》，载北京师范大学中文系现代文学教改小组编：《中国现代文学史参考资料（1942—1949）》第 2 卷，高等教育出版社 1959 年版，第 56—58 页。

他指定的筹备单位文化部艺术局编审处两个多月的筹备，中国民间文艺研究会于1950年3月29日在文化部礼堂宣告成立了。这是继中华全国文学艺术界联合会和中华全国文学工作者协会之后成立的又一个全国性的文艺学术群众团体。首都文艺界200多人参加了成立大会。周扬在成立大会上致开幕词：

> 今天我们开这个会，召集了文艺界许多的朋友。成立民间文艺研究会是为了接受中国过去的民间文艺遗产。民间文艺是一个广阔的富矿，它需要我们有系统的有计划的来发掘。在“五四”时期曾有些爱好民间文艺的文艺工作者，出版过不少各种的关于歌谣的刊物。在我们解放区也曾有过地方戏剧的研究，如今天优秀的歌剧作品，都是研究民间文艺的成果。但我们觉得最出色的民间艺术还没有发掘出来。今后通过对中国民间文艺研究的采集、整理、分析、批判、研究，为新中国新文化创作出更优秀的更丰富的民间文艺作品来。
>
> 不仅让对民间文艺有素养的文艺工作者来参加，还让那些只爱好民间文艺并非文艺工作者来参加。我们的民间文艺专家要和广大的民间文艺采集者紧密结合。[①]

郭沫若、老舍、茅盾、郑振铎相继在成立大会上发表讲话。郭沫若的讲话在4月9日的《人民日报》上发表。郭沫若、老舍的讲话又在随后中国民间文艺研究会编、新华书店出版的《民间文艺集刊》第一辑（1950年9月）上发表。茅盾、周扬和郑振铎三位领导人的开幕词和讲话却一直没有公开发表。周扬讲话之所以没有发表，笔者以为，大概是因为时任中宣部副部长、文化部副部长的他觉得自己是主持者，虽然是他张罗并主持了成立大会且致了开幕词，但他毕竟不是民间文艺的专家。但他一生却很重视自己的这个讲话，把这份篇幅很短的讲话稿妥善保存留了32年，最终将这份生前没有发表的讲稿收入了1982年由他亲自编订的五卷本《周扬文集》之中。至于茅盾和郑振铎的讲话为何没有发表，笔者虽经多方查阅和思考，至今未得其解。

应当指出的是，把广大民众中流传的民间文艺及其搜集、整理、出版、研究工作纳入中国文学的版图，周扬的历史功绩是不可代替、不可磨灭的。[②] 首先，他亲手创建的中国民间文艺研究会，把民间文学作为其主要工作和研究对象。他领导和主持制定的第一个《中国民间文艺研究会章程》第二条规定：“本会宗旨，在搜集、整理和研究中国民间的文学、艺术，增进对人民的文学艺术遗产的尊重和了解，并吸取和发扬它的优秀部分，批判和抛弃它的落后部分，使有助于新民主主义文化的建设。”[③] 成立初期的中国民间文艺研究会，即1954年以前，先后隶属于文化部艺术局编审处、人民文学出版社，其业务范

① 周扬：《中国民间文艺研究会成立大会开幕词》，《周扬文集》第2卷，人民文学出版社1985年版，第10页。

② 钟敬文：《周扬和民间文艺》，载王蒙、袁鹰主编：《忆周扬》，内蒙古人民出版社1998年版，第332—340页。

③ 《中国民间文艺研究会章程》，载中国民间文艺研究会编：《民间文艺集刊》第1册，新华书店1950年版，第104—105页。

围，包括了民间文学和民间艺术[1]，理事包括从国统区和解放区来的有代表性的民间文艺学家和民间艺术家。1953 年北京大学文学研究所（后归属于中国科学院）成立，由郑振铎任所长、何其芳任副所长，古典文学组集中了建国前在北平从事俗文学研究的几位专家（如吴晓铃、俞平伯等），各民族民间文学组先后调入了几位延安鲁艺出身的民间文学专家（如贾芝、毛星、孙剑冰、井岩盾等），贾、孙等同时在中国民间文艺研究会兼职，于是中国民间文艺研究会于 1954 年后转为文学研究所领导。1955 年 4 月创刊《民间文学》月刊。再后来（1956 年 9 月），中宣部决定，中国民间文艺研究会改属中国文联领导，成为其团体会员，业务上继续与文学研究所保持联系。中国文联所属的各文艺家协会陆续成立，民间艺术的不同门类分别划归到各专业协会去，中国民间文艺研究会的业务范围，只是民间文学搜集、整理和研究了。至于把民间艺术剥离出去后的中国民间文艺研究会为何不改为中国民间文学研究会，理事长郭沫若曾在一次答记者问里回答说，在中国传统文论里，文艺就是指的文学，不必改名。建国 17 年间，中国民间文艺研究会团结各地会员，继承“五四”歌谣运动的传统和延安民间文艺工作的传统，做了很多工作，如搜集出版了大量民间文学作品，特别是在少数民族地区的搜集研究工作，成就尤为显著。对口述民间文学作品的搜集、整理、出版和研究，比“五四”以来的任何时候都有了很大的拓展和前进。其次，对民间文学的搜集、整理和研究，也受到中华全国文学工作者协会（后改为中国作家协会）的重视，在文协（作协）总会和陆续成立的分会工作中占有重要地位，早期的《人民文学》《诗刊》《文艺报》（作家红果文联机关看，委托作协主办）三大期刊都发表一定数量的民间文学文稿。[2]

中国民间文艺研究会成立之后的第二天，即 1950 年 3 月 30 日，周扬应邀到燕京大学讲演，题目是《怎样批判旧文学》。在这篇演讲里，他不仅以革命家的勇气反思和检讨了左联时期在民间文艺问题上的错误观点，而且对民间文艺及共产党的文艺政策作了全面的阐释：

> 人民在封建社会下，创造出来很多戏剧、唱词、民谣、音乐……这里面有很多是人民自己的东西。被剥削的生活条件下不可避免地使人要求平等、自由、反抗压迫专制。这里面有很多民主的革命的成分，不过因为时代限制，没有科学的革命理论指导，所以他们得到的结论也解决不了问题。不是以神仙式的幻想来结束，就是投降妥协，要不干脆就失败。但是我们必须承认他们的民主的斗争。我们祖先所不能解决的问题，也只有等我们这个时代才能解决。
>
> 有人说哈姆雷特好。不错，哈姆雷特好，可是中国老百姓不知道他，

---

① 大会通过的《本会征集民间文艺资料办法》规定的范围是：全国各地区流行于人民大众中间的民谣、民歌、平话、弹词、鼓词、地方戏脚本、民间故事、神话、传说、谚语、谜语、年画、门神、剪纸、花样玩具等。见中国民间文艺研究会编：《民间文艺集刊》第 1 册，新华书店 1950 年版，第105 页。

② 茅盾在《人民文学》发刊词里写道：“要求给我们专门性的研究或介绍的论文。在这一项目之下，举类而言，就有中国古代和近代文学，外国文学，中国国内少数民族文学，民间文学，儿童文学等等；对象不论是一派别，一作家，或一作品；民间文学不妨是采辑吴歌或粤讴，儿童文学很可以论述苏联马尔夏克诸家的理论；或博采群言，综合分析而加论断，或述而不作；——总之，都欢迎来吧。”

> 中国老百姓不喜欢他。老百姓所熟悉的是关公、张飞、李逵、薛仁贵等人物。我们应该请专家把民间流行的一切故事、歌谣、戏剧等搜集起来，用马列主义、阶级观点、历史观点，加以分析研究。决定哪些是好的，哪些是有用的，和哪些是没用的。把没用的送进博物馆，对于好的有用的，我们不仅只是消极地去继承它，而且更要积极地去发展它。我们希望有很多人来研究反映劳动人民生活的民间文艺。我们绝不忽视这个丰富的，宝贵的文学泉源。例如“孟姜女哭长城”是广泛流行着的，正是反映着人民的反抗情绪。其调虽悲，但其悲足可以哭倒长城。要不注重民间的东西，比如只写自由诗吧，诗的思想性很高了，艺术技巧也很好，可是老百姓却偏好到西单、天桥听大鼓书，那又拿什么去打倒封建文化呢？……老百姓爱大鼓，那我就来编大鼓，唱大鼓。改造旧曲艺单靠艺人还不够，同时也要靠真正有修养的搞新文艺的朋友们。①

1951年5月12日，周扬应邀到中国作家协会下属的中央文学研究所作题为《坚决贯彻毛泽东文艺路线》的报告。他在这个报告里辟出一节着重讲了要继承民族文学艺术优良传统问题：

> 以为新文化是完全从西洋移植过来的，而不是在自己民族基础上发生的；以为发展民族新文化，可以不经过清理古代文化的发展过程的必要的批判工作，民族新文化可以和民族旧文化不打交道，这是割断历史的有害的看法。不少文艺工作者和青年们盲目崇拜西洋，轻视民族文学艺术传统，轻视民间形式，轻视群众的爱好和趣味，这也正是一种失掉民族自信心与缺乏群众观点的表现。
>
> 要继承民族艺术的优良传统，一方面必须广泛地进行搜集、整理、研究工作，另一方面必须首先对于目前在群众中最流行的旧有的艺术形式进行改革的工作。
>
> 我们尊重自己民族的文学艺术遗产，不是采取盲目赞扬的态度，而是采取严格的科学的批判态度。我们从全部遗产中，只‘吸收其民主性的精华’而断然‘剔除其封建性的糟粕’；把这‘民主性的精华’部分，作为优良传统接收下来，并在新的基础上加以发展。我们不把民族形式看成固定不变的，而把民族形式看成发展的，在实践过程中不断改造和革新的。我们在艺术问题上，如同在其他一切问题上一样，是发展的观点，而不是保守的观点。我们整个文艺工作的任务，主要的不是保存民族旧文学、旧艺术，而是发展民族新文学、新艺术。②

在周扬过去的文章或讲话里，大体都是把民间文艺（民间文学）当成“老农村”、“旧时代”的已经僵死的遗产，要由有革命思想的人对老百姓持有的“旧有的艺术形式”本着“取其精华、去其糟粕”的原则进行改革，而不是文化的持有者——老百姓自己对文化作自主选择；在这篇讲演里虽然还没有像我们今天这样承

① 周扬：《怎样批判旧文学——在燕京大学的讲演》，《周扬文集》第2卷，人民文学出版社1984年版，第11—18页。

② 周扬：《坚决贯彻毛泽东文艺路线——1951年5月12日在中央文学研究所的讲演》，《文艺报》1951年第5期。

认民间文艺（民间文学）是活态的，在现阶段还在民间流行的就是当代社会主义初级阶段的文化的一部分，但他已经改变了以往把民间文学看作是“老农民”的“遗产”，而承认“民族形式”（民间文艺、民间文学）不是固定不变的，而是随着社会的发展而发展的文艺了。

如果说，周扬在建国前夕 1949 年 7 月召开的第一次全国文代会上的报告，是向大会报告解放区的文艺的繁荣景象及所取得的经验，并没有涉及多少文学理论问题，那么，1953 年 9 月 24 日在第二次全国文代会上的报告《为创造更多的优秀的文学艺术作品而奋斗》，则更多地论述了文艺创作和文艺思潮中的问题。在论述民族文化艺术遗产时，郑重地重复了前述在燕京大学的讲演中关于五四文学的错误：“五四运动没有正确解决继承民族文学艺术遗产的任务。当时的有些人对民族遗产采取了错误的完全否定的态度，这种态度，和对西方资产阶级文化的盲目崇拜相结合，就给了后来新文学艺术的发展以有害的影响。轻视民族遗产的观念在新的文艺工作者中间曾相当长期地普遍地存在，现在也还没有完全克服。不少的文艺工作者往往只看到民族遗产的封建性和落后性的一面，而没有认识到这些遗产是我们民族的伟大民族精神宝库，其中蕴藏着不少具有丰富的人民性的、在艺术技巧上达到可惊的准确和精炼程度的现实主义作品。不少的文艺工作者……对遗产价值的理解，常常是狭隘的、片面的。……系统地整理和研究民族文学艺术遗产的工作，就成为我们文学艺术事业上的最重要的任务之一。……整理和研究民族的古典文学艺术遗产和民间文学艺术的工作，一方面是为了使新的文学艺术的创造和自己的民族传统相衔接，同时另一方面又是为了要使这些传统的艺术经过科学的整理、改造和加工之后再普及到人民群众中去，真正成为今天人民的有益的共同的精神财富。”①

无可置疑的是，“十七年”时期，我国的民间文艺工作受到越来越“左”的文艺思想的严重影响，在“文艺为政治服务”的方针下，在“搜集整理”、“厚今薄古”等的口号下，使搜集到的许多民间文学作品丧失了真实性，充满了思想的伪造与艺术的拔高，因而造成了不可挽回的损失。这当然不能怪罪到某一个人的头上，是时代病所造成的恶果。

四

1958 年，在“三面红旗”——“总路线”“大跃进”“人民公社”的时代，毛泽东发动了搜集民歌的运动。毛泽东 3 月 22 日在成都会议上说：“搞点民歌好不好？请各位同志负个责任，回去以后，搜集点民歌，各个阶层、青年、小孩都有许多民歌，搞几个点试办，每人发三五张纸写写民歌，会收到大批的（旧？）民歌，下次会印一本出来。”毛泽东还说：“中国诗的出路，第一条民歌，第二条古典，在这个基础上产生出新诗来，形式是民歌的，内容应当是现实主义和浪漫主义的对立统一。搜集民歌的工作，北京大学做了很多。我们来搞可能找到几百万成千万首的民歌，这不费很多的劳力，比看杜甫李白的诗舒服一些。”

作为文艺战线的领导人，周扬对毛泽东发动的这场搜集民歌的运动，积极地响应，推波助澜，在中共八大一次会议上作了《新民歌开拓了诗歌的新道路》的长篇发言。这篇发表在《红旗》杂志创刊号上

① 周扬：《为创造更多的优秀的文学艺术作品而奋斗——1953 年 9 月 24 日在中国文学艺术工作者第二次代表大会上的报告》，《文艺报》1953 年第 19 期。

的文章，产生过很大的影响。他写道："最近由于毛泽东同志的倡导，全国各地展开了声势浩大的搜集民歌的运动。这是我国目前社会生活和文化生活中的一件大事，一件令人兴奋的大事。"①《人民日报》也于4月14日为民歌运动发表了社论《大规模地收集全国民歌》。对这次搜集民歌运动，应该一分为二来看待，既不能像过去一些民间文学工作者们那样全盘肯定，也不应像有些文艺研究家们那样全盘否定。在全党动手搜集民歌运动中，各地编辑出版的民歌集，既搜集了大量的所谓新民歌（有些是浮夸风的产物），也搜集了大量的旧民歌。中国民间文艺研究会着手编辑多卷本的《中国歌谣选》（笔者参加了前期的编选工作），并以郭沫若和周扬二人的名义编选《红旗歌谣》。1958年12月，周扬（还有林默涵）亲自审阅修改定稿的中国民间文艺研究会《国庆十周年献礼〈中国歌谣及故事丛书〉编选计划》，《计划》规定《中国歌谣选》收各类歌谣55000行，其中大跃进歌谣只占1500行，大部分是古代和近代歌谣。"文革"中曾批判周扬在编选民歌的比例问题上，表现了他的"厚古薄今"观点，看重传统民歌，轻视新民歌。为编选《中国歌谣选》，曾邀请了北大教授游国恩、魏建功来主持工作。"文革"前印出了五卷的内部征求意见本。现在我们看到的这个正式版本改成了两卷（集）本，是"文革"后的1978年出版的。第一集收选近代歌谣，第二集收选新中国歌谣。与原先计划中的《中国歌谣选》相比，已面貌全非。在编选的过程中，郭沫若从初稿到三稿曾一首首过目审阅，个别词句还作了修改，但他未能看到书的出版就逝世了。周扬为这本有时代意义的歌谣选集写序：

我国各族人民的歌谣，十分丰富。古人说："诗言志，歌咏言。"歌谣是群众抒情言志的口头诗歌。每一个民族几乎都有自己独特的民歌形式和曲调。因为不识字的劳动者或根本没有文字的民族，无不习惯于以本民族、本地区群众喜闻乐见的歌谣形式，来描绘自己的生活处境，记事抒怀，有的还以对歌为社交手段和交流感情的纽带。歌谣从来是人民心声的自然流露，它也是一个民族的社会历史、时代生活和风土人情的一面镜子。古人有审乐知政的说法，采风可以了解民间疾苦，虽然并不能由此而消除这种疾苦，但却说明了民间歌谣的一个重要特点，就是从这些歌谣中可以听到人民的声音，听到群众的政治意见。纵观我国不同历史时期产生的各民族的歌谣，便可以看到劳动人民在劳动和革命斗争中，不断用他们的诗歌创作描绘了一幅幅真实生动的历史画卷。这是我国各族人民以自己的艺术天才和集体智慧创造出来的一份极其珍贵的文化财富。

马克思和恩格斯都重视民歌，特别重视政治民歌。他们高度评价这些民歌的社会意义及其在诗歌艺术上的成就。伟大领袖毛主席历来重视民歌，提倡搜集民歌的工作，这是大家都知道的。历代杰出的诗人、作家也都懂得，诗是从民歌发源的，他们都或多或少地从民歌吸取了养料和形式。屈原著名的《九歌》，就是由楚国民间的祭神歌辞加工而成的。明代以拟古主义者著称的李梦阳，在编辑自己的诗集时也深有感慨地说："真诗乃在民间。"在封建时代，民间歌谣一面被当作"下里巴人"，遭到鄙视，一面由于所谓兴"乐教"、"观风俗"，或为了宫廷娱乐，而被收进了乐府；被吸收进了的，著于文字，就保存下来了，而且每每成为文学宝库中的珍品。但是，大量的歌谣是被忽视而自

① 周扬：《新民歌开拓了诗歌的新道路》，《红旗》1958年第1期。

生自灭了；只是由于人民的创作具有强烈的生命力，因而迄今还有以往不同历史时期产生的作品一直在群众中口头流传。在旧社会，劳动人民在政治上处于无权地位，在文化上也被剥夺了掌握文字的权利；因此，虽然他们有很好的民歌创作，在整个文学史上起了很大的作用，但他们没有充裕的时间和条件来充分发挥自己的文学艺术才能。文学发展的历史告诉我们，是杰出的诗人、作家吸收民间文学的丰富营养，发展和形成了一个民族、一个时代的包括诗歌在内的文学。历史也证明，诗人、作家如果不向劳动人民的诗歌传统学习，就会在创作上脱离人民，使诗歌艺术不能得到健康的发展而濒于衰竭。毛主席提倡搜集民歌，主要目的之一也是为了发展新诗的需要。毛主席给陈毅同志谈诗的信中预言："将来趋势，很可能从民歌中吸引养料和形式，发展成为一套吸引广大读者的新体诗歌。"这不仅为克服新诗的弱点指明了重要途径，也符合于各民族诗歌发展的规律的。劳动人民在长期的诗歌创作实践中，形成了一整套适合于口头说唱的民间诗歌艺术和诗歌传统。各民族的歌谣也都有各自不同的特色和风格。它们是现实主义的，又是浪漫主义的。我们应当从各民族民间诗歌吸取丰富的营养，发展和繁荣社会主义时代的新诗歌，这些诗歌应当是富有民族特色和时代特点的。毛主席的指示，对于一切文艺工作者都有重要意义，对于诗人和民间文学工作这更是一个巨大的鼓舞。

这两集歌谣选的是近代和当代的民歌。近一百多年来，我国人民为争取民族解放和自身的解放，前赴后继，进行了长期的英勇斗争。这些民歌就是这个斗争历程的反映。

在苦难深重的旧中国，人民大众是牛马，体力劳动是苦役。在这部歌谣的第一集里，历历如画地反映了旧时代我国人民所过的悲惨生活和他们的反抗斗争，其中有抵抗外国侵略者的愤怒之歌，有对太平天国、义和团等农民起义英雄们的赞歌，有失去了生活的权利和自由的奴隶的悲歌，有在封建制度剥削下广大农民的愤怒的控诉，有妇女惨遭封建礼教残害的凄苦的自述，有各种手工业工人及产业工人的悲苦境遇和奋起反抗的自我写照。这些歌谣的产生年代，虽然有的很难作出确切的判断，也就是说它们产生的年代可能更早，但它们反映了人民对民主自由的要求，烙有鲜明的时代印记。这些歌谣，很多都是政治民歌、革命民歌。在中国共产党的领导下，人民战争取得了胜利，中国人民得到解放。中华人民共和国的诞生，标志着我国进入了社会主义的新时代。人民开始做了自己命运的主人。新时代的新民歌诞生了。他们和旧时代的民歌迥然不同。它们是站起来了的中国人民的声音。它们有了新的内容、新的形式和新的风格。但是，革命的道路是漫长的，在社会主义社会，阶级矛盾和阶级斗争还存在，斗争更加艰巨，更加曲折复杂。在社会主义时代的新国风中，我们听到了各族人民在无产阶级专政条件下继续革命、大干社会主义的勇敢之歌和快乐之歌，听到了我国人民在英明领袖华国锋为首的党中央粉碎"四人帮"之后，抓纲治国，奋发图强，为建设一个伟大的、现代化的社会主义强国而高歌猛进，走上新的长征的最矫健的步伐。①

《中国歌谣选》是一本具有强烈时代特点的歌谣选集，如周扬在序言里就第一集所收录的歌谣所说，"反映了人民对民主自由的要求，烙有鲜明的时代印记。很

① 周扬《中国歌谣选·序》（1978 年 7 月 24 日），载中国民间文艺研究会、中国社会科学院文学研究所合编：上海文艺出版社 1978 年版。收入《周扬文集》第 5 卷时，文字上略有改动。

多都是政治民歌、革命民歌。”他着眼于民歌的社会历史价值（包括古代统治者的“审乐知政”作用）和诗学源流意义两方面所作的阐述，都是建立新的歌谣学的重要话题。同时也要指出的是，不管是“文革”前出版的《红旗歌谣》（红旗杂志社1959年1月），还是“文革”后出版的《中国歌谣选》，显然都是在“文艺为政治服务”口号下的产物，所选作品，要么是中国近代以来政治（军事）斗争的宣传品，要么是新中国建国以来的政治运动中产生的、或政治性很强的颂歌，而反映普通老百姓日常生活、人情风俗和淳朴情感的“非政治性”歌谣则分量较少，不大能较为充分地反映出中国源远流长的民间文化的传统。尽管周扬强调了现在已经把弃置了的关于“无产阶级专政条件下继续革命”的理论以及新民歌的发展走势，但这篇序言中关于民歌与诗的关系、反映重大社会历史事件、反映民间疾苦、表达老百姓的意见、反映我国人民近百年来为争取民族解放和自身的解放而进行的英勇斗争等观点，是符合民间文学的特点和规律的。

作为文艺理论家，周扬对民间文学的特性是有深刻见地的。早在1960年8月4日，他曾经就在中国民间文艺研究会扩大理事会上发表过这样的精辟的见解：“比如我是一个宫廷诗人，他也是一个宫廷诗人。我这个诗人经常向民间去找诗，他却不到民间去找诗，但他会拍马屁，皇帝就很喜欢他。我这里经常反映点人民的要求和不满，皇帝就打击我。越是打击我，我就牢骚越多，越不满意，就越反映人民的东西。”① 他说这段话的时候，正是三年困难时期，周扬在这样的时候用这样的思想启发大家，从民间作品中去看民间的疾苦和倾听人民的声音，不是很值得珍视的吗？

五

“文革”开始，中国民间文艺研究会和其他协会一样被“砸烂”，停止工作长达十多年之后，在1979年11月召开的第4次全国文代会期间得以宣布恢复活动。在第4次文代会上被选为中国文联主席的周扬，在中国民间文艺研究会第三次代表大会上同时被选为中国民间文艺研究会的主席。

各文艺家协会恢复工作时，我在《人民文学》杂志社作编辑，后来转到《文艺报》和中国作家协会。1982年7月17日至24日，中宣部在河北省涿县桃园宾馆召开文艺评论座谈会，其间，中宣部副部长贺敬之同志找我谈话，对我说：“民研会负责人贾×把协会搞得一团糟，还对中宣部兴师问罪。民研会工作瘫痪了。你在那里工作过，现在要你到那里去担任一定领导工作，不许贾×再插手民研会的任何事情了。”这虽然是中宣部的主管部长的意见，但毕竟事情来得突然，我没有任何思想准备。接下来，中国文联党组的负责同志赵寻、延泽民、李庚又陆续找我谈话，但我都没有答应。

中国民间文艺研究会的工作处在瘫痪之中。作为中国文联党组书记、主席和民研会主席的周扬，非常着急，1982年12月14日在他的家里召集了中国民间文艺研究会主席团扩大会议，解决民研会的领导班子问题。参加会议的有：民研会副主席、北京师范大学教授钟敬文，副主席、中央民族学院教授马学良，文联书记处书记延泽民，民研会常务理事、社科院少数民族

① 据笔者个人笔记。

文学所的副所长王平凡，民研会副秘书长程远。周扬委托文联党组的副书记、书记处常务书记赵寻主持会议。周扬在会上讲话说：

> 贾芝我们共事几十年了，我过去的印象，他是老实的。在民间文学和少数民族文学方面做了一些工作。但他现在的错误是相当严重的。搞得不择手段。他肯定是不能继续领导了，对他的错误要批评。不是生活小事。民研会的工作要有一个人负责。延泽民同志可以去帮助一下，但不可能长期在那里。梅冠华同志我不是很熟，可以先安排到那里。贾芝同志今后不能再担任领导了。总的是不能再做领导了。要批评他的错误，要他作检讨。今天主要解决个领导的问题。我是不太赞成搞什么领导小组、临时过渡班子。能不能搞临时党组？先把班子搭起来。民研会的同志有很多意见，经常收到很多的来信。撤销贾芝的职务也是为了帮助他。贾芝是有错误的。但他对少数民族文学所的工作的意见还是正确的。我以为他的少数民族文学所的工作还可以保留。贾芝同志为什么那样专断，不择手段？这一点我没有想到。他的变化，我问过钟老，钟老说他可能是地位变了。但他没有做什么大官呀，没有很高的地位嘛！为什么变得这样大？
>
> （对程远）反映问题不要割裂起来，要联系起来，全面的、客观地反映问题。要把他前后的话都反映出来。民研会我也挂了个名。今天是不是有几件事可以确定下来：一，马学良同志是不是可以回少数民族文学所，请转达给梅益同志，他（贾芝）还是副所长嘛。二，民研会临时领导小组，是个过渡性的班子。老延去负责这个组。平凡同志虽然很熟悉，但他的工作太多。我建议你不要挂这个秘书长。民研会是不是搞个秘书长。我建议还是梅冠华来。他比较超脱。可以把他调来。将来的工作还是请他来做。总要有点相对的稳定性。稍微加点强制，就是组织决定调过来。将来什么名义，再商量，都可以。是不是就叫梅做秘书长。王明环我只见过一面，我很难判断他怎么样，既然大家有不同意见，是不是可以再看一下。我没有说过什么接班人。我现在也说不出什么印象。他还比较爽快，有点造反派的味道。（不完全是贬他。）可以再看看嘛。再了解一下。对贾芝同志，程远你也要多听听另外的意见，为什么王平凡同志、钟老都对他有意见呢？不要偏听。民研会要允许有更多的民主，更多的自由，要有研究的空气，民主的空气，自由的空气。贾芝同志还是副主席，但不要管日常事务。梅冠华同志不愿意来，爱人生了癌症。梅益同志已同他谈了话。这个同志比较稳当，人是好人，缺点是比较软弱一点。①

1983 年 3 月 7 日，周扬同志在中央党校礼堂作纪念马克思逝世一百周年的报告《关于马克思主义的几个理论问题的探讨》，报告发表后，遭到胡乔木的批评。当时我在《文艺报》工作，对此事虽耳有所闻，对真相却不甚了了。大家都为周扬鸣不平，也为他担心。周扬的心情很不好。

① 引自《中国民间文艺研究会主席团扩大会议记录》（1982 年 12 月 14 日）。1990 年春节前，我去职离开中国民间文艺家协会、奉调到中国文联理论研究室，临行前，将这份会议记录交给办公室管理文书档案的李毅同志归档存留，并留有复印件备查。

他身后虽然寂寞，却已有许多回忆文章把这件事披露出来了。这一年的3月20日，是老民间文学研究学家钟敬文教授的80寿辰，年初我约他写了一篇《我的民间文艺生涯60年》的文章，在《文艺报》上发表。同时，我给周扬同志写了一封信，告诉他钟先生80寿辰的事，建议他给钟先生写一封信表示祝贺。周扬果然给他写了信，称赞钟先生"成就卓著，众所共仰"。4月初，全国民间文学工作者聚集在西山一处开会，延泽民同志邀我去开会，我便中向大会建议为钟先生开一个他从事民间文学研究教学60年的祝贺会。我的建议得到同意，决定10日开会，我自告奋勇去请周扬来参加并讲话。周扬虽然心情很不好，还是毅然来到了会场。周扬见了面就问我："称钟敬文'先生'好，还是称'同志'好?"我立即就去探钟先生的口风。钟先生对周扬能来参加为他召开的会议，非常高兴，毫不犹豫地对我说："就称同志!"那天，我还代为请了林默涵和林林同志。周扬在会上讲话，热情地叙述了和钟老多年的交往，称赞他对民间文学事业的忠诚和贡献，对钟先生作为一个知识份子，一生靠近革命，矢志不渝地献身民间文学事业，取得的卓著成绩，表示了热烈的祝贺，并给了很高的评价。

会后周扬同志要我坐他的红旗车与他一起走。在周扬同志的车上的，还有中国文联党组副书记赵寻和新华社文教记者郭玲春。周扬对我说："民研会现在缺一个领导人，机关瘫痪了，要请你到民研会去工作。你怎么还没有去?"他还讲了些民间文学是条很重要的战线一类的话，我就没有在意听了。对于周扬的问话，我虽然已有思想准备，但我仍然没有当场答应他。我想我在《文艺报》工作得好好的，又担任着编辑部主任，干吗要到那个是是非非的地方去？记得有一次好像是李季同志的追悼会上见到汪曾祺，他也听到了要调我到民研会的消息，关心地对我说："别去那个地方，那个以整人为职业的人是能合作的人吗?"汪曾祺曾经是《民间文学》杂志的编辑部的主任，1958年被"补划"成右派，发送到张家口去劳动，他对我说这样的话，自是感同身受的。但当我一想到从去年夏天贺敬之同我谈话以来，作为老领导、作为民研会主席的周扬，一直在等待着我的回答，我心里确有些不忍。一个文艺界的老领导，竟然到了这样的一个时候，手下没有一个能够替他在那里抵挡一下子的人！想到这里，我再也没有说什么话，车里的空气显得沉闷起来。

不久，中国作协要召开第四次作家代表大会，8月初冯牧带上当时在《文艺报》工作的唐达成、谢永旺和我，还有《人民文学》的涂光群，到西山国务院的一个招待所，去起草工作报告。有一天晚上，冯牧递给我一份周扬同志给他、贺敬之和赵寻的信，要我看。我看了，上面有周扬的批示，是催我到民研会去的，周扬还特别写了一句话："请冯牧同志大力帮助。"冯牧对我说："周扬是我的老师，我已顶了他两次，这次我不能再顶了，事不过三呀!"冯牧是我十分尊敬的领导，是《文艺报》的主编，我在他直接领导下工作五年来，非常愉快，人生难得遇到这样一位知人善任、体谅下级、爱护下级、作风民主，而又知识丰富的学者型的领导。但他也是个不会为我的事去得罪他的老师和领导的人。主持《文艺报》工作的副主编唐因，非常激动地反对我离开。但事已至此，我似乎已无可选择，只有到民研会去了。后来我才知道，我离开《文艺报》的事，并没有经作协党组讨论，听说张光年同志从外地休养回京后，很是生气，可是已来不及了。在我到文联和民研会报到的时候，文联党组副书记赵寻当面把1982年12月14日在周扬家里开的民研会主席团特别会议的记录交给了我。从那份会议记录里，我才知道了周扬何以要调我到民研会去的原委。

六

1983年12月8日，中国民间文艺研究会在京举行三届二次理事扩大会，主要讨论加强理论工作，由我向大会提出报告，并选举我担任书记处常务书记。会前我到周扬同志家里去向他请示汇报会议准备情况，并把起草好的将要在大会上作的工作报告稿呈送他审阅。报告稿说："加强民间文学理论研究，既是社会主义现代化建设总任务的要求，也是民间文学事业在新时期发展的要求。'全面搜集，重点整理，大力推广，加强研究"，是1958年召开的第一次全国民间文学工作者代表大会上制定的民间文学工作方针。但由于整个政治形势的影响和指导思想上的'左'的干扰，一个时期以来，这一方针，特别是'加强研究'，并没有得到全面的贯彻落实，有一些民间文学作品的评论、民间文学体裁的论述和民间文学史方面的探究，或多或少受到阶级斗争扩大化理论和实践的影响，偏离了马克思主义的唯物史观。在'左'的思想影响下所进行的一些政治批判和学术批判，严重地挫伤了许多民间文学学者、专家和青年研究工作者的积极性，使民间文学研究工作受到了严重影响。……今天，在搜集整理工作已经取得了巨大成绩的基础上，强调着重加强理论研究工作，强调围绕着建设和发展具有中国特色的、以马克思主义为指导的民间文艺学体系，安排我们的各项民间文学工作，并不是否定搜集整理工作的必要性和重要性。"[①] 周扬同志是中国民间文艺研究会的创始者，是继郭沫若之后的第二位主席，他喜欢我们参与主持具体工作的干部不断提出新的问题和措施，把事业推向前进，而不要墨守成规，固步自封。他对报告稿中提出的加强民间文学理论研究工作、逐步改变"左"的方针和做法的设想表示同意，并欣然答应到会讲话。但因报告稿中批判了"十七年"中间民间文学工作和理论研究中的"左"的思想影响，得罪了"十七年"间执政的领导人，为我自己埋下了祸根。这件事，令我敏感地回想起1979年3月16日我所参与组织的由《文艺报》召开的"文艺理论批评座谈会"上代表们对"十七年"期间执行"左"的方针路线的批评和林默涵的反批评。[②] 而民间文学界显然缺了对"十七年"中间执行"左"的方针路线的认真批评和理论上的争鸣这一课。

周扬因1983年3月7日在纪念马克思逝世100周年大会上所作的学术报告中提出了"社会主义异化"论，而受到猛烈批判和攻击，事情折腾了大半年。11月6日，被迫向新华社记者发表了违心的检讨，心情的沮丧是可想而知的。他的身体状况也每况愈下。正在病中的他，12月9日下午在我和秘书的搀扶下来到会场时，受到了与会全体理事的热烈欢迎。他在会上发表了一篇热情亲切的讲话，表达了他对民间文学事业的关心和期待：

> 郭老去世以后，我任民间文艺研究会主席，实际上却没有做什么事情。30多年以来，我对民间文学事业始终是十分热心的。现在提倡研究民间文

---

① 报告中的关于加强理论研究的部分，以《民间文学理论建设刍议》为题，发表在《民间文学论坛》1984年第1期上。

② 林默涵和陈辽的争鸣，见拙著《在文坛边缘上——编辑手记》，河南大学出版社2004年版，第241—246页。

学，钟老是长期从事这项工作的，并且成绩很大。我本人没有研究出什么成绩来，只能讲一点。我愈想愈觉得民间文学研究工作是非常重要的，所以我赞成这个事业。

我们这么大个国家，有56个民族，在世界上是首屈一指的。我们有几千年的历史，仅就这一点，也是世界第一的。但我们不希望什么事情都讲争个世界第一，因为中国现在究竟还有很多落后的东西。我们本应该是世界第一强国，但是还没有成为第一强国。过去我们不是老爱宣传第一么，现在我们为什么不宣传了呢？是因为这样宣传有些惭愧。它本来是可以第一的，从历史上讲它第一，从人口上讲它也是第一。但是不能讲第一。这是因为在近代的时候，中国是落后的。解放以后，我们赶上去了，摆脱了和改变了这种落后的状况。所以说，我只是有一点可以讲，可以向同志们表示，那就是，我对民间文学事业十分热心。

在文联的几个协会里，民研会本来应该是一个很大的协会，但是现在在组织上却是一个很小的协会。我看了你们的工作报告，我觉得写得很不错。我当然没有很好的研究。不知是哪位同志起草的，可能是锡诚同志起草的吧。这个报告是写得很可以的，很好的。

现在，对民间文学这样一种遗产，祖先遗留给我们的、人民群众创造的遗产，我们怎么对待？过去我们有个方针，就是搜集、整理。今后怎么办？我觉得是不应该辜负这份遗产的。我们就是要进行研究，进行科学的整理，把民间文学研究的水平提得更高。它不但是中国的财富，而且是世界的财富。现在当然是世界的财富了。但是它还不是完全精致的东西，还没有经过更大的加工。所谓更大的加工，就是科学的研究。

我们国家应该造就很多而不是几个研究民间文学、民俗学的人才。民歌、民间故事都是很丰富的啊。就讲云南这个地方，少数民族是比较多的了，那里的民间文学是异常丰富的。马子华寄给我一本小书，讲的是白族的故事。这些故事与汉族的故事比较接近，它虽然有很多缺陷，但看起来还是蛮优美的。我不过是举个例子。像这样的财富呀，是不可胜数的。比如柯尔克孜族的史诗《玛纳斯》就更不用说了，是值得我们花力量记录整理和研究的。这份财富，要成为世界的财富，要成为世界公认的财富，就要进行科学的整理和研究。而只能靠我们这些人，靠我们整个民间文学研究的水平。这些人本身就是财富。假使不能达到这个水平，我们就有负于这些财富了。中国古人的文化非常丰富，民间文学财富也很多，但是还没有成为世界公认的财富，不经过研究，就不能成为一个公认的财富。我希望经过大家的努力，使我国民间文学的财富为世界所认识，为世界所掌握。我们几十年来虽然做了很多工作，但是我们现在还没有达到这一步。

我不知道我们攻读民间文学博士学位的有多少人。（钟敬文：我们现在还没有招，教育部授权我培养博士研究生，但我考虑到目前条件还不成熟，所以没有招。）我认为应该招收民间文学博士研究生。这倒不是为了名誉。按照民间文学的财富，是应该也可以产生博士的。关键是我们的重视和培养。博士学位可以反映学科的水平，研究的成果，也反映国家对它的重视程度。（钟敬文：外国人研究我们的东西，得到博士学位的很多。）苏联有，日本也有。

每次到这里来，我只能讲空话，只能讲希望。但是这些空话包括了许多热烈的愿望。希望是不是成为空话，那就要看大家的努力了。我们国家的学术水平要提高。所谓水平就是研究水平，就是科学水平，不是别的水平。提高我们国家的学术水平，包括提高民间文学研究的学术水平。民间文学的素材很多，我们要在这些素材上进行研究，使这些研究达到世界科学研究的水平，这是我们的希望。

我今天来，一方面确实有一种感情想要看看大家，看看老朋友。在座的萧崇素，是我最早的朋友了。他可能还要参加田汉纪念会吧？二十多岁时，我们就是朋友。他一直搞民间文学研究，所以我很羡慕他。我和沙汀认识就是通过他。今年是田汉的85诞辰。我很高兴地知道当年南国社的少年演员萧崇素同志20来岁的时候，曾当过演员。（萧：是个不讲话的演员。）我至今还记得萧崇素写过一篇《唐叔明礼赞》的文章。也许你自己都忘了吧？（萧：忘了。）我记得它登在《申报》上，你自己找来看。唐叔明也是当时的演员，现在还在，还在北京，70多岁了。他是很有名的，但是昙花一现，以后就没有联系了。我看可以建议邀请他这个最早的南国社演员参加田汉纪念会。

我今天到这里来，多少有点怀旧的感情，这不是南国社，这是中国民间文艺研究会啊。民研会比南国社意义更大了，人才也多。我祝同志们这次会开得成功！接下来，还要发奖。祝一切都能获得成功！利用这个机会，互相认识一下，互相交流一些经验，使我们的民间文学事业一天天发展，而不是一天天衰落。这是我的希望。①

那时，我还是一个中年干部，在当时的中国文联系统十个协会研究会的领导干部中，我是唯一一个解放后培养起来的大学生出身的干部，在各方面都很不成熟，摆在我面前的困难很大，我需要的是支持和理解。当我对自己提出的以加强理论工作为今后民研战线的重点把握不大的时候，周扬同志当着全国理事们的面所讲的这番肯定的话，无疑是对我这个晚辈的最大支持。我从心眼里感激他。况且他当时心情不好，又是扶病来的。他的讲话，当然不只是对我一个人的支持，更重要的是，经过周扬同志的阐述，加强民间文学理论研究工作，提高学术水平，就成了全国民间文学战线的共同认识，为下一步确定民间文学工作的新的方针定下了基调。

在少数民族民间文学的搜集和研究方面，周扬是先行者。1958年7月17日，中宣部召开编写少数民族文学史座谈会，周扬在会上提出了在少数民族地区实施“三选一史”（即歌谣选、故事选、谚语选和文学史）的计划。会后中宣部于8月15日将《关于少数民族文学史编选工作座谈纪要》转发各地，开创了少数民族民间文学搜集研究工作的先河。从此开始了少数民族民间文学的有计划的搜集和研究，其中包括搜集和出版藏族史诗《格萨尔》等民族史诗。我就是根据那个报告的安排，于1959年秋第一个被派往青海去落实这个文件并组织搜集和翻译的。那个文件的批发者，正是当时任中宣部副部长的周扬和中宣部文艺处。

周扬是编写少数民族文学史的发起人。

① 据《中国民间文艺研究会第三届第二次理事会文件》（印本）。

记得1961年4月10日，周扬在何其芳主持召开的“少数民族文学史座谈会”上发表过一篇精彩的讲话说：“对写少数民族文学史的工作，我是一个热心的发起人。”他在讲话里对大跃进期间兴起的群众性批判运动和学术界出现的“左”的倾向发表了下列意见：“‘以论带史’这个口号是有毛病的。以‘论’带‘史’，似乎只要有了‘论’就能带出‘史’来。其结果就会引导人专门讲原则，不讲史料。研究历史就是要向史料作调查，向文字的、地下的史料作调查。没有这种调查是不行的。……‘以论带史’就是叫青年拿历史作为公式去套。从原则出发，而不是从实际出发。”① 他不仅对在头脑热昏时期提出的“以论带史”提出了批评，而且他也不同意在搜集和研究少数民族的民间文学上采用陈伯达提出的“厚今薄古”的方针②，而提出了一个“古今并重”的原则。对于整理和研究少数民族的文化遗产来说，如果按照“厚今薄古”的原则，那么，少数民族的几乎是只流传在口头上的民间文学、甚至民族史料，就会因无人问津而被历史所湮没。周扬的观点显然是对的。这时的周扬，与1958年发表《新民歌开拓了新诗的道路》时已有了很大的不同。国家正经历着三年困难，中央提出了调整、巩固、充实、提高的治国方针，被大跃进所膨胀了的头脑已经因缺乏食物而冷静了下来。周扬当然也不例外。

中国社会科学院少数民族文学研究所是1979年文代会期间，由马学良和钟敬文两位先生提议，经周扬同志当场拍板同意，并指令民族研究所负责人、语言学家傅懋绩先生负责筹备成立的。③ 因此周扬理应是少数民族文学所的当之无愧的创建者。到1984年1月，中国社会科学院少数民族文学研究所召开第四次藏族史诗《格萨尔》工作会议，周扬欣然应邀到会讲话。他在讲话中再次把我推荐给到会的来自各地和各民族的史诗研究者们。他说刘锡诚原来是搞文艺理论的，现在新加入到民族文学和民间文学工作中来，是新的力量，等等。周扬同志这次专门就《格萨尔》研究作专题讲话，对于开展《格萨尔》的研究，建立我国自己的史诗学具有重要的推动作用。

七

1984年下半年，为了筹备中国民间文艺研究会第四次代表大会，我到周扬家里向他汇报，他对我说，他身体不好，不能再担任下届主席了，让我和中宣部有关部门商量另择人选。中宣部干部局唐连杰局长把我找去，对我说，他们正在筹划和考察新一届领导班子的人选，征求我的意见。他说林默涵同志把钟敬文先生放在第一位。贾芝同志把钟敬文的名字勾到他的名字之后。我说怎么可以这样？随即向他推荐钟敬文先生担任下届主席。中国民间文艺研究会下一届（第五届理事会）的人选，中央确定由中国文联和中国作协人事安排小组负责安排。他们征求了部分省市自治区有关单位的意见，征求了我会在京几位副主席、书记处成员的意见，并在机关内部

① 周扬：《在少数民族文学史讨论会上的讲话》（1961年4月10日），《周扬文集》第3卷，人民文学出版社1990年版，第292—293页。在收入《文集》前没有发表过。

② 陈伯达：《厚今薄古，边干边学》，《人民日报》1958年3月11日。此为当时任中宣部副部长的陈伯达应国务院科学规划委员会副主任郭沫若的邀请，在国务院科学规划委员会第五次会议上的讲话。

③ 刘大先在《民族文学研究所成立始末》（《中国社会科学院院报》2007年3月20日第6版）一文中指出我的说法不可靠，可参考。

十九级以上干部中进行了民意测验，在这个基础上提出了名誉主席、主席、副主席、书记处成员的候选人名单。人事安排小组提出的名单证明，干部局接受了大多数人的意见。贾芝把民研会看成是他家的，既然周扬不能当主席了，主席应该非他莫属，对提名钟敬文为主席始终耿耿于怀，认为是我和书记处的几位同志在作怪。周扬同志当时的处境，文艺圈子里的人，大家都是知道的。我能够理解。但在开会前的一段时间里，贾芝却为自己的一点私利再三地去纠缠他，当然使病魔缠身、已出现轻度语言障碍的周扬同志相当恼火。1984 年 11 月 4 日，周扬在给民研会书记处的信里写道：

> ……据我了解，目前民研会召开代表大会的条件还不成熟，会内成员意见各异。我意可遵夏公意见延期缓开。
>
> 我自己年老多病，实难完成任务，不宜再担任下届会长，请同志们考虑。这届的工作我当尽心关心。

在几次有关筹备工作的正式会议上，贾芝对几项筹备方案，都是同意了的，这都有记录在案，但私下里，他却又去周扬和邓力群等领导同志那里告状，这也不行，那也不行，所以周扬同志说“会内成员意见各异”。于是，在开会前夕，周扬同志又给我们写来了一封辞去民研会主席的信件，并嘱我们在代表大会上宣读。信里说：

> 民研会代表同志们：
>
> 我因年老多病，近期又住院治疗，无力也无法顾及民研会的工作，出于不得已，为了对党对民研会工作负责，今特提出辞去本届民研会主席的职务。今后凡有关民研会的一切工作，请找有关领导方面直接请示解决，我不再参与任何意见，对这次会议也不再过问，我担负民研会工作期间，对于民研会领导中纷争之事未能解决，工作不好，有负众托，请同志们批评、指教。
>
> 此件请抄文联党组并报中宣部，并请向代表大会宣读。
>
> 预祝大会胜利完成任务。
>
> 周扬（1984）12 月 12 日

我手里拿着周扬同志这封简短的信件，感觉好像很沉，脊背上不由得爬过一阵悲凉。我还是按照他的要求在代表大会上向来自全国各省区的全体代表宣读了。周扬于开国后不久亲手建立起来的中国民间文艺研究会，虽然在“文革”中曾经遭到破坏，但还是获得了新生，可是现在他病倒了，他被人击倒了（并非仅仅是被好友“割伤……手指”①），他衰老了，无力再顾及它了。令他特别头痛的民研会机关里的长期纷争，他虽然尽了全力，却未能彻底解决问题。1982 年 12 月 14 日，他在自己家里召开了有文联党组两位主要成员（赵寻和延泽民）参加的民研会主席团会议，宣布贾芝不能继续再插手民研会的工作。

根据周扬的意见并经他同意，中国文联党组在 1982 年底调整了中国民间文艺研究会的领导班子，成立了由延泽民（文联党组副书记，组长）、刘魁立（中国社会科学院文学研究所）、程远、刘锡诚（文

---

① 1984 年 1 月 26 日胡乔木呈送给周扬一首小诗：“谁让你逃出剑匣，谁让你//割伤我的好友的手指？//血从他手上流出，也从//我心头流出，就在同时。//请原谅！可锋利不是过失。//伤口会愈合，友情会保持。//雨后的阳光将照见大地//更美了：拥抱着一对战士。”载龚育之：《龚育之回忆：“阎王殿”旧事》，江西人民出版社 2008 年版，第 36 页。

艺报编辑部)、马振、吉星、陶阳七人组成的领导小组。这个领导小组的成立并未能彻底解决民研会内部的纷争问题。这时，周扬浓重的失望情绪，我是能够体会得到的。于是，周扬同志决定把我这个学生出身、没有来历没有背景、但思想还算得上解放的中年干部安排在协会的领导岗位上，让我来民研会任书记处常务书记，代替延安来的老干部，自然更惹得这个权利欲很强的人不甘心，由私下里到处告状发展到在代表大会上大打出手，好一翻表演。好在，在中宣部和文联等领导机关和领导人的支持下，在钟敬文、马学良、姜彬、田兵等许多老前辈的帮助下，中国民间文艺研究会第四次会员代表大会开得很成功。贾芝看到利用周扬同志辞职所作的表演没有得逞，于是再施一计，匆匆回京，向《人民日报》投书告状。1984 年 12 月 13 日《人民日报·情况汇报》（特刊）第 31 期全文刊载了贾芝的告状信《贾芝同志反映赵寻、刘锡诚同志在召开民研会代表大会前后违纪行为的情况》。不知周扬同志看了这期内参作何感想，1982 年 12 月 14 日曾亲自主持文联党组和民研会主席团会议对贾芝所作的决定，并没有让他这个延安来的弟子有所触动，内心的失望自是可以想见的。看了贾芝写的这份长达 13 页的告状信，民研会书记处书记马振同志受书记处全体成员的委托，于 1985 年 2 月起草了一份答辩书《关于中国民间文艺研究会第四次会员代表大会召开情况》寄给了《人民日报》编辑部，以正视听。事情就这样不了了之了。

后来，周扬一病不起，长期住在医院里，再后来，变成了没有思维能力的“植物人”，直到逝世。他一生为中国文艺事业作出的贡献是很大的，他虽然也犯过许多错误，特别是在大搞阶级斗争的年代，但他晚年沉痛忏悔自己的过失，得到了人们的广泛信赖，他竭尽全力维护和发展改革开放带来的大好局面。周扬的一生，是不懈地追求真理的一生。作为晚辈，我对他了解很少，但他对我个人的教悔，我是始终铭记的，他永远活在我的心中。

写于 2008 年 7 月 15 日；

2015 年 6 月 2 日修订

附记：本文系 2008 年为周扬诞辰百年而撰。发表于《传记文学》2015 年第 8、9 期。此处恢复了发表时删去的段落。

（原载刘锡诚博客：http：//blog. sina. com. cn/s/blog_6312a10e0102w2dr. html）

贾芝：百岁老人的呼唤

刘守华

在贾芝老人百岁生日之际，我作为中国民间文艺园地的一名老园丁，心头不禁涌起对这位历经世纪风雨，守望民间文艺而矢志不移的老寿星的崇高敬意，同时更强烈地感觉到他对后继者跋涉前行的有力呼唤。

我于1958年即加入由他实际主持的中国民间文艺研究会（后更名为中国民间文艺家协会），1960年作为青年民间文艺工作者参加第三次全国文代会暨民协扩大理事会，从此和他有了较多直接交往。进入新时期以来，我在华中师大任教，兼任湖北省民协正、副主席达20年之久，同他联系的机会更多。他献身于中国民间文艺事业，作为“老延安”，既担负着这个不受社会看重却事务繁杂的协会的组织领导工作，又孜孜不倦地就这门牵涉广博的新兴人文学科探究写作，追踪现代学术潮流。下面追忆的就是在这几十年交往中，贾老开拓中国民间文艺事业、坚韧前行所留给我的一些感人印象。

一　民间故事的研究

我一直以研究民间故事为主，由贾芝、孙剑冰合编的《中国民间故事选》三卷本，长时期畅销海内外，成为中国各族民间文学作品的经典选本。贾老50年前以《民间故事的魅力》为题所撰写的序文，值得特别提起。它不满足于简单罗列民间故事的常见主题及其教育意义，而是着力探寻民间故事在各族口头与心灵具有永恒艺术魅力的奥秘。作者首先从内容上考察，发现民间故事是一个历史与智慧的宝库，以蕴含昂扬的斗志、宝贵的生活经验与惊人的智慧使大众激动难忘。接着追寻它的艺术特征，而将幻想丰富置于突出地位，认为故事的美妙幻想，或借以补充现实生活之不足，寄托人们对美好未来的追求；或用作将善恶美丑给予夸张渲染的手段；或使故事情感变幻莫测，引人入胜；或将动物世界拟人化，托物言志，借景抒情。文章还指出，故事中的幻想有着古老的渊源，人们从企图以幻想方式解释大自然的神秘到纯粹进行幻想丰富的语言艺术创作，经历了漫长的历史演变过程。文章紧密联系中国各族人民的历史文化来研究民间故事传说文本，而以艺术魅力的探寻为中心，凝结了作者长时间观察体验民间叙事艺术的宝贵心得，是伴随《中国民间故事选》一书的畅销而拥有广泛影响的一篇故事学力作。

贾芝对民间故事的兴趣持久不衰，上世纪80年代初，他撰写的《关于民间文学的比较研究法》一文发表。此稿本是应中国民间文艺出版社之约，给刘守华所著《民间故事的比较研究》一书所写的序文，而主体却是就“猫狗结仇”和“不见黄河心不死”这两组著名故事所作的比较研究。他将拥有多篇民族异文同型口述文本的情节细节异同之点作精细比较之后指出：“故事主题很简单，就是狗和猫一忠一奸，受到主人的不公正的待遇。忠诚老实为主人尽力的受到欺辱，奸诈取巧反而得宠，巧取豪夺的奸诈行为被表面现象所掩盖。……以奸欺忠，处理者的昏庸，比比皆是，所以反对和谴责这种现象的猫狗故事，也几乎到处都有。”作者用精要的文字对民间幻想故事因深刻有力地揭示世态人情而拥有悠长艺术生命的奥秘一语道破，发人深思。因此稿是就当时刘守华等吸取芬兰历史地理学派的故事比较方法所获成果之长短得失而论，他在肯定故事类型比较研究方法的优越性而外，还特地指出，这种研究不应只注重情节结构形式异同之比较，还应从整体着眼，精细考察它们作为语言艺术作品的细节或枝叶之民族地方特色。“只作结构的研究，就好象把斑烂多彩的故事作为无花的枝干来研究，会使我们陷入形式主义的泥坑。”这里就借鉴吸取国外民间文艺学研究方法所作的提示，所含真知灼见至今仍值得学界记取。

《民间故事的比较研究》这本小书，是我于上世纪80年代初期在比较文学热潮的推动下，连续试探用比较文学方法解析民间故事所得的初步成果，中国民间文艺出版社同意结集成书，贾老颇为赞赏。他也在就中外“猫狗结仇”故事作比较研究，欣然应允就他这篇文章作为此书的序文使用，就此在繁忙的事务中和我几次通信对文章作反复修改，既表现他对把比较文学方法引进民间文学研究的巨大热情，又洋溢着对年轻学人的深切关怀。比较故事学成为我在新时期民间文艺学研究的主要突破口，贾老的扶持与推进功不可没。

二 担任《中国歌谣集成》主编

上世纪80年代，新中国历史跨入科学文化春天，贾老更是以高龄之身焕发青春，投入全面恢复中国民协的各项活动之中。这时湖北省也组建了民协，我成为领导班子成员之一，由此有了同贾老直接交往的更多机会，所受的教益也就更多了。每次赴京向他谈及湖北的民间文艺工作，他对每一新的发现与进展，莫不欣喜赞叹，并趣味津津地寻根问底。从民歌村到谜语村等，请他题词，他都是有求必应，欣然命笔。如1998年6月给鄂西土家族《孙家香故事集》的题词：“孙家香婆婆是土家族的第一个故事家。善于临机应变，讲述富有教育意义的童话幻想故事及其他传说，大放异彩，她的学艺经历与‘讲经’也足以令人看到土家族的优良文化传统，可歌可贺！”这些题词并非随手信笔草成，都是在仔细阅读相关资料或倾听口述见闻之后才落笔，故能言简意赅，闪耀光彩。贾老这种热情扶持草根艺术的风范，给我们这班人以有力的启迪、感染。

在这历史新时期中贾老耗费时间精力最多的，是组织编纂出版中国民间文学三套集成，他亲自担任了《中国歌谣集成》的主编。既要同中央和地方的政府文化部门打交道，解决与开掘中国民间口头文学宝藏有关的种种实际问题，还要逐字逐句对地方卷本付印的原稿进行审读，提出修改定稿意见。本来这三部书由主编署名的总序是可以由专门班子写作再经主编审定的，而歌谣集成的总序却由贾老不辞辛劳亲自执笔写成，其中凝结了他有关中国歌谣的许多真知灼见。

《中国歌谣集成》湖北卷，是他劳神费力最多的一部书。初稿编成后，曾两次送审。第一次于1991年11月由贾老带四位歌谣专家前来武昌初审，贾老经过几天认真细致审读之后说：“湖北歌谣的特点与品种及其历史背景，地区分布，展现了楚文化特色，艺术水平较高，同时概述、类序、附记、注释分工明确，层次清楚，文字流畅多彩，初审通过之后，还有一部分案头工作，补定几项附录材料，做到齐清定文字统一工作，再送北京审定付印。”主编审定不但要求稿本达到总编委会制定的统一规格，往往还需就不同民族不同地域的民间文学特色进行研究，在编纂成书时作出蕴含学理的处置。如在湖北广泛流行一种“薅草锣鼓歌”，其内容达到包罗万象的地步，如果按传统的歌谣分类法将它们打散，就会淹没它们的特色，因而最后就将它们作为一个独立的小类排列在劳动歌中。在这个工作过程中，贾老还于2002年10月以90岁高龄前往湖北宜都的青林寺谜语村进行考察访问，并力荐将谜歌作为中国歌谣的一个独特品种编入集成省卷本之中。由于贾老作为主编的关心支持以及湖北歌谣卷编委会成员的辛劳付出，曾商定将湖北卷作为汉族第一部歌谣集成出版，并拟在湖北召开关于编纂歌谣集成的现场会，后因故未能实现。湖北歌谣卷本来成书最早，因印刷费的支付发生波折，以致书稿发排延误数年，直到2008年在国家启动非物质文化遗产保护工程之后，经贾老的费力交涉，此书才列入三套集成的最后一批成果问世。这套民族民间文化集成志书的全套问世，被世人誉为“文化长城”。在构筑文化长城的宏大队伍中，既是“老延安”，又是资深民间文艺学家的贾老，以百岁高龄之身作出的宝贵奉献功垂千秋！

三　对外开放与学术交流

贾老十分重视民间文艺学的对外开放与学术交流。贾老邀请著名美籍华人学者丁乃通教授前来北京访问讲学，让他介绍他运用芬兰历史地理学派方法编撰《中国民间故事类型索引》一书的有关情况，并给本书的中文版作序，使本书在中国民间文艺出版社问世。我手头还存留有他于1985年10月12日给我的长信，讲到丁乃通在北京讲故事类型问题，给大家上了有益的一课，可惜当时民协没有把他的报告录音，因而希望我在武汉邀请丁乃通讲学时，能够将录音复制下来，以便在民协安排学习，扩大视野。在贾老的大力支持下，他本人以及乌丙安、段宝林、刘守华等，由丁乃通推荐，加入由芬兰科学院主持的国际民间叙事文学研究会（ISFNR），成为这个有着悠长历史并享有盛誉的国际民间叙事文学学会首批中国会员。他还亲率一个六人代表团于1992年前往奥地利因斯布鲁克，参加第10届年会，面向全球，发出了最富于民间文学资源的中国的声音。他不仅争取到中国作为理事的地位，还克服种种困难，于1996年4月举办了国际民间叙事文学研究会的北京年会。他还积极策划，拟在海外编辑出版一种研究中国民间文学的英文学术刊物，美籍华人学者丁乃通和加拿大籍华人学者何万成博士均十分热心地自愿担任刊物编辑，可惜由于缺乏社会的积极支持而未能实现。在对外学术交流中，不论是芬兰的劳里·航柯，美国的丁乃通，还是台湾的金荣华，都曾盛赞贾老钟爱中国各族民间文学并热忱进行科学研究的学者风范，由此结下真诚友谊。对外开放，成为中国历史新时期的基本国策，民俗学、民间文学之成为新兴人文学科本来就同它们之富于人类文化普同性和学术探究之富于国际性密切相关。中国拥有进行国际对话的充沛资源，正是由于以贾老为代表的众多学人在这方面卓有成效的努力，中国在广泛的民间文化领域才获得了举世瞩目的成就及较为充分的话语权。

四　区分学术问题与政治问题

在即将结束这篇忆述贾老的短文时，我还想提起他于1961年6月30日写给我的一封近两千字的长信。我于1960年7月参加第三次全国文代会同他结识后，便将自己在华中师大民间文学专业岗位上写成的《批判胡适派资产阶级民俗学》《论鲁迅、瞿秋白对马克思主义民间文艺学的贡献》以及《中国民间童话简论》这三篇稿件寄给他审阅以求指教。他很快仔细阅读之后，便写出这一长信，除告知已将论鲁迅、瞿秋白的民间文艺观推荐给《民间文学》编辑部选用之外，主要是劝导我不要简单附和当时全国如火如荼展开的批胡浪潮，而应以严谨的科学态度从事民间文学研究。以下就是摘自信中的几段文字：

> 你看的材料很多，这一点是很好的。这是最重要的工作基础。另外，你注明了所有引文的出处，可以看出你的工作科学态度。一个注意工作基础，一个注意工作科学态度，我想这是目前我们建立民间文学研究工作的起码的条件。有此两点，以后的进程就比较有保证了。可惜目前我们的研究工作中并不是谁都这样认真的。没有根据的论断，东抄西录，改头换面之风经常可以看到。这种不严肃的工作态度、工作方法是应当受到批评的。
>
> 对于资产阶级学术观点的批判，是一个长期的工作……但是，进一步深入的进行批判，没有花功夫较多的专门研究或研究不足，便不易以理服人。我觉得你批判胡派的立场，似乎存在着这样的问题。你看的材料较多，立论注意有根据，这是好的，但在批判错误论点方面还嫌简单一些，所以打的有时不准或不充分，理不服人。引用材料多而自己的独到的论点不很多。所以如何运用你能掌握的材料，多写些自己的心得，我觉得还有工作可做。……在批判这些人的学术观点时，与政治立场问题如何联系，是需要加以斟酌的。学术问题与政治问题有联系，但不总是联系在一起；所以应区分而不加区分甚至硬把它们归结在一起，便不能对他们做出有力的批判。这是一种简单化的现象。……
>
> 此外，从你的两篇稿子看，我觉得还可以注意文字的精练。有时候谈的内容略嫌庞杂，不够集中，旁征博引也似乎多了一些，以致引用的意见有淹没自己的意见之势。文风比较好，是受到读者群众的欢迎的。

我那篇近两万字的批胡长文也就随信退了回来。贾老的信洋洋洒洒，写得十分认真，措词既严明而又亲切。50 年前的这封信我珍藏至今，显现出它非同寻常的价值。一是它在批判资产阶级民俗学热潮中所持的冷静态度和强调科学分析的明智立场，这一点过去似乎并不为人所知而常遭到误解，今天提起便觉得十分难能可贵；二是它对当时学术界简单粗暴作风的严正批评和对深入研究、以理服人优良学风的大力倡导。认真研读来信，经过一番冷静思考，我便由此从大批判热潮中抽身，将那篇批胡长文弃置一旁，努力投身于对中国各族民间叙事文学作“花功夫较多的专门研究”，一直走到今天了。在这方面，不能不深切感谢贾老在我青年时代所作的明智导引与亲切关怀。

十年前的 3 月 20 日，贾老在我的留言簿上题词：“人民大众的口头文学是文艺的母亲，在民间文学的采录与科研工作中您一直走在前面；祝您健康长寿，更上一层楼！”在贾老百岁生日之际，我将铭记他的亲切祝愿，响应他的热心呼唤，在建设中国民间文艺学的征途上跋涉前行！

（原载《西北民族研究》
2015 年第 3 期）

田兵：客籍黔地民间文艺学家

刘锡诚

小引

我第一次见到田兵先生，是在1958年7月召开的全国民间文学工作者大会上。当时我是工作人员，参加会务工作。朝夕相处了几天时间，但没有什么交往。十年“文革”过后，中国文联各协会陆续恢复活动，中国民间文艺研究会第二批在1979年11月召开的第四次全国文代会期间宣布恢复活动，并同时召开中国民间文艺工作者第三次代表大会，田兵被选为第三届理事会常务理事。我也参加了这次大会，但我那时的工作单位是中国作家协会《文艺报》编辑部。真正与田兵先生有较多的交往，是1982年底我被中国文联党组和周扬同志指定参加中国民间文艺研究会临时领导小组，1983年9月3日正式调到中国民间文艺研究会担任书记处常务书记之后。同年的12月8—9日，中国民间文艺研究会在北京召开第三届第二次理事扩大会，我们一起讨论了加强理论研究、启动中国民间文学三套集成普查编纂工作等。继而，1984年5月28日，文化部、国家民委、中国民间文艺研究会联合发出通知，启动“中国民间文学三套集成”计划，他被聘为中国民间文学集成总编委会委员，并负责贵州省民间文学三套集成的普查和编纂的领导工作。1984年12月，他到石家庄参加中国民间文艺研究会第四次代表大会，我们又在一起讨论和制订新时期民间文学工作的方针和任务，他再次被选为第四届理事会的常务理事。1989年9月，第一届中国民间艺术节在大连开幕，田兵也带领贵州的民间文艺学者和民间艺术家们从贵阳出发躬逢其盛。我作为艺术节的主要主持人，与老前辈田兵相聚于美丽的海滨城市大连经济技术开发区。而这次中国民间艺术节的操办，乃是我二度在中国民间文艺舞台上躬耕八年的谢幕之作。

田兵先生是我的乡党，前辈文友。战争时期，我们有共同的事业，在许多问题上有共同的观点，我们的交往多起来，成了莫逆之交。我们的最后一次见面，是1994年7月。他们夫妇到北京女儿家小住，我去看望他们。他们老俩又从六里桥到安定门外我家里来看我，倾谈之后我们在楼下的小花园里留影。那时，我虽然还没有退休，却已经去职在家赋闲四年，潜心于国家社科基金课题“中国原始艺术”的研究。作为老前辈，他能来敲我的闲门，看望我这个边缘人（我的座右铭：“闲门掩薜萝，边缘垒书城”），我自是感动不已。他晚年在贵阳养病期间，我也常常挂念着他的安危，时常从媒体上和朋友中捕捉他的行踪。没有想到，1994年的见面和留影，竟成了我与田老的诀别。

一 客籍黔地文化学人

田兵（1915—2003年），山东苍山县兰陵人。1937年奔赴延安，投身革命。抗日战争中，受我党派遣，任驻守聊城的国民党高级将领范筑先将军的秘书。日军破城，范将军自刎报国，田兵等突围而去，途中被敌所俘，囚于济南。田兵等暴动越狱，继续奔赴边区，受到杨勇将军的通报表彰。后在“肃托”运动中，被误定为托派，在绑缚刑场途中，被骑马迎面而来的杨勇将军救下。田兵在战争和革命年代里经历了百般坎坷、万般磨难，于九死一生中得以幸存下来。在后来的战争岁月中，以诗为武器，转战南北，写下了《我们的女战士》《抗日联军的高丽女儿》《二出陇海》《黄河浪头》（长篇叙事诗）《春光寄母》（长篇叙事诗）等诗篇，这些诗篇气壮山河，歌颂英雄儿女和献身精神，服务革命，享誉解放区。[①] 建国后，他在文化部剧本创作室任副主任，因在反胡风运动中保护年轻剧作家杜高而得咎，于1956年被贬谪到当时被认为是边远穷困山区的贵州。一去半个世纪，服务于斯，终老于斯。他在留居贵州的漫长岁月中，先后担任省文化局副局长、省文联副主席、中国作家协会贵州分会筹备委员会副主任、中国文联全委、中国民间文艺研究会贵州分会主席、《山花》《南风》主编等职，主持了贵州各民族的民间文学搜集、研究、编辑和人才培养工作。尽管道路崎岖，命运坎坷，他却时刻保持着不变的政治信仰和服务人民的信念，为贵州各民族传统文化的发掘保护和社会主义新文化的建设作出了重要贡献。然而，在“十七年”和“文革”时期，“左”的路线给他的命运带来的坎坷，也常常使他感到失落和抑郁。他在《黔山纵目》（1983）一文中歌颂了贵州的壮美山水和历史人文，却援引了明代王阳明的《兴隆卫书壁》：“山城高下见楼台，野戍参差暮角催；贵竹路从峰顶入，夜郎人自日边来；莺花夹道惊春老，雉堞连云向晚开；尺素屡题还屡掷，衡南哪有雁飞回?”借以曲折地表达自己的情怀，足见他内心深处的凄凉和悲哀。

综观贵州文化的历史，英国传教士克拉克（Samuel R Clarke）于1896年在苗人潘秀山的协助下在黔东南黄平记录了苗族民间故事和《洪水滔天》《兄妹结婚》《开天辟地》等古歌，是最早在贵州涉足当地民族民间文学调查的人；继之，日人鸟居龙藏于1902年到贵州西部进行人类学和民俗学调查，在安顺地区搜集记录了青苗的《创生记》神话以及瑶族的槃瓠神话等；再继之，抗日战火初起，上海大夏大学（今华东师范大学）于1937年迁至贵阳，以吴泽霖为代表的社会学家们在贵阳、安顺、定番、炉山、下江、都云、八寨、三合、荔波、都江、榕江、永从、黎平等地调查社会状况和记录民族资料，出版了《炉山县苗民调查报告》《安顺县苗民调查报告》《定番县苗民调查报告》等调查报告多种，以及《贵州苗夷歌谣》《贵州苗夷社会研究》《贵州苗夷影荟》等著作；田兵堪称是近代以来第四位在贵州组织和实施民间文学调查记录与研究弘扬，成绩卓著的客籍文化人兼人文学者。

二 《民间文学资料》、《苗族古歌》和《南风》

田兵1958年正式受命主持贵州省民间文学工作，组织队伍，发现、培养和锻炼人才，首先在黔东南地区，后逐渐及于其他地区，开展各民族民间文学的调查记录、编纂出版和理论研究。在他的主持下，用调查搜集到的和协同地方搜集到的各民族民间文学成果陆续编辑出版了“民间文学资料”72集（最早一本印行于1957年1月，最后一本印行于1985年6月）。[②] 这

① 刘锡诚：《黄河晚唱——田兵与诗》，《光明日报》1994年05月11日。

② 编者按：贵州“民间文学资料”目录见文末附录。

套民间文学资料集，不仅在贵州文化史上是史无前例的，就是在全国也是屈指可数的。由于生活于贵州山地的诸多民族多是没有文字的民族，其丰富多样的文学全是靠社会成员口头传递而流传下来的，因此这套资料集是用文字（汉字）记录下的各民族祖祖辈辈创作和传承的文学和历史，殊为可贵。

贵州民间文学组整理、田兵编选的《苗族古歌》，20 世纪 60 年代初就已经编定，1979 年 5 月才得以出版。作为史上第一本苗族古歌选（其后又有 1983 年马学良、今旦译注的《苗族史诗》、1998 年苗青主编的《西部苗族文学作品选》等陆续问世），《苗族古歌》首次选录了参加调查者唐春芳、燕宝、汛河、苏晓星、潘光华等用汉语记录整理的《开天辟地》《运金运银》《打柱撑天》《铸日造月》《枫香树种》《犁东耙西》《栽枫香树》《砍枫香树》《妹榜妹留》《蝴蝶妈妈》《十二个蛋》《洪水滔天》《兄妹结婚》《跋山涉水》等 13 首古歌。这本苗族古歌选集在 1983 年底举行的“1979—1982 年全国优秀民间文学作品评奖”中荣获一等奖，得到了评奖委员会的肯定。而这些作品的传唱者如知名歌手唐德海等，如今都已成了故人，他们演唱的这些苗族古歌经田兵之手，幸运地留给了苗族的子孙后代，载入了中国多民族文化史册。往事已矣，如今许多评委也都逝世了，本人作为中国民间文艺研究会历史上第一次民间文学作品评奖的主持者和见证者，这些往事，依然历历在目。

在田兵的主持下，以贵州省民族事务委员会、贵州省社会科学院、中国民间文艺研究会贵州分会三家联合的名义，于 1980 年 12 月创办了《南风》民间文学双月刊。他执笔撰写的《发刊缘起》是在山城贵阳吹响的搜集整理和研究南方少数民族民间文学的号角：

贵州是祖国多民族的省份之一，境内居住着汉、苗、布依、侗、族、仡佬、彝、回、壮等十多个民族。各兄弟民族都有着悠久的历史和独特的文化。但除汉文和彝族的只掌握在巫师手中的老彝文外，其他少数民族原来都没有足以应用于历史或文学的文字。因此许多少民族自古以来，不得不依靠各自的民间歌手、民间诗人和民间故事家，以口耳相传的方式来继承、发展、传播本民族的历史和文化。这也就是少数民族的民间口头文学特别发达、特别丰富的原因所在。人们艳称少数民族地区是诗乡歌海，并非过誉。当然，即使在书面文学有悠久历史的民族，民间口头文学仍不失为独放异彩的一花；因为口头文学历来是劳动人民的集体创作，它始终保持着健康活泼的内容和清新朴实的风格；它从来就是书面文学的乳汁和源泉。

我们的民间文学工作者和民间文艺学家，能够生活、工作和学习研究在贵州这样的环境中，实在幸运。我们从事的事业，有取之不尽的矿藏。但过去三十年来，我们搜集、编印的资料虽然不少，公开发表出版的却不多，有影响的更少。这种情况，较之各民族丰富的民间蕴藏，很不相称。特别遗憾的是，我们多年辛苦积累起来的大量资料，其中包括极其珍贵的原始记录，十年浩劫，损失惨重，有的已经永远无法弥补！青年男女行歌坐月，老人小孩说古唱今，都要挨批挨斗。歌场冷落，万花凋谢。著名老歌手一个个离开人间，民族民间文学面临人亡歌息的危险！

粉碎“四人帮”后，中央主管部门有鉴及此，去年连续召开了昆明会议、全国少数民族民间歌手民间诗人座谈会、全国民间文艺工作者第二次（应是第三次——引者）代表大会，一次又一次响亮地发出为受迫害的广大民间歌手、民间诗人平反昭雪和大力抢救民族民间文学遗产的号召，给我们带来了民间文艺的春天。影响所及，贵州高原各地的歌场、鼓社、各种民族节日活动，纷纷解冻，人们的精神面貌大大改观，基本恢复了原来生气勃勃、欣欣向荣的局面。各地的采风活动风起云涌。一些地、州、县相继召开了有关民族民间文学的会议。各方面对我们都提出了要求，寄予殷切的希望。在这样鼓舞人心的背景下，我们一面把停顿多年的搜集抢救和资料编印二作，重新抓了起来；一面考虑到不能不另有一个公开发表成品、探讨理论、发现和培养人材的园地，否则必将大大妨碍已经复苏的民间文艺工作的进一步开展。况且，对于无文字的民族来说，民间文学实际就是民族文学；民间文学还是民族史、民族学、民族心理学、社会学、语言学等多种人文学科的重要研究资料。可见民间文学对于提高民族自信心，增强民族团结，繁荣和发展各民族的文学艺术，进而提高整个中华民族的科学文化水平，促进祖国四化，将是何等重要！基于这些理由，在地方党政领导的关怀和各有关方面的支持下，经过大半年的共同努力，我们贵州各民族民间文艺的定期刊物《南风》，终于同广大读者见面了。

各民族优秀的文化艺术，都有各自独特的风格和色彩。《南风》也应该有自己的风格和个性，有鲜明的地方特色和民族特色。山花之美，美在它自有其不可及的美处，正不必乞颜色于牡丹。

强调风格、个性和特点，是不是意味着唯我独尊、目空一切呢？不，正相反，没有鲜明的特色，哪来百花？没有独特的见解，凭什么去争鸣？《南风》坚持百花齐放，百家争鸣，努力破除迷信，解放思想。

民族民间文学作品搜集起来以后，不仅要经过整理，而且要经过翻译，所以忠实于原作特别重要。忠实，也就是“信”。《南风》提倡翻译整理的“信、达、雅”，而信是基础。这就是说，在追求明白流畅与文采的同时，首先必须忠实于历史，忠实于生活，忠实于各族人民的风俗习惯、精神面貌和思想感情，忠实于活生生的民族民间语言。我们任何时候都必须按照历史唯物主义的精神办事，一切还他本来面目；力求不把知识分子的趣味、大民族主义的偏见、现代人的观点，去粗暴地要求、“改造”或取代少数民族的（特别是传统的）口头文学。这不仅仅是尊重民族平等权利的问题，首先是个尊重科学，尊重艺术规律的问题。没有忠实，也就没有科学，并且没有艺术。当然，机械论、奴隶式的所谓“忠实”，也是要不得的。

世界随着科学技术的日新月异而越来越缩小了，人类文化就是一个有机的整体；因而越是具有地方特色、民族特色的东西，也就越具有全国性、世界性的意义。例如苗族文化的研究，现在就成了举世瞩目的热门课题之一。国内兄弟民族之间，世界各国、各民族之间的文化交流，都具有进步性质，应当受到欢迎。

我们打算把刊物办成既是各民族广大读者欢迎的读物和良友，又能提供专家学者以研究的资料和争鸣的论坛。这是一个极富吸引力的目标，也是相当艰巨的任务；任重而道远，希望爱护《南风》的同志们，特别是专

> 业的和业余的民族民间文艺工作者们，和我们携起手来，一起向着这个目标迈进吧！①

这是一个民族文化权利和民族民间文学的宣言。客籍人田兵能有这样的识见和雄心，实属不易。当然这不是他一人之见，而是三个单位和许多同道者的共同心愿。可惜，时过境迁，田兵过世后，被后来的接力者篡改了。是耶非耶？历史会对篡改者的篡改作出公正的判决的。

三　《苗族文学史》诞生的前前后后

1958年7月17日，中共中央宣传部召集来京参加“全国民间文学工作者大会”的各自治区及有少数民族聚居的省的部分代表和北京有关单位座谈，决定编写少数民族文学史，向建国十周年献礼，进而在各少数民族文学史（或文学概况）的基础上，编著包括少数民族文学在内的多卷本《中国文学史》。同年中宣部下发了《中共中央宣传部关于少数民族文学史编写工作座谈会纪要》。中国民间文艺研究会提出选编各地歌谣选、各地民间故事选和民间叙事长诗选，中国科学院文学研究所提出编写少数民族文学史，由中宣部批准实施，后来俗称“三选一史”。《纪要》中规定的第一批民族文学史或文学概况涉及的民族是：蒙古族、回族、藏族、维吾尔族、苗族、彝族、壮族、朝鲜族、哈萨克族、锡伯族、白族、傣族、纳西族。接受编写任务的省区，展开了有组织的民族文学（主要是口头文学）的调查采录和整理工作。

根据中宣部批转的中国民间文艺研究会和中国科学院文学研究所的“三选一史”计划，编著《苗族文学史》的任务落在了苗族聚居最多的省份贵州省。中共贵州省委宣传部决定由中国作协贵州分会筹委会承担这一工作，时任贵州作协分会筹委会副主任的田兵被委任为编纂主持者。他既是《苗族文学史》的执笔者之一，又是这部书的总纂和统稿人。

说实在的，那时，写文学史，条件并不十分具备。搜集资料和专业人员等都面临着诸多不足和困难，而以口头文学为主要史料形态的苗族文学史，还有散居于不同省区的苗族的资料的取舍运用、两种民族文化在文学史上的评价、远古神话与汉族神话的关系、口头文学的分期定位等不少重大学术问题，需要研究和讨论，没有先例可援，田兵还是责无旁贷地担起了这副担子。一方面搜集资料需要投入大量人力，一方面当年时兴集体创作之风，初稿的执笔者有多人，一人分工撰写一章，最后由田兵负责统稿，前后花费了三年时间。1961年3月26日、4月17日，中国科学院文学研究所在京召开少数民族文学史讨论会，选择《蒙古族文学简史》、《白族文学史》和《苗族文学史》三部文学史作为讨论的重点，就少数民族文学史编写中的一些原则性问题进行学术研讨。专家们最后审稿时，不得不推倒重来，重写的任务落到了田兵和苏晓星两人身上，他们又花费了四个月的时间，改写稿于1961年底完成。写作中遇到的许多学术问题，田兵在《绪论》中都提纲挈领地、实事求是地作了记录和阐释。接踵而来的十年浩劫，使出版无限期延迟了。据资料，贵州省民间文学工作组编写，田兵、刚仁、苏晓星、施培中执笔的《苗族文学史》于1981年8月由贵州人民出版社出版时，仍然是我国“三选一史”计划中的多部少数民族文学

① 田兵：《发刊缘起》，《南风》1980年第1期。

史中的头一部。

四 贵州民间文学集成的普查和编纂

作为“中国民间文学集成”总编委会委员和中国民间文艺研究会贵州分会主席的田兵，主持、指导和参与了中国民间文学三套集成贵州卷资料的普查和编纂工作。1984年5月28日，文化部、国家民委、中国民间文艺研究会联合下达《关于编辑出版〈中国民间故事集成〉〈中国歌谣集成〉〈中国谚语集成〉的通知》，中国民间文学三套集成的编纂工作陆续在全国各省区启动。三套集成是20世纪80年代到20世纪末先后有几百万人参加资料普查搜集、由4000多卷县卷本和298卷省卷本组成的大型民间文学丛书，在中国文化史上是前无古人的。田兵既是总编委之一，又是贵州卷的总负责人，他主持了全省范围内的民间文学的普查和编纂指导工作。他是《中国民间故事集成·贵州卷》（出版于2004年）和《中国谚语集成·贵州卷》（出版于1998年）的第一主编。

贵州各地市州县出版的资料卷本，是前述72种《贵州民间文学资料》之后，于80年代从讲述演唱者口头上记录下来的活态文本资料，显示着贵州各民族各地区的民间口头文学20世纪80年代的时代样相，其史料价值、时代精神和文学价值是无可代替的。我手头没有可靠的统计材料，据中国民协口头文学数据库工作组提供的材料，贵州省编印的地县卷本入网该数据库的是271本，除去贵州民间文学资料72本，应是199本。（有待于贵州有关方面发表准确的统计材料）据金黔在线记者吴一文2004年2月17日讯，各县参与调查记录的人达8000人，县卷本的总字数2500多万字。

五 苗汉神话的互渗与交融

田兵不仅是一位民间文学工作的组织家、带头人，而且也是一位卓有造诣的民间文学学者。他写的《民间文学工作三十年》（写于1986年秋，《今日文坛》1987年5期；《南风》1987年5期）和《瞬息四十年未曾顾到的——民间文学的前前后后》［《南风》1990年6月第3期（总第58期）］收入钟敬文主编的《中国民间文学的新时代——中国民间文艺学四十年》（敦煌文艺出版社1991年3月），不仅记述了贵州民间文学工作走过的艰难历程，所取得的巨大成绩，也实事求是、毫不掩饰地倾诉了历史局限和个中甘苦。更为可贵的是，他以一贯的“诤言”者的脾性和责任感，指出了我们这个时代的民间文学工作中那些“未曾顾到的”、实际上是我们在民间文学工作的指导方针和指导思想上带有倾向性的失误，即对“有些一触即逝的民谣，在当时当地的特定条件下，有讽刺时弊的意义，甚至是十分尖刻的”不予收集。回顾20世纪50年代，有一个很短的时期，中国民间文艺研究会曾经以“内参”的方式向中央领导有选择地报送过一些社会上流传的讽刺性时政歌谣，以便中央领导了解底层百姓的意见。这是有意识地沿袭古代王者所创立的采风制度，设立采诗之官，让他们从民间采集歌谣，呈送给统治者看，以便“观风俗，知得失”，改善朝政。后来因没有反应，就悄悄地终止了。田兵的这篇文章，实际上是批评我们的搜集采风工作，把民间流传的讽刺朝政的时政歌谣给过滤掉了。因其发人所未发，发表了别人没有谈到的新见解，被钟敬文先生看中，收入他所主编的《中国民间文艺学的新时代中国民间文艺学四十年》这本书中。

田兵在苗族神话、古歌研究上，提出

了一些独到的见解。《试论苗族神话与东方民族的关系》是《苗族古歌》一书的前言，该书出版于1979年。文章很长，融入了作者一些经过长时期思考甚至考证的观点，是否单独发表过，我没有查。可以肯定的，这是一篇较早地论述苗族古歌、神话，民族起源、发展、迁徙、文化变迁与文化融合的论文，旁征博引，有理有据，观点明晰，触及了此前一些修养有素的神话学者在古典神话研究上存疑的问题，作出了自己的回答，故而被钟敬文先生在不同场合赞誉过。譬如，田兵写道：

> 从这个故事（兄妹结婚故事）梗概看来，好像比汉族中形成文字的故事要早，那就是说故事的流传要早于楚国时代。好像在远古时期，就似乎汉、苗两族的先人同在一个大部落联盟里面，或者两个部落驻地很近，经历着共同的自然灾害，有着共同的神话传说。
>
> 今日的苗族其先人住在楚黔中地区，地近洞庭，因之不仅是当时楚国民族之一，也有很大可能是古代三苗民族之一。所以汉、苗两族的文化交流，华夏文化也就在各兄弟民族原有文化的基础上得到进一步的融合。秦统一全国后，更派五十万人守五岭，同当地人杂居，从此岭南各兄弟民族，不仅在文化上有更大的交流，而且在孝敬先人等伦常的心理状态，也都好像大体接近了。因之今天的苗族古歌，有着同汉族及西南各兄弟民族类似统一母题的传说，也就不奇怪了。只是根据地区和民族的不同，传说各有其特点和风格就是了。（《苗族古歌》第3—4页）

他对众说纷纭的兄妹结婚神话母题的渊源问题，从苗汉民族的历史渊源角度提出了自己的见解。

六　诗学：五言体与盘歌

特别值得一提的另一个与此相关的问题，是作者对苗族古歌五言体的形成及文学史意义的阐述。他说："这部古歌全都是五个音节一句的，也就是说全部是五言体的。从汉族文学的发展看，《诗经》是四言体，集神话大成的《楚辞·天问篇》也是四言体，到汉朝文人的诗开始才有五言，但《乐府》多是五言，也就是说汉朝民间的诗歌主要是五言的（也有的是七言）。苗族因为没有文字，全部是口口相传的民间文学。因此，这部古诗歌，尽管故事内容是古远年代的，但形成这种五言体的样子，若从汉文学的发展借鉴来看，最早似不能超过汉朝，只能往后不能往前。因为再往前，就是《诗经》形式的、或者类似苗族古歌神话的《天问篇》形式的四言体了。但由于苗族地处偏远的南方，经济发展与汉族不一样，也不能和汉文学作形式主义的类比。""至今黔东南地区，五言体的诗歌，仍是民间最擅长的形式。"学界一般认为，最早见于记载的五言体诗，是汉高帝时代的《戚夫人歌》（《汉书·外戚传》）、汉武帝时的《李夫人传》以及《汉书·贡禹传》所载民谣《何以孝悌为》、《汉书·五行志》所载民谣《邪径拜良田》等。但汉代文人的五言诗产生在何时，一直存在着争论。田兵关于苗族古歌的五言体的论述，为五言体诗的起源与发展问题提供了另一种思考的维度，今天看来仍然是有意义的。2008年6月7日国务院办公厅公布的第二批国家级非物质文化遗产名录，把安徽省桐城市申报的"桐城歌"纳入其中，就是因为桐城歌是五言体诗歌的一个代表，桐城市也因而成为五言体民歌的发源地之一和国家认定的保留地。

从五言体的话题延伸开来，田兵又提

出了民歌文体的另一个问题：盘歌。“这部古歌还不仅是五言体的，而且几乎全是问答式的，像是巫师、理老、歌手，或是当时认为德高望重的有学问的老人，遇到一起，互相盘问古事的‘盘歌’（不过这只是有些盘歌遗迹，不尽相似）。从这种留有盘歌遗迹的形式看，也可能说明，在盘歌以前，是有古远年代的故事存在着的，不然就无从盘问起了。”据我所知，盘歌这种诗歌形式，不仅苗族古歌里有，其他一些民族的古老口头文学中也有，却很少引起学界的注意和论述。《天问》里提出的那么多问题，也是盘歌，我想并不是作者屈原的忽发奇想，而是来自已有的民间口头文学和楚人先民的原始思维。田兵提了出来并作了一些论述，但好像说得并不充分。

田兵还以苗族的口头文学，特别是古歌所提供的史影和观念为材料，写了几篇有关苗族族源、民族迁徙、民族关系、文化变迁的探究性论文，如上世纪80年代中期写的《从〈苗族古歌〉看古代南人与东人的关系》（《南风》1987年第6期），这里就不多谈了。

远逝的田兵先生，永远活在我们心中！

2014年11月26日于北京

附录：第1集：黔东南苗族仰阿莎等叙事诗，贵州省文联编印，1957年1月；第2集：苗族张秀眉、彝族戈阿楼史诗，贵州省文联编印，1957年2月；第3集：苗族嘎百福歌，贵州省文联编印，1957年3月；第4集：黔东南苗族古歌，中国作家协会贵阳分会筹委会编印，1958年11月；第5集：黔东南苗族叙事诗，中国作家协会贵阳分会筹委会、贵州省民族语文指导委员会、贵州大学苗族文学史编写组编，中国作家协会贵阳分会筹委会印，1959年9月；第6集：苗族古理歌，中国作家协会贵阳分会筹委会、贵州省民族语文指导委员会、贵州大学苗族文学史编写组编，中国作家协会贵阳分会筹委会印，1959年9月；第7集：苗族分支开亲叙事诗，中国作家协会贵阳分会筹委会、贵州省民族语文指导委员会、贵州大学苗族文学史编写组编，中国作家协会贵阳分会筹委会印，1959年9月；第8集：黔东南、湘西苗族情歌，中国作家协会贵阳分会筹委会、贵州省民族语文指导委员会、贵州大学苗族文学史编写组编，中国作家协会贵阳分会筹委会印，1959年9月；第9集：黔东南苗族民间故事集，中国作家协会贵阳分会筹委会、贵州省民族语文指导委员会、贵州大学苗族文学史编写组编，中国作家协会贵阳分会筹委会印，1959年9月；第10集：侗族新民歌、情歌，中国作家协会贵阳分会筹委会、贵州省民族语文指导委员会、贵州大学苗族文学史编写组编，中国作家协会贵阳分会筹委会印，1959年8月；第11集：苗族民间传说故事，中国作家协会贵阳分会筹委会、贵州省民族语文指导委员会、贵州大学苗族文学史编写组编，中国作家协会贵阳分会筹委会印，1959年11月；第12集：苗族古歌与情歌合集，中国作家协会贵阳分会筹委会、贵州省民族语文指导委员会、贵州大学苗族文学史编写组编，中国作家协会贵阳分会筹委会印，1959年9月；第13集：侗族叙事歌、神话、传说、故事，中国作家协会贵阳分会筹委会、贵州省民族语文指导委员会、贵州大学苗族文学史编写组编，中国作家协会贵阳分会筹委会印，1959年9月；第14集：苗族苦歌、反歌、逃荒歌等合集，中国作家协会贵阳分会筹委会、贵州省民族语文指导委员会、贵州大学苗族文学史编写组编，中国作家协会贵阳分会筹委会印，1959年9月；第15集：苗族传说故事，中国作家协会贵阳分会筹委会、贵州省民族语文指导委员会、贵州大学苗族文学史编写组编，中国作家协会贵阳分会筹委会印，1959 年 9 月；第 16 集：苗族古歌，中国作家协会贵阳分会筹委会、贵州省民族语文指导委员会、贵州大学苗族文学史编写组编，中国作家协会贵阳分会筹委会印，1959 年 9 月；第 17 集：苗族婚姻歌，中国作家协会贵阳分会筹委会、贵州省民族语文指导委员会、贵州大学苗族文学史编写组编，中国作家协会贵阳分会筹委会印，1959 年 9 月；第 18 集：布依族情歌新民歌合集，中国作家协会贵阳分会筹委会、贵州省民族语文指导委员会、贵州大学苗族文学史编写组编，中国作家协会贵阳分会筹委会印，1959 年 9 月；第 19 集：布依族神话传说故事童话寓言，中国作家协会贵阳分会筹委会、贵州省民族语文指导委员会、贵州大学苗族文学史编写组编，中国作家协会贵阳分会筹委会印，1959 年 10 月；第 20 集：布依族苦歌、酒歌等合集，中国作家协会贵阳分会筹委会、贵州省民族语文指导委员会、贵州大学苗族文学史编写组编，中国作家协会贵阳分会筹委会印，1959 年 9 月；第 21 集：黔东南苗族传说故事，中国作家协会贵阳分会筹委会、贵州省民族语文指导委员会、贵州大学苗族文学史编写组编，中国作家协会贵阳分会筹委会印，1959 年 9 月；第 22 集：《苗族传说故事》，中国作家协会贵阳分会筹委会、贵州省民族语文指导委员会、贵州大学苗族文学史编写组编，中国作家协会贵阳分会筹委会印，1959 年 9 月；第 23 集：苗族酒歌、祝词、嘎福歌等合集，中国作家协会贵阳分会筹委会、贵州省民族语文指导委员会、贵州大学苗族文学史编写组编，中国作家协会贵阳分会筹委会印，1959 年 9 月；第 24 集：苗族春季歌、活踏歌等合集，中国作家协会贵阳分会筹委会、贵州省民族语文指导委员会、贵州大学苗族文学史编写组编，中国作家协会贵阳分会筹委会印，1959 年 10 月；第 25 集：苗族酒药歌、造纸歌等合集，中国作家协会贵阳分会筹委会、贵州省民族语文指导委员会、贵州大学苗族文学史编写组编，中国作家协会贵阳分会筹委会印，1959 年 10 月；第 26 集：黔东南新民歌，中国作家协会贵阳分会筹委会、贵州省民族语文指导委员会、贵州大学苗族文学史编写组编，中国作家协会贵阳分会筹委会印，1959 年 10 月；第 27 集：张秀密起义史料、传说、歌谣，贵州省民间文学工作组编印，1960 年 9 月；第 28 集：《布依族情歌、新民歌》，贵州省民间文学工作组编印，1960 年 9 月；第 29 集：滇黔、湘西苗族歌谣集，贵州省民间文学工作组编印，1961 年 11 月；第 30 集：侗族陆大用歌、叙事歌、传统歌谣等，贵州省民间文学工作组编印，1960 年 9 月；第 31 集：侗戏，贵州省民间文学工作组编印，1961 年 12 月；第 32 集：布依族传说故事，贵州省民间文学工作组编，中国作家协会贵阳分会筹委会编印，1962 年 1 月；第 33 集：苗族“佳”、说古唱今，贵州省民间文学工作组编，中国作家协会贵阳分会筹委会编印，1962 年 11 月；第 34 集：彝族洪水泛滥史、水西制度、水西全传，贵州省民间文学工作组编，中国作家协会贵阳分会筹委会编印，1962 年；第 35 集：彝族《西南彝志》一、二卷，贵州省民间文学工作组编，中国作家协会贵阳分会筹委会编印；第 36 集：彝族《西南彝志》三、四、五卷，贵州省民间文学工作组编，中国作家协会贵阳分会筹委会编印，1963 年；第 37 集：彝族《西南彝志》六、七、八卷，贵州省毕节专署彝文翻译组，贵州省民间文学工作组编印；第 38 集：彝族《西南彝志》九、十卷，贵州省民间文学工作组编，中国作家协会贵阳分会筹委会编印，1963 年；第 39 集：彝族《西南彝志》十二、十三卷，贵州省民间文学工作组编，中国作家协会贵阳分会筹委会编印，1963 年；第 40 集：彝族

《西南彝志》十四、十五、十六卷，贵州省民间文学工作组编，中国作家协会贵阳分会筹委会编印，1963 年；第 41 集：布依族古歌、叙事歌，贵州省民间文学工作组编印，1963 年 8 月；第 42 集：布依族情歌，贵州省民间文学工作组编印，1963 年；第 43 集：布依族民间故事集，贵州省民间文学工作组编印，1963 年；第 44 集：布依族神话传说故事童话寓言，贵州省民族事务委员会、黔南布依族苗族自治州文艺研究室、中国民间文艺研究会贵州分会编印，1980 年 5 月；第 45 集：布依族古歌叙事诗情歌，贵州省民族事务委员会、黔南布依族苗族自治州文艺研究室、中国民间文艺研究会贵州分会编印，1980 年 5 月；第 46 集：水族双歌单歌集，贵州省民族事务委员会、中国民间文艺研究会贵州分会编印，1981 年 8 月；第 47 集：布依族对歌，中国民间文艺研究会贵州分会编印，1982 年 11 月；第 48 集：苗族焚巾曲，中国民间文艺研究会贵州分会、贵州民族学院编印，1982 年 10 月；第 49 集：仡佬族民间故事，中国民间文艺研究会贵州分会、贵州民族学院编印，1982 年 11 月；第 50 集：彝族古歌、叙事诗，贵州省民族事务委员会、中国民间文艺研究会贵州分会编印，1982 年 11 月；第 51 集：苗族民间故事，中国民间文艺研究会贵州分会、贵州省苗族民间文学讲习会编印，1982 年 11 月；第 52 集：苗族习俗、起义斗争歌，中国民间文艺研究会贵州分会、贵州省苗族民间文学讲习会编印，1982 年 11 月；第 53 集：苗族游方歌、叙事歌，中国民间文艺研究会贵州分会、贵州省苗族民间文学讲习会编印，1982 年 11 月；第 54 集：侗族大歌，中国民间文艺研究会贵州分会编印，1982 年 12 月；第 55 集：侗族情歌，中国民间文艺研究会贵州分会编印，1982 年 12 月；第 56 集：侗族民歌，中国民间文艺研究会贵州分会编印，1983 年 5 月；第 57 集：侗族民歌，中国民间文艺研究会贵州分会编印，1983 年 7 月；第 58 集：侗族琵琶歌，中国民间文艺研究会贵州分会编印，1983 年 8 月；第 59 集：苗族开亲歌、巫歌巫词，中国民间文艺研究会贵州分会编印，1983 年夏；第 60 集：苗族古老话，贵州省民族事务委员会、中国民间文艺研究会贵州分会编印，1983 年 11 月；第 61 集：苗族祭鼓词、贾理词，贵州省民族事务委员会、中国民间文艺研究会贵州分会编印，1983 年 12 月；第 62 集：仰阿莎，中国民间文艺研究会贵州分会编印，1984 年 4 月；第 63 集：布依族酒歌、叙事歌，中国民间文艺研究会贵州分会编印，1984 年；第 64 集：布依族古歌、丧葬歌；第 65 集［上］：黔中布依族礼俗歌、牛经书，中国民间文艺研究会贵州分会编印，1984 年 8 月；第 65 集［下］：黔中布依族礼俗歌、牛经书（布依文、汉文对照），中国民间文艺研究会贵州分会编印，1984 年 8 月；第 66 集：苗族婚俗礼俗歌，中国民间文艺研究会贵州分会编印，1984 年 9 月；第 67 集：贵州各族谚语、成语、谜语、格言、歇后语，中国民间文艺研究会贵州分会编印，1985 年 5 月；第 68 集：彝族古歌、叙事诗，中国民间文艺研究会贵州分会编印，1985 年 8 月；第 69 集：侗族酒歌，中国民间文艺研究会贵州分会编印，1985 年 7 月；第 70 集：侗族叙事诗，中国民间文艺研究会贵州分会编印，1985 年 6 月；第 71 集：苗族古歌“天地开辟”，中国民间文艺研究会贵州分会编印，1985 年 6 月；第 72 集：苗族古歌，中国民间文艺研究会贵州分会编印，1985 年 6 月。

（原载《西北民族研究》
2015 年第 1 期）

周巍峙：镌刻在文化长城上那个雄赳赳的身影

罗　杨

“政声人去后，功德民心中。”

当周老作为中国文化艺术界的领导者和著名文艺家离开我们后，人们给予他越来越多的赞誉。今天，我再次从大家溢于言表的情感中读出了八个字：“高山仰止，景行行止。”

我生长的年代正是那首脍炙人口的“雄赳赳气昂昂”的歌风靡中国大地的时候。周老自然也是我们敬重的“偶像”。后来我有幸到文化部工作，可以近距离地见到真实的周部长，更觉周老之可敬可佩。从他身上我也感受到了什么是大家风范。周老身上所散发出的那种从政甘为孺子牛，为艺“但开风气不为师”的人格魅力，足以令每个与他接触过的人心悦诚服，并化作一种可以穿越时空而永恒的力量。再后来，我到了民间文艺家的队伍里，更加体会到周老就像是民间文化界的主心骨和提灯人。周老的心灵就像是一盏灯，给人带来温暖和光明。周老以一生的修为告诉我们，一个人不论有多高的地位，最可贵的是保持着一颗历经沧桑后仍赤诚的心灵。

一个民族的文化史，就是在那片民族文化的沃土上创造了丰富文化的那些人的历史。而想要了解这个民族文化的成就，也莫过于去了解那些在特定时期的文化长河中跋涉者们所留下的人生履痕。他们在那里耕耘过、播种过、收获过，不仅留下了独特的生命痕迹，也积淀了一个民族厚重的文化财富。

在世纪之交的这段时光中，有位老者的身影始终雄赳赳地走在保护和抢救民间文化的道路上，带着先觉者的沉着与清晰的步伐，释放出持久而深沉的力量，成为中国这一时期的民间文化拓荒者和引领者。他是这段中华文明史上不可或缺的人，他的作为代表了中国民间文艺这一历史时期发展的脉络和走向。

当中国改革开放大潮风起云涌，文化领域西风东渐之际，周老以超乎常人的眼光和胆识，领导和发起了“十大集成”的工作。他坚定不移、运筹帷幄，淡然地面对种种质疑；他睿智果敢、足智多谋地克服了重重困难；他躬行亲为、奔走呼号、每每乞浆得酒；他殚精竭虑，奔波田野，屡屡履穿踵决。正是以这样一种“不破楼兰终不还”的意志和“咬定青山不放松”的坚韧，为中华五千年的文化史册增添了一部百科全书式的“中国民间文艺宝库”，建起了一座巍峨的“中国民间文艺的万里长城”。

蓦然回首，如果没有“十大集成”这样里程碑式的工程，很多迷人的民间文艺必将难逃“人去歌息”、“人亡艺绝”的厄运，甚至早已荡然无存、灰飞烟灭；如果没有周老这样身份和地位的领导出面发起和主持，“十大集成”也势必很难立项并开展；如果没有周老这种一路蓬勃、百折不回头的决心和毅力，“十大集成”也很难最终圆满收官。正是由于周老的努力，使很多民间文艺从濒危的“绝学”成为当今的“显学”，从而焕发出新的生机和活力。我想，对于周老为中国的民间文艺事业所作出的这种震古烁今、功德无量的贡献，评价再高也难言其功，再高的评价也难以概括出他的丰功伟绩。时间越久，人们会看得越清楚。

周老身居文化艺术的象牙塔，声名显赫，但始终把自己作为民间文艺队伍中的一员，心怀对民间文艺的热爱与衷情。和所有的中国人一样，他从小就受到民间文艺的熏陶，正如他自己所说："我非常喜欢那些清丽悠扬的乡间小调，甚至还去看和尚、道士为死者做道场，听他们念经、唱民歌、表演乐器合奏。""我还参加过群众性的演出，在春节活动中扮演女孩表演挑花篮的节目，亲身体会到民间文化和民俗活动的魅力。"作为一位文化大家，他深知民间文化是中华优秀文化的源泉与根脉，"一切艺术皆源于民间，一切文化都由人民创造。"周老犹如当代中国文艺界的一棵参天大树，花团锦簇硕果满枝，民间文艺或许只是其中几朵小花，但这几朵小花却显得格外耀眼夺目，也深受周老珍视。他说："我一生从事过很多工作，在我的生命里时间最长、倾力最多的莫过于这十部集成志书的组织和编纂工作。"正如黑格尔所言："玫瑰灿烂绽放的瞬间并不逊色于高山的永恒。"这几朵民间文艺之花绽放的馨香，已足够溢满中国民间文艺事业烂漫的花园，已足够吸引与指引后来者继续耕耘的信念与方式。周老之令人敬仰，不在于他的官位之大和名声之大，更重要的是他所具有的一种崇高精神，一种完美的人格，一种博大的胸襟，一种通达的境界。

当今文坛也许不缺少领导者，但缺少像周老这样懂得和掌握文艺规律的领导；不缺少知名大家，但缺少像周老这样既有极高艺术造诣又如此珍爱自己民族的草根文化的大家；周老开创的民间文化的存录和保护体系，已成为中国民间文艺后世的范本，这一宏伟的范本也成为了当代民间文艺工作者一种共同的荣誉和象征；周巍峙也成为一个时代民间文艺成就的代名词。有了周老才使得民间文化在这个时代走得更远。

今天，作为民间文艺战线的后来者，我们怀念周老，再次感受到他身上所保有的那种虚怀若谷、操持有节的胸襟和气度；再次感受他雅量高致、善为人梯、甘为铺路石的人格魅力与强大的精神磁场。处在当今民间文艺仍然容易被忽视、被人们所遗忘的社会，而实现文化复兴的伟大中国梦又离不开民间文艺滋养的历史机遇期，我想，缅怀周老的最好方式，就是像周老那样全身心投入到火热的民间文艺事业发展的时代洪流中，永远"雄赳赳"地阔步走在民间文艺的田野上，继续完成周老描绘的事业蓝图，为中华民族的文化大厦添砖加瓦，为子孙万代留下永久的文化财富。

一首歌，凝聚了一个时代的精神；一份执着，塑造了一个民族的文化长城；一个文艺界歌者的身影，将永久地镌刻在民族的文化史册上。

（本文系作者在周巍峙晚年文化工作座谈会上的发言）

（原载《中国艺术报·中国民间文艺专刊》2015 年 1 月 30 日第 1 版）

乌丙安："大家"与"大家的"

杨　秀

得识乌丙安先生是在20世纪90年代初的校内各种讲座中，屡被先生的渊博学识和幽默自如的表述所吸引。后考入先生门下，从习民俗学。硕士生三年的光阴很快过去，我与先生的往来却没有因毕业而终结，至今仍在延续。20余年来，每遇先生，或专事叩问，或无事闲居，涉学术，谈人生，皆收益良多。从这个意义上讲，我在乌先生这里，当无毕业之期。

记得1998年夏天，在青岛的一次学术会议期间，故交新学聚拢在乌先生的房间里相聊甚洽。乌先生注意到几位前来讨教又不敢开口的惴惴后生，便发挥他的风趣与随和鼓励道："有问题就敞开了问，别拘谨。我是大家的乌丙安，都有份。"哄堂一笑中，后生释然。"大家的乌丙安"——这既可视为他的自我定位，也是同行学人的不尽福惠。

一　结缘民俗学研究

乌先生1929年冬出生于呼和浩特一个蒙古族家庭，年逢饥荒，家道渐衰中，又惨遭少年丧母。幸运的是家族中一直很重视教育，乌先生得以接受了完整的小学和初高中教育。课余之际，他还热心尝试文学创作，在当地一些刊物上发表诗歌散文作品。1949年6月底，他只身离家，投奔晋察冀解放区，辗转来到刚刚和平解放的北平。他边打工边备考大学，最后考中四所大学：燕京大学新闻系、山西大学财经系、华北大学园艺系和天津河北师范学院中文系。考虑到家中经济拮据，他放弃了收取高额学费的燕京大学，选读天津河北师范学院，享受其甲等助学金，基本上保证了生存无虞。成为新中国第一批大学生之后，他又是边读书边在高中代课补贴日用。乌先生用三年半的时间修完了本科所有课程，以优异的成绩提前半年毕业，并留校任教，随即给教育系学生讲授现代散文与写作课。当了半年大学老师，获悉高教部要在全国重点大学招收首批研究生，经推荐，他报考了北京师范大学民间文学专业，1953年8月顺利入学，师从我国著名民俗学家钟敬文教授，成为新中国第一批研究生。从此，他便与民俗学、民间文艺学结下了深缘。迩来60余载，乌先生用他自身的执着和练达，成就了"大家乌丙安"。

二　"为人好师"的教学生涯

师范院校出身的乌先生"好为人师"，也着实赢得了"为人好师"的荣誉，屡屡被学生评为最受欢迎的老师。可以说，他多年来一以贯之的教学实践为"学高为师，身正为范"的师范理念做了极好诠释。

1955年8月研究生毕业后，乌先生被分配到沈阳师范学院中文系（该系1958年并入辽宁大学），给中文系本科、专科共十几个班的几百名学生讲授《人民口头文学概论》，深受学生喜欢，又课外指导学生创办民间文学刊物《青苗》。他个人的学术研究和文学创作成果也乘着年轻之势陆续刊发。只可惜好景不长，1957 年 7 月，乌先生开始遭受“反右斗争”批判。1958 年 3 月，因一篇文艺评论被错划为“右派”，在省市各大报刊上遭点名批判，先是被遣送到辽北农村修水库，随后又被送到辽西矿山接受劳动改造。这样，乌先生的教学生涯被迫中断，转身投入到“外练筋骨皮”的繁重体力劳动中，体能和意志力都经受着严峻考验。直到 1962 年春，“右派帽子”才被摘掉，回到辽宁大学继续任教。接踵而至的“四清”和“文革”，又“眷顾”了乌先生，1969 年冬，乌先生全家被遣送到偏远农村，继续改造。这一去就是九年多，直到 1978 年秋才返回辽宁大学。几番波折后，乌先生在大学里专心于他的民俗学教研等工作，直到 70 岁退休，才离开教学一线。

1980 年 3 月，乌先生在辽宁大学首开“民俗学”系列讲座，组建辽宁大学民俗学社。第二年 3 月便开设“中国民俗学”的全校公选课，这也是新中国成立以来在高校文科系统讲授民俗学课的首次拓新。1982 年秋，高教部批准辽宁大学民俗学方向开始招收硕士研究生，乌先生任研究生导师和学科带头人，担负本科生、研究生和留学生的民俗学教学任务。同时担任联邦德国柏林自由大学东亚研究所中国民俗学专业博士生导师，苏联及蒙古五名副博士、日本三名硕士生的导师，亲自指导国内外研究生 40 多名。他还先后举办了六期民俗学专业高级研讨班，来自国内 17 个省、市、自治区，包含汉族、满族、蒙古族、藏族、回族、苗族、羌族、维吾尔族、撒拉族等各民族的 100 多名学员通过了结业考试，这些人目前已经成为国内外民俗学研究领域的中坚力量。

数十年的言传身教，乌先生不仅把他对民俗学的理解、认知悉数传授给学生，更重要的，当是传给学生的满满的学术热情和乐观的人生态度。子曰：知之者不如好之者，好之者不如乐之者。乌先生用他自身的感染力不仅唤起学生对民俗学的“知”，还有更多的“好”与“乐”，赋予看似枯燥的学术研究以极大吸引力。这也是为人好师的必备实力与感召力。

三 广泛参加国内外学术交流

立足本校教学之余，乌先生还经常应邀到国内外高校及科研机构从事讲学、讲座活动。

1984 年 5 月，乌先生应联邦德国汉学、民族学中间会议邀请，向在圣奥古斯丁召开的国际学术讨论会提交了论文。同年 8 月，被吸收加入国际民间叙事创作研究协会。1985 年，受日本学术振兴会之邀，赴日本进行为期三个月的中日民俗学、民间文学的学术交流和考察，并作了一系列关于中国各民族民俗、神话、民间故事和民歌的讲演，受到日本学界欢迎。随后，1987 年 11 月和 1989 年 3 月，再赴日讲学。1989 年 5 月，在匈牙利召开的国际民间叙事创作研究协会第九次代表大会上，乌先生担任专题论文报告会执行主席，会上宣读了论文《萨满教与民间英雄史诗》。同年 6 月，应邀前往联邦德国柏林自由大学进行有关中国东北萨满教的专题讲学，并对德国的哥丁根、蒂宾根、法兰克福、波恩、科隆和汉堡等地的大学、民俗博物馆及农村做了六个月的交流访问和实地考察。9 月，应邀从法国巴黎转赴汉城出席首届亚细亚民俗学大会，任大会执行主席之一。1992 年在德国柏林自由大学主持了中国辽宁农业民俗展览会；1994 年应邀在柏林召开的中国变迁中的农耕民俗国际研讨会上致开幕词。

四　著书立说成果不俗

擅长言传的乌先生在著文立说方面的成果也同样不俗，从他的《民俗学丛话》到《中国民俗学》，再到《民俗学原理》，这三部曲式的著作更是逐步引向深入，构建出了比较完整的学术格局，在民俗学的学科建设方面可谓功不可没。

《民俗学丛话》于1983年6月出版，全书由“多子的石榴——关于民俗学的概念、范围”、“枣、栗子——关于民俗的特征”等15个专题组成，都是从生活中常见的俗物俗事入手，通过“说故事”的方式循循善诱，引入问题意识，来阐发民俗学理论。全书语言活泼灵动，深具散文功力。《人民日报》和《光明日报》当年都刊文报道过，并称此书为“我国第一部民俗研究书”。在此基础上充实、修订而成的《中国民俗学》一书于1985年8月出版，属于概论式的教材用书。学界评价此书：“不同于我国民俗学出版史上的任何一部理论性专著，具有明显的独创性、开拓性和真正的中国特色。”30年过去了，它仍是如今许多高校必备的专业参考书。2001年1月，他的《民俗学原理》问世，从民俗的主体论、控制论、符号论和传承论这四论入手，论证民俗的养成和约束力等特质的形成原理及功能机制等。这本书，对于作者本人和整个民俗学科而言，都是里程碑式的突破与构想。

除了这三本书，乌先生还著有《神秘的萨满世界》（1990）和《中国民间信仰》（1995）等专著。2014年1月，八卷本的《乌丙安民俗研究文集》正式出版。恰好乌先生所住的居民小区名曰“天龙家园”，他便在文集总序中讨巧地自称为“天龙八部”。“80后”老人的这八部书结集，其学术分量自然不轻，再加上他的上百篇论文、学术随笔及主编的多部书等作品，“大家乌丙安”的学术形象便见丰满。

专心做学问之余，乌先生还一直热心于社会事务。与传统社会推崇的敏于行讷于言的内敛型君子风范不同，乌先生行与言并重，性喜张扬奔放，文笔与口才都居上乘。在中国民俗学会、中国民间文艺家协会和地方民族宗教委员会等组织团体中发挥重要作用。进入21世纪以来，他又积极投身于政府主导推动的非物质文化遗产保护工作中，身为国家非物质文化遗产保护专家委员会副主任，不辞辛苦，勇于担责，将实地考察与理论思考并重，并结合自身的民俗学背景和“非遗”特点，撰文辨析民俗文化与“非遗”之间的关系，对民俗学和非遗工作的后续进行都有重要的指导意义。

乌先生如今虽已八十有六，但仍精神矍铄，勤撰文，常讲座。内修学识，外扬个性。他自称“80后”，既有不输于时代、不输于年轻人的精气神，更有饱经岁月洗练后的从容与通达。正所谓，老去情怀犹豪放。

（原载《中国社会科学报》2015年1月19日第3版）

段宝林：以热心肠做冷学问

张春海

每天凌晨3点，北京大学中文系教授段宝林的书房就会亮起灯。他已习惯在伏案阅读、写作中开始新的一天，虽至耄耋之年，仍有一颗年轻之心。他生活俭朴，文章也“俭朴”，称自己的文章就是“萝卜白菜”，以内容取胜，且简明易懂，“绝不写空头大论和虚夸的文章”。

献身民间文学研究

50多年前，在北京大学中文系读大学三年级时，段宝林以一篇5万字的论文《论艺术性》闻名燕园，并获时任中文系主任杨晦先生好评，毕业后留校任助教。其后，段宝林开始在民间文学、民间文化的研究园地耕耘。

段宝林回忆道，我国民间文学研究发源于1918年，即蔡元培先生在北京大学提倡收集歌谣之时。1949年前，只有魏建功先生在北大开过一门民间文艺课。1954年北大开设民间文学课程，段宝林1958年毕业后接手了这项工作。

20世纪60年代，民间文学在全国高校中遭遇“下马风”，段宝林也被派去讲现代文学。但他的导师王瑶先生说：“民间文学很重要，我的老师朱自清先生就开过‘歌谣研究’的课，你还是应该以讲民间文学为主。在现代文学研究方面就看看《鲁迅全集》，研究鲁迅是如何看待民间文学的。”当时，全国高校中只有段宝林坚持讲授民间文学，没有改行。

1996年，段宝林成为“国际人类学彼得奖”（该奖项是巴勒摩人类学国际中心所设的权威国际人类学奖）的首位东方得主，并得到一张奖状和250万意大利里拉奖金。他将这一荣誉视作对中国民间文学研究的重视与鼓励。

今天，段宝林的书桌抽屉满满地装着资料摘抄。这些“笔记”分门别类，正在关注、研究的题目，都放在手边，这样不翻书就可以参考、写作。

科学开发民间文学“第三资料库”

段宝林评价，民间文学具有三大价值：实用价值、科学价值和文艺价值。科学价值在于它是“第三资料库”。在他看来，第一资料库是书面文献资料；第二资料库是自王国维先生等以来所重视的考古发掘的文物；第三资料库是以口传民间文学为主体的民间文化。

民间文学堪称丰富的“活材料”。我国古典文学研究中，文本研究较多，联系民俗材料研究神话、楚辞、唐诗宋词等，只有闻一多先生等大家做到了。段宝林认为，文化要发展，只有载于书面的文人文化是不够的，掌握民间文化这座宝库的特点并进行科学开发，也是文化创新发展的重要动力。因此，提高人们对开发第三资料库重要性的认识，增进对民间文化的了解，宣传民间文化的价值，颇有意义。

调查与文献结合 做立体研究

多年来，凡是有民间文学、民俗现象的地方，段宝林都会带着兴趣去调查。他说，实地调查与书面材料调查结合起来的研究，才是立体的而不是片面的、平面的。

他主张以立体思维研究民间文学，因为民间文学与作家文学不同，具有立体性——民间文学的产生离不开当时的环境，有些还有音乐、舞蹈的配合。因此，在方法论上，对民间文学的记录必须有立体描写。

段宝林曾自愿将自己搜集、珍藏的1.5万多册民间文学、民俗学等领域的图书无偿捐献给北大图书馆，方便读者研读。他将自己的人生准则概括为三句话：为善最乐，天天快乐；以苦为乐，终身快乐；助人为乐，大家快乐。

（原载《中国社会科学报》
2015年2月2日第A02版）

刘魁立：听风　采风　追风

陈莹莹

刘魁立，中国社会科学院荣誉学部委员、中国民俗学会荣誉会长、国家非物质文化遗产保护专家委员会副主任。他最早将欧洲民间文学理论引入中国，并创造性地提出了自己的故事学理论，在其大力倡导下，中国民俗研究开启了共时研究的学术新景象；他提出的共享性原则及整体性保护原则，已成为非遗保护的基本原则；在他担任中国民俗学会会长期间，他带领民俗学者推动了传统节日与法定假日的融合。

时光倒回一个甲子，莫斯科郊外的村庄迎来一支民间文学考察队。巨大的风磨下，荧荧如豆的灯光里，人们围坐在民俗歌手旁，听他们用歌声诉说生活。队里的一名中国留学生在日记里写道：我们就像那风磨，收集着风，让它发挥功效。

那一晚，刘魁立和民间文化一生结缘。

追随风的脚步、聆听风的语言、传递风的力量，六十年来，他从未停歇。

“老百姓的习俗和文化就像风，来无影去无踪，但人人都可以感受风的喜悦。”老人拢一拢松软飘逸的白发，抿嘴一笑，“于我而言，对民间文化的关注和吸纳是一种幸运，这是历史对我的眷爱。”

民俗，描述浓浓的乡愁

“当你进入民间文化这一领域后，就像有一根绳牵着你不由自主地往前走，让你有一大堆的问题想一探究竟。”

在俄罗斯选择研究生专业时，其他中国留学生往往选择研究普希金、高尔基、果戈理，刘魁立说了句“他们研究精英，我研究世俗”，毅然选择了民间文学。

1961 年，学成归来在黑龙江大学任教的刘魁立，为考察全省范围内民间文学的蕴藏和流传情况，组织了多次采风。

宁古塔的朝鲜族老奶奶说，有一个勤劳朴实的人，做善事后仙人赠给他一件神奇的衣服，穿上它可以隐身、可以飞翔。地主老财知道以后，把衣服强抢了过去，要了起飞的口令。但在离地的那一刻，地主忘了问降落的口令，从此，贪婪的地主变成了一只乌鸦。

“多有意思！”扛着两个铁疙瘩的刘魁立听呆了。那是一台十几公斤重、有 30 年工龄的钢丝录音机和一个更沉的稳压器。他用长木杆抬着两个“宝贝”，一村一村地走访记录。回到祖国的他，用惊异和兴奋形容当时的感受。

“远离祖国的人，他对祖国的观念，除了包含父母、人民、土地、教育之外，还包括对风俗习惯、吉庆活动、故事、儿歌等的眷恋。这一切融汇在一起，才构成一种乡恋的深厚情感。作为认识人类社会的一门很重要的学科，民俗学包含着民族的自我意识和民族情感，也是爱国主义思想的实际内容。”刘魁立豁然开朗：民俗，原来是一种乡愁。

他深知，只有更深切地理解这种乡愁，才能探寻它能为人们的心灵带来什么。选择了体验式调查的刘魁立，几十年如一日地下乡调研考察。

他去福建看醉龙。壮小伙子们扛着木龙舞蹈，有人负责在人们舞蹈的过程中，拿坛子往每个人的嘴里倒酒。龙舞不歇，舞者纷纷仰头喝酒，酒水哗哗淌了满嘴满脸。

刘魁立问一个汗流浃背的舞者：你累不累？对方回答：一点不累。

“那一刻，他和他所在的群体、环境以及他心目中的世界，美好而又和谐。”刘魁立说，自己能体会这样的美好，每一次美好的感受都使他终生不忘。

他去象山参加开渔前的祭船头仪式。香案上摆满鱼、肉、水果，唱戏之前先拜妈祖。已不出海的老把式先拜，再是出海的青壮年拜，最后轮到家属拜。

轮到家属的时候，所有守候在旁的妇女争先恐后涌上前去、呼啦一片跪下，祈祷丈夫与儿子平安归来。那一瞬，刘魁立的眼泪湿透手绢。

追风路上，把美好的感受和美丽的乡愁转化为动能，民间文化就能成为人们前进的动力。《刘魁立民俗学论集》《民间叙事的生命树》《中国民俗文化丛书》在他的努力下相继问世。

“成名于翻译引进理论、擅长故事学、率先在国内使用共时研究法，引领风气之先的刘魁立是中国民俗学界当之无愧的学术领袖。”中国社科院文学研究所研究员、中国民俗学会副会长施爱东这样评价。

国家非物质文化遗产传承人、南通蓝印花布博物馆馆长吴元新心疼刘魁立，“那么大年纪，还不遗余力地奔波各地做调研。”

他说，自己曾问过刘魁立：累吗？“一点都不累。”刘魁立给出了和舞者一样的答案。

非遗，朝着心灵的走向

“非遗就像我们小时候喝的母乳，不管后来怎么成长，都依赖于这个底子。”

10 年前，吴元新在一次工艺展上初识刘魁立。当时，包括他在内的不少传承人都在思考要不要改行。

展会上，一位长者来到展位，逐一和每个人交流。

“他希望我们坚持下去，他让我相信，国家对民间的非物质文化遗产会越来越重视。”吴元新说。临走时老人建议，在传承的同时也要开发更符合市场需求的品类。

这位老人就是刘魁立。

“很多踟蹰前行的传承人从他的鞭策和鼓励中获得了温暖和勇气，这是我们继续走下去的巨大动力。”吴元新说。

刘魁立却说，不计其数的传承人，也是他的力量之源。

湘西凤凰，做纸糊狮头和龙头的聂胡子已经好几年招不到徒弟了，他自己上山选竹子，在家剖成竹篾；自己上山采草，削皮做成纸捻。“总不能在我的手上把湘西的纸活做坏了。”聂胡子告诉刘魁立。

“他们每一个人都有着纯洁而善良的心灵，了解他们的情趣和志向会特别受到熏陶。你会见贤思齐，希望自己也拥有同样美好的心灵，这便是一种民族精神。”刘魁立说，这些传承人的名字烙印在传统之中，他们信奉的精神将带给人支持和激励的力量，他也因此找到了非物质文化遗产的定义。

非遗是什么？

“非遗保护，是一种文化自觉。”刘魁立顿了顿，又笑着补充一句，“用描述性的语言来说，非遗就像我们小时候喝的母乳，不管后来怎么成长，都依赖于这个底子。”

口头传统、各种表演、各式工艺、人们关于自然与宇宙的实践……弥漫的、共享的非物质文化，存在于人的头脑中、记忆里、情感上，它关乎我们心灵的走向，推进着人类文明的进程。正是广大民众参与创造并在生活中不断演绎的非物质文化，让人们增进历史感、激发创造力。

刘魁立找到吴元新，邀请他和女儿在自己主编的《中国民俗文化丛书》中编写《蓝印花布》这一卷。

“手工艺人极少研究理论，刘老师希望我们通过资料的整理、理论的提升，实现更好的传承；他也知道，年轻人通过研究才能喜欢，只有喜欢才能传承，这是为年青一代铺路啊。”吴元新说。

在刘魁立的影响下，吴元新开始了立体式传承保护的进程：开设家族式染坊、开办蓝印花布博物馆、收集整理实物遗存、在高校开设课程。

“我成为国家级非物质文化遗产传承人，女儿毕业回到南通老家成了我的接班人。”吴元新说，刘魁立对非遗的理念和观念已在交流中平等、平静地传递给两代人。

“刘老师首提非物质文化遗产的共享性原则与整体性保护原则，为非遗的继承和保护提供了杰出的理论支持。”施爱东说。

4 个月前，刘魁立 80 岁生日那天，收到一封来自俄罗斯科学院高尔基世界文学研究所的贺信。信上说：我们为您及您在民俗学和中华民族传统文化领域的研究、在组织贵国的民俗学运动和非物质文化遗产保护委员会工作的成就感到骄傲。

节庆，那密叶中的疏花

“如果生活是一棵常青树，那么，淡雅而辛劳的平日就是繁密的树叶，逢年过节便是树上美丽的花。”

“元旦是不是新年？”刘魁立露出了孩子般狡黠的笑容，“100 多年前我们就管 1 月 1 日叫元旦，但你看，那天商人照样出摊卖货，他们没把元旦当回事；可是，大年初一你再出门看看，大家都收摊回家了。”

他记得幼年时，农历七月七，庭院中放碗水，水面上放根针，女孩子会对着水面祈祷找个好丈夫。他最爱中秋节，农历八月十五，皎洁的月光下，喝上一杯桂花酒。

一生从事民间文化研究的刘魁立，一直在寻找继承和弘扬中国传统文化的突破口。他给出的答案是：传统节日。

大雁南飞、燕子归来、布谷鸟叫、杨柳发芽、桃李开花，我们祖先对时间制度的总结诞生了二十四节气。春节、端午、清明、中秋，人们借由节日展示自己的服饰、美食、工艺、才艺和情感，民间的生活形态都在传统节日里体现。

“传统节日集中体现了中国人的时间系统和文化观念，它是文化认同、民族认同、国家认同的重要标志。”刘魁立说，所有的民族传统节日都是以协调人和自然的关系为核心而建立的，假如既有传统、又有深厚文化积淀的传统节日没有在法定假日体系中得以体现，是个巨大的缺憾。

“推动民族传统节日和国家法定假日的融合，有助于恢复民族文化的传统、提高民族自信心、激发民间创造力。”他说。

从 2005 年开始，他担任会长的中国民俗学会，连续三年以“传统节日与法定假日”为议题召开国际学术研讨会，邀请多国民俗学家讨论各国传统节日与现代国家公共假日的关系，用意明确：推动传统节日和法定假日的融合，将民族传统节日纳入法定假日体系。

在确定国家时间制度的时候，假如没有把我们的民族传统节日纳入其中会怎样？

刘魁立分析说，一方面，民众历史传统的文化情怀得不到正常的充分的抒发；另一方面，可以在多方面发挥重大社会效益和文化效益的资源被白白地浪费了，甚至在一定程度上影响到文化传承、情感认同、民族认同。

2006年12月至2007年2月，受国家发展改革委及文化部委托，刘魁立率领中国民俗学会完成了“民族传统节日与国家法定假日”课题，他亲自执笔主体论证报告，对我国传统节日的起源、流变和文化内涵进行阐解，对节假日体系改革问题提出建议。

努力有了结果。2007年12月7日，《国务院关于修改〈全国年节及纪念日放假办法〉的决定》公布：除春节长假之外，清明、端午、中秋增设为国家法定假日，各放假一天。

“这是群体的力量与历史的必然，我们只是在必然中起了偶然的作用。”刘魁立平静地说，又添上一句，“消息传来时，内心感受真是分外强烈。”

下一步，老骥伏枥的他还想呼吁把长假放在传统节日里，让假日的平常变成节日的不平常。“如果生活是一棵常青树，那么，淡雅而辛劳的平日就是繁密的树叶，逢年过节便是树上美丽的花。”在《密叶疏花说春节》里，刘魁立这样写道。文章的开头引用了一首北京民谣：新年来到，糖瓜祭灶；姑娘要花，小子要炮；老头子要戴新呢帽，老婆子要吃大花糕。

开心诵读的他，仿佛又回到童年。

（原载《经济日报》2015年2月1日）

刘锡诚：求真、求新、求深

万建中

刘锡诚先生已是老耄了，学术也步入了花甲之年，可刘先生的精力十分旺盛，学术似乎仍处于年轻阶段。大凡著述等身者，已然成为年轻人研究和评述的对象，而刘先生则热衷于对年轻人的学术品头论足，一直跻身于年轻人的学术行列。在中国民俗学和民间文学界，有许多德高望重的老前辈，他们中有些尽管笔耕不辍，但就学术而言，基本上已退居二线了，刘先生是少有的几个不倚老卖老的学术弄潮儿。任何一个学科，都需要几个说话有分量的长者，即所谓的学术台柱，唯其如此，学术发展方可平稳。每每举行重要的学术仪式，刘先生就坐前台，便起到了威震四座的作用。具有此等学术影响，主要得益于刘先生的学术能量和品质。

刘先生实际上是我非常敬仰的一位学者，他心无旁骛，一心一意投在学术方面，的确是我们学习的楷模。

我从下面四个方面，谈谈刘先生学术的贡献和成就。第一，刘先生的学术经历，贯穿了整个中国当代民间文艺学的发展史，其学术取向也贯穿了整个现代中国民间文艺学史。诸如《新中国民间文学理论研究和学科建设：1949—1966》《中国民间文艺学史上的民俗学派》这类视野开阔、以时间维度见长的研究是刘先生一贯的学术偏向。刘锡诚的学术道路可以说是中国当代民间文艺发展的一个缩影。研究刘先生学术演进的动向，我们可以大致梳理整个中国当代民间文艺学的动态和走向。拜读了刘先生的文章、学术著作，一个深刻印象就是，刘先生的学术是契合时代的、直面当下社会的，具有鲜明的时代特征。

与其说刘先生的研究把握了学术动向，不如说是紧跟了时代，刘先生总是能够在社会乃至政治环境中施展学术腾挪。将学术置于意识形态的前沿，将学术话语与政治话语融为一体，大概是刘先生治学的突出特点。尽管刘先生是十分专一的民间文艺学家，潜心于书斋，但总是“面朝大海”，学术心胸极为辽阔。就当下而言，非物质文化遗产应该是民间文艺界和整个文化界的一个热点领域。当全社会都执迷于非物质文化遗产产业化和政治化到了难以自拔的时候，刘先生则冷静地从学理的层面思考非物质文化遗产保护遭遇的一系列问题，发表了《非物质文化遗产的文化性质问题》《非物质文化遗产传承人的保护方式》《加强非物质文化遗产保护事业的理论建设》等一系列论文。这方面的研究成果极大地提升了非遗保护的学术层次，在一定程度上避免了民间文学学科被政治和经济所绑架的厄运。因此，研究中国当代民间文艺学史是绝对绕不开刘先生的研究的。刘先生的学术道路与整个中国当代民间文艺的发展轨辙是何其吻合。他紧跟政治和时代步伐的学术气势恰恰是年轻学者所缺乏的，积极入世应该是民间文艺学研究应有的态度。

第二，就是刘先生研究的广度和深度。首先，他触及的领域非常广阔。按照钟敬文先生的说法，民间文艺学包括五个方面的领域，一是民间文学理论（包括民间文学概论、民间文艺学等），二是民间文学史（包括神话史、歌谣史、谚语史、民间小戏史等分支学科），三是民间文学研究史（包括民间文学各种体裁的研究史的分支学科），四是民间文学作品选读，五是民间文学方法论及资料学。这五个方面的领域，刘先生都触及了，只是用力不平衡而已。尤其是民间文学理论和民间文学研究史两个方面，刘先生著述颇丰，并且起到了引领和主导的作用。特别是近百万字的《20 世纪中国民间文学学术史》为扛鼎之作，极大地提升了中国民间文学的史学品位。其次，他把自己的学术放在整个时代的大背景中，展开整体关照学术的书写方式，视野开阔又比较前沿。实际上，民间文艺学容易走上肤浅。因为民间文学是老百姓的文学，也是浅显的文学。我们听完一个故事，就知道什么意思，不需要做任何解释。民间文艺之所以能够给我们带来快乐，就是因为它不需要我们用思考来理解，我们完全是在享受故事，沉浸于说和唱的审美情境当中。还有，研究民间文艺需要采风，采风就是把自己所见到的、听到的东西，客观地记录下来，那么这种客观记录作为一种学术诉求，就会影响我们的学术思辨，导向我们学术研究也是一种再现，或者是重现。这两个方面大大影响了我们民间文艺理论的深度和书写深度。民间文艺学是把熟悉变成陌生，要做到这一点是极其困难的，而刘先生在这个方面为我们做出了榜样。

我们特别强调民间文艺学，或者民间文学的独特性，认为和作家文学有很大的区别，通过与作家文学的区别来凸显民间文学的价值和地位。但是在学术研究方面，刘先生恰恰把这两者打通，而且并不过分强调民间文学的独特性。刘先生基于文学创作和文学评论的功底深厚，始终坚持从文学的视角对待作家和民间。一般民间文学研究都是努力把两种文学分离，强调民间文学的独特性，而刘先生恰恰是在文学的层面透视两种文学形态的共性，努力消弭两者的边界，视野更加开阔。将精英文学和民间文学一并审视，形成了上下贯通的大文学观，这使得刘先生的民间文学研究具有一种恢宏的气度。

第三，就是他做出了突出的学术贡献，具有鲜明的学术个性。他划分了整个 20 世纪中国民间文艺学发展的阶段，清理出 20 世纪民间文学的学术思潮和学术学派。在民间文化的象征、中国原始艺术这些领域都做出了独特的贡献，以《象征——对一种民间文化模式的考察》和《中国原始艺术》两部专著为代表，很多论文的观点非常新颖而且深刻。记得有一年在东岳庙开一个研讨会，当时正是宣传“三个代表”的时候，其中有一项是“代表先进文化”。我们看问题通常都是一分为二，民间文学如果不被看成先进文化就会被归为落后的文化，既然是落后文化就要被清除，还要保护它干什么？但他却认为我们看问题不能不是好的就是坏的，不能绝对地看问题，应该客观全面地对待这样一种文化。这给了大家很大的启发。

刘先生秉承深厚的文学理论和文学批评的学术功底，坚持从文学的视角把握民间文艺。他一直认为民间文学首先是文学，它最大的特点就是它的审美特性，人们之所以要去演述民间文艺，参与民间文艺的活动，主要是因为它能给我们带来美感，带来审美感受。民间文学的本质是文学，然而当下的研究将偏离文学视为一种时髦；刘先生却一贯坚守民间文学的审美立场，深化了民间文学的本体理论。所以，当很多民间文学的学者转向民俗学的时候，他还在坚持民间文学这一阵地，甚至仍走着传统的民间文艺学的老路。

在刘先生的学术里，少有时髦的方式和所谓前沿的方法。有些学者的深刻是靠新鲜的词汇、概念或话语体现出来的，而非以论证的严谨和分析的透彻见长。刘先生用本分的语言和逻辑做出了深刻的学问，这是学术成熟的表现。尤其是考据式的研究路子。他治学强调资料的扎实和全面，这一点非常突出，细小的资料也都反复求证。刘先生曾经给我打过一个电话，说我有一篇文章不知发表在哪个刊物，他查了没有查到。这其实是一篇短文章，他也一定要知道确切的出处。这种考据式的做学问的方式，值得我们提倡。按照刘先生自己的话说，他在学术上求深、求真、求新，这的确是刘先生做学问的最大的特点。求真就是要有理有据；求新，我认为就是研究的选题、领域要紧跟时代；求深，思想意识应该是深邃的。这三个“求”显示了刘先生的学术个性和学术追求。

第四，就是老骥伏枥，勤勉的学术耕耘。从他长达 70 页的个人著述目录来看，在中国民间文艺学界，刘先生的著述应该是最丰硕的，刘先生称得上是最高产的一位学者。我统计了一下，仅仅 2013 年，他就写了 35 篇文章，平均 10 天就有一篇文章。我觉得，刘先生的确比我们年轻人还年轻。有人说做学问要两个条件，一个是勤奋，一个是精力。这两者刘先生都很富有。而且，刘先生极少耗费时间在各种会议上，也没有所谓的学术和社会兼职，一心一意经营自己的一亩三分地。就执着于学术这一点而言，年轻人很多都做不到。刘先生的学术地位已然崇高，拥有吃不完的老本，完全可以高枕无忧，然而他依旧刻苦，实乃纯粹的学者。

刘先生心态非常平和，精神状态也非常好。他常常自谦是边缘人，但是他对学术的坚守，对民间文艺无私的投入，对学术前沿问题的思考，所有这些都表明，刘先生实际上一直处在学术的中心，甚至已成为我们民间文艺学界的一面旗帜。

（原载《民间文化论坛》
2015 年第 3 期）

郝苏民：情系民俗　拓荒深耕

马东平

郝苏民（1935年至今），男，回族，出生于宁夏银川市，浩思茫戈、豪斯蒙哥、A. 速莱蛮都是他曾使用过的笔名。在解放初期郝苏民就读于西北民族学院，毕业后留校担任助教，此后，郝苏民先生个人命运在历史洪流中跌宕起伏，虽然道路曲折，砥砺颇多，但在西北这片民族文化生态极其丰富的沃土上，凭着对学术的笃定和坚持，他在蒙古学（语族）民间文化、八思巴文字研究以及社会人类学、民俗学多学科交叉研究方面取得了斐然成果，成为一名在国内外有影响的民族语言学家、民间文艺学家和教育学家。

一　拓展蒙古学（语族）民间文化研究

20世纪50年代初，郝苏民先生以新中国首批少年先锋队队员（少先队）、新民主主义青团（新青团）员身份进入共和国第一所民族院校——今天的西北民族大学，并成为少数民族语言专业专攻蒙语的学生。郝苏民先生通过对蒙古语言主动刻苦地学习，蒙语水平飞快提高。当时他对蒙古语言几近如痴如醉，每天很早起来，很迟睡觉，从早到晚都是在练说蒙语，每天嘴里不念一点蒙语，就好像嘴巴不舒服。而且对蒙古语言的痴迷也表现为对蒙古文化的兴趣和热爱，那时偶尔在收音机中听到了蒙古族长调歌曲就会被其旋律和特有的节奏感动到热泪盈眶的境地。在学习蒙古语言尤其是蒙古民间语言的过程中，他也接近了蒙古族民间文化，通过民间文学其实走进了一个民俗的天地，也就是进入了民间文化领域。他对蒙古民间文学的研究开端于大学学习阶段，他在学生时期就翻译了很多蒙古族民间作品，他当时曾在《人民日报》连载蒙古国谚语，这也是西北民族大学学习少数民族语言专业的学生发表的最高级别的报纸。还在北京办的《民间文艺季刊》第2期上用蒙古语的笔名——娜布琪，发表了译作《蒙古谚语》。

1956年他汉译了我国第一本苏联布里亚特蒙古的民间故事集（《金蛋》），并在1957年在甘肃出版社出版。长期对蒙古民间文化关注和研究，厚积薄发，布里亚特蒙古民间文学作品在我国的唯一译本——《布里亚特蒙古民间故事集》和《卫拉特蒙古民间故事选》于20世纪80年代相继出版，引起国内外学术界的重视和好评。

对蒙古语族民间语言和民间文化的研究伴随了郝苏民先生持续的学术实践。早在1980年他在《西北民族大学学报（哲学社会科学版）》第1期发表了《蒙古族谚语散论》，探讨了蒙古族谚语的思想内容、所应有的艺术手法等谚语本体内容，同时也通过蒙、汉族谚语的比较观察，看到谚语所反映的民族性。

由于郝苏民先生从小生活在多民族杂居的西北地区，也由于他在学习、研究甚至人生遭遇艰辛之际，都感受到了不同民族的民族性，也体味到了不同民族之间的交往和文化交流才形成了中华多元一体的格局，所以，他的许多研究使用比较研究方法进行跨民族研究，这种比较研究方法是以他扎实的学术研究积淀和丰富的人生阅历为基础的。1994 年由青海人民出版社出版了《文化透视：蒙古口承语言民俗》，在这部著作中，郝苏民先生从民间文化的视角，放眼民族学、民俗学领域，对自己长期研究并热爱的蒙古族口承语言民俗进行了历史纵向和横向的透视与剖析，更是从蒙汉文化、蒙藏文化、阿尔泰语系诸民族语言文化的比较中揭示相邻民族文化之间的影响、交流、互补的历史和认同轨迹。

为了将蒙古文化与同一语系民族文化进行对比研究，他对东乡族、保安族、土族、哈萨克族等文化进行了认真的考察，多少年来他的足迹踏遍与之同一语系——阿尔泰诸语族各族兄弟的黄泥小屋、毡包、帐房、荒漠戈壁和原始森林以及古城堡、岩画山峰、烽健、敖包……在蒙古语族口承语言方面，郝苏民先生积累了大量的研究成果。1981 年出版的《东乡族民间故事集》和 1987 年出版的《东乡族保安族裕固族民间故事选》都是蒙古语族口承语言方面有代表性的研究成果。这些分别属于蒙古族、东乡族、保安族、裕固族等同一语族民族的民间口承语言民俗资料，不仅是这些民族文化的瑰宝，也是中华民族文化的一部分。郝先生在不断搜集、记录、整理、翻译这些珍贵资料的漫长过程中，通过不停地琢磨，反复地思索，终于抹去了这些珠巩上的尘封，使其显露出思想的火花。

从 1955 年当助教至 1977 年“十年动乱”之间的那段历史，虽然曲折艰苦，但恰恰这种艰难却磨炼了他强烈的生存意识，使他后来人生态度上、学术生涯上都有一种取之不尽的心灵滋养。当学术之门再一次向他打开后，他非常自信地认为自己的研究应该从民众语言（其实即所谓“口头传统”）过渡到少数民族文化里去。他的经历使他对人类学、民族学知识产生了渴望与思考，体会到民族学也好、人类学也罢，这门学问的发展与形成，总体来讲是一个群体、一个不同文化状态的族群与族群之间，在大千世界中，因为有着不同立足点、不同生态环境和社会发展阶段等，相互碰撞、相互接触、相互影响。但研究者由于学养差异，总是从不同的角度入手。而他主要是从语言开始的，他感受到的文化的差异是从学习一个外民族语言开始的，而语言的学习让他进一步认识了不同的文化、不同的族群以及不同族群之间的关系。

二 钟情八思巴文字研究

历史洪流中个人道路的跌宕起伏是不可避免的。1960 年、1961 年、1962 年三年最困难的时候，郝苏民先生作为右派分子被遣送到甘肃甘南藏族牧区草原，1962 年 5 月才回到西北民族学院，这三年中，他的主要任务是“看守牧场里的农场”，但也就是在这三年里，他直接面对面地广泛接触了藏族百姓。因为他有学语言的经验，所以快速突击了当地的口语，他用各种符号，蒙文、汉语拼音字母、俄文字母，用他所有能用的手段记录当地方言口语，很快可以互相对话。在交流的基础上，在他人生最疾苦之际，他又一次感悟生命和人性！

正如郝苏民先生的回忆：“草原的天气，早晚很冷，中午突然爆热，没树荫可遮掩，人被晒得没处躲；但一会儿却又是大雨如注，瞬间，或许就是冰雹狂骤。这种异常天气里，我就躲进牧民帐篷里，这时，大家都在同一天空下，都面对渺茫宇宙显得渺小而无助；老少之间无所顾忌漫天胡扯，心情反而都很舒畅。如果哪位老阿姨的牛犊子饿死了，不管多瘦，包括牛皮都煮着吃，老阿姨也总给我分一点。别人从田鼠窝里挖出来的蕨麻，我也吃过。蕨麻要是一根一根地挖，一个人一整天也挖不出多少来，田鼠冬眠储存的蕨麻，一窝也有半斤，那时顾不上担心鼠疫。生活苦得离奇但心灵安静而纯洁。在非常破败的草原上，听不到任何信息，看不到报纸，也没有收音机，觉得天下一下子安宁了，可信了；仿佛在地球上、宇宙里能听见的就是苍蝇和蚊子的“嗡嗡”声……

三年自然灾害期间学习藏语的经历，使郝苏民先生在夏河拉卜楞寺接触到了八思巴文，这个世界上的许多偶然也就成就了必然的结果。他在甘南拉卜楞寺闲逛的时候，发现在拉卜楞寺庙门两侧柱子上，刻有一些竖写的藏文（后问了才知道，藏文本是横写），这个字母与他原来掌握的竖写蒙文也不同；而藏文字母改为直写，却为元代皇帝创造新“国书”有关，提到蒙藏文化之间有关这件事，却引起他的兴趣，使他无意发现了所谓“八思巴文字”。蒙古语的八思巴文，实际上就是用藏文字母变体直书蒙古语而成的，语音体系是蒙语的，而且是13世纪前后蒙古历史语言（文献语）的语音系统。他当时就是好奇，觉得念出来是蒙古语，却用藏文书写，而他学了藏文，还懂蒙语，觉得这个别人研究不了，只有他能研究。他又开始对这种“天书”着迷，看着琢磨，慢慢地当他发出音，翻译成蒙文对照时，他似乎进入了历史语言的天地，专注词语的当代意义及历史上的语言色彩和当今词义的差异。在那么安静的环境中，他的思绪可以拉入到遥远的历史往昔，仿佛进入了历史隧道，与古人对话。郝苏民先生对“八思巴文”的研究真是“无心插柳柳成荫”！

在之后蒙古民间文化研究中，郝苏民先生一直致力于蒙古八思巴文的释译和考辨。改革开放之后，作为一名语言学家，他在蒙古八思巴文方面的研究成果也逐步面世。早在1978年，郝苏民先生对一枚在甘肃发现的来自西藏的元代八思巴字圆牌的铭文语义学等方面重新辩释，更正了前任的舛误，还原了这枚八思巴文牌子的本来含义，这篇提交至中国蒙古语文学会的论文，获得了优秀论文奖，同年也获得了甘肃师大科研成果奖，《对西藏元代八思巴字蒙古语圆牌的译释兼论及其意义》也初步奠定了郝苏民先生在八思巴文领域中的地位。八思巴文字研究方面还有《新发现的兰州庄严寺元代法旨》，刊于1983年3期的《敦煌学辑刊》，《西北民族大学学报（哲学社会科学版）》1985年第1期和刘文性合作发表《扬州出土元代圆牌之八思巴文和波斯文再释读》。

在八思巴文研究领域，郝苏民先生不断地结出硕果。国际蒙古学大师鲍培（N. Poppe）教授的名著《八思巴字蒙古语碑铭》的汉文译注补正本于1986年在国内出版，在这本著作中郝苏民先生还原了八思巴字原形，增补了我国当时蒙古古文字研究领域中不应有的遗漏。该著作的出版在当时的相关学界引起了一定的反响。著名历史学家蔡美彪教授认为此举是“有功士林”；我国蒙古语文专家、内蒙古大学副校长、教授包祥评论说：“这绝非仅仅是一般意义上的翻译。”就是在取得这样的成就后，郝苏民先生为此书还是抱有深深的遗憾！虽然22年后该书2008年修订版在一定程度上弥补了他的某种遗憾，但这种经历和遗憾使他对学术和技术的关系有了深刻认识。他认为到一定的程度，没有技术的保证，学术的发展是会受限制的。《八思巴字蒙古语碑铭》第一版的八思巴文用的是铅刻，因技术限制字符错讹不少，令人难以卒读，但他还是坚持出书了。那时，除了碑刻、牌符上的原件外，其他八思巴字，在印刷品上反映不出来，都是用拉丁字母做转写符号或者叫音标，作为世界级语言学大师人物的鲍培也一筹莫展，他也只能设计了一套拉丁字母的转写符号做八思巴字的“替身”（Transliteration），那也是无可奈何的事情。技术所限。所以我们看到鲍培的八思巴文著作，满篇全是拉丁字母！也许是出于作为一个中国人的自尊心，郝苏民先生当时硬要把它还原为中华文化的传统形态（八思巴字原形）。他认为蒙古学在中国，八思巴文是中国藏族宗教学者为中国大元皇帝创造的“国书”，也是中华民族的历史文化财富。那时，他极为钦佩的内蒙古大学副校长包祥等先生，他们想到一个铅块一个铅块地刻制了中国八思巴字的铅字印刷，虽然印出来字与字之间空隙难以衔接，但那么辛苦的结果总比鲍培的拉丁“替身”要好得多吧，也就只能那样印了。在那时郝苏民先生刚刚政治上翻身，又遭遇同甘共苦的夫人发生了严重医疗事故，命在旦夕。他无法做到一个字一个字地校对，明知错误很多，加上从国外数次翻拍，图版也印得漆黑一团，仍忍痛端出了！但心里总是惶惶不可终日，这也是一个学者最遗憾和难过的事。

《八思巴字蒙古语碑铭》初版书中有很多错误，它涉及七八种文字，其中德文、法文他都不识，只能照猫画虎。当时的中国工人师傅把德文、英文分不开，排得一塌糊涂。这样一个文本如何才能正确地理解、翻译出来？数字化的出现，电脑的运用，从技术上有了保证，就能解决这个问题了。郝苏民先生本着负责任地做学问的态度，着力于改正自己的谬误而再版，也了却了一直缠绕身心的遗憾！

三　倡导蒙古学“卫拉特—西蒙古研究”

郝苏民先生通过蒙古语言进入了蒙古民间文化，而对于庞杂的蒙古学郝苏民先生率先提出了“卫拉特—西蒙古研究”主张，即在蒙古学的学科体系中专门开辟“卫拉特—西蒙古”研究分支，此提议对于中国蒙古学研究进入国际相关学术圈，争取国际学术话语权具有重大意义。

郝苏民先生对“卫拉特—西蒙古研究”的提出是基于他对蒙古语言、文化以及历史现状的高度掌握和研究。他认识到历史上蒙古民族纵横欧亚大陆，而现今蒙古族后裔遍布全世界。蒙古学是世界性的学问，关于蒙古学的很多权威和权威著作产生在国外，而并非中国，例如：有很高成就的经典的符拉基米尔佐夫的《蒙古社会制度史》。蒙古民族从中华大地崛起，中世纪横扫了欧亚大陆，而且现在从东北一直到他的家乡——贺兰山以西，都还遍布蒙古族，但蒙古学为什么是俄国人、日本人，甚至德国人而不是中国人领先？中国人为什么不是蒙古学研究的坛主？这也是郝苏民先生思考的问题。他认为需要恢复中国蒙古学应有的位置和话语权，应该怎么做呢？他没有资料和其他条件对这方面进行全面系统的总结，但在整体蒙古学崛起的时候，西北的人，西北的学者关于蒙古学要做什么？他的眼光放到“卫拉特—西蒙古”研究上，卫拉特是个历史词语，现在没有卫拉特的说法。从地缘关系来看，东蒙古指的是东三省，西蒙古指中国的西边，而卫拉特是跨省区的，历史上有卫拉特这个说法，卫拉特—西蒙古既包括历史，也包括现在，所以他提出卫拉特—西蒙古的研究，认为卫拉特—西蒙古研究是整体蒙古学的有机组成部分，西北乃至中国学者以西蒙古研究为个案入手来看整体蒙古族文化。

郝苏民先生积极倡导“卫拉特—西蒙古”研究也是基于自己长期对于该领域研究积累的大量成果之上的。1988 年，在论文《卫拉特学：蒙古学中一门综合性分支学科的设想——以 Folklore 为实例》中，郝苏民先生就提出了建立卫拉特学的设想和建议。之后，在《西北民族研究》1986 年第 1 期上发表的《卫拉特蒙古及其民间文学的研究——关于开拓蒙古民间文艺学一个分支的设想》、刊在《西北民族学院学报》1988年第1期中的《卫拉特蒙古人民贡献于世界文化的瑰宝》、收录于《新疆民间文学》第七集中的《宝气瑶光遍大千——对卫拉特蒙古民间文学的思考和刍议》以及刊在《西北民族研究》1990年第1期的《西蒙古的民间文艺学：构建与开拓》、刊《西域研究》1991年第2期的《西蒙古研究：西域研究中内容最丰富的部分之一》等文章，再一次证明与国际前沿接轨的任何学科的学术倡导都是建立在丰厚的研究基础和冷静睿智的思考之上的。

四　方法论探讨中的回族伊斯兰研究

郝苏民先生出生在今宁夏回族自治区首府银川市的一个回族家庭中，幼时所受的经学和稍长以后的书学教育，分别把伊斯兰文化和中华文化的烙印深深地打在他的心灵中，造就了一个热爱生活、追求理想、求索不已的中国回族少年英才。当他进入西北民族学院的殿堂时，也许是回回民族的先民色目人与蒙古汗之间的特殊遗情诱惑，使他冥冥之中选择并开始攻读蒙古族语言文学专业。尽管他在蒙古语言、文化，八思巴文等领域取得了令人瞩目的成就，或许是他自己民族属性的召唤，也是因为在西北这块土地上，回族以自己的历史轨迹和文化特色彰显着自己的民族属性，无论从主观还是客观来说，回族伊斯兰教研究必然成为了郝苏民先生研究中的重要组成部分。

郝苏民作为西北回族，又深谙蒙古族文化，在甘南藏区经历了心灵体验，他对什么是族群、民族，中国这块土地上的各群体之间到底是什么关系，思考自己在甘南、内蒙古各地的生活经历，思考自己回族农民与城镇小市民、小生意的生活情景，结合至今仍被某些所谓历史学家热捧的清朝政治家左宗棠，在其平回事变的“善后”奏折里，出谋皇上实施把起事回回人专门分散迁移至干旱荒蛮不毛之地，以使其代代仅为生存就足以耗尽全部精力、生命，彻断其反抗之一线可能的精力手段！每每想到此时，仍然为历史悲剧里老爷们狰狞的面孔与少数族群的悲惨，而感到一种百年之后的不寒而栗！这皆因每每岁月阴霾之时，总能在所谓“民族问题”上出现历史惊人的相似而痛心莫名。把这类历史上的民族伤痕，现实生活里挥之不去的历史尘埃联系在一起，使他对人类学/民族学知识产生了强烈的渴望，也使他为方法论角度探讨回族伊斯兰研究打下了基础。

郝苏民先生在《西北民族研究》2001年第4期中发表了题为《二十一世纪：世变方激——中国回族研究急需社会学/人类学的大视野》一文，此文中对新时期如何从方法论层面研究回族这个族群提出了独特新颖和务实的观点。即对现阶段回族的研究，应该在反思的基础上，根据回族发展、分布时空、族群与文化、文献积累诸特点，加强回族社会和文化的社会学及人类学的关注和研究，以便准确认识回族的文化面貌，审时度势，与时俱进。从实践上来谈，对于回回民族大分散而又无族群统一的主体经济形态和区域文化特征突出的事实；也出于他历史上的时遇和不幸，民族文化的文字文献积累凤毛麟角。为此，必须从抢救的意识出发做“补课”性的工作（民族志、民俗志资料）。郝苏民先生对回族研究的理念和方法论则通过自己的学生尤其是回族学生得到了实践。在百名硕、博士研究生中，回族学生在先生的指导下，从未轻忘自己文化身份和族群身份的责任和使命，为回族全面、立体的研究不断地在添砖加瓦。

五 投入非物质文化遗产研究

进入21世纪后，“非物质文化遗产”保护工作在国内日益受到政府、学界的重视。进入古稀之年的郝苏民先生由于在民间文化领域内的深厚造诣，也开始积极投入到探索“非遗”学术价值的研究中以及抢救和传承我国（尤其是西部）的“非遗”资源的实践中来了，这也是郝苏民先生专业研究的自然延伸和应用。

在非遗研究方面郝苏民先生也产出了大量学术成果，发表于《民族文学研究》2005年第4期的《文化场域与仪式里的“花儿”——从人类学视野谈非物质文化遗产保护》和发表于《甘肃社会科学》2004年第5期的《无形文化遗产保护与语言问题的讨论——从甘青“小民族”语言说起》等文章，不仅对非物质文化遗产从理论上进行了探讨，而且就具体的个案也进行了深入研究，这些成果无疑推进了中国非物质文化遗产保护工程的不断开展。

郝苏民先生没有把非物质文化遗产的保护工作仅仅停留在研究之上，在教学和实践上他也进行着不断的创新。郝苏民先生认为，在全球化和现代化的进程中，民族民间文化遭遇了衰落与濒危的情景。面对这种窘境，在民间文化资源的普查、挖掘、研究、保护、整合，以及文化传承、创新等方面，中国高校和现行教育体制应该发挥教育功能，促成全球化中多元文化互动，加强本土文化基因认知的自觉，注重民族文化的启蒙教育，而在教育体制中，最务实和最为捷径的就是在大学的“非遗”传承教育实践和探索学科创新、课程与教材改革。在这样的教育革新理念指引下，他在非物质文化保护实践中率先开设了“口头理论与口头诗学”“非物质文化遗产的保护与研究”等新课程；同时，积极参与具体的文化保护工程。2011年他率领团队承担了文化部的委托项目，对全国人口较少民族（10万人以下民族）的非物质文化遗产现状做了调查研究；其实从另一方面看问题，郝苏民先生从“扶贫”、或从节日、仪式、或从其也方面入手的调查研究，始终都是在这些民族的整体文化的大领域里寻寻觅觅，去思考、去认识学科的大千世界，去理解中华民族的历史文化的脉络。

六 首创社会人类学·民俗学系多学科交叉研究

学科是一种范式，是主要为方便教和研而为之的知识分类。近代以来，各类知识和信息大爆炸，为了便于教与研，就产生了将人类所积累的庞杂知识进行分类的必要性，学科概念由此产生，具有共同知识和工作范式是学科划分的基础。中国迈入现代化以来，相继建立了一些现代大学，随着教学与研究的深入，学科分类和学科建设在研究尤其是大学发展实践中不断地整合、分类，合并并细化。

20世纪50年代初，郝苏民先生进入共和国第一所民族院校——今天的西北民族大学，从此至今，郝苏民先生的青春、学业、事业以及那些已释怀和难以释怀的往事都在西北民族大学的人生舞台中上演，他经历了许多！就学科建设来说，也是他学术成熟后经常思考的问题。

由于民族院校产生的特殊历史和背景，作为西北“民族”的学院，它缺乏传统和文化的积淀，也就是缺乏“学”，大学必须有自己独立的学术精神，要建立学科才能形成。就以民族学、民俗学等学科来说，从50年代一直到粉碎“四人帮”前夕，最少在西北民族大学这个地方，没有正式建立过民族学、民俗学、社会学、人类学这类完整的学科，没有这样的教学建构！所以，创办民族学、民俗学和人类学这类学科是郝苏民先生心中最大夙愿。

任何事情都不是一蹴而就的，郝苏民先生深刻地认识到，所谓民族院校的教学与民族地区的实际工作所贯穿的指导理论、政策、策略、方法等，实际上应该是两回事情：所谓社会生活里的“民族问题”“民族政策”等这是一回事，都应有党与政府以及相应的法律等管理、对待之。但另外，在泱泱大国的中国高等学校设置“民族学”“人类学”“社会学”或“民俗学”这些门类知识的教学，则应是一种整体人类知识的薪火传递和不断丰富发展的事项。

20 世纪末，郝苏民参与创办西北民族大学“西北民族研究所”，学术传承的平台——《西北民族研究丛刊》也应运而生，同时，郝苏民先生被教育部批准为硕士生导师，这是当时全国唯一的民俗学（含民间文学）硕士研究生点。2001 年，郝苏民先生又独立创办了“社会人类学·民俗学”研究所，之后其发展迅速，研究所扩大为系（院），“社会人类学·民俗学”学院的成立也引领了中国许多高校兴办民俗学系的热潮。

民间文学不设在中文系或汉语系，而是设在民族研究所里，就可以摆脱中文系传统上的那些课程设置上的所谓主次、体制的限制，同时突出西北少数民族的特色，因此课程里有民族学、宗教学、社会学等的理论与方法。而“田野调查”课，则是必修的学位课。“社会人类学·民俗学”学院中招收的硕士除了西北五省的生源外，辽宁、山东、山西、河南、内蒙古等几个民俗大省的大量学生涌到西北民族大学，学生就业面宽，学院也比较兴旺地发展起来了。从 1991 年至今，“社会人类学·民俗学”专业培养了蒙、藏、回、汉、东乡、裕固、土等 13 个民族的近百名硕士生。中国民俗学界泰斗钟敬文教授曾评价说：“你们培养了西北十三个民族自己的民俗学者，这本身功德无量。培养少数民族自己的专家，应该作为民俗学界今后的一个系统工程来做，少数民族学者研究自己民族的文化会事半功倍。”

在西北民族大学成立社会人类学·民俗学学院，标志着社会人类学·民俗学学科拥有了自己应有的独特地位和作用。而且值得注意的是，把社会学、人类学/民族学、民俗学组合为一体，集中学科交叉优势，建立教学、科研与社会服务一体的教育实体，在我国高等院校中也是一项带有教育改革和探索性的首创之举，这些教育实践也体现了郝先生在学科上的创新意识和开拓精神。

建立完善的学科体系是为了培养更多的人才，郝苏民先生一直把自己作为一名教育工作者看待，他认为自己首先是一名教师，其次才是学者、研究者。

如今，郝苏民先生桃李满天下，经他一手培养起来的各民族的第一代民俗学研究生已有百余人，2006 年，社会人类学·民俗学学院又成功申报了人类学硕士研究生点和民俗学博士研究生点，一批批的博士不断圆满完成学业。

在漫长曲折的奋斗历程中，年已古稀的郝苏民先生留下了一串串深深的跋涉者、开拓者足迹。面对众多的荣誉和头衔，他没有沾沾自喜，更未居功自傲，而是依然耕耘在教书育人、学术研究的天地里，用自己的行动无声地诠释着“蜡炬成灰泪始干”的真谛！

（原载《甘肃社会科学》
2015 年第 3 期）

李万鹏：对山东大学民俗学的贡献

叶 涛

2015 年 2 月 11 日，我的老师李万鹏教授 80 寿诞，我的学生们将在济南为万鹏老师祝寿，我因移居京城，俗务缠身，无法到场祝贺，只能遥祝万鹏老师生日快乐，身体康健！

李万鹏教授，山东黄县人（今龙口市），1959 年毕业于山东大学中文系，后留校任教，期间曾在学校教务部门从事教学管理工作。“文革”结束后，在关德栋教授的推荐下，万鹏老师于 1978 年初来到北京师范大学，参加了钟敬文教授主持的教师进修班，参与钟老主编的《民间文学概论》的编纂工作，承担其中“民间小戏”一章的撰写，并参与《民间文学作品选》的编选工作。在过去 30 多年的岁月中，这部《民间文学概论》引领着一代又一代莘莘学子，走上民俗学、民间文学的治学之路。万鹏老师能够参与其事，既是时代的选择，也是他个人的幸事。

在北京进修期间及其此后的三年时间里，万鹏老师还与侯宝林先生、薛宝琨先生、汪景寿先生合作，撰写出三部有深远影响的著作：《相声溯源》《曲艺概论》和《相声艺术论集》。

我是 1980 年考入山东大学中文系的，在读期间，万鹏老师给我们年级开设过民间文学选修课，遗憾的是，我当时并没有选修这门课，那时我的兴趣还在别的地方。

1984 年 7 月，我毕业留校，此后参与山东大学社会学系的筹建工作。在大学四年级参加社会学课程的学习中，我开始喜欢民俗学。现在想来，一切似乎都是命中安排的，当我获准留校时，社会学系筹备组的负责人徐经泽先生（后为社会学系的第一任主任）就明确表示：“你可以做民俗学研究，这或许会成为山大社会学的特色。”这也就决定了我此后几十年的人生航程。

已经记不清最初是怎么与万鹏老师相识相熟的了。1985 年初，师兄简涛研究生毕业留校，也来到正在筹备中的社会学系，我想，应该是简涛兄带着我走进万鹏老师家的。

真正与万鹏老师共事是在 1985 年《民俗研究》杂志创办及其此后的岁月里。1985 年春天，万鹏老师与关德栋先生、刘敦愿先生一起参加了由时任副校长陈之安组织召开的民俗杂志创办论证会；1985 年暑假我就创办《民俗研究》一事去北京拜访钟敬文等老一代学者，也是经由万鹏老师介绍，先去找北师大的张紫晨先生，再由张先生领着我去的钟老和启功先生的家中。

最初两期《民俗研究》杂志（1985 年试刊号、1986 年第 1 期）没有设置主编，只有简涛和我作为责任编辑出现在杂志上，1986 年第 2 期则只有我一人作为责任编辑。1987 年只印刷了一期杂志（总第 4 期），在这期杂志上，出现了编委会的名单，由徐经泽先生任主编，万鹏老师任副主编。《民俗研究》自 1988 年开始作为季刊出版，1988 年前三期已经获得山东省的期刊证（省报刊特许证），自 1988 年第 4 期开始，获得了国家统一刊号。从 1989 年第1期开始，万鹏老师出任《民俗研究》杂志主编，在此后整整十年中，我一直作为万鹏老师的副手（副主编、副主编兼编辑部主任）共同见证了杂志走过的最初的历程。

1987年底山东省民俗学会成立，万鹏老师出任会长，此后直到2004年卸任，万鹏老师担任了17年山东省民俗学会会长。我最初作为副秘书长、稍后作为副会长兼秘书长，一直陪伴着万鹏老师，与山东省民俗学界的各位同人一起，为山东民俗学的发展奠定了良好的基础。

在我个人的治学道路中，曾经得到过学界许多前辈的关爱。没有徐经泽先生的支持和鼓励，就没有我个人的学术事业，也没有今天山东大学的民俗学学科；没有刘魁立先生、山曼先生、刘锡诚先生等诸多前辈的鞭策和鼓励，也就没有我今天所能够取得的学术成绩；当然，若没有钟老的扶持，没有他老人家的破格厚爱，就没有我今天的事业和生活。在这些前辈当中，三十年来，万鹏老师自始至终全方位地关心着我，支持着我，没有任何私心，没有任何怨言。

1987年我参与撰写《山东民俗》一书时，安排我撰写其中的婚俗部分，是万鹏老师逐字逐句修改我写的文稿，使其能够达到出版水平；1992年，在我第一部个人专著《中国京剧习俗》的写作过程中，从书稿的整体结构，到内容的取舍增删，我与万鹏老师商量最多，他给我的建议也最中肯。

1985年10月，《民俗研究》面世了，恰值中国民俗学会在北京召开首届学术研讨会。我和简涛都希望万鹏老师能够去参会，当时他所说的不去参会的理由至今还时常回荡在我耳边："我不去参会没有关系，人家还会知道我李万鹏。你们不去开会就不行了，你们年轻，你不去亮相，人家就不知道你。"（大意）我后来也曾对我的学生这么说过，那完全是跟着万鹏老师学的。

在我所做的事情中，最让万鹏老师高兴的事，大概就是在山东大学把民俗学和民间文学的学科点建立了起来。

与其他高校一样，民间文学、民俗学在传统的中文系里面并不受重视，山大也不例外。1982年，关德栋先生招收了一届民间文学方向的硕士生，共有简涛、曲金良、张登文三位，在毕业答辩的时候，山大并没有获得民间文学的硕士学位授予权，关先生非常气愤，此后就没有招收学生（直到他去世前两年，他才又招收了一位博士生，但还没有带完就去世了）。万鹏老师在中文系一直开设民间文学的选修课，但民间文学教研室后来被撤销了，将他归在了写作教研室，在他退休之后，中文系就没有人再开民间文学的课程了。

我毕业留校并没有留在中文系，而是参与了山大社会学系的创建工作，此后，又将1987年成立的民俗学研究所从社会学系独立出来，成为直属学校的研究机构，这应该也是山大民俗学、民间文学学科能够得以发展的外在条件吧。1997年，我们抓住了国务院学位委员会调整民俗学学科归属的机遇，与其他7所高校一起，山东大学成为民俗学获得独立学科地位后的我国第一批硕士学位授权单位；2002年，又是借助山大中文学科获得一级学科博士授予权的机遇，我们自主增设的"中国民间文学"二级学科得到了国务院学位委员会的批准，中国民间文学博士点终于在山大诞生了，这应该是实现了关先生和万鹏老师他们两代人的心愿。

万鹏老师对于学科的发展和所取得的点滴成绩都给予鼓励。在很长的一段时间里，山大的民俗学硕士点和民间文学博士点只有我一位在岗的导师，而我的工作头绪又太多：教学、科研、学生培养都得做，杂志必须按时出版，学会还要照常活动，而个人的进修学习也不可不为。万鹏老师把这一切看在眼里，记在心上，在我最需要帮助的时候，总会得到他最及时的帮助。特别是在我到北京进修和读博期间（2000—2004 年），万鹏老师更是极其自然地承担起了我所有学生的学业指导工作，指导学生如何读书、论文选题如何确定、论文资料怎样搜集等，这些事情学生们都会去找万鹏老师商量，而万鹏老师也都是随时放下自己手头的事情，不仅为学生们解疑释惑，还会为学生们提供资料线索，甚至是将自己搜集到的资料悉数交予学生使用。每当请万鹏老师参加学生答辩，看着他略显疲惫而又满心高兴的神情时，我都会从心底里对万鹏老师说一声：谢谢您，我的老师！

2008 年，我调离了在此学习、生活 28 年的山东大学。虽然没有离开民俗学的学术圈子，可是，回山大的机会越来越少，与万鹏老师相聚的时间也越来越少。但是，万鹏老师依旧像过去一样关心着我的学术与生活，我总能够从学生转达过来的言谈里，从时间有限的电话通话中，从为数甚少的几次见面叙谈中，继续得到老师的鼓励。

20 世纪 90 年代初，万鹏老师曾经因病魔缠身而做过大手术，但他孱弱的体质最终抵挡住了病魔的侵袭。去年，万鹏老师又经历了身体上的磨难，但他依旧撑了过来。就在前几天，我利用春节前回济南看望父母的机会，去看望了万鹏老师，虽然还能够看到病魔在他身上所留下的后遗症，但是，他的精神状态、他的工作热情，让我感到安慰，也让我感动。当时他告诉我，他这一段时间又揽了个活儿，正承担着济南市非遗项目的文本审查工作，第二天还要去参加评审会。工作着是幸福的，这就是万鹏老师现在的精神状态。

万鹏老师喜迎 80 寿诞，我作为一名老学生，遥祝万鹏老师身体健康，长命百岁！

（原载《民俗研究》
2016 年第 1 期）

仁钦道尔吉：蒙古史诗研究和中国各民族史诗研究的奠基者

朝戈金　斯钦巴图　呼日勒沙

仁钦道尔吉是中国著名的蒙古族史诗学研究专家，在中国史诗研究的资料体系建设和理论建设方面做出了重要贡献。他是蒙古史诗研究和中国各民族史诗研究的奠基者之一；现为中国社会科学院荣誉学部委员，国际蒙古学协会书记处书记；历任中国社会科学院文学研究所民间文学室主任，少数民族文学研究所副所长、学术委员会主任，中国社会科学院研究生院少数民族文学系主任等职务；还曾兼任中国作家协会民族文学委员会副主任委员，中国蒙古文学学会副理事长，中国《江格尔》研究会副会长等社会职务。

一　学术背景及学术训练

在仁钦道尔吉 80 华诞和从事学术研究 55 周年之际，中国《江格尔》研究会组织召开了"《江格尔》学术交流暨仁钦道尔吉史诗研究讨论会"，目的是通过研讨仁钦道尔吉有关中国史诗研究和《江格尔》研究的理论、方法、成就及学术思想，回顾和总结蒙古史诗研究、《江格尔》研究的历史，在以仁钦道尔吉为代表的老一辈学者奠定的基础上，使中国蒙古史诗研究和《江格尔》研究进一步深入发展，为中国史诗研究理论建设做出新的贡献。

仁钦道尔吉的学术成就，与他的学术背景和训练有着直接关系。他 20 世纪 50 年代留学蒙古国，在国立乔巴山大学蒙古语文历史系学习，在此期间师从策·达木丁苏伦、沙·罗布桑旺丹、巴·索德纳木等国际著名蒙古学和民间文学大家研习相关课程，并研修了西里尔文字和俄文。也是在这一时期，他深入研习了俄苏民间文艺学理论、蒙古口头文学研究及其他诸多经典成果。在他后来的蒙古史诗研究中，可以看到俄苏日尔蒙斯基、弗拉基米尔佐夫等理论大家的影响，以及蒙古国著名学者策·达木丁苏伦和宾·仁钦等的影响。显而易见，这种训练，让他在理论素养上、知识背景上、方法论和研究模式上，在当时中国学界居于史诗学术的前沿地位。除了吸纳理论和方法论上的学术素养外，在田野作业方面，他也得到启示和培训。众所周知，当时苏联和蒙古国掀起了大范围的民间文学调查，且成果颇丰。苏联学者对资料采集的重视，是有极其深厚传统的，这个传统是欧洲学术界人文学术传统中重要的一个方面。如拉德洛夫（德国裔，后终老俄罗斯）作为突厥学的开创者，对田野调查和资料采集的范例式的工作，对苏联时期的田野调查工作产生了很大的影响。旧俄时代，俄国皇家地理学会资助和推动了不少类似调查，如芬兰学者兰司铁的蒙古语言和文学调查工作影响深远。对著名江格尔演述大师鄂利扬·奥夫拉的《江格尔》采录，是另一宗迄今仍令人称道的遗产。仁钦道尔吉无疑受到这方面的熏陶和训练，所以，查看他的学术经历，就不会感到奇怪，为何他甫一回国，就立即投身田野调查采集工作中去。另外，从他的多种著作都用相当篇幅介绍采录史和研究史，也不难看出他对采录工作的重视。

总之，他的学术背景和学术训练，为他后来从事史诗学学术研究，奠定了理论框架、技术路线、思辨走向、治学精神的深厚基础。

二 学术创见与治学特点

在迄今五十余年的探索和研究实践中，仁钦道尔吉先后出版《蒙古民间文学论文选》（蒙古文，北京：民族出版社，1986年）、《英雄史诗〈江格尔〉》（杭州：浙江教育出版社，1990 年）、《〈江格尔〉论》（呼和浩特：内蒙古大学出版社，1994 年）、《蒙古英雄史诗源流》（呼和浩特：内蒙古大学出版社，2001 年）、《蒙古英雄史诗论》（台北：台湾唐山出版社，2007 年）、《萨满诗歌与艺人传》（蒙古文，北京：民族出版社，2010 年）、《蒙古口头文学论集》（北京：社会科学文献出版社，2011 年）、《文学研究论文选》（蒙古文，北京：民族出版社，2013 年）、《蒙古英雄史诗发展史》（北京：中国社会科学出版社，2013 年）等十余部蒙汉文学术著作，在国内外发表《评〈江格尔〉里的洪古尔形象》（《文学评论》1978 年第 2 期）、《论巴尔虎英雄史诗的产生、发展和演变》（《文学遗产》1981 年第 1 期）、《〈江格尔〉与蒙古族英雄史诗传统》（《文学遗产》1988 年第 5 期）、《蒙古英雄史诗情节结构的发展》（《民族文学研究》1989 年第 5 期）、《关于中国阿尔泰语系民族英雄史诗、英雄故事的一些共性》（《民族文学研究》1989 年第 6 期）、《关于〈江格尔〉的形成与发展》（《民族文学研究》1996 年第 3 期）、《蒙古—突厥英雄史诗情节结构类型的形成与发展》（《民族文学研究》2000 年第 1 期）等百余篇论文。

蒙古史诗研究，乃至整个中国史诗研究，在很长一段时间里，经常能看到经验主义的和带有实证色彩的研究。简单地说，就是描述性的信息和资料梳理性的表述大量出现在各类学术著述中，这并不能令人满意。我们还看到，有另外一类史诗研究，立意从大量现象中总结规律。例如丹麦学者奥日力克关于“史诗叙事法则”的总结，就是这种研究——找出史诗的对抗律、平行律、结尾律等。美国学者洛德的史诗研究，则是从大量叙事材料中，总结出构造史诗的结构性单元。此外，某些图解政治理念的、庸俗社会学的研究，曾经大行其道，当然今天已经遭到摒弃。

如果说学术研究有如搭建大厦，那么，在它的底层，我们能看到许多基础性的东西。例如资料学建设，田野调查报告，关于歌手的描述，关于特定地区民间演述传统的描述，乃至对史诗内容中涉及特定知识点的讨论等，可以统称田野民族志，大体可以归入这类基础性研究范畴中。在基础性研究之上，就是学理性探索，也就是找寻规律的研究。这类研究，往往不是从阐释内容入手，而是偏重于形式和结构的研究。上面提到的史诗法则的总结，口头程式理论的范式等，都是偏重理论建构的。

仁钦道尔吉的研究是穿越几个层面的研究。他直接从事了基础性工作，资料学建设，田野考察，文本的誊录和梳理，学术史的观照，也进入了对规律的总结。具体而言，其学术创见，可以从以下几方面阐述：

（一）搜集与记录蒙古口头文学资料

留学归国后，仁钦道尔吉立即开始了蒙古史诗的田野调查与搜集整理工作。20 世纪 60 年代初，他多次深入呼伦贝尔巴尔虎蒙古地区，以当时苏联的口头文学搜集整理的科学理论为指导，搜集记录巴尔虎英雄史诗，成为国内较早实践科学记录口头文学资料的学者。当时他共记录了巴尔虎英雄史诗23部（含异文），其中1部散佚，余22部：

1.《阿拉坦嘎鲁诺彦》，陈巴尔虎旗乌尔耿毕力格演述，韵文体开始，以散文体结尾；

2.《阿贵乌兰汗》，陈巴尔虎旗达木丁苏伦演述，韵文体，结尾不完整；

3.《阿贵乌兰汗的儿子阿拉坦嘎鲁诺彦》，陈巴尔虎旗库库拉演述，韵文体，不完整；

4.《阿拉坦嘎鲁汗》，陈巴尔虎旗巴尔吉雅宝演述，韵文夹散文体；

5.《阿贵乌兰汗》，新巴尔虎右旗女艺人罕达演述，韵文体；

6.《十三岁的阿布拉图博格达汗》，陈巴尔虎旗女艺人彭浦伦演述，韵文体；

7.《乌孙扎力布汗》，新巴尔虎右旗图布台演述，韵文体；

8.《十三岁的阿布拉图德都博格达汗》，新巴尔虎右旗宝吉格演述，韵文体；

9.《宝音图汗的臣民巴彦宝力德》，陈巴尔虎旗宝尼演述，韵文体；

10.《宝音斯尔古冷》，新巴尔虎右旗图布台演述，韵文体；

11.《巴彦宝力德老汉》，新巴尔虎右旗浩日劳演述，韵文体；

12.《巴彦宝力德老汉》，陈巴尔虎旗达木丁苏伦演述，韵文体；

13.《锡林嘎拉珠巴托尔》，陈巴尔虎旗女艺人彭浦伦演述，散文夹韵文体；

14.《陶干希尔门汗》，新巴尔虎右旗女艺人罕达演述，韵文体；

15.《巴彦宝力德老人的三个儿子》，陈巴尔虎旗扎格达演述，韵文体；

16.《巴彦宝力德老人之子锡林嘎拉珠巴托尔》，陈巴尔虎旗道尔吉照德巴演述，韵文体；

17.《巴彦宝力德老人》，陈巴尔虎旗布恩哈演述，韵文体，不完整；

18.《十户人》，新巴尔虎右旗岑德玛演述，韵文体；

19.《珠莫尔根汗的儿子朱凯米吉德》，陈巴尔虎旗拉玛台演述，韵文夹散文体；

20.《阿拉坦森布莫尔根夫》，新巴尔虎右旗丹丁加甫演述，韵文夹散文体；

21.《三岁的古纳罕乌兰巴托尔》，新巴尔虎右旗米德格演述，韵文体；

22.《阿贵乌兰汗的儿子阿拉坦嘎鲁汗》，陈巴尔虎旗宝尼演述，韵文夹散文体等。

从这里可以清楚地看出，仁钦道尔吉的蒙古史诗田野记录工作，具有如下几个特质：第一，没有对所记录的文本进行改编，完全忠实于原始文本。这主要表现在韵文演述的，按韵文体记录，散文演述的，按散文体记录，韵文夹散文演唱的，就以韵文夹散文体形式记录，没有试图把散文体改编成韵文体，从而“拔高”或“升华”民间叙事。在当时，“提升”民间文学品质的做法，并不少见，坚持忠实记录原则的，反而是少数。第二，对田野记录文本未加以增减。这集中表现在不完整演述的，内容明显残缺的文本，也都按原样记录，没有试图通过其他方式补全。对于那些演述篇幅较短的，记录者也没有避讳，或用其他演述材料补充其内容。在半个世纪之前的田野调查实践中，某些文人学者为了让材料完整和好看，大肆进行过这种后来被称作“格式化”的加工工作。第三，充分认识口头文学异文的独特价值，认真记录同一部史诗的不同演述文本，没有试图把它们整编到一起，通过互为补充，改编出所谓的“理想文本”。

正因为这些资料真实可靠，在这些第一手田野资料基础上，仁钦道尔吉于20世纪80年代撰写了系列有关中国蒙古族英雄史诗的学术论文，引起国际蒙古学界的重视，各国学者纷纷引用他的资料和观点。

目前，这些资料已刊发于仁钦道尔吉主编的《蒙古英雄史诗大系》第一卷（北京：民族出版社，2007 年），其原始手稿珍藏于中国社会科学院民族文学研究所“中国少数民族文学资料库”中。

五十多年来，仁钦道尔吉深入内蒙古、新疆、甘肃、黑龙江、辽宁等地蒙古族聚居区，抢救记录大量的蒙古族英雄史诗、民间故事、本子故事、民歌等民间口头文类资料，在国内外出版《英雄希林嘎拉珠》（蒙古文，哈尔滨：黑龙江人民出版社，1978 年）、《蒙古族民间故事》（蒙古文，沈阳：辽宁人民出版社，1979 年）、《蒙古民歌一千首》（与道尼日扎木苏、丁守璞合编，蒙古文，呼和浩特：内蒙古人民出版社，1979 年至 1984 年）、《那仁汗传》（与道尼日扎木苏合作搜集整理，蒙古文，北京：民族出版社，1981 年）、《吉如嘎岱莫尔根》（与旦布尔加甫合作搜集整理，蒙古文，内蒙古文化出版社，1987 年）、蒙古族说书故事《西凉》（与瓦·海西希合作，德文和蒙古文，威斯巴登：德国哈拉索维茨出版社，1996 年）、《蒙古英雄史诗大系》（蒙古文，北京：民族出版社，2007 年至 2009 年）、《金马传》（西里尔蒙古文，乌兰巴托，2013 年）、《蒙古语说书故事选·巴林卷》（蒙古文，沈阳：辽宁民族出版社，2014 年）等，为中国史诗学和蒙古族口头文学研究的资料建设做出了重大贡献。

在其资料学成果中，他主编的四卷本《蒙古英雄史诗大系》堪称翘楚。这是第一次集中整理出版国内外蒙古英雄史诗的比较全面的科学整理本，汇集了近 200 年来国内外蒙古英雄史诗搜集整理的几乎所有的重要文本，每卷有蒙、汉、英文说明和目录，配有丰富的图片，这些图片包括世界各国蒙古英雄史诗的著名学者、史诗研讨会、史诗记录文稿、整理者和演唱艺人等。该著作的文本处理体现了史诗文本科学资料本的搜集整理原则和精神，因此在蒙古英雄史诗的学术研究和整理出版的学术史上具有重要的里程碑意义。其电子书完成后，也深得好评，就方便检索、方便查找、方便利用而言，是更上层楼。

（二）史诗理论体系的构建

仁钦道尔吉提出了若干对我国蒙古史诗研究至关重要的理论观点，形成了自己对蒙古史诗的整体性见解，这些对于提升和推动中国蒙古史诗研究作用巨大，同时对国际蒙古史诗研究也做出了显著贡献。

首先，是他对于蒙古史诗母题与类型的总结与论述。我们这里主要以他的论著《蒙古英雄史诗发展史》作为主要依据来概括。他根据地理历史条件，以及各个部落的迁徙史和史诗分布状况，将国际蒙古英雄史诗归纳为三大体系和七大流传中心。过去，国外学者依据其有局限的了解，认为蒙古史诗有俄罗斯的卡尔梅克史诗、布里亚特史诗、蒙古国的西蒙古史诗、喀尔喀史诗四大中心。仁钦道尔吉教授通过自己几十年来的调查研究，掌握了第一手资料，阐述了在中国还有蒙古史诗流传的三大中心，即内蒙古呼伦贝尔盟的巴尔虎史诗、哲里木盟的扎鲁特—科尔沁史诗和新疆、青海等地的卫拉特蒙古史诗三大中心。于是，在已经认定的四大中心之外，又加上中国三大中心，成为七大流布中心。他进而根据七大中心史诗的异同和联系，认为七大中心的史诗同出一源，它们在主题、故事情节、类型、形象、程式等方面表现出的共性，表明它们形成于蒙古各部落生活于贝加尔湖一带时期，随后随着蒙古各部的迁徙和历史变迁，发展成为卫拉特体系的史诗（包括俄罗斯联邦的卡尔梅克史诗，蒙古国西部的卫拉特史诗，中国新疆、青海的卫拉特史诗）、布里亚特体系的史诗（俄罗斯联邦的布里亚特史诗，蒙古国的布里亚特史诗以及中国呼伦贝尔的布里亚特史诗）和巴尔虎—喀尔喀体系的史诗（包括喀尔喀史诗、巴尔虎史诗和扎鲁特—科尔沁史诗）。仁钦道尔吉对蒙古史诗七大分布中心的三百余部史诗和长篇史诗《江格尔》进行比较分析，发现存在各类史诗共同的核心，即构成史诗情节框架的特殊母题系列有两种：一是征战母题系列；二是婚姻母题系列。在蒙古史诗研究史上，这是一个重要发现。在仁钦道尔吉教的理论体系中，它们不仅是一种史诗类型学概念，同时也是与蒙古史诗的产生、发展和变异相联系的具有广泛意义的概念。

在上述研究的基础上，仁钦道尔吉进而根据蒙古史诗中史诗母题系列的数量和排列方式，创造性地利用语言学句法理论及其概念，把整个蒙古英雄史诗归类为单篇型史诗、串联复合型史诗、并列复合型史诗。单篇型史诗由单一母题系列构成，如抢婚型、考验婚型、勇士与多头恶魔斗争型、勇士与独眼巨人或地下恶魔斗争型。串连复合型史诗，由两个或两个以上母题系列所构成，如婚事加征战型英雄史诗、两次征战型英雄史诗、家庭斗争型英雄史诗以及阿尔泰乌梁海英雄史诗与埃和里特—布拉嘎特英雄史诗、女佣替嫁型英雄史诗、战马英雄史诗等。并列复合型史诗，具体指《江格尔》等，由上百个长篇诗章组成，每个诗章像完整的单篇型史诗或串联复合型史诗，各部之间在情节上基本互不勾连，也没有统一的情节发展线索，各自都同等地并列为长篇史诗总体结构中的一个组成部分。他结合海西希的母题系列（14个蒙古史诗母题），发展出蒙古史诗故事范型（或类型）：纵向和横向两个维度——历史发展演变，进而与其他史诗传统进行横向比较。这种分类创造性地吸收、利用和发展了国际蒙古史诗研究成果，成为适用于各国各类蒙古史诗情节结构的分类体系。

这一研究，解决的不只是蒙古史诗的情节结构问题，它辐射出下面几个问题：

第一，蒙古史诗的世界（epic world）被压缩、抽象和平面化了。进入史诗叙事的并不是全部的生活世界或重大事件，而是少量经过遴选的主题。这种遴选机制，体现了蒙古人的英雄主义观念和审美趣味，并且直接体现在形式和结构上。

第二，蒙古史诗在性质上和叙事策略上，刻意躲开和回避“人物和历史事件”。

第三，维科《新科学》提供了诗学研究的基础理论，如诗性地理、诗性政治等，在仁钦道尔吉的史诗研究中都有相应阐释与回应。

第四，他将史诗的理解，与其他民间叙事文类相结合。这样就能够高屋建瓴，无论大话题还是小问题的阐释，都能举重若轻，鞭辟入里。

第五，他的研究在形成蒙古史诗研究风格和范式方面，成为一个主要流派的代表。从20世纪80年代开始，蒙古史诗研究，就是沿着仁钦道尔吉做主将的史诗“类型学”方向，和巴·布林贝赫做主将的“本土诗学”两个主轴发展，形成蒙古史诗研究的独特话语体系和研究范式。

其次，他论述了史诗母题与社会发展的关系。在《江格尔论》《蒙古英雄史诗源流》《蒙古英雄史诗发展史》等论著中，仁钦道尔吉根据史诗母题系列的内容与人类社会历史发展阶段、历史语境的相关关系，认为不同类型的史诗产生于不同的社会历史发展阶段，蒙古英雄史诗的三大类型标志着整个蒙古英雄史诗产生和发展的三大阶段。最初的史诗产生于野蛮时期中级阶段，反映了人与自然界的斗争和到外族的抢婚风俗；到了野蛮时期高级阶段，在原始史诗的框架上出现了财产争夺型史诗，并且史诗得到了更进一步的发展和繁荣；在封建割据时期，在原有的单篇型史诗和串连复合型基础上产生了《江格尔》

这样的并列复合型史诗。

最后，关于活态史诗的研究也是仁钦道尔吉的重要学术贡献之一。他认为蒙古英雄史诗与希腊、印度等史诗不同，它是活态史诗，处于不断的发展变化形态中。在蒙古中小型史诗和长篇史诗《江格尔》中存在着不同时代、不同社会、不同地域和不同艺人演唱的史诗，它们具有多元多层次内容、结构和人物形象。对这种史诗的研究方法与作家作品的静态分析不同，也与以往对史诗的评价有区别，必须在动态中分析文本的发展与变异。这种做法更符合民间口头创作的发展与流变规律。

总之，仁钦道尔吉对于蒙古史诗的创作、传播及发展规律的研究，具体而言包括史诗的社会文化语境和内涵研究、艺人研究、史诗结构类型研究、形象类型及其发展规律研究、蒙古史诗传统与其他史诗传统的比较研究等，做出了开拓性、奠基性的贡献。

三 学术成就和广泛影响

自 20 世纪 70 年代末，仁钦道尔吉就开始了中国蒙古族英雄史诗的研究工作，这些学术工作，在一定意义上说，也是在他引领下开始的中国蒙古史诗学术的重建工作。以他为首的若干同侪，陆续发表了一些学术论文，拨乱反正，恢复和发展蒙古史诗研究传统。其中，仁钦道尔吉的学术活动，体现出扎实的民间文艺学训练和长期积累形成的深湛思考，这就是，始终围绕活形态的史诗传统，利用扎实可靠的第一手田野资料，对蒙古史诗的多个层面，进行多向度的探赜。这些成果陆续发表后，引起像德国著名蒙古学家和史诗研究家W.海希西和俄罗斯著名学者谢·尤·涅克留多夫等的关注。在不间断地从事史诗研究超过半个世纪后，今天，摆在我们面前的，是他亲手打造的史诗学术的丰碑：十余部学术论著，百余篇论文，大量的资料辑录，等等。其中《江格尔论》（北京：方志出版社，2007 年），从《江格尔》史诗在国际国内搜集、出版、学术史、活态传统及其传承者—艺人和听众入手，重点论述了《江格尔》口头传统赖以产生发展的更为宏大的历史文化渊源，以及社会原型、形成时代、发展与变异、情节结构的发展、人物形象的发展和语言艺术等关涉《江格尔》研究的诸多重要问题，并就这些问题提出了新的见解与观点。总之，从他的学术研究，可以看到他对史诗学问题一以贯之的沉潜思考、系列性探索、连续性追问以及辐射性的学术影响。

其次，他在中国史诗学研究的组织与领导工作上发挥了重要作用。在中国，介绍西方史诗的文字，一百多年前的清末就有了。但对中国少数民族史诗的谈论，则晚得多。像样的资料收集工作和研究工作，是从 20 世纪中叶开始的。由于发掘的资料有限，可资借鉴的理论方法贫乏，再加上各种政治因素的干扰等原因，史诗研究长期裹足不前。这种状态的真正改变，始于 20 世纪 80 年代。学界开始关注少数民族史诗，广泛搜集少数民族史诗资料，同时引进西方有关民间文学、民俗学的理论和研究方法，这极大地推动与促进了史诗研究。在这期间，仁钦道尔吉主持编印《民族文学译丛·史诗专辑》两卷（内部刊印），并撰文介绍国外史诗研究理论。他还与王平凡、郎樱、降边嘉措等共同主持完成了国家“六五”规划项目“《格萨尔》的搜集整理出版”和“七五”规划项目“中国少数民族史诗研究”等课题。

尤其是国家“七五”规划项目的成果——“中国少数民族史诗研究丛书”，以及稍后的“中国史诗研究丛书”的出版，在中国史诗研究史上具有重要意义。仁钦道尔吉和郎樱在该丛书的“前言”中说：

> 中国史诗大量被记录出版，史诗研究事业开始呈现繁荣之时，为了提高我国史诗研究水准，建立中国史诗研究体系，我们中国社会科学院少数民族文学研究所史诗课题组承担了国家“七五”社科重点项目“中国少数民族史诗研究”课题，按计划撰写了一批中国少数民族史诗研究著作，由内蒙古大学出版社出版（1991—1994年）……史诗研究著作的成批问世，显示了中国史诗研究的重要成就，填补了中国文学史的空白。1998年出版的张炯等同志主编的《中华文学通史》收入了不少史诗章节，为高校本科生和研究生教学提供了中国史诗教材。
>
> 上述著作是在80年代末和90年代初撰写的，主要论述的是三大史诗和南方史诗。由于时间仓促，作者水平有限，存在着不够全面系统的现象。迄今时隔10年，这期间又发现了新材料，出版了许多新的史诗文本，研究方法和研究水平也在不断地更新。在这种局面下……我们在原来研究的基础上，一方面进一步修订和完善过去的著作，另一方面撰写了一批新的研究著作。新的史诗研究著作不仅包括三大史诗和南方史诗，还有其他蒙古英雄史诗和突厥英雄史诗研究专著，此外，还有对某一民族史诗，某一地区史诗以及史诗的某些重要问题进行专门探讨的著作。这套书较全面系统地论述了中国史诗的总体面貌、重点史诗文本、重要演唱艺人以及史诗的最主要方面问题，并力图对一些史诗理论问题提出来新的见解。可以说，《中国史诗研究》是在我国三大史诗和其他数百部中小型史诗的极其丰富资料基础上，系统深入地总结了许多重要的史诗理论问题，反映了我国史诗研究的新水平、新成就……《中国史诗研究》的问世，不仅开创了中国史诗研究的新局面，而且为中国史诗理论体系的创建奠定了基础，也为当前国际史诗理论研究提供了大量活态的史诗依据，对于世界史诗界也有一定的贡献。①

从上述文字我们可以清楚地看到，他们的研究奠定了基于中国各民族活形态史诗传统资料基础上的新时期中国特色史诗理论研究的基石。同时也呈现了仁钦道尔吉与郎樱等老一辈学者一起，长期组织领导中国少数民族史诗研究，使中国史诗研究取得重大成绩的总体过程。

学术的活力在于交流。仁钦道尔吉是中国实行改革开放后第一批走出国门进行国际学术交流，向国外推介中国蒙古英雄史诗传统的学者；同时也是向国内介绍和引进西方史诗研究理论和方法的重要学人。

1980年，当时的西德伯恩大学中亚语言文化研究中心主任、国际著名蒙古学家海希西，看到仁钦道尔吉所搜集的资料和撰写的论文，给予高度评价，并邀请他到西德波恩大学参加蒙古英雄史诗研究国际系列会议。此后，仁钦道尔吉应邀多次参加相关主题的会议。

1980年至2015年的35年间，仁钦道尔吉先后到德国、苏联、蒙古、俄罗斯、比利时、日本等国家以及我国台湾等地区进行学术访问、讲学和开展学术合作。其中1986年10月应蒙古国科学院的邀请，率中国学者代表团访问蒙古国，具有特别重要的意义。这次访问，恢复和发展了中蒙两国学术交流关系。1987年，又应蒙古

---

① 仁钦道尔吉、郎樱：《中国史诗研究》丛书的“前言”，载仁钦道尔吉：《江格尔论》，内蒙古大学出版社1999年版，第3—4页。

国科学院的邀请，以中国蒙古学家代表团团长身份参加了国际蒙古学协会成立暨第五届国际蒙古学家大会。会上，他当选为新成立的国际蒙古学协会书记处书记。后来，与蔡美彪、清格尔泰一起荣获国际蒙古学协会荣誉会员称号（该协会最高荣誉）。

在国际交流与合作过程中，他结识了欧美、苏联、蒙古和日本等二十多个国家和地区的蒙古学家和史诗学家，与他们建立了良好的学术交流与合作关系。对于中国蒙古史诗研究，甚至对中国史诗研究来说尤为重要的是，他借此熟悉了国际史诗学理论和方法、蒙古史诗研究的代表性学者和众多重要成果。

他根据国际学术交流中的史诗学主要理论收获，撰写完成了《蒙古史诗类型研究现状》的论文，发表在《蒙古学资料与情报》1985 年第 1 期上，进而加以修改，以《关于蒙古英雄史诗的类型研究》为题，发表在《民族文学研究》1985 年第 4 期上。这篇论文以理论评介的方式，较系统全面地介绍了蒙古史诗类型学研究的来龙去脉，把 N. N. 波佩、A. 科契克夫、G. I. 米哈伊洛夫、W. 海希西等学者的主要研究成果，尤其是 W. 海希西的《关于蒙古史诗中母题结构类型的一些看法》一文推介给国内学界，对国内蒙古英雄史诗研究产生了巨大的影响。

为了向国内介绍国际史诗学研究动态，引进国际流行的史诗研究理论和方法，推动国内各民族史诗研究，1983 年至 1984 年间，他以中国社会科学院少数民族文学所的名义，组织一批学者翻译了西方诸国和苏联、蒙古等国学者有关中国各民族史诗研究的前沿性成果，以内部资料形式编印了两本《民族文学译丛 · 史诗专辑》。其中选译了 W. 海希西、石泰安、N. 波佩、包顿、亚瑟 · 哈托、劳仁兹、策 · 达木丁苏伦、谢 · 尤 · 涅克留多夫等国际史诗学著名学者的重要论著，他们的研究对象均为蒙古—突厥英雄史诗传统、南方少数民族史诗、藏族史诗等。《民族文学译丛 · 史诗专辑》向刚刚从“文革”十年中走出的中国学者介绍各民族史诗传统在国外的研究概况、研究理论和方法、代表性成果及代表性观点，极大地推动和促进了中国各民族史诗研究事业的蓬勃发展。

总之，仁钦道尔吉在蒙古史诗资料学建设、史诗的理论研究、组织领导中国史诗研究、史诗学人才培养、史诗学国际交流等诸多方面成绩突出，为中国史诗学做出了奠基性贡献。

附注：本文由毛巧晖根据朝戈金、斯钦巴图、呼日勒沙三位学者的会议发言整理成文。

（原载《民族文学研究》
2015 年第 6 期）

邢莉：民俗学家的情感诉求与民俗志书写

陈　曲

“民俗志”一词，首见于钟敬文的《建立中国民俗学派》一书，其亦被称为“记录民俗学”[①]。“民俗志”这一概念是在钟敬文先生的一系列论著中被逐渐明确化、定型化的，它的范畴十分明确，就是指搜集、记录民俗资料的科学活动和对民俗资料的具体描述。“民俗志”这一术语似乎并没有一个相应的“洋词”与其对应，钟敬文先生当时所提出的现代民俗志与中国历史上的各种风俗志有一个共同的特点，就是强调记录。青年学者王杰文梳理民俗学史后颇有见地地提出：“在钟先生的理论框架中，民俗志的概念与民族志的概念之间有着一定的源渊关系，甚至，我们还可以推测，民俗志是一个从民族志引申出来的概念。”[②] 从 20 世纪七八十年代开始，西方人类学界对民族志范式进行了积极的反思。按照高丙中教授在《写文化——民族志的诗学与政治学》代译序中所说，“民族志发展经历了三个时代：自发、随意和业余的第一时代，以马林诺夫斯基《西太平洋的航海者》为标志的‘科学性’第二时代，到以《写文化》为标志的反思‘科学性’的第三时代。第三个时代是一个多元的时代，民族志在各个方面将变得更开放。”[③] 人类学界的反思民族志的理论思潮和成果直接促发了中国民俗学界相应地对民俗志范式进行一系列反思，民俗志具有何种意义？其理论根据在哪里？多位民俗学家就“作为研究方式的民俗志”这一议题进行了各抒己见的探讨，例如董晓萍教授提出了带有民族志学术意识的工作的“民族志式的田野调查”[④]，认为民族志式的调查必须处理好学者客体的观念叙事与民众主体的观念叙事之间的关系；高丙中教授谈到了有关“实验性的民俗志写作”[⑤] 的问题；刘铁梁教授积极倡导“标志性文化统领式的民俗志”[⑥]。在中国的民俗学研究领域，无论是教学还是科研方面，民俗志书写范式的理论探讨与实践研究始终是一个热点话题。

在中央民族大学的民俗学博士点，博士生导师邢莉教授在教学过程中将关于民俗志的学理思考贯彻给门下弟子，教学成

① 钟敬文：《建立中国民俗学派》，黑龙江教育出版社 1999 年版，第 45 页。

② 王杰文：《民俗志对于民俗学意味着什么》，《广西民族研究》2008 年第 1 期。

③ 高丙中：《写文化与民族志发展的三个时代》（代译序），［美］詹姆斯·克利福德、乔治·E. 马库斯：《写文化——民族志的诗学与政治学》，高丙中等译，商务印书馆 2006 年版。

④ 董晓萍：《民族志式田野作业中的学者观念》，《北京师范大学学报》（社会科学版）1998 年第 6 期。

⑤ 高丙中：《知识分子、民间与一座寺庙博物馆的诞生——对民俗学的学术实践的新探索》，《民间文化论坛》2004 年第 3 期。

⑥ 刘铁梁：《“标志性文化统领式”民俗志的理论与实践》，《北京师范大学学报》（社会科学版）2005 年第 6 期。

果鲜明地体现在其门下多名弟子的论文写作中，例如黄龙光的《民俗志范式的反思》① 《民俗志及其书写》②；程安霞的《关于民俗志书写的几点思考》③；张翠霞、谷成杰的《民俗志：文化书写的历史——基于“民俗志”概念及其书写范式的研究》④；王志清的《忌讳型“潜在民俗”的民俗志书写策略》⑤ 等，在该学术共同体范围内，从理论建构到田野实践等多方面对民俗志书写范式进行了讨论辨析。在个人的科研方面，邢莉教授30余年持之以恒地研究游牧文化，从20世纪90年代中期开始，就陆续出版了《游牧文化》《草原文化》《草原牧俗》等系列成果。2012年，其主持的国家社科基金项目“游牧文化的变迁”被作为优秀成果并被纳入国家哲学社会科学成果文库，该研究成果是其多年研究游牧文化的集大成之作，书名为《内蒙古区域游牧文化的变迁》（以下简称《变迁》），由中国社会科学出版社于2013年3月公开出版，作者为邢莉、邢旗两姊妹，全书共计70余万字，配有上百幅田野作业期间拍摄的图片和70余份各类图表。总体而言，该书在“记录民俗学”理念指导下整体性地展示了游牧文化的“前世今生”，上编部分是通过丰富翔实的文献史料辑录勾勒出了近300年来内蒙古区域游牧文化变迁的历史历程，下编部分是在扎实田野作业的基础上，以系列民俗志形式呈现了敖包祭祀、那达慕活动、庙会、成吉思汗祭祀等游牧文化中的标志性文化，结论部分则全面系统地深度分析了游牧文化变迁的动力机制。该专著公开出版后，先后有中国社会科学院学部委员郝时远、中国社会科学院学部委员朝戈金、长江学者纳日碧力戈，还有青年学者韩雪军等人在实证研究、理论建树、方法论探讨等方面予以高度评价，尤其在方法论层面，一致认定该著作是多学科交叉的典型之作，诚如纳日碧力戈所言：“（该书）民俗学、人类学、人口学、生态学、草叶学等学科交融互补，展现了万象共生、千灯互照的生活世界。”⑥

“一千个观众心中有一千个哈姆雷特”，任何一部书籍在付梓印刷后都会开始自己的命运之旅。《变迁》一书自然要面对“横看成岭侧成峰”般见仁见智的他者评说。从实际评述情况来看，学界名家予以好评的一个根本原因应该是作者的扎实研究与第一手田野调查资料的厚重。笔者从知人论文的视角出发，浅谈一孔之见，将这一探讨游牧文化变迁的综合研究成果理解为一部“一般民俗志”与“作为研究方式的民俗志”交融的整体性民俗志，拟从民俗志书写范式的思考维度对其人其文的知识生产过程进行深描与阐释。

综览《变迁》全文，民俗志的相关思考全方位渗透于邢莉教授的科研实践之中。其在开篇前言中即强调，“本书的作者遵循‘记录民俗学’的理念，始终把探究内蒙古区域的蒙古族族群的游牧文化近现代

① 黄龙光：《民俗志范式的反思》，《西北第二民族学院》（哲学社会科学版）2007年第2期。

② 黄龙光：《民俗志及其书写》，《广西民族研究》2012年第1期。

③ 程安霞：《关于民俗志书写的几点思考》，《中央民族大学学报》（哲学社会科学版）2011年第2期。

④ 张翠霞、谷成杰：《民俗志：文化书写的历史——基于“民俗志”概念及其书写范式的研究》，《青海民族研究》2011年第1期。

⑤ 王志清、陈曲：《忌讳型“潜在民俗”的民俗志书写策略》，《广西民族研究》2013年第3期。

⑥ 纳日碧力戈：《游牧文化的共生价值——评邢莉、邢旗著《内蒙古区域游牧文化的变迁》，《民俗研究》2014年第2期。

变迁作为实际生活中的动态过程予以关注，将文化变迁作为本文的行文线索。”① 由此可见，其秉持民俗学科创建人钟敬文先生的指导，注重实证材料的积累。学术史已经有力地证明，没有细致的、实证性的和个案的深入研究，任何学说的建构都只能流于空泛。《变迁》一书正如作者自己所言，“在实证面前，理论可能是苍白的，在实证面前，新的理论是会产生的。”该书除了引用大量历史文献外，还采用了相当数量的实际田野调查个案，民俗学家真真切切地走进了“田野现场”，例如在具体的调查那达慕、敖包祭祀、庙会等个案研究中借鉴采用了刘铁梁教授的“标志性文化统领式民俗志”的书写思路，并且作者还将当时当地被访谈者的记忆机制、情境因素、讲述喜好等通过田野笔记做细节性介绍，同时又列举外界其他民族学者与蒙古族学者撰写的关于该民俗事象的相关文本资料，描述外界与当地人不同视野中关于该项习俗的文字记录形态，对比呈现当地人自己的文化理解，“作为研究方式的民俗志”的书写逻辑蕴含其间。整体而言，该书的深度描述能够生动呈现具体时空情境下的牧区民俗生活，深度解释方面则揭示出了包括物品、行为、事件、语言等具体民俗事象背后的象征意义。“作为研究方式的民俗志”所要求的地方感、生活感、秩序感、关系感、整体感等特质都得以淋漓尽致地呈现。整体而言，全书应该是一部“一般民俗志”与“作为研究方式的民俗志“有机融合的整体性民俗志。

民俗学者撰写的民俗志与人类学家撰写的民族志相比，前者更具有明显的诗学（poetisc）特征，因为民俗是所在区域中最外显、最能体现当地文化持有者浓情厚意的人文符号体系。简而言之，民俗志就是民俗学者经过田野调查，给公众呈现一个民俗文化事实，那么，在民俗志书写过程及结果呈现中无疑具有了个性化特征。通观全书，从建构游牧文化不同时期肇始、转型、确认、衰微的历史框架，到当下大小传统互动引发的剧烈变迁；从马文化符号的衰微与转型，到遭遇城镇化阶段的艰难文化调适，读者能从字里行间深切感触到邢莉教授那席慕蓉式的草原情怀，能够唤起心忧草原或处于类似转型阶段的不同族群各类人士的高度共鸣。当然，任何一个有责任的民俗学家，都会对文化主体以及传承与消逝的民俗文化予以人文关怀，这也是民俗学作为一门应用性较强的人文学科所具备的学科伦理和学科价值所在。作为民俗研究基础和工具的民俗志必然要贴近民俗生活，以期解决民俗的转型和调适，以及文化主体的民生、人性问题。

笔者还想进一步进行民俗志作者的个人生活史探寻。个人生活史在人类学研究方法中具有重要地位，从个人生活史中可以观察到个体在社会中如何发展以及如何处理各种事物，发现并掌握文化实践者个体的经验与需求。就邢莉教授关于游牧文化的民俗志书写历程而言，引起溯源追问的是，一个出生、成长在北京而几乎不会说蒙古语的蒙古人为何对游牧文化情有独钟、爱得深沉？“君子问族”，从该书中其自述的家族谱系来看，其家学影响不容忽视。邢莉教授原籍为内蒙古赤峰喀喇沁旗，其祖父邢致祥是蒙汉兼通的学者，著有蒙文的《蒙古帝国史》《蒙古元朝史》《热河省蒙古喀喇沁右旗札萨克亲王贡桑诺布之简史》《喀喇沁志略》等，其父亲邢复礼先生（蒙古名字锡里居泰）曾经与内蒙古大学清格尔泰教授、陈乃雄教授等人一起攻研契丹文文字，并且取得了突破性进展。高中时期，其父邢复礼先生就要求其认真

① 邢莉、邢旗：《内蒙古区域游牧文化的变迁》，中国社会科学出版社2013年版，第6页。

阅读家存的《蒙古秘史》等蒙古学史著。1978 年其赴中央民族大学任教，蒙翁独健先生、贾敬颜先生等名家指点，还有多次倾心聆听费孝通先生的人类学讲座。综合家学、工作、名师等多种机缘，促使其将目光投向了“父亲的草原、母亲的河”，冬去春来秋又回，数十年间多次走向草原去实现民俗学者的“田野在场”，好似草原流行歌曲《我和草原有个约定》中所唱的，“我和草原有个约定，……就让这约定凝成永恒。”

邢莉教授钟情草原三十载，论文著作数十篇，其一直执着追问并试图解答的三个核心问题就是：第一，内蒙古区域原生态的游牧文化到底是什么样的？第二，内蒙古区域的游牧文化经历了怎样的转型？第三，转型以后又会呈现出什么样的形态？这部集多年田野作业实践与理论思考后结晶凝成的《变迁》一书以自问自答的形式解答了以上三个问题，亦用内蒙古区域游牧文化的变迁实践回应着费孝通先生的经典之问——“人富了之后怎么办”。正如纳日碧力戈教授所言，“游牧文明的价值观是生态价值观，时至今日，它并没有失去意义，游牧文明的价值观能够帮助我们回答‘人富了之后怎么办’的问题，能够回答什么是‘文艺兴国’，什么是美德和神韵。”[①] 游牧文化形变而神不变，游牧文明的核心在于从游牧生活中提炼世界观、价值观及其应用。放眼全国，以游牧文化为观念支撑的各地蒙古族始终处于发展变化之中，其族群的生命力恰恰在于开放、吸收和创新。远离草原而生息繁衍于云南省通海县的蒙古族就是典型案例，他们遗忘了蒙古母语，改换了当地衣着服饰，转变了生计方式——打鱼种田、建楼造阁，虽然“已经不能用母语来诉说”，邢莉教授所著《变迁》一书及其系列的游牧文化研究成果，可视为一位北京蒙古人的精神游牧之作，恰如席慕蓉所写的歌词，“虽然已经不能用不能用母语来诉说，请接纳我的悲伤我的欢乐。我也是高原的孩子啊，心里有一首歌。”《变迁》所流露的游牧文化神韵与孔子的“和而不同”思想契合，与庄子的“绝圣弃智”哲理相应，与费孝通先生的“多元一体”理念一脉相承。“文章千古事，得失寸心知”，真诚期望《变迁》这部民俗志能以滴水之力为中华民族的可持续性发展贡献砖瓦之功。

（原载《西部蒙古论坛》2015 年第 4 期）

---

① 纳日碧力戈：《游牧文化的共生价值——评邢莉、邢旗著〈内蒙古区域游牧文化的变迁〉》，《民俗研究》2014 年第 2 期。

吕微：走向神话现象学

胥志强

吕微先生是笔者博士学习期间的导师。先生的学术研究，早期以神话学为核心，近年来则侧重于对民间文学、民俗学基本问题的理论思考。由于笔者在神话学领域的积累相当有限，因此没有能力对先生的神话研究做一比较全面的综述及评论。本文只可看作是对先生神话学研究的一篇读书心得——选择笔者感兴趣的主题，尤其是神话的本质问题做一梳理。这自然是先生思考的核心，但同时要说明的是，先生的学术风格还在于对广泛甚至是生僻的神话学领域的深入研究，读过《神话何为——神圣叙事的传承与阐释》一书的读者对此会有深刻的印象。

从研究主题而言，笔者以为，巫术与伦理之间的关联与紧张，构成了吕微先生神话学运思的核心关切。在他迄今为止的神话学著述中，始终贯彻着对这一主题持续而深入的探索。这一过程既包括对不同方法的尝试与扬弃，也是主题的逐渐明朗化。这一历程，在吕微先生的三部著作（论文）中有比较集中的呈现，分别是《隐喻世界的来访者——中国民间财神信仰》（1994 年初版，2001 年修订重印）、《神话何为——神圣叙事的传承与阐释》（2001 年），以及《神话学——一门认识人的信仰—叙事实践的严格科学》（2012 年初稿）。本文将围绕这一主题，来对先生的思考历程做一简要追踪。

一　中国民间神话象征与社会伦理

《财神信仰》原本是某民俗普及读物丛书中的一本，但作者发现了这一题目中蕴含的学术价值，因此利用修订的机会将之改写成了一本资料搜罗宏富、分析细致深入的学术专著，即《隐喻世界的来访者——中国民间财神信仰》。本书不是作者神话学研究的起点，但集中凸显了他在神话研究中的关切点。这就是前面谈到的人类神话生活中巫术的与伦理的这两方面的关联与紧张。

财神信仰及其神话是一相当晚出的文化现象。宋元以来经济领域发生的重大变化，尤其是在此基础上发展起来的发达的商品经济，“需要作为意识形态的宗教从信仰的角度提供价值支持”[1]。因此，财神应运而生，而“财神的出现不只是表达了民间的、世俗的发财愿望，它同时也为非农业的追求财富的民间行为提供了精神和道德上的论证和保护”，就是说，伴随着财神被纳入民间信仰诸神的神系这一隐喻事件的，是各种非农生产、经营行为获得“伦理道德上的合理性前提和合法性基础”的过程。[2]

但财神并不是“简单的、仅有赏赐财富之魔法能力的巫术神灵”，而是被赋予了种种道德性格，比如关公代表的忠义、

① 吕微：《隐喻世界的来访者——中国民间财神信仰》，学苑出版社 2001 年版，第 5 页。

② 同上。

范蠡代表的智慧、比干和赵公明代表的公平与正义。这一过程，又意味着不同社会阶层或者社会本身“化利为义”，以道德约束自利行为，从而防止社会失范的潜在要求。这一结果，使得财神成了“具有前近代性质的伦理化的、道德化的神祇”①。

财神形象与财神功能的双面或转换，折射的是财神信仰的一种内在矛盾性。这一矛盾性，也就是“传统观念在财富问题上的两难困境，简单地说就是所谓的‘义利之辨’这一传统命题在新的历史条件下的展开”。② 财神的品格及其矛盾，实际上正是新的商品经济在意识形态领域的反映，以及不同社会阶层围绕这一新生事物的态度与斗争。因为随着世俗生活的膨胀，义利之辨在宋元以来变得日益尖锐，财神的出现，“通过赋予单纯以追求财富为目标的民间非农经济行为以合理化的道德前提，从而使宋元以来的世俗生活潮流获得合法性的伦理基础”③。

当然，意识形态领域的斗争，不仅仅在哲学或艺术层面，对于作者所讨论的财神，这一神话—民间信仰现象而言，它是以神话特有的方式来实现的。这一方式就是创世神话不断地重演——“中国民间的财神信仰就其仪式结构来说无疑具有宇宙发生论的性质，其根源是神话式的，其功能是魔法性的和审美化的”。因此，这就需要利用神话学与社会学的双重立场或方法，才能领会种种怪异的求财习俗的真义。④

虽然可以将本书看作是一部历史民俗学的著作，但作者并不是一位单纯的历史学家。本书实际上包含了相当形而上的问题意识，正如作者所说的，利用神话学与社会学的双重立场，我们“才能透过个体行为的表面，深入集体意识的深处，窥视到那原初的情感冲动的真谛，从而接触到世俗人性的终极源泉——作为神性的价值存在”⑤。在怪力乱神的象征背后，发现人性的伦理精神，这不仅是作者最终的发现，也是作者的理论意图。我们看过作者近年来的思考，就能更深入地领会这一点。

二 神话原型的探索

《隐喻世界的来访者——中国民间财神信仰》是对中国民间财神信仰及其神话的出色研究。但从神话学角度来看，本书留下了一些缺憾。作者对神话的理解和分析，主要采用的是马克思主义的模式，即将神话看作意识形态，直接进行经济基础的剖析。这自然有其合理性，但是对神话本身的特征没有给予应有的重视。《神话何为——神圣叙事的传承与阐释》可以看作是对这一缺憾的补足。

我们将《神话何为——神圣叙事的传承与阐释》确认为吕微先生神话研究的第二阶段，并不意味着本阶段与前一阶段有绝然的断裂。实际上，《隐喻世界的来访者——中国民间财神信仰》的第二版与《神话何为——神圣叙事的传承与阐释》同年出版，前书中的部分内容经过扩充收入了后书之中（第四章、第八章）。但《神话何为——神圣叙事的传承与阐释》的突出特点，在于对神话本身的思考大大加强了。正如书名所显示的，本书中的几篇长文实际上是要显示神话是如何运作的。

---

① 吕微：《隐喻世界的来访者——中国民间财神信仰》，学苑出版社 2001 年版，第 7 页。

② 同上书，第 6 页。

③ 同上书，第 7 页。

④ 同上书，第 9 页。

⑤ 同上。

如作者所言，本书以鲧、禹以“息壤”创世的神话为个案，“从神话叙事的形式开始，进入到神话的象征内容，然后关注神话在叙事和象征两个层面的传承与阐释，以及神话叙事向地方传说和狭义故事的体裁转变，在此过程中考虑神话功能的演变，并最终结束于笔者对于神话本质的理解和说明”①。

如果对本书的神话学方法论做一概括，我们可以称之为神话原型的构拟或复原。这首先需要对神话研究领域的相关概念、方法，如母题（motif，汤普森）、功能（function，普罗普）、类型（type，阿尔奈、汤普森）及原型（archetype/prototype，荣格、弗莱）进行梳理、修正并整合。

作者在这一方法论层面的讨论相当引人注目。因为这些概念是不同的研究者在不同的研究背景中提出来的，虽然相互关联，各有其启发意义，但也有其局限，以至于使用者的理解也比较随意、混乱，缺乏逻辑一致的内部整合。比如，汤普森将母题理解为民间叙事体裁“内容叙述的最小单位”，但什么是“最小单位”，实际上学界的理解相当含混。汤普森对母题的理解实际上更强调其在不同故事文本中的重现，这与他在“一个故事”内部指认母题的定义是相背离的。这样的背离却为引入普罗普的“功能”概念留下了伏笔，因为普罗普也将功能理解为故事的“基本（构成）成分”，但他所谓的民间故事的形态学，特别强调依照基本成分彼此间的关系以及与整体的关系来描述民间故事。② 但普罗普从行动来定义的功能也走向了另一极端，也就是功能类型过于抽象，甚至视所有故事为同一类型。在比较汤普森与普罗普思路的基础上，作者提出了“功能性母题”这一居中、整合的概念。功能性母题是指“在一段相对完整的叙事文本中提取和确认母题时，仅仅将目光盯在那些故事角色的行动环节上，而不考虑句子谓语以外的其他成分；但同时，功能性母题又意味着它的提取和确认最终不会脱离具体的叙事文本，不作脱离具体文本的类化抽象”，这样也就避免了汤普森与普罗普各自的局限。③ 与此类似，作者在弗莱过于抽象的原型与汤普森过于具体的类型之间，界定了“类型化原型”这一概念，作为他的神话还原的基本理论工具。

神话何以能够或需要还原？因为神话因其象征特性，实际上包含了两种结构，即表层叙事结构和深层象征结构。后者是神话的象征原型，其结构是由“远古时代深刻影响人类心理的重要生活过程的结构和神圣事件的行动结构所模塑的”。因此作者提出一个假设，“洪水神话的故事结构是人类母体生育过程之象征”④。但神话之所以需要还原，还在于“原型不仅是普世性的，同时也要借助文化性的意象才能显现出来”⑤。这一文化性同时意味着地方性与时代性。因此，本书最令人印象深刻的地方，在于作者对于神话意象之地方性与时代性的重视。神话从来不是将同一个古老的故事讲到当下，实际上，神话的生活原型及象征意象都在不断变迁。比如，洪水神话在远古时代的生活原型，或许是在原始人生活中具有重要意义的神圣性的

---

① 吕微：《神话何为——神圣叙事的传承与阐释》，社会科学文献出版社2001年版，第3页。

② 同上书，第6页。

③ 同上书，第7—8、15—16、20页。

④ 同上书，第39页。

⑤ 同上书，第20页。

生育及性禁忌经验[①]；但在中国的国家萌芽时代，洪水神话的一种，“动物潜水取土造地”神话，已经以鲧禹治水的传说形态流传了（第二章）；而到了农业时代，鲧禹造地的息壤（以及青泥、芦灰），“不过是农家心目中的美土和肥料”（第三章），以及年节送穷习俗中的“打灰堆”（第四章）；甚至在理性知识领域如本草中，又转换为可以止血（这一“文化药性”）的炉灶土（第五章），等等。

因此，作者总结说，“民俗行为往往是普世性、跨文化的神话原型之地方性生成，……就面对灾难与疾病等危机的反映方式看，年节习俗与本草疗法显示出信仰内涵的深层一致，而决定这种一致性的，应当部分归功于神话原型的传承结果。于是，由息壤升华的民俗表象如草木灰、炉灶土等在民间信仰中被认为是能够创造人间财富的性质，才会被本草药学认可并以入药治疗诸种血症”[②]。

但是，何为神话之原型，本书中的说法已经暗含分歧。神话究竟是对远古时代的某一具体经验或典范的模仿（如“洪水神话的故事结构是人类母体生育过程之象征”），还是对这一完整的神圣故事或故事的完整性的模仿？因为作者也说，“如果故事的生活原型是一个古老的神圣仪式，那么，仪式即‘行动—事件’本身功能结构的完整性就已经先验地决定了叙事功能—结构的完整性。”[③] 换句话说，使得息壤、草木灰、灰堆、炉灶土母题在不同的神话类型中保持象征含义同一性的，是它们在历史中含义的继承与升华，还是在同一“类型化原型”中的相同母题功能？这一问题还包括：神话是在不同文化、时代的不断阐释中完成的[④]。这一阐释又意味着什么？这是本书留下的问题。

三　走向神话现象学

《神话何为——神圣叙事的传承与阐释》的重要价值，是对神话象征之转换现象的注意，以及在此过程中构拟神话原型的深入尝试。但如前所述，笔者以为本书留下了方法论上的难题。实际上，从作者的研究中我们也能得出结论：神话不可能具有一个远古的、具体的生活仪式原型，神话的原型只能是共时性的、“先验性”的结构。如果将神话在历史经验与心理经验上的“原型”理解为某一具体的经验领域，只会导致为人所诟病的弗洛伊德式的泛性论。原型不能理解为经验，而要理解为经验的构成形式；原型的还原不应朝向远古的历史或现实的生活，而是共时性的“先验”维度。这也许就是作者为什么在完成《神话何为——神圣叙事的传承与阐释》这部相当厚实的著作之后，引入（胡塞尔）现象学、（康德）先验哲学来重新思考神话的理由之一吧。

在这一新的理论视野下，吕微先生理解的神话和神话学发生了巨大的变化。但作者对他的新思考，只发表了其中的小部分，如对杨利慧教授的《现代口承神话的传承与变迁》一书所写的序言《神话信仰—叙事是人的本原的存在》。笔者将主要参考本篇及另一篇未刊论文《神话学——一门认识人的信仰—叙事实践的严

---

① 吕微：《神话何为——神圣叙事的传承与阐释》，社会科学文献出版社 2001 年版，第 39—43 页。

② 同上书，第 217 页。

③ 同上书，第 34 页。

④ 同上书，第 428 页。

格科学》（2012 年），简要说明对先生的神话学新思考的理解。

在《神话信仰—叙事是人的本原的存在》中，作者指出，杨利慧教授关注的是“现代”神话，“现代”一词的含义就值得思索。“现代神话”一方面当然可以看作神话这种“传统”现象在今天的持存，但另一方面，还必须看作“神话信仰—叙事是人的本原的存在形式或实践方式，不受历史时间、社会—文化空间形式的生活语境的条件限定，但构成了任何时代的生活语境下神话现象的先天基础，而‘现代神话’正是作为人的本原性存在的神话在特定时代的生活语境中的显象”①。

这一点对笔者的最大启发是，必须区分神话现象与神话本体。当我们只注意到作为现象的神话时，我们可能将其理解为某种久远的、原始思维构造的一种文化经验，会在“历史进化”中消亡；但是，在作者看来，原始思维仅仅是神话的现象，或者神话的一种具体表现；神话不等于这种现象，而是这种现象的构造方式。原始思维只是某个特定的语境下神话构造生活经验的一种显象而已。但神话是我们人类不可或缺的“本原的存在形式”，换句话说，我们是由神话构成的。在这样的理论视野下，作者推论出了看似相当“离经叛道”的结论，这种结论对我们惯常接受的神话定义带来了极大的挑战。这是作者在《神话学——一门认识人的信仰—叙事实践的严格科学》一文中要处理的问题。

既然神话不是怪力乱神或原始思维的现象，而是人朝向神圣性的“本原存在形式”，那么，什么样的故事可以看成神话，就无法根据情节内容来判断，神话就不意味着“神的故事”。比如，按照一般的神话定义，没什么神奇性可言的“大禹治水”就不过是历史或传说，只有“鲧腹生禹”才是神话。但如果按照作者的定义，大禹治水这样的圣王传说恰恰在我们的文化中担负了重要的文化功能，因此也是构成中华民族朝向神圣性的“本原存在形式”或“信仰—叙事实践”，它同样是在新的文化、历史条件下的神话体裁。从这一视野出发，马林诺夫斯基关于神话是文化“宪章”或“特许状”的定义，被作者赋予了新的意义，或先验意义。

作者的这一定义或许还要经受检验，值得注意的是蕴含于其中的作者的学术意图。如果神话只是远古时代的经验现象，即使它充当过某个群体的文化“宪章”，对于“现代”的人们而言，它也可能失去，因为现象总是偶然的。如果文化需要一种神话这样的宪章、规范，我们就必须找到它对于所有人类经验的共时性、普遍性以及必然性。作者在神话的传承与阐释现象中看到了这种必然性，但还需要理论上的必然性之论证。现象学的方法在这里就是必要的了。因为正是现象学，将世界、经验“还原”为先验主体性的“意向对象”，主体的自由构造。人在这个意义上不是和世间万物一样的偶然存在，人必须，也有能力创造他的世界，以及他自己。用神话的语言，即是人需要找回他的（神圣）“起源”、他的命运，以及未来。神话在这个意义上，就是我们生命之必需、必然的文化设备。因为我们无论如何不能像一块石头一样无思无想地存在。因此，作者说，“神话是人的起源，人也是神话的起源，神话是人的存在的本体、本原条件，人的本体、本原的存在也是神话的存在条件。”“神话是用过去（传统、经典）为现在正名，用未来作为解读过去的指南。而人的未来，其实只是人对‘人自身’的超越性存在的向往，而人的超越性信仰对象，似

① 吕微：《神话信仰—叙事是人的本原的存在——〈现代口承神话的传承与变迁〉序言》，《青海社会科学》2011 年第 1 期。

乎总是存在于人的存在的未来方向之中。"①

在作者的理论意图中，这神圣性同时应该是伦理性的。这也是作者青睐马林诺夫斯基的神话"宪章说"的理由所在。在财神研究中，作者实际上已经围绕着这个关键问题进行思考了。作者发现，白族信仰的大黑天神，有从瘟神转变为善神的推原传说，而汉族的财神赵公明的传说中，赵公明也是兼有善恶两种品格。于是作者推测，在赵公明身上一定发生过由恶（瘟神）向善（财神）转化的戏剧性转换过程。② 作者的意图自然不在于神话的情节，而是神话的创造者——人类，有没有可能、能力发生这种由恶向善的转换。因此，作者特别注重借用康德的伦理哲学（如《实践理性批判》）来重新思考、筹划神话学。当然，这项研究还在进行之中，对此进行评判也超越了笔者的能力。

实际上，吕微先生并不赞同笔者将他新近的神话研究方法称为"现象学"，因为胡塞尔的哲学缺乏他更需要的伦理向度。实际上，先生当年从胡塞尔倒回康德，就让我们这些习惯了学术进化论的学生颇感困惑。当然，笔者仅仅在方法论的范围内，将这一意在还原出自由主体的理论泛泛地称为现象学式的，也许谬之不远。还因为，现象学（运动）及其催生的存在论分析、解释学的核心，都在坚持对生活之本真性（与先生所谓的"本原性"或有可比附的空间）的追问，解释学对人文科学的奠基以及对神话学的重新思考（如法国学者保罗·利科），以及法国现象学家列维纳斯对伦理学的思考，展示了现象学在这方面的潜力。

四 结语

从研究方法看，吕微先生的神话研究具有明显的跨学科性质。当然，跨学科仅仅是表面现象，其实质则是试图挣脱实证主义的学究风气，将研究与时代问题、学术与思想结合起来的努力。作者的财神研究并没有变成风情画式的风俗读物，也没有变成民俗文献的堆砌。在大量征引故纸堆资料的背后，是对 20 世纪 90 年代以来最为重大的社会变迁——商品与市场经济的发展及其问题的思考与回应③。而且，这一回应，也没有停留在附和主流意识形态的论证与宣传，也就是没有停留在韦伯命题，以及儒教与资本主义这些人云亦云的俗谈。资本主义语境下的"义利之辨"没有被作者轻易放过。因此，毫不奇怪为什么作者后来的研究会愈加深入地转入所谓的"哲学"，尤其是康德的伦理哲学。这也就是在众多的神话理论家中，马林诺夫斯基最让作者青睐的原因。因为，正是马林诺夫斯基的神话功能论，初次将神话学从原始思维研究变成了一项"当代学"（借用钟敬文先生对民俗学的界定），进化论者眼中落后的土著异邦，因之变成了挽救社会分裂、文明人的礼失所求之野。神话是社会的"宪章"，这一命题是马林诺夫斯基的，也是吕微先生的。正是这一关怀，使得先生的研究超出了专业的神话学范围，而力图使之成为普遍的人文科学研究——如作者所言的"一门认识人的严格科学"。

（原载《长江大学学报》2015 年第 11 期）

① 吕微：《神话信仰—叙事是人的本原的存在——〈现代口承神话的传承与变迁〉序言》，《青海社会科学》2011 年第 1 期。

② 吕微：《隐喻世界的来访者——中国民间财神信仰》，学苑出版社 2001 年版，第 38 页。

③ 同上书，第 382—401 页。

陈建宪：神话母题分析

游红霞

中国有着悠久的神话研究史，从先秦到秦汉以降，各时期的历史文献和文人笔记中都涉及对神话的探讨。在国际学界，经过19世纪中后叶德国学者库恩（Adalbert Kuhn，1812—1881年）的印度日耳曼比较语言学说、马克斯·缪勒（Friedrich Max Muller，1823—1900年）等的自然神话学说、英国泰勒（Edward Burnett Tylor，1832—1917年）的进化论的人类学思想，以及兰格（Andrew lang，1844—1912年）的神话史学及民族学等思潮后，神话学作为一门独立学科逐渐步入了近代社会文化学科的领域。中国神话学则是在20世纪初西学东渐和国内社会局势发生重大变化的时代语境下逐步形成的，高有鹏[①]、叶舒宪[②]等指出，1903年，蒋观云在《新民丛报》发表的《神话历史养成之人物》一文在中国学界开拓性地引入“神话”的学术概念，可以视为中国现代神话学的开源之作。田兆元等认为蒋观云这篇文章是中国学界第一篇具有现代意义的神话学论文。[③]之后，一批留日学生，如梁启超、夏曾佑、周作人、鲁迅等，相继把神话的概念作为启迪民智的新工具并引入文学、历史领域，用于探讨民族之起源、文字之开端、历史之原貌。[④]近一百年来，学者们从不同视角展开了对神话的研究，陈建宪总结道，20世纪中国神话学的研究成果集中体现在对神话资料的发掘、神话理论的探索、神话与文学创作等领域。[⑤]陈建宪是一位杰出的神话学家，自20世纪90年代以来，对神话学进行了深入系统的理论探索，提出了“神话母题”的重要分析方法，建构了具有开拓意义的神话学方法论。

一　神话母题的理论建构

陈建宪首先将神话的定义归纳为狭义神话观和广义神话观，狭义神话观定义的神话是指原始社会中产生的神话，广义神话观的主要意见是神话的产生没有时间界限，每一个时代，甚至今天，都有新的神话不断产生。[⑥]陈建宪将两种神话观的长处结合起来，重新对神话的定义做如下表述：“神话，是各个人类群体（民族、部落、民族或国家）从远古时代起，就在原始思维的基础上，将自然现象和人类生活

① 高有鹏：《面向21世纪的中国神话学研究》，《社会科学辑刊》1999年第3期。

② 叶舒宪：《中国神话学百年回眸》，《学术交流》2005年第1期。

③ 田兆元、游红霞：《清末民初浙江学者蒋观云的风俗观》，《杭州师范学院学报》（社会科学版）2007年第6期。

④ 马昌仪：《中国神话学发展的一个轮廓》，《民间文学论坛》1992年第6期。

⑤ 陈建宪：《精神还乡的引魂之幡——20世纪中国神话学回眸》，《河北师范大学学报》（哲学社会科学版）1998年第3期。

⑥ 陈建宪：《神话解读》，湖北教育出版社1997年版，第9页。

不自觉地形象化、人格化，从而集体创造和传承的一种以超自然神灵为主角的宗教性故事。”[①] 从这一定义出发，陈建宪分析当代存在的神活主要包括原生态神话、再生态神话、新生态神话、衍生态神话四种形态。[②] 神话学则是一门探究神话的性质、形态、特征、功能、价值等文化内涵以及神话之发生、发展、传承、演变规律的人文科学。[③]

在探索神话学理论的过程中，陈建宪意识到该学科几乎没有属于自己的基本方法论，[④] 于是从美国学者史蒂斯·汤普森（Stith Thompson）的《民间文学母题索引》那里得到了启发，注意到“母题”这一核心概念对于神话学研究的意义和价值。汤普森论道：“一个母题是一个故事中的最小元素，它具有在传统中延续的能力，为了有这种能力，它必须具有某些不寻常的和动人的力量。”[⑤] 在陈建宪看来，“母题”一词几乎应用于所有的文化领域，[⑥] 便逐步以“神话母题”为逻辑起点和方法论，进行神话学的理论建构。母题本是英文单词“motif”的音译，是文学作品中最小的叙事单位和意义单位，陈建宪将“文化传统中那些具有传承性的文化因子”称为“母题”。[⑦] 具体说来，作为民间叙事文学作品内容的最小元素，母题既可以是一个物体（如魔笛），也可以是一种观念（如禁忌），既可以是一种行为（如偷窥），也可以是一个角色（如巨人、魔鬼），它或是一种奇异的动、植物（如会飞的马、会说话的树），或是一种人物类型（如傻瓜、骗子），或是一种结构特点（如三叠式），或是一个情节单位（如难题求婚）。这些元素有着某种非同寻常的力量，使它们能在一个民族的文化传统中不断地延续。它们的数量是有限的，但是它们通过各种不同的组合，却可以变化出无数的民间文学作品。[⑧] 陈建宪也将“母题”的概念用于比较神话学领域中，阐述母题“表现了人类共同体（氏族、民族、国家乃至全人类）的集体意识，并常常成为一个社会群体的文化标识”。[⑨] 神话母题的表现形式，包括神话形象母题、神话情景母题、神话情节母题。[⑩] 在探析“母题”内涵的过程中，陈建宪明确将“母题”作为观察和分析神话的基本单位，寻找解读和研究神话的逻辑起点，[⑪] 并强调母题分析方法已然成为国际学界研究神话的一个比较普遍的趋势。[⑫]

---

① 陈建宪：《试论神话的定义与形态》，《黄淮学刊》1995 年第 4 期。

② 同上。

③ 陈建宪：《神话解读》，湖北教育出版社 1997 年版，第 3 页。

④ 陈建宪：《论神话学的基本概念与方法》，《湖北民族学院学报》（哲学社会科学版）1997 年第 2 期。

⑤ ［美］S. 汤普森：《世界民间故事分类学》，郑海等译，上海文艺出版社 1991 年版。

⑥ 陈建宪：《神话解读》，湖北教育出版社 1997 年版，第 21 页。

⑦ 同上书，第 20 页。

⑧ 同上书，第 22 页。

⑨ 陈建宪：《论比较神话学的“母题”概念》，《华中师范大学学报》（人文社会科学版）2000 年第 1 期。

⑩ 陈建宪：《神话解读》，湖北教育出版社 1997 年版，第 26—28 页。

⑪ 陈建宪：《论神话学的基本概念与方法》，《湖北民族学院学报》（哲学社会科学版）1997 年第 2 期。

⑫ 陈建宪：《神话解读》，湖北教育出版社 1997 年版，第 3 页。

陈建宪对“母题”进行了进一步的理论探索，概括母题具有四大特征，即易识别性与易分解性、独立性和组合性、传承性与变异性、民族性与世界性。[①] 他还对几个容易与“母题”发生混淆的概念做了区分。第一，母题与文本：所有的神话文本都可以看作是一系列母题的排列组合。也就是说，任何一个神话文本，都是一个存在着内在逻辑联系的母题链。神话文本就是若干（或至少一个）神话母题按照特定的顺序与结构的排列组合。[②] 第二，母题与类型：从母题分析的角度，“类型”就是一些由大致相同（或相似）的母题按照基本上一致的顺序排列而成的故事文本的集合。[③] 第三，母题与异文：任何一个神话，当它以口耳相传的“活”形态在民间流传时，往往因人、因地、因时而存在着许多不同的说法。这种同属一个神话类型然而个别母题又有些差异的不同文本，被称作“异文”。[④] 第四，母题与地区变体：同一类型的神话流传到不同地区后，由于具体母题变异而形成的不同讲法，称为“地区变体”。[⑤] 第五，母题与亚型：在同一类型神话的不同异文中，有些异文可能由于种种原因（例如属于同一民族、同一地区，或者有直接的文化传播关系，等等），因此其中的母题链更为相似，这些异文在整个类型中形成一个具有特色的子系统，我们称这些子系统为“亚型”。[⑥] 陈建宪特别指出，神话的亚型与地区变体有时是一致的，一个神话流传到某个民族或地区之后，由于讲述的文化背景发生了变化，从而发生个别母题的变异，并形成新的说法，在一定的区域和时间内流传，这种新的讲法，既可叫作亚型，也可叫作地区变体。但是亚型与地区变体的含义并不完全一致，因为有时候一个亚型可以横跨好几个地区，有时候则在同一个地区之中有几个不同的亚型流传。[⑦] 陈建宪通过对“神话母题”的理论建构，表明母题是神话分析中最为常见的基本单位，而母题分析方法就成为神话研究最基本的方法。[⑧]

二　神话母题分析方法的运用

陈建宪之所以将母题分析方法运用于神话学领域中，是因为，从宏观上，母题分类可以帮助我们了解神话的基本结构，从而便于全面地搜集和整理我们获得的所有神话资料；从微观上，则可以帮助我们找出神话的细胞，找到进行分析和研究的起点。[⑨] 他总结母题分析方法的基本道路是从解构到重组，[⑩] 这一范式几乎贯穿陈建宪对各类神话专题研究的始终。

“神话母题”的分析方法几乎适用于世界各类神话类型，陈建宪出版于 1997 年的《神话解读》一书是其神话学思想里程碑式的著作，该书除了从理论层面论述

---

① 陈建宪：《神话解读》，湖北教育出版社 1997 年版，第 23—26 页。

② 陈建宪：《论神话学的基本概念与方法》，《湖北民族学院学报》（哲学社会科学版）1997 年第 2 期。

③ 同上。

④ 同上。

⑤ 同上。

⑥ 同上。

⑦ 同上。

⑧ 同上。

⑨ 陈建宪：《神话解读》，湖北教育出版社 1997 年版，第 273 页。

⑩ 同上书，第 57 页。

"神话母题"的基本知识外，还举例展示世界各民族神话中一些最普遍、最重要的神话母题，如神与文化英雄的母题、宇宙起源母题、自然神话母题、人类起源神话母题、人类生活与文化母题、动物与植物母题，等等。陈建宪在书中应用母题分析方法，对盘古神话、弃子英雄、九头鸟、蛇女等神话母题进行初步的研究，探讨它们在历史上如何发生、传播或传承，对人类文化和民族文化有着怎么样的影响。例如通过盘古神话的研究探讨神话母题的发生；以"漂泊的弃儿"为个案研究一个神话母题的传承问题；以"九头鸟"神话为例，讨论一个神话母题的演变；以"蛇女"神话为研究对象，爬梳一个神话母题的生命史。① 根据"神话母题"的理论，陈建宪将中国神话的特色概括为"多元一体，异彩纷呈"。"多元"的含义是指神话的来源是多民族的，以及中国神话文本载体的多样性，既有来自汉族和少数民族古籍的记述，也有从老百姓口中直接采录的"活"神话。"一体"是指各民族神话中母题的类同，中国神话百花齐放，但是各民族的神话却存在着一些相同或相似的母题。②

陈建宪对"神话母题"分析方法的运用，最细致、最深入、最系统的莫过于对洪水神话的研究了。陈建宪可谓洪水神话研究的集大成者，他将这种神话类型称为"神话学皇冠上的明珠"，指出在地中海、印度、东南亚、美洲印第安等地区都存在着洪水神话的故事圈。③ 他运用"神话母题"的研究方法，归纳这类神话主要由两个情节序列组成：一是在世界大洪水中只有极少数遗民幸存；一是洪水后幸存的遗民重新繁衍出新的人类，即"洪水再殖型故事"。中国洪水神话在内容上一般也由这两部分构成，在具体表述方式和细节上又有自己鲜明的民族风格，于是中国洪水神话存在四个亚型：神谕奇兆亚型、雷公报仇亚型、寻天女亚型、兄妹开荒亚型。④ 通过分析，陈建宪发现了洪水神话的基本规律，即同一故事圈之内和不同的故事圈之间，存在着千丝万缕的联系，这是人类各民族各地区古代文化发展与交流的结果，引导我们解读人类文化迷宫。⑤

陈建宪对盘古神话的解读也是运用"神话母题"的分析方法，他通过解析盘古神话中能够独立传承的故事元素（即母题），发现这类神话主要包含两个母题：即"宇宙之卵"和"垂死化身"。前者蕴含着宇宙起源于卵的神话观念；后者则包含着原始思维中对于自然万物的拟人化，以及人与自然万物互渗的规律。"垂死化身"的母题很可能与原始宗教中的人祭仪式有密切关系。因此，根据"神话母题"的分析方法，陈建宪指出盘古神话的两个母题与中国上古原始文化都有紧密联系。"宇宙之卵"与太极阴阳哲学一致；"垂死化身"则与殷商盛行的人祭之风契合。总

① 陈建宪：《神话解读》，湖北教育出版社1997年版，第57页。

② 陈建宪：《多元一体 异彩纷呈——略谈中国神话的一个特色》，《高等函授学报》（哲学社会科学版）1999年第1期。

③ 陈建宪：《洪水神话：神话学皇冠上的明珠——全球洪水神话的发现及其研究价值》，《长江大学学报》（社会科学版）2006年第2期。

④ 陈建宪：《中国洪水神话的类型与分布——对433篇异文的初步宏观分析》，《民间文学论坛》1996年第3期。

⑤ 陈建宪：《洪水神话：神话学皇冠上的明珠——全球洪水神话的发现及其研究价值》，《长江大学学报》（社会科学版）2006年第2期。

之，盘古神话有着中国远古文化之“根”。[①]

此外，按照“神话母题”的逻辑，中国的女娲造人神话中的“抟土造人”是世界各民族神话中最常见的母题之一。陈建宪分析道，女娲泥土造人的神话是先民对远古母系氏族社会生活与信仰的真实记录，是中国农业文化、中华文化之根深深扎于“土地”之中的文化隐喻。因此，“抟土造人”的神话母题不仅是先民们一种不自觉的诗意幻想，而且真实地反映了华夏先民与土地的关系以及他们对土地那热爱和依恋的感情。[②] 女娲抟土造人的神话还涉及“贞洁受孕”的神话母题，更加确立了女娲作为一个独立创造了人类的女神的神格。

在探讨道教神话时，陈建宪论述道，道教对中国远古神话母题的继承主要表现在角色（远古神话中的神灵、道教徒自己创作的新神、民间俗神、来自域外的神灵）、观念（神仙观念、“万物有灵观”与巫术观）与情节（“彼岸世界”“死而复活”“变形”）三方面。[③] 显而易见，这也是运用“神话母题”分析方法进行研究的结果。

三　结语

陈建宪对神话学的相关研究成果，紧紧围绕“神话母题”这一基础概念展开。他认为，从母题出发，既可以研究一个神话作品中的各个组成部分及其组合状态，又可以通过各个母题来源的分析，从纵向研究一个神话的发生、发展、变化过程；还可以从横向的比较研究，通过各个民族间相同母题的关系，了解神话的民族特点与文化差异。[④] 所以，神话母题被陈建宪称为“游览神话迷宫的路标”。[⑤]

难能可贵的是，陈建宪认识到20世纪是神话热的时期，说明中华民族需要以神话这个“根”来凝聚整个民族的精神。神话学理论研究在重建民族精神家园中可以发挥独特作用。[⑥] 因此，作为一名神话学家，应注意到神话主义的抬头，即现代艺术中的原始化倾向、当代文学创作中的再神话化、文艺评论中的原型批评、哲学研究中关于非理性、生命哲学以及神话思维的探讨，等等。并举例说明，许多神话形象，如龙、凤、九头鸟、白天鹅、大禹等，都变成了商标广告；在文化旅游中，神话传说成了最为宝贵的无形资源。[⑦] 在这里，“神话母题”的分析方法便具有很大的意义，从这一理论体系出发，“母题”即是神话之灵魂，也就是陈建宪所说的“神话核”的概念，他论述神话传统的结构一方面包括神话核，即一个具体的文学母题，更是一种带有符号意义的精神范型；另一个方面是这个神话核在某个具体时空中的

---

① 陈建宪：《垂死化身与人祭巫术——盘古神话再探》，《华中师范大学学报》（人文社会科学版）1996年第1期。

② 陈建宪：《女人与土地——女娲泥土造人神话新解》，《华中师范大学学报》（人文社会科学版）1994年第2期。

③ 陈建宪：《论道教对中国神话的继承与发展》，《华中师范大学学报》（人文社会科学版）2003年第6期。

④ 陈建宪：《神话解读》，湖北教育出版社1997年版，第34页。

⑤ 同上书，第35页。

⑥ 陈建宪：《精神还乡的引魂之幡——20世纪中国神话学回眸》，《河北师范大学学报》（哲学社会科学版）1998年第3期。

⑦ 陈建宪：《神话解读》，湖北教育出版社1997年版，第275页。

所有表达形式的整合效应。①

陈建宪的母题分析方法不仅适用于神话学领域，在当今“世界遗产时代”的语境下，这一范式对非物质文化遗产等问题的研究也发挥着很大的作用。陈建宪认为任何一个非物质文化传统都包括两个部分：一个是由具体的情节、形象、仪式、行为等构成的文化母题，形成一种带有符号意义的精神基因；另一个是这个文化母题在某个具体时空中的表现形式。因此，母题是文化的传承基因，文化通过基因重组来实现其自身的延续与发展。②

综上所述，对“神话母题”这一研究方法的探索，是陈建宪神话学思想的核心和最为华彩的部分。并且，这种研究方法具有普遍的适用性，这便是陈建宪建构神话母题理论体系的学术意义和现实关怀。

（原载《长江大学学报》2015 年第 7 期）

① 陈建宪：《民间文学资源的创造性转换——关于长阳廪君神话复活的理论思考》，《长江大学学报》（社会科学版）2004 年第 2 期。

② 陈建宪：《文化创新与母题重构——论非物质文化遗产在现代社会的功能整合》，《民间文化论坛》2006 年第 4 期。

叶舒宪：神话符号学

张洪友

叶舒宪先生著作众多，研究和评论他的论文论题也非常丰富，涵盖其研究的多个领域。由于笔者个人能力有限，本文只能借用神话符号学这一术语，择要选择叶舒宪近年提出的大小传统、文化N级编码理论、物叙事、四重证据法和玉石神话等相互补充、彼此支撑的观点，谈些肤浅的个人理解。在笔者看来，大小传统区分和文化的N级编码是叶舒宪为自己的神话研究所铺设的历时演进和共时呈现并举的宏大语境；在此宏大语境之下，物叙事成为神话阐释的逻辑起点，玉石神话研究则是以此为基础的全新开拓。

一 开拓神话研究的宏大语境：大小传统与N级编码

在《中国文化的大传统与小传统》一文中，叶舒宪提出了中国文化大小传统的观点。[①] 他颠覆了学界一直沿用的人类学家罗伯特·雷德菲尔德（Robert Redfield）的定义。在《乡民社会与文化：一位人类学家对文明之研究》一书中，雷德菲尔德提出了大小传统的概念。[②] 该人类学家将是否具有思想与文字书写相等同，并以此为基础区分大小传统，从而将掌握文字书写权力的少数人的传统定为大传统，而没有文字的大多数人的传统是小传统。掌握文字书写的阶层是精英阶层，是有思想的特权阶层，而被排斥在文字之外的群体则是没有思想的俗人。他的这种区分是文人自恋式的自我标榜。但是，他的大传统的精英文化与小传统的俗民文化一直为学界所沿用。而叶舒宪则从后殖民主义的视角，反思被学界广泛认同和采用的观点背后的文化精英主义色彩：

我们如今提出重新划分大小传统，希望能够扬弃雷德菲尔德的文化精英主义倾向，从后现代知识观出发，并自觉认同后殖民批判的立场，把无文字民族的文化遗产和文化传统看成和文明传统一样重要。为此，判断传统的大与小，不看是否掌握文字书写权力，而需要用历史时间的尺度来重新权衡。先于文字而存在的口传文化传统，当然应算比较“大”的；后于文字而出现的书写传统，相对来说就只能是“小”的。[③]

叶舒宪重新区分大小传统，是为了凸显为大小传统所忽略的史前文化和口头文化传统，以便探讨人类知识建构中所存在的被文字书写所遮蔽的现象。

---

① 叶舒宪：《中国文化的大传统与小传统》，《光明日报》2012年8月30日第15版；叶舒宪、章米力、柳倩月：《文化符号学——大小传统新视野》，陕西师范大学出版社2013年版。

② Robert Redfidld. *Peasant Society and Culture*: *An Anthropological Approach to Civilization*, The University of Chicago Press1956, P70.

③ 叶舒宪、阳玉平：《重新划分大、小传统的学术创意与学术伦理——叶舒宪教授访谈录》，《社会科学家》2012年第7期。

叶舒宪一直“把世界仅存的一个古老而未曾中断的文明——即使用象形汉字的华夏文明，作为出发点、归宿和解析诠释的案例”①。在2015年4月12日四川大学举办的全国比较文学青年教师高研班上，叶舒宪将演讲的题目定为《建构中国版的文化理论》②，该题目是他的学术诉求的真诚述说。他对纯粹颠覆和批判的西方术语没有兴趣，只是由于学界引入的西方话语未必切合中国的实际，出现水土不服的症状，它们遮蔽了本土研究对象的特性。正是针对这些弊端，叶先生反思和批判这些话语，从而破除遮蔽，更为切近地进入本土神话世界。

此外，大小传统理论还为神话研究提供了史前活态神话语境。比较神话学家约瑟夫·坎贝尔将基督教神话放入宏大的活态神话语境中，激活被后世书写传统所忽略的意义。“它并不会让你失去你的宗教。你信仰的东西依然在那里，只不过，现在它会用它初始的语言对你说话，而那是原先被神职人员所遮蔽起来的。”③ 在坎贝尔看来，牧师的书写传统将神话的源始意义遗忘了，而他的神话阐释则是要恢复神话的源始意义。同样的道理，大传统成为后世小传统得以出现的源头，也是小传统可以获得意义的活态神话语境。

如果说大小传统的区分为神话研究开拓了更为广阔的文化视野，从史前世界和原住民的口头传统中呈现神话被小传统所遮蔽的意义，那么N级编码理论则是文化历时性纵向演进的具体呈现。在N级编码的理论视域中，文字之前的神话是原型编码，后世的文化现象都是以此为基础而产生的。“如今我们倡导用历时性的动态视野去看文化文本的生成，将文物和图像构成的大传统文化文本编码，算作一级编码，将文字小传统的萌生算作二级编码的出现，用文字书写成文本的早期经典则被确认为三级编码。经典时代以后的所有写作，无非都是再再编码，多不胜数，统称N级编码。”④

文化的演变史是从一级编码到N级编码的动态叠加过程，从一级编码到N级编码，文化的演变就像层层累积的文化土层，逐渐递增。在此过程中，古老的文化编码被后世继承、颠覆甚至重构，不同层次的文化编码彼此混杂、重叠。不过，N级编码的历时演进是一种理想化的模式，掌握话语权的群体的权力操控渗透使文化演变更加复杂。在不同文化传统交叉或重叠的领域，都会出现较为古老的文化编码被压制、扭曲、改写的现象。比如，父权社会的小传统重写史前的女神文明的大传统，由此也产生了两层不同的编码系统。神话一级编码向次级编码转换的过程，是一个权力建构影响文化表述的过程。叶舒宪的《熊图腾》以及其他文章都在挖掘中国的文化语境中所出现的被改写的史前神话形象。

文化往往以国别、族群为基础，被分

---

① 叶舒宪、杨骊、魏宏欢：《探源中华文明 重讲中国故事——中国文学人类学研究会会长叶舒宪先生访谈》，《四川戏剧》2015年第6期。

② 叶舒宪：《建构中国版的文化理论》，《四川戏剧》2015年第6期。

③ ［美］菲尔·柯西诺：《英雄的旅程：与神话学大师坎贝尔对话》，梁永安译，金城出版社2011年版，第65页。

④ 叶舒宪：《文化文本的N级编码论——从“大传统”到“小传统”的整体解读方略》，《百色学院学报》2013年第1期。

割为各种故步自封的狭小领域。[①] 大传统和一级编码恰恰可以超越此类狭隘划分。神话学研究从小传统转向大传统，从第 N 级编码转向一级编码，是突破小传统故步自封的狭小疆域的过程。虽然 N 级编码理论在其产生之初是为了解决中国神话研究所面对的问题，该理论主要探讨的也是同一文化内部各层文本之间的关系，但是叶舒宪随后发表的研究成果已经将这一理论延伸和应用到中国之外的神话传统。[②] 这也说明，这些理论具有广泛的应用前景。

二　逻辑起点：物叙事

当神话研究从文字所记载的神话转向无文字记载的史前神话的时候，如何从史前遗留下的文物和图像中获得关于史前神话的信息，是神话研究必须思考的问题。基于史前考古实物和图像对神话研究所具有的重要意义，叶舒宪将其定名为“物叙事”，并将此种叙事作为神话考古的第四重证据法。

四重证据法的提出对应着文化人类学研究的较新的一个潮流，叫作“物质文化”(material culture)，也就是直接研究物体本身蕴含的潜在“叙事”，从古代遗留的实物及图像中解读出文字文本没有记录的文化信息。[③]

此处的“四重证据法”应为“第四重证据法”。古代遗留之物蕴含着值得后人开采的文化信息。挖掘这些信息对神话研究具有重要的价值和意义。获取这些信息的关键在于后人如何解读物叙事[④]。一个压根不懂玉的小学生，会将一块国宝级的玉看成石头，从而扔掉，物的“潜在叙事”依然潜在；这种玉的价值背后的故事只有懂行的专家才能发现。也就是说，在阐释者那里，物从纯然之物向承载文化意义的叙事之物转变。决定这种转变的关键元素是阐释者的能力。在不懂玉器的人那里，由于他们没有解读物叙事的能力，潜在的叙事之物也仅仅是物；而在行家那里，物的潜在叙事才会被读解出来。

美国好莱坞电影形象地诠释了物叙事所具有的重要意义。这些电影之所以成功，恰恰来自于神话学的前沿研究为它们所提供的创作灵感。在西方史前考古学和神话学界存在多位“文化世界中的福尔摩斯”，比如发现特洛伊遗址的考古学家谢里曼、好莱坞世界的神话学教父约瑟夫·坎贝尔、史前女神的研究者金芭塔丝，等等。也正是在这些学者的影响之下，许多电影中才出现了“文化世界中的福尔摩斯”形象。

因此，许多电影讲述了神话学家、探险队员、考古学家、符号学家等文化英雄寻找神秘宝藏的历险。这些电影虚构了一些能解读物之意义的理想人物。比如《国家宝藏》中的探险队员、《丛林奇兵》中深入到热带地区寻宝的考古学家、《达·芬奇密码》中的神话符号学家，等等。中国近年来的热门影视作品《天降雄狮》

① 《熊图腾》试图突破后世国家和族群疆域的束缚，从亚欧大陆文化带思考史前神话考古发现的神话学意义。

② 叶舒宪：《八面雅典娜：希腊神话的多元文化编码》，《兰州大学学报》（社会科学版）2014 年第 1 期。

③ 叶舒宪：《物的叙事：中华文明探源的四重证据法》，《兰州大学学报》（社会科学版）2010 年第 5 期。

④ 本论文暂将解读物的符号意义和从物中解读出具有情节元素的故事统称为物叙事。关于物的符号意义与物叙事的区分以及从物的符号意义到物的探讨非常艰难，将这些探讨与史前考古图像和实物的阐释相结合将会是一个很大的课题。不过这些问题暂时与本论题关系不大，所以此处悬搁。

《盗墓笔记》《鬼吹灯》等也借用了这种叙述模式。

文化英雄对物的意义的解读，推动故事情节的发展。在这些影视作品中，物扮演着领路人的角色。物具有的文化意义是故事叙述的基础。通过解读物叙事，这些人获得常人无法获得的启示。物的文化语境成为塑造英雄行动的背景。掌握物叙事的相关神话知识的文化英雄，在其所熟悉的文化语境中进行探险。他们利用专业知识寻找下一步行动的线索，在某种文化迷宫中，展开寻找答案的旅程。

在人探寻物之意义的过程中，物从纯然之物向叙事之物转变。在此过程中，一个丰富的文化世界在阐释者面前打开。在物叙事中，物是线索，是钥匙，是中介，是带领阐释者进入物所意指的文化世界的向导。在《礼物》中，马塞尔·莫斯（Marcel Mauss）从物中发现物对其所产生的社会的重要意义。研究该群体文化的人通过这种重要意义了解这一群体的文化。新西兰毛利人的“礼物之灵”（hau）和西伯利亚的爱斯基摩人的报恩仪式中，这些物体本身成为人的精神的符号载体，是一种基于信仰的神圣之物。这种报恩仪式中的物是理解他们社会的重要精神信息。[①] 比较宗教学家伊利亚德在其书中提出显圣物的概念。显圣物是神圣在尘世中的显像。[②] 因此，分析显示出神圣迹象之物，才能进入某一宗教之中。他在《比较宗教学的范型》中，分类整理出世界不同宗教中作为神圣化身的事物。在中国文化中，物成为人身体的一部分，是人的精神存在的延伸，比如剑之于剑客，笔墨纸砚之于文人。只有真正了解这些物在他们的世界中的重要作用，才能进入他们的灵性世界之中。这些物因此成为叙事之物，带领接受者进入它们所意指的世界中。在文字出现以前的历史中就出现了大量的考古实物。如果具有解读这些物叙事的能力，人们就会掌握大量的文化信息。

三　物的符号意义

解读物的符号意义是打开物叙事的基础。在人类世界中，物是物—符号表现体，物时刻在表达意义。“每个物体可以说都有一种隐喻深度，它指涉着一个所指；物体永远具有至少一个所指。”[③] 具有深度隐喻的物体与所处的社会是一种互动的关系。物的意义由社会所赋予，物也可以意指给其意义的社会。史前的考古实物就是这种拥有深度隐喻的物体。这些指涉史前文化特征的物，恰恰是解读史前文化的钥匙。罗兰·巴尔特认为，“物体（objet）永远是一个记号，这个记号由两个坐标加以规定，其中一个是深度象征坐标，另一个是扩大的分类坐标。”[④] 决定物体意义的是将该物体放入象征坐标和分类坐标之中的社会。黄金在任何不知道其价值的人群中间，没有任何的意义。这是作家伏尔泰（Voltaire）在其小说《老实人》中建构的理想国度，而这一国度是对人类社会拜金主义观念的讽刺。在陀思妥耶夫斯基（Fyodor-Dostoyevsky）的小说《卡拉马佐夫兄弟》中，浪荡公子德米特里将三千卢布看成是

---

① ［法］马塞尔·莫斯：《礼物》，汲喆译，上海人民出版社2005年版，第18—25页。

② ［美］米尔恰·伊利亚德：《神圣的存在——比较宗教学的范型》，晏可佳等译，广西师范大学出版社2008年版，第2页。

③ ［法］罗兰·巴尔特：《罗兰·巴尔特文集：符号学历险》，李幼蒸译，中国人民大学出版社2008年版，第191页。

④ 同上书，第192页。

自己走向复活的象征。此时的三千卢布与普通人眼中的三千卢布完全不同，只有进入他的灵性世界才能真正理解这些象征的确切含义。但是，他的自设象征与群体社会所决定的意义之间的差异，导致了他的悲剧，他被众人看成杀害自己父亲的凶手。

从符号学的角度来看，由于符号文本的发送者与接受者之间的时空差异和文化语境的差异，符号文本的意图意义与解释意义不一致，这种不一致注定了解读物的意义的困难。《图像证史》的作者彼得·伯克（Peter Burke）认为，因为图像所处的时代与解读者的时代出现了距离，图像的解读者无法理解图像的叙事习惯或者话语。① 另外一个考古学家路易斯·宾福德也认为："考古学所面临的挑战是如何把对静态实物的材料的观察逐字逐句地翻译成动态的过去生活。"② 现代符号学的奠基人查尔斯·桑德尔·皮尔斯（Charles Sanders Peirce）将符号看成表现体。在其源始语境中，符号的表现体所意指的是对象；接受者所理解的符号所指向的对象被称为解释项。摆在后代研究者面前的物、图像和文字等媒介的叙事都远离了其生存语境，从而导致符号意指对象的缺席。最理想的解释是对象与解释项的合一。虽然这种合一在具体的阐释中并不存在，但是这一理想却是阐释者最终所追求的目标。物在其本源环境所指向的对象，是阐释者解读物之意义时必须依赖的根基。每一种解释都是以表现体所意指的对象为中轴而展开的解释，都是对表现体的试探性解释。从符号学家皮尔斯的角度来说，考古学家所进行的此类阐释工作，就是以物—表现体为中轴，尝试建构物的源始语境的过程。

四　从物叙事到多重证据互动

叶舒宪将传世文献资料、出土文献、田野考察所获得的民俗学和人类学资料以及考古学出土的实物和图像等四重证据结合，尽最大可能将史前神话资料置于其生成的语境中，从而从多重证据之间的相互参照中获得神话意义。③ 他从人类历史表述的源头出发，从对文字产生以前的神话的文化载体（考古实物和图像）的解读中，找到破除文字遮蔽的方式。

在人类文化的某些时期，某种占主导地位的媒介会排斥和压制其他媒介。"每一种媒介同时又是一件强大的武器，它可以用来打垮别的媒介，也可以用来打垮别的群体。"④ 由于文化凸显某种媒介，压制其他媒介，多媒介共同互动的局面不复存在，被排斥的其他媒介所传递的文化信息，也会在此种偏见中被遮蔽。在人类文明建立的过程中，文字书写被凸显出来，其他非文字的媒介受到压制。因此，从史前的图像和实物表述向过于偏重文字表述的时代转变的过程中，诸多非文字媒介所传达的信息被遮蔽。"书写的词常常跟它所表现的口说的词紧密地混在一起，结果篡夺了主要的作用；人们终于把声音符号的代表看得和这符号本身一样重要或比它更加重要。"⑤

神话学研究从文字载体的神话转向文

① ［英］彼得·伯克：《图像证史》，杨豫译，北京大学出版社2008年版，第200页。

② ［美］路易斯·宾福德：《追寻人类的过去》，陈胜前译，上海三联书店2009年版，第2页。

③ 叶舒宪：《文学人类学的理论与方法——当代中国文学思想的人类学转向视角》，《河北学刊》2011年第5期。

④ ［加拿大］埃里克·麦克卢汉、弗兰克·秦格龙：《麦克卢汉精粹》，何道宽译，南京大学出版社2000年版，第241页。

⑤ ［瑞士］索绪尔：《普通语言学教程》，高明凯译，商务印书馆1980年版，第47—48页。

化载体的神话，通过对物叙事的解读，尝试走出文字中心主义，试图让沉沦在历史遗迹中的被物化的物体重新述说其所拥有的神秘信息。

视觉符号以具体可感的形象、意象、画面、造型和象征来传达意义，恰好成为弥补“道可道，非常道”的语言缺陷的替代性选择。当我们说“图像的蕴涵远远大于语言和文字”时，也就相当接近了对图像特有的视觉说服力的认识。而当我们在对图像的视觉说服力充分自觉的基础上，开始运用跨文化的图像资料作为人文学科研究中的“第四重证据”时，那也许会有“柳暗花明又一村”的惊叹效果，从语言的贫乏和书写的局限所导致的盲视，转向生动而直观的洞见。①

这更应该被看成一位能够灵活运用物叙事的学者的经验之谈和研究心得。四重证据法是对此前三重证据法的继承和扩展，而非否定。对传世经典文献谬误的认识和纠正，对唯传世文字经典马首是瞻之态度的质疑，是第二重、第三重和第四重证据法所具有的共同特征。

所谓“三重证据法”，包括文字训诂考据为第一重证据，王国维揭示的出土甲骨文、金文等为第二重证据，增添了人类学、民族学的非文本性参照材料为第三重证据。三重证据法的影响，不仅限于文史研究，也给其他学科带来启迪。如法学方面的证据学探讨。在21世纪初，文学人类学研究者再度倡导“四重证据法”，吸取了人类学的“物质文化”概念，将出土或传世的古代文物及图像资料作为文献之外的第四重证据，探究失落的文化信息，以期重新进入中国的文明史和史前史。②

不过，四重证据法不是第四重证据法，物叙事并不是用一种新的占统治地位的表述方式（实物和图像），去取代此前的表述方式（文字），而是实现多种不同的表述方式之间的互动和融合。物叙事本身并不是万能的，多重证据需要多重媒介之间的互动，才能最大限度地避免偏重某种表述方式所造成的文化信息的遮蔽和丢失。“物品、图像、动作可以表达意义，并且它们实际在大量表达意义，但是，这种表达从来不是以自主的方式进行的，所有的符号系统都与语言纠缠不清。”③ 也就是说，物体不是纯然状态的物体，具有意指性的物体都多多少少与语言混合在一起。④因此，第四重证据的提出是对此前三重证据法的扩展，而非否定。笔者将以类似格雷马斯矩阵的图表，重新分析四重证据之间的关系。见图1。

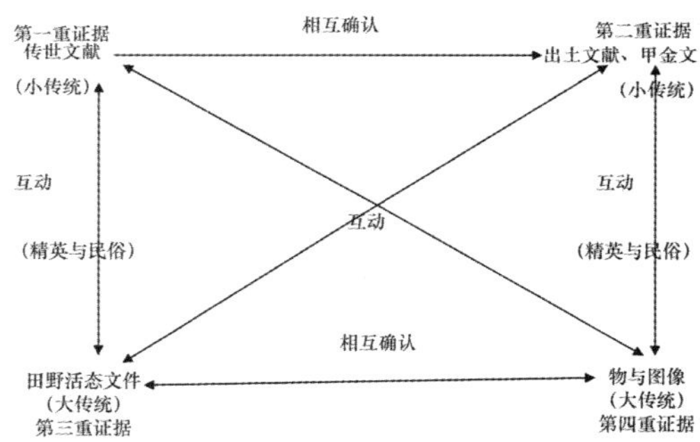

图1　四重证据法之间的关系

① 叶舒宪：《第四重证据：比较图像学的视觉说服力——以猫头鹰象征的跨文化解读为例》，《文学评论》2006年第5期。

② 叶舒宪：《文学人类学的理论与方法——当代中国文学思想的人类学转向视角》，《河北学刊》2011年第5期。

③ ［法］罗兰·巴尔特：《符号学原理》，王东亮等译，上海三联书店1999年版，第2—3页。

④ ［法］罗兰·巴尔特：《罗兰·巴尔特文集：符号学历险》，李幼蒸译，中国人民大学出版社2008年版，第188页。

如图1所示，证据法从一重证据到四重证据的过程是一个扩展证据法边界的过程，而这一过程是对文字这一单一媒介霸权地位的否定和挑战。第一重和第二重代表在文明社会中占中心地位的文字表述所具有的重要地位。从一重证据法到二重证据法，代表文字边界的开拓，是文字所属的小传统内部疆域的拓展。第三重和第四重证据法则是民俗对精英文化的突破，也就是大传统新知识对文字小传统的超越。四重证据法就是在开拓证据疆界的过程中，通过相互确认和互动，破除霸权媒介的遮蔽。

四重证据法强调不同证据之间互相论证、相互确认和相互开拓的证据间性。它的提出是基于人类文化表述中多种媒介互动的现实，“没有一种媒介具有孤立的意义和存在，任何一种媒介只有在与其他媒介的相互作用中，才能实现自己的意义和存在。”① 在人类表达意义的多种方式中，多种媒介是相互作用的。违逆多种媒介所具有的相互关联和相互作用的特性，将多维媒介硬性拆解，并压制某些媒介，会导致信息的缺失和遮蔽。因此，活态神话信息被仅仅依赖文字文本的人们所遗忘。

不过，四重证据法也只是为了阐释的需要而建构的比此前的单一证据法更具说服力的阐释场域。四重证据法从多重证据互动的角度，反思文字的遮蔽，从而在活态的表述方式中，多维度地把握文化信息。四重证据法也注定会被更加理想的方法所超越。从一重证据到多重证据，从文字单维孤证到文字书写、口头传承和实物图像多维度的相互印证，证据法的演变是一个不断突破遮蔽的英雄旅程。在美国神话学家约瑟夫·坎贝尔的《千面英雄》中，英雄远离日常生活世界（经济利益和日常法则）的束缚和遮蔽，在神秘世界中探险。史前萨满的精神修炼是突破本地化传统法则和神话意象的束缚，从精神的本源世界获得恩赐的探险。坎贝尔试图突破西方传统神话观的束缚，从而在东方神话世界、史前神话世界（史前猎人、农人和女神等）以及印第安神话等所代表的原住民神话世界中探险，从而突破西方宗教权力话语对个体灵性世界的压制。四种证据法（多重证据法）逐渐克服现有证据法的弊端，突破各种表述方式的束缚，从而获得精神的飞升。

五　玉教神话：梦回崇玉古国

近十年来，围绕玉石神话，叶舒宪撰写了大量论文，认为古代的每一种玉礼器都包含一种特殊的神话观念在内。他于2015年7月出版的长达70万字的学术专著《中华文明探源的神话学研究》的大半篇幅都在集中探究玉石神话。玉石并不仅仅是他的个人爱好，更是他借此进入本土文化世界的路径和钥匙。在其学术自述《我的石头记》中，叶舒宪认为，与西方拜金主义相对的拜玉主义，更能代表本土独一无二的地方性知识。② 正如他在自己的另一篇文章中所说的，“就物质和精神的统一性而言，玉石神话信仰堪称中国文化的核心。”③ 他甚至将此类信仰尊称为

① ［加拿大］埃里克·麦克卢汉、弗兰克·秦格龙：《麦克卢汉精粹》，何道宽译，南京大学出版社2000年版，第248页。

② 叶舒宪：《我的石头记》，《民族艺术》2012年第3期。

③ 叶舒宪：《在信仰迷失的时代寻觅“鹰熊”——文学人类学视野中的朱鸿及其散文》，《西北大学学报》（哲学社会科学版）2015年第4期。

"玉教信仰"，抬高到国教的地位。[①] 在他看来，在从史前逐渐形成的华夏文明的语境中，玉是通神的法器、崇高人格的象征，更是华夏认同的原动力。

不过，大传统的神话信仰在小传统中面临被再书写、解码与再编码，甚至被扭曲的命运，史前玉石神话信仰的碎片蔓延和弥漫在后世小传统的各个角落，而神圣信息也沉睡在历史的迷雾之中。因此，在叶舒宪那里，传国玉玺从秦朝开始成为王权的象征，《山海经》中关于矿山的记载，《穆天子传》中周穆王西游寻玉，《红楼梦》中宝玉衔玉而生，2008 年北京奥运会金镶玉奖牌设计，日常用语"君子温润如玉""化干戈为玉帛"……这些在其文章中被提及的案例，成为史前玉教神话信仰在小传统中存在的活化石。

如果说《穆天子传》所讲叙的周穆王西游寻玉的事迹，是西周帝王对玉石源头的朝圣之旅，那么，叶舒宪近几年的田野调查更是在寻找和重塑这条朝圣之路。他将"丝绸之路"更正为"玉帛之路"，是还原这条道路被西方命名所忽略的文化信息。1869—1872 年，来中国调研的德国地质学家李希霍芬首次将张骞出使西域的道路命名为"丝绸之路"，然而反响寥寥。这一几乎被遗忘的命名却由于联合国教科文组织以"丝绸之路"为名的为期 10 年的项目，而被广泛接受。[②] 也就是说，这一被写入历史教科书的命名是由西方学者首先提出，又因为被未必真正了解中国国情的国际机构认可从而成为毋庸置疑的真理，但是，这条路被命名和该命名被认可的过程恰恰缺少了来自被命名的国家自己的视角和声音。叶舒宪等学者将这条路命名为"玉石之路"或"玉帛之路"，并多次发起学术研讨会和田野考察[③]，他们夺回这条文化之路甚至中国历史上的朝圣之路的命名权的目的，是将他者命名转为自我言说，将该路与更为深远的华夏文化之根脉联系起来，在延伸其历史纵深面的同时，也赋予了这一道路更为久远的文化意义。叶先生更是怀着学术的虔诚，甚至冒着生命危险去实地考察这条玉石之路的古代路网。两年来驱车行程达二万公里，覆盖了中国西部的七个省区，他为学术付出的热情，令后辈肃然起敬。

六　结语

在至今为止的学术生涯中，叶先生都力图寻找切进本土神话世界的研究方法和路径。他所提出的神话原型、神话意象、文化文本为载体的神话、大小传统、四重证据、文化 N 级编码、玉教神话等，都是他的探索。在近期的访谈录中，有学者问到他对自己这些探索的态度：

魏宏欢：您最初提倡神话哲学、原型批评，后来提出了三重证据法、四重证据法，现在又是大小传统、N 级编码、玉教信仰、文字原型。有的学者就对您产生了一种误解，认为您在不断地否定自己。

叶舒宪：与时俱进必须勇于超越。这是否定自己还是递进的阶梯呢？一种理论的形成有其自身的发展演变过程。你刚才说到的这些命题并不一定相互冲突，而是在一条逻辑链条上。因为要找文字原型，

① 叶舒宪：《中华文明探源的神话学研究》，社会科学文献出版社 2015 年版，第 263 页。

② 叶舒宪、唐启翠：《玉石之路》，《人文杂志》2015 年第 8 期。

③ 2013 年 6 月，中国文学人类学研究会与中国收藏家协会学术研究部在陕西榆林合作召开了"中国玉石之路与玉兵文化研讨会"；2014 年 7 月，中国文学人类学研究会又与《丝绸之路》杂志社等合作在兰州举办甘肃史前文化齐家文化研讨会及田野考察活动，旗号为"玉帛之路文化考察"以及"玉帛之路：比丝绸之路更早的国际大通道"。

提出三重和四重证据法，通过它们确认原型不在文字里，而在实物。这一切都来自研究的实践。没有研究的需要就没有多重证据的方法论，也就没有大小传统的再划分。因此，一切超越都是在一条逻辑链上，看似变化多端，实际是环环相扣的。①

叶舒宪将这些探索看成递进的阶梯，然而，在笔者看来，他的探索更是突破遮蔽，进入神话世界的朝圣之旅。他的学术探索类似于瑜伽修炼。印度的昆达林尼瑜伽（Kundalini Yoga）认为，人从头到脚有七个心理中心，分别为：海底轮、腹轮、脐轮、心轮、喉轮、眉心轮、千顶花瓣。"昆达林尼"（Kundalini）原意是"蜷曲着的"，代表上升的精神力量。这种神秘的力量，盘桓在身体的最低处，是需要修炼者通过修炼唤醒的沉睡着的大蛇。而每个心理中心即是"莲花"，也就是"脉轮"，它们都处于潜在的渴望被激活的状态。在上升的精神力量的刺激下，脉轮会焕发光彩，获得生命。昆达林尼瑜伽的修炼代表精神由下而上、逐步提升的过程，是修炼者不断克服某些欲望和需要，最终超越此世法则，获得精神自由的过程。② 神话研究也是开拓精神世界、获取精神启迪的过程。每个概念类似精神修炼中的一个脉轮，从一个脉轮转向另一个脉轮，则代表向本土神话世界的迈进。神话研究更是力图通过不同脉轮的递次上升，突破遮蔽，获得神话所赋予的精神自由。最后，笔者期待在史前玉教神话世界进行朝圣之旅的叶舒宪先生能够带给我们更多的学术开拓与精神食粮。

（原载《长江大学学报》2015 年第 10 期）

① 叶舒宪、杨骊、魏宏欢：《探源中华文明 重讲中国故事——中国文学人类学研究会会长叶舒宪先生访谈》，《四川戏剧》2015 年第 6 期。

② Joseph Campbell. *Myths to Live By*, Viking Press1972, P110 - 116.

赵宗福：深惟重虑　力行不怠

文忠祥

赵宗福博士是民俗学大师钟敬文先生的亲传弟子，1993 年起享受政府特殊津贴，1996 年破格晋升为民俗学教授。青海师范大学民俗学硕士点在首席导师赵宗福教授的带领下，于 2003 年获得民俗学硕士学位授予权，同年在古典文学专业招收民间文学方向的硕士生。2004 年民俗学硕士点正式招生。经过短短 4 年时间的建设，民俗学学科点于 2007 年被批准为青海省省级重点学科，也是唯一获得全票通过的重点学科。之后连续在全省硕士点教学质量评估中稳居全省文科第一。自获得硕士学位授予权以来，以赵教授学科建设思想为指引，在学科建设方面取得跨越式发展，学科团队也已成为一支思想业务素质高、结构合理、科研成果丰硕的师资队伍，在硕士研究生培养方面结合西部地方院校实际，借鉴国内外著名高校办学经验和办学力量，积累了丰富经验，所培养研究生的质量得到省内外同行很高评价。这些成绩的获得，与赵教授的亲力亲为密不可分，而他的民俗学学科建设思想是其中成功的关键因素。赵教授的学科建设思想在民俗学学科建设过程中得到不断充实和完善，并在不断的实践检验过程中日臻成熟。笔者以亲历者的身份和眼光，对赵宗福教授的学科建设历程做一个回顾，并就其学科建设思想进行总结，以期与学界分享。

一　学术队伍建设思想

青海师范大学民俗学硕士点之所以能够在短短的几年间获批省级重点学科，证明了赵宗福教授关于学术队伍建设思想的正确性。他认为，学术队伍是学科建设的根本要素，是基础。在民俗学硕士点申报之初，民俗学教师几乎为零，赵教授即以学术队伍建设为着眼点，开始构建学术队伍，并迅速取得成效。他主要采取了三个措施：第一，挖掘现有队伍潜力，鼓励硕士学位师资积极攻读博士学位，完成学业后回校服务。通过此种形式，民俗学硕士点培养了 3 位博士。第二，吸引学校其他相关学科博士，将相关学科博士纳入到民俗学硕士点的框架下，有 2 位博士属于此列。第三，注重队伍梯队建设。看到有些硕士点、学术点，随着一些导师的退休而随之消失，主要原因就是没有注意后续人才的培养和储备。为了避免这种现象的出现，赵教授特别强调要通过传、帮、带扶持年轻人。针对年轻人的个人学术旨趣和特点，通过各种形式，对年轻人进行无私提携。对那些求知欲强烈、欲在民俗学研究上取得发展的年轻人，从最初的研究方向的选定，到研究论文的逐字逐句的修改，再到向学界大力推介，使得年轻人科研能力迅速提升。这种提携可以毫不夸张地说，相比于一些害怕自己被超越而极力包藏个人学术研究点的“著名学者”“首席导师”而言，赵教授充满了对学科的热爱，对学科发展的执着，是那么的大度、包容，是那么的充满了学术自信！青海师大民俗学硕士点吸纳高级职称人才，提携青年人才，教师队伍的年龄结构更加合理，各层次人员配备齐全，形成了较为齐整和完善的学术梯队，为民俗学硕士点的教学和科研的长期持续发展奠定、夯实了人才基础，形成了可持续发展的良好局面，大大增强了发展后劲。目前，学术队伍中有教授4人、副教授7人、讲师3人；具有博士学位6人、在读博士1人，其余均具有硕士学位。年龄结构上，50岁以上2人，40～50岁6人，40岁以下6人。而且作为民俗学这样的小学科，这种队伍结构的形成在其学科点建立后不久就基本成型，这在青海这样的欠发达地区高校是比较少见的。

赵教授认为，学术队伍建设，一定要追求人才方阵，而人才方阵务必要以规范的专业训练为基础。因此，纳入民俗学硕士点的前提，必须是经过硕士专业训练的人才。可以不是纯粹的民俗学专业出身，但一定要是相关专业，注意不同学缘组合，吸收不同院校的毕业生。在强调人才聚集、团结合作的前提下，他非常注重人才的合理分布，避免在研究方向上“扎堆”，引起不必要的人力浪费。在他的精心规划下，民俗学硕士点下除了民俗文化学、区域民俗学、民间文学三个方向的稳定招生外，同时在民俗文化学、非物质文化遗产保护两个方向上招收高校教师在职攻读硕士学位。因而在民俗学硕士点的框架下，在各个方向上都分配了一定的研究和教学资源，又适当突出了每个教师的研究个性和特色。

赵教授在组建团队时，对于后备人选精心甄别，尤其注重个人品行，强调“做人是第一位的”，要求团队成员品行端正，为人正派，诚实厚道，富有团队合作精神，工作认真负责，治学严谨，为人师表，重视教书育人。对于有些确实在学术上有所建树，但人品不佳而又削尖脑袋要进入团队的人，坚决说不！这一要求，保证了团队内部团结和谐的学术研究氛围，消除了因为不团结而造成的研究精力的“内耗”，使得大家凝心聚力，劲往一处使，也是团队精诚合作，团结互助，学术氛围浓厚的重要保证。在此要求下，民俗学团队焕发了勃勃生机，近年来团队成员或共同或个人承担了数十项国家级、省部级课题，学术成果不断涌现。学术队伍中，赵宗福教授为首席专家的《昆仑文化与中华文明研究》获批2013年国家社科基金重大项目，实现了青海国家社科基金重大项目研究零的突破。团队内国家社会科学基金项目主持人比例极高，如赵宗福教授主持《青海多元民俗文化圈研究》、米海萍教授主持《青藏地区民族民间文学研究》、文忠祥主持《甘青地区土族民间信仰与社会和谐研究》、贺喜焱主持《青海少数民族传统节日文化传承与创新研究》、刘永红主持《青海宝卷研究》、李言统主持《青海多民族地区嘛呢信仰及其社会作用研究》、刘大伟主持《河湟民族走廊多民族庄廓民居的文化空间研究》，等等。近几年赵教授的《青海多元民俗文化圈研究》《昆仑神话》《青海花儿大典》，米海萍教授的《青藏地区民族民间文学研究》《土族史料集》《青海民族迁徙史》等专著，文忠祥教授的《神圣的建构——土族民间信仰源流》《神圣建构与世俗秩序——土族民间信仰与社会生活互动研究》《土族纳顿》，李言统的《故事歌研究》等重要学术专著，大都由国家级出版社出版，具有很高的学术价值。而这些成果的取得，与赵教授带领建设的学术队伍的共同奋斗是分不开的，也与他所倡导的“追求精品”的学术研究理念分不开。

此外，赵教授积极倡导、筹备成立青海省民俗学会，广泛团结全社会的民俗学者进行学术研究，与学科建设相辅相成，也有力地促进了民俗学学科的建设和发展。2012年5月12日青海省民俗学会成立，在册会员100多人，其中拥有硕士、博士学位者近80人，一跃而起为青海省各学会中学历层次和学术阵容最强大的学会，2014 年青海省社科联对全省社科学会进行评估分级，民俗学会被评为一级学会，得分最高，排名第一。赵教授作为中国民俗学会副会长、中国少数民族文学学会副理事长被大家一致推选为青海省民俗学会首任会长，青海师范大学民俗学学科点的米海平教授、文忠祥教授被选为副会长，贺喜焱副教授被选为秘书长，多名教师成为学会理事。

赵教授对青海民俗学会的定位是：以建设青海特色的地方民俗学为己任，力求立足于青海的民俗文化实际，以青海民俗文化为研究对象，同时将青海民俗文化放置在全国乃至国际的民俗学学术视野中，以田野作业为基本功，深入基层调查研究，追求做出具有国内国际水准的民俗文化调查研究成果。不断增强学术软实力，遵循学术规范，追求学术品质，以优异的业绩来赢得学术话语权，真正树立起青海民俗学者的形象。

青海师大民俗学学术团队与青海民俗学会发生交集。对省内而言，让民俗学团队更加紧密地与省内各层次的民俗学研究力量形成合力。一方面，加深了与省内各个研究机构民俗学研究力量的交流、学习，进一步完善、促进了学科建设；另一方面，加强了与基层民俗学研究者之间的合作交流，省内许多独具研究价值、需要深入挖掘的研究对象被介绍进入了我们的研究视野。民俗学会的成立，无论从广度还是从深度，都极大促进了青海省民俗学研究，充分营造了民俗学研究的浓厚氛围，让青海的民俗学日益成为一门“显学”。而这一点为民俗学学科建设提供了良好的发展环境。对外而言，青海省民俗学会成立后短短两年多时间内，先后与相关部门合作，联合举办了五届“昆仑文化国际学术论坛”以及“西王母文化论坛”“土文化国际学术研讨会”“格萨尔与世界史诗国际学术论坛”“昆仑山敬拜大典”“西王母敬拜（中华母亲节暨敬母）大典”等学术及民俗活动。先后邀请海内外著名学者 300 余人次来青进行学术交流。这些高层次学术活动的成功策划、举办，与赵教授充分调动各方学术资源和人脉、策划会议智力密切相关，无不凝聚着他的学术智慧，无不充满着他的办会经验。通过参加这些学术活动，强化了与外界的交流，将民俗学学科建设中的学术交流工作推向纵深，极大拓展了我们的研究视野，也夯实了民俗学学科建设发展的学术理论储备，使得科学研究与教学工作相互促进，相得益彰，民俗学学科建设跨上了一个新的台阶。

二 学科科学研究思想

赵宗福教授说：钟敬文“先生常常教育我们，要尽量吸收国外的学术理论方法，取其有用的部分，结合我国民俗文化和传统理论实际，解决本国的实际问题，绝不可以照搬卖弄，否则就是二道贩子。这样的思想就成了我后来教学研究的原则和科研管理的理念。”近些年，赵教授倡导地方民俗学建设，认为地方民俗学者的研究对象虽然大多是地方的民俗文化，但其意义不凡，“地方民俗学者应该在挖掘地方民俗文化内涵，弘扬地方优秀传统文化，保护地方文化传统尽到一个地方学者的责任；地方学者应通过民俗学的学术资源，积极参与地方文化建设；通过民俗研究与学科建设，推动中国民俗学科的发展和国家学术事业的繁荣。这是作为一个地方民俗学者应有的情感认知和责任担当。地方民俗学的建设要坚持立足于地方民俗文化的实际，放眼国内国外的学术语境，推出具有国内国际水准的成果，在学坛上赢得话语份额”。民俗学硕士点学术团队以地方民俗学研究为方向，培育了良好的学术研究氛围和合作精神，打下了很好的科研基础，激发出了较强的科研实力。在赵教授的精心策划下，民俗学硕士点下设的民俗文化学、区域民俗学、民间文学和非物质文化遗产保护等研究方向越来越能够依托丰富的地方民俗文化资源，在研究选题上独具地方特色。同时，在研究理论和方法的采用上，强调要具有国际眼光，紧跟民俗学学界理论前沿动态，及时将最新理论和方法引入大家的研究课题中。

民俗文化学方向的特色和优势在于，青藏高原拥有丰富而独特的多民族民俗资源，而且传承历史悠久，具有极高的学术研究和应用价值。本研究方向依托民俗学硕士点地处青藏高原的地理优势和研究队伍的学术优势，围绕青藏高原民族民俗文化史研究，就最具特色的民俗事象溯源辨流，阐释其文化内涵，以寻求民族民俗文化适应社会发展的途径。以赵教授为学术带头人的研究队伍，依托数量可观、质量颇高的研究成果，形成了自己的民俗学研究特色，在国内外民俗学界确立了自己的学术地位，在“短短十年间不同层次上获得了相当的学术话语权”。他长期从事青藏高原民俗文化研究，先后在《文艺研究》、《文艺评论》、《民间文化论坛》、《民俗研究》、《文献》以及台湾《民俗曲艺》等权威性学术期刊发表有关民俗学、神话学、民间文艺和历史文化方面的论文近百篇，由中华书局、中国社会科学出版社、光明日报出版社等出版《青海多元民俗文化圈研究》等著作11部，其成果先后28次获得省部级以上奖励，在学术界影响广泛。

区域民俗学方向，以民俗学理论方法为主导，结合民族学、社会学、宗教学理论方法，重点研究区域内具有地域特色的土族、撒拉族、藏族、河湟汉族、回族等民俗文化，进行跨区域、跨民族的民俗比较研究，适当延伸到跨国民俗文化比较研究。本方向的特色和优势，是依托区域特有民族，开展具有鲜明地方特色、民族特色的民俗研究工作。利用地处西北的区位优势，可以近距离、长时段地开展田野工作，围绕各民族民俗文化事象，深入、全面、系统地开展研究工作，溯源辨流，阐释文化内涵，为特有民族民众更好更快地发展地方社会经济文化，适应社会主义社会现代化步伐提供学科依据。该方向近年来出版《神圣建构与世俗秩序——土族民间信仰与社会生活互动研究》等专著多部，在《民族研究》《青海民族研究》等刊物上发表《三川土族“纳顿”解读》《土族村落的空间结构及土族的空间观》等论文近20篇。主持和参与《甘青地区土族民间信仰与社会和谐研究》等国家社会科学基金项目5项。

民间文学方向，基于民间文学在学科建设、学术研究、人文科学的发展中具有不可替代的地位，以科学态度对历史与当下的民间文学现象进行调查、收集、整理、描述、分析和论证，探求其不同表演形式的本质结构、特点与社会功能，揭示其发生、发展、传承、演变、消亡的规律，以及民间文学生活呈现的行为状态和意义，从而帮助理解民间社会的文学生活和文学行为。研究上具有时间的共时性和历时性、资料的书面性和口头性、表演的即时性和创作性、艺术的审美性和生活性以及文学和生活互动、历史和现实互渗的特色。该方向近年来出版《故事歌研究》等专著多部，在《西北民族研究》等刊物发表论文20多篇，主持参与国家社科基金项目6项。

在选题的地方特色与理论方法的国际眼光有机结合的科研工作中，除了获批主持多项前述国家社会科学基金项目外，还有赵教授主持的文化部《中国节日志·青海春节志》《中国节日志·老爷山花儿会》《中国节日志·土族青苗会》等专题项目，邢海珍主持的文化部《中国节日影像志·

纳顿节》项目。这些研究项目有一个总的特点，就是所有项目的策划都特别强调依托地方民俗文化，特别注重突出研究特色，特别重视发掘研究创新。因此，这些科研项目本身具有重要的学术价值和现实价值，而且其产出成果多具有学术“精品”的特点，一批学术成果在中国社会科学出版社、中华书局、人民出版社、人民文学出版社等权威出版社出版。在科研中，能够做到这些，仍与赵宗福教授所倡导的“追求精品”的学术研究理念直接相关。

三 学科教学与人才培养思想

赵宗福教授在硕士研究生培养中身体力行，严把教育教学质量关。他亲自为民俗学硕士学位点制订了研究生培养方案，从研究生招生、入学面试，到三年的专业训练，为教师、学生提出了系统的教学和学习方案。规范的教育方式，保证了稳定的教育质量。自招收硕士研究生以来，已有9届共70名学生（其中含41名全日制硕士研究生、29名高校在职硕士研究生）顺利毕业。毕业生在校期间公开发表学术论文96篇，学术成果斐然。

（一）提出创新培养模式，全方位提高教育质量

赵教授认为，研究生教育应有“三个一流”：一流目标、一流教学、一流质量。其中，一流教学中包括师资、设备和资料，并针对青海师范大学硕士教育的实际，提出要迎难而上，知难而进，锐意进取，励精图教。这样的要求，在经济比较发达的省区也难于实现，更何况经济还严重滞后的青海呢？但赵教授在教书育人上有一股锲而不舍的韧劲，越是困难，他越不会轻言放弃。为了实现上述目标，他付出了巨大的热情和努力。

第一，投入真情育英才。赵教授经常说，他的教育理念就是把儿女当学生教育，把学生当儿女培养。而这种理念又是得益于钟敬文先生的教诲：“儿女是肉体的传承人，学生是精神的传承人。”赵教授秉承先生理念并发扬光大，运用到研究生培养实际工作中。他说，教师有三个“本钱”：身体、儿女和学生，身体是延续自身生命的本钱，儿女是延续家庭血脉的本钱，学生是延续学术血脉的本钱。他把这种教育理念贯穿在学生培养的全过程，不管是在课堂上，还是在课外。具体而言，他的教育理念体现在五个方面：

（1）强调做学问与做人的关系，让学生沿着“做学问中做人，做人中做学问”的路线成长。关于这一点，在新生入学教育中着重强调，反复论述人品与学品的追求，要求新生从入学第一天起，要追求高尚的做人品格、学术品格，并将这种要求贯穿在三年的硕士教育过程，从学生的日常待人接物，到学术规范，从一些小的缺点开始逐步指导，使之一点点完善。

（2）关心学习，根据学生实际帮助制订学习计划和研究方向。在入学后，通过深入交流，掌握学生学习背景以及家庭背景等，根据这些情况提出相应的学习计划，其中着重强调对于学术经典的研读。在这些指导工作中，有些非常细致，比如，教学生如何判断一些著作的价值时，指出要“八看”：看作者、看出版社、看出版年代、看参考文献、看注释、看目录、看引论、看结论。对于如何做读书笔记，如何查阅专业资料，对于资料如何归类、保存，如何开展田野调查，如何写作等，从课堂到课余，均进行细致的指导。

（3）关心生活，尤其关注经济比较困难学生、外地学生的思想动态。通过长期、细致、深入、耐心的交流，让经济条件相对较差的学生树立“别人和我比父母，我和别人比明天”的思想，帮助克服自卑心理；外地学生，往往容易拿青海地方学校

和外地名牌学校等条件好的学校比较，产生失衡心理，让外地学生克服这种心理失衡，让他们踏踏实实在这里求学深造，圆满完成学业。

（4）注重沟通，除了课堂教学外，特别注意利用课余时间的交流。比如，在有限的与学生聚餐中，不主张在饭桌上闲谈国家、省上事情，而是主张在一种轻松的氛围中，围绕学术、学业问题进行讨论、交流。通过组建 QQ 聊天群，完成学术动态交流。通过多种形式的交流，达到了深入了解学生学习、思想动态，并因材施教，有针对性地精心指导。

（5）重视友情，形成亦师亦友的良好关系。在与学生交往中，放下导师架子，和蔼可亲，平易近人，并认为学生自然有其导师不及之处，主张要善于向学生学习。在生活、科研上，不利用学生，不让学生帮助完成导师课题研究，不在学生学术论文上署名。但是，积极帮助学生的学习，向他们无私提供各种掌握的学术文献资料，即使手头没有的也会提供各种查找线索，通过各种途径提供学术动态信息，帮助学生在学业上尽快提升各种能力。

导师的真情投入使学生对导师产生了拳拳真情，师生交往有了长久的互动基础。赵教授将学生对导师的态度总结为四个类型：敬重、敬畏、恐惧、蔑视，学生不同的态度，反映导师是否在培养过程中倾注了真情，是否真正实现了教书育人。在民俗学硕士生培养的十年间，赵教授时时处处对学生倾注真情，绝大多数学生都对赵老师深怀感恩，始终心怀敬重。

第二，借用国内资源，拓宽教学场域。赵教授认为，地方高校要培养高质量研究生，要切实提高培养质量，就必须在培养模式探索上下功夫。

（1）研究生刚刚进入校园后，通过新生入学教育等途径，让民俗学教学团队的所有教师完成第一次与新生的见面，并适当安排教师作为学生课外指导教师，保持与学生的密切联系与交流，在帮助完成角色转换的同时，从生活、学业等各个方面进行全方位的关爱。

（2）分享名校、著名研究机构教学资源。研二下学期，将已经具有一定专业基础知识的学生外送到著名高校、研究机构的名师跟前，跟随名师访学、听课。十年间一路坚持下来，学生能够触及学术前沿动态，为后来的学术研究进行学科理论储备，为研究奠定了较高起点。

（3）进入论文写作阶段，选请名师兼作校外导师。他说，一个人的研究精力、一个人的研究视野毕竟有限，通过选请导师可以有效弥补一个导师的不足。通过校外导师的共同指导，学生的研究视野得到极大拓宽，学术嗅觉变得敏锐，思考问题、发现问题、解决问题的能力得到很大提升，最终，研究论文学术层次随之提高，保证了培养质量。

（4）针对研究生中一些特殊学生，因材施教，制定特殊教学方式。比如，有一位留学生的研究兴趣在西北穆斯林的宗教生活，为此，赵教授特别联系一些穆斯林教职人员为其单独授课；而另一位留学生对藏族情歌、谚语感兴趣，他就专门聘请相关教师为其加授藏文化等课程。

第三，积极利用现代手段，拓展学习空间。信息时代，不懂得利用信息资源便会落伍。故此，赵教授将个人掌握的国内外网络学习资源提供给学生，并亲自讲授各种使用方法。但是，非常强调对于网络资源利用的甄别，要求对这些资料的使用一定要仔细筛选、核对。同时，建立本学科点的师生交流平台，虚拟的诸如建立 QQ 群、微信群，现实的如不定期举行本学科点师生学术沙龙，在一种看似自由、漫散的形式下，进行学术交流，既有近期学习上的不同观点的交锋，也有长远发展规划的讨论调整，既有最近阅读学科经典著作的心得体会的交流，也有最新著作、论文及新观点的阐发，在其乐融融的氛围中完成师生互相促进、共同提高。对前沿理论及其著作，经常性地采取沟通讨论的形式，促进大家阅读的深入推进，并就如何结合个人研究进行有效运用提出有针对性的建议。

第四，突出专业特色，强调田野实践。民俗学作为一门“现在的”学科，它的主要资料是仍存活于民间的民俗事象，这是一种既具有历史传承性、又表现为现实形态的民俗资料。因此，民俗资料的搜集，最主要的是田野作业的方法。为了凸显专业特色，田野调查工作自然成为最主要的方式和途径。民俗学硕士点的田野调查，赵教授根据自身实际进行合理安排，主要采取了三种形式加以开展。一是集中田野调查工作。这种方式主要围绕团队共同开展的课题研究进行，通过调查共同完成某项课题。也有利用假期等课余时间组织团队进行调查，这种调查为科研、教学进行资料搜集，并通过团队的互相交流，为后来更深入的研究奠定基础。利用田野调查课程，为便于安排，任课教师带领学生就不同民俗事象进行多次的集中调查。二是分散田野调查工作。根据团队中个人研究侧重点，鼓励长期、深入进行调查研究。这里，主要采取分散调查方式。另外，学生在完成开题进入论文撰写阶段后，需要田野调查的学生主要也是分散调查。三是专题性项目田野工作。围绕团队承担的项目，进行团队专题性项目调查，利用比较有限的时间，进行“团队作战”，合理分工，深入细化，共同完成项目。通过多年坚持，目前民俗学硕士点积累了大量的田野调查资料，包括文字、视频、音频、图像等。强化田野调查，极大地促进了教学科研工作。强化了师生的综合力、观察力、记忆力、注意力、操作力等能力，并使得课堂的理论得以内化；最直观的效果，是提升了学生论文质量，大多数田野调查后写作的硕士学位论文都取得了令人满意的结果。有些学生，通过学位论文调查，实际上确定了长期的田野调查点，为以后的研究奠定了良好基础。比如，他指导刘大伟以河湟“庄廓”文化为硕士学位论文研究对象，在顺利毕业后，进行更进一步的调查，于2014年顺利获批国家社科基金项目。指导学科点结合田野调查获得的图像资料，举办不同类型的“民俗田野图片展”，反响强烈。

第五，不断充实、调整、完善研究生课程体系。赵教授认为，课程建设事关学生培养质量，科学合理的课程体系为高质量培养学生奠定了基础。因此，根据学科发展、师资改变，进行及时合理的调整。在建设初期，三年进行了三次修订，后来基本上是三年进行一次修订。目前，形成以专业基础课、专业方向必修理论课、专业方向选修理论课、民族民俗选修课、留学生课为主的五大板块课程结构体系。课程从最初的15门逐步扩展到现在的38门。根据每届学生学缘特点，精选开设合适的课程。其中，具有特色的新课程，如民俗学专业英语、影视民俗学等，在国内诸多民俗学点还未开设；民俗学方法论，为学生系统教授民俗学学习、研究的方法体系。

通过创新培养模式，在研究生培养中做到了“向上”与“向下”兼顾。“向上”，即为了克服地处西宁，与学术中心地理距离较远的弱势，与北京著名高校、科研机构取得联系，与国内名校联盟教学，使研究生在读期间赴北京师范大学、中央民族大学、中国社会科学院等学术机构进修学习半年至一年，聆听国内外名家的课程和讲座，进一步保证了优质的教学质量。“向下”，即充分利用地处西宁，周围各民族具有丰富多彩的民俗生活资源的优势，定期、不定期带领学生进行田野调查，开阔视野，接触丰富的民俗事象，做到理论与实践的有机结合，取得了良好效果。

（二）注重论文指导，强化学术规范，突出学术创新

因为学位论文是硕士研究生三年学习的最终检验，是反映研究生教学质量的一个重要指标，所以赵教授非常重视对学生的论文指导。他认为，指导学位论文是导师的中心任务，而强化学术规范，突出学术创新是撰写学位论文的核心。学术规范的内涵，一是指学术论文撰写的技术规范，二是指研究与实践方法的规范，三是指求真务实的科学精神和学术伦理。按照学术规范内涵进行学术训练，从字词句、标点符号、段落逻辑、框架结构、注释和参考文献等方方面面入手，在逐步解决各个细节之后，采取先写读书笔记、写小论文，再写五六千字的论文，逐步拓展到三万字以上的学位论文。

赵教授在对学生强调做学问时，始终把学术创新放在首要位置。但他并没有将这一要求停留在口头上，而是切实地从各方面为学生学术创新创造条件。为了做到始终追踪学术前沿的理论方法，他把一些著名的学者引荐给学生，让学生在与名家的交流、学习中获得最新信息；推荐名家最新研究成果，让学生追踪他们的文章。但是，仅有最新理论方法远远不够，还要落实到具有研究价值的独特的研究对象。为此，结合学生知识结构和研究旨趣，筛选确定研究对象，并结合最新理论方法，以较新的学术视角、广阔的学术视野，以较多的第一手调查材料，落实到具体的研究对象中，力争有所创新，保证了每一位研究生学位论文又有若干学术亮点。需要说明的是，在要求创新时，强调“传承创新”，在尽可能掌握前人研究成果，做好学术史综述的基础上，把握创新方向，提出创新点，而非一味地强调“横空出世”的创新。

赵教授手把手地指导学生的学位论文，从选题、撰写到定稿，每一个环节均严谨而细致，花费了巨大精力，也形成了一定的程式，写作过程中尤其要求学生把握好几个关键环节。

第一，选题。选题是成功的第一步。

选题原则，一是扬长避短，根据学生学习经历及学术兴趣，结合学生的地域、民族、性别等方面的优势与不足综合考量，推荐选题。二是量体裁衣，推荐选题的难易度，考虑学术实际，根据学生学术积累和研究能力，并不“一刀切”。三是着眼未来，推荐选题必须考虑到学生将来的持续发展，让学生在完成硕士学位论文后，还能在该选题基础上有继续深入研究和发展的空间。不能只顾眼前，贻害未来。四是宽严适度，确定选题时既不能完全跟着导师的研究方向、研究课题，也不能一味放任，完全让学生自主确定，通过与学生深入交流沟通后才敲定选题。五是调整完善，第四学期前，应该容许研究生根据实际情况提出更换选题，导师慎重考虑后可以更换。

选题方面，主要以扬长避短、保证具有可持续研究空间为原则，从时间上，在学生入校第一学期后要求开始思考，第二学期结束前根据研究生的专长以及学术旨趣，初步确定主题。围绕该选题搜集文献，从理论方法、材料等方面着手准备。之后，赴北京听取名家指点，并借助北京有利条件广泛查阅、收集资料，最后由导师酌情敲定选题，正式开题。

第二，开题。合格的开题标志着论文成功的一半。因此，非常注意开题报告的撰写。开题前，导师指导如何撰写开题报告，具体到包括哪些部分，各个部分又要涵盖哪些内容；开题时，邀请业内专家、相关学科专家参加，在一定范围内进行公开报告，征求意见。要求学生提前向每位参加开题专家提供开题报告文本，让专家

有充足时间仔细阅读报告并能够提出建议，真诚欢迎在开题时提出尖锐意见而避免走过场；开题后，导师监督，让学生认真按照专家意见及时修改完善。开题上特别讲究规范，一是规定开题报告至少在5000字以上；二是内容齐全，特别把学术史、理论、方法作为报告的重点；三是开题论证工作扎实认真，为论文撰写的质量提升奠定基础。

第三，撰写修改。这一阶段事关论文最后质量。主要做好：凝炼论文题目；把握理论方法；把握资料来源，根据材料价值分级使用；重视文献综述；参考文献的排列处理；有必要进行相关概念界定。在初稿完成后，导师反复审阅把关，小到标点符号，大到框架结构，从论述内容、学术规范到学术创新注意把握，绝对防止出现学术“硬伤”。论文撰写，强调行文规范，注重运用前沿理论，鼓励学术创新，定稿前要求反复修改。这样，学位论文质量不断得到提升。如《杨家将传说的民俗文化研究》写到14万字，盲审后得到外地专家一致好评。

第四，答辩。这是检验论文质量的最后一个环节。答辩前，导师指导如何答辩，说明答辩需要注意的问题，比如掌握时间、论述技巧等。答辩会上，对于导师角色需要把握。作为导师，如何看待答辩委员的提问质疑，替学生回答问题、答辩显然不合适，向学生提问同样不合适。最后，根据答辩委员们提出的问题，进行理解消化，能够在论文最后修改中吸收进去的尽量吸收体现，不宜吸收但值得接受的意见，通过梳理归纳促进后续研究。

通过以上严格而系统的专业训练，培养的硕士研究生质量被业界所称道。值得一提的是，一般硕士论文要求在四五万字，而本学科写到10万字左右的学位论文占到很大比例，且在盲审中被诸多国内著名高校博导给予优秀等级，认为堪比甚至超越一般博士学位论文。在已毕业的硕士生中，韩国留学生朴恩真赴美读博，学成归来继续在青海师范大学工作，41位全日制研究生中有6人考入中央民族大学、华中师范大学、上海师范大学、西北民族大学等高校攻读博士研究生，2人进入博士后流动站。近10人在硕士论文基础上申请到国家社科基金项目，其中张筠毕业后仅一年就成功申请到国家社科基金项目。同时，10篇左右的硕士论文在赵教授的继续指导下形成学术专著，由中华书局、中国社会科学出版社等出版社出版，这在国内学科点中也是罕见的。

总之，在多年的实践过程中，赵教授形成了系统而科学的学科建设思想，其中的团队建设思想，注意人品，合作包容，力戒浮躁；科学研究的指导思想，强调地方特色与国际眼光的结合，强调学术规范，注重学术精品；学科教学思想，与学生亦师亦友，强调思想开放、包容、高起点等。赵宗福教授学科建设思想在民俗学硕士点的建设和发展过程中，得到全面的验证，取得了很大的成功，成为青海师范大学民俗学硕士点一笔不可多得的宝贵财富积累和精神内涵。许多做法已被其他高校借鉴和效仿，也是民俗学硕士点成为西北地区学科品牌的内在支撑。

（原载《青海师范大学民族师范学院学报》2015年第2期）

向柏松：追“水”溯源

洪　浩

向柏松教授致力于中国神话研究二十余载，学术成果颇丰。先后在《文艺报》《民间文学论坛》《民族文学研究》《民族文学》《华中师范大学学报》《中南民族大学学报》《文化遗产》《求索》等报刊发表学术论文 60 余篇。论文多次被转载或摘录、引用。并出版了《中国水崇拜》《土家族民间信仰与文化》《神话与民间信仰研究》《民间信仰与现代生活》等多部专著。向柏松的神话研究主要涉及土家族神话传说研究、神话与民间信仰研究、水生型创世神话系统研究和创世神话形态研究等几个方面。

一　土家族神话传说研究

20 世纪 90 年代初期，向柏松就开始致力于对土家族神话的研究与梳理。1992 年发表论文《从巴蛇到白虎：巴人图腾的转换》，引据大量典籍分析了巴人图腾由蛇变虎的历史，找出其中转变的节点，提出了母系社会向父系社会转变是导致图腾变更的主要原因的观点。① 1995 年发表论文《土家族洞穴崇拜初探》，从土家族“洞穴生人”神话入手，分析了洞穴崇拜在土家族地名、丧葬等方面的体现，指出了其中生殖崇拜的内核。② 这两篇文章后被收录于其2001 年出版的《土家族民间信仰与文化》一书，该书依据对大量土家族神话资料的研究，提出土家族民间信仰具有历史性、渗透性、氏族性、兼容性的特点。③

向柏松对土家族神话传说的研究，证明了土家族神话传说与民族历史文化的辩证关系。他以土家族神话为切入点，通过对大量历史文献典籍的梳理，全面而系统地介绍了土家族不同历史时期产生的不同信仰与神话的关系。如《从巴蛇到白虎：巴人图腾的转换》一文，从巴人族群迁徙的历史以及典籍记载，探究了其不同历史阶段产生的图腾信仰，并根据图腾的转换过程指出土家族由母系社会向父系社会转变的历史节点。向柏松的研究揭示了土家族传统文化的精神实质，为促进土家族传统文化的现代化而寻求切入点和突破口。

二　神话与民间信仰研究

“神话是以民间信仰为前提而产生的关于神的故事，神话不仅仅是口头传承或典籍记载的文学作品，而且是存活于民族生活中的实体”，是向柏松秉承的研究观点。2010 年，其专著《神话与民

① 向柏松：《从巴蛇到白虎：巴人图腾的转换》，《湖北民族学院学报》（哲学社会科学版）1992 年第 1 期。

② 向柏松：《土家族洞穴崇拜初探》，《中南民族学院学报》（人文社会科学版）1995 年第 6 期。

③ 向柏松：《土家族民间信仰与文化》，民族出版社 2001 年版。

间信仰研究》由人民出版社出版发行；2011年，其另一部专著《传统民间信仰与现代生活》由中国社会科学出版社出版发行。在这两本书中，向柏松着重探讨神话与民族、民间信仰的关系，从民间信仰的角度，全方位考察了神话的基本内核、象征性表达、神圣的传承等几方面的内容，系统阐述了民间信仰的类别和不同历史阶段的特征，研究了民间信仰在近现代的变迁，并对至今仍存活的以民间信仰为内核的诸多民俗事象进行了深入剖析。

神话与民间信仰的渊源颇深，向柏松的研究将神话与民间信仰有机地结合起来，从民间信仰的角度考释远古神话，又通过神话来阐释民间信仰产生的原因及其精神内核。在《神话与民间信仰研究》一书中，他引据了大量水生型创世神话，系统地梳理了水生型创世神话的形态与结构。依据大量实例，向柏松“全方位地考察了水生型创世神话在人生礼俗、岁时节俗、生产习俗、衣食住行习俗中的遗存，并认为这些古老的水生型创世神话的因子之所以能沉积于现代诸多民俗事象之中，除了民俗本身的传承性方面的原因外，还与丰富多彩的水生型创世神话代代相传、至今不灭有关。正是借助了这类神话的代代相传，水生殖信仰才得以以一种集体无意识的形态，传承于中国百姓的精神世界，从而维系着相关民俗事象的存活与流变不息”①。

向柏松对于民间信仰神话的研究，为后续研究者提供了独特的视角和思路。同时，两部专著中列举的大量材料又为他们提供了丰富的民俗实例。

三 水生型创世神话系统研究

向柏松先后发表《中国水崇拜文化初探》《中国水崇拜祈雨求丰年意义的演变》《中国水崇拜与古代政治》《道教与水崇拜》等多篇论文，由此拉开了其水崇拜研究的序幕。在这几篇论文的基础上，1999年其《中国水崇拜》一书由上海三联书店出版发行，该书引用大量神话资料，分析了水崇拜的产生、构成元素与发展演变，并对水崇拜对中国古代政治、宗教、民间信仰、岁时民俗的影响进行了进一步的探讨。该书已于2015年3月由中国水利水电出版社再版刊行，并重新定名为《图说中华水崇拜》。

在水崇拜研究的基础上，向柏松将其研究领域进一步拓展至水生型创世神话方面。他先后发表论文《水生型创世神话在现代民族习俗中的沉积》《南方民族水生型创世神话与民俗文化》《“浴女”母题的传承与文化内涵的演变》《洪水神话的原型与建构》《水神感生神话的原型与生成背景》《中外水生型创世神话比较研究》《中国水生型创世神话流变系统论》。向柏松经过搜集、挖掘、梳理，完整地再现了水生型创世神话多姿多彩的形态、整饬有序的结构，考察了水生型创世神话的母题在历史上的一系列演变以及由这些演变所导致的风俗的变迁。其中，《“浴女”母题的传承与文化内涵的演变》一文指出，“浴女”母题经历了从原生态、次生态“浴女”母题到再生态“浴女”母题三种形态的演变过程；《洪水神话的原型

① 吴振琦：《神话之根——民间信仰——评向柏松教授新著〈神话与民间信仰研究〉》，《中南民族大学学报》（人文社会科学版）2010年第6期。

与建构》一文指出，洪水神话的原型是“解释洪水神话”和“治理洪水神话”，经过水生人神话、葫芦生人神话、兄妹婚神话等神话的重塑，演变为一种复合型的神话。

向柏松对南方民族水生型创世神话的研究，填补了该研究领域的空白。《南方民族水生型创世神话与民俗文化》一文，将南方各民族水生型创世神话分为基本形态和变化形态两种形态。其中，基本形态是指水及水的各种存在形式，如江、河、湖、海、井、泉、溪流等，形成了世界、生成了人类；变化形态是指水的各种变形形式，如气、雾、云、雨、雪等，形成天地、孕育出人类。文章还系统分析了水生神话在南方诸多少数民族婚俗、祈子习俗和丧葬习俗中的沉淀，对一些习俗的内涵做出了深入的分析。

四　创世神话形态研究

2011年向柏松完成博士论文《中国创世神话形态研究》，并先后发表论文《中国创世神话深层结构分析》《兄妹婚神话的文化人类学分析》《中国原生态创世神话类型分析》《自然生人神话演化传承研究》《中国创世神话形态演变论析》。

在《中国创世神话形态研究》中，向柏松揭示了创世神话的演变规律，提出中国创世神话原生态、再生态两大系统的理论。从神话流变视角，运用文化生态学、仪式神话学、互文性等理论，结合大量文献与田野调查材料，证明了中国创世神话的流变系统，否定了中国神话贫乏的观点。在《中国创世神话深层结构分析》一文中，他进一步提出中国创世神话存在人与自然、生与死、乱伦与禁忌、阴与阳等二元对立结构。在《兄妹婚神话的文化人类学分析》一文中，向柏松将兄妹婚神话分成天生型、自然形成型、大神创生型、洪水遗民型、日月型、天地型六大类，指出兄妹婚神话是创世神话发展到一定阶段的产物，即人们已经认识到了男女结合生子的道理时期的产物，其深层结构是乱伦与禁忌的二元对立结构。在《中国原生态创世神话类型分析》一文中，向柏松将中国原生态创世神话分为五种基本形态，即自然形成型、化生型、制造型、女子生人型、婚配型，通过对每一类型特征的分析，认为原生态创世神话是原始初民对天地万物和人类起源的最初解释，一般只包含一种信仰，并且有着坚实的现实基础。在《中国创世神话形态演变论析》一文中，向柏松指出，中国创世神话经历了原生形态、衍生形态、系统形态三个阶段，其中，由相互联系、相互作用的各类事物起源神话结合而成的、解释世界基本构成的系统形态创世神话，是中国创世神话成熟的标志，以其独特的整合性、兼容性、丰富性，有力证明了其中国神话并不贫乏的观点。

向柏松针对中国创世神话形态研究，提出了系统神话研究的方法，着重探讨创世神话的流变过程，从中梳理出创世神话的系统，提出了中国特色的系统神话理论，有力地反驳了学界关于中国创世神话零碎、残缺、不成系统的观点。向柏松将创世神话系统分为原生态和再生态两大系统，充分考虑了创世神话的历史发展状况，这种分类方法在学界属第一次，对创世神话的研究具有积极的推动作用。总的来说，向柏松的研究细致而深刻，充分揭示了中国创世神话的发展规律，进一步证明了中国创世神话丰富性的特点。

五　结语

作为一位一直在自我超越的当代学人，向柏松教授在神话学领域的研究当然不限于上述所谈。由于篇幅有限，这里无法逐一展开论述，文中所论及的仅是其中最具代表性的几个方面。向柏松的神话研究，为后续的研究者提供了诸多借鉴，为他们开辟了神话研究的新天地。向柏松的许多具有创新精神的理论难免会在学界引发争论。中国神话研究起步晚于西方几十年，诸多理论观点仍是借鉴西方，并没有形成一套自我的、完善的研究体系，因而只有在这种争论中，中国神话研究才会不断进步，不断强大。

（原载《长江大学学报》2015 年第 8 期）

田兆元：社会神话学思想

刘　慧

从1902年中国神话的概念在中国出现，中国神话学在中国走过了百年的历程。在这门学科建立之初，随着“神话”这一概念被引入中国，鲁迅、周作人、茅盾等从文学的角度，梁启超、顾颉刚等从史学的角度，都对中国神话及神话史进行了开创性的研究；之后经过数十年田野调查和出土资料的积累，又涌现了以袁珂、萧兵为代表的大量新时代神话学家[①]，使得中国神话学分别与人类学、历史学、民族学、文艺学等学科相交叉[②]，形成了一定的学科独立性及学科特色，发挥了启迪民智的重要作用[③]。“中国神话学有很大的不足，一是学科意识不强，二是专业人才不足，三是研究水平不是很高。”[④] 这是对早期神话学研究现状的反思。时隔多年，中国神话学研究者又取得了一些新的成就。其中，我们要重点提到田兆元先生。他的神话学研究，体现出了一种不可替代的承前启后的特点，尤其是在神话学发展的当下，值得学术界同人关注。

梳理田兆元的学术研究成果，我们认为，其神话学思想主要经历了两个阶段：一是早期的关于神话史的书写与解读，这一时期以个人专著及论文为主要研究成果；二是对当代神话学研究的三结构论即神话研究的民俗学路径的探讨，其主要成就还在于指导了一大批民俗学硕士、博士进行神话传说的个案研究。田兆元的神话学研究，具有对民族国家认同、社会精神建构等现实话题的整体观照，因此，我们将其定位为社会神话学思想。

一　融合矛盾与发展的神话史

就神话史研究而言，袁珂曾提出“广义神话学”理论，对中国传世文献中的神话作品及神话研究成果做了系统的梳理，创作出《中国神话史》《中国古代神话》等学术作品。而田兆元师从著名历史学家吴泽，起初是从事古代史方面的研究。受吴泽的影响，他对中国古代神话研究产生了浓厚兴趣。田兆元曾言，吴泽先生的代表性论文《两周时代的社神崇拜和社祀制度研究》开启了他的学术研究生涯。这篇论文视野开阔，使神的考释和土地制度的密切关联得到了生动的透视，并且典礼仪式在文章中得到了重视。吴泽的研究表明：通过神话可以透视社会，神话的发展牵动

---

① 马昌仪：《中国神话学发展的一个轮廓》，《民间文学论坛》1992年第6期。

② 陈建宪：《精神还乡的引魂之幡——20世纪中国神话学回眸》，《河北师范大学学报》（哲学社会科学版）1998年第3期。

③ 高有鹏：《中国神话研究的世纪回眸》，《中国文化研究》1998年第4期。

④ 同上书。

着社会的神经。[①] 吴泽的神话研究使神话的文化价值得到了大幅度的提高，这在当时是非常具有开创性的。在吴泽的启发及指导下，田兆元抛弃了当时追从流行的西方神话学研究的潮流，试图深入到中国社会历史的深层去揭示中国神话的发展规律。经过几年的努力，田兆元完成了他的博士论文《中国上古神话史论》，该博士论文算是断代神话史研究。在文中，他对神话史的理论做了细致的梳理，并提出了自己对于神话史的理解，即，神话本身就是历史，神话史融合了民族关系史、国家政治史和民众的精神发展史。后来，田兆元用了三年的时间将其博士论文进行修改扩充，出版了《神话与中国社会》。

在《神话与中国社会》中，田兆元在分析神话与神话史的特性的基础上，重点探讨了“神与二元对立”“神话的矛盾法则”“主流神话”“神话史的凝固性与开放性”“神话冲突的内涵”等问题，并揭示了神话与民族关系、神话与政治矛盾、神话与宗教冲突，以及神话与社会经济政治制度变迁等现实问题。田兆元认为，矛盾与冲突是神话的本质特征，民族间的冲突、统治集团间的冲突、统治者与被统治者间的冲突，则是其根本内容。他总结道，“神话史的过程永远是：冲突——融合——冲突——再融合的过程，这是一种永无止息的循环。冲突与融合，即矛盾与妥协，是我们揭开神话史面貌的两个关键。”[②] 书中所列举的如商灭夏、周灭商这样一种王权的更替历史便是冲突的结果。

冲突与融合的关键在于文化的认同。田兆元认为，这个认同过程包括两个方面的内容：一是少数民族成员及其政权对民族核心神话的主动认同；二是各族所主中央政权抛弃独尊观念而以双方都能认同的神话为前提发展的相互关系。[③] 在此，田兆元生动讲述了魏晋南北朝与隋唐时期民族融合的盛况，并总结道，“从魏晋南北朝到隋唐的中华民族，经历了一个由统一趋向分裂而再度走向融合的过程，神话为这种统一奠定了文化基础。南北朝时期，儒家神话文化是核心，认同儒家神话成为北方民族认祖归宗的先决条件，同时，成长中的佛教与道教也渐次成为民族文化的代表。唐代形成了一个多元文化的统一体。唐王朝以宽阔的胸怀认同兄弟民族的神话系统，铸就了唐代恢弘的民族文化交响曲，其中神话是它的主旋律。”[④]

《神话与中国社会》一书始终把神话置于中国历史上的民族冲突与融合以及国家与社会的矛盾冲突中去观照神话的发生与变化。也就是说，“矛盾与融合”是贯穿该书始终的问题意识。显然，该书的神话研究不再是“神话是社会生活的反映”这样一种简单的表述模式，而是将神话看作是社会生活的一部分，认为神话参与了社会建构，神话是社会生活本身。它既是一个记录系统，也是一个功能系统。该书通过神话去考察中国社会与民族文化的变迁史，实际上是一部没有冠以神话史之名的中国神话通史。

关于《神话与中国社会》一书，有评论文章《在神话中发现民族国家——兼评

① 吴先生在他的《两周时代的社神崇拜和社祀制度研究》中指出，社祀制度和土地制度是密切相关的。吴先生接着发表了关于司命、城隍和土地神的一系列论文，这些论文的主旨为：宗教神话的世界是现实的倒影，反映了现实生活。吴先生以宗教神话反映社会现实的视角，勾画了从两周到南北朝时期神话与祭祀的发展历史，这些都是历史学家介入神话研究的重要成果。

② 田兆元：《神话与中国社会》，上海人民出版社 1998 年版，第 65 页。

③ 同上书，第 329 页。

④ 同上书，第 369 页。

〈神话与中国社会〉》。文中精辟地评论道，“作者在研究上古神话与民族联盟关系时，指出中国文化一元多流而万川归海，中国文化存在着高度的同一性，是在蛙鸟部落联盟的基础上繁衍开去的。从中国文化的源头的一元性到春秋战国时期齐鲁三晋、楚、秦三大神话系统的交融，再到隋唐以后的三教并立，我们看到作者自始至终是从合的角度谈神话的分分合合，还特别强调了神话对民族认同的整合功能。可以说，这本书从神话史的角度为中华民族的精神文化的一体性提供了一个历史线索。”①

田兆元将本国的神话同本国社会的发展联系起来进行研究，同别的国家的同类研究进行比较，拓宽了研究者的视野。从田兆元的神话史研究中，我们发现，通过神话来透视社会是完全可能的。神话对于民族凝聚、国家统治及民众之精神需求均具有特殊的价值。他的神话史研究突出了不同民族、不同阶级、不同集团的冲突与融合，围绕社会矛盾，体现了神话对社会的建构作用，突出了神话参与社会发展、构成历史动力的重要作用，相较于之前将神话简单视为历史的一种反映的做法，是一种突破和创新。

二　当代神话研究的民俗学路径

从世界范围来说，神话学早已是一门古老的学科，前辈们经过辛勤耕耘，已经累积了诸多宝贵的神话学研究成果。但是我们也应该承认，从中国神话学研究的实际情况来看，其历史还不能称作悠久，其中一个原因，大概就是我们缺乏对神话学研究理论方法的创新与探索。神话学与诸多学科联系密切，如历史学、社会学、文学、语言学、民俗学、人类学等各类人文学科。“神话的民俗学研究，中国学者从理论上和实践上都做了很好的探索，谢六逸先生、杨堃先生和袁珂先生是理论上的开发者，而顾颉刚先生、闻一多先生等是把神话从民俗学的视角加以研究的实践者。”②

田兆元从事神话学研究长达二十多年，他面对当代学科发展的困境及社会现实，结合自己近年来在民俗学学科领域的教学与研究，将神话传说与民俗结合，提出了“当代神话研究的民俗学路径”。在近年的民俗学学术研究中，田兆元提出“民俗是生活的华彩乐章”的观点，其中“神话”作为民俗的一部分，是文化的精华形态，也是当地不可或缺的文化资源。所以，神话的民俗学研究，不仅是一种方法论的探索，也区别于早期神话研究观念的变革。

关于神话研究的民俗学路径，我们首先要厘清一个问题，即“什么是神话的民俗学研究”，而弄清楚这个问题的前提，是理解神话的内涵和外延。田兆元认为，“神话是以认同性和建构性为目的的神圣性叙述，是一个集叙述与行为为一体的综合的文化体系。有完整故事的神话叙述是神话，同样，不完整的神话，如一个片段、一个不明确的叙述，甚至只有一个神的名称也是神话，对于神话研究者来说，不完整的神话或许更值得关注。另外，完整叙述的衍生形式，如象征符号（神像、建筑，甚至神圣地域空间等）、禁忌行为、信仰仪式、风俗习惯等，都是神话的组成部分。不是说所有的民俗都是神话的一部分，但是很多的风俗都是神话叙事的延

① 谢燕清：《寻找民族国家的依据——评田兆元〈神话与中国社会〉》，《华东理工大学学报》（社会科学版）2004 年第 1 期。

② 田兆元：《论神话研究的民俗学路径》，台湾《政大中文学报》2011 年第 15 期。

伸。”[①] 这里不仅清楚地回答了神话的内涵和外延，即“神话是一种神圣叙事”，也指明了神话与民俗的关系，即“很多的风俗都是神话叙事的延伸”。同时，他从神话的属性结构中发现，“最富有活力的神话往往与特定的民俗联系在一起，带动了一系列的民俗行为”，“神话的民俗学研究，是对于神话的结构的整体研究，也是过程的整体研究”，这也是研究的必要性与意义之所在。

那么，神话的民俗学研究究竟要关注哪些问题呢？“神话集叙述与行为为一体，是一个多层面构成的神圣叙事体系，除了重视口头和书面的语言形式、图像等物态形式之外，也要注重对于民俗仪式行为的叙述考察。”[②] 首先，是田野采集神话传说文本，以其作为研究物件进行研究。田兆元分析了20世纪80年代张振犁在河南大学组织的中原神话调查，认为这是神话的民俗学研究的基础形式。通过这样的形式，他们发现并采集了很多民间神话文本。但这还不算真正意义上的神话的民俗学研究实践。“完整意义上的民俗学视角的神话资源采集，必须连同与叙述相关的民俗行为一起采集。如炎帝神话，如果我们不考察陕西宝鸡、湖北随州、湖南炎陵和山西高平等地的炎帝信仰行为，包括港台地区甚至海外的炎帝神农信仰，我们就不能得出炎帝神话的完整形态。还有上海的‘老祖宗’传说，故事很有限，但是人们信仰十分虔诚，祭神如神在，祭祀的时候一定要打开窗子，不能碰座椅，以便让老祖宗进来享用供奉。这本身就是一个神话故事的展演，因此，神话学的田野搜集必须要采集民俗行为，以作为完整的神话学文本。”[③] 只有完整地呈现出神话原始的形态及其变迁的形态，才能更好地理解神话的社会现实功能，也就是说，只有神话的民俗学研究才能够充分揭示文化的内涵。

田兆元的神话的民俗学研究思想，是基于当代神话的三种基本形态展开的，主要包括神话的民俗行为叙事、语言叙事和物象叙事。这一思想的提出，得到了诸多研究者的认可，从田兆元直接或者间接指导过的硕士、博士论文来看，大多数选题均是受此思想的启发，较好地回答甚至解决了现实社会神话传说及其信仰仪式等方面的问题。

例如，关于神话传说的民俗仪式行为考察的个案研究中，张晨霞的论文《帝尧研究：从帝王圣人到神话传说》通过借鉴神话信仰仪式理论，将地方的民俗行为作为神话叙事的延伸，认为“帝尧的神话传说研究应该走向民间。具体地说，就是从民俗学的视角着手，运用田野调查采集数据的方法，分析尧神话传说的文本结构、发生演变和功能形态等，从而将神话学与民俗学、人类学合而为一，注重神话传说与现实社会的研究，以及传说与信仰仪式的研究”[④]。论文既分析了帝尧传说的语言叙事特征，又考察了晋南的尧王信仰，以及这种神圣信仰所表现的物象和民俗行为。这种研究路径不仅摆脱了帝尧神话研究的困境，而且开辟了帝尧研究的新的生长点。

同样是基于神话信仰仪式理论，同样受田兆元的启发，雷伟平在其论文《浦东三元宫坤道院：仪式叙事与上海三官文化的复兴》中写道，“三官文化由信仰仪式、神话叙事、物象等三个方面组成，在历史

① 田兆元：《论神话研究的民俗学路径》，台湾《政大中文学报》2011年第15期。

② 同上。

③ 同上。

④ 张晨霞：《帝尧研究：从帝王圣人到神话传说》，《临沂大学学报》2012年第2期。

语境中形成了天地水三官、唐宏葛雍周武三官、陈子椿与龙女的三个儿子三官、尧舜禹三官等多种表现形态，是由内容和形态共同筑就的文化。”① 作者在对三官文化的调查研究中，依托田兆元提出的民俗行为叙事理论，较好地分析了上海三元宫的开光仪式和升座仪式。

神话学的语言叙事与民俗行为叙事的研究成果堪称范式，对于神话传说的物象叙事研究，则是基于神话的本质特征提出的又一个新的研究点。田兆元从神话传说叙事学研究的理论高度，将包括景观在内的物质所承担的叙事功能界定为物象叙事。物象叙事的提出，是为了强调物质载体对神话传说的讲述与传承，将语言、物象与民俗行为三者并列，表明研究者将物象放置到了与其他叙事形态同等重要的地位。姜南博士在研究云南诸葛亮南征传说时，也注意到了物象景观对传说流播的特殊意义。他细致梳理了诸葛亮南征历史遗迹 88 处，通过对云南西部与东部传说历史遗迹的数量的对比分析，探讨了传说在东西部不同的流播与传承现状。他在博士论文中指出，“遍布西南地区的诸葛亮的文化景观，形成了民俗物象的叙事形态，无论是武侯祠，还是各种庙宇、各种诸葛亮的塑像和画像以及墓碑，都在静静地叙述诸葛亮在云南的辉煌故事。建筑和塑像对于故事传说的稳定性流传起到重要作用，是静态的叙事形式。”② 田兆元对此评论说，“姜南博士对于这些文化景观的考察，体现出民俗学对于景观叙事的关注。”③ 在此，景观叙事作为物象叙事的一种，被明确提到了传说研究的范畴，其价值不仅仅是作为唤醒传说记忆的物质符号，同时，它还通过建筑和雕塑等核心叙事元素，承担了相对独立的叙事功能。鉴于此，余红艳博士在她的论文《走向景观叙事：传说形态与功能的当代演变研究——以法海洞与雷峰塔为中心的考察》中，结合神话传说体系中的物象叙事，借用景观设计方法中的景观叙事理论，提出了适用于传说研究视野的“景观叙事”概念。即，景观叙事就是由景观来讲述传说。具体而言，“景观叙事是以景观建筑为核心，由传说图像、雕塑、文字介绍、导游口述等共同构成的景观叙事系统”④。无论是物象叙事，还是景观叙事，皆为神话的存在形态之一。值得一提的是，在神话学研究的三结构论中，语言叙事、民俗行为叙事、物象叙事有时是可以作为一个整体来呈现的，这样能够更为全面地对神话进行民俗式的解读。

在神话研究的民俗学路径思想的指导下，近年来累积了一大批研究成果。在田兆元的指导下，张晨霞、雷伟平论文的观点后来成为他们博士论文的核心观点，这是极为难得的研究思路，为我们提供了神话的民俗学研究范式。这些研究论文，或者是对田兆元社会神话学思想的局部引用，或者是作为延伸性的探索，体现的是民俗学研究特征，同时也是神话研究的新路径。

三 结语

当前，不仅仅是神话学需要拓展新思路，与其具有同等研究价值的民俗学同样需要理论的创新。以神话史的解读及神话

① 雷伟平：《浦东三元宫坤道院：仪式叙事与上海三官文化的复兴》，《中国道教》2013 年第 4 期。

② 姜南：《云南诸葛亮南征传说研究》，民族出版社 2013 年版，第 37—41 页。

③ 田兆元：《诸葛亮传说研究的民俗学路径》，《文汇读书周报》2013 年 11 月 1 日第 9 版。

④ 余红艳：《走向景观叙事：传说形态与功能的当代演变研究——以法海洞与雷峰塔为中心的考察》，《华东师范大学学报》（哲学社会科学版）2014 年第 2 期。

研究的民俗学路径为前提，田兆元又反思了民俗学研究的理论方法问题。他认为，“民俗是一种叙事的形态，叙事性是其存在的重要方式。但是这种叙事绝非仅仅局限于口头和书面文字。我们把民俗叙事分为语言（口头的、书面的）的叙事、仪式行为的叙事、物象（图像的、景观的——人造的和自然的）的叙事三位一体的构成。”① 民俗学的“三位一体”叙事形态是当代民俗学研究的理论总结与重大转型，对民俗学的研究同样具有重要的意义。可以说，田兆元的社会神话学思想，已经拥有了一种综合的文化视野，能够促进临近学科的发展与创新。

关于神话的研究，无论是对神话史的讨论，还是对神话的建构性功能的探究，我们都需要指出，神话不再是一个单纯被描述、被解释的对象，而是主动参与社会建构的文化动力。无论是在过去，还是在当下，神话都有着助推社会发展的现实功能。这也是田兆元社会神话学思想的核心。作为一名神话学、民俗学领域的学者，田兆元一直强调，学者应同时兼具文化的研究者与建构者身份，要突出学术的实践性与参与性，回归专家本位，为当代中国文化建设提出智慧的文化思想与文化策略。笔者认为，田兆元的社会神话学思想与学科理想，在当代学界极具开创性与继承性，值得传播与传承。

（原载《长江大学学报》
2015 年第 4 期）

① 田兆元：《民俗学的学科属性与当代转型》，《文化遗产》2014 年第 6 期。

陈连山：深入浅出释经典 融通中外论新学

林安宁

神话学研究与其他学科建设一样，国人既要引进、消化国外有影响的理论，也要关注国家的学术传统，做到融通中外，达到学术自觉的境界。在这个过程中，陈连山以实际的研究做出了呼应：他既对国外重要的神话学流派——结构主义神话学做了深入浅出的剖析，也观照中国神话典籍《山海经》的学术史。他指出，中国神话理论应从“中西比较”的大背景下，走向“世界比较”的新视野；中国神话学要实现学科自觉，必须充分认识历史与神话一体化的中国神话观。

一 结构主义神话学的推崇与运用

陈连山首先把目光聚焦到国外经典的神话学理论。人类学派和功能学派等神话学理论已为人熟知并广泛运用。结构主义学派虽然影响很大，但于国人而言，弄懂它已属不易，更谈不上运用。“结构主义神话学尚未产生应有的影响就随着‘方法论热’的降温而消失。除了少数几人以外，神话学术界未能彻底摆脱历时研究的阴影。这种状况正在制约着中国神话学的进一步发展。在此情况下，重新认识列维－斯特劳斯，重新认识结构主义神话学是很必要的。”[①] 陈连山认为，中国神话学在与希腊神话的对照中产生和发展。“中西比较”虽然有过积极的贡献，但缺陷也非常明显。结构主义神话学具有“世界比较”视野，因而给中国神话学理论的发展带来了勃勃生机。

（一）深入浅出地阐述结构主义理论

结构主义神话学理论要被更多读者接受，全面、系统介绍它就非常必要。陈连山的《结构神话学——列维－斯特劳斯与神话学问题》（以下简称《结》），正是应运而生的佳作。《结》从列维－斯特劳斯的身世及人生经历说起，介绍结构主义原理，阐明人类思维观及结构主义神话学的理论背景。把他的学术思想交代清楚后，再陈述神话的结构，神话与音乐、现实、仪式、传说和故事等方面的关系，以及神话结构的消亡等内容。

陈连山的阐述通俗易懂，生动活泼，这源于作者由远而近、由外入里、层层深入的陈述。《结》以中国传统的“知人论世”的写作方法，从列维－斯特劳斯的身世说起，进而总结他的思想成因。“他和西方现代社会却格格不入，他不喜欢这个时代的混乱与骚动。”“他总是喜欢一些非主流的事物，像马克思主义哲学、超现实

---

① 陈连山：《结构神话学——列维－斯特劳斯与神话学问题》，外文出版社 1998 年版，第 10 页。

主义艺术等等；而与社会主流文化不甚一致。”①

从身世说起，然后谈到他研究的落脚点。“更为幸运的是，他最终找到了一种职业——人类学，从而把自己的专业才能与精神追求结合在一起。因为，人类学是注重研究非西方文化的所谓‘原始民族’，而这些民族无一例外都远离现代文明。”②

陈连山再指出他的贡献，“结构主义人类学是列维－斯特劳斯的独创。”③《结》简洁明了地把结构归结为“整体性、转换性和自我调整性”三个基本特性④。“根据结构所具有的上述特性，根据结构主义的基本公理，作为一个结构主义理论家就必须以一种新的思想原则来展开自己对于研究对象的分析活动。”⑤ 结构主义使用演绎法时，遵循同类性、一贯性、统一性三个原则。⑥ 面对深奥难懂的结构主义，陈连山化繁为简、化难为易，体现出其深入浅出的阐述态度。

（二）剖析结构主义理论之得失

《结》在介绍结构主义理论时，时时不忘点评其优劣。任何一个理论都不是完美的，国人对于结构主义的批评的声音并不少。陈连山实事求是，肯定结构主义理论对于神话学研究的裨益。“列维－布留尔认为原始思维和现代思维是两种‘不同的思维结构’，一个以原逻辑为规则，另一个以普通逻辑为规则；而列维－斯特劳斯则从更深的结构层次发现了原始思维与现代思维具有同样的思维结构，发现了这两种思维方式在本质上的一致性。”⑦ 理解人类思维的同质性，隐含对文化遗留说神话思想的批评。

“列维－斯特劳斯对于马林诺夫斯基大加责难，他认为马林诺夫斯基忽视了原始民族中复杂的思维现象。”列维－斯特劳斯从两方面批驳了马林诺夫斯基的观点：“第一，原始民族中存在着纯粹的非功利性的思维活动。第二，这种思维活动是理性的。”⑧ 这对于马氏神话学信众，无疑也是一个警醒。

结构主义神话学理论与其他神话学理论最大的区别是什么？它对于神话研究的最大贡献又是什么？陈连山点明：“正与古代哲学家们在研究语言时所面临的情况相同。所以，结构主义神话学拒绝从神话的言语方面去研究神话。”“神话这种文化现象还具有语言的方面，即神话也是一个共时的符号系统。用列维－斯特劳斯自己的话来说，神话是一个结构。在神话中，所有的情节之间与所有的含义之间具有一种组合关系。某种情节与某种含义之间的关系是由这个总的组合关系（即结构）所决定的。”⑨《结》道出了结构主义的本质特征：共时的研究特质。

《结》指出，神话素是结构主义的重要概念。所谓神话素，就是神话共时结构的基本构成单位。⑩ 神话的结构即神话素

① 陈连山：《结构神话学——列维－斯特劳斯与神话学问题》，外文出版社1998年版，第19页。
② 同上书，第20页。
③ 同上书，第44页。
④ 同上书，第46页。
⑤ 同上书，第56页。
⑥ 同上书，第57页。
⑦ 同上书，第69页。
⑧ 同上书，第70页。
⑨ 同上书，第90页。
⑩ 同上书，第9页。

的组合方式。神话素（或神话素意义）之间的组合方式有两种：二元对立和三项组合。对于神话结构而言，神话素之间的对立和神话素意义之间的对立是非常必要的，也是神话结构赖以存在的最基本的条件。列维－斯特劳斯在《对神话作结构的研究》中提出了更为复杂的神话素（或神话素意义）组合方式，即包含一个中介项的三项组合。所谓的三项组合，实际上是以二元对立为基础的，也就是在二元对立之中增加一个作为中介的第三项。[①] 虽然列维－斯特劳斯后来不断地改进神话结构二元对立的表述方式，但他的神话共时结构分析方法，一直贯穿其神话思想的始终。

（三）结构主义神话学方法的运用

陈连山把结构主义方法运用于中国神话的分析。在《启母石神话的结构分析——兼论神话分析的方法论问题》中，作者指出，在启母石神话中，第一组相互对立的神话素是洪水和高山。用列维－斯特劳斯的经典表示方法，指出了三组可以互相转换的二元对立关系，即洪水/高山、人妻/熊夫、世俗/神圣。这就构成了启母石神话最基本的深层结构。其中任何一个因素变换了，与之相应的另外一个因素必然发生变化，从而保持整个结构关系的稳定。[②] 作者指出，结构主义神话学的方法不仅揭示了启母石神话的基本结构，而且其分析结论也符合中国文化的实际。显然，这种分析方法绝不是仅仅适应于西方神话的学说，而是一种具有较高普遍性的学说。[③]

在《神话、传说和民间故事的结构关系》一文中，作者把《西游记》的故事和孙悟空神话进行比较，指出"民间故事中也存在二元对立，只是比神话中的二元对立减弱了而已。民间故事中的二元对立是神话中二元对立的一种弱化。所以，神话与民间故事的区分是相对的。"[④]

当然，陈连山对结构主义方法的运用，是对它普遍性的认可。而结构主义的普遍性，又基于人类文化共通性的认识基础。由此，陈连山认识到，在新的研究视野下，中国神话学由"中西比较"而产生的一系列话语应该及时得到纠正。

（四）将中国神话学置于"世界比较"视野下观照

陈连山在《结》一书之后，继续思考列维－斯特劳斯神话理论对中国神话的启迪。他进而在深层意义上阐发结构主义理论精神，把中国神话研究从传统"中西比较"带到"世界比较"视野。

陈连山认为，我们评价神话的历史地位，应该从具体文化体系的实际出发，客观考察其实际影响，并据此判断其真实的历史地位，不能仅仅凭据古希腊传统形成的观念来加以判断。[⑤] 希腊神话只是人类神话的一种特殊情况。在这种依然褊狭的神话景观的映照之下所显示出来的中国神话的面貌，无疑会出现某种偏差，并影响中国神话学研究的进一步提高。[⑥] 陈连山

---

① 陈连山：《结构神话学——列维－斯特劳斯与神话学问题》，外文出版社1998年版，第112页。

② 陈连山：《启母石神话的结构分析——兼论神话分析的方法论问题》，《民俗研究》2002年第1期。

③ 同上。

④ 陈连山：《神话、传说和民间故事的结构关系》，《民间文化》1999年第1期。

⑤ 陈连山：《中国神话学应该如何评价神话的历史地位》，《民间文化论坛》2005年第2期。

⑥ 陈连山：《文化视野对中国现代神话学发展的影响》，《湖北民族学院学报》（哲学社会科学版）2001年第4期。

的呼吁，是对于神话界长期以来言必称希腊之流俗的深刻反省，也是对长期屈从于西方文化霸权之学人的批判。陈连山还指出，“中国现代神话学的建立是中西文化碰撞、文化视野扩大的结果。希腊罗马神话成为范本，在中西比较和选择性误解的基础上，人们发掘了原本被忽视的中国神话的价值。世界一体化的到来，迫使我们进一步扩大文化视野，从‘中西比较’走向‘世界比较’，使神话学的基础更加牢固。”①

神话作为各个民族文化的产物，应放在各自文化背景下加以考察，不能将某个既有观念强加到其头上。陈连山说：“虽然各个民族都创造过很多神话作品，但是，由于各民族总体文化体系的不同，它们各自的神话所能发挥的社会功能是存在差别的，所以各民族神话在其文化体系中的地位自然也不相同。”② 从文化相对主义的立场出发，倡导尊重中国古代文化的独立性，其实可以更好地全面认识人类神话的普遍性，纠正西方现代神话观的片面性；而过去的中国神话学实践却深陷西方现代神话概念之中，以之为唯一标准，这就丧失了利用本国资料修正有关人类神话的普遍理论的机会。③ 把神话置于文化相对主义立场上，体现了陈连山对各民族神话普遍的人文关怀，正因如此，他的思考是对阴魂不散之文化中心论神话观之批判。

陈连山对列维－斯特劳斯神话学理论全方位的介绍与吸收，对于中国神话学学科自觉发展的方向，提供了一个很好的维度。

二 对《山海经》学术史的考论

陈连山一方面注意吸收国外的神话学经典理论，另一方面加强对中国神话经典《山海经》的研究。他对《山海经》的学术史加以梳理，并对《山海经》的诸多问题提出了独到的见解。基于中国文化传统的实际情况，提出了中国历史与神话一体化的神话观。

《山海经》因所描写的世界晦涩难解，很多读者望而却步，有“天书”之说。研究者各执己见，甚至针锋相对，加剧了人们对它的困惑。“现代历史进程的速度过快，使得学术界对《山海经》的研究呈现出纷纭复杂的局面。理论立场不同，学科不同，对《山海经》的认识就不同，彼此之间难以沟通，常常是各家自说自话。假如不对学术史进行全面清理，就很难正确评价各种已有研究成果，更不用说充分利用已有成果了。”④ 陈连山参照中国文化史来梳理学术史，以达到深入钻研、简明陈述之目的，希望通过对《山海经》的学术研究历史的回顾，全面了解人们对于这部奇书的认识过程，揭示《山海经》学术阐释与社会生活背景之间的关系，反思学术阐释本身的生产机制。⑤

（一）对《山海经》学术史的考据

学界对《山海经》的版本、作者等问题存在着很大的争议，因而，陈连山不得不对各家之说的得失功过做考证工作。他

① 陈连山：《文化视野对中国现代神话学发展的影响》，《湖北民族学院学报》（哲学社会科学版）2001 年第 4 期。

② 陈连山：《中国神话学应该如何评价神话的历史地位》，《民间文化论坛》2005 年第 2 期。

③ 陈连山：《走出西方神话的阴影——论中国神话学界使用西方现代神话概念的成就与局限》，《长江大学学报》（社会科学版）2006 年第 6 期。

④ 陈连山：《〈山海经〉学术史考论》，北京大学出版社 2012 年版，第 2 页。

⑤ 同上书，第 11 页。

对《山海经》的流传历史进行了概略性的考察，针对《山海经》的性质、作者和篇目等重大疑难问题进行考证，提出了自己的看法。[①] “在写作过程中，由于《山海经》学术史上许多事实模糊不清，在讨论理论问题之前，笔者不得不首先进行大量考证。完稿之时，全书的考证部分和理论部分大致相当。核实定名，笔者最后将本书定名为《〈山海经〉学术史考论》。”[②]

作者对《山海经》的版本、年代和作者等基本问题做出了独到的判断。他认为《山海经》成书于战国时代，甚至可能成书于更早的周代。“战国时代的《庄子》《楚辞》《吕氏春秋》等书都引用过《山海经》的内容。所以《山海经》这部书在战国时代已经存在是没有疑问的。”[③] “把《山海经》成书时间定在战国时代是太晚了”，“《山海经》的各个原始底本，即《山经》、《海经》和《荒经》以下的成书年代大约在西周中后期。”[④]

陈连山认为《山海经》不是出自某一传说人物之手，也非某一名人之作，而是一批官员所为。“笔者依据前文所引用的《周礼》资料，推测《山经》、《海经》和《荒经》的作者可能是周王室的一批负责掌管自然资源、人口资源、天下交通和域外国族的官员，如司书、大司徒、遂人、司险、土训和职方氏等。”[⑤] 这个判断对于澄清《山海经》作者疑云，促进《山海经》研究向神话学方向发展，意义重大。

陈连山对《山海经》版本、作者等内容的考察，是他文献功底的展示。他不仅具有世界视野，同时谙知中国传统学术方法，这为他融通中外地反思中国神话学的学科方向，奠定了扎实的基础。

（二）对《山海经》学术研究抒己见

对《山海经》的属性，自古以来学者莫衷一是，其中犹以鲁迅的巫书说影响甚大。陈连山以深入的研究，向巫书说发难。“笔者认为它是一部远古时代的地理志（包括自然地理、人文地理）。它的内容是适应社会需要产生的，并采取了当时的地理知识形态——既有客观地理事实，也包含一些神怪内容，因而和现代地理志存在一定的差异。”[⑥] “其中主要有三个方面的根据。第一，《山海经》的主要内容及框架结构属于地理志性质。第二，《山海经》中的怪异内容是远古地理志的共同时代特征。第三，《山海经》中系统的山神崇拜和宗教祭祀活动是远古时代地理学的天然内容之一。”[⑦]

《山海经》是周代的一部自然与人文地理志。当时知识形态的特殊性，造成其中含有大量超自然的内容，呈现出客观知识和主观想象混合的复杂情况。[⑧] 作者认为《山海经》作为地理志著作，历史上学者们早有此论。如汉代的司马迁就是按照地理志的要求来评价它的。[⑨] 然而，《山海经》的实际地理学价值受到自然变迁和人文历史沿革的影响，不能很好地发挥作用，

---

① 陈连山：《〈山海经〉学术史考论》，北京大学出版社2012年版，第205页。
② 同上书，第11页。
③ 同上书，第18页。
④ 同上书，第12页。
⑤ 同上书。
⑥ 同上书，第12页。
⑦ 同上书，第14—15页。
⑧ 同上书，第205页。
⑨ 同上书，第63页。

从而限制了此派的学术影响力和社会影响力。[①]

除了对《山海经》的总体判断，陈连山在《山海经》的局部问题上也提出了自己的见解。如为什么在周代时，没人提及《山海经》这部书，作者认为有两个原因：第一，地理资源是国家重要机密，不容外人染指。第二，从《五藏山经》中系统的山神崇拜和祭祀山神仪式看，它也是国家宗教权力的一部分，普通人不能插足。[②]把《山海经》放在中国文化史中进行考察，此推断令人信服。

把《山海经》研究的得失置于当时的文化环境中，所作的结论显得格外中肯。如《山海经》因为《淮南子》的大量引用而声名远扬，作者是用《山海经》来构造他们的世界观体系，用来创作《淮南子》。这样，《山海经》的地理学缺陷就得以回避，并较好地发挥了它在基本世界观方面的价值，最终在《淮南子》中留下了不可磨灭的影响。[③] 郭璞对《山海经》的整理，对《山海经》的流传居功至伟。陈连山在充分阐述郭璞学术思想的基础上，对他的贡献加以评价。陈连山认为其既有儒学价值观与天人感应的内容，又有道家玄学的思想倾向，还掺杂道教的神仙术。其核心是肯定《山海经》中全部的超自然的存在及其价值。[④]

陈连山除了将《山海经》的遭遇与某个朝代的文化思潮结合来进行分析，还将《山海经》与中国文化的总体格局联系起来。"古代《山海经》学一直受到儒家思想的强烈影响。孔子的不语怪原则和博学原则交替发生作用，使得学界一直处于矛盾、对立之中。"[⑤] 他认为，"《山海经》是一面中国文化思想史的折射镜，《山海经》在历代学者心目中的形象，正好折射出不同时代的文化思想状况。这正是《山海经》学术史研究的魅力所在。"[⑥]

诚然，历史上对《山海经》之种种论断，是建立在当时的文化思潮基础之上的。陈连山期待神话学界以实事求是的文化观，全面看待中国古代神话的文化价值。

（三）历史与神话一体化的中国神话观

陈连山从《山海经》的学术史出发，认为中国早就存在着历史与神话一体化的神话观。以西方的神话标准割裂中国文化的完整性，是对中国文化很大的伤害。他认为，中国古代人把"神话"称为远古历史，因此，站在中国古代文化的立场上，即可发现中国古代并非只有神话而没有神话概念，只不过直接把神话当作历史，用"历史"的概念包括了"神话"的概念。[⑦]《山海经》所含的神怪因素或出于信仰者的无意识虚构，或出于文学家有意创作，都不是狭义的事实描述。但是，从《山海经》真实传达了作者思想的角度看，这些虚构内容又都是当时精神的如实反映。[⑧]这是陈连山站在中国神话自觉立场做出的

① 陈连山：《〈山海经〉学术史考论》，北京大学出版社2012年版，第205页。

② 同上书，第21—27页。

③ 同上书，第30页。

④ 同上书，第91页。

⑤ 同上书，第205页。

⑥ 陈连山：《〈山海经〉学术史考论》，北京大学出版社2012年版，第16页。

⑦ 陈连山：《走出西方神话的阴影——论中国神话学界使用西方现代神话概念的成就与局限》，《长江大学学报》（社会科学版）2006年第6期。

⑧ 陈连山：《神怪内容对于〈山海经〉评价的影响——从文化背景谈〈山海经〉学史上的一个问题》，《民族文学研究》2004年第1期。

论断。他批判了一些学者基于“中西比较”的立场，而割裂《山海经》与中国文化的连贯性的做法。“现代神话学者也强调《山海经》的虚幻内容。但是，他们是从神话学立场重新肯定神怪描写在当时社会条件下的合理性和思想真实性。如茅盾、鲁迅、袁珂等。这些学者虽然立场不同，但是都有意无意地忽略了《山海经》的地理志功能。”① 而以顾颉刚为代表的“古史辨派”学者，又加剧了中国神话与历史之间的分离。

很多学者已认识到中国神话与政治生态的不可分割性。《汉代神话的多态性与政治》、《〈山海经〉与战国时期的造神运动》以及《超越神话——纬书政治神话研究》等论著可看作是这一思考的部分代表性成果。② 陈连山强调：“《山海经》是地理志，而且是国家统一编制的自然地理志和人文地理志。”③ 此一论断批判了《山海经》的神话文化遗留说，也支持了神话与政治、文化一体化的神话观。

陈连山指出，《山海经》从清人眼中不登大雅之堂的“小说家言”一跃而为今人心目中的“神话之渊府”，高居文学源头的宝座，这充分揭示了中国现代文化与古代文化传统的决裂。从建设新文化的立场看，今人重视神话是合理的。但是，如果以今天神话的地位去要求古代神话的地位，以今天的标准去要求古人，那就很不妥当了。那会使我们割裂古代文化体系，扭曲历史真相。④

神话与历史一体化的中国神话观，是对于中国神话学长期把神话与中国历史相分割，从而割裂中国文化的独立性的观点的一种纠正。

三　结语：融通中外、实事求是的神话学学科建设方向

陈连山从研究结构主义神话学经典理论到梳理《山海经》学术史，始终牵挂着中国神话学的学科发展方向。

中国神话学发展速度并不快，与神话学者缺乏学科反省意识有关。陈连山认为，“一个学科的健康发展，有待于不断加深对于学科对象的分析；还有待于该学科自觉的学术反思，有待于其学术史的建立。相对于神话研究而言，中国神话学对于自身的学术反思是很薄弱的。”⑤

对于有学者认为中国古代文化无法产生科学的神话学，陈连山持反对态度。“因为人们通常以西方文化中神话的地位作参照，假设任何民族的神话都应该具有这种地位，否则就是没有得到‘应有地位’，这种判断是先验的，根据不足。”⑥ 中国神话学的学科自觉，必须要以承认中国神话与历史一体化的神话观为前提。他认为中国的古代神话与中国史学的目标一致，其终极目标是证明政权的合法性。“历代朝廷都把持着修史的权力，实际上就是把持这种神圣的叙事权力，为自己政

① 陈连山：《〈山海经〉学术史考论》，北京大学出版社2012年版，第206页。

② 林安宁：《中国神话学建设的新增长点——初论应用神话学内容的设置》，《广西师范学院学报》（哲学社会科学版）2014年第2期。

③ 陈连山：《〈山海经〉学术史考论》，北京大学出版社2012年版，第219页。

④ 陈连山：《中国神话学应该如何评价神话的历史地位》，《民间文化论坛》2005年第2期。

⑤ 同上。

⑥ 同上。

权的合法性进行证明。”①

陈连山对神话学的思考，还体现在他从多视角去探讨中国神话的个案。其中既有文化学、形象学等视角，也有他擅长的文献考据法。这主要体现在《中国神话学应该如何评价神话的历史地位》②《神怪内容对于〈山海经〉评价的影响——从文化背景谈〈山海经〉学史上的一个问题》③《〈山海经〉对异族的想象与自我认知》④《射日神话的分析与理论验证——以台湾布农族射日神话为例》⑤《论古代昆仑神话的真实性——古人为什么要探索昆仑的地理位置》⑥《鲧、禹神话原型研究中的“捞泥造陆说”献疑》⑦《世俗的兔子与神圣的兔子——对中国传统文化中兔子形象的考察》⑧ 等论文中。

（原载《长江大学学报》2015 年第 12 期）

---

① 陈连山：《走出西方神话的阴影——论中国神话学界使用西方现代神话概念的成就与局限》，《长江大学学报》（社会科学版）2006 年第 6 期。

② 陈连山：《中国神话学应该如何评价神话的历史地位》，《民间文化论坛》2005 年第 2 期。

③ 陈连山：《神怪内容对于〈山海经〉评价的影响——从文化背景谈〈山海经〉学史上的一个问题》，《民族文学研究》2004 年第 1 期。

④ 陈连山：《〈山海经〉对异族的想象与自我认知》，《北京大学学报》（哲学社会科学版）2012 年第 1 期。

⑤ 陈连山：《射日神话的分析与理论验证——以台湾布农族射日神话为例》，《民族文学研究》2010 年第 3 期。

⑥ 陈连山：《论古代昆仑神话的真实性——古人为什么要探索昆仑的地理位置》，《广西师范学院学报》（哲学社会科学版）2011 年第 4 期。

⑦ 陈连山：《鲧、禹神话原型研究中的“捞泥造陆说”献疑》，《百色学院学报》2010 年第 1 期。

⑧ 陈连山：《世俗的兔子与神圣的兔子——对中国传统文化中兔子形象的考察》，《民俗研究》2011 年第 3 期。

王宪昭：探寻中国民族神话研究之路

李　鹏

在中国民族神话研究领域，中国社会科学院民族文学研究所王宪昭研究员是一位颇有学术见地的神话学专家。他具有扎实的中国古典文学的学术修养，在对汉族神话进行广泛采集与阅读的基础上，从事中国多民族神话和神话母题理论研究已二十余载，以其敏锐的学理思考和扎实的学术积淀得到了学界同仁的肯定，迄今已出版《中国民族神话母题研究》、《中国少数民族人类起源神话研究》、《中国少数民族神话共性问题探讨》、《中国神话母题W编目》（以下简称《W编目》）等神话学著作10部，发表《简论神话的民族性》《中国多民族兄妹婚神话母题探析》等神话研究论文60余篇。他积极推动着中国少数民族神话研究和母题体系建设，为中国神话研究多元文化视野的拓宽、中国神话母题研究与世界神话母题研究的接轨做出了努力和贡献。通过对王宪昭学术著述的细致阅读和其个人学术背景的深入了解，可见其在探寻中国民族神话研究的道路上，大致有两大分期：第一时期注重对中国少数民族神话资料的搜集和理论的探索，第二时期侧重于资料库建设体系理念的构建和以母题研究法分析少数民族神话。本文试从学术积累、理论探索、母题体系构建、学术影响等几个方面对其学术研究加以分析。

一　民族神话领域的学术积累

从事中国多民族神话研究不可或缺的便是对第一手资料的搜集和对原有文本资料可信度的核查。王宪昭长期深入民族地区进行资料的采录和核实，积累了大量可信度高的第一手音影图文资料，并在整合多年资料的基础上形成了构建多民族神话资料数据库的理念。根据少数民族神话流传的实际情况，大多数民族以口头形式保留古老的民族文化，传递着原始先民的朴素思想和丰富的民间文化。英国社会人类学家杰克·古迪认为，“这些神话都是一代代逐字口耳传播的，一定程度是因为记诵这些神话的人通常能够理解自己所处的环境。”① 那么，掌握神话资料就不可避免地要对民族地区特定的人和物进行追访调查。因此，自20世纪90年代初期开始，他便多次深入云南、贵州、西藏、湖南、广西、新疆、内蒙古等少数民族聚居地区进行田野作业，对佤族、拉祜族、哈尼族、彝族、门巴族、珞巴族、蒙古族、裕固族等近30个少数民族的民间口传文化的流传

① ［英］杰克·古迪：《当代世界学术名著：神话、仪式与口述》，李源译，中国人民大学出版社2014年版，第51页。

与变化情况进行调查，搜集了大量的影音、图片和文本资料。他结合田野调研所得，对所采录的第一手神话资料进行文本数字化工作，已整理出神话文本资料近千万字，最大限度地保存了各民族优秀的民间口传文化和神话资料。

凭借着丰富的调研经验和大量的学术积累，他在资料采集的过程中，更为注重甄别文本搜集过程中被采录人有意识增添的新鲜元素，通过已有的判断和对所采集的同一文本进行反复核对，查询相关资料来辨识资料的真伪。诸如他所搜集的《中国各民族宗教与神话大词典》、《中国民间故事集成》（省卷本、县卷本）、《中华民族故事大系》、《中国各民族原始宗教资料集成》、《中国民间故事全书》等资料，他对这些文本资料都进行了细致的甄别和筛选，对神话与传说、故事进行了严格的区别，然后形成自己的数字化专题数据库，体现出严谨的治学态度和科学有效的学术方法。

在多年的田野调研和资料搜集过程中，他深刻地认识到少数民族资料采集的重要性和必要性，认为建立成体系的神话数据库平台是神话学科发展的必由之路，神话数据库的建设从文化价值、学术价值、神话本体研究等方面，更有不可替代的作用。神话数据库平台体系构建的提出，符合神话发展的走向和神话资料自身所具有的丰富性特点。中国少数民族神话流传的主要途径是口耳相授，极具不稳定性，将口传资料借助现代化媒体数字技术转化录入为音影图文的多维度资料，是神话资料学建设的重要途径。大量活态神话以多种形式被人们所记忆，转换神话的传播途径和保存方式是保护神话资源的常态化手段，目前较为可行的是对现存的活态神话进行录音、录像、图片和文字的保存。随着文化的大繁荣和现代社会的高速发展，民族特色文化和民族记忆已经消失殆尽，流传的民族神话资源也愈显珍贵，资料的抢救和保护已迫在眉睫，因此，他提出“强化神话文本的分类与梳理，研制资料的板块结构，经过资料理论建构和研制数据模型，建立起现代信息技术条件下系统性的资料数据库”①。神话资料数据库建设的理念符合神话学学科建设和发展的需要，依靠音影图文等不同手段呈现民族文化历史记忆，是证明多民族神话共性与个性、流传与变异的重要依据。

神话资料数据库的建成将打破单纯依靠纸质文本的格局，大量的网络平台资源共享有助于迅速解决神话研究过程中所遇到的问题，诸如利用电子数据平台查阅有关多民族同源共祖现象，进行关键词检索，便可省去查阅诸多资料的麻烦，方便快捷地搜集到有关的文本信息，从而还原多数民族神话的本源。王宪昭的这一理念可谓与时俱进，他指出，“通过对各民族神话类型的细分和数据统计，建立起较为系统的中国各民族神话资料数据库交流平台，是神话学学科建设和民族文化再认识的必然要求。”② 正是这样的学术态度，促使他多年来注重文本资料的分类和数据类型的划分，在具体的文本分析之中进行专业角度的研究。

二 关注中国少数民族神话学研究

王宪昭在步入中国神话研究领域之初，便将视野放在了少数民族神话研究，对民族神话的热忱和对民族文化价值的深思都

① 王宪昭：《中国神话母题W编目》，中国社会科学出版社2013年版，第28页。

② 王宪昭：《应加快建设中国各民族神话资料数据库》，《中国文化报》2011年8月23日第6版。

为他从事该领域的研究奠定了基础。

在多年的学术思考之中，他深刻认识到，中国神话包括汉族神话和少数民族神话两个组成部分，二者缺一不可。在中国以往的神话研究中，往往以汉族文献神话为主体，而忽视少数民族神话，特别是少数民族口传神话的重要价值。事实上，社会生产力的发展与神话的发展恰恰成反比，相对于汉族神话而言，少数民族神话保存的民族原始风貌和先民思维意识更浓厚。少数民族文化与语言的独特性决定了掌握第一手资料的复杂性，依靠有限的汉文翻译资料，一方面不足以反映少数民族神话的全貌，另一方面也存在着翻译过程中的偏误现象。少数民族神话不同于汉族神话以文本记录，大多以口耳相传的唱述形式存在。口头传承的神话虽然不如固定形态的文本具有相对可靠性，但它在漫长的社会发展进程中所形成的民间叙事，却反映着民族共同体古老而复杂的文化底蕴和社会内涵。

中国各民族都拥有独特的民族神话，随着神话学研究的不断深入，大家逐渐认识到少数民族神话的重要性，许多学者根据各民族神话的内容、形式或性质而构建了神话分类体系，“要真正实现研究成果由‘量’到‘质’的转变，其中一个重要工作就是神话分类”①。对神话的合理分类是进行神话研究的前提，在少数民族神话分类方面，如陶阳、钟秀提出，“任何分类都只能是大致的归类，不能做到绝对的泾渭分明，因为有的神话，可以从不同角度分到不同的几个类别中去”②。王宪昭通过对神话文本的分析，提出按照使用标准的不同进行神话类型的划分，可以按照民族属性、民族区域、神话内容、民族语言、外在形态等方面进行划分，如按形态划分，则有民间口头神话、文献神话、文物神话、民俗神话。神话类型的划分具有相对性，应当从多维度视角，对具体神话的具体问题进行具体分析，根据研究者的需要进行阐释。

在各民族神话之中，“人类起源神话在各个民族神话中最为常见，也是神话中最能体现民族特质和文化内涵的主要类型”③。王宪昭在《中国少数民族人类起源神话研究》、《中国各民族人类起源神话母题概览》和《中国少数民族神话共性问题探讨》等著作中，都将人类起源神话作为神话学的专题性研究，对各民族人类起源神话进行系统研究和对比分析，探讨了人类起源神话中的诸多问题，并根据母题数据统计划分出七大基本类型，如造人神话、生人神话、化生神话、变形神话、婚配生人神话、感生神话、人类再生神话等，对其中内在的文化价值和民族精神的挖掘做出了积极的探索，澄清了以往对人类起源神话研究的认识偏误。

少数民族神话蕴含着各民族的文化内涵，神话对人类先民早期的思维认识和生存状态都有着深刻的反映。他认为，“神话在事实上就成为远古社会和原始文化的重要载体，这些神话传递着人类早期的信息。”④ 不同民族具有不同的文化内涵，在口传文化之中，各民族所表述的具体神话叙述文本与民族情感表达有所不同，但基

① 文日焕、王宪昭：《中国少数民族神话概论》，民族出版社2011年版，第130页。

② 陶阳、钟秀：《中国神话（上册）》，商务印书馆2008年版，第3页。

③ 李鹏：《评〈中国少数民族神话人类起源神话研究〉》，载陆建德《中国文学年鉴2012》，中国文学年鉴社2012年版，第559页。

④ 谢方：《少数民族神话叙事蕴有独特“文化内涵”》，《中国社会科学报》2013年7月19日第5版。

本情节单元却较好地沉淀下来，构成了民族神话学中文化内涵的重要载体，这样较稳定的、客观性强的基本分析元素成为民族神话研究的重要方法。对中国少数民族神话的探索和神话资料的搜集整理，为王宪昭构建母题体系奠定了一定的理论基础。

三 民族神话母题体系的建构

从某种意义上讲，神话母题索引已成为神话学和各类学科学术研究的重要工具。芬兰学者阿尔奈、美国学者汤普森合著了《民间故事类型索引》，汤普森还编制了六大本《民间文学母题索引》和《世界民间故事分类学》，俄罗斯普洛普、日本池田弘子等学者也对本民族的民间文学母题索引做过梳理。对于中国母题类型的研究较为系统的有德国学者艾伯华的《中国民间故事类型》、美籍华人丁乃通的《中国民间故事类型索引》、我国台湾学者金荣华的《中国民间故事集成类型索引》和杨利慧、张成福的《中国神话母题索引》，但限于少数民族资料占有较少和缺少整体性的把握，许多学者都很难将神话母题提取出来，进行深入细分。

王宪昭将母题分析法应用于少数民族神话研究，通过对所搜集资料的分析和母题提取，根据少数民族神话类型较多、变体复杂、文化各异、宗教信仰差别显著的特性，针对各民族神话个性特征较为突出的特点，将母题作为基本的叙事单位，在不同的叙事中不断进行复制和重新排列组合，对各民族神话进行了横向或纵向的比较研究，形成了一整套的民族神话母题体系。

（一）中国神话母题编目理论的建构

王宪昭在已出版的《中国民族神话母题研究》中，论述了母题分析研究的学术构思，阐释了神话母题的界定、生成与基本的客观性、直观性、典型性、可组合性等基本特性，探讨了民族神话母题的内涵、特征、积淀与流变等现象，认识了民族神话母题所具有的文化意义和功能分析价值，分析了民族神话母题对后世叙事文学、文化观念、生活习俗等方面的影响，指出了母题研究有利于同时期不同民族的神话研究，避免了因作品的时空差异所导致的神话研究之主观臆断。2013 年出版的《W 编目》，可谓其神话母题理论体系的集大成之作，该书通过对所搜集到的一万余篇神话文本的分析，提炼了 33469 个神话母题及 12 万个典型母题个案，10 大类母题涵盖了各民族母题的分类，针对中国各民族神话的特色和母题编目的需要，首创了有别于其他学者母题编码的 W 编目。相对于汤普森、艾伯华、丁乃通、金荣华等学者的母题分类，王宪昭的母题编目体系更具普遍适用性和完整性，按照中国本土的接受规则进行编目，将汤普森较为繁杂的划分进行了完整的梳理，做到了量上的倍增和质上的飞跃，增强了神话母题的内在逻辑结构和整体的空间布局。

当然，神话母题 W 编目体系并不是固定的，而是相对开放的，极具兼容性和完善性。从神话文本内部结构而言，这个体系有助于神话叙述文本的类型研究，从宏观的视角比较不同民族的神话发生、发展和变化的轨迹，对进行深入的文化层面的分析和探究具有重要意义，并为神话学数据库检索平台建设提供可能，有利于在检索的基础上建立神话学研究的网络信息平台，为信息时代的数据库建设提供了很好的启示和参考。他借助母题分析法打破了民族神话比较研究中的时空关系不对等和各民族发展历史的不平衡性的瓶颈的制约，通过查找不同民族、不同时代、不同地域的相同母题，而对宗教学、民族学、民俗学、人类学等相关学科进行研究，初步建立了中国神话母题的研究分类体系，系统展现了中国各民族神话发生和发展的脉络，展示了神话学跨学科、跨文化的研究特质。

（二）民族神话母题理论的运用

王宪昭从研究神话之初，便已关注到母题研究应用于神话学的重要意义。神话学的理论体系纷繁芜杂，如弗雷泽的仪式学说、马林诺夫斯基的功能学说、弗洛伊德和荣格的精神分析学说、列维－斯特劳斯的结构学说。他认识到，“必须构建一个适于对其相关因素进行分析、比较的平台，并找到一个较为合理的标准或尺度，从这个意义上讲，母题分析方法具有明显的方法功能。”① 多民族神话之中所蕴含的丰富的母题是对各民族先民创造力和集体智慧结晶的提炼，同时，母题作为神话研究的基本分析单位，有其相对稳定性和可比性，即便跨国界、跨地域的民族，其神话也有共性，透过相同母题的分析可以挖掘各民族神话中的民族特点和文化差异。

神话母题的提取与编目是一个较为复杂的过程，各民族母题之间有不同程度的因果关联，因此，王宪昭强调，“一方面要准确记忆与反复论证，另一方面要积极应用现代技术手段”②。在母题的提炼方面，首先要借助现代化手段将所采集的神话文本转化为电子文本，提取一定数量的基础性母题，利用微积分、拓扑学知识建构母题体系，对各类型已有的母题进行自然的排序与编码，最后充实和修正所编码的母题。③ 部分学人关注到他在运用新技术方面的优势，并认为，“他应用资料学方法强化神话文本的分类和梳理，这对中国神话母题研究方法而言，也可说是一次技术性革命”④。

神话母题作为一种研究方法，更为注重从民族神话研究的自身特点出发，强调对少数民族神话的整体性研究，是在已有的神话类型的基础上提炼而成的，较多地避免了主观性，做到了相对客观，侧重于探讨神话研究中的适用性和关联性，把握其与社会、文化层面的关系。通过母题研究少数民族神话，可以拓展民族神话的研究视域，他认为，“如果把神话母题放置在一个可以比较的平台上，会发现各民族神话具有明显的个性、共性及叙事规律和文化内涵”⑤。因此，母题分析可对少数民族神话个性、共性进行探讨，从多维度构建复杂的神话体系，把握神话叙事的内在结构和文化内蕴。

四 王宪昭神话研究学术成果的意义和影响

神话是人类早期的艺术形式之一，承载着人类对原始社会的历史记忆与群体信仰，为人类思想发展史和社会进程变迁史的研究提供了参考。王宪昭积极参加文化遗产的抢救工作，发掘各民族优秀的神话资源，坚持用科学的态度解读民族传统文化，讲求客观平等地对待各民族的神话，关注神话的民族性，注重理论方法上的创新，运用宗教学、人类学、社会学、历史学等多种研究方法，建立适合我国神话研究的少数民族神话母题分类体系，应用现代科学技术手段进行神话资源数据库建设，

① 王宪昭：《民族神话研究中的母题分析法》，《重庆师范大学学报》（哲学社会科学版）2007年第3期。

② 王宪昭：《中国神话母题W编目》，中国社会科学出版社2013年版，第31页。

③ 同上书，第31—32页。

④ 侯姝慧：《王宪昭的神话母题研究与人文关怀》，《中国社会科学报》2014年11月24日第1版。

⑤ 王宪昭：《论母题方法在少数民族神话研究中的应用》，《百色学院学报》2009年第4期。

积极做好神话内容和现存资料的编排，尝试搭建神话资料归类索引与资源共享平台，推进了少数民族神话学建设。

他的学术著述获得了较为广泛的影响，2015 年 1 月 15 日中国知网的最新统计数据显示，其论文《中国民族神话母题研究》下载量达 4164 次，《中国少数民族人类再生型洪水神话探析》下载量为 355 次，《民族神话研究中的母题分析法》下载量是 331 次，他发表的期刊文章被多次引用。专著《中国各民族人类起源神话母题概览》（民族出版社 2009 年 7 月版）荣获第十届中国民间文艺“山花奖”（学术著作奖），《中国民族神话母题研究》（民族出版社 2006 年 12 月版）荣获 2008 年首届“泰山文艺奖”。从这些数据和信息足可见出王宪昭在神话学术研究中的社会影响力和广泛认可度。

特别是王宪昭提出的“通过母题的抽取和归纳，可以洞察各民族神话发生、发展和变化的轨迹，有助于各民族神话的横向或纵向比较分析，进而深入了解各民族间相同母题的关系，找出各民族神话的文化共性或差异”①，展现出了一代学人的探索精神。其学术探究之路颇为严谨，其论著之中透视出对神话研究的文化内涵的思索。他所创建的 W 编目编码“为研究者突破本国各民族的神话母题研究范围，在更高的层面提升母题研究的应用价值，为中国本土文化走向世界作出了积极的学术实践”②。在国内外学术名家所辟之路上，通过多年的学术实践和刻苦钻研，他在神话学领域另辟蹊径，开领了神话母题研究的新思潮。当然，其神话思想的体系构建并不限于上文所述，鉴于篇幅而未能展开论述。他对于神话的思考和探索让深处神话研究迷雾之中的学人有拨开云雾之感，为中国神话学科建设的未来和研究范式的探究带来了新的启迪。

（原载《长江大学学报》
2015 年第 2 期）

① 王敏：《中国民族神话研究的独特探索——评王宪昭〈中国民族神话母题研究〉》，《内蒙古民族大学学报》（社会科学版）2008 年第 5 期。

② 侯姝慧：《王宪昭的神话母题研究与人文关怀》，《中国社会科学报》2014 年 11 月 24 日第 1 版。

杨利慧：中国神话研究的民俗学派

张 多

神话学（Mythology）是一门自成体系的国际显学，但作为一个研究领域，神话学亦是诸多人文社会学科的关键组成部分。尤其在民俗学、民间文学、古典学、人类学等学科中，神话研究一直是它们的重要甚至核心的研究领域。

在民俗学（本文“民俗学/Folklore”概念包含民间文学研究）的研究中，神话作为一个文类（genre），长期居于民俗学学术史的显要位置。一方面，神话被视为一种叙述体裁（narrative genre），另一方面它也被作为民俗文类（folklore genre）或文化事象加以研究。在18—19世纪欧洲早期民俗学的视野中，神话、童话等作为最能体现浪漫主义、民族主义观念的事象受到学者们的重视。赫尔德（Herder）、格林兄弟（The brothers Grimm）等欧洲民俗学先驱都在神话研究领域留下了重要的学术遗产。在受到进化论人类学思想影响的民俗研究中，神话被视为“遗留物”“古物”“原始思维”的最佳表征。安德鲁·兰（Andrew Lang）、詹姆斯·弗雷泽（James Frazer）、列维·布留尔（Levy Bruhl）等许多学者，都在神话研究领域开启了人类学与民俗学的经典研究范式。在以马克斯·缪勒（Max Müller）为代表的，受到语言学影响的民俗研究中，神话亦被视为重要的分析对象。后来，功能主义、结构主义、历史—地理学派、心理学派等将神话学研究推向持续深入。

对中国来说，神话学无疑是20世纪的舶来品。人类学派的神话研究对中国影响较大，诸如茅盾、闻一多、周作人、芮逸夫、钟敬文、王孝廉、李子贤等皆属于这一脉络。而顾颉刚、徐旭生、袁珂等从古史研究出发，开启了考古学、文献学、文明复原的神话研究传统。

综观19—20世纪神话学的厚重积累，传统的研究范式至今依然主导着中国与世界的神话研究。比如历史—地理方法、历史文献学方法、人类学方法，依旧是目前神话研究的主要方法。但这些积累颇厚的范式，在人类文明进入21世纪后，显然已不能满足学科前进的要求。突出的局限在于：“向后看”的视角仍将神话视为古典的素材；单一媒介（如文献）的研究遮蔽了神话的丰富内涵；抽象宏观的阐发与具体微观的个案分析未能较好结合，等等。在诸多学科对神话学的研究中，民俗学用力颇深，但是伴随着各国民俗学家对学科自身的省思，过去对“神话”的研究愈发显得视野狭窄。而本文将谈及的、北京师范大学杨利慧教授的神话学研究，正是建立在对这些局限进行反思的基础上。

一 女娲：杨利慧早期的神话学研究

1991年，杨利慧考入北京师范大学攻读中国民间文学专业的博士学位。1992年底，在钟敬文的建议下，她开始进行女娲神话的研究工作。钟敬文的民间文艺学思想受人类学、历史—地理等理论方法影响较深，擅长用文化史的视角研究民间文学，但是其民俗学思想的开放度也是显而易见的。杨利慧总结认为："他在学术上的指导思想是比较复杂的，在具体研究中，运用多种学科的观点和方法进行探索的努力十分明显。"[①] 显然，钟敬文的综合研究理念与开放的学术视野，对杨利慧后来的女娲神话研究有直接的影响。

钟敬文原先对女娲神话研究的期待是文化史式的，他也曾戏称自己是"文化史学派"，[②] 但最终杨利慧的博士论文《女娲的神话与信仰》却是着眼于"当下"的，女娲神话在当下的信仰实践彰显了神话叙事鲜活的生命力。对文化"遗留物"观念的反思以及"朝向当下"的视野一直贯穿杨利慧以后的神话学实践。

早在20世纪30年代，芮逸夫的《苗族的洪水故事与伏羲、女娲传说》和闻一多的《伏羲考》就已经奠定了伏羲、女娲神话的经典范例地位。女娲神话领域在杨利慧之前已经有非常丰厚的学术积累。杨利慧也坦言，面对一系列大师的名字，如果不是对女娲神话问题有过自己思考和探索的人，很容易放弃质疑前人的企图。[③] 但是在经过多次对女娲神话与信仰的田野作业后，杨利慧看到了前人研究的重大不足，亦即对当下具体社区中活生生的神话事实的忽视。尽管前人多有人类学视野下的神话研究，但在杨利慧的研究中，神话本身得到了充分的深描与彰显，而不再是作为阐释历史的素材。在她的研究中，生活中那些神话的持有者走到台前。神话总是不断变异以适应社会生活的变迁，从而获得存在与延续的生命力。[④]

总的来看，杨利慧女娲神话研究所体现出来的特点，与20世纪末民俗学研究的转型有着密切联系。一方面，域外民俗学对民俗本体的反思促进了中国民俗学的转型，诸如民族志诗学、表演理论、口头传统等新的理论视角，促使杨利慧反思以往的研究范式。另一方面，20世纪90年代正是中国民间文学"三套集成"工作的关键期，大量的口承神话搜集整理大大改变了中国神话资料库的结构。杨利慧的女娲神话研究，与同时期的民族史诗研究、故事和传说讲述研究、歌谣和曲艺研究、民间信仰和仪式研究、节日研究等一道构成了20世纪末中国民俗学的鲜活图景。

《女娲的神话与信仰》将现代口承神话文本、古代文献与考古资料、民间信仰与民俗生活相结合，着重探讨了女娲的"始母神"神格、当代女娲信仰、神话与信仰的功能、女娲神话的古今变迁等问题。[⑤] 这样的神话研究不仅弥补了尚无女娲神话专论的缺憾，在方法上也与前人有较大不同。民俗学的"眼光"在研究中显示出了优势。杨利慧并未纠缠于庞大的学术史论争，而是直指女娲神话本体论与当下存在形态，生动地展现了女娲神话与现代中国民众的关系，从民众生活现场出发与前人对话。在田野作业和口承神话文本梳理的基础上，其对"遗留物"观念充斥于民俗学研究的批评也就很有说服力。

在博士论文的基础上，杨利慧在博士后出站报告中，集中精力回答了女娲神话学术史上的一个关键问题——起源。《女娲溯源——女娲信仰起源地的再推测》对女娲神话起源问题上"南方说"的经典地位提出了挑战，运用民俗学的观点，佐证

---

① 杨利慧：《钟敬文及其民间文艺学思想》，《文学评论》1999年第5期。

② 廖明君、杨利慧：《朝向神话研究的新视点》，《民族艺术》2005年第1期。

③ 杨利慧：《女娲溯源——女娲信仰起源地的再推测》，北京师范大学出版社1999年版，第4页。

④ 杨利慧：《女娲的神话与信仰》，中国社会科学出版社1997年版，第224页。

⑤ 同上书。

了“北方说”的合理性，并进一步提出“西北说”的新推断。[①] 该著作出版后引起学界极大反响，在一个看似陈旧的话题上，杨利慧运用扎实的材料做出了新的文章。自此，可以说杨利慧完成了她的女娲神话“两部曲”。无疑这“两部曲”是20世纪末中国神话学的重要成果，也使杨利慧成为新时期女娲神话研究的“集大成者”。[②]

当然，杨利慧对女娲神话的研究，与当时中国民俗学界对以往文本、事象研究的反思密切相关。而大规模的民间文学“三套集成”的搜集整理工作也是其口承神话研究特色的重要背景。在完成两项研究后，杨利慧开始深入思考民俗学、神话学研究思路与理论方法的问题。

二　“女娲之后”：立足于神话研究的民俗学理论探索

2000年8月，杨利慧、安德明夫妇赴美访学。这次在印第安纳大学的“世纪访问”，让杨利慧对以理查德·鲍曼（Richard Bauman）为代表的“表演理论”有了深入的了解。2001年底回国后，安、杨夫妇即着手鲍曼《作为表演的口头艺术》[③]的编译工作。表演理论对20世纪后期美国的人文社会科学界产生了广泛影响，是民俗学理论创新的典型。此后，杨利慧积极借鉴表演理论，重新审视中国神话，并推动中国民俗学的基础理论研究。

在积极译介的同时，杨利慧开始尝试运用表演理论的视角审视中国民间叙事，《表演理论与民间叙事研究》一文在吸收和反思表演理论的基础上，初步提出她的研究设想，包括文本的稳定性、形式与功能的结合等。[④] 表演理论是以表演为中心（Performance-centered），关注口头艺术文本在特定语境中的动态形成过程和其形式的实际应用，而以往对中国神话的研究正缺乏对神话生存现场的关注；即便有民族志式的资料，也常常抽离了具体场景。不唯神话，中国民俗学的研究普遍存在这样的缺憾。在21世纪初，杨利慧等一批中国民俗学者积极致力于推动民俗学重视语境研究，并最终指向学科向实证研究、当代研究、理论研究的转型。杨利慧《民间叙事的表演——以兄妹婚神话的口头表演为例，兼谈中国民间叙事研究的方法问题》[⑤]一文，就是其借鉴表演理论研究中国口承神话的范例。另外，杨利慧2004年发表的《美国公众民俗学的理论贡献与相关反思》[⑥]、2005年发表的《仪式的合法性与神话的解构与重构》[⑦] 等也是她吸收域外多样化前沿理论的反映。

和许多译介域外理论的学者不同，杨利慧的本土学术意识很强。她在完成女娲神话“两部曲”后，也积极融汇中国整体的神话传统，和陈建宪、吕微、赵宗福、

---

① 杨利慧：《女娲溯源——女娲信仰起源地的再推测》，北京师范大学出版社1999年版。

② 廖明君、杨利慧：《朝向神话研究的新视点》，《民族艺术》2005年第1期。

③ ［美］理查德·鲍曼：《作为表演的口头艺术》，杨利慧、安德明译，广西师范大学出版社2008年版。

④ 杨利慧：《表演理论与民间叙事研究》，《民俗研究》2004年第1期。

⑤ 杨利慧：《民间叙事的表演——以兄妹婚神话的口头表演为例，兼谈中国民间叙事研究的方法问题》，载吕微、安德明编《民间叙事的多样性》，学苑出版社2006年版。

⑥ 杨利慧：《美国公众民俗学的理论贡献与相关反思》，《广西民族学院学报》（哲学社会科学版）2004年第5期。

⑦ 杨利慧：《仪式的合法性与神话的解构与重构》，《北京师范大学学报》（社会科学版）2005年第6期。

田兆元、陈连山、刘宗迪、鹿忆鹿、钟宗宪、吴晓东、王宪昭、黄泽等一批同辈学者，构成了世纪之交中国神话研究的民俗学派。2000年，美国知名出版机构ABC-CLIO计划编写一套“世界神话学手册”（*Handbook of World Mythology*），涵盖世界所有主要文明，此前英文世界的中国神话专著不仅寥寥，而且皆非出自中国学者。这一次，ABC-CLIO邀请杨利慧用英文撰写其中的《中国神话手册》（*Handbook of Chinese Mythlogy*）。为了向国际学界传达中国学者的中国神话研究的声音，杨利慧接受了这项艰巨的任务。最终杨利慧与安德明合著、杰茜卡·安德森-特纳（Jessica Anderson-Turner）校改的*Handbook of Chinese Mythlogy*①，于2005年在美国出版，2008年由牛津大学出版社再版。该著作首次向英语世界的读者系统呈现了来自本土视角的中国神话研究，书中提出的“神话传统的积极和消极承载者”等观点，对中国神话的民族志田野作业，以及中国神话学的学术史梳理，展现了中国神话研究者的前沿成就。

从1997年开始，杨利慧便着手编制中国神话母题索引的工作，这是一项工程量巨大、费力不讨好的工作。但是对民间文学学者而言，母题索引和类型索引是最基本的学术工具，也是民俗学领域独具特色的分析方法。长期以来，关于中国神话的母题索引总是存在诸多缺憾。在其指导的研究生张成福的大力协助下，杨利慧最终完成了母题索引。比杨利慧稍晚，王宪昭亦致力于中国神话母题的系统研究。最终在2013年，杨利慧、张成福的《中国神话母题索引》② 和王宪昭的《中国神话母题W编目》③ 皆得以出版。这是中国民俗学家对神话学研究的重要贡献。

除了在中西学界互通有无，杨利慧也在神话学研究中积极探索前进之路。《神话一定是神圣的叙事吗？——对神话界定的反思》④ 一文，在学界再次掀起波澜。神话是“神圣的叙事”一直以来被学界普遍接受，被认为是“神话”概念的重要特征。和质疑女娲信仰“南方说”一样，杨利慧对经典论断决不盲从。她从自己对神话传统的田野研究出发，发现神话的神圣性并非像前人所说的那样理所当然。她旗帜鲜明地提出质疑，认为将“神话”界定为“神圣的叙事”并不能普遍概括现实生活中复杂多样的神话讲述和传承样态。⑤这一观点引发了学界的不小争论。通过论争，学者们对神话神圣性问题有了深入思考，也推动了中国神话学的多样化研究。

在反思神话神圣性的基础上，杨利慧注意到了神话在现实生活尤其是技术世界中的存在。《神话的重建——以〈九歌〉〈风帝国〉和〈哪吒传奇〉为例》一文，是中国神话学走向现代媒介研究的标志性论文。杨利慧指出：“神话学者、民俗学者应该关注神话和民俗被重建的现象，不再把神话和民俗看成是过去的‘遗留物’。而应看成是‘不断变动着的现实民俗’，它们和人们的现实生活息息相关，并且由人们根据当下的需要和目的而不断被重新

① Lihui Yang, Deming An, with Jessica Anderson-Turner. *Handbook of Chinese Mythology*. ABC-CLIO, 2005, Reprinted by Oxford University Press, 2008.

② 杨利慧、张成福：《中国神话母题索引》，陕西师范大学出版社2013年版。

③ 王宪昭：《中国神话母题W编目》，中国社会科学出版社2013年版。

④ 杨利慧：《神话一定是神圣的叙事吗？——对神话界定的反思》，《民族文学研究》2006年第3期。

⑤ 同上。

塑造。"[①] 与叶舒宪关注"新神话主义"的视角不同，杨利慧对民俗过程中的神话和电子媒介中的神话研究，依旧采用民俗学田野研究的方法[②]，并始终贯穿着民俗学"朝向当下"转向的理念。在2007年《民间文化论坛》组织的"民俗主义"专栏中，杨利慧的《"民俗主义"概念的涵义、应用及其对当代中国民俗学建设的意义》[③]更加鲜明地体现出她力主民俗学研究应当阐释当下社会文化的学术追求。

三　从"现代口承神话的民族志研究"到"神话主义"

从1993年开始，杨利慧便着手采用民族志方法进行神话研究。在完成博士后研究后，她又先后组织其指导的四名硕士研究生（北京师范大学民俗学专业）组成团队，继续深入进行汉族地区现代口承神话的民族志研究。这项研究历时近十年，最终成果体现为《现代口承神话的民族志研究——以四个汉族社区为个案》专著的出版。[④] 在这十年期间，杨利慧师生对河南淮阳、重庆走马镇、陕西安康、山西洪洞等地的神话传统进行了深入的田野作业，其民族志生动展现了神话在当下社区中的传承、变异和表演。考虑到该著作仍然主要关注伏羲、女娲神话，可将其视为杨利慧女娲神话研究的"第三部曲"。该著作系统展现了杨利慧近十年来对现代口承神话民族志研究的思考，将神话的功能与意义、语境的限度和效度、神话神圣性、神话的积极和消极承载者、神话的讲述与传播、神话综合研究法等观点融为一炉。[⑤] 该著作是中国神话学第一部严格意义上的"神话民族志"，具有重要意义。

经过十年的不断探索，"现代口承神话的民族志研究"已经成为杨利慧2000—2010年学术研究的关键词。在这个关键词之下，杨利慧对中国神话的把握从女娲神话走向整体的神话传统，从单一的事象研究走向多样理论的融汇。2009年，杨利慧出版了教材《神话与神话学》[⑥]，这不仅是她在北京师范大学文学院十年教学的心得，更是她系统阐述自己的神话学思想的力作。将神话学研究置于中国民俗学学术转向的大背景中，是这一教材有别于同类教材之处。该书鲜明地体现了杨利慧"朝向当下"的民俗学和神话学理念。

客观地讲，她所引领、倡导的朝向当下的神话研究，在2010年代的中国神话研究者中仍然是应者不多，历史比较方法依旧盛行。但是杨利慧并未因此停步，她在2011—2012年，集中对四个汉族社区现代口承神话民族志研究做出总结、反思后，又开始了新的研究。她于2011年发表的《语境、过程、表演者与朝向当下的民俗

---

① 杨利慧：《神话的重建——以〈九歌〉〈风帝国〉和〈哪吒传奇〉为例》，《民族艺术》2006年第4期。

② 杨利慧：《从"自然语境"到"实际语境"——反思民俗学的田野作业追求》，《民俗研究》2006年第2期。

③ 杨利慧：《"民俗主义"概念的涵义、应用及其对当代中国民俗学建设的意义》，《民间文化论坛》2007年第1期。

④ 杨利慧、张霞、徐芳等：《现代口承神话的民族志研究——以四个汉族社区为个案》，陕西师范大学出版社2011年版。

⑤ 同上。

⑥ 杨利慧：《神话与神话学》，北京师范大学出版社2009年版。

学——表演理论与中国民俗学的当代转型》[①]，梳理了表演理论被中国学界接受的背景、历程和本土化实践，并就诸多误解进行澄清。此文不仅是表演理论中国本土实践的学术史力作，也代表杨利慧对自己过去研究思考的全面总结。2012 年，她与安德明合作的论文《1970 年代末以来的中国民俗学：成就、困境与挑战》[②] 发表，该文则立足于更宏观的学术史视野，对中国民俗学 30 年来的发展做出评价与展望。

对中国民俗学进行全面的学术总结后，杨利慧继续在神话学领域开拓。2011 年，杨利慧开始着手对"当代中国的神话传承——以遗产旅游和电子传媒的考察为中心"课题的研究。该课题力图从民俗学和神话学的视角，对中国神话传统在当代社会——尤其是在遗产旅游和电子传媒领域——的利用与重建状况展开更细致的民族志考察。与"现代口承神话的民族志研究"不同的是，该课题更加关注年轻人，关注现代和后现代社会中的大众消费文化、都市文化和青年亚文化。[③] 在《遗产旅游语境中的神话主义——以导游词底本与导游的叙事表演为中心》一文中，杨利慧通过河北涉县娲皇宫的田野研究，系统阐释了她多年前就提出的"神话主义（Mythologism）"概念。杨利慧的"神话主义"概念更多地参考了民俗主义（folklorism）以及民俗化（folklorization）等概念的界定，强调的是神话被从原本生存的社区日常生活语境中抽取出来，在新的语境中为不同观众而展现，并被赋予新的功能和意义。神话主义并不限于文艺创作，广泛存在于现当代社会的诸多领域。[④]

神话主义概念直指工业化社会、信息化社会的文化，一反文明史溯源研究的思路，而颇具前瞻性。杨利慧除了关注旅游业尤其是遗产旅游中的神话主义现象，还关注电子游戏、影视传媒、互联网等媒介中的神话主义现象。这项"当代中国神话传承"的研究，为民俗学阐释当下社会文化做出了探索，也较好地揭示了作为民俗文类的"神话"与现代社会、未来社会的关系，从一个特殊的视角观照了民俗学最核心的问题——传承与发展、生活与日常。从这一项研究的先期成果可以看出，神话主义作为一个分析工具，有助于进一步彰显作为体裁实践的"神话"（或民间文学）传承的内在机制。

可以预见，在未来一段时期内，杨利慧的研究仍将引领或代表中国神话学的前沿。其神话学思想与实践仍将进一步深化。

四 余论

杨利慧的学术思想继承了钟敬文先生对中国民俗学发展的预计和谋划，但同时又在许多方面超越了老一代民俗学者的局限。她一直很强调学术研究的反思精神与问题意识，强调国际视野与本土文化自信。她与同辈的一大批中国民俗学者一道，在诸多领域为中国民俗学赢得了声誉。虽然本文主要着眼于杨利慧的神话学研究，但需要说明的是，神话学只是她观照民俗学理论的一面镜子。因此，用"中国神话研

① 杨利慧：《语境、过程、表演者与朝向当下的民俗学——表演理论与中国民俗学的当代转型》，《民俗研究》2011 年第 1 期。

② 安德明、杨利慧：《1970 年代末以来的中国民俗学：成就、困境与挑战》，《民俗研究》2012 年第 5 期。

③ 杨利慧：《遗产旅游语境中的神话主义——以导游词底本与导游的叙事表演为中心》，《民俗研究》2014 年第 1 期。

④ 同上。

究的民俗学派”来概括杨利慧的神话学思想，主要意在表明其民俗学的立场和视角，表明民俗学视角下的神话研究是一个广阔的天地。

钟敬文在1999年出版了《建立中国民俗学派》，97岁高龄的钟老号召：“中国民俗学要发展，从原则上说，仍要走自己的路。”① 在世纪之交的中国，学术自信严重匮乏，域外学术让中国学者眼花缭乱、自叹弗如。钟老在耄耋之年的振臂高呼，无疑是振聋发聩的。对此，季羡林先生以自己留德十载的经验评价道：“中国学术界应该有勇气、有能力，建立自己的学派。”② 中国神话研究的“民俗学派”，也是钟老倡导的“中国民俗学派”的组成部分。在神话研究领域，杨利慧等一批民俗学家，切实地从中国厚重的历史积淀、多样的民族文化和独特的文明发展轨迹出发，积极吸取世界民俗学先进思想，用中国的视角看中国问题，在中国问题中探索中国方法。在中国神话研究的民俗学派当中，许多学者并非钟老弟子，因此这个“学派”不是“门派”，而是有着相似学术取向的共同体。概括起来，这个学术共同体追求在中国立场上审视域外神话学理论；重视发挥中国古典文献研究的长处；重视中国文化多样性的社会现实；重视运用民俗学独特的理论方法（如母题、类型）；重视实地研究与整体研究。杨利慧的神话研究就带有自觉和鲜明的民俗学学科立场，她用自己的实践说明了民俗学家进行神话研究的独特优势。更重要的是，杨利慧从神话视点出发的民俗学研究，成为推动中国民俗学当代转型的中坚力量，她“朝向当下”的研究实践极大地 促进了民俗学参与当代社会文化进程的话语能力。

当然，评价一位学者的学术思想与实践，亦应当包括针对其局限性的批评。笔者认为，对现代媒介中的“神话主义”现象研究，不应局限于媒介转换导致的“挪用”，而应看到神话自身传承的内在恒定机制。如果将“神话文类”同其他民间文学文类视为一个整体，就应看到民间文学文类的“当下表演”是其内在传承机制使然，媒介转换很大程度上是外在因素。神话的“重建”“再生”“重述”与“回归”都是神话文类“大传统”的自然延续，也即神话传承从未曾中断和终结，口头传统与书面传统甚至电子传统从来不是截然区隔的，它们一直共同服务于民间文学的自在传承。当然更应该看到，在2010年代中国神话学领域，老一代学者如李子贤教授仍然奔波于田野作业和国际对话的一线；后辈学者特别是青年学者等都运用各自理论方法（如四重证据、神话哲学等）为中国神话研究做出重要贡献。面对中国社会的快速变迁，神话学研究能在多大程度上助力社会进步与文明发展，是摆在每一位神话学研究者面前的现实课题。如何为世界神话学与人类文明贡献中国智慧，是21世纪中国学者肩负的更大使命。

（原载《长江大学学报》2015年第5期）

① 钟敬文：《建立中国民俗学派》，黑龙江教育出版社1999年版，第5页。

② 王宁、董晓萍：《钟敬文教授〈建立中国民俗学派〉及其学术思想研讨会发言纪要》，《中国教育报》2000年3月28日第7版。

第九篇

学术活动纪要

【中国民俗学会中国生肖文化研究中心在稷山成立】

2015 年 1 月 11 日，中国民俗学会中国生肖文化研究中心在山西省稷山县宣告成立，首届中国生肖文化学术研讨会同时在稷山县召开。

中国民俗学会会长、中国社会科学院学部委员朝戈金，中国民俗学会荣誉会长、国家非物质文化遗产保护工作专家委员会副主任乌丙安，中国民俗学会副会长兼秘书长、中国社会科学院研究员叶涛，中国民俗学会副会长、山东省政协文史委主任刘德龙，中国民俗学会副会长、中国社会科学院研究员施爱东，山西省非物质文化遗产保护中心主任赵中悦，运城市人民政府副市长陈竹琴，中共稷山县委书记乔登州，稷山县人民政府县长李亚丽，以及来自北京大学、北京师范大学、中国社会科学院、山东工艺美术学院、中国艺术研究院、北京联合大学、青海民族大学、天津《今晚报》、中国民俗学会民俗文化产业研究中心、中国民俗学会香文化研究中心、中国民俗学会地域民俗文化研究中心、山东省民俗学会、稷山县汾河生肖文化研究会等高校和研究机构的专家学者出席了成立大会和学术研讨会。

中国民俗学会副会长刘德龙主持了 1 月 11 日上午的成立大会。在成立大会上，稷山县人民政府县长李亚丽、中国民俗学会会长朝戈金分别致辞。李亚丽县长介绍了稷山县的历史与现状，并对中国生肖文化研究中心落户稷山表示热烈欢迎和全力支持。朝戈金会长在致辞中指出，中国生肖文化历史悠久，内涵丰富，而且与民众生活世界密切相关。在中国历史文化发展的长河中，生肖文化与中国人的时间观念和生死观念，与中国人关于宇宙万物的观念等，都有复杂的关联，这些观念，构成了中国文化中最基础的部分。可以说，每个中国人都是生肖文化的传承人。但是，近二三十年来，生肖文化的传承与保护面临危机，来自国外、与生肖文化具有近似文化特征的星座文化大行其道，青少年对于生肖文化的漠视，与其对于星座文化的热衷形成了极大的反差。朝戈金会长希望中国生肖文化研究中心的成立能够在研究中国生肖文化的独特价值、挖掘生肖文化的丰富内涵、普及生肖文化的宝贵知识等方面，做一些力所能及的工作。

中国民俗学会副会长施爱东宣读了《中国民俗学会关于成立中国生肖文化研究中心的决定》，中国民俗学会副会长刘德龙宣读了《中国生肖文化研究中心领导机构组成暨领导成员聘任名单》。中国民俗学会副会长兼秘书长叶涛与稷山县副县长李建民签署了《中国民俗学会、稷山县人民政府关于共建中国生肖文化研究中心的协议书》。由中国民俗学会与山西省稷山县人民政府共建的中国生肖文化研究中心是中国民俗学会下属的二级专业研究机构，该中心将成为国内最高层次、最权威的生肖文化研究机构，将组织协调学术力量从事中国生肖文化的搜集、整理与研究、普及与传承等工作，促进生肖文化的学术繁荣与传承弘扬；同时，该中心还将积极开拓生肖文化产业发展的新领域，提升传统民俗文化产业的水平，努力实现民俗文化与产业发展的深度融合。

在成立大会上，朝戈金会长、乌丙安荣誉会长向研究中心主任孙义杰、李建民、研究中心学术委员会主任吴裕成、学术委员会副主任陈连山、杨利慧、张从军颁发了聘书。朝戈金会长与稷山县委书记乔登州共同为研究中心揭牌，乌丙安荣誉会长与山西省非遗保护中心主任赵中悦等共同开通了“中国生肖文化网”。

运城市副市长陈竹琴和新当选的中国生肖文化研究中心主任孙义杰也在成立大会上致辞。孙义杰在致辞中表示，研究中心在2015年将认真做好以下几件事：首先，发挥研究中心作为全国生肖文化研究最高水平的学术优势，在2015年内编纂、出版高水平、标志性的生肖文化研究成果，在生肖文化研究领域起到重要的引领作用。其次，发挥深圳作为国家文化前沿阵地的优势，利用深圳文博会的机遇，积极筹备组织全国生肖文化博览会，全方位介入生肖文化产业的研究、开发、生产、推广等各个领域；同时，认真做好规划建设稷山生肖文化产业发展的相关事宜，努力打造稷山成为全国生肖文化的生产基地、产品集散地和物流中心。另外，在生肖文化博览会期间，组织国际生肖文化高端论坛，为我国生肖文化的研究与生肖文化产业的发展献计献策。

在随后召开的首届中国生肖文化学术研讨会上，学者专家们围绕中国传统生肖文化的基本内涵及历史沿革、十二生肖的著作及网站设计、生肖文化发展的现状、产业平台创建和长远战略规划等进行了主旨演讲和学术演讲，通过研讨，大家对生肖文化有了更加深入的了解，对生肖文化产业化的前景有了更高的期盼。

山西省稷山县是中国农耕文明重要的发祥地，历史文化源远流长，境内古迹林立，非物质文化遗产极其丰富，具备挖掘和研究生肖文化的独特优势，该县此前成立的稷山县汾河生肖文化研究会，在搜集整理当地生肖文化习俗、申报十二生肖传说入选非遗名录等方面已经做过大量基础性工作。

（供稿：中国民俗学会秘书处）

【《民间文化论坛》召开在京编委会议】

2015年1月14日，《民间文化论坛》（下文简称《论坛》）邀请在京编委召开座谈会，总结上一年度办刊经验，讨论新一年的办刊规划。中国民协分党组书记罗杨，分党组成员、副秘书长周燕屏出席会议并讲话，他们在肯定《论坛》所取得成绩的同时，对今后的工作提出了明确要求。《论坛》特邀主编刘锡诚、陶立璠及十余位在京编委参加会议。会议由安德明、冯莉主持。

2014年度，在协会分党组和编委会的鼎力支持下，《论坛》的学术质量得到了稳步提升，在国内外学界的学术影响也逐步扩大，特别是“前沿话题”栏目设置后，对一些重要学术问题的讨论已经与国际学术界同步，为加强学科的理论和方法建设发挥了积极的作用。与会者对这些成绩予以了充分肯定，同时，也对《论坛》提出了许多建设性的建议和意见。例如，刘锡诚指出，社会热点并不一定就是“前沿”，“前沿”也并非少数人关怀的问题。他认为，应该进一步强调民间文学研究的重要性，因为其中还有很多课题有待深入研究。叶涛也提出，学界已经把民间文学放在一个更大的背景下进行研究，目前尤其应该加强个案的深挖和对多样可能性的讨论。吕微表示，研究民间文学的方式已经发生很大变化，已经不是原来纯粹的文本分析可以涵盖的，而是可以从多样化的角度来加以探讨。叶舒宪指出，新材料的发现，新理论、新方法的运用，都可以带来学术前沿，老问题也可以用前沿的方法去探讨。民俗学是带有时代特点和实证特点的学科，但社会热点与学术前沿存在文化转化的问题，其中既有关联又有区隔。

与会编委对于《论坛》重点建设和巩固民间文学研究的办刊方向形成了共识，同时还建议，栏目设置应加强计划性，并在进一步掌握学术领域最新动态的基础上，提升《论坛》专题设置的前瞻性。

（供稿：张礼敏）

【“民俗运用与当代社会发展论坛”暨《中国民俗文化发展报告2014》发布会在济南举行】

2015年1月17日，由山东大学文化遗产研究院主办的“民俗运用与当代社会发展论坛”暨《中国民俗文化发展报告2014》发布会在济南举行。

山东大学文化遗产研究院副院长张士闪介绍说，该报告基于对2013年民俗文化年度发展态势的观察与理解，将“多主体的民俗运用”作为2013年度中国民俗文化发展的界别特征。据对2013年中国民俗文化现象的调查发现：在当代城镇化进程中，民众注重传承与活用民俗传统，调适社区生活，体现出主动建构自身生活世界的文化传承与创造精神；民俗文化作为中国传统文化的重要支撑，在中国文化“走出去”战略和促进国际社会“理解中国”等方面发挥着巨大作用；国家治理的顶层设计与民俗文化的自发发展形成互动态势，相辅相成；民俗的产业化功能回归常态，其文化生态功能受到空前重视；而如何将民俗文化所蕴含的传统智慧济世致用，助推社会发展，仍有待强化。

报告建议，未来政府应探索当今“礼俗互动”的有效模式，优化社会治理方案；在当下城镇化进程中，健全完善农村基层组织建设；重视传统节日文化，优化城乡社区建设；灵活运用各级非物质文化遗产，建立区域共享机制与全社会公共服务体系；在民俗旅游发展过程中，坚持经济效益与社会效益并重。

（供稿：张清俐）

【首届“中原年俗文化论坛”在郑州召开】

2015年1月24日，首届“中原年俗文化论坛”在河南博物院多功能厅开幕，河南省文化厅党组成员、河南博物院院长田凯，河南省文化厅副巡视员孙鹏共同揭开大红的新春第一联以示对论坛开幕和羊年即将到来的祝贺。

首届“中原年俗文化论坛”由河南省文化厅、河南博物院、《河南商报》等共同主办。1月24日开启的“论坛”板块首推的主题是《回望：寻找失去的年味》，著名民俗学家、百家讲坛《过年》主讲嘉宾高有鹏，国家级非遗项目朱仙镇年画代表性传承人郭太运等各界专家学者畅谈了传统中国年的文化内涵，呼唤传统中国年的文化回归。

本次活动从1月底到3月持续进行达40多天，共分为“论坛”“展示”及“演出”三大板块。“展示”板块在2月10日至3月5日推出，主题为“记忆”“非遗”“体验”和“文创”，推出了朱仙镇木版年画、平洛牡丹村书画、民权老虎画、浚县泥咕咕等近50个颇具特色的传统技艺类非遗项目，由河南博物院推出的《九九羊春——乙未新春羊文物图片联展》也在此期间与广大公众见面；“演出”板块以享誉海内外的“河南博物院华夏古乐”为主要载体，在3月4日至7日，向全社会推出了古乐情境音乐剧《上元灯月》。

在1月31日及2月7日，陆续展开了题为《创新：新时代的春节民俗生活》及《记忆：非遗传承与文化创意产业未来》等专题论坛。

（供稿：书　剑　刘　璐）

【口头文学遗产数据库总目项目在京启动】

2015年1月24日，“中国口头文学遗产数字化工程”2015年第一次工作会议在北京国谊宾馆召开。中国文联副主席、中国民协主席冯骥才，中国民协分党组书记、驻会副主席罗杨出席会议并讲话。中国民协副秘书长吕军、理论研究室主任侯仰军，专家组成员杨亮才、刘锡诚、陶立璠、刘晔原，以及工作组相关人员出席会议。会议重点讨论了启动“中国口头文学遗产数据库总目”项目的必要性和可行性。

冯骥才指出，“中国口头文学遗产数字化工程”凝聚了全国民间文学工作者60年的心血，堪称中国民间文学的“四库全书”，将我国各民族自古以来仅在口头流传的民间文学，转化为“看得见摸得着的精神文化财富”，成为复兴中国文明的有力抓手。《中国口头文学遗产数据库总目》不但是该工程的阶段性成果，更是我国民间口头文学的家底清单，将把口头文学遗产数据库更快、更科学地推向应用，切实服务于人民，为社会主义的民族文化建设提供巨大推动力。

罗杨表示，习总书记在全国文艺工作座谈会上发表讲话之后，我国的民间文化工作进入一个崭新的历史阶段。中国民协将站在新的高度，组织协调各方力量，全力做好“中国口头文学遗产数字化工程”第二期工作和《中国口头文学遗产数据库总目》项目。

与会专家对该项目的总体思路进行了深入研究和反复讨论，充分肯定了其必要性和可行性，并一致认为应尽快对《总目》的编纂体例、分类层级、内容架构等具体问题进行专门研讨。会上，专家组协同工作组制订了落实《总目》的阶段计划与人员安排。

（供稿：张礼敏）

【《中国民间故事史》发布会暨研讨会在京召开】

2015年1月28日下午，由河北教育出版社和中国社会科学院文学研究所民间文学研究室、民俗文化研究中心联合举办的祁连休《中国民间故事史》首发式及学术研讨会在中国社会科学院少数民族文学研究所会议室举行。文学研究所领导刘跃进、杨槐、高建平及河北教育出版社负责人王斌贤等，以及来自中国社科院、中国文联、北京大学、北京师范大学、中央民族大学、中国传媒大学和北京联合大学等高校与学术机构的40余位学者与会并发言。会议由河北教育出版社副总编辑郝建国和中国社科院文学所民间室主任安德明主持。

《中国民间故事史》分为上、中、下三卷。祁连休先生为了撰写这部著作，查阅涉及民间故事的古籍文献，梳理和论析古人记录的民间故事文本，花费了十年心血。内容依照时间顺序分为先秦两汉时期、魏晋南北朝时期、隋唐五代时期、宋元时期、明代时期、清代时期六编，仔细梳理了上自春秋末年、下迄清末民初两千多年的中国民间故事发展史。

与会者对《中国民间故事史》的出版表示了热烈的祝贺，并围绕该书的学术价值和意义展开讨论。中国文联理论研究室研究员刘锡诚指出，《中国民间故事史》丰富了中国民间文学研究的范式，全书既梳理民间故事发展史，又以历代社会思潮为线索，同时记述了民间文学采录史，体现出了作者在史料、史识、史观三个方面的高水准。北京大学中文系教授段宝林认为本书将民间故事的流传、发展、收集、记录全部纳入进来是一项创举。相比于西方的中国民间故事研究，本书内容更丰富，资料更全面，是容量和思想上的超越。中国社科院少数民族文学所所长朝戈金认为本书对故事形态学和类型学有启示意义，它能够对确定中国故事起参照作用，同时引发对区分古代中国民间与文人、解析文类的边界的思考。文学所研究员吕微认为历史是无法认识的实体，人们对历史的认识是对现象的认识，对现象的认识受社会思潮的影响，在这个意义上，《中国民间故事史》的书写是对社会思潮中中国民间故事及其采录的历史的书写，是社会思潮下的现象史。中央民族大学中文系教授陶立璠认为，《中国民间故事史》是按照历史演进的方式书写中国民间故事的发展历程，他从本书中引发出了如何处理少数民族的民间文学的问题。北京师范大学文学院教授万建中从故事学本身谈其学术价值和贡献，认为本书梳理了古代民间故事发展脉络和间断性特征，建立了中国古代民间故事的四个体系，并注重发掘故事之外的记录者。同时，在故事类型方面，既借鉴西方又有其自身独创价值。潜明滋、郎樱、仁钦道尔吉、刘铁梁、杨利慧、萧放、巴莫曲布嫫、叶涛、林继富、陈连山、王杰文、张勃、冯莉、王娟以及文学所的各位专家，均从不同角度对该书做出了积极评价。

（供稿：刘　畅）

【甘肃省民俗文化产业协会第一届会员代表大会暨成立大会在兰州召开】

2015 年 2 月 5 日上午，甘肃省民俗文化产业协会第一届会员代表大会暨成立大会在兰州举办。大会表决通过了《甘肃省民俗文化产业协会章程》（以下简称《章程》），并依照《章程》选举产生了第一届理事会并选举甘肃鼎鑫文化传播有限公司董事长贾森栋为会长。

协会的成立接受到省委宣传部部长连辑发来的贺词。贺词寄予民俗文化协会厚望：希望民俗文化产业协会成立之后，能够秉承“保护传承华夏文明，创新发展文化产业”的宗旨，团结广大会员，抢救性地保护我省非物质文化遗产和优秀的民俗文化，传承创新民俗文化内容，设计研发市场欢迎的民俗文化产品，大力推进民俗文化产业项目建设，着力培育民俗文化人才，努力把我省厚重的文化资源优势转化为产业优势，走出一条集约化、规模化、现代化的民俗文化产业发展之路，为“华夏文明传承创新区”和“丝绸之路经济带”以及文化甘肃建设做出积极的贡献。

会上，新当选的会长贾森栋作了就职发言，他说，民俗文化、民族文化、民间工艺美术、非物质文化遗产等是中华民族智慧的结晶，是中国的文化基因，是华夏文明的“根”和“源”。然而，随着现代工业信息化的高速发展，原农耕文明赖以生存的环境遭到破坏，后继乏人，濒临消亡，急需抢救性保护与传承。而弘扬民俗文化，发展文化产业的关键在于创新，要秉承“守正创新”的理念，正本清源，守正传优。要以文化为本，科技为用，旅游为体，让文化与科技、旅游等产业深度融合。

省文化厅副厅长杨建仁、省委宣传部文化产业改革处处长王正茂、省工商联副主席李雄、省民政厅民间组织管理局局长蔡强、省文化厅文化产业处处长魏亚峰、甘肃省公安文学艺术联合会副主席兼秘书长祁正华等出席会议。

据悉，甘肃省民俗文化产业协会是甘肃省民俗学者、民俗收藏爱好者、民俗摄影爱好者和民俗文化搜集、保护、研究者及民俗文化产品生产经营者自愿组成的团体组织。协会将定期组织全省民俗文化工作者，开展专题活动，挖掘、保护、研究、弘扬古今民俗文化，提升地域性民俗文化艺术创作和整理编辑水平。

（供稿：狄东阳）

【第二届中国白马人民俗文化研讨会在甘肃文县召开】

2015 年 3 月 5 日至 6 日，在中国文联、中国民间文艺家协会的指导、支持下，第一届中国（陇南文县）白马人民俗文化旅游节开幕式暨第二届中国白马人民俗文化研讨会在甘肃文县举行，中国民协分党组成员、副秘书长吕军出席并授予文县“中国白马人民俗文化之乡”称号。中国文联国内联络部原副主任常祥霖、中国民协研究部主任侯仰军在研讨会上作专题发言，来自中国社会科学院、北京师范大学、甘肃省社会科学院、甘肃省文化厅、甘肃省文联等单位的专家学者 100 余人出席研讨会，为白马人民俗文化的保护与传承出谋划策。

研讨会上，17 位专家学者作了交流发言。大家认为，白马人的传统民俗文化充满活力，富有生命力，有着极其重要的价值，它是人类苦难的真实记录，人类历史的标本，人与自然关系的教科书，人与人关系的教科书，需要全面保护。既要保护白马人世代生活居住的古村寨，还要留住原住民，传承其独特的民俗文化。要持久保护、传承白马人的民俗文化，就要进行站得住脚的学理研究，进行文化定位。在追寻历史、进行白马人族源问题研究的同时，更要对其精神归属进行研究。

会议期间，与会专家学者观看了展现白马人劳作、生活、婚嫁等民俗文化的歌舞剧《白马·印记》，还专程前往铁楼乡草河坝参加白马人民俗文化体验活动。“白马人迎宾仪式”“二牛抬杠”“情歌对唱”“池哥昼表演”“山歌对唱”“手工艺及铁器制作工艺展示”“农耕文化体验”“十二相表演”“婚俗文化体验”“祭祀活动表演”“水磨体验”“琵琶弹唱”等十余种与白马人生活环境、宗教信仰、生产劳作、民居建筑、婚庆、习俗、歌舞、服饰、传统工艺等民俗文化相关的鲜活场景，让来自全国各地的嘉宾尽情体验了白马人能歌善舞、热情好客、崇拜自然的独特习俗。

本次研讨会将为文县进一步做好白马人民俗文化的挖掘、研究、保护、开发、利用，使白马人民俗文化成为陇南、文县一张亮丽的名片，进而为申报世界非物质文化遗产打下良好的理论基础。

（供稿：刘　洋）

【河北省民俗文化协会第三次会员代表大会在沧州召开】

2015 年 3 月 8 日，河北省民俗文化协会第三次会员代表大会在渤海名城沧州召开。中国民俗学会副会长兼秘书长叶涛、河北省精神文明建设委员会办公室副主任崔文武、河北师大原校长曹桂方、河北省老教授协会会长刘绍本、沧州市副市长李丽华以及协会领导班子、各市县民俗学组织负责人代表共 120 余人出席了会议。

河北省民俗文化协会副会长刘斯峨致欢迎词，崔文武代表省文明办做了重要讲话。崔文武在讲话中，对协会 11 年来的成绩给予充分肯定，并且提出了四点新的要求。叶涛代表中国民俗学会对会议的召开表示祝贺，并对河北民俗文化协会的工作给予高度评价。协会会长袁学骏做了工作报告，副会长张占方做了修改章程的说明，副会长封俊宣读并主持通过了新一届理事会的选举办法。

袁学骏再次当选为河北省民俗文化协会会长，田建民、张占方、陈旭霞、杨红莉、金永强、封俊、杨秀岭、郁立安、苑晨清、胡海霞当选为副会长。协会聘请朝戈金、叶涛、曹桂方、刘绍本等为名誉会长，聘请朱彦华、周宝忠、傅新友、梁挺爱、杜云生、张竹筠、王千、张雪祥、宋国安等为顾问。

河北省民俗文化协会下设七个研究工作中心，包括建立和健全河北省市县民俗机构联谊中心、河北省“精神文明与民俗文化”课题研究中心和新故事、石文化、冀菜等研究中心。

本次代表大会隆重而热烈。会议期间，还组织了颁奖活动，对第五届河北省民俗学、民间文艺学著作奖，优秀民俗论文奖和第三届优秀民间文艺作品奖，河北民俗文化名村镇、优秀民俗文化企业以及河北草根作家、“圣基杯”河北新世纪民俗事象调查报告等予以颁奖和命名。

这次换届会议，是在中国民俗学会、河北省社科联、省民政厅社团局的关怀指导下筹备举行的。这次会议的圆满成功，将预示着河北省民俗文化协会在今后五年的工作中将发展得更好，为民俗学研究和精神文明建设做出更大的贡献。

会议期间，与会代表们还参观了沧州市民俗文化协会的民俗博物馆，数十万件民俗物品使大家眼界大开。

（供稿：河北省民俗文化协会办公室）

【第 23 期敬文民俗学沙龙在京举办】

2015 年 3 月 21 日，第 23 期敬文民俗学沙龙在北京师范大学成功举办。来自北京师范大学、中国社会科学院、北京大学、中央民族大学、北京联合大学等单位的民俗学、民间文学、少数民族文学、社会学、人类学等各专业的师生约 50 人热情参与。

此次沙龙由北京大学外国语学院的陈岗龙教授主讲，讲题为“何为蟒古思——蒙古英雄史诗蟒古思形象的演变”。

沙龙分上、下两半场。上半场由陈教授主讲，北师大文学院万建中教授主持，中国社会科学院民族文学研究所的斯钦巴图研究员进行评议。陈教授首先为大家放了一组 17 年前记录其博士学位论文答辩的珍贵旧照，钟敬文、马学良、仁钦道尔吉、满都呼等先师影像逐一回溯，温馨感人。随后，陈教授从两个板块——蒙古中小型史诗研究与东蒙古“蟒古思故事”研究出发，依次剖析了蟒古思形象在蒙古英雄史诗不同阶段的演变历程，并阐释了“小史诗如何步步丰满为大史诗”的核心问题。陈教授认为，短篇史诗主题从“征战型单篇”“婚姻型单篇”演进为“复合型——失而复得”；从“单篇”到“复合”，体现了蒙古社会部落联盟的状况。根据史诗内容，陈教授指出蒙古英雄史诗不仅是一种“文学样式”，也与“蒙古社会部落联盟结构”对应关联；史诗中英雄间的“系谱”——如父子、兄弟，象征着各部落地位等级秩序。

基于上述观点，陈教授进而梳理了蟒古思形象的流变。他认为，早期蟒古思“多头”形象是众多敌对部落联盟的符号象征，史诗遵循“保护自己部落、征服蟒古思”的民俗模式。其后，陈教授结合对短篇史诗《锡林嘎拉朱巴图尔》的研究，认为随着藏传佛教的渗入，英雄具有护法神特征，蟒古思则附上一些萨满教神灵特性；英雄与蟒古思的斗争，和佛教护法神镇压萨满教“翁滚”可互解——是宗教斗争的结果。

陈教授认为，现存为数不多的蟒古思故事据源头底本丰富而来。史诗艺人可凭头脑中的“想象文本”，演唱具体的“表演文本”，延传史诗口头传统，累月经年，逐渐使短小的史诗篇什丰赡为大型的蟒古思叙事。在此过程中，陈教授着意强调佛教观念北渡对蒙古英雄史诗的根本性影响。结合长期田野经验，陈教授讲述了今日蟒古思故事演唱场合、配套乐器“朝尔”、舞蹈“羌姆”、唐卡造像、佛经典籍等多样化内容，厘清了它们与蟒古思故事密不可分的关系。他最后总结道：经历漫长过程，蟒古思史诗从简易短篇化为宗教色彩浓厚的大部头著作，蟒古思亦从多头恶怪形象化为佛教护法神形象。他的讲演以三个反思性设问作结。

万建中教授认为，陈岗龙教授的讲演生动、有趣、精彩而富有启发性。从部落结构、民族认同、宗教渗透等角度考察作为“元文本”的蒙古英雄史诗，解读“反面形象”蟒古思，显出其多年来扎根学问的深邃思考和学术魄力。

斯钦巴图研究员评议。他认为，陈岗龙教授的讲演资料丰富，对史诗的情节结构、人物形象、演唱传统及背后依托的宗教、历史、文化内容阐述得深入细致。巴图研究员赞同陈教授“蒙古中、小型史诗反映部落联盟结构”“大史诗从小史诗发展而来”“佛教强烈影响蟒古思故事”“蟒古思形象呈现历时变化”等观点，提出可从史诗中的蟒古思叙事出发，探查民众对佛教的理解，寻绎“佛教民间化”之路径。巴图研究员同时认为，需要注意在神话、传说、故事等其他民间文类中蟒古思的形象差异性，以比较眼光区分看待。

下半场为自由讨论。就陈岗龙教授讲演内容及所提议题，在场师生各抒己见，研讨气氛热烈。阿地里·居玛吐尔地研究员点评道：从史诗与民族、历史、国家等维度进行综合研究，视域开阔，具有可资深拓的学术空间。随后，在场的青年学者和研究生们纷纷从各自理解出发，提出了与讲演相关的学术问题。陈岗龙教授认真聆听、耐心记述，并逐一进行了详细生动的回应。

本次沙龙从上午 9 时始，持续至 12 时。师生们平等讨论、民主对话、畅所欲言。沙龙在掌声中圆满结束。

（供稿：杨泽经）

【中国节日影像志影片《献牲》在芝加哥国际影展展映】

2015 年 3 月 26 日至 28 日，亚洲研究学会（Association for Asian Studies）主办的国际电影展在美国芝加哥市开幕。民族民间文艺发展中心承担的国家社科基金特别委托项目中国节日影像志成果之一《献牲》作为受邀影片在影展上进行展映。亚洲研究学会是一个非政治、非营利性的学术研究机构，会员总人数达八千人，包含亚洲各国家和地区的专家学者，为同类研究机构中规模最大的，在世界范围内拥有广泛的影响力和良好的学术声誉。

《献牲》这部影片展示并记录了生活在新疆帕米尔高原上的柯尔克孜族居民过古尔邦节的情况。影片展映后，获得广泛的好评，认为该影片深度记录了帕米尔高原上柯尔克孜族人的节日、信仰和史诗般的生活，通过高超的视觉表达呈现出深沉的文化自觉精神。此次展映的成功为中国节日影像志项目成果的国际传播奠定了良好的基础。目前，民族民间文艺发展中心已收到英国皇家人类学会（Royal Anthropological Institute of Great Britain and Ireland）和中国民族博物馆等多家国内外知名影展的邀请函。

（供稿：文化部民族民间文艺发展中心）

【“十部文艺集成志书”香港卷、澳门卷编纂工作交流研讨会在深圳召开】

国家社科规划暨全国艺术科学规划重大项目“十部文艺集成志书”内地各省卷于 2009 年圆满完成编纂出版工作以后，报请全国哲学社科规划办同意，即启动香港、澳门各卷的立项编纂工作。经文化部港澳办协调，两地分别由香港文化博物馆、澳门基金会负责本地“十部文艺集成志书”编纂工作的组织实施。2012 年以来，在香港文化博物馆、澳门基金会的积极组织下，香港落实了《中国戏曲志》《中国戏曲音乐集成》香港卷的编纂团队；澳门落实了全部十卷的编纂团队。其中，《中国民间歌曲集成》澳门卷已于 2014 年 12 月通过了初审，计划 2016 年出版。

为进一步推动香港、澳门戏曲、曲艺卷的编纂工作，2015 年 4 月 10 日至 11 日，在深圳召开了港澳戏曲曲艺卷编纂工作交流研讨会。参加会议的有来自香港、澳门、广州、北京的相关领导和专家 20 人，其中有香港文化博物馆馆长邹兴华、编纂团队香港中文大学余少华教授一行 5 人；澳门戏曲曲艺卷主编沈秉和、谢少聪等 7 人；集成志书相关总编辑部负责人张刚、刘文峰、黄俊兰、蔡源莉、包澄洁。文化部民族民间文艺发展中心李松主任、张刚副主任主持了交流研讨会，综合处邱邑洪、范彬参加会议。

会议首先对《戏曲志》《戏曲音乐集成》香港卷的编纂工作进行交流研讨。邹兴华馆长首先对编纂团队的工作表示感谢，余少华教授介绍了工作情况及存在困难与问题，总编辑部专家进行了解答，香港、澳门团队间也交流了工作体会。大家认为，香港卷工作团队工作两年来，开展了大量的基础资料调查整理及研究，完成了卷稿60%以上的撰写，遵循了志书撰写的纪实原则，资料丰富，体现了香港特色。希望再接再厉，争取2015年内完成卷稿撰写、提交初审；希望同时出版国家卷和香港本地卷。大家还对启动《曲艺音乐集成》《器乐曲集成》香港卷的编纂进行研讨交流。

10日晚及11日上午，会议对《戏曲志》《曲艺志》澳门卷的工作进行了交流研讨。香港同行也认真听取了澳门卷工作情况的介绍。澳门卷自2013年3月启动，开展了大量的资料收集整理及田野调查，录制了50多位艺人口述史，已经完成了70%以上稿件的撰写。总编辑部专家针对卷本编纂中存在的问题提出了意见建议。大家希望，澳门编纂团队继续努力，加快撰稿、加强统稿，争取2015年内提交初审稿。

通过两天紧凑的交流、研讨，香港、澳门编纂团队都表示，总编辑部专家的意见、建议切中要害，很有针对性，收获很大，明确了下一步的工作方向，增强了信心。李松主任对研讨会进行了总结。他说，香港卷、澳门卷的编纂团队在当地政府主管部门的支持下，做了大量工作，取得了可喜的进展。希望大家在工作中同时重视资料整理与田野调查工作，特别是要加强对当地戏曲、曲艺文化生活的调查与研究，编纂出来的卷本能够反映出香港、澳门的文化特色；希望大家继续努力，力争2015年提交初审稿、2016年出版。

在编纂"十部文艺集成志书"香港卷、澳门卷的过程中，各团队通过资料采集与整理、走访访谈、网上征集等方式，对香港、澳门的戏曲、曲艺、民间音乐、谚语、民间故事、歌谣、民间舞蹈等的历史情况和现实情况进行了深入的调查和研究，初步掌握了港澳地区民族民间传统文化的基本情况，促进了民族民间文化艺术的普及、影响和保护。

（供稿：文化部民族民间文艺发展中心）

【"中美民族博物馆合作研讨会"在贵阳举行】

2015年4月13日至14日，中美民族博物馆合作研讨会在贵州省民族博物馆召开，来自中美两国的专家学者们共襄盛会。

美方代表由美国民俗协会执行理事会长罗伊德先生、美国民俗学会会长魏美安女士、美国密歇根州立大学博物馆馆长玛莎麦克道维尔女士、美国密歇根州立大学博物馆博士胡士德先生、马瑟斯世界文化博物馆馆长杰森先生、美国国际民间艺术博物馆馆长玛莎波尔女士等一行10人组成了美国专家团队进行研讨。中方代表云南民族博物馆馆长谢沫华先生、云南民族博物馆馆长助理杜韵红女士、云南民族博物馆开发部副主任罗志成先生、云南民族博物馆馆员罗文宏女士、广西民族博物馆副馆长梁志敏先生、广西民族博物馆藏品部副主任刘治福先生、广西民族博物馆研究一部副主任艾兰女士、广西民族博物馆博士张丽君女士、中国非物质文化遗产保护研究中心主任、中山大学教授宋俊华先生、中山大学博士陈熙女士、贵州省民族博物馆馆长高聪先生、贵州师范大学教授朱伟华女士、贵州民族大学教授陈玉平先生、贵州省民族博物馆副馆长李永华先生、贵州省民族博物馆馆长助理田军先生、贵州省民族博物馆翻译徐漪女士16人及相关工作人员参加了研讨会议。

本次"中美民族博物馆合作研讨会"从11个问题展开讨论。主题分别是"遗产：美国民俗学家的阐述""从苗族史诗《亚鲁王》看非遗产项目之保护、研究与建设""广西少数民族背带的艺术特征""在文化多样性背景下民族博物馆的建设"

"博物馆合作：创造道德和永续的社区合作""建设与家园：论物质文化和非物质文化的互构关系""这些民族学家通过社区要得到什么？博物馆和他们的社区""从'保存'到'保护'：博物馆的自我革命""贵州傩戏类国家级非物质文化遗产的保护与传承""通过对非物质文化遗产的收藏和项目式调查来培育两国间的关系""中国西部拼布艺术展美国巡展研讨会"，来自中美民族博物馆界的11位专家学者在研讨会上阐述了自己的报告。本次研讨会是中美民族博物馆同仁真诚沟通，建立合作伙伴关系，并探讨民族遗产保护和传承的良好交流机会。博物馆的事业不仅关系到整个城市文化建设和城市综合力的提升，而且还关系到具有地域个性、民族特性和社区群众参与性等突出特点。

同时，本次中美民族博物馆合作研讨会重点讨论了2015年在美国举办"中国拼布艺术展"的有关事项，商定了展览的时间、地点、规模、经费、展览内容及出版物等具体细节。此次巡回展的举办，旨在促进世界认识中国西部地区独特的民族文化与艺术，以及各地民族博物馆之间的长期合作，具有很好的意义。

在研讨会期间，云南民族博物馆、广西民族博物馆和美国的专家学者们还参观了贵州省民族博物馆的基本陈列展览《贵州民族风情展》和其他目前正在展出的临展。对于我馆先进的展陈方式、空间布局、色彩搭配给予了高度评价，认为我馆用直观的、立体的方式展现了贵州世居少数民族的文化、历史、生活、风俗、宗教等方面，使得参观者能身临其境般地感受到原汁原味的民族风情。

此次合作研讨会的目的在于推进中美民族博物馆合作研讨的常态化，将为馆与馆之间在彼此相同理念基础之上寻求长期的合作关系搭建一个良好的平台。

贵州民族大学非物质文化遗产博物馆的部分领导和同志列席了会议。

（供稿：刘　娜）

【"恢复南海诸岛民间庙宇及其民俗文化活动"学术研讨会在文笔峰召开】

2015年4月23日，海南省道教协会在定安文笔峰召开了关于"恢复海南诸岛民间庙宇及其民俗文化活动"学术研讨会。来自中国社会科学院、国务院发展研究中心、复旦大学等地的专家学者，海南省统战部、海南省民宗委和海南省道协有关人士参加了本次学术研讨会。

此次学术会议是国内关于这一重要议题的首次研讨会，表明在中国南海地区维护和宣誓宗教主权已经进入中国学术界的研究议程。

与会专家指出，中国南海诸岛的宗教文化和民俗，是中国传统文化的重要遗产，也是该地区中国民众日常生活的组成部分。恢复中国南海诸岛的民间庙宇和相关民俗活动，是充分体现中共宗教工作的群众性，全面落实中共宗教政策的一个重要环节。

与会学者认为，南海诸岛处于中国地缘政治、地缘经济、地缘宗教的交汇点，恢复中国南海诸岛的宗教民俗场所和活动，对加强文化主权意识，促进宗教侨务、拓宽文化领域的互联互通具有积极的意义。

（供稿：琼　芬）

【"纪念顾颉刚妙峰山考察90周年"系列学术活动在北京大学举办】

1925年4月30日至5月2日，北京大学顾颉刚、容庚、容肇祖、孙伏园、庄严五位学者考察妙峰山庙会，可谓中国现代民俗学第一次科学严谨的田野调查。随后，《京报副刊》载发《妙峰山进香专号》，顾先生的妙峰山考察和相关研究产生了广泛的社会和学术影响。

2015年正值顾颉刚先生等考察妙峰山进香活动90周年。在北京大学陈泳超教授、王娟副教授，中国社科院施爱东研究员的倡议下，北大中文系、北大民俗研究会举办了一系列纪念顾颉刚先生的学术活动。

5月15日晚，“妙峰山与中国现代民俗学”纪念学术讲座由陈泳超教授开讲。他从庙会的界定谈起，详细梳理了妙峰山庙会的源流和特征，着重分析了顾先生考察妙峰山的学术思路和目的，对顾先生所开创的中国现代民俗学传统给予了准确的评价和定位。中国民间文艺家协会李建平女士、妙峰山镇副镇长白向坤先生出席了讲座。

5月17日至18日，北大中文系民间文学专业硕博士生、北大民俗研究会骨干成员、中国社科院文学所民间文学室硕士生共20人，沿着顾先生90年前走过的妙峰山古香道——中北道，经朝阳院、响墙茶棚、水涧山庄、骆驼石、朝阳院茶棚、金山寺、瞻云妙，冒雨行进35里山路，历时六个多小时到达涧沟村。考察组在村里分三组进行了调查。晚饭后，沿古香道爬山经灵官殿、傻佛殿登上妙峰山金顶，与庙会传承人王德凤先生座谈，对“抢头炷香”的盛况进行了记录。18日（农历四月初一，庙会第一天开幕式），考察组对庙会传承现状进行了详细调查。

5月29日，由妙峰山镇举办的“民俗文化与妙峰山：纪念顾颉刚先生妙峰山庙会考察90周年学术研讨会”顺利召开。顾颉刚先生的女儿顾潮女士，北京大学赵世瑜教授、王娟副教授，中央民族大学张青仁老师，妙峰山镇领导等出席了研讨会。与会学者和嘉宾从不同角度探讨了顾颉刚先生妙峰山庙会考察对中国现代民俗学和妙峰山民俗文化的价值和意义，并对继承和发扬顾先生的传统达成共识。

在系列活动结束后，部分师生结合田野考察情况，从不同视角撰文考察妙峰山庙会的变迁，以各自方式纪念和回应顾颉刚先生开创的妙峰山民俗研究传统。

（供稿：吴新锋）

【“《江格尔》学术交流暨仁钦道尔吉史诗研究讨论会”在京召开】

2015年5月9日至10日，由中国社会科学院科研局资助、中国《江格尔》研究会主办的“《江格尔》学术交流暨仁钦道尔吉史诗研究讨论会”在京召开。来自中国社会科学院民族文学研究所、中国社会科学院文学研究所、北京大学、中央民族大学、西北民族大学、新疆大学、新疆师范大学、青海民族大学、新疆文联、内蒙古大学、内蒙古师范大学的四十余名学者参加了会议。与会学者就史诗《江格尔》传承与保护等问题进行学术交流，并就著名史诗学家仁钦道尔吉的学术研究成果进行研讨。

中国社会科学院荣誉学部委员仁钦道尔吉在五十余年的史诗研究生涯中出版学术专著和资料集三十多部，在国内以蒙汉文发表论文百余篇，在国外以英文、德文、俄文、西里尔蒙古文发表论文三十余篇，在蒙古英雄史诗、民间故事、谚语、民歌、本子故事、萨满诗歌等领域的资料建设与理论研究中取得了丰硕成果，影响广泛。

仁钦道尔吉是蒙古民间文学与史诗资料建设的奠基者之一。他对蒙古民间文学进行了全方位的田野调查，从1978年至今先后出版《英雄希林嘎拉珠》《蒙古族民间故事》《蒙古民歌一千首》等18部学术资料集。其中，他主编的四卷本《蒙古英雄史诗大系》是蒙古史诗资料建设的重要里程碑。仁钦道尔吉也是蒙古史诗理论研究的奠基者之一。他吸收国际史诗研究前沿成果，结合蒙古史诗第一手资料，博采众长、融会贯通，出版《〈江格尔〉论》《蒙古英雄史诗源流》《蒙古英雄史诗发展史》等重要的学术著作，对蒙古英雄史诗起源、形成、分布、类型、发展等诸多理论和实践问题进行深入系统的综合研究，开创了蒙古史诗理论研究的新时代。仁钦道尔吉还是一位自觉将中国史诗研究与国际接轨的世界级史诗学家。自1980年至今，他十余次赴德国、蒙古国等国家进行学术交流，把中国史诗研究成果介绍给国际学界，并组织编译《民族文学译丛》等，向学界介绍国际英雄史诗研究新成果，使国内史诗研究提高到一个新的水平。

（供稿：纳　钦）

【“礼俗互动：近现代中国社会研究”国际学术研讨会在山东大学举行】

中国社会的存在与运作不只是“家天下”之集权专制的结果，且有其自成一体的生活—文化系统。礼俗互动，既是理解中国传统社会运作机制的内部视角，又是拓展当代中国研究的重要路径。山东大学于2015年5月23日举办了“礼俗互动：近现代中国社会研究”国际学术研讨会，来自日本东京大学、香港中文大学、澳门理工学院、北京师范大学、北京联合大学、中国传媒大学、复旦大学、浙江大学、上海大学、贵州师范学院、聊城大学和山东大学等国内外近30位学者参加，就民间自治、民间信仰、礼俗社会、社会变迁下的礼俗互动等四个方面展开研讨。

一　民间自治

民间自治，长期存在于中国乡土社会之中，是调适地方社会生活节律、联通国家与民间的重要组织形式。多位学者借助历史的与当代现实中的个案，以小见大，对民间社会的自治传统、组织特征及社会意义等方面展开讨论。

科大卫、贺喜的《秘密社会的秘密：自我合法化与其在中国社会虚拟的影响》，以嘉庆和道光时期涉及秘密社会的个案为例，探讨隐藏于文字、神祇和魔术所支持的合法性之中的秘密社会的秘密，以及如何在一个越来越倾向宗族的世界里被观察和被重构。通过梳理嘉庆时期民间会匪的结拜行为，天地会的秘密结社活动，以及后来地方官府如何看待、应对天地会等地方文献资料，他们认为所谓的“秘密社会”是由民间、官员、朝廷之间共同建构出来的，其组织架构与民间网络形态实际上并无“秘密”可言。正如纳日碧力戈所言，关注地方社会的礼俗互动问题，能更准确地透视中国社会的历史延续与内部机制，但还需注意日常生活中民众语言表达与非语言表达之间的二元对立关系。

随着当代城镇化进程提速，如何促进、实现乡土传统的当代运用，成为时下中国社会治理领域的核心议题。李松的《民间自治与当代乡土社会发展》认为，现代社会生产力的发展和城市化进程，并不必然导致乡土社会自治能力的下降和消失，而面对当代社会中人际关系的疏离和人与自然矛盾的日益突出，充分发挥民间自治组织的智慧予以应对，乃是大势所趋。

多位学者聚焦于冀南乡村地区比较成熟的乡村自治组织，从地方民众的生活视角出发，以近现代中国社会变迁为背景对其组织特征、运作机制和公共性意义进行探讨，各有所见。刘铁梁的《冀南“花花好”与中国乡村自治组织》关注河北省广宗县打醮仪式，从村民自治组织与打醮活动的视角入手，讨论地方民众信仰生活中的自治组织问题。他认为，在厘清中国乡村自治组织传统脉络的同时，也应关心社会民众的现实生活境遇，对民众主体予以人文关怀。张士闪的《“教门拳”的神圣叙事与普世运作——冀南三村梅花拳文场考察》关注冀南广宗梅花拳文场的组织形态与富有弹性的运作机制，探讨这类民间组织如何在华北地区编织社会网络，凝结成比较稳定的村落传统，扎根于乡土社会。李海云的《神圣与神秘：乡土社会中隐性权力组织的运作——近现代冀南乡村梅花拳考察》认为应该从近现代社会变迁的视野，关注民众记忆历史的方式，理解民间组织的日常生活实践。在当今日趋散落的村落发展进程中，像梅花拳之类的民间组织可以将疏离的个人凝聚起来，增强社区的公共性，作为一种宝贵的传统资源理应受到重视。

二　民间信仰

民间信仰代表了中国民众精神世界的核心部分，是理解中国社会礼俗互动传统的重要范畴。

民间信仰如何在日常生活中立足？它又以何种逻辑影响运行于中国乡土社会的礼俗互动结构中？岳永逸的《革弊？中国人—神敬拜的礼俗辩证》对此进行反思。他通过漠河“金圣”、苍岩山“三皇姑”等民间信仰现象，对中国人—神敬拜的礼俗辩证关系加以梳理，提出奉人为神和奉神为人的人神一体的辩证法是中国乡土宗教的核心逻辑。他认为，造神、敬拜行为与民众日常生活世界中的礼—俗形成对应关系，并在多重互动中形成了多层嵌套关系。陈志勤的《民间信仰内涵置换的逻辑与礼俗互动——民间“潮神”的曹娥和官府“孝女”的曹娥》以浙江上虞曹娥庙及其信仰活动为研究对象，讨论在古代历史时期和现代社会中民间信仰内涵置换的逻辑，并由此探讨礼俗互动与民众信仰生活构建的关系。她认为，即使发生了信仰内涵的置换，民众仍然会根据自己的选择延续信仰传统。于是，围绕同一个信仰对象的官民互动，使其留下了意义阐发的空间和张力，最终形成了互有交集的两条平行线，发挥着维持社会稳定的作用。对此，刘铁梁补充说，在现实生活中的“礼与俗”的话题，经常会在一个较小的时空单位里纠缠，更多地代表着不同社会群体基于当下利益的集体叙事，此时的“礼”未必直接表现为国家话语，“俗”也不一定就是纯粹的民间话语。

礼俗观念逐渐渗透至社会各阶层，并经由言语表达、生活惯习、信仰观念等多种方式，潜移默化地涵育、形塑着地方社会生活。李生柱的《民俗语汇与礼俗互动——冀南打醮活动的民俗学解析》认为民俗语汇是民众在长期生活实践中所形成的话语概念，有一套内在的语义逻辑，既包括民众对自身行为的合法性解释，也暗含着民众对其行为的意义赋予。科大卫对此表示赞同，认为“礼”与“俗”的话语表达既是一种生活化的描述，又是一个争夺话语权的可以“打仗”的战场，只有进一步了解这套话语的历史和产生机制，才能发现“礼”“俗”所构建的社会框架与文化意义之所在。任雅萱的《明清山东中部盆地区域社会的形成——以莱芜地区“志公”信仰为主线》爬梳了鲁中莱芜地区“志公”信仰传说与分布概况，特别是明中后期官府对泉的开发，以及明末至清末五阳山碑刻中的“志公”记载情况。张帅的《灵：民众信仰生活的实质——以鲁中洼子村为个案》通过对鲁中洼子村村民众神圣空间的营造、日常生活及信仰仪式实践等方面的阐述，发现“灵”在当地民众信仰生活中发挥着重要作用和意义。张兴宇的《“行好”：基层社区组织的公益逻辑——冀南广宗北杨庄、杜家庄菩萨会考察》认为在冀南广宗一带的乡土社区内部，普遍存在着以“行好”观念统领的公益认知逻辑，是基层社区组织运作民意、维系道德秩序的重要机制。

三　礼俗社会

在民众日常生活中，礼和俗大致代表着民间社会的道德规范和社会规则，因而经常是礼俗并称。

菅丰的《公益与共益——从日本的“社会性”传统再构成看国家与民众》通过分析日本新潟地区大马哈鱼资源分配的研究个案，发现日本“社会性”传统的动态变迁。他认为，虽然明治政府在近代国家建设中利用了“公益”用语和概念，但民众却是将之与原本就存在于民间生活中的传统“共益”思想相融合，从而使得民众“共益”的“社会性”传统得到进一步强化，是礼也是俗。纳日碧力戈的《YOS的礼仪和主义：蒙古人的世界观》基于对蒙古语中“YOS”的多重意旨分析，关注国家治理与礼俗社会的合理构建问题。蒙古语中的YOS有“礼仪”“合适”“在理”“义务”和“主义”等多重意蕴，且“主义”和汉语的“礼仪治国”颇为相似。他认为，当今面临处理民族关系、乡村治理、村民自治等复杂问题时，应该在中国礼俗社会的大传统之下予以考量，其关键要素在于如何守护民众主体的尊严。张勃的《移风易俗与礼俗互动》以寒食上墓为例，认为礼与俗是来源不同、性质相异的社会规则，以此剖析移风易俗与礼俗互动之间的关系。礼俗互动既是双方博弈的过程，也是双方博弈的结果：一方面，表现为礼对俗的作用，礼制成功取代或部分取代俗制成为指导行动者日常生活实践的行为规范，从而使既有之俗发生改变；另一方面，又表现在俗对礼的作用，俗会影响礼制的实践效果和功能发挥，使礼制不断加以调整，并成为礼制调整时的重要依据和参考。

古典礼俗政治结构如何影响传统中国社会的发展进程？礼与俗在不同的地方实践中又呈现出怎样的景观？耿波的《礼俗政治的内在设计与问题视野》重点讨论中国古代社会的礼俗文化—政治结构，具有重要的理论启发意义。他强调，礼俗互动的概念界定应回归其原初的“三礼”语境。他认为，古典礼俗政治是通过援引“先验价值（天然合理性）”而实现政治调谐的政治文化模式，而其所援引的政治之“先验价值”本身又是可讨论的“公共价值”。因此，礼俗政治是关于合“理”（礼）之“俗”、驭民之“俗”的统治技术，而礼俗政治与现代政治文化不具有统一的问题视野，无法轻易挪用。王加华的《以“俗”践礼：中国古代〈耕织图〉意义探释》从农业史的角度对中国古代《耕织图》的创作者、流布状况、技术体系等方面进行意义解读，强调以“俗”践礼的重要作用。杜正贞的《“禁立异姓为嗣”的法律演变和社会实践——以礼、法、俗关系为中心的研究》探讨了礼、法、俗三者之间的关系问题。总之，不论是以“俗”践礼的地方实践，还是集礼、法、俗为一体的社会建构，从社会功能来看，皆体现了传统中国礼俗社会的活态变迁特征。确如刘铁梁所指出的，中国社会中的“礼与俗”，可能并不完全由国家、士或民间等阶层单向度地确定，而需要在地方社会的具体情境中予以理解。

四 社会变迁

对于中国社会礼俗互动传统的研究，既不能忽略共时性的社会变迁样态的透视，亦离不开“长时段”的历时性流变与脉络梳理。如何以历时性与共时性兼顾的视角，理解礼俗互动传统在中国社会的过去与当下的表现、机制与动因，是部分与会学者所特别关心的。

在传统中国社会，社会变迁影响到民众生活中的诸多方面，如灵物崇拜、宗族组织、信仰流变等。谭世宝的《从乌鸦变凤凰到乌鸦崇拜的消亡——古代中国礼俗互动的典型个案分析》以古代中国乌鸦和凤凰崇拜的转变过程为例，探讨中国社会礼俗互动传统的历时性变迁。他认为，乌鸦因被认为是最聪明且最具“人性”的鸟，从远古时代其就受到中华民族祖先的神化崇拜；儒家提倡孝道，乌鸦又成为仁孝的象征而被歌颂、学习。然而也就在这一时期，因为异化的凤凰形象的发展，逐渐掩盖和取代了乌鸦的原型，而成为普遍的崇拜偶像，乌鸦崇拜遂逐渐消亡。张瑞威的《明清山东运河调查》从明清山东地方社会如何管理土地的问题出发，结合对山东运河聊城段的考察，探讨了明清山东地区的宗族组织方式与社会效用。吴欣的《奶奶的庙："女神"信仰过程中的礼俗互动》对地方文献中泰山奶奶、贤惠奶奶、鲁姑奶奶、托山奶奶四位"女神"信仰的流变过程予以梳理，分析了"女神"信仰过程中的礼俗互动问题。凌滟的《运河、湖田与家族——明清山东运河对地域社会的影响》一文，以山东南旺的运河、湖田和家族为个案，讨论明清山东运河对地域社会的影响。以上研究对某一文化事象予以历时性的过程溯源与意义分析，呈现出传统中国社会礼俗互动传统下的多元文化样态。

部分与会者注意到从当代社会生活视角出发，关注礼俗互动传统的当代表现与现实运作。赵彦民的《"义岩别祭"：由"俗"到"礼"的战争记忆》关注作为壬辰战争历史记忆的"义岩别祭"纪念活动，如何在晋州民间力量的推动下，由民间仪式转为官方祀典的过程，据此讨论礼俗之间的互动关系。朱振华的《历史的惯性与艺术的表达——一个山东地区非典型性村落的文化人类学考察》以鲁中章丘市三德范村春节期间的扮玩活动为例，论述区域历史环境与民间艺术传统之间的关系。阴波的《济南华山华阳宫研究》认为，从地方历史文化变迁的视角予以审视，济南华山华阳宫这座参拜场所，承载了古往今来各色人等的信仰情怀，要想真正理解儒释道及当地民间信仰如何相伴相生、杂糅融合于斯，就要仔细梳理华阳宫历史上的多次修建活动与宗教仪式的变化，以及儒、僧、道与民间修醮会组织等在这些活动中担当的不同角色。

总体而言，在礼俗互动的交集视野下，传统中国的自洽运转及其"社会性"脉络在近现代社会如何延展、重构问题，在本次会议上受到广泛讨论。与会学者讨论中国历史上的"礼俗互动"传统与当代表现形态，既有梳理中国本土传统中的政治智慧、文化理路，促进对中国社会历史传统的准确认知的意义，亦颇具现实启迪意义，有助于明确民俗传统对于中华文化传统的根性意义，与在国家社会发展宏大格局中能够和应该扮演的重要角色，更好地汲取、运用中国社会治理的传统智慧。

（供稿：张兴宇）

【第17届海峡两岸民间文学与通俗文学研讨会在台北举行】

2015年5月22日至26日，由台湾文化大学、台湾口传文学学会主办的第17届海峡两岸民间文学与通俗文学研讨会在台北市举行。中国民协、甘肃省文联、苏州市民协派代表参加研讨会。台湾各地学者和中国文化大学师生近200人参加研讨活动。

两岸学者共提交了28篇学术论文，分三场进行了研讨交流。在首场研讨中，中国民协副秘书长吕军介绍了中国民协建立中国口头文学遗产数据库的情况。甘肃省文联副主席王登渤、苏州市民间文学家马汉民、中国文联民间文艺艺术中心文艺志愿服务部主任刘德伟等以及中央民族大学、兰州大学的学者在会上宣读论文并与台湾学者围绕民间文学和通俗文学的若干专题进行了广泛深入的交流。

研讨会期间，来自台湾十几所大学的专家、教授分别宣读了自己的论文，并对中国民协开展的民间文化遗产抢救工程表现出极大的兴趣和热切的关注。两岸专家学者畅谈从事民间文艺工作的感想和体会，感悟中华文化的博大精深，会场充满浓厚的学术氛围。与会代表还与台湾文化大学中国文学系的师生进行了学术座谈，进一步密切了中国民协与台湾口传文学学会的关系，促进了两岸民间文学研究的进一步发展。研讨会期间，两岸学者还共同考察了台北的传统村落林安泰古厝，并就民间文化遗产保护等问题进行了交流。

（供稿：大　卫）

【“妙峰山与民俗文化暨纪念顾颉刚先生赴妙峰山民俗调查90周年座谈会”在妙峰山镇香会博物馆举行】

2015年5月29日，“妙峰山与民俗文化暨纪念顾颉刚先生赴妙峰山民俗调查90周年座谈会”在妙峰山镇香会博物馆举行。本次会议由中国民俗学会、北京大学民俗研究会和妙峰山镇旅游行业协会联合举办。来自北京大学、中央民族大学、中国人民大学等单位的学者以及国家税务局研究所研究员、门头沟区和妙峰山镇的主要领导，还有各路香会会首和在京民俗专业部分学生共计三十余人参加了此次会议。

这次会议包括主题发言和自由讨论两种形式。在门头沟区政协领导连春国致欢迎辞之后，顾颉刚先生之女中国社会科学院历史所的顾潮首先进行了简短的发言。她恳切地指出顾颉刚先生和北大同仁在90年前的妙峰山调查，是受到了“五四”时期民主、科学精神的感召，是第一次现代意义上的民俗学调查。这次田野调查连同《妙峰山进香专号》的出版，可以说给民俗学界带来了震动。希望后辈学者能坚持走下去，让妙峰山香会越来越兴旺。随后，围绕着如何研究、保护和发展妙峰山以庙会为主的民俗文化，与会学者展开了深入的讨论和交流。以下将从“妙峰山庙会文化的研究”和“妙峰山民俗文化的传承与发展”这两个方面来对会议的研讨内容予以综述。

一　妙峰山民俗文化的研究

为了纪念顾颉刚先生所开创的妙峰山民俗研究传统，5月17日，北京大学中文系民间文学专业硕博生、中国社会科学院民间文学室硕士生，以及北京大学民俗研究会的骨干成员共20人，从北安河村出发沿着中北香道重走了顾颉刚当年的考察之路。北京大学在读博士吴新锋向与会人员介绍了这次由他带队的重走之旅。然后通过他切身的体会和今昔的对比，从身体民俗学的视角探讨了不同时空下的妙峰山庙会中的身体参与和心灵异同。他认为，虽然现代人的朝顶进香不需要经历如90年前一样的身体上的严酷考验，但是香客朝拜时的身体模仿同样是其虔诚心灵的体现。而文会、武香会成员的服务与表演更是“虔诚”精神最直接的身体展示。接着，吴新锋重点分析了他们这次香会调查中的一个发现——回香亭中的文昌阁变成了财神殿。他强调这种布局的变化象征了神像身体——“形象副本”的移位。在这种移位的背后凸显了当代庙会传统本身及庙会中人们心灵的某种位移。而神像移位的程序是否合理、谁在其中起到了作用则和社会政治文化权力息息相关。然而无论庙会中的身体在场如何变化，自由心灵的存在却是不变的。

民俗学的调查和研究自然不能脱离目前的城镇化过程。如何正确认识民俗文化与社会发展进程之间的关系，是我们理解和保护民俗传统的核心问题。中央民族大学世界民族研究中心张青仁指出，妙峰山香会传统在乡土重建和文化自觉方面都有着非常重要的作用。尽管在都市化过程中，“井”字外的村落逐渐解体（“上楼”），但村民们依然通过庙会等仪式活动坚持着传统的道德秩序、维系着对村落共同体的认同。而且这种仪式空间的认同并不是封闭的，它是向外来人口开放的。张青仁以自己调研过的红寺村为例，论证了当地人对外来人口参与香会表演的接受和认可。他认为这是缓解转型时期北京社会问题的有效方法，是民间文化反哺社会的体现。同时，他提到自己在与会首的交往中感受到了会首们对自己文化的自信和自觉。朝香人这种文化自觉的态度是值得我们学习的，并且在当代的田野调查中我们还必须意识到民众才是知识的掌握者。

中国人民大学历史学院教授毛佩琦则首先总结了顾颉刚先生的史学成就。他认为顾先生的田野调查改变了学术风气，建立了一种研究方法，同时也是以中国传统文化为根基的表现。接着，毛佩琦归纳了香会在当代乡村建设过程中可能承担的四种功能。他提示香会既是一种组织力量、动员力量，同时也是佛教、道教、儒学伦理等内涵丰富的文化承载。甚至还可以算得上是一次经济活动。所以在妙峰山的发展过程中，我们要充分利用好这四个方面，为香会多元化功能的发挥搭建良好的平台。

北京永定河文化研究会刘德泉老师在自由发言环节中也提到对于妙峰山地区的研究要更加深入，把一些基础问题研究清楚，如为什么妙峰山会从佛教圣地转变为娘娘信仰的圣地。而且他认为妙峰山的兴旺不一定只是与民间信仰有关，可能还和中国历史的税制、人口膨胀有联系。对妙峰山的研究还可以和当地的自然环境结合起来。

北京大学中文系民间文学教研室副教授王娟则指出妙峰山和北京大学渊源颇深。从顾颉刚先生到社会学系的高丙中老师，再到近年来北京大学中文系民间文学专业的同学都多次到妙峰山进行田野调查，推动了妙峰山的民俗文化研究。这不仅是因为妙峰山拥有丰富的民俗文化资源，是民俗学的朝圣之地，更是和妙峰山镇政府的支持与帮助分不开的。她表示，学生们对妙峰山民俗的调查资料和研究成果会留给当地政府和民众，为保护和发展妙峰山的民间文化尽力。

二　妙峰山民俗文化的传承与发展

谈及妙峰山民俗文化的发展，国家税务总局税收科学研究所曾国祥追问了三个前提性的问题：妙峰山庙会的规模为什么会超过北京其他庙会？顾颉刚先生为什么会对妙峰山情有独钟、他的调查体现的是什么精神？最后是如何进一步传承和发展妙峰山的香会文化？曾国祥提交的谈论稿中提出香会的红火和妙峰山独特的区位优势、香会举行时间以及民众信仰是分不开的。他在发言中强调，妙峰山香会文化的主流价值是祈福、积德行善与包容和谐。我们要继承顾颉刚先生脚踏实地、到人民群众中去、实事求是的治学精神，来研究和发扬香会的这些主流价值与精神信仰。曾国祥认为民俗文化是大众的、民生的，“人”是民俗文化的根本，我们不仅仅要了解历史人物，更要研究生活在妙峰山的村民、研究香会会首。

值得一提的是，在下半场的自由讨论环节中，几位香会会首不仅从自身的经历出发对学者们的发言进行了回应，更对香会的传承与发展提出了自己的看法。

来自蝴蝶少林会的会首索凤财说，妙峰山之所以那么旺是因为北京庙会有“三山五顶”之说，而妙峰山是金顶。香会讲究礼数和规矩，不管是东南香还是西南香，都要到这里来朝顶进香，互相讨教切磋，这才是真正的北京文化。同心合缘五虎少林会的会首赵宝琪则是把自己上山参驾和组织香会的故事向大家娓娓道来。他提到，自己是1991年开始上妙峰山的。那时候政府抓人不让上山，但是自己就偷偷跑来瞧了瞧。然后从1992年到现在就没有间断过，一直坚持了25年，即使生病也要让自己的侄儿来。据赵宝琪介绍，他今年一共会了6堂会，同心合缘香会里大约有三十多个人，大伙吃饭的钱都是他自己出的。而他自己在香会界也算小有名气，就是因为他有规矩。这个规矩是从小和师傅学的，一直就这么记着。赵宝琪强调，“走会，第一走的是规矩、是礼节”。现在香会有的东西能改，有的却不能改。特别是老人传下来的规矩千万不能更改。比如以前香会都要到回香庙去献艺，这些步骤差一个都不行，所以有句古话是“妙峰山好走，西顶庙不好打”。但现在很多香会开车上山，献完艺就走了，不再到回香阁去。

同时，赵宝琪对财神殿搬迁的问题也予以了回应。他认为这种做法是可取的。因为原来的回香阁除了文昌地宫和岳飞像之外，都属于阴的。自己就不会到那里参驾。把财神殿搬到金顶，有了大量的香客，自己就会去参驾。另外，对于妙峰山民俗文化的发展，赵宝琪建议，应该在三条古香道中选择一条进行修缮，让年轻人亲自走一走。另外，他认为茶会需要重新排列一下，只有让香客有到家的感觉，娘娘才会越来越显圣。最后，赵宝琪还承诺自己在有生之年，会带着香会一直走下去，不仅教自己的侄儿学，还要带着自己的孙子玩。

总而言之，与会学者对妙峰山民俗文化的保护和发展，达成了以下这些普遍的共识。首先，加强对妙峰山民俗文学的研究是其传承和发展的前提。顾颉刚先生在90年前就已经给我们树立了一个好的榜样。香会是民众生活中的重要部分，我们要沿着顾先生的治学之路继续往前走，对“凡是我们看到的东西，自己感受了趣味，要得到深切的了解而往前研究，从此收集材料，加以整理及解释，这便是学问。”其次，在民俗文化的研究中，对于香会会首等民众的关注是非常必要的，并且我们要真正意识到“我们自己就是民众”。如吴新锋从自己的体验出发对庙会中身体民俗学的讨论正是自己、香客以及香会会员这些鲜活的身体在场的展示。张青仁更是提倡民众就是我们的老师，他们的文化自觉意识是值得学者借鉴和学习的。或许当年顾颉刚先生在妙峰山的具体调查中还有着些许想要让民众“甘心领受我们的教化”的念头，但这不妨碍我们今天在顾先生的感召之下去真正实践他平等、求真的伟大精神。

（供稿：宝诺娅）

【首届中日香文化交流会在京举行】

2015年5月30日上午，首届中日香文化交流会暨中国香文化研究中心与日本志野流香道战略合作签约仪式在北京举行。

中国香文化研究中心主任孙亮先生与日本志野流香道次家元蜂谷宗苾先生，在中国民俗学会荣誉会长、国家非物质文化遗产保护中心专家委员会副主任刘魁立先生，国家非物质文化遗产保护专家委员会副主任周小璞女士，中国著名香文化专家石德义先生，中国著名表演艺术家游本昌先生等与会嘉宾，以及媒体朋友的共同见证下，签署了战略合作协议。

刘魁立先生指出，中国香文化研究中心和日本志野流香道的战略合作将成为一个标志性的平台，不仅有益于两国各自香文化的繁荣，同时还会促进世界香文化的发展，为整个人类香文化的图景涂上一抹特别光亮的色彩。

蜂谷宗苾先生再次阐明，中国香文化有着数千年的历史，日本志野流香道正是从中汲取了养分，才有了今天的成就。他表示，非常愿意将源自中国的香文化带回中国，也希望能为中日香文化交流贡献自己的毕生精力。

中国香文化研究中心主任孙亮说，中日香文化交流古已有之，这次“首届中日香文化交流会”的召开，不仅有益于香文化事业的繁荣，更有利于促进两国人民的传统友谊。孙亮先生还表示，未来，中国香文化研究中心还将积极开展与国际香文化界的学术交流活动，增进国际民间交流。香文化的繁荣，必将成为我国对外文化交流的亮丽名片。

本届中日香文化交流会为期两天，两国香文化专家学者通过展示香席、专题研讨等形式展开了深入交流。

（供稿：中国香文化研究中心）

【全国传统村落立档调查工作现场经验交流会在河北召开】

2015年6月1日，由中国文联、中国民协、中国摄协以及河北省委宣传部、省文联、邢台市委、市政府主办的“全国传统村落立档调查工作现场经验交流会”在河北省沙河市召开。来自全国各省、市、自治区的传统村落普查先进单位、先进工作者代表齐聚沙河市，总结传统村落立档调查成果，交流普查经验，共商抢救保护传统村落大计。中国文联副主席、民协主席冯骥才，中国民协分党组书记、驻会副主席罗杨，中国文联民间文艺艺术中心主任徐岫鹃，中国文联摄影艺术中心主任刘宇，国家七部委传统村落专家委员会主任曹昌智，中国社会科学院学部委员、国家非遗专家委员会副主任刘魁立，中央民族大学教授、国家非遗专家委员会陶立璠等出席了此次会议。冯骥才表示，目前世界上还没有任何一个国家能像中国这样对自己的传统村落进行保护认定，这体现了国家的高度文化自觉和文化眼光。保护村落不仅仅是保护一个旅游景点，传统村落的立档工作非常重要，要用科学的态度进行忠实的记录；要建立科学保护体系、制定保护标准；建立监督机制和立法，并进行有效规划。来自四川、吉林、江西的代表汇报了本省传统村落立档调查的成果和经验，河北省不仅率先完成了国家规定的传统村落调查任务，还抢救发掘出160个传统村落。截至目前，河北省在传统村落立档调查中采录的文字资料已达500余万字，拍摄图片资料21万余张，成为这次交流活动的典范。

（供稿：陈保霞）

【中国民间文化遗产抢救工程巡礼座谈会在山西后沟村举行】

2015年6月3日，中国民间文化遗产抢救工程巡礼系列活动在山西省晋中市榆次区后沟古村举行。全国各地致力于抢救保护中国民间文化遗产的调查者、实践者代表齐聚座谈会，共同梳理、总结和反思十三年来中国民间文化抢救工程实施的宝贵经验，探讨中国民间文化遗产抢救工程后时代民间文化保护的价值、意义、途径、方法、手段和目的。会议由中国民协分党组书记罗杨主持，中国民协副主席潘鲁生宣读了《后沟宣言》。座谈会上，冯骥才呼吁民间文化遗产抢救保护工作从后沟“再出发”，希望更多的民间文化管理者、研究者、见证者加入到民间文化抢救保护与发展探索的行列，使之成为全社会的共同行动。作为21世纪中国首个超大型文化工程，首批参与后沟村普查的亲历者乌丙安、向云驹、常嗣新、乔晓光、潘鲁生、梵宇等学者发言。乌丙安表示，后沟村作为中国民间文化遗产抢救工程的农耕文化遗产保护始发地，村史应作为后续重点挖掘。乔晓光认为，我们运用遗产的思维认识后沟村，就此揭开了中国民间文化遗产抢救行动的帷幕。向云驹总结了后沟村作为中国传统村落文化遗产的示范村，其本身的意义和作为保护样板的作用等。参与《中国民间文化遗产抢救工程档案》收集整理工作的祝昇慧指出，中国民协的中国民间文化遗产抢救工程的成功在于把关注的焦点锁定在民间文化，善于将前瞻性的思考与时代紧密结合。

巡礼活动中举行了《中国民间文化遗产抢救工程档案》首发仪式，该书首次对21世纪前十年中国文化转型期中国文化界对民间文化的集体抢救行动进行了客观、全面的梳理。

（供稿：陈保霞）

【《中国非物质文化遗产百科全书》首发式暨出版座谈会在京召开】

2015年6月12日，在我国第10个文化遗产日到来之际，由中国文联、中国民协主办的《中国非物质文化遗产百科全书》首发式暨出版座谈会在北京举行。《中国非物质文化遗产百科全书》2012年经中国文联出版社立项，并由中国文学艺术基金会资助，集合了中国民协、中国社会科学院等单位一大批优秀学者精心编纂，对目前有关非物质文化遗产研究的学术成果进行了全面系统的盘点梳理。本次首发的为该百科全书第一批，包括《代表性项目卷》《传承人卷》《史诗卷》。

座谈会上，中国文联党组书记、副主席赵实充分肯定了《中国非物质文化遗产百科全书》的重要现实意义和学术价值，认为它既填补了我国非物质文化遗产研究和保护领域的一项空白，又将对我国非物质文化遗产保护工作产生积极影响。赵实说，非物质文化遗产是我国优秀传统文化的重要组成部分，它就像空气和水一样，滋养和哺育着每一个华夏儿女，为我们在世界文化激荡中站稳脚跟奠定了坚实根基。赵实强调，我们要深刻领会习近平总书记的重要讲话精神，充分认清肩负的时代责任和使命，以扎实的行动和先进的理念、科学的方式方法做好非物质文化遗产的抢救和保护工作，不断激发非物质文化遗产的时代活力，使其成为弘扬和传播社会主义核心价值观的不竭动力。

中国文联、中国民协历来高度重视非物质文化遗产的抢救和保护工作。21世纪以来，在中宣部的大力支持下，中国文联、中国民协发起并组织实施了中国民间文化遗产抢救工程，在抢救非物质文化遗产方面做了大量富有前瞻性和卓有成效的工作，相继推出木版年画、民间剪纸、唐卡艺术、传统村落、传承人名录、节日文化、口头文学遗产数字化工程等，谱写了中国民间文化遗产抢救与保护的新篇章。

《中国非物质文化遗产百科全书》被列为中国文联“文艺出版精品工程”重大项目，由中国文联副主席、中国民协主席冯骥才担任总主编。冯骥才在为百科全书的出版发来的贺词中说，本世纪以来，我国以政府主导，各界积极参与，对中华大地五千年农耕时代所创造的文明财富，进行地毯式的抢救、考察、整理、保护与发扬。使我们基本盘清了自己的文化家底，为中华民族的伟大复兴确保了我们文明的根基。在这一伟大的时代性的文化使命中，出版界做出重大贡献，不仅出版了巨量的文献性、档案性的典籍，而且为传统文明的传播与弘扬，付出全力。今天问世的《中国非物质文化遗产百科全书》正是其中突出的表现，充分体现出版界高度的文化自觉。

据介绍，《代表性项目卷》汇集了目前中国所有国家级非物质文化遗产代表作品，全书分为传统技艺、民间美术、民间舞蹈等十大部分，共收条目1200余条，总字数100余万字；《传承人卷》按门类、批次、地区、项目等来安排条目，内容包括民间文学、民间音乐、民间舞蹈、传统戏剧、曲艺、杂技与竞技、民间美术、传统手工技艺、传统医药、民俗十个门类，第一至第四批次，1986名国家级非物质文化遗产项目代表性传承人，比较详尽地叙述和介绍了中国非物质文化遗产传承人的基本情况；《史诗卷》内容涉及人物、社会、经济、宗教、民俗、艺术、语言、生态等，共计95万字，1600多个词条，200余幅图片，《格萨（斯）尔》《江格尔》和《玛纳斯》这“三大史诗”也得以向读者展示其“百科全书”的真正面目。

北京师范大学教授、民间文艺学者万建中表示，非物质文化遗产涉及所有的传统知识和文化形态，我国更是非遗大国，非遗资源达87万项，遍布生产、生活和历史文化的各个领域，可以说非物质文化遗产本身就是古代遗留下来的百科全书，以百科全书的形式再现非物质文化遗产符合非遗的本质属性，是一种最为恰当的形式。

“非物质文化遗产是我们这个时代具有象征意义的文化样式，作为人类古老的文明形态，它与物质文化遗产和自然文化遗产有着内在的依存关系，涉及人类精神文化的诸多根脉和基因问题，是对我们这样一个具有丰富物质文化和自然文化遗产的大国的另一种图景阐释，而且对于提升我们的文化自信和理论自信也具有重要意义。”《中国非物质文化遗产百科全书·史诗卷》主编诺布旺丹说。

《中国非物质文化遗产百科全书》是中国第一部非物质文化遗产百科全书，该系列丛书内容丰富，体例完备，具有完整性、学术性、规范性、知识性和通俗性等特点。它既是普通读者重要的参考、查询和阅读的百科全书，也是非物质文化遗产专业学习者和研究者必备的参考工具书。来自社科界和新闻出版界的代表也对该书的出版给予了高度评价。

中国出版协会常务副理事长、中国图书评论学会会长邬书林表示，百科全书的功能是普及人类已有的思想成果、文化成果、科技成果，是由一流专家撰写，面向的是普通读者大众，所以特别要求对知识进行非常规范的选择、加工、整理和推荐、传播。用百科全书这样的出版形式来反映非物质文化遗产的研究成果和社会影响，标志着我们国家对非物质文化遗产保护和研究的成熟。

“编撰出版《中国非物质文化遗产百科全书》是一项特别浩瀚也特别紧迫的工程，因为现在我们的社会变迁很快，特别是对非物质文化遗产来说，有的时候消失得也很快，传承了几千年的文化一夜之间就没有了，所以习近平总书记特别强调要‘记得住乡愁’。”中国社会科学院副院长李培林说。

《光明日报》总编辑何东平表示，非物质文化遗产是人类文化多样性和可持续发展的保证，也是最具时代感和最时髦的一个名词，甚至有人把这个时代称为非遗时代，我们深处其中，媒体人不能当旁观者。

与会专家还建议，信息技术的进步使人类应用知识的能力增强，在新一轮信息技术进步影响下，要用好信息技术来推进各个领域的知识生产和传播，来使中华民族的伟大复兴建立在掌握知识、传播知识、传承文明的基础之上。

座谈会上，《中国非物质文化遗产百科全书》二期出版计划正式启动，将出版《民间文学卷》3 至 4 卷，约 300 万至 400 万字。

座谈会由中国文学艺术基金会、中国文联文艺评论中心协办，中国文联出版社承办。主承办单位负责人以及中国社会科学院、中宣部文艺局、文化部非遗司和各大高校、图书出版发行机构的代表出席座谈会。

（供稿：张志勇）

【“保护非物质文化遗产实践国际培训”在泉州举行】

2015 年 6 月 15 日，由联合国教科文组织亚太地区非物质文化遗产国际培训中心（亚太中心）、联合国教科文组织亚太地区非物质文化遗产国际信息与网络中心（韩国亚太中心）和福建省文化厅共同主办的“保护非物质文化遗产实践国际培训”在福建省泉州市开幕。文化部非物质文化遗产司副巡视员张兵、亚太中心主任许蓉、福建省文化厅副厅长陈吉、韩国亚太中心主任许权、泉州市副市长周真平、联合国教科文组织资深培训师爱川纪子等出席了开幕式。来自联合国教科文组织亚太地区各区域办事处代表、亚太地区非物质文化遗产项目代表，以及中国部分省市的非物质文化遗产保护工作者 100 余人参加了本次培训活动。爱川纪子和张兵分别就联合国教科文组织《保护非物质文化遗产公约》（以下简称《公约》）和中国非物质文化遗产保护情况作了专题发言。

2015 年恰逢联合国教科文组织成立 70 周年，教科文组织倡导实施的非物质文化遗产能力建设战略在全球范围蓬勃开展，非物质文化遗产保护工作取得了有目共睹的成绩。此次培训班积极宣传《公约》精神，分享亚太地区优秀的非物质文化遗产项目的实践经验，进一步提升亚太地区保护非物质文化遗产的能力。

本次培训为期 5 天，以专题发言、项目介绍、实地考察、交流对话等形式展开。来自中国、韩国、泰国、印度、印度尼西亚、瓦努阿图的 8 个优秀的非物质文化遗产项目的代表，从非物质文化遗产的保护、传承、人才培养和可持续发展 4 个方面，深入探讨了非物质文化遗产在当代社会的存续价值和有效的保护、传承方式。其中，亚太地区仅有的两个入选联合国教科文组织优秀实践名册的项目，即“印度尼西亚蜡染布制作技艺传承人培养计划”和“中国福建木偶戏后继人才培养计划”的代表就项目实践情况进行了详尽的介绍和现场展示。

本次培训与受到国家艺术基金支持的中国福建木偶戏后继人才交流推广计划相结合，有效地向亚太地区宣介了非物质文化遗产保护的中国经验。

培训期间，亚太地区代表参加了“文化遗产日”的相关活动和闽台木偶节，并对福建漆艺和茉莉花茶窨制技艺进行了文化考察。中国知名的文化文物学者吕品田、田青和郭旃等也将参加培训活动。

2012 年至今，亚太中心已举办 10 期培训，覆盖 21 个国家，受训人员近三百人。

（供稿：亚太中心）

【中国传承人口述史研究所在天津成立】

2015 年 6 月 16 日，中国传承人口述史研究所在天津大学冯骥才文学艺术研究院成立。该研究所是经中国民协和天津大学批准，依托于天津大学冯骥才文学艺术研究院组建而成的国家级传承人口述史研究机构，旨在系统、深入地开展传承人口述史的理论建设与田野作业，更好地推进民族民间文化的传承与发展。

传承人是民间审美、民间技能和民间文化信息的承载者，在本世纪初的中国民间文化遗产抢救工程中，广大民间文化工作者在田野考察中大量采录传承人口述史，相继发起专题式的调查、整理和出版工作，《中国民间文化杰出传承人丛书》《中国木版年画传承人口述史丛书》《天津皇会文化遗产档案丛书》等丰硕成果先后面世，国家社科基金重大项目“中国木版年画数据库建设及口述史方法论再研究”现已完成 30 万字的专著《传承人口述史方法论研究》。

中国文联副主席、中国民协主席冯骥才在成立仪式上说，非物质文化遗产是无形的、动态的、活动的，是不确定的，它保存在传承人的记忆和行为中，想要把非物质文化遗产以确定的形式保存下来，口述史是最好的方式。

中国民协分党组书记、驻会副主席罗杨和天津大学副校长元英进共同为中国传承人口述史研究所揭牌。罗杨表示，中国传承人口述史研究所的成立，改变了以往非物质文化遗产抢救和保护缺少文字记述的历史，为非物质文化遗产的抢救和保护留下珍贵的文字档案。

口述史是国际学界盛行的一种历史研究方法，以冯骥才为代表的一批民间文化遗产抢救者，紧扣我国非遗保护实践，将口述史理论与方法应用到民间文化遗产保护工作中，提出书写传承人口述史。

“中国的非物质文化遗产亟须进行第二次抢救，随着农村的解体和空巢，原汁原味的传承人已经到了最后一代，现在国家级的传承人有1986名，但大部分都没有口述史。”冯骥才说。

根据章程，研究所成立后，将充分发挥学术研究、口述史实践、建立民间文化记忆库、学术交流、培训指导等项职能，在口述史领域独树特色，为非遗保护提供学术支持。

当天下午举办的研讨会上，钟少华、余未人、向云驹、曹保明、陈墨等来自历史学、影视人类学和非遗保护等领域的学者受聘为中国传承人口述史研究所学术委员会委员。与会学者围绕口述史方法、档案建设和数字化时代的口述史等进行了深入交流。

“口述历史是带着抢救性功能的，因为很多人都等不及我们去做口述记录；口述历史也让我们理解，历史就在我们身边。数字化时代对口述史的影响是巨大的，它改变了记录、保存、编目、索引、检索、解释、分享与呈现口述历史的方式与内容。”温州大学口述历史研究所所长杨祥银说。

中国电影艺术研究中心研究员陈墨认为，珍藏和记录人类个体记忆，是口述史的最大价值，口述史的应用是假定每个活在世上的人都是有价值的，只是以前是缺少记录的手段，但大数据时代的到来让这个问题迎刃而解，未来的社会学研究肯定是基于人类语言和行为的大数据研究。

作为传承人口述史的重要成果之一，历时四年田野考察完成、由山东教育出版社出版的十卷本《天津皇会文化遗产档案丛书》同时发布，并由冯骥才文学艺术研究院联合山东教育出版社向天津皇会的老会代表捐赠各道会的文化遗产档案。

成立仪式前，国家级非物质文化遗产项目汉沽飞镲还进行了精彩的表演，挂甲寺庆音法鼓銮驾老会设摆了精美的前场执事。

（供稿：张志勇）

【《节日研究》“节日与舞蹈”专题研讨会在京召开】

2015年6月16日，民族民间文艺发展中心在京召开《节日研究》“节日与舞蹈”专题研讨会。《节日研究》辑刊系《中国节日志》项目成果的重要组成部分，由“主题聚焦”“节日相关研究”“新书推介”等不同板块构成；是《中国节日志》编纂理论与实践的研究交流平台。目前该刊已出版九辑，第十辑“节日与狂欢”专辑目前正在组稿、编校；第十一辑的主题为“节日与舞蹈”。研讨会邀请了多位专家，就节日中的舞蹈、舞蹈中的节日主题等进行了深入的讨论。

（供稿：文化部民族民间文艺发展中心）

【《中国民俗志·湖北宜昌市卷》首发式在湖北省宜昌市举行】

2015年6月18日，《中国民俗志·湖北宜昌市卷》在湖北省宜昌市举行首发式，从而使宜昌成为全国第一个也是目前唯一一个出齐所有县、市、区卷的地级市。

湖北省宜昌市民间文化资源丰富，特色鲜明，种类繁多，无所不包。积淀深厚的历史文化和灿烂的民族民间文化共同铸就了宜昌文化的经脉。

宜昌市文联从2010年7月在湖北省率先启动宜昌市民俗志编纂工作。全市300多名民间文艺骨干不分寒暑，全身心投入，历时近5年时间，经过编纂培训、田野调查、查阅史志、录音摄影、撰写初稿、征求意见、组织评审、反复修改、专家把关等若干环节的辛勤工作，《中国民俗志·湖北宜昌市卷》全套共13卷，650万字，于2014年11月由中国文联出版社出版发行。

《中国民俗志·湖北省宜昌市分卷》是一套体例完备的民俗文化专业志书。其内容按“物质生活民俗”“精神生活民俗”

"社会生活民俗""民俗人物"四卷编纂，纪纲志类，对辛亥革命百年来宜昌13个县市区民众的传统生活习惯、思维方式、价值取向、行为方式、方言表达等民俗事象流变形态做了系统收集整理和归类记叙。

《中国民俗志·湖北宜昌市卷》的编纂出版，是一项具有世纪性意义的文化基础工程。中央民族大学教授陶立璠认为，《中国民俗志·湖北宜昌市卷》对其他省、市、县卷本民俗志的编纂，提供了宜昌模式，树立了书写典范，是中国民间文化抢救工程实施以来最显著的成果之一。

中国文联出版社社长朱庆、湖北省宜昌市人民政府副市长王应华、中国民间文艺研究所所长王锦强、湖北省民协主席傅广典、华东师范大学教授田兆元、中国社会科学院研究员户晓辉、中央民族大学教授林继富等出席了首发式活动。

（供稿：王　强）

【二十一世纪民俗节庆文化发展及"嘉兴模式"探索国际学术研讨会在嘉兴举行】

2015年6月19日至20日，由中国民俗学会、嘉兴市节庆活动组委会联合主办的二十一世纪民俗节庆文化发展及"嘉兴模式"探索国际学术研讨会在浙江嘉兴南湖之滨隆重举行，它也是2015中国·嘉兴端午民俗文化节的一项重要活动。来自美国、越南、我国台湾和香港等国家和地区，以及来自北京、上海、浙江、江苏、山东、山西、安徽、甘肃等省、市（自治区）的40余位专家学者出席研讨会。嘉兴市人民政府副秘书长王一伟主持研讨会开幕式，中国民俗学会荣誉会长、国家非物质文化遗产保护工作专家委员会副主任乌丙安，中国民俗学会副会长、青海省民俗学会会长赵宗福，中共嘉兴市委宣传部常务副部长王国华等领导在开幕式上分别致辞。

2013年以来，中国民俗学会与嘉兴市联合实施《二十一世纪民俗节庆的嘉兴模式》重大课题研究项目，目前已取得初步成果。今年是该课题实施的第三年，也是最后一年。通过前两届在嘉兴的学术研讨，海内外专家学者们在传统节日尤其是端午习俗的历史流变、本真性保护、内涵拓展、活态传承等多个领域和层面做了有深度的探讨和交流。举办"二十一世纪民俗节庆文化发展及'嘉兴模式'探索国际学术研讨会"，旨在从当前大力弘扬中国优秀传统文化的背景出发，立足已有学术调研成果，探讨节日在继承与发展中国优秀传统文化方面所发挥的重要作用，探索传统节日如何成为社会和谐、人心安定、民众欢乐的重要手段，特别注重总结以嘉兴端午习俗为代表的新兴节会在当前社会转型期的积极作用，提炼21世纪民俗节会的"嘉兴模式"，为中国乃至世界同类民俗节会提供重要的研究个案，并为中国传统文化在当代社会的复兴与再造提供极其重要的理论架构与资料参考。

嘉兴地区节日民俗文化底蕴深厚，节俗形式丰富多样。嘉兴端午习俗，经国务院批准，2011年被列入第三批国家级非物质文化遗产名录。嘉兴是我国端午民俗最盛的地区之一，也是全国首个"中国端午文化研究基地"。端午节已经成为嘉兴最具鲜明代表性的地方特色民俗节日之一。7000年前在这里孕育的马家浜文化，是新石器时代早期文化的代表。嘉兴市地处太湖流域，为水乡泽国，得天独厚的人文地理条件和自古以来农业的繁荣，形成了发达的稻作文化和蚕桑文化，以及以吴俗为主流，江南水乡为特色，具有独特性与多元性并存的民俗民风。嘉兴端午习俗具有"吴越文化""稻作文化"和"水乡泽国"的深厚背景，凸现了江南水乡独特的传统文化，历经千百年的传承演绎，蔚为民俗文化的洋洋大观，具有很高的社会价值、文化价值和民俗学价值。2013年，嘉兴市与中国民俗学会联合推出了填补中国民俗研究领域空白的六卷本专著《中国端午节》，成为端午文化的集大成之作。除了端午节外，嘉兴还有春节、元宵节、清明节、中秋节、重阳节，以及观潮节、西瓜节、蚕花水会、网船会、灯会、七月七香桥会等形式多样、极富地域特色的传统节会活动。近年来，中国民俗学会以及嘉兴本土的专家学者们对嘉兴的民俗事象做了大量的田野调查和深入的研究探讨，因此，嘉兴在传统节日的传承与新兴节会的创办等方面，可以说已积累了较为丰富的经验。

研讨会具体由中国端午文化研究基地办公室、中共嘉兴市委宣传部、嘉兴市文化广电新闻出版局、嘉兴市文学艺术界联合会承办，嘉兴市民间文艺家协会协办。

（供稿：耳　东）

【第十届民间文化青年论坛奖评选结果公布】

2015 年 6 月 28 日，“第十届民间文化青年论坛奖”的评奖结果揭晓。“第十届民间文化青年论坛奖”征文活动，至征文截止日期共收到论文 65 篇。第十届民间文化青年论坛奖评审委员会秘书对所有论文进行匿名化处理后，本次评奖活动召集人杨秀副研究员组织评审委员会经过专业软件查重筛选之后，进入评审程序，八位评委按百分制分别为论文评分，并推荐获奖征文。经过会评，最终确定 6 篇论文获得“第十届民间文化青年论坛奖”，3 篇论文获得“第十届民间文化青年论坛特别评审奖”。2015 年 6 月 18 日至 24 日对获奖信息进行了公示，未见异议。特将“第十届民间文化青年论坛奖”评选结果公布如下：

“第十届民间文化青年论坛奖”获奖名单

1. 张多（北京师范大学文学院 2014 级博士生）：《遗产化实践与神话传统的表演——基于红河哈尼梯田社区的田野研究》；

2. 林海聪（中山大学中文系 2013 级博士生）：《重建文化交流的“巴别塔”——以动物类“非遗”保护的实践经验为中心》；

3. 杨泽经（北京师范大学文学院 2013 级硕士生）邓秀兰（北京师范大学教育学部 2013 级硕士生）：《历史文化景区中的传说主义——以北京市圆明园遗址公园为个案》；

4. 李向振（山东大学儒学高等研究院民俗学所博士生，美国俄亥俄州立大学 2014—2015 年度联合培养博士生）：《新加坡华人祭祀中的神鬼体系及其社会意义——以“庆赞中元”活动为例》；

5. 王旭（北京师范大学文学院 2013 级博士生）：《民间笑话的地方传承——以万荣笑话圈的形成与变异为例》；

6. 冯庆（中国人民大学文学院文艺学专业 2013 级博士生）：《义气论——从春秋叙事到江湖治理》；

“第十届民间文化青年论坛特别评审奖”获奖名单

1. 王潞伟（山西师范大学戏曲文物研究所 2012 级博士生）：《民间礼乐思想的渗透与神庙剧场的普及——以上党地区神庙剧场为主要研究对象》；

2. 杨丽嘉（复旦大学中国语言文学系 2012 级博士生）：《民间文学视野下的 20 世纪 20、30 年代的中国儿歌研究——以〈歌谣周刊〉为中心》；

3. 刘捷（山东大学儒学高等研究院 2011 级博士生）：《从〈天地瑞祥志〉看〈山海经〉的接受与传播》；

第十届民间文化青年论坛奖颁奖仪式将在民间文化青年论坛第二季 2015 年年会（北京，2015 年 7 月 4—5 日）上举行。6

名“第十届民间文化青年论坛奖”获得者每人将获得2000元奖金。

第十届民间文化青年论坛奖评审委员会
2015年6月28日
（供稿：第十届民间文化青年论坛奖评审委员会）

【“中国多民族文学高层论坛”在云南腾冲召开】

2015年6月28日至29日，由云南民族大学主办的“中国多民族文学高层论坛”在云南腾冲召开，来自中国社会科学院、北京大学、中国人民大学、北京师范大学、山东大学、苏州大学、暨南大学、澳门大学、集美大学、河北师范大学、黑龙江师范大学、西北民族大学、北方民族大学、《民族文学研究》编辑部、《文艺争鸣》编辑部、《当代文坛》编辑部等高校与学术机构的学者参加了会议。

会议议题包括：1. 国家叙事与当代少数民族文学研究；2. 中外文学理论影响下的中国多民族文学研究；3. “五四”新文学影响下的当代少数民族文学研究；4. 外国文学与中国多民族文学影响研究；5. 西南边地少数民族作家作品研究；6. 人类学与西南少数民族民间文学研究。与会学者围绕相关议题进行了发言与讨论。

北京大学谢冕教授在开幕式上回顾了自己与云南这一少数民族聚居地的学术渊源。北京大学陈平原教授在闭幕式上作主题发言，重点论述了以下议题：传统中国如何看待民族问题；如何在大一统的文学史书写中找到属于少数民族文学的地位；学界必须认真对待少数民族作家的母语写作；愈来愈多的区域文学史和民族文学史出现之后，与传统中国文学史有重叠的部分要如何安置、对话？中国文学发展的新的动力将来自少数民族文学；如何让少数民族文学研究的成果进入公众视野？综合性高等院校是否可以推出少数民族文学的读本；文学创选、研究如何实现汉族与少数民族的双向融合。

与会学者最终在以下方面达成共识：1. 文学史的书写需要范式转型，这必然要走向“中华多民族文学史观”的确立；2. 少数民族文学研究在当代语境中需要“文化转向”，在理论方法上进行更新；3. 多民族文学不能各自抱残守缺，而要交融互补，取长补短，在国家视野中弘扬文化多样性。

（供稿：吉　羽）

【中国端午节俗与屈原文化学术研讨会在湖北黄石召开】

2015年7月1日至3日，正值农历传统大端午期间，由中国民协、湖北文联、中共黄石市委宣传部等主办，中国民间文艺研究所，湖北民协等承办的中国端午节俗与屈原文化学术研讨会在湖北黄石召开。中国民协分党组书记罗杨，中国民协副主席叶舒宪，湖北文联党组书记刘光泽，黄石市委宣传部部长罗光辉在开幕式上致辞。开幕式由叶舒宪主持。著名民间文艺专家李耀宗、林继富、萧放、苑利、吴志坚、施爱东、田兆元、孟慧英等来自全国学术团体和高等院校的专家学者近160余人参加研讨会，会议收到相关论文113篇。研讨会围绕黄石“西塞神舟会”所衍生出的端午民俗并结合传统节日保护与屈原文化研究展开充分的论述，从不同角度就端午节俗和屈原文化的历史起源与发掘、节日内涵与价值、保护与传承等问题展开充分研讨。

“西塞神舟会”作为世界级的非物质文化遗产、黄石的年度民俗文化盛会，已有2000多年的历史，传承至今仍然不衰，每年神舟下江都会吸引大批民众前往观赏参与。研讨会期间，专家学者深入神舟会第一现场进行田野考察，亲身体验农历五月十六的“神舟踩街”、五月十八的“神舟登江”，以及四市的非遗表演，边体验边研讨。与会专家学者现场考察了扎制神舟的过程并目睹了西塞神舟下水的壮观场景。专家们倡议，应进一步把对西塞神舟研究引向深入，呼吁保护西塞神舟会的原生态属性，总结并形成文化遗产保护与研究的“黄石经验”，同时关注西塞神舟会所蕴含的“屈原精神”，拓展端午节的文化空间，不断充实和丰富中国端午文化的内涵。

（供稿：陈保霞）

【首届“文学民俗学理论与实践”研究生暑期学校在河南大学举办】

2015 年 7 月 1 日上午，河南大学首届“文学民俗学理论与实践”研究生暑期学校启动仪式在明伦校区六号楼三楼会议室举行。仪式由河南大学黄河文明中心彭恒礼教授主持。

黄河文明与可持续发展研究中心主任苗长虹对前来参与活动的国内外高校的导师、学生表示欢迎。他表示，目前我校黄河文明研究中心在民俗学方面的研究比较分散，只有立足于开展研究生与青年教师的改革与进修，将民俗学与历史、考古、文学等诸学科集中起来进行发展，才能改变这一现状。研究生院培养办公室副主任屈建莹表示，研究生暑期学校是河南大学研究生教育综合改革的重要组成部分。此次民俗学暑期学校在促进思想交流，开阔学术视野，提升研究生科研能力，促进研究生教育的校际交流等方面必将发挥作用。新加坡南洋理工大学王兵副教授、河南大学文学院张大新教授也先后发言。

本届民俗学暑期学校邀请了美国宾夕法尼亚州米勒斯威尔大学阿布德尔哈迪·哈拉瓦教授、韩国全北大学郑元祉教授、我国中山大学康保成教授等国内外多所高校导师前来讲学。来自日本、韩国的四名同学，以及中国社科院、南京大学、辽宁大学等高校的研究生也参与到了此次活动中来。

来自韩国全北大学的郑元祉教授对本届暑期学校表示：“平时在课堂上学到的东西太少了，希望能够借助这次难得的机会来收集一些民俗学的相关知识资源，这也将对我们在韩国的研究有所帮助。”他的学生朴晞娜也开心地表示：“河大历史悠久，开封有很多古老的建筑，这里具有浓厚的历史氛围，特别适合民俗研究。”

“其实同国内外许多学者一直都有学术上的交流和联系，但是将老师同学生整合、共享资源却还是第一次。”彭恒礼说，“对这次活动的宣传，我们还利用了新媒体手段，比如在微信公众号上发表公告、网页宣传等。”

本届民俗学暑假学校由河南大学黄河文明与可持续发展研究中心承办，是河南大学首批研究生暑期学校立项项目，活动时间为期一周。活动期间学校每天适当安排了学术讲座、高端论坛等研讨活动，旨在促使各位研究生交流合作，增长知识，开阔视野，丰富自己的学术经历和人生体验。

（供稿：张　盟　潘丹丹）

【山东社科论坛——海盐文化与盐业民俗学术研讨会在潍坊学院举行】

2015 年 7 月 1 日，山东社科论坛——海盐文化与盐业民俗学术研讨会在潍坊学院举行。省社科联党组副书记、副主席周忠高出席会议并讲话。

周忠高在讲话中指出，山东作为齐鲁故地，曾经“专擅渔盐之利”，《中国盐政》有“世界盐业莫先于中国，古代产盐莫先于山东”的说法。而潍坊市沿海滩涂众多，地下卤水储量丰富，海盐产量更是占当前中国海盐生产总量的一半以上。山东具有海盐研究无可比拟的区位优势，已经有了一个较高的海盐文化研究平台，取得了不错的研究成果。海盐除工业、餐饮用途外，仅日常生活中用途就达近百种。由此形成的海盐文化、盐业民俗丰富多彩。要切实加强对海盐作用、海盐文化、盐业民俗、海盐旅游的研究，充分发挥其巨大作用，为经济社会发展服务，为人民日常生活服务。潍坊学院要发扬争先、创新、担当的精神，在海盐文化、盐业民俗研究中走在前列。

研讨会围绕潍坊滨海盐业发展及其在中国盐业史中的地位、海盐文化与民俗节日的价值体系与传承、盐神信仰与官民盐权分配以及近代山东的盐务缉私方式及法规建设等进行了专题讨论。研讨内容丰富，领域广泛，既有国家盐政、法规的宏观研究，又有日常生活、民间信仰等民俗样态分析；既有海盐文化与盐业民俗基础研究的梳理，又涉及新方法新范式的对话。

本次论坛由山东省社会科学界联合会主办，潍坊学院承办。来自山东大学、山东师范大学、中国石油大学、山东理工大学、聊城大学、济南大学、潍坊学院等省内高校的120多名专家学者参加会议。

（供稿：潘宏庆）

【《民间文学》创刊60周年纪念座谈会在浙江嘉善举行】

2015年7月9日，《民间文学》创刊60周年纪念座谈会在浙江嘉善举行。会议由《民间文学》杂志社副社长莫保平主持，中国民协副主席曹保明，《民间文学》杂志社社长、主编白旭旻，浙江省民协副主席蒋水荣、秘书长郑蓉，嘉善县文联主席陆勤方及有关领导出席会议并讲话。

来自中国社会科学院、北京师范大学、温州大学等单位的多位专家、学者，《民间文学》杂志社副主编刘未、范大宇及员工、作者、读者代表出席会议。

《民间文学》创刊于1955年，是我国现存最早、最权威的国家级故事类期刊。一直被民间故事界视为最权威、最有影响力的文学刊物。很多老一辈知名学者都在《民间文学》发表过作品，目前活跃在一线的广大中青年作者与《民间文学》有着深厚的文字因缘。《民间文学》在新故事领域对弘扬中华民族优秀文化做出了积极贡献。

多年来，在中国民协历届领导班子的关心和领导下，《民间文学》杂志在学习中成长，在工作中提高，建立起了一支能吃苦、能战斗的队伍，让《民间文学》重新焕发了青春。近年来，杂志社顺应时代发展，与时俱进，把握历史契机，以中国文联、中国民协为依托，发起成立了中国民协故事专业委员会，成功举办了多届中国故事节，并多次举行笔会、研讨会，总结新故事发展的成果，探索传统民间文学作品传播的新形势，促进民间文学作品在抢救、保护、开发等过程中的形式创新，受到各界的广泛关注和好评。

长期以来，《民间文学》坚持贯彻执行党的正确路线、方针政策，坚持“二为”方向和“双百”方针，坚持立足民间、心系国家、服务社会、关注现实的办刊思路。一方面继承传统，专注于对中国古代民间文学的发掘与整理；另一方面面向社会，面向广大读者，为当代中国的故事文化建设提供借鉴。

座谈会上，曹保明说，习近平总书记在系列讲话中不断强调弘扬优秀传统文化、振奋中华民族精神的重要性，这对办好刊物提出了更高的要求，《民间文学》要弘扬时代主旋律，正能量。60年的实践证明，广大民众对《民间文学》有着深厚的感情，《民间文学》伴随着一代代人成长，很多人是随着《民间文学》一起长大的，多少年了，好故事一直记忆犹新。

座谈会上，多位作者发言，追忆第一

次在《民间文学》上发表作品的感受，倾诉对《民间文学》的真挚感情，提出对未来办刊的建议。与会老编辑讲述了自己与《民间文学》一起成长的故事。《民间文学》60年来的工作受到与会学者的高度评价。陆勤方对《民间文学》杂志60年来为民间文化发展所做出的努力表示崇高的敬意，希望《民间文学》杂志守住阵地，为繁荣发展民间文化事业继续努力，更好地服务于国家、服务于人民，为实现社会主义文化大繁荣、大发展贡献力量。

白旭旻说，自20世纪50年代以来，《民间文学》一直努力促进民间文化的发展。岁月更迭，时代前行。60年风雨征途，60年矢志不渝。《民间文学》决心继续站在时代高度，为我国的民间文化，为社会主义核心价值观建设奉献力量。

活动期间还举行了第十二届中国民间文艺“山花奖”民间文学作品奖复评工作和“中国新故事之乡”授牌仪式，嘉善县被中国民协故事委员会授予“中国新故事之乡”称号，以鼓励嘉善县在新故事创作方面做出的成绩。新故事创作讲座同期举办。

（供稿：张德玉）

【“中国窑洞文化遗产田野考察研讨”活动在陕西举办】

2015年7月12日至17日，由中国民协、陕西省文联主办，陕西省民协、西安关中民俗艺术博物院承办的“中国窑洞文化遗产田野考察研讨”活动在陕西举办。考察者深入陕北黄土高原腹地，对陕北窑洞文化进行全面的考察。

此次活动由中国民协分党组书记、驻会副主席罗杨带队，中国民协副主席、陕西省民协主席王勇超，清华大学建筑学院规划研究所教授党安荣，北京师范大学文学院教授、中国民俗学会副会长杨利慧，中国民间文艺研究所所长王锦强，《民间文学》杂志社社长、主编白旭旻，中国民协办公室副主任孔宏图，陕西省民协副秘书长刘丽玲，浙江省民协秘书长郑蓉等国内专家学者及民俗文化研究者一行20余人，先后考察了榆林神木县高家堡古镇、石峁村石峁遗址，巴拉素镇尤家峁尤忠亮束条拱屋顶柳把庵；佳县木头峪村乡木头峪村；临县碛口窑洞、李家山窑洞村落、西湾村窑洞村落和院落；米脂县高渠乡高庙山村常氏庄园、桥河岔乡刘家峁村姜氏庄园、杨家沟镇杨家沟村窑洞村落；绥德县满堂川镇的郭家沟村；永寿县地窑等。考察人员就当地窑洞民居的现状进行了调研，并与各级保护单位及民众就窑洞的保护和开发利用进行了走访和交流。

7月18日，“中国窑洞文化遗产田野考察研讨会”在西安召开。中国民协分党组成员、副秘书长周燕屏，陕西省文联党组成员、专职副主席兼秘书长黄道峻，中国民协副主席、陕西省民协主席王勇超出席了会议并致辞。来自全国的60余名文化研究专家围绕窑洞文化遗产资源保护与发展的主题进行深入交流和探讨。

窑洞，是远古时期人类居住的建筑形式，陕北窑洞是其中的典型代表。窑洞是黄土高原的产物，是中国北方黄土高原上特有的汉族民居形式，具有十分浓厚的汉族民俗风情和乡土气息，沉积了古老的黄土地深层文化。近年来，随着乡村城镇化快速发展，窑洞这一古老民居场所逐渐淡出人们的生活，各地窑洞空置、损毁现象严重，亟待得到保护。

研讨会专题发言由陕西省民协名誉主席傅功振主持。研讨会上，专家们就黄土高原自然景观与窑洞文化遗产保护、窑洞建筑与工匠技艺传承、窑洞文化旅游与村民权益保护、陕北窑洞文化个案研究、窑洞文化风水观念的形成与发展及窑洞与陕北民俗等议题展开广泛交流讨论，从不同角度发掘窑洞文化遗产内涵，为促进窑洞文化遗产资源的保护与发展献计献策。

与会专家一致认为，窑洞是中华优秀传统文化的鲜活样本，是承载中华民族历史、凝结乡愁、寄托希望的重要载体，是弥足珍贵的文化遗产。当前，在我国社会政治、经济、文化急剧转型期，保护窑洞民居，就是保护历史，保护黄土文化的根脉。保护、开发、利用好窑洞文化遗产，不仅能激发人们对中华优秀传统文化的热爱，唤起社会对古老文化资源的记忆，让古老的窑洞文化焕发出新的活力，也对弘扬社会主义核心价值观，筑牢文化根基，加强社会主义精神文明建设和中华民族伟大复兴具有重大而深远的意义。

（供稿：张德玉）

【第三届“海上风都市民俗学”论坛在华东师范大学举办】

2015 年 7 月 15 日至 16 日，第三届“海上风都市民俗学”论坛在华东师范大学闵行校区人文学术沙龙举行。本次论坛由华东师范大学研究生院主办，华东师范大学社会发展学院民俗学研究所承办，《社会科学报》编辑部、《中原文化研究》编辑部、《文化遗产》编辑部、《民族艺术》编辑部和蔚秀报告厅联合协办。

华东师范大学社会发展学院院长吴瑞君教授、党委书记文军教授、副院长田兆元教授，民俗学研究所副所长范长风教授出席。《文化遗产》编辑部主任、中山大学蒋明智教授，华中师范大学孙正国教授，上海海派玉雕协会会长孙敏先生，现代重彩画家、海派剪纸艺术大师李守白先生分别做了主题报告，李守白先生还现场展示了剪纸作品的制作。讲座之后，举行了华东师范大学区域文化资源与应用研究中心兼职教授聘任仪式。来自北京师范大学、山东大学、中国社会科学院、重庆大学、上海大学、天津科技大学、西南民族大学、山西大学、山西师范大学、南京艺术学院、景德镇陶瓷学院等十几所学校和科研单位的老师和研究生参与了论坛发表，学科范围包含美术、艺术、设计、历史、民俗等多学科，以学术论文或策划案的形式展示。

民俗学研究所为了促进民俗学学科的发展，加强各高校民俗学及相关学科间的交流沟通，增强民俗学及相关学科研究生的学术素质和社会责任，提高都市文化的建设水平，服务民俗学的研究，深入开展了“海上风都市民俗学论坛”系列活动，今年已是第三年。论坛主题始终围绕“都市”，鼓励学生关注以都市为视角的民俗文化、文化产业、艺术创作等相关议题，产生了一批优秀的成果，形成了一定特色和影响力，为学员之间相互交流、学习提供了良好平台。

论坛以研究生为主要服务对象，每年邀请的嘉宾不局限于传统民俗学研究领域，更倾向于跨学科、跨行业的应用型专家和创新型学者，为学员做主题报告，开拓学术研究的视野，并为学员的论文进行评议和指导。

今年首次举办创意市集，旨在更好地激发学员的创造力和实践能力，感受文化产业内涵，切实体验文创产品的丰富性和可延展性。今后，除了继续保持和深入“都市”议题外，也会扩大创意市集的规模，不断完善创意市集的运作模式，不断探索民俗理论研究与文化产业实践相结合的教学方法。

（供稿：张　迪）

【“海洋民俗文化研究”暑期学校在华东师范大学举办】

21 世纪是海洋世纪，海洋战略对国家的发展起到举足轻重的作用。在海洋强国的世纪背景下，不仅要掌握经济、军事、政治的相关知识，更要掌握海洋研究的话语，提高国家核心竞争力。开展海洋文化研究，不仅有利于培养海洋人才，建立积极的海洋认知，改变中国海洋文化研究薄弱的局面；而且可以拓展民俗学研究的新领域，突破传统视角，通过实地海岛调查，推进应用民俗学的新实践。为了启发学生对海洋民俗、海洋文化、海洋话语、海洋战略的认识和理解，拓宽学生的学术视野，推进以海洋为核心的中国与周边环海地区民俗学者、民俗学研究的进一步对话交流。由华东师范大学主办的“海洋民俗文化研究”暑期学校于2015年7月17日至25日在华东师范大学闵行校区成功举行，来自中国社会科学院、北京师范大学、华中师范大学、复旦大学、中国海洋大学、上海大学、山西大学、广西师范大学等二十多所高校和研究机构的40余名同学参加了本届暑校。

本届暑期学校依托华东师范大学田兆元教授主持的国家社科基金重点项目“东海海岛民间信仰谱系研究”（14AZJ005），围绕“海洋民俗文化研究”这一主题，进行多视角的探讨和对话。由中、日两国及台湾地区相关领域的专家学者围绕海洋文化经济与海洋战略、民间文学与海洋信仰、东海海域文化交流等论题进行讨论。

一　海洋文化经济与海洋战略

海洋自古以来就在人们的经济、文化、生活和交流中占据重要位置。2013年，随着习近平总书记提出建设“21世纪海上丝绸之路”的战略构想，海洋的重要战略意义再次被人们所关注。本届暑校，就有多位教授的讲演涉及海洋文化经济与海洋战略的问题。

中国海洋大学的曲金良教授通过梳理“海上丝绸之路”的概念和观念，指出以西方为主导的概念体系存在诸多误读和危害，古代“海上丝绸之路”，是中国主导世界2000多年、“协和万邦”的政治、经济、文化联结一体的海上通道。古代“海上丝绸之路”的解体和被西方殖民贸易的霸权商道所代替，是内外因合力的结果，缘于海外贸易冲破国家管制、国门洞开。今日重建“新丝路”应该避免晚清的道路与结局。

上海海洋大学副研究员宁波则从文化经济的角度对海洋文化产业的兴起与发展进行了探讨，他指出海洋文化产业是文化经济学理论在海洋经济领域实际应用的产物，除了包括那些可以满足人们精神文化生活需要的海洋文化产品或服务之外，还可以包括那些在其产品中注入海洋文化元素、利用海洋文化资源为一般商品提供文化附加值、创造经济效益的涉海产业。面对“一带一路”战略，海洋文化产业亟须通过有形化转化，加强视觉传播。海洋文化产业当前最为迫切的就是传播方式创新与形式创意转化。

另外，全国政协委员、人文地理学家丁金宏教授从地理学的角度对海洋文化古老而新颖的内涵进行了简单的阐释，指出中国对海洋文化研究具有很大的必要性，然而当前的研究还很不足，亟需我们的共同努力。而田兆元教授则进一步指出面对国家发展海洋的战略需求，民俗学要站出来积极响应，要有所担当，而不是退缩、回避和自我抱怨。民俗学的学生应该成为未来海洋文化建设的人才。

二　民间文学与海洋信仰

神话、传说与故事是一个社会群体中最容易保留并展现集体意义的部分，这些在民间流传的口头文学，通常蕴含着重要的文化信息，虽然民间文学在传承与传播过程中会不断变易，但是，其所蕴含的文化信息则往往会保留下来。研究今天关于海洋的民间文学作品，就可以探索先民关于海洋的诸多记忆。

台湾东华大学的刘惠萍教授以台湾的南岛语族等“海洋民族”中关于迁徙、生产、生活、祭仪与禁忌等民俗的神话传说为例，为大家展示了一幅台湾原住民海洋文化的生动画卷。其中，既保留有祖先漂洋过海的历史记忆；更有这些原始初民与大海搏斗、冒险于海上的集体经验与智慧，以及对海洋的奇幻想象。

而上海社会科学院副研究员毕旭玲以古冈身传说、陆沉传说、海陆变迁传说、柘湖女神传说四类传说的不同变体为例，探讨了海洋传说与上海海洋社会的海陆变迁，展示了上海先民勇于开拓的进取精神。

在民间文学这种语言叙事的背后，其实也反映了其所蕴含的信仰因素。在与海洋息息相关的生产生活背后，有着复杂多样的信仰体系。台湾慈济大学的林美容教授从东海信仰文化圈的视角对海峡两岸的妈祖文化进行了解读。林教授从祭祀圈的概念入手，指出妈祖作为一境之主的地方保护神，当地的信众在共同的祭祀活动中凝聚成具有地方一体感的祭祀圈，而妈祖则成为区域的信仰中心。在台湾妈祖庙和湄洲祖庙的文化交流中，逐渐形成以妈祖信仰为首的东海信仰文化圈。它不仅反映了农业民族的大陆性格对海上平安的祈求，还体现出父系社会主结构下对女性力量的肯认，同时也是女性与水域阴性特质的呈现。中国社会科学院的研究员叶涛则以山东和天津的天后宫为例，对妈祖信仰的北传问题进行了探讨。他指出随着漕运和海运的兴起与发展，妈祖信仰逐渐在北方各港口落地生根。在这一过程中，其信仰主体由特殊行业逐渐扩至当地民众，并与当地的神灵结合，产生新的信仰形态和功能。而他关于石敢当的历史与海外传播的研究也同样有着重要意义。他指出石敢当起源于闽南，是闽南民俗文化的重要组成部分，随着历史的发展逐渐播布及大陆全境，并随闽南移民而播布海外。在这一过程中，其原有功能被泛化。

另外，华东师范大学的王立阳老师，则对闽台及东南亚都有着广泛信众的保生大帝信仰进行了研究，探讨一个地域性的神灵怎样被纳入国家的文化制度之中。通过“灵”“缘”“份”这样一些观念，与地方社会形成一种弱关性与强关性的结合，从而构成了一个更大的人群共同体，这一共同体在整个保生大帝信仰的传播、传承中扮演着非常重要的意义，而且对于当下社会人们信仰生活合法性的追求有着非常重要的意义。

三　东海海域文化交流

东海海域是中日两国及我国台湾、琉球等地区交流互动的重要领域，历史上的经济贸易、文化交流、人口流动等活动曾在这一区域频繁进行。本届暑校也有多位教授的讲演涉及这一问题。

上海社会科学院研究员蔡丰明对吴越文化的东传做了研究，他指出作为中国东南沿海的一个海岸地带，吴越地区的海洋性地域特点主要体现地缘海隅的地理环境、先进发达的航海技术、繁荣兴盛的港口贸易等方面，这些条件，使其文化因子中具备了强大的活力，其文化性格中不断产生一种对外扩展和延伸的需求。它对东亚邻国的有关文化方面的传播与辐射，涉及农事、工艺、哲学、宗教、文学、艺术、医药、风俗等各个领域。而促使吴越地区文化越海东传的历史动因则有：族群迁移、商业贸易、官方往来和访学求艺。而清华大学的刘晓峰教授，则从历史学的角度梳理了近现代琉球的历史与文化变迁，仅仅一个世纪之间，琉球从明清王朝的藩国，到清末逐渐被日本侵占成为其领地，而在第二次世界大战后又成为美军的基地。琉球的文化与中国有着密切联系，在处理琉球、中国和日本的关系时需要慎重对待。

对于东海海域各地文化及交流的研究，多位学者也提出自己的研究思路及方法。如田兆元教授从谱系性入手研究东海海岛民间信仰，他指出互动性是谱系的存在形式，没有互动的谱系是没有活力的简单形式。信仰的谱系包括空间的谱系、信众（族群）的谱系、神灵世界的权力谱系和形式结构谱系（语言、行动和物象）等。而互动性是指谱系间各类关系的总体描述，如册封、巡游、互访、朝圣、传播、交流、冲突和融合等。他以关公信仰与关刀为例对东海海岛民间信仰进行探讨，指出琉球关刀与大陆显然是统一文化谱系，两者具有相同相近的语言表述、关刀形制、节日仪式，但是局部的信仰替代了整体的信仰。因为交流缺乏，日本的关公信仰逐渐脱离关帝系统，成为独立表达。文化因为政治等因素离散，谱系僵死或者解体。因此，他建议加强东海民间信仰谱系的调查研究，从信仰领域实现平安东海；做好浙闽群岛的祖庙管理，建立祖庙神灵巡按制度管理，建立信仰系统间的交往互访等联系；淡化政治关系，强化信仰关系，共同申报世界文化遗产；为了共同文明的延续，建立和平的东亚海域秩序。

而日本东京首都大学的何彬教授，则对日本的民俗地图法进行了介绍。源起于欧洲地理学的地图法，在日本被民俗学所用，并逐渐发展成具有多种类型、多种用途、多种绘制方法的体系。民俗地图不仅可以作为标示民俗数据的方法，还可以作为解读民俗、把握民俗的一种工具。何教授指出，面对众多岛屿和纷繁复杂的文化表象，海洋文化研究任重道远，而民俗地图法可以发挥重要作用。如通过对诸海岛某单独事象的调查，标示某神灵、神像、庙宇、信仰的分布，某祭祀仪式分布，某种渔村渔民习俗分布，以及海洋文化互动图和流传方向示意图等。

另外，日本国立历史民俗博物馆的松尾恒一教授从琉球、日本本土及中国自明清时期至近现代的经济文化交流入手，指出东海海域的民俗文化已经远远超出单一地域。因此，在全球化的今天，对于海洋文化研究，我们需要一种“世界民俗学”的视野，需要关注人及物的迁移、交流，并对在与世界互联互通之中自己国家的本地区文化的存在形式进行思考。因此，世界各国民俗学研究人员之间有必要进行对话及合作，也有必要关涉相关理科方面的研究及合作。

除了授课之外，本届暑期学校上，田兆元教授还和刘惠萍教授、林美容教授分别展开了学术对谈。在与刘惠萍教授的对谈中，两人梳理了中国海洋神话的发展历程，指出受社会政治、经济和文化的影响，海洋神话也在不断地扩展和传播，反过来，海洋神话作为一种资源和文化，也会影响一个社会的发展甚至对世界格局产生影响。而与林美容教授关于两岸民俗学界的对谈中，不仅包含民俗学中文献与田野的关系等传统议题，还包括了民俗学对海洋研究的意义等新兴话题。而在授课结束之后，田兆元教授和松尾恒一教授还带领学员展开了针对海洋文化资源开发与应用等内容的田野调查活动。

本届暑期学校，虽然时间较短，但视野开阔、内容充实、知识体系丰富。授课教师不仅来自中日两国及我国台湾地区，而且有着民俗学、人类学、历史学、社会学等专业背景，并且都对海洋文化有着深入的研究，从而构建了一个多学科参与的知识框架，而这也成为今后海洋文化研究的一个重要趋势。更为重要的是，本届暑校开拓了民俗学研究海洋文化的道路，展示了民俗学应对国家海洋文化战略的能力与决心，而“世界民俗学”的研究视野，民俗地图法、信仰谱系等方法也必将成为今后海洋研究的重要工具。

（供稿：程　鹏）

【国际亚细亚民俗学会第16届学术大会在乌兰巴托召开】

2015年7月20日至21日，国际亚细亚民俗学会第16届学术大会暨桑普勒·东德布院士诞辰70周年纪念会在蒙古国乌兰巴托举行。会议由蒙古国科学院和国际亚细亚民俗学会联合主办，国际亚细亚民俗学会蒙古分会承办。会议的中心议题是“民间信仰与自然文化生态问题”。同时对国际亚细亚民俗学会已故创会学者、副会长、蒙古社会科学院院士、著名民俗学者桑普勒·东德布诞辰70周年举行纪念。来自蒙古国、中国、韩国的40多位学者与会。会议由蒙古科学院副院长道尔吉主持，蒙古国国会议员巴图胡、蒙古科学院院长伯·恩和图布欣到会致辞。伯·恩和图布欣、国际亚细亚民俗学会会长陶立璠、蒙古社会科学院语言文学研究所所长勒·宝力道分别作了《文化生态与生态方面的民间知识》《宗族祖先信仰与瑞安活字印刷术存留考察》《桑普勒·东德布院士是著名的文学家和优秀组织者》的主题讲演。开幕式上，鉴于中国内蒙古师范大学敖其教授在蒙古国民俗及民间文化研究和中蒙文化交流方面做出的突出贡献，蒙古科学院授予敖其教授“忽必烈汗”金质奖章和证书，这是蒙古科学院的最高奖。

会议期间，学者们就“自然生态与民俗”话题分两个会场进行小组交流。萧放《中国传统生态保护民俗述论》，刘晔媛《泛神灵的信仰与自然保护的自觉——重新认识自然崇拜的积极意义》，敖其《再读哈·桑普勒东德布院士〈牧民习俗传承〉》，韩国学者张正龙《韩国自然物移动传说考察》、田英淑《韩国黄岛BUNG旗起源研究》、韩相福《韩国Koreodo岛信仰与民俗》等，从宏观和微观的角度，论述民间信仰与文化生态之间的密切关系。蒙古国学者提供的论文，多角度介绍了游牧民族创造的许多民间信仰与文化生态保护方面的观念和知识。如格·策仁罕达的《蒙古族游牧文化与地区特点》、德·普尔布扎布的《保护草原的原始民俗传承》、德·恩和琪琪格的《水——生命之源》、乌·额尔登图雅的《祭敖包与自然生态保护》、勒·阿拉腾吉雅的《马乳祭祀经卷研究》以及阿·朋斯格的《论古代蒙古人保护草场的传统民俗》等，使与会学者对游牧文化与信仰的关系有了进一步了解。东方文化的特色自古以来都是以人与自然的和谐相处为特色。人是文化的载体，信仰则是文化创造的源泉，在当前世界范围内的非物质文化遗产保护中，保护文化生态时不我待，是这次与会学者取得的共识。21日上午，在四个专题的大会汇报总结之后，举行了简短而热烈的会议闭幕式。

据悉，2016年是国际亚细亚民俗学会成立20周年，下一届纪念学术大会将在香港举行。会议中心议题是“宗教信仰与非物质文化遗产”。

（供稿：亚　文）

【中国蒙古族女教授敖其获蒙古国科学院“忽必烈汗”金质奖章】

2015年7月26日，内蒙古师范大学对外表示：该校教授敖其日前获蒙古国科学院“忽必烈汗”金质奖章。“忽必烈汗”金质奖章是蒙古国科学院授予具有突出贡献的各国科学研究工作者的最高奖项。

据内蒙古师范大学提供材料显示，日前，该校教授敖其应邀赴蒙古国乌兰巴托参加“国际亚细亚民俗学会第16届大会暨哈·桑佩勒登德布诞生70周年纪念活动”。会议期间，还特别举行敖其教授斯拉夫文《蒙古民间文学导论》的发布会。

会上，蒙古国科学院副院长道尔吉院士宣读蒙古国科学院院长令：鉴于敖其教授在蒙古民俗、民间文学教学科学研究方面的突出贡献，特此颁发蒙古国科学院“忽必烈汗”金质奖章。

敖其，女，蒙古族，1954年生人。现为内蒙古师范大学教授、博士生导师，任内蒙古师范大学非物质文化遗产保护与研究中心主任，致力于蒙古族非物质文化遗产的保护与传承，多年来持续关注蒙古族传统服饰、传统食品、民族技艺及传统节庆活动等领域。

（供稿：乌　瑶　边建平）

【中国古村落保护高峰论坛在泰宁举行】

2015年7月21日至24日，中国（福建·泰宁）古村落文化遗产保护高峰论坛在泰宁举行。来自全国高校、科研机构的著名专家学者和本土古村落文化研究人员、爱好者及乡村工作者，集聚金铙山下，交流探讨古村落文化遗产保护现状和方法，共同为古村落发展献计献策。

本次论坛由中国民间文艺家协会、福建省文学艺术界联合会、三明市人民政府主办，中国民间文艺研究所、福建省民间文艺家协会、福建省文物考古博物馆学会、三明市文联、泰宁县人民政府承办，三明市民协、泰宁县文联协办。论坛主题是“新城镇化建设中的乡土记忆”。这是福建自2013年以来，第三次举办古村落文化遗产保护高峰论坛。福建的乡镇长代表也将与专家面对面，共同探讨活态保护路径。

据了解，出席论坛的有同济大学国家历史文化名城研究中心主任阮仪三、中国民间文艺家协会副主席刘华、中国艺术研究院建筑艺术研究所所长刘托、清华大学历史系教授刘晓峰、东北大学设计系博导赵琛、北京城市发展研究所副所长骆中钊等著名专家，他们带来了《对闽北古村落保护的思考》《土堡杂议》《省保、国保不如村民自保》《古堡中自然与人文价值的当下意义》《乡村园林的弘扬与发展》等课题。

福建本土的专家也带来了《传统村落保护的调研报告》《闽西北罕见的“过半年”民俗》《历史文化名村保护实务中存在的问题》等报告。

阮仪三表示，要留住乡愁，首先要将家园尽可能地保护好，那些历史文化名城、古镇、古村、古民居、古桥、古树的保护，不仅是为了发展旅游，为了经济利益，更是为了留存祖先留给我们的精神财富和生活哲学。

骆中钊等则认为，古村落保护的规划设计应能让人们看得到乡愁、摸得到乡愁、记得住乡愁。因此，应特别重视体现出参与性、体验性和回味性活动内容的创作。既要保护古早味，弘扬传承优秀传统文化和民情风俗，又要适应当代人的物质和心理需求。

古村落是乡土的活化石与经典的民间文化生态“博物馆”，每一座蕴含传统文化的村落，都体现着当地的传统文化、建筑艺术和人居空间格局，反映着村落与周边自然环境的和谐关系。为了弘扬中华优秀传统文化、保护文化的多样性、守护共有的精神家园，中国民间文艺家协会在著名作家冯骥才的倡导下，从2006年开始在全国各地展开古村落文化遗产保护高峰论坛。

2013年，福建省文联和中国民间文艺家协会在连城举办古村落文化遗产保护高峰论坛，这场论坛突出了“活”“古”“和”的特色。2014年，在屏南举办的古村落文化遗产保护高峰论坛上，除了邀请中国社会科学院、中国艺术研究院、复旦大学、同济大学、厦门大学等地的专家和学者外，还邀请了台湾华梵大学的萧百兴教授，大家从文化生态的角度，探讨如何保护自然和村落。

今年3月，主办方邀请了全国古村落保护方面的专家13人，先期进行了闽北行，他们在采风活动中走了8个县、9个村，掌握了来自福建田野的鲜活保护经验，并带着考察报告来到泰宁。

在福建的青山绿水间，留存着大量古村落，但伴随着城市化和新农村建设的加快推进，古村落消失的速度不断加快；许多古村落的原生个性正在逐渐失去；不少传统村落还处于没有规划、缺乏管理的状况。寻找和保护乡土记忆、抢救和梳理古村落文化的肌理成为一个迫切的课题，成为党和政府和专家、学者、有识之士热切关注的话题。

（供稿：卢金福）

【北京王府井中国民俗文化中心揭牌】

2015 年 7 月 26 日，由中国民间文艺家协会中国民俗文化产业发展研究中心主办的“缤纷中国——北京王府井中国民俗文化中心”在北京举行揭牌仪式。一个以展示我国各民族民俗风情、民俗文化产品和民间文化遗产为主要内容的大型民俗文化中心正式落户在北京王府井新燕莎购物广场，成为王府井百年商业街中一个独特的文化亮点。

王府井中国民俗文化中心是展示各民族民俗、非遗和文化产业的重要窗口，填补了首都北京在繁华商业区民族民俗文化展示的空白和薄弱环节，同时，也将成为国际民俗文化交流的重要舞台。

王府井中国民俗文化中心主要由民俗文化展示中心和民俗文化发布中心两大功能区组成。展示中心是中国民间文化、民俗产业、非遗成果等对外展示的窗口，发布中心是为地方政府和相关企业文化产业信息、民俗产品发布的综合平台。另外，王府井中国民俗文化中心将不定期举办中国民俗文化论坛和民俗文化讲座等活动，将成为一个高端的民俗文化学术交流中心。主办方希望在未来几年将这里逐步培育建设成为中国传统文化的展示中心、艺术中心、设计中心、创意中心、演艺中心、时尚中心等，成为全国民间文艺家的一个重要基地和表演舞台。

（供稿：桂　杰）

【中国民俗学会二级研究机构工作交流会在牡丹江市召开】

2015 年 7 月 30 日至 31 日，“中国民俗学会二级研究机构工作交流会”在黑龙江省牡丹江市召开，来自学会下属的 15 个二级研究机构的 30 余位代表出席了会议。

自 1994 年以来，中国民俗学会已经设立各类二级研究机构 22 个，这些二级研究机构所开展的活动在凝聚学会会员、深化专项研究、服务地方社会等方面都发挥了积极作用，是学会组织建设和学术研究领域中不可缺少的重要组成部分。为了总结二级研究机构建设的经验，进一步发挥二级研究机构在学会未来发展中的重要作用，中国民俗学会秘书处组织召开了这次二级研究机构工作交流会，本次会议以交流信息、加强了解、促进发展为主旨。

中国民俗学会副会长陈勤建在会议开幕致辞中指出，这次会议是中国民俗学会成立以来首次召开的二级研究机构工作会议，在中国民俗学会的发展史上具有重要意义。二级研究机构的建设是我会今后需要加强的工作，特别是学会秘书处将进一步密切与各个二级机构的联络，做好为二级机构服务的各项工作。同时，我们也希望各个二级研究机构，充分利用二级机构学术研究平台，发挥自身的优势，独立开展调查、研究与应用工作，在各自领域中做出令社会与学界信服的成就。陈勤建还指出，在学会下属的二级研究机构中，大多数都能够积极开展学术活动，认真服务地方社会，为学会形象增光添彩。但是，毋庸讳言，也有个别二级研究机构长期不开展活动，名存实亡；甚至更有极个别二级研究机构欺世盗名，做出有损学会声誉的行为。为了加强对于二级研究机构的管理，学会已经制定了《中国民俗学会二级研究机构管理条例》（试行），这将成为未来学会对于二级研究机构进行有效管理的重要依据。

牡丹江市人民政府原副市长、中国地域民俗文化研究中心顾问姚寿鹏在开幕致辞中，向与会代表介绍了牡丹江的历史文化与社会现状，并就地域文化、特别是对于东北地域文化的深入研究提出了希望。

与会的15个二级研究机构的代表，分别介绍了各自机构近年来所开展的活动情况和本机构未来的发展计划。学会二级研究机构所开展的活动，既有围绕学科建设所做的基础性调研，也有服务地方社会、开发民俗资源、为地方文化建设出谋划策的应用性研究。城镇民俗保护、发展与研究专业委员会主任陈勤建介绍了专业委员会从事城镇民俗保护与开发的案例，并就民俗学学科参与城镇建设提出建议。神话与西王母文化研究专业委员会秘书长刘力坤介绍了专业委员会为地方文化建设服务、为天山天池申报世界自然遗产所做的贡献。农业民俗研究专业委员会秘书长许立着重介绍了专业委员会今后的工作计划。民俗学田野调查实践基地（赣县・白鹭村）代表穆昭阳介绍了研究基地村落建设与赣南师院民俗学学科发展的情况。今年1月刚刚成立的中国生肖文化研究中心主任李建民介绍了中心未来发展的设想。中国端午文化研究基地主任胡晶介绍了基地的管理与运作机制，并重点介绍了基地组织的活动和出版的成果。中国民俗文化产业研究中心主任刘德龙和秘书长张朝敏介绍了中心成立两年来的主要工作。中国蚩尤文化研究基地办公室主任石维刚介绍了基地结合地方中心工作开展学术调研与组织民族文化活动的情况。“万和宫”和文化教育基地代表刘红介绍了基地开展的宣传“和文化”的各类活动。中国昆仑文化研究基地、中国西王母文化研究基地主任赵宗福结合两个基地所组织的学术活动，重点介绍了基地建设与地方文化发展之间的互动与双赢。中国香文化研究中心副主任李春园介绍了中心在挖掘中国传统香文化、开展国际香文化交流方面所做的工作。中国地域文化研究中心副主任刁丽伟介绍了中心在开展课题调研、服务地方社会方面的情况。出席会议并介绍工作情况的还有民俗（民族）博物馆专业委员会、中国牛郎织女传说研究中心。

中国民俗学会副会长刘德龙做了简明扼要的会议总结。刘德龙在总结中指出，各个二级研究机构在今后的工作中应处理好以下几个关系：第一，要处理好学术研究与经营开发的关系，充分发挥学会和学科的优势，做好经营工作。第二，要处理好全国性和地域性的关系；第三，要处理好独立组织活动与合作、交叉、发挥二级机构合力的关系。刘德龙对各二级研究机构配合学会秘书处的工作、积极参与本次会议表示感谢，对给予本次会议大力支持的中国地域民俗文化研究中心和牡丹江嬴美教育印刷有限责任公司董事长刘伟波表示感谢。

本次会议由中国民俗学会秘书处主办，副会长兼秘书长叶涛主持了交流会。学会荣誉会长乌丙安，副会长陈勤建、刘德龙、赵宗福，学会副秘书长郭崇林、李彩萍、李春园、杨秀、张朝敏，学会办公室主任陈果艳出席了会议。

会议期间，与会代表还参加了宁安市江西村流头节（朝鲜族），考察了渤海国历史遗迹，参观了位于牡丹江师院内的牡丹江自然与历史博物馆等。

（供稿：中国民俗学会秘书处）

【中国民俗学会颁布《中国民俗学会二级研究机构管理条例》（试行）】

2015年7月31日，中国民俗学会颁布了《中国民俗学会二级研究机构管理条例》（试行），全文如下：

一、中国民俗学会所辖二级研究机构包括专业委员会、研究中心、研究基地、调研基地、研究所等。

二、二级研究机构是隶属于中国民俗学会的非独立法人机构，其冠名必须有“中国民俗学会”字样。

三、二级研究机构所开展的各项活动必须遵守国家关于社团组织管理的各项规定，遵守《中国民俗学会章程》，各机构可根据工作需要制定工作章程，工作章程的各项条款不得违背上述规定和《中国民俗学会章程》。

四、二级研究机构的设立分为学会直属和合作共建两种。学会直属二级研究机构的建立由秘书处提出论证意见，经过常务理事会审批后设立。合作共建的二级研究机构由合作方向学会秘书处提出申请，秘书处组织专家考察论证，在双方协商的基础上，由秘书处就机构设置等内容向常务理事会报备。

五、二级研究机构的领导成员采用任命制。学会直属二级研究机构的领导成员，由学会秘书处提出人选，经常务理事会审批。合作共建二级研究机构的领导成员，由秘书处与合作方充分协商后，人选名单需向常务理事会报备。

六、二级研究机构领导成员的任期一届为三年，可根据工作需要适当缩短或延长，一般不超过五年。

七、二级研究机构的领导成员必须是中国民俗学会会员。二级研究机构的组成人员若申请加入中国民俗学会，可由个人提出申请，经过会员部审核，按照普通会员进行管理。

八、二级研究机构的会籍管理参照团体会员的管理规定。二级研究机构需按照《中国民俗学会章程》和共建协议书的规定，定期向学会秘书处提交年度工作计划和年度总结，按期缴纳团体会费。

九、二级研究机构不得从事与其宗旨不相符合的商业性经营活动，凡是以研究机构名义举行的大型活动均需向学会秘书处报备。

十、二级研究机构不得擅自使用“中国民俗学会”的独立称呼举办活动。

十一、两年内不组织学术活动，不定期向学会提交年度工作计划和年度总结，不按期缴纳相关费用，或有严重违反国家社团管理规定和学会章程规定行为的二级研究机构，经由秘书处组织审核，向常务理事会提交撤销报告，经常务理事会审批后，撤销其机构、停止其活动，并在学会网站上予以公告。

中国民俗学会

2015 年 7 月 31 日

（供稿：中国民俗学会秘书处）

【第三届通古斯语言文化国际学术研讨会暨通古斯“一带一路”国际研讨会在呼伦贝尔召开】

2015 年 8 月 10 日至 11 日，由中国社会科学院民族文学研究所、中国社科院少数民族文化与语言文字研究中心联合主办，呼伦贝尔学院、呼伦贝尔历史文化研究院协办的第三届通古斯语言文化国际学术研讨会暨通古斯“一带一路”国际研讨会在呼伦贝尔市召开。

研讨会由中国社会科学院学部委员、民族文学研究所朝戈金研究员主持。中国社会科学院民族文学研究所党委书记朝克，市委常委、统战部部长、呼伦贝尔民族历史文化研究中心主任孟松林、呼伦贝尔学院副院长张德柱，中国社科院研究生院院长黄晓勇等作大会发言。来自国内外的一百名学者，围绕中国境内的满族、锡伯族、鄂温克族、鄂伦春族、赫哲族，俄罗斯远东和西伯利亚地区、日本的乌依拉特人、蒙古国的察坦人等通古斯诸民族的语言文学、历史文化、宗教信仰、社会经济、民俗艺术等展开学术讨论。

（供稿：希德夫）

【第二届滇中非物质文化与彝族文化学术研讨会在双柏举办】

2015 年 8 月 11 日至 13 日，由楚雄师范学院与中共双柏县委、双柏县人民政府主办，楚雄师范学院人文学院、中共双柏县委宣传部、中央民族大学文学与新闻传播学院承办的第二届滇中非物质文化与彝族文化学术研讨会在三笙文化故里、虎文化发源地双柏举办。

为期三天的研讨会形式多样，内容丰富，参加研讨会的专家学者们于8月11日至12日在双柏开展了实地考察，先后观看双柏县庆祝2015年彝族火把节文艺演出、参观双柏查姆“三笙”民族文化展览和参加法脿镇李方村火把节系列活动。中共双柏县委副书记、县长李长平主持8月13日上午的研讨会开幕式，中共双柏县委书记张晓鸣致辞。张晓鸣代表中共双柏县委、县人大常委会、县政府、县政协和全县各族群众对来自全国各地的专家学者表示热烈的欢迎，对大会的召开表示祝贺。张晓鸣指出，第二届滇中非物质文化与彝族文化学术研讨会在双柏召开，不仅是双柏文化发展史上的一件大事，也是楚雄师院与双柏校县合作的一大成果，必将有力推动双柏非物质文化和彝族文化的传承与研究，希望各位专家学者在这次活动中，能够真切感受到查姆故地、中国虎乡优美的自然风光、多彩的民族风情和深厚的文化底蕴，感受到彝乡儿女热情好客、勤劳淳朴的优秀品质和励精图治、再造山河的雄心壮志；张晓鸣希望各位专家学者，能用渊博的知识和智慧解读双柏、推介双柏，让外界了解双柏、认知双柏。楚雄师范学院校长、二级教授、博导罗明东，中央民族大学文传学院院长、教授、博导、长江学者、中央民族大学“985”中心主任、中国少数民族文学学会副会长钟进文分别讲话。

来自北京、山东、深圳、重庆、四川、广西、贵州等地以及省内的100多位知名专家学者参加研讨会，各位专家、学者从不同视角对非物质文化与彝族文化的挖掘、整理、保护与传承发表了真知灼见，研讨内容丰富、气氛热烈、思想活跃、思维创新、成果丰硕。

（撰稿：李连涛）

【第四届上海“文化资源保护与利用”研讨会在上海召开】

没有确切证据证明上海最初是一个小渔村，作为地名的上海，首见于宋代“上海务”，居然与酒有关——8月16日举办的第四届上海“文化资源保护与利用”研讨会上，民俗与历史学者的考证为上海城市演变和文化脉络梳理，提供了一个新的有趣视角。

第四届上海“文化资源保护与利用”研讨会由上海市社会科学界联合会指导，上海市民俗文化学会、上海炎黄文化研究会、上海社会科学院历史研究所《上海学》编辑部联合共同主办，以“‘上海务’与上海名称的历史追溯”为主题，着重探讨上海城市千年形成与发展过程中的文化内涵，以及城市人口的流动、上海城市精神对于上海市民人格观念的塑造和文化品格的现代传承。

上海市民俗文化学会会长、华东师范大学教授仲富兰根据当代考古发掘的最新成果研究发现，上海当代城市文明是历经数千年逐步演变、逐步积淀升华的结果。由于位于长江三角洲的东缘，直到马家浜文化晚期，即距今6000年左右，第一批先民才迁至上海地区，经历崧泽文化、良渚文化（广富林文化）和马桥文化等不同时期，逐渐开创出上海的历史，但唐宋以前上海古籍资料极少。

仲富兰教授说，“上海”作为一个地名最早出现在《宋会要辑稿》中。《同治上海县志》称上海，“在唐为场，在宋为镇”，目前并没有确切的证据证明上海最初是一个小渔村，相反，它一形诸文字就是一处收酒税的办公场所。公元1008年，北宋大中祥符元年宋真宗在这一带设置了专门管理酒税的机关——酒务。因地近上海浦，就称为上海务。上海务滨江临海，人流众多，交易繁忙，税收大增。直到南宋末期正式建上海镇，并逐渐取代名噪一时的青龙镇，成为“华亭县东北巨镇”。从《宋会要辑稿·食货十九·酒曲杂录》记录的天圣元年以前的上海务税收收入额看，“上海务”已经名列秀州17处酒务之前十名。北宋酒务的设置一般都在重镇商业发达地区。可见“上海务”建立初始，完全可能是比较成熟的从事农业生产、航运、盐业、农业、酤酿等手工业的工商文明时代。因为酒，催生了一个新兴的上海镇；因为酒，由镇设县，再发展成市，谁会想到它在千年之后会成为闻名遐迩、令世界瞩目的国际大都市。

与会历史学者、民俗宗教学者、城市规划学者围绕本次研讨会的主题，还以“历史中的上海文化产业”“上海村落、城镇、城市民俗研究”“上海城市街区的记忆与文化基因的传承”“百年上海人格培育”等话题进行了充分的讨论和争鸣。

上海交通大学陆邵明教授认为，城市历史记忆应从保护城市里的老街开始。街道是城市之脸，这里既有个体记忆，也有几代人的集体记忆，盲目的拆迁只会让城市记忆的载体逐渐消失；多样化、人性化的生活场所消失；也会让很多传统的社交网络消失，所以应对一些老的街道进行可识别性的建构，通过适当的改建，让上海的老街道也成为一种活态的文化资源。

上海大学黄景春教授认为，上海地区的民间信仰——财神信仰，应该得到重视和保护。这一历史传承下来的民间信仰与上海地区崇尚商业的精神是分不开的。上海地区作为一个港口城市，先民大多是具有海洋性民族性格的，他们擅长从事海洋性贸易，加之开埠后各地商人纷纷涌入，商业的发达让上海地区的财神信仰较之其他地区更为显著。所以应该挖掘上海的财神信仰，联合有关单位申报非物质文化遗产。

“上海文化资源保护与利用”研讨会从2012年至今已连续举办了四届，让学术从象牙之塔里走出来，与上海当今的社会实际紧密结合，研究上海文化资源的保护利用与文化产业发展，是该研讨会的显著特点。本次研讨会还以“上海文化资源保护与利用”为题征集论文，将出版文集。

（供稿：姜泓冰）

【全国《格斯尔》保护暨非遗工作培训在内蒙古巴林右旗举办】

2015年8月19日至23日，由全国《格斯（萨）尔》工作领导小组办公室主办，内蒙古自治区非遗保护中心、巴林右旗人民政府协办，巴林右旗《格斯尔》文化研究发展中心承办的“全国《格斯尔》保护暨非遗工作培训”在巴林右旗举办。来自中国社会科学院、全国《格斯（萨）尔》领导小组办公室、内蒙古文化厅、自治区非物质文化遗产保护中心、内蒙古大学、内蒙古师范大学，巴林右旗以及青海、辽宁、黑龙江等省、区、市的50余名专家学员参加了本次培训。人民网、《中国民族》、《民族画报》、内蒙古电视台、赤峰市电视台等媒体对本次培训进行了采访报道。

《格斯尔》是广泛流传于欧亚大陆的宏大史诗，是跨境跨民族跨语言传播的重要世界级非物质文化遗产。《格斯尔》并不是单纯的蒙古族文学，而是广泛流传于多民族之中的文化载体，集中传播于蒙藏两个民族之中。蒙古族称之为《格斯尔》，藏族称之为《格萨尔》。其中，蒙古族《格斯尔》流传地域很广，包括我国内蒙古、新疆、青海、甘肃、辽宁、吉林、黑龙江等省、自治区。在国外流传于蒙古国、俄罗斯联邦的图瓦、布里亚特、卡尔梅克等三个共和国，而且在乌兹别克斯坦的鞑靼人当中也有流传。其流传地域与“一带一路”覆盖地域高度重合。

《格斯尔》的抢救保护工作一直得到党和国家高度重视、关怀和支持。1957年中宣部就开始着手安排《格斯尔》搜集工作，1959年国庆期间毛主席曾亲自接见著名蒙古族《格斯尔》说唱艺人琶杰。1984年在中央有关精神和中宣部直接领导下，由文化部、国家民委、广电总局、中国文联、中国社科院等五部委，会同西藏、内蒙古、青海、四川、甘肃、云南、新疆等史诗流传的七省、自治区，成立了“全国《格斯（萨）尔》工作领导小组”，并在中国社会科学院常设领导小组办公室，从此开展了长达30年的《格斯（萨）尔》史诗抢救、搜集、研究、出版工作。《格斯（萨）尔》被列入国家重点项目，取得了举世瞩目的显著成绩。2009年，《格斯（萨）尔》被列入联合国教科文组织“人类非物质文化遗产代表作名录”，标志着《格斯尔》保护工作取得了显著成绩并进入新的关键时期。

因此，全国《格斯（萨）尔》工作领导小组办公室、内蒙古自治区非遗保护中心、巴林右旗人民政府共同举办了本次“全国《格斯尔》保护暨非遗工作培训”。在保护非物质文化遗产工作中，坚持正确的保护原则和理念是实现抢救的关键。

本次培训邀请了国内知名专家学者向基层文化工作者传授包括《格斯尔》及相关非物质文化遗产的保护理念、知识与方法。全国《格斯（萨）尔》工作领导小组秘书长斯钦孟和教授在开幕式主题讲话中阐明了《格斯尔》的主题思想，并强调了《格斯尔》保护工作对于民族和谐发展，建设美好家园的现实意义，重点指出巴林右旗是《格斯尔》的发祥地和中心传播区，应着力打造巴林《格斯尔》文化品牌。内蒙古大学博士生导师布仁巴图教授在主题讲座上提出，应在传扬《格斯尔》对民众文化建设、生态保护的积极意义的同时，挖掘《格斯尔》的经济价值，通过动漫、戏剧、电脑游戏等新手段共同提高《格斯尔》的社会影响力。内蒙古大学乌力吉巴雅尔教授以内大艺术学院为个案，介绍和阐明了如何把非遗纳入教育体系，探索多种形式的传承方式。中国社会科学院民族学与人类学研究所斯钦朝克图教授讲授的重点主要落在恢复《格斯尔》整体文化生态这一问题上，提出要保持历史风貌和传统语境，尤其要保护好《格斯尔》语言环境。中央民族出版社蒙文室主任、编审图门介绍了民族出版社出版的《格斯尔全书》、《图瓦〈格斯尔〉》、《蒙藏〈格斯（萨）尔〉关系》、《格斯尔·博格达传》等学术著作。内蒙古大学博士生导师那顺乌日图教授展示了他领衔研发的《格斯尔》数据库，把《格斯尔》语言文化材料提取到高端技术平台。中国社会科学院民族文学所蒙文室主任、博士生导师斯钦巴图教授根据联合国教科文组织有关文件和我国非遗保护工作的指导思想，结合《格斯尔》及蒙古族非遗案例，全面系统地介绍和阐述了非遗的基本概念、基本类型以及保护方法，为非遗工作者提供了理论参考和行动指南。内蒙古非遗保护中心科长苏格拉博士以具体数据介绍了内蒙古非遗保护政策、措施以及近几年取得的成就。最后，中国社科院学部委员、民族文学所所长、博导朝戈金教授从全国及联合国非遗工作的高度和深度，在中国及世界史诗及非遗工作成功案例上，高屋建瓴地阐述了《格斯尔》及非遗工作的理念、意义、价值和方法论，将培训推向高潮。

另外，在本次培训过程中，主办方组织专家评审，选拔并授予《格斯尔》史诗演述艺人敖干巴特尔、乌兰巴特尔、敖特根花、尼玛敖斯尔、色拉西、敖特根巴雅尔、朝鲁蒙等七人以全国《格斯（萨）尔》工作领导小组办公室认定的第一批“格斯尔奇”的光荣称号。

《格斯尔》作为跨民族、跨文化的极具包容性的伟大文化载体，体现了中华文化的多样性、凝聚性和不可分割性。希望通过此次培训，以及对“格斯尔奇”的认定命名，能更好地推进《格斯尔》及相关非物质文化遗产的保护与传承工作，为《格斯尔》及蒙古族非遗工作事业提供人才支撑，为地方文化建设提供智力支持。

（供稿：阿婧斯）

【“国家级非物质文化遗产代表性项目保护规划编制”研讨会在京召开】

2015 年 8 月 19 日，“国家级非物质文化遗产代表性项目保护规划编制”研讨会在京召开。会议由中心主任李松主持，文化部非物质文化遗产司司长李雄、副司长王福州，中心副主任张刚、王静参加。会议邀请了联合国教科文组织北京代表处、中国社会科学院、北京师范大学、山东大学、华中师范大学、中国国学研究与交流中心等单位的专家学者。

此次会议目的是总结非遗保护工作开展以来，特别是“十二五”以来的经验，研讨“十三五”时期国家级非物质文化遗产代表性项目的保护规划编制工作。与会专家就此进行了热烈的讨论，就规划编制研究工作的基本原则、工作重点、工作方式形成一定的共识，并围绕着节会、戏曲类非遗代表作项目进行了案例解剖。会议为非遗项目保护规划编制工作奠定了基础。

（供稿：文化部民族民间文艺发展中心）

【“2015·中国多民族文学论坛”在贵州召开】

2015 年 9 月 3 日至 5 日，中国社会科学院《民族文学研究》编辑部主办，贵州民族大学文学院、榕江县人民政府承办的“2015·中国多民族文学论坛”在贵州召开，参加会议的有来自中国社会科学院民族文学研究所、南开大学、华东师范大学、四川大学、中央民族大学、新疆大学、首都师范大学、贵州民族大学、西北民族大学、中南民族大学、云南民族大学、北方民族大学、凯里学院、贵州省社会科学院、甘肃省社会科学院、宁夏社会科学院等大学与科研机构的百余位学者。

研讨会开幕式由贵州民族大学副校长肖远平教授主持。贵州民族大学校长张学立教授，中国社会科学院学部委员、民族文学研究所所长朝戈金研究员，榕江县副县长王力致辞，他们的发言围绕多民族文学论坛召开对于推动少数民族文学学科的发展、多民族文学交流以及研究的意义与价值展开。中国社会科学院朝戈金研究员、关纪新研究员，华东师范大学罗岗教授，南开大学刘俐俐教授，四川大学徐新建教授，贵州民族大学陈玉平教授进行了主题发言，在发言中，他们进一步阐述了“多民族文学史观”，并且共同关注到少数民族文学概念体系的特殊性问题。

与会学者围绕“重返 80 年代”“多民族文学理论建构”“多民族文学教育研究”“西南多民族文学研究”等议题进行了多层次、全方位对话。会议发言涉及民族文学理论、民间文学、古代少数民族文学、少数民族作家作品、多民族文学比较等众多领域，既有从理论层面的宏观把握与观照，也有具体的个案分析，进一步促进了不同领域、不同学科的交汇。其中对于“少数民族文学”概念与范畴的重新讨论、民族文学理论与中华多民族文学理论的建构、多民族民间文学的比较研究、中外少数族群的比较研究等话题，在学术史反思的基础上，进一步推动与深化了民族文学的理论探讨。

（供稿：毛巧晖）

【第五届泰山石敢当文化节在泰安举行】

2015 年 9 月 5 日上午，第五届泰山石敢当文化节在泰安市宝泰隆旅游度假区开幕。中国民俗学会副会长兼秘书长、中国社科院研究员叶涛，副市长成丽出席开幕仪式。

成丽在致辞中指出，泰山石敢当文化节是市委、市政府围绕推动多种业态融合发展而精心打造的节庆品牌。本届泰山石敢当文化节主题鲜明、内容丰富，时代性、体验性、知识性、趣味性强，群众参与度高，相信通过各级各有关部门单位的精心组织、共同努力，必将使泰山石敢当文化节成为泰安祈福旅游的新品牌和泰山国际登山节的新亮点，成为展示泰山文化的交流平台和连接海内外华人的精神纽带。

本届文化节包括赏歌舞、看大戏、听曲儿、观展览、请三宝、玩绝活、品书画、听讲座、玩转O2O等接地气的九大板块，是一个既有浓郁民俗特色，又有创新思维的文化大集。

（供稿：张中乾）

【第五届“中国·成都2015非物质文化遗产国际论坛”在成都举行】

现代化早已蔓延到世界的各个角落，并对民族文化传统的延续形成强力冲击。为了更好地保护民族文化传统，维系世界文化的多样性，由文化部、四川省人民政府、联合国教科文组织共同主办的第五届“中国·成都2015非物质文化遗产国际论坛”于2015年9月11日至12日在成都市举行。来自中国、波兰、马达加斯加、喀麦隆、塞内加尔、澳大利亚、新西兰、印度、伊朗、印度尼西亚、秘鲁、突尼斯、韩国、加蓬等三十多个国家和地区的近百位文化官员和专家学者齐聚一堂，对“现代化进程中的非物质文化遗产保护”这一主题展开讨论。

论坛开幕式上，文化部非遗司马盛德副司长、四川省文化厅郑晓幸厅长以及马达加斯加文化和手工业部布里吉特·拉萨莫里纳部长都表示，现代化是世界发展的共同方向，文化多样性的维系则是人类文明得以生生不息的重要基础。本次论坛主席、中国社会科学院学部委员朝戈金研究员在此基础上进一步指出，本次论坛旨在从宏观层面探讨全球经济一体化与人类文化多样性的关系，探寻非物质文化遗产的发展规律，并在“以人为本”的世界话语中确定适应时代发展和现代化进程需要的非遗保护目标，从而为人类社会的可持续发展提供文化助力。具体来说，本次论坛还在主题下分设了三个议题：“现代化与文化多样性”“文化变迁与非物质文化遗产的再创造”以及“现代教育与非物质文化遗产传承人群培养”。

一　现代化与文化多样性

现代化是当今世界各国各民族都无法超脱的发展之路，而作为现代化核心的工业化、城市化则在社会文明化的进程中逐渐蚕食着来自祖先的创造基础，迫使人们在自我迷失的状态中不断寻找着属于自己的集合身份。在国际视野中，非遗保护的主要目的之一便是维护世界文化的多样性，而人类社会的进步则有赖于对古老传统的借鉴与利用，是站在前人肩膀上的再创造。因此，本次论坛的第一个分议题就是“现代化与文化多样性”。在大部分与会学者看来，现代化的一个核心命题便是工业化，而工业化的生产模式却是在标准化的技术手段中以消磨文化多样性为代价的人类行为。面对原本异彩纷呈而今却日益趋同的世界文化，来自中国大陆和台湾、喀麦隆以及澳大利亚的七位学者通过自己的调查、思考与研究，对“现代化”“文化多样性”以及“非遗”的复杂关系做出了理论阐释。

在中国艺术研究院吕品田研究员看来，非遗保护是塑造民族文化身份认同的基础，而维护世界文化多样性的实质则是维护民族国家之间的文化差异。因此，非遗保护需要审视一切阻碍文化多样性的不利因素，从而破除经济主义（工业化）的“迷信”，以实现“向善”的现代化。南京大学徐艺乙教授则认为在文字记录的“雅”体系与非文字行为的“俗”体系中，非遗主要是口传身授的“俗”文化，而创新与继承是两个处于同等地位的发展标尺，但继承更为重要。因为面对现代生活的急速变化，只有在全面继承文化传统的基础上才能实现“当下保护是为了将来不再保护”的设想。北京大学高丙中教授在其“文化礼物论”中认为，文化本身是流动的，它不会因为“公约”的存在而失去跨界交流的生命力，而非遗本应是一种礼物性的公共资源，对它的保护必须建立在尊重差异的基础之上，而不仅仅局限于名录体系。中国社会科学院户晓辉研究员在其报告中指出文化多样性至少有两种表现形式——基于文化现象的多样性和基于实践原则的多样性，而全球化背景下的中国正处于从权利社会过渡到义务社会、从情理社会向法理社会转变的复杂过程中，而文化多样性所反映的文化平等也非简单的“文化相对主义”，而是带有人类共同价值观的行为准则。来自喀麦隆文化和艺术部的娜黛日·迪亚娜·雷克帕·朱梅希协调员则认为，文化保护与经济发展是两个可以互补的人类行为，因而在保护非遗的同时进行产业开发不仅是提升本国人民生活水平的重要途径之一，也是维护本国文化多样性，增强民族凝聚力和自信心的一种手段。除此之外，悉尼大学的卢瑞芳教授和台北艺术大学的江韶莹教授则从自己的研究领域出发，表达了文化多样性对民族现代化的推动作用。

总之，来自不同国度不同领域的文化官员与专家学者通过各自的亲身实践与理性分析，在现代化与文化多样性的复杂语境中，表明了非物质文化遗产保护对维系世界文化多样性的重要作用。正是基于这一共识，人们逐渐意识到现代化并非文化多样性的终结者，相反却能在非物质文化遗产的保护中实现世界文化多样性的可持续发展。不过，尽管大家极力表述现代化对世界文化多样性造成的威胁不是不可改变的事实存在，但对于如何将工业生产下的标准化趋势加以扭转，却表述得较为模糊，即便如高丙中教授所言，文化在交往中可以丰富民族文化的多样性，但这种礼物性流动如果失去了自我传统，其结果只能是“涵化”的趋同。而来自喀麦隆的朱梅希协调员所提倡的文化产业模式，与我国广泛推行的“生产性保护”如出一辙，但现实告诉我们，能于产业化进程中得到发展性维系的非遗项目却大多集中在手工技艺与表演歌唱中。因此，吕品田研究员对破除经济主义“迷信”以实现“向善”现代化的论述可能才是我们追求的大方向。

二　文化变迁与非物质文化遗产的再创造

全球范围内的现代化和工业化使得文化变迁成为当前非遗必须面对的社会背景，这一背景下非遗的传承与再创造看似矛盾，实则相辅相成，都是保持文化多样性，促进人类创造力的要务。对此，我们还需根据非遗的具体门类和实际情况加以分析。本议题主持人、联合国教科文组织非遗培训师拉胡尔·戈斯瓦米从地方生物多样性与非遗保护二者之间的关系出发，认为人类文明仰仗于自然馈赠，而大部分非遗（包括信仰与仪式等）都产生于自然生态的多样性，因此非遗保护其实也是生态保护。

围绕文化变迁和非遗再创造，中国艺术研究院的田青研究员和邱春林研究员，以及塞内加尔文化和新闻部文化遗产司司长阿卜杜勒·阿齐兹·吉斯从不同角度得出各有侧重并符合实际的结论。田青研究员在认同现代化与工业化是现今不可阻挡的历史潮流的前提下，借用生物学上的“转基因”概念，阐述了非遗保护不应改变作为非遗基本性质的“基因”，而应在对非遗进行充分学习、研究并找到其“基因”的基础上，才能保障文化传统的可持续发展与创新。邱春林研究员指出，《公约》对非遗保护目的的表述除了有维护“文化多样性”，还有促进“人类创造性”，但非遗保护的外部力量常被关注，而来自内部（人）的创造力却很少被提及。其实在文化变迁的各种动力中，人类与生俱来的创新意识是最不可忽视的存在。因而需要在对手艺人与生俱来的创造力进行激发的基础上振兴传统手工艺技能。吉斯先生认为，文化在人类全面发展中具有不可忽视的核心地位。在全球化与文化同质化的大背景下，非物质文化遗产的传承是各民族自身的参照物，是获得民族身份认同的先决条件。然而，塞内加尔教育体制中非遗传承机制的缺位导致了学生乡土知识的缺失，因此对非遗的再创造与产业开发不仅对国家经济的发展，同时对民族自信心和凝聚力的提升有着重大的促进作用。此外，成都蜀锦织绣博物馆馆长钟秉章和国家级非遗项目苏绣代表性传承人张美芳分别以蜀锦和苏绣为例，阐述了非遗在传统中的价值重塑，及其传承与创新间的辩证关系。

事实上，对非遗的传承与再创造是相辅相成的辩证统一体，二者都是保证非遗能够代代相传的基本手段。田青研究员对我国当年非遗保护“抢救第一，保护为主”原则的引用，表现了老一辈学者从学理角度对非遗现状的忧虑和对非遗保护和传承方式较为谨慎的态度。邱春林研究员则从更为具体的案例出发，针对具体的传统手工艺这一类的非遗并结合《公约》的有关原则强调对非遗传承人的创造力进行激发的重要意义，体现出中生代学者对具体类别的非遗项目的性质和内在规律的准确把握。非遗保护所面临的问题尽管在全球范围内有一定的相似性，但依然需要结合具体国家的文化传统和政治经济现状制定保护对策。鉴于一些非洲国家代表在发言中表现出借助非遗开发利用促进本国经济发展的强烈意愿，非洲及其他发展中国家所普遍面对的非遗传承与民族自信、文化自尊，非遗保护与经济发展之间的关系等课题特别值得深入探讨。

对《公约》原文及其《操作指南》的深入理解是非遗保护工作的重点与难点，但却较少得到国内学者的关注。中国社会科学院巴莫曲布嫫研究员结合《公约》文本和教科文申遗工作机制，从认识论和实践论两个层面诠释非物质文化遗产保护中的语词问题。她以“彝族火把节”申遗文本为例，从遗产表述策略中的母语使用、汉语转换及英语迻译诸环节，讨论在定义、操演和保护非物质文化遗产等方面概念工具和文化翻译的重要作用；与此同时，她还通过举证说明，对近年来在一些国家申报材料中频繁出现的“本真性”“纯粹”“真实”“原创”“唯一”“杰作”等词汇进行梳理，并解释了这些词汇为何被委员会列入不当使用的范围，以及为何被视作与《公约》精神相违背的原因。在中外保护非物质文化遗产的进程中，语词层面的问题看似简单，但的确关乎文化翻译乃至文化政治对遗产表述的潜在作用；在地方、国家和国际层面的多重实践中，则更需谨记非遗保护的伦理原则。

三　现代教育与非物质文化遗产传承人群

与现代化、工业化和文化变迁等大潮流相适应的现代教育不可避免地对非遗的传承，特别是传承人群产生着深远影响，而对不同社会经济条件，不同文化传统下不同门类的非遗项目的教育与传承方式的调查研究，是需要政府、学者和非遗传承者长期深入关注的课题。对培养非遗传承人群的现代教育方式的探索，实际上也在横向上体现了人类文化的多样性，在纵向上体现了文化变迁的持续性。

首先，从理论角度对培养非遗传承人群的现代教育模式进行分类是研究的起点。印度尼西亚教育文化部高拉·曼卡格里塔迪普拉顾问认为，当前非遗教育的模式主要有正规、非正规和非正式三个类型，分别对应现代学校教育，徒弟作为师父家庭成员的传统教育，以及徒弟并不住在师父家，学艺更为灵活的教育方式。北京师范大学萧放教授则对非遗传承中的家庭教育、社区教育、学校教育和社会教育进行了界定和阐释，并对这四种模式提出了改进意见和对策。

其次，研究培养非遗传承人群的现代教育模式必然要建立在具体实践的基础上。不同地区不同单位对这一教育模式的探索为学界提供了宝贵的参考案例。中央美术学院乔晓光教授结合中央美院非遗与民间美术研究专业的学科发展历程，指出教学科研单位是广义上的传承人，而在狭义上却只是一个技术而非“情感”的接受或传播者，因此教学科研单位无法替代社区在非遗传承中的作用，只有在立足传统的基础上才能发展现代生活，延续非遗的生命。福建艺术职业学院唐文忠教授在介绍该校对传统戏曲、民间舞蹈、手工技艺和古琴艺术等非遗项目进行传承人培养情况的同时，指出学校教育应注重传统与现代的接轨，在聘请传承人进校传习“传统”的同时，也要进行一定的创新。上海大学金江波副教授以上海公共艺术协同创新中心实施的民间非遗手工艺人驻地计划为例，倡导“养成”方式的非遗保护；通过挖掘传承人背后的人文价值、社会故事和传统生活方式，养成非遗传承人群发现、挖掘并传播非遗之美，最终形成非遗的社会效益和社会认同。

此外，我国文化部民族民间文艺发展中心李松主任论述了现代教育标准化体系中非遗传承人“非正规”培训计划存在的合理性。波兰文化与民族遗产部乔安娜·埃娃·齐哈·库肯斯卡部长顾问在介绍波兰加入《保护非物质文化遗产公约》后非遗保护实践成果的同时，指出民间（社会）机构在非遗保护中的角色不容小觑，只有通过政府部门、科研院所与民间力量的协同合作，才能在青年一代中形成保护濒危民族传统的意识。

综上所述，这一议题的讨论既有对培养非遗传承人群的现代教育种类划分的理论探讨，又有较为丰富的个案展示。在宏观上，有在分类基础上对各个教育种类提出的改进与发展对策；在微观上，有对具体案例进行的经验总结。将非遗传承机制引入现代学校教育，是大家较为一致的观点。不过在世界范围内，非遗不论在教育体系还是学术体系上都还处在建构阶段，以上案例也主要集中在传统戏曲、传统舞蹈、传统技艺、传统音乐，特别是传统美术等非遗门类中，而对民间文学和传统医药等类别的非遗传承人群的现代教育有待在将来结合具体案例进行研究。

结语

最后，中国非物质文化遗产研究保护中心常务副主任罗微博士对本次论坛作学术总结。她指出，本次论坛发言者均对“现代化进程中的非物质文化遗产”这一主题进行了很好的阐释，并一致认为现代化是人类社会发展的必然。现代化一方面使非遗面临濒危的处境，另一方面又给人类社会的发展，特别是非遗的保护带来契机。根据她的总结，围绕第一个议题“现代化与文化多样性”，与会代表认为，现代化是工业化的一个重要结果，在工业化带来的文化价值标准化的背景之下，文化多样性弥足珍贵，对人类的可持续发展意义非凡。围绕第二个议题“文化变迁与非物质文化遗产的再创造”，与会代表认为，文化变迁是现代化的一个动态过程，文化变迁与非遗的再创造相契合，而非遗的再创造也是人类文明可持续发展的重要动力和源泉。围绕第三个议题“现代教育与非物质文化遗产传承人群培养”，与会代表均认同非遗保护的关键在于人的实践，非遗的传承与再创造必须依靠人。因此，在把握非遗传统传承规律的基础上，需要利用现代教育体制中的多种方式进行传承人群的培养。总地看来，此次论坛的发言不仅有资源的介绍和个案的分享，也有成功的经验与理论困惑，都体现了与会代表对非物质文化遗产的情感与研究路径探寻的执着。

本次论坛在“现代化进程中的非物质文化遗产保护”的主题下，按照“现代化与文化多样性”“文化变迁与非物质文化遗产的再创造”以及“现代教育与非物质文化遗产传承人群培养”这三个议题展开讨论。这三个议题是一个有内在逻辑关系的整体。各报告人通过对现代化与文化多样性的讨论，认为现代化与工业化是社会历史发展的必然结果，但在这一潮流下非遗作为文化多样性的载体其价值弥足珍贵。在文化变迁与人类文明可持续发展的历程中，非遗同样是其重要的动力和源泉，而以非遗传承为目的的现代教育也已具备多样化的内容与形式，其经验值得总结与探讨。在为期一天半的研讨中，与会代表形成了非遗的传承与再创造之间存在辩证统一关系，现代教育应用于非遗传承具有必要性等一系列共识。此外，根据论坛闭幕主持人、四川大学文学与新闻学院院长曹顺庆的总结，本次论坛还形成了“对非遗概念的再界定”“对‘公约’的再思考”和“对保护的跨界交流”等三大亮点，值得作为今后非遗保护者、研究者和传承者进一步探索与实践的方向。

（供稿：马千里　孟令法）

【“和平与正义之声——歌谣与抗战”研讨会在京召开】

2015年9月14日，为纪念中国人民抗日战争暨世界反法西斯战争胜利70周年，由中国文联理论研究室和中国民协共同主办，《民间文化论坛》编辑部承办的“和平与正义之声——歌谣与抗战”研讨会在京召开。会议由中国民协分党组书记罗杨和副秘书长周燕屏分别主持。中国文联理论研究室主任、中国文艺评论家协会副主席、中国文联文艺评论中心主任庞井君在会上讲话。来自全国各省区的民间文艺研究家们共聚中国文联文艺家之家，座谈研讨抗战时期民众口头文学表达，民间文学作品搜集、采录活动，民间文学报刊、书籍的出版刊载情况，民间文艺学术团体、流派以及著名民间文艺研究家在该时期的民间文学研究。

研讨会上，专家们分别结合自身研究方向以及生活经历与体会，对以往学界不曾关注的研究范围和内容展开了深入探讨。中国文联研究员刘锡诚阐述了抗战时期民间文艺工作者，关心民间文学的诗人作家，以及接近和同情民众的文化人艺术家，创作、搜集、整理、研究抗日歌谣和民间传说的情况，对抗战时期民间文学作了进一步研究。华中师范大学教授刘守华，从一位日本学者研究评述中国抗日战争故事论起，以一个独特的视角论述了抗日战争所激发生成的民间口头叙事文学及其珍贵价值。中国社科院民族文学研究所副研究员毛巧晖认为，革命歌谣诞生于特定的历史时期，其内容承载了革命时代的社会记忆。随着社会的发展，对其解读与阐释需要依附于特殊的时代情境，但是它所承载的革命记忆转化为了一种共同的文化符号，熔铸为社会的共同情感。湖南省文联研究员龙海清在会上讲述了抗战期间长沙临时大学湘黔滇旅行团在向云南昆明迁移的过程中，“借以多习民情，考察风土，采集标本，锻炼体魄，务使迁移之举本身即是教育”的背景和做法，对千里采风的成果进行了介绍和肯定。

符策精、郭崇林、刘晔原、刘大伟、林继富、马成翔、沙朝佩、孙乃琨、陶立璠、王兆辉、汪梅田、王翠屏、王颖超、韦兴儒、薛洁、鄢维新、叶涛、杨金凤、杨敬芝、张任君、邓人熙、赵书、朱恒夫、朱秋枫等专家学者分别在会上作了发言。中国社科院文学所研究员、《民间文化论坛》主编安德明，以“抗战”“民间·民众”“歌谣”“理念”“民间文学工作者”等几个关键词，对研讨会进行了总结。

此次研讨会成果丰硕，收到学术论文30余篇共计20余万字，更多无法参会的专家学者将自己多年搜集整理的抗战歌谣资料提交大会。这些成果日后将结集出版，以飨社会。

新华社、人民网、《光明日报》、《中国社会科学报》、《中国艺术报》等媒体对此次研讨会给予报道和高度评价。

（供稿：马海燕）

【“中国少数民族文学学会2015年学术研讨会”在银川召开】

“民族文学”的概念范畴涉及“少数民族作家文学”“少数民族民间文学”两个领域，二者存在区隔又相互联系，其间的矛盾统一关系构成了民族文学的学科发展张力。民族文学学科的理论研究落后于文学创作，这也成为制约学科发展的主要瓶颈所在。在近期举行的“中国少数民族文学学会2015年学术研讨会”上，与会学者围绕“学科理论建设问题”，对学科理论与实践如何相结合、跨文化的民族文学研究与书写、跨学科比较等问题进行了深入的探讨。

挑战与应对：少数民族文学的学科建设问题

中国社会科学院学部委员朝戈金在大会上作了“少数民族文学学科建设问题”专题报告，对加强民族文学的理论建设的紧迫性，如何看待少数民族作家身份的多重性，口头诗学视野下的民族文学研究新路径等问题做了深入的阐述。这一专题报告成为本届研讨会热烈讨论的重点，也为研讨会奠定了基调。

朝戈金认为，随着第三版大百科全书编撰修订工作的启动，如何界定、理解少数民族文学学科的边界、概念、对象、范围都是亟待解决的学科问题。如李准、老舍、端木蕻良等作家是放在现当代作家卷，还是放在少数民族文学卷中，一直有争议；跨境民族有着共同文化遗产，其文化边界如何界定？文化身份认同呈现出多元化、复杂化趋势。在后殖民主义新思潮影响下，对原有的民族文学概念提出了挑战。朝戈金指出，必须从理论上高度重视学科建设，深入探索民族文学的深层规律，才能应对这些尖锐的问题。

朝戈金对民族文学的诗学观做了深入的阐述：民族文学的诗学观具有整体性，涵盖了古代的、今天的、东方的、西方的、口头的、书面的等几个维度，缺乏任何一个维度，都是片面的。以作家文学理论来研究口头的民间文学是有问题的，对于推动民族文学发展没有多大作用。借鉴中国各民族的文论传统，挖掘民族文学的深层内涵是民族文学研究的必由路径。古典诗学，不全是从书面文学来的，如印藏诗文传统、蒙藏诗文传统、傣族诗文论、彝族诗文论、苗族诗文论等内容；这些传统文论讨论了民间叙事传统可变与不变的部分，核心的与可添加的部分。这样一些讨论对诗学研究会带来冲击力，可以发现文艺理论方面看不到的学术洞见。口头诗学可以分为节日诗学、交流诗学、政治诗学、文化诗学等。从交流诗学而言，交流是在什么样的机制、传统法则指导下，在什么样的文化空间中展开的？如何让我们研究的花儿、绕三灵，让一个埃塞俄比亚人、阿根廷人、法国人感兴趣？他凭什么对你的文化感兴趣？如果我们能够从这些普遍的文化现象中抽绎出一套鞭辟入理的理论，可以更深入地理解口语社会、无文字社区的交流方式，这就为交流民族志拓展做出了新贡献。民族志做得越细致，理论支撑就越扎实。注重理论和方法，就具有了与其他学科对话的前提。曲艺、岩画、美术，从精神上、规律上与口头诗学是相通的，可以从我们的研究理论方法中获得启发。

朝戈金从口头诗学的视野对民间文学与作家文学作了比较，作家文学中的读者与作者是分开的，民间文学中创编、演述、流布是在同一时空中完成，“我说你听，我说完了就完了”；作家作品不管刻印了多少本都一模一样，但一个歌手不可能所有歌曲都是一模一样；作家创作力求新颖，民间故事是讲究传承有序，有来源、有法度的，在限度内变异；从借用别人而言，作家文学为用典、戏仿、改编等，民间文学是聚合、传承、套路，二者的规律不一样；作家文学与民间文学从来就没有清晰的界限，如我国文学在历史上有吟诵传统、新乐府传统。对这些口头诗学的特征进行深入思考，我们的研究路径都会产生新的改变。

视域拓展：新视野、新领域、新观念

从新时期以来少数民族文学理论研究的总体态势来看，研究视域的拓展、日益增强的学科意识、逐渐拓展的学术眼界、不断更新的研究方法成为少数民族文学研究的新常态。龚举善认为，民族文学视域拓展涉及新视野、新领域、新观念。新视野涵盖了三个层面：一是民族身份层面的多民族文学视野，“多民族文学史观”的大讨论堪称典范；二是文化地理层面的文学空间视野，“中华情怀”与国际眼光是其显著表征；三是切入角度层面的知识视野，该视野带有学科交叉和方法论观照的双重意味。新领域至少包括：少数民族文学谱系的梳理、少数民族文学研究谱系的建构、少数民族网络文学、生态文学、非虚构文学的研究等。在少数民族文学研究的观念创新中，现代主义、后现代主义观念也在引荐之列。特别是后现代主义反传统、反体系、反理性、反决定论、反本质论的倡导以及关于文本和符号具有无限多样阐释空间的观点，对包括少数民族文学创作和研究在内的我国年青一代产生了深刻影响。

罗漫提出了“民族文学”的新定义：“民族文学，即表现中国少数民族的生活、历史、性情与想象的文学及其理论与批评。”当作为中心的惯性表述转换为民族主题亦即作品中心的新型表述之后，定义的边界得以开放与扩展。倘若学术界能够尝试以作品为中心，必将重组并展示出以民族为主题的民族文学的全貌与更多特性。民族文学史的撰述也将融贯着国内多民族视野甚至国际民族视野。

王锋认为，当下的民族文学理论研究落后于文学创作，文学理论研究出现了边缘化危机。为了解决学科基础理论薄弱与人才断裂的问题，需要寻找新的学术增长点，加强智库建设及研究团队建设，为少数民族文学研究创造平台，从而全面推进中国少数民族的学科建设。

中国文学理论话语体系正是建立在中华多民族文学客观实践基础之上的。这种实践，一是中华民族“多元一体”的形成、发展历史；二是统一的多民族国家的现实；三是中华多民族文学交融互动，共同发展的历史和现实。以此为出发点，李晓峰认为当下民族文学理论建设应注重以下几个方面：以多民族文学观为核心，建立中华多民族文学史观的整体架构；重新界定文学的概念和范畴，建立口头文学与书面文学并重的整体文学观；将各民族传统文学经典的评价标准，纳入中华多民族文学的评价体系之中进行考量和整合，进而建立中华多民族文学多元评价体系；以各民族文学多元发展历史为复线的既交叉重叠又具有开放性和包容性的时间结构。

对话与融合：跨文化比较研究与书写

跨文化比较研究与书写一直是少数民族文学常谈常新的问题。“跨文化”作为一种研究手段，将研究视野置放于广阔的跨民族、跨语际，乃至跨国际的文化座标中，成为比较诗学的核心内容。

近年来，很多学者用跨文化的比较研究方法研究民族民间文学，取得了多方面的成果。刘守华的《民间故事的比较研究》就是他对国内外民间故事进行比较研究的新成果。林忠亮认为该成果有纵向的历史比较，也有横向的平行研究；在比较中有以同中之异为主，也有以异中之同为先；有微观的一个故事进行比较研究，也有宏观超越国界的若干故事比较提出有关论题。研究中把影响比较与平行比较结合，微观比较与宏观比较结合，国内国外的比较结合，灵活而有机地运用多种比较方法，拓展了比较研究的深度和广度，因而获得了较为丰富的科研成果。通过比较研究，探寻到《一千零一夜》中的好些故事与中国维吾尔族、藏族、苗族、白族及中国古籍中的故事相同的原因，除共同吸收印度故事和阿拉伯故事传入中国等主要原因外，还有中国故事传入阿拉伯的重要原因，这是目前尚无人涉猎的问题。

另外，我国各民族在历史上长期的交往中形成了多元一体的中华民族格局，多民族文学交流源远流长，新时期以来更是发展迅速。跨文化、跨语境书写成为少数民族文学一个经久不衰的现象。吴新锋认为“多元一体的中华民族格局”中的“同一”性体现在少数民族作家的跨语际创作上。艾克拜尔·米吉提是当代哈萨克族双语作家群的杰出代表之一，他是在哈萨克草原文化与汉文化双重影响下成长起来的，这从根本上决定了其双语创作是两种文化碰撞的直接产物。

阿库乌雾既是彝族知名诗人，也是知名学者，他们同样跨语际创作。阿库乌雾在小组发言中强调了毕摩经籍文学的重要社会价值及其对当代诗歌的影响，自己创作的两本诗集也都是受了毕摩经籍文学的影响。近年来他的跨文化写作还拓展到欧美文化领域，他不仅用彝语书写印第安文化，其作品在英语世界多有译本，他说：“我用母语跟世界对话。”

中国现代少数民族作家的汉语写作是同中国社会现代化进程同步的，现代性的时代语境深刻影响了少数民族作家汉语写作中民族性的表达。何圣伦梳理了这一身份变化的历史过程：从启蒙主义写作时代少数民族文学创作中的民族文化暗示，到革命文学写作时代的民族性符号标记，到后现代思潮中少数民族文学创作中的民族意识的自觉与拒斥，作家在创作中都会应时代的变化而选择自己的创作身份和表达自己的民族立场。

借鉴与创新：建立中国多民族文学理论话语体系

跨学科研究成为本次研讨会的一个特点，美学、语言学、心理学、宗教学、历史学的传统跨学科研究范式得到延续的同时，生态学、人类学、社会学等新学科范式呈现出后来居上趋势。尤其是人类学的理论概念较为突出，诸如记忆、族群、身份、建构、表述、书写、民族志等概念名词在民族文学论文中比比皆是。这些外来理论及概念对于探讨民族文学中所蕴含的文化内涵，揭示深层的、丰富多彩的少数民族文学多样性特点具有“利器”之效。需要指出的是，这些跨学科研究存在着不良倾向，首先是浅尝辄止，套用一些其他学科的理论框架来包装民族文学材料，成为这些学科的提供材料者，由此加剧了自身学科边缘化危机；其次是回避中国的、当下的学科建设亟待解决的问题。朝戈金指出，那些总结分析西方文艺作品的理论是否适合研究中国本土文学，用好了没有，这些问题值得深入探讨。关于少数民族文学学科的当代建构，刘大先认为国家性和当代性是其突出特征。在他看来，这种宽容包容的现代文化心态，不仅不是对“多元一体”文化生态的拒绝，而且恰恰是对它的补足、完善和发展。他同时强调，中国当代少数民族文学学科的创建，自始至终都以民族团结、和谐相处、共同繁荣为核心话语诉求。

朝戈金在报告总结中提出，少数民族文学是个学术富矿，蕴含着太多的学术生长点。我们很幸运，我们所从事的工作是充满了可能性的领域。当下的民族文学研究的新范式正处于一个形成与转换的过程中。从事民族文学的学者只要多掌握一些理论方法，把学术眼光训练得敏锐一些，就可以写出充满思想原创性的成果。

（供稿：杨杰宏）

【民进中央“非物质文化遗产传承与保护”专题研讨会在京召开】

2015 年 9 月 22 日，民进中央“非物质文化遗产传承与保护”专题研讨会在京召开。全国政协副秘书长、民进中央副主席朱永新出席会议并讲话。民进中央副秘书长王建国主持会议。

朱永新代表民进中央和严隽琪主席、罗富和常务副主席，衷心感谢全国政协及文史委、中国民协、与会非遗传承人及各领域的专家、民进中央文化艺术委员会等有关各方的大力支持。在认真听取了与会专家代表及传承人的发言后，朱永新指出，传承人的保护和抢救是非遗保护的一个大课题。首先是传承人发现和认定，要有一套严格的认定程序，特别是要发挥专家作用，制定一些程序性的规范，甄别出真正的大师。其次是如何发挥教育的功能，做好培训和提升，非遗传承有一定的地域性，这样才能保持文化原汁原味，这个地域性的保护，一定要和教育紧密结合起来，才能够把它真正做好。我们要做一个规划，确定哪些是濒危面临失传的非遗，需要先抢救，哪些是可以通过生产性保护、进一步去传承的非遗。从传承人角度来说，他们面临的问题是最直观，体验也是最鲜活的；从专家的角度来说，研究成果往前走一步就是建言献策，就可以变成政策。希望大家一如既往地关注并支持民进中央促进非遗的传承与保护。

研讨会上，国家级北京绢花代表性传承人、北京东城民间艺术家协会常务副主席兼秘书长金铁铃；无锡市惠山泥人非物质文化遗产项目代表性传承人、无锡市泥人研究所所长、研究员级高级工艺美术师赵建高；平阳麻笺传承人、丁陶麻笺社董事长梁虎；中国社会科学院文学所研究员安德明；北京师范大学教授、民俗学专家杨利慧；北京师范大学教授、民俗学专家萧放；国家非遗保护专家委员会委员、中国民协民间文化抢救工程专家委员会委员刘锡诚；中国民间文艺家协会《民间文化论坛》副主编、非遗博士冯莉；中央民族大学教授、博士生导师、亚细亚民间叙事文学学会会长、中国民俗学会常务理事林继富；民进中央文化艺术委员会副主任、北京大学文化产业研究院动漫研究中心主任邓丽丽；民进中央文化艺术委员会委员，北京交通大学语言与传播学院教授、文化产业研究中心主任皇甫晓涛；东城区第一文化馆副馆长王敏；中国音乐学院作曲系主任、多媒体音乐中心主任，中国音乐家协会理事、创作委员会副主任王宁；江苏省陶瓷艺术大师、江苏省工艺美术大师、研究员级高级工艺美术师范建军，北京山水世爵国际文化投资有限公司总裁倪新宇等，围绕非遗传承人生存现状和人才断层、非遗项目生存土壤、促进非遗健康发展、推进非遗立法进程等问题，进行了深入的探讨和交流。

为非遗传承与保护呕心沥血做出突出

贡献的全国政协常委、中国文学艺术界联合会副主席、民进中央原副主席冯骥才，中国民间文艺家协会党组书记、副主席罗杨给予研讨会大力指导和帮助。冯骥才表示，“非物质文化遗产的保护工作应该是长期的，这是祖宗留给我们的无形财富，应着力在传承人的生存环境和土壤等问题上多下功夫研究”。

全国政协文史和学习委员会办公室巡视员张燕妮；中国文联民间文艺艺术中心主任徐岫鹃；民进中央文化艺术委员会主任、北京大学学位委员会委员、哲学系教授胡军；民进中央文化艺术委员会副主任、中国社会科学院世界历史研究所研究员俞金尧；中国歌剧舞剧院副院长徐丽桥；文化艺术委员会委员、国家一级舞美设计、国家话剧院舞台设计冯庆；北京北青文化艺术公司副总经理陈磊；常州市赛尚文化传媒有限公司艺术总监许琪萍；民进中央参政议政部部长陈鸣、副部长姚立迎，以及北京、河北、黑龙江、山西、陕西等民进省级组织的代表参加了研讨会。

本次研讨会由民进中央主办，中国民间文艺家协会和民进中央文化艺术委员会协办。研讨会主要是为11月召开的全国政协“非物质文化遗产传承与保护”双周协商座谈会做好准备，发挥民进教育、文化、出版主界别特色，与全国政协、中国民协等有关方面共同助推我国非物质文化遗产传承与保护工作。

（供稿：民进中央宣传部）

【庆贺柯杨先生从事民间文艺研究工作60年座谈会在兰举办】

2015年9月25日，为表彰和奖励甘肃省著名民间文艺学家、民俗学家柯杨在甘肃省民间文艺事业发展中所做的突出贡献，省民间文艺家协会和兰州大学文学院在兰州联合举办“庆贺柯杨先生从事民间文艺研究工作60年座谈会”。

柯杨，兰州大学教授，长期从事民间文艺学和民俗学的教学与理论研究工作，尤其在花儿民俗研究方面取得突出成就。他积极筹建甘肃省花儿研究会，著作等身，不仅为甘肃省民间文艺事业的繁荣发展做出了突出贡献，还将“甘肃花儿”传播至海外，产生广泛影响。此外，柯杨还参与了甘肃省早期民间文艺家协会的筹建工作，还兼任中国民间文化遗产抢救工程专家委员会委员等职，积极参与省级“非遗”项目的评审及国家级“非遗”项目的申报工作，尤其在“甘肃花儿”成功进入联合国教科文组织“人类非物质文化遗产代表作名录”的申报工作中做出了巨大贡献，曾先后荣获中国文联、中国民协以及甘肃省颁发的中国民间文艺“山花奖·民间文艺成就奖”“文艺终身成就奖”“百合花奖·终身成就奖”等奖项。

座谈会上，彭金山、魏泉鸣、华杰、郭正清等有关专家以及柯杨的学生围绕柯杨民间文艺研究工作展开热烈探讨，对柯杨在甘肃省民间文艺事业发展中所做的突出贡献给予高度评价。

（供稿：施秀萍）

【中国社会科学论坛（2015·文学）在京召开】

2015年10月10日至11日，由中国社会科学院主办，中国社会科学院民族文学研究所和芬兰文学学会民俗学档案馆共同承办的“中国社会科学论坛（2015·文学）”在中国社会科学院成功举办。

论坛以“口头传统数字化：策略、实践与合作”（Digitizing Oral Tradition: Strategy, Practice, and Collaboration）为主题，分5个专场15场次，共有来自芬兰、美国、德国、日本、蒙古和中国六个国家的十余位相关领域专家学者到会作主题发言和参与研讨。主要议题包括六个方面：数字存档、信息获取及方法论；元数据标准与应用；资源共享、“互联网＋”策略与合作；发展共同工作模型以及多语言平台的可能性；国家文化叙事与传统知识体系的数字化表达；数字化建档的个案研究与在建项目的样本分析等。

论坛整合了高校、科研院所、图书馆的优势学术资源和学科力量，促进了口头传统数字化建档问题的跨界研讨与合作，推动了数字存档和数据库在工作平台与技术标准方面的经验分享与交流。

（供稿：毕传龙）

【广东省民俗文化研究会第四次代表大会暨岭南祠堂文化研讨会在汕尾举行】

2015年10月11日，广东省民俗文化研究会第四次代表大会暨岭南祠堂文化研讨会在汕尾市红海湾隆重举行。广东省民俗文化研究会主要领导、各地市民俗研究会代表、学者共100多人出席了大会。中国民俗学会副会长、著名民俗专家安德明教授，中国民俗学会副秘书长杨秀教授到会，并作了精彩讲话。

大会首先由副会长罗以法宣读了广东民俗文化的奠基人、名誉会长刘志文先生给大会的贺信，广东省民俗文化研究会会长刘志辉代表上一届理事会作了工作总结，大会选举产生了新一届广东省民俗文化研究会理事会名单，推选广东省博物馆副馆长肖海明为新一届广东省民俗文化研究会会长，推选李蓝田、邓启耀、张福铭、陈汉初、胡志强、李筱文、蒯锋毅、凌建、朱卫国、江金波、谭白薇、潘剑明、蔡惠尧、黄海妍、张翠玲、刘晓瑾、罗以法、陈锤为广东省民俗文化研究会副会长，推选周黎为广东省民俗文化研究会秘书长。

在接下来的岭南祠堂文化研讨会上，来自北京著名民俗专家安德明教授、杨秀教授作了主题报告，广东各地民俗专家代表分别就各自的研究领域和成果作了报告，就岭南祠堂文化过去、现在、未来进行了阐述，对岭南祠堂文化的建设、保护和引导、方向展开了讨论，并向新成立的广东省民俗文化研究会汕尾红海湾分会颁了牌。

会议期间，与会嘉宾学者受邀观摩了惠潮梅三州十八县陈姓大宗祠“德聚堂”重光庆典活动。独特的祭祀程序、地方特色祭品和文艺表演给大家留下了深刻印象。

在汕尾当地有关部门的陪同下，嘉宾学者一行还考察了红海湾遮浪城隍庙、遮浪祠堂文化一条街、宫前妈祖庙等。

广东省民俗文化研究会成立26年来，在中国民俗学会的关心和广东省文化厅的指导下，在历届理事会的带领下，励精图治，开拓进取，围绕省委省政府关于建设广东文化强省的决定，挖掘广东文化遗产，促进各地开展民俗文化活动，为区域性地方文化建设与传承做出了巨大贡献。新一届理事会，将继续脚踏实地，与时俱进，将广东民俗文化薪火相传，发扬光大。

（供稿：中国网）

【“首届中国维吾尔族民间达斯坦国际学术研讨会”在京举行】

2015年10月19日至20日，由中国社会科学院民族文学研究所和新疆维吾尔自治区文学艺术界联合会联合主办、新疆维吾尔自治区民间文艺家协会承办的“首届中国维吾尔族民间达斯坦国际学术研讨会”（The First International Symposium on Uyghur Folk Dastan of China）在北京召开。来自德国、日本、土耳其、吉尔吉斯斯坦、韩国等国家的外国学者及来自北京、新疆、甘肃等省区科研院所、大专院校的近50名代表参加了会议，在北京读书的10余位硕士博士研究生也前来听取并参加了学术讨论。应邀来自新疆和田、喀什和哈密的三位达斯坦民间艺人在研讨会现场演唱了达斯坦。

这次会议共收到论文30篇，会上宣读的论文26篇，涉及维吾尔民间达斯坦的前沿理论研究、维吾尔、哈萨克、柯尔克孜等突厥语民族达斯坦不同变体之间的比较研究、达斯坦学术史、达斯坦个案研究、达斯坦民间传承现状与保护措施、数字化等诸多方面，反映了维吾尔民间达斯坦在国内外的研究现状，是维吾尔达斯坦研究的一次大检阅。

维吾尔民间达斯坦是散韵结合的叙事长诗，是具有完整故事情节和鲜明人物形象的活形态的说唱传统，2009 年被列入我国非物质文化遗产名录。

10 月 19 日上午，研讨会开幕式由新疆维吾尔自治区文联副主席叶尔克西·库尔班拜克女士主持，中国社会科学院民族文学研究所党委书记朝克研究员，中国民间文艺家协会副主席、新疆民间文艺家协会主席马雄福分别致辞。朝克书记指出维吾尔文学是我国文学不可分割的组成部分，保护并发展少数民族口头传统是时代交给广大学者的一项光荣而艰巨的使命。新疆文联副主席马雄福认为，达斯坦历史悠久，是深受我国北方少数民族钟爱的说唱艺术。历史上的中国北方少数民族大都是游牧民族，而且他们特殊的生产、生活方式，决定了自己文化特殊的传承形式——口碑相传。而长诗（达斯坦）就是民间文化传承的主渠道。长诗以易记易诵，便于流传的优势，成为草原民族，也称诗歌民族最为流行的文化样式。长诗将本民族的社会历史、宗教信仰、道德观念、审美取向、民风民俗、文化、技艺、语言等以韵文体的形式一代代地传承了下来，所以说长诗就是北方少数民族的文化史、百科全书。此次会议的召开是维吾尔达斯坦保护与传承成果的一次展示，是维吾尔达斯坦学术探讨与交流的一次盛会，可歌可贺。最后他强调，这次研讨会为广大达斯坦学者提供了一个切磋、交流的平台，也是我们难得的学习机会。

最后，民间达斯坦艺人和学者以维吾尔传统习俗互相赠送了礼物。

接着，来自和田墨玉县的老艺人吾布力·艾山·喀日用陪伴自己几十年的和田热瓦甫伴奏为与会的学者演唱了维吾尔民间达斯坦《轻·铁木尔·巴图尔》的片段。她的演唱风趣幽默，富有感染力。据艺人演述，历史上和田地区生活过五位巴图尔（英雄），轻·铁木尔是其中的一个。

开幕式结束之后，会议进入主题发言阶段。德国波恩大学教授卡尔·赖歇尔（Karl Reichl）作了主题为“对比语境下的维吾尔民间达斯坦体裁研究”（*The Genre of the Uyghur Folk Dastan in a Comparative Context*）的发言。他认为，维吾尔民间达斯坦散韵体构成的特点有别于西方和中亚原生态史诗。同时，维吾尔达斯坦还有别于其他英雄史诗，如“伊利亚特”或“玛纳斯”：当这些史诗反映英雄主题时，维吾尔达斯坦则勾勒出恋人间经历的坎坷和内心感受，如《帕尔哈德与西林》《塔依尔与左赫拉》《艾力甫与赛乃姆》，等等。早期的突厥口头叙事诗《阔儿库特祖爷书》也由散韵结合体构成。散韵体对应兼说兼唱并以爱情和冒险为主题的特点形成了单独的口头文学体裁，尽管这类体裁在不同的传统中有着不同的称呼（如 dastan、hikaye、romance 等），但基本上都是口头语言艺术的同类形式。

接着，新疆大学资深教授阿不都克力木·热合曼先生就“民间达斯坦《塔依尔与左赫拉》变体之比较”发言。通过对维吾尔文和其他文字出版的 10 多种变体进行比较研究，提出了如下结论：第一，从地理位置来看，民间达斯坦《塔依尔与左赫拉》在本土历史情节的基础上，形成在中亚地区生活的维吾尔族人民之中。第二，从时间背景来看，这部达斯坦的创作与蒙古成吉思汗在西征末年（公元 13 世纪）有关系。第三，从达斯坦的艺术和结构（散文与韵文）特点来看，《塔依尔与左赫拉》属于突厥语民族传统达斯坦的乌古斯—维吾尔达斯坦流派。第四,《塔依尔与左赫拉》与东方的现实型爱情达斯坦中存在着母题和形象上的共同点。第五,从其最早版本的语言特征来看,该达斯坦在很大程度上指出维吾尔语罗布方言的语言特征。

日本名古屋学院大学教授西胁隆夫(Takao Nishiwaki)也就《塔依尔与左赫拉》发言,其题目为"维吾尔民间达斯坦《塔依尔与左赫拉》研究"。基于五种版本的比较,西胁隆夫教授举例讲解了这些变体间的区别。将《塔依尔与左赫拉》与《少年阔孜与巴艳美人》《库勒米尔扎与阿克萨特肯》作比较,划分出了这些达斯坦的母题,并指出了其中一个重要的母题:情侣殉情后变成其他事物。他认为类似母题同样还可以在其他传说、民间故事和叙事诗里发现,如中国的《焦仲卿妻》《梁山伯与祝英台》,法国的《特里斯丹和依瑟》,英国的《托马斯勋爵与安妮特》。最后他强调《塔依尔与左赫拉》是绿洲文化里的《特里斯坦和伊索尔德》。

中国社会科学院民族文学研究所郎樱研究员作了题为"简论维吾尔达斯坦的形成与发展"的发言。她把维吾尔民间达斯坦的发展分为三个时期:11 世纪以前是"形成期";15 世纪至 16 世纪初,是"发展与繁盛期";19 世纪至 20 世纪是民族化与大众化时期。郎樱研究员还指出维吾尔民间达斯坦传播中民众与作家的互动,使维吾尔达斯坦得以充满生命活力,具有典型性。在汉族文学、外国文学中较为罕见。

新疆大学人文学院中文系教授海热提江·乌斯曼的发言"中国《先祖阔尔库特书》研究简述"系统梳理了国内《先祖阔尔库特书》的研究成果。《先祖阔尔库特书》是突厥语民族,即古代维吾尔等民族民间文学中的一部佳作。它形成于公元 7—9 世纪中亚乌古斯突厥语人之中,流传于从中亚至鲁姆国(土耳其欧洲地区)。作品描述乌古斯等突厥语诸民族的英雄爱国爱民的观念以及道德观、宇宙观等。中国学者很早就关注《先祖阔尔库特书》并开始研究,已取得了一定的成就。

吉尔吉斯斯坦国立依先阿勒·阿拉巴耶夫大学教授,吉尔吉斯斯坦国家遗产委员会主席特尼奇特科别克·乔饶特根(Tyntchtykbek Tchoroev)作了题为"古代突厥史诗的早期时代研究"(*On the Early Era of the Old Turkic Epics*)的发言。他认为史诗《乌古思汗》与内亚、西伯利亚和中亚等地生活过的几个操突厥语的民族有关。比如 14 世纪的手写本里的很多词与吉尔吉斯和阿尔泰语词汇有关。现代民间文学研究中,通过对比和历史文献研究方法,对这些用突厥语的东方方言和语言,口头保存或书面记录下来的古代史诗(达斯坦)进行研究是极为重要的。

下午,会议继续主题发言。中央民族大学教授阿布力克木·买买提先生首先发言,题目为"'丝绸之路经济带'视角下的我国维吾尔民间达斯坦研究"。阿布力克木教授认为,与"丝绸之路经济带"相应的文化艺术领域即将成为我国学者相关研究的新天地。维吾尔民间文学尤其是民间达斯坦的形成、发展、变化、生存乃至遗忘都和古丝绸之路紧紧连在一起。维吾尔民间达斯坦中的不少题材、人物、情节、母题、人名、地名都以古丝绸之路沿线为原型。在"丝绸之路经济带"视角下,对我国维吾尔民间达斯坦进行研究既有理论意义又有现实意义。

来自韩国同德女子大学的吴银庆教授宣读了题为《突厥语民族口头史诗中的萨满教母题研究》(Study on the Shamanism Motifs in Turkic Oral Epics)的论文。吴银庆教授整理出突厥语口头传统中有关萨满教的母题,尤其是英雄史诗的母题,指出源自萨满教的母题专注于祭天。对天的崇拜世代相传后，变成了对圣山和圣树灵魂的崇拜。突厥人皈依伊斯兰教之后，萨满在他们精神生活中的影响力逐渐下降。

土耳其嘎子大学教授依布拉音·迪莱克（Ibrahim Dilek）作了题为“维吾尔民间达斯坦《塔依尔与左赫拉》与阿尔泰史诗《阔祖卡》的比较研究”（“*Comparison of the Uighur Folk Epic Tahir Zohra with the Altai Epic Közüyke*”）的报告。他阐释像《萨迪尔勇士》《努孜古木》《我的红花》《斯依提诺奇》《阿布都热合曼汗·和卓》等维吾尔族叙事诗是突厥语族部落特有的，而且创作受限于这些故事的群体所生活的地理位置。再比如《库尔奥格力》和《莱丽与麦吉侬》等一些故事是所有突厥部落共有的。其中《塔依尔与左赫拉》是流传地方最为广泛的故事。这一达斯坦在阿尔泰地区的突厥人当中也有以《阔祖卡》的名称按照当地的传承特点流传。依布拉音教授认为，从结构上讲，《塔依尔与左赫拉》是散韵结合体，而《阔祖卡》是纯韵文体。除此，情节、介绍部分（即英雄及其家庭、诞生），以及英雄的冒险经历和母题都有共同点。英雄的教育背景也有所不同：《塔依尔与左赫拉》中的英雄孩子很小就上学读书，可在《阔祖卡》里的英雄们不上学。这两部达斯坦情节和母题的共同之处能告诉我们，这两种版本均根据同一个版本，是在新的地理位置和不同的叙述传统里，基于各自文化和信仰的变化改编而成的。

日本东京外国语大学菅原纯（Jun Sugawara）研究员用维吾尔语作了题为“维吾尔达斯坦的历史研究：以马丁·哈特曼在二十世纪初搜集的《阿布都热合曼·帕沙》三个版本为例”的报告。菅原纯研究员首先向与会学者介绍德国东方学家马丁·哈特曼（1851—1918）收藏的，正在德国哈雷市德国东方学会图书馆（Bibliothek der Deutschen Morgenländischen Gesellschaft，Halle，Zaale）馆藏的维吾尔民间达斯坦《阿布都热合曼·帕沙》的三个手抄本的概况。然后他指出这三个文本能为我们考察这一传记故事从当地的短小歌谣到另一个文体的发展过程提供的几个要点：由口头文学到书面故事的转变；语言、风格上的改进以及历史上的一致性；展现和田和喀什方言的混合特点。

土耳其内夫谢希尔大学副教授亚当·欧吉尔（Adem Oger）也用流利的维吾尔语向与会学者介绍了维吾尔民间达斯坦在土耳其的研究情况。亚当教授阐释了维吾尔民间达斯坦的分类、特点及其界定，以及土耳其对维吾尔民间达斯坦的研究工作。他建议促进划分并分类维吾尔民间达斯坦的研究手段和方法。

新疆大学人文学院教授乌斯曼·司马义先生就维吾尔民间达斯坦的分类作了精彩报告。乌斯曼老师先阐释了维吾尔民间达斯坦国内的研究成果，并结合自己多年来的研究经验，对达斯坦的界定提出了自己的看法。根据内容，将维吾尔民间达斯坦分为英雄达斯坦、爱情达斯坦、宗教达斯坦、劝喻达斯坦、历史达斯坦等五大类；根据表现形式，分为诗体达斯坦、散文体达斯坦、散诗体达斯坦等三大类，并分析了各自的特点。此外，基于维吾尔达斯坦的书面和口头性特点，指出了维吾尔民间达斯坦与书面达斯坦的几点不同之处。

除了上述学者的发言之外，还有新疆社会科学院杂志社副编审玛依努尔·玉努斯的《帕尔哈德与西林》长诗中的共同母题，来自新疆大学的牙森江·买提尼牙孜的“试探作为表演的‘和田民间达斯坦’”，中国社会科学院民族文学研究所研究员黄忠祥的“浅谈达斯坦（叙事诗）的根母题与派生母题”，中国社会科学院少数民族文学系硕士生茹克亚·吐尔逊的“从女性主义文学论尼扎里的诸达斯坦”，来自新疆艺术学院的库尔班·买吐迪的

"维吾尔族说唱艺人与达斯坦奇的自我认同"，新疆喀什市第四中学老师阿吉古力·吾斯曼的"中国维吾尔史诗《乌古斯传》研究状况简述"，加拿大西蒙飞沙大学交互式艺术与技术学院博士候选人阿依努尔古力·卡得尔的"数字达斯坦：维吾尔非物质文化遗产的记录，数字化与传承研究"，新疆社会科学院民族文化研究所的研究人员晁正蓉的"维吾尔当代书面文学与达斯坦关系研究"，西北民族大学维吾尔语言文化学院院长、教授、博士生导师阿布都外力·克热木的比较视野下的维吾尔与哈萨克爱情达斯坦：以罗布淖尔达斯坦《博孜库尔拍西与黑发阿依姆》《塔依尔与左赫拉》与哈萨克爱情叙事诗《少年阔孜与巴艳美人》为例，中国社会科学院民族文学研究所助理研究员吐孙阿依吐拉克的"维吾尔达斯坦艺人的学习及演唱特点研究——以阿克陶和疏附县艺人为例"，来自新疆维吾尔自治区民间文艺家协会的布沙热木·依明的"维吾尔民间达斯坦奇及其演述艺术"，来自民族出版社的阿布拉江·玉素甫的"试论《乌古斯可汗》的变体"，中国社会科学院民族研究所博士后阿比古丽·尼亚孜的"试论维吾尔达斯坦《阿布都热合曼·帕沙》翻译成汉语中的若干问题"，新疆大学博士生哈司依提·艾迪艾木的"维吾尔族口头达斯坦演唱活动中的'帖尔篾'"，共26人在大会上发言。

会议期间，除了学术讨论之外，还有达斯坦艺人的现场表演。哈密市盲艺人依布拉音·亚库甫弹着哈密艾捷克演唱了达斯坦《雅琪伯克》。艺人洪亮的歌声将现场气氛推入了高潮。

来自新疆喀什莎车县的达斯坦艺人巴合提亚尔·阿布杜瓦依提也演唱了达斯坦《好汉斯依提》。这部达斯坦讲的是，19世纪初生活在喀什的文盲好汉——斯依提的遭遇。

闭幕式上，中国社会科学院民族文学研究所北方室主任阿地里·居玛吐尔地研究员作了研讨会的总结发言，中国社会科学院民族文学研究所所长朝戈金研究员和新疆文联民间文艺家协会主席玉素甫·依莎克先生致闭幕词。

朝戈金所长指出了对促进维吾尔民间达斯坦研究工作的几点建议：研究达斯坦之前我们要首先全面了解民众如何看待达斯坦，如何命名、分类并理解达斯坦，在此基础上，在学术界我们要用分析性的概念、学术界的话语来讨论问题，这样才能在不同的文化之间展开比较。一个民族的文学文化艺术现象，总结特色、提炼规律，往往在不同的文化之间进行比较才能生成。朝戈金所长还强调用新的技术保存传统文化的重要性。他认为，少数民族传统文化的保存、弘扬、传承、复兴等都需要建立在数据化工作的基础上。保存民间仍然存活的传统是学者们的历史使命。对参会的中外代表跟大家分享有利于保护和传承达斯坦的研究成果表示了谢意。

阿地里·居玛吐尔地研究员总结了本次会议，并基于各国学者们的发言主题，指出了在维吾尔民间达斯坦研究方面需要进一步加强的几个方面：达斯坦艺人研究，达斯坦典型个案研究，国内外口头诗学理论的借鉴、吸收，达斯坦演唱及其音乐性特点的研究，达斯坦的口头与书面互动的研究等。

（供稿：吐孙阿依吐拉克）

【闽台民间文学图书信息总库初步建成三大工程】

2015年10月22日，海都记者从泉州市文化书院了解到，该院主办的闽台民间文学图书信息总库（以下简称"闽台总库"）已经初步建成图书馆、信息库和手机网三大工程。该项目是中国唯一的海峡两岸民间文学专著信息库，创建于2014年，并在台湾常设办事处，首期投入约30万元。

据泉州市民间文艺家协会副主席陈华发介绍，图书馆用于建立专馆，收集、展示闽台民间文学图书，旨在建成闽台两地最全面、最集中的民间文学专著图书馆；信息库对所有图书进行编号，把作者、出版形式、出版日期等信息统一录入电脑，方便查询、比对和研究，并收集、制作闽台两地民间文学类电子图书；手机网融入时代发展潮流，结合现代信息技术，方便传播、推介、共享与交流。闽台总库现已收罗了不少闽台两地民间文学图书，包括：神话、传说、民间故事、民间歌谣、史诗、民间长诗、谚语、谜语、歇后语、民间说唱、民间小戏等11类体裁的所有图书。闽台民间文学专著种类按每县5种估测，福建约400种，台湾约150种，“闽台总库”首期已收集466种1000多册，约占总量的85%。

（供稿：刘淑清）

【中国民俗学会2015年年会在沈阳召开】

十月深秋，银杏叶黄。2015年10月23日至26日，中国民俗学会2015年年会在辽宁省沈阳市召开，来自全国各地的300余名代表出席了本届会议。作为辽宁大学民俗学专业长期交流合作的对象，日本民俗学会会长小熊诚、日本国立历史民俗博物馆松尾恒一教授代表日本民俗学会参加了本届会议。

10月24日8：30，中国民俗学会2015年年会开幕式在辽宁大学蒲河校区蔡冠森学术报告厅召开，由中国民俗学会秘书处叶涛研究员主持大会开幕式。

辽宁大学党委书记周浩波教授代表辽宁大学向远道而来的专家、学者致欢迎词。在致辞中，周书记阐述了民俗研究在当下的意义所在，介绍了辽宁大学的历史，特别介绍了辽宁大学民俗学专业悠久的历史与清晰可辨的学术传统，并强调要在民族国家文化振兴与当代日常生活文明建构中拓展民俗学学科的阐释力和生命力。

日本民俗学会会长、神奈川大学小熊诚教授代表日本民俗学会在开幕式致辞。小熊诚教授从自身学术实践出发，对日本民俗学会与中国民俗学会以及辽宁大学民俗学专业之间的交流做了历史回顾，对中国民俗学近年来取得的成绩表示祝贺并对中国民俗学者发出到日本交流的邀请。

中国民俗学会荣誉会长、辽宁大学乌丙安教授发表了热情洋溢的致辞。乌丙安教授用“一手托两家”形象地表现了他作为辽大民俗学学科创建者和中国民俗学会最年长的会员这样双重的身份，表达了他对辽大民俗学和中国民俗学会真挚的情感，并欢迎辽大民俗学人回家。乌丙安教授从个人的经历出发，叙述了辽大民俗学辉煌的办学历程及其对中国民俗学发展卓越的贡献，回忆了1993年小熊诚教授到辽宁大学交流的过程，介绍了辽大民俗学和日本民俗学人、民俗学会之间深厚的友谊，以及中德两国辽宁大学民俗研究交流中心的建立始末。乌教授回忆了教学过程中的点滴，从“黄埔一期”李扬教授到钟老都喜欢的辽大“三秀”，从杨利慧、安德明教授的拳拳情深到大家最为怀念的哲经楼309课堂，其间的温暖与感动，娓娓道来。最后，乌丙安教授对大家的到来表示热烈的欢迎，并表示这是辽大举办的空前的民俗学盛会，接下来还将一个接一个开这样的盛会，请大家光临！

中国民俗学会会长朝戈金研究员在开幕式致辞。朝会长评价辽大民俗学专业是中国民俗学的重镇，在乌丙安先生的带领下，经过老、中、青三代学人的辛勤耕耘，辽大民俗学在学科理论建设、学术人才培养、科研成果发表等方面都走在全国民俗学界的前列，对学会的发展做出了突出的贡献。随后，朝会长提出了四个问题。第一，民俗学在国际上的处境，美国民俗学日益繁荣，欧洲民俗学逐渐衰落，东亚民俗学资料学不断发展与完善。第二，民俗学与其他学科的关系。在欧洲，民俗学与文化学关系极其密切，美国民俗学与多学科交融，而中国民俗学受限于社会学二级学科的身份，如何在大的格局下成长有赖于在座同仁的努力。民俗学如何影响相邻学科实际上是标定民俗学学科重要性和价值地位的重要尺度，在应对重大社会问题时我们的学科能做什么，是对民俗学的重大拷问。我们应该团结起来，发出更大的声音，扩大我们的影响。第三，民俗学学科的特点，决定了我们要对口头传统的研究予以重视，今后民俗学的发展还有赖于整体性地理解人类知识论、知识认知和传承方式，这是民俗学学科更深的学理基础的一部分。民俗学是精英研究草根，用现代性的观念看待传统事物，所以学科有内在的矛盾，内部的张力，如何在今后应对挑战，提高理论建构的能力，依然是重要的任务。第四，本届民俗学会在过去一年的成绩，尤其是担任联合国教科文组织非遗评审工作过程中，中国社科院、北师大和辽大相关学者的努力，让我们的工作在国际同行面前赢得好评。学会是大家的学会，是每个人的学会，学科的发展离不开青年人的参与和热情。最后，朝会长对志愿者团队和辽宁大学师生的辛勤付出表示感谢！

开幕式后，由华中师范大学黄永林教授主持了本届会议的首场发言，辽宁大学江帆教授做了《史诗的演化和演化的史诗：锡伯族口头传统寻踪》的会议发言，江帆教授从锡伯族著名史诗艺人何钧佑的生平出发，介绍了何钧佑老人及其家族保存下来的多部锡伯族长篇叙事诗，展示了锡伯族口头传统演化的两个向度：史诗的演化和演化的史诗。日本国立历史民俗博物馆松尾恒一教授在《对日本华侨公墓与后土、土地神的考察》的发言中探讨了在日华人圈的存在形态及其信仰特质等问题。中国民俗学会副会长巴莫曲布嫫研究员带来了题为《非物质文化遗产的话语系统》的会议发言。巴莫曲布嫫研究员从2003年联合国教科文组织《保护非物质文化遗产公约》的中文版本的错误谈起，说明目前我国非物质文化遗产保护中的严峻形势以及这方面日常工作中的错误，强调从非物质文化遗产申报中了解话语系统的重要性。

10月24日13：30，会议在辽宁大学蒲河校区博文楼全面展开。与会代表分为七个分会场围绕民俗学与经济民俗学、神话与神话主义、区域民间信仰的调查与研究、妖怪学研究、礼仪民俗传统与当代民俗生活、民间文学、民间艺术等主题进行论文讨论。本届年会首设妖怪学专场，填补了中国妖怪学研究的空白。

10月24日晚，辽宁省非遗保护中心整合辽宁省表演类非遗项目资源，与辽宁大学艺术学院、辽宁大学文学院协同合作，精心编排组织，在辽宁大学新大学生活动中心为与会代表奉献了“辽海情韵”辽宁省非物质文化遗产专场展演，包括国家级非遗保护名录项目阜新东蒙短调民歌《鸿雁》、国家级名录辽西木偶戏《变脸》、国家级非遗保护名录项目高跷秧歌、抚顺地秧歌、辽宁省非遗名录项目蒙古勒津好来宝等传统剧目。应广大与会代表的邀请，辽宁大学民俗学专业周福岩教授为大家带来古典吉他演奏，*Recuerdos de la Alhambra* 是会议结束后，与会学者们仍津津乐道的话题。

10月25日全天，会议在辽宁大学蒲河校区博文楼继续进行。与会代表分为七个分会场进行论文讨论，包括：经济民俗学与应用民俗学、非遗公约指导下的非遗保护、非遗保护的理论与实践、理论探讨与学术评介、区域与社会组织民俗、民俗记述·身体民俗与节日民俗、仪式与信仰、文献解读·民俗功能与文化变迁等、民间文学、民间艺术等主题。其中，非遗圆桌会议以平等交流的形式与态度为在场学者提供了自由宽松的话语交流方式，使更多声音进入会场之中。当晚的晚宴成为与会代表们充分交流的一个更为方便的平台，觥筹交错间，本届年会圆满闭幕。

10 月 26 日，部分与会学者还参加了由辽宁大学安排的北陵公园、沈阳故宫学术考察活动，通过导游的介绍与实地考察，他们更深入地了解了有关清朝的传说、沈阳的历史与民俗风情。另有部分与会代表在考察活动结束后参观了辽宁大学崇山校区，在银杏路上合影留念。

本届大会得到辽宁大学的大力支持，会后，辽宁大学民俗学专业师生也收到来自众多学界同仁的感谢信，对本届会议的会务工作表达由衷的赞赏。

中国民俗学会 2015 年年会征文工作自 2015 年 4 月启动以来，到 8 月 31 日征文截止，共有 335 篇论文符合征文要求，进入审阅程序，经过严格审阅，共有 255 篇论文入选本届年会。通过为期四天的交流与展示，与会代表们在沈阳的深秋留下了美好而珍贵的回忆。

（供稿：周福岩　洪　展）

【“《玛纳斯》与柯尔克孜族民俗文化国际学术研讨会”在乌鲁木齐召开】

2015 年 10 月 25 日，在乌鲁木齐召开的“《玛纳斯》与柯尔克孜族民俗文化国际学术研讨会”上，来自中国、德国、土耳其、俄罗斯、日本、吉尔吉斯斯坦、哈萨克斯坦的 46 位专家学者，从文化、语言艺术、民俗、哲学思想、形成、发展等方面对史诗《玛纳斯》展开学术讨论。

来自德国波恩大学的卡尔·赖希尔是世界著名的突厥语系史诗研究专家，由其翻译的史诗《玛纳斯》第一部德文译本已[illegible]第二部即将出版。他说，《玛[illegible]柯尔克孜族古代生活的“百[illegible]是人类的共同财富，史诗以英文、德文等多语种面向全世界发行，可以让更多的人认识到《玛纳斯》的价值。

日本名古屋学院大学教授西胁隆夫在会上详细介绍了日本研究《玛纳斯》的情况。他表示，今后将投入更多精力和时间进行《玛纳斯》研究。目前，由他翻译的日文版《玛纳斯》第一部第一分册已出版发行，他还将陆续对其他部分进行翻译和研究。“越来越多的日本年轻人开始认识和了解《玛纳斯》，一些年轻人还专门去探访玛纳斯奇和中国的研究专家，这正是我希望看到的。”西胁隆夫说。

尽管会上专家们普遍担忧现代化进程使口头传承的活态史诗《玛纳斯》逐渐失去了往昔的传承模式，对传承和保护提出了更多挑战，但来自吉尔吉斯斯坦的学者苏莱曼·卡依波夫认为，应将古老的史诗带入全新的信息时代，运用先进的科学技术，将史诗《玛纳斯》的文本和研究成果结合起来，用超文本的方式，为全人类提供详细准确的解读《玛纳斯》的新方法。

此次国际研讨会的主办方新疆师范大学，于 2013 年设立的《玛纳斯》研究中心是中国最大的《玛纳斯》研究基地。研究中心负责人、新疆师大文学院副教授曼拜特·吐尔地告诉记者，目前，研究中心已经初步建成国内首屈一指的《玛纳斯》研究数据库、图书文献库。尤其值得一提的是，近几年利用数字化手段对国内 35 位《玛纳斯》史诗传承人及传承作品进行的抢救性保护工作，对史诗《玛纳斯》而言意义非凡。

作为全世界最长的古老史诗之一的柯尔克孜族史诗《玛纳斯》，比荷马史诗《伊利亚特》和《奥德赛》长 20 倍。共有八部 18 卷、长达 23.4 万多行，于 2009 年被列入世界“非遗”目录，为根据传奇“大玛纳斯奇”居素甫·玛玛依从 1984 年到 1995 年演唱录制的基础上整理而成。

（供稿：阿依努尔）

【《中国民间文学三套集成·新疆兵团卷》首发式在乌鲁木齐举行】

2015 年 10 月 26 日，由中国民协、新疆生产建设兵团文联主办，兵团民协、石河子大学文联及兵团屯垦戍边研究中心承办的《中国民间文学三套集成·新疆兵团卷》首发式在乌鲁木齐举行。

中国民协对编纂出版《中国民间文学三套集成·新疆兵团卷》非常重视，不仅在经费上给予大力支持，还委派民间文学集成富有编纂经验的冯志华、刘晓路、朱芹勤三位专家对这套书的编纂全程进行学术指导并参与编审。这套书分为《中国民间故事集成·新疆兵团卷》《中国歌谣集成·新疆兵团卷》《中国谚语集成·新疆兵团卷》，在编纂过程中，编委会全体成员屡经艰辛，历时三年终于成书。兵团民间文学是兵团所辖各师垦区、农牧团场、工矿企业中流传的民间文学集锦，涵盖古西域屯垦传说故事，中国人民解放军进疆部队传入的革命故事、战斗歌谣，兵团各族军垦儿女在屯垦戍边生活中集体创作、传承的口头文学，五湖四海人带来的原籍民间文学在兵团的移植以及兵团少数民族口耳相传的民间文学。

中国民协副主席、新疆维吾尔自治区文联副主席、自治区民协主席马雄福表示，《中国民间文学三套集成·新疆兵团卷》的出版发行，记录了兵团的发展史，是兵团的口述文化史，作用非常重要。

（供稿：民　文）

【首届“民族文学繁荣发展与文化多样性”高层论坛在昆明举行】

2015 年 10 月 31 日，“民族文学繁荣发展与文化多样性”高层论坛开幕，来自全国 13 个省区的近百名民族文化专家学者齐聚春城昆明，共同探讨当今少数民族文学文化的繁荣与发展。

云南地处中国西南，区内拥有 25 个世居少数民族，民族文化资源极其丰富，少数民族文化是中华优秀传统文化的重要方面，少数民族文学是中国社会主义文学的重要组成部分，促进民族文学的繁荣发展是民族院校义不容辞的责任。

长期以来，云南民族大学坚持开掘、整理民族文学资源，推进民族文学创作，开展学术批评与研究，弘扬民族文学精神，为民族文学的繁荣发展与边疆地区的和谐稳定做出了突出贡献。

中国文联副主席丹增表示：“此次论坛对民族文化产业的发展具有重要意义，众多专家学者围绕‘民族文学繁荣发展与文化多样性’的主题，探索适应新时期民族文学理论研究与创作实践的新路向。为民族文学、文化的学术争鸣和理论建设提供了良好平台，为保障我国文化的多样性、多向度共同发展提供了丰富的资源，为中国民族文学在全球文化多元一体的挑战下更具优势竞争力提供了有效依据。”

首届“民族文学繁荣发展与文化多样性”高层论坛由云南民族大学主办，民族文化学院承办，会期 2 天，此次会议的主题包括少数民族作家文学与文化多样性，少数民族口传文学与文化多样性和民族文学跨文化研究。本次论坛是实践中国多民族文学新型关系的重要举措，也是促进中国少数民族文化发展和构建和谐社会的强力助推。

（供稿：余雪彬）

【2015 年度“中国节日影像志”项目交流会在京召开】

2015 年 11 月 1 日，2015 年度“中国节日影像志”项目交流会在北京会议中心顺利召开。本次大会参会人员来自今年新立项的 20 个节日影像志子项目组及对项目感兴趣的专家学者，共计 50 余人。本次大会主要就节日影像志项目体例规范及拍摄注意事项中的焦点问题进行了集中讨论，观摩已结项课题成果影片并展开讨论。通过讨论，与会人员对影像志的规范和体例要求有了更进一步的认识，为今后更好地开展项目工作打下了良好基础。

文化部民族民间文艺发展中心主任李松出席会议并表示希望更多的学者、专家参与讨论，不断完善、持续推进影像志项目的发展，在传统中国典籍文化中增加以影像记录的文化志。

（供稿：文化部民族民间文艺发展中心）

【首届青岛高校民俗文化青年论坛在中国海洋大学举办】

2015年11月4日，中国海洋大学文学与新闻传播学院和青岛市民间文艺家协会联合主办的首届青岛高校民俗文化青年论坛在中国海洋大学举行，青岛市民间文艺家协会主席团和来自全市各高校的民俗文艺工作专家学者、爱好者、工作者共聚一堂，对普通人生活文化的学问展开研讨。

当代著名作家、中国海洋大学顾问、文学与新闻传播学院名誉院长王蒙出席论坛。开幕式上，中国海洋大学文学与新闻传播学院院长修斌，青岛市文联党组书记、青岛文学创作研究院院长牛鲁平，中国民俗学会副会长兼秘书长、中国社会科学院研究员叶涛分别致辞。青岛市民间文艺家协会主席、中国海洋大学文学与新闻传播学院李扬教授主持论坛。

修斌在致辞中说，民俗生活是国家、民族共同体形成、建设和巩固的基本价值来源。因此，从事民俗学的研究也是实践文化自觉的重要手段之一。当前，民俗文化日益受到普遍的关注、尊重和保护，这正是我们追求文化自觉的重要体现。他希望青岛各高校的民俗学者和青年学子以此次论坛为契机，不断推进交流合作，并形成开办论坛的传统，促进青岛地区的民俗事业得到长足的发展。

本次民俗文化青年论坛，旨在为青岛高等院校民俗学、民艺学、民间文学学科领域的青年教师、研究生和修读相关课程的本科生，包括已经工作但仍从事本领域研究的毕业生们，提供一个学术切磋和信息交流的平台，搭建青岛民俗文化工作者爱好者与专家学者沟通扶掖的桥梁，有效地促进区域民俗文化的研究和传承。

论坛吸引了中国海洋大学、青岛大学、日本神奈川大学等高校的青年学者撰写提交的近40篇论文，选题涵盖面广，内容丰富，涉及歌舞、戏曲、器乐、历史传说、祭祀和民俗旅游等中外民俗民艺诸多领域。青岛地方民俗如海云庵糖球会、即墨老酒、胶州大秧歌、即墨柳腔、韩家民俗村等成为青年学者关注的热点。与会专家进行了现场评议，收到良好效果。

据了解，中国海洋大学文学与新闻传播学院的民俗学、民间文学学科在李扬教授的主持下，从无到有发展二十年来，连续开设相关本科和研究生课程。《民间文学》是中文系的“核心课程”之一，《民俗学》是首批百门山东省高校精品课程中，中国海洋大学文科入选的两门课程之一。

（撰稿：冯丹丹）

【《中国史诗百部工程》项目交流会在京召开】

2015年11月7日，由文化部民族民间文艺发展中心规划执行的《中国史诗百部工程》项目交流会在北京会议中心顺利召开，参会人员来自文化部民族民间文艺发展中心、中国社会科学院、中央民族大学、西南民族大学等国内数十所高校、科研机构及影视制作单位，参会人数达50余人。各位参会专家及项目负责人在本次会议上交流积极，讨论热烈，会场盛况空前。

此次项目交流会主要就《中国史诗百部工程》体例规范及拍摄注意事项进行了

专题研讨和交流。文化部民族民间文艺发展中心副主任王静在会上介绍了《中国史诗百部工程》目前的项目情况，她表示，史诗演述是在特定时空的绵延中诉诸听觉的音声表达，承载着各民族祖先对自然的认知，对世界的探求，对人生的理解，是一个民族的历史记忆、经验情感、诗性智慧、文化传统的集大成，具有非凡的文化意义。中国社会科学院民族文学研究所口头传统研究中心执行主任巴莫曲布嫫作为《中国史诗百部工程》编辑委员会成员就项目实施规范进行了详尽的解读，分别从总纲、项目体例、成果形式等具体方面对各子课题项目组作了严格的要求，以确保项目成果能够保质保量地完成。史诗拍摄注意事项部分由中央民族大学民族学与社会学学院影视人类学中心主任朱靖江主讲，除了对拍摄注意事项进行事无巨细的解读之外，他还阐述了《中国史诗百部工程》的实施对中国社会科学研究范式转型的重大意义，认为本项目是中国社会科学研究成果从文字向影像发展、从单一向多元转变的重大契机，对民族学、民俗学、人类学以及民间文学等学科今后的发展都有深远的意义。在各位领导、专家专题发言之后，全体会议成员对已提交的项目成果影片进行了观摩，并展开了激烈的讨论。最终各方参会人员就《中国史诗百部工程》项目规范达成了共识，确定了项目的执行路径及成果要求。

本次会议的召开对于抢救与挖掘濒危的史诗资源，对活态史诗演述传统的保存意义重大，对中国社会科学研究范式的转型也有着深远的影响。

（供稿：文化部民族民间文艺发展中心）

【2015 年海峡两岸傩文化学术研讨会在萍乡学院举行】

2015 年 11 月 12 日至 16 日，2015 年海峡两岸傩文化学术研讨会在萍乡学院举行。会议由中国民俗学会、中共萍乡市委宣传部、萍乡学院联合主办，上栗县政府、安源区政府、湘东区政府和萍乡学院非物质文化遗产研究中心承办。来自海峡两岸及韩国的专家学者与萍乡学院的师生代表们齐聚一堂，就两岸傩文化和非物质文化遗产的挖掘、保护、传承与创新等方面进行了深入探讨。

该院院长范小林在开幕式上代表学校向莅临本次研讨会的各位专家学者们表示热烈欢迎。他说，萍乡学院作为萍乡唯一的地方本科高校，一直以来非常重视非物质文化遗产的相关学科建设和学术研究，学校以傩文化、禅宗文化作为重要研究方向，申报与之相关的非物质文化遗产研究中心和科研平台，为推广萍乡历史文化研究，促进非物质文化遗产的保护与开发做出了积极努力。

中共萍乡市委宣传部部长黄万林在讲话时指出，2015 年海峡两岸傩文化学术研讨会在萍乡学院举办，是对该市傩文化学术研讨的极大鼓舞和有力促进，有利地推动了海峡两岸学术界的文化合作及文化产业的发展，萍乡的民风民俗、民间艺术风情独特，异彩纷呈，尤其是萍乡傩文化特色鲜明，希望各位专家学者对该市傩文化事业的发展提出宝贵意见。

中国民俗学会副会长赵宗福在致辞中说，傩文化是中国传统文化的一个重要组成部分，江西傩文化形成了历史积淀丰厚、原始形态古朴、文化遗存众多、文化体系完整等鲜明的特点。他希望本次研讨会能为优秀传统文化的保护和传承提供科学可靠的理论依据，为传统文化服务当代社会人类文明做贡献。

会上，来自海峡两岸的专家学者分别就各自的研究领域、研究心得与体会进行了交流与讨论。中国宗教学会常务副会长、中国社会科学院世界宗教研究所研究员金泽重点论述了宗教文化对当前文化建设的重要影响和意义；中国社会科学院世界宗教研究所研究员叶涛提出要保护文化多样性，特别是民俗文化；中国社会科学院世界宗教研究所研究员周齐论述了如何对待扬弃文化资源，铸就厚重的文化“压仓石”；台湾金门大学教授唐慧韵分析了傩的核心——仪式的意义；中国工艺美术学会民间美术专业委员会副主任左汉中高度评价了萍乡傩的鲜明特色；上海大学文学院教授、中国民俗学会常务理事黄景春谈到了在全球非遗保护背景下傩文化的再思考；中国人民大学副教授吴真介绍了日本专家学者对萍乡傩文化的关注与研究情况，建议加强世界性交流；台湾学者温宗翰介绍了台湾傩文化现状；萍乡学院艺术学院院长陈锋重点汇报了萍乡傩文化的研究情况。研讨会内容丰富、成果丰硕，加强了两岸的学术对话，加深了彼此的友谊，共同推动传统文化特别是傩文化的研究工作。

会前，各位专家学者还深入上栗、湘东等县区进行了实地考察，观看了傩面具雕刻制作工艺，参观了现存古傩庙，欣赏了原汁原味的傩舞表演，感受了萍乡傩文化的艺术魅力。

（供稿：许光波）

【2015 中国·宁强羌文化挖掘保护发展高峰论坛在陕西举行】

2015 年 11 月 11 日上午 9 时，陕西省汉中市宁强县美丽的玉带河畔，县体育运动中心广场上，载歌载舞，雀跃欢腾，“2015 中国·宁强羌文化挖掘保护发展高峰论坛”开幕式在这里举行。中国民协副主席、陕西省民协主席王勇超，中国民协分党组成员、副秘书长周燕屏，中国民间文艺研究所所长王锦强等及来自四川、重庆、甘肃羌区的专家学者出席了开幕式。

开幕式上，宁强县文联党组成员、专职副主席李仲谋宣读了中国文联副主席、中国民协主席冯骥才的贺信。王勇超为宁强颁发了“中国羌族傩文化之乡”匾牌，宁强县委书记、县长陈剑彬代表宁强县接牌。

开幕式以羌族歌舞等文艺节目为主要内容，大型羌族舞蹈《云朵上的歌》《羌舞叮当》、歌伴舞《汉江源》和沙朗舞让人们感受到当地民俗文化的博大精深，南街小学的孩子们的羌族健身操和武术表演，展示了宁强人民昂扬向上的精神风貌，表现出羌文化传承从孩子抓起的浓厚氛围。

羌族风情演艺节目，让羌文化以丰富多彩的形式走进校园、社区、企业，让人民群众更多地感受羌文化、保护羌文化、传承羌文化。此次高峰论坛包括羌族歌舞演出、羌族非物质文化遗产系列展出、羌族民俗风情摄影展、“古羌记忆”羌民俗文化挖掘保护发展论坛、宁强羌民族历史文化展示、“从远古走来·古羌遗韵”羌族歌舞晚会等几项活动。

宁强素有“三千里汉江第一城”“蜀道明珠”“羌族故里”等美誉。宁强原名宁羌，羌族在宁强活动历史久远，作为羌族聚集地，至今已有 1400 多年的历史，神秘的羌族民俗遗痕处处可寻，傩戏、羌绣、剪纸、萨朗舞等表现出浓厚的羌文化特点，羌族的文化习俗和文化精神，深深地扎根于人们的生产生活之中，民居建筑、风俗习惯、节庆礼仪等方面，都展现出浓厚的文化底蕴和鲜明的地域特色。自 2008 年宁强被确定为“羌族文化生态保护实验区”以来，不断加大羌文化保护和传承力度，建成了陕西省唯一的羌族博物馆和羌文化保护基地，先后举办了两届羌文化研讨会，精心编排了羌族风情演艺节目。特别是今年以来，在中国民协和陕西省民协的大力支持下，坚持以保护和传承为立足点，以发展和创新为着眼点，对全县羌族傩文化保护发展工作进行了深入挖掘、研究和整理，积极创建“中国羌族傩文化之乡”，推动宁强县羌文化研究和保护工作迈入了新的阶段。

11 日下午在羌族文化博物馆举行的“古羌记忆”羌民俗文化挖掘保护发展论坛是此次活动的重点，此次高峰论坛由中国民协、陕西省文联主办，陕西省民协、汉中市文联、汉中市民协，宁强县委、宁强县人民政府承办，旨在进一步加强羌文化挖掘保护、理论研究和活态传承，推进羌文化保护区建设。学者们汇聚一堂，围绕羌文化挖掘保护和传承开展交流研讨，以研讨的实际成效加快藏羌彝文化产业走廊和“一带一路”建设步伐，发挥羌族历史文化资源的重要性和独特性作用，进一步壮大羌文化的研究队伍，不断充实和丰富、扩大和延伸羌文化的内涵和外延，为羌文化事业和羌文化产业的发展，奠定良好的理论基础，提供强有力的理论支撑。

王锦强主持高峰论坛。羌文化研究专家们在高峰论坛上彼此交流，对宁强羌文化发展和保护提出了许多建议。要做大做强羌文化，仅凭现有的保护传承模式还不够，必须用大数据思维，创新羌文化保护观念，创造羌文化保护新模式。羌民族留下了大量的文物古迹、建筑民居、民族服饰、民族文学和语言、民俗、技术以及相关的实物、图片、资料等。现在会说羌语的羌族人不到全民族的 1%。而羌族的文化却主要靠各类口头传说和山歌土语来传承，保护羌语迫在眉睫。

（供稿：张德玉）

【山东省民俗学会 2015 年学术年会在菏泽市召开】

2015 年 11 月 13 日至 14 日，由山东省民俗学会主办，菏泽市文广新局、鲁西南民俗博物馆承办的“山东省民俗学会 2015 年学术年会暨民俗文化与新型城镇化建设学术研讨会”在山东省菏泽市召开，来自山东省内外的 80 余名会员代表出席了会议并作分组研讨。中国民俗学会副会长、中国社会科学院民族文学研究所研究员巴莫曲布嫫，中山大学中国非物质文化遗产研究中心教授王霄冰应邀出席了会议并作主旨报告。中国民俗学会副会长、山东省民俗学会会长刘德龙，菏泽市政协副主席陶体华分别致辞。山东省民俗学会常务副会长张士闪，山东省民俗学会副会长张从军，菏泽市文广新局局长陈庆勇，新成立的菏泽市民俗学会会长、鲁西南民俗博物馆馆长张启龙，山东省民俗学会秘书长朱振华等出席了会议。会议由山东省民俗博物馆馆长，山东省民俗学会副会长王丕琢主持。

本届年会的研讨主题为“民俗文化与新型城镇化建设”，旨在围绕新型城镇化进程中山东省特别是鲁西南地区的民俗与非物质文化遗产研究与保护工作，针对新型城镇化进程中民众生活文化传承与民俗生活实践，新型城镇化形势推动下的城乡关系与民众生活等相关议题展开研讨。

中国民俗学会副会长、中国社会科学院民族文学研究所研究员巴莫曲布嫫以“解读《非物质文化遗产保护公约》及其《操作指南》”为主题，重点为与会代表解读了《非物质文化遗产保护公约》，以国际性视野和回归公约精神原点的文本解读方式向与会人员深入阐释了在当前非物质文化遗产保护工作中容易混淆和误读的几个误区。中山大学中国非物质文化遗产研究中心教授王霄冰以“民俗学的实践性探讨”为主题，反思并探讨了民俗学者在国家非遗工作中应当坚持的学术立场、身份归属和责任担当等现实问题。

本次学术研讨会设有两个分会场，11 月 14 日上午，与会代表分为两会场发表论文演讲。围绕新型城镇化进程中的传统文化传承与民俗生活实践，新型城镇化推动下的城乡关系与民众生活，新型城镇化进程中民俗专题的调查与研究等热点问题和相关议题进行学术探讨。

11 月 14 日上午开始，与会代表在分会场正式开始了热烈的讨论。特别是对新型城镇化过程中遇到的一系列议题进行了积极的讨论，分享了省内外最新的研究思路和学术成果，丰富了大家的学术视野，特别是此次研究生小组研讨专场上基层文化工作者、学术新秀和学院派专家的观点交锋、碰撞，给与会者留下了深刻的印象。

11 月 14 日下午，鲁西南民俗博物馆馆长、新成立的菏泽市民俗学会会长张启龙陪同部分与会代表乘车参观了鲁西南民俗博物馆、(鄄城) 中国鲁锦博物馆。

本届年会共收到会员参会论文 70 余篇，有 45 篇论文作者经过学术组的筛选获邀参会。这其中既有来自一线基层会员“接地气”的田野调查报告和文化解读，又有来自各大高校、社科院等学院派的民俗学、民间文学学科建设与理论分析。在此基础上，经过充分而坦率的分会场讨论交流和学术研讨，学术研讨会取得了圆满成功！与会人员对新型城镇化进程中的传统文化与民俗生活实践有了更为清晰的认识，对城镇化进程中城乡关系和民众生活及相关议题互相交流了想法和建议。相信本届年会必将对我省民俗与非物质文化遗产研究、保护工作产生有力的推动。

（供稿：袁　靖）

【菏泽市民俗学会成立】

2015 年 11 月 13 日下午，菏泽市召开民俗学会成立大会。大会选举张启龙为第一任会长。中国民俗学会副会长巴莫曲布嫫、刘德龙，市政协副主席陶体华出席大会。

陶体华指出，菏泽市历史悠久，底蕴深厚，是中华文明的发祥地之一，也是我省著名的“非遗大市”和民间文化艺术之乡。作为一种无形文化资源，菏泽市民俗在民间根深蒂固，源远流长。市民俗协会的成立，是全市文化事业发展中的一件大事，标志着菏泽市民俗文化工作开辟了一片新的领域，将对全市经济社会发展起到积极的推动作用。

陶体华要求，广大民俗文化工作者，要深入贯彻落实习近平总书记关于大力弘扬优秀传统文化的重要讲话精神，切实增强做好民俗文化的使命感和责任感，注重民俗文化的挖掘、整理、保护和传承，充分发挥民俗学会的优势，为推动全市文化强市建设发挥应有的作用。要把握正确方向，积极开展工作，努力发挥好民俗文化在推动经济社会发展中的重要作用，加强对外民俗文化交流，大力弘扬民间艺术，营造良好的学术氛围，确保民俗学会健康可持续发展。

（撰稿：王　胜　时苏建）

【2015 文化科技创新与文化产业发展高峰论坛暨中国民俗文化产业发展研讨会在华中师范大学举行】

2015 年 11 月 14 日上午，由华中师范大学、中共武汉市委宣传部主办，华中师范大学国家文化产业研究中心、中国民俗学会中国民俗文化产业研究中心、湖北省国际文化交流中心承办的“2015 文化科技创新与文化产业发展高峰论坛暨民俗文化产业发展研讨会”在我校科学会堂一楼报告厅举行。本次会议是继 2014 年“文化科技创新与文化产业发展”高峰论坛后的又一次大型学术会议。

华中师范大学党委书记马敏、中华文化促进会副主席王永章、中国民俗学会会长朝戈金、中共武汉市委宣传部副部长陈汉桥先后致辞。此外，湖北省文化厅、国际文化交流中心、省委宣传部等相关部门负责人以及来自全国各地的专家学者出席了本次会议。开幕式由我校副校长、国家文化产业研究中心主任黄永林主持。

此次研讨会紧紧围绕“互联网 + 视野下的文化创意与产业融合、民俗文化与文化产业的发展创新”这一主题展开。文化部民族民间文艺发展中心主任李松以《价值困境——社会变迁中的手工艺传承》为题，云南省社会科学联合会主席范建华以《带状发展——“十三五”中国文化产业新趋势》为题，中国民俗文化产业研究中心主任刘德龙以《民俗文化产业开发的几个关系》为题，中润普达集团联合创始人、首席专家杜登斌以《文化产业与大数据应用》为题，武汉创意天地投资人、光谷联合集团董事长黄立平以《认知盈余条件下的文创产业发展机遇》为题，先后作了大会主报告。

开幕式上，华中师范大学国家文化产业研究中心常务副主任詹一虹发布了《武汉市文化创意产业发展报告（2015）》。此报告分为总报告、行业报告、区域报告、案例分析、理论研究五部分，是创意城市蓝皮书系列之一。在报告中指出，武汉市的文化创意和设计服务在经济社会各领域、各行业呈现多向交互融合发展的态势，对推动区域经济转型升级和促进文化产业科学发展具有重要意义。本报告以“文化创意产业与相关产业深度融合”为主题，概括了2014年武汉文化创意产业及其与相关产业融合发展的状况，以新兴媒体与传统媒体融合、文化与科技融合、文化与金融融合等领域为切入点，分析了武汉特色文化创意产业行业发展的路径及取得的成果，重点介绍了武昌区、武汉东湖高新区、江岸区文化创意产业发展及其与相关产业融合发展的概况。武汉市文化产业发展的鲜明特点是文化与科技相融合。2015年，“一带一路”战略以及“互联网+”热潮席卷全国，同时为武汉市文化创业发展打开了更广阔的空间，此报告也将会为武汉市文化产业的发展提供更加真实的数据指导。

华中师范大学国家文化产业研究中心副主任谈国新向在场的专家介绍了本校自主研制的融文化与科技为一体的智慧旅游智能导览系统APP。该APP集景区地图浏览、景点查询、景点推送、路径导航、在线互动交流等功能于一体，为游客提供图形化、可视化、自动化的智能导游服务，在提高游客旅游质量的同时，也提升景区旅游服务的水平，扩大景区影响力，从而吸引更多游客。

华中师范大学国家文化产业研究中心是文化部在中部六省设立的唯一一个国家级文化产业研究中心。从2006年成立以来，注重文化资源的挖掘利用特别是非物质文化遗产与数字化技术的融合创新研究，积极推动文化与科技的融合以及文化产业的发展，先后承担了国家科技支撑计划、国家“211”工程项目等各类课题50余项，产出一大批高质量科研成果。

（供稿：王晓丽　晓　鲍）

【2015首届“中国传统村落·黔东南峰会”在凯里举行】

2015年11月16日，由贵州省人民政府主办，黔东南州人民政府承办的以“保护·传承·发展——传统村落与现代文明的对话”为主题的2015首届“中国传统村落·黔东南峰会”在黔东南州凯里市举行。

省委书记陈敏尔作书面讲话，全国人大教科文卫委员会主任委员柳斌杰出席并讲话，国家民委副主任罗黎明，住房城乡建设部总经济师赵晖，省委常委、省委统战部部长刘晓凯致辞，省委常委、副省长慕德贵主持，省人大常委会党组书记、副主任龙超云、省政协副主席蔡志君出席峰会。黔东南州委书记李飞跃、州长冯仕文等州四大班子领导出席峰会。

陈敏尔在书面讲话中说，传统村落是农耕文明的精髓，是民族文化的家园，是中华儿女的乡愁，也是多彩贵州的一张名片。贵州传统村落拥有各美其美的山水，具有美人之美的文化，富有美美与共的乡愁。近年来，贵州认真按照习近平总书记的指示要求，大力推进传统文化建设，着力打造村落文化精品，持续加强对传统村落和文化遗产的保护，一幅“浓妆淡抹总相宜”的水墨村落画卷正在贵州大地渐次铺展。加强传统村落保护发展，是践行“创新、协调、绿色、开放、共享”五大发展理念的重要举措，是守住发展和生态两条底线的生动实践，是统筹城乡发展、改善人民生活的具体行动。全省上下要认真学习贯彻党的十八届五中全会精神，进一步坚定文化自信、增强文化自觉，把传统村落保护发展抓得更实，突出保护好自然风貌、建筑风格、民间风俗、民族风情和特色风物，更加注重规划引领，更加注重功能完善，更加注重生态保护，更加注重文化传承，更加注重产业发展，让传统村落更加美起来、活起来、富起来，为原住民留下美好家园，为城里人留下美丽乡愁，为旅游者留下美妙回忆，为贵州守底线、走新路、奔小康凝聚更多正能量。

柳斌杰在讲话中说，传统村落是鲜活的“文化载体”，它的身上凝结着丰富的物质与非物质文化遗产，包含了大量独特的乡土建筑、宗族传衍、村规民约、生产方式、历史记忆等，是中华民族优秀传统文化不能脱离的“生命土壤”。加强传统村落保护是贯彻落实党的十八大关于推进生态文明、建设美丽中国的重要举措，是弘扬中华民族优秀传统文化的必然选择。近年来，贵州省高度重视传统村落的保护、传承和发展工作，积极探索创新传统村落保护新模式、新方法，取得了显著成效，传统村落的保护和发展呈现出良好的势头。要坚持保护第一，切实加大资金和政策的投入力度。要坚持以人为本，正确处理好保护与发展的关系。要突出依法保护，动员社会力量，形成保护发展的合力。

刘晓凯在致辞中说，大美黔东南，被誉为“歌舞之州、森林之州、神奇之州、百节之乡”，有276个村落被列入中国传统村落名录，占全国的10.8%，是中国传统村落分布最密集、保存最完整、最具民族特色的地区。省委、省政府决定将本次峰会由黔东南州承办，就是源于黔东南州拥有原生的民族文化、原始的自然生态，特别是传统村落原貌的历史遗存。交流创造价值，共享赢得未来。这次峰会名村汇聚、名家荟萃、名企云集，是我省传统村落保护发展和交流合作的重要平台。希望借助峰会东风，与各界有识之士携手合作，进一步推动我省经济社会发展特别是传统村落保护传承发展上台阶、上水平，共同谱写传统村落保护传承发展新篇章。

赵晖说，在中央和各级地方财政的支持下，传统村落生产生活条件正逐渐得到改善，逐渐形成我国农耕文明遗产保护群，成为大众熟知的文化概念，社会各界保护意识明显提高。部分传统村落已开始成为国内外游客的旅游热点，农民收入有所增加，许多村落焕发出生机和活力。下一步住建部将会同有关部门，继续加大传统村落保护力度，将更多具有保护价值的村落列入保护名录，研究出台更多支持政策，推出更多保护和修缮技术，实施更有效的传统村落保护指导。

峰会开幕式上观看了《对话乡愁》和中央电视台大型纪录片《聆听中国——黔东南篇》宣传片。宣布“贵州省中国传统村落保护发展联盟”成立并授牌，公布了2015年10个省级示范性中国传统村落名单。宣读了《推动黔东南苗族村寨侗族村寨列入申报世界文化遗产名录倡议书》和《“中国传统村落·黔东南峰会”宣言》。

开幕式上，联合国教科文组织驻华代表处文化遗产保护专员，复旦大学国土与文化资源研究中心主任、中国文物学会世界遗产研究委员会副会长杜晓帆；上海同济城市规划设计研究院院长、联合国教科文组织亚太地区世界遗产培训与研究中心秘书长、上海中心主任周俭；德国柏林工业大学建筑历史学院教授、旧城改造专家菲利普·施派泽；龙安集团总裁、联合国人居署人居年会指导委员、国务院外专局资深美籍规划建筑专家、中国科学发展观首席专家饶及人；意大利拉奎拉大学社会科学系主任、社会学领域国际传统文化和现代文明研究专家斯多提·费朗西斯科；中国村落文化研究中心主任、国家社科基金重大项目首席专家、中国传统村落文化研究理论体系创建者胡彬彬；中国传统村落保护发展专家委员会副主任曹昌智等7位专家作了主旨演讲。

来自国内外业界著名专家学者、传统村落的代表和致力于传统村落保护的各界人士、新闻媒体代表共500余人出席了本次峰会。会议期间，还举办了专家论坛、媒体论坛、乡域经济暨旅游发展论坛。

出席开幕式的有：国家民委经济发展司、国家旅游局规划财务司、环保部生态司、农业部科教司等相关司局负责人；省政府有关副秘书长，省民宗委、省财政厅、省住房城乡建设厅、省文化厅、省旅游局、省文物局等主要负责人，峰会执委会成员单位负责人；各市（州）政府、贵安新区管委会分管住房城乡建设工作负责人和住房城乡建设部门、文化部门主要负责人；各县（市、区、特区）政府分管住房城乡建设工作负责人。

（供稿：杨　勇　冯　哲）

【《民俗研究》创刊30周年纪念活动在山东大学举办】

2015年11月7日，山东大学文化遗产研究院、儒学高等研究院共同举办了《民俗研究》创刊30周年纪念暨庆祝《民俗研究》前任主编李万鹏教授八十华诞大会，来自十余所高校和科研机构的30余位专家学者参加，并对刚成立的山东大学中国乡土社会研究中心寄予厚望。自1985年创刊以来，《民俗研究》问世已历卅载。三十年沐风栉雨，不管是当初“板凳要坐十年冷”的年代，还是当今众声喧哗的“非遗”时代，两代办刊人一直坚持民俗学研究的专业视角、学科本位与人文理念，踵事增华，博采约取，如今迎来了三十而立之年，初具学术公器之气象。

在山东大学文化遗产研究院副院长刘德龙的主持下，山东大学民俗学专业一年级研究生向《民俗研究》的创刊元老李万鹏、赵申、刘温成、叶涛等献花表达敬意。中国社会科学院研究员叶涛深情回忆当年参与创刊的艰难岁月，中国民俗学会荣誉会长乌丙安对《民俗研究》试刊号撰文、与李万鹏先生共同参编《民间文学概论》的有趣经历娓娓道来，北京大学赵世瑜、山东省文联主席兼山东工艺美院院长潘鲁生、齐鲁师范学院副院长刘德增、山东旅游职业学院书记陈国忠、山东艺术学院艺术研究院院长李丕宇等纷纷讲述与《民俗研究》结缘的故事。《新华文摘》副社长刘仲翔、《山东大学学报》主编魏建等也到场祝贺。山东大学人文社科一级教授刘铁梁高度评价《民俗研究》创刊元老的筚路蓝缕之功，并对李万鹏教授的学术成就与师德风范赞誉有加。山东大学中心校区所在地、济南市历城区人大常委会常务副主任阴波即兴挥毫“风雨卅载，俗韵悠长”赠《民俗研究》杂志社，为李万鹏先生赠贺联“九万里风鹏正举，百千贤哲学有继”。

期间，山东大学中国乡土社会研究中心宣告成立，挂靠文化遗产研究院，张士闪教授担任中心主任，刘铁梁教授担任中心学术委员会主任，并聘请刘魁立、乌丙安、李万鹏、路遥、齐涛担任学术顾问。作为支持单位代表，国务院国学中心副主任李文亮、文化部民族民间文艺发展中心主任李松出席并讲话，并与张士闪教授团队签署了“中华乡村文化的传承与创新”

"大数据下的中国民族民间文化保护"两个项目的合作协议。

（供稿：毛晓帅）

【中国南方史诗与口头传统学术研讨会在贵州举行】

2015年11月21日，在黔南州布依族苗族自治州首府都匀迎来了一场学术盛宴——中国南方史诗与口头传统学术研讨会。这里是中国十大名茶"毛尖茶"的故乡，也是贵州南部少数民族主要聚居区，为弘扬中华民族优秀传统文化，加强中国民间文艺学科建设，来自中国社会科学院、中国非物质文化遗产研究院、中央民族大学、西南民族大学、华中科技大学、云南大学、新疆大学、广西民族大学、广东金融学院及贵州省社会科学院等省内外18家科研单位共50余位专家学者汇聚这里，共同思考和探讨了"南方史诗与口头传统"这一主题。

一

本次研讨会由中国民间文艺家协会、贵州省文学艺术界联合会、贵州省民间文艺家协会、黔南民族师范学院联合主办，贵州省民俗学研究所、黔南民族师范学院政治法律经济系、贵州省省级重点支持学科民俗学学科组等单位承办。

会议共收到学术论文43篇，涉及苗族、维吾尔族、壮族等10多个少数民族，与会人员和学术论文具有广泛性、多元化的特点。

本次学术研讨会分开幕式、大会发言和分组讨论。

开幕式由黔南民族师范学院副校长吴一文主持，黔南民族师范学院校长石云辉，中国民间文艺家协会分党组副书记、驻会副主席、秘书长罗杨，贵州省文学艺术界联合会党组成员、副主席李远刚分别致辞。大会发言由西南民族大学西南民族研究院副院长杨正文教授主持，发言人分别是黄中祥、蒋彬、龙耀宏、蔡熙、王星虎五位专家。

来自中国社会科学民族文学研究所的黄中祥研究员，围绕"史诗的根母题与派生母题"进行发言，参照结构语言学的分析方法和有关母题分类的观点，从哈萨克族爱情史诗母题的内涵和外延、结构和功能等方面入手，将其母题分为根母题和派生母题两类。他认为根母题就是文学作品中最基本的叙事单位，其外延比较大，几乎能够出现在所有的史诗之中；派生母题是在根母题的基础上诞生的新母题，具有个性特色，其着眼点在每一个叙事单位上，突出母题的个性，使作品的故事情节更加丰富。他从方法论的角度，以新颖的方式对史诗单位进行解构，让人对史诗中的各种结构耳目一新。他还特别提到要注意探寻南方史诗与北方史诗之间的差异。

西南民族大学民族研究院蒋彬教授以《羌族释比经典》为例，考察羌族史诗从口头传统到文本书写的过程，深入探讨"口头传统与文本书写"。《羌族释比经典》在资料搜集整理过程中，将众多的史诗演唱者集中在一起，让其各自演唱自己掌握的唱经，然后在众多演唱者、翻译者、文化研究者的多次合作下，最终形成文本。他认为，这种二次或多次创作出来的标准化、格式化的书写文本，既不是具体时空场域中的口头传统，也不是演唱者的演唱过程，在消解了口头传统的区域、方言差异的同时，遗失了许多关于史诗口头传统的重要文化信息，甚至加入了搜集、整理、编撰者的意志和信息，成为向本土传统以外的读者展示一个民族"传统文化"的"阅读文本"。经由蒋教授提出史诗由口传的活态的形式进行固化的过程中普遍存在的共性问题引起大会的共鸣，这是值得史诗抢救保护工作者重视的问题。"中国少数民族口头文学在被介绍、翻译为汉语或其他语言时，为了尽可能做到准确而且完全表达原作的内容和形式，需要注意语文和文化方面的差异。”少数民族史诗的整理固化形成文本的时候，需要经过从母语口语到本民族文字的转换或者从母语口语到他民族尤其是汉字的转换，这又是文化翻译的一个过程。

贵州民族大学龙耀宏教授以《汉字记侗语与侗族史诗文本研究》为题进行发言，侗族只有歌没有诗，而古歌中有史料，体现史实。他从四个方面阐述这种固化文本的研究价值，其一是汉字记侗音使内容大体定形，变异性小；其二是从文本的叙述和结构能够看出侗族古歌的传统结构和叙述特殊；其三是文本粗线条记述神话史诗，较为详细地记述当地历史上发生的事件；其四是这种文本为研究者提供了史诗从口头文本向书面文本转换过程中所产生的文化现象。可见，汉字记录侗族语音古歌的文本是侗族知识精英对本民族文化保护传承的文化自觉，经过固化，便于传承，保留史诗的历史原貌，避免了传承过程中的流变，还能够把侗语方言记录下来，因此具有非常重要的学术价值。

贵州省社会科学院民族研究所蔡熙研究员从自己的三篇关于苗族史诗《亚鲁王》的文章说起，这三篇文章分别是《〈亚鲁王〉：活态史诗的范本》《〈亚鲁王〉：山地史诗的范本》《〈亚鲁王〉：文学人类学研究的范本》。他从研究对象、资料基础、学术成果等三个方面进行阐述，标新立异地提出了构建文学人类学跨学科的“亚鲁学”这一概念。《亚鲁王》在川南、黔西、滇北苗族地区都有广泛流播，是南方少数民族中具有代表性的史诗，蕴含多个学科的内容，具有多学科的研究价值。构建亚鲁学的条件和时机是否成熟，这一概念的学理支撑是什么，其学科应该如何归属等引起会议的热烈讨论。

“一门学科的‘合法性’不在其研究对象的排他性，而在于其研究视角、方法、手段和目标的独特性。”显然“亚鲁学”学科在研究视角、方法、手段和目标方面还需要进一步加以探讨和论证。黔南民族师范学院中文系王星虎副教授，向大会展示他完成国家社科基金重大委托项《中国百部史诗工程》子课题《畲族（东家人）史诗》的搜集经过和研究成果，他以贵州畲族史诗《开路经》为研究对象，公布了畲族《开路经》的形式与内容、缘起与功用、神话隐喻。既讲述自己具体搜集整理到研究所遇到的问题，又论述了这部史诗深厚的历史文化价值和丰富多彩的艺术价值，是一篇关于史诗比较规范的研究文章。鉴于文章中关于史诗内容举隅没有音标注音，为不使内容因转写而失真，会议也建议进行史诗研究时，在内容引用上最好使用音标注音。

二

研讨会分两个小组进行，第一组由西南民族大学的蒋彬教授和云南民族大学的张跃教授主持，第二组由中国社会科学院的黄中祥研究员和贵阳学院周国茂教授主持。

第一组先后有8位专家发言，发言人与题目分别是杨正文《在民俗仪式活动中呈现的川南苗族史诗》、吴一文《论苗族史诗的叙事主题》、龙仙艳《歌谣禁忌探析》、张跃《阿昌族史诗演述者活袍的身份、认同与传承——居于丧葬仪式中的角色分析》、王田《试论羌族口头叙事形式的分类困境——以“羌戈大战”为例》、陈永香《简谈彝族毕摩和歌手对史诗的“演述”——以〈梅葛〉〈查姆〉为例》、寸炫《民族志电影与非遗保护——拉祜族创世史诗〈牡帕密帕〉拍摄过程中的问题与思考》和蓝艳芳《话语文学视域下衔接与连贯在少数民族典籍英译中的运用》。该小组发言的研究对象涉及苗族、羌族、彝族、壮族、拉祜族和阿昌族，在西南各省均有代表。类型包括节日与史诗、歌谣与史诗、口头叙事与史诗、传承人与史诗、影像与史诗、语言与史诗。从内容上，透过个体与群体、环境、仪式、禁忌等方面看出了南方史诗与北方史诗的差异。在讨论中就叙事的主题与分类、影像表达、文本等与史诗的关系进行交流。同时该小组还对如何让史诗文化走出国门、走向世界进行展望。

第二组先后有 7 位专家发言，发言人与题目分别是周国茂《布依族神话史诗〈射日与洪水泛滥〉两大版本及其成因》、罗正副《英雄祖先与一体宇宙观——布依族〈造万物〉古歌的文化哲学探析》、林安宁《口头诗学视野下的密洛陀史诗研究》、黄中习《〈布洛陀史诗〉：壮族典型的复合型史诗》、欧阳大霖《民间傩书文献文化特征初探》、张兴雄《水族丧葬"开控"仪式过程与族群记忆》和蒙耀远《简论水书与水族民间口头文学的关系》。该小组发言的研究对象均与汉藏语系壮侗语族的南方少数民族有关，主要有壮族、布依族、侗族、水族、瑶族等民族的题材。虽然不同发言人的切入点不一，但是都围绕和紧扣南方史诗的文本、版本、文化背景、译介传播等方面进行展开，研究领域有所拓展，增加了以前关注度比较小的很多选题，也避免了过去单纯的描写研究，例如贵州大学的罗正副教授，从哲学的角度阐发了布依族古歌《造万物》的"英雄祖先与一体宇宙观"，这是史诗研究一个新的视角。另外，该小组的主持人之一黄中祥研究员，主要从事北方史诗研究，他在点评时通报了国内外很多关于北方史诗研究的信息，这对南方史诗研究提供了新的思考维度。

三

对于口头传统，朝戈金是这样定义的："口头传统是一个民族世代传承的史诗、歌谣、神话、传说、民间故事等口头文类以及相关的表达文化和其他口头艺术。"可见史诗是口头传统的一种样式，就史诗研究而言，"相关的研究往往偏重北方的英雄史诗，如《格萨尔》《江格尔》《玛纳斯》《阿勒帕米斯》等，而在很大程度上忽视了对南方少数民族史诗的研究。其实南方民族也有类似的作品，作为一种庄严肃穆的文学体裁，英雄史诗同样丰富了南方文学的花园，成为文化群体自我辨识的寄托和弘扬本民族文化的重要载体。"本次学术研讨会的成功召开，为南方史诗研究跨出了重要的一步。中国南方史诗与口头传统学术研讨会汇集了多篇当代史诗研究的权威理论文章，与会专家以深厚的学术功底和敏锐的学术视角广泛深入地研讨了南方史诗与口头传统的若干前沿话题，很好地诠释了本次学术研讨会"史诗与口头传统"的主题，提供了大量的研究信息，产生了丰富的学术成果，可以说，本次会议是一次高端的学术研讨会，与会专家通过深入研讨，思想得到碰撞，灵感得到激活，情谊得到增强，更是一次民族团结的会议；研讨会还引起了《贵州日报》、《中国高校之窗》、中国民族文学网等新闻媒体的关注，又是一次较为有影响的学术研讨会。

诚如中国民间文艺家协会分党组书记、驻会副会长、秘书长罗杨致辞时所说，史诗是一个民族乃至一个国家文明的丰碑和文化的象征，是认识和了解各民族的百科全书，同时也是一座民族精神标本的博物馆，是先人留给人类珍贵的文化遗产。对口头传统，朝戈金也有精彩的阐述，"口头传统是一个民族的档案馆，是一个民族精神的集中体现，或者看作文化的遗留物，它再现了人类的原始意识，乃至有人把它看作是人类远古的回声。"然而随着社会的发展，史诗与口头传统遭遇了前所未有的挑战和危机，如果抢救不及时，少数民族史诗文本即随风消散，传承人严重高龄化，随时面临人亡艺绝的危险。因此，史诗与口头传统的抢救保护工作使命光荣而责任重大，整理研究工作依然任重而道远。

（供稿：蒙耀远）

【“中国精神·中国梦”城镇化与农民画发展路径全国学术研讨会在上海召开】

2015 年 11 月 27 日，由中国文学艺术界联合会、中国民间文艺家协会、中国文学艺术基金会、华东师范大学、上海民间文艺家协会、民族艺术杂志社和长宁区文化局等单位联合主办的“‘中国精神·中国梦’城镇化进程与农民画发展路径全国学术研讨会”在上海召开，来自全国各地的专家学者以及上海、浙江、云南、湖北、贵州、广西等省（区）市的农民画传承人和画家参加了会议。会议紧扣城镇化与农民画发展路径的互动关系，围绕城镇化进程中农民画的争议与评价、农民画传承和发展的困境与出路、农民画的时代价值与艺术特色、经济民俗学视野下的农民画产业发展等四个方面的问题展开了研讨。

一　城镇化进程中农民画的争议与评价

“农民画”是一个约定俗成的称谓，其名称是依照身份来确定的绘画形式，主要指农民画的画。随着中国城镇化的快速发展，农村成为城镇，农村人口成为城镇居民。因此，以农民身份定义的农民画在城镇化的背景下是否还能继续沿用，农民画是不是要改名，成为本次研讨会讨论的一个热点问题。

山东省民俗学会会长刘德龙以山东农民画为例，认为城镇化的发展，农民成为城镇居民，农民画应该改名为“民间画”或者“民俗画”以适应创作主体身份的变迁和时代的发展。清华大学副教授杨红从农民画对外传播的角度出发，也认为农民画在中国经济社会转型及城镇化进程中，适用度越来越低，特别是在对外传播领域，农民画的称谓与国外通用术语存在很大差异。如果以“Folk Painting、Folk Art Painting”等称谓来进行对外传播，有助于中国农民画“走出去”。

与此相反，复旦大学郑土有教授在会上认为，“农民画”的命名虽然有缺陷，但约定俗成，已经为国内外各界所接受，因此没有必要纠缠于名称是否恰当，而是要对“农民画”的内涵和外延进行重新定义。他认为，农民画是一种具有独特风格的画种，这种独特的风格由“基础风格和地域风格”两部分组成。反映民俗生活场、讲求配色的主观情感性、采用交感式构图和总括性造型是农民画的基础风格，地域风格是农民画的多元化特性，基础风格与地域风格和谐呈现，构成中国农民画的独特风格，只要符合这种风格的作品都可以称为农民画。上海民间文艺家协会主席何承伟认为，虽然农民的角色变了，但是农民画的味道没有变，农民画变的是题材，变的是生活，变的是内容，农民画爱好者对农民画的感情和喜爱没有变，这是农民画最宝贵的资源。华东师范大学田兆元教授认为，农民画是中国农民的一项伟大创造，不仅不能改名，还要坚持下去。中国的文化遗产主要是农业文明时代的遗产，农民和农民画沟通的是过去的传统，随着农民的消失，农民画将成为最美好的称呼和记忆。

介于以上两种观点之间，南京大学徐艺乙教授在会上认为农民画只是一个说法，而不是一个独立的绘画种类。一方面，他认为农民画是农民画的画，不用避讳，另一方面，他对农民画能叫多久，是否会自动消亡也存在疑虑。他认为在城镇化的背景下，很多专业美术工作者回到农村，以农民的身份，用民间的绘画方式进行创作，但是专业美术工作者并不能够真正模仿农民的表现方式并长期坚持下去，所以农民画还是农民画的画。因此在农民画的评价上，他认为农民画是个体艺术性很强的作品，不能用专业绘画的标准去评价农民画。农民画在城镇化时代的发展，首先要看到它的生活意义和生命意义，按照它自身的发展规律，作为丰富和创造生活价值的手段去推广。

二 农民画传承和发展的困境与出路

作为“非遗”的农民画，其传承和发展受城镇化的影响毋庸讳言，此次研讨会对此进行了专题研讨。中国民间文艺家协会副主席潘鲁生在文中对城镇化背景下农民画的发展路径问题进行了分析，认为城镇化是一个必经的历史过程，城镇化使农村人口向城镇集中，农民画创作主体的生存条件、创作环境、创作风格相应受到了影响。为了解决这些问题，他提出了四个“有”，即“有传统、有生活、有个性、有时代”的发展路径。华东师范大学仲富兰教授认为，在全球化时代，中国民俗文化资源不再为中国所独有，民间艺术工作者和民俗学者应在关注国际民俗文化发展态势的前提下，通过民俗资源研究，让中国的民间艺术成为延续中华优秀传统文化的重要载体。

上海金山农民画院院长奚吉平以上海金山农民画为例，认为金山农民画依托政府扶持，主动融入上海产业转型，通过建立专门的行政机构保护，实现了文化事业和文化产业发展双轮驱动的良好局面。湖北宜昌市夷陵区“非遗”中心主任刘珍在夷陵版画的保护过程中认为“非遗”项目的保护与传承应该顺应市场经济的规律，在实践中探索民众与社会力量主动参与的模式，实现活态传承。上海长宁区新泾镇社区文化事务中心高峰结合多年来在社区文化事务管理上的经验，认为社区融合学校教育、家庭教育、社会教育于一体，利用社区的政治、经济、文化、风俗等社会资源，对社区成员进行直接影响的教育，是传承和发展民间文化的重要途径。

三 农民画的时代价值与艺术特色

农民画是乡土的艺术，反映的是传统的田园生活。在此次研讨会上，学者们普遍认为在城镇化进程中农民画的时代价值发生了变化，农民画承载的主要是乡愁记忆。辽宁大学江帆教授通过对辽东满族农民画作品的生态定位、民族特征、乡愁记忆与审美意蕴的分析，认为辽东满族农民画以满族文化传统为依托，承载着辽东满族民族的历史记忆、生存智慧与文化审美，当代社会应对其价值予以重新审视与评估。华东师范大学游红霞以浙江姚庄农民画为个案，认为农民画以“文化景观”的形式进行视觉层面的物象叙事，是激活人们共同的文化记忆、舒缓文化乡愁的重要载体。上海嘉定佛协会亓明曼认为在城镇化和“非遗”保护的背景下，传统与变迁、传统与现代并不是对立的，农民变成了市民后，农民画成为过去身份认同的文化符号，这种身份认同借助农民画的乡愁记忆带动了一种审美风尚，也将一种艺术化的生活以一种文化遗产的身份复活了。

农民画是对时代变迁的反映，其艺术特色相应地受到时代发展的影响。湖北省民间文艺家协会王作栋、高兴章先生以湖北夷陵民间木刻版画为例，认为在城镇化进程中，夷陵木刻版画反而更加关注“乡土表达”，平实淳朴的生活题材与朴拙有趣的艺术形态凝聚着夷陵民众的认知水准与审美情趣，在视觉上呈现的文化图式以民俗事象为主，更加彰显了地域文化特征。华东师范大学副教授徐赣丽则认为农民画在泛民俗主义的影响下，为政治宣传和商品经济所利用，不仅从剪纸等民间艺术中采借形式和吸取营养，也从专业队伍中学习国画、油画的技法或风格。虽然其主题仍围绕农民或农村景观进行创作，并体现地域或民族特色，但总体上，已经偏离了传统民间艺术的轨道，呈现出当代民间艺术发展的复杂形态。

四　经济民俗学视野下的农民画产业发展

在此次研讨会上，出现了多篇从经济民俗学角度讨论农民画产业发展的论文。上海建桥学院李柯博士认为在经济民俗学的理论框架和非物质文化遗产生产性保护的现实语境中，为回应、解决上海西郊农民画产业化发展何以可能，就要探究西郊农民画在其历史发展过程中的认同性积淀及其在当下消费市场中的内涵表现。华东师范大学教师温小兴、雷天来、王枫分别以上海西郊农民画为个案，认为农民画作为民俗经济，首先要有认同，才有市场，农民画产业的发展应该迎合国家形象展演、地域文化建构、个体精神诉求等三个方面的认同性，培育文化消费市场，实现产业发展。

在"互联网+"等提法之下，"农民画+文创""农民画+互联网"的可行性值得研究。杨红探讨了农民画文创与传播元素的提取及相关衍生产品与产业开发的可能性。她认为通过建立面向市场的农民画素材图片共享平台，在实现用户与数字艺术作品之间交互性和参与性的同时，可以实现作品艺术价值的最大化。广西民族文化艺术研究院副研究员杨丹妮以广西三江侗族农民画为例，认为农民画的产业发展需要做好结合文章，将农民画的艺术形式融入生活器物当中，开发衍生产品，实现双赢。赣南师范学院黄清喜博士通过金山农民画村本地画师与外地画师生存和发展境遇的对比，反思了以艺术村的形式发展农民画产业的商业模式，以牺牲外地画师利益为特点，将导致艺术村发展后劲不足。

总体而言，此次会议通过聚焦城镇化进程中农民画的发展现状、机遇挑战和产业开发等主题，对当下农民画的定义、内涵、外延做出进一步思考，对重新认识农民画的时代价值和产业发展的可能性做出探索，为农民画在"非遗"保护和产业发展的双重背景下，更好地贴近民众生活、促进技艺和文化传承，无疑具有重要意义。

（供稿：温小兴）

【第十二届中国民间文艺"山花奖"在浙江海宁公布】

2015 年 12 月 2 日，由中国文联、中国民协、浙江省文联共同主办，浙江省民协、海宁市政府承办的第十二届中国民间文艺"山花奖"在海宁市颁奖。64 件优秀民间文艺作品分获民间艺术表演奖、民间工艺美术作品奖、民俗影像作品奖、民间文学作品奖、民间文艺学术著作奖等五大类奖项。其中，陶瓷《仿宋木雕观音》等 27 件作品获"民间工艺美术作品奖"；舞龙《五龙呈祥庆太平》等 18 件作品获"民间艺术表演奖"；陈维彪的《何钧佑锡伯族长篇故事》等 5 件作品获"民间文学作品奖"；土族传统仪式《跳於菟》等 6 件作品获"民俗影像作品奖"；刘锡诚的《二十世纪中国民间文学学术史》上、下卷等 8 部著作获得"民间文艺学术著作奖"。

主办方介绍，本次获奖的老、中、青三代艺术家分布均衡，体现出民间文艺队伍传承结构合理，民间文艺领域群英荟萃、后继有人等特点。

中国文联党组成员、书记处书记陈建文，中国文联副主席、中国民协主席冯骥才和罗杨、李培隽等有关方面负责人，以及来自全国各地的获奖代表、非遗传承人、民间文艺专家参加颁奖仪式。

中国民间文艺"山花奖"是全国民间文艺最高奖，每两年举办一次。自 1999 年创办以来，已成功举办十二届。该评奖活动始终坚持"百花齐放，百家争鸣"的方针，以"深入生活、扎根人民"为导向，以提高民间文艺作品的质量和品位为宗旨，立足于鼓励创造、奖掖人才、表彰精品，推出了一批无愧于民族、无愧于时代的民间文艺精品。

（供稿：赵志伟）

【第十二届中国民间文艺山花奖·民间文艺学术著作奖评选结果公布】

2015年12月2日，由中国文学艺术界联合会、中国民间文艺家协会、浙江省文学艺术界联合会主办的第十二届中国民间文艺山花奖颁奖典礼在浙江海宁举行。千余部著作经过初评、复评和终评，最终有八部学术著作获得民间文艺学术著作奖，即刘锡诚《二十世纪中国民间文学学术史》上、下卷；天津大学冯骥才文学艺术研究院《天津皇会文化遗产档案丛书》；杨利慧、张成福《中国神话母题索引》；宜昌市文联《中国民俗志·湖北省宜昌市卷》；满珂《神圣、世俗与性别关系：中国甘肃省东乡族的民族志考察》；郑土有、奚吉平《中国农民画考察》；邢莉《内蒙古区域游牧文化的变迁》；黄景春、程蔷《中国古代小说与民间信仰》。

（供稿：马海燕）

【“山花奖”获奖代表、传承人代表座谈会在浙江海宁召开】

2015年12月2日，由中国民协主办的“让传承人说话”中国民间文艺“山花奖”获奖代表、传承人代表座谈会在浙江海宁召开。中国文联副主席、中国民协主席冯骥才出席会议并讲话，中国民协副主席王勇超、韦苏文、刘华、沙玛拉毅、吴元新、曹保明以及参加山花奖颁奖盛典的非遗传承人参加会议。会议由中国民协分党组书记、驻会副主席罗杨主持。

自2011年国家颁布实施《中华人民共和国非物质文化遗产法》以来，非遗工作引起了全社会的重视，也取得了不小的成绩。但同时一些问题也越来越突出：不少非遗传承人已经年老体弱、后继无人，在非遗传承中遇到了很多亟待解决的现实困难。

山东泰山皮影戏传承人范正安、黔南民族学院副院长吴一文、洛阳雀金绣传承人王丽敏、温州黄杨木雕传承人吴尧辉等及专家学者先后发言。非遗传承人坦言，在一些地区，地方上对传承人的资金克扣严重、场地建设不完善；传承人选拔制度要改进，非遗申请有较强功利性；建议由中国民协成立专家团队来认定非遗传承人资格；希望将非遗传承人相关政策落到实处。

黔南民族学院副院长吴一文在发言中指出，近年来各级政府大力推进非遗保护，取得的成绩史无前例，功莫大焉。但还有一些值得思考和不断改进的地方。例如，伪民俗化的问题。自从国家实施非遗保护以来，社会对非遗项目的关注度越来越高，形成了良好的社会氛围。但是，现在许多非遗项目或在传媒的诱导下，或在一些部门官员的鼓吹下走上了弯路，呈现出了伪民俗化的现象，非遗项目的乡土性减弱而普遍性增加，严肃性减弱而低俗性增加，多样性减弱而统一性增加，民间性减弱而政府性增加，这些现象都在严重侵蚀着各类非遗项目的传统价值和文化内涵，这些现象如果再得不到应有的重视，非遗的民俗性将大打折扣。

与会专家指出，一名杰出的传承人就是一部民间文化大典，做好非遗传承工作，重要的是提高传承意识、看得到实惠，建议积极举办政府主导的、非营利性质的“非物质文化遗产保护培训班”，将非遗项目列入乡土教材开发计划，建立教育传承基地。吴元新在发言中表示，如果政府提供一个稳定的传承场所，使人能够安下心来做事情，这对于非遗传承工作会有很积极的作用。曹保明指出，对遗产的梳理，恰是传承人对遗产理论的提高，因为遗产的质量就是遗产理论的高度。只有熟知自己的遗产，才能更好地描述自己的遗产，展示自己的遗产，宣传自己的遗产，传承自己的遗产。然而，许多时候，传承人忙于交流或其他业务，忽略了对自己遗产的关注，这其实是忽视了遗产的作用，更无法开展分析和梳理。因此，传承人要养成经常梳理和分析自己遗产的习惯。

（供稿：仰　军）

【“文化遗产传承与数字化保护国际论坛”在中山大学召开】

2015年12月5日至6日，“文化遗产传承与数字化保护国际论坛”在中山大学南校区中文堂召开。本次研讨会由教育部重点人文社会科学研究基地中山大学中国非物质文化遗产研究中心主办，国家文化部非物质文化遗产司副司长屈盛瑞、广东省文化厅副厅长杨伟时、中山大学非遗中心康保成教授分别到会致辞，会议由中山大学非遗中心主任宋俊华教授主持。来自美国、德国、澳大利亚、日本、新加坡以及我国内地和香港约60名专家、学者就文化遗产传承与数字化保护问题进行了交流与讨论。

大会共收到26篇论文，在两天会议里，专家们围绕文化遗产传承与数字化问题进行了发言和讨论。文化部民族民间文艺发展中心李松主任通过对社会信息化、数字化变革的讨论引出了数字空间中的文化想象问题，认为现在数字化保护的问题在于复合型人才的匮乏。中国社会科学院学部委员、少数民族文学研究所所长朝戈金教授以“蒙古史诗大系”的数据集编制工作说起，结合现在非遗数字化保护的一些做法，分析了口头传统数据库建设的难点和挑战。北京师范大学董晓萍教授就民俗非遗研究与全球化问题发表了自己的看法，分析了民俗非遗研究与跨文化概念的关系，并讨论了民俗非遗研究的价值观。

日本国立历史民俗博物馆的松尾恒一教授以日本国立历史民俗博物馆的影像制作为中心，以“比婆荒神神乐”为例介绍了日本非物质文化遗产保护的影像制作方法。美国印第安纳大学的杰森·拜尔德·杰克逊教授以北美实践为案例，介绍了博物馆民俗和非遗研究中的数字化实践，并在会后与专家们分享了美国制作的微信链接。德国慕尼黑大学文化学院汉学研究所博士孟想，则以慕尼黑民俗学博物馆19世纪广州外销画为例，阐述了非遗数字化保护的问题。新加坡新跃大学高级研究员蔡曙鹏以越南丛剧传承为例，讨论了非遗保护的七点可行性。澳大利亚悉尼大学赵晓寰教授以悉尼中国城为中心，对中华饮食在海外的传承与发展做了讨论。

中国艺术研究院中国非遗数字化保护中心丁岩教授、中国艺术研究院戏曲研究所刘文峰研究员、中山大学人类学系邓启耀教授、北京大学中文系孔江平教授、北京大学日语系王京副教授、清华大学杨红副教授、哈尔滨工业大学人文艺术国际研究中心梁国伟教授、哈尔滨工业大学深圳研究生院工业创新设计研究中心谢欣助理教授、香港非遗教育推广活动计划统筹蔡启光、厦门大学人类学系教授彭兆荣、广州市非遗中心黄艳主任、华南理工大学储冬爱教授、云南师范大学传媒学院阮艳萍副教授都参加了会议讨论并做了精彩的发言，对非遗数字化保护从自己的专业领域提出了不少可贵的建议与研究视角。

中山大学非遗中心宋俊华教授对中国非遗保护的历程、方式与特点做了梳理，并提出了非遗保护研究存在的问题。王霄冰教授分析了德国制作民俗地图的历程与民俗地图在非遗保护中的应用。庄初升教授介绍了海内外客家方言的语料库建设工作情况。博士生王明月与王良慧也在会上作了发言。

在研讨会闭幕式上，中山大学非遗中心主任宋俊华教授作了总结发言，对此次大会提交的论文和体现的观点给予了高度评价，同时指出了目前非遗传承和数字化保护中一些值得思考的问题。

（供稿：中山大学非遗中心）

【《〈山海经〉世界地理与中国远古文明》即将在京出版】

2015年12月10日至11日，一场以“丝绸之路上的科技与文明”为主题，旨在解读中国传统文化与《山海经》关系的国际学术研讨会在北京友谊宾馆召开。本次会议由联合国教育科技及文化组织、国际人文大会、国际哲学与人文科学理事会、国际科学技术史学会主办，中国科学院大学人文学院、中国社会科学院民族文学研究所、中国科学技术史学会承办；澳大利亚拉筹伯大学语言学系主任、澳大利亚社会科学院院士 David Bradley 教授，原拉筹伯大学中国研究中心主任裴丽昆教授，香港科技大学意大利学者柏格义博士，北京大学陈连山教授，澳大利亚学者芦鸣等多位世界著名专家学者与会。

作为本次会议的重头戏之一，研讨会发布了集结中外学者研究《山海经》的最新成果——《〈山海经〉世界地理与中国远古文明》的论文集。论文集收录了中外学者2014年在墨尔本举办的“《山海经》世界地理说与中国传统文化国际研讨会”的优秀论文，围绕《山海经》世界地理说，《山海经》天人合一哲学观与中国传统文化，《山海经》世界民族语言三个专题，展开了深入的探讨，是对中西文化交流与文献考古学的一个重大贡献。对于解读中国传统文化与《山海经》的渊源，具有重要意义。该书提出，从世界地理角度而言，《山海经》地理路线很可能就是中国历史上的“一带一路”。

本书由拉筹伯大学语言学系主任、澳大利亚社会科学院院士 David Bradley 教授和原拉筹伯大学中国研究中心主任裴丽昆教授任主编。据悉，《〈山海经〉世界地理与中国远古文明》一书的中文版将由外研社于2016年春季出版。

（摘自新华悦读）

【中国人类学民族学研究会民间文化研究专业委员会在京成立】

2015年12月11日，中国人类学民族学研究会民间文化研究专业委员会成立大会暨“经典概念的当代阐释：过渡礼仪的理论与经验研究”学术研讨会在北京召开。会议由北京大学中国社会与发展研究中心主办，来自国家民委、中国社会科学院、北京大学、中央民族大学、美国崴涞大学、日本爱知大学等国内外有关单位的近70名专家学者参加了会议。

近年来，我国在全国范围内开展了以非物质文化遗产保护为核心内容的民俗文化研究、保护和传承运动，相关研究也逐渐成为民俗学、民族学和人类学等多学科热点。基于这一背景，中国社科院文学研究所研究员吕微、北京大学社会学系教授高丙中联合牵头，申请在中国人类学民族学研究会之下设立民间文化研究专业委员会，希望通过民俗与非物质文化遗产研究，重新审视民族文化的价值，思考族群文化与公共文化、民族身份与公民身份的关系等问题，为国家公共文化建设、民族文化发展提供知识服务，同时推动学科发展和知识创新。

中国人类学民族学研究会常务副会长、国家民委民族理论政策研究室主任石玉钢在民间文化研究专业委员会成立大会上致辞。他指出，作为中国人类学民族学研究会下设的第33个专业委员会，民间文化研究专业委员会承担着研究我国民俗文化、民间文化、民族文化的重要职责，希望该委员会今后积极开展相关研究活动，为中国人类学民族学研究做出积极贡献。中国人类学民族学研究会关于成立民间文化研究专业委员会的批复文件指出，吕微、高丙中分别担任民间文化研究专业委员会主任、常务副主任。

吕微在致辞中指出，中国民俗学的一些学者将“民间文化”定位为“在理论世界之外的生活世界，每一个有理性的人，依据其普通理性的普遍原则而自由地实践的日常文化”，并试图将“努力促进每一个人的日常生活的自由权利的普遍实现”作为最根本的学术目标，但最终发现理论理性的概念和方法无法促成日常生活中每一个人的实践目的和自由权利的实现。有鉴于此，民间文化研究专业委员会将研究民俗学的实践范式的方法论，以助于把民俗学建设成为实践目的论与实践方法论相统一的实践科学。同时，以民俗学为主体的民间文化研究专业委员会将联合人类学、民族学方面的专家学者，共同为民间文化研究、为维护所有人“日常生活的自由权利”做出贡献。

高丙中在主旨发言中说，人类社会最为普遍而杰出的文化设计是各种“过渡礼仪”。从物理空间到社会空间、从个人生命到社会生活，“过渡礼仪”是普遍的社会与文化现象，并不因为民族、时代不同而失去其基本功能。在以往有关“过渡礼仪”的研究中，人类学、民俗学曾经做出了卓越的学术贡献。但这一学术发展史的路径也限制了人们的视野。高丙中最后提出，今后围绕“过渡礼仪”有关问题的社会观察、经验研究，人类学、民俗学仍然有机会发挥先锋、主导作用，但对该问题的关注更应该是整个社会科学的基本使命。

在学术研讨会环节，与会专家学者围绕“‘过渡礼仪’概念：通古今之变”“田野中的过渡礼仪：究天人之际”“经典概念的拓展：后现代仪式观”等议题，对“过渡礼仪”这一人类学研究中的经典概念进行了多维度的阐释，并就民俗学研究应该侧重“民”还是侧重“俗”、未来民俗学如何跳出经验研究并走向理性目的论意义上的实践研究等学科热点问题进行了充分讨论。

（供稿：李　翠）

【2015 中国食文化发展大会在京举办】

2015 年 12 月 13 日，由中国食文化研究会、北京师范大学文学院、中关村绿谷生态农业产业联盟联合主办，中国食文化研究会民族食文化委员会承办的“2015 中国食文化发展大会”在北京举办。大会主题：文化与科技传承与创新。

杨铭铎、过常宝、唐英章、王仁湘、洪光住、万建中、王仁兴、刘志琴、张可喜、庞广昌、张炳文，以及来自中国科学院植物研究所、北京二商集团、北京大学、湖北师范学院、华南理工大学等单位的近百位学者参加了会议。

此次会议主要围绕食文化传承发展、食品科技与文化的关系进行了探讨。与会专家一致认为：传承和弘扬我国食文化要加强与其他学科之间的交流，注重宣传和普及，借鉴国外先进经验从娃娃抓起。

据悉，中国食文化发展大会将每年一届，2016 第二届中国食文化发展大会将于 2016 年 8 月举办。

常大林（中国食文化研究会会长）：在一个群体生命中，“食”受到其文化的价值取向、文化的组织力和创造力的影响。而文化影响，不完全是有利于人的健康生存和发展的，有时候，甚至对人的生命造成极大的危害。因此，强调食文化的事实存在，强调从文化的角度对其加以研究，非但哗众取宠，毫无意义，而且实属必要，非常急需。

过常宝（北京师范大学文学院院长、教授）：中国是食文化大国，源远流长、博大精深，是天人交往的途径、礼乐教化的手段、政治制度的标志，中国传统文化核心观念“和”就是从食文化发展而来的，我国历代文学中几乎没有不描写饮食的。我国现在正提倡传统文化走出去，但在国外我国食文化的精髓无论是从物质层面还是精神层面都没有得到很好的推广。北师大文学院负有传统文化传播、继承和发展的重任，食文化层次多、内容丰富，更容易被社会所接受和理解，我们希望与中国食文化研究会合作共同推动食文化发展。

高铁生主席：对现代中国人来说，饮食已经迈过了温饱的时期，由卖方市场发展成为了买方市场，个性消费、理性消费是发展趋势，吃如何能更符合生理健康、更有文化、更与环境友好、更绿色是当前食文化要研究和普及的事。食文化作为中国重要的软实力要创新发展，成为影响世界、助推文化复兴、实现中国梦的重要支点。

杨铭铎（中国食文化研究会资深副会长、哈尔滨商业大学快餐研发中心博士后科研基地主任、黑龙江省科学技术协会副主席、党组书记、教授）：人类为了生存，首先要“吃”，从古至今关于“吃”的一切现象和关系的总和，都从属于食文化，它贯穿于人类的整个生存和发展的历程。

食文化是一种生活方式：涵盖生产方式、生活形态、道德情操、思维方法、审美情趣、宗教信仰等整套观念系列制度规定。食文化不仅是文化的重要组成部分，而且是最为基础的部分。饮食文化与文化相伴而生，相和而成，相随而行，二者共生共存。

万建中教授（北京师范大学文学院教授）：饮食本是人们生存的基本需求，它与纯粹精神领域的文化和一个民族的文化性格有着十分密切的关系。在中国，吃什么与怎么吃绝不仅仅是饮食本身的问题，而是关涉到人们生活的方方面面。在中国的饮食习惯里，具体而微地体现出中国文化和中国人的显著特征。

洪光住（中国科学院研究员）：五谷入仓叫“粮食”，食文化是振兴我国食品工业的重要力量，两者是相辅相成的。人类对饮食的要求是不断提高的，科学技术在需求的推动下在不断发展，但有时候食品科技并不是都对食文化起好的作用，这就是传承中出了问题，我们要正确运用科技力量传承我国优秀饮食文化。

王仁兴（《中国食品报》原副总编辑、研究员）：曾侯乙炉盘是我国饮食文化传承发展的见证，我国历史发展进程中一直有在继承、创新中传承的优良传统。

刘志琴（中国社会科学院研究员）：食文化是中国人精神气相的表现，论语中孔子提到“食”和“吃”71次，仅次于“礼”字，古代厨师的地位很高，有君主、王公、宰相。

王仁湘（中国社会科学院研究员）：考古有一半的发现与食文化有关，但考察的内容不同，食文化一般提出的是非物质文化遗产，但食文化遗产（物质）的挖掘和保护的问题应该得到保护，比如说盐路、盐仓及有关建筑等，希望有关机构、专家学者能重视起来。

张可喜（新华社世界问题研究中心研究员）：日本在食文化方面特别是“食育”上有独特之处，明治时期就有学者提出“食育”比“德育”“智育”更重要。现在在日本，对青少年的教育，除了智、德、体方面的教育之外，还有关于食文化的教育——“食育（Food education）”。日本政府制定《食育基本法》及相关方针政策、计划等，并在内阁府建立食育推进会议，由内阁首相担任会长，12名有关的国务大臣等参与其行政，是当今世界上绝无仅有的，其经验可资借鉴。

庞广昌（天津商业大学教授）：性（温、凉、寒、热、平属性）味（苦、辣、酸、甜、咸五味）理论在中华饮食文化中占据核心地位。我们经过十几年的不懈努力，基本上解决了温、凉、寒、热、平不同属性本质，五味与营养及其代谢的关系，用现代科学技术解释“阴阳”“属性”和“五味”及其定量化问题。

唐英章（中国检验检疫科学研究院研究员）：我一直从事食品安全监测工作，很多食品安全事件都存在误导因素。

应该加强食文化的研究和推广，研究营养与传统文化的关系，研究不同地域及文化，不同气候的食品属性。研究各个民族的食文化，加强传统食文化挖掘，助推我国“一带一路”文化建设。

张炳文（济南大学酒店管理学院副院长、教授）：黄酒、醋、豆豉、豆腐、腐乳、泡菜、阿胶、粉丝、茶、拉面、凉茶等均是由中国人创造发明的，在国人的饮食发展史中扮演过重要角色，且富有中国传统食文化特征。但当前许多消费者在认识上存在许多误区，导致当前我国传统食文化资源市场引领性差、在国人心中定位不强、消费水平低、消费能力差等，面临极大的市场挑战。当前急需将中华传统食品的文化内涵、科学价值讲清楚，引导消费者正确地认识、认知中国传统食品，进而认可中国传统食品。

金久宁（浙江省中国科学院植物研究所高级工程师）：吴地，泛指宁、沪、杭、太湖流域一带，即今江苏南部，以及上海、浙江杭州、嘉兴等地。吴地的民众厚生利用，在与自然和谐发展过程中在合理运用植物方面极具智慧。乡土植物体现了植物与人类长期活动的关系，具有很强的实用性；乡土植物应用历史久远，许多植物被赋予民间传说和典故，文化底蕴浓厚。开展乡土植物及其文化的系统研究，不仅可以充分理解生物多样性保护的意义，亦能促进区域生物产业经济的发展以及植物资源的可持续利用。

张子平（北京二商集团高级工程师）：人类的食肉文化与艺术、神话故事、宗教肇始之处就相互关联，文化使得“食物熟制”有意识地变为“食文化”。一种肉食就是一个历史社会、民族风俗、科技文化的综合体，不仅要让食物可吃，还要让人自身在吃食过程中沟通思想，推动文明，欣赏到“美”。

唐东平（华南理工大学副教授）：如何吃得营养和健康已经越来越得到关心和重视，如何加强食品溯源，提高食品安全和监测以及如何全面地掌握自身的生理指标、饮食记录，建立全面的“个人信息管理”（Personal Information Management，PIM），从而提供合理的营养和健康指导是目前信息化平台建设值得关注的焦点问题。

构造以餐饮为核心的全闭环供应链O2O生态平台可以打破目前餐饮系统的局限，实现全景的个人餐饮管理，包括食品安全管理、营养健康管理、厨房设备管理、餐饮文化交流，以居民的家庭超级厨房为核心，实现居民生活的智能化管理，并且有利于企业和政府准确统计居民价格消费水平。

冯延红（德州职业技术学院副教授）：随着城市化以及社会主义新农村建设的深入展开，婚礼式样发生突变，家族承接变成社会专业承接。在快捷便利之余，传统文化渐渐流失、断档，如何平衡现代文明与传统文化结合点，寻找酒店业与婚庆业未来改革方向，传统文化挖掘整理，在社会大变革、观念大碰撞之际，传统文化的流逝与断档，现代文明的过度消费，挑战人们的心理，如何顺应历史发展，做好过渡时期的婚宴改革衔接是关键，社会、企业、家庭及学者义不容辞。

石自彬（重庆商务职业学院高级讲师）：泸州“大河邦小河味”川菜是泸菜重要组成，是川菜三大风味流派之一；泸州高坝小米滩是川渝火锅最初起源地，有着厚重的历史文化，深受食客喜爱。泸州菜风味特色形成是在民国时期，由泸州川菜、泸州小吃、泸州火锅共同构成。不同时期帮派林立的餐饮食店共同为泸州经济发展，丰富和提高人民生活水平做出了重要贡献。

周桂元（泰州梅兰春酒厂有限公司经理）：酒文化是食文化的重要组成部分，酒从发明那刻起就与文化联系到了一起，经济富裕的江南地区有关酒的文化更是丰富多彩，梅兰春就是在这种温暖的土壤中孕育、传承和发展。

陈圣铿（北京大学博士）：茶是经济作物，到了宋代，茶已属于国有财产，天下禁茶，百姓不能私卖。首先，北宋与边疆辽、夏的关系微妙，时战时和，因为茶是游牧民族的生活必需品，无茶则病，所以茶成为了北宋用以笼络、谈判或是实施经济制裁的筹码。其次，北宋以茶博马、养兵，茶不但有经济价值，而且是北宋朝廷对付边疆事务的政治资源。

（供稿：中国食文化研究会）

【第二期中美民俗影像记录田野工作坊在华中师范大学启动】

2015 年 12 月 14 日，第二期中美民俗影像记录田野工作坊在武汉华中师范大学启动，来自北京大学、北京师范大学、华东师范大学、中山大学等 26 所高校和学术机构的 50 多名学员，将参加为期 20 天的工作坊研讨与民俗影像实践调查。

据介绍，第二期中美民俗影像记录田野工作坊招收的学员主要为文学、民俗学、社会学、人类学、传播学、艺术学等专业的青年教师、研究生、本科生，以“美国圣诞节”为调查对象，前期在华中师范大学进行为期一周的理论学习、讲座和技能培训，提高学员的理论素养和知识储备，为后期田野调查奠定基础。此后有 18 名学员赴美国对俄勒冈州 2015 年圣诞节进行为期两周的影像田野调查。

中美民俗影像记录田野工作坊由华中师范大学文学院和美国崴涞大学亚洲研究中心共同举办，旨在推动民俗传统和非遗项目记录的国际交流，完善影像民俗学方法，培养影像民俗学的青年人才队伍。

2014 年的第一期工作坊招收了 18 名学员，系统地讲授影像民俗学课程，以世界非物质文化遗产项目端午节为调查个案，对 4 个传承地区的端午节民俗开展影像调查，并编辑制作了端午节纪录片。

（供稿：俞　俭）

【中国民间文艺发展趋势研讨会在山东召开】

2015 年 12 月 21 日至 23 日，“中国民间文艺发展趋势研讨会暨 2015 中国民间文艺发展报告审稿会”在山东工艺美术学院举行。中国民间文艺家协会分党组成员、副秘书长张志学，中国民间文艺家协会研究部主任侯仰军，以及来自中国社会科学院、北京师范大学、山东工艺美术学院、北京市社会科学院的专家学者 10 余人参加了本次研讨和审稿活动。

会议由中国民间文艺家协会研究资料部主任侯仰军主持，8 位专家、学者作主题发言。大家回顾了一年来中国民间文艺发展的重大事件，结合“一带一路”国家战略、习近平总书记系列重要讲话精神，对经验和不足进行总结分析，对未来发展的走向和可能出现的问题进行预判。北京师范大学教授万建中、中国社会科学院副研究员邹明华从传承、保护的角度，提出非物质文化遗产的传承要与当代教育体制相结合，强化非物质文化遗产领域专业人才队伍建设和后续力量培养的重要性；山东省民间文艺家协会常务副主席王映雪认为，山东各地民间文艺进校园活动正如火如荼地进行，呼唤中国民协及时回应、统领这支新生力量。民间文艺与基础教育相结合，可能会成为民协工作的新的增长点。山东工艺美术学院民艺研究所所长赵屹、人文艺术学院副教授张长征从传播学视角出发，提出了中国民艺与国际创意、现代传播、市场渠道对接的新思考、新路径。

本次会议按照汇总、整合、共同修改完善和“逐字审阅、全体认可”的步骤，对“2015中国民间文艺发展报告”进行了审读研究，以确保“报告”的全面、科学、严谨、务实。

（供稿：大　民）

【“中泰民俗文化与民间文学研讨会”在南宁召开】

2015年12月26日，旨在加深了解这种历史文化关系的“中泰民俗文化与民间文学研讨会”在广西南宁市龙门水都桂学大厦举行。这次研讨会由广西文学艺术界联合会、广西桂学研究会、泰国皇家大学总会主办，由广西教育学院、广西外国语学院、广西文艺理论家协会、广西民间文艺家协会协办。

会议由开幕式、研讨会和闭幕式三部分组成。其中，开幕式由广西教育学院党委书记、广西桂学研究会副会长容本镇教授主持，广西民间文艺家协会主席韦苏文先生、泰国皇家大学总会会长尼瓦先生和广西壮族自治区原党委副书记、广西桂学研究会会长潘琦先生、泰国驻南宁总领事琶姹妮女士先后发言，介绍本次会议的缘起和意义，并表示支持和祝贺。期间，潘琦先生还提出三点建议：其一，在广西桂学研究会与泰国皇家大学总会之间建立一个交流机制，每年各派文化考察团互访，就特定的文化艺术议题展开交流研讨；其二，广西桂学研究会继续在泰国实施捐书工程，每年向泰国皇家大学捐献50万元的图书，帮助泰国各地皇家大学办好中文图书馆，未来条件成熟时，希望可在碧武里皇家大学中文图书馆开设“桂学讲坛”；其三，建立中泰“海上丝路文化论坛”，每两年在南宁举办一次。

开幕式之后，进入学术研讨阶段。与会者分别来自泰国的碧武里皇家大学、那空是贪玛叻皇家大学、武里喃皇家大学、清迈皇家大学和中国的广西大学、广西师范大学、广西民族大学、广西师范学院、广西教育学院、广西外国语学院、广西社会科学院、广西文联、广西民族研究所、广西博物馆等单位，一共有36人，收到论文27篇，内容主要集中于泰国的历史与社会文化、广西各民族民俗文化、中泰各民族文化比较研究等三个方面。

一　介绍泰国的历史与社会文化

本着文化交流的目的，泰国学者基于文本解读和田野考察，从以下三方面介绍了泰国的历史与社会文化。

1. 对泰国古代典籍和当代文本的解读

来自泰国碧武里皇家大学的乍都蓬·汶巴色先生着眼于典籍《黄牛养殖手册》，介绍了泰国古代关于黄牛养殖的知识。在以稻作为主要生产方式的泰国，黄牛因其与农业的密切关系而备受重视。在《黄牛养殖手册》中，保存了大量关于黄牛的知识，其中包括不少诗歌和图画。人们重视黄牛，不惜用各种饰物对牛头、牛角进行装饰。人们还发现，黄牛的全身都有类似于人头顶的旋。根据印度的传说，牛身上不同的旋代表了不同的神灵。处于身体不同部位的旋，其性质好坏不同。例如：牛头上的旋是好的，但如果是牛肚下方有旋，那么这头牛就会非常凶狠，是不好的。该书以图画展示牛全身的旋所在的部位，指出哪个是好的，哪个是不好的。还以图画展示一头好牛的特征，展示其参加耕田仪式的场景。

对于泰国另一种重要的动物大象，乍都蓬·汶巴色先生也给予了关注。他在另一篇论文中深入分析了为庆祝Somdej Phra Borom Thrailokganat国王胜利征战北部城镇而创作的文学作品Liht Yaun Phai，发现了许多关于战象的知识，其内容包括象的起源、象形典籍、象的取名以及象的装饰。

来自碧武里皇家大学的另一位学者塔依·占他玛先生则透过文学作品看人们的生态意识。他的论文通过分析泰国早期作家麦孟澄的两部文学作品《仙莎》和《翩部》，看到了其中所描写的三类角色均与自然密不可分：第一类的生活与自然密切相关，第二类生活在远离自然的地方，第三类则刻意逃离自然。但最后，第三类会重新返回自然。

2. 介绍泰国各地的语言文化

来自泰国南部那空是贪玛叻皇家大学的瓦提·萨信先生通过现场表演的方式，介绍了位于皇家皮影戏文化中心博物馆的素查·萨信皮影戏之家。皮影戏在泰国有一千多年的历史，作者的父亲素查·萨信是国家级皮影戏艺术家，他于1987年建立了这个机构。作者继承其父的艺术事业，通过这一平台，经常面向大众表演皮影戏，介绍相关知识，同时向孩子们传授皮影戏的表演技巧。由此，让大家看到泰国对传承民族传统文化的重视。来自碧武里皇家大学的拉琵攀·廷姆迪女士结合视频，介绍了泰国的芭蕉树雕刻艺术。清迈皇家大学梅萨·玛哈旺先生则介绍了中国传统节日在清迈的传承状况和当地汉语教育的发展，指出：以春节为代表的中国传统节日在清迈得到了较好的传承；近些年，随着清迈对汉语人才的需求不断加大，学习汉语的人越来越多，各级各类学校均开设了相关专业和课程。

与这一主题相关的，还有以下论文：武里喃皇家大学的颂玛·蓬革的论文在田野调查的基础上，介绍了留存在泰国境内的古代高棉医院 Arokayasala，对其建筑式样、治疗方法和药学知识进行了较详细的介绍；来自同一所大学的纳瓦珉·巴差南则在论文中介绍了武里喃府各民族的语言和文化状况；碧武里皇家大学的林巴色·班尼姆介绍了碧武里府火葬亭的历史、式样和建造过程。

3. 介绍泰国境内的少数民族

在泰国境内，除了泰族（包括泰国东北部的佬族）以外，还有为数众多的少数民族。关于这方面的内容，碧武里皇家大学的两位学者分别做了介绍。其中一位介绍了泰国中南部华欣府附近一个克伦族村庄的民俗文化，包括居住方式、生计方式、服饰文化、宗教信仰、生育方式、婚礼习俗等。他威洛·敢拱集先生则介绍了生活于碧武里府被称为“老松”的黑泰人，指出他们来自越南北部“孟天”这个地方，于吞武里王朝时期进入泰国。在曼谷王朝第四世王、第五世王时期，他们得到了特别的照顾，出现了许多忠诚的皇家侍从及一位王妃。针对这一话题，碧武里皇家大学校长尼瓦·格林安先生提出了以下问题：在到达越南北部之前，老松人生活在什么地方？一些学者认为，老松人很可能源自中国西南，这种说法是否有依据？但这只能有待于未来的研究。

二 介绍广西各民族传统文化

在研讨会上，来自广西各高校和科研院所的专家学者也立足本土，对壮、瑶、苗等民族传统文化多有论述。

1. 关于壮族文化

广西民族大学李富强教授的论文《从壮族爱情信物到广西文化符号：绣球文化产业化的历程及其启示》介绍了绣球从闺房隐私到广西文化符号的传承与发展历程。他指出，这个过程是通过产业化实现的，以创新为最根本的动力源泉。在传统场域下，绣球创新的智慧主要来源于壮族人民在与汉族的往来交流中，吸收汉文化的营养，表现在其传统图案中，不论是花卉果木、祥禽瑞兽，还是文字符号，多是来自汉文化中的吉祥图案。在产业化场域下，绣球的创新来源于全球化背景下各种外来文化与壮族文化的频繁交流。正是借助市场的力量，绣球文化以自我创造性，实现了从“地方性知识”到全人类共享的人类文化的升华。因此，绣球文化的产业化传承与发展是一种积极的生存形式。

广西师范大学杨树喆教授在《壮族民间文学文化场略论》一文中指出，壮族民间文学的文化场是一个时空交错的动态场，是一个现代空间与传统观念的交汇点。从时间视角看，壮族民间文学经历了远古文学、中古文学、近古文学、近代文学、现代文学五个发展时期；从空间视角看，壮族民间文学文化场是一个由本土的歌咏文化、稻作文化、师麽文化和以中原汉族文化为主的外来文化等不同特质的文化所构成的多层次叠置的空间系统。在壮族民间文化场的一个个“次场”中，汇聚了时间及不同空间的各种观念，融合了本土的与外来的、传统的与现代的各种价值取向。因而，壮族民间文学文化场中各种文化间的关系表现为：（1）多元并存；（2）跨界互动；（3）共生共荣。壮族民间文学文化场还是一个由多种要素及多层维度所构成的一个有机系统，这个系统具有整体性、动态性与跨文化性的特点，影响着壮族民间文学发展的内容、方向与路径。

广西民族大学蒙元耀教授在论文中介绍了壮族文学的分类与特点。他针对社会上“没有特点就是壮族的特点”的说法，指出壮族有自己的语言和文字，壮族文学同样有自己鲜明的色彩。壮族的文学以口头文学为主，书面文学以科仪经本中的神话、传奇故事为主。民歌是壮族文学里成就最大的种类，唱歌在壮家人的生活里具有重大的人生意义，人们所唱的歌内容丰富，包括生活的方方面面，如情歌、劳动歌、苦歌、酒歌、传扬歌、历史故事歌、宗教仪式歌、创世神话古歌、汉传故事歌等。壮族文学的主体是民间文学，自然属于下层草根民众的文化，具有民族性、地域性、口语性和变异性的特点。

2. 关于瑶族文化

在本次研讨会上，瑶族文化也得到了学者们的关注。广西大学陆桂生教授介绍了瑶族布努支系的史诗《密洛陀》，认为：作为创世史诗，《密洛陀》突出地反映了布努先民创造世界的英雄业绩。史诗通过群体形象的塑造，证明人类创造了自身也创造了万物，人是万物之灵，能以智慧战胜一切。史诗热情歌颂了人类能够创造一切、征服一切的英勇气概和聪明才智，体现了集体力量的伟大和民族团结的重要，同时，流露出母系社会的历史迹象，在艺术手法上，塑造了半人半神的群像，具有历史现实主义感，又有浓厚的神话色彩。广西民族大学蓝芝同教授则谈到了全球视域下广西瑶族非物质文化遗产保护的现状与对策。他指出，广西拥160多万瑶族人口，约占全球瑶族人口的42%，占中国瑶族人口的60%，是名副其实的“世界瑶都”，瑶族的非物质文化遗产丰富多彩、特色鲜明，目前已有瑶族盘王节、瑶族密洛陀等10多项列入国家级名录。但是，有些珍贵的非物质文化遗产正濒临消亡，其保护现状堪忧。基于此，作者建议：成立广西瑶族文化遗产保护基金，统一规划和拨出足额资金，对瑶族非物质文化遗产进行抢救性保护；加快瑶族生态博物馆建设的步伐；把瑶族特色传统文化引入学校等，让瑶族非物质文化遗产得以传承弘扬。

中央民族大学民族学与社会学学院蓝咏石和广西瑶族文化发展和保护促进会蓝克宽从音韵学的角度，从六个方面论述了讲壮话的瑶族在语言应用方面的广泛性：一是“港华陀刀”的反切方法；二是“港华陀刀”的句式；三是“港华陀刀”的一般规律；四是“港华陀刀”的妙招；五是“港华陀刀”的传承与应用；六是期盼“港华陀刀”科研出成果。作者最后得出结论：讲壮话的瑶族的语言特点是音韵回环美、娱乐性、暗示性和应用广泛性，为壮语音韵学中不可或缺的部分。

除此以外，广西社会科学院过竹研究员以广西融水苗族自治县元宝山区一个具有730年建村历史的小桑村“女儿杉”习俗为个案，通过这一习俗的变迁，探讨影响乡村文化传承的相关因子。广西教育学院覃守达副教授的论文《试论广西少数民族民间宗教舞蹈演进轨迹和审美特征》则从历史学、美学和人类学等相互结合的理论视角，对广西少数民族民间宗教舞蹈进行探讨，揭示了广西少数民族民间宗教舞蹈演进轨迹表现为：本土化、多元化、当代化。其审美特征则表现为以下三大方面，即：阴阳和谐，双语和谐；多神和谐，多教和谐；人鬼神共舞，情理趣共生。

三　对中泰各民族文化进行比较研究

在研讨会上，中方部分学者也就中泰两国各民族传统文化的关联、异同展开了比较研究。其中，广西民族大学玉时阶教授关注中泰瑶族文化变迁过程中的异同，认为：中泰两国瑶族源流相同，习俗相近，在长期的历史发展过程中形成了许多本民族共同的文化。但由于历史的原因和生态环境以及毗邻民族的影响不同，两国瑶族文化在发展、变迁过程中，其文化适应与文化移入的涵化程度又各有特色。由于中、泰两国瑶族分别与汉族、壮族和泰族及其他民族的接触，因此既继承了古代瑶族传统文化的特点，又采借、移入、接受了所居国异质文化的因素，形成了新的文化特征。

在中泰两国的历史关系中，我国壮、侗等民族与泰国泰、佬等民族比较研究更为广西本土学者所关注。广西社会科学院李桐研究员的《论壮侗语民族传统文化与泰国傣族传统文化比较研究》以“文化人类学”的视野，用可视形象语言，对中国远古时岭南地区西瓯、骆越族群的后裔壮侗语民族（壮族、布依族、傣族、侗族、水族、仫佬族、毛南族、黎族）与泰国泰族进行传统文化比较研究，展现壮侗语民族传统文化与泰国泰族传统文化中相同与相似的传统文化现象。

广西外国语学院邬桂明副教授从汉语“邕”字入手，探讨其与壮泰语“水”一词的关联，认为：“邕”字从字形看为“有着弯曲江河流经的城邑”之义，但如果从字源及音源上考究则应该是一个以汉字记录壮音的壮语词汇，是“水”的意思，甚至包括南宁的“南”字也是“水”之义，与方位无关。另外，“邕宁”“南宁”的“宁”字，也应该是壮音词汇，都是“宁静”之义。所以，汉语“邕宁”和“南宁”，都是“有宁静的水流通过的城邑”之义，与壮语和泰语的分布有着极为紧密的联系。

陆晓芹的论文《从说唱艺术、宗教仪式到族群历史——壮族与东南亚相关民族关系研究的新思路》是关于壮族与东南亚相关民族比较研究方法的探讨。作者认为，中国壮族与越南岱族和侬族、泰国泰族和佬族、老挝佬族等东南亚相关民族具有语言文化同源关系已是基本共识，但由于历史久远，地域范围广，文献资料缺乏，其历史关系研究难以引向深入。从说唱艺术切入展开个案研究，对其赖以产生的宗教传统进行比较，可以探讨族群之间的历史关联。她将壮族布依支系和越南侬族的“末伦”（Modlaenz）、壮族布岱支系和越南岱族的天琴弹唱、老挝和泰国东北部佬族的Molam等说唱艺术并举，比较其赖以产生的宗教传统Mod、Pod、Mo，发现它们的名称相近，内涵和功能相似，应源自壮族与东南亚相关民族共同的宗教传统，Mod、Pod、Mo或与此相近的称谓应是其共同称谓，“末伦”、Molam也很可能是这些民族共有的口头传统。

总的来说，中泰两国族群多元、文化丰富，需要对其展开长期、广泛、深入的考察与研究。此次关于两国民族民俗文化与民间文学的探讨，为双方的交流合作开了个好头。

（供稿：陆晓芹）

【中国民俗学会中国乡愁文化发展研究中心在京成立】

2015 年 12 月 27 日，中国民俗学会中国乡愁文化发展研究中心成立大会暨“风铃之约”项目启动仪式在北京举行。

中国乡愁文化发展研究中心是中国民俗学会下属的二级学术研究机构，该中心致力于对中华传统文化的传承发展和对民间风俗文化的挖掘、整理和研究，并为传统民俗文化在当代中国农村的生存、发展和传承培育土壤、搭建平台。该中心以研究、教育、帮扶、培训为宗旨，探索乡村民俗文化与现代文明发展的共通共融；面向基层民众进行民俗文化的教育培训；在保护农村民俗文化活态土壤的前提下，力求帮扶农民改善生活环境；搭建现代化、多维度、立体式信息传播平台；积极推动我国乡村民俗文化的发展。

通过学术研究、文化凝聚来守望乡愁；通过邻里守望、示范引领，来建设、完善我们的乡愁文化；通过诗意田园、乐业安居，来记住美丽乡愁。中国乡愁文化发展研究中心的长远规划将紧紧围绕上述三个方面，力求在保存传统和与时俱进方面共同着力，不断推陈出新，保持民俗文化的活力和生命力。

在成立大会上，中国民俗学会会长朝戈金与诗情画意（北京）文化传媒有限公司董事长刘利春就中国乡愁文化发展研究中心的建设签署了“共建协议书”，朝戈金会长和刘利春董事长还共同为中国乡愁文化发展研究中心揭牌。

经共建双方协商，决定由李春园出任中国乡愁文化发展研究中心主任，由张玮出任副主任兼秘书长，姜波、刘伟波、姜萌、谢桦标、李春红为副主任；聘请施爱东、孙君为研究中心专家委员会主任。刘魁立、周小璞、阮仪三、朝戈金被聘请为研究中心顾问。

会议还启动了“风铃之约”公益项目。该项目经中国乡愁文化发展研究中心精心策划，立足于“文化存续、农民受益、家园重建、精神引领”的宗旨，通过公益活动、项目开展、教育培训等方式，拟在全国范围内筛选出 100 个有文化特色、历史底蕴的村落，整合政府、社会和市场资源，帮扶当地农民，经过规范指导、改造提升，建成一批中国民俗文化示范村，并集结成一个文化上各具特色、管理上规范统一的生态联合体，继而为希望感受中国传统文化、喜爱回归乡野自然的人们提供文化体验服务。在成立大会上，国有重点金融机构监事会原主席孙希岳先生、国家非物质文化遗产保护工作专家委员会副主任周小璞为“风铃之约”项目揭幕。

中国民俗学会会长、中国社会科学院学部委员、国际哲学与人文科学理事会主席朝戈金先生，中国民俗学会荣誉会长、中国社会科学院荣誉学部委员、国家非物质文化遗产保护工作专家委员会副主任刘魁立先生，著名画家、中国乡建院联合发起人孙君先生也在大会上发表了热情洋溢的讲话，对中国乡愁文化发展研究中心的成立及其发展前景寄予厚望。

“筚路蓝缕，以启山林；风铃脆语，曳舞乡野”，新上任的中国乡愁文化发展研究中心主任、中国民俗学会副秘书长李春园用古语自勉，并在讲话中指出，乡愁文化发展研究中心的成立只是一个起点，希望通过具体实在的工作和大家共同的努力，展现五千年来中国民俗文化的精神内涵，在乡愁文化研究的沃土上辛勤耕耘，为传承传播优秀的中华民俗文化做出贡献。